中国统计年鉴

CHINA STATISTICAL YEARBOOK

2019

（总第38期 No.38）

国家统计局　编

Compiled by

National Bureau of Statistics of China

图书在版编目 (CIP) 数据

中国统计年鉴 = China Statistical Yearbook. 2019 : 汉英对照 / 国家统计局编 . -- 北京 : 中国统计出版社 , 2019.9
ISBN 978-7-5037-8897-0

Ⅰ . ①中… Ⅱ . ①国… Ⅲ . ①统计资料 – 中国 – 2019 – 年鉴 – 汉、英 Ⅳ . ① C832-54

中国版本图书馆 CIP 数据核字 (2019) 第 175787 号

中国统计年鉴 –2019

作　　者 / 国家统计局
责任编辑 / 郭　栋　荣文雅
E-mail: yearbook@gj.stats.cn
Address: Jia 6, Xisanhuan Nanlu, Fengtai District, Beijing 100073, P. R. China
封面设计 / 张　冰
出版发行 / 中国统计出版社
地　　址 / 北京市丰台区西三环南路甲 6 号
邮政编码 / 100073
电　　话 / (010)63376898、63376907、68783173（发行部）、63376861（编辑部）
网　　址 / www.zgtjcbs.com
印　　刷 / 河北鑫兆源印刷有限公司
经　　销 / 新华书店
开　　本 / 890 × 1240 毫米　1/16
字　　数 / 1960 千字
印　　张 / 61.25
版　　别 / 2019 年 9 月第 1 版
版　　次 / 2019 年 9 月第 1 次印刷
定　　价 / 498.00 元　　Price: 498.00 yuan (RMB)

本书附同版本 CD-ROM 一张，光盘内容以书面文字为准。
如有印装错误，本社发行部负责调换。

《中国统计年鉴－2019》

编委会和编辑出版人员

China Statistical Yearbook - 2019

EDITORIAL BOARD AND EDITORIAL STAFF

编者说明

一、《中国统计年鉴—2019》系统收录了全国和各省、自治区、直辖市2018年经济、社会各方面的统计数据，以及多个重要历史年份和近年全国主要统计数据，是一部全面反映中华人民共和国经济和社会发展情况的资料性年刊。

二、本年鉴正文内容分为28个篇章，即：1.综合;2.人口;3.国民经济核算;4.就业和工资;5.价格;6.人民生活;7.财政;8.资源和环境;9.能源;10.固定资产投资;11.对外经济贸易;12.农业;13.工业;14.建筑业;15.批发和零售业;16.运输、邮电和软件业;17.住宿、餐饮业和旅游;18.金融业;19.房地产;20.科学技术;21.教育;22.卫生和社会服务;23.文化和体育;24.公共管理、社会保障和社会组织;25.城市、农村和区域发展;26.香港特别行政区主要社会经济指标;27.澳门特别行政区主要社会经济指标;28.台湾省主要社会经济指标; 及附录: 国际主要社会经济指标。

为方便读者使用，各篇章前设有《简要说明》，对本篇章的主要内容、资料来源、统计范围、统计方法以及历史变动情况予以简要概述。篇末附有《主要统计指标解释》。

三、本年鉴所涉及的全国性统计数据，除行政区划、土地面积和森林资源及特殊注明外，均未包括香港、澳门特别行政区和台湾省数据。根据中华人民共和国“香港特别行政区基本法”和“澳门特别行政区基本法”的有关原则，香港、澳门与内地是相对独立的统计区域，依据各自不同的统计制度和法律规定，独立进行统计工作，本年鉴中有关统计资料分别由香港特别行政区政府统计处、澳门特别行政区政府统计暨普查局提供，国家统计局进行编辑。

四、本年鉴所涉及东部、中部、西部和东北地区的具体划分为:

东部地区: 有10个省（直辖市），包括北京、天津、河北、上海、江苏、浙江、福建、山东、广东和海南。

中部地区: 有6个省，包括山西、安徽、江西、河南、湖北和湖南。

西部地区: 有12个省（自治区、直辖市），包括内蒙古、广西、重庆、四川、贵州、云南、西藏、陕西、甘肃、青海、宁夏和新疆。

东北地区: 有3个省，包括辽宁、吉林和黑龙江。

五、本年鉴所使用的度量衡单位均采用国际统一标准计量单位，并统一使用最新颁布实施的产品目录。

六、本年鉴中涉及到的历史数据，均以最新出版的本年鉴数据为准; 本年鉴中部分数据合计数或相对数由于单位取舍不同而产生的计算误差，均未做机械调整。

七、符号使用说明:年鉴各表中的“空格”表示该项统计指标数据不详或无该项数据; “#”表示其中的主要项; “*”或“①”表示本表下有注解。香港及澳门部分的符号使用方法具体见其篇章说明。

八、与《中国统计年鉴-2018》相比较，本年鉴根据现行统计调查制度修订情况，主要作如下修订: “国民经济核算”中减少了地区GDP核算中的“分行业增加值”和地区GDP核算（收入法、支出法）核算的相关指标; “资源和环境”中增加了“主要矿产查明资源储量”; “固定资产投资”中部分绝对数指标改为速度或比重等相对性指标，增加了按三次产业分的固定资产投资和民间固定资产投资; “对外经济贸易”中增加了“对外直接投资净额（流量）”指标; “工业”中规模以上工业企业“主营业务收入（成本）”指标调整为“营业收入（成本）”指标; “批发和零售业”中增加“汽车销售情况”、“二手车交易情况”; “运输、邮电和软件业”中删减了涉及固定电话、住宅电话、公用电话、漫游业务、拨号上网等项业务的指标等。因第四次经济普查数据审核尚未完成等原因，部分表格暂缺2018年数据。

EDITOR'S NOTES

I. *China Statistical Yearbook 2019* is an annual statistical publication, which reflects comprehensively the economic and social development of China. It covers data for 2018 and key statistical data in recent years and some historically important years at the national level and the local levels of province, autonomous region and municipality directly under the Central Government.

II. The Yearbook contains twenty-eight chapters: 1. General Survey; 2. Population; 3. National Accounts; 4. Employment and Wages; 5. Prices; 6. People's Living Conditions; 7. Government Finance; 8. Resources and Environment; 9. Energy; 10. Investment in Fixed Assets; 11. Foreign Trade and Economic Cooperation; 12. Agriculture; 13. Industry; 14. Construction; 15. Wholesale and Retail Trades; 16. Transport, Postal and Telecommunication Services, and Software Industry; 17. Hotels, Catering Services and Tourism; 18. Financial Intermediation; 19. Real Estate; 20. Science and Technology; 21. Education; 22. Public Health and Social Services; 23. Culture and Sports; 24. Public Management, Social Security and Social Organizations; 25. Urban, Rural and Regional Development; 26. Main Social and Economic Indicators of Hong Kong Special Administrative Region (SAR); 27. Main Social and Economic Indicators of Macao Special Administrative Region (SAR); 28. Main Social and Economic Indicators of Taiwan Province. One chapter listed as Appendix is Main Social and Economic Indicators of Other Countries/Regions.

To facilitate readers, the Brief Introduction at the beginning of each chapter provides a summary of the main contents of the chapter, data sources, statistical scope, statistical methods and historical changes. At the end of each chapter, Explanatory Notes on Main Statistical Indicators are included.

III. The national data in this book do not include those of the Hong Kong Special Administrative Region, the Macao Special Administrative Region and Taiwan Province, except for the divisions of administrative areas, the area of the national territory and forest resources and otherwise specified. In accordance with the principles set down in the *Basic Law of Hong Kong Special Administrative Region*, and the *Basic Law of Macao Special Administrative Region*, statistically Hong Kong, Macao and the mainland of China are three mutually independent regions, each following its own and different statistical systems and legal provisions in conducting statistical operations independently. Statistics on the Hong Kong Special Administrative Region and the Macao Special Administrative Region as included in this yearbook are provided by the Census and Statistics Department of the Government of Hong Kong Special Administrative Region and the Statistics and Census Service of the Government of Macao Special Administrative Region respectively; and are edited by the National Bureau of Statistics.

IV. Eastern region, central region, western region and northeastern region in the Yearbook are divided as following:

Eastern 10 provinces (municipalities) include: Beijing, Tianjin, Hebei, Shanghai, Jiangsu, Zhejiang, Fujian, Shandong, Guangdong and Hainan;

Central 6 provinces include: Shanxi, Anhui, Jiangxi, Henan, Hubei and Hunan;

Western 12 provinces (autonomous regions and municipalities) include: Inner Mongolia, Guangxi, Chongqing, Sichuan, Guizhou, Yunnan, Tibet, Shaanxi, Gansu, Qinghai, Ningxia and Xinjiang;

Northeastern 3 provinces include: Liaoning, Jilin and Heilongjiang.

V. The units of measurement used in the Yearbook are internationally standard measurement units, and newly published and implemented Product Categories are uniformly used.

VI. Please refer to the newly published version of the Yearbook for updated historical data. Statistical discrepancies on totals and relative figures due to rounding are not adjusted in the Yearbook.

VII. Notations used in the Yearbook: (blank space) indicates that the data are unknown, or are not available; "#" indicates a major breakdown of the total; and "*"or "①"indicates footnotes at the end of the table. About the notations in the chapters of Hong Kong SAR and Macao SAR, please refer to the brief introduction in relevant chapters.

VIII. In comparison with *China Statistical Yearbook 2018*, following revisions have been made in this new version in terms of the statistical contents and in editing: Of the chapter "National Accounts", value-added by sector of gross regional product and relevant indicators of gross regional product (by income approach and by expenditure approach) are deleted. Of the chapter "Resources and Environment", table of Identified Reserves of Major Minerals are added. Of the chapter "Investment in Fixed Assets", amount indicators change to relative indicators such as growth rate and proportion, and tables of Total Investment in Fixed Assets by Three Strata of Industry and Non-governmental Investment in Fixed Assets are added. Of the chapter "Foreign trade and Economic Cooperation", indicator of net overseas direct investment (flow) are added. Of the chapter "Industry", with industrial enterprises above designated size, indicators of revenue (cost) from principal business change into business revenue (cost). Of the chapter "Wholesale and Retail Trades", tables of Sales of Passenger Cars and Sales of Second-hand Passenger Cars are added. Of the chapter "Transport, Postal and Telecommunication Services, and Software Industry", indicators of fixed telephone, household telephone, public telephone, roaming services, dial-up Internet access are deleted. Data of 2018 in some tables are absent, because the data verification of the Fourth Economic Census is in progress.

目 录

CONTENTS

一、综 合
General Survey

二、人 口
Population

三、国民经济核算
National Accounts

四、就业和工资
Employment and Wages

五、价 格
Prices

六、人民生活
People's Living Conditions

七、财 政
Government Finance

八、资源和环境
Resources and Environment

九、能 源
Energy

十、固定资产投资
Investment in Fixed Assets

十一、对外经济贸易
Foreign Trade and Economic Cooperation

十三、工　业
Industry

十四、建筑业
Construction

十五、批发和零售业
Wholesale and Retail Trades

十六、运输、邮电和软件业
Transport, Postal and Telecommunication Services, and Software Industry

十七、住宿、餐饮业和旅游
Hotels, Catering Services and Tourism

十八、金融业
Financial Intermediation

十九、房地产
Real Estate

二十、科学技术
Science and Technology

二十一、教　育
Education

二十二、卫生和社会服务
Public Health and Social Services

二十三、文化和体育
Culture and Sports

二十四、公共管理、社会保障和社会组织
Public Management, Social Security and Social Organizations

二十五、城市、农村和区域发展
Urban, Rural and Regional Development

二十六、香港特别行政区主要社会经济指标
Main Social and Economic Indicators of Hong Kong Special Administrative Region

二十七、澳门特别行政区主要社会经济指标
Main Social and Economic Indicators of Macao Special Administrative Region

二十八、台湾省主要社会经济指标
Main Social and Economic Indicators of Taiwan Province

附录一、国际主要社会经济指标
APPENDIX I. Main Social and Economic Indicators of Other Countries/Regions

1

综　合

General Survey

简 要 说 明

本篇章主要内容和资料来源

一、综合资料主要包括我国行政区划、国民经济和社会发展综合资料。由民政部和国家统计局编辑整理。

二、“全国行政区划”资料，由民政部根据国务院批准的、截止到上一年末全国行政区划变更情况汇总整理并提供。

三、国民经济综合资料是本年鉴之精华，集中反映中国国民经济和社会发展的总量、速度、结构、比例和效益状况及变化。

四、基本单位统计资料填报范围为所有法人单位和产业活动单位，来源是各部门的单位审批登记资料和经常性统计调查中查到的新增、变动和消亡单位情况。

Brief Introduction

Main Contents and Sources of Data

I. This chapter consists of three parts: divisions of administrative areas, summary data on the national economy and social development, which are compiled by the Ministry of Civil Affairs, National Bureau of Statistics respectively.

II. Data on divisions of administrative areas in China are prepared and provided by the Ministry of Civil Affairs on the basis of the changes in the divisions of administrative areas as approved by the State Council at the end of the previous year.

III. The summary data on the national economy reflect the overall situation of the economic and social development by presenting further processed statistics including growth, structure, ratio, and efficiency data derived from other chapters.

IV. Statistical coverage of basic units is all legal entities and industrial active entities. Data come from unit (entity) examination and registration department, and units of newly increased, changed and died out during regular statistical survey.

1-1 全国行政区划（2018年底）
Divisions of Administrative Areas in China (End of 2018)

单位：个 (unit)

省级区划名称 Provinces, Autonomous Regions and Municipalities	地级区划数 Number of Regions at Prefecture Level	#地级市 Cities at Prefecture Level	县级区划数 Number of Regions at County Level	#市辖区 Districts under the Jurisdiction of Cities	#县级市 Cities at County Level	#县 Counties	#自治县 Autonomous Counties	乡镇级区划数 Number of Regions at Townships Level	#镇 Towns	#乡级 Towns	#街道 Street Communities
全 国 National Total	**333**	**293**	**2851**	**970**	**375**	**1335**	**117**	**39945**	**21297**	**10253**	**8393**
北 京 市 Beijing			16	16				333	143	38	152
天 津 市 Tianjin			16	16				249	126	3	120
河 北 省 Hebei	11	11	168	47	21	94	6	2255	1156	790	308
山 西 省 Shanxi	11	11	117	25	11	81		1398	564	632	202
内蒙古自治区 Inner Mongolia	12	9	103	23	11	17		1024	508	270	246
辽 宁 省 Liaoning	14	14	100	59	16	17	8	1531	640	201	690
吉 林 省 Jilin	9	8	60	21	20	16	3	933	426	182	325
黑 龙 江 省 Heilongjiang	13	12	128	65	20	42	1	1196	541	347	308
上 海 市 Shanghai			16	16				214	107	2	105
江 苏 省 Jiangsu	13	13	96	55	22	19		1258	723	44	491
浙 江 省 Zhejiang	11	11	89	37	19	32	1	1375	639	269	467
安 徽 省 Anhui	16	16	105	44	7	54		1488	968	271	249
福 建 省 Fujian	9	9	85	29	12	44		1106	651	272	183
江 西 省 Jiangxi	11	11	100	26	11	63		1567	827	578	162
山 东 省 Shandong	16	16	137	56	27	54		1824	1092	68	664
河 南 省 Henan	17	17	158	52	21	85		2451	1173	618	660
湖 北 省 Hubei	13	12	103	39	25	36	2	1235	762	163	310
湖 南 省 Hunan	14	13	122	36	17	62	7	1933	1138	392	403
广 东 省 Guangdong	21	21	122	65	20	34	3	1601	1123	11	467
广西壮族自治区 Guangxi	14	14	111	40	8	51	12	1251	806	312	133
海 南 省 Hainan	4	4	23	8	5	4	6	218	175	21	22
重 庆 市 Chongqing			38	26		8	4	1030	627	177	226
四 川 省 Sichuan	21	18	183	54	17	108	4	4612	2232	2027	353
贵 州 省 Guizhou	9	6	88	15	9	52	11	1381	837	317	227
云 南 省 Yunnan	16	8	129	17	16	67	29	1400	682	543	175
西藏自治区 Tibet	7	6	74	8		66		697	138	539	20
陕 西 省 Shaanxi	10	10	107	30	5	72		1311	975	21	315
甘 肃 省 Gansu	14	12	86	17	5	57	7	1355	886	343	126
青 海 省 Qinghai	8	2	44	6	4	27	7	403	143	223	37
宁夏回族自治区 Ningxia	5	5	22	9	2	11		240	103	90	47
新疆维吾尔自治区 Xinjiang	14	4	105	13	24	62	6	1076	386	489	200
香港特别行政区 Hong Kong Special Administrative Region											
澳门特别行政区 Macao Special Administrative Region											
台 湾 省 Taiwan											

注：乡镇级区划总数包含河北省、新疆维吾尔自治区的各一个区公所。

a) Number of regions at townships level include one district office of Hebei and Xinjiang separately.

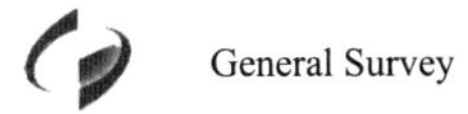

1-2 国民经济和社会发展总量与速度指标

指　标		Item		1978
人口	**（万人）**	**Population**	**(10 000 persons)**	
总人口(年末)		Total Population(year-end)		96259
城镇人口		Urban Population		17245
乡村人口		Rural Population		79014
就业	**（万人）**	**Employment**	**(10 000 persons)**	
就业人员数		Number of Employed Persons		40152
第一产业		Primary Industry		28318
第二产业		Secondary Industry		6945
第三产业		Tertiary Industry		4890
城镇登记失业人数		Number of Registered Unemployed Persons in Urban Areas		530
国民经济核算		**National Accounts**		
国民总收入	(亿元)	Gross National Income	(100 million yuan)	3678.7
国内生产总值	(亿元)	Gross Domestic Product	(100 million yuan)	3678.7
第一产业		Primary Industry		1018.5
第二产业		Secondary Industry		1755.2
第三产业		Tertiary Industry		905.1
人均国民总收入	(元)	Per Capita GNI	(yuan)	385
人均国内生产总值	(元)	Per Capita GDP	(yuan)	385
人民生活		**People's Living Conditions**		
全国居民人均可支配收入(元)		Per Capita Disposable Income of Households	(yuan)	171
城镇居民人均可支配收入(元)		Per Capita Disposable Income of Urban Households	(yuan)	343
农村居民人均可支配收入(元)		Per Capita Disposable Income of Rural Households	(yuan)	134
财政	**（亿元）**	**Government Finance**	**(100 million yuan)**	
一般公共预算收入		General Public Budget Revenue		1132.3
一般公共预算支出		General Public Budget Expenditure		1122.1
能源	**（万吨标准煤）**	**Energy**	**(10 000 tons of SCE)**	
能源生产总量		Total Energy Production		62770
能源消费总量		Total Energy Consumption		57144
固定资产投资		**Investment in Fixed Assets**		
全社会固定资产投资	(亿元)	Total Investment in Fixed Assets	(100 million yuan)	
#房地产开发		Real Estate Development		

Principal Aggregate Indicators on National Economic and Social Development and Growth Rates

总量指标 Aggregate Data			指数(%) Index (%) (2018为以下各年) (2018 as Percentage of the Following Years)			平均增长速度(%) Average Annual Growth Rate (%)	
2000	2017	2018	1978	2000	2017	1979–2018	2001–2018
126743	139008	139538	145.0	110.1	100.4	0.9	0.5
45906	81347	83137	482.1	181.1	102.2	4.0	3.4
80837	57661	56401	71.4	69.8	97.8	-0.8	-2.0
72085	77640	77586	193.2	107.6	99.9	1.7	0.4
36043	20944	20258	71.5	56.2	96.7	-0.8	-3.2
16219	21824	21390	308.0	131.9	98.0	2.9	1.5
19823	34872	35938	734.9	181.3	103.1	5.1	3.4
595	972	974	183.8	163.7	100.2	1.5	2.8
99066.1	820099.5	896915.6	3663.3	487.8	106.3	9.4	9.2
100280.1	820754.3	900309.5	3677.2	483.7	106.6	9.4	9.2
14717.4	62099.5	64734.0	556.0	201.9	103.5	4.4	4.0
45664.8	332742.7	366000.9	5627.9	524.7	105.8	10.6	9.6
39897.9	425912.1	469574.6	5201.7	542.6	107.6	10.4	9.9
7846	59153	64400	2515.0	442.2	105.8	8.4	8.6
7942	59201	64644	2524.5	438.5	106.1	8.4	8.6
3721	25974	28228	2532.1	505.7	106.5	8.4	9.4
6256	36396	39251	1627.6	425.8	105.6	7.2	8.4
2282	13432	14617	1945.3	397.4	106.6	7.7	8.0
13395.2	172592.8	183359.8	16194.1	1368.8	106.2	13.6	15.6
15886.5	203085.5	220904.1	19686.8	1390.5	108.7	14.1	15.7
138570	358500	377000	600.6	272.1	105.0	4.6	5.7
146964	448529	464000	812.0	315.7	103.3	5.4	6.6
32917.7	641238.4	645675.0			105.9		20.4
4984.1	109798.5	120263.5			109.5		21.9

1-2 续表 1

指 标		Item		1978
对外经济贸易		**Foreign Trade**		
货物进出口总额	(亿元)	Total Value of Imports and Exports	(100 million yuan)	355.0
出口额		Exports		167.7
进口额		Imports		187.4
外商直接投资	(亿美元)	Foreign Direct Investment	(100 million USD)	
农业		**Agriculture**		
农林牧渔业总产值	(亿元)	Gross Output Value of Agriculture, Forestry, Animal Husbandry and Fishery	(100 million yuan)	1397.0
主要农产品产量	(万吨)	Output of Major Farm Products	(10 000 tons)	
谷 物		Cereals		
棉 花		Cotton		216.7
油 料		Oil-bearing Crops		521.8
肉 类		Meat		
水产品		Aquatic Products		465.4
工业		**Industry**		
主要工业产量		Output of Major Industrial Products		
原 煤	(亿吨)	Coal	(100 million tons)	6.2
天然气	(亿立方米)	Natural Gas	(100 million cu.m)	137.3
水 泥	(亿吨)	Cement	(100 million tons)	6524.0
粗 钢	(万吨)	Crude Steel	(10 000 tons)	3178.0
钢 材	(万吨)	Rolled Steel	(10 000 tons)	2208.0
金属切削机床	(万台)	Metal-cutting Machine Tools	(10 000 units)	18.3
汽 车	(万辆)	Motor Vehicles	(10 000 units)	14.9
发电机组	(万千瓦)	Power Generation Equipment	(10 000 kw)	483.8
发电量	(亿千瓦小时)	Electricity	(100 million kwh)	2566.0
规模以上工业企业主要指标	(亿元)	Principal Indicators of Industrial Enterprises above Designated Size	(100 million yuan)	
资产总计		Total Assets		
营业收入		Business Revenue		
利润总额		Total Profits		
建筑业		**Construction**		
建筑业总产值	(亿元)	Gross Output Value of Construction	(100 million yuan)	
房地产业		**Real Estate**		
房地产企业房屋施工面积	(万平方米)	Floor Space of Buildings under Construction	(10 000 sq.m)	
房地产企业房屋竣工面积	(万平方米)	Floor Space of Buildings Completed	(10 000 sq.m)	
房地产企业商品房销售面积	(万平方米)	Floor Space of Commercialized Buildings Sold	(10 000 sq.m)	
#住宅		Residential Buildings		
房地产企业商品房销售额	(亿元)	Total Sale of Commercialized Buildings	(100 million yuan)	
#住宅		Residential Buildings		

continued

总量指标	Aggregate Data		指数(%) Index (%) (2018为以下各年) (2018 as Percentage of the Following Years)			平均增长速度(%) Average Annual Growth Rate (%)	
2000	2017	2018	1978	2000	2017	1979-2018	2001-2018
39273.3	278099.2	305008.1	85908.1	776.6	109.7	18.4	12.1
20634.4	153309.4	164127.8	97899.1	795.4	107.1	18.8	12.2
18638.8	124789.8	140880.3	75180.3	755.8	112.9	18.0	11.9
407.2	1310.4	1349.7		331.5	103.0		6.9
24915.8	109331.7	113579.5	878.5	224.4	103.5	5.6	4.6
40522.4	61520.5	61003.6		150.5	99.2		2.3
441.7	565.3	610.3	281.6	138.2	108.0	2.6	1.8
2954.8	3475.2	3433.4	658.0	116.2	98.8	4.8	0.8
6013.9	8654.4	8624.6		143.4	99.7		2.0
3706.2	6445.3	6457.7	1387.7	174.2	100.2	6.8	3.1
13.8	35.2	36.8	596.0	266.1	104.5	4.6	5.6
272.0	1480.3	1602.7	1167.3	589.2	108.3	6.3	10.4
59700.0	233084.1	220770.7	3384.0	369.8	94.7	9.2	7.5
12850.0	87074.1	92800.9	2920.1	722.2	106.6	8.8	11.6
13146.0	104642.1	110551.7	5006.9	841.0	105.6	10.3	12.6
17.7	60.9	48.9	266.7	276.7	80.3	2.5	5.8
207.0	2901.8	2781.9	18657.9	1343.9	95.9	14.0	15.5
1249.0	11822.9	10600.5	2191.1	848.7	89.7	8.0	12.6
13556.0	66044.5	71117.7	2771.5	524.6	107.7	8.7	9.6
126211	1121910	1134382					
84152	1133161	1049491					
4393	74916	66351					
12498	213944	235086		1881.0	109.9		17.7
65897	781484	822300		1247.9	105.2		15.1
25105	101486	94421		376.1	93.0		7.6
18637	169408	171465		920.0	101.2		13.1
16570	144789	147760		891.7	102.1		12.9
3935	133701	149614		3801.7	111.9		22.4
3229	110240	126374		3914.2	114.6		22.6

1-2 续表 2

指 标		Item		1978
批发、零售和旅游业		**Wholesale, Retail Sales and Tourism**		
社会消费品零售总额	(亿元)	Total Retail Sales of Consumer Goods	(100 million yuan)	1558.6
入境旅客	(万人次)	Number of Tourists (Oversea Visitors)	(10 000 person-times)	180.9
#外国人	(万人次)	Foreigners	(10 000 person-times)	23.0
国际旅游收入	(亿美元)	Foreign Exchange Earnings from International Tourism(USD 100 million)		2.6
国内旅客	(百万人次)	Number of Tourists (Domestic Visitors)	(million person-times)	
国内旅游总花费	(亿元)	Earnings from Domestic Tourism	(100 million yuan)	
交通运输业		**Transport**		
客运量	(万人)	Passenger Traffic	(10 000 persons)	253993.0
铁 路		Railways		81491.0
公 路		Highways		149229.0
水 运		Waterways		23042.0
民 航		Civil Aviation		231.0
货运量	(万吨)	Freight Traffic	(10 000 tons)	319431.0
铁 路		Railways		110119.0
公 路		Highways		151602.0
水 运		Waterways		47357.0
民 航		Civil Aviation		6.4
管 道		Pipelines		10347.0
沿海规模以上港口货物吞吐量	(万吨)	Volume of Freight Handled at Coastal Ports above Designated Size	(10 000 tons)	19834.0
民用汽车拥有量	(万辆)	Possession of Civil Motor Vehicles	(10 000 sets)	135.8
#私人汽车		Private Vehicles		
邮政、电信和信息软件业		**Postal, Telecommunication & Information Services**		
邮政业务总量	(亿元)	Business Volume of Postal Services	(100 million yuan)	14.9
电信业务总量	(亿元)	Business Volume of Telecommunication Services	(100 million yuan)	19.2
移动电话年末用户	(万户)	Number of Mobile Telephone Subscribers at Year-end	(10 000 accounts)	
固定电话年末用户	(万户)	Number of Fixed Telephone Subscribers at Year-end	(10 000 accounts)	192.5
互联网宽带接入用户	(万户)	Broadband Subscribers of Internet	(10 000 accounts)	
软件业务收入	(亿元)	Software Income	(100 million yuan)	
金融业		**Financial Intermediation**		
社会融资规模存量	(万亿元)	Increment of All-system Financing Aggregates	(trillion yuan)	
货币和准货币(M_2)	(万亿元)	Money and Quasi-Money(M_2)	(trillion yuan)	
货币(M_1)	(万亿元)	Money(M_1)	(trillion yuan)	
流通中现金(M_0)	(万亿元)	Currency in Circulation(M_0)	(trillion yuan)	
金融机构人民币各项存款余额	(万亿元)	Deposits of National Banking System	(trillion yuan)	0.1
金融机构人民币各项贷款余额	(万亿元)	Loans of National Banking System	(trillion yuan)	0.2
境内股票发行金额	(亿元)	Proceeds Raised in Domestic Stock Market	(100 million yuan)	
保险公司保费金额	(亿元)	Insurance Premium of Insurance Companies	(100 million yuan)	
保险公司赔款及给付金额	(亿元)	Claim and Payment of Insurance Companies	(100 million yuan)	

continued

总量指标	AggregateData		指数(%) Index (%) (2018为以下各年) (2018 as Percentage of the Following Years)			平均增长速度(%) Average Annual Growth Rate (%)	
2000	2017	2018	1978	2000	2017	1979–2018	2001–2018
39105.7	366261.6	380986.9	24444.2	974.2	109.0	14.7	13.5
8344.4	13948.2	14119.8	7804.4	169.2	101.2	11.5	3.0
1016.0	2916.5	3054.3	13300.0	300.6	104.7	13.0	6.3
162.2	1234.2	1271.0	48328.1	783.4	103.0	16.7	12.1
744.0	5001.0	5539.0		744.5	110.8		11.8
3175.5	45660.7	51278.3		1614.8	112.3		16.7
1478573.0	1848620.1	1793820.0	706.2	121.3	97.0	5.0	1.1
105073.0	308379.3	337494.7	414.1	321.2	109.4	3.6	6.7
1347392.0	1456784.3	1367170.4	916.2	101.5	93.8	5.7	0.1
19386.0	28300.3	27981.5	121.4	144.3	98.9	0.5	2.1
6722.0	55156.1	61173.8	26482.2	910.1	110.9	15.0	13.1
1358682.0	4804850.4	5152731.6	1613.1	379.2	107.2	7.2	7.7
178581.0	368864.8	402630.9	365.6	225.5	109.2	3.3	4.6
1038813.0	3686857.6	3956870.7	2610.0	380.9	107.3	8.5	7.7
122391.0	667846.0	702684.3	1483.8	574.1	105.2	7.0	10.2
196.7	705.9	738.5	11539.2	375.4	104.6	12.6	7.6
18700.0	80576.0	89807.1	868.0	480.3	111.5	5.6	9.1
125603.0	865464.0	922392.0		734.4	106.6		11.7
1608.9	20906.7	23231.2	17101.9	1443.9	111.1	13.7	16.0
625.3	18515.1	20574.9		3290.3	111.1		21.4
232.8	9763.7	12345.2					
4559.9	27596.7	65633.9					
8453.3	141748.7	156609.8		1852.6	110.5		17.6
14482.9	19375.7	19208.5	9976.1	132.6	99.1	12.2	1.6
	34854.0	40738.2			116.9		
	55103.1	61908.7			112.4		
	174.7	200.7			109.8		
13.5	169.0	182.7		1357.1	108.1		15.6
5.3	54.4	55.2		1038.0	101.5		13.9
1.5	7.1	7.3		499.6	103.6		9.3
12.4	164.1	177.5		1433.9	108.2		15.9
9.9	120.1	136.3		1371.6	113.5		15.7
1515.8	15535.0	11377.9		750.6	73.2		11.8
1598.0	36577.8	38013.3		2378.8	103.9		19.3
526.0	11178.4	12297.0		2337.8	110.0		19.1

1-2 续表 3

指 标		Item		1978
科学技术		**Expenditure for Science and Technology**		
研究与试验发展经费支出	(亿元)	Expenditure on R&D	(100 million yuan)	
发明专利申请授权数	(件)	Number of Patent Applications Granted	(pieces)	
技术市场成交额	(亿元)	Transaction Value in Technical Market	(100 million yuan)	
教育		**Education**		
专任教师数	(万人)	Full-time Teachers	(10 000 persons)	
#普通高等学校		Regular Institutions of Higher Education		20.6
普通高中		Regular Senior Secondary Schools		74.1
初中		Junior Secondary Schools		244.1
普通小学		Regular Primary Schools		522.6
在校学生数	(万人)	Total Enrollment	(10 000 persons)	
#普通本专科		Regular Undergraduates and College Students		85.6
普通高中		Regular Senior Secondary Schools		1553.1
初中		Regular Junior Secondary Schools		4995.2
普通小学		Regular Primary Schools		14624.0
教育经费支出	(亿元)	Government Expenditures on Education	(100 million yuan)	
卫生		**Public Health**		
医院	(个)	Hospitals	(unit)	9293.0
执业(助理)医师	(万人)	Licensed (Assistant) Doctors	(10 000 persons)	97.8
医院床位数	(万张)	Number of Beds of Hospitals	(10 000 units)	110.0
卫生总费用	(亿元)	Total Expenditure for Public Health	(100 million yuan)	110.2
文化体育		**Culture**		
图书出版总印数	(亿册、亿张)	Number of Books Published	(100 million copies)	37.7
电视节目制作时间	(万小时)	Time for TV Programs Production	(10 000 hours)	
故事影片产量	(部)	Production of Feature Films	(film)	46.0
社会保险		**Welfare and Social Insurance**		
社会保险基金收入	(亿元)	Revenue of Social Insurance Fund	(100 million yuan)	
社会保险基金支出	(亿元)	Expenses of Social Insurance Fund	(100 million yuan)	
参加基本养老保险人数	(万人)	Contributors in Basic Pension Insurance	(10 000 persons)	
参加失业保险人数	(万人)	Number of Employees Joining Unemployment Insurance	(10 000 persons)	
参加基本医疗保险人数	(万人)	Contributors in Basic Medical Care Insurance	(10 000 persons)	

注：本表速度指标中，国民总收入、国内生产总值及三次产业增加值、农林牧渔业总产值、城乡居民收入指标均按可比价格计算；固定资产投资类指标平均增长速度按累计法计算；其他指标按绝对数计算。

continued

总量指标 Aggregate Data			指数(%) Index (%) (2018为以下各年) (2018 as Percentage of the Following Years)			平均增长速度(%) Average Annual Growth Rate (%)	
2000	2017	2018	1978	2000	2017	1979–2018	2001–2018
896.0	17606.1	19677.9		2196.2	111.8		18.7
12683.0	420144.0	432147.0		3407.3	102.9		21.7
651.0	13424.0	17697.0		2718.4	131.8		20.1
46.3	163.3	167.3	812.1	361.3	102.4	5.4	7.4
75.7	177.4	181.3	244.7	239.5	102.2	2.3	5.0
328.7	354.9	363.9	149.1	110.7	102.5	1.0	0.6
586.0	594.5	609.2	116.6	104.0	102.5	0.4	0.2
556.1	2753.6	2831.0	3307.2	509.1	102.8	9.1	9.5
1201.3	2374.5	2375.4	152.9	197.7	100.0	1.1	3.9
6256.3	4442.1	4652.6	93.1	74.4	104.7	-0.2	-1.6
13013.3	10093.7	10339.3	70.7	79.5	102.4	-0.9	-1.3
3849.1	42562.0						
16318.0	31056.0	33009.0	355.2	202.3	106.3	3.2	4.0
207.6	339.0	360.7	368.8	173.8	106.4	3.3	3.1
216.7	612.0	652.0	592.7	300.9	106.5	4.5	6.3
4586.6	52598.3	59121.9	53644.8	1289.0	112.4	17.0	15.3
62.7	92.4	100.1	265.5	159.6	108.3	2.5	2.6
58.5	365.2	357.7		611.5	98.0		10.6
91.0	798.0	902.0	1960.9	991.2	113.0	7.7	13.6
2644.9	67154.5	79254.8		2996.5	118.0		20.8
2385.6	57145.6	67792.7		2841.7	118.6		20.4
13617.4	91548.3	94293.3		692.4	103.0		11.3
10408.4	18784.2	19643.5		188.7	104.6		3.6
3786.9	117681.4	134458.6		3550.6	114.3		21.9

a) The indices and growth rates of the follow indicators are calculated at constant prices: gross national income, gross domestic product, gross output value of agriculture, forestry, animal husbandry and fishery, income of urban and rural residents. The average annual growth rate of total investment in fixed assets is calculated at the accumulate method. Other indicators are calculated at level data.

1-3 国民经济和社会发展结构指标
Composition Indicators on National Economic and Social Development

单位：% (%)

指　　标	Item	1978	1990	2000	2018
人口	**Population**				
性别	Sexual Composition				
男	Male	51.5	51.5	51.6	51.1
女	Female	48.5	48.5	48.4	48.9
年龄	Age				
0-14岁	Aged 0-14		27.7	22.9	16.9
15-64岁	Aged 15-64		66.7	70.1	71.2
65岁及以上	Aged 65 and Over		5.6	7.0	11.9
城乡	Urban and Rural Composition				
城镇	Urban Areas	17.9	26.4	36.2	59.6
乡村	Rural Area	82.1	73.6	63.8	40.4
国民经济核算	**National Accounts**				
国内生产总值(生产法)	Gross Domestic Product				
第一产业	Primary Industry	27.7	26.6	14.7	7.2
第二产业	Secondary Industry	47.7	41.0	45.5	40.7
第三产业	Tertiary Industry	24.6	32.4	39.8	52.2
国内生产总值(支出法)	Gross Domestic Product				
消费支出	Expenses on Consumption	61.4	62.9	63.3	54.3
固定资本形成	Fixed Capital Formation	38.9	34.4	34.3	44.8
净出口	Net Exports	-0.3	2.7	2.4	0.8
就业	**Employment**				
第一产业	Primary Industry	70.5	60.1	50.0	26.1
第二产业	Secondary Industry	17.3	21.4	22.5	27.6
第三产业	Tertiary Industry	12.2	18.5	27.5	46.3
人民生活	**People's Living Conditions**				
城镇居民人均消费支出	Per Capita Consumption Expenditure of Urban Households				
食品烟酒	Food, Tobacco and Liquor			38.6	27.7
衣　着	Clothing			9.7	6.9
居　住	Residence			13.5	24.0
生活用品及服务	Household Facilities, Articles and Services			7.4	6.2
交通通信	Transport and Communications			8.2	13.3
教育文化娱乐	Education, Cultural and Recreation			12.9	11.4
医疗保健	Health Care and Medical Services			6.4	7.8
其他用品及服务	Miscellaneous Goods and Services			3.2	2.6
农村居民人均消费支出	Per Capita Consumption Expenditure of Rural Households				
食品烟酒	Food, Tobacco and Liquor			48.3	30.1
衣　着	Clothing			5.7	5.3
居　住	Residence			15.8	21.9
生活用品及服务	Household Facilities, Articles and Services			4.5	5.9
交通通信	Transport and Communications			5.6	13.9
教育文化娱乐	Education, Cultural and Recreation			11.9	10.7
医疗保健	Health Care and Medical Services			5.2	10.2
其他用品及服务	Miscellaneous Goods and Services			3.0	1.8

1-3 续表 1 continued

单位：% (%)

指 标	Item	1978	1990	2000	2018
财政	**Government Finance**				
一般公共预算收入	General Public Budget Revenue				
中央	Central Government	15.5	33.8	52.2	46.6
地方	Local Governments	84.5	66.2	47.8	53.4
一般公共预算支出	General Public Budget Expenditure				
中央	Central Government	47.4	32.6	34.7	14.8
地方	Local Governments	52.6	67.4	65.3	85.2
一般公共预算收入中	Of General Public Budget Revenue				
税收收入	Tax Revenue	45.9	96.1	93.9	85.3
#国内增值税	Domestic Value-added Tax		13.6	34.0	33.6
国内消费税	Domestic Consumption Tax			6.4	5.8
企业所得税	Corporate Income Tax		24.4	7.5	19.3
个人所得税	Individual Income Tax			4.9	7.6
关 税	Tariffs	2.5	5.4	5.6	1.6
能源	**Energy**				
能源生产	Total Energy Production				
原煤	Coal	70.3	74.2	72.9	69.3
原油	Crude Oil	23.7	19.0	16.8	7.2
天然气	Natural Gas	2.9	2.0	2.6	5.5
一次电力及其他能源	Primary Electricity and Other Energy	3.1	4.8	7.7	18.0
能源消费	Total Energy Consumption				
煤炭	Coal	70.7	76.2	68.5	59.0
石油	Petroleum	22.7	16.6	22.0	18.9
天然气	Natural Gas	3.2	2.1	2.2	7.8
一次电力及其他能源	Primary Electricity and Other Energy	3.4	5.1	7.3	14.3
货物进出口	**Imports and Exports of Goods**				
出口	Exports				
初级产品	Primary Goods		25.6	10.2	5.4
工业制成品	Manufactured Goods		74.4	89.8	94.6
进口	Imports				
初级产品	Primary Goods		18.5	20.8	32.9
工业制成品	Manufactured Goods		81.5	79.2	67.1
农业	**Agriculture**				
农林牧渔业总产值	Composition of Gross Output Value of Agriculture				
#农业	Farming	80.0	64.7	55.7	54.1
林业	Forestry	3.4	4.3	3.8	4.8
牧业	Animal Husbandry	15.0	25.7	29.7	25.3
渔业	Fishery	1.6	5.4	10.9	10.7
工业(规模以上)	**Industry (above designated size)**				
工业企业资产	Composition of Assets of Industrial Enterprises				
采矿业	Mining				8.5
制造业	Manufacturing				76.4
电力、热力、燃气及水生产和供应业	Production and Supply of Electricity, Heat Gas and Water				15.2

1-3 续表 2 continued

单位：% (%)

指　　标	Item	1978	1990	2000	2018
工业企业资产	Composition of Assets of Industrial Enterprises				
大型企业	Large Enterprises			56.3	48.1
中型企业	Medium-sized Enterprises			12.9	23.0
小型企业	Small Enterprises			30.8	29.0
交通运输业	**Transport**				
货运量	Freight Traffic				
铁　路	Railways	34.5	15.5	13.1	7.8
公　路	Highways	47.5	74.6	76.5	76.8
水　运	Waterways	14.8	8.3	9.0	13.6
民　航	Civil Aviation	0.002	0.004	0.014	0.014
管　道	Pipelines	3.2	1.6	1.4	1.7
科技	**Science and Technology**				
研究与试验发展经费支出	Expenditure on R&D				
#基础研究	Basic Research			5.2	5.5
应用研究	Applied Research			17.0	11.1
试验发展	Experimental Development			77.8	83.3
#政府资金	Government Funds				20.2
企业资金	Enterprises Funds				76.6
教育	**Education**				
教育经费	Composition of Education Funds				
国家财政性教育经费	Government Appropriation for Education			66.6	80.4 *
#公共财政教育经费	Public Expenditure on Education			56.9	70.3 *
卫生	**Public Health**				
卫生技术人员	Medical Technical Personnel				
#执业(助理)医师	Licensed (Assistant) Doctors	39.7	45.2	46.2	37.9
注册护士	Registered Nurses	16.4	25.0	28.2	43.0
药师(士)	Pharmacist	10.8	10.4	9.2	4.9
卫生费用	Total Health Expenditure				
政府卫生支出	Government Health Expenditure	32.2	25.1	15.5	27.7
社会卫生支出	Social Expenditure for Public Health	47.4	39.2	25.6	43.7
个人现金卫生支出	Individual Cash Expenditure for Public Health	20.4	35.7	59.0	28.6
社会保障	**Social Security**				
社会保险基金收入	Revenue of Social Insurance Fund				
基本养老保险	Basic Pension Insurance		95.7	86.1	69.4
失业保险	Unemployment Insurance		3.9	6.1	1.5
城镇基本医疗保险	Urban Basic Medical Care Insurance			6.4	27.0
工伤保险	Work Injury Insurance			0.9	1.2
生育保险	Maternity Insurance			0.4	1.0
社会保险基金支出	Expenses of Social Insurance Fund				
基本养老保险	Basic Pension Insurance		98.3	88.7	70.1
失业保险	Unemployment Insurance		1.7	5.2	1.4
城镇基本医疗保险	Urban Basic Medical Care Insurance			5.2	26.3
工伤保险	Work Injury Insurance			0.6	1.1
生育保险	Maternity Insurance			0.3	1.1

注：教育经费为2017年数据。
a) Data of Education Funds are of 2017.

1-4 国民经济和社会发展比例和效益指标
Indicators on National Economic and Social Development

指 标	Item	1978	2000	2017	2018
人口与就业	**Population and Employment**				
出生率 (‰)	Birth Rate (‰)	18.25	14.03	12.43	10.94
死亡率 (‰)	Death Rate (‰)	6.25	6.45	7.11	7.13
自然增长率 (‰)	Natural Growth Rate (‰)	12.00	7.58	5.32	3.81
总抚养比 (%)	Gross Dependency Ratio (%)		42.6	39.2	40.4
少儿抚养比 (%)	Children Dependency Ratio (%)		32.6	23.4	23.7
老年抚养比 (%)	Old Dependency Ratio (%)		9.9	15.9	16.8
城镇登记失业率 (%)	Registered Unemployment Rate in Urban Areas (%)	5.3	3.1	3.9	3.8
国民经济核算	**National Accounts**				
人均国民总收入 (元)	Per Capita GNI (yuan)	385	7846	59153	64400
人均国内生产总值 (元)	Per Capita GDP (yuan)	385	7942	59201	64644
人民生活	**People's Living Conditions**				
城乡收入比(农村居民收入为1)	Urban and Rural Income Ratio(Rural Income as 1)	2.57	2.74	2.71	2.69
基尼系数	Gini Coefficient			0.467	0.468
农村贫困发生率(2010年标准) (%)	Rural Poverty Headcount Ratio(2010's standard)(%)	97.5	49.8	3.1	1.7
财政	**Government Finance**				
一般公共预算收入与国内生产总值之比(%)	Proportion of Government Revenue to GDP (%)	30.8	13.4	21.0	20.4
一般公共预算支出与国内生产总值之比(%)	Proportion of Government Expenditure to GDP (%)	30.5	15.8	24.7	24.5
外债	Foreign Debts				
偿债率 (%)	Debt Service Ratio (%)		9.2	5.5	5.5
负债率 (%)	Liability Ratio (%)		12.0	14.5	14.4
债务率 (%)	Foreign Debt Ratio (%)		52.1	72.6	74.1
能源	**Energy**				
能源生产弹性系数	Elasticity Ratio of Energy Production		0.59	0.53	0.76
电力生产弹性系数	Elasticity Ratio of Electricity Production		1.11	0.84	1.17
能源消费弹性系数	Elasticity Ratio of Energy Consumption		0.54	0.43	0.50
电力消费弹性系数	Elasticity Ratio of Electricity Consumption		1.12	0.84	1.29
万元国内生产总值能源消费量 (吨标准煤/万元)	Energy Consumption per 10000 Yuan GDP (ton of SCE/10 000 yuan)		1.47	0.57	0.55
能源加工转换总效率 (%)	Total Efficiency of Energy Conversion (%)		69.38	73.69	
资源环境	**Resources and Environment**				
工业固体废物综合利用率 (%)	Ratio of Industrial Solid Wastes Utilized (%)		45.9	54.6	
环境污染治理投资与国内生产总值之比 (%)	Proportion of Total Investment in the Treatment of Environmental Pollution to GDP (%)			1.16	
对外贸易	**Foreign Trade**				
进出口总额与国内生产总值之比(按人民币计算) (%)	Proportion of Total Value of Imports & Exports to GDP (calculated by Renminbi) (%)	9.7	39.2	33.9	33.9

注：计算万元国内生产总值能源消费量的国内生产总值，2000年按2000年可比价计算，2017年、2018年按2015年可比价计算。
a) The national energy consumption per 10000 yuan GDP is calculated: at the 2000 constant price in 2000, at the 2015 constant price in 2017, 2018.

1-4 续表 continued

指 标	Item	1978	2000	2017	2018
农业	**Agriculture**				
每公顷播种面积农产品产量（公斤）	Output of Farm Crops per Hectare of Sown Area (kg)				
谷物	Cereals		4753	6105	6120
棉花	Cotton	445	1093	1769	1819
工业	**Industry**				
资产负债率 (%)	Assets-Liability Ratio (%)		60.81	55.98	56.50
流动资产周转次数 (次/年)	Turnover of Working Capital (times/year)		1.62	2.17	1.98
成本费用利润率 (%)	Ratio of Profits to Industrial Cost (%)		5.56	7.01	6.84
交通运输业	**Transport**				
铁路网密度 （公里／万平方公里）	Railway Density (km/10 000 sq.km)	53.9	71.6	132.3	137.1
公路网密度 （公里／万平方公里）	Highway Density (km/10 000 sq.km)	927.3	1749.8	4972.4	5048.5
邮电通信业	**Postal and Telecommunication Services**				
电话普及率(含移动电话)(部/百人)	Popularization Rate of Telephone (Include Mobile Telephone) (set/100 persons)	0.4	19.1	115.9	126.0
移动电话普及率 (部/百人)	Popularization Rate of Mobile Telephone (set/100 persons)		6.7	102.0	112.2
金融业	**Financial Intermediation**				
货币和准货币(M_2)与国内生产总值之比 (%)	Proportion of Money and Quasi-Money(M_2) to GDP (%)		134.2	205.9	202.9
金融机构存款与国内生产总值之比 (%)	Proportion of Deposits of Financial Institutions to GDP (%)	31.4	123.5	199.9	197.2
金融机构贷款与国内生产总值之比 (%)	Proportion of Loans of Financial Institutions to GDP (%)	51.4	99.1	146.4	151.4
科技	**Science and Technology**				
研究与试验发展经费内部支出与国内生产总值之比 (%)	Proportion of R&D Expenditure to GDP (%)		0.89	2.15	2.19
教育	**Education**				
小学学龄儿童净入学率 (%)	Net Enrollment Ratio of Primary Schools (%)	95.5	99.1	99.9	100.0
小学升学率 (%)	Promotion Rate from Primary Schools to Junior Secondary Schools (%)	87.7	94.9	98.8	99.1
初中升学率 (%)	Promotion Rate from Junior Secondary Schools to Senior Secondary Schools (%)	40.9	51.2	94.9	95.2
卫生	**Public Health**				
每万人口执业(助理)医师数 （人）	Number of Licensed (Assistant) Doctors per 10 000 Population (person)	10.8	16.8	24.4	25.9
每万人口医疗卫生机构床位数(张)	Number of Beds of Hospitals and Health Centers per 10 000 Population (bed)			57.2	60.3
医疗卫生机构病床使用率 (%)	Beds Utilization Rate of Medical Organizations (%)		60.8	85.0	84.2
城市市政建设	**Municipal Works**				
用水普及率 (%)	Coverage Rate of Urban Population with Access to Tap Water(%)		63.9	98.3	98.4
燃气普及率 (%)	Coverage Rate of Urban Population with Access to Gas (%)		45.4	96.3	96.7
人均公园绿地面积 （平方米）	Per Capita Public Green Area (sq.m)		3.7	14.0	14.1

1-5 按主要行业分法人单位数
Number of Legal Entities by Sector

单位：个 (unit)

年份 地区	Year Region	合计 Total	农、林、牧、渔业 Agriculture, Forestry, Animal Husbandry and Fishery	采矿业 Mining	制造业 Manufacturing	电力、热力、燃气及水生产和供应业 Production and Supply of Electricity, Heat, Gas and Water	建筑业 Construction	批发和零售业 Wholesale and Retail Trades
	2005	5647823	68800	89430	1451556	43148	149471	994953
	2006	6068912	78205	93967	1579406	45922	170180	1122489
	2007	6495064	98546	97678	1702455	49052	190517	1246042
	2008	7098765	2023	97315	1818370	57923	226768	1403141
	2009	8003868	184764	103403	1959254	62038	261694	1670315
	2010	8754588	242429	104065	2098370	64151	302232	1965118
	2011	9593729	321086	105490	2240315	66652	346026	2276295
	2012	10616530	440853	107596	2380759	69947	391392	2630690
	2013	10825611	161824	89112	2252225	70409	347519	2810531
	2014	13701440	951045	101673	2616671	79679	464975	3513338
	2015	15729199	1204724	103426	2801143	87486	574128	4199026
	2016	18191382	1481473	104074	3019269	99469	754512	5041698
	2017	22009092	1926771	108900	3483617	120736	1045232	6252424
北京	Beijing	719624	9494	127	34406	729	21058	210061
天津	Tianjin	444546	13200	134	58413	919	25704	128601
河北	Hebei	1147414	105372	6865	211132	5544	68466	337751
山西	Shanxi	600802	106983	7499	37197	4955	28426	178727
内蒙古	Inner Mongolia	328901	63495	5935	22835	3320	14341	82851
辽宁	Liaoning	655309	44088	5913	102403	3209	34252	191012
吉林	Jilin	209045	27786	1594	28130	1917	9124	47558
黑龙江	Heilongjiang	335310	60981	2826	34449	2403	13883	80414
上海	Shanghai	484495	6755	2	83847	210	18642	165868
江苏	Jiangsu	2356034	69105	796	553654	5821	144859	723353
浙江	Zhejiang	1792465	71386	1308	473283	6483	57301	536211
安徽	Anhui	872865	113629	2716	124605	5449	53227	230282
福建	Fujian	870050	55999	3024	152699	7465	36498	274120
江西	Jiangxi	573013	69269	4354	79759	7228	32400	134553
山东	Shandong	2015001	140418	3780	342582	8468	118990	661406
河南	Henan	964944	90759	4746	124077	3753	42315	257404
湖北	Hubei	943502	98049	4771	100481	5910	60677	248575
湖南	Hunan	685025	76768	7413	75769	7490	28509	161068
广东	Guangdong	1955087	47531	4116	490284	11150	63397	607193
广西	Guangxi	539342	85439	3854	38027	3328	20038	153421
海南	Hainan	100398	12992	414	4279	514	7961	21265
重庆	Chongqing	598575	111669	2655	64767	2616	17869	166014
四川	Sichuan	629919	78902	4893	62199	6233	25065	116118
贵州	Guizhou	447650	100143	8003	50398	2610	19090	94259
云南	Yunnan	579001	109423	7568	32978	3521	26555	166569
西藏	Tibet	26600	643	251	1305	208	2287	2373
陕西	Shaanxi	462710	55119	5653	45492	3600	29585	117082
甘肃	Gansu	222361	40473	2329	17750	1927	6721	43777
青海	Qinghai	108773	22588	1088	7018	919	6492	24311
宁夏	Ningxia	90563	15556	855	7971	692	4012	24055
新疆	Xinjiang	249768	22757	3418	21428	2145	7488	66172

注：1.2008年农、林、牧、渔业法人单位数为兼营第二、三产业的农、林、牧、渔业法人单位；2013年农、林、牧、渔业法人单位数为农、林、牧、渔服务业和兼营第二、三产业的农、林、牧、渔业法人单位；2013年法人单位数不包括金融业、铁路运输业和无分组标识的部分数据。

2.因第四次经济普查数据正在审核验收中，2018年基本单位数据表1-5、1-6、1-7、1-8仍使用2017年数据。

a) Number of legal entities of agriculture, forestry, animal husbandry and fishery in 2008 refers to those also engaged in the secondary and tertiary industries at part time. Number of legal entities of agriculture, forestry, animal husbandry and fishery in 2013 refers to those engaged in services for agriculture, forestry, animal husbandry and fishery as well as also engaged in the secondary and tertiary industries at part time. Number of legal entities in 2013 refers to those excluding financial intermediation, railway transportation and some no divided identifier.

b) Because the data of the Fourth Economic Census are under examination, number of legal entities of Table 1-5, 1-6, 1-7 and 1-8 still use 2017 data.

1-5 续表 1 continued

单位：个 (unit)

年份 地区	Year Region	交通运输、仓储和邮政业 Transport, Storage and Post	住宿和餐饮业 Hotels and Catering Services	信息传输、软件和信息技术服务业 Information Transmission, Software and Information Technology	金融业 Financial Intermediation	房地产业 Real Estate	租赁和商务服务业 Leasing and Business Services	科学研究和技术服务业 Scientific Research and Technical Services
	2005	91565	101853	85499	26828	148059	291498	153076
	2006	104635	109892	100614	29201	165865	331904	166240
	2007	117228	118173	115101	31815	187444	368763	176677
	2008	157589	145297	153290	28668	214391	427001	201689
	2009	175914	154895	176326	36907	244043	511666	233221
	2010	195829	164762	191182	45512	284726	590478	256865
	2011	219630	172070	208867	55513	323985	687575	283777
	2012	249832	186837	245669	67554	356717	813851	324932
	2013	262048	199592	226107		343924	916953	455778
	2014	323044	235337	289162	91583	419618	1161947	544309
	2015	378705	274283	387842	109711	466100	1440572	661022
	2016	443325	317619	507674	122516	533557	1768005	813251
	2017	540994	378974	719150	135068	642893	2242096	1035170
北 京	Beijing	14913	17215	36601	5138	19622	152084	111740
天 津	Tianjin	19379	6330	17862	4912	12729	56982	57506
河 北	Hebei	27657	12923	30159	5516	40644	95365	44124
山 西	Shanxi	14827	9121	18806	3221	15980	49596	18000
内蒙古	Inner Mongolia	9938	4619	7178	3134	9448	26513	9404
辽 宁	Liaoning	20100	9528	23389	4439	21985	63283	29623
吉 林	Jilin	5938	2463	4316	1790	6616	14688	7933
黑龙江	Heilongjiang	9726	3492	9530	2254	10349	28045	14699
上 海	Shanghai	17210	14306	18695	2802	18050	66973	25077
江 苏	Jiangsu	63567	25098	87155	8306	60782	246030	142157
浙 江	Zhejiang	31988	24856	76660	10786	41415	206460	67948
安 徽	Anhui	23453	15319	30019	5452	24983	90744	32816
福 建	Fujian	19128	13252	31233	5360	19921	90980	34023
江 西	Jiangxi	17798	7560	18582	3509	14987	59671	15488
山 东	Shandong	52752	29390	53407	12053	49233	177737	96850
河 南	Henan	18979	15029	25564	4921	31673	71012	47284
湖 北	Hubei	25551	17027	40205	4944	31630	109524	43452
湖 南	Hunan	13482	12954	22548	3570	19686	62762	28849
广 东	Guangdong	49662	32729	63781	12751	70369	221659	75646
广 西	Guangxi	12514	7266	13404	2703	18677	56993	21935
海 南	Hainan	2070	2536	2957	695	9511	12811	3471
重 庆	Chongqing	11134	29331	19167	2976	15666	54829	15457
四 川	Sichuan	13760	13068	16198	3550	17947	52470	25808
贵 州	Guizhou	7698	16341	8080	2535	11711	34597	9234
云 南	Yunnan	11046	14873	17568	4385	14489	54745	18964
西 藏	Tibet	351	579	174	107	251	1154	538
陕 西	Shaanxi	10723	10830	11613	3348	15847	31430	15126
甘 肃	Gansu	3916	4453	2565	2322	5590	12155	5386
青 海	Qinghai	1952	2770	2232	504	2798	11170	3509
宁 夏	Ningxia	2320	1444	1796	1874	2086	7266	2104
新 疆	Xinjiang	7462	2272	7706	5211	8218	22368	11019

1-5 续表 2 continued

单位：个 (unit)

年 份 Year 地 区 Region		水利、环境和公共设施管理业 Management of Water Conservancy, Environment and Public Facilities	居民服务、修理和其他服务业 Service to Households, Repair and Other Services	教育 Education	卫生和社会工作 Health and Social Service	文化、体育和娱乐业 Culture, Sports and Entertainment	公共管理、社会保障和社会组织 Public Management, Social Security and Social Organization
	2005	46847	93947	305446	183760	69490	1252597
	2006	48811	102228	308760	185014	72873	1252706
	2007	50953	110525	312339	187376	76430	1257950
	2008	57553	120467	335065	206480	81878	1363857
	2009	61740	141936	342003	209016	90891	1383842
	2010	64794	158152	342408	205778	95633	1382104
	2011	69186	175813	346390	205173	102775	1387111
	2012	75981	196880	355072	206885	121126	1393957
	2013	84803	190692	413908	249567	230544	1520075
	2014	97522	242251	444038	265537	263384	1596327
	2015	108069	298958	461451	271571	297274	1603708
	2016	122367	359932	486026	275554	341182	1599879
	2017	146295	420667	517739	286858	414973	1590535
北 京	Beijing	4179	19464	11418	4128	29908	17339
天 津	Tianjin	2265	11602	4540	2161	10716	10591
河 北	Hebei	8254	20702	22699	7973	16678	79590
山 西	Shanxi	5237	11101	12875	7050	12183	59018
内蒙古	Inner Mongolia	3605	7496	8639	5404	5531	35215
辽 宁	Liaoning	4889	12487	15352	13511	11215	44631
吉 林	Jilin	1932	4129	6464	4095	3516	29056
黑龙江	Heilongjiang	2494	4997	8495	6280	6301	33692
上 海	Shanghai	2210	13114	6101	3407	8172	13054
江 苏	Jiangsu	11929	41767	29119	23266	37550	81720
浙 江	Zhejiang	9869	23451	27584	11551	30861	83064
安 徽	Anhui	6811	19115	18901	10105	18125	47114
福 建	Fujian	5574	15312	18066	8546	16348	62502
江 西	Jiangxi	4145	10760	16699	10627	9369	56255
山 东	Shandong	9900	37021	35311	21775	27862	136066
河 南	Henan	7865	15432	46326	36494	18163	103148
湖 北	Hubei	7940	19963	23317	13545	16360	71581
湖 南	Hunan	6036	14930	23726	16501	19582	83382
广 东	Guangdong	8941	32250	45292	12472	25782	80082
广 西	Guangxi	4344	8590	23151	5059	9168	51431
海 南	Hainan	854	1930	4158	1372	2426	8182
重 庆	Chongqing	3728	16103	14573	6915	13588	29518
四 川	Sichuan	5200	11354	28633	17699	17780	113042
贵 州	Guizhou	3123	12186	13557	5522	8782	39781
云 南	Yunnan	4194	14686	12641	5956	12425	46415
西 藏	Tibet	88	205	1012	463	513	14098
陕 西	Shaanxi	5103	9151	16430	14622	8848	53108
甘 肃	Gansu	1731	3413	10799	4311	5959	46784
青 海	Qinghai	1151	2043	2106	1309	1992	12821
宁 夏	Ningxia	708	1687	2154	1047	1606	11330
新 疆	Xinjiang	1996	4226	7601	3692	7664	36925

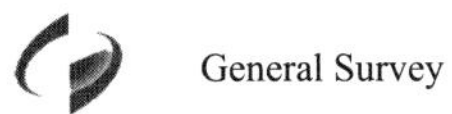

1-6 分地区按三次产业和机构类型分法人单位数(2017年)

Number of Legal Entities by Three Strata of Industry and Type of Institutions and Region (2017)

单位：个 (unit)

地区	Region	法人单位数 Number of Legal Entities	按三次产业分 Grouped by Three Strata of Industry 第一产业 Primary Industry	第二产业 Secondary Industry	第三产业 Tertiary Industry	按机构类型分 By Type of Institutions 企业法人 Business Entity	事业法人 Institution Entity	机关法人 Government Entity	社会团体 Social Organization	其他 Others
全国	**National Total**	**22009092**	**1670774**	**4731349**	**15606969**	**18097682**	**814716**	**255360**	**299248**	**2542086**
北京	Beijing	719624	9008	55793	654823	676829	12134	2156	5814	22691
天津	Tianjin	444546	12322	84250	347974	414784	6632	2042	1918	19170
河北	Hebei	1147414	89801	290623	766990	954073	31652	11797	8286	141606
山西	Shanxi	600802	99121	77335	424346	429757	28266	8956	8106	125717
内蒙古	Inner Mongolia	328901	53418	45915	229568	222801	18633	7697	7192	72578
辽宁	Liaoning	655309	30723	144177	480409	543275	30808	9514	8803	62909
吉林	Jilin	209045	19420	40508	149117	141199	18783	5889	3534	39640
黑龙江	Heilongjiang	335310	47322	53021	234967	223467	20749	9595	4082	77417
上海	Shanghai	484495	6375	101788	376332	453393	7735	1676	3268	18423
江苏	Jiangsu	2356034	49738	702204	1604092	2148335	39479	10474	31021	126725
浙江	Zhejiang	1792465	65778	536493	1190194	1599310	32297	8262	21289	131307
安徽	Anhui	872865	93247	185151	594467	727017	22036	9278	9267	105267
福建	Fujian	870050	50706	198812	620532	748141	28939	9183	18185	65602
江西	Jiangxi	573013	60700	123257	389056	439890	32792	9746	9721	80864
山东	Shandong	2015001	114194	471201	1429606	1676178	48352	12306	20929	257236
河南	Henan	964944	76844	174154	713946	695953	64467	14337	7390	182797
湖北	Hubei	943502	85154	170969	687379	751526	40514	9921	14693	126848
湖南	Hunan	685025	60149	118652	506224	502984	42006	12686	9830	117519
广东	Guangdong	1955087	37645	566416	1351026	1752016	46421	12147	24332	120171
广西	Guangxi	539342	77842	64913	396587	409008	41509	8565	12566	67694
海南	Hainan	100398	11912	13063	75423	77662	4355	1735	1665	14981
重庆	Chongqing	598575	105628	87381	405566	520514	17847	4227	7117	48870
四川	Sichuan	629919	71812	97894	460213	401716	58571	18546	18547	132539
贵州	Guizhou	447650	97661	79790	270199	342972	21416	7346	5809	70107
云南	Yunnan	579001	103864	70301	404836	457374	22241	11415	11123	76848
西藏	Tibet	26600	589	4023	21988	9461	2301	5764	617	8457
陕西	Shaanxi	462710	50032	82057	330621	333776	29210	9493	7027	83204
甘肃	Gansu	222361	36953	28440	156968	127899	19901	7249	8468	58844
青海	Qinghai	108773	21704	15415	71654	76169	4270	3005	1790	23539
宁夏	Ningxia	90563	13909	13422	63232	63463	3045	1526	1637	20892
新疆	Xinjiang	249768	17203	33931	198634	176740	17355	8827	5222	41624

1-7 按地区和控股情况分企业法人单位数(2017年)

Numbers of Corporate Enterprises by Region and the Status of Holdings (2017)

单位：个 (unit)

地 区	Region	企业单位数 Numbers of Enterprises	国有控股 State-holding	集体控股 Collective-holding	私人控股 Private-holding	港、澳、台商控股 Hong Kong, Macao and Taiwan-holding	外商控股 Foreign-holding	其 他 Others
全 国	**National Total**	**18097682**	**325800**	**249946**	**16204143**	**113103**	**111628**	**1093062**
北 京	Beijing	676829	17711	18961	605577	6148	9114	19318
天 津	Tianjin	414784	8879	5516	333849	2069	4089	60382
河 北	Hebei	954073	10473	8461	909843	699	1341	23256
山 西	Shanxi	429757	11060	6299	405243	212	305	6638
内蒙古	Inner Mongolia	222801	5722	2149	196315	143	199	18273
辽 宁	Liaoning	543275	14058	14203	457248	1900	4517	51349
吉 林	Jilin	141199	5790	2782	120238	204	538	11647
黑龙江	Heilongjiang	223467	8225	4233	196814	323	517	13355
上 海	Shanghai	453393	11706	9850	380614	12693	20590	17940
江 苏	Jiangsu	2148335	22014	17161	1983808	13489	17838	94025
浙 江	Zhejiang	1599310	12991	23365	1533686	8843	11026	9399
安 徽	Anhui	727017	12738	7738	642934	1057	1139	61411
福 建	Fujian	748141	12632	9021	650640	9808	4475	61565
江 西	Jiangxi	439890	9764	7105	385919	1584	706	34812
山 东	Shandong	1676178	18645	15208	1558518	3560	10902	69345
河 南	Henan	695953	14556	9733	605195	741	673	65055
湖 北	Hubei	751526	13511	8002	680305	1628	1764	46316
湖 南	Hunan	502984	12911	7841	428709	931	663	51929
广 东	Guangdong	1752016	24617	27579	1463030	42118	15689	178983
广 西	Guangxi	409008	7043	5452	387506	1020	967	7020
海 南	Hainan	77662	2592	1395	62322	404	241	10708
重 庆	Chongqing	520514	7988	3443	480917	1019	946	26201
四 川	Sichuan	401716	11682	8320	327439	797	940	52538
贵 州	Guizhou	342972	9604	4877	304496	299	212	23484
云 南	Yunnan	457374	9558	6341	422374	597	979	17525
西 藏	Tibet	9461	1016	677	6909	20	17	822
陕 西	Shaanxi	333776	10722	7727	290534	412	765	23616
甘 肃	Gansu	127899	4951	3210	103305	96	86	16251
青 海	Qinghai	76169	2124	836	70210	75	93	2831
宁 夏	Ningxia	63463	1295	394	59877	65	72	1760
新 疆	Xinjiang	176740	9222	2067	149769	149	225	15308

1-8 按地区和登记注册类型分企业法人单位数(2017年)
Number of Business Entities by Region and Status of Registration (2017)

单位：个 (unit)

地 区	Region	企业单位数 Number of Enterprises	内资企业 Domestic Funded Enterprises	#国有企业 State-owned Enterprises	#集体企业 Collective-owned Enterprises	#股份合作企业 Cooperative Enterprises	#联营 Joint Ownership
全 国	**National Total**	**18097682**	**17830471**	**133223**	**155641**	**62350**	**16550**
北 京	Beijing	676829	660700	5834	10630	13470	566
天 津	Tianjin	414784	406023	3034	3837	834	834
河 北	Hebei	954073	951283	4350	6307	1448	210
山 西	Shanxi	429757	428996	5278	4918	228	110
内蒙古	Inner Mongolia	222801	222251	2366	976	525	143
辽 宁	Liaoning	543275	534957	6607	10366	2427	586
吉 林	Jilin	141199	140094	2993	1904	525	185
黑龙江	Heilongjiang	223467	222219	4671	3028	1365	201
上 海	Shanghai	453393	417803	2679	5927	1897	603
江 苏	Jiangsu	2148335	2110538	8045	11809	3054	992
浙 江	Zhejiang	1599310	1573737	3100	10792	8528	304
安 徽	Anhui	727017	724092	5422	4390	1905	923
福 建	Fujian	748141	731742	5852	6061	2353	760
江 西	Jiangxi	439890	437291	4906	2532	1795	571
山 东	Shandong	1676178	1657740	7995	10505	1823	305
河 南	Henan	695953	693820	6343	6380	1588	918
湖 北	Hubei	751526	746546	6908	5441	960	394
湖 南	Hunan	502984	500848	4462	4218	994	481
广 东	Guangdong	1752016	1686333	10390	17253	8190	4611
广 西	Guangxi	409008	406871	4012	4729	513	175
海 南	Hainan	77662	76866	1489	700	573	156
重 庆	Chongqing	520514	518047	2007	2328	1017	239
四 川	Sichuan	401716	399471	3956	3773	2184	561
贵 州	Guizhou	342972	342339	3761	2776	963	477
云 南	Yunnan	457374	455346	3738	4827	682	184
西 藏	Tibet	9461	9405	698	373	70	101
陕 西	Shaanxi	333776	332050	5150	5200	1002	482
甘 肃	Gansu	127899	127644	2298	1982	784	210
青 海	Qinghai	76169	75889	946	552	165	36
宁 夏	Ningxia	63463	63277	364	200	77	20
新 疆	Xinjiang	176740	176253	3569	927	411	212

1-8 续表 continued

单位：个 (unit)

地 区	Region	#有限责任公司 Limited Liability Corporations	#股份有限公司 Share-holding Corporations Ltd.	#私 营 Private	港、澳、台商投资企业 Enterprises with Funds from Hong Kong, Macao and Taiwan	外商投资企业 Enterprises with Foreign Investment
全 国	**National Total**	**2368950**	**151259**	**14368860**	**130214**	**136997**
北 京	Beijing	160269	6177	462638	6392	9737
天 津	Tianjin	89797	2884	284687	3236	5525
河 北	Hebei	87485	4778	822090	966	1824
山 西	Shanxi	21763	1585	390365	288	473
内蒙古	Inner Mongolia	38564	2866	166401	221	329
辽 宁	Liaoning	99561	7694	379806	2254	6064
吉 林	Jilin	30179	3131	94996	292	813
黑龙江	Heilongjiang	25823	2385	177590	432	816
上 海	Shanghai	35531	2386	366776	13542	22048
江 苏	Jiangsu	118480	10324	1918712	15840	21957
浙 江	Zhejiang	62931	5531	1476631	11461	14112
安 徽	Anhui	97282	7140	565122	1214	1711
福 建	Fujian	157146	7947	519053	10948	5451
江 西	Jiangxi	91991	6897	298909	1706	893
山 东	Shandong	98536	9376	1479916	4802	13636
河 南	Henan	152549	8566	476044	949	1184
湖 北	Hubei	87314	4768	620232	2065	2915
湖 南	Hunan	68485	7394	382288	1214	922
广 东	Guangdong	440614	19291	1114596	46372	19311
广 西	Guangxi	26597	2618	368061	1100	1037
海 南	Hainan	32342	1733	36655	453	343
重 庆	Chongqing	26963	2941	467991	1166	1301
四 川	Sichuan	89306	7579	269875	950	1295
贵 州	Guizhou	45636	2653	272765	345	288
云 南	Yunnan	27509	2796	405613	791	1237
西 藏	Tibet	1533	286	5424	24	32
陕 西	Shaanxi	86844	4202	213363	739	987
甘 肃	Gansu	28299	2732	75902	109	146
青 海	Qinghai	4517	391	67546	90	190
宁 夏	Ningxia	3876	401	56699	79	107
新 疆	Xinjiang	31228	1807	132114	174	313

主要统计指标解释

行政区划 指国家对行政区域的划分。根据有关法规规定，我国的行政区域划分如下：(1)全国分为省、自治区、直辖市；(2)省、自治区分为自治州、县、自治县、市；(3)自治州分为县、自治县、市；(4)县、自治县分为乡、民族乡、镇；(5)直辖市和较大的市分为区、县；(6)国家在必要时设立的特别行政区。

平均增长速度 平均增长速度表明社会经济现象在一个较长的时期内逐期平均增长变化的程度，它不能根据各个环比增长速度直接求得，但与平均发展速度之间存在着一定的数量关系：平均增长速度＝平均发展速度－1。

平均发展速度是一种根据环比发展速度计算的序时平均数，由于各时期对比的基础不同，所以计算平均发展速度不能采用一般的序时平均数的计算方法，计算方法分为水平法和累计法。水平法，又称几何平均法，即将环比发展速度按连乘法用几何平均数公式计算。累计法，也称方程法，根据一段时期内各年发展水平总和与基期水平的关系，列出方程式计算平均发展速度。水平法着重考虑最后一年所达到的发展水平；累计法着重考虑整个时期累计发展水平的总量。

本《年鉴》内所列的平均增长速度，除固定资产投资用“累计法”计算外，其余均用“水平法”计算。从某年到某年平均增长速度的年份，均不包括基期年在内。如建国四十三年以来的平均增长速度是以 1949 年为基期计算的，则写为 1950-1992 年平均增长速度，其余类推。

国民经济行业分类 自 2012 年定期报表开始使用新的《国民经济行业分类》(GB/T4754-2011)。该分类是由国家统计局组织修订，国家质量监督检验检疫总局和中国国家标准化管理委员会于 2011 年 4 月 29 日发布。这次修订是在 2002 年分类标准的基础上，参照联合国《全部经济活动的国际标准产业分类》(ISIC/Rev.4) 进行的。修订后的《国民经济行业分类》(GB/T4754-2012) 共有门类 20 个，大类 96 个，中类 432 个，小类 1094 个。

企业(单位)登记注册类型 是以在工商行政管理机关登记注册的各类企业为划分对象，以工商行政管理部门对企业登记注册的类型为依据，将企业登记注册类型分为内资企业、港澳台商投资企业和外商投资企业三大类。内资企业包括国有企业、集体企业、股份合作企业、联营企业、有限责任公司、股份有限公司、私营企业和其他企业；港澳台商投资企业和外商投资企业分别包括合资经营企业、合作经营企业、独资经营企业和股份有限公司等。对不在工商行政管理部门进行登记注册的行政机关、事业单位和社会团体，主要按其经费来源和管理方式进行划分。

国有企业 指企业全部资产归国家所有，并按《中华人民共和国企业法人登记管理条例》规定登记注册的非公司制的经济组织。不包括有限责任公司中的国有独资公司。

集体企业 指企业资产归集体所有，并按《中华人民共和国企业法人登记管理条例》规定登记注册的经济组织。

股份合作企业 指以合作制为基础，由企业职工共同出资入股，吸收一定比例的社会资产投资组建，实行自主经营，自负盈亏，共同劳动，民主管理，按劳分配与按股分红相结合的一种集体经济组织。

联营企业 指两个及两个以上相同或不同所有制性质的企业法人或事业单位法人，按自愿、平等、互利的原则，共同投资组成的经济组织。联营企业包括国有联营企业、集体联营企业、国有与集体联营企业和其他联营企业。

有限责任公司 指根据《中华人民共和国公司登记管理条例》规定登记注册，由两个以上、五十个以下的股东共同出资，每个股东以其所认缴的出资额对公司承担有限责任，公司以其全部资产对其债务承担责任的经济组织。有限责任公司包括国有独资公司以及其他有限责任公司。

股份有限公司 指根据《中华人民共和国公司登记管理条例》规定登记注册，其全部注册资本由等额股份构成并通过发行股票筹集资本，股东以其认购的股份对公司承担有限责任，公司以其全部资产对其债务承担责任的经济组织。

私营企业 指由自然人投资设立或由自然人控股，以雇佣劳动为基础的营利性经济组织。包括按照《公司法》、《合伙企业法》、《私营企业暂行条例》规定登记注册的私营有限责任公司、私营股份有限公司、私营合伙企业和私营独资企业。

其他企业 指上述企业之外的其他内资经济组织。

合资经营企业（港或澳、台资） 指港澳台地区投资者与内地企业依照《中华人民共和国中外合资经营企业法》及有关法律的规定，按合同规定的比例投资设立、分享利润和分担风险的企业。

合作经营企业（港或澳、台资） 指港澳台地区投资者与内地企业依照《中华人民共和国中外合作经营企业法》及有关法律的规定，依照合作合同的约定进行投资或提供条件设立、分配利润和分担风险的企业。

港澳台商独资经营企业 指依照《中华人民共和国外资企业法》及有关法律的规定，在内地由港澳台地区投资者全额投资设立的企业。

港澳台商投资股份有限公司 指根据国家有关规定，经原外经贸部依法批准设立，其中港、澳、台商的股本占公司注册资本的比例达 25%以上的股份有限公司。凡其中港、澳、台商的股本占公司注册资本的比例小于 25%的，属于内资企业中的股份有限公司。

其他港澳台商投资企业 指在中国境内参照《外国企业

或个人在中国境内设立合伙企业管理办法》和《外商投资合伙企业登记管理规定》，依法设立的港、澳、台商投资合伙企业等。

中外合资经营企业 指外国企业或外国人与中国内地企业依照《中华人民共和国中外合资经营企业法》及有关法律的规定，按合同规定的比例投资设立、分享利润和分担风险的企业。

中外合作经营企业 指外国企业或外国人与中国内地企业依照《中华人民共和国中外合作经营企业法》及有关法律的规定，依照合作合同的约定进行投资或提供条件设立、分配利润和分担风险的企业。

外资企业 指依照《中华人民共和国外资企业法》及有关法律的规定，在中国内地由外国投资者全额投资设立的企业。

外商投资股份有限公司 指根据国家有关规定，经原外经贸部依法批准设立，其中外资的股本占公司注册资本的比例达 25% 以上的股份有限公司。凡其中外资股本占公司注册资本的比例小于 25%的，属于内资企业中的股份有限公司。

其他外商投资企业 指在中国境内依照《外国企业或个人在中国境内设立合伙企业管理办法》和《外商投资合伙企业登记管理规定》，依法设立的外商投资合伙企业等。

Explanatory Notes on Main Statistical Indicators

Divisions of Administrative Areas refer to the division of administrative areas by the State. The relative laws stipulate that 1) the whole country is divided into provinces, autonomous regions and municipalities directly under the Central Government; 2) provinces and autonomous regions are further divided into autonomous prefectures, counties, autonomous counties and cities; 3) autonomous prefectures are further divided into counties, autonomous counties and cities; 4) counties and autonomous counties are further divided into townships, ethnic townships and towns; 5) municipalities directly under the Central Government and large cities are divided into districts and counties, 6) the State shall, when necessary, establish special administrative regions.

Average Annual Growth Rate shows the average growth rate of social and economic development during a longer period. It can not be directly calculated by chain based growth rate. The relation is:

Average Annual Growth Rate = Average Speed of Development – 1

Average speed of development is the time series average of speed which calculated by chain based. Because the reference bases during the different periods are not same, average speed of development can not be calculated by the general method. Level approach and accumulative approach for calculating average speed of development rate are applied. The “level approach”, or the method of calculating the geometric average, is derived by the formula of geometric average of the chain-based speeds of development, or comparing the level of the last year of the interval with that of the beginning year; the other is called the “accumulative approach” or the “algebraic average”, “equation” method, which is derived by the summation of the actual figure of each year in the interval divided by the figure in the base year. The level approach focuses on the level of the last year, while the accumulative approach emphasizes the aggregate development in the duration.

The average annual growth rates listed in the Yearbook are calculated by the level approach except for the growth rate of investment in fixed assets. The base year is not listed in the duration for which average annual growth rates are computed. For instance, the average annual growth rate of the 43 years since 1949 is shown as the average annual growth rate of 1950-1992 without showing the base year 1949.

Industrial Classification of the National Economy The new *Industrial Classification of the National Economy* (GB/T 4754-2011) is introduced starting from the compilation of 2012 annual statistics. The revision, based on the 2002 classification, was organized by the National Bureau of Statistics taking into consideration of the *International Standards of the Industrial Classification of All Economic Activities* (ISIC/Rev.4) of the United Nations. The new *Classification* was promulgated by the National Administration of Quality Supervision, Inspection and Quarantine and the Standardization Administration of the People's Republic of China on April 29, 2011. The revised version of the *Industrial Classification of the National Economy* (GB/T 4754-2012) is composed of 20 sections, 96 divisions, 432 groups and 1094 classes.

Registration Status of Enterprises (Units) Enterprises are classified into 3 categories, namely domestic-funded enterprises, enterprises with investment from Hong Kong, Macao and Taiwan, and enterprises with foreign investment, according to the registration status of an enterprise in industrial and commercial administration agencies. Domestic-funded enterprises include State-owned enterprises, collective-owned enterprises, cooperative enterprises, joint ownership enterprises, limited liability corporations, share-holding corporations Ltd., private enterprises and other enterprises. Included in the enterprises with investment from Hong Kong, Macao and Taiwan and enterprises with foreign investment are joint-venture enterprises, cooperative enterprises, sole investment enterprises and share-holding corporations Ltd. For government agencies, institutions and social organizations which are not registered in industrial and commercial administration agencies, they are classified mainly by their sources of funding and manner of management.

State-owned Enterprises refer to non-corporation economic units where the entire assets are owned by the State and which have been registered in accordance with the *Regulation of the People's Republic of China on the Management of Registration of Corporate Enterprises*. Not included from this category are solely State-funded corporations in the limited liability corporations.

Collective-owned Enterprises refer to economic units where the assets are owned collectively and which have been registered in accordance with the *Regulation of the People's Republic of China on the Management of Registration of Corporate Enterprises*.

Cooperative Enterprises refer to a form of collective economic units (enterprises) where capitals come mainly from employees as their shares, with certain proportion of capital from the outside, where production is organized on the basis of independent operation, independent accounting for profits and losses, joint work, democratic management, and a distribution system that integrates remuneration according to work with dividend according to capital share.

Joint Ownership Enterprises refer to economic units established by two or more corporate enterprises or corporate institutions of the same or different ownership, through joint investment on the basis of voluntary participation, equality, and mutual benefits. They include State joint ownership enterprises; collective joint ownership enterprises; joint State-collective enterprises; and other joint ownership enterprises.

Limited Liability Corporations refer to economic units established with investment from 2-50 investors and registered in accordance with the *Regulation of the People's Republic of China on the Management of Registration of Corporations*, each investor bearing limited liability to the corporation depending on its share of investment, and the corporation bearing liability to its debt to the maximum of its total assets. Limited liability corporations include solely State-funded limited liability corporations and other limited liability corporations.

Share-holding Corporations Ltd. refer to economic units registered in accordance with the *Regulation of the People's Republic of China on the Management of Registration of Corporations*, with total registered capital divided into equal shares and raised through issuing stocks. Each investor bears limited liability to the corporation depending on the holding of shares, and the corporation bears liability to its debt to the maximum of its total assets.

Private Enterprises refer to profit-making economic units invested and established by natural persons, or controlled by natural persons using employed labour. Included in this category are private limited liability corporations, private share-holding corporations Ltd., private partnership enterprises and private-funded enterprises registered in accordance with the *Company Law, the Law on Partnership Business* and *Interim Regulations on Private Enterprises.*

Other Domestic-funded Enterprises refer to domestic-funded economic units other than those mentioned above.

Joint Venture Enterprises(Funds are from Hong Kong, Macao or Taiwan.) are enterprises established by investors from Hong Kong, Macao and Taiwan with enterprises in the mainland of China in accordance with the *Law of the People's Republic of China on Sino-foreign Equity Joint Ventures* and other relevant laws, where the establishment of the investment and the sharing of profits and risks are stipulated under joint venture contracts.

Cooperative Enterprises(Funds are from Hong Kong, Macao or Taiwan.) established by investors from Hong Kong, Macao and Taiwan with enterprises in the mainland of China in accordance with the *Law of the People's Republic of China on Sino-foreign Contractual Joint Venture* and other relevant laws, where the investment or provision of facilities and the sharing of profits and risks are stipulated under cooperative contracts.

Enterprises with Sole (exclusive) Investment from Hong Kong, Macao and Taiwan refer to enterprises established in the mainland of China with exclusive investment from investors from Hong Kong, Macao and Taiwan in accordance with the *Law of the People's Republic of China on Wholly Foreign-owned Enterprises* and other relevant laws.

Share-holding Corporations Ltd. with Investment from Hong Kong, Macao and Taiwan refer to share-holding corporations Ltd. established with the approval from the former Ministry of Foreign Trade and Economic Relations in line with relevant State regulations, where the share of investment from Hong Kong, Macao or Taiwan businessmen exceeds 25% of the total registered capital of the corporation. In case the share of investment from Hong Kong, Macao or Taiwan is less than 25% of the total registered capital, the enterprise is to be classified as domestic-funded share-holding corporation Ltd.

Other Enterprises with Funds From Hong Kong, Macao and Taiwan refer to partnership enterprises with investments from Hong Kong, Macao and Taiwan established within the territory of China in accordance with Administrative Measures on the Establishment of Partnership Enterprises in China by Foreign Enterprises or Foreign Individuals and Regulations for the Administration of the Registration of Foreign-invested Partnership Enterprises.

Joint Venture Enterprises with Foreign Investment refer to enterprises jointly established by foreign enterprises or foreigners with enterprises in the mainland of China in accordance with the *Law of the People's Republic of China on Sino-foreign Equity Joint Ventures* and other relevant laws, where the sharing of investment, profits and risks is stipulated under contract.

Cooperative Enterprises with Foreign Investment refer to enterprises jointly established by foreign enterprises or foreigners with enterprises in the mainland of China in accordance with the *Law of the People's Republic of China on Sino-foreign Contractual Joint Venture* and other relevant laws, where the investment or provision of facilities and the sharing of profits and risks are stipulated under cooperative contracts.

Enterprises with Sole (exclusive) Foreign Investment refer to enterprises established in the mainland of China with exclusive investment from foreign investors in accordance with the *Law of the People's Republic of China on Wholly Foreign-owned Enterprises* and other relevant laws.

Share-holding Corporations Ltd. with Foreign Investment refer to share-holding corporations Ltd. established with the approval from the former Ministry of Foreign Trade and Economic Relations in line with relevant State regulations, where the share of investment from foreign investors exceeds 25% of the total registered capital of the corporation. In case the share of foreign investment is less than 25% of the total registered capital, the enterprise is to be classified as domestic-funded share-holding corporation Ltd.

Other Enterprises with Foreign Funds refer to partnership enterprises established within the territory of China in accordance with Administrative Measures on the Establishment of Partnership Enterprises in China by Foreign Enterprises or Foreign Individuals and Regulations for the Administration of the Registration of Foreign-invested Partnership Enterprises.

2

人　口

Population

简　要　说　明

一、本篇资料的主要内容

本篇资料反映我国 2018 年及历年人口方面的基本情况，包括全国及 31 个省、自治区、直辖市的主要人口统计数据，如：全国历年人口数、城镇人口、乡村人口；2018 年各地区人口数、出生率、死亡率、自然增长率、人口负担系数、家庭户规模、人口受教育程度等。

二、本篇的资料来源

本篇资料由国家统计局人口和就业统计司整理。其中表 2−1 至 2−7 中，1981 年及以前数据为户籍统计数；1982、1990、2000、2010 年数据为当年普查数据推算数；其余年份数据为年度人口抽样调查推算数据，部分年份数据根据人口普查数据进行了修订。表 2−8 为 2018 年全国人口变动情况抽样调查推算数据，表 2−9 至 2−16 为 2018 年全国人口变动情况抽样调查样本数据。

本篇各表如不做特殊说明，均未包括香港特别行政区、澳门特别行政区和台湾地区的人口数据。

三、本篇的统计调查方法

目前由国家统计局人口和就业统计司实施的人口统计调查有：

在逢“0”的年份进行全国人口普查；在逢“5”的年份进行全国 1%人口抽样调查；其余年份进行全国人口变动情况抽样调查，其样本量约占全国总人口的 1‰左右。人口抽样调查是以全国为总体，省级单位为次总体，采用分层、多阶段、整群概率比例抽样方法抽取样本。

Brief Introduction

I. Main Contents

Data in this chapter show the basic condition of the population in 2018 as well as in previous years for the whole nation and 31 provinces, autonomous regions and municipalities directly under the Central Government. They include the sizes of the national population, urban population and rural population over the years; as well as size, birth rates, death rates, natural growth rates, population dependency coefficient, average family household size and education attainments of the population by the end of 2018.

II. Sources of Data

Data in this chapter are prepared by the Department of Population and Employment Statistics of the National Bureau of Statistics. In tables 2-1 to 2-7, figures for 1981 and before are from household registrations; data for the year 1982, 1990, 2000 and 2010 are the census year estimates; the rest of the data covered in those tables are estimates from the annual national sample survey on population changes and data for selected years have been revised according to the census results. In table 2-8, data are estimates from the 2018 national sample survey on population changes. In tables 2-9 to 2-16, data are the sample data from the 2018 national sample survey on population changes.

Data in all the tables of this chapter do not include that from Hong Kong SAR, Macao SAR and Taiwan unless otherwise stated.

III. Sampling Methodology

The statistical surveys on population which are conducted by Department of Population and Employment Statistics of NBS are as follows:

The national population census is conducted in the year ending with 0; the national 1 percent population sample survey is conducted in the year ending with 5; sample surveys on population changes are conducted in the rest of the years which cover about 1 per thousand of the total population of the country. The sample survey on population change takes the whole nation as the population and each province, autonomous region or municipality as sub-populations, and the stratified multi-stage systematic PPS cluster sampling scheme is used.

2-1 人口数及构成
Population and Its Composition

单位：万人 (10 000 persons)

年 份 Year	总人口(年末) Total Population (year-end)	按性别分 By Sex				按城乡分 By Residence			
		男 Male		女 Female		城 镇 Urban		乡 村 Rural	
		人口数 Population	比重(%) Proportion	人口数 Population	比重(%) Proportion	人口数 Population	比重(%) Proportion	人口数 Population	比重(%) Proportion
1949	54167	28145	51.96	26022	48.04	5765	10.64	48402	89.36
1950	55196	28669	51.94	26527	48.06	6169	11.18	49027	88.82
1951	56300	29231	51.92	27069	48.08	6632	11.78	49668	88.22
1955	61465	31809	51.75	29656	48.25	8285	13.48	53180	86.52
1960	66207	34283	51.78	31924	48.22	13073	19.75	53134	80.25
1965	72538	37128	51.18	35410	48.82	13045	17.98	59493	82.02
1970	82992	42686	51.43	40306	48.57	14424	17.38	68568	82.62
1971	85229	43819	51.41	41410	48.59	14711	17.26	70518	82.74
1972	87177	44813	51.40	42364	48.60	14935	17.13	72242	82.87
1973	89211	45876	51.42	43335	48.58	15345	17.20	73866	82.80
1974	90859	46727	51.43	44132	48.57	15595	17.16	75264	82.84
1975	92420	47564	51.47	44856	48.53	16030	17.34	76390	82.66
1976	93717	48257	51.49	45460	48.51	16341	17.44	77376	82.56
1977	94974	48908	51.50	46066	48.50	16669	17.55	78305	82.45
1978	96259	49567	51.49	46692	48.51	17245	17.92	79014	82.08
1979	97542	50192	51.46	47350	48.54	18495	18.96	79047	81.04
1980	98705	50785	51.45	47920	48.55	19140	19.39	79565	80.61
1981	100072	51519	51.48	48553	48.52	20171	20.16	79901	79.84
1982	101654	52352	51.50	49302	48.50	21480	21.13	80174	78.87
1983	103008	53152	51.60	49856	48.40	22274	21.62	80734	78.38
1984	104357	53848	51.60	50509	48.40	24017	23.01	80340	76.99
1985	105851	54725	51.70	51126	48.30	25094	23.71	80757	76.29
1986	107507	55581	51.70	51926	48.30	26366	24.52	81141	75.48
1987	109300	56290	51.50	53010	48.50	27674	25.32	81626	74.68
1988	111026	57201	51.52	53825	48.48	28661	25.81	82365	74.19
1989	112704	58099	51.55	54605	48.45	29540	26.21	83164	73.79
1990	114333	58904	51.52	55429	48.48	30195	26.41	84138	73.59
1991	115823	59466	51.34	56357	48.66	31203	26.94	84620	73.06
1992	117171	59811	51.05	57360	48.95	32175	27.46	84996	72.54
1993	118517	60472	51.02	58045	48.98	33173	27.99	85344	72.01
1994	119850	61246	51.10	58604	48.90	34169	28.51	85681	71.49
1995	121121	61808	51.03	59313	48.97	35174	29.04	85947	70.96
1996	122389	62200	50.82	60189	49.18	37304	30.48	85085	69.52
1997	123626	63131	51.07	60495	48.93	39449	31.91	84177	68.09
1998	124761	63940	51.25	60821	48.75	41608	33.35	83153	66.65
1999	125786	64692	51.43	61094	48.57	43748	34.78	82038	65.22
2000	126743	65437	51.63	61306	48.37	45906	36.22	80837	63.78
2001	127627	65672	51.46	61955	48.54	48064	37.66	79563	62.34
2002	128453	66115	51.47	62338	48.53	50212	39.09	78241	60.91
2003	129227	66556	51.50	62671	48.50	52376	40.53	76851	59.47
2004	129988	66976	51.52	63012	48.48	54283	41.76	75705	58.24
2005	130756	67375	51.53	63381	48.47	56212	42.99	74544	57.01
2006	131448	67728	51.52	63720	48.48	58288	44.34	73160	55.66
2007	132129	68048	51.50	64081	48.50	60633	45.89	71496	54.11
2008	132802	68357	51.47	64445	48.53	62403	46.99	70399	53.01
2009	133450	68647	51.44	64803	48.56	64512	48.34	68938	51.66
2010	134091	68748	51.27	65343	48.73	66978	49.95	67113	50.05
2011	134735	69068	51.26	65667	48.74	69079	51.27	65656	48.73
2012	135404	69395	51.25	66009	48.75	71182	52.57	64222	47.43
2013	136072	69728	51.24	66344	48.76	73111	53.73	62961	46.27
2014	136782	70079	51.23	66703	48.77	74916	54.77	61866	45.23
2015	137462	70414	51.22	67048	48.78	77116	56.10	60346	43.90
2016	138271	70815	51.21	67456	48.79	79298	57.35	58973	42.65
2017	139008	71137	51.17	67871	48.83	81347	58.52	57661	41.48
2018	139538	71351	51.13	68187	48.87	83137	59.58	56401	40.42

注：1.1981年及以前数据为户籍统计数；1982、1990、2000、2010年数据为当年人口普查数据推算数；其余年份数据为年度人口抽样调查推算数据(下相关表同)。

2.总人口和按性别分人口中包括现役军人，按城乡分人口中现役军人计入城镇人口。

a) Figures 1981 (inclusive) are from household registrations; for the year 1982,1990,2000 and 2010 are the census year estimates; the rest of the data covered in those tables have been estimated on the basis of the annual national sample surveys of population. The same applies to the relevant tables following.

b) Total population and population by sex include the military personnel of the Chinese People's Liberation Army, the military personnel are classified as urban population in the item of population by residence.

2-2 人口出生率、死亡率和自然增长率
Birth Rate, Death Rate and Natural Growth Rate of Population

单位：‰ (‰)

年 份 Year	出生率 Birth Rate	死亡率 Death Rate	自然增长率 Natural Growth Rate
1978	18.25	6.25	12.00
1980	18.21	6.34	11.87
1981	20.91	6.36	14.55
1982	22.28	6.60	15.68
1983	20.19	6.90	13.29
1984	19.90	6.82	13.08
1985	21.04	6.78	14.26
1986	22.43	6.86	15.57
1987	23.33	6.72	16.61
1988	22.37	6.64	15.73
1989	21.58	6.54	15.04
1990	21.06	6.67	14.39
1991	19.68	6.70	12.98
1992	18.24	6.64	11.60
1993	18.09	6.64	11.45
1994	17.70	6.49	11.21
1995	17.12	6.57	10.55
1996	16.98	6.56	10.42
1997	16.57	6.51	10.06
1998	15.64	6.50	9.14
1999	14.64	6.46	8.18
2000	14.03	6.45	7.58
2001	13.38	6.43	6.95
2002	12.86	6.41	6.45
2003	12.41	6.40	6.01
2004	12.29	6.42	5.87
2005	12.40	6.51	5.89
2006	12.09	6.81	5.28
2007	12.10	6.93	5.17
2008	12.14	7.06	5.08
2009	11.95	7.08	4.87
2010	11.90	7.11	4.79
2011	11.93	7.14	4.79
2012	12.10	7.15	4.95
2013	12.08	7.16	4.92
2014	12.37	7.16	5.21
2015	12.07	7.11	4.96
2016	12.95	7.09	5.86
2017	12.43	7.11	5.32
2018	10.94	7.13	3.81

2-3 流动人口数
Floating Population

单位：亿人 (100 million persons)

年 份 Year	人户分离人口 Population of Residence-Registration Inconsistency	流动人口 Floating Population
2000	1.44	1.21
2005		1.47
2010	2.61	2.21
2011	2.71	2.30
2012	2.79	2.36
2013	2.89	2.45
2014	2.98	2.53
2015	2.94	2.47
2016	2.92	2.45
2017	2.91	2.44
2018	2.86	2.41

注：2000年、2010年分别为当年人口普查时点数据，其余年份数据根据年度人口抽样调查推算。

a) Data of 2000 and 2010 are based on the National Population Census and the rest are estimates based on annual national sample surveys of population.

2-4 平均预期寿命
Life Expectancy at Birth

单位：岁 (year)

年份 Year	合计 Total	男 Male	女 Female
1981	67.77	66.28	69.27
1990	68.55	66.84	70.47
1996	70.80		
2000	71.40	69.63	73.33
2005	72.95	70.83	75.25
2010	74.83	72.38	77.37
2015	76.34	73.64	79.43

2-5 人口年龄结构和抚养比
Age Composition and Dependency Ratio of Population

单位：万人 (10 000 persons)

年份 Year	总人口(年末) Total Population (year-end)	按年龄组分 by Age 0-14岁 Aged 0-14 人口数 Population	比重(%) Proportion	15-64岁 Aged 15-64 人口数 Population	比重(%) Proportion	65岁及以上 Aged 65 and Over 人口数 Population	比重(%) Proportion	总抚养比(%) Gross Dependency Ratio(%)	少儿抚养比(%) Children Dependency Ratio(%)	老年抚养比(%) Old Dependency Ratio(%)
1982	101654	34146	33.6	62517	61.5	4991	4.9	62.6	54.6	8.0
1987	109300	31347	28.7	71985	65.9	5968	5.4	51.8	43.5	8.3
1990	114333	31659	27.7	76306	66.7	6368	5.6	49.8	41.5	8.3
1991	115823	32095	27.7	76791	66.3	6938	6.0	50.8	41.8	9.0
1992	117171	32339	27.6	77614	66.2	7218	6.2	51.0	41.7	9.3
1993	118517	32177	27.2	79051	66.7	7289	6.2	49.9	40.7	9.2
1994	119850	32360	27.0	79868	66.6	7622	6.4	50.1	40.5	9.5
1995	121121	32218	26.6	81393	67.2	7510	6.2	48.8	39.6	9.2
1996	122389	32311	26.4	82245	67.2	7833	6.4	48.8	39.3	9.5
1997	123626	32093	26.0	83448	67.5	8085	6.5	48.1	38.5	9.7
1998	124761	32064	25.7	84338	67.6	8359	6.7	47.9	38.0	9.9
1999	125786	31950	25.4	85157	67.7	8679	6.9	47.7	37.5	10.2
2000	126743	29012	22.9	88910	70.1	8821	7.0	42.6	32.6	9.9
2001	127627	28716	22.5	89849	70.4	9062	7.1	42.0	32.0	10.1
2002	128453	28774	22.4	90302	70.3	9377	7.3	42.2	31.9	10.4
2003	129227	28559	22.1	90976	70.4	9692	7.5	42.0	31.4	10.7
2004	129988	27947	21.5	92184	70.9	9857	7.6	41.0	30.3	10.7
2005	130756	26504	20.3	94197	72.0	10055	7.7	38.8	28.1	10.7
2006	131448	25961	19.8	95068	72.3	10419	7.9	38.3	27.3	11.0
2007	132129	25660	19.4	95833	72.5	10636	8.1	37.9	26.8	11.1
2008	132802	25166	19.0	96680	72.7	10956	8.3	37.4	26.0	11.3
2009	133450	24659	18.5	97484	73.0	11307	8.5	36.9	25.3	11.6
2010	134091	22259	16.6	99938	74.5	11894	8.9	34.2	22.3	11.9
2011	134735	22164	16.5	100283	74.4	12288	9.1	34.4	22.1	12.3
2012	135404	22287	16.5	100403	74.1	12714	9.4	34.9	22.2	12.7
2013	136072	22329	16.4	100582	73.9	13161	9.7	35.3	22.2	13.1
2014	136782	22558	16.5	100469	73.4	13755	10.1	36.2	22.5	13.7
2015	137462	22715	16.5	100361	73.0	14386	10.5	37.0	22.6	14.3
2016	138271	23008	16.7	100260	72.5	15003	10.8	37.9	22.9	15.0
2017	139008	23348	16.8	99829	71.8	15831	11.4	39.2	23.4	15.9
2018	139538	23523	16.9	99357	71.2	16658	11.9	40.4	23.7	16.8

2-6 分地区年末人口数
Population at Year-end by Region

单位：万人 (10 000 persons)

地 区	Region	2007	2008	2009	2010	2011	2012	2013	2014	2015	2016	2017	2018
全 国	**National Total**	**132129**	**132802**	**133450**	**134091**	**134735**	**135404**	**136072**	**136782**	**137462**	**138271**	**139008**	**139538**
北 京	Beijing	1676	1771	1860	1962	2019	2069	2115	2152	2171	2173	2171	2154
天 津	Tianjin	1115	1176	1228	1299	1355	1413	1472	1517	1547	1562	1557	1560
河 北	Hebei	6943	6989	7034	7194	7241	7288	7333	7384	7425	7470	7520	7556
山 西	Shanxi	3393	3411	3427	3574	3593	3611	3630	3648	3664	3682	3702	3718
内蒙古	Inner Mongolia	2429	2444	2458	2472	2482	2490	2498	2505	2511	2520	2529	2534
辽 宁	Liaoning	4298	4315	4341	4375	4383	4389	4390	4391	4382	4378	4369	4359
吉 林	Jilin	2730	2734	2740	2747	2749	2750	2751	2752	2753	2733	2717	2704
黑龙江	Heilongjiang	3824	3825	3826	3833	3834	3834	3835	3833	3812	3799	3789	3773
上 海	Shanghai	2064	2141	2210	2303	2347	2380	2415	2426	2415	2420	2418	2424
江 苏	Jiangsu	7723	7762	7810	7869	7899	7920	7939	7960	7976	7999	8029	8051
浙 江	Zhejiang	5155	5212	5276	5447	5463	5477	5498	5508	5539	5590	5657	5737
安 徽	Anhui	6118	6135	6131	5957	5968	5988	6030	6083	6144	6196	6255	6324
福 建	Fujian	3612	3639	3666	3693	3720	3748	3774	3806	3839	3874	3911	3941
江 西	Jiangxi	4368	4400	4432	4462	4488	4504	4522	4542	4566	4592	4622	4648
山 东	Shandong	9367	9417	9470	9588	9637	9685	9733	9789	9847	9947	10006	10047
河 南	Henan	9360	9429	9487	9405	9388	9406	9413	9436	9480	9532	9559	9605
湖 北	Hubei	5699	5711	5720	5728	5758	5779	5799	5816	5852	5885	5902	5917
湖 南	Hunan	6355	6380	6406	6570	6596	6639	6691	6737	6783	6822	6860	6899
广 东	Guangdong	9660	9893	10130	10441	10505	10594	10644	10724	10849	10999	11169	11346
广 西	Guangxi	4768	4816	4856	4610	4645	4682	4719	4754	4796	4838	4885	4926
海 南	Hainan	845	854	864	869	877	887	895	903	911	917	926	934
重 庆	Chongqing	2816	2839	2859	2885	2919	2945	2970	2991	3017	3048	3075	3102
四 川	Sichuan	8127	8138	8185	8045	8050	8076	8107	8140	8204	8262	8302	8341
贵 州	Guizhou	3632	3596	3537	3479	3469	3484	3502	3508	3530	3555	3580	3600
云 南	Yunnan	4514	4543	4571	4602	4631	4659	4687	4714	4742	4771	4801	4830
西 藏	Tibet	289	292	296	300	303	308	312	318	324	331	337	344
陕 西	Shaanxi	3708	3718	3727	3735	3743	3753	3764	3775	3793	3813	3835	3864
甘 肃	Gansu	2548	2551	2555	2560	2564	2578	2582	2591	2600	2610	2626	2637
青 海	Qinghai	552	554	557	563	568	573	578	583	588	593	598	603
宁 夏	Ningxia	610	618	625	633	639	647	654	662	668	675	682	688
新 疆	Xinjiang	2095	2131	2159	2185	2209	2233	2264	2298	2360	2398	2445	2487

注：2010年数据为当年人口普查数据推算数；其余年份数据为年度人口抽样调查推算数据。各地区数据为常住人口口径。

a) Data of 2010 are the census year estimates; the rest are the estimates from the annual national sample survey of population. Data by region are of usual residents.

2-7 分地区年末城镇人口比重
Proportion of Urban Population at Year-end by Region

单位：% (%)

地 区	Region	2010	2011	2012	2013	2014	2015	2016	2017	2018
全 国	**National Total**	**49.95**	**51.27**	**52.57**	**53.73**	**54.77**	**56.10**	**57.35**	**58.52**	**59.58**
北 京	Beijing	85.96	86.20	86.20	86.30	86.35	86.50	86.50	86.50	86.50
天 津	Tianjin	79.55	80.50	81.55	82.01	82.27	82.64	82.93	82.93	83.15
河 北	Hebei	44.50	45.60	46.80	48.12	49.33	51.33	53.32	55.01	56.43
山 西	Shanxi	48.05	49.68	51.26	52.56	53.79	55.03	56.21	57.34	58.41
内蒙古	Inner Mongolia	55.50	56.62	57.74	58.71	59.51	60.30	61.19	62.02	62.71
辽 宁	Liaoning	62.10	64.05	65.65	66.45	67.05	67.35	67.37	67.49	68.10
吉 林	Jilin	53.35	53.40	53.70	54.20	54.81	55.31	55.97	56.65	57.53
黑龙江	Heilongjiang	55.66	56.50	56.90	57.40	58.01	58.80	59.20	59.40	60.10
上 海	Shanghai	89.30	89.30	89.30	89.60	89.60	87.60	87.90	87.70	88.10
江 苏	Jiangsu	60.58	61.90	63.00	64.11	65.21	66.52	67.72	68.76	69.61
浙 江	Zhejiang	61.62	62.30	63.20	64.00	64.87	65.80	67.00	68.00	68.90
安 徽	Anhui	43.01	44.80	46.50	47.86	49.15	50.50	51.99	53.49	54.69
福 建	Fujian	57.10	58.10	59.60	60.77	61.80	62.60	63.60	64.80	65.82
江 西	Jiangxi	44.06	45.70	47.51	48.87	50.22	51.62	53.10	54.60	56.02
山 东	Shandong	49.70	50.95	52.43	53.75	55.01	57.01	59.02	60.58	61.18
河 南	Henan	38.50	40.57	42.43	43.80	45.20	46.85	48.50	50.16	51.71
湖 北	Hubei	49.70	51.83	53.50	54.51	55.67	56.85	58.10	59.30	60.30
湖 南	Hunan	43.30	45.10	46.65	47.96	49.28	50.89	52.75	54.62	56.02
广 东	Guangdong	66.18	66.50	67.40	67.76	68.00	68.71	69.20	69.85	70.70
广 西	Guangxi	40.00	41.80	43.53	44.81	46.01	47.06	48.08	49.21	50.22
海 南	Hainan	49.80	50.50	51.60	52.74	53.76	55.12	56.78	58.04	59.06
重 庆	Chongqing	53.02	55.02	56.98	58.34	59.60	60.94	62.60	64.08	65.50
四 川	Sichuan	40.18	41.83	43.53	44.90	46.30	47.69	49.21	50.79	52.29
贵 州	Guizhou	33.81	34.96	36.41	37.83	40.01	42.01	44.15	46.02	47.52
云 南	Yunnan	34.70	36.80	39.31	40.48	41.73	43.33	45.03	46.69	47.81
西 藏	Tibet	22.67	22.71	22.75	23.71	25.75	27.74	29.56	30.89	31.14
陕 西	Shaanxi	45.76	47.30	50.02	51.31	52.57	53.92	55.34	56.79	58.13
甘 肃	Gansu	36.12	37.15	38.75	40.13	41.68	43.19	44.69	46.39	47.69
青 海	Qinghai	44.72	46.22	47.44	48.51	49.78	50.30	51.63	53.07	54.47
宁 夏	Ningxia	47.90	49.82	50.67	52.01	53.61	55.23	56.29	57.98	58.88
新 疆	Xinjiang	43.01	43.54	43.98	44.47	46.07	47.23	48.35	49.38	50.91

注：2010年数据为当年人口普查数据推算数；其余年份数据为年度人口抽样调查推算数据。

a) Data of 2010 are the census year estimates; the rest are the estimates from the annual national sample survey of population.

2-8 分地区人口的城乡构成和出生率、死亡率、自然增长率（2018年）
Total Population by Urban and Rural Residence and Birth Rate, Death Rate, Natural Growth Rate by Region (2018)

地 区	Region	总人口(年末)(万人) Total Population (year-end) (10 000 persons)	城镇人口 Urban Population		乡村人口 Rural Population		出生率(‰) Birth Rate (‰)	死亡率(‰) Death Rate (‰)	自然增长率(‰) Natural Growth Rate (‰)
			人口数 Population	比重（%）Proportion	人口数 Population	比重（%）Proportion			
全 国	**National Total**	**139538**	**83137**	**59.58**	**56401**	**40.42**	**10.94**	**7.13**	**3.81**
北 京	Beijing	2154	1863	86.50	291	13.50	8.24	5.58	2.66
天 津	Tianjin	1560	1297	83.15	263	16.85	6.67	5.42	1.25
河 北	Hebei	7556	4264	56.43	3292	43.57	11.26	6.38	4.88
山 西	Shanxi	3718	2172	58.41	1546	41.59	9.63	5.32	4.31
内蒙古	Inner Mongolia	2534	1589	62.71	945	37.29	8.35	5.95	2.40
辽 宁	Liaoning	4359	2968	68.10	1391	31.90	6.39	7.39	-1.00
吉 林	Jilin	2704	1556	57.53	1148	42.47	6.62	6.26	0.36
黑龙江	Heilongjiang	3773	2268	60.10	1505	39.90	5.98	6.67	-0.69
上 海	Shanghai	2424	2136	88.10	288	11.90	7.20	5.40	1.80
江 苏	Jiangsu	8051	5604	69.61	2447	30.39	9.32	7.03	2.29
浙 江	Zhejiang	5737	3953	68.90	1784	31.10	11.02	5.58	5.44
安 徽	Anhui	6324	3459	54.69	2865	45.31	12.41	5.96	6.45
福 建	Fujian	3941	2594	65.82	1347	34.18	13.20	6.20	7.00
江 西	Jiangxi	4648	2604	56.02	2044	43.98	13.43	6.06	7.37
山 东	Shandong	10047	6147	61.18	3900	38.82	13.26	7.18	6.08
河 南	Henan	9605	4967	51.71	4638	48.29	11.72	6.80	4.92
湖 北	Hubei	5917	3568	60.30	2349	39.70	11.54	7.00	4.54
湖 南	Hunan	6899	3865	56.02	3034	43.98	12.19	7.08	5.11
广 东	Guangdong	11346	8022	70.70	3324	29.30	12.79	4.55	8.24
广 西	Guangxi	4926	2474	50.22	2452	49.78	14.12	5.96	8.16
海 南	Hainan	934	552	59.06	382	40.94	14.48	6.01	8.47
重 庆	Chongqing	3102	2032	65.50	1070	34.50	11.02	7.54	3.48
四 川	Sichuan	8341	4362	52.29	3979	47.71	11.05	7.01	4.04
贵 州	Guizhou	3600	1711	47.52	1889	52.48	13.90	6.85	7.05
云 南	Yunnan	4830	2309	47.81	2521	52.19	13.19	6.32	6.87
西 藏	Tibet	344	107	31.14	237	68.86	15.22	4.58	10.64
陕 西	Shaanxi	3864	2246	58.13	1618	41.87	10.67	6.24	4.43
甘 肃	Gansu	2637	1258	47.69	1379	52.31	11.07	6.65	4.42
青 海	Qinghai	603	328	54.47	275	45.53	14.31	6.25	8.06
宁 夏	Ningxia	688	405	58.88	283	41.12	13.32	5.54	7.78
新 疆	Xinjiang	2487	1266	50.91	1221	49.09	10.69	4.56	6.13

注：1.本表数据根据2018年全国人口变动情况抽样调查数据推算。全国总人口根据抽样误差和调查误差进行了修正，分地区人口未作修正。
2.全国总人口包括现役军人数，分地区数字中未包括。

a) Data in the table are estimates from the 2018 National Sample Survey on Population Changes. The national total population was adjusted on the basis of sampling errors and survey errors. Similar adjustments were not made to regional figures.

b) The military personnel were included in the national total population, but were not included in the population by region.

2-9 按年龄和性别分人口数（2018年）
Population by Age and Sex (2018)

本表是2018年全国人口变动情况抽样调查样本数据，抽样比为0.820‰。
Data in this table are obtained from the 2018 National Sample Survey on Population Changes. The sampling fraction is 0.820‰.

年龄 Age	人口数（人） Population (person)	男 Male	女 Female	占总人口比重（%） Percentage to Total Population (%)	男 Male	女 Female	性别比（女=100） Sex Ratio (Female=100)
总计 Total	**1144648**	**585299**	**559349**	**100.00**	**51.13**	**48.87**	**104.64**
0–4	67393	35887	31506	5.89	3.14	2.75	113.91
5–9	63322	34279	29043	5.53	2.99	2.54	118.03
10–14	62248	33775	28473	5.44	2.95	2.49	118.62
15–19	58258	31552	26706	5.09	2.76	2.33	118.14
20–24	68050	36085	31965	5.95	3.15	2.79	112.89
25–29	92977	47710	45268	8.12	4.17	3.95	105.39
30–34	93201	46843	46358	8.14	4.09	4.05	101.05
35–39	81886	41517	40370	7.15	3.63	3.53	102.84
40–44	83574	42557	41017	7.30	3.72	3.58	103.75
45–49	102384	52108	50276	8.94	4.55	4.39	103.64
50–54	96850	48939	47911	8.46	4.28	4.19	102.15
55–59	69844	35208	34636	6.10	3.08	3.03	101.65
60–64	68014	34092	33923	5.94	2.98	2.96	100.50
65–69	54799	26974	27825	4.79	2.36	2.43	96.94
70–74	34810	16905	17905	3.04	1.48	1.56	94.42
75–79	22799	10745	12054	1.99	0.94	1.05	89.15
80–84	14845	6457	8389	1.30	0.56	0.73	76.97
85–89	6902	2870	4033	0.60	0.25	0.35	71.16
90–94	2031	665	1365	0.18	0.06	0.12	48.74
95+	458	131	327	0.04	0.01	0.03	40.07

注：由于各地区数据采用加权汇总的方法，全国(部分省区)人口变动情况抽样调查样本数据合计与各分项或分组相加略有误差(以下表同)。
a) Because data by region are calculated by the method of weighted sum, total data of the National (some Provinces and Autonomous Regions) Sample Survey on Population Changes is not equal to the sum of each item or group. The same applies to the tables following.

2-10 分地区户数、人口数、性别比和户规模（2018年）
Household, Population, Sex Ratio and Household Size by Region (2018)

本表是2018年全国人口变动情况抽样调查样本数据，抽样比为0.820‰。
Data in this table are obtained from the 2018 National Sample Survey on Population Changes. The sampling fraction is 0.820‰.

地区	Region	户数（户） Number of Households (household)	家庭户 Family Household	集体户 Collective Household	人口数（人） Population (person)	男 Male	女 Female	性别比（女=100） Sex Ratio (Female=100)
全国	**National Total**	**378643**	**371225**	**7419**	**1144648**	**585299**	**559349**	**104.64**
北京	Beijing	6769	6490	279	17673	8781	8892	98.75
天津	Tianjin	4529	4171	358	12794	6863	5931	115.72
河北	Hebei	19693	19580	113	61907	31210	30697	101.67
山西	Shanxi	10121	10035	86	30481	15593	14888	104.73
内蒙古	Inner Mongolia	7908	7852	56	20781	10608	10174	104.26
辽宁	Liaoning	13885	13791	94	35744	17905	17839	100.37
吉林	Jilin	8334	8305	29	22173	11198	10975	102.03
黑龙江	Heilongjiang	11926	11910	16	30946	15697	15249	102.93
上海	Shanghai	8139	7971	169	19877	10256	9621	106.61
江苏	Jiangsu	21450	20769	681	65996	33555	32441	103.43
浙江	Zhejiang	18096	17728	368	47034	24418	22616	107.97
安徽	Anhui	16479	16243	236	51812	26667	25145	106.06
福建	Fujian	10944	10546	398	32309	16806	15503	108.41
江西	Jiangxi	10985	10863	123	38080	19579	18500	105.83
山东	Shandong	28896	28656	240	82408	41363	41045	100.77
河南	Henan	23052	22976	76	78679	39815	38864	102.45
湖北	Hubei	15856	15269	586	48498	24973	23525	106.15
湖南	Hunan	17033	16766	267	56516	28469	28047	101.51
广东	Guangdong	30474	28361	2113	93024	50209	42815	117.27
广西	Guangxi	11778	11714	64	40353	20996	19357	108.47
海南	Hainan	2120	2023	97	7658	3917	3741	104.69
重庆	Chongqing	8685	8590	96	25416	12730	12686	100.35
四川	Sichuan	23359	23142	217	68344	33944	34400	98.67
贵州	Guizhou	9034	8991	43	29487	15403	14084	109.37
云南	Yunnan	11840	11683	157	39584	20523	19061	107.67
西藏	Tibet	729	716	13	2817	1401	1416	98.98
陕西	Shaanxi	10434	10193	241	31684	15879	15804	100.47
甘肃	Gansu	6265	6156	108	21614	11001	10613	103.65
青海	Qinghai	1523	1485	39	4945	2571	2373	108.34
宁夏	Ningxia	1747	1722	26	5638	2794	2844	98.27
新疆	Xinjiang	6560	6529	31	20375	10175	10200	99.76

2-10 续表 continued

地 区	Region	家庭户人口数(人) Family Household Population (person)	男 Male	女 Female	集体户人口数(人) Collective Household Population (person)	男 Male	女 Female	平均家庭户规模(人/户) Average Family Size (person/household)
全 国	**National Total**	**1113633**	**566631**	**547002**	**31015**	**18668**	**12347**	**3.00**
北 京	Beijing	16773	8371	8403	900	410	490	2.58
天 津	Tianjin	11278	5678	5599	1517	1185	332	2.70
河 北	Hebei	61115	31123	29992	792	87	705	3.12
山 西	Shanxi	30054	15217	14837	427	376	52	2.99
内蒙古	Inner Mongolia	20537	10407	10130	244	200	44	2.62
辽 宁	Liaoning	35181	17771	17410	563	134	429	2.55
吉 林	Jilin	22090	11155	10935	83	43	40	2.66
黑龙江	Heilongjiang	30862	15636	15225	85	60	24	2.59
上 海	Shanghai	19368	9922	9446	509	334	174	2.43
江 苏	Jiangsu	63116	31895	31222	2879	1660	1220	3.04
浙 江	Zhejiang	45813	23645	22168	1221	773	448	2.58
安 徽	Anhui	50570	25596	24974	1241	1071	171	3.11
福 建	Fujian	30975	15941	15033	1335	865	470	2.94
江 西	Jiangxi	37504	19369	18134	576	210	366	3.45
山 东	Shandong	81529	40943	40585	880	420	460	2.85
河 南	Henan	78382	39634	38748	297	181	115	3.41
湖 北	Hubei	45846	23199	22647	2652	1774	878	3.00
湖 南	Hunan	55116	27973	27143	1400	496	904	3.29
广 东	Guangdong	85610	45007	40602	7414	5201	2213	3.02
广 西	Guangxi	39792	20688	19104	561	308	253	3.40
海 南	Hainan	7264	3825	3439	394	92	302	3.59
重 庆	Chongqing	24920	12501	12419	496	229	267	2.90
四 川	Sichuan	67227	33424	33804	1116	520	596	2.91
贵 州	Guizhou	29292	15273	14019	194	130	64	3.26
云 南	Yunnan	38592	19783	18808	993	740	253	3.30
西 藏	Tibet	2767	1372	1395	50	29	21	3.86
陕 西	Shaanxi	30407	15235	15172	1276	644	632	2.98
甘 肃	Gansu	21126	10680	10446	488	321	167	3.43
青 海	Qinghai	4821	2482	2340	123	89	34	3.25
宁 夏	Ningxia	5461	2789	2672	177	6	172	3.17
新 疆	Xinjiang	20246	10097	10149	130	78	51	3.1

2-11 分地区分性别、户口登记状况的人口(2018年)
Population by Sex, Household Registration Status and Region (2018)

本表是2018年全国人口变动情况抽样调查样本数据，抽样比为0.820‰。
Data in this table are obtained from the 2018 National Sample Survey on Population Changes. The sampling fraction is 0.820‰.

单位：人 (person)

地 区	Region	人口数 Population			住本乡、镇、街道，户口在本乡、镇、街道 Residing in the Townships, Towns and Street Communities with Permanent Household Registration There		
		合 计 Total	男 Male	女 Female	小 计 Sub-total	男 Male	女 Female
全 国	**National Total**	**1144648**	**585299**	**559349**	**902280**	**460014**	**442266**
北 京	Beijing	17673	8781	8892	8395	4154	4241
天 津	Tianjin	12794	6863	5931	8563	4363	4199
河 北	Hebei	61907	31210	30697	54545	27924	26621
山 西	Shanxi	30481	15593	14888	23867	12177	11690
内蒙古	Inner Mongolia	20781	10608	10174	14519	7410	7110
辽 宁	Liaoning	35744	17905	17839	28159	14315	13845
吉 林	Jilin	22173	11198	10975	16542	8464	8077
黑龙江	Heilongjiang	30946	15697	15249	26170	13370	12801
上 海	Shanghai	19877	10256	9621	9287	4666	4621
江 苏	Jiangsu	65996	33555	32441	50681	25393	25287
浙 江	Zhejiang	47034	24418	22616	29987	15100	14887
安 徽	Anhui	51812	26667	25145	43297	22141	21156
福 建	Fujian	32309	16806	15503	21844	11117	10727
江 西	Jiangxi	38080	19579	18500	34636	17898	16738
山 东	Shandong	82408	41363	41045	71072	35806	35266
河 南	Henan	78679	39815	38864	72571	36714	35857
湖 北	Hubei	48498	24973	23525	38188	19601	18586
湖 南	Hunan	56516	28469	28047	47037	24085	22952
广 东	Guangdong	93024	50209	42815	57201	29742	27458
广 西	Guangxi	40353	20996	19357	35069	18309	16760
海 南	Hainan	7658	3917	3741	5840	3117	2724
重 庆	Chongqing	25416	12730	12686	18510	9387	9123
四 川	Sichuan	68344	33944	34400	54488	27406	27082
贵 州	Guizhou	29487	15403	14084	25000	13187	11813
云 南	Yunnan	39584	20523	19061	34028	17573	16455
西 藏	Tibet	2817	1401	1416	2630	1294	1336
陕 西	Shaanxi	31684	15879	15804	26774	13394	13380
甘 肃	Gansu	21614	11001	10613	18865	9577	9288
青 海	Qinghai	4945	2571	2373	3832	1975	1856
宁 夏	Ningxia	5638	2794	2844	4298	2191	2108
新 疆	Xinjiang	20375	10175	10200	16386	8166	8220

2-11 续表 continued

单位：人 (person)

地 区	Region	住本乡、镇、街道，户口在外乡、镇、街道，离开户口登记地半年以上 Residing in Townships, Towns and Street Communities, with Permanent Household Registration Elsewhere Having Been Away from That Places For More Than 6 Months.			住本乡、镇、街道，户口待定 Residing in Townships, Towns and Street Communities, with Place of Permanent Household Registration Unsettled			居住在港澳台或国外，户口在本乡、镇、街道 Residing in Hong Kong, Macao and Taiwan Provinces or abroad, with Permanent Household Registration in Townships,Towns and Street Communities		
		小计 Sub-total	男 Male	女 Female	小计 Sub-total	男 Male	女 Female	小计 Sub-total	男 Male	女 Female
全 国	**National Total**	**235999**	**122062**	**113937**	**3958**	**1937**	**2021**	**2410**	**1286**	**1124**
北 京	Beijing	9116	4555	4561	26	14	13	135	58	78
天 津	Tianjin	4160	2473	1687	57	18	38	15	9	6
河 北	Hebei	7226	3220	4006	123	56	67	13	10	3
山 西	Shanxi	6500	3356	3144	108	57	51	6	2	4
内蒙古	Inner Mongolia	6199	3167	3032	52	25	27	11	7	5
辽 宁	Liaoning	7356	3465	3891	32	17	15	196	108	88
吉 林	Jilin	5151	2496	2655	37	14	22	443	223	220
黑龙江	Heilongjiang	4674	2272	2402	37	16	21	64	39	25
上 海	Shanghai	10398	5499	4899	36	18	19	156	74	82
江 苏	Jiangsu	15025	8004	7021	171	90	82	119	68	51
浙 江	Zhejiang	16552	9058	7494	193	108	85	301	151	150
安 徽	Anhui	8242	4389	3853	254	128	127	19	10	9
福 建	Fujian	9926	5405	4521	242	122	120	297	162	135
江 西	Jiangxi	3249	1564	1686	176	107	70	18	11	7
山 东	Shandong	11021	5409	5612	197	88	109	118	60	58
河 南	Henan	5866	2956	2910	179	97	82	63	48	15
湖 北	Hubei	10085	5257	4828	152	78	74	74	37	38
湖 南	Hunan	9262	4268	4994	186	101	85	31	15	15
广 东	Guangdong	35118	20118	15000	567	269	298	138	79	59
广 西	Guangxi	5017	2570	2446	244	107	136	24	10	14
海 南	Hainan	1755	766	989	59	32	27	4	2	2
重 庆	Chongqing	6805	3295	3510	78	39	39	23	10	14
四 川	Sichuan	13616	6423	7193	190	81	108	51	34	17
贵 州	Guizhou	4322	2137	2185	150	70	80	14	9	5
云 南	Yunnan	5415	2883	2532	121	52	69	20	15	5
西 藏	Tibet	182	104	77	5	3	2			
陕 西	Shaanxi	4808	2436	2371	80	37	43	22	12	10
甘 肃	Gansu	2672	1380	1291	71	37	34	6	6	
青 海	Qinghai	1084	582	502	25	12	13	4	2	1
宁 夏	Ningxia	1326	597	729	11	5	6	3	2	1
新 疆	Xinjiang	3871	1958	1913	99	40	59	20	12	8

2-12 分地区人口年龄构成和抚养比（2018年）

Age Composition and Dependency Ratio of Population by Region (2018)

本表是2018年全国人口变动情况抽样调查样本数据，抽样比为0.820‰。

Data in this table are obtained from the 2018 National Sample Survey on Population Changes. The sampling fraction is 0.820‰.

地 区	Region	人口数(人) Population (person)	0-14岁 Aged 0-14	15-64岁 Aged 15-64	65岁及以上 Aged 65 and Over	总抚养比(%) Gross Dependency Ratio (%)	少年儿童抚养比 Children Dependency Ratio	老年人口抚养比 Old Dependency Ratio
全 国	**National Total**	**1144648**	**192963**	**815039**	**136645**	**40.44**	**23.68**	**16.77**
北 京	Beijing	17673	1850	13834	1989	27.75	13.37	14.38
天 津	Tianjin	12794	1314	10083	1397	26.89	13.03	13.85
河 北	Hebei	61907	11440	42612	7854	45.28	26.85	18.43
山 西	Shanxi	30481	4753	22580	3147	34.99	21.05	13.94
内蒙古	Inner Mongolia	20781	2759	15976	2047	30.08	17.27	12.81
辽 宁	Liaoning	35744	3628	26763	5353	33.56	13.56	20.00
吉 林	Jilin	22173	2725	16705	2743	32.73	16.31	16.42
黑龙江	Heilongjiang	30946	3267	23899	3780	29.49	13.67	15.82
上 海	Shanghai	19877	1955	14950	2972	32.96	13.08	19.88
江 苏	Jiangsu	65996	9061	47499	9435	38.94	19.08	19.86
浙 江	Zhejiang	47034	6441	34485	6108	36.39	18.68	17.71
安 徽	Anhui	51812	9631	35341	6840	46.61	27.25	19.35
福 建	Fujian	32309	5402	23842	3065	35.51	22.66	12.86
江 西	Jiangxi	38080	7725	26648	3707	42.90	28.99	13.91
山 东	Shandong	82408	14842	55071	12495	49.64	26.95	22.69
河 南	Henan	78679	16761	53220	8698	47.84	31.49	16.34
湖 北	Hubei	48498	7445	34995	6059	38.59	21.27	17.31
湖 南	Hunan	56516	11013	38446	7057	47.00	28.65	18.36
广 东	Guangdong	93024	15729	69608	7687	33.64	22.60	11.04
广 西	Guangxi	40353	8821	27486	4046	46.81	32.09	14.72
海 南	Hainan	7658	1469	5561	629	37.72	26.42	11.30
重 庆	Chongqing	25416	4303	17435	3678	45.77	24.68	21.09
四 川	Sichuan	68344	11185	46915	10244	45.67	23.84	21.83
贵 州	Guizhou	29487	6558	19585	3344	50.56	33.49	17.08
云 南	Yunnan	39584	7157	28637	3790	38.23	24.99	13.24
西 藏	Tibet	2817	663	1994	160	41.27	33.23	8.04
陕 西	Shaanxi	31684	4555	23592	3536	34.30	19.31	14.99
甘 肃	Gansu	21614	3802	15366	2446	40.66	24.74	15.92
青 海	Qinghai	4945	967	3603	375	37.25	26.83	10.42
宁 夏	Ningxia	5638	1131	4000	507	40.96	28.29	12.67
新 疆	Xinjiang	20375	4610	14307	1458	42.42	32.22	10.19

2-13 分地区按性别和婚姻状况分的人口(2018年)
Population by Sex, Marital Status and Region (2018)

本表是2018年全国人口变动情况抽样调查样本数据，抽样比为0.820‰。
Data in this table are obtained from the 2018 National Sample Survey on Population Changes. The sampling fraction is 0.820‰.

单位：人 (person)

地 区	Region	15岁及以上人口 Population Aged 15 and Over	男 Male	女 Female	未 婚 Never Married	男 Male	女 Female	有配偶 Married	男 Male	女 Female
全 国	**National Total**	**951684**	**481358**	**470326**	**172875**	**103409**	**69466**	**705367**	**352315**	**353052**
北 京	Beijing	15823	7805	8017	3290	1679	1611	11633	5859	5774
天 津	Tianjin	11480	6161	5319	2151	1260	891	8602	4640	3962
河 北	Hebei	50466	25094	25372	7444	4095	3349	39415	19685	19731
山 西	Shanxi	25728	13081	12647	4797	2915	1882	19149	9541	9609
内蒙古	Inner Mongolia	18023	9179	8844	2846	1746	1099	13950	6979	6970
辽 宁	Liaoning	32116	16024	16092	5125	2867	2259	23739	11947	11793
吉 林	Jilin	19448	9754	9694	2671	1572	1099	14829	7457	7373
黑龙江	Heilongjiang	27679	13984	13695	4099	2403	1695	20782	10471	10311
上 海	Shanghai	17922	9166	8756	3021	1703	1318	13708	7097	6611
江 苏	Jiangsu	56934	28679	28255	8647	4836	3810	44001	22335	21667
浙 江	Zhejiang	40593	20899	19693	6345	3880	2465	31336	16095	15241
安 徽	Anhui	42181	21424	20757	7600	4922	2678	31367	15368	16000
福 建	Fujian	26907	13845	13063	4458	2885	1573	20555	10367	10188
江 西	Jiangxi	30355	15236	15119	5878	3463	2415	22318	11046	11273
山 东	Shandong	67566	33435	34131	8963	5277	3686	53211	26359	26852
河 南	Henan	61918	30535	31383	11082	6468	4614	46395	22493	23902
湖 北	Hubei	41053	20896	20158	8627	5343	3283	29243	14419	14824
湖 南	Hunan	45503	22539	22964	8027	4918	3110	33575	16272	17303
广 东	Guangdong	77295	41568	35726	19017	11858	7160	54072	28433	25639
广 西	Guangxi	31532	16285	15248	7126	4500	2627	21954	10962	10992
海 南	Hainan	6189	3107	3082	1743	931	812	4126	2081	2045
重 庆	Chongqing	21113	10459	10654	3691	2181	1509	15641	7638	8003
四 川	Sichuan	57159	28048	29111	9911	5724	4187	41848	20384	21464
贵 州	Guizhou	22929	11817	11112	4886	3008	1877	15881	7944	7937
云 南	Yunnan	32428	16725	15703	6783	4402	2381	23034	11394	11640
西 藏	Tibet	2154	1058	1096	614	339	275	1351	668	683
陕 西	Shaanxi	27129	13529	13600	5667	3269	2398	19412	9490	9922
甘 肃	Gansu	17812	8975	8837	3557	2187	1370	12811	6294	6518
青 海	Qinghai	3978	2061	1917	781	479	302	2835	1454	1382
宁 夏	Ningxia	4507	2200	2307	962	475	487	3231	1620	1611
新 疆	Xinjiang	15765	7790	7975	3066	1822	1244	11360	5526	5834

2-13 续表 continued

单位：人 (person)

地区	Region	离婚 Divorced	男 Male	女 Female	丧偶 Widowed	男 Male	女 Female
全国	**National Total**	**20082**	**11095**	**8986**	**53360**	**14538**	**38821**
北京	Beijing	345	140	206	554	128	426
天津	Tianjin	276	132	143	451	129	321
河北	Hebei	818	515	303	2789	800	1990
山西	Shanxi	436	262	174	1345	364	982
内蒙古	Inner Mongolia	420	244	176	807	209	599
辽宁	Liaoning	1304	671	632	1947	539	1408
吉林	Jilin	779	412	367	1169	313	856
黑龙江	Heilongjiang	1293	697	596	1505	413	1092
上海	Shanghai	474	210	264	719	156	563
江苏	Jiangsu	1012	569	443	3275	940	2335
浙江	Zhejiang	802	441	361	2109	483	1626
安徽	Anhui	725	432	294	2488	702	1786
福建	Fujian	470	261	209	1425	332	1093
江西	Jiangxi	549	316	233	1609	411	1198
山东	Shandong	893	511	382	4498	1288	3211
河南	Henan	878	515	363	3562	1058	2504
湖北	Hubei	796	446	350	2388	688	1700
湖南	Hunan	1043	570	472	2858	779	2079
广东	Guangdong	1038	543	495	3167	735	2433
广西	Guangxi	495	309	186	1957	514	1443
海南	Hainan	71	39	32	249	56	193
重庆	Chongqing	548	284	264	1234	355	879
四川	Sichuan	1536	850	686	3864	1090	2773
贵州	Guizhou	677	435	243	1485	430	1055
云南	Yunnan	747	408	339	1864	521	1343
西藏	Tibet	57	15	42	132	36	96
陕西	Shaanxi	474	285	189	1575	484	1091
甘肃	Gansu	281	183	98	1163	311	852
青海	Qinghai	148	77	71	213	50	163
宁夏	Ningxia	112	56	56	202	49	153
新疆	Xinjiang	583	267	316	756	175	581

2-14 分地区按性别、受教育程度分的6岁及以上人口(2018年)
Population Aged 6 and Over by Sex, Educational Attainment and Region (2018)

本表是2018年全国人口变动情况抽样调查样本数据，抽样比为0.820‰。
Data in this table are obtained from the 2018 National Sample Survey on Population Changes. The sampling fraction is 0.820‰.

单位：人 (person)

地 区	Region	6岁及以上人口 Population Aged 6 and Over			未上过学 No Schooling			小学 Primary Schools		
		合计 Total	男 Male	女 Female	小计 Subtotal	男 Male	女 Female	小计 Subtotal	男 Male	女 Female
全 国	**National Total**	**1064195**	**542369**	**521826**	**57483**	**16481**	**41001**	**268951**	**127947**	**141004**
北 京	Beijing	16691	8245	8446	351	115	236	1442	645	796
天 津	Tianjin	12223	6555	5668	237	79	159	1644	794	851
河 北	Hebei	57391	28867	28524	2654	844	1810	13852	6492	7360
山 西	Shanxi	28597	14624	13973	829	271	559	5524	2525	2999
内蒙古	Inner Mongolia	19630	10027	9603	1038	355	683	4509	2117	2391
辽 宁	Liaoning	34381	17222	17159	716	253	464	6378	2964	3414
吉 林	Jilin	21211	10672	10539	682	208	474	5147	2445	2702
黑龙江	Heilongjiang	29914	15180	14733	859	297	563	6760	3195	3565
上 海	Shanghai	18895	9707	9188	534	145	389	2345	1085	1259
江 苏	Jiangsu	62186	31588	30597	3902	972	2930	14057	6497	7560
浙 江	Zhejiang	44089	22796	21293	2558	683	1876	11872	5715	6156
安 徽	Anhui	47823	24523	23300	3441	924	2518	12839	6034	6805
福 建	Fujian	29725	15372	14353	2079	478	1601	8177	3786	4391
江 西	Jiangxi	35213	17989	17224	1599	418	1181	10304	4847	5457
山 东	Shandong	75785	37866	37919	5352	1281	4071	19162	8887	10275
河 南	Henan	72177	36234	35943	3803	1134	2670	17390	8339	9050
湖 北	Hubei	45347	23268	22079	2367	683	1684	10741	5062	5679
湖 南	Hunan	52016	26059	25957	1843	562	1280	13335	6269	7066
广 东	Guangdong	86007	46362	39645	2937	839	2098	18224	8549	9675
广 西	Guangxi	36719	19051	17669	1526	492	1034	10538	4963	5574
海 南	Hainan	7051	3578	3473	299	87	212	1262	592	670
重 庆	Chongqing	23659	11813	11846	1025	296	729	7426	3563	3863
四 川	Sichuan	63872	31618	32254	4853	1319	3534	21014	10395	10619
贵 州	Guizhou	26757	13916	12840	2656	722	1935	9292	4816	4476
云 南	Yunnan	36584	18926	17658	2993	968	2027	13080	6451	6629
西 藏	Tibet	2537	1256	1282	835	325	510	881	478	402
陕 西	Shaanxi	29664	14848	14816	1602	475	1127	7092	3282	3809
甘 肃	Gansu	19988	10148	9840	2067	589	1477	6374	3079	3294
青 海	Qinghai	4520	2348	2173	536	179	357	1533	763	770
宁 夏	Ningxia	5168	2545	2623	474	142	332	1469	726	743
新 疆	Xinjiang	18375	9165	9210	834	351	483	5290	2590	2701

2-14 续表 1 continued

单位：人 (person)

地 区	Region	初中 Junior Secondary Schools			普通高中 Regular Senior Secondary Schools			中职 Secondary Vocational School		
		小计 Subtotal	男 Male	女 Female	小计 Subtotal	男 Male	女 Female	小计 Subtotal	男 Male	女 Female
全 国	**National Total**	**401864**	**216604**	**185260**	**138751**	**77363**	**61388**	**48043**	**26357**	**21686**
北 京	Beijing	3452	1802	1650	2302	1187	1114	1023	520	503
天 津	Tianjin	4160	2388	1772	1607	845	762	1116	635	481
河 北	Hebei	24788	13281	11506	7502	3882	3620	2168	1171	998
山 西	Shanxi	12146	6414	5731	4252	2441	1810	1401	728	673
内蒙古	Inner Mongolia	6996	3798	3199	2471	1310	1161	823	493	330
辽 宁	Liaoning	15482	7958	7524	4570	2292	2278	1510	785	724
吉 林	Jilin	8813	4639	4174	3024	1590	1435	665	332	333
黑龙江	Heilongjiang	13118	6926	6192	4102	2158	1944	918	457	461
上 海	Shanghai	5958	3143	2815	2821	1526	1294	1249	702	547
江 苏	Jiangsu	23106	12569	10537	8562	4837	3725	3276	1863	1414
浙 江	Zhejiang	16079	9053	7027	5093	2917	2176	1482	855	627
安 徽	Anhui	18258	9659	8599	5864	3635	2229	1553	862	691
福 建	Fujian	10642	6143	4499	3197	1899	1298	1666	963	703
江 西	Jiangxi	13705	7399	6306	4960	2874	2086	1154	580	574
山 东	Shandong	29000	15556	13444	8381	4818	3562	4191	2265	1926
河 南	Henan	31821	16589	15232	9877	5424	4453	2519	1363	1156
湖 北	Hubei	15744	8292	7452	6966	3615	3351	2471	1452	1018
湖 南	Hunan	19775	10083	9691	8829	5021	3808	2055	1004	1052
广 东	Guangdong	33986	19073	14912	14688	8784	5904	5500	3292	2208
广 西	Guangxi	16124	8886	7238	3944	2256	1687	1991	1103	889
海 南	Hainan	2997	1616	1381	869	526	343	448	236	212
重 庆	Chongqing	7471	3934	3538	3279	1661	1618	864	474	390
四 川	Sichuan	20501	10972	9529	6696	3553	3143	2557	1293	1264
贵 州	Guizhou	9112	5259	3853	2354	1322	1031	855	471	384
云 南	Yunnan	12369	7053	5317	2983	1791	1192	1524	813	710
西 藏	Tibet	458	259	199	138	75	62	24	12	12
陕 西	Shaanxi	10720	5703	5017	4060	2218	1842	1024	521	503
甘 肃	Gansu	5921	3286	2635	2402	1410	993	708	421	287
青 海	Qinghai	1259	735	524	395	222	173	144	82	62
宁 夏	Ningxia	1700	952	748	660	294	366	183	97	86
新 疆	Xinjiang	6203	3184	3019	1904	978	925	979	511	468

2-14 续表 2 continued

单位：人 (person)

地 区	Region	大学专科 College Students			大学本科 Undergraduates			研究生 Postgraduates		
		小计 Subtotal	男 Male	女 Female	小计 Subtotal	男 Male	女 Female	小计 Subtotal	男 Male	女 Female
全 国	**National Total**	**78481**	**41065**	**37416**	**64259**	**33263**	**30995**	**6364**	**3288**	**3076**
北 京	Beijing	2515	1252	1263	4098	2033	2065	1508	690	818
天 津	Tianjin	1488	799	689	1815	941	874	155	76	80
河 北	Hebei	3642	1909	1733	2624	1216	1408	161	73	88
山 西	Shanxi	2437	1243	1195	1857	935	921	151	67	84
内蒙古	Inner Mongolia	2093	1105	988	1571	784	787	130	66	64
辽 宁	Liaoning	2813	1460	1353	2682	1407	1275	229	103	127
吉 林	Jilin	1251	636	615	1478	745	733	152	78	74
黑龙江	Heilongjiang	2276	1177	1100	1782	922	860	97	48	49
上 海	Shanghai	2397	1243	1154	3075	1578	1497	517	285	232
江 苏	Jiangsu	5208	2890	2318	3795	1797	1998	278	163	114
浙 江	Zhejiang	3409	1744	1665	3294	1674	1619	302	155	147
安 徽	Anhui	3442	2045	1397	2237	1259	978	188	106	82
福 建	Fujian	1953	1006	947	1854	1009	844	158	88	70
江 西	Jiangxi	1925	1111	814	1493	718	775	72	42	30
山 东	Shandong	5344	2821	2524	3971	2027	1944	385	212	172
河 南	Henan	4171	2078	2093	2349	1172	1177	246	135	111
湖 北	Hubei	3470	1842	1629	3385	2206	1180	203	117	86
湖 南	Hunan	3606	1711	1896	2328	1279	1049	245	130	116
广 东	Guangdong	6439	3525	2914	3997	2154	1843	236	145	91
广 西	Guangxi	1718	897	821	819	412	407	59	41	18
海 南	Hainan	540	286	254	624	229	395	10	5	5
重 庆	Chongqing	2002	1076	926	1450	733	718	142	77	65
四 川	Sichuan	4625	2185	2440	3276	1715	1561	351	187	164
贵 州	Guizhou	1281	665	616	1184	645	538	23	16	7
云 南	Yunnan	2071	1109	962	1494	714	780	70	28	42
西 藏	Tibet	91	48	43	110	57	53	2	1	1
陕 西	Shaanxi	2220	1131	1088	2784	1428	1356	164	91	74
甘 肃	Gansu	1367	730	638	1113	614	499	37	19	18
青 海	Qinghai	316	179	137	323	179	144	13	8	5
宁 夏	Ningxia	407	191	216	261	135	127	12	7	5
新 疆	Xinjiang	1963	975	988	1137	546	590	66	30	36

2-15 分地区按性别分的15岁及以上文盲人口（2018年）
Illiterate Population Aged 15 and Over by Sex and Region (2018)

本表是2018年全国人口变动情况抽样调查样本数据，抽样比为0.820‰。
Data in this table are obtained from the 2018 National Sample Survey on Population Changes. The sampling fraction is 0.820‰.

地 区	Region	15岁及以上人口（人） Population Aged 15 and Over (person)	男 Male	女 Female	文盲人口（人） Illiterate Population (person)	男 Male	女 Female	文盲人口占15岁及以上人口的比重(%) Percentage of Illiterate Population to Total Aged 15 and Over(%)	男 Male	女 Female
全 国	**National Total**	**951685**	**481358**	**470327**	**47007**	**11641**	**35366**	**4.94**	**2.42**	**7.52**
北 京	Beijing	15823	7805	8017	268	88	180	1.69	1.13	2.25
天 津	Tianjin	11480	6161	5319	159	38	121	1.39	0.61	2.28
河 北	Hebei	50466	25094	25372	1994	504	1490	3.95	2.01	5.87
山 西	Shanxi	25728	13081	12647	636	172	464	2.47	1.31	3.67
内蒙古	Inner Mongolia	18023	9179	8844	825	242	583	4.58	2.63	6.59
辽 宁	Liaoning	32116	16024	16092	499	158	341	1.55	0.98	2.12
吉 林	Jilin	19448	9754	9694	545	147	398	2.8	1.51	4.1
黑龙江	Heilongjiang	27679	13984	13695	648	193	455	2.34	1.38	3.32
上 海	Shanghai	17922	9166	8756	426	93	334	2.38	1.01	3.81
江 苏	Jiangsu	56934	28679	28255	3285	697	2588	5.77	2.43	9.16
浙 江	Zhejiang	40593	20899	19693	2002	462	1540	4.93	2.21	7.82
安 徽	Anhui	42181	21424	20757	2847	668	2179	6.75	3.12	10.50
福 建	Fujian	26907	13845	13063	1808	349	1459	6.72	2.52	11.17
江 西	Jiangxi	30355	15236	15119	1253	248	1004	4.13	1.63	6.64
山 东	Shandong	67566	33435	34131	4757	1045	3712	7.04	3.13	10.88
河 南	Henan	61918	30535	31383	2990	777	2213	4.83	2.54	7.05
湖 北	Hubei	41053	20896	20158	1976	495	1481	4.81	2.37	7.35
湖 南	Hunan	45503	22539	22964	1419	354	1065	3.12	1.57	4.64
广 东	Guangdong	77295	41568	35726	2065	416	1649	2.67	1	4.61
广 西	Guangxi	31532	16285	15248	1002	221	781	3.18	1.35	5.12
海 南	Hainan	6189	3107	3082	246	60	186	3.97	1.94	6.03
重 庆	Chongqing	21113	10459	10654	808	202	606	3.83	1.93	5.69
四 川	Sichuan	57159	28048	29111	4282	1091	3191	7.49	3.89	10.96
贵 州	Guizhou	22929	11817	11112	2276	553	1723	9.93	4.68	15.50
云 南	Yunnan	32428	16725	15703	2639	792	1847	8.14	4.74	11.76
西 藏	Tibet	2154	1058	1096	759	277	482	35.23	26.21	43.95
陕 西	Shaanxi	27129	13529	13600	1345	358	987	4.96	2.64	7.26
甘 肃	Gansu	17812	8975	8837	1844	490	1354	10.35	5.46	15.32
青 海	Qinghai	3978	2061	1917	407	118	289	10.24	5.73	15.10
宁 夏	Ningxia	4507	2200	2307	416	119	297	9.24	5.43	12.87
新 疆	Xinjiang	15765	7790	7975	580	215	365	3.68	2.76	4.58

注：本表“文盲人口”指15岁及15岁以上不识字及识字很少人口。
a) Illiterate population in this table refers to the population aged 15 and over who are unable or have difficulty in reading.

2-16 分地区按家庭户规模分的户数（2018年）
Family Households by Size and Region (2018)

本表是2018年全国人口变动情况抽样调查样本数据，抽样比为0.820‰。
Data in this table are obtained from the 2018 National Sample Survey on Population Changes. The sampling fraction is 0.820‰.

单位：户 (household)

地 区	Region	家庭户户数 Number of Family Households	一人户 One Person	二人户 Two Persons	三人户 Three Persons	四人户 Four Persons	五人户 Five Persons	六人户 Six Persons	七人户 Seven Persons	八人户 Eight Persons	九人户 Nine Persons	十人及以上户 Ten Persons and Over
全 国	**National Total**	**371225**	**61961**	**105040**	**86851**	**61107**	**31873**	**16334**	**4967**	**1667**	**696**	**728**
北 京	Beijing	6490	1485	1951	1712	724	444	130	27	11	4	3
天 津	Tianjin	4171	614	1349	1361	566	197	66	14	3		
河 北	Hebei	19580	2431	5924	4506	3644	1683	1006	269	70	19	28
山 西	Shanxi	10035	1335	2859	2607	2052	761	332	64	20	3	2
内蒙古	Inner Mongolia	7852	1109	2743	2562	1030	281	104	17	4	1	1
辽 宁	Liaoning	13791	2663	4949	3943	1353	631	216	30	6	1	
吉 林	Jilin	8305	1313	3034	2370	920	464	161	34	8	1	
黑龙江	Heilongjiang	11910	1947	4614	3437	1149	543	174	31	8	4	2
上 海	Shanghai	7971	1895	2902	1985	697	397	80	12	1	1	1
江 苏	Jiangsu	20769	3335	6223	4841	2918	2127	884	271	106	41	23
浙 江	Zhejiang	17728	4377	6044	3711	1930	1056	471	86	40	8	5
安 徽	Anhui	16243	2327	4450	3876	2992	1432	826	215	73	33	18
福 建	Fujian	10546	2159	2656	2108	1781	963	615	164	50	25	26
江 西	Jiangxi	10863	1182	2387	2364	2458	1339	705	273	86	30	40
山 东	Shandong	28656	4110	9515	6981	5122	1741	977	168	25	11	7
河 南	Henan	22976	2781	5245	4979	4847	2638	1679	547	173	49	39
湖 北	Hubei	15269	2511	4280	3794	2419	1322	690	140	56	27	30
湖 南	Hunan	16766	2162	4076	4060	3322	1724	938	301	103	40	40
广 东	Guangdong	28361	7561	6509	4658	4116	2655	1415	690	326	171	259
广 西	Guangxi	11714	1863	2384	2461	2392	1358	731	281	99	70	76
海 南	Hainan	2023	266	392	417	481	248	123	53	20	13	10
重 庆	Chongqing	8590	1640	2366	2010	1338	774	359	70	22	8	2
四 川	Sichuan	23142	4203	6714	5242	3458	2129	975	300	73	29	19
贵 州	Guizhou	8991	1402	2134	1838	1813	967	506	206	66	30	28
云 南	Yunnan	11683	1522	2534	2607	2498	1400	788	232	69	26	8
西 藏	Tibet	716	107	111	166	134	76	53	29	18	9	12
陕 西	Shaanxi	10193	1624	2859	2502	1779	864	410	110	29	5	11
甘 肃	Gansu	6156	676	1472	1344	1169	720	496	182	55	21	20
青 海	Qinghai	1485	267	332	320	269	150	90	35	14	3	4
宁 夏	Ningxia	1722	204	453	421	355	161	84	29	8	3	3
新 疆	Xinjiang	6529	890	1579	1668	1380	628	252	85	25	11	12

主要统计指标解释

人口数　指一定时点、一定地区范围内有生命的个人总和。

年度统计的年末人口数指每年 12 月 31 日 24 时的人口数。年度统计的全国人口总数内未包括香港、澳门特别行政区和台湾省以及海外华侨人数。

城镇人口和乡村人口　城镇人口是指居住在城镇范围内的全部常住人口；乡村人口是除上述人口以外的全部人口。

出生率（又称粗出生率）　指在一定时期内(通常为一年)一定地区的出生人数与同期内平均人数(或期中人数)之比，用千分率表示。本资料中的出生率指年出生率，其计算公式为：

$$出生率=\frac{年出生人数}{年平均人数}\times 1000‰$$

式中：出生人数指活产婴儿，即胎儿脱离母体时(不管怀孕月数)，有过呼吸或其他生命现象。年平均人数指年初、年底人口数的平均数，也可用年中人口数代替。

死亡率（又称粗死亡率）　指在一定时期内(通常为一年)一定地区的死亡人数与同期内平均人数(或期中人数)之比，用千分率表示。本资料中的死亡率指年死亡率，其计算公式为：

$$死亡率=\frac{年死亡人数}{年平均人数}\times 1000‰$$

人口自然增长率　指在一定时期内(通常为一年)人口自然增加数(出生人数减死亡人数)与该时期内平均人数(或期中人数)之比，用千分率表示。计算公式为：

$$人口自然增长率=\frac{本年出生人数-本年死亡人数}{年平均人数}\times 1000‰$$

$$=人口出生率-人口死亡率$$

总抚养比　也称总负担系数。指人口总体中非劳动年龄人口数与劳动年龄人口数之比。通常用百分比表示。说明每 100 名劳动年龄人口大致要负担多少名非劳动年龄人口。用于从人口角度反映人口与经济发展的基本关系。计算公式为：

$$GDR=\frac{P_{0\sim14}+P_{65^+}}{P_{15\sim64}}\times 100\%$$

其中：GDR 为总抚养比；

$P_{0\sim14}$ 为 0～14 岁少年儿童人口数；

$P_{65}{}^{+}$ 为 65 岁及 65 岁以上的老年人口数；

$P_{15\sim64}$ 为 15～64 岁劳动年龄人口数。

老年人口抚养比　也称老年人口抚养系数。指某一人口中老年人口数与劳动年龄人口数之比。通常用百分比表示。用以表明每 100 名劳动年龄人口要负担多少名老年人。老年人口抚养比是从经济角度反映人口老化社会后果的指标之一。计算公式为：

$$ODR=\frac{P_{65^+}}{P_{15\sim64}}\times 100\%$$

其中：ODR 为老年人口抚养比；

$P_{65}{}^{+}$ 为 65 岁及 65 岁以上的老年人口数；

$P_{15\sim64}$ 为 15～64 岁的劳动年龄人口数。

少年儿童抚养比　也称少年儿童抚养系数。指某一人口中少年儿童人口数与劳动年龄人口数之比。通常用百分比表示。以反映每 100 名劳动年龄人口要负担多少名少年儿童。计算公式为：

$$CDR=\frac{P_{0\sim14}}{P_{15\sim64}}\times 100\%$$

其中：CDR 为少年儿童抚养比；

$P_{0\sim14}$ 为 0～14 岁少年儿童人口数；

$P_{15\sim64}$ 为 15～64 岁劳动年龄人口数。

人户分离人口　是指居住地与户口登记地所在的乡镇街道不一致且离开户口登记地半年以上的人口。

流动人口　是指人户分离人口中不包括市辖区内人户分离的人口。市辖区内人户分离的人口是指一个直辖市或地级市所辖区内和区与区之间，居住地和户口登记地不在同一乡镇街道的人口。

Explanatory Notes on Main Statistical Indicators

Total Population refers to the total number of people alive at a certain point of time within a given area.

The annual statistics on total population is taken at midnight, the 31st of December, not including residents in Taiwan province, Hong Kong SAR and Macao SAR and Chinese national residing abroad.

Urban Population and Rural Population Urban population refers to all people residing in cities and towns, while rural population refers to population other than urban population.

Birth Rate (or Crude Birth Rate) refers to the ratio of the number of births to the average population (or mid-period population) during a certain period of time (usually a year), expressed in ‰. Birth rate in the chapter refers to annual birth rate. The following formula is used:

$$\text{Birth Rate} = \frac{\text{Number of Births}}{\text{Annual Average Population}} \times 1000‰$$

Number of births in the formula refers to live births, i.e. when a baby has breathed or showed any vital phenomena regardless of the length of pregnancy.

Annual average population is the average of the number of population at the beginning of the year and that at the end of the year. Sometimes it is substituted by the mid-year population.

Death Rate (or Crude Death Rate) refers to the ratio of the number of deaths to the average population (or mid-period population) during a certain period of time (usually a year), expressed in ‰. Death rate in the chapter refers to annual death rate. The following formula is used:

$$\text{Death Rate} = \frac{\text{Number of Deaths}}{\text{Annual Average Population}} \times 1000‰$$

Natural Growth Rate of Population refers to the ratio of natural increase in population (number of births minus number of deaths) in a certain period of time (usually a year) to the average population (or mid-period population) of the same period, expressed in ‰. The following formula is applied:

$$\text{Natural Growth Rate of Population} = \frac{\text{Number of Births - Number of Deaths}}{\text{Annual Average Population}} \times 1000‰$$

Natural Growth Rate of Population = Birth Rate-Death Rate

Gross Dependency Ratio also called gross dependency coefficient, refers to the ratio of non-working-age population to the working-age population, express in %. Describing in general the number of non-working-age population that every 100 people at working ages will take care of, this indicator reflects the basic relation between population and economic development from the demographic perspective. The gross dependency ratio is calculated with the following formula:

$$GDR = \frac{P_{0\sim14} + P_{65^+}}{P_{15\sim64}} \times 100\%$$

Where: GDR is the gross dependency ratio,

P_{0-14} is the population of children aged 0-14,

P_{65+} is the elderly population aged 65 and over, and

P_{15-64} is the working-age population aged 15-64.

Old Dependency Ratio also called old dependency coefficient, refers to the ratio of the elderly population to the working-age population, express in %. It describes the number of the elderly population that every 100 people at working ages will take care of. Old dependency ratio is one of the indicators reflecting the social implication of population aging from the economic perspective. The old dependency ratio is calculated with the following formula:

$$ODR = \frac{P_{65^+}}{P_{15\sim64}} \times 100\%$$

Where: ODR is the old dependency ratio,

P_{65+} is the elderly population aged 65 and over, and

P_{15-64} is the working-age population aged 15-64.

Children Dependency Ratio also called children dependency coefficient, refers to the ratio of the children population to the working-age population, express in %. It describes the number of children population that every 100 people at working ages will take care of. The children dependency ratio is calculated with the following formula:

$$CDR = \frac{P_{0\sim14}}{P_{15\sim64}} \times 100\%$$

Where: CDR is the children dependency ratio,

P_{0-14} is the children population aged 0-14, and

P_{15-64} is the working-age population aged 15-64.

Population of Residence-registration Inconsistency refer to those who have been residing in places other than the registered streets or towns and been away from their registration areas for over half a year.

Floating Population refer to the population of residence-registration inconsistency excluding those intra-city ones. Population of intra-city residence-registration inconsistency refer to those whose residing streets or towns and registered ones are inconsistent but still in the same municipality or prefecture city either the two are in the same district or different ones.

3

国民经济核算

National Accounts

简　要　说　明

本篇章的主要内容和资料来源

国民经济核算资料主要包括国内生产总值、资金流量表及国际收支平衡表三个部分。

一、国内生产总值

国内生产总值数据是由国家统计局国民经济核算司根据不同产业部门、不同支出构成的特点和资料来源情况而采用不同方法计算的。国民总收入是在国内生产总值的基础上加上来自国外的初次分配收入净额求得的。

本年鉴公布的国内生产总值以及与之有关的指标数据，最后一年数据不是最终数，还会在获得更多的财务和行政记录等资料后发生变动。如果遇到普查或者重大核算方法改革，在能够获得更详细的基础资料的情况下，国内生产总值的历史数据还会发生变动。2016年，国家统计局改革研发支出的核算方法，将能够为所有者带来经济利益的研发支出不再作为中间消耗，而是作为固定资本形成处理。根据新的核算方法，国家统计局修订了1952–2015年国内生产总值历史数据。本年鉴中的数据是修订后的数据。

国内生产总值是一个价值量指标，其价值的变化受价格变化和物量变化两大因素影响。不变价国内生产总值是把按当期价格计算的国内生产总值换算成按某个固定期（基期）价格计算的价值，从而使两个不同时期的价值进行比较时，能够剔除价格变化的影响，以反映物量变化，反映生产活动成果的实际变动。国内生产总值指数就是根据两个时期不变价国内生产总值计算得到的。随着经济的不断发展，行业的价格结构也会不断发生变化，为了更好的反映这种变化对于经济的影响，计算不变价国内生产总值需要每隔若干年调整一次基期。我国自开始核算国内生产总值以来，共有1952年、1957年、1970年、1980年、1990年、2000年、2005年、2010年、2015年9个不变价基期，目前的基期是2015年。也就是说，2016年的不变价国内生产总值是按照2015年价格计算的。由于计算不变价国内生产总值采用按不同基期分段计算，因此本年鉴中的不变价国内生产总值数据也按分段方式公布。

本年鉴所列分地区的数据来自各省、自治区、直辖市统计局的国民经济核算资料。由于采取分级核算，各地区数据相加不等于全国总计。

二、资金流量表

我国资金流量表表式与国际上通用的表式相似，是机构部门与交易项目的矩阵表式。主栏为交易项目，主要反映分配方式和融资工具；宾栏按机构部门分类。机构部门分类是根据机构单位具有的基本特征所进行的部门分类。资金流量表把参与资金活动的主体分为非金融企业、金融机构、政府、住户和国外五个部门。每一部门下设资金来源与资金运用两栏。现行的资金流量表分为两大部分，上半部分为非金融交易部分，由国家统计局国民经济核算司编制；下半部分为金融交易部分，由中国人民银行调查统计司编制。

三、国际收支平衡表

国际收支平衡表由国家外汇管理局国际收支司依据国际货币基金组织编写的《国际收支统计手册》第六版编制。

Brief Introduction

Statistics on national accounts include mainly three parts, namely, gross domestic product, flow of funds table and balance of payments table.

I. Gross Domestic Product

Data on GDP are computed by the Department of National Accounts of the National Bureau of Statistics (NBS) based on different approaches in the light of the different features of various sectors, various expenditure structures and different data sources. Gross National Income (GNI) can be calculated on the basis of GDP on top of which is added the net income from initial distribution from the rest of the world.

Data on GDP and related indicators of the most recent year published in the Yearbook are not final and are subject to changes when more information from financial data and administrative records become available. Where a census has been conducted, or method of siganificant accounting methods is reformed, historical data of GDP of the previous years may also undergo change. In 2016, National Bureau of Statistics reforms the Methodology of Expenditure for Research and Development, which that will bring economic benefit for the owners is not treated as Intermediate Consumption, and is treated as fixed assets formation. According to the new Accounting Methodology, NBS revised historical data of GDP from 1952 to 2015. Data in this Yearbook are revised data.

Gross Domestic Product (GDP) is a measurement of value which changes depending on changes of price and production. GDP at constant prices converts the gross domestic product based on the current price into a value based on the price of the base period. When adjusted for price changes, the values of two different periods can be compared to reflect changes of both products and production activities. GDP index is derived from the constant-price GDPs of the two periods. As economy grows, changes will take place in the price structures of various industries, and the base period for the measurement of constant-price GDP thus needs to be adjusted every few years in order to better reflect the impact of price change on the economy. Since China started GDP calculation, eight constant-price base periods have been used, i.e., 1952, 1957, 1970, 1980, 1990, 2000, 2005, 2010 and 2015 and the current base period is 2015. That is to say, the 2016 GDP is calculated on the basis of the 2015 prices. As the calculation of constant-price GDP is based on different base periods, the constant-price GDP data in this yearbook shall also be announced in accordance with various periods.

Regional data in this Yearbook are prepared from the national accounts data provided by the statistical bureaus of the provinces, autonomous regions and municipalities. The sum of the regional data is not equal to the national total due to the decentralized accounting approach.

II. Flow of Funds Table

Similar to internationally accepted format, the Flow of Funds table of China constitutes a matrix of institutional sectors by transaction items. Items of transactions are expressed as row headings representing forms of distribution and methods of financing. Institutional sectors are shown as column headings, grouped by the characteristics of the transactors. There are 5 groups of institutional sectors in the flow of funds table, namely, non-financial corporations, financial institutions, general governments, households, and the rest of the world. Under each sector there are 2 headings: sources of funds and uses of funds. The current flow of funds table is composed of two parts: the first part, comprising the non-financial transactions, is compiled by the Department of National Accounts of the National Bureau of Statistics; and the second part, comprising financial transactions, is compiled by the Research and Statistics Department of the People's Bank of China.

III. Balance of Payments Table

The Balance of Payments Table is compiled by the Balance of Payments Department of the State Administration of Foreign Exchanges in accordance with the 6th edition of the Manual on Balance of Payments prepared by the International Monetary Fund.

3-1 国内生产总值
Gross Domestic Product

本表按当年价格计算。
Data in this table are calculated at current prices.

单位：亿元 (100 million yuan)

年份 Year	国民总收入 Gross National Income	国内生产总值 Gross Domestic Product	第一产业 Primary Industry	第二产业 Secondary Industry	第三产业 Tertiary Industry	农林牧渔业 Agriculture, Forestry, Animal Husbandry and Fishery Industries	工业 Industry
1978	3678.7	3678.7	1018.5	1755.2	905.1	1027.5	1621.5
1979	4100.5	4100.5	1259.0	1925.4	916.1	1270.2	1786.5
1980	4587.6	4587.6	1359.5	2204.7	1023.4	1371.6	2014.9
1981	4933.7	4935.8	1545.7	2269.1	1121.1	1559.4	2067.7
1982	5380.5	5373.4	1761.7	2397.7	1214.0	1777.3	2183.0
1983	6043.8	6020.9	1960.9	2663.0	1397.0	1978.3	2399.1
1984	7314.2	7278.5	2295.6	3124.8	1858.1	2316.0	2815.9
1985	9123.6	9098.9	2541.7	3886.5	2670.7	2564.3	3478.3
1986	10375.4	10376.2	2764.1	4515.2	3096.9	2788.6	4000.8
1987	12166.6	12174.6	3204.5	5274.0	3696.2	3232.9	4621.3
1988	15174.4	15180.4	3831.2	6607.4	4741.8	3865.2	5814.1
1989	17188.4	17179.7	4228.2	7300.9	5650.6	4265.8	6525.7
1990	18923.3	18872.9	5017.2	7744.3	6111.4	5061.8	6904.7
1991	22050.3	22005.6	5288.8	9129.8	7587.0	5341.9	8138.2
1992	27208.2	27194.5	5800.3	11725.3	9668.9	5866.2	10340.5
1993	35599.2	35673.2	6887.6	16473.1	12312.6	6963.3	14248.8
1994	48548.2	48637.5	9471.8	22453.1	16712.5	9572.1	19546.9
1995	60356.6	61339.9	12020.5	28677.5	20641.9	12135.1	25023.9
1996	70779.6	71813.6	13878.3	33828.1	24107.2	14014.7	29529.8
1997	78802.9	79715.0	14265.2	37546.0	27903.8	14440.8	33023.5
1998	83817.6	85195.5	14618.7	39018.5	31558.3	14816.4	34134.9
1999	89366.5	90564.4	14549.0	41080.9	34934.5	14768.7	36015.4
2000	99066.1	100280.1	14717.4	45664.8	39897.9	14943.6	40259.7
2001	109276.2	110863.1	15502.5	49660.7	45700.0	15780.0	43855.6
2002	120480.4	121717.4	16190.2	54105.5	51421.7	16535.7	47776.3
2003	136576.3	137422.0	16970.2	62697.4	57754.4	17380.6	55363.8
2004	161415.4	161840.2	20904.3	74286.9	66648.9	21410.7	65776.8
2005	185998.9	187318.9	21806.7	88084.4	77427.8	22416.2	77960.5
2006	219028.5	219438.5	23317.0	104361.8	91759.7	24036.4	92238.4
2007	270704.0	270092.3	27674.1	126633.6	115784.6	28483.7	111693.9
2008	321229.5	319244.6	32464.1	149956.6	136823.9	33428.1	131727.6
2009	347934.9	348517.7	33583.8	160171.7	154762.2	34659.7	138095.5
2010	410354.1	412119.3	38430.8	191629.8	182058.6	39619.0	165126.4
2011	483392.8	487940.2	44781.4	227038.8	216120.0	46122.6	195142.8
2012	537329.0	538580.0	49084.5	244643.3	244852.2	50581.2	208905.6
2013	588141.2	592963.2	53028.1	261956.1	277979.1	54692.4	222337.6
2014	642097.6	641280.6	55626.3	277571.8	308082.5	57472.2	233856.4
2015	683390.5	685992.9	57774.6	282040.3	346178.0	59852.6	236506.3
2016	737074.0	740060.8	60139.2	296547.7	383373.9	62451.0	247877.7
2017	820099.5	820754.3	62099.5	332742.7	425912.1	64660.0	278328.2
2018	896915.6	900309.5	64734.0	366000.9	469574.6	67538.0	305160.2

注：1980年以后国民总收入(原称国民生产总值)与国内生产总值的差额为来自国外的初次分配收入净额。
a) Since 1980, the difference between the Gross Domestic Product and the Gross National Income (formerly, the Gross National Product) is the net income of initial distribution from the rest of the world.

3-1 续表 continued

单位：亿元 (100 million yuan)

年 份 Year	建筑业 Construction	批发和零售业 Wholesale and Retail Trades	交通运输、仓储和邮政业 Transport, Storage and Post	住宿和餐饮业 Hotels and Catering Services	金融业 Financial Intermediation	房地产业 Real Estate	其他 Others	人均国内生产总值(元) Per Capita GDP (yuan)	人均国民总收入(元) Per Capita GNI (yuan)
1978	138.9	242.3	182.0	44.6	76.5	79.9	265.5	385	385
1979	144.6	200.9	193.7	44.0	75.9	86.3	298.4	423	423
1980	196.3	193.8	213.4	47.4	85.8	96.4	368.1	468	468
1981	208.0	231.1	220.8	54.1	91.6	99.9	403.2	497	496
1982	221.6	171.4	246.9	62.3	130.6	110.8	469.3	533	533
1983	271.7	198.7	275.0	72.5	168.9	121.8	535.0	588	591
1984	317.9	363.5	338.6	96.8	230.5	162.3	637.0	702	705
1985	419.3	802.4	421.8	138.3	293.8	215.2	765.5	866	868
1986	527.3	852.6	499.0	163.2	401.0	298.1	845.6	973	973
1987	667.5	1059.6	568.5	187.1	506.0	382.6	949.2	1123	1122
1988	811.8	1483.4	685.9	241.4	658.6	473.8	1146.1	1378	1377
1989	796.1	1536.2	812.9	277.4	1079.6	566.2	1319.9	1536	1537
1990	861.7	1268.9	1167.2	301.9	1143.7	662.2	1500.7	1663	1667
1991	1017.7	1834.6	1420.5	442.3	1194.7	763.7	1852.1	1912	1916
1992	1417.9	2405.0	1689.2	584.6	1481.5	1101.3	2308.3	2334	2336
1993	2269.9	2816.6	2174.3	712.1	1902.6	1379.6	3206.0	3027	3021
1994	2968.8	3773.4	2788.2	1008.5	2556.5	1909.3	4513.7	4081	4073
1995	3733.7	4778.6	3244.7	1200.1	3209.7	2354.0	5660.0	5091	5009
1996	4393.0	5599.7	3782.6	1336.8	3698.3	2617.6	6841.3	5898	5813
1997	4628.3	6327.4	4149.1	1561.3	4176.1	2921.1	8487.4	6481	6406
1998	4993.0	6913.2	4661.5	1786.9	4314.3	3434.5	10140.9	6860	6749
1999	5180.9	7491.1	5175.9	1941.2	4484.9	3681.8	11824.5	7229	7134
2000	5534.0	8158.6	6161.9	2146.3	4836.2	4149.1	14090.8	7942	7846
2001	5945.5	9119.4	6871.3	2400.1	5195.3	4715.1	16980.9	8717	8592
2002	6482.1	9995.4	7494.3	2724.8	5546.6	5346.4	19816.0	9506	9410
2003	7510.8	11169.5	7914.8	3126.1	6034.7	6172.7	22749.2	10666	10600
2004	8720.5	12453.8	9306.5	3664.8	6586.8	7174.1	26746.1	12487	12454
2005	10400.5	13966.2	10668.8	4195.7	7469.5	8516.4	31725.0	14368	14267
2006	12450.1	16530.7	12186.3	4792.6	9951.7	10370.5	36881.9	16738	16707
2007	15348.0	20937.8	14605.1	5548.1	15173.7	13809.7	44492.1	20494	20541
2008	18807.6	26182.3	16367.6	6616.1	18313.4	14738.7	53063.2	24100	24250
2009	22681.5	29001.5	16522.4	6957.0	21798.1	18966.9	59835.2	26180	26136
2010	27259.3	35904.4	18783.6	7712.0	25680.4	23569.9	68464.3	30808	30676
2011	32926.5	43730.5	21842.0	8565.4	30678.9	28167.6	80763.9	36302	35963
2012	36896.1	49831.0	23763.2	9536.9	35188.4	31248.3	92629.2	39874	39782
2013	40896.8	56284.1	26042.7	10228.3	41191.0	35987.6	105302.8	43684	43329
2014	44880.5	62423.5	28500.9	11158.5	46665.2	38000.8	118322.7	47005	47065
2015	46626.7	66186.7	30487.8	12153.7	57872.6	41701.0	134605.5	50028	49838
2016	49702.9	71290.7	33058.8	13358.1	61121.7	48190.9	153008.9	53680	53463
2017	55313.8	77658.2	37172.6	14690.0	65395.0	53965.2	173571.2	59201	59153
2018	61808.0	84200.8	40550.2	16023.3	69099.9	59846.4	196082.6	64644	64400

3-2 国内生产总值构成
Composition of Gross Domestic Product

本表按当年价格计算。
Data in this table are calculated at current prices.

单位：% (%)

年份 Year	国内生产总值 Gross Domestic Product	第一产业 Primary Industry	第二产业 Secondary Industry	第三产业 Tertiary Industry	农林牧渔业 Agriculture, Forestry, Animal Husbandry and Fishery Industries	工业 Industry
1978	100.0	27.7	47.7	24.6	27.9	44.1
1979	100.0	30.7	47.0	22.3	31.0	43.6
1980	100.0	29.6	48.1	22.3	29.9	43.9
1981	100.0	31.3	46.0	22.7	31.6	41.9
1982	100.0	32.8	44.6	22.6	33.1	40.6
1983	100.0	32.6	44.2	23.2	32.9	39.8
1984	100.0	31.5	42.9	25.5	31.8	38.7
1985	100.0	27.9	42.7	29.4	28.2	38.2
1986	100.0	26.6	43.5	29.8	26.9	38.6
1987	100.0	26.3	43.3	30.4	26.6	38.0
1988	100.0	25.2	43.5	31.2	25.5	38.3
1989	100.0	24.6	42.5	32.9	24.8	38.0
1990	100.0	26.6	41.0	32.4	26.8	36.6
1991	100.0	24.0	41.5	34.5	24.3	37.0
1992	100.0	21.3	43.1	35.6	21.6	38.0
1993	100.0	19.3	46.2	34.5	19.5	39.9
1994	100.0	19.5	46.2	34.4	19.7	40.2
1995	100.0	19.6	46.8	33.7	19.8	40.8
1996	100.0	19.3	47.1	33.6	19.5	41.1
1997	100.0	17.9	47.1	35.0	18.1	41.4
1998	100.0	17.2	45.8	37.0	17.4	40.1
1999	100.0	16.1	45.4	38.6	16.3	39.8
2000	100.0	14.7	45.5	39.8	14.9	40.1
2001	100.0	14.0	44.8	41.2	14.2	39.6
2002	100.0	13.3	44.5	42.2	13.6	39.3
2003	100.0	12.3	45.6	42.0	12.6	40.3
2004	100.0	12.9	45.9	41.2	13.2	40.6
2005	100.0	11.6	47.0	41.3	12.0	41.6
2006	100.0	10.6	47.6	41.8	11.0	42.0
2007	100.0	10.2	46.9	42.9	10.5	41.4
2008	100.0	10.2	47.0	42.9	10.5	41.3
2009	100.0	9.6	46.0	44.4	9.9	39.6
2010	100.0	9.3	46.5	44.2	9.6	40.1
2011	100.0	9.2	46.5	44.3	9.5	40.0
2012	100.0	9.1	45.4	45.5	9.4	38.8
2013	100.0	8.9	44.2	46.9	9.2	37.5
2014	100.0	8.7	43.3	48.0	9.0	36.5
2015	100.0	8.4	41.1	50.5	8.7	34.5
2016	100.0	8.1	40.1	51.8	8.4	33.5
2017	100.0	7.6	40.5	51.9	7.9	33.9
2018	100.0	7.2	40.7	52.2	7.5	33.9

3-2 续表 continued

单位：% (%)

年 份 Year	建筑业 Construction	批发和零售业 Wholesale and Retail Trades	交通运输、仓储和邮政业 Transport, Storage and Post	住宿和餐饮业 Hotels and Catering Services	金融业 Financial Intermediation	房地产业 Real Estate	其他 Others
1978	3.8	6.6	4.9	1.2	2.1	2.2	7.2
1979	3.5	4.9	4.7	1.1	1.9	2.1	7.3
1980	4.3	4.2	4.7	1.0	1.9	2.1	8.0
1981	4.2	4.7	4.5	1.1	1.9	2.0	8.2
1982	4.1	3.2	4.6	1.2	2.4	2.1	8.7
1983	4.5	3.3	4.6	1.2	2.8	2.0	8.9
1984	4.4	5.0	4.7	1.3	3.2	2.2	8.8
1985	4.6	8.8	4.6	1.5	3.2	2.4	8.4
1986	5.1	8.2	4.8	1.6	3.9	2.9	8.1
1987	5.5	8.7	4.7	1.5	4.2	3.1	7.8
1988	5.3	9.8	4.5	1.6	4.3	3.1	7.5
1989	4.6	8.9	4.7	1.6	6.3	3.3	7.7
1990	4.6	6.7	6.2	1.6	6.1	3.5	8.0
1991	4.6	8.3	6.5	2.0	5.4	3.5	8.4
1992	5.2	8.8	6.2	2.1	5.4	4.0	8.5
1993	6.4	7.9	6.1	2.0	5.3	3.9	9.0
1994	6.1	7.8	5.7	2.1	5.3	3.9	9.3
1995	6.1	7.8	5.3	2.0	5.2	3.8	9.2
1996	6.1	7.8	5.3	1.9	5.1	3.6	9.5
1997	5.8	7.9	5.2	2.0	5.2	3.7	10.6
1998	5.9	8.1	5.5	2.1	5.1	4.0	11.9
1999	5.7	8.3	5.7	2.1	5.0	4.1	13.1
2000	5.5	8.1	6.1	2.1	4.8	4.1	14.1
2001	5.4	8.2	6.2	2.2	4.7	4.3	15.3
2002	5.3	8.2	6.2	2.2	4.6	4.4	16.3
2003	5.5	8.1	5.8	2.3	4.4	4.5	16.6
2004	5.4	7.7	5.8	2.3	4.1	4.4	16.5
2005	5.6	7.5	5.7	2.2	4.0	4.5	16.9
2006	5.7	7.5	5.6	2.2	4.5	4.7	16.8
2007	5.7	7.8	5.4	2.1	5.6	5.1	16.5
2008	5.9	8.2	5.1	2.1	5.7	4.6	16.6
2009	6.5	8.3	4.7	2.0	6.3	5.4	17.2
2010	6.6	8.7	4.6	1.9	6.2	5.7	16.6
2011	6.7	9.0	4.5	1.8	6.3	5.8	16.6
2012	6.9	9.3	4.4	1.8	6.5	5.8	17.2
2013	6.9	9.5	4.4	1.7	6.9	6.1	17.8
2014	7.0	9.7	4.4	1.7	7.3	5.9	18.5
2015	6.8	9.6	4.4	1.8	8.4	6.1	19.6
2016	6.7	9.6	4.5	1.8	8.3	6.5	20.7
2017	6.7	9.5	4.5	1.8	8.0	6.6	21.1
2018	6.9	9.4	4.5	1.8	7.7	6.6	21.8

3-3 不变价国内生产总值
Gross Domestic Product at Constant Prices

单位：亿元 (100 million yuan)

年 份 Year	国内生产总值 Gross Domestic Product	第一产业 Primary Industry	第二产业 Secondary Industry	第三产业 Tertiary Industry	农林牧渔业 Agriculture, Forestry, Animal Husbandry and Fishery industries	工业 Industry
		按1970年价格计算		Price Base Year=1970		
1978	3593.0	927.8	1776.5	888.8	936.0	1659.5
1979	3865.8	984.7	1922.6	958.5	993.4	1803.6
1980	4168.6	970.1	2181.9	1016.6	978.7	2030.5
		按1980年价格计算		Price Base Year=1980		
1980	4587.6	1359.5	2204.7	1023.4	1371.6	2014.9
1981	4822.1	1454.4	2246.3	1121.5	1467.3	2050.0
1982	5257.0	1622.1	2371.5	1263.4	1636.5	2168.7
1983	5823.1	1757.1	2617.8	1448.2	1772.7	2379.9
1984	6707.8	1983.5	2995.3	1729.0	2001.1	2731.9
1985	7608.7	2020.0	3546.5	2042.1	2038.0	3224.5
1986	8289.6	2087.1	3908.9	2293.7	2105.6	3535.2
1987	9256.0	2185.3	4440.3	2630.4	2204.7	3999.5
1988	10294.7	2240.8	5077.0	2976.9	2260.8	4603.3
1989	10727.8	2309.8	5267.3	3150.7	2330.3	4835.5
1990	11148.3	2479.0	5434.5	3234.8	2501.0	4997.9
		按1990年价格计算		Price Base Year=1990		
1990	18872.9	5017.2	7744.3	6111.4	5061.8	6904.7
1991	20621.0	5135.3	8811.9	6673.8	5183.2	7892.2
1992	23554.3	5374.1	10665.4	7514.8	5426.9	9552.7
1993	26824.5	5624.0	12771.2	8429.3	5682.0	11459.2
1994	30321.5	5845.9	15088.1	9387.5	5909.3	13611.8
1995	33642.9	6134.8	17174.1	10334.0	6204.7	15515.9
1996	36981.2	6444.0	19250.8	11286.4	6521.2	17454.0
1997	40397.0	6665.5	21267.9	12463.7	6749.4	19429.9
1998	43566.6	6894.3	23161.4	13510.9	6985.5	21157.6
1999	46904.5	7082.6	25061.4	14760.5	7181.1	22969.7
2000	50886.7	7247.5	27435.6	16203.5	7353.5	25234.0
		按2000年价格计算		Price Base Year=2000		
2000	100280.1	14717.4	45664.8	39897.9	14943.6	40259.7
2001	108639.2	15105.6	49542.4	43991.2	15362.0	43769.3
2002	118561.9	15513.5	54444.5	48604.0	15807.4	48164.5
2003	130463.2	15881.4	61341.1	53240.7	16202.5	54306.1
2004	143657.8	16851.0	68178.1	58628.6	17223.2	60580.5
2005	160027.0	17706.0	76447.0	65873.9	18124.5	67635.9
		按2005年价格计算		Price Base Year=2005		
2005	187318.9	21806.7	88084.4	77427.8	22416.2	77960.5
2006	211147.7	22843.7	99932.3	88371.6	23537.2	88039.7
2007	241195.8	23648.6	114972.9	102574.3	24418.7	101199.1
2008	264472.8	24867.9	126285.1	113319.7	25732.2	111291.3
2009	289329.9	25863.3	139282.4	124184.2	26809.9	121404.1
2010	320102.6	26962.7	156948.4	136191.5	27954.2	136674.6
		按2010年价格计算		Price Base Year=2010		
2010	412119.3	38430.8	191629.8	182058.6	39619.0	165126.4
2011	451480.1	40035.1	212112.4	199332.6	41303.3	183197.4
2012	486983.3	41823.2	229852.7	215307.4	43181.0	198081.9
2013	524803.1	43415.5	248211.4	233176.2	44891.2	213401.7
2014	563118.9	45174.1	266564.1	251380.7	46773.7	228420.8
2015	602005.7	46935.2	283086.3	271984.3	48667.5	242210.0
		按2015年价格计算		Price Base Year=2015		
2015	685992.9	57774.6	282040.3	346178.0	59852.6	236506.3
2016	732190.3	59668.4	299706.2	372815.7	61918.9	250723.1
2017	781663.7	62032.0	317343.6	402288.1	64459.4	266461.2
2018	832998.9	64193.2	335851.3	432954.4	66811.6	282742.1

注：1.更换基期的年份有两个不变价数据，一个按上一基期价格计算，一个按新基期价格计算。
2.有关不变价国内生产总值的解释见简要说明。

a) There are two figures at the base switching year, one at the former base year prices, another at the latter.

b) Please refer to the brief introduction for the definition of gross domestic product at constant prices.

3-3 续表 continued

单位：亿元 (100 million yuan)

年 份 Year	建筑业 Construction	批发和零售业 Wholesale and Retail Trades	交通运输、仓储和邮政业 Transport, Storage and Post	住宿和餐饮业 Hotels and Catering Services	金融业 Financial Intermediation	房地产业 Real Estate	其他 Others
			按1970年价格计算	Price Base Year=1970			
1978	122.0	253.3	179.7	44.8	77.0	65.0	255.5
1979	124.5	275.4	194.6	49.8	75.5	67.6	281.2
1980	157.7	270.3	202.9	51.7	81.0	73.0	322.8
			按1980年价格计算	Price Base Year=1980			
1980	196.3	193.8	213.4	47.4	85.8	96.4	368.1
1981	202.6	251.0	217.4	55.7	89.8	93.0	395.3
1982	209.5	249.1	242.1	73.3	128.5	101.5	447.7
1983	245.2	302.0	265.1	87.5	162.6	106.7	501.3
1984	271.8	376.7	304.6	94.6	212.6	136.3	578.2
1985	331.9	503.0	346.6	100.6	249.0	170.4	644.7
1986	384.6	550.5	394.6	116.3	324.3	214.4	664.1
1987	453.1	631.6	432.6	127.5	397.5	277.2	732.3
1988	489.2	705.9	486.7	159.5	477.8	312.4	799.3
1989	448.0	630.3	507.2	175.4	601.1	362.2	837.9
1990	453.4	597.1	549.5	181.5	614.1	384.8	869.1
			按1990年价格计算	Price Base Year=1990			
1990	861.7	1268.9	1167.2	301.9	1143.7	662.2	1500.7
1991	944.0	1334.6	1290.4	326.5	1176.1	741.4	1732.6
1992	1142.1	1474.9	1420.2	414.7	1252.1	938.7	1932.0
1993	1347.3	1601.5	1598.2	448.9	1393.2	1039.7	2254.4
1994	1531.2	1732.6	1734.4	570.7	1528.8	1164.1	2538.6
1995	1720.8	1875.2	1924.8	629.1	1663.7	1308.9	2799.7
1996	1867.2	2018.4	2137.3	672.1	1795.2	1361.7	3154.0
1997	1916.4	2195.4	2333.9	745.7	1957.3	1418.0	3651.1
1998	2089.1	2338.3	2581.0	828.2	2057.4	1526.9	4002.5
1999	2179.1	2541.9	2895.2	892.1	2167.5	1617.6	4460.1
2000	2303.4	2781.3	3143.7	975.4	2318.5	1732.6	5044.4
			按2000年价格计算	Price Base Year=2000			
2000	5534.0	8158.6	6161.9	2146.3	4836.2	4149.1	14090.8
2001	5910.3	8900.6	6704.6	2310.4	5175.1	4605.1	15902.0
2002	6431.0	9684.7	7182.5	2590.9	5563.7	5061.4	18075.7
2003	7208.2	10647.2	7622.6	2911.0	5977.0	5557.6	20031.0
2004	7795.6	11346.4	8726.1	3270.2	6256.0	5885.5	22574.2
2005	9043.2	12824.4	9703.9	3671.2	7140.0	6605.7	25278.2
			按2005年价格计算	Price Base Year=2005			
2005	10400.5	13966.2	10668.8	4195.7	7469.5	8516.4	31725.0
2006	12192.3	16684.6	11732.4	4723.0	9243.1	9834.8	35160.5
2007	14166.5	20057.5	13117.2	5177.3	11630.2	12230.1	39199.2
2008	15514.3	23236.6	14078.2	5674.3	13037.6	12347.3	43561.0
2009	18453.8	26002.9	14552.9	5887.4	15170.1	13806.0	47242.8
2010	21005.1	29798.8	15930.6	6371.4	16525.3	14842.9	50999.8
			按2010年价格计算	Price Base Year=2010			
2010	27259.3	35904.4	18783.6	7712.0	25680.4	23569.9	68464.3
2011	29910.4	40379.7	20598.3	8106.2	27647.9	25312.3	75024.7
2012	32827.7	44538.3	21852.4	8629.3	30258.8	26499.3	81114.5
2013	36004.7	49221.6	23294.2	8966.1	33455.3	28409.0	87159.2
2014	39279.9	54015.4	24807.0	9485.8	36776.7	28990.9	94568.7
2015	41955.8	57318.2	25812.8	10071.6	42675.0	29915.7	103379.1
			按2015年价格计算	Price Base Year=2015			
2015	46626.7	66186.7	30487.8	12153.7	57872.6	41701.0	134605.5
2016	49998.0	70909.9	32495.2	13049.9	60481.8	45298.3	147315.3
2017	51765.3	76131.2	35541.5	14069.1	63140.7	48277.5	161817.9
2018	54079.3	80869.4	38437.7	14976.8	65921.9	50101.0	179059.0

3-4 国内生产总值指数
Indices of Gross Domestic Product

本表按不变价格计算。
Data in this table are calculated at constant prices.

(上年=100) (preceding year=100)

年 份 Year	国民总收入 Gross National Income	国内生产总值 Gross Domestic Product	第一产业 Primary Industry	第二产业 Secondary Industry	第三产业 Tertiary Industry	农林牧渔业 Agriculture, Forestry, Animal Husbandry and Fishery Industries	工业 Industry
1978	111.7	111.7	104.1	115.0	113.6	104.1	116.4
1979	107.6	107.6	106.1	108.2	107.8	106.1	108.7
1980	107.8	107.8	98.5	113.5	106.1	98.5	112.6
1981	105.1	105.1	107.0	101.9	109.6	107.0	101.7
1982	109.2	109.0	111.5	105.6	112.7	111.5	105.8
1983	111.0	110.8	108.3	110.4	114.6	108.3	109.7
1984	115.3	115.2	112.9	114.4	119.4	112.9	114.8
1985	113.2	113.4	101.8	118.4	118.1	101.8	118.0
1986	108.6	108.9	103.3	110.2	112.3	103.3	109.6
1987	111.6	111.7	104.7	113.6	114.7	104.7	113.1
1988	111.3	111.2	102.5	114.3	113.2	102.5	115.1
1989	104.3	104.2	103.1	103.7	105.8	103.1	105.0
1990	104.1	103.9	107.3	103.2	102.7	107.3	103.4
1991	109.2	109.3	102.4	113.8	109.2	102.4	114.3
1992	114.1	114.2	104.7	121.0	112.6	104.7	121.0
1993	113.6	113.9	104.6	119.7	112.2	104.7	120.0
1994	113.1	113.0	103.9	118.1	111.4	104.0	118.8
1995	109.4	111.0	104.9	113.8	110.1	105.0	114.0
1996	110.1	109.9	105.0	112.1	109.2	105.1	112.5
1997	109.6	109.2	103.4	110.5	110.4	103.5	111.3
1998	107.3	107.8	103.4	108.9	108.4	103.5	108.9
1999	108.0	107.7	102.7	108.2	109.2	102.8	108.6
2000	108.6	108.5	102.3	109.5	109.8	102.4	109.9
2001	108.1	108.3	102.6	108.5	110.3	102.8	108.7
2002	109.6	109.1	102.7	109.9	110.5	102.9	110.0
2003	110.5	110.0	102.4	112.7	109.5	102.5	112.8
2004	110.5	110.1	106.1	111.1	110.1	106.3	111.6
2005	110.9	111.4	105.1	112.1	112.4	105.2	111.6
2006	113.3	112.7	104.8	113.5	114.1	105.0	112.9
2007	114.7	114.2	103.5	115.1	116.1	103.7	114.9
2008	110.1	109.7	105.2	109.8	110.5	105.4	110.0
2009	108.5	109.4	104.0	110.3	109.6	104.2	109.1
2010	110.3	110.6	104.3	112.7	109.7	104.3	112.6
2011	109.0	109.6	104.2	110.7	109.5	104.3	110.9
2012	108.6	107.9	104.5	108.4	108.0	104.5	108.1
2013	107.1	107.8	103.8	108.0	108.3	104.0	107.7
2014	108.3	107.3	104.1	107.4	107.8	104.2	107.0
2015	106.4	106.9	103.9	106.2	108.2	104.0	106.0
2016	106.7	106.7	103.3	106.3	107.7	103.5	106.0
2017	107.1	106.8	104.0	105.9	107.9	104.1	106.3
2018	106.3	106.6	103.5	105.8	107.6	103.6	106.1

3-4 续表 continued

(上年＝100) (preceding year=100)

年 份 Year	建筑业 Construction	批发和零售业 Wholesale and Retail Trades	交通运输、仓储和邮政业 Transport, Storage and Post	住宿和餐饮业 Hotels and Catering Services	金融业 Financial Intermediation	房地产业 Real Estate	其他 Others	人均国内生产总值 Per Capita GDP	人均国民总收入 Per Capita GNI
1978	99.5	123.1	108.9	118.1	110.1	105.7	111.2	110.2	110.2
1979	102.0	108.7	108.3	111.1	98.0	104.1	110.1	106.2	106.2
1980	126.6	98.1	104.3	103.9	107.3	107.9	114.8	106.5	106.5
1981	103.2	129.5	101.9	117.5	104.7	96.5	107.4	103.8	103.7
1982	103.4	99.3	111.4	131.6	143.1	109.1	113.3	107.4	107.6
1983	117.0	121.2	109.5	119.4	126.5	105.2	112.0	109.2	109.5
1984	110.8	124.7	114.9	108.1	130.7	127.7	115.3	113.7	113.8
1985	122.1	133.5	113.8	106.3	117.1	125.0	111.5	111.9	111.7
1986	115.8	109.4	113.9	115.6	130.2	125.9	103.0	107.3	107.0
1987	117.8	114.7	109.6	109.7	122.6	129.3	110.3	109.9	109.8
1988	108.0	111.8	112.5	125.1	120.2	112.7	109.1	109.4	109.5
1989	91.6	89.3	104.2	109.9	125.8	115.9	104.8	102.6	102.7
1990	101.2	94.7	108.3	103.5	102.2	106.2	103.7	102.4	102.6
1991	109.6	105.2	110.6	108.2	102.8	112.0	115.4	107.8	107.7
1992	121.0	110.5	110.1	127.0	106.5	126.6	111.5	112.8	112.7
1993	118.0	108.6	112.5	108.2	111.3	110.8	116.7	112.6	112.3
1994	113.6	108.2	108.5	127.1	109.7	112.0	112.6	111.8	111.8
1995	112.4	108.2	111.0	110.2	108.8	112.4	110.3	109.8	108.2
1996	108.5	107.6	111.0	106.8	107.9	104.0	112.7	108.8	109.0
1997	102.6	108.8	109.2	110.9	109.0	104.1	115.8	108.1	108.4
1998	109.0	106.5	110.6	111.1	105.1	107.7	109.6	106.8	106.3
1999	104.3	108.7	112.2	107.7	105.4	105.9	111.4	106.7	107.1
2000	105.7	109.4	108.6	109.3	107.0	107.1	113.1	107.6	107.8
2001	106.8	109.1	108.8	107.6	107.0	111.0	112.9	107.6	107.3
2002	108.8	108.8	107.1	112.1	107.5	109.9	113.7	108.4	108.9
2003	112.1	109.9	106.1	112.4	107.4	109.8	110.8	109.4	109.8
2004	108.2	106.6	114.5	112.3	104.7	105.9	112.7	109.5	109.9
2005	116.0	113.0	111.2	112.3	114.1	112.2	112.0	110.7	110.3
2006	117.2	119.5	110.0	112.6	123.7	115.5	110.8	112.1	112.7
2007	116.2	120.2	111.8	109.6	125.8	124.4	111.5	113.6	114.1
2008	109.5	115.9	107.3	109.6	112.1	101.0	111.1	109.1	109.5
2009	118.9	111.9	103.4	103.8	116.4	111.8	108.5	108.9	108.0
2010	113.8	114.6	109.5	108.2	108.9	107.5	108.0	110.1	109.8
2011	109.7	112.5	109.7	105.1	107.7	107.4	109.6	109.0	108.5
2012	109.8	110.3	106.1	106.5	109.4	104.7	108.1	107.3	108.1
2013	109.7	110.5	106.6	103.9	110.6	107.2	107.5	107.2	106.6
2014	109.1	109.7	106.5	105.8	109.9	102.0	108.5	106.8	107.8
2015	106.8	106.1	104.1	106.2	116.0	103.2	109.3	106.4	105.8
2016	107.2	107.1	106.6	107.4	104.5	108.6	109.4	106.2	106.1
2017	103.5	107.4	109.4	107.8	104.4	106.6	109.8	106.2	106.5
2018	104.5	106.2	108.1	106.5	104.4	103.8	110.7	106.1	105.8

3-5 国内生产总值指数

Indices of Gross Domestic Product

本表按不变价格计算。
Data in this table are calculated at constant prices.

(1978年=100) (year of 1978=100)

年份 Year	国民总收入 Gross National Income	国内生产总值 Gross Domestic Product	第一产业 Primary Industry	第二产业 Secondary Industry	第三产业 Tertiary Industry	农林牧渔业 Agriculture, Forestry, Animal Husbandry and Fishery Industries	工业 Industry
1978	100.0	100.0	100.0	100.0	100.0	100.0	100.0
1979	107.6	107.6	106.1	108.2	107.8	106.1	108.7
1980	116.0	116.0	104.6	122.8	114.4	104.6	122.4
1981	121.9	122.0	111.9	125.1	125.3	111.9	124.5
1982	133.1	132.9	124.8	132.1	141.2	124.8	131.7
1983	147.8	147.3	135.1	145.8	161.9	135.1	144.5
1984	170.5	169.6	152.6	166.9	193.3	152.6	165.9
1985	192.9	192.4	155.4	197.6	228.3	155.4	195.8
1986	209.6	209.6	160.5	217.8	256.4	160.5	214.7
1987	233.9	234.1	168.1	247.4	294.0	168.1	242.9
1988	260.3	260.4	172.3	282.8	332.7	172.3	279.5
1989	271.4	271.3	177.6	293.4	352.2	177.6	293.6
1990	282.7	281.9	190.7	302.8	361.6	190.7	303.5
1991	308.7	308.1	195.2	344.5	394.8	195.2	346.9
1992	352.1	351.9	204.2	416.9	444.6	204.4	419.9
1993	399.9	400.7	213.7	499.3	498.7	214.0	503.7
1994	452.1	453.0	222.2	589.8	555.4	222.6	598.3
1995	494.5	502.6	233.1	671.4	611.4	233.7	682.0
1996	544.5	552.5	244.9	752.6	667.7	245.6	767.2
1997	596.6	603.5	253.3	831.4	737.4	254.2	854.1
1998	640.3	650.8	262.0	905.5	799.3	263.1	930.0
1999	691.4	700.7	269.2	979.7	873.3	270.5	1009.7
2000	751.0	760.2	275.4	1072.6	958.6	277.0	1109.2
2001	811.8	823.6	282.7	1163.6	1057.0	284.7	1205.9
2002	889.7	898.8	290.3	1278.8	1167.8	293.0	1327.0
2003	982.9	989.0	297.2	1440.8	1279.2	300.3	1496.2
2004	1086.2	1089.0	315.4	1601.3	1408.7	319.2	1669.1
2005	1204.6	1213.1	331.4	1795.6	1582.8	336.0	1863.5
2006	1364.9	1367.4	347.1	2037.1	1806.5	352.8	2104.4
2007	1565.6	1562.0	359.3	2343.7	2096.8	366.0	2418.9
2008	1723.4	1712.8	377.9	2574.3	2316.5	385.6	2660.1
2009	1870.6	1873.8	393.0	2839.2	2538.6	401.8	2901.9
2010	2064.2	2073.1	409.7	3199.3	2784.0	418.9	3266.9
2011	2249.9	2271.1	426.8	3541.3	3048.2	436.8	3624.4
2012	2444.0	2449.6	445.9	3837.5	3292.4	456.6	3918.9
2013	2618.4	2639.9	462.8	4144.0	3565.7	474.7	4221.9
2014	2836.2	2832.6	481.6	4450.4	3844.1	494.6	4519.1
2015	3016.8	3028.2	500.4	4726.2	4159.1	514.6	4791.9
2016	3219.1	3232.2	516.8	5022.2	4479.2	532.4	5079.9
2017	3447.8	3450.6	537.2	5317.8	4833.3	554.2	5398.8
2018	3663.3	3677.2	556.0	5627.9	5201.7	574.5	5728.7

3-5 续表 continued

(1978年＝100) (year of 1978=100)

年 份 Year	建筑业 Construction	批发和零售业 Wholesale and Retail Trades	交通运输、仓储和邮政业 Transport, Storage and Post	住宿和餐饮业 Hotels and Catering Services	金融业 Financial Intermediation	房地产业 Real Estate	其他 Others	人均国内生产总值 Per Capita GDP	人均国民总收入 Per Capita GNI
1978	100.0	100.0	100.0	100.0	100.0	100.0	100.0	100.0	100.0
1979	102.0	108.7	108.3	111.1	98.0	104.1	110.1	106.2	106.2
1980	129.2	106.7	112.9	115.5	105.2	112.3	126.3	113.1	113.1
1981	133.3	138.2	115.0	135.6	110.2	108.4	135.6	117.3	117.3
1982	137.9	137.2	128.1	178.5	157.6	118.2	153.7	126.0	126.2
1983	161.3	166.3	140.2	213.1	199.5	124.3	172.0	137.6	138.1
1984	178.8	207.4	161.1	230.3	260.8	158.7	198.4	156.4	157.2
1985	218.4	277.0	183.3	244.8	305.4	198.4	221.3	175.1	175.5
1986	253.0	303.2	208.8	283.1	397.8	249.7	227.9	187.9	187.9
1987	298.1	347.8	228.8	310.5	487.6	322.9	251.3	206.5	206.3
1988	321.8	388.7	257.5	388.5	586.1	363.8	274.3	226.0	225.9
1989	294.8	347.1	268.3	426.9	737.4	421.8	287.5	231.9	232.0
1990	298.3	328.8	290.7	441.8	753.3	448.2	298.2	237.5	238.1
1991	326.8	345.8	321.4	477.9	774.6	501.7	344.3	256.0	256.5
1992	395.4	382.2	353.7	607.0	824.7	635.3	383.9	288.8	289.0
1993	466.4	414.9	398.0	657.0	917.6	703.6	448.0	325.1	324.5
1994	530.0	448.9	432.0	835.3	1006.9	787.8	504.5	363.4	362.7
1995	595.7	485.9	479.4	920.8	1095.8	885.8	556.4	398.9	392.5
1996	646.4	523.0	532.3	983.8	1182.4	921.6	626.8	433.9	427.6
1997	663.4	568.8	581.3	1091.4	1289.2	959.6	725.6	469.1	463.7
1998	723.2	605.9	642.8	1212.2	1355.1	1033.3	795.4	501.1	493.0
1999	754.3	658.6	721.1	1305.7	1427.6	1094.7	886.4	534.8	527.7
2000	797.3	720.7	782.9	1427.7	1527.0	1172.5	1002.5	575.7	568.7
2001	851.5	786.2	851.9	1536.8	1634.0	1301.4	1131.3	619.1	610.3
2002	926.6	855.5	912.6	1723.4	1756.7	1430.3	1286.0	671.2	664.4
2003	1038.5	940.5	968.5	1936.4	1887.2	1570.5	1425.1	734.0	729.5
2004	1123.2	1002.2	1108.8	2175.3	1975.3	1663.2	1606.0	803.4	801.3
2005	1302.9	1132.8	1233.0	2442.0	2254.4	1866.7	1798.4	889.7	883.5
2006	1527.4	1353.3	1355.9	2748.9	2789.7	2155.7	1993.1	997.3	995.5
2007	1774.7	1626.9	1516.0	3013.3	3510.2	2680.7	2222.1	1133.3	1135.9
2008	1943.5	1884.7	1627.0	3302.6	3935.0	2706.4	2469.3	1236.3	1244.0
2009	2311.8	2109.1	1681.9	3426.6	4578.6	3026.2	2678.0	1345.8	1343.6
2010	2631.4	2417.0	1841.1	3708.3	4987.6	3253.4	2891.0	1481.8	1475.4
2011	2887.3	2718.2	2019.0	3897.9	5369.8	3493.9	3168.0	1615.5	1600.5
2012	3168.9	2998.2	2141.9	4149.4	5876.9	3657.8	3425.2	1734.1	1730.1
2013	3475.6	3313.4	2283.2	4311.4	6497.7	3921.4	3680.4	1859.6	1844.5
2014	3791.8	3636.1	2431.5	4561.3	7142.7	4001.7	3993.3	1985.3	1987.8
2015	4050.1	3858.5	2530.1	4843.0	8288.3	4129.4	4365.4	2111.6	2103.6
2016	4342.9	4133.8	2696.7	5200.1	8662.0	4485.6	4777.5	2241.7	2232.6
2017	4496.5	4438.2	2949.5	5606.2	9042.8	4780.6	5247.9	2379.8	2377.9
2018	4697.4	4714.4	3189.8	5967.9	9441.1	4961.2	5807.0	2524.5	2515.0

3-6 分行业增加值
Value-added by Sector

本表按当年价格计算。
Data in this table are calculated at current prices.

单位：亿元 (100 million yuan)

行　　业	Sector	2014	2015	2016	2017
国内生产总值	**Gross Domestic Product**	**641280.6**	**685992.9**	**740060.8**	**820754.3**
农林牧渔业	Agriculture, Forestry, Animal Husbandry and Fishery	57472.2	59852.6	62451.0	64660.0
采矿业	Mining	23417.1	19104.5	18260.4	21025.5
制造业	Manufacturing	195620.3	202420.1	214289.3	240505.4
电力、热力、燃气及水生产和供应业	Production and Supply of Electricity, Heat, Gas and Water	14819.0	14981.7	15328.0	16797.2
建筑业	Construction	44880.5	46626.7	49702.9	55313.8
批发和零售业	Wholesale and Retail Trades	62423.5	66186.7	71290.7	77658.2
交通运输、仓储和邮政业	Transport, Storage and Post	28500.9	30487.8	33058.8	37172.6
住宿和餐饮业	Hotels and Catering Services	11158.5	12153.7	13358.1	14690.0
信息传输、软件和信息技术服务业	Information Transmission, Software and Information Technology	15939.6	18546.1	21899.1	26400.6
金融业	Financial Intermediation	46665.2	57872.6	61121.7	65395.0
房地产业	Real Estate	38000.8	41701.0	48190.9	53965.2
租赁和商务服务业	Leasing and Business Services	15276.2	17111.5	19483.3	21887.8
科学研究和技术服务业	Scientific Research and Technical Services	12250.7	13479.6	14590.7	16198.5
水利、环境和公共设施管理业	Management of Water Conservancy, Environment and Public Facilities	3472.7	3851.9	4253.8	4762.8
居民服务、修理和其他服务业	Service to Households, Repair and Other Services	9706.3	10854.5	12792.7	14704.4
教育	Education	21159.9	24253.1	26770.4	29918.3
卫生和社会工作	Health and Social Service	12734.0	14955.1	17092.0	19027.3
文化、体育和娱乐业	Culture, Sports and Entertainment	4274.5	4931.2	5483.7	6647.8
公共管理、社会保障和社会组织	Public Management, Social Security and Social Organization	23508.7	26622.6	30643.1	34023.6

3-7 三次产业和主要行业贡献率

Share of the Contributions of the Three Strata of Industry and Main Sectors to the Increase of the GDP

本表按不变价格计算。

Data in this table are calculated at constant prices.

单位：% (%)

年份 Year	国内生产总值 Gross Domestic Product	第一产业 Primary Industry	第二产业 Secondary Industry	第三产业 Tertiary Industry	#工业 Industry	#批发和零售业 Wholesale and Retail Trades	#金融业 Financial Intermediation
1978	100.0	9.8	61.8	28.4	62.2	12.7	1.9
1979	100.0	20.9	53.6	25.6	52.8	8.1	-0.6
1980	100.0	-4.8	85.6	19.2	74.9	-1.7	1.8
1981	100.0	40.5	17.7	41.8	15.0	24.4	1.7
1982	100.0	38.6	28.8	32.6	27.3	-0.4	8.9
1983	100.0	23.9	43.5	32.7	37.3	9.3	6.0
1984	100.0	25.6	42.7	31.7	39.8	8.4	5.6
1985	100.0	4.1	61.2	34.8	54.7	14.0	4.0
1986	100.0	9.8	53.2	36.9	45.6	7.0	11.1
1987	100.0	10.2	55.0	34.8	48.0	8.4	7.6
1988	100.0	5.4	61.3	33.4	58.1	7.2	7.7
1989	100.0	15.9	44.0	40.1	53.6	-17.5	28.5
1990	100.0	40.2	39.8	20.0	38.6	-7.9	3.1
1991	100.0	6.8	61.1	32.2	56.5	3.8	1.8
1992	100.0	8.1	63.2	28.7	56.6	4.8	2.6
1993	100.0	7.6	64.4	28.0	58.3	3.9	4.3
1994	100.0	6.3	66.3	27.4	61.6	3.8	3.9
1995	100.0	8.7	62.8	28.5	57.3	4.3	4.1
1996	100.0	9.3	62.2	28.5	58.1	4.3	3.9
1997	100.0	6.5	59.1	34.5	57.8	5.2	4.7
1998	100.0	7.2	59.7	33.0	54.5	4.5	3.2
1999	100.0	5.6	56.9	37.4	54.3	6.1	3.3
2000	100.0	4.1	59.6	36.2	56.9	6.0	3.8
2001	100.0	4.6	46.4	49.0	42.0	8.9	4.1
2002	100.0	4.1	49.4	46.5	44.3	7.9	3.9
2003	100.0	3.1	57.9	39.0	51.6	8.1	3.5
2004	100.0	7.3	51.8	40.8	47.6	5.3	2.1
2005	100.0	5.2	50.5	44.3	43.1	9.0	5.4
2006	100.0	4.4	49.7	45.9	42.3	11.4	7.4
2007	100.0	2.7	50.1	47.3	43.8	11.2	7.9
2008	100.0	5.2	48.6	46.2	43.4	13.7	6.0
2009	100.0	4.0	52.3	43.7	40.7	11.1	8.6
2010	100.0	3.6	57.4	39.0	49.6	12.3	4.4
2011	100.0	4.1	52.0	43.9	45.9	11.4	5.0
2012	100.0	5.0	50.0	45.0	41.9	11.7	7.4
2013	100.0	4.2	48.5	47.2	40.5	12.4	8.5
2014	100.0	4.6	47.9	47.5	39.2	12.5	8.7
2015	100.0	4.5	42.5	53.0	35.5	8.5	15.2
2016	100.0	4.1	38.2	57.7	30.8	10.2	5.6
2017	100.0	4.8	35.7	59.6	31.8	10.6	5.4
2018	100.0	4.2	36.1	59.7	31.7	9.2	5.4

注：贡献率指三次产业或主要行业增加值增量与GDP增量之比。

a) Share of the contributions of the three strata of industry or main sectors to the increase of the GDP refers to the proportion of the increment of the value-added of each industry to the increment of GDP.

3-8 三次产业和主要行业对国内生产总值增长的拉动
Contribution of the Three Strata of Industry and Main Sectors to GDP Growth

本表按不变价格计算。
Data in this table are calculated at constant prices.

单位：百分点 (percentage points)

年 份 Year	国内生产总值 Gross Domestic Product	第一产业 Primary Industry	第二产业 Secondary Industry	第三产业 Tertiary Industry	#工业 Industry	#批发和零售业 Wholesale and Retail Trades	#金融业 Financial Intermediation
1978	11.7	1.1	7.2	3.3	7.3	1.5	0.2
1979	7.6	1.6	4.1	1.9	4.0	0.6	0.0
1980	7.8	-0.4	6.7	1.5	5.9	-0.1	0.1
1981	5.1	2.1	0.9	2.1	0.8	1.2	0.1
1982	9.0	3.5	2.6	2.9	2.5	0.0	0.8
1983	10.8	2.6	4.7	3.5	4.0	1.0	0.6
1984	15.2	3.9	6.5	4.8	6.0	1.3	0.9
1985	13.4	0.5	8.2	4.7	7.3	1.9	0.5
1986	8.9	0.9	4.8	3.3	4.1	0.6	1.0
1987	11.7	1.2	6.4	4.1	5.6	1.0	0.9
1988	11.2	0.6	6.9	3.7	6.5	0.8	0.9
1989	4.2	0.7	1.8	1.7	2.3	-0.7	1.2
1990	3.9	1.6	1.6	0.8	1.5	-0.3	0.1
1991	9.3	0.6	5.7	3.0	5.2	0.3	0.2
1992	14.2	1.2	9.0	4.1	8.1	0.7	0.4
1993	13.9	1.1	8.9	3.9	8.1	0.5	0.6
1994	13.0	0.8	8.6	3.6	8.0	0.5	0.5
1995	11.0	1.0	6.9	3.1	6.3	0.5	0.4
1996	9.9	0.9	6.2	2.8	5.8	0.4	0.4
1997	9.2	0.6	5.5	3.2	5.3	0.5	0.4
1998	7.8	0.6	4.7	2.6	4.3	0.4	0.2
1999	7.7	0.4	4.4	2.9	4.2	0.5	0.3
2000	8.5	0.4	5.1	3.1	4.8	0.5	0.3
2001	8.3	0.4	3.9	4.1	3.5	0.7	0.3
2002	9.1	0.4	4.5	4.2	4.0	0.7	0.4
2003	10.0	0.3	5.8	3.9	5.2	0.8	0.3
2004	10.1	0.7	5.2	4.1	4.8	0.5	0.2
2005	11.4	0.6	5.8	5.0	4.9	1.0	0.6
2006	12.7	0.6	6.3	5.8	5.4	1.5	0.9
2007	14.2	0.4	7.1	6.7	6.2	1.6	1.1
2008	9.7	0.5	4.7	4.5	4.2	1.3	0.6
2009	9.4	0.4	4.9	4.1	3.8	1.0	0.8
2010	10.6	0.4	6.1	4.2	5.3	1.3	0.5
2011	9.6	0.4	5.0	4.2	4.4	1.1	0.5
2012	7.9	0.4	3.9	3.5	3.3	0.9	0.6
2013	7.8	0.3	3.8	3.7	3.1	1.0	0.7
2014	7.3	0.3	3.5	3.5	2.9	0.9	0.6
2015	6.9	0.3	2.9	3.7	2.4	0.6	1.0
2016	6.7	0.3	2.6	3.9	2.1	0.7	0.4
2017	6.8	0.3	2.4	4.0	2.1	0.7	0.4
2018	6.6	0.3	2.4	3.9	2.1	0.6	0.4

注：拉动指GDP增长速度与三次产业或主要行业贡献率之乘积。
a) Contribution of the three strata of industry or main sectors to GDP growth refers to the growth rate of GDP multiplied by the contribution share of every industry.

3-9 地区生产总值（2018年）
Gross Regional Product (2018)

本表绝对数按当年价格计算，指数按不变价格计算。
Level data in this table are calculated at current prices while indices at constant prices.

单位：亿元 (100 million yuan)

地区	Region	地区生产总值 Gross Regional Product	三次产业增加值 Value-Added by Three Strata of Industry			人均地区生产总值（元） Per Capita Gross Regional Product (yuan)
			第一产业 Primary Industry	第二产业 Secondary Industry	第三产业 Tertiary Industry	
北　京	Beijing	30319.98	118.69	5647.65	24553.64	140211
天　津	Tianjin	18809.64	172.71	7609.81	11027.12	120711
河　北	Hebei	36010.27	3338.00	16040.06	16632.21	47772
山　西	Shanxi	16818.11	740.64	7089.19	8988.28	45328
内蒙古	Inner Mongolia	17289.22	1753.82	6807.30	8728.10	68302
辽　宁	Liaoning	25315.35	2033.30	10025.10	13256.95	58008
吉　林	Jilin	15074.62	1160.75	6410.85	7503.02	55611
黑龙江	Heilongjiang	16361.62	3000.96	4030.94	9329.72	43274
上　海	Shanghai	32679.87	104.37	9732.54	22842.96	134982
江　苏	Jiangsu	92595.40	4141.72	41248.52	47205.16	115168
浙　江	Zhejiang	56197.15	1967.01	23505.88	30724.26	98643
安　徽	Anhui	30006.82	2638.01	13842.09	13526.72	47712
福　建	Fujian	35804.04	2379.82	17232.36	16191.86	91197
江　西	Jiangxi	21984.78	1877.33	10250.21	9857.24	47434
山　东	Shandong	76469.67	4950.52	33641.72	37877.43	76267
河　南	Henan	48055.86	4289.38	22034.83	21731.65	50152
湖　北	Hubei	39366.55	3547.51	17088.95	18730.09	66616
湖　南	Hunan	36425.78	3083.59	14453.54	18888.65	52949
广　东	Guangdong	97277.77	3831.44	40695.15	52751.18	86412
广　西	Guangxi	20352.51	3019.37	8072.94	9260.20	41489
海　南	Hainan	4832.05	1000.11	1095.79	2736.15	51955
重　庆	Chongqing	20363.19	1378.27	8328.79	10656.13	65933
四　川	Sichuan	40678.13	4426.66	15322.72	20928.75	48883
贵　州	Guizhou	14806.45	2159.54	5755.54	6891.37	41244
云　南	Yunnan	17881.12	2498.86	6957.44	8424.82	37136
西　藏	Tibet	1477.63	130.25	628.37	719.01	43398
陕　西	Shaanxi	24438.32	1830.19	12157.48	10450.65	63477
甘　肃	Gansu	8246.07	921.30	2794.67	4530.10	31336
青　海	Qinghai	2865.23	268.10	1247.06	1350.07	47689
宁　夏	Ningxia	3705.18	279.85	1650.26	1775.07	54094
新　疆	Xinjiang	12199.08	1692.09	4922.97	5584.02	49475

注：表中数据为初步核算数。
Data in this table are preliminary accounting figures.

3-9 续表 continued

地 区 Region	构 成 (地区生产总值=100) Composition (GRP=100)			指 数 (上年=100) Indices (preceding year=100)				
	第一产业 Primary Industry	第二产业 Secondary Industry	第三产业 Tertiary Industry	地区生产总值 Gross Regional Product	第一产业 Primary Industry	第二产业 Secondary Industry	第三产业 Tertiary Industry	人均地区生产总值 Per Capita Gross Regional Product
北 京 Beijing	0.4	18.6	81.0	106.6	97.7	104.2	107.3	107.1
天 津 Tianjin	0.9	40.5	58.6	103.6	100.1	101.0	105.9	103.7
河 北 Hebei	9.3	44.5	46.2	106.6	103.0	104.3	109.8	106.0
山 西 Shanxi	4.4	42.2	53.4	106.7	102.1	104.5	108.8	106.2
内蒙古 Inner Mongolia	10.1	39.4	50.5	105.3	103.2	105.1	106.0	105.0
辽 宁 Liaoning	8.0	39.6	52.4	105.7	103.1	107.4	104.8	105.9
吉 林 Jilin	7.7	42.5	49.8	104.5	102.0	104.0	105.5	105.0
黑龙江 Heilongjiang	18.3	24.6	57.1	104.7	103.7	102.1	106.4	105.0
上 海 Shanghai	0.3	29.8	69.9	106.6	93.1	101.8	108.7	106.5
江 苏 Jiangsu	4.5	44.5	51.0	106.7	101.8	105.8	107.9	106.3
浙 江 Zhejiang	3.5	41.8	54.7	107.1	101.9	106.7	107.8	105.7
安 徽 Anhui	8.8	46.1	45.1	108.0	103.2	108.5	108.6	106.9
福 建 Fujian	6.7	48.1	45.2	108.3	103.5	108.5	108.8	107.4
江 西 Jiangxi	8.6	46.6	44.8	108.7	103.4	108.3	110.3	108.0
山 东 Shandong	6.5	44.0	49.5	106.4	102.6	105.1	108.3	105.9
河 南 Henan	8.9	45.9	45.2	107.6	103.3	107.2	109.2	107.2
湖 北 Hubei	9.0	43.4	47.6	107.8	102.9	106.8	109.9	107.5
湖 南 Hunan	8.5	39.7	51.8	107.8	103.5	107.2	109.2	107.2
广 东 Guangdong	4.0	41.8	54.2	106.8	104.2	105.9	107.8	105.1
广 西 Guangxi	14.8	39.7	45.5	106.8	105.6	104.3	109.4	105.8
海 南 Hainan	20.7	22.7	56.6	105.8	103.9	104.8	106.8	104.8
重 庆 Chongqing	6.8	40.9	52.3	106.0	104.4	103.0	109.1	105.1
四 川 Sichuan	10.9	37.7	51.4	108.0	103.6	107.5	109.4	107.4
贵 州 Guizhou	14.6	38.9	46.5	109.1	106.9	109.5	109.5	108.4
云 南 Yunnan	14.0	38.9	47.1	108.9	106.3	111.3	107.6	108.2
西 藏 Tibet	8.8	42.5	48.7	109.1	103.4	117.5	104.1	107.0
陕 西 Shaanxi	7.5	49.8	42.7	108.3	103.2	108.7	108.8	107.5
甘 肃 Gansu	11.2	33.9	54.9	106.3	105.0	103.8	108.4	105.8
青 海 Qinghai	9.4	43.5	47.1	107.2	104.5	107.8	106.9	106.3
宁 夏 Ningxia	7.6	44.5	47.9	107.0	104.0	106.8	107.7	106.0
新 疆 Xinjiang	13.9	40.3	45.8	106.1	104.7	104.2	108.0	104.1

3-10 支出法国内生产总值

Gross Domestic Product by Expenditure Approach

本表按当年价格计算。
Data in value terms in this table are calculated at current prices.

年 份 Year	支出法国内生产总值(亿元) Gross Domestic Product by Expenditure Approach (100 million yuan)	最终消费支出 Final Consumption Expenditures	资本形成总额 Gross Capital Formation	货物和服务净出口 Net Exports of Goods and Services	最终消费率(消费率)(%) Final Consumption Rate (%)	资本形成率(投资率)(%) Capital Formation Rate (%)
1978	3634	2233	1413	-11	61.4	38.9
1979	4078	2578	1520	-20	63.2	37.3
1980	4575	2967	1623	-15	64.8	35.5
1981	4957	3277	1663	17	66.1	33.5
1982	5426	3576	1760	91	65.9	32.4
1983	6079	4060	1968	51	66.8	32.4
1984	7346	4784	2560	1	65.1	34.9
1985	9180	5918	3630	-367	64.5	39.5
1986	10474	6727	4002	-255	64.2	38.2
1987	12294	7639	4645	11	62.1	37.8
1988	15332	9423	6060	-151	61.5	39.5
1989	17360	11033	6512	-186	63.6	37.5
1990	19067	12001	6555	510	62.9	34.4
1991	22124	13614	7893	618	61.5	35.7
1992	27334	16225	10834	276	59.4	39.6
1993	35900	20797	15783	-679	57.9	44.0
1994	48823	28272	19916	634	57.9	40.8
1995	61539	36198	24343	999	58.8	39.6
1996	72102	43087	27557	1459	59.8	38.2
1997	80025	47509	28966	3550	59.4	36.2
1998	85486	51460	30397	3629	60.2	35.6
1999	90824	56622	31666	2537	62.3	34.9
2000	100577	63668	34526	2383	63.3	34.3
2001	111250	68547	40379	2325	61.6	36.3
2002	122292	74068	45130	3094	60.6	36.9
2003	138315	79513	55837	2965	57.5	40.4
2004	162742	89086	69421	4236	54.7	42.7
2005	189190	101448	77534	10209	53.6	41.0
2006	221207	114729	89823	16655	51.9	40.6
2007	271699	136229	112047	23423	50.1	41.2
2008	319936	157466	138243	24227	49.2	43.2
2009	349883	172728	162118	15037	49.4	46.3
2010	410708	198998	196653	15057	48.5	47.9
2011	486038	241022	233327	11688	49.6	48.0
2012	540989	271113	255240	14636	50.1	47.2
2013	596963	300338	282073	14552	50.3	47.3
2014	647182	328313	302717	16152	50.7	46.8
2015	699109	362267	312836	24007	51.8	44.7
2016	745632	399910	329138	16585	53.6	44.1
2017	815260	437152	363955	14154	53.6	44.6
2018	884426	480341	396645	7440	54.3	44.8

注：最终消费率指最终消费支出占支出法国内生产总值的比重；资本形成率指资本形成总额占支出法国内生产总值的比重。
a) Final consumption rate refers to final consumption expenditures as percentage of gross domestic product by expenditure approach, capital formation rate refers to gross capital formation as percentage of gross domestic product by expenditure approach.

3-11 支出法国内生产总值及构成
Components of Gross Domestic Product by Expenditure Approach

本表按当年价格计算。
Data in value terms in this table are calculated at current prices.

年份 Year	最终消费支出(亿元) Final Consumption Expenditures (100 million yuan)				资本形成总额(亿元) Gross Capital Formation (100 million yuan)		货物和服务净出口(亿元) Net Exports of Goods and Services(100 million yuan)	
	居民消费支出 Household Consumption Expenditures	城镇居民 Urban Household	农村居民 Rural Household	政府消费支出 Government Consumption Expenditures	固定资本形成总额 Gross Fixed Capital Formation	存货变动 Change in Inventories	出口 Exports	进口 Imports
1978	1759	667	1092	474	1109	304		
1979	2014	759	1255	564	1194	326		
1980	2337	922	1415	630	1346	277		
1981	2628	1017	1610	650	1382	281		
1982	2867	1050	1817	708	1559	201		
1983	3221	1197	2024	839	1743	226		
1984	3690	1438	2251	1095	2192	368		
1985	4627	1841	2787	1290	2844	786		
1986	5294	2180	3113	1433	3300	702		
1987	6048	2576	3472	1591	3821	823		
1988	7532	3381	4152	1891	4842	1218		
1989	8778	3913	4865	2255	4519	1993		
1990	9435	4194	5241	2566	4636	1919		
1991	10544	4971	5573	3070	5795	2098		
1992	12312	6366	5947	3913	8461	2373		
1993	15696	8695	7001	5101	13574	2209		
1994	21446	12274	9172	6826	17188	2728		
1995	28073	16535	11538	8125	20357	3985		
1996	33660	19505	14155	9426	23320	4237		
1997	36626	21665	14961	10882	25363	3603		
1998	38822	23947	14875	12639	28751	1645		
1999	41915	27104	14811	14707	30241	1424		
2000	46988	31376	15612	16680	33528	998		
2001	50709	34411	16297	17838	38064	2315		
2002	55076	38060	17017	18992	43797	1333		
2003	59344	41569	17775	20169	53964	1872		
2004	66587	47354	19233	22499	65670	3751		
2005	75232	54320	20912	26215	75810	1724		
2006	84119	61480	22640	30609	87223	2600		
2007	99793	74205	25589	36436	105052	6995		
2008	115338	86498	28841	42128	128002	10241		
2009	126661	95995	30666	46067	156735	5383		
2010	146058	112447	33610	52940	185827	10826		
2011	176532	135457	41075	64490	219671	13656		
2012	198537	153314	45223	72576	244601	10639		
2013	219763	170330	49432	80575	270924	11149		
2014	242540	188174	54366	85773	290053	12664		
2015	265980	206837	59143	96286	301503	11333		
2016	293443	229111	64332	106467	318084	11054	146177	129592
2017	317964	249785	68178	119188	349369	14586	163417	149263
2018	348210	273715	74494	132131	380772	15873	175043	167603

3-11 续表 continued

年份 Year	最终消费支出=100 Final Consumption Expenditures=100		居民消费支出=100 Household Consumption Expenditures=100		资本形成总额=100 Gross Capital Formation=100		货物和服务净出口=100 Net Exports of Goods and Services=100	
	居民消费支出 Household Consumption Expenditures	政府消费支出 Government Consumption Expenditures	城镇居民 Urban House-hold	农村居民 Rural House-hold	固定资本形成总额 Gross Fixed Capital Formation	存货变动 Change in Inventories	出口 Exports	进口 Imports
1978	78.8	21.2	37.9	62.1	78.5	21.5		
1979	78.1	21.9	37.7	62.3	78.6	21.4		
1980	78.8	21.2	39.5	60.5	82.9	17.1		
1981	80.2	19.8	38.7	61.3	83.1	16.9		
1982	80.2	19.8	36.6	63.4	88.6	11.4		
1983	79.3	20.7	37.1	62.9	88.5	11.5		
1984	77.1	22.9	39.0	61.0	85.6	14.4		
1985	78.2	21.8	39.8	60.2	78.4	21.6		
1986	78.7	21.3	41.2	58.8	82.5	17.5		
1987	79.2	20.8	42.6	57.4	82.3	17.7		
1988	79.9	20.1	44.9	55.1	79.9	20.1		
1989	79.6	20.4	44.6	55.4	69.4	30.6		
1990	78.6	21.4	44.5	55.5	70.7	29.3		
1991	77.5	22.5	47.1	52.9	73.4	26.6		
1992	75.9	24.1	51.7	48.3	78.1	21.9		
1993	75.5	24.5	55.4	44.6	86.0	14.0		
1994	75.9	24.1	57.2	42.8	86.3	13.7		
1995	77.6	22.4	58.9	41.1	83.6	16.4		
1996	78.1	21.9	57.9	42.1	84.6	15.4		
1997	77.1	22.9	59.2	40.8	87.6	12.4		
1998	75.4	24.6	61.7	38.3	94.6	5.4		
1999	74.0	26.0	64.7	35.3	95.5	4.5		
2000	73.8	26.2	66.8	33.2	97.1	2.9		
2001	74.0	26.0	67.9	32.1	94.3	5.7		
2002	74.4	25.6	69.1	30.9	97.0	3.0		
2003	74.6	25.4	70.0	30.0	96.6	3.4		
2004	74.7	25.3	71.1	28.9	94.6	5.4		
2005	74.2	25.8	72.2	27.8	97.8	2.2		
2006	73.3	26.7	73.1	26.9	97.1	2.9		
2007	73.3	26.7	74.4	25.6	93.8	6.2		
2008	73.2	26.8	75.0	25.0	92.6	7.4		
2009	73.3	26.7	75.8	24.2	96.7	3.3		
2010	73.4	26.6	77.0	23.0	94.5	5.5		
2011	73.2	26.8	76.7	23.3	94.1	5.9		
2012	73.2	26.8	77.2	22.8	95.8	4.2		
2013	73.2	26.8	77.5	22.5	96.0	4.0		
2014	73.9	26.1	77.6	22.4	95.8	4.2		
2015	73.4	26.6	77.8	22.2	96.4	3.6		
2016	73.4	26.6	78.1	21.9	96.6	3.4		
2017	72.7	27.3	78.6	21.4	96.0	4.0		
2018	72.5	27.5	78.6	21.4	96.0	4.0		

3-12 居民消费水平
Household Consumption Expenditure

本表绝对数按当年价格计算，指数按不变价格计算。
Level in this table are calculated at current prices, while indices are calculated at constant prices.

年 份 Year	绝对数(元) Level (yuan)			城乡消费水平对比(农村居民=1) Urban/Rural Consumption Ratio (Rural Household=1)	指数（上年=100) Index (Preceding Year=100)			指数(1978=100) Index (1978=100)		
	全体居民 All Households	城镇居民 Urban Household	农村居民 Rural Household		全体居民 All Households	城镇居民 Urban Household	农村居民 Rural Household	全体居民 All Households	城镇居民 Urban Household	农村居民 Rural Household
1978	184	405	138	2.9	104.1	103.3	104.3	100.0	100.0	100.0
1980	238	490	178	2.7	109.1	107.3	108.6	116.8	110.4	115.7
1985	440	750	346	2.2	112.7	107.4	114.4	181.3	137.4	192.5
1990	831	1404	627	2.2	102.8	101.4	103.4	227.5	163.6	240.4
1995	2330	4769	1344	3.5	108.3	109.5	105.0	339.8	285.6	288.8
2000	3721	6999	1917	3.7	110.6	109.7	106.6	493.1	382.9	377.6
2001	3987	7324	2032	3.6	106.1	103.8	104.6	523.2	397.4	395.2
2002	4301	7745	2157	3.6	108.4	106.3	106.6	567.3	422.5	421.1
2003	4606	8104	2292	3.5	105.8	103.5	104.6	600.0	437.2	440.5
2004	5138	8880	2521	3.5	107.2	106.0	103.9	643.0	463.3	457.8
2005	5771	9832	2784	3.5	109.7	108.5	106.8	705.4	502.6	488.9
2006	6416	10739	3066	3.5	108.4	106.6	107.3	765.0	535.6	524.7
2007	7572	12480	3538	3.5	112.8	111.6	108.7	862.6	597.6	570.4
2008	8707	14061	4065	3.5	108.3	106.5	107.0	934.3	636.4	610.3
2009	9514	15127	4402	3.4	109.8	108.0	109.3	1026.1	687.1	666.9
2010	10919	17104	4941	3.5	109.6	107.9	107.4	1124.5	741.2	716.0
2011	13134	19912	6187	3.2	111.0	108.2	112.9	1248.6	802.1	808.6
2012	14699	21861	6964	3.1	109.1	107.2	108.9	1362.0	859.9	880.4
2013	16190	23609	7773	3.0	107.3	105.3	108.6	1462.0	905.4	955.8
2014	17778	25424	8711	2.9	107.7	105.6	109.9	1574.6	956.3	1050.4
2015	19397	27210	9679	2.8	107.5	105.4	109.5	1692.6	1008.1	1150.6
2016	21285	29295	10783	2.7	107.6	105.5	109.3	1820.5	1063.5	1258.1
2017	22935	31098	11691	2.7	106.0	104.3	107.1	1930.0	1109.6	1346.9
2018	25002	33282	13062	2.5	106.7	104.8	109.5	2060.2	1162.7	1474.4

注：1.城乡消费水平对比没有剔除城乡价格不可比的因素(相关表同)。
2.居民消费水平指按常住人口计算的人均居民消费支出(相关表同)。

a) The effect of price differentials between urban and rural areas has not been removed in the calculation of the urban/rural consumption ratio. The same applies to the relevant tables.

b) Household consumption level refers to per capita household consumption on the basis of usual residents. The same applies to the relevant tables.

3-13 三大需求对国内生产总值增长的贡献率和拉动
Contribution Share and Contribution of the Three Components of GDP to the Growth of GDP

本表按不变价格计算。
Data in this table are calculated at constant prices.

年 份 Year	最终消费支出 Final Consumption Expenditure		资本形成总额 Gross Capital Formation		货物和服务净出口 Net Exports of Goods and Services	
	贡献率 (%) Contribution Share (%)	拉 动 (百分点) Contribution (percentage points)	贡献率 (%) Contribution Share (%)	拉 动 (百分点) Contribution (percentage points)	贡献率 (%) Contribution Share (%)	拉 动 (百分点) Contribution (percentage points)
1978	38.3	4.5	67.0	7.8	-5.3	-0.6
1980	77.3	6.1	20.9	1.6	1.8	0.1
1985	71.1	9.5	79.8	10.7	-50.9	-6.8
1990	91.7	3.6	-74.6	-2.9	82.9	3.2
1995	46.2	5.1	46.6	5.1	7.2	0.8
2000	78.1	6.6	22.4	1.9	-0.5	0.0
2001	49.0	4.1	64.0	5.3	-13.0	-1.1
2002	55.6	5.1	39.8	3.6	4.6	0.4
2003	35.4	3.6	70.0	7.0	-5.4	-0.6
2004	42.6	4.3	61.6	6.2	-4.2	-0.4
2005	54.4	6.2	33.1	3.8	12.5	1.4
2006	42.0	5.3	42.9	5.5	15.1	1.9
2007	45.3	6.4	44.1	6.3	10.6	1.5
2008	44.2	4.3	53.2	5.1	2.6	0.3
2009	56.1	5.3	86.5	8.1	-42.6	-4.0
2010	44.9	4.8	66.3	7.1	-11.2	-1.3
2011	61.9	5.9	46.2	4.4	-8.1	-0.8
2012	54.9	4.3	43.4	3.4	1.7	0.2
2013	47.0	3.6	55.3	4.3	-2.3	-0.1
2014	48.8	3.6	46.9	3.4	4.3	0.3
2015	59.7	4.1	41.6	2.9	-1.3	-0.1
2016	66.5	4.5	43.1	2.9	-9.6	-0.7
2017	57.6	3.9	33.8	2.3	8.6	0.6
2018	76.2	5.0	32.4	2.2	-8.6	-0.6

注：1.三大需求指支出法国内生产总值的三大构成项目，即最终消费支出、资本形成总额、货物和服务净出口。
2.贡献率指三大需求增量与支出法国内生产总值增量之比。
3.拉动指国内生产总值增长速度与三大需求贡献率的乘积。

a)Three components of GDP by expenditure approach are final consumption expenditure,gross capital formation and net exports of goods and services.
b)Contribution share of the three components to the increase of the GDP refers to the proportion of the increment of the each component of GDP by expenditure approach to the increment of GDP.
c)Contribution of the three components to GDP growth refers to the growth rate of GDP multiplied by the contribution share of the three components.

3-14 资金流量表(非金融交易，2017年)
Flow of Funds Accounts (Physical Transaction, 2017)

单位：亿元 (100 million yuan)

机构部门 交易项目	Sectors Items	非金融企业部门 Non-financial Enterprises 运用 Utilization	非金融企业部门 Non-financial Enterprises 来源 Source	金融机构部门 Financial Institutions 运用 Utilization	金融机构部门 Financial Institutions 来源 Source	政府部门 Governments 运用 Utilization	政府部门 Governments 来源 Source
一、净出口	**Net Exports**						
二、增加值	**Value Added**		**507107.0**		**65395.0**		**71373.2**
三、劳动者报酬	**Compensation of Employees**	**220487.2**		**21586.9**		**62200.4**	
四、生产税净额	**Taxes on Production, Net**	**82449.7**		**6026.0**		**370.0**	**93844.3**
五、财产收入	**Income from Properties**	**64811.4**	**27913.0**	**54482.6**	**57784.5**	**9756.3**	**22180.8**
(一)利息	Interest	30988.8	20614.8	48162.9	56198.2	7778.5	7752.0
(二)红利	Distributed Income of Corporations	26026.3	7180.6	2859.0	1586.3		6555.5
(三)地租	Rent on Land, Natural Resources, and Subsoil Assets	7792.0					7822.0
(四)其他	Others	4.3	117.7	3460.6		1977.8	51.3
六、初次分配总收入	**Total Income from Primary Distribution**		**167271.6**		**41084.0**		**115071.6**
七、经常转移	**Current Transfer**	**29610.5**	**1337.6**	**12724.6**	**6278.6**	**74327.2**	**106386.9**
(一)所得税、财产税等经常税	Current Taxes on Income, Wealth, etc.	24182.3		7935.0			44128.7
(二)社会保险缴款	Payment to Social Security					12351.8	58437.6
(三)社会保险福利	Social Security Welfare					48653.0	
(四)社会补助	Allowances	384.8				13105.7	
(五)其他	Others	5043.4	1337.6	4789.6	6278.6	216.7	3820.6
八、可支配总收入	**Total Disposable Income**		**138998.7**		**34637.9**		**147131.2**
九、最终消费支出	**Final Consumption Expenditure**					**119188.0**	
(一)居民消费支出	Household Consumption						
(二)政府消费支出	Government Consumption					119188.0	
十、总储蓄	**Savings**		**138998.7**		**34637.9**		**27943.2**
十一、资本转移	**Capital Transfers**		**9884.9**			**9906.7**	**15.4**
(一)投资性补助	Investment Allowances		9884.9			9884.9	
(二)其他	Other					21.8	15.4
十二、资本形成总额	**Gross Capital Formation**	**258780.1**		**711.9**		**53434.1**	
(一)固定资本形成总额	Gross Fixed Capital Formation	246650.3		711.9		52219.4	
(二)存货增加	Changes in Inventories	12129.8				1214.7	
十三、其他非金融资产获得减处置	**Acquisitions Less Disposals of Other Non-financial Assets**	**41101.3**				**-14346.0**	
十四、净金融投资	**Net Financial Investment**	**-150997.8**		**33926.0**		**-21036.1**	

3-14 续表 continued

单位：亿元 (100 million yuan)

机构部门 交易项目	Sectors Items	住户部门 Households 运用 Utilization	住户部门 Households 来源 Source	国内合计 Total of Domestic Sectors 运用 Utilization	国内合计 Total of Domestic Sectors 来源 Source	国外部门 Rest of the World 运用 Utilization	国外部门 Rest of the World 来源 Source	合计 Total 运用 Utilization	合计 Total 来源 Source
一、净出口	**Net Exports**						**-14578.4**		**-14578.4**
二、增加值	**Value Added**		**176879.2**		**820754.3**				
三、劳动者报酬	**Compensation of Employees**	**118993.4**	**424279.4**	**423268.0**	**424279.4**	**1467.6**	**456.2**	**424735.6**	**424735.6**
四、生产税净额	**Taxes on Production, Net**	**4998.5**		**93844.3**	**93844.3**			**93844.3**	**93844.3**
五、财产收入	**Income from Properties**	**11122.0**	**30627.8**	**137503.7**	**135837.6**	**17942.6**	**19608.7**	**155446.3**	**155446.3**
(一)利息	Interest	11092.0	22713.8	95353.6	104610.3	10715.1	1458.4	106068.7	106068.7
(二)红利	Distributed Income of Corporations		2610.6	28885.3	17932.9	7180.6	18133.0	36065.9	36065.9
(三)地租	Rent on Land, Natural Resources, and Subsoil Assets	30.0		7822.0	7822.0			7822.0	7822.0
(四)其他	Others		5303.4	5442.8	5472.4	46.9	17.3	5489.7	5489.7
六、初次分配总收入	**Total Income from Primary Distribution**		**496672.4**		**820099.5**				
七、经常转移	**Current Transfer**	**65615.9**	**67471.5**	**182278.2**	**181474.6**	**1902.4**	**2706.0**	**184180.6**	**184180.6**
(一)所得税、财产税等经常税	Current Taxes on Income, Wealth, etc.	12011.4		44128.7	44128.7			44128.7	44128.7
(二)社会保险缴款	Payment to Social Security	46085.8		58437.6	58437.6			58437.6	58437.6
(三)社会保险福利	Social Security Welfare		48653.0	48653.0	48653.0			48653.0	48653.0
(四)社会补助	Allowances		13490.5	13490.5	13490.5			13490.5	13490.5
(五)其他	Others	7518.7	5328.0	17568.5	16764.8	1902.4	2706.0	19470.8	19470.8
八、可支配总收入	**Total Disposable Income**		**498528.1**		**819295.9**				**819295.9**
九、最终消费支出	**Final Consumption Expenditure**	**317964.0**		**437152.0**				**437152.0**	
(一)居民消费支出	Household Consumption	317964.0		317964.0				317964.0	
(二)政府消费支出	Government Consumption			119188.0				119188.0	
十、总储蓄	**Savings**		**180564.1**		**382143.9**		**-13120.1**		**369023.8**
十一、资本转移	**Capital Transfers**			**9906.7**	**9900.3**	**15.4**	**21.8**	**9922.1**	**9922.1**
(一)投资性补助	Investment Allowances			9884.9	9884.9			9884.9	9884.9
(二)其他	Other			21.8	15.4	15.4	21.8	37.2	37.2
十二、资本形成总额	**Gross Capital Formation**	**51028.9**		**363955.0**				**363955.0**	
(一)固定资本形成总额	Gross Fixed Capital Formation	49787.3		349369.0				349369.0	
(二)存货增加	Changes in Inventories	1241.6		14586.0				14586.0	
十三、其他非金融资产获得减处置	**Acquisitions Less Disposals of Other Non-financial Assets**	**-26755.3**							
十四、净金融投资	**Net Financial Investment**	**156290.5**		**18182.6**		**-13113.7**		**5068.8**	

3-15 资金流量表（金融交易，2017年）
Flow of Funds Accounts (Financial Transaction, 2017)

单位：亿元 (100 million yuan)

机构部门	Sectors	非金融企业部门 Non-financial Enterprises		金融机构部门 Financial Institutions		政府部门 Governments	
交易项目	Items	运用 Utilization	来源 Source	运用 Utilization	来源 Source	运用 Utilization	来源 Source
净金融投资	Net Financial Investment	-56254		24744		155	
资金运用合计	Uses of Funds	72537		381405		42914	
资金来源合计	Sources of Funds		128791		356661		42759
通货	Currency	211			2342	47	
存款	Deposits	50647		3976	142153	36038	
活期存款	Demand Deposits	22731			53987	14509	
定期存款	Time Deposits	18173			61411	13726	
财政存款	Fiscal Deposits				5684	5684	
外汇存款	Foreign Exchange Deposits	5597		-461	5260	68	
其他存款	Other Deposits	4145		4436	15811	2052	
证券公司客户保证金	Deposits with Margin Securities Trading Account	-1164		-1082	-4598	-770	
贷款	Loans		113137	178203	5256		-21150
短期贷款与票据融资	Short-term Loans and Notes Financing		9010	28189			
中长期贷款	Medium & Long-term Loans		73489	126506			
外汇贷款	Foreign Exchange Loans		-320	3522	120		629
委托贷款	Credit Loans		7299	7348	144		-3561
其他贷款	Other Loans		23660	12638	4991		-18219
未贴现的银行承兑汇票	Undiscounted Bankers' Acceptances	5381	5381	5381	5381		
保险准备金	Insurance Reserve Funds	1151			12810		8256
金融机构往来	Inter-financial Institutions Accounts			24886	27545		
准备金	Deposit Reserve			10466	10528		
债券	Bonds	5187	2607	91130	41412	1371	55807
政府债券	Government and Public Bonds	-3		53849		-128	55807
金融债券	Financial Bonds	1227		38816	41412	669	
中央银行债券	Central Bank Bonds			9			
企业债券	Corporate Bonds	3963	2607	-1544		830	
股票	Stock	5089	9922	2339	2114	1675	
证券投资基金份额	Investment Funds	5506		5120	21754	3645	
库存现金	Cash in Vault			-148	-153		
中央银行贷款	Central Bank Loans			24731	24731		
其他（净）	Others	-7661	818	31765	63988	909	-350
直接投资	Direct Investments	6881	11358				
其他对外债权债务	Changes in Other Foreign Assets and Debts	1310	549	-1539	1398		197
国际储备资产	Changes in Reserve Assets			6179			
国际收支错误与遗漏	Errors and Omissions in the Balance of Payments		-14982				

3-15 续表 continued

单位：亿元 (100 million yuan)

机构部门 / 交易项目	Sectors / Items	住户部门 Households 运用 Utilization	住户部门 Households 来源 Source	国内合计 All Domestic Sectors 运用 Utilization	国内合计 All Domestic Sectors 来源 Source	国外部门 The Rest of the World 运用 Utilization	国外部门 The Rest of the World 来源 Source	合计 Total 运用 Utilization	合计 Total 来源 Source
净金融投资	Net Financial Investment	42482		11127		-11127			
资金运用合计	Uses of Funds	121970		618826		14412		633238	
资金来源合计	Sources of Funds		79488		607699		25538		633238
通货	Currency	2086		2344	2342	-2		2342	2342
存款	Deposits	49603		140263	142153	5226	3336	145489	145489
活期存款	Demand Deposits	16746		53987	53987			53987	53987
定期存款	Time Deposits	29513		61411	61411			61411	61411
财政存款	Fiscal Deposits			5684	5684			5684	5684
外汇存款	Foreign Exchange Deposits	-48		5157	5260	3439	3336	8596	8596
其他存款	Other Deposits	3392		14025	15811	1786		15811	15811
证券公司客户保证金	Deposits with Margin Securities Trading Account	-1466		-4482	-4598	-116		-4598	-4598
贷款	Loans		77863	178203	175105	394	3492	178597	178597
短期贷款与票据融资	Short-term Loans and Notes Financing		19180	28189	28189			28189	28189
中长期贷款	Medium & Long-term Loans		53017	126506	126506			126506	126506
外汇贷款	Foreign Exchange Loans		-3	3522	426	394	3490	3916	3916
委托贷款	Credit Loans		3464	7348	7346		2	7348	7348
其他贷款	Other Loans		2206	12638	12638			12638	12638
未贴现的银行承兑汇票	Undiscounted Bankers' Acceptances			10762	10762			10762	10762
保险准备金	Insurance Reserve Funds	19914		21065	21065			21065	21065
金融机构往来	Inter-financial Institutions Accounts			24886	27545	4127	1468	29013	29013
准备金	Deposit Reserve			10466	10528	62		10528	10528
债券	Bonds	643		98331	99827	3359	1863	101689	101689
政府债券	Government and Public Bonds	537		54255	55807	1872	319	56126	56126
金融债券	Financial Bonds	28		40741	41412	1553	881	42294	42294
中央银行债券	Central Bank Bonds			9			9	9	9
企业债券	Corporate Bonds	77		3326	2607	-66	654	3260	3260
股票	Stock	3187		12289	12036	2293	2545	14581	14581
证券投资基金份额	Investment Funds	6935		21206	21754	548		21754	21754
库存现金	Cash in Vault			-148	-153		4	-148	-148
中央银行贷款	Central Bank Loans			24731	24731			24731	24731
其他（净）	Others	41068	1625	66081	66081			66081	66081
直接投资	Direct Investments			6881	11358	11358	6881	18239	18239
其他对外债权债务	Changes in Other Foreign Assets and Debts			-229	2145	2145	-229	1916	1916
国际储备资产	Changes in Reserve Assets			6179			6179	6179	6179
国际收支错误与遗漏	Errors and Omissions in the Balance of Payments				-14982	-14982		-14982	-14982

3-16 国际收支平衡表(2018年)
Balance of Payments (2018)

单位：万美元 (USD 10 000)

项目	Type of Transaction	2018
1. 经常账户	**1.Current Account**	**4909159**
贷方	**Credit**	**291357353**
借方	**Debit**	**-286448195**
1.A 货物和服务	**1.A Goods and Services**	**10292146**
贷方	Credit	265100960
借方	Debit	-254808814
1.A.a 货物	**1.A.a Goods**	**39517052**
贷方	Credit	241744281
借方	Debit	-202227229
1.A.b 服务	**1.A.b Services**	**-29224905**
贷方	Credit	23356680
借方	Debit	-52581585
1.A.b.1 加工服务	1.A.b.1 Manufacturing Services on Physical Inputs Owned by Others	1716076
贷方	Credit	1742431
借方	Debit	-26355
1.A.b.2 维护和维修服务	1.A.b.2 Maintenance and Repaire Services n.i.e	464693
贷方	Credit	718471
借方	Debit	-253778
1.A.b.3 运输	1.A.b.3 Transport	-6690270
贷方	Credit	4230379
借方	Debit	-10920650
1.A.b.4 旅行	1.A.b.4 Travel	-23695970
贷方	Credit	4038550
借方	Debit	-27734520
1.A.b.5 建设	1.A.b.5 Construction	493366
贷方	Credit	1355114
借方	Debit	-861748
1.A.b.6 保险和养老金服务	1.A.b.6 Insurance and Pension Services	-662465
贷方	Credit	492701
借方	Debit	-1155166
1.A.b.7 金融服务	1.A.b.7 Financial Service	124403
贷方	Credit	333502
借方	Debit	-209099

注：1.根据《国际收支和国际投资头寸手册》(第六版)编制，资本和金融账户中包含储备资产。
2.“贷方”按正值列示，“借方”按负值列示，差额等于“贷方”加上“借方”。本表除标注“贷方”和“借方”的项目外，其他项目均指差额。
3.本表计数采用四舍五入原则。

a) By *Manual on Balance of Payments and International Investment Position* (the 6th edition), Capital and Finance Account includes Reserve Assets.
b) Credit is listed on positive, debit is on negative, the balance equals to Credit plus Debit. Except the item noted as credit and debit, other items all refer to the balance.
c) Data in this table are rounded.

3-16 续表 1 continued

单位：万美元 (USD 10 000)

项　　目	Type of Transaction	2018
1.A.b.8 知识产权使用费	1.A.b.8 Charges for the Use of Intellectual Property	-3022167
贷方	Credit	556129
借方	Debit	-3578295
1.A.b.9 电信、计算机和信息服务	1.A.b.9 Telecommunications, Computer, and Information Service	649016
贷方	Credit	3002321
借方	Debit	-2353305
1.A.b.10 其他商业服务	1.A.b.10 Other Business Services	1912545
贷方	Credit	6615805
借方	Debit	-4703260
1.A.b.11 个人、文化和娱乐服务	1.A.b.11 Personal, Cultural, and Recreational Services	-242650
贷方	Credit	95546
借方	Debit	-338196
1.A.b.12 别处未提及的政府服务	1.A.B.12 Government Goods and Services n.i.e	-271482
贷方	Credit	175729
借方	Debit	-447211
1.B 初次收入	**1.B Primary Income**	**-5142019**
贷方	Credit	23480711
借方	Debit	-28622730
1.B.1 雇员报酬	**1.B.1 Compensation of Employees**	**816277**
贷方	Credit	1810919
借方	Debit	-994642
1.B.2 投资收益	**1.B.2 Investment Income**	**-6137576**
贷方	Credit	21460626
借方	Debit	-27598202
1.B.3 其他初次收入	**1.B.3 Other Primary Income**	**179280**
贷方	Credit	209166
借方	Debit	-29886
1.C 二次收入	**1.C Secondary Income**	**-240969**
贷方	Credit	2775682
借方	Debit	-3016651
2. 资本和金融账户	**2.Capital and Finance Account**	**11111118**
2.1 资本账户	**2.1 Capital Account**	**-56861**
贷方	Credit	29680
借方	Debit	-86541
2.2 金融账户	**2.2 Financial Account**	**11167979**
资产	Assets	-37210612
负债	Liabilities	48378592
2.2.1 非储备性质的金融账户	**2.2.1 Financial Account Excluding Reserve Assets**	**13056690**
资产	Financial Assets Excluding Reserve Assets	-35321901
负债	Liabilities	48378592
2.2.1.1 直接投资	2.2.1.1 Direct Investments	10701976

3-16 续表 2 continued

单位：万美元 (USD 10 000)

项 目	Type of Transaction	2018
2.2.1.1.1 资产	2.2.1.1.1 Assets	-9647226
2.2.1.1.1.1 股权	2.2.1.1.1.1 Equity and Investment Fund Shares	-7900463
2.2.1.1.1.2 关联企业债务	2.2.1.1.1.2 Debt Instruments	-1746762
2.2.1.1.2 负债	2.2.1.1.2 Liabilities	20349201
2.2.1.1.2.1 股权	2.2.1.1.2.1 Equity and Investment Fund Shares	15439630
2.2.1.1.2.2 关联企业债务	2.2.1.1.2.2 Debt Instruments	4909572
2.2.1.2 证券投资	2.2.1.2 Porfolio Investment	10669772
2.2.1.2.1 资产	2.2.1.2.1 Assets	-5350747
2.2.1.2.1.1 股权	2.2.1.2.1.1 Equity and Investment Fund Shares	-1771226
2.2.1.2.1.2 债券	2.2.1.2.1.2 Debt Instruments	-3579521
2.2.1.2.2 负债	2.2.1.2.2 Liabilities	16020519
2.2.1.2.2.1 股权	2.2.1.2.2.1 Equity and Investment Fund Shares	6066793
2.2.1.2.2.2 债券	2.2.1.2.2.2 Debt Instruments	9953726
2.2.1.3 金融衍生工具	2.2.1.3 Financial Derivatives(other than reserves) and Employee Stock Options	-615344
2.2.1.3.1 资产	2.2.1.3.1 Assets	-481552
2.2.1.3.2 负债	2.2.1.3.2 Liabilities	-133792
2.2.1.4 其他投资	2.2.1.4 Other Investment	-7699713
2.2.1.4.1 资产	2.2.1.4.1 Assets	-19842376
2.2.1.4.1.1 其他股权	2.2.1.4.1.1 Other Equity	-244
2.2.1.4.1.2 货币和存款	2.2.1.4.1.2 Currency and Deposits	-7311097
2.2.1.4.1.3 贷款	2.2.1.4.1.3 Loans	-8183005
2.2.1.4.1.4 保险和养老金	2.2.1.4.1.4 Insurance, Pension, and Standardized Guarantee Schemes	-57270
2.2.1.4.1.5 贸易信贷	2.2.1.4.1.5 Trade Credit and Advances	-6530000
2.2.1.4.1.6 其他	2.2.1.4.1.6 Other Accounts Receivable	2239240
2.2.1.4.2 负债	2.2.1.4.2 Liabilities	12142663
2.2.1.4.2.1 其他股权	2.2.1.4.2.1 Other Equity	
2.2.1.4.2.2 货币和存款	2.2.1.4.2.2 Currency and Deposits	5143649
2.2.1.4.2.3 贷款	2.2.1.4.2.3 Loans	3211516
2.2.1.4.2.4 保险和养老金	2.2.1.4.2.4 Insurance, Pension, and Standardized Guarantee Schemes	20972
2.2.1.4.2.5 贸易信贷	2.2.1.4.2.5 Trade Credit and Advances	4080000
2.2.1.4.2.6 其他	2.2.1.4.2.6 Other Accounts Receivable	-313474
2.2.1.4.2.7 特别提款权	2.2.1.4.2.7 Special Drawing Rights	
2.2.2 储备资产	**2.2.2 Reserve Assets**	**-1888711**
2.2.2.1 货币黄金	2.2.2.1 Monetary Gold	
2.2.2.2 特别提款权	2.2.2.2 Special Drawing Rights	3276
2.2.2.3 在国际货币基金组织的储备	2.2.2.3 Reserve Position in the IMF	-73282
2.2.2.4 外汇储备	2.2.2.4 Foreign Exchange Reserves	-1818705
2.2.2.5 其他储备资产	2.2.2.5 Other Reserve Assets	
3. 净误差与遗漏	**3.Net Errors and Omissions**	**-16020277**

3-17 2017年投入产出基本流量表(中间使用部分)
Intermediate Use Part of 2017 Input-Output Table

按当年生产者价格计算。
Data are calculated at producers' prices in 2017.

单位：亿元 (100 million yuan)

产出 Output / 投入 Input	农林牧渔产品 Agriculture, Forestry, Animal Husbandry & Fishery	采掘产品 Mining	食品和烟草 Foods and Tobacco	纺织、服装、鞋及皮革羽绒制品 Textile, Wearing Apparel, Shoes and Leather Products	木材加工、家具、造纸印刷和文教工美用品 Wood Processing, Furniture, Paper Making, Printing, and Educational & Artistic Products
农林牧渔产品 Agriculture, Forestry, Animal Husbandry & Fishery	14683.8	24.8	45304.8	7603.4	4451.9
采掘产品 Mining	61.9	6946.1	354.8	200.4	447.8
食品和烟草 Foods and Tobacco	9543.0	174.2	26950.6	1397.1	291.7
纺织、服装、鞋及皮革羽绒制品 Textile, Wearing Apparel, Shoes and Leather Products	22.1	260.5	448.2	32922.0	2063.0
木材加工、家具、造纸印刷和文教工美用品 Wood Processing, Furniture, Paper Making, Printing, and Educational & Artistic Products	122.9	448.3	1717.6	444.2	19472.2
炼油、炼焦和化学产品 Oil Refining, Coking and Chemical Products	9497.5	3396.6	2452.6	7117.1	7273.0
非金属矿物制品 Nonmetallic Mineral Products	47.3	269.4	597.0	53.9	277.9
金属冶炼、加工及制品 Metal Manufacture & Processing and Metal Products	100.4	2038.4	481.4	270.7	3187.3
机械设备、交通运输设备、电子电气及其他设备 Machinery and Equipment, Transport Equipment, Electronic and Electrical & Other Facilities	1323.0	2994.0	522.4	535.1	1155.3
其他各类制造产品 Other Manufactured Products	16.3	99.7	75.5	143.2	1207.3
电力、热力、燃气和水的生产和供应 Production and Supply of Electric Power, Heat Power, Gas and Water	1004.0	2611.4	1187.2	993.9	1217.8
建筑 Construction	75.0	20.7	24.0	19.3	20.7
批发零售、运输仓储邮政 Wholesale and Retail Trades, Transport, Storage and Post	4869.9	2132.3	10868.6	7333.3	6380.9
信息传输、软件和信息技术服务 Information Transmission, Software & Information Technology Services	159.1	102.5	269.4	197.2	166.1
金融和房地产 Finance and Real Estate	1452.5	1900.2	802.9	664.0	838.8
科学研究和技术服务 Research & Development and Technical Services	784.3	517.9	192.7	143.7	217.1
其他服务 Other Services	908.9	1950.3	4118.2	1763.6	1745.9
中间投入合计 Total Intermediate Inputs	**44671.7**	**25887.3**	**96368.1**	**61802.1**	**50414.7**
劳动者报酬 Compensation of Employees	65270.9	9949.8	10376.8	8377.1	6976.9
生产税净额 Net Taxes on Production	-3410.6	8999.8	8276.2	305.0	1505.5
固定资产折旧 Depreciation of Fixed Assets	2285.4	4325.5	2678.9	1325.7	1829.5
营业盈余 Operating Surplus	1306.7	5023.9	8507.6	3934.0	4306.5
增加值合计 Total Value Added	**65452.4**	**28299.0**	**29839.6**	**13941.8**	**14618.4**
总投入 Total Inputs	**110124.0**	**54186.3**	**126207.6**	**75743.9**	**65033.0**

3-17 续表

单位：亿元

投入 Input \ 产出 Output	炼油、炼焦和化学产品 Oil Refining, Coking and Chemical Products	非金属矿物制品 Nonmetallic Mineral Products	金属冶炼、加工及制品 Metal Manufacture & Processing and Metal Products	机械设备、交通运输设备、电子电气及其他设备 Machinery and Equipment, Transport Equipment, Electronic and Electrical & Other Facilities	其他各类制造产品 Other Manufactured Products
农林牧渔产品 Agriculture, Forestry, Animal Husbandry & Fishery	5136.3	20.7	11.8	15.7	219.3
采掘产品 Mining	25772.0	8090.6	21259.4	326.6	17.4
食品和烟草 Foods and Tobacco	3493.6	163.7	931.1	1765.8	49.1
纺织、服装、鞋及皮革羽绒制品 Textile, Wearing Apparel, Shoes and Leather Products	1082.1	394.9	272.4	1539.1	354.8
木材加工、家具、造纸印刷和文教工美用品 Wood Processing, Furniture, Paper Making, Printing, and Educational & Artistic Products	1279.5	1080.2	640.5	2331.7	156.1
炼油、炼焦和化学产品 Oil Refining, Coking and Chemical Products	70429.1	6140.2	7752.3	15460.4	806.4
非金属矿物制品 Nonmetallic Mineral Products	1035.5	12141.8	2042.4	4938.7	38.2
金属冶炼、加工及制品 Metal Manufacture & Processing and Metal Products	2331.3	3460.1	48861.2	41986.3	777.1
机械设备、交通运输设备、电子电气及其他设备 Machinery and Equipment, Transport Equipment, Electronic and Electrical & Other Facilities	2116.1	2230.2	3734.5	146323.5	778.0
其他各类制造产品 Other Manufactured Products	451.4	308.5	5822.1	455.9	820.0
电力、热力、燃气和水的生产和供应 Production and Supply of Electric Power, Heat Power, Gas and Water	6259.5	3313.6	7148.0	3814.7	200.5
建筑 Construction	46.8	15.1	23.2	93.2	6.0
批发零售、运输仓储邮政 Wholesale and Retail Trades, Transport, Storage and Post	13846.4	5276.9	8001.7	25573.8	463.7
信息传输、软件和信息技术服务 Information Transmission, Software & Information Technology Services	431.2	132.8	203.2	2499.7	14.4
金融和房地产 Finance and Real Estate	2576.5	1406.2	3863.0	4661.3	160.9
科学研究和技术服务 Research & Development and Technical Services	896.8	245.2	491.6	2591.3	15.7
其他服务 Other Services	5415.7	1913.6	2472.9	9636.4	222.1
中间投入合计 Total Intermediate Inputs	**142599.8**	**46334.3**	**113531.2**	**264014.1**	**5099.6**
劳动者报酬 Compensation of Employees	12435.8	6916.4	12419.8	29247.4	1608.4
生产税净额 Net Taxes on Production	13668.8	2297.2	4992.8	11883.3	1313.6
固定资产折旧 Depreciation of Fixed Assets	5357.2	2565.1	5114.7	7500.7	318.5
营业盈余 Operating Surplus	12590.9	6832.9	11422.6	18336.9	3495.6
增加值合计 Total Value Added	**44052.7**	**18611.5**	**33950.0**	**66968.3**	**6736.2**
总投入 Total Inputs	**186652.5**	**64945.7**	**147481.2**	**330982.4**	**11835.8**

continued

(100 million yuan)

电力、热力、燃气和水的生产和供应 Production and Supply of Electric Power, Heat Power, Gas and Water	建筑 Construction	批发零售、运输仓储邮政 Wholesale and Retail Trades, Transport, Storage and Post	信息传输、软件和信息技术服务 Information Transmission, Software & Information Technology Services	金融和房地产 Finance and Real Estate	科学研究和技术服务 Research & Development and Technical Services	其他服务 Other Services	中间使用合计 Total Intermediate Use
6.5	1896.2	11.3	36.5	31.0	291.8	5320.9	85066.9
10878.9	1914.8	23.3	0.0	7.6	45.8	191.7	76539.2
432.7	486.5	857.0	357.1	657.3	504.5	16505.8	64560.7
107.4	311.8	640.4	68.6	737.3	254.8	4744.1	46223.5
49.3	5304.9	1052.7	1550.5	2866.3	543.8	9441.8	48502.4
1308.5	13452.9	9497.4	217.5	543.1	3717.7	20830.6	179892.8
136.0	40419.8	42.1	7.2	5.6	161.0	278.2	62491.7
114.7	35170.6	244.1	32.6	101.0	1204.3	2447.8	142809.4
5167.7	11532.8	11040.0	4280.0	583.4	6008.3	12449.2	212773.6
271.3	318.0	164.0	28.7	107.6	482.3	1099.6	11871.4
17331.4	3083.9	3701.5	628.6	1054.6	422.3	3178.9	57151.8
199.9	7307.0	254.5	57.8	1012.1	53.7	1271.1	10500.2
2314.4	17172.8	21527.2	1666.9	2826.4	3503.3	21716.6	155475.1
288.0	2903.2	2459.5	9256.9	3515.4	614.4	4836.8	28049.7
2815.3	8873.3	23730.9	4084.1	26985.2	2085.4	19046.5	105946.8
288.0	16380.9	1085.7	176.4	173.9	5738.4	216.5	30156.3
1399.7	6957.5	18594.8	4549.4	19011.0	4954.0	30892.4	116506.4
43109.8	**173486.9**	**94926.3**	**26998.9**	**60218.9**	**30585.8**	**154468.5**	**1434517.8**
6702.5	34211.8	57147.2	10970.4	33141.7	12629.0	104886.0	423268.0
3020.4	8073.5	10797.0	956.5	17497.9	1000.8	3800.8	94978.6
7480.6	1957.7	27875.9	7766.3	5174.0	4370.4	22399.0	110325.3
3185.3	11056.0	27700.5	9835.8	56560.5	2460.0	8088.0	194643.7
20388.9	**55299.0**	**123520.6**	**29529.1**	**112374.2**	**20460.2**	**139173.8**	**823215.7**
63498.6	**228785.9**	**218446.9**	**56528.0**	**172593.1**	**51046.0**	**293642.4**	**2257733.5**

3-18 2017年投入产出基本流量表(最终使用部分)

按当年生产者价格计算。

单位：亿元

投入 Input \ 产出 Output	最终使用 Final Use				
	最终消费支出 Final Consumption Expenditure				
	居民消费支出 Household Consumption Expenditure			政府消费支出 Government Consumption Expenditure	合计 Total Final Consumption Expenditure
	农村居民 Rural Household	城镇居民 Urban Household	小计 Subtotal		
农林牧渔产品 Agriculture, Forestry, Animal Husbandry & Fishery	8682.6	17558.1	26240.7	1237.9	27478.6
采掘产品 Mining	80.9	54.2	135.1		135.1
食品和烟草 Foods and Tobacco	16440.3	45977.2	62417.5		62417.5
纺织、服装、鞋及皮革羽绒制品 Textile, Wearing Apparel, Shoes and Leather Products	2207.2	12107.7	14315.0		14315.0
木材加工、家具、造纸印刷和文教工美用品 Wood Processing, Furniture, Paper Making, Printing, and Educational & Artistic Products	948.3	4074.1	5022.5		5022.5
炼油、炼焦和化学产品 Oil Refining, Coking and Chemical Products	1875.0	9700.8	11575.8		11575.8
非金属矿物制品 Nonmetallic Mineral Products	126.0	377.3	503.3		503.3
金属冶炼、加工及制品 Metal Manufacture & Processing and Metal Products	72.0	473.0	545.0		545.0
机械设备、交通运输设备、电子电气及其他设备 Machinery and Equipment, Transport Equipment, Electronic and Electrical & Other Facilities	3421.2	19317.9	22739.1		22739.1
其他各类制造产品 Other Manufactured Products	102.2	277.4	379.7		379.7
电力、热力、燃气和水的生产和供应 Production and Supply of Electric Power, Heat Power, Gas and Water	811.4	5390.7	6202.2		6202.2
建筑 Construction					
批发零售、运输仓储邮政 Wholesale and Retail Trades, Transport, Storage and Post	7053.4	25708.7	32762.1	3015.8	35777.9
信息传输、软件和信息技术服务 Information Transmission, Software & Information Technology Services	1653.1	6964.1	8617.1		8617.1
金融和房地产 Finance and Real Estate	10232.1	45518.8	55750.9	1151.2	56902.2
科学研究和技术服务 Research & Development and Technical Services	65.5	363.7	429.2	7953.6	8382.8
其他服务 Other Services	10967.5	61824.1	72791.6	110391.7	183183.3
中间投入合计 Total Intermediate Inputs	**64738.8**	**255687.9**	**320426.7**	**123750.3**	**444177.0**

Final Use Part of 2017 Input-Output Table

Data are calculated at producers' prices in 2017.

(100 million yuan)

最终使用 Final Use					进口 Imports	总产出 Gross Output
资本形成总额 Gross Capital Formation			出口 Exports	最终使用合计 Total Final Use		
固定资本形成总额 Gross Fixed Capital Formation	存货变动 Changes in Inventories	合计 Total Gross Capital Formation				
1990.9	409.9	2400.8	1193.6	31073.0	6015.8	110124.0
	315.7	315.7	487.3	938.1	23291.0	54186.3
	1500.3	1500.3	3585.9	67503.7	5856.7	126207.6
	-148.3	-148.3	18433.8	32600.4	3080.1	75743.9
2875.7	364.7	3240.5	11163.0	19426.0	2895.3	65033.0
	739.3	739.3	13386.0	25701.2	18941.4	186652.5
	78.1	78.1	2882.8	3464.2	1010.2	64945.7
2558.7	283.2	2841.9	10148.0	13534.9	8863.1	147481.2
78426.1	1011.6	79437.6	70707.9	172884.6	54675.7	330982.4
	78.9	78.9	1312.5	1771.1	1806.7	11835.8
	70.3	70.3	95.3	6367.8	20.9	63498.6
218044.0		218044.0	825.2	218869.2	583.5	228785.9
11186.6	605.4	11791.9	21597.5	69167.4	6195.5	218446.9
19575.1		19575.1	2100.6	30292.8	1814.5	56528.0
10536.7		10536.7	591.7	68030.6	1384.3	172593.1
13957.4		13957.4	1306.7	23646.9	2757.2	51046.0
			4029.0	187212.4	10076.4	293642.4
359151.1	**5309.1**	**364460.3**	**163846.8**	**972484.1**	**149268.4**	**2257733.5**

3-19 投入产出直接消耗系数表(2017年)

产出 Output / 投入 Input	农林牧渔产品 Agriculture, Forestry, Animal Husbandry & Fishery	采掘产品 Mining	食品和烟草 Foods and Tobacco	纺织、服装、鞋及皮革羽绒制品 Textile, Wearing Apparel, Shoes and Leather Products	木材加工、家具、造纸印刷和文教工美用品 Wood Processing, Furniture, Paper Making, Printing, and Educational & Artistic Products
农林牧渔产品 Agriculture, Forestry, Animal Husbandry & Fishery	0.133339	0.000457	0.358970	0.100383	0.068456
采掘产品 Mining	0.000562	0.128189	0.002811	0.002646	0.006886
食品和烟草 Foods and Tobacco	0.086657	0.003215	0.213541	0.018445	0.004486
纺织、服装、鞋及皮革羽绒制品 Textile, Wearing Apparel, Shoes and Leather Products	0.000201	0.004808	0.003551	0.434649	0.031722
木材加工、家具、造纸印刷和文教工美用品 Wood Processing, Furniture, Paper Making, Printing, and Educational & Artistic Products	0.001116	0.008273	0.013609	0.005864	0.299420
炼油、炼焦和化学产品 Oil Refining, Coking and Chemical Products	0.086244	0.062683	0.019433	0.093963	0.111836
非金属矿物制品 Nonmetallic Mineral Products	0.000429	0.004971	0.004730	0.000712	0.004273
金属冶炼、加工及制品 Metal Manufacture & Processing and Metal Products	0.000912	0.037619	0.003814	0.003574	0.049011
机械设备、交通运输设备、电子电气及其他设备 Machinery and Equipment, Transport Equipment, Electronic and Electrical & Other Facilities	0.012013	0.055255	0.004139	0.007065	0.017765
其他各类制造产品 Other Manufactured Products	0.000148	0.001840	0.000599	0.001890	0.018564
电力、热力、燃气和水的生产和供应 Production and Supply of Electric Power, Heat Power, Gas and Water	0.009117	0.048193	0.009407	0.013122	0.018725
建筑 Construction	0.000681	0.000383	0.000190	0.000255	0.000319
批发零售、运输仓储邮政 Wholesale and Retail Trades, Transport, Storage and Post	0.044222	0.039351	0.086117	0.096817	0.098118
信息传输、软件和信息技术服务 Information Transmission, Software & Information Technology Services	0.001444	0.001891	0.002135	0.002603	0.002555
金融和房地产 Finance and Real Estate	0.013190	0.035067	0.006362	0.008766	0.012897
科学研究和技术服务 Research & Development and Technical Services	0.007122	0.009558	0.001527	0.001897	0.003339
其他服务 Other Services	0.008253	0.035993	0.032631	0.023284	0.026846
中间投入合计 Total Intermediate Inputs	**0.405649**	**0.477746**	**0.763568**	**0.815935**	**0.775217**
劳动者报酬 Compensation of Employees	0.592704	0.183622	0.082220	0.110598	0.107283
生产税净额 Net Taxes on Production	-0.030971	0.166090	0.065576	0.004026	0.023149
固定资产折旧 Depreciation of Fixed Assets	0.020753	0.079826	0.021226	0.017502	0.028132
营业盈余 Operating Surplus	0.011865	0.092716	0.067410	0.051938	0.066220
增加值合计 Total Value Added	**0.594351**	**0.522254**	**0.236432**	**0.184065**	**0.224783**
总投入 Total Inputs	**1.000000**	**1.000000**	**1.000000**	**1.000000**	**1.000000**

Direct Input Coefficients of Input-Output Table (2017)

炼油、炼焦和化学产品 Oil Refining, Coking and Chemical Products	非金属矿物制品 Nonmetallic Mineral Products	金属冶炼、加工及制品 Metal Manufacture & Processing and Metal Products	机械设备、交通运输设备、电子电气及其他设备 Machinery and Equipment, Transport Equipment, Electronic and Electrical & Other Facilities	其他各类制造产品 Other Manufactured Products	电力、热力、燃气和水的生产和供应 Production and Supply of Electric Power, Heat Power, Gas and Water	建筑 Construction
0.027518	0.000319	0.000080	0.000048	0.018533	0.000103	0.008288
0.138075	0.124575	0.144150	0.000987	0.001466	0.171325	0.008370
0.018717	0.002520	0.006313	0.005335	0.004148	0.006815	0.002126
0.005797	0.006080	0.001847	0.004650	0.029974	0.001691	0.001363
0.006855	0.016633	0.004343	0.007045	0.013191	0.000776	0.023187
0.377327	0.094544	0.052564	0.046711	0.068130	0.020606	0.058801
0.005548	0.186953	0.013849	0.014921	0.003228	0.002141	0.176671
0.012490	0.053276	0.331304	0.126854	0.065655	0.001806	0.153727
0.011337	0.034339	0.025322	0.442088	0.065735	0.081383	0.050409
0.002418	0.004750	0.039477	0.001377	0.069280	0.004273	0.001390
0.033535	0.051022	0.048467	0.011525	0.016938	0.272941	0.013479
0.000251	0.000232	0.000157	0.000281	0.000506	0.003148	0.031938
0.074183	0.081251	0.054256	0.077266	0.039181	0.036449	0.075061
0.002310	0.002044	0.001378	0.007552	0.001217	0.004535	0.012690
0.013804	0.021651	0.026193	0.014083	0.013590	0.044337	0.038784
0.004805	0.003776	0.003333	0.007829	0.001326	0.004536	0.071599
0.029015	0.029464	0.016768	0.029115	0.018762	0.022043	0.030410
0.763985	**0.713430**	**0.769801**	**0.797668**	**0.430862**	**0.678908**	**0.758294**
0.066625	0.106494	0.084213	0.088365	0.135897	0.105554	0.149536
0.073231	0.035371	0.033854	0.035903	0.110989	0.047567	0.035288
0.028702	0.039495	0.034681	0.022662	0.026909	0.117808	0.008557
0.067456	0.105209	0.077451	0.055401	0.295344	0.050163	0.048325
0.236015	**0.286570**	**0.230199**	**0.202332**	**0.569138**	**0.321092**	**0.241706**
1.000000	**1.000000**	**1.000000**	**1.000000**	**1.000000**	**1.000000**	**1.000000**

3-19 续表 continued

投入 Input \ 产出 Output	批发零售、运输仓储邮政 Wholesale and Retail Trades, Transport, Storage and Post	信息传输、软件和信息技术服务 Information Transmission, Software & Information Technology Services	金融和房地产 Finance and Real Estate	科学研究和技术服务 Research & Development and Technical Services	其他服务 Other Services
农林牧渔产品 Agriculture, Forestry, Animal Husbandry & Fishery	0.000052	0.000646	0.000180	0.005716	0.018120
采掘产品 Mining	0.000107	0.000000	0.000044	0.000898	0.000653
食品和烟草 Foods and Tobacco	0.003923	0.006317	0.003808	0.009883	0.056210
纺织、服装、鞋及皮革羽绒制品 Textile, Wearing Apparel, Shoes and Leather Products	0.002932	0.001214	0.004272	0.004992	0.016156
木材加工、家具、造纸印刷和文教工美用品 Wood Processing, Furniture, Paper Making, Printing, and Educational & Artistic Products	0.004819	0.027429	0.016607	0.010653	0.032154
炼油、炼焦和化学产品 Oil Refining, Coking and Chemical Products	0.043477	0.003847	0.003147	0.072830	0.070939
非金属矿物制品 Nonmetallic Mineral Products	0.000193	0.000127	0.000032	0.003153	0.000947
金属冶炼、加工及制品 Metal Manufacture & Processing and Metal Products	0.001118	0.000577	0.000585	0.023592	0.008336
机械设备、交通运输设备、电子电气及其他设备 Machinery and Equipment, Transport Equipment, Electronic and Electrical & Other Facilities	0.050538	0.075715	0.003380	0.117704	0.042396
其他各类制造产品 Other Manufactured Products	0.000751	0.000508	0.000623	0.009448	0.003745
电力、热力、燃气和水的生产和供应 Production and Supply of Electric Power, Heat Power, Gas and Water	0.016945	0.011120	0.006110	0.008274	0.010826
建筑 Construction	0.001165	0.001023	0.005864	0.001053	0.004329
批发零售、运输仓储邮政 Wholesale and Retail Trades, Transport, Storage and Post	0.098547	0.029487	0.016376	0.068630	0.073956
信息传输、软件和信息技术服务 Information Transmission, Software & Information Technology Services	0.011259	0.163758	0.020368	0.012036	0.016472
金融和房地产 Finance and Real Estate	0.108634	0.072250	0.156352	0.040854	0.064863
科学研究和技术服务 Research & Development and Technical Services	0.004970	0.003120	0.001008	0.112416	0.000737
其他服务 Other Services	0.085123	0.080481	0.110150	0.097049	0.105204
中间投入合计 Total Intermediate Inputs	**0.434551**	**0.477620**	**0.348907**	**0.599181**	**0.526043**
劳动者报酬 Compensation of Employees	0.261607	0.194070	0.192022	0.247404	0.357190
生产税净额 Net Taxes on Production	0.049426	0.016922	0.101383	0.019605	0.012944
固定资产折旧 Depreciation of Fixed Assets	0.127610	0.137389	0.029978	0.085617	0.076280
营业盈余 Operating Surplus	0.126806	0.173999	0.327710	0.048193	0.027544
增加值合计 Total Value Added	**0.565449**	**0.522380**	**0.651093**	**0.400819**	**0.473957**
总投入 Total Inputs	**1.000000**	**1.000000**	**1.000000**	**1.000000**	**1.000000**

3-20 投入产出完全消耗系数表(2017年)
Total Input Coefficients of Input-Output Table (2017)

产出 Output / 投入 Input	农林牧渔产品 Agriculture, Forestry, Animal Husbandry & Fishery	采掘产品 Mining	食品和烟草 Foods and Tobacco	纺织、服装、鞋及皮革羽绒制品 Textile, Wearing Apparel, Shoes and Leather Products	木材加工、家具、造纸印刷和文教工美用品 Wood Processing, Furniture, Paper Making, Printing, and Educational & Artistic Products
农林牧渔产品 Agriculture, Forestry, Animal Husbandry & Fishery	0.223952	0.023469	0.572183	0.262341	0.162406
采掘产品 Mining	0.046417	0.219168	0.050546	0.090299	0.118164
食品和烟草 Foods and Tobacco	0.145677	0.023843	0.349518	0.092499	0.051496
纺织、服装、鞋及皮革羽绒制品 Textile, Wearing Apparel, Shoes and Leather Products	0.007980	0.020986	0.018869	0.783423	0.096210
木材加工、家具、造纸印刷和文教工美用品 Wood Processing, Furniture, Paper Making, Printing, and Educational & Artistic Products	0.013127	0.028102	0.039207	0.034016	0.448445
炼油、炼焦和化学产品 Oil Refining, Coking and Chemical Products	0.206650	0.186068	0.176174	0.375372	0.377627
非金属矿物制品 Nonmetallic Mineral Products	0.005451	0.015134	0.012638	0.009278	0.017712
金属冶炼、加工及制品 Metal Manufacture & Processing and Metal Products	0.024295	0.112310	0.035568	0.049164	0.155020
机械设备、交通运输设备、电子电气及其他设备 Machinery and Equipment, Transport Equipment, Electronic and Electrical & Other Facilities	0.062043	0.173181	0.073027	0.101636	0.134909
其他各类制造产品 Other Manufactured Products	0.002976	0.009836	0.004970	0.009085	0.038543
电力、热力、燃气和水的生产和供应 Production and Supply of Electric Power, Heat Power, Gas and Water	0.037391	0.107936	0.049086	0.076078	0.090627
建筑 Construction	0.001784	0.002143	0.002050	0.002536	0.002593
批发零售、运输仓储邮政 Wholesale and Retail Trades, Transport, Storage and Post	0.110471	0.116369	0.202432	0.280665	0.258106
信息传输、软件和信息技术服务 Information Transmission, Software & Information Technology Services	0.007902	0.011858	0.012689	0.017484	0.016837
金融和房地产 Finance and Real Estate	0.049115	0.091726	0.065566	0.088663	0.094537
科学研究和技术服务 Research & Development and Technical Services	0.013500	0.018144	0.011188	0.012766	0.014649
其他服务 Other Services	0.048199	0.094122	0.098429	0.116281	0.116636

3-20 续表

产 出 Output / 投 入 Input	炼油、炼焦和化学产品 Oil Refining, Coking and Chemical Products	非金属矿物制品 Nonmetallic Mineral Products	金属冶炼、加工及制品 Metal Manufacture & Processing and Metal Products	机械设备、交通运输设备、电子电气及其他设备 Machinery and Equipment, Transport Equipment, Electronic and Electrical & Other Facilities
农林牧渔产品 Agriculture, Forestry, Animal Husbandry & Fishery	0.091361	0.033308	0.031522	0.035250
采掘产品 Mining	0.313431	0.281152	0.332912	0.131305
食品和烟草 Foods and Tobacco	0.066159	0.030778	0.035662	0.040206
纺织、服装、鞋及皮革羽绒制品 Textile, Wearing Apparel, Shoes and Leather Products	0.030546	0.030453	0.023133	0.031203
木材加工、家具、造纸印刷和文教工美用品 Wood Processing, Furniture, Paper Making, Printing, and Educational & Artistic Products	0.034863	0.049938	0.030361	0.040091
炼油、炼焦和化学产品 Oil Refining, Coking and Chemical Products	0.718852	0.299722	0.237920	0.254436
非金属矿物制品 Nonmetallic Mineral Products	0.019231	0.241464	0.035389	0.045536
金属冶炼、加工及制品 Metal Manufacture & Processing and Metal Products	0.083378	0.163079	0.567090	0.384242
机械设备、交通运输设备、电子电气及其他设备 Machinery and Equipment, Transport Equipment, Electronic and Electrical & Other Facilities	0.128377	0.177265	0.173812	0.892206
其他各类制造产品 Other Manufactured Products	0.011176	0.017454	0.070356	0.022639
电力、热力、燃气和水的生产和供应 Production and Supply of Electric Power, Heat Power, Gas and Water	0.120628	0.144161	0.153480	0.091796
建筑 Construction	0.002504	0.002516	0.002468	0.002707
批发零售、运输仓储邮政 Wholesale and Retail Trades, Transport, Storage and Post	0.209566	0.206802	0.178598	0.249904
信息传输、软件和信息技术服务 Information Transmission, Software & Information Technology Services	0.015725	0.015369	0.014285	0.028729
金融和房地产 Finance and Real Estate	0.094036	0.103713	0.113595	0.107417
科学研究和技术服务 Research & Development and Technical Services	0.017519	0.015071	0.015270	0.024142
其他服务 Other Services	0.117930	0.113912	0.099652	0.132633

continued

其他各类制造产品 Other Manufactured Products	电力、热力、燃气和水的生产和供应 Production and Supply of Electric Power, Heat Power, Gas and Water	建筑 Construction	批发零售、运输仓储邮政 Wholesale and Retail Trades, Transport, Storage and Post	信息传输、软件和信息技术服务 Information Transmission, Software & Information Technology Services	金融和房地产 Finance and Real Estate	科学研究和技术服务 Research & Development and Technical Services	其他服务 Other Services
0.052751	0.024459	0.043914	0.022367	0.025955	0.020627	0.044013	0.085149
0.073373	0.319770	0.159716	0.038616	0.030973	0.017315	0.071209	0.055374
0.027188	0.031749	0.033530	0.025855	0.029673	0.023354	0.044402	0.103851
0.067530	0.017960	0.023813	0.016852	0.015769	0.018205	0.027004	0.044808
0.033355	0.021187	0.063108	0.024773	0.063074	0.040634	0.039914	0.067300
0.198015	0.145853	0.262915	0.132936	0.077965	0.052573	0.232449	0.206884
0.013110	0.015208	0.238794	0.006134	0.007154	0.004097	0.015774	0.009388
0.154040	0.085116	0.325126	0.039914	0.052410	0.019139	0.116654	0.057849
0.178166	0.277281	0.218255	0.141848	0.204320	0.041461	0.305788	0.138190
0.083560	0.012902	0.021400	0.004910	0.005864	0.003639	0.019865	0.010150
0.060869	0.422645	0.096892	0.047143	0.040014	0.022607	0.053609	0.048296
0.001814	0.006344	0.035444	0.003467	0.003219	0.008365	0.003457	0.006706
0.118482	0.135575	0.215240	0.164740	0.099100	0.058735	0.178549	0.165392
0.009482	0.018985	0.030819	0.025447	0.206580	0.034851	0.029778	0.031927
0.058972	0.127202	0.130701	0.175630	0.140146	0.214794	0.115870	0.131560
0.007704	0.016285	0.093626	0.010380	0.008871	0.004088	0.134492	0.007372
0.067225	0.098759	0.127666	0.150980	0.152648	0.166603	0.185811	0.177387

主要统计指标解释

国内生产总值(GDP) 指一个国家所有常住单位在一定时期内生产活动的最终成果。国内生产总值有三种表现形态，即价值形态、收入形态和产品形态。从价值形态看，它是所有常住单位在一定时期内生产的全部货物和服务价值与同期投入的全部非固定资产货物和服务价值的差额，即所有常住单位的增加值之和；从收入形态看，它是所有常住单位在一定时期内创造的各项收入之和，包括劳动者报酬、生产税净额、固定资产折旧和营业盈余；从产品形态看，它是所有常住单位在一定时期内最终使用的货物和服务价值与货物和服务净出口价值之和。在实际核算中，国内生产总值有三种计算方法，即生产法、收入法和支出法。三种方法分别从不同的方面反映国内生产总值及其构成。

对于一个地区来说，称为地区生产总值或地区GDP。

国民总收入（GNI） 原称国民生产总值（GNP），指一个国家所有常住单位在一定时期内收入初次分配的最终结果。一国常住单位从事生产活动所创造的增加值在初次分配中主要分配给该国的常住单位，但也有一部分以生产税（扣除生产补贴）、劳动者报酬和财产收入等形式分配给非常住单位；同时，国外生产所创造的增加值也有一部分以生产税(扣除生产补贴)、劳动者报酬和财产收入等形式分配给该国的常住单位，从而产生了国民总收入的概念。它等于国内生产总值加上来自国外的初次收入分配净额。与国内生产总值不同，国民总收入是个收入概念，而国内生产总值是个生产概念。

三次产业 三次产业的划分是世界上较为常用的产业结构分类，但各国的划分不尽一致。根据《国民经济行业分类》（GB/T 4754—2011）和《三次产业划分规定》，我国的三次产业划分是：

第一产业是指农、林、牧、渔业（不含农、林、牧、渔服务业）。

第二产业是指采矿业（不含开采辅助活动），制造业（不含金属制品、机械和设备修理业），电力、热力、燃气及水生产和供应业，建筑业。

第三产业即服务业，是指除第一产业、第二产业以外的其他行业。

劳动者报酬 指劳动者从事生产活动应获得的全部报酬，既包括货币形式的报酬，也包括实物形式的报酬。主要包括工资、奖金、津贴和补贴，单位为其员工交纳的社会保险费、补充社会保险费和住房公积金、行政事业单位职工的离退休金、单位为其员工提供的其他各种形式的福利和报酬等。

生产税净额 指生产税减生产补贴后的差额。其中，生产税指政府对生产单位从事生产、销售和经营活动，以及因从事生产活动使用某些生产要素（如固定资产和土地等）所征收的各种税收、附加费和其他规费。生产税分为产品税和其他生产税，产品税主要有：增值税、消费税、进口关税、出口税等；其他生产税主要有：房产税、车船使用税、城镇土地使用税等。生产补贴则相反，它是政府为影响生产单位的生产、销售及定价等生产活动而对其提供的无偿支付，包括农业生产补贴、政策亏损补贴、进口补贴等。生产补贴作为负生产税处理。

固定资产折旧 指由于自然退化、正常淘汰或损耗而导致的固定资产价值下降，用以代表固定资产通过生产过程被转移到其产出中的价值。原则上，固定资产折旧应按照固定资产的重置价值计算。

营业盈余 指常住单位创造的增加值扣除劳动者报酬、生产税净额和固定资产折旧后的余额。

支出法国内生产总值 是从最终使用的角度反映一个国家(或地区)一定时期内生产活动最终成果的一种方法，包括最终消费支出、资本形成总额及货物和服务净出口三部分。计算公式为：

支出法国内生产总值=最终消费支出+资本形成总额+货物和服务净出口

最终消费支出 指常住单位为满足物质、文化和精神生活的需要，从本国经济领土和国外购买的货物和服务的支出。它不包括非常住单位在本国经济领土内的消费支出。最终消费支出分为居民消费支出和政府消费支出。

居民消费支出 指常住住户在一定时期内对于货物和服务的全部最终消费支出。居民消费支出除了直接以货币形式购买的货物和服务的消费支出外，还包括以其他方式获得的货物和服务的消费支出，后者称为虚拟消费支出。居民虚拟消费支出主要包括：单位以实物报酬及实物转移的形式提供给劳动者的货物和服务；住户生产用于自身消费的货物（如自产自用的农产品），以及纳入生产核算范围并用于自身消费的服务（如住户的自有住房服务）；银行和保险机构提供的间接计算的金融服务。

政府消费支出 指政府部门为全社会提供的公共服务的消费支出和免费或以较低的价格向居民住户提供的货物和服务的净支出，前者等于政府服务的产出价值减去政府单位所获得的经营收入的价值，后者等于政府部门免费或以较低价格向居民住户提供的货物和服务的市场价值减去向住户收取的价值。

资本形成总额 指常住单位在一定时期内获得减去处置的固定资产和存货的净额，包括固定资本形成总额和存货变动两部分。

固定资本形成总额 指常住单位在一定时期内获得的

固定资产减处置的固定资产的价值总额。固定资产是通过生产活动生产出来的，且其使用年限在一年以上、单位价值在规定标准以上的资产，不包括自然资产、耐用消费品、小型工器具。固定资本形成总额包括住宅、其他建筑和构筑物、机器和设备、培育性生物资源、知识产权产品（研发支出、矿藏的勘探、计算机软件）的价值获得减处置。

存货变动 指常住单位在一定时期内存货实物量变动的市场价值，即期末价值减期初价值的差额，再扣除当期由于价格变动而产生的持有收益。存货变动可以是正值，也可以是负值，正值表示存货上升，负值表示存货下降。存货包括生产单位购进的原材料、燃料和储备物资等存货，以及生产单位生产的产成品、在制品和半成品等存货。

货物和服务净出口 指货物和服务出口减货物和服务进口的差额。出口包括常住单位向非常住单位出售或无偿转让的各种货物和服务的价值；进口包括常住单位从非常住单位购买或无偿得到的各种货物和服务的价值。货物的出口和进口都按离岸价格计算。

机构单位 指能够以自己的名义拥有资产和承担负债，能够独立地从事经济活动并与其他主体进行交易的经济主体。

机构部门 将相同性质的机构单位归并在一起，就形成机构部门。资金流量核算将常住机构单位划分为以下四个机构部门：非金融企业部门、金融机构部门、政府部门、住户部门。与常住单位发生交易的非常住单位称为国外，在资金流量核算中也视同机构部门。

非金融企业与非金融企业部门 非金融企业指主要从事市场性货物生产或提供非金融市场性服务的常住企业，它主要包括从事上述活动的各类法人企业。所有非金融企业组成非金融企业部门。

金融机构与金融机构部门 金融机构指主要从事金融媒介及与金融媒介密切相关的辅助金融活动的常住机构单位，包括从事货币金融服务、资本市场服务、保险服务、其他金融服务等活动的法人单位。所有金融机构组成金融机构部门。

政府机构与政府部门 政府机构指在设定区域内对其他机构单位拥有立法、司法或行政权的法律实体及其附属单位。政府机构的主要职能是利用征税和其他方式获得的资金向社会和公众提供货物和服务；通过转移支付，对社会收入和财产进行再分配；从事非市场性生产。它主要包括各级党政机关、群众团体、事业单位、基层群众的自治组织等。所有政府机构组成政府部门。

住户与住户部门 住户指共享同一生活设施，共同使用部分或全部收入和财产，共同消费住房、食品和其他消费品与服务的常住个人或个人群体。所有住户组成住户部门。

非常住单位与国外 所有不具有常住性的机构单位都是非常住单位。与我国常住单位发生交易的所有非常住单位称为国外。

初次分配总收入 收入初次分配是生产活动创造的价值在参与生产活动的生产要素所有者及政府之间的分配。生产活动的最终成果是增加值。生产要素主要包括劳动力、资本、自然资源。劳动力所有者因提供劳动而获得劳动报酬；资本的所有者因提供资本而获得不同形式的收入，如借贷资本所有者获得利息收入；股权所有者获得红利或参与利润分配；自然资源所有者因出让自然资源使用权而获得地租；政府因国家管理需要对生产活动或生产要素征收生产税同时也因扶持有关生产活动而支付生产补贴。初次分配的结果形成各个机构部门的初次分配总收入。各部门的初次分配总收入之和就等于国民总收入，亦即国民生产总值。

经常转移 转移是一个机构单位向另一个机构单位提供货物、服务或资产，但又不从后者获取任何直接对应回报的一种交易。经常转移指交易的一方或双方都不涉及获得或处置资产（除存货和现金外）的转移。其形式有所得税、财产税等经常税、社会保险缴款、社会保险福利、社会补助和其他经常转移。

可支配总收入 在初次分配总收入的基础上，通过经常转移的形式对初次分配总收入进行再次分配。再分配的结果形成各个机构部门的可支配总收入。各部门的可支配总收入之和称为国民可支配总收入。

总储蓄 指可支配总收入用于最终消费后的余额。各部门的总储蓄之和称为国民总储蓄。

资本转移 指交易的一方或双方涉及获得或处置资产（除存货和现金外）的转移。资本转移包括资本税、投资性补助和其他资本转移。

净金融投资 它反映各机构部门或经济总体非金融投资过程中资金富余或短缺的状况。从非金融交易角度看，它是指总储蓄加资本转移收入减资本转移支出减非金融投资后的差额。从金融交易角度看，它是金融资产的增加额减金融负债的增加额之后的差额。

通货 指以现金形式存在于市场流通领域中的货币，包括纸币和硬币。

存款 以各种形式存在存款类金融机构的存款，包括活期存款、定期存款、财政存款、外汇存款和其他存款等。

贷款 指金融机构发放的各类贷款，包括短期贷款、票据融资、中长期贷款、外汇贷款、委托贷款和其他贷款等。

债券 机构单位为筹措资金而发行，并且承诺按约定条件偿还的有价证券。包括政府债券、金融债券、中央银行债券、企业债券等。

股票 股份有限公司依照公司法的规定，为筹集公司资本所发行的、用于证明股东身份和权益并据以获得股息和红利的凭证。

保险准备金 指社会保险和商业保险基金的净权益、保险费预付款和未结索赔准备金。

金融机构往来 指金融机构部门子部门之间发生的同业存放、同业拆借和债券回购等。

准备金 指各金融机构在中央银行的存款及缴存中央银行的法定准备金。

中央银行贷款 指中央银行向各金融机构的贷款。

国际储备 指我国中央银行拥有的对外资产，包括外汇、货币黄金、特别提款权、在国际货币基金组织的储备头寸。

经常账户 包括货物和服务、初次收入和二次收入。

货物 指经济所有权在我国居民与非居民之间发生转移的货物交易。

服务 包括加工服务，维护和维修服务，运输，旅行，建设，保险和养老金服务，金融服务，知识产权使用费，电信、计算机和信息服务，其他商业服务，个人、文化和娱乐服务以及别处未提及的政府服务。

初次收入 指由于提供劳务、金融资产和出租自然资源而获得的回报，包括雇员报酬、投资收益和其他初次收入三部分。

二次收入 指居民与非居民之间的经常转移，包括现金和实物。

资本账户 指居民与非居民之间的资本转移，以及居民与非居民之间非生产非金融资产的取得和处置。

金融账户 指发生在居民与非居民之间、涉及金融资产与负债的各类交易。金融账户细分为非储备性质的金融账户和国际储备资产。

直接投资 以投资者寻求在本国以外运行企业获取有效发言权为目的的投资，包括直接投资资产和直接投资负债两部分。相关投资工具可划分为股权和关联企业债务。股权包括股权和投资基金份额，以及再投资收益。关联企业债务包括关联企业间可流通和不可流通的债权和债务。

证券投资 包括证券投资资产和证券投资负债，相关投资工具可划分为股权和债券。股权包括股权和投资基金份额，记录在证券投资项下的股权和投资基金份额均应可流通（可交易）。股权通常以股份、股票、参股、存托凭证或类似单据作为凭证。投资基金份额指投资者持有的共同基金等集合投资产品的份额。债券指可流通的债务工具，是证明其持有人（债权人）有权在未来某个（些）时点向其发行人（债务人）收回本金或收取利息的凭证，包括可转让存单、商业票据、公司债券、有资产担保的证券、货币市场工具以及通常在金融市场上交易的类似工具。

金融衍生工具 又称金融衍生工具和雇员认股权，用于记录我国居民与非居民金融衍生工具和雇员认股权交易情况。

其他投资 除直接投资、证券投资、金融衍生工具和储备资产外，居民与非居民之间的其他金融交易。包括其他股权、货币和存款、贷款、保险和养老金、贸易信贷和其他。

净误差与遗漏 国际收支平衡表采用复式记账法，由于统计资料来源和时点不同等原因，会形成经常账户与资本和金融账户不平衡，形成统计残差项，称为净误差与遗漏。

Explanatory Notes on Main Statistical Indicators

Gross Domestic Product (GDP) refers to the final products produced by all resident units in a country during a certain period of time. Gross domestic product is expressed in three different perspectives, namely value, income, and products respectively. GDP in its value perspective refers to the balance of total value of all goods and services produced by all resident units during a certain period of time, minus the total value of input of goods and services of the nature of non-fixed assets; in other words, it is the sum of the value-added of all resident units. GDP from the perspective of income refers to the sum of all kinds of revenue, including Compensation of Employees, Net Taxes on Production, Depreciation of Fixed Assets, and Operating Surplus. GDP from the perspective of products refers to the value of all goods and services for final demand by all resident units plus the net exports of goods and services during a given period of time. In the practice of national accounting, gross domestic product is calculated from three approaches, namely production approach, income approach and expenditure approach, which reflect gross domestic product and its composition from different angles.

For a region, it is called as Gross Regional Product(GRP) or regional GDP.

Gross National Income (GNI) originally known as Gross National Product(GNP), refers to the final result of the primary distribution of the income created by all the resident units of a country during a certain period of time. The value-added created by the resident units of a country engaged in production activities is distributed, during the primary distribution, mainly to the resident units of that country, while part of it is distributed to the non-resident units in the form of production tax (minus subsidies to production), compensation of employees and property income. In the meantime, a part of the value-added created abroad is distributed to the resident units of the country in the form of production tax (minus subsidies to production), compensation of employees and property income. The concept of Gross National Income is thus developed, which equals to Gross Domestic Product plus the net income from initial distribution from abroad. Unlike GDP which is a concept of production, GNP is a concept of income.

Three Strata of Industry Classification of economic activities into three strata of industry is a common practice in the world, although the grouping varies to some extent from country to country. In China, according to *Industrial classification for National Economic Activities* (GB/T 4754—2011) and *Dividing Basis of Three Industries*, economic activities are categorized into the following three strata of industry:

Primary industry refers to agriculture, forestry, animal husbandry and fishery industries (not including services in support of agriculture, forestry, animal husbandry and fishery industries).

Secondary industry refers to mining and quarrying(not including support activities for mining), manufacturing(not including repair service of metal products, machinery and equipment), production and supply of electricity, heat, gas and water, and construction.

Tertiary industry refers to all other economic activities not included in the primary or secondary industries.

Compensation of Employees refers to the total payment of various forms to employees for the productive activities they are engaged in. It includes the employees earn in cash or in kind. It mainly include: wages, bonuses and allowances, subsidies, social insurance paid by company or unit for its staff, supplementary social insurance, housing fund, the pension for the employees of the administrative institution, other forms of welfare and remuneration provide by the units for its employees.

Net Taxes on Production refers to taxes on production less subsidies on production. The taxes on production refers to the various taxes, extra charges and fees levied on the production units on their production, sale and business activities as well as on the use of some factors of production, such as fixed assets, land etc. in the production activities they are engaged in. Taxes on production are divided into product tax and other kinds of taxes on production, product tax mainly includes: value-added tax, consumption tax, import duty, export duty; other taxes on production mainly include: House Property Tax, Tax on Vehicles and Boat Operation, Urban Land Use Tax, etc. In contrast to taxes on production, subsidies on production refer to the payment by the government for free to the production units to influence production activities of production units such as production, sales and pricing, which include agricultural production subsidies, subsidies for policy losses, import subsidies, etc. Subsidies on production are therefore regarded as negative taxes on production.

Depreciation of Fixed Assets Refers to the decline of the value of fixed assets due to natural deterioration, normal elimination or loss, it reflects the value of transfer of the fixed assets in the production of the current period. In principle, the depreciation of fixed assets should be calculated on the basis of the re-purchased value of the fixed assets.

Operating Surplus refers to the balance of the value added created by the resident units after deducting the labourers remuneration, net taxes on production and the depreciation of fixed assets.

GDP by Expenditure Approach refers to the method of measuring the final results of production activities of a country (region) during a given period from the perspective of final uses. It includes final consumption expenditure, gross capital formation and net export of goods and services. The formula for computation is.:

GDP by expenditure approach = final consumption expenditure + gross capital formation + net export of goods and services

Final Consumption Expenditure refers to the total expenditure of resident units for purchases of goods and services from both the domestic economic territory and abroad to meet the needs of material, cultural and spiritual life. It does not include the expenditure of non-resident units on consumption in the economic territory of the country. The final consumption expenditure is broken down into household consumption expenditure and government consumption expenditure.

Household Consumption Expenditure refers to the total expenditure of resident households on the final consumption of goods and services. In addition to the consumption of goods and services bought by the households directly with money, the household consumption expenditure also includes expenditure on goods and services obtained by the households in other ways, i.e. the latter so-called imputed consumption expenditure, which mainly includes: (a) the goods and services provided to households by employers in the form of payment in kind and transfer in kind; (b) goods and services produced and consumed by the households themselves (such as self produced agricultural products); (c) financial intermediate services provided by banking and insurance institutions.

Government Consumption Expenditure refers to the consumption expenditure spent for the provision of public services provided by the government to the whole country and the net expenditure on the goods and services provided by the government to households free of charge or at reduced prices. The former equals to the output value of the government services minus the value of operating income obtained by the government departments. The latter equals to the market value of the goods and services provided by the government free of charge or at reduced prices to the households minus the value received by the government from the households.

Gross Capital Formation refers to the fixed assets acquired less disposals and the net value of inventory, thus including gross fixed capital formation and changes in inventories.

Gross Fixed Capital Formation refers to the value of acquisitions less those disposals of fixed assets during a given period. Fixed assets are the assets produced through production activities with unit value above a specified amount and which could be used for over one year. Natural assets, consumer durables, small instruments are not included. Gross Fixed Capital Formation includes the value of housing, other buildings and structure, equipment and machinery, breeding biological resources, intellectual property right product (expenditure for R&D, the prospecting of minerals and the acquisition of computer software) minus the disposal of them.

Changes in Inventories refers to the market value of the change in the physical volume of inventory of resident units during a given period, i.e. the difference between the values at the beginning and at the end of the period minus the gains due to the change in prices. The changes in inventories can have a positive or a negative value. A positive value indicates an increase in inventory while a negative value indicates a decrease in inventory. The inventory includes raw materials, fuels and reserve materials purchased by the production units as well as the inventory of finished products, semi-finished products and work-in-progress.

Net Export of Goods and Services refers to the exports of goods and services subtracting the imports of goods and services. Exports include the value of various goods and services sold or gratuitously transferred by resident units to non-resident units. Imports include the value of various goods and services purchased or gratuitously acquired resident units from non-resident units. Because the provision of services and the use of them happen simultaneously, the acquisition of services by resident units from abroad is usually treated as import while the acquisition of services by non-resident units in this country is usually treated as export. The exports and imports of goods are calculated at FOB.

Institutional Units refer to economic subjects that can be in a position to own assets and incur liabilities in one's own name; to engage independently in economic activities; and to conduct transactions with other subjects.

Institutional Sectors refer to groups of institutional units that are homogenous in nature and have been grouped together. The following 4 institutional sectors are identified in the flow of funds accounts: non-financial corporations, financial institutions, government and households. Also treated as an institutional sector is the rest of the world, which is composed of non-resident units that transact with resident units.

Non-Financial Corporations and the Sector of Non-Financial Corporations Non-financial corporations refer to resident corporations that are engaged in the production of goods and the provision of non financial services in the market, mainly covering corporate enterprises of various types engaged in the above-mentioned activities. All non-financial corporations make up the sector of non-financial corporations.

Financial Institutions and the Sector of Financial Institutions Financial institutions refer to resident institutions that are engaged in the financial intermediary services or auxiliary financial activities that are closely related with financial intermediary services, mainly covering legal entities engaged in activities of monetary services, capital market services, insurance services, and other financial services. All financial institutions together make up the sector of financial institutions.

Government and the Sector of Governments Government refer to legal entities and their auxiliary units that are established through the political process and are empowered with legislative, administrative or judicial rights over other institutional within specific regions. The main function of government is to acquire funds through taxation or other means in order to provide goods and services to society and households; and to conduct redistribution of income and properties of society through transfer payment; and engaged in non-market production. Government cover mainly: Party and government organizations at all levels, mass organizations, institutional units, grass roots self-governing organizations, etc. All governments together make up the sector of governments.

Households and the Sector of Households Households refer to resident individuals or groups of resident individuals who share common living facilities, jointly use entire or part of their income and properties, and share their housing, food and other consumer goods and services. All households together make up the sector of households.

Non-resident Units and the Rest of the World All units that are of a non-resident nature are non-resident units. All non-resident units that have transactions with resident units together make up the rest of the world.

Total Income from Primary Distribution Primary distribution of income refers to the distribution of the value created from production activities among the owners of factors of production and the governments. The final result from production activities is the value-added. Factors of production mainly include labour force, capital, natural resources. Owners of labour force gain remuneration by providing labour. Owners of capitals get income of various forms by providing capital: owners of loan capital receive income from interests. Share holders receive dividends or participation in profit distribution. Owners of natural resources obtains rents for assign the use right of natural resources. Government levies production tax on production activities or factors of production for state administration needs and pay production subsidies for supporting related production activities. Results of primary distribution generate the total income from primary distribution of each sector, and the sum of the total income of primary distribution of all sectors make up the Gross National Income, or the Gross National Product. Owners of land receive rents from leasing of land.

Current Transfers Transfer refers to the transaction in the form of provision of goods, services or assets by an institutional unit to another institutional unit without receiving any direct corresponding in return from the recipient. Current transfers that don't involve obtaining or disposing property (except inventory and cash) of one side or both sides. They include regular tax such as income tax and property tax, payment to social securities, social security benefits, social allowances and other current transfers.

Total Disposable Income Total income from primary distribution is re-distributed through current transfer, resulting in the total disposable income of various institutional sectors. The sum of total disposable income of all institutional sectors makes up the total national disposable income.

Total Savings refer to total disposable income subtracting final consumption. Total savings of all sectors make up the total national savings.

Capital Transfer refers to the transfer that don't involve obtaining or disposing property (except inventory and cash) of one side or both sides. Capital transfer includes: capital tax, investment subsidy and other capital transfer.

Net Financial Investment reflects the surplus or shortage of capitals of institutional sectors or of the economy in general in the process of non-finanical investment. It refers to total savings plus the income from capital transfer minus payment for capital transfer and minus non-financial investment from the point of view of non-financial transaction. In terms of monetary transaction, it is the difference between the increase in financial assets minus the increase of the financial liabilities.

Currency refers to currency that is in circulation in the market, including paper money and coin.

Deposits refer to deposits in depository financial institutions in various forms, which mainly include demand deposit, time deposit, fiscal deposit, foreign exchange deposit and other deposit, etc.

Loans refer to various types of loans granted by financial institutions, which mainly include short-term loan and bill finacing, medium- and long-term loan, foreign exchange loan, entrusted loans and other loans.

Bonds refer to securities issued by institutional units to raise funds and promised to be repaid on agreed terms.. They include government bonds, financial bonds, central bank bonds, and corporation bonds, etc.

Stock is a certificate that issued by the company in accordance with the provisions of the company law, to raise capital, to justify the shareholder rights and interests and accordingly obtain the dividend and bonus.

Insurance Reserve Funds consists of net equity of social insurance and commercial insurance, prepayments of insurance premiums, and reserves for outstanding claims, and bond repurchase.

Inter- financial Institutions Accounts refer to flow of capital between financial institutions, consisting of nostro & vostro accounts, inter-bank lending.

Required and Excessive Reserves refer to financial institutions' deposits with the People's Bank of China.

Central Bank Lending refer to lending to financial institutions by the People's Bank of China

International Reserve refers to the foreign assets that owned by the central bank, including foreign exchange, monetary gold, SDRs, and reserve position in the International Monetary Fund and other creditor's rights.

Current Account includes goods, services, primary income, and secondary income.

Goods refer to goods transactions that economic ownership is transferred between residents and non-residents.

Services include processing services, maintenance and repair services, transportation, travel, construction, insurance and pension services, financial services, intellectual property rights royalties, telecommunications, computer and information services, other business services, personal, cultural and entertainment services and government services not mentioned elsewhere.

Primary Income refers to the returns received for the provision of services, financial assets, and leasing of natural resources, which includes three part: employee compensation, investment income, and other primary income.

Secondary Income refers to the current transfers between resident units and nonresident units, including cash and physical transfers.

Capital Account reflects the transfer of capital between the resident unit and the nonresident unit, and the acquisition and disposal of non-productive non-financial assets between residents and non-residents.

Financial Account refers to the transaction of financial assets and liabilities between resident units and nonresident units, including financial accounts of non reserve and international reserves.

Direct Investment is an investment aimed at investors seeking effective voice for enterprises operating outside their own country. It includes two parts: direct investment assets and direct investment liabilities. Related investment instruments can be divided into equity and related enterprise debt. Equity includes equity and investment fund shares, as well as reinvestment returns. The liabilities of affiliated enterprises include negotiable and non-negotiable creditor's rights and liabilities among affiliated enterprises.

Security Investment includes securities investment assets and securities investment liabilities, and related investment instruments can be divided into equity and bonds. Equity rights include share rights and investment fund shares. Shares recorded under securities investment and investment fund shares should be negotiable (tradable). Equity rights are usually evidenced by shares, stocks, shares, depository receipts or similar documents. Investment fund share refers to the share of collective investment products such as mutual funds held by investors. A bond is a negotiable debt instrument, which is a certificate proving that its holder (creditor) has the right to recover principal or interest from its issuer (debtor) at some point in the future, including negotiable deposits, commercial instruments, corporate bonds, asset-backed securities, money market instruments, and a similar tool for usually trading on the financial market.

Financial Derivatives also known as financial derivatives and employee warrants, are used to record the transactions of resident and non-resident financial derivatives and employee warrants.

Other Investments refer to other financial transactions between residents and non-residents except direct investment, securities investment, financial derivatives and reserve assets. They include other equity, currency and deposits, loans, insurance and pensions, trade credit and others.

Net Errors and Omissions Balance of payments statement adopts double-entry accounting method. Because of the different sources and time points of statistical data, it will cause imbalance between current account and capital and financial account, and form statistical residual term, which is called net errors and omissions.

4

就业和工资

Employment and Wages

简 要 说 明

一、本篇资料的主要内容

本篇资料反映我国劳动经济方面的基本情况，包括31个省、自治区、直辖市的主要劳动统计数据。如：经济活动人口数，就业人员数，城镇登记失业人数，就业人员工资总额，平均工资及指数变化情况等。

二、本篇资料的统计范围

《劳动工资统计报表制度》的调查范围为城镇地区全部法人单位；《全国月度劳动力调查制度》的调查范围为全国城镇和乡村地域上居住的人口；《农林牧渔业统计调查制度》的调查范围为全国乡镇以下农村地区；《培训就业统计报表制度》的填报范围为全国就业服务和职业介绍机构；私营企业及个体工商业统计范围为全社会。1990–2000年的全国经济活动人口、就业人员、城镇和乡村就业人员的总计资料，是根据第五次全国人口普查资料及历年劳动力调查资料推算的；2001年及以后的全国经济活动人口、就业人员、城镇和乡村就业人员的总计资料，是根据第六次全国人口普查资料及历年劳动力调查资料推算的。1998年及以后城镇单位就业人员、工资总额、平均工资等指标中不再包括离开本单位仍保留劳动关系的职工及其生活费。

三、本篇的资料来源

1.就业基本情况及分组资料、工资总额等资料，是国家统计局人口和就业统计司根据《劳动工资统计报表制度》、《全国月度劳动力调查制度》及《农林牧渔业统计调查制度》搜集资料，加工整理。

2.城镇登记失业人数，是人力资源和社会保障部根据其《培训就业统计报表制度》整理提供。

3.私营企业及个体工商户就业人员数，由国家市场监督管理总局提供。

四、本篇的统计调查方法

劳动工资统计中，城镇非私营单位采用全面调查方法，城镇私营单位采用抽样调查方法；劳动力调查采用抽样调查方法；培训、就业统计及私营企业和个体工商业统计利用行政登记资料加工整理。

Brief Introduction

I. Main Contents

Data in this chapter show the basic conditions of China's labour economy, including main labour statistics on the whole country and 31 provinces, autonomous regions and municipalities directly under the Central Government, such as the economically active population, number of employed persons, number of registered unemployed persons in urban areas, total wage bills and average wages of employed persons and the changes in index.

II. Scope of Statistics

The Reporting Form System on Labour Wage Statistics covers corporate units in all urban area. *The National Monthly Sample Survey System on Labour Force* cover all urban and rural area population in China. *The System of Rural Social and Economic Surveys* covers all rural areas below township level in China. *The Reporting Form System on Training and Employment Statistics* covers all agencies and units providing employment services and job centers. The scope of statistics on private enterprises and self-employed individuals covers the whole country. Data on economically active population, employed persons and employed persons by urban and rural areas from 1990 to 2000 are estimated on the basis of the 2000 National Population Census and the annual Sample Survey on Labour Force; and data since 2001 are estimated on the basis of the Sixth National Population Census and the annual Sample Survey on Labour Force. The scope of statistics on employed person in urban areas, total wage bills, average wages do not include the persons who had left their working units and while keeping their labour contract/employment relation unchanged since 1998.

III. Sources of Data

(1) Data on basic conditions of employment, data by groups, total wage bills of staff and workers are collected and compiled through *The Reporting Form System on Labour Wage Statistics*, *The National Monthly Sample Survey System on Labour Force*, and *The System of Rural Social and Economic Surveys* by the Department of Population and Employment Statistics, the NBS.

(2) Data on the number of registered unemployed persons in urban areas are collected through *The Reporting Form System on Training and Employment Statistics,* which provided by the Ministry of Human Resources and Social Security.

(3) Data on the number of employed persons in private enterprises and self-employed individuals are provided by the State Administration for Market Regulation.

IV. Methodology of Survey

A complete reporting form system from lower-level statistical bureaus to higher level statistical bureaus is used in the labour wage statistics of urban non-private enterprises, and sampling methods is used in the statistics of urban private enterprises. The Sample Survey on Labour Force is conducted by using sampling methods. Statistics on training, employment, private enterprises and self-employed individuals are collected and compiled on basis of administrative registering records.

4-1 就业基本情况
Employment

项 目	Item	2014	2015	2016	2017	2018
劳动力	**Labour Force (10 000 persons)**	**79690**	**80091**	**80694**	**80686**	**80567**
就业人员 （万人）	**Total Number of Employed Persons (10 000 persons)**	**77253**	**77451**	**77603**	**77640**	**77586**
第一产业	Primary Industry	22790	21919	21496	20944	20258
第二产业	Secondary Industry	23099	22693	22350	21824	21390
第三产业	Tertiary Industry	31364	32839	33757	34872	35938
按城乡分就业人员(万人)	**Number of Employed Persons by Urban and Rural Areas (10 000 persons)**					
城镇就业人员	Urban Employed Persons	39310	40410	41428	42462	43419
乡村就业人员	Rural Employed Persons	37943	37041	36175	35178	34167
按登记注册类型分城镇非私营单位就业人员 （万人）	**Number of Employed Person in Urban Non-private Units by Status of Registration (10 000 persons)**					
国有单位	State-owned Units	6312	6208	6170	6064	5740
城镇集体单位	Urban Collective-owned Units	537	481	453	406	347
股份合作单位	Cooperative Units	103	92	86	77	66
联营单位	Joint Ownership Units	22	20	18	13	12
有限责任公司	Limited Liability Corporations	6315	6389	6381	6367	6555
股份有限公司	Share-holding Corporations Ltd.	1751	1798	1824	1846	1875
港澳台商投资单位	Units with Funds from Hong Kong, Macao & Taiwan	1393	1344	1305	1290	1153
外商投资单位	Foreign Funded Units	1562	1446	1361	1291	1212
工商登记注册的私营个体就业人员 （万人）	**Number of Employed Person in Private Enterprises and Self-employed Individuals by Status of Industrial and Commercial Registration (10 000 persons)**					
城镇私营企业	Private Enterprises in Urban Areas	9857	11180	12083	13327	13952
城镇个体	Self-employed Individuals in Urban Areas	7009	7800	8627	9348	10440
乡村私营企业	Private Enterprises in Rural Areas	4533	5215	5914	6554	7424
乡村个体	Self-employed Individuals in Rural Areas	3575	3882	4235	4878	5597
城镇登记失业人数(万人)	**Number of Registered Unemployed Persons in Urban Areas (10 000 persons)**	**952**	**966**	**982**	**972**	**974**
城镇登记失业率 (%)	**Registered Unemployment Rate in Urban Areas (%)**	**4.09**	**4.05**	**4.02**	**3.90**	**3.80**

注：1.全国就业人员1990年及以后的数据根据劳动力调查、人口普查推算(下表同)。
2.2013年部分经济类型单位、部分行业就业人员数、工资总额变动较大，系将原属于乡镇企业的规模以上法人单位纳入劳动工资统计范围所致(以下相关表同)。

a) From 1990, the total number of employed persons were estimated according to Labour Force Survey and Population Census. The same applies to the following tables.

b) In 2013,some units by status of registration,some employment by industry,total wages bill changed greatly,because corporate units above designated size originally belonged to township enterprises were taken into statistics of labour wages. The same applies to the relevant tables following.

4-2 按三次产业分就业人员数（年底数）
Number of Employed Persons at Year-end by Three Strata of Industry

年份 Year	就业人员（万人）Total Employed Persons (10 000 persons)				构成（合计=100）Composition in Percentage		
		第一产业 Primary Industry	第二产业 Secondary Industry	第三产业 Tertiary Industry	第一产业 Primary Industry	第二产业 Secondary Industry	第三产业 Tertiary Industry
1952	20729	17317	1531	1881	83.5	7.4	9.1
1957	23771	19309	2142	2320	81.2	9.0	9.8
1962	25910	21276	2059	2575	82.1	8.0	9.9
1965	28670	23396	2408	2866	81.6	8.4	10.0
1970	34432	27811	3518	3103	80.8	10.2	9.0
1975	38168	29456	5152	3560	77.2	13.5	9.3
1978	40152	28318	6945	4890	70.5	17.3	12.2
1979	41024	28634	7214	5177	69.8	17.6	12.6
1980	42361	29122	7707	5532	68.7	18.2	13.1
1981	43725	29777	8003	5945	68.1	18.3	13.6
1982	45295	30859	8346	6090	68.1	18.4	13.5
1983	46436	31151	8679	6606	67.1	18.7	14.2
1984	48197	30868	9590	7739	64.0	19.9	16.1
1985	49873	31130	10384	8359	62.4	20.8	16.8
1986	51282	31254	11216	8811	60.9	21.9	17.2
1987	52783	31663	11726	9395	60.0	22.2	17.8
1988	54334	32249	12152	9933	59.3	22.4	18.3
1989	55329	33225	11976	10129	60.1	21.6	18.3
1990	64749	38914	13856	11979	60.1	21.4	18.5
1991	65491	39098	14015	12378	59.7	21.4	18.9
1992	66152	38699	14355	13098	58.5	21.7	19.8
1993	66808	37680	14965	14163	56.4	22.4	21.2
1994	67455	36628	15312	15515	54.3	22.7	23.0
1995	68065	35530	15655	16880	52.2	23.0	24.8
1996	68950	34820	16203	17927	50.5	23.5	26.0
1997	69820	34840	16547	18432	49.9	23.7	26.4
1998	70637	35177	16600	18860	49.8	23.5	26.7
1999	71394	35768	16421	19205	50.1	23.0	26.9
2000	72085	36043	16219	19823	50.0	22.5	27.5
2001	72797	36399	16234	20165	50.0	22.3	27.7
2002	73280	36640	15682	20958	50.0	21.4	28.6
2003	73736	36204	15927	21605	49.1	21.6	29.3
2004	74264	34830	16709	22725	46.9	22.5	30.6
2005	74647	33442	17766	23439	44.8	23.8	31.4
2006	74978	31941	18894	24143	42.6	25.2	32.2
2007	75321	30731	20186	24404	40.8	26.8	32.4
2008	75564	29923	20553	25087	39.6	27.2	33.2
2009	75828	28890	21080	25857	38.1	27.8	34.1
2010	76105	27931	21842	26332	36.7	28.7	34.6
2011	76420	26594	22544	27282	34.8	29.5	35.7
2012	76704	25773	23241	27690	33.6	30.3	36.1
2013	76977	24171	23170	29636	31.4	30.1	38.5
2014	77253	22790	23099	31364	29.5	29.9	40.6
2015	77451	21919	22693	32839	28.3	29.3	42.4
2016	77603	21496	22350	33757	27.7	28.8	43.5
2017	77640	20944	21824	34872	27.0	28.1	44.9
2018	77586	20258	21390	35938	26.1	27.6	46.3

4-3 按登记注册类型分城镇非私营单位就业人员数(年底数)

Number of Employed Person in Urban Non-Private Units at Year-end by Status of Registration

单位：万人 (10 000 persons)

年 份 Year	就业人员数 Number of Employed Persons	国有单位 State-owned Units	城镇集体单位 Urban Collective-owned Units	股份合作单位 Cooperative Units	联营单位 Joint Ownership Units	有限责任公司 Limited Liability Corporations	股份有限公司 Share Holding Corporations Ltd.	港澳台商投资单位 Units with Funds from Hong Kong, Macao and Taiwan	外商投资单位 Foreign Funded Units
1971	6787	5318	1469						
1975	8198	6426	1772						
1980	10444	8019	2425						
1981	10940	8372	2568						
1982	11281	8630	2651						
1983	11515	8771	2744						
1984	11890	8637	3216						
1985	12358	8990	3324		38				
1986	12809	9333	3421						
1987	13214	9654	3488		50				
1988	13608	9984	3527		63				
1989	13742	10108	3502		82				
1990	14059	10346	3549		96			4	62
1991	14508	10664	3628		49			69	96
1992	14792	10889	3621		56			83	138
1993	14849	10920	3393		66		164	155	133
1994	14849	10890	3211		52		292	211	195
1995	15301	11261	3147		53		317	272	241
1996	15221	11244	3016		49		363	265	275
1997	15036	11044	2883		43		468	281	300
1998	12696	9058	1963	136	48	484	410	294	293
1999	12130	8572	1712	144	46	603	420	306	306
2000	11612	8102	1499	155	42	687	457	310	332
2001	11166	7640	1291	153	45	841	483	326	345
2002	10985	7163	1122	161	45	1083	538	367	391
2003	10970	6876	1000	173	44	1261	592	409	454
2004	11099	6710	897	192	44	1436	625	470	563
2005	11404	6488	810	188	45	1750	699	557	688
2006	11713	6430	764	178	45	1920	741	611	796
2007	12024	6424	718	170	43	2075	788	680	903
2008	12193	6447	662	164	43	2194	840	679	943
2009	12573	6420	618	160	37	2433	956	721	978
2010	13052	6516	597	156	36	2613	1024	770	1053
2011	14413	6704	603	149	37	3269	1183	932	1217
2012	15236	6839	590	149	39	3787	1243	969	1246
2013	18108	6365	566	108	25	6069	1721	1397	1566
2014	18278	6312	537	103	22	6315	1751	1393	1562
2015	18062	6208	481	92	20	6389	1798	1344	1446
2016	17888	6170	453	86	18	6381	1824	1305	1361
2017	17644	6064	406	77	13	6367	1846	1290	1291
2018	17258	5740	347	66	12	6555	1875	1153	1212

注：1994年及以前为职工数(以下各表同)。

a) Data before 1994 are staff and workers figures. The same applies to the tables following.

4-4 按登记注册类型和行业分城镇非私营单位就业人员数（2018年底）
Number of Employed Persons in Urban Non-Private Units at Year-end by Status of Registration and Sector in Detail (2018)

单位：万人 (10 000 persons)

项 目	Item	就业人员 Employed Persons	国有单位 State-owned Units	城镇集体单位 Urban Collective-owned Units	其他单位 Units of Other Types of Ownership
全国总计	**National Total**	**17258.2**	**5739.7**	**347.4**	**11171.1**
农、林、牧、渔业	Agriculture, Forestry, Animal Husbandry and Fishery	192.6	172.7	1.6	18.4
采矿业	Mining	414.4	17.3	4.1	393.0
制造业	Manufacturing	4178.3	73.3	38.4	4066.5
电力、热力、燃气及水生产和供应业	Production and Supply of Electricity, Heat, Gas and Water	369.2	134.1	2.9	232.2
建筑业	Construction	2710.9	113.1	116.8	2481.0
批发和零售业	Wholesale and Retail Trades	823.3	60.6	17.8	744.9
交通运输、仓储和邮政业	Transport, Storage and Post	819.0	264.1	9.3	545.6
住宿和餐饮业	Hotels and Catering Services	269.8	26.0	3.9	240.0
信息传输、软件和信息技术服务业	Information Transmission, Software and Information Technology	424.3	24.9	0.6	398.8
金融业	Financial Intermediation	699.3	125.8	33.1	540.4
房地产业	Real Estate	466.0	19.6	7.2	439.2
租赁和商务服务业	Leasing and Business Services	529.5	104.2	23.3	402.1
科学研究和技术服务业	Scientific Research and Technical Services	411.5	182.7	3.9	224.9
水利、环境和公共设施管理业	Management of Water Conservancy, Environment	260.6	167.6	8.0	85.0
居民服务、修理和其他服务业	Services to Households, Repair and Other Services	77.4	19.3	3.3	54.8
教育	Education	1735.6	1564.8	22.9	147.9
卫生和社会工作	Health and Social Service	912.4	786.2	46.2	80.0
文化、体育和娱乐业	Culture, Sports and Entertainment	146.6	91.5	1.3	53.7
公共管理、社会保障和社会组织	Public Management, Social Security and Social Organization	1817.5	1791.8	3.0	22.6

4-5 按行业分城镇非私营单位就业人员数(年底数)

Number of Employed Persons in Urban Non-Private Units at Year-end by Sector

单位: 万人 (10 000 persons)

年份 地区	Year Region	就业人员 Employed Persons	农、林、牧、渔业 Agriculture, Forestry, Animal Husbandry and Fishery	采矿业 Mining	制造业 Manufacturing	电力、热力、燃气及水生产和供应业 Production and Supply of Electricity, Heat, Gas and Water	建筑业 Construction	批发和零售业 Wholesale and Retail Trades
	2005	11404.0	446.3	509.2	3210.9	299.9	926.6	544.0
	2006	11713.2	435.2	529.7	3351.6	302.5	988.7	515.7
	2007	12024.4	426.3	535.0	3465.4	303.4	1050.8	506.9
	2008	12192.5	410.1	540.4	3434.3	306.5	1072.6	514.4
	2009	12573.0	373.7	553.7	3491.9	307.7	1177.5	520.8
	2010	13051.5	375.7	562.0	3637.2	310.5	1267.5	535.1
	2011	14413.3	359.5	611.6	4088.3	334.7	1724.8	647.5
	2012	15236.4	338.9	631.0	4262.2	344.6	2010.3	711.8
	2013	18108.4	294.8	636.5	5257.9	404.5	2921.9	890.8
	2014	18277.8	284.6	596.5	5243.1	403.7	2921.2	888.6
	2015	18062.5	270.0	545.8	5068.7	396.0	2796.0	883.3
	2016	17888.1	263.2	490.9	4893.8	387.6	2724.7	875.0
	2017	17643.8	255.4	455.4	4635.5	377.0	2643.2	842.8
	2018	17258.2	192.6	414.4	4178.3	369.2	2710.9	823.3
北京	Beijing	819.3	2.7	3.6	74.4	9.7	47.8	73.6
天津	Tianjin	260.0	0.5	6.0	69.0	4.0	26.6	19.2
河北	Hebei	550.3	2.5	18.1	98.4	17.8	48.1	19.0
山西	Shanxi	425.8	1.4	88.4	60.3	13.0	29.7	15.7
内蒙古	Inner Mongolia	272.4	18.2	13.6	32.5	14.0	13.4	8.3
辽宁	Liaoning	501.6	19.5	21.6	112.1	16.3	37.8	20.2
吉林	Jilin	279.3	9.7	9.4	56.9	10.2	18.5	11.2
黑龙江	Heilongjiang	392.7	65.6	26.9	38.6	13.7	21.5	15.7
上海	Shanghai	640.7	3.1	0.1	161.7	4.0	30.5	84.5
江苏	Jiangsu	1472.6	3.9	6.5	497.5	14.2	434.0	55.6
浙江	Zhejiang	1013.5	0.4	0.4	289.3	12.2	279.9	36.8
安徽	Anhui	592.3	3.1	19.0	139.5	10.3	139.4	23.0
福建	Fujian	705.4	3.6	1.3	213.6	11.5	197.0	29.5
江西	Jiangxi	435.7	3.8	3.1	106.5	9.0	87.0	15.2
山东	Shandong	1129.0	0.7	40.3	341.9	25.6	159.1	49.9
河南	Henan	967.3	1.4	34.2	233.4	24.5	169.4	36.7
湖北	Hubei	653.3	9.7	4.5	140.1	15.1	124.6	36.8
湖南	Hunan	546.3	2.2	5.3	95.3	14.9	106.8	20.2
广东	Guangdong	1994.1	4.1	2.2	882.5	28.0	169.0	107.8
广西	Guangxi	386.8	5.9	3.0	53.0	10.2	66.8	12.5
海南	Hainan	99.6	3.9	0.5	7.2	2.2	5.7	5.5
重庆	Chongqing	391.2	0.9	4.1	79.9	6.1	88.9	19.4
四川	Sichuan	780.6	2.1	13.5	127.3	22.4	160.4	27.5
贵州	Guizhou	308.5	0.8	11.4	31.5	9.1	45.1	12.0
云南	Yunnan	427.0	4.7	11.5	62.7	10.3	73.9	23.6
西藏	Tibet	36.9	0.2	0.5	0.9	1.3	2.1	0.9
陕西	Shaanxi	493.2	1.8	33.8	91.8	12.2	61.2	22.7
甘肃	Gansu	246.7	4.0	8.4	29.1	12.0	35.6	7.0
青海	Qinghai	62.7	1.2	3.0	9.0	2.4	5.8	2.0
宁夏	Ningxia	68.0	0.8	5.6	9.9	3.5	3.5	2.4
新疆	Xinjiang	305.2	10.2	14.7	32.5	9.6	21.8	8.7

4-5 续表 1 continued

单位: 万人 (10 000 persons)

年份 Year / 地区 Region		交通运输、仓储和邮政业 Transport, Storage and Post	住宿和餐饮业 Hotels and Catering Services	信息传输、软件和信息技术服务业 Information Transmission, Software and Information Technology	金融业 Financial Intermediation	房地产业 Real Estate	租赁和商务服务业 Leasing and Business Services
	2005	613.9	181.2	130.1	359.3	146.5	218.5
	2006	612.7	183.9	138.2	367.4	153.9	236.7
	2007	623.1	185.8	150.2	389.7	166.5	247.2
	2008	627.3	193.2	159.5	417.6	172.7	274.7
	2009	634.4	202.1	173.8	449.0	190.9	290.5
	2010	631.1	209.2	185.8	470.1	211.6	310.1
	2011	662.8	242.7	212.8	505.3	248.6	286.6
	2012	667.5	265.1	222.8	527.8	273.7	292.3
	2013	846.2	304.4	327.3	537.9	373.7	421.9
	2014	861.4	289.3	336.3	566.3	402.2	449.4
	2015	854.4	276.1	349.9	606.8	417.3	474.0
	2016	849.5	269.7	364.1	665.2	431.7	488.4
	2017	843.9	265.9	395.4	688.8	444.8	522.6
	2018	819.0	269.8	424.3	699.3	466.0	529.5
北　京	Beijing	60.2	31.2	84.0	54.7	47.3	81.3
天　津	Tianjin	13.2	5.6	6.4	17.1	10.4	13.2
河　北	Hebei	24.6	4.1	8.4	36.1	8.3	10.7
山　西	Shanxi	21.4	3.5	4.9	20.8	3.6	8.6
内蒙古	Inner Mongolia	20.1	3.1	4.9	14.5	5.0	5.0
辽　宁	Liaoning	33.0	5.6	12.8	28.5	10.5	12.0
吉　林	Jilin	14.9	2.3	5.8	13.4	6.1	6.6
黑龙江	Heilongjiang	25.0	3.2	8.0	21.7	6.4	10.8
上　海	Shanghai	50.6	30.5	35.6	33.4	26.6	57.9
江　苏	Jiangsu	46.0	18.0	32.0	39.4	25.4	33.5
浙　江	Zhejiang	30.1	13.8	21.8	45.0	22.4	29.1
安　徽	Anhui	24.5	6.4	9.3	24.1	14.7	8.8
福　建	Fujian	23.0	11.1	12.3	20.0	17.1	18.6
江　西	Jiangxi	19.0	3.3	5.5	14.4	8.0	5.8
山　东	Shandong	47.6	12.3	18.0	46.5	25.3	17.7
河　南	Henan	39.3	7.9	12.8	28.2	23.5	16.4
湖　北	Hubei	34.8	8.3	13.5	19.9	16.4	13.4
湖　南	Hunan	21.9	6.3	6.8	27.6	12.5	9.8
广　东	Guangdong	86.4	40.7	60.8	61.3	77.1	78.8
广　西	Guangxi	18.8	4.4	4.9	15.6	7.8	11.8
海　南	Hainan	7.6	6.1	2.2	5.0	8.6	2.0
重　庆	Chongqing	22.5	6.0	4.9	14.1	14.6	14.3
四　川	Sichuan	37.4	9.6	19.3	32.4	21.9	18.5
贵　州	Guizhou	11.9	2.6	3.5	8.8	8.6	7.4
云　南	Yunnan	17.1	8.0	4.9	10.5	13.9	12.3
西　藏	Tibet	1.0	0.5	0.4	1.0	0.2	0.7
陕　西	Shaanxi	27.3	9.6	12.7	21.6	11.9	8.5
甘　肃	Gansu	14.6	2.7	3.0	7.7	4.5	3.4
青　海	Qinghai	4.6	0.5	0.9	2.3	0.9	0.7
宁　夏	Ningxia	3.9	0.5	0.8	4.1	1.4	1.8
新　疆	Xinjiang	16.7	2.3	3.1	9.5	5.2	10.0

4-5 续表 2 continued

单位：万人 (10 000 persons)

年份 地区	Year Region	科学研究和技术服务业 Scientific Research and Technical Services	水利、环境和公共设施管理业 Management of Water Conservancy, Environment and Public Facilities	居民服务、修理和其他服务业 Services to Households, Repair and Other Services	教育 Education	卫生和社会工作 Health and Social Service	文化、体育和娱乐业 Culture, Sports and Entertainment	公共管理、社会保障和社会组织 Public Management, Social Security and Social Organization
	2005	227.7	180.4	53.9	1483.2	508.9	122.5	1240.8
	2006	235.5	187.0	56.6	1504.4	525.4	122.4	1265.6
	2007	243.4	193.5	57.4	1520.9	542.8	125.0	1291.2
	2008	257.0	197.3	56.5	1534.0	563.6	126.0	1335.0
	2009	272.6	205.7	58.8	1550.4	595.8	129.5	1394.3
	2010	292.3	218.9	60.2	1581.8	632.5	131.4	1428.5
	2011	298.5	230.3	59.9	1617.8	679.1	135.0	1467.6
	2012	330.7	243.8	62.1	1653.4	719.3	137.7	1541.5
	2013	387.8	259.2	72.3	1687.2	770.0	147.0	1567.0
	2014	408.0	269.1	75.4	1727.3	810.4	145.5	1599.3
	2015	410.6	273.3	75.2	1736.5	841.6	149.1	1637.8
	2016	419.6	269.6	75.4	1729.2	867.0	150.8	1672.6
	2017	420.4	268.5	78.2	1730.4	897.9	152.2	1725.6
	2018	411.5	260.6	77.4	1735.6	912.4	146.6	1817.5
北京	Beijing	71.7	12.2	11.4	55.8	30.5	19.0	48.2
天津	Tianjin	10.8	3.3	4.7	18.4	10.8	2.3	18.4
河北	Hebei	15.9	12.2	2.0	87.9	39.6	5.1	91.4
山西	Shanxi	7.3	9.0	0.9	50.0	21.7	4.7	60.8
内蒙古	Inner Mongolia	5.6	8.2	0.7	34.2	17.8	3.3	49.8
辽宁	Liaoning	10.4	10.0	3.3	49.0	31.1	4.1	63.8
吉林	Jilin	7.3	7.2	2.0	35.9	19.9	3.7	38.2
黑龙江	Heilongjiang	9.2	10.4	4.2	40.9	23.0	3.5	44.3
上海	Shanghai	26.9	9.3	7.1	31.9	19.4	5.9	21.9
江苏	Jiangsu	21.8	12.2	3.7	92.1	50.0	7.9	78.8
浙江	Zhejiang	16.6	10.1	2.4	75.3	47.4	7.1	73.2
安徽	Anhui	9.3	6.1	1.3	64.1	32.5	3.3	53.6
福建	Fujian	7.7	5.7	3.1	54.7	23.8	4.3	47.2
江西	Jiangxi	6.1	5.8	0.7	55.6	26.1	2.9	57.9
山东	Shandong	17.3	20.4	2.9	113.0	65.7	7.1	117.7
河南	Henan	14.0	13.4	2.2	119.5	62.6	7.1	120.9
湖北	Hubei	15.8	11.5	1.7	69.3	43.8	6.7	67.4
湖南	Hunan	11.2	8.3	1.5	67.6	41.1	5.5	81.6
广东	Guangdong	37.8	18.6	10.7	130.1	67.9	10.5	119.9
广西	Guangxi	7.1	7.1	0.7	63.1	33.5	3.2	57.5
海南	Hainan	2.0	3.6	0.4	13.1	6.9	1.4	15.7
重庆	Chongqing	8.2	5.8	1.5	42.0	20.3	2.8	34.8
四川	Sichuan	20.4	11.4	1.8	96.1	51.4	5.5	101.7
贵州	Guizhou	6.7	5.1	1.4	55.3	22.0	2.4	62.9
云南	Yunnan	9.9	7.2	2.5	60.7	28.1	3.8	61.4
西藏	Tibet	0.8	0.5		6.2	1.8	0.9	16.7
陕西	Shaanxi	17.0	10.2	1.6	55.1	27.8	5.6	60.9
甘肃	Gansu	6.5	6.4	0.4	35.6	16.6	2.7	46.5
青海	Qinghai	2.2	1.1	0.1	7.8	4.8	0.8	12.7
宁夏	Ningxia	1.3	2.0		9.0	4.7	0.9	12.1
新疆	Xinjiang	6.5	5.9	0.6	46.1	19.8	2.7	79.5

4-6 分地区按行业分工商登记注册的私营企业和个体就业人数(2018年底)

Number of Industrial and Commercial Registered Employed Persons in Private Enterprises and Self-employed Individuals at Year-end by Sector and Region (2018)

单位：万人 (10 000 persons)

地区	Region	私营企业和个体就业人数 Employed Persons	#制造业 Manufacturing	#建筑业 Construction	#批发和零售业 Wholesale and Retail Trades	#交通运输、仓储和邮政业 Transport, Storage and Post	#住宿和餐饮业 Hotels and Catering Services	#租赁和商务服务业 Leasing and Business Services	#居民服务、修理和其他服务业 Services to Household, Repair and Other Services
全国总计	**National Total**	**37413.0**	**5775.8**	**1765.4**	**14495.2**	**963.7**	**2945.1**	**3038.4**	**2200.2**
北京	Beijing	1202.4	52.9	72.9	255.1	32.3	45.2	194.6	23.3
天津	Tianjin	205.5	38.6	7.0	69.1	6.1	19.3	20.1	12.9
河北	Hebei	1261.3	249.6	38.1	544.6	43.7	111.7	40.6	87.9
山西	Shanxi	642.8	73.0	21.2	282.3	33.6	69.4	26.8	55.7
内蒙古	Inner Mongolia	589.1	48.9	24.3	250.2	19.4	62.5	38.1	53.3
辽宁	Liaoning	970.0	175.1	50.4	349.1	47.8	76.5	56.3	73.3
吉林	Jilin	768.1	63.1	46.2	323.8	47.0	71.7	30.9	61.4
黑龙江	Heilongjiang	459.2	33.6	8.4	182.5	29.9	81.9	15.3	52.9
上海	Shanghai	1470.8	125.6	98.4	485.1	45.2	28.4	316.5	25.5
江苏	Jiangsu	3604.2	1028.2	311.3	1004.4	98.5	177.9	336.9	156.9
浙江	Zhejiang	2643.1	912.7	104.6	772.3	49.1	141.0	212.4	117.5
安徽	Anhui	1410.0	225.1	72.8	564.5	27.9	118.8	78.2	99.7
福建	Fujian	1966.0	251.0	58.9	1061.4	22.3	94.2	172.3	67.1
江西	Jiangxi	1010.3	182.6	46.3	392.8	26.1	71.0	77.9	60.3
山东	Shandong	3057.8	530.9	156.1	1293.4	69.5	213.6	184.6	197.9
河南	Henan	1639.0	225.5	67.3	723.1	32.8	164.2	88.2	71.7
湖北	Hubei	1837.7	187.3	75.3	778.6	60.2	179.9	108.3	124.8
湖南	Hunan	958.8	76.8	16.6	342.6	23.7	102.3	67.5	96.5
广东	Guangdong	4585.2	730.1	136.8	2011.5	76.9	294.9	441.1	248.7
广西	Guangxi	921.9	81.6	31.1	409.5	32.2	80.4	80.9	54.2
海南	Hainan	219.9	7.9	17.4	78.3	4.9	26.1	23.7	15.8
重庆	Chongqing	1281.9	104.7	58.7	454.7	26.9	103.4	139.9	71.6
四川	Sichuan	1129.1	78.0	40.2	498.6	21.6	160.6	79.9	91.5
贵州	Guizhou	727.5	54.2	27.5	274.4	18.9	81.0	47.3	51.0
云南	Yunnan	847.4	81.8	45.4	301.3	14.1	93.6	44.2	55.8
西藏	Tibet	106.9	6.4	20.3	32.6	2.3	15.2	8.9	6.8
陕西	Shaanxi	773.8	53.1	48.8	302.1	24.5	115.3	41.4	72.5
甘肃	Gansu	475.5	35.7	38.3	196.9	8.2	54.4	23.2	33.9
青海	Qinghai	113.9	8.5	5.3	42.0	4.9	18.4	6.0	10.1
宁夏	Ningxia	125.1	10.4	4.5	53.5	2.5	18.8	6.5	13.7
新疆	Xinjiang	408.7	42.6	14.7	164.9	10.6	53.4	30.0	35.8

4-7 分地区按行业分工商登记注册的城镇私营企业和个体就业人数(2018年底)

Number of Industrial and Commercial Registered Employed Persons in Urban Private Enterprises and Self-employed Individuals at Year-end by Sector and Region (2018)

单位: 万人 (10 000 persons)

地 区	Region	私营企业和个体就业人数 Employed Persons	#制造业 Manufacturing	#建筑业 Construction	#批发和零售业 Wholesale and Retail Trades	#交通运输、仓储和邮政业 Transport, Storage and Post	#住宿和餐饮业 Hotels and Catering Services	#租赁和商务服务业 Leasing and Business Services	#居民服务、修理和其他服务业 Services to Household, Repair and Other Services
全国总计	**National Total**	**24391.9**	**3007.9**	**1176.2**	**9838.2**	**592.3**	**2151.5**	**2273.6**	**1563.6**
北 京	Beijing	750.3	17.7	31.8	150.3	15.1	29.6	135.7	14.1
天 津	Tianjin	193.9	33.7	6.6	67.7	6.0	19.2	17.6	12.7
河 北	Hebei	638.5	67.4	23.0	299.7	18.2	75.3	30.7	55.4
山 西	Shanxi	393.5	35.5	12.1	175.3	21.9	54.1	14.8	41.4
内蒙古	Inner Mongolia	432.3	29.8	17.2	196.6	13.2	45.0	29.0	43.2
辽 宁	Liaoning	548.5	86.1	32.9	214.3	29.3	49.2	27.1	45.0
吉 林	Jilin	425.5	40.9	35.3	174.2	18.3	38.7	16.4	39.1
黑龙江	Heilongjiang	412.4	28.7	7.5	159.0	29.0	79.5	14.0	49.3
上 海	Shanghai	773.0	48.0	49.1	253.2	22.8	21.6	175.0	16.7
江 苏	Jiangsu	2743.7	634.3	217.4	815.4	74.8	160.7	312.4	132.3
浙 江	Zhejiang	1774.0	438.6	75.3	589.5	33.8	108.1	185.8	89.5
安 徽	Anhui	1099.4	162.4	48.8	457.2	19.0	105.3	59.2	87.1
福 建	Fujian	1326.0	120.0	44.3	773.2	14.2	68.9	139.4	46.3
江 西	Jiangxi	651.8	88.5	38.4	264.8	12.5	59.3	58.0	47.8
山 东	Shandong	970.2	120.2	47.9	457.6	20.7	77.2	66.9	76.3
河 南	Henan	1223.0	124.1	46.0	564.1	23.1	135.9	73.0	55.5
湖 北	Hubei	946.0	81.8	40.7	429.4	25.7	105.6	61.6	65.5
湖 南	Hunan	529.8	36.0	13.2	215.8	13.9	75.5	38.8	53.4
广 东	Guangdong	3774.5	491.0	120.1	1648.6	66.2	247.8	408.5	221.4
广 西	Guangxi	587.0	44.2	21.3	269.9	19.7	55.8	52.6	35.3
海 南	Hainan	176.6	5.8	14.3	62.2	3.8	22.1	19.2	13.1
重 庆	Chongqing	1028.6	65.9	54.7	396.3	22.4	84.1	132.6	64.5
四 川	Sichuan	665.8	44.0	36.8	270.2	12.5	88.2	61.2	51.0
贵 州	Guizhou	282.3	20.1	8.2	120.4	4.4	46.6	17.0	26.7
云 南	Yunnan	479.9	35.5	32.8	181.1	9.8	64.2	34.3	37.9
西 藏	Tibet	99.4	6.0	19.3	30.9	1.2	14.5	7.8	6.5
陕 西	Shaanxi	675.3	40.8	41.9	266.9	21.7	107.8	35.5	67.2
甘 肃	Gansu	251.8	14.8	20.0	113.3	3.3	32.1	14.2	19.0
青 海	Qinghai	97.1	5.5	3.9	37.3	4.5	16.8	5.3	9.1
宁 夏	Ningxia	80.2	4.4	2.4	35.6	1.4	14.9	4.7	9.6
新 疆	Xinjiang	361.7	36.2	12.9	148.3	9.6	47.7	25.4	31.8

4-8 分地区工商登记注册的私营企业就业人数(2018年底)

Number of Industrial and Commercial Registered Persons in Private Enterprises at Year-end by Region (2018)

单位: 万户、万人

地 区	Region	户 数 Number of Households	私营企业就业人数 Number of Engaged Persons	城 镇 Urban Area	乡 村 Rural Area
全 国	**National Total**	**3143.3**	**21375.4**	**13951.6**	**7423.7**
北 京	Beijing	147.5	1123.7	710.1	413.6
天 津	Tianjin	49.3	97.2	87.3	9.9
河 北	Hebei	135.4	384.4	227.9	156.5
山 西	Shanxi	54.8	274.9	132.4	142.5
内蒙古	Inner Mongolia	36.7	285.4	205.4	80.0
辽 宁	Liaoning	79.0	471.8	251.9	219.9
吉 林	Jilin	39.6	292.3	182.8	109.5
黑龙江	Heilongjiang	39.3	75.1	65.5	9.7
上 海	Shanghai	189.1	1405.7	730.3	675.4
江 苏	Jiangsu	286.8	2534.4	1908.9	625.5
浙 江	Zhejiang	206.8	1747.0	1183.5	563.5
安 徽	Anhui	112.8	672.7	463.8	208.9
福 建	Fujian	114.2	997.2	567.7	429.6
江 西	Jiangxi	64.8	571.4	340.6	230.8
山 东	Shandong	245.2	1699.0	503.2	1195.8
河 南	Henan	137.7	757.7	531.1	226.6
湖 北	Hubei	108.4	761.9	361.7	400.2
湖 南	Hunan	75.5	449.8	205.8	244.1
广 东	Guangdong	447.1	3115.1	2783.1	332.1
广 西	Guangxi	67.4	486.0	282.7	203.3
海 南	Hainan	21.4	130.5	102.9	27.6
重 庆	Chongqing	76.2	952.4	760.6	191.7
四 川	Sichuan	125.9	382.3	325.7	56.6
贵 州	Guizhou	56.5	374.6	106.5	268.0
云 南	Yunnan	58.4	419.7	259.6	160.1
西 藏	Tibet	5.6	59.6	55.2	4.4
陕 西	Shaanxi	75.3	318.0	257.4	60.6
甘 肃	Gansu	34.9	262.6	136.9	125.7
青 海	Qinghai	8.0	43.2	32.0	11.1
宁 夏	Ningxia	15.0	42.6	23.1	19.5
新 疆	Xinjiang	28.9	187.2	166.2	21.0

 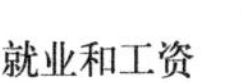 

4-9 分地区工商登记注册的个体就业人数(2018年底)
Number of Industrial and Commercial Registered Persons in Self-employed Individuals at Year-end by Region (2018)

单位: 万户、万人 (10 000 households, 10 000 persons)

地区	Region	个体户数 Number of Households	个体就业人数 Number of Engaged Persons	城镇 Urban Area	乡村 Rural Area
全国	**National Total**	**7328.6**	**16037.6**	**10440.3**	**5597.4**
北京	Beijing	48.9	78.8	40.2	38.5
天津	Tianjin	56.4	108.2	106.5	1.7
河北	Hebei	378.6	876.9	410.6	466.3
山西	Shanxi	163.0	367.9	261.2	106.8
内蒙古	Inner Mongolia	146.7	303.7	226.8	76.9
辽宁	Liaoning	246.5	498.2	296.7	201.6
吉林	Jilin	172.8	475.9	242.8	233.1
黑龙江	Heilongjiang	171.0	384.1	346.9	37.2
上海	Shanghai	47.2	65.1	42.7	22.4
江苏	Jiangsu	590.1	1069.8	834.8	235.0
浙江	Zhejiang	422.6	896.1	590.6	305.6
安徽	Anhui	311.5	737.3	635.6	101.7
福建	Fujian	254.0	968.8	758.3	210.5
江西	Jiangxi	179.2	438.8	311.2	127.6
山东	Shandong	624.0	1358.8	467.0	891.8
河南	Henan	418.6	881.3	691.9	189.5
湖北	Hubei	366.2	1075.9	584.3	491.5
湖南	Hunan	298.1	508.9	324.0	184.9
广东	Guangdong	649.4	1470.1	991.4	478.6
广西	Guangxi	191.6	435.9	304.3	131.7
海南	Hainan	49.1	89.4	73.7	15.7
重庆	Chongqing	168.6	329.5	268.0	61.5
四川	Sichuan	409.4	746.9	340.1	406.8
贵州	Guizhou	195.8	352.9	175.8	177.1
云南	Yunnan	224.8	427.7	220.3	207.4
西藏	Tibet	20.0	47.3	44.2	3.1
陕西	Shaanxi	215.2	455.7	417.9	37.9
甘肃	Gansu	110.7	213.0	114.9	98.1
青海	Qinghai	30.8	70.7	65.1	5.6
宁夏	Ningxia	41.3	82.5	57.1	25.4
新疆	Xinjiang	126.2	221.5	195.5	26.0

4-10 城镇非私营单位就业人员工资总额和指数
Total Wage Bill of Employed Persons in Urban Non-Private Units and Related Indices

年份 地区	Year Region	工资总额(亿元) Total Wage Bill (100 million yuan)	国有单位 State-owned Units	城镇集体单位 Urban Collective-owned Units	其他单位 Units of Other Types of Ownership	指数(上年=100) Indices (preceding year=100)	国有单位 State-owned Units	城镇集体单位 Urban Collective-owned Units	其他单位 Units of Other Types of Ownership
	1995	8055.8	6172.6	1210.6	672.6	119.0	117.4	115.6	142.2
	2000	10954.7	7744.9	950.7	2259.1	107.9	106.2	95.5	120.8
	2005	20627.1	12291.7	906.4	7429.0	117.1	111.4	103.4	130.3
	2010	47269.9	24886.4	1433.7	20949.7	117.3	113.8	112.6	122.1
	2011	59954.7	28954.8	1737.4	29262.4	126.8	116.3	121.2	139.7
	2012	70914.2	32950.0	1990.4	35973.8	118.3	113.8	114.6	122.9
	2013	93064.3	33359.6	2195.8	57508.9	131.2	101.2	110.3	159.9
	2014	102817.2	36106.6	2302.7	64408.0	110.5	108.2	104.9	112.0
	2015	112007.8	40387.9	2239.4	69380.5	108.9	111.9	97.3	107.7
	2016	120074.8	44462.9	2268.6	73343.3	107.2	110.1	101.3	105.7
	2017	129889.1	48884.1	2215.6	78789.3	108.2	109.9	97.7	107.4
	2018	141480.0	51126.6	2082.3	88271.1	108.9	104.6	94.0	112.0
北京	Beijing	12080.9	2873.6	88.4	9118.9	113.2	107.9	104.4	115.0
天津	Tianjin	2645.6	812.7	14.7	1818.2	103.5	100.0	80.3	105.4
河北	Hebei	3772.3	1942.2	61.8	1768.3	112.4	107.1	91.7	119.9
山西	Shanxi	2803.4	1171.0	67.7	1564.6	109.6	94.7	90.8	125.4
内蒙古	Inner Mongolia	2021.6	1173.9	32.5	815.2	107.0	102.0	96.9	115.5
辽宁	Liaoning	3399.9	1416.6	60.1	1923.2	106.2	94.7	85.6	117.7
吉林	Jilin	1928.6	970.6	21.1	936.9	101.6	89.6	75.0	119.0
黑龙江	Heilongjiang	2421.4	1499.6	49.0	872.7	102.2	103.2	97.8	100.9
上海	Shanghai	9021.8	1196.1	96.1	7729.6	109.2	99.6	105.2	111.0
江苏	Jiangsu	12328.6	2944.8	202.5	9181.3	107.8	103.1	103.4	109.6
浙江	Zhejiang	8938.5	2826.5	94.0	6018.1	107.4	105.8	111.1	108.2
安徽	Anhui	4354.9	1677.7	79.8	2597.5	131.0	121.2	108.0	139.2
福建	Fujian	5129.0	1515.4	68.6	3545.0	115.9	110.1	107.7	118.8
江西	Jiangxi	2959.5	1329.1	59.9	1570.5	105.7	100.0	107.8	111.0
山东	Shandong	8260.5	3212.7	164.9	4882.9	102.5	100.7	70.3	105.4
河南	Henan	5972.9	2566.6	121.6	3284.6	98.0	108.8	85.3	91.4
湖北	Hubei	4765.2	2014.6	55.3	2695.2	105.8	101.7	96.7	109.2
湖南	Hunan	3792.3	1862.6	62.3	1867.3	107.1	110.0	84.5	105.2
广东	Guangdong	17717.2	4158.2	245.3	13313.6	114.2	111.1	98.3	115.6
广西	Guangxi	2684.2	1516.9	54.5	1112.8	107.9	107.9	98.8	108.4
海南	Hainan	758.7	344.6	7.4	406.8	112.5	110.3	93.5	114.9
重庆	Chongqing	3064.3	1157.5	31.2	1875.6	108.1	109.1	80.2	108.1
四川	Sichuan	5960.5	2926.9	119.9	2913.7	110.6	107.5	98.0	114.6
贵州	Guizhou	2391.5	1400.4	36.0	955.1	107.0	106.0	104.3	108.6
云南	Yunnan	3181.4	1744.2	57.6	1379.6	110.9	106.4	90.7	118.3
西藏	Tibet	409.2	351.4	0.9	56.9	114.7	111.2	69.6	143.7
陕西	Shaanxi	3535.7	1523.6	74.3	1937.7	106.8	97.7	89.3	116.2
甘肃	Gansu	1730.7	1070.0	30.2	630.4	106.6	99.2	89.5	123.2
青海	Qinghai	529.4	336.4	6.5	186.6	110.7	113.7	110.0	105.7
宁夏	Ningxia	536.5	295.6	3.6	237.3	105.6	109.4	81.4	101.6
新疆	Xinjiang	2383.6	1294.1	14.5	1075.0	101.6	91.9	94.6	116.5

注：1995-2008年的城镇非私营单位就业人员工资总额即为原来的城镇单位就业人员劳动报酬总额(以下相关表同)。

a) Total wage bill of employed persons in urban units from 1995 to 2008 referred to total earning of employed persons in urban non-private units. The same applies to the related tables following.

4-11 按行业分城镇非私营单位就业人员工资总额
Total Wage Bill of Employed Persons in Urban Non-Private Units by Sector

单位: 亿元 (100 million yuan)

年份 地区	Year Region	工资总额 Total Wage Bill	农、林、牧、渔业 Agriculture, Forestry, Animal Husbandry and Fishery	采矿业 Mining	制造业 Manufacturing	电力、热力、燃气及水生产和供应业 Production and Supply of Electricity, Heat, Gas and Water	建筑业 Construction	批发和零售业 Wholesale and Retail Trades
	2005	20627.1	368.7	1031.2	5056.6	741.8	1324.7	832.0
	2006	24262.3	403.3	1259.6	6035.8	858.0	1612.1	920.0
	2007	29471.5	464.6	1500.5	7241.2	1012.7	1946.2	1061.8
	2008	35289.5	516.4	1847.3	8498.9	1180.4	2313.6	1323.9
	2009	40288.2	537.4	2089.1	9302.2	1283.5	2837.9	1509.2
	2010	47269.9	627.1	2458.8	11140.8	1468.3	3471.5	1783.0
	2011	59954.7	697.7	3174.2	15031.4	1755.7	5596.4	2594.8
	2012	70914.2	760.8	3600.7	17668.1	1999.6	7392.7	3271.3
	2013	93064.3	758.0	3833.2	24566.6	2715.3	12315.1	4451.9
	2014	102817.2	808.9	3728.2	27011.4	2965.8	13389.4	4931.4
	2015	112007.8	862.6	3318.2	28341.6	3137.4	13619.3	5324.6
	2016	120074.8	882.1	3038.1	29088.9	3235.7	13969.2	5681.2
	2017	129889.1	949.9	3208.6	29740.5	3406.6	14283.9	5980.1
	2018	141480.0	716.1	3413.4	30385.0	3704.0	15949.5	6628.5
北京	Beijing	12080.9	16.5	47.0	933.6	151.3	553.0	937.4
天津	Tianjin	2645.6	3.8	76.8	615.4	59.6	205.0	158.0
河北	Hebei	3772.3	6.0	139.1	646.4	163.4	267.6	97.0
山西	Shanxi	2803.4	7.1	649.6	323.0	104.4	159.4	79.5
内蒙古	Inner Mongolia	2021.6	74.5	148.1	229.6	131.7	80.9	51.7
辽宁	Liaoning	3399.9	34.3	162.2	781.2	124.0	216.6	114.0
吉林	Jilin	1928.6	37.6	62.7	427.5	88.1	101.8	58.9
黑龙江	Heilongjiang	2421.4	215.5	215.3	246.8	100.0	114.6	81.7
上海	Shanghai	9021.8	23.4	0.9	1894.3	73.5	331.1	1291.0
江苏	Jiangsu	12328.6	17.0	59.2	3979.7	194.2	2686.8	447.4
浙江	Zhejiang	8938.5	3.0	3.1	2130.8	166.4	1543.8	321.2
安徽	Anhui	4354.9	13.1	176.7	925.4	108.7	817.5	136.6
福建	Fujian	5129.0	15.7	7.4	1390.7	127.0	1132.7	205.6
江西	Jiangxi	2959.5	15.8	18.7	645.5	70.5	484.3	87.1
山东	Shandong	8260.5	4.7	337.4	2167.8	252.0	929.1	281.8
河南	Henan	5972.9	6.0	232.7	1195.9	196.1	858.9	193.4
湖北	Hubei	4765.2	35.0	33.9	922.3	149.9	741.5	214.5
湖南	Hunan	3792.3	9.4	28.8	622.4	113.3	534.7	120.0
广东	Guangdong	17717.2	18.4	27.2	6698.1	375.6	1033.6	847.9
广西	Guangxi	2684.2	24.9	18.1	321.5	92.7	344.5	74.8
海南	Hainan	758.7	19.2	3.2	50.0	19.3	26.1	36.2
重庆	Chongqing	3064.3	4.4	33.4	560.0	53.0	520.1	129.9
四川	Sichuan	5960.5	13.4	123.6	880.0	220.8	844.1	181.6
贵州	Guizhou	2391.5	4.4	73.3	233.6	94.0	270.3	85.1
云南	Yunnan	3181.4	22.3	67.7	383.7	97.4	343.8	139.0
西藏	Tibet	409.2	0.8	5.8	8.0	12.6	10.6	7.3
陕西	Shaanxi	3535.7	9.4	305.3	619.1	117.5	343.0	123.8
甘肃	Gansu	1730.7	18.9	70.7	199.9	93.2	177.0	35.8
青海	Qinghai	529.4	6.8	37.3	57.2	22.6	37.3	13.7
宁夏	Ningxia	536.5	4.4	62.9	61.6	38.6	22.8	13.3
新疆	Xinjiang	2383.6	30.5	185.6	233.9	92.6	216.9	63.1

4-11 续表 1 continued

单位: 亿元 (100 million yuan)

年份 Year 地区 Region	交通运输、仓储和邮政业 Transport, Storage and Post	住宿和餐饮业 Hotels and Catering Services	信息传输、软件和信息技术服务业 Information Transmission, Software and Information Technology	金融业 Financial Intermediation	房地产业 Real Estate	租赁和商务服务业 Leasing and Business Services
2005	1279.5	249.8	491.8	1047.7	293.0	449.8
2006	1471.5	280.0	587.4	1292.9	338.4	565.6
2007	1727.9	314.6	699.1	1670.3	426.2	668.9
2008	2006.3	371.2	862.8	2202.9	520.8	893.7
2009	2234.9	418.9	996.2	2658.8	607.8	1021.4
2010	2541.9	484.6	1171.7	3219.0	745.6	1198.5
2011	3074.1	655.2	1475.6	4007.0	1052.5	1325.3
2012	3531.5	824.4	1769.4	4669.0	1271.3	1531.2
2013	4834.6	1038.3	2957.7	5269.0	1882.3	2629.4
2014	5435.4	1079.1	3375.8	6017.4	2220.5	2985.9
2015	5898.0	1130.0	3912.7	6730.1	2493.0	3399.9
2016	6238.7	1167.9	4431.8	7557.3	2802.1	3704.3
2017	6754.1	1211.9	5198.4	8295.0	3059.3	4176.0
2018	7273.3	1293.0	6204.1	8907.3	3507.8	4453.3
北京 Beijing	694.5	183.3	1722.9	1439.9	481.2	1065.3
天津 Tianjin	129.9	22.9	84.0	222.1	89.7	101.6
河北 Hebei	185.2	18.3	72.8	268.2	49.8	56.8
山西 Shanxi	191.5	11.7	40.5	173.2	19.9	39.4
内蒙古 Inner Mongolia	165.3	13.6	41.3	127.3	23.5	26.9
辽宁 Liaoning	261.6	26.3	126.3	246.6	65.7	59.2
吉林 Jilin	113.8	9.5	49.1	121.3	28.7	34.8
黑龙江 Heilongjiang	189.3	16.4	51.5	144.5	32.4	59.8
上海 Shanghai	644.1	176.7	807.7	860.2	286.7	940.6
江苏 Jiangsu	392.5	88.5	453.7	523.7	205.6	205.8
浙江 Zhejiang	284.8	71.0	408.5	634.8	172.0	206.3
安徽 Anhui	175.1	23.7	77.9	196.4	99.9	49.3
福建 Fujian	197.7	48.5	132.6	229.1	126.4	111.3
江西 Jiangxi	150.1	13.6	45.9	130.2	47.2	31.3
山东 Shandong	377.1	56.7	177.0	443.4	165.1	112.2
河南 Henan	275.9	32.9	99.7	301.2	134.5	81.9
湖北 Hubei	276.6	34.5	146.1	193.4	106.3	76.7
湖南 Hunan	175.8	25.9	65.7	256.0	79.1	51.3
广东 Guangdong	839.7	196.4	933.7	995.4	658.2	658.2
广西 Guangxi	152.8	16.7	45.8	160.9	55.5	64.8
海南 Hainan	62.6	34.0	26.9	58.7	61.2	13.6
重庆 Chongqing	177.3	24.9	59.2	187.2	107.8	68.8
四川 Sichuan	315.5	38.7	213.7	305.3	144.9	106.5
贵州 Guizhou	101.8	11.4	37.1	126.9	56.5	39.9
云南 Yunnan	152.3	31.4	41.7	142.6	75.7	57.3
西藏 Tibet	10.6	3.2	5.4	22.2	1.8	7.2
陕西 Shaanxi	221.9	36.3	167.1	187.8	69.1	42.5
甘肃 Gansu	117.5	10.0	22.3	55.7	23.0	20.1
青海 Qinghai	42.5	2.4	7.5	23.7	4.8	3.6
宁夏 Ningxia	30.0	2.3	7.7	35.4	8.5	7.8
新疆 Xinjiang	167.9	11.3	32.9	93.9	27.1	52.6

4-11 续表 2 continued

单位: 亿元 (100 million yuan)

年份 Year / 地区 Region		科学研究和技术服务业 Scientific Research and Technical Services	水利、环境和公共设施管理业 Management of Water Conservancy, Environment and Public Facilities	居民服务、修理和其他服务业 Services to Households, Repair and Other Services	教育 Education	卫生和社会工作 Health and Social Service	文化、体育和娱乐业 Culture, Sports and Entertainment	公共管理、社会保障和社会组织 Public Management, Social Security and Social Organization
	2005	614.0	257.3	85.1	2690.8	1047.8	275.8	2489.6
	2006	736.9	289.8	102.5	3127.8	1226.1	314.9	2839.7
	2007	923.9	352.2	115.8	3917.2	1496.6	378.1	3553.8
	2008	1154.6	413.8	132.1	4556.1	1789.3	429.3	4276.0
	2009	1350.6	474.3	146.8	5338.6	2095.3	488.5	4896.8
	2010	1619.3	555.9	168.4	6136.5	2506.4	543.7	5428.8
	2011	1879.6	659.8	197.9	6938.8	3078.6	642.1	6118.1
	2012	2259.4	784.6	217.1	7851.0	3718.5	735.4	7058.3
	2013	2940.3	933.7	277.2	8721.1	4397.8	867.8	7675.0
	2014	3339.7	1049.9	312.9	9722.5	5057.8	936.8	8448.6
	2015	3665.8	1177.7	336.1	11492.1	5941.3	1086.0	10141.4
	2016	4037.3	1278.2	357.8	12787.1	6825.6	1204.4	11787.2
	2017	4491.5	1394.3	390.2	14324.4	7930.8	1339.9	13753.5
	2018	5045.1	1456.5	423.8	15928.1	8857.8	1450.7	15882.8
北　京	Beijing	1217.2	114.6	62.8	892.3	564.9	331.7	671.4
天　津	Tianjin	165.5	31.3	21.1	252.5	148.2	30.1	228.2
河　北	Hebei	141.4	53.1	7.7	680.2	281.6	34.2	603.4
山　西	Shanxi	56.6	30.6	3.8	365.1	138.6	26.7	382.9
内蒙古	Inner Mongolia	45.5	37.6	3.4	293.5	135.0	23.3	368.7
辽　宁	Liaoning	90.1	41.1	16.7	373.2	221.8	26.6	412.4
吉　林	Jilin	55.6	29.9	8.0	271.9	146.3	23.4	259.4
黑龙江	Heilongjiang	76.4	40.1	25.8	318.3	164.7	21.7	306.6
上　海	Shanghai	507.1	86.0	53.9	364.0	292.4	99.4	288.8
江　苏	Jiangsu	269.5	86.0	24.0	1039.8	576.0	85.8	993.5
浙　江	Zhejiang	234.1	74.4	15.7	923.2	668.3	81.5	995.5
安　徽	Anhui	86.1	38.5	5.5	629.6	308.7	23.1	462.8
福　建	Fujian	80.0	33.8	16.7	510.1	257.0	36.0	471.0
江　西	Jiangxi	55.0	26.8	3.4	421.6	227.3	21.8	463.7
山　东	Shandong	160.6	86.9	13.7	1059.3	581.1	60.0	994.7
河　南	Henan	116.3	61.2	10.0	839.6	475.7	47.8	813.2
湖　北	Hubei	160.0	65.6	9.1	586.1	382.5	53.3	577.7
湖　南	Hunan	93.2	44.0	9.0	531.9	390.0	49.6	592.0
广　东	Guangdong	528.4	125.2	60.3	1409.1	796.5	124.1	1391.1
广　西	Guangxi	61.8	34.2	3.8	460.0	293.7	24.3	433.5
海　南	Hainan	18.3	18.1	1.8	115.9	58.3	10.0	125.5
重　庆	Chongqing	93.7	36.5	7.1	423.2	216.2	22.7	338.8
四　川	Sichuan	252.6	63.2	8.9	792.9	499.2	44.4	911.3
贵　州	Guizhou	58.8	23.5	6.2	463.9	187.8	20.7	496.3
云　南	Yunnan	93.0	40.0	11.1	608.7	243.9	31.6	598.1
西　藏	Tibet	10.8	2.8	0.5	72.4	21.7	9.4	196.2
陕　西	Shaanxi	163.7	46.3	8.1	421.8	208.2	33.5	411.2
甘　肃	Gansu	61.1	34.6	2.3	298.2	123.7	18.8	347.8
青　海	Qinghai	21.9	8.3	0.3	78.3	36.8	6.7	118.0
宁　夏	Ningxia	12.2	11.6	0.2	75.2	43.9	7.1	91.2
新　疆	Xinjiang	58.7	30.7	2.8	356.2	167.8	21.4	537.6

4-12 城镇非私营单位就业人员平均工资和指数

Average Wage of Employed Persons in Urban Non-Private Units and Related Indices

年份 Year 地区 Region	平均工资（元）Average Wage (yuan) 合计 Total	#在岗职工 Staff and Workers	国有单位 State-owned Units	城镇集体单位 Urban Collective-owned Units	其他单位 Units of Other Types of Ownership
1995	5348	5500	5553	3934	7728
2000	9333	9371	9441	6241	11238
2005	18200	18364	18978	11176	18362
2010	36539	37147	38359	24010	35801
2011	41799	42452	43483	28791	41323
2012	46769	47593	48357	33784	46360
2013	51483	52388	52657	38905	51453
2014	56360	57361	57296	42742	56485
2015	62029	63241	65296	46607	60906
2016	67569	68993	72538	50527	65531
2017	74318	76121	81114	55243	71304
2018	82413	84744	89474	60664	79453
北京 Beijing	145766	149843	162118	66211	142889
天津 Tianjin	100731	103931	131291	52246	91862
河北 Hebei	68717	71633	71164	50994	67000
山西 Shanxi	65917	67669	66146	51594	66544
内蒙古 Inner Mongolia	73835	75601	74801	78282	72325
辽宁 Liaoning	67324	69093	67416	41613	68579
吉林 Jilin	68533	70309	70498	56418	66924
黑龙江 Heilongjiang	60780	65397	59716	51838	63332
上海 Shanghai	140400	142983	129289	83135	143538
江苏 Jiangsu	84688	86590	114247	81935	78253
浙江 Zhejiang	88883	90857	134000	69033	77046
安徽 Anhui	74378	77196	93210	63843	66089
福建 Fujian	74316	76266	98321	71238	67343
江西 Jiangxi	68573	70772	78186	56307	62581
山东 Shandong	73593	75125	89598	57237	66427
河南 Henan	63174	64148	73330	57617	57189
湖北 Hubei	73777	76017	82153	50710	69152
湖南 Hunan	70221	73300	80623	48693	63039
广东 Guangdong	88636	89826	111464	58514	84057
广西 Guangxi	70606	73553	76904	51855	64544
海南 Hainan	75885	77672	83951	54580	70634
重庆 Chongqing	78928	81764	103225	58150	69277
四川 Sichuan	77686	80464	90390	59146	68853
贵州 Guizhou	78316	82597	84155	86876	70845
云南 Yunnan	75701	80525	97049	80379	59116
西藏 Tibet	116015	119947	122030	49144	90417
陕西 Shaanxi	71983	74993	72680	56482	72198
甘肃 Gansu	70695	73704	75730	48721	64786
青海 Qinghai	85379	86908	92663	66625	75424
宁夏 Ningxia	78384	81945	82818	66295	73673
新疆 Xinjiang	75457	76709	74448	73265	76741

注：1995-2008年的城镇非私营单位就业人员平均工资即为原来的城镇单位就业人员平均劳动报酬(以下相关表同)。

a) Average wage of employed persons in urban units from 1995 to 2008 referred to average earning of employed persons in urban non-private units. The same applies to the related tables following.

4-12 续表 continued

年份 地区	Year Region	平均货币工资指数(上年=100) Indices of Average Money Wage(preceding year=100) 合计 Total	#在岗职工 Staff and Workers	国有单位 State-owned Units	城镇集体单位 Urban Collective-owned Units	其他单位 Units of Other Types of Ownership	平均实际工资指数(上年=100) Indices of Average Real Wage(preceding year=100) 合计 Total	#在岗职工 Staff and Workers	国有单位 State-owned Units	城镇集体单位 Urban Collective-owned Units	其他单位 Units of Other Types of Ownership
	1995	118.9	121.2	117.3	121.1	119.9	101.8	103.8	100.4	103.7	102.6
	2000	112.2	112.3	111.8	108.4	110.8	111.3	111.4	110.9	107.5	109.9
	2005	114.3	114.6	115.4	114.9	111.2	112.5	112.8	113.6	113.1	109.4
	2010	113.3	113.5	112.4	116.5	114.2	109.8	110.0	108.9	112.9	110.7
	2011	114.4	114.3	113.4	119.9	115.4	108.6	108.5	107.7	113.9	109.6
	2012	111.9	112.1	111.2	117.3	112.2	109.0	109.2	108.3	114.3	109.2
	2013	110.1	110.1	108.9	115.2	111.0	107.3	107.3	106.1	112.2	108.2
	2014	109.5	109.5	108.8	109.9	109.8	107.2	107.2	106.6	107.6	107.5
	2015	110.1	110.3	114.0	109.0	107.8	108.5	108.6	112.3	107.4	106.2
	2016	108.9	109.1	111.1	108.4	107.6	106.7	106.9	108.8	106.2	105.4
	2017	110.0	110.3	111.8	109.3	108.8	108.2	108.5	110.0	107.5	107.0
	2018	110.9	111.3	110.3	109.8	111.4	108.6	109.0	108.0	107.5	109.1
北京	Beijing	110.7	111.0	111.0	113.8	110.6	108.4	108.7	108.7	111.5	108.3
天津	Tianjin	106.6	107.2	107.2	104.0	106.7	104.4	105.0	105.0	101.9	104.5
河北	Hebei	109.0	109.8	110.3	109.5	107.6	106.8	107.5	108.0	107.2	105.4
山西	Shanxi	109.8	109.9	104.8	106.7	114.5	107.5	107.6	102.6	104.5	112.1
内蒙古	Inner Mongolia	110.7	111.7	106.3	115.4	117.8	108.4	109.4	104.1	113.0	115.4
辽宁	Liaoning	110.1	110.5	108.7	108.4	110.7	107.8	108.2	106.5	106.2	108.4
吉林	Jilin	111.5	111.8	103.5	109.6	122.9	109.2	109.5	101.4	107.3	120.4
黑龙江	Heilongjiang	108.4	109.0	107.0	113.1	110.5	106.2	106.8	104.8	110.8	108.2
上海	Shanghai	108.2	109.3	104.8	111.3	108.5	106.0	107.1	102.6	109.0	106.3
江苏	Jiangsu	108.2	108.6	111.6	114.7	107.8	106.0	106.4	109.3	112.3	105.6
浙江	Zhejiang	110.1	109.9	109.5	116.4	110.5	107.8	107.6	107.2	114.0	108.2
安徽	Anhui	114.2	113.6	123.1	112.5	111.4	111.9	111.3	120.6	110.2	109.1
福建	Fujian	110.2	110.5	113.5	113.2	109.9	107.9	108.2	111.2	110.9	107.6
江西	Jiangxi	111.6	112.2	107.3	109.2	116.1	109.3	109.9	105.1	107.0	113.7
山东	Shandong	108.1	108.4	106.9	98.7	109.3	105.9	106.2	104.7	96.7	107.1
河南	Henan	113.8	114.6	111.2	111.1	113.5	111.5	112.2	108.9	108.8	111.2
湖北	Hubei	111.9	112.2	109.1	106.6	114.5	109.6	109.9	106.9	104.4	112.1
湖南	Hunan	110.3	111.1	110.3	110.5	109.2	108.0	108.8	108.0	108.2	107.0
广东	Guangdong	111.9	112.3	113.7	106.4	111.8	109.6	110.0	111.4	104.2	109.5
广西	Guangxi	110.6	110.7	109.2	111.6	112.0	108.3	108.4	107.0	109.3	109.7
海南	Hainan	112.0	112.5	113.8	97.5	111.3	109.7	110.2	111.5	95.5	109.0
重庆	Chongqing	111.3	111.6	114.3	108.3	109.9	109.0	109.3	111.9	106.1	107.6
四川	Sichuan	111.9	112.3	112.5	107.3	112.4	109.6	110.0	110.2	105.1	110.1
贵州	Guizhou	109.1	110.0	106.3	109.9	112.9	106.9	107.7	104.1	107.6	110.6
云南	Yunnan	109.5	109.5	108.5	114.7	113.0	107.2	107.2	106.3	112.3	110.7
西藏	Tibet	106.6	103.8	104.7	95.1	124.3	104.4	101.7	102.5	93.1	121.7
陕西	Shaanxi	110.4	111.2	108.5	105.5	112.4	108.1	108.9	106.3	103.3	110.1
甘肃	Gansu	111.6	112.1	107.3	112.9	121.0	109.3	109.8	105.1	110.6	118.5
青海	Qinghai	112.8	113.6	109.1	105.8	117.1	110.5	111.3	106.9	103.6	114.7
宁夏	Ningxia	111.5	112.6	108.9	103.0	113.8	109.2	110.3	106.7	100.9	111.5
新疆	Xinjiang	111.1	111.8	111.8	100.2	109.6	108.8	109.5	109.5	98.1	107.3

4-13 按登记注册类型城镇非私营单位就业人员平均工资
Average Wage of Employed Persons in Urban Non-Private Units by Status of Registration

单位：元 (yuan)

年份 地区	Year Region	平均工资 Average Wage	国有单位 State-owned Units	城镇集体单位 Urban Collective-owned Units	股份合作单位 Coopera-tive Units	联营单位 Joint Ownership Units	有限责任公司 Limited Liability Corpora-tions	股份有限公司 Share-holding Corpora-tions Ltd.	其他内资 Others	港、澳、台商投资单位 Units with Funds from Hong Kong, Macao & Taiwan	外商投资单位 Foreign Funded Units
	1995	5348	5553	3934	7260	6074			6483	7711	8812
	2000	9333	9441	6241	7479	10608	9750	11105	9888	12210	15692
	2005	18200	18978	11176	13808	17476	17010	20272	11230	17833	23625
	2010	36539	38359	24010	30271	33939	32799	44118	25253	31983	41739
	2011	41799	43483	28791	36740	36142	37611	49978	29961	38341	48869
	2012	46769	48357	33784	43433	42083	41860	56254	34694	44103	55888
	2013	51483	52657	38905	48657	43973	46718	61145	38306	49961	63171
	2014	56360	57296	42742	54806	49078	50942	67421	42224	55935	69826
	2015	62029	65296	46607	60369	50733	54481	72644	46945	62017	76302
	2016	67569	72538	50527	65962	53455	58490	78285	49759	67506	82902
	2017	74318	81114	55243	71871	61467	63895	85028	54417	73016	90064
	2018	82413	89474	60664	77751	72107	72114	93316	61666	82027	99367
北 京	Beijing	145766	162118	66211	57572	79695	123239	164780	84465	171261	188538
天 津	Tianjin	100731	131291	52246	61040	62636	85996	115705	79151	80449	99041
河 北	Hebei	68717	71164	50994	79559	35550	65447	72114	64955	61212	65478
山 西	Shanxi	65917	66146	51594	65944	37286	66807	71013	47524	51409	67024
内蒙古	Inner Mongolia	73835	74801	78282	93534	45365	72432	71593	59345	69045	76702
辽 宁	Liaoning	67324	67416	41613	46532	36145	62375	77790	50558	66992	85579
吉 林	Jilin	68533	70498	56418	54592	56005	64094	72694	68554	64795	78456
黑龙江	Heilongjiang	60780	59716	51838	60314	49523	63416	67366	42960	50599	62218
上 海	Shanghai	140400	129289	83135	69659	93269	117909	172734	96928	139779	165132
江 苏	Jiangsu	84688	114247	81935	63901	77038	71921	88605	88870	74778	87967
浙 江	Zhejiang	88883	134000	69033	86018	95939	69062	86991	80145	89321	84918
安 徽	Anhui	74378	93210	63843	61314	70581	63439	75521	65396	62347	77098
福 建	Fujian	74316	98321	71238	76583	57063	64738	84467	73252	63297	71470
江 西	Jiangxi	68573	78186	56307	75250	72718	62762	67662	61709	55288	59531
山 东	Shandong	73593	89598	57237	79212	59627	63216	77368	63363	64842	65147
河 南	Henan	63174	73330	57617	77381	96181	53626	69184	58620	57775	61550
湖 北	Hubei	73777	82153	50710	94652	48302	68112	70341	60234	60065	82867
湖 南	Hunan	70221	80623	48693	71651	47201	60004	73718	47518	58769	70831
广 东	Guangdong	88636	111464	58514	85474	81786	82794	112419	82251	72034	82393
广 西	Guangxi	70606	76904	51855	118774	45523	62566	73384	56762	52223	74019
海 南	Hainan	75885	83951	54580	67482	72062	64791	82727	67011	85427	87932
重 庆	Chongqing	78928	103225	58150	116535	57414	64814	89623	61196	72313	71006
四 川	Sichuan	77686	90390	59146	76953	82613	65748	77662	64603	73785	80076
贵 州	Guizhou	78316	84155	86876	149761	53947	66348	93086	56096	68824	71739
云 南	Yunnan	75701	97049	80379	63083	50210	66157	79329	41146	60732	61088
西 藏	Tibet	116015	122030	49144	82938	27143	89572	88408	48500	72737	126180
陕 西	Shaanxi	71983	72680	56482	70692	70818	71146	76203	52146	62036	97743
甘 肃	Gansu	70695	75730	48721	63731	43239	62171	72890	44768	64566	91650
青 海	Qinghai	85379	92663	66625	79998	33167	70101	89073	42138	69491	57095
宁 夏	Ningxia	78384	82818	66295	92842	66926	75537	68415	58247	80142	68649
新 疆	Xinjiang	75457	74448	73265	141552	49995	72433	104375	40951	74149	80887

4-14 按登记注册类型和行业分城镇非私营单位就业人员平均工资（2018年）
Average Wage of Employed Persons in Urban Non-Private Units by Status of Registration and Sector in Detail (2018)

单位：元 (yuan)

项 目	Item	平均工资 Average Wage	国有单位 State-owned Units	城镇集体单位 Urban Collective-owned Units	其他单位 Units of Other Types of Ownership
全国总计	**National Total**	**82413**	**89474**	**60664**	**79453**
农、林、牧、渔业	Agriculture, Forestry, Animal Husbandry and Fishery	36466	35037	46395	48844
采矿业	Mining	81429	81234	55637	81701
制造业	Manufacturing	72088	78142	50643	72181
电力、热力、燃气及水生产和供应业	Production and Supply of Electricity, Heat, Gas and Water	100162	97148	64236	102353
建筑业	Construction	60501	57324	45846	61332
批发和零售业	Wholesale and Retail Trades	80551	92297	38885	80589
交通运输、仓储和邮政业	Transport, Storage and Post	88508	88833	46818	89064
住宿和餐饮业	Hotels and Catering Services	48260	54437	43388	47656
信息传输、软件和信息技术服务业	Information Transmission, Software and Information Technology	147678	95683	75603	151050
金融业	Financial Intermediation	129837	118497	109373	133812
房地产业	Real Estate	75281	72646	54359	75747
租赁和商务服务业	Leasing and Business Services	85147	65981	50652	92189
科学研究和技术服务业	Scientific Research and Technical Services	123343	112775	85103	132685
水利、环境和公共设施管理业	Management of Water Conservancy, Environment	56670	56971	45363	57156
居民服务、修理和其他服务业	Services to Households, Repair and Other Services	55343	66916	50593	51456
教育	Education	92383	93780	82160	79022
卫生和社会工作	Health and Social Service	98118	101168	78734	79240
文化、体育和娱乐业	Culture, Sports and Entertainment	98621	97613	66732	101118
公共管理、社会保障和社会组织	Public Management, Social Security and Social Organization	87932	88387	82918	52761

4-15 按行业分城镇非私营单位就业人员平均工资
Average Wage of Employed Persons in Urban Non-Private Units by Sector

单位: 元 (yuan)

年份 地区	Year Region	平均工资 Average Wage	农、林、牧、渔业 Agriculture, Forestry, Animal Husbandry and Fishery	采矿业 Mining	制造业 Manufacturing	电力、热力、燃气及水生产和供应业 Production and Supply of Electricity, Heat, Gas and Water	建筑业 Construction	批发和零售业 Wholesale and Retail Trades
	2005	18200	8207	20449	15934	24750	14112	15256
	2006	20856	9269	24125	18225	28424	16164	17796
	2007	24721	10847	28185	21144	33470	18482	21074
	2008	28898	12560	34233	24404	38515	21223	25818
	2009	32244	14356	38038	26810	41869	24161	29139
	2010	36539	16717	44196	30916	47309	27529	33635
	2011	41799	19469	52230	36665	52723	32103	40654
	2012	46769	22687	56946	41650	58202	36483	46340
	2013	51483	25820	60138	46431	67085	42072	50308
	2014	56360	28356	61677	51369	73339	45804	55838
	2015	62029	31947	59404	55324	78886	48886	60328
	2016	67569	33612	60544	59470	83863	52082	65061
	2017	74318	36504	69500	64452	90348	55568	71201
	2018	82413	36466	81429	72088	100162	60501	80551
北京	Beijing	145766	59015	123959	121299	160386	114631	123713
天津	Tianjin	100731	74307	124914	87229	147966	75579	80849
河北	Hebei	68717	23402	75134	65363	91575	55152	50568
山西	Shanxi	65917	52156	73380	53209	81956	54673	50456
内蒙古	Inner Mongolia	73835	43644	107498	69879	94454	51833	61651
辽宁	Liaoning	67324	17745	71361	69256	75515	55093	56331
吉林	Jilin	68533	38397	66172	75058	86102	48961	52331
黑龙江	Heilongjiang	60780	30926	79255	62891	72319	48414	52525
上海	Shanghai	140400	71879	129162	115888	182129	110117	153932
江苏	Jiangsu	84688	43470	88012	79022	136619	64663	81009
浙江	Zhejiang	88883	69217	72427	73055	135779	56265	87315
安徽	Anhui	74378	41274	90747	66006	104472	60785	59766
福建	Fujian	74316	43564	56078	64881	110659	61394	69863
江西	Jiangxi	68573	42158	55651	60717	77678	57340	57043
山东	Shandong	73593	65898	82014	63247	97873	59229	56654
河南	Henan	63174	44314	66394	52474	79134	53163	53682
湖北	Hubei	73777	36099	73890	66094	98641	61658	58083
湖南	Hunan	70221	43266	53786	64970	75143	52645	59850
广东	Guangdong	88636	44141	123138	74030	133553	64747	78928
广西	Guangxi	70606	41958	61113	60370	90699	55047	60089
海南	Hainan	75885	43624	68748	66980	88595	46019	64565
重庆	Chongqing	78928	49774	85100	69467	86608	59605	66828
四川	Sichuan	77686	65412	94172	69810	99110	55134	66831
贵州	Guizhou	78316	52067	63943	74072	102967	62684	71507
云南	Yunnan	75701	47647	59328	61857	94601	49128	59625
西藏	Tibet	116015	34205	114535	90011	99753	56975	81731
陕西	Shaanxi	71983	53301	91512	66489	96748	58710	54357
甘肃	Gansu	70695	47010	84148	68310	77781	51863	51200
青海	Qinghai	85379	56145	117264	63952	96507	69611	66955
宁夏	Ningxia	78384	55938	113661	62086	111299	52886	56104
新疆	Xinjiang	75457	29723	123329	71906	97252	62485	73238

4-15 续表 1 continued

单位: 元 (yuan)

年 份 Year 地 区 Region	交通运输、仓储和邮政业 Transport, Storage and Post	住宿和餐饮业 Hotels and Catering Services	信息传输、软件和信息技术服务业 Information Transmission, Software and Information Technology	金融业 Financial Intermediation	房地产业 Real Estate	租赁和商务服务业 Leasing and Business Services
2005	20911	13876	38799	29229	20253	21233
2006	24111	15236	43435	35495	22238	24510
2007	27903	17046	47700	44011	26085	27807
2008	32041	19321	54906	53897	30118	32915
2009	35315	20860	58154	60398	32242	35494
2010	40466	23382	64436	70146	35870	39566
2011	47078	27486	70918	81109	42837	46976
2012	53391	31267	80510	89743	46764	53162
2013	57993	34044	90915	99653	51048	62538
2014	63416	37264	100845	108273	55568	67131
2015	68822	40806	112042	114777	60244	72489
2016	73650	43382	122478	117418	65497	76782
2017	80225	45751	133150	122851	69277	81393
2018	88508	48260	147678	129837	75281	85147
北 京 Beijing	107828	58156	205834	266921	101346	127507
天 津 Tianjin	97976	40974	128696	128870	86963	76138
河 北 Hebei	75091	42478	86861	77491	59580	51738
山 西 Shanxi	87933	33394	83095	84811	53859	46401
内蒙古 Inner Mongolia	82016	44045	84163	88289	46733	53124
辽 宁 Liaoning	77054	47145	99280	87377	62574	49663
吉 林 Jilin	75599	40422	82963	92873	48165	51909
黑龙江 Heilongjiang	74935	50404	64022	66942	48982	67108
上 海 Shanghai	125216	57848	232522	257723	103812	163418
江 苏 Jiangsu	86323	49527	144766	136975	81329	61768
浙 江 Zhejiang	94562	51433	190839	142951	77868	73894
安 徽 Anhui	72012	40071	84256	84882	68033	56024
福 建 Fujian	86529	44828	107642	116574	74039	61426
江 西 Jiangxi	79238	41736	82800	91038	58792	56288
山 东 Shandong	79524	45968	98005	97896	65454	64289
河 南 Henan	71392	41804	79543	116047	58396	51501
湖 北 Hubei	80963	42524	105918	98845	65731	58450
湖 南 Hunan	80240	41009	96561	93694	63493	53070
广 东 Guangdong	97888	48828	158044	166402	86137	84159
广 西 Guangxi	81633	38922	91934	103446	71155	57627
海 南 Hainan	84586	56134	117730	120250	69427	68976
重 庆 Chongqing	78996	41547	123128	133454	74343	50412
四 川 Sichuan	85101	43904	110548	96629	65676	59053
贵 州 Guizhou	86100	43862	108388	143411	62988	56455
云 南 Yunnan	89006	39206	85135	137046	55289	47061
西 藏 Tibet	104261	64902	123604	218141	82351	103026
陕 西 Shaanxi	81571	38556	135541	86335	58330	51747
甘 肃 Gansu	81723	38162	75412	72637	50407	59299
青 海 Qinghai	95947	46842	87547	103178	49772	55791
宁 夏 Ningxia	78953	42633	102816	88083	62424	45122
新 疆 Xinjiang	100047	48680	105184	99892	52727	54628

4-15 续表 2 continued

单位：元 (yuan)

年份 Year / 地区 Region		科学研究和技术服务业 Scientific Research and Technical Services	水利、环境和公共设施管理业 Management of Water Conservancy, Environment and Public Facilities	居民服务、修理和其他服务业 Services to Households, Repair and Other Services	教育 Education	卫生和社会工作 Health and Social Service	文化、体育和娱乐业 Culture, Sports and Entertainment	公共管理、社会保障和社会组织 Public Management, Social Security and Social Organization
	2005	27155	14322	15747	18259	20808	22670	20234
	2006	31644	15630	18030	20918	23590	25847	22546
	2007	38432	18383	20370	25908	27892	30430	27731
	2008	45512	21103	22858	29831	32185	34158	32296
	2009	50143	23159	25172	34543	35662	37755	35326
	2010	56376	25544	28206	38968	40232	41428	38242
	2011	64252	28868	33169	43194	46206	47878	42062
	2012	69254	32343	35135	47734	52564	53558	46074
	2013	76602	36123	38429	51950	57979	59336	49259
	2014	82259	39198	41882	56580	63267	64375	53110
	2015	89410	43528	44802	66592	71624	72764	62323
	2016	96638	47750	47577	74498	80026	79875	70959
	2017	107815	52229	50552	83412	89648	87803	80372
	2018	123343	56670	55343	92383	98118	98621	87932
北京	Beijing	170139	94369	57182	161029	187390	173632	140310
天津	Tianjin	153209	93127	44986	138011	138100	131631	124602
河北	Hebei	93052	43298	39223	77715	71854	66123	66433
山西	Shanxi	78056	33560	45259	72783	64300	57050	63096
内蒙古	Inner Mongolia	80623	45647	46717	85643	76424	71777	74210
辽宁	Liaoning	86988	42023	51329	76151	71596	65567	64605
吉林	Jilin	75661	41988	42265	75836	73939	63352	68069
黑龙江	Heilongjiang	82607	38571	60090	77787	71719	62263	69260
上海	Shanghai	191018	92165	74539	114749	150648	165573	129492
江苏	Jiangsu	123839	70150	66169	113637	116589	107119	126578
浙江	Zhejiang	142811	73390	68146	123681	143804	114343	136641
安徽	Anhui	93035	62816	45070	98697	96596	68973	87207
福建	Fujian	103976	60379	59381	94333	110082	82559	100608
江西	Jiangxi	89931	47150	48994	76544	87882	72367	80900
山东	Shandong	93662	48950	47030	94149	88758	84445	85147
河南	Henan	83301	47609	45677	71053	77481	67815	68197
湖北	Hubei	103272	57424	53445	85045	88178	79295	86118
湖南	Hunan	84226	53583	60798	79209	95776	89668	72755
广东	Guangdong	141024	67262	55885	109022	118701	116940	116738
广西	Guangxi	87768	47402	55287	74077	88795	77963	76099
海南	Hainan	90573	50606	44647	88920	85815	75795	80102
重庆	Chongqing	115365	62435	49131	101579	108037	79351	97843
四川	Sichuan	124631	55119	49167	83030	98306	80152	90039
贵州	Guizhou	87726	45840	43654	84484	86763	87154	79464
云南	Yunnan	94132	55583	46139	101239	87406	83405	98123
西藏	Tibet	126104	53400	107993	138809	124550	108799	118812
陕西	Shaanxi	94877	45479	48480	75909	74814	60860	67603
甘肃	Gansu	94087	54623	57058	83981	74842	69608	74866
青海	Qinghai	98698	74948	46051	101131	78625	80991	93527
宁夏	Ningxia	91621	56530	54836	83660	94246	77093	76665
新疆	Xinjiang	89605	51437	50435	78255	85671	79840	68980

4-16 按行业分城镇私营单位就业人员平均工资
Average Wage of Employed Persons in Urban Private Units by Sector

单位：元 (yuan)

年 份 Year 地 区 Region		平均工资 Average Wage	农、林、牧、渔业 Agriculture, Forestry, Animal Husbandry and Fishery	采矿业 Mining	制造业 Manufacturing	电力、热力、燃气及水生产和供应业 Production and Supply of Electricity, Heat, Gas and Water	建筑业 Construction	批发和零售业 Wholesale and Retail Trades
	2009	18199	14585	18553	17260	17795	19867	17775
	2010	20759	16370	20981	20090	18834	22228	19928
	2011	24556	19223	25519	24138	22091	26108	22791
	2012	28752	21973	29684	28215	25478	30911	27233
	2013	32706	24645	33081	32035	29597	34882	30604
	2014	36390	26862	35819	35653	33184	38838	33894
	2015	39589	28869	38192	38948	34631	41710	36635
	2016	42833	31301	39600	42115	38605	44803	39589
	2017	45761	34272	41236	44991	41510	46944	42359
	2018	49575	36375	44096	49275	44239	50879	45177
北 京	Beijing	76908	43879	57635	71612	64970	60527	64002
天 津	Tianjin	62316	39708	68541	65203	61804	52389	51570
河 北	Hebei	39512	33259	37159	40363	47883	41751	37121
山 西	Shanxi	34535	25468	45346	36347	34889	36653	29701
内蒙古	Inner Mongolia	40018	35748	46272	43533	47068	40894	37989
辽 宁	Liaoning	38269	31113	34718	37200	38117	40911	38287
吉 林	Jilin	35026	24087	33524	34850	29375	37852	30098
黑龙江	Heilongjiang	34801	30123	38716	34405	32493	34426	31793
上 海	Shanghai	57056	35481		53476	47540	53306	51241
江 苏	Jiangsu	54161	39849	49054	54899	51184	55353	51175
浙 江	Zhejiang	52564	46465	56095	50886	58523	52474	50237
安 徽	Anhui	44964	31652	50818	47537	41550	52739	35615
福 建	Fujian	52930	40488	48945	52325	38695	55760	48181
江 西	Jiangxi	43733	29800	45383	45036	41283	47000	37251
山 东	Shandong	55350	50724	54314	55736	61642	58444	52342
河 南	Henan	40209	29889	36853	39704	38131	43665	40076
湖 北	Hubei	40126	29164	41112	40146	38205	43816	37241
湖 南	Hunan	40175	34049	43930	39694	38164	45382	31689
广 东	Guangdong	58258	40548	42556	55393	41696	58738	57922
广 西	Guangxi	39948	33700	43167	41201	40541	39776	38881
海 南	Hainan	49541	39147	44111	42279	31674	43018	42587
重 庆	Chongqing	52558	40825	55605	54735	52970	54612	46490
四 川	Sichuan	43352	35287	42975	43694	44846	44627	39157
贵 州	Guizhou	43582	30113	50341	43706	53702	45111	38010
云 南	Yunnan	43588	41797	36565	45509	39138	40204	41323
西 藏	Tibet							
陕 西	Shaanxi	40783	29498	47174	40982	43750	41532	37880
甘 肃	Gansu	39834	32273	41806	39645	43186	38152	39833
青 海	Qinghai	38451	28831	42501	38625	49591	40529	44440
宁 夏	Ningxia	40586	32661	42904	44872	48425	44869	37524
新 疆	Xinjiang	41777	34594	54074	43875	51917	45567	35149

4-16 续表 1 continued

单位: 元 (yuan)

年 份 Year / 地 区 Region	交通运输、仓储和邮政业 Transport, Storage and Post	住宿和餐饮业 Hotels and Catering Services	信息传输、软件和信息技术服务业 Information Transmission, Software and Information Technology	金融业 Financial Intermediation	房地产业 Real Estate	租赁和商务服务业 Leasing and Business Services
2009	19634	15623	28166	30452	21334	21334
2010	21989	17531	31226	30513	23228	23879
2011	25949	20882	35562	28664	27017	27115
2012	28159	23933	39518	32696	30778	31796
2013	33141	27352	44060	37253	35038	36243
2014	38891	29483	51044	41553	37826	39414
2015	40495	31889	57719	44898	41767	43770
2016	42705	34712	63578	50366	46063	47836
2017	45852	36886	70415	52289	48025	51394
2018	50547	39632	76326	62943	51393	53382
北 京 Beijing	54061	51289	130984	178822	90586	73766
天 津 Tianjin	56337	48171	99540	84834	59620	74237
河 北 Hebei	43724	34196	44156	45684	40842	37395
山 西 Shanxi	39171	29778	36473	47131	34381	33272
内蒙古 Inner Mongolia	43527	37332	36110	41017	36396	39979
辽 宁 Liaoning	39136	33465	44023	38259	39906	40204
吉 林 Jilin	33703	32101	39258	42562	33560	31452
黑龙江 Heilongjiang	40120	31009	40903	43467	36683	39310
上 海 Shanghai	58221	46030	96810	75916	53133	65905
江 苏 Jiangsu	57893	46793	60451	57090	45953	51487
浙 江 Zhejiang	60016	43738	70882	95588	58776	57591
安 徽 Anhui	43339	35582	54780	39863	44562	40462
福 建 Fujian	50856	40428	78362	58436	54779	50329
江 西 Jiangxi	43649	35470	48164	47932	50484	41120
山 东 Shandong	61024	47908	64185	59989	52889	54252
河 南 Henan	40226	34371	42472	39414	43995	42797
湖 北 Hubei	39587	36283	46376	47732	46880	36180
湖 南 Hunan	38701	30993	53897	55415	46389	39266
广 东 Guangdong	60253	43084	106799	45267	62525	62969
广 西 Guangxi	40128	33157	46841	47627	45846	40350
海 南 Hainan	58568	41192	60901	44074	76908	56250
重 庆 Chongqing	55867	40152	64667	78604	56222	49836
四 川 Sichuan	43301	36778	47669	46921	46827	44119
贵 州 Guizhou	40521	36795	66716	60731	52743	39264
云 南 Yunnan	42952	38449	57133	36435	45790	46303
西 藏 Tibet						
陕 西 Shaanxi	41870	32302	60233	46532	43642	48042
甘 肃 Gansu	40033	38111	40879	45113	44128	44883
青 海 Qinghai	47010	32990	39632	29454	29670	29215
宁 夏 Ningxia	43803	34113	40842	43400	39663	35804
新 疆 Xinjiang	51558	37816	42401	51368	41939	36573

4-16 续表 2 continued

单位：元 (yuan)

年 份 / 地 区	Year / Region	科学研究和技术服务业 Scientific Research and Technical Services	水利、环境和公共设施管理业 Management of Water Conservancy, Environment and Public Facilities	居民服务、修理和其他服务业 Services to Households, Repair and Other Services	教 育 Education	卫生和社会工作 Health and Social Service	文化、体育和娱乐业 Culture, Sports and Entertainment
	2009	26187	17170	15688	21066	18641	17339
	2010	28886	19607	18350	21862	21571	20012
	2011	31320	22958	20543	23636	25590	22666
	2012	36598	26402	24068	26625	29173	26177
	2013	42854	31241	27483	31521	33862	30402
	2014	47462	33847	30580	33678	37205	32024
	2015	50441	37222	33203	37040	40558	34974
	2016	54764	40099	35824	39508	43993	38228
	2017	58102	41061	38417	43263	47296	41201
	2018	61876	42409	41058	46228	52343	44592
北 京	Beijing	86722	56309	45627	81359	84725	70601
天 津	Tianjin	76584	52421	48421	62304	52472	58991
河 北	Hebei	42860	37634	35881	42262	41185	36965
山 西	Shanxi	38601	28537	26707	30342	36832	27389
内蒙古	Inner Mongolia	43811	35698	31579	38889	43148	35832
辽 宁	Liaoning	41684	33652	33843	38154	44868	34072
吉 林	Jilin	44585	29587	32802	39201	41840	30818
黑龙江	Heilongjiang	43348	30526	30471	32520	36565	29379
上 海	Shanghai	74025	49439	45235	56617	69054	58022
江 苏	Jiangsu	55250	39144	43856	49419	61134	51389
浙 江	Zhejiang	63972	47088	43759	49605	65701	49722
安 徽	Anhui	48222	28317	29501	41575	50243	36344
福 建	Fujian	56025	40300	41385	38302	53030	38296
江 西	Jiangxi	45420	38367	37426	42875	45181	41298
山 东	Shandong	60702	49716	55084	53243	54498	52010
河 南	Henan	46650	37145	35164	39035	40083	34377
湖 北	Hubei	42110	32806	34908	38048	37989	34307
湖 南	Hunan	45846	35419	36613	43399	46374	33523
广 东	Guangdong	74859	53118	44862	52559	74167	61534
广 西	Guangxi	46948	33753	34950	33871	41713	32223
海 南	Hainan	53283	39471	32220	33845	44269	47000
重 庆	Chongqing	59487	45321	45587	50118	58938	49472
四 川	Sichuan	48432	41779	37253	43570	47895	40273
贵 州	Guizhou	44205	32134	34158	43135	45584	35720
云 南	Yunnan	55946	37452	42673	46142	42415	34313
西 藏	Tibet						
陕 西	Shaanxi	48100	42017	34199	38915	39565	34424
甘 肃	Gansu	55163	40483	37219	44615	42286	34905
青 海	Qinghai	57641	36890	41491	41935	34951	43044
宁 夏	Ningxia	43464	36498	36189	35089	39503	35359
新 疆	Xinjiang	48118	37629	35209	38608	52660	41101

4-17 分地区城镇登记失业人员及失业率
Registered Unemployed Persons and Unemployment Rate in Urban Area by Region

地 区	Region	失业人员（万人）Unemployed Persons (10 000 persons)							失业率（%）Unemployment Rate (%)						
		1990	2005	2010	2015	2016	2017	2018	1990	2005	2010	2015	2016	2017	2018
北 京	Beijing	1.7	10.6	7.7	7.8	8.0	8.1	7.9	0.4	2.1	1.4	1.4	1.4	1.4	1.4
天 津	Tianjin	8.1	11.7	16.1	25.1	25.8	26.0	25.8	2.7	3.7	3.6	3.5	3.5	3.5	3.5
河 北	Hebei	7.7	27.8	35.1	39.4	39.7	39.9	38.0	1.1	3.9	3.9	3.6	3.7	3.7	3.3
山 西	Shanxi	5.5	14.3	20.4	25.6	26.1	26.5	24.6	1.2	3.0	3.6	3.5	3.5	3.4	3.3
内蒙古	Inner Mongolia	15.2	17.7	20.8	25.9	26.7	27.1	27.0	3.8	4.3	3.9	3.7	3.7	3.6	3.6
辽 宁	Liaoning	23.7	60.4	38.9	46.2	47.3	42.7	44.4	2.2	5.6	3.6	3.4	3.8	3.8	3.9
吉 林	Jilin	10.5	27.6	22.7	23.9	25.7	26.3	26.8	1.9	4.2	3.8	3.5	3.5	3.5	3.5
黑龙江	Heilongjiang	20.4	31.3	36.2	41.0	39.6	39.7	39,4	2.2	4.4	4.3	4.5	4.2	4.2	4.0
上 海	Shanghai	7.7	27.5	27.6	24.8	24.3	22.1	19.4	1.5		4.4	4.0	4.1	3.9	3.5
江 苏	Jiangsu	22.5	41.6	40.6	36.0	35.2	34.7	34.4	2.4	3.6	3.2	3.0	3.0	3.0	3.0
浙 江	Zhejiang	11.2	29.0	31.1	33.7	33.9	33.8	34.1	2.2	3.7	3.2	2.9	2.9	2.7	2.6
安 徽	Anhui	15.2	27.8	26.9	30.9	30.4	29.0	28.1	2.8	4.4	3.7	3.1	3.2	2.9	2.8
福 建	Fujian	9.0	14.9	14.5	15.4	16.3	17.1	17.3	2.6	4.0	3.8	3.7	3.9	3.9	3.7
江 西	Jiangxi	10.3	22.8	26.3	29.9	31.3	32.3	35.1	2.4	3.5	3.3	3.4	3.4	3.3	3.4
山 东	Shandong	26.2	42.9	44.5	43.7	45.8	45.7	46.5	3.2	3.3	3.4	3.4	3.5	3.4	3.4
河 南	Henan	25.1	33.0	38.2	42.5	43.6	40.7	48.6	3.3	3.5	3.4	3.0	3.0	2.8	3.0
湖 北	Hubei	12.7	52.6	55.7	33.4	32.9	37.1	36.1	1.7	4.3	4.2	2.6	2.4	2.6	2.6
湖 南	Hunan	15.9	41.9	43.2	45.1	44.9	44.5	40.4	2.7	4.3	4.2	4.1	4.2	4.0	3.6
广 东	Guangdong	19.2	34.5	39.3	37.0	38.0	37.1	36.6	2.2	2.6	2.5	2.5	2.5	2.5	2.4
广 西	Guangxi	13.9	18.5	19.1	18.1	18.1	14.7	16.7	3.9	4.2	3.7	2.9	2.9	2.2	2.3
海 南	Hainan	3.5	5.1	4.8	4.8	5.1	5.5	5.5	3.0	3.6	3.0	2.3	2.4	2.3	2.3
重 庆	Chongqing		16.9	13.0	14.3	15.7	14.3	13.1		4.1	3.9	3.6	3.7	3.4	3.0
四 川	Sichuan	38.0	34.3	34.6	54.6	56.3	55.8	53.3	3.7	4.6	4.1	4.1	4.2	4.0	3.5
贵 州	Guizhou	10.7	12.1	12.2	14.5	14.8	14.9	15.1	4.1	4.2	3.6	3.3	3.2	3.2	3.2
云 南	Yunnan	7.8	13.0	15.7	19.5	20.1	19.8	20.9	2.5	4.2	4.2	4.0	3.6	3.2	3.4
西 藏	Tibet			2.1	1.8	1.8	1.9	2.1			4.0	2.5	2.6	2.7	2.8
陕 西	Shaanxi	11.2	21.5	21.4	22.3	22.7	23.4	24.1	2.8	4.2	3.9	3.4	3.3	3.3	3.2
甘 肃	Gansu	12.5	9.3	10.7	9.5	9.8	9.6	10.0	4.9	3.3	3.2	2.1	2.2	2.7	2.8
青 海	Qinghai	4.2	3.6	4.2	4.4	4.6	4.7	4.6	5.6	3.9	3.8	3.2	3.1	3.1	3.0
宁 夏	Ningxia	4.0	4.4	4.8	4.9	5.1	5.1	5.4	5.4	4.5	4.4	4.0	3.9	3.9	3.9
新 疆	Xinjiang	9.6	11.1	11.0	10.3	9.7	10.0	9.5	3.0	3.9	3.2	2.9	2.5	2.6	2.4

主要统计指标解释

劳动力 指在16周岁及以上，有劳动能力，参加或要求参加社会经济活动的人口。包括就业人员和失业人员。

就业人员 指在一定年龄以上，有劳动能力，为取得劳动报酬或经营收入而从事一定社会劳动的人员。具体指年满16周岁，为取得报酬或经营利润，在调查周内从事了1小时（含1小时）以上劳动的人员；或由于学习、休假等原因在调查周内暂时处于未工作状态，但有工作单位或场所的人员；或由于临时停工放假、单位不景气放假等原因在调查周内暂时处于未工作状态，但不满三个月的人员。

单位就业人员 指报告期末最后一日在本单位工作，并取得工资或其他形式劳动报酬的人员数。该指标为时点指标，不包括最后一日当天及以前已经与单位解除劳动合同关系的人员，是在岗职工、劳务派遣人员及其他就业人员之和。就业人员不包括：

(1)离开本单位仍保留劳动关系，并定期领取生活费的人员；

(2)在本单位实习的各类在校学生；

(3)本单位以劳务外包形式使用的人员，如：建筑业整建制使用的人员。

城镇私营和个体就业人员 城镇私营就业人员指在工商管理部门注册登记，其经营地址设在县城关镇(含县城关镇)以上的私营企业就业人员，包括私营企业投资者和雇工。城镇个体就业人员指在工商管理部门注册登记，并持有城镇户口或在城镇长期居住，经批准从事个体工商经营的就业人员，包括个体经营者和在个体工商户劳动的家庭帮工和雇工。

在岗职工 指在本单位工作且与本单位签订劳动合同，并由单位支付各项工资和社会保险、住房公积金的人员，以及上述人员中由于学习、病伤、产假等原因暂未工作仍由单位支付工资的人员。在岗职工还包括：

(1)应订立劳动合同而未订立劳动合同人员(如使用的农村户籍人员)；

(2)处于试用期人员；

(3)编制外招用的人员，如临时人员；

(4)派往外单位工作，但工资仍由本单位发放的人员(如挂职锻炼、外派工作等情况)。

工资总额 指根据《关于工资总额组成的规定》(1990年1月1日国家统计局发布的一号令)进行修订，本单位在报告期内(季度或年度)直接支付给本单位全部就业人员的劳动报酬总额。包括计时工资、计件工资、奖金、津贴和补贴、加班加点工资、特殊情况下支付的工资，是在岗职工工资总额、劳务派遣人员工资总额和其他就业人员工资总额之和。

工资总额是税前工资，包括单位从个人工资中直接为其代扣或代缴的房费、水费、电费、住房公积金和社会保险基金个人缴纳部分等。

工资总额不论是计入成本的还是不计入成本的，不论是以货币形式支付的还是以实物形式支付的，均应列入工资总额的计算范围。

平均工资 指单位就业人员在一定时期内平均每人所得的工资额。它表明一定时期工资收入的高低程度，是反映就业人员工资水平的主要指标。计算公式为：

$$\text{平均工资}=\frac{\text{报告期就业人员工资总额}}{\text{报告期就业人员平均人数}}$$

平均货币工资指数 指报告期就业人员平均工资与基期就业人员平均工资的比率，是反映不同时期就业人员货币工资水平变动情况的相对数。计算公式为：

$$\text{平均货币工资指数}=\frac{\text{报告期就业人员平均工资}}{\text{基期就业人员平均工资}}\times100\%$$

平均实际工资指数 就业人员平均实际工资指扣除物价变动因素后的就业人员平均工资。就业人员平均实际工资指数是反映实际工资变动情况的相对数，表明就业人员实际工资水平提高或降低的程度。计算公式为:

$$\text{平均实际工资指数}=\frac{\text{报告期就业人员平均工资指数}}{\text{报告期城镇居民消费价格指数}}\times100\%$$

城镇登记失业人员 指有非农业户口，在一定的劳动年龄内(16周岁至退休年龄)，有劳动能力，无业而要求就业，并在当地劳动保障部门进行失业登记的人员。

城镇登记失业率 城镇登记失业人员与城镇单位就业人员(扣除使用的农村劳动力、聘用的离退休人员、港澳台及外方人员)、城镇单位中的不在岗职工、城镇私营业主、个体户主、城镇私营企业和个体就业人员、城镇登记失业人员之和的比。

Explanatory Notes on Main Statistical Indicators

Labour Force refers to the population aged 16 and over who are capable of working, are participating in or willing to participate in economic activities, including employed persons and unemployed persons.

Employed Persons refers to persons above a specified age who had labour capacity and performed some social work for compensation or business gains. Specifically, it refers to persons, aged 16 and over, who performed some work for compensation or business gains for one hour or more during the reference period; or persons who do not work for the reasons of study or on holiday, but had work units or sites during the reference period; or persons temporary absence from a job for disorganization or suspension of work, recession, etc, but not exceeding three months during the reference period.

Persons Employed in Various Units refer to the total number of employees who work at his unit and obtain wages or other forms of payment at the end of the reporting period. This indicator is a kind of time point index and it equals to the sum of the number of employed staff and workers, labor dispatch personnel and other employed persons. Employed persons do not include:

1)persons who have left their working units while keeping their labour contract (employment relation) unchanged and receiving regular alimony;

2)all kinds of enrolled students who do internship in various units;

3)persons employed due to labor outsourcing, for example, persons employed in the organizational system of construction industry.

Persons Employed in Private Enterprises and Self-Employed Individuals in Urban Areas Persons employed in private enterprises refer to the persons employed in the private enterprises which have been registered at the departments of industrial and commercial administration for which the business operation are situated at a county town (i.e. a town where the county government is located), or at urban areas with administrative hierarchy higher than a county town. The self-employed individuals in urban areas refer to persons who hold the certificates of residence in urban areas or have resided in the urban areas for a long time and have been registered at the departments of industrial and commercial administration and approved to be engaged in individual industrial or commercial business, including self-employed persons as well as helpers and hired laborers who work in individual households.

Employed Staff and Workers refer to persons who signed labor contracts with working units and working units would pay wages, social insurance and housing funds for them. Persons who have their work posts but are temporarily absent from work for reasons of study or on sick, injury or maternal leave and still receive wages from their working units are also included. Employed staff and workers also include:

1)Persons who should have signed the labor contracts but not (like people with rural household registration);

2)Employees on probation;

3)Employees beyond the staffing quota, for example, temporary employees;

4)Employees who are sent to other working units but still obtain wages from their original units (situations like on-the-job placement, expatriated assignment, etc.)

Total Wage Bill It is revised according to the “Provision of Composition of Total Wages” (Order No.1 by National Bureau of Statistics on January, 1st, ,1990), total wage bill refers to the total remuneration payment to all employed persons in various units during the reporting period (by quarter or by year), including hourly-paid wages, piece-rate wages, bonuses, allowance and subsidies, overtime wages and wages paid under special circumstances. It equals to the sum of total wages of employed staff and workers, dispatch labors and other employed persons.

Total wage bill is pre-tax wages, including the room charges, utility bills, housing funds and social insurance paid or withheld by employee’s units.

Total wage bill, whether or not included in cost, whether or not paid in money or in kind, shall be included in the calculation of total wage.

Average Wage refers to the average per capita wage during a certain period of time for employed persons. It shows the general level of wage income during a certain period of time, one major indicator to reflect the wage level. It is calculated as follows:

$$\text{Average Wage} = \frac{\text{Total Wage Bill of Employed Persons at Reference Time}}{\text{Average Number of Persons Employed at Reference Time}}$$

Average Money Wage Indices refers to the ratio of average wage of employed persons the reporting period to that at the base period, which reflects the change of money wage of employed persons at the different period. It is calculated as follows:

$$\text{Average Money Wage Indices} = \frac{\text{Average Wage of Employed Persons at Reference Time}}{\text{Average Wage of Persons Employeds at Base Period}} \times 100\%$$

Average Real Wage Indices average real wage of employed persons refers to the average wage of employed persons after removing the effects of the price changes and average real wage indices of employed persons refers to the change of real wage, which reflects the relative increasing or decreasing level of real wage of employed persons ,which is calculated as follows:

$$\text{Average Real Wage Indices} = \frac{\text{Average Wage Indices of Employed Persons at the Reference Time}}{\text{Urban Consumer Price Indices at Reference Time}} \times 100\%$$

Registered Unemployed Persons in Urban Areas refer to the persons with non-agricultural household registration at certain working ages (16 years old to retirement age), who are capable of working, unemployed and willing to work, and have been registered at the local employment service agencies to apply for a job.

Registered Unemployment Rate in Urban Areas refers to the ratio of the number of the registered unemployed persons to the sum of the number of persons employed in various units (minus the employed rural labour force, re-employed retirees, and Hong Kong, Macao, Taiwan or foreign employees), laid-off staff and workers in urban units, owners of private enterprises in urban areas, owners of self-employed individuals in urban areas, employees of private enterprises in urban areas, employee of self-employed individuals in urban areas, and the registered unemployed persons in urban areas.

5

价　格

Prices

简 要 说 明

一、本篇资料的主要内容

本篇价格指数资料，反映生产、流通、消费与投资等环节的价格变动趋势和变动幅度。主要包括居民消费价格指数、商品零售价格指数、农业生产资料价格指数、农产品生产者价格指数、工业生产者出厂价格指数、工业生产者购进价格指数、固定资产投资价格指数、进出口商品价格指数等。

二、本篇的资料来源

除进出口商品价格指数以外的价格指数编制由国家统计局城市社会经济调查司和农村社会经济调查司组织实施。由各省、自治区、直辖市及抽选出的市、县调查队依据国家统计局统一制定的价格统计调查制度从基层采集原始数据汇总后上报。进出口商品价格指数统计资料由海关总署提供。

三、居民消费、商品零售价格指数

编制居民消费、商品零售价格指数的资料采用抽样调查和重点调查相结合的方法取得，即在全国选择不同经济区域和分布合理的地区，以及有代表性的商品作为样本，对其市场价格进行定期调查，以样本推断总体。目前，参加国家级数据汇总的调查市、县500个。编制过程按下列几个步骤进行：

1.选择调查地区和调查点。调查地区按照经济区域和地区分布合理等原则，选出具有代表性的大、中、小城市和县作为国家的调查地区，在此基础上选定经营规模大、商品种类多的商场(包括集市和服务网点)作为调查点。

2.选择代表规格品。代表规格品是选择那些消费量大、价格变动有代表性的商品；代表规格品的确定是根据商品零售资料和城乡居民的消费支出记账资料，按照有关规定筛选的。筛选原则：(1)与社会生产和人民生活关系密切；(2)消费(销售)数量(金额)大；(3)市场供应稳定；(4)价格变动趋势有代表性；(5)所选的代表规格品之间性质差异大，价格变动特征的相关性低。

目前，居民消费价格调查按用途划分为8大类，262个基本分类，各调查市县每月调查600种以上的规格品价格；商品零售价格按用途划分为16个大类，197个基本分类，各地每月调查500种以上的规格品价格。

3.价格调查方式。通过手持数据采集器，采用定人、定点、定时的方法直接调查。在保证价格准确的前提下，经国家统计局审定，各地可通过相关政府部门发布的通知、公告等文件，以及部分企业、单位公开发布的收费信息资料和被调查单位的电子数据进行辅助采价，也可从互联网采集特定商品和服务价格。

4.权数的确定。商品零售价格指数的权数主要根据社会商品零售额资料确定；居民消费价格指数的权数主要根据城乡居民家庭消费支出构成确定。

四、工业生产者出厂价格指数

工业生产者出厂价格是工业品第一次出售时的出厂价格。该项调查采用重点调查与典型调查相结合的调查方法。重点调查对象为年主营业务收入2000万元及以上的工业法人企业；典型调查对象为年主营业务收入2000万元以下的工业法人企业。

1.选择代表企业的原则：(1)按工业行业选择调查企业，各中类行业原则上都要有调查企业；(2)大型企业应尽量都选上(或占相当大比重)；(3)选择生产正常、稳定的企业作为调查对象。

2.选择代表产品的原则：(1)按工业行业选择代表产品；(2)选择对国计民生影响大的产品；(3)选择生产较为稳定的产品；(4)选择有发展前景的产品；(5)选择具有地方特色的产品。

目前《工业生产者出厂价格调查目录》包括20000多种产品，并将其划分为1638个基本分类。

3.价格调查方式。采用企业报表形式，每月5万多家工业企业上报数据资料。

4.权数的确定。工业生产者出厂价格统计中，工业小类及小类以上的权数资料来源于工业统计中分行业工业销售产值数据资料；基本分类的权数资料来源于独立的工业企业产品权数调查。权数一般五年更换一次。

五、固定资产投资价格指数

固定资产投资价格调查采用重点调查与典型调查相结合的方法。固定资产投资价格调查所涉及的价格是构成固定资产投资额实体的实际购进价格或结算价格。调查的内容包括构成当年建筑工程实体的钢材、木材、水泥、地方材料(如砖、瓦、灰、沙、石等)、化工材料(如油漆等)等主要建筑材料价格；作为活劳动投入的劳动力价格（单位工资）和建筑机械使用费用；设备工器具购置和其他费用投资价格。

固定资产投资价格调查样本的选择遵循以下原则：

1.选择建筑安装工程调查点的原则：(1)样本单位应具有一定覆盖面；(2)投资经济活动代表性强；(3)兼顾不同登记注册类型；(4)选择重点工程；(5)兼顾国民经济各门类及不同工程类别。

2.选择其他费用调查点的原则：在选择其他费用调查点时，所遵循的原则与建筑安装工程调查点的原则基本相同，特别是要注意选择那些投资额大的工程。但由于其他费用不易取得，所以在实际操作过程中，应同时在建设单位、施工单位开展重点调查，并辅以典型调查(从管理部门取得资料)。

3.价格调查方式。采用企业报表方式。

4.权数的确定。固定资产投资价格指数的计算权数是建筑安装工程、设备工器具购置和其他费用三者前三年的平均比重。

六、农产品生产者价格指数

农产品生产者价格是农产品生产者直接出售其产品时实际获得的单位产品价格。农产品生产价格调查采用抽样调查和重点调查相结合的方法。内容包括被调查单位生产并出售的主要农产品。农产品代表产品的选择涵盖农、林、牧、渔四大类、各中类以及90%以上的小类，一般是生产量和销售量大的对国计民生影响大、稳定性强的产品，具有发展前景的新产品和具有地方特色的产品。代表品一般稳定五年。调查周期为季度。

七、进出口商品价格指数

进出口商品价格指数是反映一定时期内进出口商品价格变动趋势及幅度的统计指标。采用“单位价值法”编制，计算指数的资料全部来自中国海关的进出口货物贸易统计。计量单位按人民币计价，进口价格指数的计算按到岸价格（CIF）计算，出口价格指数的计算按离岸价格（FOB）计算。

Brief Introduction

I. Main Contents

Data on price indices in this chapter show the changing trends and the change rates in the prices of production, trade, consumption and investment, including mainly consumer price indices, retail price indices, price indices for means of agricultural production, producer price indices for farm products, producer price indices for industrial products, purchasing price indices for industrial producers, price indices for investment in fixed assets, and price indices for imports and exports.

II. Sources of Data

Compilation of statistics on price indices is organized by the Department of Urban Social and Economic Survey, NBS and the Department of Rural Social and Economic Survey, NBS. The urban socio-economic survey organizations of the provinces, autonomous regions and municipalities directly under the Central Government and of the selected cities and counties collect data from the grassroots units in accordance with the scheme of price survey system stipulated by the NBS, tabulate them and report them to the higher agencies.

III. Consumer Price Indices and Retail Price Indices

Data for compilation of the consumer price indices and the retail price indices in China are collected through a combination of sample surveys and surveys of key units. Areas distributed in different economic regions are selected as the sample areas and representative commodities are selected as the sample commodities. Regular surveys are conducted to collect data on their market prices. Population parameters are inferred on the basis of the sample data. At present, 500 cities and counties have been selected for this purpose. Following are major steps in the process of calculation of the price indices:

(1) The selection of areas and survey points: Based on such principles as regional economic features and reasonable geographic distribution, representative sample areas for the national survey are selected which include large, medium and small cities and counties. When the sample areas have been selected, large-scale shops and markets (including fairs and service outlets) with wide variety of commodities are selected as survey points.

(2) The selection of representative commodities and their specifications or varieties: The representative commodities selected are those consumed in large quantity and representative in price changes. The representative specifications or varieties are determined according to the data on the retail sales of commodities and the consumption expenditure account data of urban and rural residents; and selection follows the related instructions. The principles for selection are: (a) The commodities are closely related to social production and people's living conditions; (b) They are consumes (or sold) in large quantities (or large values); (c) The market supply is stable; (d) The changes of their prices are representative in trend; (e) There is great heterogeneity among the specifications or varieties selected, the correlation of price changes is low.

At present, data are collected on over 600 specifications each month under 262 basic headings in 8 categories in the consumer price surveys. For the retail price surveys, data are collected on more than 500 specifications each month under 197 basic headings in 16 categories.

(3) Method of data collection: Through the hand-held data acquisition device, direct investigation is conducted by the method of fixed person, fixed point and fixed time. On the premise of ensuring accurate prices, after approval by the NBS, local governments can collect prices of specific goods and services from the Internet through announcements and other documents issued by relevant government departments, as well as some enterprises and units' publicly published fee information and electronic data of the units under investigation.

(4) Determination of the weights: The weights of the retail price indices are determined mainly according to the total retail sales of commodities. The weights of the consumer price indices are determined according to the composition of the consumption expenditures of urban and rural households.

IV. Producer Price Indices for Industrial Products

Producer prices for industrial products refer to the ex-factory price of manufactured goods when they are first sold. The survey program is a combined use of the key units' survey and typical units' survey methods. Key units refer to those industrial enterprises with annual revenue from the primary activities at and above 20 million yuan. Typical units refer to the industrial enterprises with annual revenue from the primary activities below 20 million yuan.

(1) Principles for selecting the representative enterprises: (a) Enterprises to be covered in the survey are selected by industrial sectors. In principle, every branch should have enterprises selected; (b) All (or a majority of)

large-scaled enterprises should be selected; (c) Enterprises selected should be those with normal and stable production.

(2) Principle for the selection of representative goods:

(a) The goods are selected by industrial sectors; (b) The selected goods should have great impact on the national economy and people's living conditions; (c) The production of the goods selected are relatively more stable; (d) The prospects of the goods selected are promising; (e) The goods selected are representative to the localities.

The *survey catalog of Producer Prices for Industrial Products* includes over 20,000 goods, and they are divided into 1638 basic classification.

(3) Method of data collection: The method of reporting forms by enterprises is adopted. There are more than 50,000 industrial enterprises which should report the price data every month.

(4) Determination of the weights: In statistics of producer price indices for industrial products, the weight of industrial small classification and above comes from the output value of industrial sales by sector in industrial statistics; the weight of basic headings of categories comes from weight survey of independent industrial enterprise products. The weights are replaced every five years.

V. Price Indices for Investment in Fixed Assets

Data on prices of investment in fixed assets are collected by a program involving the combined use of surveys on key units and surveys on typical units. The prices collected in the surveys of investment in fixed assets are the actual purchasing prices or settlement prices of entities of investment in fixed assets. The survey content includes the prices of main construction materials that constitute the architectural engineering entity in the year, such as steel, timber, cement, local construction materials (such as brick, tile, calcareous ashes, sand, stone, etc.), chemical materials (such as oil paint, etc.), the price of labor force as input (wages), prices for renting of building machinery and equipment, the purchasing price of equipment, tools and instruments and the prices of others investments.

The following principles should be followed in selecting the sample for the price survey of investment in fixed assets:

(1) Principles for selecting the survey points of construction and installation: (a) Sample units should have a good coverage; (b) The economic activity of investment should have strong representativeness; (c) Different types of registration should be considered; (d) Key projects should be selected; (e) Attention should be given to various sectors of the national economy and types of projects.

(2) Principles for selecting price survey points of other fees: The principles for selecting survey points of others fees is in general the same as that of construction and installation, with special attention being paid to selecting projects with huge investment value. Since it is not easy to obtain the other fees, during the actual data gathering operations, survey on key construction owner units and building units is to conducted concurrently with survey on typical units (with information from administration units)

(3) Method of price survey: A combination of enterprises reporting system and enumerator visits method.

(4) Determination of the weights: The weights for calculation of the price indices for investment in fixed assets are determined according to the average proportion of construction and installation, purchase of equipment, tools and instruments and other investments in the 3 preceding years.

VI. Price Index for Farm Products

Price Index for Farm Products refers to the actual price per unit through directly selling their products by producers of farm products. The survey program of Price Index for Farm Products is a combined use of sampling survey and typical units' survey. It covers main farm products produced and sold by the units surveyed. Representative farm products include those in Agriculture, Forestry, Animal Husbandry and Fishery, 90% of small classification in medium-sized classification. The products are generally with large production and sales, having great impact on the national economy and people's living conditions, with strong stability, with promising to new products and with local characters. Representative products are for 5 years. The survey is conducted quarterly.

VII. Price Indices for Imports and Exports

Price Indices for Imports and Exports is an indicator reflecting price change trend and scope of import and export of commodity over a given period of time. It is compiled with the unit value method on the basis of the statistics of imports and exports of goods of the China Customs. The unit of measurement is Renminbi, import price index is computed at CIF, export price index is computed at FOB price.

5-1 各种价格指数
Price Indices

(上年=100) (preceding year=100)

年 份 Year	居民消费价格指数 Consumer Price Index	城市居民消费价格指数 Urban Household	农村居民消费价格指数 Rural Household	商品零售价格指数 Retail Price Index	工业生产者出厂价格指数 Producer Price Index for Industrial Products	工业生产者购进价格指数 Purchasing Price Index for Industrial Producers	固定资产投资价格指数 Price Index for Investment in Fixed Assets
1978	100.7	100.7		100.7	100.1		
1980	107.5	107.5		106.0	100.5		
1985	109.3	111.9	107.6	108.8	108.7		
1990	103.1	101.3	104.5	102.1	104.1	105.6	108.0
1995	117.1	116.8	117.5	114.8	114.9	115.3	105.9
1996	108.3	108.8	107.9	106.1	102.9	103.9	104.0
1997	102.8	103.1	102.5	100.8	99.7	101.3	101.7
1998	99.2	99.4	99.0	97.4	95.9	95.8	99.8
1999	98.6	98.7	98.5	97.0	97.6	96.7	99.6
2000	100.4	100.8	99.9	98.5	102.8	105.1	101.1
2001	100.7	100.7	100.8	99.2	98.7	99.8	100.4
2002	99.2	99.0	99.6	98.7	97.8	97.7	100.2
2003	101.2	100.9	101.6	99.9	102.3	104.8	102.2
2004	103.9	103.3	104.8	102.8	106.1	111.4	105.6
2005	101.8	101.6	102.2	100.8	104.9	108.3	101.6
2006	101.5	101.5	101.5	101.0	103.0	106.0	101.5
2007	104.8	104.5	105.4	103.8	103.1	104.4	103.9
2008	105.9	105.6	106.5	105.9	106.9	110.5	108.9
2009	99.3	99.1	99.7	98.8	94.6	92.1	97.6
2010	103.3	103.2	103.6	103.1	105.5	109.6	103.6
2011	105.4	105.3	105.8	104.9	106.0	109.1	106.6
2012	102.6	102.7	102.5	102.0	98.3	98.2	101.1
2013	102.6	102.6	102.8	101.4	98.1	98.0	100.3
2014	102.0	102.1	101.8	101.0	98.1	97.8	100.5
2015	101.4	101.5	101.3	100.1	94.8	93.9	98.2
2016	102.0	102.1	101.9	100.7	98.6	98.0	99.4
2017	101.6	101.7	101.3	101.1	106.3	108.1	105.8
2018	102.1	102.1	102.1	101.9	103.5	104.1	105.4

注：从2011年起工业品出厂价格指数改为工业生产者出厂价格指数，原材料、燃料、动力购进价格指数改为工业生产者购进价格指数(以下相关表同)。

a) From 2011, the producer price index for manufactured goods and the purchasing price index for raw materials, fuel and power changed to the producer price index for industrial products and the purchasing price index for industrial producers.The same applies to the tables following.

5-2 各种价格定基指数
Fixed-base Price Indices

年份 Year	居民消费价格指数 Consumer Price Index (1978=100)	城市居民消费价格指数 Urban Household (1978=100)	农村居民消费价格指数 Rural Household (1985=100)	商品零售价格指数 Retail Price Index (1978=100)	工业生产者出厂价格指数 Producer Price Index for Industrial Products (1985=100)	工业生产者购进价格指数 Purchasing Price Index for Industrial Producers (1990=100)	固定资产投资价格指数 Price Index for Investment in Fixed Assets (1990=100)
1978	100.0	100.0		100.0			
1980	109.5	109.5		108.1			
1985	131.1	134.2	100.0	128.1	100.0		
1990	216.4	222.0	165.1	207.7	159.0	100.0	100.0
1995	396.9	429.6	291.4	356.1	307.1	222.9	186.9
1996	429.9	467.4	314.4	377.8	316.0	231.6	194.3
1997	441.9	481.9	322.3	380.8	315.0	234.6	197.6
1998	438.4	479.0	319.1	370.9	302.1	224.7	197.3
1999	432.2	472.8	314.3	359.8	294.8	217.3	196.5
2000	434.0	476.6	314.0	354.4	303.1	228.4	198.6
2001	437.0	479.9	316.5	351.6	299.2	227.9	199.4
2002	433.5	475.1	315.2	347.0	292.6	222.7	199.8
2003	438.7	479.4	320.2	346.7	299.3	233.4	204.2
2004	455.8	495.2	335.6	356.4	317.6	260.0	215.7
2005	464.0	503.1	343.0	359.3	333.2	281.6	219.1
2006	471.0	510.6	348.1	362.9	343.2	298.5	222.4
2007	493.6	533.6	366.9	376.7	353.8	311.6	231.1
2008	522.7	563.5	390.7	398.9	378.2	344.3	251.8
2009	519.0	558.4	389.5	394.1	357.8	317.2	245.8
2010	536.1	576.3	403.5	406.3	377.5	347.7	254.6
2011	565.0	606.8	426.9	426.2	400.2	379.3	271.4
2012	579.7	623.2	437.6	434.7	393.4	372.5	274.4
2013	594.8	639.4	449.9	440.8	385.9	365.1	275.2
2014	606.7	652.8	458.0	445.2	378.6	357.1	276.6
2015	615.2	662.6	464.0	445.6	358.9	335.3	271.6
2016	627.5	676.5	472.8	448.7	353.9	328.6	270.0
2017	637.5	688.0	478.9	453.6	376.2	355.2	285.7
2018	650.9	702.4	489.0	462.2	389.4	369.8	301.1

5-3 居民消费价格分类指数(2018年)
Consumer Price Indices by Category (2018)

(上年=100) (preceding year=100)

项目名称	Item	全国 National Indices	城市 Urban Indices	农村 Rural Indices
居民消费价格总指数	**Consumer Price Index**	**102.1**	**102.1**	**102.1**
食品烟酒	**Food, Tobacco and Liquor**	**101.9**	**102.1**	**101.1**
食品	Food	101.8	102.1	101.0
粮食	Grain	100.8	100.8	100.8
薯类	Tubers	107.1	107.8	105.7
豆类	Beans	100.9	101.1	100.6
食用油	Edible Oil and Fats	99.2	99.6	98.3
菜	Vegetables	106.6	106.9	105.6
#鲜菜	Fresh Vegetables	107.1	107.5	106.0
畜肉类	Meat of Livestock	96.2	96.8	94.6
禽肉类	Meat of Poultry	105.5	105.3	106.2
水产品	Aquatic Products	102.3	102.2	102.7
蛋类	Eggs	112.0	111.7	112.7
奶类	Milk	101.4	101.6	100.8
干鲜瓜果类	Dried and Fresh Melons and Fruits	104.1	104.0	104.5
#鲜瓜果	Fresh Melons and Fruits	105.6	105.5	105.9
糖果糕点类	Candy and Cake	102.0	102.2	101.6
调味品	Flavoring	101.9	102.0	101.5
其他食品类	Other Foods	101.3	101.4	101.2
茶及饮料	Tea and Beverages	101.7	101.8	101.5
烟酒	Tobacco and Liquor	101.2	101.4	100.9
在外餐饮	Dining Out	102.4	102.4	102.3
衣着	**Clothing**	**101.2**	**101.1**	**101.5**
服装	Garments	101.4	101.4	101.6
服装材料	Garments Material	101.9	101.7	102.3
其他衣着及配件	Other Clothing and Parts	100.4	100.4	100.6
衣着加工服务费	Clothing Manufacturing Services	104.1	104.2	103.8
鞋类	Footwear	100.4	100.2	101.2
居住	**Residence**	**102.4**	**102.1**	**103.3**
租赁房房租	Rent of Rental Housing	102.5	102.3	103.5
住房保养维修及管理	Housing Maintenance and Management	103.8	103.6	104.1
水电燃料	Water, Electricity and Fuels	101.8	101.5	102.9
自有住房	Private Housing	102.2	102.0	103.1

5-3 续表 continued

(上年=100) (preceding year=100)

项目名称	Item	全国 National Indices	城市 Urban Indices	农村 Rural Indices
生活用品及服务	**Articles for Daily Use and Services**	**101.6**	**101.6**	**101.6**
家具及室内装饰品	Furniture and Interior Decorations	102.3	102.2	102.5
家用器具	Home Appliances	100.5	100.3	100.8
家用纺织品	Home Textiles	100.7	100.6	101.0
家庭日用杂品	Daily Use Household Articles	101.4	101.4	101.4
个人护理用品	Personal-care Supplies	101.0	101.0	101.1
家庭服务	Household Services	105.6	105.7	105.2
交通和通信	**Transport and Communications**	**101.7**	**101.6**	**101.8**
交通	Transport	103.2	103.2	103.2
交通工具	Transport Facility	98.5	98.3	98.9
交通工具用燃料	Fuels for Transport Facility	112.6	112.6	112.7
交通工具使用和维修	Use and Maintenance of Transport Facility	102.8	103.1	101.6
交通费	Traffic Fee	101.3	101.3	101.2
通信	Communications	98.8	98.7	99.2
教育文化和娱乐	**Education, Culture and Recreation**	**102.2**	**102.3**	**102.2**
教育	Education	102.9	102.9	102.7
教育用品	Education Articles	102.5	102.6	102.3
教育服务	Education Services	102.9	103.0	102.7
文化娱乐	Culture and Recreation	101.4	101.5	101.0
文娱耐用消费品	Durable Consumer Goods for Culture and Recreation	98.3	98.1	98.9
其他文娱用品	Other Articles	101.9	101.9	101.7
文化娱乐服务	Services for Culture and Recreation	100.8	100.9	100.4
旅游	Touring and Outing	103.3	103.2	104.0
医疗保健	**Health Care**	**104.3**	**104.6**	**103.7**
药品及医疗器具	Medicine and Medical Instrument	104.4	104.1	105.3
医疗服务	Medical Services	104.3	105.0	102.8
其他用品和服务	**Other Articles and Services**	**101.2**	**101.2**	**101.2**
其他用品类	Other Articles	99.1	99.0	99.6
其他服务类	Other Services	102.8	102.9	102.8

5-4 商品零售价格分类指数(2018年)
Retail Price Indices by Category (2018)

(上年=100) (preceding year=100)

项目名称	Item	全国 National Indices	城市 Urban Indices	农村 Rural Indices
商品零售价格指数	**Retail Price Index**	**101.9**	**101.9**	**102.1**
食品	**Food**	**102.1**	**102.2**	**101.6**
粮食	Grain	100.7	100.7	100.8
食用油	Edible Oil and Fats	99.6	99.7	98.9
菜	Vegetables	107.0	107.0	106.4
畜肉类	Meat of Livestock	96.4	96.7	95.0
禽肉类	Meat of Poultry	105.4	105.3	106.5
水产品	Aquatic Products	102.2	102.2	102.6
蛋类	Eggs	111.6	111.5	112.0
奶类	Milk	101.6	101.7	100.9
干鲜瓜果类	Dried and Fresh Melons and Fruits	104.0	103.9	104.9
糖果糕点类	Candy and Cake	102.2	102.2	101.9
调味品	Flavoring	102.1	102.2	101.6
其他食品类	Other Foods	101.4	101.3	101.7
在外餐饮	Dining Out	102.4	102.4	102.2
饮料、烟酒	**Beverages, Tobacco and Liquor**	**101.5**	**101.6**	**101.3**
茶及饮料	Tea and Beverages	101.9	101.9	101.6
酒类	Liquor	103.1	103.1	102.6
服装、鞋帽	**Garments, Shoes and Hats**	**101.3**	**101.2**	**101.6**
服装	Garments	101.6	101.5	101.9
鞋帽袜	Footgear and Hat	100.4	100.3	100.8
纺织品	**Textiles**	**100.8**	**100.8**	**100.8**
服装材料	Clothing	101.7	101.6	102.4
床上用品	Bedding	100.6	100.6	100.3
家用电器及音像器材	**Household Appliances, Music and Video Equipment**	**99.5**	**99.4**	**100.2**
文化办公用品	**Cultural and Office Appliances**	**100.0**	**99.9**	**100.9**
日用品	**Articles for Daily Use**	**101.1**	**101.1**	**101.4**
日用百货	General Merchandise for Daily Use	101.5	101.4	101.7
体育娱乐用品	**Sports and Recreation Articles**	**100.8**	**100.8**	**100.8**
交通、通信用品	**Transportation and Communication Appliances**	**98.6**	**98.6**	**98.7**
家具	**Furniture**	**102.5**	**102.5**	**102.4**
化妆品	**Cosmetics**	**101.0**	**101.0**	**101.2**
金银饰品	**Gold and Silver Ornaments**	**97.9**	**97.8**	**98.4**
中西药品及医疗保健用品	**Traditional Chinese and Western Medicines and Health Care Articles**	**104.5**	**104.4**	**105.2**
医疗卫生器具	Medical Instrument	100.7	100.8	99.8
中药	Traditional Chinese Medicines	105.7	105.7	105.4
西药	Western Medicines	105.1	105.0	106.1
书报杂志及电子出版物	**Books, Newspapers, Magazines and Electronic Publications**	**103.5**	**103.6**	**103.1**
燃料	**Fuels**	**109.7**	**109.7**	**109.9**
建筑材料及五金电料	**Building Materials and Hardware**	**102.8**	**102.6**	**104.0**
建筑装璜材料	Building Decoration Materials	103.1	102.8	104.5
五金水暖	Hardware	101.9	101.8	102.3

5-5 居民消费价格指数和商品零售价格指数
Consumer Price Indices and Retail Price Indices

(上年=100) (preceding year=100)

年份 Year / 地区 Region		居民消费价格 Consumer Price Index			商品零售价格 Retail Price Index	
	总指数 General	城市 Urban Household	农村 Rural Household	总指数 General	城市 Urban Household	农村 Rural Household
1994	124.1	125.0	123.4	121.7	120.9	122.9
1995	117.1	116.8	117.5	114.8	113.5	116.4
2000	100.4	100.8	99.9	98.5	98.5	98.5
2005	101.8	101.6	102.2	100.8	100.5	101.4
2006	101.5	101.5	101.5	101.0	100.9	101.4
2007	104.8	104.5	105.4	103.8	103.3	104.9
2008	105.9	105.6	106.5	105.9	105.5	106.7
2009	99.3	99.1	99.7	98.8	98.7	99.0
2010	103.3	103.2	103.6	103.1	102.8	103.6
2011	105.4	105.3	105.8	104.9	104.7	105.5
2012	102.6	102.7	102.5	102.0	101.9	102.2
2013	102.6	102.6	102.8	101.4	101.3	101.8
2014	102.0	102.1	101.8	101.0	101.0	101.0
2015	101.4	101.5	101.3	100.1	100.0	100.3
2016	102.0	102.1	101.9	100.7	100.7	100.9
2017	101.6	101.7	101.3	101.1	101.1	101.3
2018	102.1	102.1	102.1	101.9	101.9	102.1
北京 Beijing	102.5	102.5		101.1	101.1	
天津 Tianjin	102.0	102.0		101.6	101.6	
河北 Hebei	102.4	102.5	102.4	102.2	102.1	102.6
山西 Shanxi	101.8	101.8	101.8	101.7	101.7	101.6
内蒙古 Inner Mongolia	101.8	101.8	101.9	101.6	101.6	101.8
辽宁 Liaoning	102.5	102.6	102.0	101.4	101.4	101.3
吉林 Jilin	102.1	102.0	102.3	102.4	102.4	102.8
黑龙江 Heilongjiang	102.0	102.0	101.9	101.1	101.0	101.9
上海 Shanghai	101.6	101.6		101.6	101.6	
江苏 Jiangsu	102.3	102.3	102.4	102.6	102.5	103.2
浙江 Zhejiang	102.3	102.3	102.2	102.1	102.1	102.3
安徽 Anhui	102.0	102.0	102.0	101.9	101.9	102.1
福建 Fujian	101.5	101.5	101.5	101.5	101.5	101.6
江西 Jiangxi	102.1	102.1	102.2	101.0	101.0	100.8
山东 Shandong	102.5	102.4	102.7	102.2	102.1	102.7
河南 Henan	102.3	102.4	102.0	102.9	103.0	102.9
湖北 Hubei	101.9	102.0	101.8	101.2	101.2	101.6
湖南 Hunan	102.0	101.9	102.0	102.3	102.3	102.0
广东 Guangdong	102.2	102.2	101.9	102.1	102.1	101.8
广西 Guangxi	102.3	102.4	102.2	101.6	101.6	101.7
海南 Hainan	102.5	102.4	102.5	102.5	102.6	102.2
重庆 Chongqing	102.0	102.0		101.2	101.2	
四川 Sichuan	101.7	101.7	101.7	101.4	101.4	101.3
贵州 Guizhou	101.8	102.0	101.4	101.8	102.0	101.3
云南 Yunnan	101.6	101.6	101.4	101.5	101.5	101.8
西藏 Tibet	101.7	101.3	102.2	101.5	101.3	102.4
陕西 Shaanxi	102.1	102.0	102.3	102.1	102.1	102.3
甘肃 Gansu	102.0	101.9	102.3	101.7	101.8	101.0
青海 Qinghai	102.5	102.5	102.5	102.1	102.0	102.6
宁夏 Ningxia	102.3	102.2	102.7	102.9	102.9	103.2
新疆 Xinjiang	102.0	101.8	102.4	100.9	100.8	102.0

5-6 分地区居民消费价格分类指数(2018年)
Consumer Price Indices by Category and Region (2018)

(上年=100) (preceding year=100)

地 区	Region	总指数 General Index	食品烟酒 Food, Tobacco and Liquor	食品 Food	粮食 Grain	薯类 Tubers	豆类 Beans	食用油 Edible Oil and Fats	菜 Vegetables	#鲜菜 Fresh Vegetables
全 国	**National**	**102.1**	**101.9**	**101.8**	**100.8**	**107.1**	**100.9**	**99.2**	**106.6**	**107.1**
北 京	Beijing	102.5	103.1	102.9	101.4	106.7	100.6	100.6	111.9	112.8
天 津	Tianjin	102.0	103.1	103.4	99.2	110.9	100.4	100.7	109.3	110.1
河 北	Hebei	102.4	102.0	102.2	99.9	110.2	101.0	99.5	108.5	109.3
山 西	Shanxi	101.8	101.7	102.0	100.2	106.3	100.6	99.9	107.0	107.5
内蒙古	Inner Mongolia	101.8	102.0	102.3	100.8	104.4	100.3	97.2	106.6	107.1
辽 宁	Liaoning	102.5	102.2	102.3	100.5	106.6	100.0	99.7	106.5	107.1
吉 林	Jilin	102.1	101.4	101.2	101.1	111.1	99.6	99.7	106.7	107.4
黑龙江	Heilongjiang	102.0	100.9	100.7	101.3	106.9	98.9	98.9	106.3	107.0
上 海	Shanghai	101.6	102.3	102.5	100.3	105.7	105.4	100.2	107.1	107.5
江 苏	Jiangsu	102.3	102.3	102.2	101.2	108.5	99.6	100.2	107.5	108.0
浙 江	Zhejiang	102.3	102.6	102.6	100.5	105.5	101.7	99.3	107.2	107.9
安 徽	Anhui	102.0	102.1	102.1	100.5	111.5	100.9	98.9	108.9	109.6
福 建	Fujian	101.5	101.7	101.7	100.8	104.6	101.8	99.3	107.8	108.6
江 西	Jiangxi	102.1	101.0	100.6	101.1	104.3	101.0	99.0	105.9	106.2
山 东	Shandong	102.5	102.3	102.4	100.4	112.8	101.2	100.2	110.0	110.7
河 南	Henan	102.3	101.5	101.2	100.4	112.5	100.7	98.8	104.6	104.9
湖 北	Hubei	101.9	101.8	101.6	100.9	109.1	99.9	99.9	106.7	107.3
湖 南	Hunan	102.0	100.8	100.8	101.1	102.9	99.7	99.2	106.0	106.5
广 东	Guangdong	102.2	102.1	101.8	102.1	103.7	101.2	99.8	105.1	105.6
广 西	Guangxi	102.3	101.0	100.4	100.9	101.6	101.8	97.4	103.0	103.3
海 南	Hainan	102.5	101.2	100.9	100.9	104.6	101.3	98.8	103.9	104.1
重 庆	Chongqing	102.0	101.4	101.4	98.2	104.3	100.8	98.6	106.4	107.0
四 川	Sichuan	101.7	101.3	101.3	100.3	107.7	103.5	98.0	108.4	109.2
贵 州	Guizhou	101.8	100.7	100.3	101.6	105.0	99.8	95.1	103.7	104.1
云 南	Yunnan	101.6	100.5	100.2	102.1	102.2	100.7	96.3	104.3	104.6
西 藏	Tibet	101.7	102.3	101.7	102.4	102.9	103.2	99.4	102.9	103.0
陕 西	Shaanxi	102.1	102.0	101.9	100.9	105.9	99.9	100.5	105.0	105.4
甘 肃	Gansu	102.0	100.9	100.9	100.2	101.5	99.9	100.8	101.5	101.5
青 海	Qinghai	102.5	102.7	103.3	101.5	105.1	103.3	99.9	103.2	103.2
宁 夏	Ningxia	102.3	102.5	103.3	100.9	107.6	101.0	99.9	107.9	108.2
新 疆	Xinjiang	102.0	103.1	102.8	100.0	102.6	103.9	99.3	99.6	99.4

5-6 续表 1 continued

(上年=100) (preceding year=100)

地 区	Region	畜肉类 Meat of Livestock	禽肉类 Meat of Poultry	水产品 Aquatic Products	蛋类 Eggs	奶类 Milk	干鲜瓜果类 Dried and Fresh Melons and Fruits	#鲜瓜果 Fresh Melons & Fruits	糖果糕点类 Candy and Cake	调味品 Flavoring	其他食品类 Other Foods
全 国	**National**	**96.2**	**105.5**	**102.3**	**112.0**	**101.4**	**104.1**	**105.6**	**102.0**	**101.9**	**101.3**
北 京	Beijing	99.2	103.0	100.6	115.8	100.8	102.7	104.6	101.7	101.4	102.6
天 津	Tianjin	99.5	104.1	104.5	114.3	99.9	105.6	107.1	103.2	102.6	102.1
河 北	Hebei	95.9	103.9	103.2	112.9	100.6	106.3	108.9	102.2	102.6	102.4
山 西	Shanxi	95.4	103.6	100.8	119.9	99.6	107.1	110.2	101.2	101.0	100.9
内蒙古	Inner Mongolia	100.6	103.4	103.6	111.7	100.2	104.1	105.4	100.9	101.0	101.1
辽 宁	Liaoning	96.2	105.0	104.8	111.5	101.3	107.0	108.9	101.3	100.5	101.3
吉 林	Jilin	94.6	103.6	101.6	111.8	102.7	102.8	103.3	103.2	102.0	100.8
黑龙江	Heilongjiang	92.2	102.7	101.2	110.7	101.9	105.3	107.2	101.4	101.9	100.9
上 海	Shanghai	98.8	106.3	101.3	108.6	101.3	102.9	103.5	101.9	100.4	103.7
江 苏	Jiangsu	97.0	105.7	100.2	112.5	103.1	104.6	106.2	102.7	103.4	102.0
浙 江	Zhejiang	98.3	106.7	103.8	109.6	102.3	103.8	105.1	101.2	102.0	100.5
安 徽	Anhui	95.2	106.9	98.5	113.2	101.8	107.7	110.5	102.4	102.2	102.0
福 建	Fujian	95.0	108.5	102.7	110.1	100.8	103.4	104.1	101.9	101.8	103.2
江 西	Jiangxi	93.8	108.0	98.9	111.3	102.1	101.4	101.8	103.0	102.1	101.3
山 东	Shandong	95.7	107.0	102.7	112.2	101.0	104.9	107.1	103.2	102.5	101.2
河 南	Henan	93.4	105.6	101.9	116.6	100.1	104.4	106.7	101.4	103.0	101.1
湖 北	Hubei	96.3	105.2	98.6	110.1	102.3	106.0	108.2	101.7	102.0	100.5
湖 南	Hunan	94.1	105.8	100.5	107.7	101.7	103.7	104.8	102.0	103.6	100.8
广 东	Guangdong	96.3	104.6	104.9	108.5	101.8	103.0	103.5	102.4	101.7	100.8
广 西	Guangxi	93.2	107.0	104.2	108.5	102.1	100.3	100.6	101.5	101.9	100.8
海 南	Hainan	97.8	104.8	101.4	108.3	104.5	95.9	95.1	100.8	101.2	101.3
重 庆	Chongqing	96.5	105.8	101.1	115.8	100.3	101.2	103.1	99.9	101.1	100.9
四 川	Sichuan	96.0	105.7	100.9	109.6	100.5	102.9	104.5	101.7	101.1	100.5
贵 州	Guizhou	94.7	106.2	102.7	109.0	102.1	102.8	104.1	101.9	101.1	101.2
云 南	Yunnan	93.6	103.8	102.6	107.9	101.5	104.5	106.1	100.9	102.3	100.5
西 藏	Tibet	100.2	101.2	104.3	102.9	102.6	101.3	100.8	102.0	101.5	102.2
陕 西	Shaanxi	96.6	103.7	99.5	115.1	102.4	104.5	105.9	103.5	100.1	100.6
甘 肃	Gansu	98.4	102.1	102.7	111.3	102.2	101.8	102.9	101.3	100.9	100.7
青 海	Qinghai	106.4	103.6	100.1	112.5	100.6	100.9	102.0	101.4	102.1	100.9
宁 夏	Ningxia	104.3	101.8	100.7	113.5	101.7	101.5	102.5	101.2	101.5	101.8
新 疆	Xinjiang	106.9	103.4	107.1	116.5	99.7	101.3	103.0	101.4	101.3	101.2

5-6 续表 2 continued

(上年=100) (preceding year=100)

地 区	Region	茶及饮料 Tea and Beverages	烟酒 Tobacco and Liquor	在外餐饮 Dining Out	衣着 Clothing	服装 Garments	服装材料 Garments Material	其他衣着及配件 Other Clothing and Parts	衣着加工服务费 Clothing Manufacturing Service Fees	鞋类 Footwear
全 国	**National**	**101.7**	**101.2**	**102.4**	**101.2**	**101.4**	**101.9**	**100.4**	**104.1**	**100.4**
北 京	Beijing	101.3	101.9	103.9	99.7	99.7	101.8	99.0	108.0	99.0
天 津	Tianjin	102.6	101.1	102.9	101.1	101.0	104.6	101.1	101.1	101.2
河 北	Hebei	102.5	100.4	101.9	101.7	102.4	100.9	100.7	102.8	99.8
山 西	Shanxi	101.4	101.1	100.9	100.5	100.8	100.9	101.0	100.8	99.5
内蒙古	Inner Mongolia	100.8	100.8	101.7	101.7	102.0	102.2	101.1	102.3	100.9
辽 宁	Liaoning	103.3	101.8	101.9	100.4	100.1	100.3	100.4	101.5	101.0
吉 林	Jilin	102.7	101.1	101.8	102.5	102.6	104.0	101.5	104.7	101.9
黑龙江	Heilongjiang	102.1	102.0	101.1	100.9	101.3	99.7	99.7	101.7	100.0
上 海	Shanghai	103.2	101.3	101.9	98.3	98.6	101.8	100.8	108.3	95.6
江 苏	Jiangsu	102.3	102.0	102.8	102.2	102.3	101.7	101.5	106.5	101.7
浙 江	Zhejiang	101.4	101.2	103.5	101.1	101.9	103.2	100.0	103.4	98.0
安 徽	Anhui	103.4	100.7	102.9	102.0	102.3	102.3	100.9	102.6	101.4
福 建	Fujian	101.8	100.6	102.4	99.6	99.9	103.2	100.8	102.1	98.0
江 西	Jiangxi	100.8	100.0	103.0	100.2	100.5	104.5	100.2	102.9	98.8
山 东	Shandong	100.7	101.7	102.7	103.2	103.8	103.7	101.5	103.6	101.5
河 南	Henan	101.9	102.4	101.9	101.1	101.1	101.2	100.2	103.3	100.8
湖 北	Hubei	100.9	100.6	103.1	100.8	100.6	100.8	99.8	105.2	101.1
湖 南	Hunan	100.9	101.3	100.8	101.9	102.3	102.4	100.1	105.1	100.6
广 东	Guangdong	101.6	101.8	103.1	101.7	101.7	100.7	99.4	103.4	102.1
广 西	Guangxi	102.3	100.5	103.0	101.5	101.1	100.3	100.0	106.9	102.8
海 南	Hainan	100.2	100.0	102.6	104.1	103.8	102.4	102.6	105.4	105.2
重 庆	Chongqing	101.9	99.7	101.8	101.5	101.7	100.9	100.2	102.6	101.3
四 川	Sichuan	101.2	101.7	100.9	101.1	101.7	104.6	99.5	104.7	99.4
贵 州	Guizhou	100.6	100.7	102.0	100.9	101.2	105.1	100.4	102.1	100.0
云 南	Yunnan	101.5	100.2	101.5	101.4	100.9	99.9	100.5	103.6	102.7
西 藏	Tibet	100.7	100.7	105.1	102.3	101.8	101.1	101.0	108.4	101.6
陕 西	Shaanxi	101.1	100.4	103.1	100.9	100.6	101.3	99.8	105.4	101.5
甘 肃	Gansu	101.8	100.6	101.1	101.1	100.8	102.4	101.1	105.9	101.6
青 海	Qinghai	100.0	100.1	102.2	101.4	102.2	102.3	101.5	103.3	98.5
宁 夏	Ningxia	102.6	100.4	101.1	102.2	102.2	101.7	101.1	102.2	102.4
新 疆	Xinjiang	101.6	101.6	104.4	98.9	98.6	101.4	99.2	103.7	99.3

5-6 续表 3 continued

(上年=100) (preceding year=100)

地 区	Region	居住 Residence	租赁房房租 Rent of Rental Housing	住房保养维修及管理 Housing Maintenance and Management	水电燃料 Water, Electricity and Fuels	自有住房 Private Housing	生活用品及服务 Articles for Daily Use and Services	家具及室内装饰品 Furniture and Interior Decorations	家用器具 Home Appliances	家用纺织品 Home Textiles
全 国	**National**	**102.4**	**102.5**	**103.8**	**101.8**	**102.2**	**101.6**	**102.3**	**100.5**	**100.7**
北 京	Beijing	103.2	102.9	104.5	100.9	103.4	101.3	102.9	97.9	100.3
天 津	Tianjin	101.3	101.2	104.3	100.8	101.1	101.1	100.8	99.8	101.4
河 北	Hebei	102.5	100.8	102.0	106.0	101.1	101.7	103.3	101.2	100.3
山 西	Shanxi	102.4	106.0	101.5	102.0	102.5	100.6	101.2	99.2	100.5
内蒙古	Inner Mongolia	102.3	105.2	100.9	100.8	103.2	101.1	100.9	101.4	101.0
辽 宁	Liaoning	101.5	101.9	101.9	101.2	101.6	100.4	101.0	99.7	100.2
吉 林	Jilin	102.1	103.5	103.9	101.0	102.2	102.3	103.2	103.1	101.9
黑龙江	Heilongjiang	101.1	100.9	102.1	101.9	100.4	100.8	99.8	99.8	100.7
上 海	Shanghai	100.2	99.7	105.9	100.6	99.5	101.4	103.0	99.8	99.0
江 苏	Jiangsu	102.4	101.9	106.7	101.6	101.6	103.4	103.5	102.2	102.5
浙 江	Zhejiang	103.4	103.9	103.4	102.2	103.6	101.4	101.7	99.5	100.0
安 徽	Anhui	102.1	101.9	104.0	102.9	101.1	101.7	101.4	101.1	100.6
福 建	Fujian	101.9	100.7	107.0	101.5	100.9	100.9	101.5	100.5	101.4
江 西	Jiangxi	102.6	101.7	106.0	101.8	101.9	101.0	102.7	100.3	100.0
山 东	Shandong	103.1	102.6	103.8	101.5	103.7	101.6	102.8	101.4	101.6
河 南	Henan	102.2	101.8	102.8	102.4	101.9	101.6	102.6	101.8	100.8
湖 北	Hubei	102.5	103.1	103.5	101.9	102.4	101.3	102.5	99.6	99.5
湖 南	Hunan	103.6	103.5	103.5	102.2	104.4	101.3	101.0	100.8	100.5
广 东	Guangdong	102.1	102.2	102.5	101.8	102.2	101.4	102.1	99.0	100.4
广 西	Guangxi	104.3	105.2	104.6	103.1	104.6	101.9	101.3	100.8	100.6
海 南	Hainan	103.4	107.0	102.6	102.9	103.4	102.0	102.7	102.3	106.3
重 庆	Chongqing	102.8	103.5	102.5	101.4	103.5	101.7	103.5	99.2	100.8
四 川	Sichuan	102.6	104.6	104.1	101.8	102.3	101.5	103.9	99.7	101.3
贵 州	Guizhou	102.9	104.6	101.9	101.4	103.6	100.9	101.2	100.5	100.3
云 南	Yunnan	102.1	103.0	102.3	100.4	102.5	101.1	101.3	100.5	99.8
西 藏	Tibet	101.1	101.2	100.9	100.2	101.7	101.7	101.6	102.4	101.2
陕 西	Shaanxi	102.7	102.5	104.6	101.5	103.1	102.3	102.6	100.5	101.7
甘 肃	Gansu	103.5	103.6	103.8	102.3	104.3	100.8	100.7	100.3	99.6
青 海	Qinghai	102.5	100.8	101.0	101.8	104.4	101.1	101.9	101.2	100.3
宁 夏	Ningxia	102.6	98.2	103.5	104.0	101.7	102.3	103.4	103.7	102.9
新 疆	Xinjiang	97.9	99.2	102.8	93.2	99.1	102.3	101.3	100.0	99.0

5-6 续表 4 continued

(上年=100) (preceding year=100)

地 区	Region	家庭日用杂品 Household Articles for Daily Use	个人护理用品 Personal-care Supplies	家庭服务 Household Services	交通和通信 Transport and Communications	交通 Transport	交通工具 Transport Facility	交通工具用燃料 Fuels for Transport Facility	交通工具使用和维修 Use and Maintenance of Transport Facility	交通费 Traffic Fee	通信 Communications
全 国	**National**	**101.4**	**101.0**	**105.6**	**101.7**	**103.2**	**98.5**	**112.6**	**102.8**	**101.3**	**98.8**
北 京	Beijing	100.9	101.7	105.5	100.6	103.6	96.9	112.5	102.9	103.9	93.3
天 津	Tianjin	100.9	100.4	105.1	101.3	103.3	97.4	113.0	103.2	101.5	97.8
河 北	Hebei	101.3	101.5	104.3	100.4	101.6	95.3	112.8	100.8	101.4	98.0
山 西	Shanxi	101.1	100.2	104.3	101.2	102.9	98.2	112.6	101.1	100.1	98.2
内蒙古	Inner Mongolia	100.7	100.6	104.7	101.4	102.0	96.0	113.0	101.1	102.4	100.1
辽 宁	Liaoning	100.1	100.7	102.0	101.5	102.8	99.4	113.0	103.2	101.0	99.0
吉 林	Jilin	101.9	101.3	103.4	100.8	102.1	97.6	112.7	104.5	99.7	98.4
黑龙江	Heilongjiang	101.0	101.4	103.2	101.2	103.0	99.6	112.7	101.7	102.0	97.9
上 海	Shanghai	102.1	100.4	103.7	104.0	105.1	98.9	112.7	103.2	104.0	102.2
江 苏	Jiangsu	104.1	102.1	107.5	102.5	103.7	98.7	112.7	106.3	100.4	100.0
浙 江	Zhejiang	102.0	100.1	107.6	101.0	103.3	99.1	112.5	102.4	101.1	96.3
安 徽	Anhui	101.7	101.6	106.5	101.1	101.9	96.0	112.6	105.2	100.1	99.6
福 建	Fujian	100.1	100.5	104.2	101.2	102.3	99.0	112.2	101.2	97.6	99.2
江 西	Jiangxi	100.8	100.5	102.9	101.6	103.1	98.8	112.7	101.5	100.5	98.8
山 东	Shandong	100.9	100.8	104.0	101.8	103.3	98.4	112.9	102.6	102.4	99.3
河 南	Henan	100.6	101.7	104.2	102.2	103.6	100.1	113.0	104.5	101.2	99.6
湖 北	Hubei	101.4	101.2	107.1	102.2	104.0	99.0	112.7	101.9	103.3	99.4
湖 南	Hunan	101.9	101.3	103.0	102.8	104.4	99.8	112.9	102.4	103.0	99.9
广 东	Guangdong	100.8	100.6	106.1	101.9	103.9	98.7	112.7	103.9	100.9	98.5
广 西	Guangxi	102.0	101.2	107.4	101.6	103.0	97.8	112.3	102.8	101.0	99.2
海 南	Hainan	100.3	101.6	102.9	103.3	105.2	100.0	111.1	102.6	108.3	100.4
重 庆	Chongqing	102.2	100.8	106.4	100.1	102.1	97.1	112.6	101.1	99.4	96.5
四 川	Sichuan	101.1	100.5	107.0	101.2	102.8	96.9	112.1	100.8	100.8	98.6
贵 州	Guizhou	100.9	100.9	103.1	102.1	104.0	99.0	112.6	101.0	99.3	99.4
云 南	Yunnan	101.5	100.5	104.4	101.7	103.6	100.1	112.0	101.7	98.9	98.7
西 藏	Tibet	100.9	102.4	101.7	101.5	103.6	100.3	111.4	101.4	102.0	98.7
陕 西	Shaanxi	102.4	100.7	108.6	101.0	101.8	98.8	112.6	101.1	100.9	99.3
甘 肃	Gansu	101.1	100.8	103.2	101.2	102.6	100.0	112.0	101.3	100.0	98.5
青 海	Qinghai	99.6	101.8	103.5	101.6	103.6	102.2	112.6	101.5	98.5	97.2
宁 夏	Ningxia	101.0	100.3	103.1	102.7	104.2	104.2	112.1	100.6	99.3	100.1
新 疆	Xinjiang	100.9	101.1	120.3	101.2	102.2	97.7	111.9	101.8	100.9	98.8

5-6 续表 5 continued

(上年=100) (preceding year=100)

地 区	Region	教育文化和娱乐 Education, Culture and Recreation	教育 Education	教育用品 Education Articles	教育服务 Education Services	文化娱乐 Cultural and Recreational Articles	文娱耐用消费品 Durable Consumer Goods for Culture and Recreation	其他文娱用品 Other Articles
全 国	**National**	**102.2**	**102.9**	**102.5**	**102.9**	**101.4**	**98.3**	**101.9**
北 京	Beijing	103.6	106.9	103.3	107.0	101.5	96.1	101.2
天 津	Tianjin	102.4	102.0	100.1	102.0	102.8	96.5	102.2
河 北	Hebei	102.4	102.7	103.2	102.7	101.7	99.0	101.6
山 西	Shanxi	101.9	102.7	103.8	102.6	100.5	98.1	101.9
内蒙古	Inner Mongolia	100.8	100.7	100.4	100.7	101.1	99.9	101.9
辽 宁	Liaoning	102.1	103.4	103.2	103.4	99.8	97.7	101.1
吉 林	Jilin	102.3	102.4	104.4	102.3	102.2	100.9	102.0
黑龙江	Heilongjiang	102.9	103.8	101.2	104.0	101.1	96.4	100.7
上 海	Shanghai	103.1	106.9	103.3	107.0	100.7	96.5	101.7
江 苏	Jiangsu	102.4	102.0	105.3	101.8	102.9	99.4	103.8
浙 江	Zhejiang	102.2	103.0	101.1	103.0	101.1	96.6	103.2
安 徽	Anhui	102.2	102.8	109.2	102.6	101.1	98.3	100.7
福 建	Fujian	102.1	102.8	103.9	102.7	101.1	99.0	101.0
江 西	Jiangxi	102.6	103.4	102.4	103.4	101.3	98.4	104.6
山 东	Shandong	102.2	102.8	103.4	102.8	101.4	99.5	101.5
河 南	Henan	103.0	104.5	102.4	104.6	100.6	99.4	102.3
湖 北	Hubei	101.5	102.0	100.8	102.2	100.7	98.7	101.0
湖 南	Hunan	101.5	101.8	100.4	102.0	101.0	100.9	100.7
广 东	Guangdong	102.3	102.9	102.6	103.0	101.2	97.5	100.9
广 西	Guangxi	102.5	103.3	102.1	103.4	101.4	99.0	102.3
海 南	Hainan	102.7	104.2	100.8	104.6	100.3	100.1	103.1
重 庆	Chongqing	103.0	103.3	102.7	103.3	102.7	97.5	101.3
四 川	Sichuan	101.5	102.5	102.1	102.6	100.5	96.3	102.6
贵 州	Guizhou	103.4	101.7	102.5	101.7	105.4	99.0	101.4
云 南	Yunnan	102.3	102.3	101.5	102.4	102.4	98.7	101.9
西 藏	Tibet	100.4	100.2	100.2	100.2	100.6	100.5	100.3
陕 西	Shaanxi	101.7	101.8	103.1	101.5	101.5	99.3	104.3
甘 肃	Gansu	100.5	100.7	100.6	100.7	100.1	99.2	100.6
青 海	Qinghai	104.8	104.6	104.3	104.6	105.1	99.0	100.2
宁 夏	Ningxia	101.8	102.7	105.5	102.3	100.2	99.4	103.8
新 疆	Xinjiang	101.3	101.4	101.1	101.4	101.1	97.9	101.0

5-6 续表 6 continued

(上年=100) (preceding year=100)

地 区	Region	文化娱乐服务 Cultural and Recreational Services	旅游 Touring and Outing	医疗保健 Health Care	药品及医疗器具 Medicine and Medical Instrument	医疗服务 Medical Services	其他用品和服务 Other Articles and Services	其他用品类 Other Articles	其他服务类 Other Services
全 国	**National**	**100.8**	**103.3**	**104.3**	**104.4**	**104.3**	**101.2**	**99.1**	**102.8**
北 京	Beijing	100.8	106.8	103.0	101.5	105.8	102.2	98.8	104.4
天 津	Tianjin	101.6	106.9	102.6	104.3	101.1	101.1	98.7	103.1
河 北	Hebei	100.3	104.8	107.4	107.3	107.5	102.5	100.0	104.3
山 西	Shanxi	100.4	101.3	103.6	104.0	103.3	101.3	100.1	102.3
内蒙古	Inner Mongolia	100.0	102.4	102.7	102.6	102.9	100.6	99.6	101.4
辽 宁	Liaoning	100.2	100.2	111.1	104.1	116.0	100.9	98.8	102.5
吉 林	Jilin	100.1	104.2	105.3	107.2	104.0	100.7	99.8	101.4
黑龙江	Heilongjiang	100.0	105.0	108.6	104.5	111.2	99.8	98.4	100.9
上 海	Shanghai	101.5	101.8	102.4	101.1	103.8	102.4	100.5	103.6
江 苏	Jiangsu	100.7	105.0	101.2	104.2	99.9	102.2	99.3	104.5
浙 江	Zhejiang	100.6	102.4	102.6	105.3	101.0	100.2	99.2	100.9
安 徽	Anhui	102.3	102.3	102.8	105.4	101.5	100.6	99.4	101.7
福 建	Fujian	101.3	102.0	102.1	104.0	101.1	100.5	98.7	101.9
江 西	Jiangxi	100.6	101.9	108.3	101.4	111.6	100.8	99.0	102.4
山 东	Shandong	101.4	102.1	103.0	106.1	100.5	100.8	98.9	102.6
河 南	Henan	100.0	101.5	106.1	105.6	106.3	101.4	99.3	103.2
湖 北	Hubei	100.8	101.7	103.5	102.3	104.2	100.6	98.7	102.3
湖 南	Hunan	101.3	101.0	102.5	105.5	100.7	100.6	99.1	101.9
广 东	Guangdong	100.9	103.5	104.5	103.4	105.2	101.0	98.7	103.1
广 西	Guangxi	101.3	103.0	104.5	104.6	104.5	101.3	98.5	103.5
海 南	Hainan	101.0	98.3	103.6	107.6	100.4	101.8	97.9	105.0
重 庆	Chongqing	101.0	106.9	105.7	104.4	106.7	100.9	99.0	102.1
四 川	Sichuan	100.8	101.6	102.8	104.4	101.6	102.4	99.4	104.2
贵 州	Guizhou	100.0	115.9	102.0	103.2	101.1	100.6	99.7	101.4
云 南	Yunnan	102.1	106.1	104.1	106.4	102.2	100.8	100.3	101.6
西 藏	Tibet	101.4	100.1	102.1	103.9	100.8	101.1	99.1	103.1
陕 西	Shaanxi	99.8	103.3	104.0	104.4	103.7	101.3	98.8	103.4
甘 肃	Gansu	100.6	99.9	108.0	104.6	110.6	100.8	98.9	102.5
青 海	Qinghai	101.5	124.0	103.4	107.6	100.4	100.5	99.6	101.3
宁 夏	Ningxia	100.1	99.4	101.9	102.6	101.2	101.2	98.5	103.6
新 疆	Xinjiang	100.0	106.0	112.5	101.3	117.2	100.1	97.7	102.4

5-7 分地区商品零售价格分类指数(2018年)
Retail Price Indices by Category of Commodities by Region (2018)

(上年=100) (preceding year=100)

地区	Region	总指数 General Index	食品 Food	#粮食 Grain	#菜 Vegetables	#畜肉 Meat of Livestock	#禽肉 Meat of Poultry	#水产品 Aquatic Products	#蛋 Eggs	#干鲜瓜果 Dried and Fresh Melons and Fruits
全国	**National**	**101.9**	**102.1**	**100.7**	**107.0**	**96.4**	**105.4**	**102.2**	**111.6**	**104.0**
北京	Beijing	101.1	103.2	101.4	111.9	99.2	103.0	100.6	115.8	102.7
天津	Tianjin	101.6	103.2	99.7	109.3	99.5	104.1	104.6	114.3	105.6
河北	Hebei	102.2	102.2	100.0	107.6	96.0	104.8	103.6	112.0	106.6
山西	Shanxi	101.7	101.7	100.2	106.9	95.8	103.4	100.7	119.6	106.4
内蒙古	Inner Mongolia	101.6	102.5	100.8	106.5	102.0	102.8	102.2	111.3	103.5
辽宁	Liaoning	101.4	102.3	100.6	106.6	96.3	105.7	105.1	111.5	106.8
吉林	Jilin	102.4	101.6	100.8	106.2	96.5	103.8	102.2	112.4	102.1
黑龙江	Heilongjiang	101.1	100.6	101.1	107.1	92.5	102.1	100.1	109.8	105.0
上海	Shanghai	101.6	102.3	100.3	107.1	98.8	106.3	101.3	108.6	102.9
江苏	Jiangsu	102.6	102.4	101.3	107.9	97.3	105.5	100.2	112.6	104.4
浙江	Zhejiang	102.1	102.9	100.6	107.1	98.3	106.5	103.7	109.4	103.5
安徽	Anhui	101.9	102.4	100.6	109.9	95.4	107.0	98.6	113.3	107.5
福建	Fujian	101.5	102.1	100.8	107.7	95.0	108.9	102.5	109.0	104.0
江西	Jiangxi	101.0	101.1	101.0	106.3	94.7	109.5	97.8	111.3	101.0
山东	Shandong	102.2	102.5	100.5	110.0	95.6	107.2	102.4	112.1	104.4
河南	Henan	102.9	101.6	100.3	104.9	94.0	105.3	101.7	115.4	104.2
湖北	Hubei	101.2	101.9	100.7	106.2	96.4	104.6	99.0	110.2	106.5
湖南	Hunan	102.3	101.7	100.9	108.4	95.1	105.2	100.6	108.7	104.4
广东	Guangdong	102.1	102.5	102.1	105.0	97.0	104.6	104.5	109.0	102.8
广西	Guangxi	101.6	101.0	101.2	103.4	93.7	107.5	103.5	107.7	99.6
海南	Hainan	102.5	101.2	101.1	103.8	97.9	104.0	100.3	107.4	96.2
重庆	Chongqing	101.2	101.5	98.2	106.4	96.5	105.8	101.1	115.8	101.2
四川	Sichuan	101.4	101.5	100.2	110.1	96.4	104.6	100.2	108.4	102.1
贵州	Guizhou	101.8	100.8	101.6	103.5	95.0	105.4	102.6	109.7	102.2
云南	Yunnan	101.5	100.4	101.6	104.6	94.3	104.0	101.8	107.8	105.0
西藏	Tibet	101.5	101.8	102.1	101.5	99.6	99.3	102.9	101.8	101.8
陕西	Shaanxi	102.1	102.1	101.3	104.5	95.5	103.4	99.6	115.2	104.4
甘肃	Gansu	101.7	101.3	100.1	102.2	98.8	103.7	102.4	112.5	101.7
青海	Qinghai	102.1	102.9	101.8	101.8	105.2	103.8	100.0	114.8	101.2
宁夏	Ningxia	102.9	102.5	100.9	106.5	103.1	102.4	100.2	113.0	101.5
新疆	Xinjiang	100.9	102.7	100.6	99.0	106.4	103.6	105.4	114.9	101.3

5-7 续表 1 continued

(上年=100) (preceding year=100)

地 区 Region		饮料烟酒 Beverages, Tobacco and Liquor	服装鞋帽 Garments, Shoes and Hats	纺织品 Textiles	家用电器及音像器材 Household Appliances, Music and Video Equipment	文化办公用品 Cultural and Office Appliances	日用品 Articles for Daily Use	体育娱乐用品 Sports and Recreation Articles	交通、通信用品 Transportation and Communication Appliances
全 国	**National**	**101.5**	**101.3**	**100.8**	**99.5**	**100.0**	**101.1**	**100.8**	**98.6**
北 京	Beijing	101.7	99.5	100.6	96.6	98.5	100.0	99.4	97.5
天 津	Tianjin	101.4	101.0	102.2	97.8	98.9	100.8	100.2	98.4
河 北	Hebei	100.5	101.6	100.6	100.6	100.1	101.4	101.2	97.1
山 西	Shanxi	101.4	100.5	100.5	98.5	99.9	101.2	100.7	97.9
内蒙古	Inner Mongolia	100.5	101.6	100.9	100.7	101.0	100.9	100.2	97.3
辽 宁	Liaoning	102.4	100.2	100.0	98.6	98.3	99.8	100.5	99.0
吉 林	Jilin	101.6	102.5	102.9	101.6	101.3	100.9	101.3	99.2
黑龙江	Heilongjiang	102.5	100.8	100.7	99.0	97.5	100.7	100.3	98.0
上 海	Shanghai	101.6	98.0	99.2	97.9	100.4	101.0	101.3	100.4
江 苏	Jiangsu	102.1	102.2	102.1	100.9	101.4	103.5	102.6	99.0
浙 江	Zhejiang	101.3	101.1	99.9	98.2	100.5	101.5	100.7	98.4
安 徽	Anhui	101.6	101.9	100.9	100.0	99.1	101.2	99.6	97.5
福 建	Fujian	101.0	99.2	102.5	99.3	100.3	101.0	100.2	97.9
江 西	Jiangxi	100.4	100.0	100.4	99.2	100.6	100.1	101.1	97.7
山 东	Shandong	101.6	103.5	102.3	100.3	101.2	100.9	100.3	98.6
河 南	Henan	102.6	101.0	100.8	100.8	100.5	101.2	101.5	102.7
湖 北	Hubei	101.0	100.6	99.7	99.0	98.9	100.8	101.2	98.1
湖 南	Hunan	101.5	101.8	101.2	100.5	100.8	102.0	100.2	99.9
广 东	Guangdong	101.8	101.7	100.2	98.9	98.3	100.1	100.0	98.7
广 西	Guangxi	101.5	100.9	99.3	99.6	100.2	100.9	100.9	98.6
海 南	Hainan	100.4	104.5	108.0	101.2	99.9	100.1	104.3	100.4
重 庆	Chongqing	100.2	101.5	101.0	98.3	100.8	101.7	100.4	97.5
四 川	Sichuan	101.6	100.9	100.6	98.7	99.4	100.9	103.8	96.4
贵 州	Guizhou	101.0	100.7	100.6	99.7	100.7	100.9	100.6	100.7
云 南	Yunnan	100.4	101.7	98.5	99.4	101.6	100.9	100.4	99.5
西 藏	Tibet	101.0	101.5	101.3	100.3	99.6	100.3	100.6	99.8
陕 西	Shaanxi	100.7	100.8	101.4	99.4	101.9	102.4	101.3	99.1
甘 肃	Gansu	101.3	100.9	99.1	100.0	100.9	101.0	100.0	99.3
青 海	Qinghai	100.0	101.8	100.2	98.8	102.8	98.9	98.7	96.0
宁 夏	Ningxia	101.9	101.7	103.6	101.2	100.4	100.9	101.0	102.4
新 疆	Xinjiang	102.4	98.4	95.9	99.0	98.6	100.5	99.8	96.6

5-7 续表 2 continued

(上年=100) (preceding year=100)

地 区 Region		家 具 Furniture	化妆品 Cosmetics	金银饰品 Gold and Silver Ornaments	中西药品及医疗保健用品 Traditional Chinese and Western Medicines and Health Care Articles	书报杂志及电子出版物 Books, Newspapers, Magazines and Electronic Publications	燃 料 Fuels	建筑材料及五金电料 Building Materials and Hardware
全 国	**National**	**102.5**	**101.0**	**97.9**	**104.5**	**103.5**	**109.7**	**102.8**
北 京	Beijing	103.3	101.9	98.7	101.6	103.1	111.2	103.1
天 津	Tianjin	100.8	100.6	97.5	104.7	101.9	110.3	102.5
河 北	Hebei	103.5	101.5	98.6	107.3	105.3	112.5	101.1
山 西	Shanxi	101.3	100.3	99.0	104.3	104.7	110.2	101.7
内蒙古	Inner Mongolia	100.3	100.5	98.4	102.9	102.4	109.7	102.5
辽 宁	Liaoning	101.4	100.9	97.1	104.8	103.7	108.4	100.7
吉 林	Jilin	104.0	101.7	98.3	106.6	104.2	107.7	103.1
黑龙江	Heilongjiang	100.1	101.8	96.6	103.9	102.1	109.1	101.4
上 海	Shanghai	103.2	100.4	100.6	101.2	106.0	110.9	105.3
江 苏	Jiangsu	103.1	102.0	97.3	104.2	107.4	109.9	105.0
浙 江	Zhejiang	101.8	99.8	98.3	105.3	104.3	110.0	103.6
安 徽	Anhui	101.9	101.6	98.4	104.5	106.7	109.0	103.6
福 建	Fujian	101.3	100.1	97.5	104.4	102.9	110.5	102.7
江 西	Jiangxi	103.4	100.5	98.0	100.9	107.0	108.3	103.3
山 东	Shandong	104.5	101.0	96.8	105.8	102.7	108.6	103.3
河 南	Henan	102.4	101.6	98.3	105.6	104.1	112.0	102.8
湖 北	Hubei	103.1	101.6	97.2	102.3	100.4	108.2	102.1
湖 南	Hunan	100.9	101.2	97.5	104.2	100.7	109.9	102.8
广 东	Guangdong	102.3	100.8	97.2	104.3	102.0	109.8	102.4
广 西	Guangxi	101.6	101.3	95.7	104.9	102.7	111.0	102.6
海 南	Hainan	102.9	101.6	96.3	107.2	100.5	109.8	101.4
重 庆	Chongqing	103.8	101.3	98.2	104.4	102.4	107.8	102.2
四 川	Sichuan	103.8	99.7	98.5	104.9	102.8	109.1	102.8
贵 州	Guizhou	101.2	101.6	98.2	103.4	103.4	109.7	101.3
云 南	Yunnan	100.9	99.9	100.1	105.6	101.7	107.7	102.2
西 藏	Tibet	100.5	103.7	98.2	104.5	100.0	106.3	101.1
陕 西	Shaanxi	103.6	101.1	96.5	104.4	105.4	109.2	102.5
甘 肃	Gansu	100.9	100.5	96.4	105.5	100.5	107.1	103.6
青 海	Qinghai	102.8	101.9	98.7	106.6	104.7	109.8	100.7
宁 夏	Ningxia	103.7	100.2	97.3	102.9	111.2	109.8	103.8
新 疆	Xinjiang	101.1	101.4	98.4	101.4	100.9	107.7	102.5

5-8 农业生产资料价格分类指数
Price Indices for Means of Agricultural Production by Category

(上年=100) (preceding year=100)

年份 地区	Year Region	总指数 General Index	农用手工工具 Farm Handtools	饲料 Forage	仔畜幼禽及产品畜 Newborn Animals & Poultry, and Commodity Animals	半机械化农具 Semi-mechanized Farm Tools	机械化农具 Mechanized Farm Machinery
	2003	101.4	99.3	102.0	102.9	99.4	98.5
	2004	110.6	104.3	116.5	127.6	102.1	102.2
	2005	108.3	105.1	103.9	106.5	102.3	102.3
	2006	101.5	106.2	101.1	88.0	101.8	101.5
	2007	107.7	104.9	108.2	144.5	102.7	101.7
	2008	120.3	112.5	115.8	131.5	107.9	109.0
	2009	97.5	103.1	102.4	82.7	101.5	100.9
	2010	102.9	102.5	108.3	100.8	100.7	101.4
	2011	111.3	105.3	107.6	137.3	103.6	104.6
	2012	105.6	104.4	105.7	104.6	102.1	102.1
	2013	101.4	103.0	104.5	100.3	100.7	100.5
	2014	99.1	103.1	102.0	97.8	100.5	100.6
	2015	100.4	101.5	98.1	108.3	100.1	99.8
	2016	100.1	101.0	95.5	126.9	99.5	100.0
	2017	100.6	102.3	99.1	94.1	101.0	101.5
	2018	103.1	103.8	102.9	89.5	101.4	101.8
北京	Beijing						
天津	Tianjin						
河北	Hebei	103.2	100.8	103.6	89.6	101.7	100.7
山西	Shanxi	102.5	106.2	103.6	89.5	100.3	100.3
内蒙古	Inner Mongolia	102.8	108.9	100.2	97.4	101.8	100.9
辽宁	Liaoning	101.8	99.7	103.0	77.3	100.3	100.8
吉林	Jilin	103.7	102.2	105.3	99.5	100.0	100.7
黑龙江	Heilongjiang	103.6	107.5	101.3	89.7	100.9	102.4
上海	Shanghai						
江苏	Jiangsu	103.9	106.8	104.0	92.7	100.5	100.3
浙江	Zhejiang	101.8	105.8	101.1	87.1	102.2	102.9
安徽	Anhui	101.5	102.8	100.8	77.0	101.2	100.3
福建	Fujian	103.1	101.6	102.7	96.4	100.0	99.9
江西	Jiangxi	102.7	103.5	105.2	90.3	102.5	102.5
山东	Shandong	106.9	101.1	107.5	90.5	106.6	104.8
河南	Henan	104.3	106.1	106.4	83.7	100.8	100.7
湖北	Hubei	100.9	100.3	98.7	96.0	99.4	101.5
湖南	Hunan	102.7	101.5	101.2	90.1	102.2	104.8
广东	Guangdong	102.5	102.5	101.5	92.5	99.8	100.3
广西	Guangxi	101.8	104.0	100.8	77.8	101.1	103.7
海南	Hainan	102.2	102.8	100.6	90.9	100.0	104.0
重庆	Chongqing						
四川	Sichuan	101.8	107.3	103.6	88.2	101.2	101.8
贵州	Guizhou	98.8	102.7	100.2	86.0	100.6	100.1
云南	Yunnan	101.7	103.2	102.9	86.1	100.4	100.6
西藏	Tibet	101.0	102.6	100.7	101.0	100.0	100.0
陕西	Shaanxi	103.8	103.7	101.4	88.0	104.6	106.3
甘肃	Gansu	104.2	105.5	101.9	99.4	102.4	103.1
青海	Qinghai	102.1	100.9	100.5	95.4	101.4	101.7
宁夏	Ningxia	105.6	110.9	107.3	107.1	108.7	99.7
新疆	Xinjiang	104.9	102.6	102.2	98.5	100.5	100.6

5-8 续表 continued

(上年=100) (preceding year=100)

年 份 Year / 地 区 Region	化学肥料 Chemical Fertilizer	农药及农药器械 Pesticide and Its Appliances	农机用油 Oil for Farm Machinery	其他农用生产资料 Other Means of Agricultural Production	农业生产服务 Service for Agricultural Production
2003	101.6	99.9	107.8	97.0	
2004	112.8	103.0	108.4	106.3	
2005	112.8	104.1	111.1	109.4	
2006	100.1	101.6	113.4	105.8	107.8
2007	103.4	101.4	105.3	103.4	109.7
2008	131.7	108.0	113.1	108.1	110.3
2009	93.7	100.1	94.4	102.5	107.9
2010	98.6	100.4	110.3	107.2	104.3
2011	113.3	102.6	110.8	108.1	108.3
2012	106.6	102.4	104.2	105.9	108.3
2013	97.7	101.6	100.5	103.9	106.5
2014	94.2	101.2	98.2	102.1	104.0
2015	100.6	100.5	87.3	100.8	102.2
2016	96.9	99.9	96.6	99.9	101.5
2017	102.1	101.0	110.0	100.7	101.5
2018	107.4	104.8	112.6	101.3	102.8
北 京 Beijing					
天 津 Tianjin					
河 北 Hebei	108.4	105.2	111.2	101.8	100.2
山 西 Shanxi	105.4	102.1	113.3	100.6	101.6
内蒙古 Inner Mongolia	107.4	102.0	112.6	99.1	100.9
辽 宁 Liaoning	105.7	102.0	113.8	100.9	102.9
吉 林 Jilin	107.9	102.7	112.5	97.3	100.5
黑龙江 Heilongjiang	105.3	106.6	112.8	104.7	104.8
上 海 Shanghai					
江 苏 Jiangsu	109.3	105.2	116.0	101.8	102.3
浙 江 Zhejiang	105.2	102.9	113.0	101.8	102.1
安 徽 Anhui	108.3	101.3	113.1	99.8	100.4
福 建 Fujian	107.1	105.4	110.6	100.7	100.6
江 西 Jiangxi	103.8	103.8	110.3	102.3	99.5
山 东 Shandong	112.3	114.6	112.1	101.4	105.3
河 南 Henan	109.4	105.1	115.2	100.3	102.5
湖 北 Hubei	103.9	101.8	112.4	99.8	100.3
湖 南 Hunan	106.4	105.2	113.8	101.6	102.0
广 东 Guangdong	104.8	103.8	111.3	101.1	104.1
广 西 Guangxi	106.7	103.2	113.0	101.0	106.5
海 南 Hainan	106.6	102.3	112.3	101.2	100.0
重 庆 Chongqing					
四 川 Sichuan	107.0	103.8	111.3	102.5	104.4
贵 州 Guizhou	103.9	100.2	107.6	99.4	100.2
云 南 Yunnan	108.5	103.4	109.5	102.7	102.8
西 藏 Tibet	100.0	100.0	105.9	102.0	100.0
陕 西 Shaanxi	108.0	105.7	111.8	103.0	102.7
甘 肃 Gansu	108.3	101.2	111.5	101.2	103.9
青 海 Qinghai	105.8	107.4	113.1	98.3	101.7
宁 夏 Ningxia	108.0	101.3	114.1	100.0	102.4
新 疆 Xinjiang	111.9	101.7	112.4	101.1	105.4

5-9 农产品生产者价格指数
Producer Price Indices for Farm Products

(上年＝100) (preceding year=100)

指　　标	Item	2014	2015	2016	2017	2018
农产品生产者价格指数	**Producer Price Indices for Farm Products**	**99.8**	**101.7**	**103.4**	**96.5**	**99.1**
种植业产品	**Planting Products**	**101.8**	**99.2**	**97.0**	**99.5**	**101.2**
谷物	Cereal	102.7	98.7	92.2	100.5	102.3
#小麦	Wheat	105.1	99.2	94.1	104.4	100.1
稻谷	Rice	102.2	101.6	98.8	100.7	99.7
玉米	Corn	101.7	96.5	86.8	97.1	105.1
大豆	Beans	101.8	99.0	97.6	97.7	97.9
油料	Oil-bearing Crops	99.9	100.8	101.1	100.5	99.1
棉花	Cotton	87.1	87.5	118.4	100.8	97.9
糖料	Sugar	99.7	98.8	106.5	106.3	98.8
蔬菜	Vegetable	98.5	104.6	107.0	95.6	103.6
水果	Fruit	106.4	99.7	92.5	104.8	101.1
林业产品	**Forestry Products**	**99.4**	**97.9**	**96.1**	**104.9**	**98.9**
畜牧业产品	**Animal Husbandry Products**	**97.1**	**104.2**	**110.4**	**90.8**	**95.6**
生猪	Live Pig	92.2	108.9	119.4	86.0	85.6
活牛	Live Cattle and Buffaloes	104.4	99.1	98.7	98.8	104.9
活羊	Live Sheep and Goats	100.8	89.4	93.6	107.1	114.7
活家禽	Live Poultry	104.4	101.3	99.6	96.7	107.7
禽蛋	Eggs	105.7	96.9	94.3	92.8	117.6
生奶	Raw Milk	107.9	92.2	96.2	100.0	101.3
渔业产品	**Fishery Products**	**103.1**	**102.5**	**103.4**	**104.9**	**102.6**
海水养殖产品	Seawater Artificially Cultured Products	101.9	101.0	104.1	107.9	101.4
海水捕捞产品	Seawater Fishing Products	103.1	106.0	106.2	103.1	104.7
淡水养殖产品	Freshwater Artificially Cultured Products	103.8	102.1	102.0	102.4	102.2

5-10 分地区农产品生产价格指数
Producer Price Indices for Farm Products by Region

(上年=100) (preceding year=100)

地 区	Region	2017 总指数 General Index	2017 种植业产品 Planting Products	2017 林业产品 Forestry Products	2017 畜牧业产品 Animal Husbandry Products	2017 渔业产品 Fishery Products	2018 总指数 General Index	2018 种植业产品 Planting Products	2018 林业产品 Forestry Products	2018 畜牧业产品 Animal Husbandry Products	2018 渔业产品 Fishery Products
全 国	**National Total**	**96.5**	**99.5**	**104.9**	**90.8**	**104.9**	**99.1**	**101.2**	**98.9**	**95.6**	**102.6**
北 京	Beijing	96.2	98.5		93.6	97.6	103.6	109.7		97.0	96.6
天 津	Tianjin	95.5	97.8		90.5	99.7	104.2	109.0		100.4	95.7
河 北	Hebei	96.2	98.8	109.5	90.6	103.2	104.7	104.5	100.6	104.6	109.9
山 西	Shanxi	95.9	97.6	92.3	92.1	110.5	104.7	107.1	71.0	100.9	110.9
内蒙古	Inner Mongolia	95.6	93.5	92.6	97.7	99.6	102.0	105.4	101.3	98.7	99.2
辽 宁	Liaoning	93.6	93.9	106.5	92.6	104.6	103.7	105.4	105.7	101.6	104.8
吉 林	Jilin	89.5	88.8	101.6	91.3	98.9	106.1	110.5	108.2	93.0	94.1
黑龙江	Heilongjiang	95.1	96.1	115.3	89.8	95.3	100.8	102.9	105.1	89.6	99.1
上 海	Shanghai	98.4	95.6	101.3	91.0	115.6	100.5	102.8	102.0	93.0	102.5
江 苏	Jiangsu	97.9	101.5	99.5	91.2	102.6	100.9	101.0	102.4	98.8	103.8
浙 江	Zhejiang	99.1	99.8	99.1	89.0	105.0	100.8	100.1	99.2	95.6	106.3
安 徽	Anhui	98.4	102.5	96.6	88.7	101.2	99.0	99.4	101.0	96.2	103.2
福 建	Fujian	98.9	95.9	100.1	94.7	105.5	102.6	102.6	110.8	95.7	103.9
江 西	Jiangxi	97.3	101.1	98.4	87.9	106.1	97.4	98.9	101.4	91.7	103.2
山 东	Shandong	98.6	99.3	101.2	90.7	106.8	100.5	101.2	101.4	97.3	103.1
河 南	Henan	94.9	99.8	103.7	86.6	100.9	97.9	100.1	105.8	94.0	
湖 北	Hubei	99.3	103.5	103.1	87.0	106.9	96.6	99.0	100.3	90.9	101.9
湖 南	Hunan	98.0	107.4	91.9	86.6	102.8	95.4	98.2	101.4	91.6	95.8
广 东	Guangdong	99.4	100.9	102.0	92.0	103.9	101.3	100.1	99.4	101.6	103.6
广 西	Guangxi	98.2	104.4	101.1	87.5	103.7	97.3	99.2	102.9	91.7	103.4
海 南	Hainan	101.9	99.8	115.6	90.3	108.1	97.3	97.3	90.4	95.7	102.5
重 庆	Chongqing	96.8	102.8	99.3	91.3	104.1	99.7	106.3	92.9	94.6	99.7
四 川	Sichuan	97.8	102.6	103.7	93.3	101.7	100.2	101.7	101.3	98.7	101.0
贵 州	Guizhou	96.7	101.3	100.9	92.9	100.9	92.6	101.5	96.8	85.7	99.3
云 南	Yunnan	98.7	102.6	104.7	90.5	103.5	96.9	100.7	105.9	89.0	100.3
西 藏	Tibet										
陕 西	Shaanxi	98.4	100.4	107.9	93.8	101.8	100.9	103.7	95.3	96.1	103.1
甘 肃	Gansu	99.1	100.9	93.8	95.4	91.1	101.7	101.6		102.2	93.6
青 海	Qinghai	101.0	101.6		100.2	100.0	100.3	97.1		105.6	100.0
宁 夏	Ningxia	99.3	99.1		99.2	103.2	105.0	104.0		106.0	106.3
新 疆	Xinjiang	100.7	100.4	88.1	101.7	116.7	106.3	106.0	121.3	106.2	107.8

5-11 按工业行业分工业生产者出厂价格指数

Producer Price Indices for Industrial Products by Sector

(上年=100) (preceding year=100)

行 业	Sector	2015	2016	2017	2018
总指数	**Producer Price Indices for Industrial Products**	**94.8**	**98.6**	**106.3**	**103.5**
煤炭开采和洗选业	Mining and Washing of Coal	85.3	98.3	128.2	104.6
石油和天然气开采业	Extraction of Petroleum and Natural Gas	62.7	83.6	129.0	124.3
黑色金属矿采选业	Mining and Processing of Ferrous Metal Ores	79.7	96.5	115.6	103.0
有色金属矿采选业	Mining and Processing of Non-Ferrous Metal Ores	92.9	102.3	114.0	104.4
非金属矿采选业	Mining and Processing of Non-metal Ores	97.5	99.0	105.0	107.1
开采辅助活动	Support Activities for Mining	96.9	99.7	98.2	95.3
其他采矿业	Mining of Other Ores				
农副食品加工业	Processing of Food from Agricultural Products	98.7	100.2	100.6	100.3
食品制造业	Manufacture of Foods	99.9	99.8	101.2	101.6
酒、饮料和精制茶制造业	Manufacture of Liquor, Beverages and Refined Tea	99.7	99.1	100.3	101.6
烟草制品业	Manufacture of Tobacco	100.4	100.1	100.0	100.4
纺织业	Manufacture of Textile	97.7	98.7	103.1	102.3
纺织服装、服饰业	Manufacture of Textile, Wearing Apparel and Accessories	100.7	100.5	100.8	101.0
皮革、毛皮、羽毛及其制品和制鞋业	Manufacture of Leather, Fur, Feather and Related Products and Footware	100.8	100.9	101.0	100.6
木材加工和木、竹、藤、棕、草制品业	Processing of Timber, Manufacture of Wood, Bamboo, Rattan, Palm and Straw Products	99.8	99.7	100.5	101.7
家具制造业	Manufacture of Furniture	100.6	101.1	101.7	101.2
造纸和纸制品业	Manufacture of Paper and Paper Products	98.8	99.8	109.5	106.7
印刷和记录媒介复制业	Printing and Reproduction of Recording Media	99.6	99.4	101.3	101.8
文教、工美、体育和娱乐用品制造业	Manufacture of Articles for Culture, Education, Arts and Crafts, Sport and Entertainment Activities	99.5	102.8	101.1	99.5
石油加工、炼焦和核燃料加工业	Processing of Petroleum, Coking and Processing of Nuclear Fuel	78.5	93.3	119.2	116.3
化学原料和化学制品制造业	Manufacture of Raw Chemical Materials and Chemical Products	93.3	97.2	109.4	106.2
医药制造业	Manufacture of Medicines	100.5	100.4	101.5	103.0
化学纤维制造业	Manufacture of Chemical Fibres	90.6	95.0	109.7	105.4
橡胶和塑料制品业	Manufacture of Rubber and Plastics Products	96.7	97.7	102.6	101.6
非金属矿物制品业	Manufacture of Non-metallic Mineral Products	96.5	98.5	108.1	109.7
黑色金属冶炼和压延加工业	Smelting and Pressing of Ferrous Metals	83.3	102.5	127.9	109.0
有色金属冶炼和压延加工业	Smelting and Pressing of Non-ferrous Metals	91.7	98.0	115.9	103.4
金属制品业	Manufacture of Metal Products	97.1	98.6	105.6	104.6
通用设备制造业	Manufacture of General Purpose Machinery	98.8	99.0	100.8	101.6
专用设备制造业	Manufacture of Special Purpose Machinery	99.2	98.8	100.4	101.1
汽车制造业	Manufacture of Automobiles	99.1	98.9	99.8	100.1
铁路、船舶、航空航天和其他运输设备制造业	Manufacture of Railway, Ship, Aerospace and Other Transport Equipments	99.9	99.7	101.2	100.9
电气机械和器材制造业	Manufacture of Electrical Machinery and Apparatus	98.0	98.4	102.0	100.1
计算机、通信和其他电子设备制造业	Manufacture of Computers, Communication and Other Electronic Equipment	98.4	98.6	99.7	98.5
仪器仪表制造业	Manufacture of Measuring Instruments and Machinery	99.4	99.8	99.8	99.5
其他制造业	Other Manufacture	98.8	100.8	102.7	101.3
废弃资源综合利用业	Utilization of Waste Resources	88.8	97.5	115.8	115.0
金属制品、机械和设备修理业	Repair Service of Metal Products, Machinery and Equipment	98.5	102.4	102.6	100.6
电力、热力生产和供应业	Production and Supply of Electric Power and Heat Power	98.7	96.9	99.3	99.0
燃气生产和供应业	Production and Supply of Gas	97.0	90.4	102.1	104.0
水的生产和供应业	Production and Supply of Water	102.2	101.9	102.0	101.5

5-12 分地区工业生产者出厂价格指数
Producer Price Indices for Industrial Products by Region

(上年=100) (preceding year=100)

地 区	Region	2011	2012	2013	2014	2015	2016	2017	2018
全 国	**National**	**106.0**	**98.3**	**98.1**	**98.1**	**94.8**	**98.6**	**106.3**	**103.5**
北 京	Beijing	102.3	98.4	97.4	99.1	96.9	98.1	100.7	100.0
天 津	Tianjin	103.8	97.0	97.0	96.3	90.3	97.9	108.4	105.4
河 北	Hebei	107.7	94.7	96.6	95.2	89.1	99.9	115.0	106.2
山 西	Shanxi	107.5	94.5	90.7	91.4	87.7	96.8	119.4	106.7
内蒙古	Inner Mongolia	107.8	100.2	97.0	97.3	94.0	98.9	110.6	103.2
辽 宁	Liaoning	106.5	99.9	99.0	98.2	93.9	98.8	108.1	104.8
吉 林	Jilin	105.4	99.1	98.7	99.1	95.3	98.4	103.1	102.8
黑龙江	Heilongjiang	112.0	100.0	98.0	97.1	86.0	95.1	109.3	109.0
上 海	Shanghai	102.9	98.4	98.2	98.9	96.1	98.8	103.5	101.7
江 苏	Jiangsu	106.2	97.1	98.0	98.3	95.3	98.1	104.8	102.8
浙 江	Zhejiang	105.0	97.3	98.2	98.8	96.4	98.3	104.8	103.4
安 徽	Anhui	108.3	98.3	98.2	97.4	93.9	98.5	108.0	103.0
福 建	Fujian	103.9	98.7	98.4	98.6	97.0	99.1	104.1	102.8
江 西	Jiangxi	111.3	96.5	98.5	97.8	93.7	98.6	107.9	104.2
山 东	Shandong	106.0	98.4	98.4	98.4	95.2	98.5	105.5	103.7
河 南	Henan	107.2	99.4	98.5	98.1	95.4	99.0	106.8	103.6
湖 北	Hubei	106.6	100.3	99.2	98.4	96.7	99.0	105.6	104.2
湖 南	Hunan	108.5	99.1	98.5	98.4	96.3	98.9	105.8	103.2
广 东	Guangdong	103.7	99.5	98.8	98.9	96.8	99.4	103.3	101.8
广 西	Guangxi	108.5	97.8	98.2	98.4	97.0	99.1	107.6	103.2
海 南	Hainan	108.8	100.8	99.5	97.6	89.8	96.0	108.8	108.2
重 庆	Chongqing	103.8	99.9	98.0	98.3	97.2	98.6	104.1	102.1
四 川	Sichuan	107.3	98.6	98.7	98.7	96.4	98.9	106.5	103.6
贵 州	Guizhou	105.4	101.0	97.4	98.3	96.1	97.9	107.2	101.8
云 南	Yunnan	104.7	97.9	97.5	97.8	94.9	97.6	105.2	102.4
西 藏	Tibet	104.3	99.7	99.8	99.0	93.2	102.9	110.0	100.1
陕 西	Shaanxi	107.2	100.7	97.3	97.1	90.8	97.6	110.8	105.4
甘 肃	Gansu	111.0	96.8	96.9	96.7	87.0	94.9	114.5	109.5
青 海	Qinghai	107.4	96.9	97.0	96.1	93.1	98.5	116.7	104.8
宁 夏	Ningxia	109.5	97.4	96.0	96.3	93.7	99.1	112.1	107.3
新 疆	Xinjiang	114.8	96.9	96.5	96.2	82.4	94.5	113.7	111.2

5-13 工业生产者出厂价格分类指数
Producer Price Indices for Industrial Products by Category

(上年=100) (preceding year=100)

类 别	Item	2011	2012	2013	2014	2015	2016	2017	2018
总指数	**Total Price Indices**	**106.0**	**98.3**	**98.1**	**98.1**	**94.8**	**98.6**	**106.3**	**103.5**
生产资料	**Means of Production**	**106.6**	**97.5**	**97.4**	**97.5**	**93.3**	**98.2**	**108.3**	**104.6**
采掘工业	Mining & Quarrying Industry	115.4	97.6	94.3	93.5	80.3	95.4	120.7	108.8
原材料工业	Raw Materials Industry	109.2	98.0	96.9	97.0	90.5	96.7	111.5	106.3
加工工业	Processing Industry	104.6	97.3	98.0	98.2	95.7	99.0	106.1	103.5
生活资料	**Consumer Goods**	**104.2**	**100.8**	**100.2**	**100.0**	**99.7**	**100.0**	**100.7**	**100.5**
食品类	Food	107.4	101.4	100.7	100.2	100.0	100.6	100.6	100.5
衣着类	Clothing	104.2	102.1	101.2	100.7	100.7	100.9	101.2	100.8
一般日用品	Articles for Daily Use	104.0	100.9	99.8	100.1	99.3	100.0	101.3	101.0
耐用消费品	Durable Consumer Goods	99.4	99.1	99.1	99.2	99.2	98.5	99.9	99.8

5-14 工业生产者购进价格指数
Purchasing Price Indices for Industrial Producers

(上年=100) (preceding year=100)

年 份 Year	总指数 General Index	燃料、动力类 Fuel and Power	黑色金属材料类 Ferrous Metals	有色金属材料及电线类 Nonferrous Metals	化 工 原料类 Raw Chemical Materials	木材及纸浆类 Timber and Paper Pulp	建筑材料及非金属类 Building Materials	农 副 产品类 Agricultural Products	纺 织 原料类 Textile Materials
1989	126.4	124.7	130.3	127.6	124.4	111.4	122.7	128.9	128.5
1990	105.6	110.7	103.9	97.2	95.6	99.4	115.2	107.8	107.4
1991	109.1	112.9	112.5	101.2	99.8	105.6	101.2	106.8	108.9
1992	111.0	116.4	114.5	112.4	102.6	102.0	118.8	103.4	100.5
1993	135.1	136.7	174.1	115.8	114.3	128.6	140.9	112.2	107.1
1994	118.2	118.0	103.8	110.7	111.7	115.1	114.3	148.3	139.6
1995	115.3	108.7	98.2	128.3	127.2	115.8	102.6	143.1	123.6
1996	103.9	110.2	99.3	92.4	98.0	101.9	102.5	114.7	94.5
1997	101.3	109.3	97.4	96.2	97.1	100.9	99.7	102.0	94.7
1998	95.8	99.1	95.1	88.3	93.6	96.7	98.6	94.5	94.3
1999	96.7	100.9	94.7	98.9	97.6	100.4	98.8	89.8	96.8
2000	105.1	115.4	100.9	110.3	105.6	99.8	101.5	99.9	102.4
2001	99.8	100.2	100.5	95.6	98.4	100.4	98.6	101.2	99.7
2002	97.7	100.1	98.2	96.5	97.5	98.7	98.2	95.7	97.1
2003	104.8	107.4	107.9	105.3	102.9	100.3	99.7	106.7	101.4
2004	111.4	109.7	120.4	120.1	108.9	102.8	105.1	114.2	104.7
2005	108.3	115.0	107.5	114.0	108.3	103.5	103.1	101.7	102.4
2006	106.0	111.9	98.3	130.8	102.1	102.6	101.9	104.3	102.9
2007	104.4	104.3	105.4	111.6	103.6	102.7	103.0	106.1	101.4
2008	110.5	120.6	118.4	98.6	105.2	105.2	109.5	107.5	103.1
2009	92.1	89.2	86.3	81.1	91.3	95.8	101.1	97.0	98.8
2010	109.6	116.3	106.6	122.2	107.0	103.0	103.8	110.4	106.7
2011	109.1	110.8	109.4	112.1	110.4	104.6	108.4	115.6	112.7
2012	98.2	100.9	92.9	94.5	96.1	100.1	99.7	100.2	99.1
2013	98.0	96.6	95.7	95.4	97.3	99.6	98.7	101.6	99.9
2014	97.8	97.1	94.6	96.1	98.3	99.4	99.8	99.4	98.9
2015	93.9	88.7	88.4	92.7	93.7	99.3	95.9	97.7	97.8
2016	98.0	95.6	97.7	97.9	97.6	99.7	97.6	100.1	99.7
2017	108.1	113.0	115.9	115.3	108.4	106.2	108.6	101.5	104.0
2018	104.1	107.1	106.1	103.9	104.6	105.4	110.5	99.6	102.2

5-15 固定资产投资价格指数

Price Index for Investment in Fixed Assets

年份 Year	上年=100 Preceding Year=100				1990年=100 Year of 1990=100			
	固定资产投资 Investment in Fixed Assets	建筑安装工程 Construction and Installation	设备工器具购置 Purchase of Equipment and Instruments	其他费用 Other Expenses	固定资产投资 Investment in Fixed Assets	建筑安装工程 Construction and Installation	设备工器具购置 Purchase of Equipment and Instruments	其他费用 Other Expenses
1990	108.0	106.9	109.1	112.4	100.0	100.0	100.0	100.0
1991	109.5	109.7	106.1	116.8	109.5	109.7	106.1	116.8
1992	115.3	116.8	109.4	120.9	126.3	128.1	116.1	141.2
1993	126.6	131.3	119.7	123.4	159.8	168.2	138.9	174.3
1994	110.4	110.4	109.5	112.1	176.5	185.7	152.1	195.3
1995	105.9	104.7	106.3	112.4	186.9	194.5	161.7	219.6
1996	104.0	105.1	101.6	104.3	194.3	204.4	164.3	229.0
1997	101.7	102.9	98.1	102.9	197.6	210.3	161.2	235.6
1998	99.8	100.5	97.5	100.4	197.3	211.4	157.2	236.6
1999	99.6	100.3	97.5	99.9	196.5	212.0	153.2	236.3
2000	101.1	102.4	97.4	101.0	198.6	217.1	149.2	238.7
2001	100.4	101.4	97.0	101.0	199.4	220.1	144.8	241.1
2002	100.2	101.0	97.0	101.2	199.8	222.3	140.4	244.0
2003	102.2	104.2	97.0	101.6	204.2	231.7	136.2	247.9
2004	105.6	108.2	99.4	103.5	215.7	250.7	135.4	256.6
2005	101.6	101.8	99.4	103.2	219.1	255.2	134.6	264.8
2006	101.5	101.3	100.7	103.3	222.4	258.5	135.5	273.5
2007	103.9	105.1	100.2	104.2	231.1	271.8	135.7	284.9
2008	108.9	112.9	100.6	105.4	251.8	306.9	136.4	300.3
2009	97.6	96.3	97.6	102.4	245.8	295.5	133.1	307.5
2010	103.6	104.9	100.3	103.1	254.6	310.0	133.5	317.0
2011	106.6	109.2	101.1	104.0	271.4	338.5	135.0	329.7
2012	101.1	101.6	98.9	102.2	274.4	343.9	133.5	337.0
2013	100.3	100.3	99.0	101.7	275.2	344.9	132.2	342.7
2014	100.5	100.6	99.7	101.4	276.6	347.0	131.8	347.5
2015	98.2	97.3	99.3	100.7	271.6	337.6	130.9	349.9
2016	99.4	99.4	98.9	100.5	270.0	335.6	129.5	351.6
2017	105.8	108.0	100.6	101.0	285.7	362.4	130.3	355.1
2018	105.4	107.2	101.0	101.2	301.1	388.5	131.6	359.4

5-16 分地区固定资产投资价格指数
Price Indices for Investment in Fixed Assets by Region

(上年=100) (preceding year=100)

地 区	Region	2017				2018			
		固定资产投资 Investment in Fixed Assets	建筑安装工程 Construction and Installation	设备工器具购置 Purchase of Equipment and Instruments	其他费用 Others	固定资产投资 Investment in Fixed Assets	建筑安装工程 Construction and Installation	设备工器具购置 Purchase of Equipment and Instruments	其他费用 Others
全 国	**National Total**	**105.8**	**108.0**	**100.6**	**101.0**	**105.4**	**107.2**	**101.0**	**101.2**
北 京	Beijing	104.7	110.5	100.1	100.0	103.8	108.2	100.4	100.6
天 津	Tianjin	104.3	106.6	100.5	100.7	104.5	106.9	101.0	100.5
河 北	Hebei	106.7	109.5	100.5	101.6	105.0	106.7	101.3	100.6
山 西	Shanxi	106.3	109.4	100.6	100.1	104.5	106.5	101.0	100.9
内蒙古	Inner Mongolia	103.4	104.5	100.6	101.4	103.6	104.6	101.0	100.8
辽 宁	Liaoning	104.0	105.3	100.3	101.1	103.5	104.4	100.8	101.2
吉 林	Jilin	104.7	107.4	100.6	100.5	104.6	107.8	100.8	100.9
黑龙江	Heilongjiang	103.4	104.5	100.4	101.2	103.3	104.4	100.8	100.4
上 海	Shanghai	106.7	110.9	100.2	100.9	105.6	109.2	100.8	101.0
江 苏	Jiangsu	107.6	112.9	100.6	102.1	106.0	109.6	100.7	102.3
浙 江	Zhejiang	105.8	109.3	100.7	101.2	105.7	108.8	100.7	101.9
安 徽	Anhui	107.4	109.9	100.6	100.8	105.8	108.5	101.0	100.8
福 建	Fujian	105.6	107.6	100.9	101.1	104.9	106.7	100.8	100.4
江 西	Jiangxi	106.1	108.6	100.8	100.7	106.4	109.2	100.1	101.0
山 东	Shandong	105.8	108.7	100.6	101.4	106.1	108.7	101.5	101.5
河 南	Henan	107.4	110.9	100.8	100.8	105.4	107.4	101.5	101.0
湖 北	Hubei	105.9	108.0	100.8	101.9	106.6	108.8	101.1	102.3
湖 南	Hunan	105.7	107.7	100.0	100.6	104.8	105.8	100.7	102.6
广 东	Guangdong	105.3	107.4	100.9	101.1	106.2	108.4	101.1	101.3
广 西	Guangxi	104.4	106.2	100.8	100.0	104.5	106.3	100.6	100.3
海 南	Hainan	104.1	105.2	100.6	101.8	106.2	108.0	101.0	101.7
重 庆	Chongqing	105.3	106.9	100.6	100.4	105.0	106.3	101.0	100.5
四 川	Sichuan	107.7	112.3	101.3	100.3	106.4	109.0	101.0	103.7
贵 州	Guizhou	106.1	107.3	100.7	100.7	105.2	106.0	101.7	101.1
云 南	Yunnan	104.9	105.8	101.4	100.6	104.9	105.7	100.9	100.6
西 藏	Tibet								
陕 西	Shaanxi	105.3	107.4	100.0	102.2	105.4	107.1	100.6	103.1
甘 肃	Gansu	105.9	107.0	101.4	100.6	104.6	105.4	101.8	101.5
青 海	Qinghai	106.1	107.4	100.6	102.7	104.3	105.2	101.0	102.2
宁 夏	Ningxia	105.9	107.6	100.3	100.0	103.5	104.7	100.9	100.0
新 疆	Xinjiang	103.5	104.5	100.8	100.3	103.7	104.5	101.1	100.2

5-17 建筑安装工程价格指数
Price Indices of Construction and Installment

(上年=100) (preceding year=100)

年份 Year	建筑安装工程价格指数 Price Indices of Construction and Installment	人工费 Labor Costs	材料费 Material Costs	#钢材 Rolled Steel	木材 Timber	水泥 Cement
2007	105.1	108.9	104.5	106.0	104.1	103.9
2008	112.9	113.8	114.1	120.1	108.3	110.4
2009	96.3	106.6	92.8	85.3	101.5	100.4
2010	104.9	109.1	104.3	105.0	103.8	103.1
2011	109.2	113.5	108.7	109.8	106.6	109.2
2012	101.6	109.7	98.0	94.4	102.6	97.8
2013	100.3	108.1	97.6	94.1	101.6	98.6
2014	100.6	106.1	98.5	94.9	101.8	100.7
2015	97.3	104.6	94.0	88.1	100.7	96.7
2016	99.4	103.5	97.6	96.3	100.2	96.7
2017	108.0	103.9	110.9	120.7	102.6	106.8
2018	107.2	104.4	109.4	110.0	103.5	110.9

5-18 进出口商品价格指数
Price Indices of Imports and Exports of Commodity

(上年=100) (preceding year=100)

年份 Year	出口 Exports	进口 Imports	年份 Year	出口 Exports	进口 Imports
1983	91.6	91.5	2001	98.4	100.1
1984	102.3	98.2	2002	97.5	102.3
1985	97.0	98.0	2003	103.0	109.2
1986	85.3	106.4	2004	106.6	113.3
1987	103.4	100.6	2005	103.0	103.5
1988	105.1	114.9	2006	102.5	103.2
1989	106.6	108.3	2007	105.5	106.6
1990	103.3	96.7	2008	108.6	115.8
1991	97.6	94.3	2009	93.8	87.3
1992	99.3	103.3	2010	102.9	113.6
1993	96.0	101.5	2011	110.0	113.9
1994	105.3	104.6	2012	102.0	99.3
1995	110.7	112.1	2013	99.2	97.6
1996	102.9	102.2	2014	99.3	96.6
1997	101.5	103.2	2015	99.0	88.4
1998	95.3	99.4	2016	98.0	97.6
1999	95.6	104.4	2017	103.9	109.4
2000	100.8	110.1	2018	103.3	106.1

注：本表数据2013年及以前用美元值计算，2014年起，改用人民币值计算。

a) Data in this table are calculated at USD prices before 2013, and are changed at Renminbi prices since 2014.

5-19 分行业进出口商品价格指数
Price Index Number of Commodity Imports and Exports by Industry

(上年=100) (preceding year=100)

行业	Item	出口 Exports		进口 Imports	
		2017	2018	2017	2018
农、林、牧、渔业	Agriculture, Forestry, Animal Husbandry and Fishery	96.3	93.8	105.8	100.8
农业	Farming	94.1	90.2	104.8	102.5
林业	Forestry	99.4	97.3	109.2	96.5
畜牧业	Animal Husbandry	96.0	95.7	107.4	95.7
渔业	Fishery	92.9	102.3	105.9	110.2
农、林、牧、渔服务业	Service in Support of Agriculture	99.7	91.9	102.7	111.1
采矿业	Mining	113.9	114.0	123.1	111.7
石油和天然气开采业	Extraction of Petroleum and Natural Gas	115.1	115.9	117.8	120.0
黑色金属矿采选业	Mining and Processing of Ferrous Metal Ores	118.9	96.9	137.8	96.8
有色金属矿采选业	Mining and Processing of Non-Ferrous Metal Ores	106.9	143.1	128.0	105.5
非金属矿采选业	Mining and Processing of Non-metal Ores	106.5	108.4	105.8	102.4
制造业	Manufacturing	103.7	103.2	106.9	105.3
农副食品加工业	Processing of Food from Agricultural Products	104.2	101.0	106.0	98.8
食品制造业	Manufacture of Foods	100.2	101.9	104.6	97.5
饮料制造业	Manufacture of Beverage	100.1	96.3	108.9	104.2
烟草制品业	Manufacture of Tobacco	97.6	102.0	100.1	98.0
纺织业	Manufacture of Textile	99.5	101.0	104.9	101.4
纺织服装、鞋、帽制造业	Manufacture of Textile Wearing Apparel, Footwear and Caps	96.6	98.3	98.0	111.2
皮革、毛皮、羽毛(绒)及其制品业	Manufacture of Leather, Fur, Feather and Its Products	99.7	97.3	104.1	92.8
木材加工及木、竹、藤、棕、草制品业	Processing of Timber, Manufacture of Wood, Bamboo, Rattan, Palm and Straw Products	98.4	101.4	100.6	100.0
家具制造业	Manufacture of Furniture	99.4	98.5	107.9	102.3
造纸及纸制品业	Manufacture of Paper and Paper Products	105.0	107.9	108.6	115.9
印刷业、记录媒介的复制	Printing, Reproduction of Recording Media	106.0	102.1	103.0	114.5
文教体育用品制造业	Manufacture of Articles for Culture, Education and Sport Activities	105.1	97.9	104.1	97.2
石油、炼焦及核燃料加工业	Processing of Petroleum, Coking and Processing of Nuclear Fuel	128.8	120.0	121.7	120.3
化学原料及化学制品制造业	Manufacture of Raw Chemical Materials and Chemical Products	109.6	111.1	111.0	103.7
医药制造业	Manufacture of Medicines	105.4	110.2	104.9	91.9
化学纤维制造业	Manufacture of Chemical Fibres	111.3	105.9	105.1	105.4
橡胶制品业	Manufacture of Rubber	107.2	100.7	104.6	100.0
塑料制品业	Manufacture of Plastics	104.2	100.4	102.0	99.1
非金属矿物制品业	Manufacture of Non-metallic Mineral Products	106.9	107.5	99.7	105.0
金属制品业	Manufacture of Metal Products	106.4	103.9	103.5	100.5
通用设备制造业	Manufacture of General Purpose Machinery	99.8	100.5	99.5	106.4
专用设备制造业	Manufacture of Special Purpose Machinery	94.3	94.2	104.9	103.1
交通运输设备制造业	Manufacture of Transport Equipment	101.6	101.1	103.8	106.8
电气机械及器材制造业	Manufacture of Electrical Machinery and Equipment	98.6	99.3	104.2	104.3
通信设备、计算机及其他电子设备制造业	Manufacture of Communication Equipment, Computers and Other Electronic Equipment	108.9	107.9	108.3	109.0
仪器仪表及文化、办公用机械制造业	Manufacture of Measuring Instrument and Machinery for Cultural Activity and Office Work	98.3	100.1	101.9	96.4
工艺品及其他产品制造业	Manufacture of Artwork and Other Manufacture	101.4	101.6	101.9	100.7
废弃资源和废旧材料回收加工业	Recycling and Disposal of Waste	107.2	105.0	130.1	125.5

主要统计指标解释

居民消费价格指数 是反映一定时期内城乡居民所购买的生活消费品和服务项目价格变动趋势和程度的相对数，是对城市居民消费价格指数和农村居民消费价格指数进行综合汇总计算的结果。通过该指数可以观察和分析消费品的零售价格和服务项目价格变动对城乡居民实际生活费支出的影响程度。

城市居民消费价格指数 是反映一定时期内城市居民家庭所购买的生活消费品价格和服务项目价格变动趋势和程度的相对数。通过该指数可以观察和分析消费品的零售价格和服务项目价格变动对城镇居民收入和消费支出的影响。

农村居民消费价格指数 是反映一定时期内农村居民家庭所购买的生活消费品价格和服务项目价格变动趋势和程度的相对数。该指数可以观察农村消费品的零售价格和服务项目价格变动对农村居民收入和生活消费支出的影响。

商品零售价格指数 是反映一定时期内城乡商品零售价格变动趋势和程度的相对数。商品零售价格的变动与国家的财政收入、市场供需的平衡、消费与积累的比例关系有关。因此，该指数可以从一个侧面对上述经济活动进行观察和分析。

农业生产资料价格指数 指反映一定时期内农业生产资料价格变动趋势和程度的相对数。其编制目的是了解农业生产中投入物质资料价格的变动状况，服务于国民经济核算。1994 年以前，农业生产资料价格指数仅仅是商品零售价格指数的一个类别，此后，从商品零售价格指数中分离出来，单独编制。

农产品生产者价格指数 是反映一定时期内，农产品生产者出售农产品价格水平变动趋势及幅度的相对数。该指数可以客观反映全国农产品生产价格水平和结构变动情况，满足农业与国民经济核算需要。其中某代表品生产价格指数是通过对全部有出售该产品行为的调查单位的个体指数进行几何平均求得的，类价格指数是通过对其所属的类（或代表品）的价格指数进行加权平均求得的。季度累计价格指数的计算方法与分季指数的计算方法相同。

工业生产者出厂价格指数 是反映一定时期内全部工业产品第一次出售时的出厂价格总水平的变动趋势和变动幅度的相对数。

工业生产者购进价格指数 是反映作为中间投入的原材料、燃料、动力购进价格总水平的变动趋势和变动幅度的相对数。

固定资产投资价格指数 是反映一定时期内固定资产投资品及取费项目的价格变动趋势和变动幅度的相对数。该指数可以准确地反映固定资产投资中涉及的各类投资品和取费项目价格变动趋势和变动幅度，消除按现价计算的固定资产投资指标中的价格变动因素，真实地反映固定资产投资的规模、速度、结构和效益。

Explanatory Notes on Main Statistical Indicators

Consumer Price Indices reflect the trend and degree of changes in prices of consumer goods and services purchased by urban and rural households during a given period. They are obtained by combining Consumer Price Indices of Urban Household and Consumer Price Indices of Rural Household. The Indices enable the observation and analysis of the degree of impact of the changes in the prices of retailed goods and services on the actual living expenses of urban and rural residents.

Consumer Price Indices of Urban Household reflect the trend and degree of changes in prices of consumer goods and services purchased by urban households during a given period. It can be used to observe and analyze the impact of price changes in consumer goods and services on urban household income and consumption expenditure.

Consumer Price Indices of Rural Household reflect the trend and degree of changes in prices of consumer goods and services purchased by rural households during a given period. It can be used to observe the impact of change in retail prices of consumer goods and service prices on rural household income and consumption expenditure on living.

Retail Price Indices reflect the trend and degree of change in retail prices of commodities during a given period. The change in retail prices of commodities is related to government revenue, the equilibrium of market supply and demand, and the ratio of consumption to accumulation. Therefore, the retail price indices are useful from an oblique perspective for observing and analyzing the changes of the above economic activities.

Price Indices for Means of Agricultural Production reflect the trend and degree of changes in the prices of the means of agricultural production during a given period. Compilation of these indices helps to understand the price changes of material input in agricultural production and facilitate the compilation of national accounts. Before 1994, price indices for means of agricultural production were a sub-category in the retail price indices for commodities, and it has been compiled separately since 1994.

Producer Prices Indices for Farm Products reflect the trend and degree of changes in producers' prices received by farmers when they sell farm products during a given period. These indices depict the change in the level and structure of producer prices for farm products of the country and meet the needs of agricultural statistics and national accounts statistics. The producer price index for a given product is calculated as the geometrical mean of individual indices for all surveyed units which sell such product, and the indices for a product category is obtained as the weighted mean of price indices for all products in the category. Method for calculating accumulative quarterly indices is the same as for calculating the individual quarterly indices.

Producer Price Indices for Industrial Products reflect the trend and degree of changes in general ex-factory prices of all manufactured goods for first sale during a given period.

Purchasing Price Indices for Industrial Producers reflect changes in the level and degree of purchasing prices such as intermediate input such as raw materials, fuels and power.

Price Indices for Investment in Fixed Assets reflect the trend and degree of changes in prices of investment goods and projects in fixed assets during a given period. Removing the factor of price change in the aggregates of investment at current prices, this indicator shows the changes in the prices of commodities and fees involved in the investment of fixed assets, and can be used to observe the actual size, growth, structure, and efficiency of investment in fixed assets.

6

人民生活

People's Living Conditions

简 要 说 明

一、本篇资料的主要内容

本篇资料反映我国人民生活现状及变化情况，主要包括居民家庭基本情况及生活状况、收入及支出、住房等。

二、数据来源及调查方法

2013 年及以后数据，来源于国家统计局的住户收支与生活状况调查。1978—2012 年的数据，根据国家统计局的城镇住户调查和农村住户调查历史数据，按照住户收支与生活状况调查可比口径推算得到。

（一）住户收支与生活状况调查的调查方法

国家统计局住户调查办公室从 2012 年四季度起对分别进行的城乡住户调查实施了一体化改革，开始实施住户收支与生活状况抽样调查。主要内容包括：居民收入和消费情况，同时收集反映居民就业、社会保障参与、住房状况、家庭经营和生产投资以及收入分配影响因素等调查内容。

住户收支与生活状况调查是以各省(区、市)为总体，采用分层、多阶段、与人口规模大小成比例的概率抽样方法，随机抽选调查住宅，确定调查户。全国共抽选出 1800 个县(市、区)的 1.6 万个调查小区，对抽中小区中的 160 多万个住户进行全面摸底调查，在此基础上随机等距抽选出约 16 万住户参加记账调查。定期对调查小区和调查住宅进行轮换。

住户收支与生活状况调查是在 95%的置信度下，全国居民人均可支配收入的抽样误差小于 1%。主要是采用调查户记日记账的方式采集居民收支数据，同时辅之以统一的调查问卷，收集与收入支出有关的其他调查内容。所有调查工作由国家统计局派驻各地的调查队独立完成。由市县级调查队使用统一的方法和数据处理程序对原始调查资料进行编码、审核、录入，然后将分户基础数据直接传输至国家统计局进行统一汇总计算。

2013 年起，按照住户收支与生活状况调查制度，国家统计局每年收集 16 万调查户 12 个月的记账数据，在此基础上汇总计算出各年的全国居民可支配收入、城镇居民可支配收入、农村居民可支配收入等收支数据。

（二）城镇住户调查的调查方法

2012 年及以前，国家统计局城市司组织开展城镇住户调查。调查内容主要包括家庭人口及其构成、家庭现金收支、主要商品购买数量及支出金额、劳动就业状况、居住状况和耐用消费品的拥有量等。

调查对象在 2001 年以前为全国非农业住户，2002 至 2012 年改为全国城市市区和县城关镇区住户。

城镇住户调查采用分层随机抽样的方法确定，首先，按照城镇规模将全国所有省（自治区、直辖市）的城镇划分为三层：大中城市（地级和地级以上的城市）、县级市和县城（镇）。第二，按各层人口占全省（自治区、直辖市）人口的比例来分配每层的样本量。第三，按城镇就业者年人均工资从高到低排队，依次计算各城镇人口累计数，然后根据样本量的大小随机起点等距抽取所需数量的调查城镇。

城镇调查户的抽选工作分两步进行。第一步进行一次性的大样本调查；第二步从大样本调查中抽出一个小样本，作为经常性调查户，开展记账工作。

大样本调查每三年进行一次，其目的主要是为经常性调查提供抽样框和为经常性调查数据评估提供基础资料。在大样本调查中，各调查市、县采取分层、二（多）阶段、与大小成比例（PPS 方法）的随机等距方法选取调查样本。即先按区分层，在层内按照 PPS 方法随机等距抽选调查社区/居委会，在抽中社区/居委会内随机等距抽选调查住宅。部分大城市根据需要可以采用三阶段抽样，即先抽选社区/居委会，再抽选调查小区，最后抽选调查住宅。对选出的大样本或一相样本开展调查，取得调查户家庭人口、就业人口、收入等辅助资料，然后，根据这些资料进行分组，从中按比例抽出一个小样本也称二相样本，作为经常性调查户，开展日记账工作。每年轮换三分之一的经常性调查户。

截至 2012 年底，参加国家汇总的调查样本量为 6.6 万户。

（三）农村住户调查的调查方法

2012 年及以前，国家统计局农村司组织开展农村住户调查。主要内容包括农村居民家庭基本情况、住房情况、收入、生活消费支出、主要食品消费量、耐用消费品拥有量等。

农村住户调查是以各省(自治区、直辖市)为总体，直接抽选调查村，在抽中村中抽选调查户。综合运用多种抽样方法确定住户调查网点。农村住户调查网点分布在全国 7000 多个村，共抽取了 7.4 万个样本户。

农村住户调查在 95%的概率把握程度下要求抽样误差不得超过 ± 3%。为保证农村住户调查资料的准确性，国家统计局农村司为调查户设置了现金和实物两本账，并聘请了近万名辅助调查员帮助做好记账工作，及时核实、汇总住户调查资料。

为解决调查户的厌烦情绪及样本老化问题，增强抽样调查网点的代表性，更加准确、及时地反映农村社会经济情况，对农村住户调查网点实行样本轮换制度，每五年为一个周期。

Brief Introduction

I. Main Contents

Data in this chapter show the people's living conditions and their changes in China, mainly include basic conditions and living conditions, income and expenditure, housing of households.

II. Sources of Data and Methodology on Survey

Data of the year of 2013 and after come from Household Survey on Income and Expenditure and Living Conditions. Data from 1978 to 2012 are estimated based on the historical data of Urban Household Survey and Rural Household Survey according to the definition of main income and consumption indicators of Household Survey on Income and Expenditure and Living Conditions.

1. Methodology of Household Survey on Income and Expenditures and Living Conditions

The NBS has launched its reform on the household survey programme, to form an integrated survey, instead of the two separate urban and rural household surveys and has started household survey since the fourth quarter of 2012. The main contents of the survey include: income and expenditure of the household, and surveys of employment, social security participation, housing, family operation, production investment, and also influence factors of income distribution.

The household survey is conducted by selecting sampled houses randomly, deciding surveyed households, with all households in the province as the population, with stratified sampling, multi-stage sampling, probability sampling in proportion to population scale. 16,000 communities of 1,800 counties in the total country are selected, more than 1.6 million households in them are surveyed comprehensively, and then on this basis, randomly select about 160,000 households for keeping diaries. Communities and households surveyed rotate regularly.

Survey on Income and Expenditures and Living Conditions is required that the sampling error should not exceed ±1%, with a confidence probability as 95%. Methods of collecting income and expenditure data are keeping diaries of the households, and questionnaires as assistance to collect other relevant data. All survey works are conducted by investigation team of NBS independently. Coding, check, entering of original data are conducted by investigation teams at city level with the same methods and data processing program, and then basic data are transferred to NBS to tabulate the data.

In terms of the system of Households on Income and Expenditures and Living Conditions conducted since 2013, NBS collected accounts of 160,000 households about 12 months, at this basis, NBS tabulated comparable national disposable income and expenditures of urban and rural households.

2. Methodology of Urban Household Survey

Urban Household Survey was conducted by the Office of Urban Household Surveys of the NBS prior to 2012. The main contents of the survey include persons in the household and the household composition; cash income and expenditure of the household; quantity of major commodities purchased and expenditure; the employment of household members; the housing condition; and the possession of durable consumer goods.

The survey had covered only non-farm households prior to 2001. From 2002 to 2012, the survey covers the households in district areas of all city and county towns.

Sample cities and towns in urban areas are selected by using stratified random sampling method. Firstly, all the urban areas and towns of all provinces (autonomous regions and municipalities directly under the Central Government) are stratified into three strata according to population size: large and medium-sized cities (at and above prefecture level), county cities and county towns; secondly, the sample size is decided by proportion of population in selected stratus to the provincial total; thirdly, cities and towns are arranged in ranking the annual average wages of the employed persons, then with the accumulative population in each city and town sample cities and towns are selected by systematic sampling scheme according to the size of the samples.

The selection of sample households in urban areas is done by two steps: the first step is to have a one-off large sample survey; the second step is to select a small sample from the large sample to be used as regular sample households for diaries.

The large sample survey is conducted for every three years; the objective is to provide sample frame for regular surveys and basic information for data evaluation of regular surveys. In the large sample survey, samples in sample cities and towns are selected by systematic sampling method schemes, such as two-phase sampling and stratifying method, two-stage (multi) method and probability proportional to size (PPS) method. Namely, stratification is done at district level, and then PPS systematic sampling method is used to select sample communities/resident's committees, finally the same method is used to select dwellings from the selected districts/resident's committees. In some large cities, three-stage sampling method is used. First, the communities/resident's committees are selected. Secondly, sample districts are selected. Thirdly, sample dwellings are selected. A survey will be conducted to the large samples or the first phase samples to collect relevant information on household population, persons employed, income and so on. Then grouping is made based on the information collected, small samples or the second phase samples are selected according to proportions which are regular sample households to keep diary.

The national sample included 66,000 households at the end of 2012.

3. Methodology of Rural Household Survey

Rural Household Survey was organized by the Office of Rural Household Survey of the NBS prior to 2012. The main contents of the survey include the basic condition of rural households, housing conditions, income, consumption expenditure, consumption of major consumer goods and the quantity of durable consumer goods owned.

Sample survey on rural households is conducted by first selecting sampled villages and then selecting households in the selected villages in each province, with all rural households in the province as the population. A combination of various sampling approaches is used to identify a total of 74,000 households selected from 7,000 villages throughout the whole country.

It is required that the sampling error should not exceed ±3%, with a confidence probability as 95%. In order to ensure the accuracy of the survey data on the rural households, two accounts are designed for the respondent households by the Office of Household Survey of the NBS: the cash account and the account on goods in kind. Nearly 10 thousand assistant enumerators have been recruited to help the households keep good accounts and to check on a timely fashion and to and tabulate the data from the survey.

In order to overcome the tedium of respondent households and to ensure that the sample is accurately representative over time and reflects the changing rural social and economic situation, a rotation sampling scheme is implemented, and the complete cycle of rotation is 5 years.

6-1 全国居民人均收支情况
Per Capita Income and Consumption Expenditure Nationwide

单位：元 (yuan)

指 标	Item	2013	2014	2015	2016	2017	2018
全国居民人均收入	**Per Capita Income Nationwide**						
可支配收入	Disposable Income	18310.8	20167.1	21966.2	23821.0	25973.8	28228.0
1.工资性收入	1.Income of Wages and Salaries	10410.8	11420.6	12459.0	13455.2	14620.3	15829.0
2.经营净收入	2.Net Business Income	3434.7	3732.0	3955.6	4217.7	4501.8	4852.4
3.财产净收入	3.Net Income from Property	1423.3	1587.8	1739.6	1889.0	2107.4	2378.5
4.转移净收入	4.Net Income from Transfer	3042.1	3426.8	3811.9	4259.1	4744.3	5168.1
现金可支配收入	Cash Disposable Income	17114.6	18747.4	20424.3	22204.5	24201.9	26291.4
1.工资性收入	1.Income of Wages and Salaries	10348.6	11352.7	12386.2	13379.0	14537.8	15746.4
2.经营净收入	2.Net Business Income	3354.2	3571.5	3782.7	4111.4	4424.1	4880.3
3.财产净收入	3.Net Income from Property	526.6	621.8	689.5	739.8	811.5	877.8
4.转移净收入	4.Net Income from Transfer	2885.2	3201.3	3565.9	3974.3	4428.6	4786.9
全国居民人均支出	**Per Capita Expenditure Nationwide**						
消费支出	Consumption Expenditure	13220.4	14491.4	15712.4	17110.7	18322.1	19853.1
1.食品烟酒	1.Food,Tobacco and Liquor	4126.7	4493.9	4814.0	5151.0	5373.6	5631.1
2.衣着	2.Clothing	1027.1	1099.3	1164.1	1202.7	1237.6	1288.9
3.居住	3.Residence	2998.5	3200.5	3419.2	3746.4	4106.9	4646.6
4.生活用品及服务	4.Household Facilities, Articles and Services	806.5	889.7	951.4	1043.7	1120.7	1222.7
5.交通通信	5.Transport and Communications	1627.1	1869.3	2086.9	2337.8	2498.9	2675.4
6.教育文化娱乐	6.Education, Cultural and Recreation	1397.7	1535.9	1723.1	1915.3	2086.2	2225.7
7.医疗保健	7.Health Care and Medical Services	912.1	1044.8	1164.5	1307.5	1451.2	1685.2
8.其他用品及服务	8.Miscellaneous Goods and Services	324.7	358.0	389.2	406.3	447.0	477.5
现金消费支出	Cash Consumption Expenditure	10917.4	11975.7	12988.7	14142.0	15122.3	16174.8
1.食品烟酒	1.Food, Tobacco and Liquor	3822.8	4185.6	4505.0	4846.7	5073.0	5366.2
2.衣着	2.Clothing	1025.7	1098.6	1163.5	1202.2	1237.0	1288.3
3.居住	3.Residence	1155.1	1215.7	1251.9	1359.8	1519.0	1615.1
4.生活用品及服务	4.Household Facilities, Articles and Services	801.8	882.6	943.8	1036.1	1110.8	1211.0
5.交通通信	5.Transport and Communications	1624.8	1866.2	2083.7	2332.9	2495.3	2669.1
6.教育文化娱乐	6.Education, Cultural and Recreation	1396.5	1534.9	1722.0	1914.3	2085.3	2224.1
7.医疗保健	7.Health Care and Medical Services	772.1	838.3	933.3	1048.5	1160.7	1332.6
8.其他用品及服务	8.Miscellaneous Goods and Services	318.7	353.8	385.6	401.5	441.2	468.4

6-2 全国居民按收入五等份分组的人均可支配收入
Per Capita Disposable Income of Nationwide Households by Income Quintile

单位：元 (yuan)

组 别	Group	2013	2014	2015	2016	2017	2018
低收入户 (20%)	Low Income Households	4402.4	4747.3	5221.2	5528.7	5958.4	6440.5
中间偏下户 (20%)	Lower Middle Income Households	9653.7	10887.4	11894.0	12898.9	13842.8	14360.5
中间收入户 (20%)	Middle Income Households	15698.0	17631.0	19320.1	20924.4	22495.3	23188.9
中间偏上户 (20%)	Upper Middle Income Households	24361.2	26937.4	29437.6	31990.4	34546.8	36471.4
高收入户 (20%)	High Income Households	47456.6	50968.0	54543.5	59259.5	64934.0	70639.5

6-3 全国居民按东、中、西部及东北地区分组的人均可支配收入
Per Capita Disposable Income of Nationwide Households in Eastern, Central, Western and Northeastern Regions

单位：元 (yuan)

组 别	Group	2013	2014	2015	2016	2017	2018
东部地区	Eastern Region	23658.4	25954.0	28223.3	30654.7	33414.0	36298.2
中部地区	Central Region	15263.9	16867.7	18442.1	20006.2	21833.6	23798.3
西部地区	Western Region	13919.0	15376.1	16868.1	18406.8	20130.3	21935.8
东北地区	Northeastern Region	17893.1	19604.4	21008.4	22351.5	23900.5	25543.2

6-4 全国居民人均主要食品消费量
Per Capita Consumption of Major Foods Nationwide

单位：千克 (kg)

指标	Item	2013	2014	2015	2016	2017	2018
粮食(原粮)	Grain (Unprocessed)	148.7	141.0	134.5	132.8	130.1	127.2
谷物	Cereal	138.9	131.4	124.3	122.0	119.6	116.3
薯类	Tuber	2.3	2.2	2.4	2.6	2.5	2.6
豆类	Beans and the Products	7.5	7.5	7.8	8.3	8.0	8.3
食用油	Edible Oil and Fats	10.6	10.4	10.6	10.6	10.4	9.6
#食用植物油	Edible Vegetable Oil	9.9	9.8	10.0	10.0	9.8	8.9
蔬菜及食用菌	Vegetable and Edible Mushroom	97.5	96.9	97.8	100.1	99.2	96.1
#鲜菜	Fresh Vegetables	94.9	94.1	94.9	96.9	96.1	93.0
肉类	Products of Meat	25.6	25.6	26.2	26.1	26.7	29.5
#猪肉	Pork	19.8	20.0	20.1	19.6	20.1	22.8
牛肉	Beef	1.5	1.5	1.6	1.8	1.9	2.0
羊肉	Mutton	0.9	1.0	1.2	1.5	1.3	1.3
禽类	Poultry	7.2	8.0	8.4	9.1	8.9	9.0
水产品	Aquatic Products	10.4	10.8	11.2	11.4	11.5	11.4
蛋类	Eggs	8.2	8.6	9.5	9.7	10.0	9.7
奶类	Milk and Dairy Products	11.7	12.6	12.1	12.0	12.1	12.2
干鲜瓜果类	Dried and Fresh Melons and Fruits	40.7	42.2	44.5	48.3	50.1	52.1
#鲜瓜果	Fresh Melons and Fruits	37.8	38.6	40.5	43.9	45.6	47.4
坚果类	Nuts and Processed Products	3.0	2.9	3.1	3.4	3.5	3.5
食糖	Sugar	1.2	1.3	1.3	1.3	1.3	1.3

6-5 全国居民平均每百户年末主要耐用消费品拥有量
Main Durable Goods Owned Per 100 Households Nationwide

指标	Item	2013	2014	2015	2016	2017	2018
家用汽车 (辆)	Automobile (unit)	16.9	19.2	22.7	27.7	29.7	33.0
摩托车 (辆)	Motorcycle (unit)	38.5	43.5	42.2	40.0	39.3	35.7
电动助力车 (辆)	Electric Bicycle (unit)	39.5	43.8	47.6	53.2	56.5	59.2
洗衣机 (台)	Washing Machine (set)	80.8	83.7	86.4	89.8	91.7	93.8
电冰箱(柜) (台)	Refrigerator (set)	82.0	85.5	89.0	93.5	95.3	98.8
微波炉 (台)	Microwave Oven (set)	34.6	36.0	36.9	38.4	40.0	39.2
彩色电视机 (台)	Color TV Set (set)	116.1	119.2	119.9	120.8	122.2	119.3
空调 (台)	Air Conditioner (set)	70.4	75.2	81.5	90.9	96.1	109.3
热水器 (台)	Water Heater (set)	64.2	67.7	71.2	76.2	78.6	85.0
排油烟机 (台)	Exhaust Fan (set)	42.5	44.3	45.7	48.6	51.0	56.4
移动电话 (部)	Mobile Phone (set)	203.2	215.9	224.8	235.4	240.0	249.1
计算机 (台)	Computer (set)	48.9	53.0	55.5	57.5	58.7	53.4
照相机 (台)	Camera (set)	21.0	21.7	20.4	17.7	18.4	12.6

6-6 城镇居民人均收支情况
Per Capita Income and Consumption Expenditure of Urban Households

单位：元 (yuan)

指　标	Item	2013	2014	2015	2016	2017	2018
城镇居民人均收入	**Per Capita Income of Urban Households**						
可支配收入	Disposable Income	26467.0	28843.9	31194.8	33616.2	36396.2	39250.8
1.工资性收入	1.Income of Wages and Salaries	16617.4	17936.8	19337.1	20665.0	22200.9	23792.2
2.经营净收入	2.Net Business Income	2975.3	3279.0	3476.1	3770.1	4064.7	4442.6
3.财产净收入	3.Net Income from Property	2551.5	2812.1	3041.9	3271.3	3606.9	4027.7
4.转移净收入	4.Net Income from Transfer	4322.8	4815.9	5339.7	5909.8	6523.6	6988.3
现金可支配收入	Cash Disposable Income	24799.0	26860.2	29042.0	31270.0	33757.3	36316.2
1.工资性收入	1.Income of Wages and Salaries	16509.9	17821.3	19214.8	20541.7	22072.7	23670.9
2.经营净收入	2.Net Business Income	3332.3	3528.0	3714.0	4032.3	4321.9	4808.0
3.财产净收入	3.Net Income from Property	831.8	977.8	1072.8	1139.6	1234.1	1311.6
4.转移净收入	4.Net Income from Transfer	4125.0	4533.1	5040.4	5556.4	6128.5	6525.7
城镇居民人均支出	**Per Capita Expenditure of Urban Households**						
消费支出	Consumption Expenditure	18487.5	19968.1	21392.4	23078.9	24445.0	26112.3
1.食品烟酒	1.Food,Tobacco and Liquor	5570.7	6000.0	6359.7	6762.4	7001.0	7239.0
2.衣着	2.Clothing	1553.7	1627.2	1701.1	1739.0	1757.9	1808.2
3.居住	3.Residence	4301.4	4489.6	4726.0	5113.7	5564.0	6255.0
4.生活用品及服务	4.Household Facilities, Articles and Services	1129.2	1233.2	1306.5	1426.8	1525.0	1629.4
5.交通通信	5.Transport and Communications	2317.8	2637.3	2895.4	3173.9	3321.5	3473.5
6.教育文化娱乐	6.Education, Cultural and Recreation	1988.3	2142.3	2382.8	2637.6	2846.6	2974.1
7.医疗保健	7.Health Care and Medical Services	1136.1	1305.6	1443.4	1630.8	1777.4	2045.7
8.其他用品及服务	8.Miscellaneous Goods and Services	490.4	532.9	577.5	594.7	651.5	687.4
现金消费支出	Cash Consumption Expenditure	15453.0	16690.6	17887.0	19284.1	20329.4	21287.1
1.食品烟酒	1.Food, Tobacco and Liquor	5461.2	5874.9	6224.8	6627.7	6861.2	7099.2
2.衣着	2.Clothing	1551.5	1626.6	1700.5	1738.4	1757.3	1807.5
3.居住	3.Residence	1579.9	1625.6	1665.9	1810.4	1986.8	2045.2
4.生活用品及服务	4.Household Facilities, Articles and Services	1124.0	1225.6	1298.7	1417.8	1514.5	1617.5
5.交通通信	5.Transport and Communications	2313.6	2631.5	2889.8	3166.5	3315.6	3466.0
6.教育文化娱乐	6.Education, Cultural and Recreation	1986.3	2140.7	2381.0	2636.3	2845.4	2972.1
7.医疗保健	7.Health Care and Medical Services	954.8	1038.5	1153.7	1298.7	1403.7	1604.0
8.其他用品及服务	8.Miscellaneous Goods and Services	481.7	527.1	572.6	588.3	644.8	675.5

6-7 城镇居民按收入五等份分组的人均可支配收入
Per Capita Disposable Income of Urban Households by Income Quintile

单位：元 (yuan)

组别	Group	2013	2014	2015	2016	2017	2018
低收入户 (20%)	Low Income Households	9895.9	11219.3	12230.9	13004.1	13723.1	14386.9
中间偏下户 (20%)	Lower Middle Income Households	17628.1	19650.5	21446.2	23054.9	24550.1	24856.5
中间收入户 (20%)	Middle Income Households	24172.9	26650.6	29105.2	31521.8	33781.3	35196.1
中间偏上户 (20%)	Upper Middle Income Households	32613.8	35631.2	38572.4	41805.6	45163.4	49173.5
高收入户 (20%)	High Income Households	57762.1	61615.0	65082.2	70347.8	77097.2	84907.1

6-8 城镇居民按东、中、西部及东北地区分组的人均可支配收入
Per Capita Disposable Income of Urban Households in Eastern, Central, Western and Northeastern Regions

单位：元 (yuan)

组别	Group	2013	2014	2015	2016	2017	2018
东部地区	Eastern Region	31152.4	33905.4	36691.3	39651.0	42989.8	46432.6
中部地区	Central Region	22664.7	24733.3	26809.6	28879.3	31293.8	33803.2
西部地区	Western Region	22362.8	24390.6	26473.1	28609.7	30986.9	33388.6
东北地区	Northeastern Region	23507.2	25578.9	27399.6	29045.1	30959.5	32993.7

6-9 城镇居民人均主要食品消费量
Per Capita Consumption of Major Foods of Urban Households

单位: 千克 (kg)

指 标	Item	2013	2014	2015	2016	2017	2018
粮食(原粮)	Grain (Unprocessed)	121.3	117.2	112.6	111.9	109.7	110.0
谷物	Cereal	110.6	106.5	101.6	100.5	98.6	98.8
薯类	Tuber	1.9	2.0	2.1	2.3	2.3	2.4
豆类	Beans and the Products	8.8	8.6	8.9	9.1	8.8	8.8
食用油	Edible Oil and Fats	10.9	11.0	11.1	11.0	10.7	9.4
#食用植物油	Edible Vegetable Oil	10.5	10.6	10.7	10.6	10.3	8.9
蔬菜及食用菌	Vegetable and Edible Mushroom	103.8	104.0	104.4	107.5	106.7	103.1
#鲜菜	Fresh Vegetables	100.1	100.1	100.2	103.2	102.5	99.0
肉类	Products of Meat	28.5	28.4	28.9	29.0	29.2	31.2
#猪肉	Pork	20.4	20.8	20.7	20.4	20.6	22.7
牛肉	Beef	2.2	2.2	2.4	2.5	2.6	2.7
羊肉	Mutton	1.1	1.2	1.5	1.8	1.6	1.5
禽类	Poultry	8.1	9.1	9.4	10.2	9.7	9.8
水产品	Aquatic Products	14.0	14.4	14.7	14.8	14.8	14.3
蛋类	Eggs	9.4	9.8	10.5	10.7	10.9	10.8
奶类	Milk and Dairy Products	17.1	18.1	17.1	16.5	16.5	16.5
干鲜瓜果类	Dried and Fresh Melons and Fruits	51.1	52.9	55.1	58.1	59.9	62.0
#鲜瓜果	Fresh Melons and Fruits	47.6	48.1	49.9	52.6	54.3	56.4
坚果类	Nuts and Processed Products	3.4	3.7	4.0	4.2	4.3	4.1
食糖	Sugar	1.3	1.3	1.3	1.3	1.3	1.3

6-10 城镇居民平均每百户年末主要耐用消费品拥有量
Main Durable Goods Owned Per 100 Urban Households

指 标	Item	2013	2014	2015	2016	2017	2018
家用汽车 (辆)	Automobile (unit)	22.3	25.7	30.0	35.5	37.5	41.0
摩托车 (辆)	Motorcycle (unit)	20.8	24.5	22.7	20.9	20.8	19.5
电动助力车 (辆)	Electric Bicycle (unit)	39.0	42.5	45.8	49.7	53.1	55.0
洗衣机 (台)	Washing Machine (set)	88.4	90.7	92.3	94.2	95.7	97.7
电冰箱(柜) (台)	Refrigerator (set)	89.2	91.7	94.0	96.4	98.0	100.9
微波炉 (台)	Microwave Oven (set)	50.6	52.6	53.8	55.3	56.9	55.2
彩色电视机 (台)	Color TV Set (set)	118.6	122.0	122.3	122.3	123.8	121.3
空调 (台)	Air Conditioner (set)	102.2	107.4	114.6	123.7	128.6	142.2
热水器 (台)	Water Heater (set)	80.3	83.0	85.6	88.7	90.7	97.2
排油烟机 (台)	Exhaust Fan (set)	66.1	68.2	69.2	71.5	73.7	79.1
移动电话 (部)	Mobile Phone (set)	206.1	216.6	223.8	231.4	235.4	243.1
计算机 (台)	Computer (set)	71.5	76.2	78.5	80.0	80.8	73.1
照相机 (台)	Camera (set)	34.0	35.2	33.0	28.5	29.1	20.2

6-11 农村居民人均收支情况
Per Capita Income and Consumption Expenditure of Rural Households

单位：元 (yuan)

指　标	Item	2013	2014	2015	2016	2017	2018
农村居民人均收入	**Per Capita Income of Rural Households**						
可支配收入	Disposable Income	9429.6	10488.9	11421.7	12363.4	13432.4	14617.0
1.工资性收入	1.Income of Wages and Salaries	3652.5	4152.2	4600.3	5021.8	5498.4	5996.1
2.经营净收入	2.Net Business Income	3934.9	4237.4	4503.6	4741.3	5027.8	5358.4
3.财产净收入	3.Net Income from Property	194.7	222.1	251.5	272.1	303.0	342.1
4.转移净收入	4.Net Income from Transfer	1647.5	1877.2	2066.3	2328.2	2603.2	2920.5
现金可支配收入	Cash Disposable Income	8747.1	9698.2	10577.8	11600.6	12703.9	13912.8
1.工资性收入	1.Income of Wages and Salaries	3639.7	4137.5	4583.9	5000.8	5470.9	5961.3
2.经营净收入	2.Net Business Income	3378.0	3620.1	3861.3	4203.9	4547.0	4969.5
3.财产净收入	3.Net Income from Property	194.2	224.7	251.5	272.1	303.0	342.1
4.转移净收入	4.Net Income from Transfer	1535.2	1715.9	1881.2	2123.8	2383.0	2639.9
农村居民人均支出	**Per Capita Expenditure of Rural Households**						
消费支出	Consumption Expenditure	7485.1	8382.6	9222.6	10129.8	10954.5	12124.3
1.食品烟酒	1.Food,Tobacco and Liquor	2554.4	2814.0	3048.0	3266.1	3415.4	3645.6
2.衣着	2.Clothing	453.8	510.4	550.5	575.4	611.6	647.7
3.居住	3.Residence	1579.8	1762.7	1926.2	2147.1	2353.5	2660.6
4.生活用品及服务	4.Household Facilities, Articles and Services	455.1	506.5	545.6	595.7	634.0	720.5
5.交通通信	5.Transport and Communications	874.9	1012.6	1163.1	1359.9	1509.1	1690.0
6.教育文化娱乐	6.Education, Cultural and Recreation	754.6	859.5	969.3	1070.3	1171.3	1301.6
7.医疗保健	7.Health Care and Medical Services	668.2	753.9	846.0	929.2	1058.7	1240.1
8.其他用品及服务	8.Miscellaneous Goods and Services	144.2	163.0	174.0	186.0	200.9	218.3
现金消费支出	Cash Consumption Expenditure	5978.7	6716.7	7392.1	8127.3	8856.5	9862.0
1.食品烟酒	1.Food, Tobacco and Liquor	2038.8	2301.3	2540.0	2763.4	2921.2	3226.3
2.衣着	2.Clothing	453.1	509.7	549.9	575.0	610.9	647.2
3.居住	3.Residence	692.4	758.5	779.0	832.8	956.0	1084.0
4.生活用品及服务	4.Household Facilities, Articles and Services	451.0	500.1	538.3	589.7	624.9	709.0
5.交通通信	5.Transport and Communications	874.7	1012.5	1162.6	1357.8	1508.1	1685.0
6.教育文化娱乐	6.Education, Cultural and Recreation	754.4	859.2	969.0	1069.9	1170.7	1300.5
7.医疗保健	7.Health Care and Medical Services	573.2	614.9	681.4	755.8	868.2	997.4
8.其他用品及服务	8.Miscellaneous Goods and Services	141.2	160.5	172.0	183.0	196.3	212.7

6-12 农村居民按收入五等份分组的人均可支配收入
Per Capita Disposable Income of Rural Households by Income Quintile

单位：元 (yuan)

组 别	Group	2013	2014	2015	2016	2017	2018
低收入户 (20%)	Low Income Households	2877.9	2768.1	3085.6	3006.5	3301.9	3666.2
中间偏下户 (20%)	Lower Middle Income Households	5965.6	6604.4	7220.9	7827.7	8348.6	8508.5
中间收入户 (20%)	Middle Income Households	8438.3	9503.9	10310.6	11159.1	11978.0	12530.2
中间偏上户 (20%)	Upper Middle Income Households	11816.0	13449.2	14537.3	15727.4	16943.6	18051.5
高收入户 (20%)	High Income Households	21323.7	23947.4	26013.9	28448.0	31299.3	34042.6

6-13 农村居民按东、中、西部及东北地区分组的人均可支配收入
Per Capita Disposable Income of Rural Households in Eastern, Central, Western and Northeastern Regions

单位：元 (yuan)

组 别	Group	2013	2014	2015	2016	2017	2018
东部地区	Eastern Region	11856.8	13144.6	14297.4	15498.3	16822.1	18285.7
中部地区	Central Region	8983.2	10011.1	10919.0	11794.3	12805.8	13954.1
西部地区	Western Region	7436.6	8295.0	9093.4	9918.4	10828.6	11831.4
东北地区	Northeastern Region	9761.5	10802.1	11490.1	12274.6	13115.8	14080.4

6-14 农村居民人均主要食品消费量
Per Capita Consumption of Major Foods of Rural Households

单位: 千克 (kg)

指 标	Item	2013	2014	2015	2016	2017	2018
粮食(原粮)	Grain (Unprocessed)	178.5	167.6	159.5	157.2	154.6	148.5
谷物	Cereal	169.8	159.1	150.2	147.1	144.8	137.9
薯类	Tuber	2.7	2.4	2.7	2.9	2.8	3.0
豆类	Beans and the Products	6.0	6.2	6.6	7.3	7.1	7.7
食用油	Edible Oil and Fats	10.3	9.8	10.1	10.2	10.1	9.9
#食用植物油	Edible Vegetable Oil	9.3	9.0	9.2	9.3	9.2	9.0
蔬菜及食用菌	Vegetable and Edible Mushroom	90.6	88.9	90.3	91.5	90.2	87.5
#鲜菜	Fresh Vegetables	89.2	87.5	88.7	89.7	88.5	85.6
肉类	Products of Meat	22.4	22.5	23.1	22.7	23.6	27.5
#猪肉	Pork	19.1	19.2	19.5	18.7	19.5	23.0
牛肉	Beef	0.8	0.8	0.8	0.9	0.9	1.1
羊肉	Mutton	0.7	0.7	0.9	1.1	1.0	1.0
禽类	Poultry	6.2	6.7	7.1	7.9	7.9	8.0
水产品	Aquatic Products	6.6	6.8	7.2	7.5	7.4	7.8
蛋类	Eggs	7.0	7.2	8.3	8.5	8.9	8.4
奶类	Milk and Dairy Products	5.7	6.4	6.3	6.6	6.9	6.9
干鲜瓜果类	Dried and Fresh Melons and Fruits	29.5	30.3	32.3	36.8	38.4	39.9
#鲜瓜果	Fresh Melons and Fruits	27.1	28.0	29.7	33.8	35.1	36.3
坚果类	Nuts and Processed Products	2.5	1.9	2.1	2.4	2.6	2.8
食糖	Sugar	1.2	1.3	1.3	1.4	1.4	1.3

6-15 农村居民平均每百户年末主要耐用消费品拥有量
Main Durable Goods Owned Per 100 Rural Households

指 标	Item	2013	2014	2015	2016	2017	2018
家用汽车 (辆)	Automobile (unit)	9.9	11.0	13.3	17.4	19.3	22.3
摩托车 (辆)	Motorcycle (unit)	61.1	67.6	67.5	65.1	64.1	57.4
电动助力车 (辆)	Electric Bicycle (unit)	40.3	45.4	50.1	57.7	61.1	64.9
洗衣机 (台)	Washing Machine (set)	71.2	74.8	78.8	84.0	86.3	88.5
电冰箱(柜) (台)	Refrigerator (set)	72.9	77.6	82.6	89.5	91.7	95.9
微波炉 (台)	Microwave Oven (set)	14.1	14.7	15.0	16.1	17.3	17.7
彩色电视机 (台)	Color TV Set (set)	112.9	115.6	116.9	118.8	120.0	116.6
空调 (台)	Air Conditioner (set)	29.8	34.2	38.8	47.6	52.6	65.2
热水器 (台)	Water Heater (set)	43.6	48.2	52.5	59.7	62.5	68.7
排油烟机 (台)	Exhaust Fan (set)	12.4	13.9	15.3	18.4	20.4	26.0
移动电话 (部)	Mobile Phone (set)	199.5	215.0	226.1	240.7	246.1	257.0
计算机 (台)	Computer (set)	20.0	23.5	25.7	27.9	29.2	26.9
照相机 (台)	Camera (set)	4.4	4.5	4.1	3.4	3.9	2.5

6-16 居民人均可支配收入和指数
Per Capita Disposable Income of Households and Index

年 份 Year	全国居民人均可支配收入 Per Capita Disposable Income of Households		城镇居民人均可支配收入 Per Capita Disposable Income of Urban Households		农村居民人均可支配收入 Per Capita Disposable Income of Rural Households	
	绝对数（元） Value (yuan)	指数（1978=100） Index(1978=100)	绝对数（元） Value (yuan)	指数（1978=100） Index(1978=100)	绝对数（元） Value (yuan)	指数（1978=100） Index(1978=100)
1978	171.2	100.0	343.4	100.0	133.6	100.0
1980	246.8	131.6	477.6	127.0	191.3	139.0
1985	478.6	213.2	739.1	160.4	397.6	268.9
1990	903.9	243.8	1510.2	198.1	686.3	311.2
1995	2363.3	347.6	4283.0	290.3	1577.7	383.6
2000	3721.3	500.7	6255.7	382.3	2282.1	489.6
2001	4070.4	543.8	6824.0	414.1	2406.9	512.3
2002	4531.6	610.4	7652.4	469.1	2528.9	539.2
2003	5006.7	666.3	8405.5	510.6	2690.3	564.9
2004	5660.9	725.1	9334.8	549.0	3026.6	606.1
2005	6384.7	803.4	10382.3	600.9	3370.2	646.6
2006	7228.8	896.2	11619.7	662.5	3731.0	697.6
2007	8583.5	1015.4	13602.5	742.2	4327.0	767.7
2008	9956.5	1112.2	15549.4	803.5	4998.8	833.1
2009	10977.5	1234.8	16900.5	881.0	5435.1	908.3
2010	12519.5	1363.3	18779.1	948.5	6272.4	1012.1
2011	14550.7	1503.3	21426.9	1028.1	7393.9	1127.4
2012	16509.5	1662.5	24126.7	1126.8	8389.3	1248.1
2013	18310.8	1797.1	26467.0	1205.4	9429.6	1364.5
2014	20167.1	1940.5	28843.9	1287.1	10488.9	1490.5
2015	21966.2	2084.4	31194.8	1371.5	11421.7	1602.3
2016	23821.0	2216.1	33616.2	1448.0	12363.4	1702.1
2017	25973.8	2378.4	36396.2	1541.6	13432.4	1825.5
2018	28228.0	2532.1	39250.8	1627.6	14617.0	1945.3

注：1.本表2013–2018年人均可支配收入来源于住户收支与生活状况调查，1978–2012年数据是根据历史数据按住户收支与生活状况调查可比口径推算获得。可支配收入绝对数按当年价计算，指数按可比价计算。

2.全国居民人均收入是根据全国十几万户抽样调查基础数据，依据每个样本户所代表的户数加权汇总而成。由于受城镇化和人口迁移等因素影响，各时期的分城乡、分地区人口构成发生变化，有时会导致全国居民收入增速超出分城乡居民收入增速区间的现象发生。全国居民收入增速快于分城乡居民收入增速的原因主要是在城镇化过程中，一部分在农村收入较高的人口进入城镇地区，但在城镇属于较低收入人群，他们的迁移对城乡居民收入均有拉低作用；但无论在城镇还是农村，其收入增长效应都会体现在全体居民收入增长中。

a) The data of year 2013-2018 are compiled on the basis of the household survey on income and expenditure and living conditions, the data of year 1978-2012 are reckoned at comparable coverage by the household survey on income and expenditure and living conditions. The absolute amounts of disposable income are calculated at annual price, the index is calculated at comparable prices.

b) The per capita disposable income of national households is based on the sample survey of more than 100,000 households and is aggregated according to each household weight. Due to the factors such as urbanization and migration, the population composition of different cities and regions has changed in different periods, and the growth rate of national income of residents sometimes outpaces that in urban and rural areas. The reason of this phenomenon is that in urbanization process, some higher income population in rural areas move to cities and fall into lower income group in urban areas. Their migration lowers the income of urban and rural households. However, the effect of income growth, whether in urban or rural areas, is reflected in the national income growth.

6-17 分地区居民人均可支配收入
Per Capita Disposable Income of Households by Region

单位：元 (yuan)

地 区	Region	2013	2014	2015	2016	2017	2018
全 国	**National Average**	**18310.8**	**20167.1**	**21966.2**	**23821.0**	**25973.8**	**28228.0**
北 京	Beijing	40830.0	44488.6	48458.0	52530.4	57229.8	62361.2
天 津	Tianjin	26359.2	28832.3	31291.4	34074.5	37022.3	39506.1
河 北	Hebei	15189.6	16647.4	18118.1	19725.4	21484.1	23445.7
山 西	Shanxi	15119.7	16538.3	17853.7	19048.9	20420.0	21990.1
内蒙古	Inner Mongolia	18692.9	20559.3	22310.1	24126.6	26212.2	28375.7
辽 宁	Liaoning	20817.8	22820.2	24575.6	26039.7	27835.4	29701.4
吉 林	Jilin	15998.1	17520.4	18683.7	19967.0	21368.3	22798.4
黑龙江	Heilongjiang	15903.4	17404.4	18592.7	19838.5	21205.8	22725.8
上 海	Shanghai	42173.6	45965.8	49867.2	54305.3	58988.0	64182.6
江 苏	Jiangsu	24775.5	27172.8	29538.9	32070.1	35024.1	38095.8
浙 江	Zhejiang	29775.0	32657.6	35537.1	38529.0	42045.7	45839.8
安 徽	Anhui	15154.3	16795.5	18362.6	19998.1	21863.3	23983.6
福 建	Fujian	21217.9	23330.9	25404.4	27607.9	30047.7	32643.9
江 西	Jiangxi	15099.7	16734.2	18437.1	20109.6	22031.4	24079.7
山 东	Shandong	19008.3	20864.2	22703.2	24685.3	26929.9	29204.6
河 南	Henan	14203.7	15695.2	17124.8	18443.1	20170.0	21963.5
湖 北	Hubei	16472.5	18283.2	20025.6	21786.6	23757.2	25814.5
湖 南	Hunan	16004.9	17621.7	19317.5	21114.8	23102.7	25240.7
广 东	Guangdong	23420.7	25685.0	27858.9	30295.8	33003.3	35809.9
广 西	Guangxi	14082.3	15557.1	16873.4	18305.1	19904.8	21485.0
海 南	Hainan	15733.3	17476.5	18979.0	20653.4	22553.2	24579.0
重 庆	Chongqing	16568.7	18351.9	20110.1	22034.1	24153.0	26385.8
四 川	Sichuan	14231.0	15749.0	17221.0	18808.3	20579.8	22460.6
贵 州	Guizhou	11083.1	12371.1	13696.6	15121.1	16703.6	18430.2
云 南	Yunnan	12577.9	13772.2	15222.6	16719.9	18348.3	20084.2
西 藏	Tibet	9740.4	10730.2	12254.3	13639.2	15457.3	17286.1
陕 西	Shaanxi	14371.5	15836.7	17395.0	18873.7	20635.2	22528.3
甘 肃	Gansu	10954.4	12184.7	13466.6	14670.3	16011.0	17488.4
青 海	Qinghai	12947.8	14374.0	15812.7	17301.8	19001.0	20757.3
宁 夏	Ningxia	14565.8	15906.8	17329.1	18832.3	20561.7	22400.4
新 疆	Xinjiang	13669.6	15096.6	16859.1	18354.7	19975.1	21500.2

6-18 分地区居民人均可支配收入来源（2018年）
Per Capita Disposable Income of Households by Sources and Region (2018)

单位：元 (yuan)

地 区	Region	可支配收入 Disposable Income	工资性收入 Income from Wages and Salaries	经营净收入 Net Business Income	财产净收入 Net Income from Properties	转移净收入 Net Income from Transfers
全 国	**National Average**	**28228.0**	**15829.0**	**4852.4**	**2378.5**	**5168.1**
北 京	Beijing	62361.2	37686.8	1201.6	10611.8	12861.0
天 津	Tianjin	39506.1	25119.0	3344.0	3587.2	7456.0
河 北	Hebei	23445.7	14179.3	3530.6	1624.1	4111.6
山 西	Shanxi	21990.1	12552.0	2809.2	1304.4	5324.6
内蒙古	Inner Mongolia	28375.7	15033.3	7149.1	1442.2	4751.1
辽 宁	Liaoning	29701.4	15580.5	5186.2	1336.7	7598.1
吉 林	Jilin	22798.4	12038.8	5019.4	998.9	4741.3
黑龙江	Heilongjiang	22725.8	10950.8	4878.1	1089.4	5807.6
上 海	Shanghai	64182.6	37136.9	1820.9	9666.3	15558.5
江 苏	Jiangsu	38095.8	21947.8	5386.1	3745.7	7016.2
浙 江	Zhejiang	45839.8	26241.6	7751.7	5244.2	6602.3
安 徽	Anhui	23983.6	12851.4	5478.4	1456.8	4197.1
福 建	Fujian	32643.9	18996.9	6015.3	3165.5	4466.2
江 西	Jiangxi	24079.7	13738.5	4055.6	1584.6	4700.9
山 东	Shandong	29204.6	16814.4	6300.0	2043.2	4047.0
河 南	Henan	21963.5	11066.1	4674.0	1546.6	4676.8
湖 北	Hubei	25814.5	12737.6	5450.6	1726.0	5900.3
湖 南	Hunan	25240.7	12797.9	5015.9	1923.1	5503.8
广 东	Guangdong	35809.9	24749.0	4734.5	4131.4	2194.9
广 西	Guangxi	21485.0	10203.8	5484.6	1439.6	4357.0
海 南	Hainan	24579.0	14306.2	4461.8	1889.6	3921.4
重 庆	Chongqing	26385.8	13928.1	4311.4	1649.3	6497.0
四 川	Sichuan	22460.6	11069.9	4558.1	1443.1	5389.4
贵 州	Guizhou	18430.2	9500.9	4037.6	1297.3	3594.4
云 南	Yunnan	20084.2	9609.0	4883.9	1963.2	3628.0
西 藏	Tibet	17286.1	8903.5	4589.1	1096.2	2697.3
陕 西	Shaanxi	22528.3	12161.4	3033.9	1350.5	5982.4
甘 肃	Gansu	17488.4	9676.3	3212.1	1162.3	3437.7
青 海	Qinghai	20757.3	12209.1	3013.8	1057.1	4477.3
宁 夏	Ningxia	22400.4	13440.8	3958.2	885.1	4116.3
新 疆	Xinjiang	21500.2	11654.7	5153.1	784.3	3908.2

6-19 分地区居民人均消费支出
Per Capita Consumption Expenditure of Households by Region

单位：元 (yuan)

地区	Region	2013	2014	2015	2016	2017	2018
全国	**National Average**	**13220.4**	**14491.4**	**15712.4**	**17110.7**	**18322.1**	**19853.1**
北京	Beijing	29175.6	31102.9	33802.8	35415.7	37425.3	39842.7
天津	Tianjin	20418.7	22343.0	24162.5	26129.3	27841.4	29902.9
河北	Hebei	10872.2	11931.5	13030.7	14247.5	15437.0	16722.0
山西	Shanxi	10118.3	10863.8	11729.1	12682.9	13664.4	14810.1
内蒙古	Inner Mongolia	14877.7	16258.1	17178.5	18072.3	18945.5	19665.2
辽宁	Liaoning	14950.2	16068.0	17199.8	19852.8	20463.4	21398.3
吉林	Jilin	12054.3	13026.0	13763.9	14772.6	15631.9	17200.4
黑龙江	Heilongjiang	12037.2	12768.8	13402.5	14445.8	15577.5	16994.0
上海	Shanghai	30399.9	33064.8	34783.6	37458.3	39791.9	43351.3
江苏	Jiangsu	17925.8	19163.6	20555.6	22129.9	23468.6	25007.4
浙江	Zhejiang	20610.1	22552.0	24116.9	25526.6	27079.1	29470.7
安徽	Anhui	10544.1	11727.0	12840.1	14711.5	15751.7	17044.6
福建	Fujian	16176.6	17644.5	18850.2	20167.5	21249.3	22996.0
江西	Jiangxi	10052.8	11088.9	12403.4	13258.6	14459.0	15792.0
山东	Shandong	11896.8	13328.9	14578.4	15926.4	17280.7	18779.8
河南	Henan	10002.5	11000.4	11835.1	12712.3	13729.6	15168.5
湖北	Hubei	11760.8	12928.3	14316.5	15888.7	16937.6	19537.8
湖南	Hunan	11945.9	13288.7	14267.3	15750.5	17160.4	18807.9
广东	Guangdong	17421.0	19205.5	20975.7	23448.4	24819.6	26054.0
广西	Guangxi	9596.5	10274.3	11401.0	12295.2	13423.7	14934.8
海南	Hainan	11192.9	12470.6	13575.0	14275.4	15402.7	17528.4
重庆	Chongqing	12600.2	13810.6	15139.5	16384.8	17898.1	19248.5
四川	Sichuan	11054.7	12368.4	13632.1	14838.5	16179.9	17663.6
贵州	Guizhou	8288.0	9303.4	10413.8	11931.6	12969.6	13798.1
云南	Yunnan	8823.8	9869.5	11005.4	11768.8	12658.1	14249.9
西藏	Tibet	6306.8	7317.0	8245.8	9318.7	10320.1	11520.2
陕西	Shaanxi	11217.3	12203.6	13087.2	13943.0	14899.7	16159.7
甘肃	Gansu	8943.4	9874.6	10950.8	12254.2	13120.1	14624.0
青海	Qinghai	11576.5	12604.8	13611.3	14774.7	15503.1	16557.2
宁夏	Ningxia	11292.0	12484.5	13815.6	14965.4	15350.3	16715.1
新疆	Xinjiang	11391.8	11903.7	12867.4	14066.5	15087.3	16189.1

6-20 分地区居民人均消费支出（2018年）
Per Capita Consumption Expenditure of Households by Region (2018)

单位：元 (yuan)

地区	Region	消费支出 Consumption Expenditure	食品烟酒 Food, Tobacco and Liquor	衣着 Clothing	居住 Residence	生活用品及服务 Household Facilities Articles and Services	交通通信 Transport and Communi-cations	教育文化娱乐 Education, Culture and Recreation	医疗保健 Health Care and Medical Services	其他用品及服务 Miscellaneous Goods and Services
全国	**National Average**	**19853.1**	**5631.1**	**1288.9**	**4646.6**	**1222.7**	**2675.4**	**2225.7**	**1685.2**	**477.5**
北京	Beijing	39842.7	8064.9	2175.5	14110.3	2371.9	4767.4	3999.4	3274.5	1078.6
天津	Tianjin	29902.9	8647.5	1990.0	6406.3	1818.4	4280.9	3186.6	2676.9	896.3
河北	Hebei	16722.0	4271.3	1257.4	4050.4	1138.7	2355.4	1734.5	1540.5	373.8
山西	Shanxi	14810.1	3688.2	1261.0	3228.5	855.6	1845.2	1940.0	1635.1	356.4
内蒙古	Inner Mongolia	19665.2	5324.3	1751.2	3680.0	1204.6	3074.3	2245.4	1847.5	537.9
辽宁	Liaoning	21398.3	5727.8	1628.1	4169.5	1259.4	2968.2	2708.0	2257.1	680.2
吉林	Jilin	17200.4	4417.4	1397.0	3294.8	899.4	2479.7	2193.4	2012.0	506.7
黑龙江	Heilongjiang	16994.0	4573.2	1405.4	3176.3	886.4	2196.6	2030.3	2235.3	490.4
上海	Shanghai	43351.3	10728.2	2036.8	14208.5	2095.5	4881.2	5049.4	3070.2	1281.5
江苏	Jiangsu	25007.4	6529.8	1541.0	6731.2	1493.3	3522.8	2582.6	2016.4	590.4
浙江	Zhejiang	29470.7	8198.3	1813.5	7721.2	1652.4	4302.0	3031.3	2059.4	692.6
安徽	Anhui	17044.6	5414.7	1137.4	3941.9	1041.2	2082.1	1810.4	1224.0	392.8
福建	Fujian	22996.0	7572.9	1212.1	6130.0	1223.1	2923.3	2194.0	1234.8	505.8
江西	Jiangxi	15792.0	4809.0	1074.1	3795.2	1047.7	1872.1	1813.0	1000.0	381.0
山东	Shandong	18779.8	5030.9	1391.8	3928.5	1394.3	2834.3	2174.4	1627.6	398.1
河南	Henan	15168.5	3959.8	1172.8	3512.0	1054.4	1838.0	1769.1	1541.5	321.0
湖北	Hubei	19537.8	5491.3	1316.2	4310.6	1253.2	2584.1	2187.5	1907.9	487.0
湖南	Hunan	18807.9	5260.0	1215.5	3976.1	1190.2	2322.9	2786.2	1705.5	351.5
广东	Guangdong	26054.0	8480.8	1135.3	6643.3	1440.8	3423.9	2750.9	1520.8	658.2
广西	Guangxi	14934.8	4545.7	616.7	3268.5	898.2	2150.1	1798.9	1364.6	291.9
海南	Hainan	17528.4	6552.2	655.9	3744.0	826.6	1919.0	2185.5	1236.1	409.2
重庆	Chongqing	19248.5	6220.8	1454.5	3498.8	1338.9	2545.0	2087.8	1660.0	442.8
四川	Sichuan	17663.6	5937.9	1173.8	3368.0	1182.2	2398.8	1599.7	1568.6	434.5
贵州	Guizhou	13798.1	3792.9	934.7	2760.7	878.1	2408.0	1660.0	1083.5	280.1
云南	Yunnan	14249.9	3983.4	789.1	3081.1	859.9	2212.8	1772.7	1267.7	283.2
西藏	Tibet	11520.2	4330.5	1285.2	2102.6	622.3	1847.7	609.3	460.1	262.6
陕西	Shaanxi	16159.7	4292.5	1141.1	3388.2	1200.8	2005.8	2008.8	1749.4	373.2
甘肃	Gansu	14624.0	4253.3	1111.5	3095.0	896.9	1640.7	1710.3	1573.9	342.4
青海	Qinghai	16557.2	4671.6	1350.6	2990.0	932.0	2671.4	1655.6	1842.0	444.0
宁夏	Ningxia	16715.1	4234.1	1388.2	3014.3	1067.1	2724.4	2139.5	1727.1	420.4
新疆	Xinjiang	16189.1	4691.6	1456.0	2894.3	1082.8	2274.4	1762.5	1592.6	434.9

6-21 分地区居民家庭人均主要食品消费量(2018年)
Per Capita Consumption of Major Foods of Households by Region (2018)

单位：千克 (kg)

地 区	Region	粮食 (原粮) Grain (Unprocessed)	谷物 Cereal	食用油 Edible Oil and Fats	食用植物油 Edible Vegetable Oil	蔬菜及食用菌 Vegetable and Edible Mushroom	肉类 Products of Meat	猪肉 Pork
全 国	**National Average**	**127.2**	**116.3**	**9.6**	**8.9**	**96.1**	**29.5**	**22.8**
北 京	Beijing	91.9	81.7	7.2	7.1	106.3	25.9	16.3
天 津	Tianjin	118.3	107.9	9.9	9.8	116.8	26.9	16.8
河 北	Hebei	130.8	119.6	7.6	7.3	95.5	23.0	15.8
山 西	Shanxi	137.6	121.3	7.5	7.2	83.7	15.3	10.8
内蒙古	Inner Mongolia	153.0	140.0	7.6	7.4	94.0	34.3	20.0
辽 宁	Liaoning	127.8	113.3	10.3	10.1	107.7	27.0	19.0
吉 林	Jilin	132.6	119.0	10.8	10.6	92.3	24.8	18.9
黑龙江	Heilongjiang	139.9	126.5	12.9	12.8	95.8	25.7	18.5
上 海	Shanghai	110.5	98.1	8.0	7.5	103.6	31.4	22.4
江 苏	Jiangsu	121.9	108.9	9.1	8.8	100.1	28.6	21.2
浙 江	Zhejiang	132.9	119.6	11.6	10.9	91.7	29.8	23.7
安 徽	Anhui	139.5	126.1	9.5	8.5	95.3	28.3	22.1
福 建	Fujian	125.1	115.9	9.1	7.9	90.8	34.7	29.1
江 西	Jiangxi	134.5	124.9	13.6	12.9	97.0	30.6	25.5
山 东	Shandong	117.2	107.1	7.6	7.5	92.8	23.9	15.9
河 南	Henan	123.4	113.0	8.4	8.3	84.7	18.5	12.9
湖 北	Hubei	110.9	100.3	10.5	10.1	111.4	28.4	22.9
湖 南	Hunan	137.6	128.4	11.8	9.0	94.4	34.5	29.8
广 东	Guangdong	108.7	101.1	9.2	8.6	100.6	41.0	34.0
广 西	Guangxi	128.3	121.8	8.1	6.7	85.2	35.7	31.3
海 南	Hainan	94.8	89.8	8.8	7.4	90.7	33.9	29.2
重 庆	Chongqing	135.7	121.2	13.8	11.7	132.0	43.9	38.8
四 川	Sichuan	146.6	134.2	12.1	10.8	120.7	45.4	38.9
贵 州	Guizhou	111.3	100.1	6.6	5.1	75.2	31.7	29.1
云 南	Yunnan	117.3	108.6	7.1	5.4	83.8	31.9	27.5
西 藏	Tibet	208.9	201.7	15.9	9.9	42.7	29.5	6.7
陕 西	Shaanxi	131.7	118.9	10.7	10.4	83.5	16.2	11.8
甘 肃	Gansu	151.8	139.3	9.4	9.3	79.9	20.2	14.3
青 海	Qinghai	113.2	107.8	9.3	8.9	52.3	27.0	9.8
宁 夏	Ningxia	112.1	105.4	7.2	7.1	87.5	16.3	7.0
新 疆	Xinjiang	156.2	153.1	14.1	13.8	91.8	24.4	3.7

6-21 续表 continued

单位：千克 (kg)

地 区	Region	牛肉 Beef	羊肉 Mutton	禽类 Poultry	水产品 Aquatic Products	蛋类 Eggs	奶类 Milk and Dairy Products	干鲜瓜果类 Dried and Fresh Melons and Fruits	食糖 Sugar
全 国	**National Average**	**2.0**	**1.3**	**9.0**	**11.4**	**9.7**	**12.2**	**52.1**	**1.3**
北 京	Beijing	3.3	2.7	5.8	8.9	14.6	26.0	74.7	1.1
天 津	Tianjin	2.9	2.7	5.7	16.7	17.7	18.6	86.2	1.4
河 北	Hebei	1.5	1.4	4.9	5.9	13.7	14.4	66.8	1.1
山 西	Shanxi	0.7	1.1	2.4	2.6	11.3	15.7	55.9	1.0
内蒙古	Inner Mongolia	3.3	7.5	5.6	5.2	9.2	22.2	58.0	1.4
辽 宁	Liaoning	2.6	1.3	5.1	13.7	12.1	14.9	61.8	1.2
吉 林	Jilin	2.3	0.7	4.9	8.0	10.1	10.0	53.9	1.3
黑龙江	Heilongjiang	2.0	1.1	5.3	9.0	10.9	10.4	64.3	1.8
上 海	Shanghai	3.0	1.1	12.3	24.5	12.0	20.8	63.5	1.5
江 苏	Jiangsu	2.1	0.9	10.7	17.8	10.5	15.1	45.1	1.1
浙 江	Zhejiang	2.5	0.7	10.7	22.9	8.4	13.2	52.6	1.5
安 徽	Anhui	2.2	0.9	12.0	12.0	11.3	11.7	52.6	1.0
福 建	Fujian	1.9	0.7	11.5	23.9	8.6	11.7	47.2	1.7
江 西	Jiangxi	2.2	0.4	8.7	12.7	7.2	10.8	41.5	1.1
山 东	Shandong	1.2	1.0	6.0	12.1	16.0	16.4	74.2	0.9
河 南	Henan	1.2	1.1	6.0	4.0	12.8	12.5	56.0	1.3
湖 北	Hubei	1.9	0.6	5.6	15.4	7.1	6.8	43.7	0.8
湖 南	Hunan	1.9	0.6	10.8	11.9	7.8	6.7	57.5	1.3
广 东	Guangdong	2.2	0.7	21.1	22.0	7.4	8.6	39.4	1.6
广 西	Guangxi	1.9	0.7	18.5	9.9	5.5	5.6	39.0	1.2
海 南	Hainan	2.1	1.0	18.8	27.0	4.8	4.7	28.4	1.1
重 庆	Chongqing	1.3	0.6	10.0	9.9	9.8	12.6	43.7	2.8
四 川	Sichuan	1.7	0.5	10.4	7.2	8.4	12.5	40.6	1.9
贵 州	Guizhou	1.0	0.2	4.6	2.2	3.4	4.4	33.2	0.8
云 南	Yunnan	2.0	0.4	6.7	3.5	4.3	5.1	29.6	1.1
西 藏	Tibet	17.9	4.5	1.5	0.5	3.6	14.3	6.0	4.3
陕 西	Shaanxi	1.0	1.1	2.9	2.8	7.8	13.8	46.6	1.0
甘 肃	Gansu	1.2	2.4	4.8	2.4	8.7	13.6	75.6	1.9
青 海	Qinghai	9.4	6.6	2.9	1.7	3.7	17.6	24.8	1.4
宁 夏	Ningxia	4.1	4.1	6.8	2.5	5.9	13.5	78.7	1.4
新 疆	Xinjiang	5.1	14.0	4.9	2.9	5.6	19.9	52.3	1.2

6-22 分地区居民平均每百户年末主要耐用消费品拥有量(2018年)
Main Durable Goods Owned Per 100 Households at Year-end by Region (2018)

地 区	Region	家用汽车 (辆) Automobile (unit)	摩托车 (辆) Motorcycle (unit)	电动助力车 (辆) Electric Bicycle (unit)	洗衣机 (台) Washing Machine (set)	电冰箱 (台) Refrigerator (set)	微波炉 (台) Microwave Oven (set)	彩色电视机 (台) Color TV Set (set)
全 国	**National Average**	**33.0**	**35.7**	**59.2**	**93.8**	**98.8**	**39.2**	**119.3**
北 京	Beijing	53.1	3.6	25.0	100.3	103.9	76.2	125.1
天 津	Tianjin	53.0	4.4	45.8	99.6	103.3	68.9	111.5
河 北	Hebei	44.9	28.6	95.6	99.8	99.1	45.4	111.5
山 西	Shanxi	27.9	27.9	52.7	92.6	86.2	24.5	102.3
内蒙古	Inner Mongolia	39.5	33.3	44.7	96.9	103.7	29.2	104.0
辽 宁	Liaoning	27.3	22.9	25.3	93.2	100.0	43.0	106.0
吉 林	Jilin	29.5	30.3	13.1	94.6	97.3	30.8	101.7
黑龙江	Heilongjiang	16.6	22.2	16.2	93.2	96.5	22.9	100.8
上 海	Shanghai	36.9	3.2	68.1	93.2	100.2	85.2	173.3
江 苏	Jiangsu	38.1	17.6	122.2	100.4	108.4	78.5	163.9
浙 江	Zhejiang	44.4	12.7	82.9	90.6	104.0	50.1	173.2
安 徽	Anhui	27.4	25.1	100.5	92.0	101.2	43.6	131.0
福 建	Fujian	24.9	50.8	49.2	85.0	98.1	43.5	125.7
江 西	Jiangxi	29.4	48.4	69.2	78.1	96.6	31.8	129.3
山 东	Shandong	46.7	28.0	102.0	98.1	102.6	37.9	106.5
河 南	Henan	29.6	30.2	111.3	98.9	96.5	26.2	114.3
湖 北	Hubei	29.9	56.4	38.6	91.9	103.6	31.7	122.0
湖 南	Hunan	22.8	57.7	21.9	95.1	101.9	25.7	116.6
广 东	Guangdong	36.9	67.2	34.6	89.7	94.4	39.2	109.1
广 西	Guangxi	27.2	63.7	70.7	85.1	98.5	41.7	107.0
海 南	Hainan	26.3	58.8	77.2	69.3	87.8	23.9	103.1
重 庆	Chongqing	23.7	25.7	13.2	91.8	102.0	42.4	122.6
四 川	Sichuan	25.2	35.3	29.5	94.6	98.2	27.0	116.6
贵 州	Guizhou	28.0	41.6	13.8	96.9	92.6	20.4	102.7
云 南	Yunnan	37.7	56.8	27.5	90.9	87.7	32.9	104.7
西 藏	Tibet	37.3	61.7	20.0	85.6	83.9	19.5	111.2
陕 西	Shaanxi	27.7	37.8	36.7	94.3	89.9	25.8	104.3
甘 肃	Gansu	25.1	37.9	37.6	98.3	90.5	27.1	107.2
青 海	Qinghai	38.8	40.1	10.8	95.3	97.8	34.0	95.5
宁 夏	Ningxia	38.3	34.7	58.2	101.4	98.8	35.7	104.5
新 疆	Xinjiang	29.7	33.0	51.5	97.5	102.5	25.8	100.5

6-22 续表 continued

地 区	Region	空调（台）Air Conditioner (set)	热水器（台）Water Heater (set)	排油烟机（台）Exhaust Fan (set)	移动电话（部）Mobile Phone (set)	计算机（台）Computer (set)	照相机（台）Camera (set)
全 国	**National Average**	**109.3**	**85.0**	**56.4**	**249.1**	**53.4**	**12.6**
北 京	Beijing	186.8	99.8	91.3	228.3	91.4	42.0
天 津	Tianjin	150.9	96.4	87.0	233.1	70.6	20.7
河 北	Hebei	105.0	80.9	50.4	236.5	64.0	15.7
山 西	Shanxi	34.4	54.8	47.9	223.8	45.9	8.9
内蒙古	Inner Mongolia	13.6	56.3	55.1	231.3	46.3	11.6
辽 宁	Liaoning	35.8	67.6	66.9	208.8	47.4	15.8
吉 林	Jilin	11.0	49.4	54.9	234.8	50.2	8.6
黑龙江	Heilongjiang	8.5	46.1	56.3	215.7	40.9	7.3
上 海	Shanghai	199.9	94.9	81.2	220.1	99.2	32.9
江 苏	Jiangsu	193.0	106.1	68.9	247.3	62.6	14.4
浙 江	Zhejiang	193.1	101.9	80.9	243.6	72.6	17.3
安 徽	Anhui	142.0	98.1	54.0	255.8	45.8	8.9
福 建	Fujian	138.6	104.3	56.1	246.7	59.4	11.0
江 西	Jiangxi	107.4	88.0	51.6	266.0	46.3	7.5
山 东	Shandong	118.5	95.3	68.8	231.4	61.7	18.7
河 南	Henan	132.7	81.2	44.3	255.6	46.1	7.0
湖 北	Hubei	131.0	94.4	55.4	263.1	55.6	10.0
湖 南	Hunan	122.6	88.5	52.9	279.2	51.1	10.0
广 东	Guangdong	176.1	99.4	65.5	268.2	69.3	15.9
广 西	Guangxi	94.5	87.8	36.8	282.5	48.1	10.1
海 南	Hainan	109.3	82.8	39.9	275.2	40.7	8.0
重 庆	Chongqing	150.1	87.6	52.5	261.4	45.2	11.3
四 川	Sichuan	91.4	82.4	41.2	252.4	36.0	7.5
贵 州	Guizhou	17.3	70.0	27.8	285.3	29.2	4.3
云 南	Yunnan	4.1	84.0	39.0	267.2	34.4	7.8
西 藏	Tibet	5.8	23.5	18.0	235.0	18.8	6.1
陕 西	Shaanxi	80.6	69.8	43.9	247.0	36.8	10.6
甘 肃	Gansu	7.4	57.3	46.3	275.3	39.1	10.5
青 海	Qinghai	1.2	55.9	52.1	254.6	35.5	8.6
宁 夏	Ningxia	12.6	98.3	61.3	265.5	48.9	8.8
新 疆	Xinjiang	17.5	70.2	53.4	212.5	36.1	8.6

6-23 分地区城镇居民人均可支配收入

Per Capita Disposable Income of Urban Households by Region

单位：元 (yuan)

地 区	Region	2013	2014	2015	2016	2017	2018
全 国	**National Average**	**26467.0**	**28843.9**	**31194.8**	**33616.2**	**36396.2**	**39250.8**
北 京	Beijing	44563.9	48531.8	52859.2	57275.3	62406.3	67989.9
天 津	Tianjin	28979.8	31506.0	34101.3	37109.6	40277.5	42976.3
河 北	Hebei	22226.7	24141.3	26152.2	28249.4	30547.8	32977.2
山 西	Shanxi	22258.2	24069.4	25827.7	27352.3	29131.8	31034.8
内蒙古	Inner Mongolia	26003.6	28349.6	30594.1	32974.9	35670.0	38304.7
辽 宁	Liaoning	26697.0	29081.7	31125.7	32876.1	34993.4	37341.9
吉 林	Jilin	21331.1	23217.8	24900.9	26530.4	28318.7	30171.9
黑龙江	Heilongjiang	20848.4	22609.0	24202.6	25736.4	27446.0	29191.3
上 海	Shanghai	44878.3	48841.4	52961.9	57691.7	62595.7	68033.6
江 苏	Jiangsu	31585.5	34346.3	37173.5	40151.6	43621.8	47200.0
浙 江	Zhejiang	37079.7	40392.7	43714.5	47237.2	51260.7	55574.3
安 徽	Anhui	22789.3	24838.5	26935.8	29156.0	31640.3	34393.1
福 建	Fujian	28173.9	30722.4	33275.3	36014.3	39001.4	42121.3
江 西	Jiangxi	22119.7	24309.2	26500.1	28673.3	31198.1	33819.4
山 东	Shandong	26882.4	29221.9	31545.3	34012.1	36789.4	39549.4
河 南	Henan	21740.7	23672.1	25575.6	27232.9	29557.9	31874.2
湖 北	Hubei	22667.9	24852.3	27051.5	29385.8	31889.4	34454.6
湖 南	Hunan	24352.0	26570.2	28838.1	31283.9	33947.9	36698.3
广 东	Guangdong	29537.3	32148.1	34757.2	37684.3	40975.1	44341.0
广 西	Guangxi	22689.4	24669.0	26415.9	28324.4	30502.1	32436.1
海 南	Hainan	22411.4	24486.5	26356.4	28453.5	30817.4	33348.7
重 庆	Chongqing	23058.2	25147.2	27238.8	29610.0	32193.2	34889.3
四 川	Sichuan	22227.5	24234.4	26205.3	28335.3	30726.9	33215.9
贵 州	Guizhou	20564.9	22548.2	24579.6	26742.6	29079.8	31591.9
云 南	Yunnan	22460.0	24299.0	26373.2	28610.6	30995.9	33487.9
西 藏	Tibet	20394.5	22015.8	25456.6	27802.4	30671.1	33797.4
陕 西	Shaanxi	22345.9	24365.8	26420.2	28440.1	30810.3	33319.3
甘 肃	Gansu	19873.4	21803.9	23767.1	25693.5	27763.4	29957.0
青 海	Qinghai	20352.4	22306.6	24542.3	26757.4	29168.9	31514.5
宁 夏	Ningxia	21475.7	23284.6	25186.0	27153.0	29472.3	31895.2
新 疆	Xinjiang	21091.5	23214.0	26274.7	28463.4	30774.8	32763.5

6-24 分地区城镇居民人均可支配收入来源（2018年）
Per Capita Disposable Income of Urban Households by Sources and Region (2018)

单位：元　　　　(yuan)

地　区	Region	可支配收　入 Disposable Income	工资性收入 Income from Wages and Salaries	经营净收入 Net Business Income	财产净收入 Net Income from Properties	转移净收入 Net Income from Transfers
全　国	**National Average**	**39250.8**	**23792.2**	**4442.6**	**4027.7**	**6988.3**
北　京	Beijing	67989.9	40489.3	1072.9	11982.4	14445.3
天　津	Tianjin	42976.3	27557.0	2923.8	4149.8	8345.6
河　北	Hebei	32977.2	20988.0	2436.2	2966.0	6587.0
山　西	Shanxi	31034.8	18572.4	2574.3	2286.1	7602.0
内蒙古	Inner Mongolia	38304.7	23302.3	7127.6	2070.2	5804.5
辽　宁	Liaoning	37341.9	20626.2	4638.9	1845.7	10231.1
吉　林	Jilin	30171.9	18978.2	2789.5	1603.7	6800.5
黑龙江	Heilongjiang	29191.3	16705.7	3301.8	1386.8	7797.1
上　海	Shanghai	68033.6	39145.5	1828.6	10653.1	16406.4
江　苏	Jiangsu	47200.0	28136.3	5053.4	5317.4	8692.9
浙　江	Zhejiang	55574.3	31148.0	8316.1	7586.4	8523.9
安　徽	Anhui	34393.1	20974.0	5548.1	2708.3	5162.8
福　建	Fujian	42121.3	25890.9	5573.9	4983.2	5673.3
江　西	Jiangxi	33819.4	21451.1	2824.2	2950.5	6593.6
山　东	Shandong	39549.4	25040.7	5583.9	3337.0	5587.8
河　南	Henan	31874.2	18049.3	4531.7	3161.6	6131.6
湖　北	Hubei	34454.6	18997.1	4796.6	2953.9	7707.1
湖　南	Hunan	36698.3	20021.5	5252.5	3715.3	7708.9
广　东	Guangdong	44341.0	32180.1	4872.6	5816.6	1471.7
广　西	Guangxi	32436.1	18083.9	5594.9	2889.6	5867.6
海　南	Hainan	33348.7	21506.3	3348.6	3244.3	5249.4
重　庆	Chongqing	34889.3	20054.0	3973.1	2536.2	8326.1
四　川	Sichuan	33215.9	19032.7	3899.5	2696.3	7587.4
贵　州	Guizhou	31591.9	17392.1	5262.4	3066.0	5871.4
云　南	Yunnan	33487.9	18743.9	3855.1	4518.4	6370.5
西　藏	Tibet	33797.4	25499.8	912.0	2989.0	4396.6
陕　西	Shaanxi	33319.3	19352.5	2581.9	2450.9	8933.9
甘　肃	Gansu	29957.0	19930.1	2333.8	2527.5	5165.6
青　海	Qinghai	31514.5	21718.7	2089.2	1673.6	6033.1
宁　夏	Ningxia	31895.2	21337.5	3354.2	1348.8	5854.7
新　疆	Xinjiang	32763.5	21953.0	3414.0	1433.6	5963.1

6-25 分地区城镇居民人均消费支出
Per Capita Consumption Expenditure of Urban Households by Region

单位：元 (yuan)

地 区	Region	2013	2014	2015	2016	2017	2018
全 国	**National Average**	**18487.5**	**19968.1**	**21392.4**	**23078.9**	**24445.0**	**26112.3**
北 京	Beijing	31632.2	33717.5	36642.0	38255.5	40346.3	42925.6
天 津	Tianjin	22306.2	24289.6	26229.5	28344.6	30283.6	32655.1
河 北	Hebei	14970.0	16203.8	17586.6	19105.9	20600.3	22127.4
山 西	Shanxi	13762.7	14636.9	15818.6	16992.8	18404.0	19789.8
内蒙古	Inner Mongolia	19244.0	20885.2	21876.5	22744.5	23637.8	24437.1
辽 宁	Liaoning	19318.4	20519.6	21556.7	24995.9	25379.4	26447.9
吉 林	Jilin	15940.7	17156.1	17972.6	19166.4	20051.2	22393.7
黑龙江	Heilongjiang	15704.1	16466.6	17152.1	18145.2	19269.8	21035.5
上 海	Shanghai	32447.2	35182.4	36946.1	39856.8	42304.3	46015.2
江 苏	Jiangsu	22262.3	23476.3	24966.0	26432.9	27726.3	29461.9
浙 江	Zhejiang	25253.5	27241.7	28661.3	30067.7	31924.2	34597.9
安 徽	Anhui	14593.6	16107.1	17233.5	19606.2	20740.2	21522.7
福 建	Fujian	20564.7	22204.1	23520.2	25005.5	25980.5	28145.1
江 西	Jiangxi	13843.0	15141.8	16731.8	17695.6	19244.5	20760.0
山 东	Shandong	16646.5	18322.6	19853.8	21495.3	23072.1	24798.4
河 南	Henan	15248.8	16184.5	17154.3	18087.8	19422.3	20989.2
湖 北	Hubei	15334.5	16681.4	18192.3	20040.0	21275.6	23995.9
湖 南	Hunan	16867.3	18334.7	19501.4	21420.0	23162.6	25064.2
广 东	Guangdong	21621.5	23611.7	25673.1	28613.3	30197.9	30924.3
广 西	Guangxi	14470.1	15045.4	16321.2	17268.5	18348.6	20159.4
海 南	Hainan	15833.5	17513.8	18448.4	19015.5	20371.9	22971.2
重 庆	Chongqing	17123.8	18279.5	19742.3	21030.9	22759.2	24154.2
四 川	Sichuan	16098.2	17759.9	19276.8	20659.8	21990.6	23483.9
贵 州	Guizhou	13768.2	15254.6	16914.2	19201.7	20347.8	20787.9
云 南	Yunnan	14862.3	16268.3	17675.0	18622.4	19559.7	21626.4
西 藏	Tibet	13678.6	15669.4	17022.0	19440.5	21087.5	23029.4
陕 西	Shaanxi	16398.6	17546.0	18463.9	19368.9	20388.2	21966.4
甘 肃	Gansu	14411.3	15942.3	17450.9	19539.2	20659.4	22606.0
青 海	Qinghai	16223.4	17492.9	19200.6	20853.2	21473.0	22997.5
宁 夏	Ningxia	15806.9	17216.2	18983.9	20364.2	20219.5	21976.7
新 疆	Xinjiang	16858.1	17684.5	19414.7	21228.5	22796.9	24191.4

6-26 分地区城镇居民人均消费支出（2018年）
Per Capita Consumption Expenditure of Urban Households by Region (2018)

单位：元 (yuan)

地区	Region	消费支出 Consumption Expenditure	食品烟酒 Food, Tobacco and Liquor	衣着 Clothing	居住 Residence	生活用品及服务 Household Facilities, Articles and Services	交通通信 Transport and Communi-cations	教育文化娱乐 Education, Culture and Recreation	医疗保健 Health Care and Medical Services	其他用品及服务 Miscellaneous Goods and Services
全国	**National Average**	**26112.3**	**7239.0**	**1808.2**	**6255.0**	**1629.4**	**3473.5**	**2974.1**	**2045.7**	**687.4**
北京	Beijing	42925.6	8576.9	2346.1	15390.6	2496.2	5032.6	4401.6	3475.8	1205.9
天津	Tianjin	32655.1	9420.8	2200.7	7037.6	1915.7	4636.7	3598.1	2825.1	1020.4
河北	Hebei	22127.4	5555.6	1799.0	5577.1	1508.0	2982.0	2305.0	1883.7	517.0
山西	Shanxi	19789.8	4702.6	1821.5	4246.8	1219.5	2497.4	2638.2	2138.4	525.4
内蒙古	Inner Mongolia	24437.1	6583.5	2455.8	4594.4	1631.0	3736.4	2592.1	2105.7	738.2
辽宁	Liaoning	26447.9	7081.1	2121.7	5146.1	1610.2	3551.2	3410.2	2626.9	900.4
吉林	Jilin	22393.7	5563.8	2023.2	4417.2	1301.7	3057.6	2830.8	2469.2	730.2
黑龙江	Heilongjiang	21035.5	5630.1	1920.2	4089.2	1173.2	2605.4	2472.9	2466.5	678.0
上海	Shanghai	46015.2	11103.9	2139.4	15376.6	2204.6	5107.8	5490.9	3221.8	1370.2
江苏	Jiangsu	29461.9	7686.7	1925.8	8103.9	1785.8	3819.8	3129.0	2273.3	737.8
浙江	Zhejiang	34597.9	9370.7	2231.5	9154.0	1967.1	5010.5	3684.2	2286.6	893.4
安徽	Anhui	21522.7	6672.1	1661.1	4909.9	1321.3	2630.3	2372.4	1419.3	536.3
福建	Fujian	28145.1	9000.7	1554.1	7716.3	1516.2	3630.7	2727.6	1374.8	624.7
江西	Jiangxi	20760.0	6232.6	1628.8	4561.7	1493.7	2537.6	2490.5	1218.9	596.2
山东	Shandong	24798.4	6528.8	2008.4	5302.3	1901.2	3604.7	2902.7	1966.3	584.0
河南	Henan	20989.2	5399.5	1705.0	5021.0	1489.4	2510.6	2429.9	1925.2	508.5
湖北	Hubei	23995.9	6737.5	1741.2	5392.0	1572.9	3103.2	2694.6	2162.8	591.5
湖南	Hunan	25064.2	6848.9	1823.5	5060.9	1635.6	3220.3	3924.5	2034.4	516.0
广东	Guangdong	30924.3	9780.2	1415.3	8147.8	1726.2	4107.3	3335.7	1591.3	820.5
广西	Guangxi	20159.4	6180.4	967.7	4235.9	1254.1	2902.8	2466.9	1699.3	452.2
海南	Hainan	22971.2	8184.7	938.4	5055.5	1086.0	2592.9	2855.7	1669.8	588.2
重庆	Chongqing	24154.2	7597.5	2010.1	4325.4	1712.7	3248.3	2588.8	2054.5	616.9
四川	Sichuan	23483.9	7571.0	1712.6	4390.7	1562.0	3365.5	2383.8	1832.2	666.2
贵州	Guizhou	20787.9	5604.8	1588.2	3717.6	1344.7	3971.0	2413.5	1657.8	490.3
云南	Yunnan	21626.4	5845.8	1392.1	4803.9	1293.0	3227.9	2664.1	1875.0	524.6
西藏	Tibet	23029.4	8975.0	2168.5	4726.5	1389.6	3123.9	1175.8	871.1	599.0
陕西	Shaanxi	21966.4	5928.7	1728.2	4300.9	1740.5	2752.7	2729.7	2233.4	552.4
甘肃	Gansu	22606.0	6491.3	1906.3	5060.8	1446.8	2448.9	2440.3	2207.4	604.2
青海	Qinghai	22997.5	6351.2	2004.0	4235.4	1385.6	3611.9	2393.6	2371.1	644.6
宁夏	Ningxia	21976.7	5374.4	1952.9	4032.2	1416.7	3528.6	2888.7	2152.0	631.1
新疆	Xinjiang	24191.4	6899.7	2233.1	4287.2	1641.8	3425.2	2651.4	2272.6	780.3

6-27 分地区城镇居民家庭人均主要食品消费量(2018年)
Per Capita Consumption of Major Foods of Urban Households by Region (2018)

单位：千克 (kg)

地区	Region	粮食 (原粮) Grain (Unprocessed)	谷物 Cereal	食用油 Edible Oil and Fats	食用植物油 Edible Vegetable Oil	蔬菜及食用菌 Vegetable and Edible Mushroom	肉类 Products of Meat	猪肉 Pork
全国	**National Average**	**110.0**	**98.8**	**9.4**	**8.9**	**103.1**	**31.2**	**22.7**
北京	Beijing	89.1	79.0	6.9	6.7	106.3	25.7	15.8
天津	Tianjin	109.5	99.4	9.4	9.3	118.5	27.1	16.5
河北	Hebei	123.0	110.7	7.6	7.3	107.5	27.1	17.5
山西	Shanxi	114.9	100.5	7.0	6.8	93.0	17.8	11.6
内蒙古	Inner Mongolia	133.6	120.9	8.3	8.1	102.1	35.0	17.4
辽宁	Liaoning	118.8	104.0	10.2	10.0	115.9	28.2	17.9
吉林	Jilin	116.5	103.8	10.7	10.6	96.9	24.5	16.3
黑龙江	Heilongjiang	124.7	111.7	12.0	11.9	107.2	27.3	17.6
上海	Shanghai	106.2	93.6	7.8	7.2	104.0	30.5	21.4
江苏	Jiangsu	111.6	99.5	8.5	8.1	107.1	30.5	22.2
浙江	Zhejiang	119.2	106.9	11.1	10.5	91.2	29.6	22.7
安徽	Anhui	118.3	105.3	8.7	7.9	96.5	29.9	22.5
福建	Fujian	100.2	91.3	8.7	7.9	86.2	34.7	28.0
江西	Jiangxi	121.2	109.6	14.4	13.7	107.0	34.5	27.4
山东	Shandong	106.8	96.4	7.5	7.3	102.3	26.7	17.0
河南	Henan	121.7	109.6	8.9	8.8	101.0	21.9	14.3
湖北	Hubei	90.8	80.3	9.1	8.7	109.4	29.6	22.5
湖南	Hunan	109.0	99.4	11.6	9.2	102.3	36.8	30.1
广东	Guangdong	93.9	86.3	8.2	7.8	98.5	40.7	33.1
广西	Guangxi	97.1	89.5	7.6	6.8	92.8	38.3	31.6
海南	Hainan	83.3	77.3	9.0	8.2	98.9	35.8	29.7
重庆	Chongqing	100.8	88.2	13.6	12.4	123.4	43.8	37.0
四川	Sichuan	108.8	96.1	12.2	11.3	129.3	45.7	36.1
贵州	Guizhou	100.9	89.5	8.3	6.9	79.5	33.5	28.7
云南	Yunnan	95.8	86.0	8.4	7.0	96.5	30.2	22.7
西藏	Tibet	207.3	192.0	19.9	15.3	86.8	54.0	12.4
陕西	Shaanxi	120.0	105.9	10.5	10.2	98.4	19.3	13.0
甘肃	Gansu	137.8	125.2	11.2	11.0	103.7	24.3	15.5
青海	Qinghai	90.0	84.4	8.7	8.6	61.8	25.5	10.2
宁夏	Ningxia	88.8	82.4	6.4	6.3	92.8	17.3	7.3
新疆	Xinjiang	140.0	134.9	14.8	14.6	107.5	26.8	6.5

6-27 续表 continued

单位：千克 (kg)

地 区	Region	牛肉 Beef	羊肉 Mutton	禽类 Poultry	水产品 Aquatic Products	蛋类 Eggs	奶类 Milk and Dairy Products	干鲜瓜果类 Dried and Fresh Melons and Fruits	食糖 Sugar
全 国	**National Average**	**2.7**	**1.5**	**9.8**	**14.3**	**10.8**	**16.5**	**62.0**	**1.3**
北 京	Beijing	3.4	2.6	5.9	9.3	14.6	27.6	76.0	1.1
天 津	Tianjin	3.3	2.8	6.0	17.3	18.2	20.2	88.1	1.3
河 北	Hebei	2.4	2.2	5.9	7.6	15.6	21.5	78.8	1.0
山 西	Shanxi	1.1	1.5	3.0	3.8	12.3	19.7	69.4	1.0
内蒙古	Inner Mongolia	4.3	8.5	6.1	6.2	10.6	28.8	70.1	1.3
辽 宁	Liaoning	3.5	1.6	6.1	17.2	13.8	19.8	75.5	1.3
吉 林	Jilin	3.4	1.0	4.9	10.0	10.8	14.1	67.1	1.3
黑龙江	Heilongjiang	2.9	1.6	5.5	11.0	12.5	14.3	73.6	1.7
上 海	Shanghai	3.1	1.1	12.1	24.5	11.9	21.7	64.2	1.5
江 苏	Jiangsu	2.5	1.1	11.9	20.1	11.2	17.3	52.0	1.1
浙 江	Zhejiang	2.9	0.7	11.4	25.2	8.7	15.1	59.0	1.4
安 徽	Anhui	2.9	1.1	12.5	13.2	11.9	14.3	58.5	1.0
福 建	Fujian	2.5	0.8	10.7	26.0	8.8	14.5	52.1	1.4
江 西	Jiangxi	3.3	0.6	10.4	16.0	8.4	15.7	54.1	1.2
山 东	Shandong	1.8	1.3	6.5	16.0	17.1	21.0	85.1	0.9
河 南	Henan	1.9	1.6	7.0	5.6	14.6	19.3	68.0	1.3
湖 北	Hubei	2.7	0.8	6.3	17.2	7.4	8.9	51.3	0.8
湖 南	Hunan	2.7	0.8	10.9	14.5	7.8	10.1	67.8	1.3
广 东	Guangdong	2.5	0.8	19.8	23.1	7.6	10.8	45.1	1.4
广 西	Guangxi	2.9	0.9	19.8	12.9	6.5	9.2	50.9	1.4
海 南	Hainan	2.7	1.3	19.4	29.4	5.6	7.1	38.0	1.2
重 庆	Chongqing	2.0	0.7	11.4	11.3	9.5	15.9	50.5	2.3
四 川	Sichuan	2.6	0.6	11.6	9.4	8.5	17.4	52.2	1.7
贵 州	Guizhou	1.7	0.3	6.8	3.6	4.7	8.0	46.9	0.8
云 南	Yunnan	3.2	0.5	7.2	5.3	4.9	9.3	46.0	1.3
西 藏	Tibet	35.2	5.5	4.6	1.8	8.4	21.0	12.8	3.5
陕 西	Shaanxi	1.6	1.3	4.0	4.7	10.1	20.3	65.5	1.2
甘 肃	Gansu	2.1	2.7	6.0	4.5	12.6	24.2	79.0	1.9
青 海	Qinghai	8.5	5.0	3.4	2.9	5.3	22.9	34.9	1.0
宁 夏	Ningxia	3.9	4.7	5.9	3.6	7.1	18.0	84.7	1.3
新 疆	Xinjiang	6.5	11.1	6.6	5.5	8.1	30.2	65.4	1.3

6-28 分地区城镇居民平均每百户年末主要耐用消费品拥有量(2018年)
Main Durable Goods Owned Per 100 Urban Households at Year-end by Region (2018)

地 区	Region	家用汽车 (辆) Automobile (unit)	摩托车 (辆) Motorcycle (unit)	电动助力车 (辆) Electric Bicycle (unit)	洗衣机 (台) Washing Machine (set)	电冰箱 (台) Refrigerator (set)	微波炉 (台) Microwave Oven (set)	彩色电视机 (台) Color TV Set (set)
全 国	**National Average**	**41.0**	**19.5**	**55.0**	**97.7**	**100.9**	**55.2**	**121.3**
北 京	Beijing	53.6	2.8	18.2	100.3	102.9	78.0	123.6
天 津	Tianjin	55.0	1.9	32.7	99.4	103.2	76.1	109.6
河 北	Hebei	51.4	10.5	88.3	100.2	99.6	69.4	108.2
山 西	Shanxi	38.3	11.9	47.8	99.5	96.7	42.2	102.2
内蒙古	Inner Mongolia	48.1	15.2	40.8	99.2	104.1	44.1	102.8
辽 宁	Liaoning	31.5	6.3	14.1	95.1	100.5	57.3	104.7
吉 林	Jilin	33.9	9.5	8.2	96.7	98.7	47.2	99.9
黑龙江	Heilongjiang	18.4	6.6	11.2	95.5	98.0	34.2	99.5
上 海	Shanghai	37.9	2.8	60.8	94.4	100.1	86.5	174.7
江 苏	Jiangsu	46.0	12.5	116.4	102.3	107.3	87.0	171.3
浙 江	Zhejiang	52.4	7.8	77.1	93.9	103.2	58.3	171.9
安 徽	Anhui	32.0	15.2	89.5	97.8	101.2	61.6	132.9
福 建	Fujian	30.9	35.1	53.6	85.6	96.1	51.8	120.7
江 西	Jiangxi	38.7	29.8	71.9	94.8	99.2	50.7	133.0
山 东	Shandong	58.2	14.4	89.8	100.0	105.0	53.6	106.0
河 南	Henan	37.9	14.2	107.3	100.6	99.4	43.3	115.4
湖 北	Hubei	36.3	36.1	37.6	97.6	104.8	46.6	122.8
湖 南	Hunan	33.1	36.9	26.4	103.7	104.1	42.6	119.8
广 东	Guangdong	42.9	46.4	34.1	91.8	95.0	44.3	105.9
广 西	Guangxi	40.3	32.7	89.4	98.6	102.8	65.0	110.3
海 南	Hainan	39.6	31.2	86.0	90.3	96.7	33.1	103.6
重 庆	Chongqing	31.0	16.7	10.9	98.4	103.0	59.8	128.3
四 川	Sichuan	33.8	19.4	28.2	99.7	100.9	46.3	121.0
贵 州	Guizhou	39.9	25.5	14.8	101.6	101.2	39.9	106.6
云 南	Yunnan	52.7	32.9	38.3	100.3	97.5	58.9	107.4
西 藏	Tibet	45.7	14.7	20.7	99.6	103.6	46.4	121.5
陕 西	Shaanxi	36.6	20.1	30.9	98.3	97.0	42.1	104.0
甘 肃	Gansu	30.0	12.6	24.9	99.8	97.6	49.8	102.2
青 海	Qinghai	40.4	13.0	8.2	98.0	99.4	53.0	96.4
宁 夏	Ningxia	42.8	14.2	51.1	100.4	99.6	53.2	101.6
新 疆	Xinjiang	38.3	10.0	30.0	99.6	103.0	41.2	100.2

6-28 续表 continued

地 区	Region	空 调 (台) Air Conditioner (set)	热水器 (台) Water Heater (set)	排油烟机 (台) Exhaust Fan (set)	移动电话 (部) Mobile Phone (set)	计算机 (台) Computer (set)	照相机 (台) Camera (set)
全 国	**National Average**	**142.2**	**97.2**	**79.1**	**243.1**	**73.1**	**20.2**
北 京	Beijing	188.7	98.6	92.9	225.6	95.0	46.1
天 津	Tianjin	156.6	97.2	92.4	233.0	77.4	24.0
河 北	Hebei	126.3	94.8	70.6	229.3	87.6	26.1
山 西	Shanxi	49.3	81.1	80.0	234.9	64.3	16.5
内蒙古	Inner Mongolia	20.7	78.1	81.2	227.6	62.9	18.3
辽 宁	Liaoning	48.7	86.6	86.9	205.2	57.6	22.2
吉 林	Jilin	18.1	76.2	85.5	227.0	65.5	13.8
黑龙江	Heilongjiang	13.7	71.4	86.1	211.8	54.3	11.6
上 海	Shanghai	207.0	96.0	85.1	222.9	106.7	36.0
江 苏	Jiangsu	219.7	111.6	85.0	248.9	77.6	19.9
浙 江	Zhejiang	220.5	105.3	88.3	243.1	86.4	23.2
安 徽	Anhui	175.4	104.8	77.3	246.0	66.2	14.8
福 建	Fujian	175.9	108.7	64.0	245.1	76.4	16.0
江 西	Jiangxi	151.8	99.8	75.0	259.4	68.8	13.4
山 东	Shandong	145.3	102.4	90.6	233.1	80.0	30.2
河 南	Henan	176.7	93.9	76.0	247.4	65.6	13.6
湖 北	Hubei	166.2	102.0	75.1	259.2	74.2	15.8
湖 南	Hunan	180.0	103.3	77.6	272.7	74.9	17.9
广 东	Guangdong	202.4	101.7	72.5	258.9	83.7	20.5
广 西	Guangxi	158.5	103.4	65.2	269.1	79.7	20.5
海 南	Hainan	152.0	96.9	64.2	274.3	65.3	13.7
重 庆	Chongqing	209.4	100.2	76.7	259.6	64.4	17.6
四 川	Sichuan	140.1	97.5	72.1	249.1	58.0	13.4
贵 州	Guizhou	34.5	94.3	56.1	282.3	54.6	9.3
云 南	Yunnan	7.2	99.5	76.1	253.1	64.0	15.5
西 藏	Tibet	14.5	47.9	45.9	210.1	43.7	13.7
陕 西	Shaanxi	115.1	86.1	72.0	236.6	55.9	19.0
甘 肃	Gansu	13.8	82.6	84.2	246.1	59.6	20.5
青 海	Qinghai	1.7	73.6	79.0	234.9	51.9	13.7
宁 夏	Ningxia	20.0	98.0	89.0	249.7	67.0	13.8
新 疆	Xinjiang	29.7	92.1	86.4	220.8	55.0	15.1

6-29 分地区农村居民人均可支配收入
Per Capita Disposable Income of Rural Households by Region

单位：元 (yuan)

地 区	Region	2013	2014	2015	2016	2017	2018
全 国	**National Average**	**9429.6**	**10488.9**	**11421.7**	**12363.4**	**13432.4**	**14617.0**
北 京	Beijing	17101.2	18867.3	20568.7	22309.5	24240.5	26490.3
天 津	Tianjin	15352.6	17014.2	18481.6	20075.6	21753.7	23065.2
河 北	Hebei	9187.7	10186.1	11050.5	11919.4	12880.9	14030.9
山 西	Shanxi	7949.5	8809.4	9453.9	10082.5	10787.5	11750.0
内蒙古	Inner Mongolia	8984.9	9976.3	10775.9	11609.0	12584.3	13802.6
辽 宁	Liaoning	10161.2	11191.5	12056.9	12880.7	13746.8	14656.3
吉 林	Jilin	9780.7	10780.1	11326.2	12122.9	12950.4	13748.2
黑龙江	Heilongjiang	9369.0	10453.2	11095.2	11831.9	12664.8	13803.7
上 海	Shanghai	19208.3	21191.6	23205.2	25520.4	27825.0	30374.7
江 苏	Jiangsu	13521.3	14958.4	16256.7	17605.6	19158.0	20845.1
浙 江	Zhejiang	17493.9	19373.3	21125.0	22866.1	24955.8	27302.4
安 徽	Anhui	8850.0	9916.4	10820.7	11720.5	12758.2	13996.0
福 建	Fujian	11404.8	12650.2	13792.7	14999.2	16334.8	17821.2
江 西	Jiangxi	9088.8	10116.6	11139.1	12137.7	13241.8	14459.9
山 东	Shandong	10686.9	11882.3	12930.4	13954.1	15117.5	16297.0
河 南	Henan	8969.1	9966.1	10852.9	11696.7	12719.2	13830.7
湖 北	Hubei	9691.8	10849.1	11843.9	12725.0	13812.1	14977.8
湖 南	Hunan	9028.6	10060.2	10992.5	11930.4	12935.8	14092.5
广 东	Guangdong	11067.8	12245.6	13360.4	14512.2	15779.7	17167.7
广 西	Guangxi	7793.1	8683.2	9466.6	10359.5	11325.5	12434.8
海 南	Hainan	8801.7	9912.6	10857.6	11842.9	12901.8	13988.9
重 庆	Chongqing	8492.5	9489.8	10504.7	11548.8	12637.9	13781.2
四 川	Sichuan	8380.7	9347.7	10247.4	11203.1	12226.9	13331.4
贵 州	Guizhou	5897.8	6671.2	7386.9	8090.3	8869.1	9716.1
云 南	Yunnan	6723.6	7456.1	8242.1	9019.8	9862.2	10767.9
西 藏	Tibet	6553.4	7359.2	8243.7	9093.8	10330.2	11449.8
陕 西	Shaanxi	7092.2	7932.2	8688.9	9396.4	10264.5	11212.8
甘 肃	Gansu	5588.8	6276.6	6936.2	7456.9	8076.1	8804.1
青 海	Qinghai	6461.6	7282.7	7933.4	8664.4	9462.3	10393.3
宁 夏	Ningxia	7598.7	8410.0	9118.7	9851.6	10737.9	11707.6
新 疆	Xinjiang	7846.6	8723.8	9425.1	10183.2	11045.3	11974.5

6-30 分地区农村居民人均可支配收入来源（2018年）

Per Capita Disposable Income of Rural Households by Sources and Region (2018)

单位：元 (yuan)

地 区	Region	可支配收入 Disposable Income	工资性收入 Income from Wages and Salaries	经营净收入 Net Business Income	财产净收入 Net Income from Properties	转移净收入 Net Income from Transfers
全 国	**National Average**	**14617.0**	**5996.1**	**5358.4**	**342.1**	**2920.5**
北 京	Beijing	26490.3	19826.7	2021.7	1876.8	2765.0
天 津	Tianjin	23065.2	13568.1	5334.6	921.6	3241.0
河 北	Hebei	14030.9	7454.1	4611.5	298.7	1666.5
山 西	Shanxi	11750.0	5735.8	3075.2	192.9	2746.1
内蒙古	Inner Mongolia	13802.6	2896.6	7180.7	520.4	3204.8
辽 宁	Liaoning	14656.3	5644.8	6263.8	334.5	2413.2
吉 林	Jilin	13748.2	3521.5	7756.2	256.5	2213.9
黑龙江	Heilongjiang	13803.7	3009.1	7053.3	679.0	3062.2
上 海	Shanghai	30374.7	19503.5	1753.2	1003.2	8114.8
江 苏	Jiangsu	20845.1	10221.6	6016.6	767.5	3839.3
浙 江	Zhejiang	27302.4	16898.4	6677.0	784.1	2942.9
安 徽	Anhui	13996.0	5058.0	5411.5	256.0	3270.5
福 建	Fujian	17821.2	8214.7	6705.6	322.5	2578.4
江 西	Jiangxi	14459.9	6121.0	5271.9	235.5	2831.6
山 东	Shandong	16297.0	6550.0	7193.6	429.0	2124.4
河 南	Henan	13830.7	5335.6	4790.7	221.4	3483.0
湖 北	Hubei	14977.8	4886.8	6270.8	185.9	3634.2
湖 南	Hunan	14092.5	5769.3	4785.7	179.3	3358.2
广 东	Guangdong	17167.7	8510.7	4432.7	448.9	3775.5
广 西	Guangxi	12434.8	3691.4	5393.4	241.4	3108.6
海 南	Hainan	13988.9	5611.4	5806.1	253.7	2317.8
重 庆	Chongqing	13781.2	4847.8	4812.9	334.8	3785.8
四 川	Sichuan	13331.4	4311.0	5117.2	379.5	3523.7
贵 州	Guizhou	9716.1	4276.2	3226.7	126.2	2086.9
云 南	Yunnan	10767.9	3259.9	5599.0	187.2	1721.8
西 藏	Tibet	11449.8	3037.2	5888.9	427.2	2096.6
陕 西	Shaanxi	11212.8	4620.8	3508.0	196.6	2887.5
甘 肃	Gansu	8804.1	2534.7	3823.7	211.5	2234.1
青 海	Qinghai	10393.3	3047.3	3904.6	463.1	2978.4
宁 夏	Ningxia	11707.6	4547.8	4638.5	362.8	2158.5
新 疆	Xinjiang	11974.5	2945.2	6623.9	235.1	2170.3

6-31 分地区农村居民人均消费支出
Per Capita Consumption Expenditure of Rural Households by Region

单位：元 (yuan)

地 区	Region	2013	2014	2015	2016	2017	2018
全 国	**National Average**	**7485.1**	**8382.6**	**9222.6**	**10129.8**	**10954.5**	**12124.3**
北 京	Beijing	13563.9	14535.1	15811.2	17329.0	18810.5	20195.3
天 津	Tianjin	12491.1	13738.6	14739.4	15912.1	16385.9	16863.3
河 北	Hebei	7377.1	8248.0	9022.8	9798.3	10535.9	11382.8
山 西	Shanxi	6457.7	6991.7	7421.2	8028.8	8424.0	9172.2
内蒙古	Inner Mongolia	9079.6	9972.2	10637.4	11462.6	12184.4	12661.5
辽 宁	Liaoning	7032.1	7800.7	8872.8	9953.1	10787.3	11455.0
吉 林	Jilin	7523.4	8139.8	8783.3	9521.4	10279.4	10826.2
黑龙江	Heilongjiang	7191.7	7830.0	8391.5	9423.8	10523.9	11416.8
上 海	Shanghai	13016.2	14820.1	16152.3	17070.8	18089.8	19964.7
江 苏	Jiangsu	10759.0	11820.3	12882.5	14428.2	15611.5	16567.0
浙 江	Zhejiang	12803.3	14497.8	16107.7	17358.9	18093.4	19706.8
安 徽	Anhui	7200.3	7980.8	8975.2	10287.3	11106.1	12748.1
福 建	Fujian	9986.2	11055.9	11960.8	12910.8	14003.4	14942.8
江 西	Jiangxi	6807.4	7548.3	8485.6	9128.3	9870.4	10885.2
山 东	Shandong	6877.3	7962.2	8747.6	9518.9	10342.1	11270.1
河 南	Henan	6358.7	7277.2	7887.4	8586.6	9211.5	10392.0
湖 北	Hubei	7849.5	8680.9	9803.1	10938.3	11632.5	13946.3
湖 南	Hunan	7832.6	9024.8	9690.6	10629.9	11533.6	12720.5
广 东	Guangdong	8937.8	10043.2	11103.0	12414.8	13199.6	15411.3
广 西	Guangxi	6035.3	6675.1	7582.0	8351.2	9436.6	10617.0
海 南	Hainan	6376.2	7029.0	8210.3	8921.2	9599.4	10955.8
重 庆	Chongqing	6970.7	7982.6	8937.7	9954.4	10936.1	11976.8
四 川	Sichuan	7364.8	8301.1	9250.6	10191.6	11396.7	12723.2
贵 州	Guizhou	5291.1	5970.3	6644.9	7533.3	8299.0	9170.2
云 南	Yunnan	5246.6	6030.3	6830.1	7330.5	8027.3	9122.9
西 藏	Tibet	4101.6	4822.1	5579.7	6070.3	6691.5	7452.1
陕 西	Shaanxi	6487.6	7252.4	7900.7	8567.7	9305.6	10070.8
甘 肃	Gansu	5653.9	6147.8	6829.8	7487.0	8029.7	9064.6
青 海	Qinghai	7505.9	8235.1	8566.5	9222.2	9902.7	10352.4
宁 夏	Ningxia	6739.8	7676.5	8414.9	9138.4	9982.1	10789.6
新 疆	Xinjiang	7103.1	7365.3	7697.9	8277.0	8712.6	9421.3

6-32 分地区农村居民人均消费支出（2018年）
Per Capita Consumption Expenditure of Rural Households by Region (2018)

单位：元 (yuan)

地区	Region	消费支出 Consumption Expenditure	食品烟酒 Food, Tobacco and Liquor	衣着 Clothing	居住 Residence	生活用品及服务 Household Facilities, Articles and Services	交通通信 Transport and Communications	教育文化娱乐 Education, Culture and Recreation	医疗保健 Health Care and Medical Services	其他用品及服务 Miscellaneous Goods and Services
全　国	**National Average**	**12124.3**	**3645.6**	**647.7**	**2660.6**	**720.5**	**1690.0**	**1301.6**	**1240.1**	**218.3**
北　京	Beijing	20195.3	4802.4	1088.3	5950.9	1580.3	3077.7	1436.2	1991.9	267.5
天　津	Tianjin	16863.3	4983.7	991.5	3415.4	1357.4	2595.2	1236.8	1974.9	308.5
河　北	Hebei	11382.8	3002.7	722.5	2542.3	773.9	1736.5	1170.9	1201.6	232.4
山　西	Shanxi	9172.2	2539.8	626.4	2075.7	443.7	1106.9	1149.6	1065.2	165.0
内蒙古	Inner Mongolia	12661.5	3476.2	717.1	2337.8	578.9	2102.5	1736.5	1468.5	244.0
辽　宁	Liaoning	11455.0	3063.0	656.2	2246.3	568.5	1820.1	1325.2	1529.1	246.5
吉　林	Jilin	10826.2	3010.2	628.4	1917.2	405.6	1770.5	1411.0	1450.9	232.4
黑龙江	Heilongjiang	11416.8	3114.7	695.1	1916.5	490.8	1632.5	1419.4	1916.2	231.6
上　海	Shanghai	19964.7	7429.8	1135.9	3953.8	1137.2	2892.2	1173.3	1739.5	502.9
江　苏	Jiangsu	16567.0	4337.7	811.9	4130.2	939.3	2959.9	1547.3	1529.6	311.1
浙　江	Zhejiang	19706.8	5965.6	1017.6	4992.7	1053.2	2952.9	1787.9	1626.9	310.0
安　徽	Anhui	12748.1	4208.3	635.0	3013.3	772.5	1556.1	1271.1	1036.7	255.2
福　建	Fujian	14942.8	5339.8	677.1	3649.1	764.8	1817.1	1359.4	1015.8	319.8
江　西	Jiangxi	10885.2	3403.0	526.1	3038.2	607.2	1214.7	1143.7	783.8	168.5
山　东	Shandong	11270.1	3162.0	622.4	2214.3	761.9	1873.0	1265.6	1205.0	166.0
河　南	Henan	10392.0	2778.3	736.1	2273.7	697.5	1286.0	1226.8	1226.6	167.0
湖　北	Hubei	13946.3	3928.2	783.1	2954.3	852.2	1933.1	1551.4	1588.0	356.0
湖　南	Hunan	12720.5	3713.9	624.1	2920.6	756.8	1449.7	1678.6	1385.5	191.4
广　东	Guangdong	15411.3	5641.2	523.6	3355.8	817.0	1930.4	1473.0	1366.7	303.6
广　西	Guangxi	10617.0	3194.8	326.7	2469.1	604.1	1528.1	1246.9	1088.0	159.4
海　南	Hainan	10955.8	4580.7	314.7	2160.4	513.2	1105.3	1376.0	712.4	193.0
重　庆	Chongqing	11976.8	4180.0	631.0	2273.5	784.8	1502.5	1345.2	1075.1	184.7
四　川	Sichuan	12723.2	4551.7	716.4	2500.0	859.8	1578.3	934.2	1344.8	237.9
贵　州	Guizhou	9170.2	2593.3	502.1	2127.2	569.2	1373.1	1161.2	703.2	140.9
云　南	Yunnan	9122.9	2688.9	370.0	1883.7	558.9	1507.3	1153.1	845.6	115.5
西　藏	Tibet	7452.1	2688.7	973.0	1175.1	351.1	1396.6	409.0	314.9	143.7
陕　西	Shaanxi	10070.8	2576.9	525.5	2431.2	634.7	1222.5	1252.9	1241.8	185.3
甘　肃	Gansu	9064.6	2694.5	557.9	1725.8	513.9	1077.9	1201.9	1132.6	160.1
青　海	Qinghai	10352.4	3053.3	721.0	1790.1	495.0	1765.2	944.6	1332.3	250.8
宁　夏	Ningxia	10789.6	2949.9	752.2	1867.8	673.5	1818.7	1295.8	1248.6	183.1
新　疆	Xinjiang	9421.3	2824.0	798.7	1716.3	610.0	1301.1	1010.7	1017.5	142.8

6-33 分地区农村居民家庭人均主要食品消费量(2018年)
Per Capita Consumption of Major Foods of Rural Households by Region (2018)

单位：千克 (kg)

地区	Region	粮食 (原粮) Grain (Unprocessed)	谷物 Cereal	食用油 Edible Oil and Fats	食用植物油 Edible Vegetable Oil	蔬菜及食用菌 Vegetable and Edible Mushroom	肉类 Products of Meat	猪肉 Pork
全国	**National Average**	**148.5**	**137.9**	**9.9**	**9.0**	**87.5**	**27.5**	**23.0**
北京	Beijing	110.2	98.8	9.5	9.3	106.6	27.7	19.1
天津	Tianjin	159.7	148.4	12.2	11.9	108.7	25.8	18.2
河北	Hebei	138.6	128.5	7.7	7.4	83.7	19.0	14.2
山西	Shanxi	163.4	144.9	8.0	7.7	73.1	12.4	9.9
内蒙古	Inner Mongolia	181.4	168.1	6.6	6.3	82.2	33.4	23.8
辽宁	Liaoning	145.6	131.7	10.4	10.1	91.7	24.6	21.0
吉林	Jilin	152.4	137.6	10.9	10.7	86.6	25.1	22.0
黑龙江	Heilongjiang	160.8	146.8	14.0	13.9	80.0	23.5	19.7
上海	Shanghai	148.5	137.2	10.4	9.8	99.9	39.2	30.8
江苏	Jiangsu	141.4	126.8	10.4	10.1	86.9	25.0	19.5
浙江	Zhejiang	158.9	143.8	12.5	11.7	92.8	30.0	25.4
安徽	Anhui	159.7	146.0	10.2	9.1	94.0	26.8	21.7
福建	Fujian	164.1	154.4	9.9	7.7	98.1	34.8	30.9
江西	Jiangxi	147.6	140.1	12.8	12.1	87.1	26.7	23.5
山东	Shandong	130.2	120.5	7.7	7.6	80.9	20.4	14.6
河南	Henan	124.8	115.9	7.9	7.9	71.4	15.7	11.7
湖北	Hubei	136.1	125.3	12.3	11.9	113.8	26.8	23.4
湖南	Hunan	165.5	156.7	11.9	8.8	86.6	32.3	29.5
广东	Guangdong	141.0	133.4	11.3	10.4	105.0	41.6	36.1
广西	Guangxi	154.0	148.4	8.4	6.6	78.8	33.6	31.0
海南	Hainan	108.8	105.0	8.6	6.4	80.8	31.7	28.7
重庆	Chongqing	187.5	170.1	14.1	10.7	144.8	44.0	41.4
四川	Sichuan	178.6	166.5	12.0	10.4	113.5	45.2	41.2
贵州	Guizhou	118.1	107.2	5.6	4.0	72.4	30.6	29.3
云南	Yunnan	132.2	124.3	6.2	4.3	75.1	33.1	30.9
西藏	Tibet	209.5	205.1	14.5	8.0	27.1	20.8	4.7
陕西	Shaanxi	143.9	132.6	10.8	10.6	68.0	13.0	10.6
甘肃	Gansu	161.6	149.1	8.2	8.0	63.4	17.3	13.4
青海	Qinghai	135.5	130.4	9.8	9.2	43.2	28.4	9.5
宁夏	Ningxia	138.3	131.3	8.2	8.0	81.6	15.0	6.6
新疆	Xinjiang	169.9	168.6	13.4	13.2	78.5	22.3	1.4

6-33 续表 continued

单位：千克 (kg)

地 区	Region	牛肉 Beef	羊肉 Mutton	禽类 Poultry	水产品 Aquatic Products	蛋类 Eggs	奶类 Milk and Dairy Products	干鲜瓜果类 Dried and Fresh Melons and Fruits	食糖 Sugar
全 国	**National Average**	**1.1**	**1.0**	**8.0**	**7.8**	**8.4**	**6.9**	**39.9**	**1.3**
北 京	Beijing	2.2	3.1	5.3	7.0	14.4	16.0	66.0	1.2
天 津	Tianjin	1.0	2.2	4.7	13.9	15.3	11.0	77.3	1.7
河 北	Hebei	0.5	0.7	3.9	4.2	11.8	7.5	55.0	1.1
山 西	Shanxi	0.2	0.7	1.7	1.3	10.1	11.0	40.7	1.1
内蒙古	Inner Mongolia	1.8	6.0	4.9	3.8	7.2	12.5	40.2	1.4
辽 宁	Liaoning	0.9	0.6	3.1	6.8	8.7	5.2	34.9	1.0
吉 林	Jilin	0.9	0.3	4.9	5.5	9.2	5.0	37.7	1.3
黑龙江	Heilongjiang	0.8	0.5	5.1	6.3	8.6	4.9	51.6	1.8
上 海	Shanghai	1.9	1.0	14.8	24.8	12.6	12.8	57.5	1.8
江 苏	Jiangsu	1.4	0.7	8.5	13.5	9.2	11.0	31.9	1.1
浙 江	Zhejiang	1.6	0.6	9.4	18.5	8.0	9.5	40.4	1.8
安 徽	Anhui	1.5	0.8	11.6	10.9	10.8	9.2	46.9	1.1
福 建	Fujian	1.1	0.5	12.8	20.7	8.4	7.5	39.5	2.1
江 西	Jiangxi	1.2	0.2	7.1	9.5	6.0	5.9	29.2	1.0
山 东	Shandong	0.5	0.6	5.5	7.2	14.6	10.7	60.6	0.9
河 南	Henan	0.7	0.6	5.2	2.7	11.3	7.0	46.2	1.2
湖 北	Hubei	1.0	0.4	4.7	13.1	6.6	4.2	34.0	0.7
湖 南	Hunan	1.1	0.5	10.7	9.3	7.7	3.3	47.5	1.3
广 东	Guangdong	1.4	0.4	23.9	19.8	7.0	4.0	27.0	1.9
广 西	Guangxi	1.0	0.5	17.5	7.3	4.6	2.6	29.1	1.0
海 南	Hainan	1.3	0.6	18.0	24.1	3.9	1.7	16.7	0.9
重 庆	Chongqing	0.4	0.4	7.9	7.8	10.2	7.8	33.5	3.5
四 川	Sichuan	1.0	0.4	9.5	5.4	8.4	8.3	30.7	2.1
贵 州	Guizhou	0.6	0.2	3.2	1.3	2.5	2.0	24.1	0.8
云 南	Yunnan	1.2	0.4	6.4	2.3	3.9	2.2	18.3	1.0
西 藏	Tibet	11.7	4.1	0.4	0.0	2.0	12.0	3.6	4.6
陕 西	Shaanxi	0.3	1.0	1.7	0.8	5.4	6.9	26.9	0.9
甘 肃	Gansu	0.6	2.1	4.0	1.0	5.9	6.3	73.2	1.9
青 海	Qinghai	10.2	8.2	2.5	0.6	2.2	12.5	15.1	1.9
宁 夏	Ningxia	4.4	3.5	7.7	1.4	4.6	8.5	72.0	1.6
新 疆	Xinjiang	3.8	16.5	3.4	0.7	3.5	11.1	41.1	1.1

6-34 分地区农村居民平均每百户年末主要耐用消费品拥有量(2018年)
Main Durable Goods Owned Per 100 Rural Households at Year-end by Region (2018)

地 区	Region	家用汽车 (辆) Automobile (unit)	摩托车 (辆) Motorcycle (unit)	电动助力车 (辆) Electric Bicycle (unit)	洗衣机 (台) Washing Machine (set)	电冰箱 (台) Refrigerator (set)	微波炉 (台) Microwave Oven (set)	彩色电视机 (台) Color TV Set (set)
全 国	**National Average**	**22.3**	**57.4**	**64.9**	**88.5**	**95.9**	**17.7**	**116.6**
北 京	Beijing	49.8	9.4	73.7	100.0	111.2	63.7	135.6
天 津	Tianjin	42.5	17.7	112.9	100.8	104.2	31.9	121.1
河 北	Hebei	37.6	48.8	103.7	99.4	98.6	18.5	115.2
山 西	Shanxi	17.0	44.6	57.9	85.3	75.1	6.0	102.4
内蒙古	Inner Mongolia	26.6	60.8	50.7	93.3	103.0	6.7	105.7
辽 宁	Liaoning	18.3	58.3	49.3	89.2	99.0	12.4	108.8
吉 林	Jilin	23.3	59.5	19.9	91.6	95.4	7.7	104.3
黑龙江	Heilongjiang	13.9	45.9	23.7	89.6	94.2	5.8	102.8
上 海	Shanghai	28.1	6.5	128.5	82.6	101.1	74.8	162.1
江 苏	Jiangsu	23.3	27.2	133.0	96.9	110.4	62.5	149.9
浙 江	Zhejiang	28.8	22.2	94.2	84.2	105.6	34.2	175.7
安 徽	Anhui	22.8	35.0	111.5	86.2	101.1	25.7	129.1
福 建	Fujian	15.1	76.2	42.1	84.1	101.5	30.2	133.7
江 西	Jiangxi	20.1	67.2	66.5	61.3	94.0	12.8	125.6
山 东	Shandong	31.5	45.9	118.1	95.4	99.5	17.3	107.2
河 南	Henan	22.3	44.2	114.7	97.3	94.0	11.4	113.2
湖 北	Hubei	21.6	82.2	39.8	84.5	102.1	12.7	121.0
湖 南	Hunan	12.5	78.4	17.4	86.5	99.7	8.9	113.4
广 东	Guangdong	22.7	116.7	35.8	84.7	92.9	27.0	116.5
广 西	Guangxi	15.5	91.3	54.1	73.1	94.6	20.9	104.0
海 南	Hainan	9.8	93.1	66.3	43.1	76.8	12.5	102.4
重 庆	Chongqing	13.2	38.5	16.5	82.2	100.6	17.7	114.4
四 川	Sichuan	17.8	49.0	30.7	90.1	95.8	10.4	112.8
贵 州	Guizhou	19.6	53.1	13.1	93.6	86.4	6.4	100.0
云 南	Yunnan	25.3	76.4	18.5	83.2	79.7	11.5	102.6
西 藏	Tibet	32.1	90.9	19.5	77.0	71.7	2.7	104.9
陕 西	Shaanxi	17.4	58.2	43.4	89.7	81.7	7.1	104.7
甘 肃	Gansu	20.9	60.0	48.8	96.9	84.4	7.3	111.6
青 海	Qinghai	36.9	74.5	14.0	91.9	95.7	9.8	94.2
宁 夏	Ningxia	32.0	63.7	68.2	102.8	97.7	10.8	108.6
新 疆	Xinjiang	19.4	60.3	77.0	94.9	101.8	7.6	101.0

6-34 续表 continued

地 区	Region	空 调 (台) Air Conditioner (set)	热水器 (台) Water Heater (set)	排油烟机 (台) Exhaust Fan (set)	移动电话 (部) Mobile Phone (set)	计算机 (台) Computer (set)	照相机 (台) Camera (set)
全 国	**National Average**	**65.2**	**68.7**	**26.0**	**257.0**	**26.9**	**2.5**
北 京	Beijing	173.1	108.6	80.2	247.8	65.6	12.5
天 津	Tianjin	121.6	92.4	59.1	233.4	35.9	3.7
河 北	Hebei	81.0	65.3	27.7	244.5	37.5	4.0
山 西	Shanxi	18.7	27.0	14.2	212.0	26.6	0.9
内蒙古	Inner Mongolia	2.7	23.2	15.5	236.8	21.2	1.4
辽 宁	Liaoning	8.3	26.9	24.3	216.6	25.6	2.2
吉 林	Jilin	0.9	11.7	11.9	245.9	28.7	1.1
黑龙江	Heilongjiang	0.5	7.8	11.2	221.6	20.6	0.8
上 海	Shanghai	142.0	85.4	48.8	196.7	37.1	7.1
江 苏	Jiangsu	142.8	95.7	38.6	244.3	34.5	4.2
浙 江	Zhejiang	139.6	95.4	66.5	244.5	45.5	5.8
安 徽	Anhui	108.9	91.4	30.8	265.6	25.6	2.9
福 建	Fujian	78.4	97.2	43.3	249.5	31.9	3.0
江 西	Jiangxi	62.6	76.1	28.0	272.6	23.6	1.6
山 东	Shandong	83.3	86.1	40.2	229.1	37.7	3.6
河 南	Henan	94.3	70.1	16.6	262.7	29.2	1.3
湖 北	Hubei	86.2	84.7	30.4	268.1	31.9	2.6
湖 南	Hunan	65.8	73.7	28.3	285.6	27.4	2.2
广 东	Guangdong	113.5	94.0	49.1	290.4	35.3	4.9
广 西	Guangxi	37.4	73.9	11.4	294.4	20.0	0.9
海 南	Hainan	56.1	65.2	9.6	276.3	10.0	1.0
重 庆	Chongqing	65.5	69.7	18.0	264.0	17.8	2.3
四 川	Sichuan	49.4	69.3	14.5	255.3	17.0	2.4
贵 州	Guizhou	5.0	52.8	7.7	287.5	11.1	0.8
云 南	Yunnan	1.7	71.3	8.6	278.8	10.0	1.5
西 藏	Tibet	0.5	8.4	0.7	250.4	3.4	1.4
陕 西	Shaanxi	41.0	51.0	11.7	258.9	14.9	1.0
甘 肃	Gansu	1.9	35.3	13.3	300.8	21.2	1.8
青 海	Qinghai	0.6	33.5	17.8	279.7	14.5	2.1
宁 夏	Ningxia	2.2	98.6	21.9	288.0	23.2	1.7
新 疆	Xinjiang	3.0	44.1	14.1	202.7	13.6	0.9

6-35 农村贫困状况
Poverty Conditions in Rural Areas

年份 Year	1978年标准 1978 Standard		2008年标准 2008 Standard		2010年标准 2010 Standard	
	贫困人口(万人) Poverty Population (10 000 persons)	贫困发生率(%) Poverty Headcount Ratio(%)	贫困人口(万人) Poverty Population (10 000 persons)	贫困发生率(%) Poverty Headcount Ratio(%)	贫困人口(万人) Poverty Population (10 000 persons)	贫困发生率(%) Poverty Headcount Ratio(%)
1978	25000	30.7			77039	97.5
1980	22000	26.8			76542	96.2
1981	15200	18.5				
1982	14500	17.5				
1983	13500	16.2				
1984	12800	15.1				
1985	12500	14.8			66101	78.3
1986	13100	15.5				
1987	12200	14.3				
1988	9600	11.1				
1989	10200	11.6				
1990	8500	9.4			65849	73.5
1991	9400	10.4				
1992	8000	8.8				
1994	7000	7.7				
1995	6540	7.1			55463	60.5
1997	4962	5.4				
1998	4210	4.6				
1999	3412	3.7				
2000	3209	3.5	9422	10.2	46224	49.8
2001	2927	3.2	9029	9.8		
2002	2820	3.0	8645	9.2		
2003	2900	3.1	8517	9.1		
2004	2610	2.8	7587	8.1		
2005	2365	2.5	6432	6.8	28662	30.2
2006	2148	2.3	5698	6.0		
2007	1479	1.6	4320	4.6		
2008			4007	4.2		
2009			3597	3.8		
2010			2688	2.8	16567	17.2
2011					12238	12.7
2012					9899	10.2
2013					8249	8.5
2014					7017	7.2
2015					5575	5.7
2016					4335	4.5
2017					3046	3.1
2018					1660	1.7

注：1. 1978年标准：1978-1999年称为农村贫困标准，2000-2007年称为农村绝对贫困标准。
2. 2008年标准：2000-2007年称为农村低收入标准，2008-2010年称为农村贫困标准。
3. 2010年标准：即现行农村贫困标准。现行农村贫困标准为每人每年2300元(2010年不变价)。

a) 1978 Standard: It was referred to as the rural poverty standard from 1978 to 1999, and as the rural absolute poverty standard from 2000 to 2007.
b) 2008 Standard: It was referred to as the rural low income standard from 2000 to 2007, and as the rural poverty standard from 2008 to 2010.
c) 2010 Standard: It was the current rural poverty standard which is 2300 yuan (in 2010's constant price) per person each year.

主要统计指标解释

从2012年四季度起，国家统计局对分别进行的城乡住户调查实施了一体化改革，规范了城乡划分范围，统一了城乡居民收入指标名称、分类和统计标准，建立了城乡统一的一体化住户调查，并据此采集全国居民有关数据。1978－2012年的数据，根据国家统计局城镇住户调查和农村住户调查的历史数据，按照住户收支与生活状况调查可比口径推算得到。

一、居民可支配收入

居民可支配收入指居民可用于最终消费支出和储蓄的总和，即居民可用于自由支配的收入。既包括现金收入，也包括实物收入。按照收入的来源，可支配收入包含四项，分别为：工资性收入、经营净收入、财产净收入和转移净收入。

工资性收入　指就业人员通过各种途径得到的全部劳动报酬和各种福利，包括受雇于单位或个人、从事各种自由职业、兼职和零星劳动得到的全部劳动报酬和福利。

经营净收入　指住户或住户成员从事生产经营活动所获得的净收入，是全部经营收入中扣除经营费用、生产性固定资产折旧和生产税之后得到的净收入。计算公式为：

经营净收入=经营收入－经营费用－生产性固定资产折旧－生产税

财产净收入　指住户或住户成员将其所拥有的金融资产、住房等非金融资产和自然资源交由其他机构单位、住户或个人支配而获得的回报并扣除相关的费用之后得到的净收入。财产净收入包括利息净收入、红利收入、储蓄性保险净收益、转让承包土地经营权租金净收入、出租房屋净收入、出租其他资产净收入和自有住房折算净租金等。财产净收入不包括转让资产所有权的溢价所得。

转移净收入　计算公式为：转移净收入=转移性收入－转移性支出

转移性收入　指国家、单位、社会团体对住户的各种经常性转移支付和住户之间的经常性收入转移。包括养老金或退休金、社会救济和补助、政策性生产补贴、政策性生活补贴、救灾款、经常性捐赠和赔偿、报销医疗费、住户之间的赡养收入，本住户非常住成员寄回带回的收入等。转移性收入不包括住户之间的实物馈赠。

转移性支出　指调查户对国家、单位、住户或个人的经常性或义务性转移支付。包括缴纳的税款、各项社会保障支出、赡养支出、经常性捐赠和赔偿支出以及其他经常转移支出等。

根据住户收支与生活状况调查，分城镇和农村的居民人均可支配收入等数据的覆盖人群主要变化：一是计算城镇居民人均可支配收入时分母包括了在城镇地区常住的农民工，计算农村居民人均可支配收入时分母不包括在城镇地区常住的农民工；二是由本户供养的在外大学生视为常住人口。

二、居民消费支出

居民消费支出是指居民用于满足家庭日常生活消费需要的全部支出，既包括现金消费支出，也包括实物消费支出。消费支出可划分为食品烟酒、衣着、居住、生活用品及服务、交通通信、教育文化娱乐、医疗保健以及其他用品及服务八大类。

食品烟酒　指用于各种食品和烟草、酒类的支出。

衣着　指与居民穿着有关的支出，包括服装、服装材料、鞋类、其他衣类及配件、衣着相关加工服务的支出。

居住　指与居住有关的支出，包括房租、水、电、燃料、物业管理等方面的支出，也包括自有住房折算租金。

生活用品及服务　指家庭及个人的各类生活品及家庭服务。包括家具及室内装饰品、家用器具、家用纺织品、家庭日用杂品、个人用品和家庭服务。

交通通信　指用于交通和通信工具及相关的各种服务费、维修费和车辆保险等支出。

教育文化娱乐　指用于教育、文化和娱乐方面的支出。

医疗保健　指用于医疗和保健的药品、用品和服务的总费用。包括医疗器具及药品，以及医疗服务。

其他用品及服务　指无法直接归入上述各类支出的其他用品与服务支出。

Explanatory Notes on Main Statistical Indicators

Since the fourth quarter of 2012, the NBS has launched its reform on the household survey programme, to form an integrated survey, instead of the two separate urban and rural household surveys. The reform regulates the division of urban and rural areas, integrates the concepts, classifications and standards, conducts the integrated household survey, and collects household data in the whole country thereafter. Data from 1978 to 2012 are estimated based on the historical data of Urban Household Survey and Rural Household Survey according to the definition of main income and consumption indicators of Household Survey on Income and Expenditure and Living Conditions.

I. Disposable Income of Residents

Disposable Income of Households refers to the income of households for purpose of final expenditure and savings. It includes income both in cash and in kind. By sources of income, disposable income includes four categories: income from wages and salaries, net business income, net income from properties and net income from transfer.

Income from Wages and Salaries refers to remuneration of labour and salaries from all kinds of sources, including those employed by other units or individuals, freelance work, part-time jobs, and sporadic labour.

Net Business Income refers to net income earned by households and their members engaged in production and business activities. It refers to the net income of operating revenue minus operating costs, depreciation of productive fixed assets, and production tax. The formula is:

Net Business Income=Operating Revenue-Operating Costs-Depreciation of Productive Fixed Assets-Production Tax

Net Income from Properties refers to the net income received as returns by households or members of financial assets, non-financial assets such as housing, to other institutions, households or individuals, and minus relevant costs. Net income from properties includes net income of interest, bonus income, net income of saving insurance, net income of rents of transferring management right of contract land, income of renting housing, income of renting other assets, net converted rents of self-owned housing. Net income from properties do not include premium of transferring ownership of assets.

Net Income from Transfer The formula is:

Net Income from Transfer=Income from Transfers-Expenditure from Transfer

Income from Transfer refers to the regular transfer from country, institutions, social communities to households and between households. It includes old-age and retirement pension, disaster relief funds, regular donation and compensation, applying for medical fees, supporting income between households, income from non-usual-residing members of households, etc. Income from transfer do not include presents in kinds between households.

Expenditure from Transfer refers to regular or deontic transfer from households to country, institutions, households or individuals. It includes taxes paid, expenditure of all kinds of social security, supporting expenditure, regular donation and compensation and other regular transfer expenditure, etc.

According to the household survey, main changes of population covered by data of per capita disposable income of urban and rural households: migrant workers resided in urban areas are included in the denominator when calculating per capita disposable income of urban household, migrant workers are not included in denominator when calculating per capita disposable income of rural households; college students of their households are regarded as permanent residents.

II. Consumption Expenditure of Residents

Consumption Expenditure of Households refers to all expenditure of households for living expenditure to satisfy family daily living. It includes expenditure in cash and in kind. It includes eight categories: food, tobacco and liquor; clothing; residence; household facilities, articles and services; transport and communications; education, cultural and recreational activities; health care and medical services, and miscellaneous goods and services.

Food, Tobacco and Liquor refers to expenditure for food, tobacco and liquor of all kinds.

Clothing refers to expenditure related to clothing, including clothes, clothing materials, footwear, other clothing and accessories, processing services related to clothing.

Residence refers to expenditure related to residence, including housing rents, water, electricity, fuel, property management, and including converted self-owned housing rents.

Household Facilities, Articles and Services refers to expenditure for family and individual articles for living purpose and family services. It includes furniture and interior decoration, home appliances, home textiles, household miscellaneous daily articles, personal articles, and family services.

Transport and Communications refers to expenditure for transport and communication and related services, maintenance and repairs, and vehicle insurance.

Education, Cultural and Recreational Activities refers to expenditure on education, cultural and recreational activities.

Health Care and Medical Services refers to expenditure on drugs, supplies and services of medical and health care. It includes medical appliances and drugs, and medical services.

Miscellaneous Goods and Services refers to expenditure of all kinds of expenditure of other articles and services that can not divided into the category above.

7

财　政

Government Finance

简要说明

本篇反映国家财政收支状况，包括全国一般公共预算收支、全国政府性基金收支和全国国有资本经营收支三个方面。资料来源于财政部，基础资料为国家财政决算有关报表。

一般公共预算是指对以税收为主体的财政收入，安排用于保障和改善民生、推动经济社会发展、维护国家安全、维持国家机构正常运转等方面的收支预算。政府性基金预算是指对依照法律、行政法规的规定在一定期限内向特定对象征收、收取或者以其他方式筹集的资金，专项用于特定公共事业发展的收支预算。国有资本经营预算是指对国有资本收益作出支出安排的收支预算。

财政决算包括财政总决算和部门决算。财政总决算是指各级政府依照法律规定和法定程序编制，经同级人民代表大会常务委员会（乡级为人民代表大会）批准的全面反映各级政府年度预算收支执行结果的综合报表，是政府收支预算执行的最终结果。部门决算是各部门依法依规编制的全面反映本部门年度预算执行结果的总结性文件，由各部门本级决算和所属预算单位决算组成。全国财政决算由中央本级财政决算和地方财政决算组成。省（自治区、直辖市）本级财政决算及其所属市（州）、县（区）财政决算汇总组成省（自治区、直辖市）财政决算；各省（自治区、直辖市）财政决算汇总成地方财政决算。

为保持决算口径一致，财政部每年要制定和颁发各省(自治区、直辖市)财政总决算报表格式和部门决算报表格式。各级财政部门和中央主管部门也要结合本地区、本部门的具体情况下达有关决算表格。决算表数据根据财政总预算会计或单位预算会计账簿填报。

Brief Introduction

The data in this chapter present the government revenue and expenditure situation, including three categories of revenue and expenditures: state general public budget revenue and expenditure, government funds, and operation of state-owned assets. The data are based on final State accounts from the Ministry of Finance.

The State General Public Budget refers to the budget of revenues and expenditures that the revenue mainly in a form of taxes are arranged to assure and improve the people’s life, to promote economic and social development and safeguard national security, to maintain the regular operation of the government. The government budget funds refer to the budget revenue and expenditure that the funds are collected, charged or in other form to specific objects in accordance with laws and administrative regulations within a certain period, that are earmarked for the specific public development. The state-owned capital management budget refers to the budget for the expenditure of state-owned capital.

The final financial accounts include the final financial budget and the final accounts of department. Final fiscal accounts refers to the consolidated statements that are budgeted by all levels of government in accordance with the provisions of law and legal procedures, approved by the Standing Committee of the people's Congress (Township People's Congress), reflecting the annual budget execution results at all levels of government, it is the final result of government budget execution. The final accounts of department are a comprehensive document reflecting the annual budget implementation results of each department, budgeted by departments in accordance with the law and regulations, and are composed of the final accounts of each department, the final accounts at the same level and the budget units under their respective budgets. The national financial accounts are composed of the central financial budget at the corresponding level and the final accounts of the local governments. financial accounts of provinces (autonomous regions and municipalities) level, and subordinate prefectures and counties (cities) aggregated into financial accounts of provinces (autonomous regions and municipalities); financial accounts of provinces (autonomous regions and municipalities) aggregated into local financial accounts.

In order to ensure the consistency in the coverage of the final accounts, the Ministry of Finance works out and issues the forms for the financial final account for the provinces, autonomous regions and municipalities directly under the Central Government and the forms for the final accounts for the departments at the central level. The financial departments at various regions and levels and the Central Government departments would also work out and issue the forms for the final accounts in the light of the specific departmental conditions to the departments or units at the lower level. The data for the final accounts are filled out in accordance with the data in the account books of the total budget or unit budget.

7-1 一般公共预算收支总额及增长速度
General Public Budget Revenue and Expenditure and Their Increase Rates

年 份 Year	一般公共预算收入(亿元) General Public Budget Revenue (100 million yuan)	中央 Central Government	地方 Local Governments	一般公共预算支出(亿元) General Public Budget Expenditure (100 million yuan)	中央 Central Government	地方 Local Governments	增长速度 (%) Increase Rates (%) 一般公共预算收入 General Public Budget Revenue	一般公共预算支出 General Public Budget Expenditure
1978	1132.26	175.77	956.49	1122.09	532.12	589.97	29.5	33.0
1979	1146.38	231.34	915.04	1281.79	655.08	626.71	1.2	14.2
1980	1159.93	284.45	875.48	1228.83	666.81	562.02	1.2	-4.1
1981	1175.79	311.07	864.72	1138.41	625.65	512.76	1.4	-7.5
1982	1212.33	346.84	865.49	1229.98	651.81	578.17	3.1	8.0
1983	1366.95	490.01	876.94	1409.52	759.60	649.92	12.8	14.6
1984	1642.86	665.47	977.39	1701.02	893.33	807.69	20.2	20.7
1985	2004.82	769.63	1235.19	2004.25	795.25	1209.00	22.0	17.8
1986	2122.01	778.42	1343.59	2204.91	836.36	1368.55	5.8	10.0
1987	2199.35	736.29	1463.06	2262.18	845.63	1416.55	3.6	2.6
1988	2357.24	774.76	1582.48	2491.21	845.04	1646.17	7.2	10.1
1989	2664.90	822.52	1842.38	2823.78	888.77	1935.01	13.1	13.3
1990	2937.10	992.42	1944.68	3083.59	1004.47	2079.12	10.2	9.2
1991	3149.48	938.25	2211.23	3386.62	1090.81	2295.81	7.2	9.8
1992	3483.37	979.51	2503.86	3742.20	1170.44	2571.76	10.6	10.5
1993	4348.95	957.51	3391.44	4642.30	1312.06	3330.24	24.8	24.1
1994	5218.10	2906.50	2311.60	5792.62	1754.43	4038.19	20.0	24.8
1995	6242.20	3256.62	2985.58	6823.72	1995.39	4828.33	19.6	17.8
1996	7407.99	3661.07	3746.92	7937.55	2151.27	5786.28	18.7	16.3
1997	8651.14	4226.92	4424.22	9233.56	2532.50	6701.06	16.8	16.3
1998	9875.95	4892.00	4983.95	10798.18	3125.60	7672.58	14.2	16.9
1999	11444.08	5849.21	5594.87	13187.67	4152.33	9035.34	15.9	22.1
2000	13395.23	6989.17	6406.06	15886.50	5519.85	10366.65	17.0	20.5
2001	16386.04	8582.74	7803.30	18902.58	5768.02	13134.56	22.3	19.0
2002	18903.64	10388.64	8515.00	22053.15	6771.70	15281.45	15.4	16.7
2003	21715.25	11865.27	9849.98	24649.95	7420.10	17229.85	14.9	11.8
2004	26396.47	14503.10	11893.37	28486.89	7894.08	20592.81	21.6	15.6
2005	31649.29	16548.53	15100.76	33930.28	8775.97	25154.31	19.9	19.1
2006	38760.20	20456.62	18303.58	40422.73	9991.40	30431.33	22.5	19.1
2007	51321.78	27749.16	23572.62	49781.35	11442.06	38339.29	32.4	23.2
2008	61330.35	32680.56	28649.79	62592.66	13344.17	49248.49	19.5	25.7
2009	68518.30	35915.71	32602.59	76299.93	15255.79	61044.14	11.7	21.9
2010	83101.51	42488.47	40613.04	89874.16	15989.73	73884.43	21.3	17.8
2011	103874.43	51327.32	52547.11	109247.79	16514.11	92733.68	25.0	21.6
2012	117253.52	56175.23	61078.29	125952.97	18764.63	107188.34	12.9	15.3
2013	129209.64	60198.48	69011.16	140212.10	20471.76	119740.34	10.2	11.3
2014	140370.03	64493.45	75876.58	151785.56	22570.07	129215.49	8.6	8.3
2015	152269.23	69267.19	83002.04	175877.77	25542.15	150335.62	5.8	13.2
2016	159604.97	72365.62	87239.35	187755.21	27403.85	160351.36	4.5	6.3
2017	172592.77	81123.36	91469.41	203085.49	29857.15	173228.34	7.4	7.6
2018	183359.84	85456.46	97903.38	220904.13	32707.81	188196.32	6.2	8.7

注：1.在一般公共预算收支中，价格补贴1985年以前冲减财政收入，1986年以后列为财政支出。为了可比，本表将1985年以前冲减财政收入的价格补贴改列在财政支出中。

2.一般公共预算收入中不包括国内外债务收入。

3.从2000年起，一般公共预算支出中包括国内外债务付息支出。

a) As for the general public budget revenue and expenditure, the government price subsidies were listed as negative revenue items prior to 1985, but they have been listed as expenditure items in government accounts since 1986. For comparison purpose, budgetary price subsidies before 1985 were adjusted and listed as expenditure items.

b) General public budget revenue does not include the receipts of domestic and foreign debts.

c) General public budget expenditure include the interest payment on domestic and foreign debts since 2000.

7-2 中央和地方一般公共预算主要收入项目（2018年）
Main Items of General Public Budget Revenue of the Central and Local Governments (2018)

单位：亿元 (100 million yuan)

项　目	Item	一般公共预算收入 General Public Budget Revenue	中央 Central Government	地方 Local Governments
合计	**Total**	**183359.84**	**85456.46**	**97903.38**
税收收入	**Tax Revenue**	**156402.86**	**80448.07**	**75954.79**
国内增值税	Domestic Value-added Tax	61530.77	30753.32	30777.45
国内消费税	Domestic Consumption Tax	10631.75	10631.75	
进口货物增值税	VAT from Imports	16235.19	16235.19	
进口货物消费税	Consumption Tax from Imports	643.78	643.78	
出口货物退增值税	VAT Rebate for Exports	-15897.10	-15897.10	
出口货物退消费税	Consumption Tax Rebate for Exports	-16.83	-16.83	
企业所得税	Corporate Income Tax	35323.71	22242.11	13081.60
个人所得税	Individual Income Tax	13871.97	8324.42	5547.55
资源税	Resource Tax	1629.90	45.15	1584.75
城市维护建设税	City Maintenance and Construction Tax	4839.98	159.31	4680.67
房产税	House Property Tax	2888.56		2888.56
印花税	Stamp Tax	2199.36	976.88	1222.48
其中：证券交易印花税	Stamp Tax on Security Exchange	976.88	976.88	
城镇土地使用税	Urban Land Use Tax	2387.60		2387.60
土地增值税	Land Appreciation Tax	5641.38		5641.38
车船税	Tax on Vehicles and Boat Operation	831.19		831.19
船舶吨税	Tax on Ship Tonnage	49.78	49.78	
车辆购置税	Vehicle Purchase Tax	3452.53	3452.53	
关税	Tariffs	2847.78	2847.78	
耕地占用税	Farm Land Occupation Tax	1318.85		1318.85
契税	Deed Tax	5729.94		5729.94
烟叶税	Tobacco Leaf Tax	111.35		111.35
环境保护税	Environment Protection Tax	151.38		151.38
其他税收收入	Other Tax Revenue	0.04		0.04
非税收入	**Non-Tax Revenue**	**26956.98**	**5008.39**	**21948.59**
专项收入	Special Program Receipts	7523.38	325.94	7197.44
行政事业性收费	Charge of Administrative and Institutional Units	3925.45	404.56	3520.89
罚没收入	Penalty Receipts	2659.18	167.00	2492.18
国有资本经营收入	Operating Income from Government Capital	3574.20	3217.94	356.26
国有资源(资产)有偿使用收入	Income from Use of State-owned Resources (Assets)	7075.98	789.11	6286.87
其他收入	Other Revenue	2198.79	103.84	2094.95

7-3 中央和地方一般公共预算主要支出项目（2018年）
Main Items of General Public Budget Expenditure of the Central and Local Governments (2018)

单位：亿元 (100 million yuan)

项 目	Item	一般公共预算支出 General Public Budget Expenditure	中央 Central Government	地方 Local Governments
合计	**Total**	**220904.13**	**32707.81**	**188196.32**
一般公共服务支出	Expenditure for General Public Services	18374.69	1503.68	16871.01
外交支出	Expenditure for Foreign Affairs	586.36	583.37	2.99
国防支出	Expenditure for National Defense	11280.46	11069.70	210.76
公共安全支出	Expenditure for Public Security	13781.48	2041.51	11739.97
教育支出	Expenditure for Education	32169.47	1731.23	30438.24
科学技术支出	Expenditure for Science and Technology	8326.65	3120.27	5206.38
文化体育与传媒支出	Expenditure for Culture, Sport and Media	3537.86	281.13	3256.73
社会保障和就业支出	Expenditure for Social Security and Employment	27012.09	1184.55	25827.54
医疗卫生与计划生育支出	Expenditure for Medical and Health Care, and Family Planning	15623.55	210.65	15412.90
节能环保支出	Expenditure for Energy Conservation and Environment Protection	6297.61	427.56	5870.05
城乡社区支出	Expenditure for Urban and Rural Community Affairs	22124.13	86.38	22037.75
农林水支出	Expenditure for Agriculture, Forestry and Water Conservancy	21085.59	592.30	20493.29
交通运输支出	Expenditure for Transportation	11282.76	1313.71	9969.05
资源勘探信息等支出	Expenditures for Affairs of Resource Exploration and Information	5076.42	381.52	4694.90
商业服务业等支出	Expenditure for Affairs of Commerce and Services	1606.96	73.28	1533.68
金融支出	Expenditure for Financial Affairs	1379.62	845.59	534.03
援助其他地区支出	Expenditure for Other Regional Assistance	442.16		442.16
国土海洋气象等支出	Expenditure for Affairs of Land, Ocean and Weather	2273.58	353.67	1919.91
住房保障支出	Expenditure for Housing Security	6806.37	506.45	6299.92
粮油物资储备支出	Expenditure for Affairs of Management of Grain & Oil Reserves	2060.75	1375.64	685.11
债务付息支出	Expenditure for Interest Payments on Debts	7402.72	4161.65	3241.07
债务发行费用支出	Expenditure for Issuing Debts	60.21	37.23	22.98
其他支出	Other Expenditure	2312.64	826.74	1485.90

7-4 各 项 税 收
Taxes

单位：亿元 (100 million yuan)

年 份 Year	合 计 Total	#国内增值税 Domestic Value-added Tax	#国内消费税 Domestic Consumption Tax	#营业税 Business Tax	#企业所得税 Corporate Income Tax	#个人所得税 Individual Income Tax	#关 税 Tariffs
1978	519.28						28.76
1979	537.82						26.00
1980	571.70						33.53
1981	629.89						54.04
1982	700.02						47.46
1983	775.59						53.88
1984	947.35						103.07
1985	2040.79	147.70		211.07	696.06		205.21
1986	2090.73	232.19		261.07	692.40		151.62
1987	2140.36	254.20		302.00	664.71		142.67
1988	2390.47	384.37		397.92	676.04		155.02
1989	2727.40	430.83		487.30	700.43		181.54
1990	2821.86	400.00		515.75	716.00		159.01
1991	2990.17	406.36		564.00	731.13		187.28
1992	3296.91	705.93		658.67	720.78		212.75
1993	4255.30	1081.48		966.09	678.60		256.47
1994	5126.88	2308.34	487.40	670.02	708.49		272.68
1995	6038.04	2602.33	541.48	865.56	878.44		291.83
1996	6909.82	2962.81	620.23	1052.57	968.48		301.84
1997	8234.04	3283.92	678.70	1324.27	963.18		319.49
1998	9262.80	3628.46	814.93	1575.08	925.54		313.04
1999	10682.58	3881.87	820.66	1668.56	811.41	413.66	562.23
2000	12581.51	4553.17	858.29	1868.78	999.63	659.64	750.48
2001	15301.38	5357.13	929.99	2064.09	2630.87	995.26	840.52
2002	17636.45	6178.39	1046.32	2450.33	3082.79	1211.78	704.27
2003	20017.31	7236.54	1182.26	2844.45	2919.51	1418.03	923.13
2004	24165.68	9017.94	1501.90	3581.97	3957.33	1737.06	1043.77
2005	28778.54	10792.11	1633.81	4232.46	5343.92	2094.91	1066.17
2006	34804.35	12784.81	1885.69	5128.71	7039.60	2453.71	1141.78
2007	45621.97	15470.23	2206.83	6582.17	8779.25	3185.58	1432.57
2008	54223.79	17996.94	2568.27	7626.39	11175.63	3722.31	1769.95
2009	59521.59	18481.22	4761.22	9013.98	11536.84	3949.35	1483.81
2010	73210.79	21093.48	6071.55	11157.91	12843.54	4837.27	2027.83
2011	89738.39	24266.63	6936.21	13679.00	16769.64	6054.11	2559.12
2012	100614.28	26415.51	7875.58	15747.64	19654.53	5820.28	2783.93
2013	110530.70	28810.13	8231.32	17233.02	22427.20	6531.53	2630.61
2014	119175.31	30855.36	8907.12	17781.73	24642.19	7376.61	2843.41
2015	124922.20	31109.47	10542.16	19312.84	27133.87	8617.27	2560.84
2016	130360.73	40712.08	10217.23	11501.88	28851.36	10088.98	2603.75
2017	144369.87	56378.18	10225.09		32117.29	11966.37	2997.85
2018	156402.86	61530.77	10631.75		35323.71	13871.97	2847.78

注：1.企业所得税2001年以前只包括国有及集体企业所得税，从2001年起，企业所得税还包括除国有企业和集体企业外的其他所有制企业所得税。
2.国内增值税不包括进口产品增值税；国内消费税不包括进口产品消费税。
3.自2016年5月1日起，在全国范围内全面推开营业税改征增值税试点，全部营业税纳税人由缴纳营业税改为缴纳增值税。

a) Before 2001, the corporate income tax only included state-owned and collective-owned enterprises income tax. Since 2001, the corporate income tax also includes the income tax levied on other enterprises except for state-owned and collective-owned enterprises.

b) Domestic value-added tax does not include value-added tax from imports. Domestic consumption tax does not include consumption tax from imports.

c) Since May 1,2016, the replacement of business tax with VAT has been extended to all industries. All business tax payers pay VAT instead of business tax.

7-5 分地区一般公共预算收入（2018年）
General Public Budget Revenue by Region (2018)

单位：亿元 (100 million yuan)

地 区 Region	地方一般公共预算收入 General Public Budget Revenue	税收收入 Tax Revenue	国内增值税 Domestic Value-added Tax	企业所得税 Corporate Income Tax	个人所得税 Individual Income Tax	资源税 Resource Tax
地方合计 Region Total	**97903.38**	**75954.79**	**30777.45**	**13081.60**	**5547.55**	**1584.75**
北 京 Beijing	5785.92	4988.83	1801.43	1287.74	728.46	27.23
天 津 Tianjin	2106.24	1624.89	698.46	319.53	129.78	11.34
河 北 Hebei	3513.86	2555.82	1009.02	406.04	105.60	48.03
山 西 Shanxi	2292.70	1645.67	695.60	226.91	55.82	325.17
内蒙古 Inner Mongolia	1857.65	1399.86	533.76	165.09	63.23	238.49
辽 宁 Liaoning	2616.08	1976.13	836.28	316.71	99.20	41.32
吉 林 Jilin	1240.89	891.75	364.12	146.54	50.37	10.82
黑龙江 Heilongjiang	1282.60	980.80	381.50	107.04	47.26	66.55
上 海 Shanghai	7108.15	6285.04	2624.82	1518.71	770.21	0.01
江 苏 Jiangsu	8630.16	7263.65	3113.46	1312.65	468.41	13.95
浙 江 Zhejiang	6598.21	5586.63	2408.84	972.46	465.86	12.83
安 徽 Anhui	3048.67	2180.74	905.98	334.69	92.35	22.47
福 建 Fujian	3007.41	2237.42	840.08	411.75	178.04	12.22
江 西 Jiangxi	2373.01	1663.15	715.23	222.62	89.01	44.88
山 东 Shandong	6485.40	4897.92	1902.12	677.38	215.30	119.75
河 南 Henan	3766.02	2656.65	1007.46	370.23	102.74	60.29
湖 北 Hubei	3307.08	2463.52	937.57	394.37	135.87	16.01
湖 南 Hunan	2860.84	1959.67	779.35	235.59	107.94	11.31
广 东 Guangdong	12105.26	9737.51	3922.94	1876.46	868.08	13.46
广 西 Guangxi	1681.45	1122.09	467.74	151.24	60.82	16.69
海 南 Hainan	752.67	628.68	199.68	119.35	31.75	3.68
重 庆 Chongqing	2265.54	1603.03	584.52	235.08	89.03	13.70
四 川 Sichuan	3911.01	2819.77	1126.50	415.79	178.59	52.52
贵 州 Guizhou	1726.85	1266.02	486.39	184.46	69.31	32.60
云 南 Yunnan	1994.35	1423.25	611.66	180.67	87.44	29.43
西 藏 Tibet	230.35	155.93	98.93	4.93	25.20	2.64
陕 西 Shaanxi	2243.14	1774.29	776.91	228.28	102.58	181.31
甘 肃 Gansu	871.05	610.47	293.94	74.59	30.53	22.82
青 海 Qinghai	272.89	205.49	92.70	25.03	11.17	20.28
宁 夏 Ningxia	436.52	298.30	133.99	32.53	13.40	25.00
新 疆 Xinjiang	1531.42	1051.80	426.48	127.13	74.19	87.97

7-5 续表 1 continued

单位：亿元 (100 million yuan)

地 区	Region	城市维护建设税 City Maintenance and Construction Tax	房产税 House Property Tax	印花税 Stamp Tax	城镇土地使用税 Urban Land Use Tax	土地增值税 Land Appreciation Tax	车船税 Tax on Vehicles and Boat Operation	耕地占用税 Farm Land Occupation Tax
地方合计	**Region Total**	**4680.67**	**2888.56**	**1222.48**	**2387.60**	**5641.38**	**831.19**	**1318.85**
北 京	Beijing	245.58	299.52	86.26	19.65	209.13	31.23	2.82
天 津	Tianjin	106.19	76.20	36.78	16.88	99.92	11.53	9.11
河 北	Hebei	149.92	71.28	44.52	122.98	247.65	48.95	63.40
山 西	Shanxi	79.99	41.11	30.25	39.49	57.52	22.75	11.62
内蒙古	Inner Mongolia	77.10	59.05	21.17	89.28	30.93	21.78	49.78
辽 宁	Liaoning	144.73	101.83	34.09	142.60	76.39	37.07	10.14
吉 林	Jilin	67.51	35.63	15.29	30.54	43.41	18.18	18.34
黑龙江	Heilongjiang	63.29	41.14	12.09	72.76	79.81	21.10	16.00
上 海	Shanghai	275.91	213.84	97.55	43.99	421.84	25.69	5.71
江 苏	Jiangsu	478.54	310.82	105.78	199.22	494.48	55.55	54.17
浙 江	Zhejiang	370.55	233.29	90.19	127.65	342.20	55.02	45.63
安 徽	Anhui	140.25	65.10	30.99	122.52	147.88	23.98	52.99
福 建	Fujian	125.68	87.20	40.10	44.53	262.37	22.09	15.30
江 西	Jiangxi	104.11	39.82	22.50	48.93	133.90	16.23	44.12
山 东	Shandong	306.46	168.25	80.92	396.84	390.79	75.85	119.29
河 南	Henan	152.50	71.52	41.13	126.84	237.40	45.56	175.73
湖 北	Hubei	181.87	89.31	36.78	63.10	236.79	28.48	105.47
湖 南	Hunan	145.73	63.55	26.55	70.23	169.19	24.89	49.63
广 东	Guangdong	592.94	361.21	152.27	158.52	1056.11	73.82	53.78
广 西	Guangxi	73.50	33.17	21.22	26.61	84.65	18.74	41.16
海 南	Hainan	29.67	22.98	7.29	28.57	133.81	4.32	2.55
重 庆	Chongqing	95.42	67.33	30.71	110.32	121.06	13.87	36.18
四 川	Sichuan	174.98	106.78	46.41	81.66	215.52	38.22	89.11
贵 州	Guizhou	85.53	35.36	18.10	36.49	98.34	13.71	93.14
云 南	Yunnan	131.67	46.96	21.51	38.82	71.93	22.18	35.72
西 藏	Tibet	13.76		3.91	0.21	3.18	1.39	1.62
陕 西	Shaanxi	118.07	59.57	27.55	40.79	87.82	21.52	34.19
甘 肃	Gansu	49.59	23.87	10.84	22.25	34.76	13.34	4.89
青 海	Qinghai	12.93	7.35	4.13	4.17	9.26	3.10	5.89
宁 夏	Ningxia	20.05	12.59	6.95	12.53	9.50	4.86	8.07
新 疆	Xinjiang	66.64	42.93	18.68	48.64	33.85	16.20	63.32

7-5 续表 2 continued

单位：亿元 (100 million yuan)

地 区	Region	契 税 Deed Tax	烟叶税 Tobacco Leaf Tax	环 境 保护税 Environment Protection Tax	其他税收收入 Other Tax Revenue	非税收入 Non-Tax Revenue	专 项 收 入 Special Program Receipts	行政事业性收费收入 Charge of Administrative and Institutional Units	罚 没 收 入 Penalty Receipts	国有资本经营收入 Operating Income from Government Capital	国有资源(资产)有偿使用收入 Income from Use of State-owned Resources (Assets)	其 他 收 入 Other Revenue
地方合计	**Region Total**	**5729.94**	**111.35**	**151.38**	**0.04**	**21948.59**	**7197.44**	**3520.89**	**2492.18**	**356.26**	**6286.87**	**2094.95**
北 京	Beijing	245.30		4.48		797.09	496.76	57.41	53.64	0.12	136.10	53.06
天 津	Tianjin	105.61		3.58		481.35	227.65	48.47	45.25	3.47	78.64	77.88
河 北	Hebei	220.66	0.19	17.57	0.01	958.04	274.38	155.17	143.34	22.60	258.26	104.29
山 西	Shanxi	47.91	0.25	11.30		647.03	134.11	77.35	59.02	0.70	333.47	42.37
内蒙古	Inner Mongolia	41.42	0.11	8.68		457.79	127.39	122.71	66.94	7.50	107.21	26.05
辽 宁	Liaoning	130.56	0.72	4.49		639.95	156.37	112.59	157.05	8.59	151.21	54.15
吉 林	Jilin	89.14	0.52	1.34		349.14	94.43	79.66	38.97	13.14	101.04	21.89
黑龙江	Heilongjiang	69.07	1.49	1.70	0.02	301.79	67.42	50.73	49.07	7.73	103.96	22.89
上 海	Shanghai	284.95		1.81	0.00	823.11	437.32	71.57	48.31		229.01	36.90
江 苏	Jiangsu	635.10		21.52		1366.51	478.74	299.85	141.53		328.78	117.61
浙 江	Zhejiang	459.45	0.02	2.64		1011.58	529.78	96.75	172.45	-47.47	226.00	34.06
安 徽	Anhui	237.65	0.93	2.96		867.93	280.97	140.64	77.99	40.24	269.56	58.52
福 建	Fujian	190.28	5.43	2.34		769.99	289.30	94.22	79.13	32.60	214.96	59.77
江 西	Jiangxi	177.89	1.53	2.36	0.01	709.86	145.92	152.29	106.54	2.85	251.45	50.82
山 东	Shandong	428.58	1.71	14.71		1587.47	351.96	303.52	194.96	25.53	648.00	63.50
河 南	Henan	246.79	8.16	10.31		1109.36	350.07	224.06	140.57	45.27	235.28	114.12
湖 北	Hubei	230.54	2.98	4.39		843.56	237.02	152.37	102.89	15.06	254.65	81.58
湖 南	Hunan	264.52	8.06	3.13		901.18	232.25	141.01	114.28	2.11	250.22	161.30
广 东	Guangdong	601.70	1.21	5.02		2367.74	956.92	230.79	236.07	40.74	562.62	340.59
广 西	Guangxi	122.92	0.80	2.81		559.36	137.90	89.47	55.09	56.05	165.15	55.69
海 南	Hainan	44.52	0.01	0.50		123.98	36.40	16.73	16.19	6.73	40.68	7.26
重 庆	Chongqing	200.69	2.97	2.14		662.51	118.34	238.41	50.61		183.18	71.97
四 川	Sichuan	280.99	7.85	4.85		1091.24	255.17	171.70	84.40	27.90	399.49	152.58
贵 州	Guizhou	96.11	11.90	4.57		460.84	125.22	73.12	48.32	18.28	145.04	50.86
云 南	Yunnan	90.57	52.53	2.13		571.10	179.42	82.52	62.85	1.20	175.51	69.60
西 藏	Tibet			0.17		74.42	11.18	9.19	5.30	-0.77	39.81	9.72
陕 西	Shaanxi	90.67	1.76	3.29		468.85	175.94	78.11	43.07	0.99	133.86	36.88
甘 肃	Gansu	27.47	0.18	1.42		260.58	79.19	41.02	30.56	1.15	70.18	38.49
青 海	Qinghai	8.87		0.62		67.40	19.23	10.47	8.02	0.84	23.42	5.42
宁 夏	Ningxia	17.57	0.03	1.22		138.22	40.68	21.31	9.88	3.36	43.78	19.21
新 疆	Xinjiang	42.45		3.31		479.62	150.00	77.69	49.91	19.75	126.35	55.93

7-6 分地区一般公共预算支出（2018年）
General Public Expenditure by Region (2018)

单位：亿元 (100 million yuan)

地 区	Region	地方一般公共预算支出 General Public Budget Expenditure	一般公共服务支出 Expenditure for General Public Services	外交支出 Expenditure for Foreign Affairs	国防支出 Expenditure for National Defense	公 共 安全支出 Expenditure for Public Security	教育支出 Expenditure for Education	科 学 技术支出 Expenditure for Science and Technology	文化体育与传媒支出 Expenditure for Culture, Sport and Media
地方合计	**Region Total**	**188196.32**	**16871.01**	**2.99**	**210.76**	**11739.97**	**30438.24**	**5206.38**	**3256.73**
北 京	Beijing	7471.43	512.40		9.62	516.42	1025.51	425.87	245.43
天 津	Tianjin	3103.16	231.06		2.60	236.53	448.19	106.68	52.92
河 北	Hebei	7726.21	712.40		9.42	422.48	1385.59	77.04	115.17
山 西	Shanxi	4283.91	362.60		3.69	248.25	668.03	59.08	92.85
内蒙古	Inner Mongolia	4831.46	355.98	0.04	4.71	247.45	576.33	26.05	109.27
辽 宁	Liaoning	5337.72	423.03		5.68	354.49	653.88	75.05	71.59
吉 林	Jilin	3789.59	308.88		5.29	218.48	513.82	41.10	70.24
黑龙江	Heilongjiang	4676.75	307.61		5.52	247.22	544.38	39.52	46.20
上 海	Shanghai	8351.54	367.16		9.91	412.13	917.99	426.37	186.52
江 苏	Jiangsu	11657.35	1124.06		17.77	826.08	2055.56	507.31	197.22
浙 江	Zhejiang	8629.53	875.33		9.39	614.24	1572.47	379.66	174.59
安 徽	Anhui	6572.15	506.13		6.24	288.04	1113.26	294.81	79.77
福 建	Fujian	4832.69	429.47		5.07	338.81	925.06	115.25	84.73
江 西	Jiangxi	5667.52	525.27		6.64	300.60	1054.41	147.09	79.10
山 东	Shandong	10100.96	943.35	0.86	15.10	644.95	2006.50	232.74	153.52
河 南	Henan	9217.73	972.55		7.08	460.18	1664.67	155.67	103.04
湖 北	Hubei	7258.27	739.21		4.61	428.99	1065.64	268.49	113.15
湖 南	Hunan	7479.61	797.30		12.50	419.18	1186.72	129.94	134.54
广 东	Guangdong	15729.26	1556.29	0.23	11.16	1355.53	2792.90	1034.71	321.84
广 西	Guangxi	5310.74	527.25	-0.01	8.22	313.38	933.22	64.43	63.59
海 南	Hainan	1691.30	139.49	1.21	8.61	97.45	248.98	15.04	47.37
重 庆	Chongqing	4540.95	322.02	0.14	5.19	259.31	680.99	68.59	49.31
四 川	Sichuan	9707.50	897.00	0.06	13.54	528.35	1461.78	147.91	154.91
贵 州	Guizhou	5029.68	496.47		4.12	282.70	985.95	102.88	60.80
云 南	Yunnan	6075.03	643.28		5.66	386.41	1077.43	54.94	72.20
西 藏	Tibet	1970.68	283.04	0.40	1.55	109.45	232.15	8.12	46.02
陕 西	Shaanxi	5302.44	490.33		3.85	269.46	871.44	87.22	126.11
甘 肃	Gansu	3772.23	339.05		2.53	190.85	592.96	25.74	72.52
青 海	Qinghai	1647.43	132.58		0.90	87.19	199.10	12.80	35.49
宁 夏	Ningxia	1419.06	91.31		0.63	68.40	170.47	34.02	23.33
新 疆	Xinjiang	5012.45	459.11	0.07	3.99	566.96	812.88	42.25	73.39

7-6 续表 1 continued

单位：亿元 (100 million yuan)

地 区 Region	社会保障和就业支出 Expenditure for Social Security and Employment	医疗卫生与计划生育支出 Expenditure for Medical and Health Care, Family Planning	节能环保支出 Expenditure for Energy Conservation and Environment Protection	城乡社区支出 Expenditure for Urban and Rural Community Affairs	农林水支出 Expenditure for Agriculture, Forestry and Water Conservancy	交通运输支出 Expenditure for Transportation	资源勘探信息等支出 Expenditures for Affairs of Resource Exploration and Information	商业服务业等支出 Expenditure for Affairs of Commerce and Services
地方合计 Region Total	**25827.54**	**15412.90**	**5870.05**	**22037.75**	**20493.29**	**9969.05**	**4694.90**	**1533.68**
北 京 Beijing	835.65	490.09	399.45	1246.22	576.04	462.99	231.69	51.75
天 津 Tianjin	505.46	192.76	66.46	561.44	165.71	82.84	173.85	51.23
河 北 Hebei	1137.84	691.33	433.55	668.09	906.27	395.33	121.15	39.09
山 西 Shanxi	671.65	358.99	170.29	370.52	581.34	208.64	89.62	19.08
内蒙古 Inner Mongolia	707.20	315.62	162.72	414.92	903.96	430.69	80.38	36.21
辽 宁 Liaoning	1463.57	350.62	94.21	462.51	461.74	211.90	169.62	29.10
吉 林 Jilin	634.10	281.22	120.79	375.17	537.55	232.50	81.07	26.20
黑龙江 Heilongjiang	1024.09	301.00	154.09	415.70	834.47	244.71	90.18	18.38
上 海 Shanghai	933.38	470.12	233.39	2091.13	469.88	431.53	618.09	178.32
江 苏 Jiangsu	1316.55	845.32	317.99	1599.60	996.67	497.95	322.91	114.40
浙 江 Zhejiang	914.93	626.20	194.75	1158.88	724.46	391.23	215.71	154.62
安 徽 Anhui	954.67	627.10	209.32	998.56	704.86	220.78	103.91	36.65
福 建 Fujian	468.15	441.70	124.04	623.52	431.51	268.99	173.44	68.10
江 西 Jiangxi	761.06	585.47	162.55	676.15	599.41	230.74	166.85	37.09
山 东 Shandong	1253.99	885.15	287.20	1109.72	998.50	412.79	226.88	102.20
河 南 Henan	1298.45	928.95	358.70	1152.43	1001.08	283.19	119.67	41.89
湖 北 Hubei	1172.00	575.74	211.30	848.56	785.55	370.64	124.61	32.31
湖 南 Hunan	1095.57	627.10	190.89	787.31	925.57	342.51	158.72	59.96
广 东 Guangdong	1508.02	1407.51	567.41	2083.14	909.78	617.33	316.27	64.32
广 西 Guangxi	769.70	546.52	79.45	648.84	656.58	282.03	70.45	31.69
海 南 Hainan	208.87	144.46	61.24	149.81	227.71	141.59	31.79	13.63
重 庆 Chongqing	772.13	372.79	160.19	766.54	366.77	272.17	101.65	47.68
四 川 Sichuan	1644.17	880.89	226.90	698.87	1310.89	623.97	298.58	77.50
贵 州 Guizhou	537.71	481.80	134.38	246.21	664.84	381.49	89.49	25.66
云 南 Yunnan	846.23	575.42	169.81	439.78	842.20	441.62	64.92	28.71
西 藏 Tibet	107.92	106.93	44.93	105.26	364.64	334.25	48.53	10.43
陕 西 Shaanxi	793.86	455.31	176.02	537.90	626.79	276.28	90.33	50.20
甘 肃 Gansu	504.77	313.53	127.82	170.39	678.35	352.89	60.10	24.24
青 海 Qinghai	230.80	141.60	63.51	114.32	267.85	154.63	37.83	15.32
宁 夏 Ningxia	175.99	105.55	72.38	198.49	219.06	94.35	37.93	15.43
新 疆 Xinjiang	579.06	286.14	94.33	317.81	753.25	276.49	178.71	32.31

7-6　续表 2 continued

单位: 亿元　　(100 million yuan)

地　区　Region	金融支出 Expenditure for Financial Affairs	援助其他地区支出 Expenditure for Other Regional Assistance	国土海洋气象等支出 Expenditure for Affairs of Land, Ocean and Weather	住房保障支出 Expenditure for Housing Security	粮油物资储备支出 Expenditure for Affairs of Management of Grain & Oil Reserves	债务付息支出 Expenditure for Interest Payments on Debts	债务发行费用支出 Expenditure for Issuing Debts	其他支出 Other Expenditure
地方合计 Region Total	**534.03**	**442.16**	**1919.91**	**6299.92**	**685.11**	**3241.07**	**22.98**	**1485.90**
北　京 Beijing	15.15	60.15	25.05	132.00	12.69	62.24	0.32	134.72
天　津 Tianjin	3.60	23.66	27.31	92.21	8.45	42.85	0.16	27.19
河　北 Hebei	9.74	9.21	110.08	199.20	19.47	124.66	1.19	137.91
山　西 Shanxi	20.30	2.71	79.53	126.12	16.82	55.38	0.51	77.90
内蒙古 Inner Mongolia	29.42		52.98	182.21	18.65	156.51	1.35	18.84
辽　宁 Liaoning	3.77	12.67	54.20	151.08	22.04	212.01	1.43	53.53
吉　林 Jilin	17.29	3.53	58.66	124.43	37.53	83.78	0.58	17.39
黑龙江 Heilongjiang	2.34	3.69	32.44	240.96	54.65	63.95	0.69	4.97
上　海 Shanghai	59.07	60.21	56.15	266.70	20.43	78.08	0.38	64.60
江　苏 Jiangsu	16.09	49.99	109.39	443.65	29.92	196.15	1.16	71.63
浙　江 Zhejiang	64.26	39.50	92.58	185.31	22.62	176.21	0.99	41.60
安　徽 Anhui	10.33	5.66	48.71	224.91	25.92	95.16	0.96	16.40
福　建 Fujian	6.32	4.72	54.33	88.82	22.10	94.39	0.38	63.79
江　西 Jiangxi	2.35	3.10	38.44	137.59	16.82	73.51	0.67	62.60
山　东 Shandong	62.14	30.21	129.17	343.82	29.93	197.08	0.85	34.32
河　南 Henan	19.83	5.01	68.60	359.62	42.45	128.39	0.66	45.63
湖　北 Hubei	3.10	7.57	97.47	213.62	32.51	107.43	0.52	55.27
湖　南 Hunan	10.23	5.81	97.09	256.47	34.23	174.38	1.09	32.50
广　东 Guangdong	70.61	106.06	161.44	527.13	64.93	150.74	1.31	100.62
广　西 Guangxi	4.16		51.19	130.36	21.26	97.61	0.92	9.91
海　南 Hainan	1.13		20.93	64.19	3.21	36.65	0.21	27.75
重　庆 Chongqing	5.12	1.64	58.90	123.04	13.74	72.61	0.32	20.11
四　川 Sichuan	23.58	6.17	108.33	350.72	33.96	149.17	1.23	69.05
贵　州 Guizhou	0.67		46.67	275.59	11.29	150.87	1.38	48.71
云　南 Yunnan	4.53		51.47	224.21	12.52	125.70	0.79	7.23
西　藏 Tibet	1.57		12.78	57.22	2.66	2.36	0.04	90.43
陕　西 Shaanxi	40.32	0.90	59.59	194.00	17.62	100.17	0.69	34.06
甘　肃 Gansu	21.33		51.74	157.81	12.96	46.50	0.40	25.75
青　海 Qinghai	0.65		17.75	66.53	6.09	57.11	0.79	4.56
宁　夏 Ningxia	4.97		9.66	54.44	5.25	33.91	0.31	3.16
新　疆 Xinjiang	0.07		37.27	305.96	12.41	95.53	0.69	83.79

7-7　中央财政债务余额情况
Outstanding of Debts of Central Government

单位: 亿元　　(100 million yuan)

年　份 Year	合计 Total	国内债务 Domestic Debts	国外债务 External Debts
2005	32614.21	31848.59	765.52
2006	35015.28	34380.24	635.02
2007	52074.65	51467.39	607.26
2008	53271.54	52799.32	472.22
2009	60237.68	59736.95	500.73
2010	67548.11	66987.97	560.14
2011	72044.51	71410.80	633.71
2012	77565.70	76747.91	817.79
2013	86746.91	85836.05	910.86
2014	95655.45	94676.31	979.14
2015	106599.59	105467.48	1132.11
2016	120066.75	118811.24	1255.51
2017	134770.15	133447.43	1322.72
2018	149607.41	148208.62	1398.79

7-8 按部门划分的外债总额头寸
Gross External Debt Position by Sector

单位：亿美元 (USD 100 million)

债务类型	Type of Debts	2017末 End of 2017	2018末 End of 2018
广义政府	**General Government**	**1687**	**2323**
短期	Short-term	170	197
货币与存款	Currency and Deposits		
债务证券	Debt Securities	170	197
贷款	Loans		
贸易信贷与预付款	Trade Credit and Advances		
其他债务负债	Other Debt Liabilities		
长期	Long-term	1516	2126
货币与存款	Currency and Deposits		
债务证券	Debt Securities	1006	1640
贷款	Loans	510	487
贸易信贷与预付款	Trade Credit and Advances		
其他债务负债	Other Debt Liabilities		
中央银行	**Central Bank**	**234**	**296**
短期	Short-term	108	178
货币与存款	Currency and Deposits	108	149
债务证券	Debt Securities		29
贷款	Loans		
贸易信贷与预付款	Trade Credit and Advances		
其他债务负债	Other Debt Liabilities		
长期	Long-term	126	118
SDR分配	Special Drawing Rights	100	97
货币与存款	Currency and Deposits		
债务证券	Debt Securities		
贷款	Loans		
贸易信贷与预付款	Trade Credit and Advances		
其他债务负债	Other Debt Liabilities	27	21
其他接受存款公司	**Other Depository Corporations**	**8455**	**8987**
短期	Short-term	6696	7236
货币与存款	Currency and Deposits	4249	4685
债务证券	Debt Securities	709	638
贷款	Loans	1722	1894
贸易信贷与预付款	Trade Credit and Advances		
其他债务负债	Other Debt Liabilities	15	18
长期	Long-term	1760	1752
货币与存款	Currency and Deposits		
债务证券	Debt Securities	1147	1290
贷款	Loans	606	454
贸易信贷与预付款	Trade Credit and Advances		
其他债务负债	Other Debt Liabilities	7	8
其他部门	**Other Sectors**	**5212**	**5923**
短期	Short-term	3978	4579
货币与存款	Currency and Deposits	1	2
债务证券	Debt Securities	28	36
贷款	Loans	354	568
贸易信贷与预付款	Trade Credit and Advances	3461	3862
其他债务负债	Other Debt Liabilities	133	111
长期	Long-term	1234	1343
货币与存款	Currency and Deposits		
债务证券	Debt Securities	319	453
贷款	Loans	726	696
贸易信贷与预付款	Trade Credit and Advances	62	69
其他债务负债	Other Debt Liabilities	127	125
直接投资：公司间贷款	**Direct Investment: Intercompany Lending**	**1991**	**2123**
直接投资企业对直接投资者的债务负债	Debt Liabilities of Direct Investment Enterprises to Direct Investors	1331	1316
直接投资者对直接投资企业的债务负债	Debt Liabilities of Direct Investors to Direct Investment Enterprises	44	48
对关联企业的债务负债	Debt Liabilities of Direct Investors to Direct Investment Enterprises	616	759
外债总额头寸	**Gross External Debt Position**	**17580**	**19652**

注：1.本表按照签约期限划分长期、短期外债。
2.本表统计采用四舍五入法。
3.本表2017年末数据根据国际收平衡表最新修正数据进行了相应调整。

a) The short-term and long-term herein are broken down by contractual (original) maturity.
b) The data in this table have been rounded off.
c) The statistical data for 2017 in this table was adjusted according to the latest BOP changes.

7-9 外债风险指标
Risk Indicators on External Debt

单位：%　　(%)

年　份 Year	偿　债　率 Debt Servicing Ratio	负　债　率 Liability Ratio	债　务　率 Debt Ratio
1985	2.7	5.1	56.0
1986	15.4	7.1	72.1
1987	9.0	9.2	77.1
1988	6.5	9.8	87.1
1989	8.3	9.1	86.4
1990	8.7	13.3	91.6
1991	8.5	14.6	91.9
1992	7.1	14.1	87.9
1993	10.2	13.5	96.5
1994	9.1	16.4	78.0
1995	7.6	14.5	72.4
1996	6.0	13.5	67.7
1997	7.3	13.6	63.2
1998	10.9	14.2	70.4
1999	11.2	13.9	68.7
2000	9.2	12.0	52.1
2001	7.5	15.2	67.9
2002	7.9	13.8	55.5
2003	6.9	13.2	45.2
2004	3.2	13.4	40.2
2005	3.1	13.0	35.4
2006	2.1	12.3	31.9
2007	2.0	11.0	29.0
2008	1.8	8.5	24.7
2009	2.9	8.4	32.2
2010	1.6	9.0	29.2
2011	1.7	9.2	33.3
2012	1.6	8.6	32.8
2013	1.6	9.0	35.6
2014	2.6	17.0	69.9
2015	5.0	12.6	58.6
2016	6.1	12.7	64.4
2017	5.5	14.5	72.6
2018	5.5	14.4	74.1

注：1.2015年，我国按照国际货币基金组织数据公布特殊标准(SDDS)调整了外债统计口径并对外公布全口径外债数据，将人民币外债纳入统计，并按照签约期限划分中长期和短期外债。为保证数据的可比性，将2014年末外债数据相应调整为全口径外债数据，之前年份未做调整。表内数据根据最新国际平衡表数据及GDP数据进行调整。

2.负债率是指年末外债余额与当年国内生产总值的比率；债务率是指年末外债余额与当年国际收支统计口径的货物与服务贸易出口收入的比率；偿债率是指当年外债还本付息额(中长期外债还本付息额加上短期外债付息额)与当年国际收支统计口径的货物与服务贸易出口收入的比率。

a) In accordance with the Special Data Dissemination Standard (SDDS) of the IMF, China adjusted the statistical coverage of external debt and disseminated the full-scale data on China's external debt in 2015, including RMB-denominated external debt, which was classified into medium-and long-term external debt and short-term external debt by contract term. Outstanding external debt at the end of 2014 was adjusted to the full-scale data on the base of comparable coverage. No adjustments were made for previous years. The ratio was adjusted according to the latest BOP and GDP changes.

b) Liability ratio is defined as the outstanding external debt at the end of the year divided by annual GDP for that year. Debt ratio is defined as the outstanding external debt at the end of the year divided by exports of goods and services according to the statistical coverage of the BOP for that year. Debt servicing ratio is defined as the repayment of principal and payment of interest on medium-and long-term external debt, plus payment of interest on short-term external debt divided by exports of goods and services according to the statistical coverage of the BOP for that year.

7-10 全国政府性基金收入决算表(2018年)
Final Accounts for Revenue of Government Funds (2018)

单位：亿元 (100 million yuan)

项 目	Item	预算数 Budget	决算数 Final Accounts	决算数为预算数的% Final as % of Budget	决算数为上年决算数的% Final as % of Previous Year
一、农网还贷资金收入	1. Credit Repayment for Rural Power Grid	195.32	201.68	103.3	109.9
二、铁路建设基金收入	2. Railway Construction Fund	510.00	523.80	102.7	110.2
三、民航发展基金收入	3. Civil Aviation Development Fund	410.00	435.44	106.2	118.5
四、海南省高等级公路车辆通行附加费收入	4. Hainan Province Highway Traffic Surcharge	26.00	24.27	93.3	109.1
五、港口建设费收入	5. Port Construction Fees	233.47	229.41	98.3	104.4
六、新型墙体材料专项基金收入	6. Special Fund for New Wall Materials				
七、旅游发展基金收入	7. Tourism Development Fund	14.50	14.52	100.1	112.9
八、国家电影事业发展专项资金收入	8. National Special Fund for Film Development	33.33	29.03	87.1	106.1
九、城市公用事业附加收入	9. City Public Utilities Fee				
十、国有土地使用权出让金收入	10. Transfer of Use Rights of State Land	52532.43	62910.55	119.8	125.7
十一、国有土地收益基金收入	11. State Land Income Fund	1845.51	2044.16	110.8	115.4
十二、农业土地开发资金收入	12. Agricultural Land Development Funds	319.10	249.17	78.1	81.1
十三、中央水库移民扶持基金收入	13. Central Fund for Support to Reservoir Resettlement	221.37	258.96	117.0	94.3
十四、中央特别国债经营基金财务收入	14. Special National Debt Management Fund	632.24	632.68	100.1	94.2
十五、彩票公益金收入	15. Public Welfare Fund from Lottery	1211.19	1321.51	109.1	114.5
十六、城市基础设施配套费收入	16. Urban Infrastructure Support Fee	1850.84	2524.00	136.4	141.0
十七、地方水库移民扶持基金收入	17. Local Fund for Support to Reservoir Resettlement	55.00	55.15	100.3	103.6
十八、国家重大水利工程建设基金收入	18. Fund for National Key Projects on Water Conservancy	264.62	288.64	109.1	75.1
十九、车辆通行费收入	19. Vehicle Toll	1650.00	1483.52	89.9	95.3
二十、核电站乏燃料处理处置基金收入	20. Fund for Disposal of Spent Fuel of Nuclear Power Plants	21.30	21.89	102.8	116.9
廿一、可再生能源电价附加收入	21. Electricity Surcharge Due to Renewable Energy	755.00	786.10	104.1	111.4
廿二、船舶油污损害赔偿基金收入	22. Vessel-Induced Oil Pollution Compensation Fund	1.50	1.55	103.3	105.4
廿三、废弃电器电子产品处理基金收入	23. Fund for Disposal of Waste Electrical and Electronic Equipment	33.00	28.65	86.8	102.3
廿四、彩票发行和销售机构业务费收入	24.Business of Lottery Issuance and Sales Agency	239.13	242.08	101.2	109.2
廿五、污水处理费收入	25.Sewage Treatment	500.00	539.40	107.9	113.9
廿六、其他政府性基金收入	26. Other Government Funds	610.00	632.91	103.8	109.6
全国政府性基金收入	**Total Revenue of Government Funds**	**64164.85**	**75479.07**	**117.6**	**122.7**

7-11 全国政府性基金支出决算表(2018年)
Final Accounts for Expenditure of Government Funds (2018)

单位：亿元 (100 million yuan)

项　目	Item	预算数 Budget	决算数 Final Accounts	决算数为预算数的% Final as % of Budget	决算数为上年决算数的% Final as % of Previous Year
一、农网还贷资金支出	1. Credit Repayment for Rural Power Grid	203.52	202.33	99.4	113.1
二、铁路建设基金支出	2. Railway Construction Fund	565.34	565.34	100.0	134.6
三、民航发展基金支出	3. Civil Aviation Development Fund	520.28	476.72	91.6	155.7
四、海南省高等级公路车辆通行附加费相关支出	4. Hainan Province Highway Traffic Surcharge	53.16	33.79	63.6	86.3
五、港口建设费相关支出	5. Port Construction Fees	241.67	209.78	86.8	101.1
六、新型墙体材料专项基金相关支出	6. Special Fund for New Wall Materials	0.06			
七、旅游发展基金支出	7. Tourism Development Fund	17.06	20.31	119.1	189.6
八、国家电影事业发展专项资金相关支出	8. National Special Fund for Film Development	31.79	26.42	83.1	105.6
九、城市公用事业附加相关支出	9. City Public Utilities Fee	1.78			
十、国有土地使用权出让金收入相关支出	10. Transfer of Use Rights of State Land	64801.35	68167.34	105.2	134.6
十一、国有土地收益基金相关支出	11. State Land Income Fund	1845.51	1660.35	90.0	121.3
十二、农业土地开发资金相关支出	12. Agricultural Land Development Funds	319.10	126.09	39.5	83.6
十三、中央水库移民扶持基金支出	13. Central Fund for Support to Reservoir Resettlement	215.04	240.66	111.9	87.7
十四、中央特别国债经营基金财务支出	14. Special National Debt Management Fund	632.92	632.92	100.0	92.7
十五、彩票公益金相关支出	15. Public Welfare Fund from Lottery	1293.76	1130.84	87.4	112.5
十六、城市基础设施配套费相关支出	16. Urban Infrastructure Support Fee	1850.84	1707.56	92.3	133.4
十七、地方水库移民扶持基金相关支出	17. Local Fund for Support to Reservoir Resettlement	55.00	51.01	92.7	105.9
十八、国家重大水利工程建设基金相关支出	18. Fund for National Key Projects on Water Conservancy	291.18	326.77	112.2	83.2
十九、车辆通行费相关支出	19. Vehicle Toll	2755.49	2402.63	87.2	128.6
二十、核电站乏燃料处理处置基金支出	20. Fund for Disposal of Spent Fuel of Nuclear Power Plants	26.92	14.97	55.6	587.1
廿一、可再生能源电价附加收入安排的支出	21. Electricity Surcharge Due to Renewable Energy	838.88	838.79	100.0	117.8
廿二、船舶油污损害赔偿基金支出	22. Vessel-Induced Oil Pollution Compensation Fund	1.94	0.16	8.2	1600.0
廿三、废弃电器电子产品处理基金支出	23. Fund for Disposal of Waste Electrical and Electronic Equipment	36.47	22.74	62.4	3445.5
廿四、彩票发行和销售机构业务费安排的支出	24.Business of Lottery Issuance and Sales Agency	258.37	187.22	72.5	107.5
廿五、污水处理费相关支出	25.Sewage Treatment	500.00	474.44	94.9	108.4
廿六、其他政府性基金相关支出	26. Other Government Funds	691.55	1082.44	156.5	176.4
全国政府性基金支出	**Total Expenditure of Government Funds**	**78048.98**	**80601.62**	**103.3**	**132.1**

7-12 全国国有资本经营收入决算表(2018年)
Final Accounts of Operation Revenue of State-owned Capital (2018)

单位：亿元 (100 million yuan)

项　　目	Item	预算数 Budget	决算数 Final Accounts	决算数为预算数的% Final as % of Budget	决算数为上年决算数的% Final as % of Previous Year
一、利润收入	I. Revenue from Profits	2162.42	2138.49	98.9	115.6
烟草企业利润收入	Tobacco Enterprises	350.00	405.38	115.8	104.9
石油石化企业利润收入	Petroleum and Petrochemical Enterprises	58.51	56.74	97.0	97.8
电力企业利润收入	Power Enterprises	222.61	191.75	86.1	110.7
电信企业利润收入	Telecommunication Enterprises	175.00	155.20	88.7	113.5
煤炭企业利润收入	Coal Enterprises	83.87	51.97	62.0	153.2
有色冶金采掘企业利润收入	Non-Ferrous Metal Enterprises	3.14	2.79	88.9	281.8
钢铁企业利润收入	Iron and Steel Enterprises	15.91	19.01	119.5	241.2
化工企业利润收入	Chemical Enterprises	2.99	4.08	136.5	166.5
运输企业利润收入	Transportation Enterprises	86.20	64.39	74.7	126.2
电子企业利润收入	Electronics Enterprises	8.62	7.28	84.5	100.6
机械企业利润收入	Machinery Enterprises	130.13	134.68	103.5	124.4
投资服务企业利润收入	Investment Services Enterprises	286.66	198.06	69.1	105.6
纺织轻工企业利润收入	Textile and Light Industry Enterprises	12.80	47.66	372.3	423.3
贸易企业利润收入	Trade Enterprises	67.78	51.87	76.5	120.4
建筑施工企业利润收入	Construction Enterprises	108.29	101.54	93.8	106.2
房地产企业利润收入	Real Estate Enterprises	37.65	26.49	70.4	126.8
建材企业利润收入	Building Material Enterprises	4.28	4.01	93.7	131.0
境外企业利润收入	Enterprises Outside Chinese Territories	75.08	69.90	93.1	114.6
对外合作企业利润收入	Enterprises of Economic Cooperation with Foreign Countries	2.32	1.83	78.9	108.9
医药企业利润收入	Medicine Enterprises	8.84	10.05	113.7	123.6
农林牧渔企业利润收入	Agriculture, Forestry, Animal Husbandry and Fishery Enterprises	5.91	16.13	272.9	185.0
邮政企业利润收入	Post Enterprises	20.00	27.56	137.8	98.2
军工企业利润收入	Military Enterprises		1.01		
转制科研院所利润收入	System-Transformed Scientific Research Institutes	4.23	4.48	105.9	116.1
地质勘查企业利润收入	Geological Prospecting Enterprises	1.76	2.24	127.3	139.1
卫生体育福利企业利润收入	Public Health, Sports and Welfare Enterprises	0.10	0.07	70.0	700.0
教育文化广播企业利润收入	Education, Culture and Broadcasting Enterprises	18.09	18.98	104.9	108.2
科学研究企业利润收入	Scientific Research Enterprises	0.39	0.42	107.7	155.6
机关社团所属企业利润收入	Enterprise under Government Agencies and Social Organizations	8.24	8.75	106.2	107.6
新疆生产建设兵团所属企业利润收入	Enterprises Affiliated to Xinjiang PC Corps	6.62	3.57	53.9	13.3
其他国有资本经营预算企业利润收入	Other Enterprises with State-owned Capital	356.40	450.60	126.4	126.1
二、股利、股息收入	II. Revenue from Stock Dividends	313.12	344.38	110.0	119.8
国有控股公司股利、股息收入	State Controlling Companies	105.94	126.49	119.4	139.1
国有参股公司股利、股息收入	State Holding Companies	43.28	43.38	100.2	146.4
新疆生产建设兵团所属企业股利、股息收入	Enterprises Affiliated to Xinjiang PC Corps	0.06	0.49	816.7	59.8
其他国有资本经营预算企业股利、股息收入	Other Enterprises with State-owned Capital	163.84	174.02	106.2	104.8
三、产权转让收入	III. Revenue from Property Right Transfer	148.02	259.65	175.4	108.3
国有股减持收入	From Reducing Holding-Shares		3.10		8.6
国有股权、股份转让收入	From Shares Transfer	50.00	110.89	221.8	121.7
国有独资企业产权转让收入	From Property Rights Transfer from Entirely SOEs	26.00	25.44	97.8	89.2
新疆生产建设兵团所属企业产权转让收入	Enterprises Affiliated to Xinjiang PC Corps	0.02	0.02	100.0	0.6
其他国有资本经营预算企业产权转让收入	Other Property Rights Transfers	72.00	120.20	166.9	148.8
四、清算收入	IV. Revenue from Clearing	6.35	11.66	183.6	127.3
其中：国有股权、股份清算收入	State-owned Shares	4.91	3.56	72.5	52.0
国有独资企业清算收入	Entirely SOEs	0.63	3.21	509.5	352.7
其他国有资本经营预算企业清算收入	Other Enterprises with State-owned Capital	0.81	4.89	603.7	346.8
五、其他国有资本经营预算收入	V. Revenue from Other Activities of Operation of State-owned Capital	207.75	151.61	73.0	59.7
全国国有资本经营收入	**Operation Revenue of State-owned Capital**	**2837.66**	**2905.79**	**102.4**	**110.0**

7-13 全国国有资本经营支出决算表(2018年)
Final Accounts for Operation Expenditure of State-owned Capital (2018)

单位：亿元 (100 million yuan)

项 目	Item	预算数 Budget	决算数 Final Accounts	决算数为预算数的% Final as % of Budget	决算数为上年决算数的% Final as % of Previous Year
一、国有资本经营预算补充社保基金支出	Supplyment of Social Security Fund from State Capital Operating Budget	10.44	13.29	127.3	38.1
二、解决历史遗留问题及改革成本支出	Solving Historial Problems and Reforming Cost	772.85	662.44	85.7	82.7
其中：厂办大集体改革支出	Reforming Collectively Owned Factories	16.25	-19.59	-120.6	-395.0
"三供一业"移交补助支出	"Three Supplies and Property Management" Transferring Subsidy	499.17	486.09	97.4	92.0
国有企业办职教幼教补助支出	Subsidy of Vocational and Preschool Education Run by State-owned Enterprises	6.65	2.41	36.2	125.5
国有企业办公共服务机构移交补助支出	Subsidy of Transferring Public Service Organization Run by State-owned Enterprises	0.59	0.29	49.2	78.4
国有企业退休人员社会化管理补助支出	Subsidy of Socialized Management of Retirees of State-owned Enterprises	1.94	1.36	70.1	40.1
国有企业棚户区改造支出	Slum Upgrading of State-owned Enterprises	5.10	1.92	37.6	21.2
国有企业改革成本支出	Reforming Cost of State-owned Enterprises	165.13	124.91	75.6	86.9
离休干部医药费补助支出	Medical Expenses Subsidy for Retired Cadres	4.00	4.01	100.3	75.7
其他解决历史遗留问题及改革成本支出	Other Solving Historial Problems and Reforming Cost	74.02	61.04	82.5	58.7
三、国有企业资本金注入	Capital Injection of State-owned Enterprises	825.35	932.84	113.0	116.3
其中：国有经济结构调整支出	Expenditure on Structural Adjustment of State Owned Economy	364.92	369.52	101.3	117.0
公益性设施投资支出	Investment in Public Welfare Facilities	97.33	82.42	84.7	70.3
前瞻性战略性产业发展支出	Forward Looking Strategic Industry Development Expenditure	153.39	133.39	87.0	116.7
生态环境保护支出	Ecological Environmental Protection Expenditure	1.40	4.28	305.7	115.1
支持科技进步支出	Support for Scientific and Technological Progress	45.16	46.64	103.3	112.4
保障国家经济安全支出	Guaranteeing National Economic Security Expenditure	0.59	0.69	116.9	627.3
对外投资合作支出	Foreign Investment Cooperation Expenditure	10.31	10.11	98.1	104.4
其他国有企业资本金注入	Other Capital Injection of State-owned Enterprises	152.25	285.79	187.7	143.2
四、国有企业政策性补贴	Policy Subsidy of State-owned Enterprises	115.29	121.20	105.1	107.2
其中：国有企业政策性补贴	Policy Subsidy of State-owned Enterprises	115.29	121.20	105.1	107.2
五、其他国有资本经营预算支出	Other State-owned Capital Operating Budget Expenditure	549.65	423.51	77.1	155.6
其中：其他国有资本经营预算支出	Other State-owned Capital Operating Budget Expenditure	549.65	423.51	77.1	155.6
全国国有资本经营支出	**State-owned Capital Operating Expenditure**	**2273.58**	**2153.28**	**94.7**	**106.4**

主要统计指标解释

一般公共预算收入 指国家财政参与社会产品分配所取得的收入，是实现国家职能的财力保证。主要包括：(1) 各项税收：包括国内增值税、国内消费税、进口货物增值税和消费税、出口货物退增值税和消费税、企业所得税、个人所得税、资源税、城市维护建设税、房产税、印花税、城镇土地使用税、土地增值税、车船税、船舶吨税、车辆购置税、关税、耕地占用税、契税、烟叶税、环境保护税等。(2) 非税收入：包括专项收入、行政事业性收费、罚没收入、国有资本经营收入、国有资源（资产）有偿使用收入和其他收入。财政收入按现行分税制财政体制划分为中央本级收入和地方本级收入。

一般公共预算支出 指国家财政将筹集起来的资金进行分配使用，以满足经济建设和各项事业的需要。主要包括：一般公共服务、外交、国防、公共安全、教育、科学技术、文化体育与传媒、社会保障和就业、医疗卫生与计划生育、节能环保、城乡社区、农林水、交通运输、资源勘探信息等、商业服务业等、金融、援助其他地区、国土海洋气象等、住房保障、粮油物资储备、债务付息、债务发行费用等方面的支出。财政支出根据政府在经济和社会活动中的不同职权，划分为中央财政支出和地方财政支出。

中央一般公共预算收入和地方一般公共预算收入 属于中央一般公共预算的收入包括关税，进口货物增值税和消费税，出口货物退增值税和消费税，国内消费税，铁道部门、各银行总行、各保险公司总公司等集中缴纳的城市维护建设税，增值税50%部分，纳入共享范围的企业所得税60%部分，未纳入共享范围的中央企业所得税、中央企业上交的利润，个人所得税60%部分，车辆购置税，船舶吨税，证券交易印花税，海洋石油资源税，中央非税收入等。属于地方一般公共预算的收入包括城市维护建设税（不含铁道部门、各银行总行、各保险公司总公司集中缴纳的部分），房产税，城镇土地使用税，土地增值税，车船税，耕地占用税，契税，烟叶税，印花税（不含证券交易印花税），增值税 50%部分，纳入共享范围的企业所得税 40%部分，个人所得税 40%部分，海洋石油资源税以外的其他资源税，地方非税收入等。

中央一般公共预算支出和地方一般公共预算支出 指根据政府在经济和社会活动中的不同职责，划分中央和地方政府的责权，按照政府的责权划分确定的支出。中央一般公共预算支出包括一般公共服务，外交支出，国防支出，公共安全支出，以及中央政府调整国民经济结构、协调地区发展、实施宏观调控的支出等。地方一般公共预算支出包括一般公共服务，公共安全支出，地方统筹的各项社会事业支出等。

Explanatory Notes on Main Statistical Indicators

General Public Budget Revenue refers to income for the government finance through participating in the distribution of social products. It is the financial guarantee to ensure government functioning. The government revenue includes the following main items: (1) Various tax revenues including domestic value added tax (VAT), domestic consumption tax, VAT and consumption tax from imports, VAT and consumption tax rebate for exports, corporate income tax, individual income tax, resource tax, city maintenance and construction tax, house property tax, stamp tax, urban land use tax, land appreciation tax, tax on vehicles and boat operation, ship tonnage tax, vehicle purchase tax, tariffs, farm land occupation tax, deed tax, and tobacco tax, environment protection tax, etc. (2) Non-tax revenue, including special program receipts, charge of administrative and institutional units, penalty receipts, operating income from government capital, income from use of state-owned resources (assets) and others non-tax receipts.

General Public Budget Expenditure refers to the distribution and use of the funds which the government finance has raised, so as to meet the needs of economic construction and various undertakings. It includes the following main items: expenditure for general public services, expenditure for foreign affairs, expenditure for national defence expenditure for public security, expenditure for education, expenditure for science and technology, expenditure for culture, sport and media, expenditure for social safety net and employment effort, expenditure for medical and health care and family planning, expenditure for energy conservation and environment protection, expenditure for urban and rural community affairs, expenditure for agriculture, forestry and water conservancy, expenditure for transportation, expenditure for resource exploration and information, expenditure for affairs of commerce and services, expenditure for finance, aid to other regions, expenditure for land, ocean and weather, expenditure for housing security, expenditure for grain & oil reserves, interest payment for public debts, expenditure for issuing debts. General public budget expenditure is divided into general public budget expenditure of central government and general public budget expenditure of local government according to the different functions of the governments played in economic and social activities,

General Public Budget Revenue of the Central Government and the Local Governments The general public budget revenue of the Central Government includes tariff, VAT and consumption tax from imports, VAT and consumption tax rebate for exports, domestic consumption tax, city maintenance and construct tax from the Ministry of Railways, head offices of banks, head offices of insurance company, which are handed over to the government in a centralized way, 50% of the value added tax, 60% the share part of the corporate income tax, unshared part of corporate income tax of the central enterprises, profit handed in by the central enterprises, 60% of individual income tax, vehicle purchase tax, ship tonnage tax, stamp tax on securities transactions, resource tax on the offshore petroleum resources. The general public budget revenue of the local governments includes city maintenance and construct tax (excluding the part of the Ministry of Railways, head offices of banks, head offices of insurance company, which are handed over to the government in a centralized way), house property tax, urban land use tax, land appreciation tax, tax on vehicles and boat operation, farm land occupation tax, deed tax, and tobacco leaf tax, stamp tax (not including stamp tax on security exchange), 50% of the value added tax, 40% the share part of the corporate income tax, 40% of individual income tax, resource tax other than the tax on offshore petroleum resources, local non-tax revenue, etc.

General Public Budget Expenditure of the Central Government and Local Governments according to the different functions of the Central Government and local governments in economic and social activities, the rights of administration are demarcated between those of the Central Government and those of local governments; and the classification of the expenditure between the Central Government and local governments are made on the basis of the classification of the rights administration between them. The general public budget expenditure of the Central Government includes the expenditure for general public services, expenditure for foreign affairs, expenditure for public security, and the general public budget expenditure of the Central Government for adjusting the national economic structure; coordinating the development among different regions; and exercising macroeconomic regulation. The general public budget expenditure of the local governments includes mainly the expenditure for general public services, expenditure for public security, and expenditures for social development which are planed by local governments, etc.

8

资源和环境

Resources and Environment

简 要 说 明

一、本篇资料的主要内容

本篇主要反映我国自然资源状况和生态环境保护事业发展情况。

自然资源包括土地状况、水资源、森林资源、矿产资源和气象等资料。

生态环境保护事业发展情况主要包括供水用水情况；废水和废气中主要污染物排放情况；固体废物处理利用情况；城市空气质量情况；城市生活垃圾清运及处理情况；城市道路交通和区域环境噪声监测情况；造林、草原建设及自然保护基本情况；地质、地震、海洋、森林灾害及突发环境事件情况；环境污染治理投资情况等。

本篇中污染物排放相关数据暂时采用 2017 年初步数据，待第二次全国污染源普查完成后统一发布 2018 年数据。

二、本篇的资料来源

土地状况、河流、矿产资源、海洋灾害、水资源、气象、城市生活垃圾清运及处理、森林资源和造林、草原建设利用、自然保护区、自然灾害损失、地震灾害等情况分别由自然资源部、水利部、中国气象局、住房和城乡建设部、国家林业和草原局、应急管理部和中国地震局提供。

环境污染与治理、空气质量、噪声、工业污染治理投资等情况由生态环境部提供。

Brief Introduction

I. Main Contents

This chapter contains information that reflects natural resource conditions and the development of ecological environment protection in China.

Data on natural resources cover land condition, water resources, forest resources, mineral resources and meteorological phenomena.

The development of ecological environment protection mainly include water supply and utilization, discharge of waste water and key pollutants in waste gas; treatment and utilization of solid wastes; urban air quality; collection, transport and disposal of consumption wastes in cities; monitoring of urban road traffic noise and environmental noise in major cities; afforestation, grassland construction and natural protection; incidences of geological, seismic, marine and forest disasters, environmental emergency; investment in environment pollution treatment, etc.

In this paper, data of pollutant emission in 2017 are preliminary data, and the data of 2018 will be released uniformly after the completion of the second national pollution source census.

II. Sources of Data

Data on land condition, rivers, mineral resources, marine disasters, water resources, meteorological phenomena, collection and disposal of urban consumption wastes, forest resources and afforestation, grassland construction, natural reserve, loss of natural calamities, earthquake, etc. are provided respectively by Ministry of Natural Resources, Ministry of Water Resources, China Meteorological Administration, Ministry of Housing and Urban-Rural Development, State Forestry and Grassland Administration, Ministry of Agriculture and Rural Affairs, Ministry of Emergency Management and China Earthquake Administration.

Data on environmental pollution and treatment, air quality, noise and investment in the treatment of industrial pollution are provided by the Ministry of Ecology and Environment.

8-1 土 地 状 况(2017年)
Land Characteristics (2017)

项 目	Item	面 积 (万平方公里) Area (10 000 sq.km)
耕地	Cultivated Land	134.9
园地	Garden Land	14.2
林地	Forests Land	252.8
牧草地	Area of Grassland	219.3
其他农用地	Other Land for Agriculture Use	23.6
居民点及工矿用地	Land for Inhabitation, Mining and Manufacturing	32.1
交通运输用地	Land for Transport Facilities	3.8
水利设施用地	Land for Water Conservancy Facilities	3.6

注：本表数据来源于自然资源部。
a) Figures in this table were obtained from the Ministry of Natural Resources.

8-2 主要河流基本情况
Major Rivers

名 称	River	流域面积 (平方公里) Drainage Area (sq.km)	河 长 (公里) Length (km)	年径流量 (亿立方米) Annual Flow (100 million cu.m)
长 江	Changjiang River (Yangtze River)	1782715	6300	9857
黄 河	Huanghe River (Yellow River)	752773	5464	592
松花江	Songhuajiang River	561222	2308	818
辽 河	Liaohe River	221097	1390	137
珠 江	Zhujiang River (Pearl River)	442527	2214	3381
海 河	Haihe River	265511	1090	163
淮 河	Huaihe River	268957	1000	595

注：本表数据由水利部提供，为2002年至2005年进行的第二次水资源评价数据。
a) Figures in this table are obtained from Ministry of Water Resources, and are from the second water resources evaluation between 2002 and 2005.

8-3 河 流 流 域 面 积
Drainage Area of Rivers

流 域 名 称	River	流域面积 (平方公里) Drainage Area (sq.km)	占外流河、内陆河流域面积合计 Percentage to Total (%)
合计	**Total of Out-flowing Rivers and Inland Rivers**	**9506678**	**100.00**
外流河	**Out-flowing Rivers**	**6150927**	**64.70**
黑龙江及绥芬河	Heilongjiang River and Suifenhe River	934802	9.83
辽河、鸭绿江及沿海诸河	Liaohe, Yalujiang and Related Coastal Rivers	314146	3.30
海滦河	Haihe River and Luanhe River	320041	3.37
黄河	Huanghe River (Yellow River)	752773	7.92
淮河及山东沿海诸河	Huaihe and Related Coastal Rivers in Shandong Province	330009	3.47
长江	Changjiang River (Yangtze River)	1782715	18.75
浙闽台诸河	Rivers in Zhejiang, Fujian and Taiwan Provinces	244574	2.57
珠江及沿海诸河	Zhujiang River (Pearl River) and Related Coastal River	578974	6.09
元江及澜仓江	Yuanjiang River and Lancang River	240389	2.53
怒江及滇西诸河	Nujiang River and West Yunnan Rivers	157392	1.66
雅鲁藏布江及藏南诸河	Brahmaputra and Southern Tibet Rivers	387550	4.08
藏西诸河	Western Tibet Rivers	58783	0.62
额尔齐斯河	Ertix River	48779	0.51
内陆河	**Inland Rivers**	**3355751**	**35.30**
内蒙内陆河	Rivers in Inner Mongolia	311378	3.28
河西内陆河	Rivers in Huanghe Upper Reach Area	469843	4.94
准噶尔内陆河	Rivers in Zhunger Basin	323621	3.40
中亚细亚内陆河	Rivers in Central Asia	77757	0.82
塔里木内陆河	Rivers in Tarim Basin	1079643	11.36
青海内陆河	Rivers in Qinghai Province	321161	3.38
羌唐内陆河	Rivers in Qiangtang	730077	7.68
松花江、黄河、藏南闭流区	Blind Drainage Areas of Songhua River, Huanghe River and Southern Tibet	42271	0.44

注：本表数据由水利部提供，为2002年至2005年进行的第二次水资源评价数据。

a) Figures in this table are obtained from Ministry of Water Resources, and are from the second water resources evaluation between 2002 and 2005.

8-4 主要矿产查明资源储量
Identified Reserves of Major Minerals

矿　产	Item	2006	2010	2015	2016	2017
煤炭 (亿吨)	Coal (100 million tons)	11597.8	13411.9	15663.1	15980.0	16666.7
石油 (亿吨)	Petroleum (100 million tons)	27.6	31.7	35.0	35.0	35.4
天然气 (亿立方米)	Natural Gas (100 million cu.m)	30009.0	37793.2	51939.5	54365.5	55221.0
煤层气 (亿立方米)	Coalbed Gas (100 million cu.m)		1318.4	3062.5	3344.0	3025.4
页岩气 (亿立方米)	Shale Gas (100 million cu.m)		*	1301.8	1224.1	1982.9
铁矿矿石 (亿吨)	Iron Ore (100 million tons)	607.3	727.0	850.8	840.6	848.9
锰矿矿石 (亿吨)	Manganese Ore (100 million tons)	7.7	8.9	13.8	15.5	18.5
铬铁矿矿石 (万吨)	Chromite Ore (10 000 tons)	1007.8	1114.4	1245.8	1233.2	1220.2
钒矿V_2O_5 (万吨)	Vanadium Ore V_2O_5 (10 000 tons)		4381.9	6125.7	6401.8	6428.2
钛矿TiO_2 (亿吨)	Titanium Ore TiO_2 (100 million tons)	7.0	7.2	7.6	7.9	8.2
铜矿金属 (万吨)	Copper Ore Metals (10 000 tons)	7047.8	8040.7	9910.2	10110.6	10607.8
铅矿金属 (万吨)	Lead Ore Metals (10 000 tons)	4141.4	5509.1	7766.9	8546.8	8967.0
锌矿金属 (万吨)	Zinc Ore Metals (10 000 tons)	9710.9	11596.2	14985.2	17753.0	18493.9
铝土矿矿石 (亿吨)	Bauxite Ore (100 million tons)	27.8	37.5	47.1	48.5	50.9
镍矿金属 (万吨)	Nickel Ore Metals (10 000 tons)	801.4	938.0	1116.6	1118.4	1118.1
钴矿金属 (万吨)	Cobalt Ore Metals (10 000 tons)	66.1	68.2	68.0	67.3	68.8
钨矿WO_3 (万吨)	Tungsten Ore WO_3 (10 000 tons)	558.4	591.0	958.8	1016.0	1030.4
锡矿金属 (万吨)	Tin Ore Metals (10 000 tons)	476.9	431.9	418.0	445.3	450.0
钼矿金属 (万吨)	Molybdenum Ore Metals (10 000 tons)	1094.2	1401.8	2917.6	2882.4	3006.8
锑矿金属 (万吨)	Antimony Ore Metals (10 000 tons)	225.1	255.0	292.6	307.2	319.8
金矿金属 (吨)	Gold Ore Metals (ton)	4996.9	6864.8	11563.5	12167.0	13195.6
银矿金属 (万吨)	Silver Ore Metals (10 000 tons)	14.4	17.2	25.4	27.5	31.6
铂族金属 (吨)	Platinum Family Metals (ton)	339.6	334.6	369.2	365.5	365.3
锶矿天青石 (万吨)	Strontium Ore (10 000 tons)	4652.3	4375.4	5583.3	5515.6	5644.1
锂矿氧化物 (万吨)	Lithium Oxide (10 000 tons)			970.8	961.5	967.4
菱镁矿矿石 (亿吨)	Magnesite Ore (100 million tons)	35.9	36.4	29.7	30.9	31.2
萤石矿物 (亿吨)	Fluorite Minerals (100 million tons)	1.7	1.8	2.2	2.2	2.4
耐火粘土矿石 (亿吨)	Refractory Clay Ore (100 million tons)	23.4	24.6	25.6	25.8	25.9
硫铁矿矿石 (亿吨)	Pyrite Ore (100 million tons)	54.1	56.9	58.8	60.4	60.6
磷矿矿石 (亿吨)	Phosphate Ore (100 million tons)	169.8	186.3	231.1	244.1	252.8
钾盐KCl (亿吨)	Potassium KCl (100 million tons)	8.8	9.3	10.8	10.6	10.3
硼矿B_2O_3 (万吨)	Boron Ore B_2O_3 (10 000 tons)	7275.7	7309.2	7575.7	7647.6	7817.3
钠盐NaCl (亿吨)	Sodium Salt NaCl (100 million tons)	13126.1	13337.7	13680.0	14128.6	14224.9
芒硝Na_2SO_4 (亿吨)	Glauber's Salt Na_2SO_4 (100 million tons)	207.7	934.2	1170.7	1171.1	1171.2
重晶石矿石 (亿吨)	Barite Ore (100 million tons)	3.8	3.8	3.3	3.5	3.6
水泥用灰岩矿石 (亿吨)	Limestone Ore for Cement (100 million tons)	789.5	1021.0	1282.3	1343.3	1370.1
玻璃硅质原料矿石 (亿吨)	Glass Siliceous Ore (100 million tons)	53.4	64.7	79.0	83.2	88.8
石膏矿石 (亿吨)	Gypsum Ore (100 million tons)	682.5	769.1	1004.2	972.6	984.7
高岭土矿石 (亿吨)	Kaolin Ore (100 million tons)	18.3	21.0	27.1	34.0	34.7
膨润土矿石 (亿吨)	Bentonite Ore (100 million tons)	29.4	28.0	28.9	29.7	30.6
硅藻土矿石 (亿吨)	Diatomite Ore (100 million tons)	4.7	4.3	4.8	4.9	5.1
饰面花岗岩 (亿立方米)	Ornamental Granite (100 million cu.m)	21.5	21.8	34.3	46.4	50.6
饰面大理岩 (亿立方米)	Decorated Marble (100 million cu.m)	14.1	13.7	16.1	16.3	16.8
金刚石矿物 (千克)	Diamond Minerals (kg)	3644.8	3702.1	3396.5	3124.6	3124.6
晶质石墨矿物 (亿吨)	Crystalline Graphite Minerals (100 million tons)	1.6	1.9	2.6	3.0	3.7
石棉矿物 (万吨)	Asbestos Minerals (10 000 tons)	9552.4	8975.3	9157.4	9566.2	9545.9
滑石矿石 (亿吨)	Talc Ore (100 million tons)	2.6	2.7	2.8	2.9	2.9
硅灰石矿石 (亿吨)	Wollastonite Ore (100 million tons)	1.7	1.6	1.7	1.7	1.7

注：1.油气矿产(石油、天然气、煤层气、页岩气)为剩余技术可采储量，分类标准参见GB/T 19492—2004。
2.非油气矿产为查明资源储量，分类标准参见GB/T 13908—2002。
3.数据来源于《中国矿产资源报告》。

a) Oil and gas minerals (petroleum, natural gas, coalbed gas, shale gas) are the remaining recoverable reserves. The classification criteria are referred to GB/T 19492-2004.

b) Non-oil and gas minerals are identified reserves. The classification criteria are referred to GB/T 13908-2002.

c) Data are from *China Mineral Resources*.

8-5 主要城市平均气温(2018年)

Monthly Average Temperature of Major Cities (2018)

单位：摄氏度 (℃)

城 市	City	1月 Jan.	2月 Feb.	3月 Mar.	4月 Apr.	5月 May	6月 June	7月 July	8月 Aug.	9月 Sept.	10月 Oct.	11月 Nov.	12月 Dec.	年平均 Annual Average
北 京	Beijing	-3.2	-0.9	8.3	15.7	22.3	27.1	28.0	27.8	21.4	13.0	5.7	-2.5	13.6
天 津	Tianjin	-3.8	-1.0	8.1	16.1	22.4	26.9	28.6	27.7	21.4	13.7	6.7	-1.8	13.8
石家庄	Shijiazhuang	-2.1	1.2	10.0	16.6	22.5	27.9	28.7	27.3	21.7	15.2	7.4	-1.2	14.6
太 原	Taiyuan	-4.8	-1.7	9.2	14.9	20.0	23.0	25.1	24.6	16.6	10.2	3.8	-4.5	11.4
呼和浩特	Hohhot	-12.0	-7.6	5.7	11.0	17.3	22.4	22.6	22.7	12.9	6.4	-1.5	-12.0	7.3
沈 阳	Shenyang	-12.7	-8.7	2.5	12.2	18.5	23.1	26.9	24.8	16.9	8.8	1.2	-7.9	8.8
大 连	Dalian	-4.6	-2.4	4.5	10.9	17.1	21.0	25.0	27.0	21.0	13.9	7.7	-0.8	11.7
长 春	Changchun	-15.6	-12.2	-0.6	10.7	17.2	22.2	25.9	22.1	15.9	8.1	-1.0	-10.8	6.8
哈尔滨	Harbin	-19.5	-16.3	-3.7	9.0	16.7	21.2	24.9	21.4	15.3	7.8	-2.8	-13.0	5.1
上 海	Shanghai	4.3	5.3	12.1	17.5	22.3	25.2	29.3	29.4	25.9	18.8	14.4	8.2	17.7
南 京	Nanjing	2.3	4.5	12.2	17.9	22.1	26.0	29.1	29.1	24.6	17.7	12.3	5.8	17.0
杭 州	Hangzhou	4.4	5.8	13.4	19.0	23.7	25.6	29.9	29.7	25.5	18.7	14.2	7.5	18.1
合 肥	Hefei	1.7	4.8	12.8	18.4	22.6	26.2	29.7	29.2	24.1	17.4	12.1	5.1	17.0
福 州	Fuzhou	11.7	11.0	16.5	20.8	25.6	26.0	28.9	28.7	27.3	21.3	18.3	14.4	20.9
南 昌	Nanchang	5.6	7.8	14.5	20.1	25.6	27.1	30.7	29.9	27.1	19.7	14.2	7.5	19.2
济 南	Jinan	-1.0	2.7	11.3	17.4	22.1	27.4	29.1	27.7	21.7	15.5	9.5	1.0	15.4
青 岛	Qingdao	-0.6	1.4	6.7	11.9	17.0	21.0	25.3	27.7	22.5	16.1	10.8	2.2	13.5
郑 州	Zhengzhou	0.4	4.7	12.2	18.2	23.1	28.3	29.9	29.1	22.6	17.4	9.8	2.4	16.5
武 汉	Wuhan	2.1	5.9	12.9	18.7	23.5	26.6	30.3	29.4	24.3	17.1	11.9	5.2	17.3
长 沙	Changsha	3.4	7.9	13.9	19.0	23.9	26.2	29.5	28.0	24.5	17.7	12.5	5.8	17.7
广 州	Guangzhou	13.5	14.1	19.4	21.8	27.6	27.4	28.5	27.9	27.0	22.4	20.2	15.7	22.1
南 宁	Nanning	13.2	14.1	19.8	22.2	27.2	27.6	27.6	27.8	26.7	22.0	19.5	13.9	21.8
桂 林	Guilin	8.5	11.4	17.1	21.0	26.3	27.0	29.2	29.2	27.1	20.2	16.3	9.8	20.3
海 口	Haikou	17.6	17.2	22.2	24.5	28.7	28.6	28.2	27.6	27.5	25.9	24.2	20.5	24.4
重庆(沙坪坝)	Chongqing(Shapingba)	7.7	9.8	16.6	21.0	23.5	26.4	31.5	30.4	23.7	17.6	13.4	9.5	19.3
成都(温江)	Chengdu(Wenjiang)	4.9	7.1	14.5	18.3	22.0	23.8	25.6	26.6	21.8	15.9	10.6	6.5	16.5
贵 阳	Guiyang	4.0	6.3	13.8	16.7	20.0	21.1	24.3	23.2	20.0	13.7	10.3	4.6	14.8
昆 明	Kunming	9.1	10.2	14.4	17.3	19.3	19.7	21.1	20.0	18.9	15.2	12.4	10.8	15.7
拉 萨	Lhasa	1.3	4.5	5.5	9.1	13.3	17.3	16.4	16.2	15.4	9.1	4.7	-1.7	9.3
西安(泾河)	Xi'an(Jinghe)	-0.9	4.7	13.2	17.8	21.8	26.6	28.4	29.1	20.7	15.3	7.9	1.7	15.5
兰州(皋兰)	Lanzhou(Gaolan)	-8.3	-5.9	6.8	10.3	16.2	20.7	21.6	20.7	13.8	7.1	-0.4	-7.8	7.9
西 宁	Xining	-7.7	-5.8	4.9	8.5	13.7	17.1	18.3	17.7	12.3	5.7	-1.8	-7.0	6.3
银 川	Yinchuan	-6.9	-3.1	9.8	14.5	19.7	23.7	25.4	23.8	15.8	9.1	2.2	-7.3	10.6
乌鲁木齐	Urumqi	-16.4	-9.0	7.1	11.6	15.7	23.1	24.9	23.9	15.4	8.9	-3.6	-12.4	7.4

注：从2004年1月份开始成都站被温江站替代、兰州站被皋兰站替代；从2006年1月份开始重庆被沙坪坝站替代、西安站被泾河站替代(以下相关表同)。

a) Since January 2004, Chengdu station was substituted by Wenjiang station, Lanzhou by Gaolan; Since January 2006, Chongqing station was substituted by Shapingba station, Xi'an by Jinghe. The same applies to the tables following.

8-6 主要城市平均相对湿度（2018年）
Average Relative Humidity of Major Cities (2018)

单位：% (%)

城市	City	1月 Jan.	2月 Feb.	3月 Mar.	4月 Apr.	5月 May	6月 June	7月 July	8月 Aug.	9月 Sept.	10月 Oct.	11月 Nov.	12月 Dec.	年平均 Annual Average
北 京	Beijing	33	33	42	48	47	50	74	68	53	49	54	32	49
天 津	Tianjin	44	41	50	50	52	58	81	79	60	52	66	42	56
石家庄	Shijiazhuang	46	31	46	55	55	48	72	74	58	45	58	46	53
太 原	Taiyuan	48	33	49	46	49	56	75	74	71	54	58	39	54
呼和浩特	Hohhot	44	32	32	37	36	32	71	61	60	46	46	43	45
沈 阳	Shenyang	55	43	52	43	51	64	73	75	72	65	59	51	59
大 连	Dalian	50	53	56	55	62	73	83	73	61	57	58	54	61
长 春	Changchun	61	52	54	37	48	63	75	80	71	62	58	52	59
哈尔滨	Harbin	67	65	58	46	49	67	80	82	74	62	61	58	64
上 海	Shanghai	74	67	76	67	75	74	77	79	74	65	80	79	74
南 京	Nanjing	75	68	72	64	76	70	78	77	75	64	81	78	73
杭 州	Hangzhou	77	71	73	65	73	75	73	73	75	65	82	82	74
合 肥	Hefei	78	71	74	70	79	75	78	78	77	66	80	80	76
福 州	Fuzhou	72	68	70	71	73	78	72	75	71	65	81	77	73
南 昌	Nanchang	75	66	76	71	75	74	71	72	67	63	81	83	73
济 南	Jinan	48	36	50	46	56	52	70	74	62	47	66	48	55
青 岛	Qingdao	59	60	72	65	77	83	89	78	65	54	65	63	69
郑 州	Zhengzhou	56	43	60	58	59	54	69	69	63	49	66	51	58
武 汉	Wuhan	83	72	81	74	78	77	76	77	78	75	83	80	78
长 沙	Changsha	81	66	78	72	80	77	75	80	78	74	84	86	78
广 州	Guangzhou	80	71	80	83	81	85	84	87	84	79	85	81	82
南 宁	Nanning	76	68	79	77	81	83	85	85	79	75	78	86	79
桂 林	Guilin	68	59	75	74	77	74	75	72	69	65	72	78	72
海 口	Haikou	87	81	80	81	78	81	83	86	83	77	82	88	82
重庆(沙坪坝)	Chongqing(Shapingba)	79	73	75	70	74	74	63	64	80	85	80	81	75
成都(温江)	Chengdu(Wenjiang)	75	74	79	76	74	84	90	83	87	88	88	85	82
贵 阳	Guiyang	87	74	75	74	79	82	76	78	82	83	83	86	80
昆 明	Kunming	66	59	58	58	67	82	77	82	82	83	70	73	71
拉 萨	Lhasa	17	22	31	41	38	45	62	62	52	31	21	34	38
西安(泾河)	Xi'an(Jinghe)	65	46	58	56	58	54	70	63	68	55	70	46	59
兰州(皋兰)	Lanzhou(Gaolan)	56	44	38	47	50	51	71	78	79	67	72	64	60
西 宁	Xining	51	43	38	48	50	55	69	77	75	68	68	63	59
银 川	Yinchuan	52	31	33	33	35	43	61	68	57	49	53	40	46
乌鲁木齐	Urumqi	76	74	62	45	43	39	36	44	45	53	70	74	55

8-7 主要城市降水量（2018年）
Monthly Precipitation of Major Cities (2018)

单位：毫米 (milimeters)

城市	City	1月 Jan.	2月 Feb.	3月 Mar.	4月 Apr.	5月 May	6月 June	7月 July	8月 Aug.	9月 Sept.	10月 Oct.	11月 Nov.	12月 Dec.	全年 Annual Total
北　京	Beijing	0.0	0.0	4.1	47.5	9.3	35.4	309.1	109.6	25.4	4.4	1.6	0.2	546.6
天　津	Tianjin	4.4	0.0	1.5	33.1	22.0	67.3	262.5	185.5	18.0	15.7	14.4	2.1	626.5
石家庄	Shijiazhuang	0.3	0.0	3.4	50.9	64.7	19.9	55.7	146.8	4.3	0.3	2.6	2.8	351.7
太　原	Taiyuan	2.1	0.0	4.2	22.8	27.7	29.9	153.5	60.2	58.8	2.3	2.9	0.2	364.6
呼和浩特	Hohhot	0.9	0.0	5.9	27.1	75.2	2.8	284.6	37.2	144.2	2.2	0.5	0.2	580.8
沈　阳	Shenyang	5.0	9.4	19.7	22.7	48.0	81.0	60.2	139.0	40.7	34.0	7.5	15.0	482.2
大　连	Dalian	9.0	3.6	2.7	27.8	70.7	50.5	8.1	326.1	4.3	28.1	8.9	26.2	566.0
长　春	Changchun	6.6	11.7	16.4	9.1	78.6	61.6	86.2	205.5	79.7	38.7	11.7	1.5	607.3
哈尔滨	Harbin	6.0	4.4	10.4	25.9	12.2	186.4	172.1	121.9	76.7	15.1	15.8	4.4	651.3
上　海	Shanghai	96.4	67.7	75.7	84.6	171.6	57.2	122.8	249.4	193.3	35.6	97.8	156.7	1408.8
南　京	Nanjing	106.0	44.9	120.7	60.9	142.8	49.1	182.3	273.6	66.2	37.5	65.6	117.4	1267.0
杭　州	Hangzhou	140.5	57.9	65.3	108.4	148.0	264.1	153.5	318.4	233.0	23.8	133.1	164.2	1810.2
合　肥	Hefei	97.6	54.1	103.3	92.1	164.0	92.1	318.9	281.4	109.6	17.0	68.3	97.2	1495.6
福　州	Fuzhou	117.6	21.7	94.5	78.0	159.0	265.6	110.5	292.6	66.2	52.7	121.0	20.2	1399.6
南　昌	Nanchang	77.6	45.8	172.1	267.5	127.7	211.3	142.4	108.0	70.4	98.0	115.6	114.1	1550.5
济　南	Jinan	5.2	0.8	20.3	68.1	72.4	197.1	177.6	249.2	38.3	20.4	22.0	8.6	880.0
青　岛	Qingdao	5.0	0.8	45.1	36.9	95.3	116.7	150.4	85.2	90.4	14.9	17.8	27.7	686.2
郑　州	Zhengzhou	16.7	4.5	22.3	50.3	108.0	50.4	76.5	150.2	99.0	0.0	18.5	13.1	609.5
武　汉	Wuhan	88.1	40.2	136.3	109.3	214.5	64.2	116.2	94.7	40.3	20.5	99.8	86.5	1110.6
长　沙	Changsha	87.7	53.5	77.0	78.0	148.0	78.5	174.9	184.6	71.4	72.3	137.3	78.3	1241.5
广　州	Guangzhou	131.6	12.6	56.0	137.2	148.4	488.9	270.7	217.7	154.9	82.3	40.0	18.7	1759.0
南　宁	Nanning	32.3	16.7	69.5	60.1	169.2	223.1	337.8	151.8	99.5	67.4	16.6	30.2	1274.2
桂　林	Guilin	39.8	23.1	241.9	133.0	310.6	248.2	280.3	113.6	127.3	94.6	129.0	61.3	1802.7
海　口	Haikou	38.2	11.5	27.0	121.8	154.6	610.9	235.2	574.0	239.1	44.3	51.1	27.6	2135.3
重庆(沙坪坝)	Chongqing(Shapingba)	39.1	14.6	97.8	155.1	181.6	79.2	147.9	130.3	179.4	82.7	34.0	44.0	1185.7
成都(温江)	Chengdu(Wenjiang)	2.0	11.4	33.9	48.5	127.5	253.3	381.6	175.9	155.5	33.7	13.9	13.2	1250.4
贵　阳	Guiyang	55.1	15.2	111.4	76.4	251.3	238.9	98.4	145.5	147.4	39.9	56.5	21.1	1257.1
昆　明	Kunming	29.5	0.7	45.5	37.2	95.0	239.5	172.8	289.6	82.8	53.3	0.0	39.3	1085.2
拉　萨	Lhasa	0.0	1.4	8.4	7.6	35.4	70.8	189.9	175.0	33.7	0.2	0.0	12.0	534.4
西安(泾河)	Xi'an(Jinghe)	22.0	3.6	21.2	36.5	25.7	50.7	114.1	71.7	73.7	8.9	28.6	2.5	459.2
兰州(皋兰)	Lanzhou(Gaolan)	1.2	0.8	2.4	44.3	39.3	11.4	97.1	106.4	93.6	8.6	19.7	2.0	426.8
西　宁	Xining	2.3	0.1	2.1	30.2	37.5	55.8	113.0	136.6	80.5	31.4	28.8	0.6	518.9
银　川	Yinchuan	4.9	0.0	3.7	12.0	16.9	2.4	116.2	87.9	24.0	8.2	3.9	0.1	280.2
乌鲁木齐	Urumqi	9.4	3.9	23.7	52.0	44.2	6.9	13.8	41.3	39.5	45.4	23.1	22.2	325.4

8-8 主要城市日照时数（2018年）
Monthly Sunshine Hours of Major Cities (2018)

单位：小时 (hour)

城市	City	1月 Jan.	2月 Feb.	3月 Mar.	4月 Apr.	5月 May	6月 June	7月 July	8月 Aug.	9月 Sept.	10月 Oct.	11月 Nov.	12月 Dec.	全年 Annual Total
北京	Beijing	205.4	206.0	218.8	229.3	218.9	226.9	159.1	187.3	214.2	244.8	173.1	191.6	2475.4
天津	Tianjin	167.3	187.8	193.9	232.6	233.5	253.7	186.2	202.6	217.3	231.9	159.2	169.0	2435.0
石家庄	Shijiazhuang	128.3	184.6	183.9	177.6	199.4	238.0	103.8	148.4	173.0	222.2	144.3	141.3	2044.8
太原	Taiyuan	146.1	197.7	219.9	254.8	256.7	255.6	219.0	245.0	180.6	229.7	181.5	176.3	2562.9
呼和浩特	Hohhot	176.1	201.5	207.0	245.3	271.0	290.5	202.4	269.6	198.7	229.6	151.9	144.6	2588.2
沈阳	Shenyang	186.0	203.0	216.6	212.4	226.8	239.9	205.3	187.9	214.2	233.5	182.9	186.9	2495.4
大连	Dalian	164.8	187.4	236.7	242.6	265.2	233.9	194.6	242.1	244.4	240.7	159.9	153.0	2565.3
长春	Changchun	199.5	211.3	244.2	222.1	239.7	218.4	175.7	175.5	194.5	214.1	179.1	181.5	2455.6
哈尔滨	Harbin	146.9	159.1	201.9	186.2	255.2	201.4	156.6	182.7	177.5	194.9	168.8	174.0	2205.2
上海	Shanghai	87.4	135.8	165.5	204.2	143.2	174.3	223.9	216.4	144.8	177.0	107.8	55.5	1835.8
南京	Nanjing	99.9	148.4	178.6	208.7	141.9	212.2	242.7	228.0	158.1	211.4	121.0	76.5	2027.4
杭州	Hangzhou	80.3	116.3	144.1	176.4	147.0	178.0	240.8	214.2	148.0	170.6	88.2	40.3	1744.2
合肥	Hefei	83.7	121.9	160.2	190.2	122.5	171.2	221.1	222.0	148.7	170.9	128.9	59.4	1800.7
福州	Fuzhou	59.8	81.1	166.5	133.7	145.1	105.7	191.8	168.9	178.4	124.0	49.6	83.3	1487.9
南昌	Nanchang	75.7	124.4	143.5	149.2	155.3	166.8	249.3	255.8	220.6	190.8	95.4	34.9	1861.7
济南	Jinan	142.5	190.0	221.3	229.4	218.9	250.8	189.4	187.0	194.6	233.1	132.6	162.7	2352.3
青岛	Qingdao	134.4	152.6	177.3	197.7	191.3	172.4	134.9	222.6	194.5	240.7	145.5	111.3	2075.2
郑州	Zhengzhou	119.0	159.9	197.1	200.3	172.0	232.0	190.5	196.4	154.7	198.8	102.4	82.9	2006.0
武汉	Wuhan	74.1	117.9	115.0	160.9	111.7	207.5	248.5	252.9	157.8	178.4	124.7	47.8	1797.2
长沙	Changsha	54.2	111.3	123.7	116.7	141.2	199.4	270.9	213.9	187.4	152.4	111.3	33.8	1716.2
广州	Guangzhou	97.4	108.3	134.6	72.9	192.7	133.7	169.2	129.4	164.7	148.5	108.5	77.7	1537.6
南宁	Nanning	53.0	57.8	120.3	125.6	223.0	181.9	187.9	171.9	188.1	148.7	141.6	53.6	1653.4
桂林	Guilin	25.4	52.1	122.7	89.4	119.0	116.4	185.7	173.8	170.8	140.3	126.5	32.9	1355.0
海口	Haikou	75.2	88.6	237.0	186.9	299.0	196.8	192.1	154.2	204.4	219.6	107.8	79.3	2040.9
重庆(沙坪坝)	Chongqing(Shapingba)	35.6	34.9	108.6	155.8	103.8	127.3	212.9	257.8	63.1	16.3	47.2	15.4	1178.7
成都(温江)	Chengdu(Wenjiang)	78.3	84.5	110.3	154.8	119.2	103.7	109.4	205.5	68.7	65.4	67.0	35.9	1202.7
贵阳	Guiyang	15.5	51.7	105.8	117.2	104.0	81.7	168.3	176.6	98.8	27.3	83.8	29.0	1059.7
昆明	Kunming	226.7	211.8	274.9	262.9	232.3	121.9	169.3	116.8	86.6	125.3	256.5	181.8	2266.8
拉萨	Lhasa	273.1	225.7	257.1	274.8	281.4	273.9	186.8	206.3	264.4	298.4	268.5	244.1	3054.5
西安(泾河)	Xi'an(Jinghe)	92.7	184.9	196.4	194.8	173.0	203.0	180.9	281.3	146.1	200.5	116.2	86.0	2055.8
兰州(皋兰)	Lanzhou(Gaolan)	172.0	201.6	232.8	228.0	260.5	217.1	221.6	205.4	152.8	220.0	157.9	164.1	2433.8
西宁	Xining	204.5	208.4	240.5	228.4	246.4	197.5	207.9	158.7	162.6	216.5	167.5	141.3	2380.2
银川	Yinchuan	152.1	197.7	262.4	273.7	287.9	273.4	270.8	244.0	215.6	246.7	185.5	186.0	2795.8
乌鲁木齐	Urumqi	113.7	160.1	210.7	250.2	276.2	264.8	307.7	318.2	275.3	251.8	180.5	140.6	2749.8

8-9 水资源情况
Water Resources

年份 Year 地区 Region	水资源总量(亿立方米) Total Amount of Water Resources (100 million cu.m)	地表水资源量 Surface Water Resources	地下水资源量 Groundwater Resources	地表水与地下水资源重复量 Duplicated Measurement Between Surface Water and Groundwater	人均水资源量(立方米/人) Per Capita Water Resources (cu.m/person)
2000	27700.8	26561.9	8501.9	7363.0	2193.9
2005	28053.1	26982.4	8091.1	7020.4	2151.8
2006	25330.1	24358.1	7642.9	6670.8	1932.1
2007	25255.2	24242.5	7617.2	6604.5	1916.3
2008	27434.3	26377.0	8122.0	7064.7	2071.1
2009	24180.2	23125.2	7267.0	6212.1	1816.2
2010	30906.4	29797.6	8417.0	7308.2	2310.4
2011	23256.7	22213.6	7214.5	6171.4	1730.2
2012	29528.8	28373.3	8296.4	7140.9	2186.2
2013	27957.9	26839.5	8081.1	6962.7	2059.7
2014	27266.9	26263.9	7745.0	6742.0	1998.6
2015	27962.6	26900.8	7797.0	6735.2	2039.2
2016	32466.4	31273.9	8854.8	7662.3	2354.9
2017	28761.2	27746.3	8309.6	7294.7	2074.5
2018	27462.5	26323.2	8246.5	7107.2	1971.8
北京 Beijing	35.5	14.3	28.9	7.7	164.2
天津 Tianjin	17.6	11.8	7.3	1.5	112.9
河北 Hebei	164.1	85.3	124.4	45.6	217.7
山西 Shanxi	121.9	81.3	100.3	59.7	328.6
内蒙古 Inner Mongolia	461.5	302.4	253.6	94.5	1823.0
辽宁 Liaoning	235.4	209.3	79.8	53.7	539.4
吉林 Jilin	481.2	422.2	137.9	78.9	1775.3
黑龙江 Heilongjiang	1011.4	842.2	347.5	178.3	2675.1
上海 Shanghai	38.7	32.0	9.6	2.9	159.9
江苏 Jiangsu	378.4	274.9	119.7	16.2	470.6
浙江 Zhejiang	866.2	848.3	213.9	196.0	1520.4
安徽 Anhui	835.8	766.7	203.7	134.6	1328.9
福建 Fujian	778.5	777.0	245.7	244.2	1982.9
江西 Jiangxi	1149.1	1129.9	298.5	279.3	2479.2
山东 Shandong	343.3	230.6	196.7	84.0	342.4
河南 Henan	339.8	241.7	188.0	89.9	354.6
湖北 Hubei	857.0	825.9	257.7	226.6	1450.2
湖南 Hunan	1342.9	1336.5	333.5	327.1	1952.0
广东 Guangdong	1895.1	1885.2	460.6	450.7	1683.4
广西 Guangxi	1831.0	1829.7	440.9	439.6	3732.5
海南 Hainan	418.1	414.6	98.0	94.5	4495.7
重庆 Chongqing	524.2	524.2	104.0	104.0	1697.2
四川 Sichuan	2952.6	2951.5	635.1	634.0	3548.2
贵州 Guizhou	978.7	978.7	252.7	252.7	2726.2
云南 Yunnan	2206.5	2206.5	772.8	772.8	4582.3
西藏 Tibet	4658.2	4658.2	1105.7	1105.7	136804.7
陕西 Shaanxi	371.4	347.6	125.0	101.2	964.8
甘肃 Gansu	333.3	325.7	165.6	158.0	1266.6
青海 Qinghai	961.9	939.5	424.2	401.8	16018.3
宁夏 Ningxia	14.7	12.0	18.1	15.4	214.6
新疆 Xinjiang	858.8	817.8	497.0	456.0	3482.6

8-10 供水用水情况
Water Supply and Water Use

年份 Year / 地区 Region	供水总量（亿立方米） Water Supply (100 million cu.m)	地表水 Surface Water	地下水 Ground-water	其他 Others	用水总量（亿立方米） Water Use (100 million cu.m)	农业 Agricul-ture	工业 Industry	生活 Consump-tion	生态 Ecological Protection	人均用水量（立方米/人） Per Capita Water Use (cu.m/person)
2000	5530.7	4440.4	1069.2	21.1	5497.6	3783.5	1139.1	574.9		435.4
2005	5633.0	4572.2	1038.8	22.0	5633.0	3580.0	1285.2	675.1	92.7	432.1
2006	5795.0	4706.7	1065.5	22.7	5795.0	3664.4	1343.8	693.8	93.0	442.0
2007	5818.7	4723.9	1069.1	25.7	5818.7	3599.5	1403.0	710.4	105.7	441.5
2008	5910.0	4796.4	1084.8	28.7	5910.0	3663.5	1397.1	729.3	120.2	446.2
2009	5965.2	4839.5	1094.5	31.2	5965.2	3723.1	1390.9	748.2	103.0	448.0
2010	6022.0	4881.6	1107.3	33.1	6022.0	3689.1	1447.3	765.8	119.8	450.2
2011	6107.2	4953.3	1109.1	44.8	6107.2	3743.6	1461.8	789.9	111.9	454.4
2012	6131.2	4952.8	1133.8	44.6	6131.2	3902.5	1380.7	739.7	108.3	453.9
2013	6183.4	5007.3	1126.2	49.9	6183.4	3921.5	1406.4	750.1	105.4	455.5
2014	6094.9	4920.5	1116.9	57.5	6094.9	3869.0	1356.1	766.6	103.2	446.7
2015	6103.2	4969.5	1069.2	64.5	6103.2	3852.2	1334.8	793.5	122.7	445.1
2016	6040.2	4912.4	1057.0	70.8	6040.2	3768.0	1308.0	821.6	142.6	438.1
2017	6043.4	4945.5	1016.7	81.2	6043.4	3766.4	1277.0	838.1	161.9	435.9
2018	6015.5	4952.7	976.4	86.4	6015.5	3693.1	1261.6	859.9	200.9	431.9
北京 Beijing	39.3	12.3	16.3	10.8	39.3	4.2	3.3	18.4	13.4	181.7
天津 Tianjin	28.4	19.5	4.4	4.6	28.4	10.0	5.4	7.4	5.6	182.2
河北 Hebei	182.4	70.4	106.1	5.8	182.4	121.1	19.1	27.8	14.5	242.0
山西 Shanxi	74.3	39.8	30.0	4.5	74.3	43.3	14.0	13.4	3.5	200.3
内蒙古 Inner Mongolia	192.1	99.5	88.7	3.9	192.1	140.3	15.9	11.2	24.6	758.8
辽宁 Liaoning	130.3	72.5	53.3	4.4	130.3	80.5	18.7	25.5	5.7	298.6
吉林 Jilin	119.5	76.6	42.5	0.4	119.5	84.4	16.7	14.1	4.4	440.9
黑龙江 Heilongjiang	343.9	190.3	152.8	0.9	343.9	304.8	19.8	15.7	3.6	909.6
上海 Shanghai	103.4	103.4			103.4	16.5	61.6	24.5	0.8	427.1
江苏 Jiangsu	592.0	575.5	7.9	8.7	592.0	273.3	255.2	61.0	2.5	736.3
浙江 Zhejiang	173.8	170.4	0.8	2.6	173.8	77.1	44.0	47.2	5.5	305.1
安徽 Anhui	285.8	251.5	29.8	4.5	285.8	154.0	91.0	34.1	6.7	454.4
福建 Fujian	186.9	181.2	4.4	1.2	186.9	87.5	62.1	33.6	3.7	476.1
江西 Jiangxi	250.8	240.6	8.0	2.2	250.8	160.7	58.8	29.0	2.4	541.1
山东 Shandong	212.7	125.7	78.3	8.7	212.7	133.5	32.5	36.0	10.6	212.1
河南 Henan	234.6	112.4	116.0	6.2	234.6	119.9	50.4	40.7	23.6	244.8
湖北 Hubei	296.9	289.0	7.8		296.9	153.8	87.4	54.4	1.3	502.4
湖南 Hunan	337.0	322.6	14.3	0.1	337.0	194.5	93.2	45.7	3.6	489.9
广东 Guangdong	420.9	406.1	12.6	2.2	420.9	214.2	99.4	102.1	5.3	373.9
广西 Guangxi	287.8	276.1	10.0	1.8	287.8	196.4	47.6	40.8	3.0	586.7
海南 Hainan	45.1	41.7	3.0	0.3	45.1	32.6	2.9	8.6	0.9	484.9
重庆 Chongqing	77.2	75.9	1.1	0.2	77.2	25.4	29.1	21.5	1.2	250.0
四川 Sichuan	259.1	248.1	10.3	0.7	259.1	156.6	42.5	54.4	5.6	311.4
贵州 Guizhou	106.8	104.3	1.8	0.6	106.8	61.2	25.2	19.5	0.9	297.5
云南 Yunnan	155.7	150.0	3.4	2.3	155.7	107.2	21.0	23.6	3.9	323.3
西藏 Tibet	31.7	27.9	3.7		31.7	27.0	1.5	2.9	0.3	931.0
陕西 Shaanxi	93.7	59.4	31.7	2.6	93.7	57.1	14.5	17.4	4.8	243.4
甘肃 Gansu	112.3	83.6	24.8	3.9	112.3	89.2	9.2	9.2	4.7	426.8
青海 Qinghai	26.1	20.9	5.0	0.2	26.1	19.3	2.5	3.0	1.3	434.6
宁夏 Ningxia	66.2	59.8	6.1	0.3	66.2	56.7	4.3	2.6	2.6	966.4
新疆 Xinjiang	548.8	445.8	101.3	1.7	548.8	490.9	12.6	14.8	30.5	2225.5

注：1.生态用水仅包括部分河湖、湿地人工补水和城市环境用水。
2.2012年起，生活用水量中的牲畜用水量调整至农业用水量中。

a) Water use by ecological protection only includes artificial supplement of river & lake, wetland and city entironment.
b) Since 2012, water use for animal husbandry in water use for consumption is moved to rural water use.

8-11 分地区废水中主要污染物排放情况（2017年）
Main Pollutant Emission in Waste Water by Region (2017)

地 区	Region	废水排放总量(万吨) Total Waste Water Discharged (10 000 tons)	废水中主要污染物排放量 Main Pollutant Emission in Waste Water					
			化学需氧量(万吨) COD (10 000 tons)	氨氮(万吨) Ammonia Nitrogen (10 000 tons)	总氮(万吨) Total Nitrogen (10 000 tons)	总磷(万吨) Total Phosphorus (10 000 tons)	石油类(吨) Petroleum (ton)	挥发酚(吨) Volatile Phenol (ton)
全 国	**National Total**	**6996610**	**1021.97**	**139.51**	**216.46**	**11.84**	**5202.1**	**233.1**
北 京	Beijing	133188	8.18	0.58	1.93	0.10	19.9	1.0
天 津	Tianjin	90790	9.26	1.42	2.24	0.14	163.0	0.1
河 北	Hebei	253685	48.68	7.12	10.32	0.45	237.5	8.2
山 西	Shanxi	135057	19.52	3.09	4.66	0.25	113.6	18.1
内蒙古	Inner Mongolia	104251	14.97	1.90	2.64	0.16	141.8	18.6
辽 宁	Liaoning	237971	25.36	4.81	7.59	0.24	344.0	13.4
吉 林	Jilin	121464	17.45	2.38	3.36	0.15	313.7	1.6
黑龙江	Heilongjiang	138121	24.82	3.77	5.56	0.22	149.4	1.4
上 海	Shanghai	211951	14.18	3.70	7.76	0.27	493.0	1.1
江 苏	Jiangsu	575196	74.42	10.12	17.08	0.93	348.4	35.3
浙 江	Zhejiang	453935	41.86	6.67	12.02	0.51	188.5	0.5
安 徽	Anhui	233838	49.56	5.76	8.40	0.45	222.3	12.3
福 建	Fujian	238279	39.49	5.38	7.87	0.52	54.7	0.2
江 西	Jiangxi	189362	51.95	5.77	8.08	0.50	159.7	6.2
山 东	Shandong	499884	52.08	7.99	14.14	0.73	266.6	25.1
河 南	Henan	409107	43.07	6.21	9.35	0.53	174.4	2.4
湖 北	Hubei	272694	51.93	7.20	10.83	0.59	165.9	5.4
湖 南	Hunan	300563	57.58	8.30	10.33	0.57	331.5	3.6
广 东	Guangdong	882020	100.09	13.75	21.90	0.99	201.9	1.7
广 西	Guangxi	198144	45.59	4.83	8.88	0.49	67.8	0.7
海 南	Hainan	44081	7.82	1.09	1.52	0.08	17.1	0.0
重 庆	Chongqing	200677	25.27	3.49	5.00	0.31	117.9	0.3
四 川	Sichuan	362438	67.51	7.94	11.50	0.85	162.5	9.3
贵 州	Guizhou	118017	27.25	3.41	4.67	0.42	163.6	0.3
云 南	Yunnan	185112	33.07	4.14	5.92	0.47	40.0	10.2
西 藏	Tibet	7176	2.50	0.33	0.42	0.03	0.1	
陕 西	Shaanxi	175955	19.64	2.65	3.73	0.28	149.2	13.7
甘 肃	Gansu	64514	13.24	1.95	2.44	0.26	76.5	24.6
青 海	Qinghai	27115	5.75	0.84	1.70	0.05	101.2	2.3
宁 夏	Ningxia	30735	10.02	0.65	1.12	0.05	36.3	6.7
新 疆	Xinjiang	101291	19.87	2.27	3.49	0.25	180.1	8.8

注：本表数据为初步数。
a) Data in this table are preliminary data.

8-11 续表 continued

地 区	Region	废水中主要污染物排放量 Main Pullutant Emission in Waste Water					
		铅 (千克) Plumbum (kg)	汞 (千克) Mercury (kg)	镉 (千克) Cadmium (kg)	六价铬 (千克) Hexavalent Chromium (kg)	总铬 (千克) Total Chromium (kg)	砷 (千克) Arsenic (kg)
全 国	**National Total**	**38348.2**	**880.2**	**7126.9**	**27711.5**	**100052.2**	**34317.0**
北 京	Beijing	3.7	0.1	0.6	47.1	52.1	4.9
天 津	Tianjin	66.1	10.8	7.1	22.0	85.5	1.2
河 北	Hebei	315.9	7.2	5.3	2054.0	9269.7	22.9
山 西	Shanxi	79.9	8.5	7.8	17.8	54.0	1304.0
内蒙古	Inner Mongolia	2349.1	34.2	111.5	57.5	342.8	657.4
辽 宁	Liaoning	63.0	2.9	6.8	200.0	2274.8	11.9
吉 林	Jilin	203.3	6.7	77.5	95.0	243.2	1683.9
黑龙江	Heilongjiang	25.5	0.7	2.7	40.6	164.1	1.6
上 海	Shanghai	89.5	31.8	19.5	382.4	2313.2	219.5
江 苏	Jiangsu	588.4	1.0	32.6	5599.2	24134.5	110.3
浙 江	Zhejiang	549.9	7.5	76.5	4166.9	14703.5	302.5
安 徽	Anhui	639.6	29.4	83.5	472.0	1529.1	340.6
福 建	Fujian	1277.0	8.7	97.2	429.8	1847.8	557.8
江 西	Jiangxi	7004.1	128.9	2941.6	2572.0	5967.0	10055.4
山 东	Shandong	1074.6	5.4	31.9	481.3	5585.2	199.5
河 南	Henan	451.4	14.7	60.9	152.3	1586.4	51.5
湖 北	Hubei	1462.1	4.4	100.9	6239.4	10824.9	1022.9
湖 南	Hunan	2975.8	39.5	701.6	585.6	1799.6	6766.3
广 东	Guangdong	3232.3	152.9	526.9	1221.9	7408.6	814.4
广 西	Guangxi	1398.8	17.0	250.8	558.1	881.3	1670.7
海 南	Hainan	3.7	3.6	2.0	15.4	60.0	15.9
重 庆	Chongqing	64.3	0.6	3.8	312.0	574.1	12.0
四 川	Sichuan	1378.2	86.5	132.4	588.7	2314.3	970.4
贵 州	Guizhou	209.3	3.4	29.6	397.1	973.5	65.7
云 南	Yunnan	7656.9	197.9	869.9	137.5	1095.5	4104.3
西 藏	Tibet	14.3	0.5	2.9		5.6	117.9
陕 西	Shaanxi	807.0	18.6	326.5	109.5	2095.2	572.0
甘 肃	Gansu	3416.8	23.9	533.8	356.4	1005.8	927.9
青 海	Qinghai	599.5	13.9	61.0	0.9	85.5	808.8
宁 夏	Ningxia	42.1	5.3	1.3	383.2	460.6	52.4
新 疆	Xinjiang	306.1	13.7	20.7	15.7	314.8	870.7

8-12 主要城市废水中主要污染物排放情况（2017年）
Main Pollutant Emission in Waste Water in Main Cities (2017)

城市 City		工业废水排放量(万吨) Industrial Waste Water Discharged (10 000 tons)	工业化学需氧量排放量(吨) Industrial COD Emission (ton)	工业氨氮排放量(吨) Industrial Ammonia Nitrogen (ton)	城镇生活污水排放量(万吨) Urban Living Waste Water Discharged (10 000 tons)	生活化学需氧量排放量(吨) Living COD Emission (ton)	生活氨氮排放量(吨) Living Ammonia Nitrogen (ton)
北　京	Beijing	8494	2232	97	124505	70312	5571
天　津	Tianjin	18107	9041	620	72578	71558	13434
石家庄	Shijiazhuang	7470	11567	1969	34503	54211	7673
太　原	Taiyuan	3739	989	72	26520	8519	2386
呼和浩特	Hohhot	2372	2719	160	16890	12178	2711
沈　阳	Shenyang	5407	3497	489	45270	35611	10149
长　春	Changchun	2501	3215	323	42507	24233	3655
哈尔滨	Harbin	2358	2443	258	37837	64872	11558
上　海	Shanghai	31586	12890	889	179910	125842	35826
南　京	Nanjing	14922	5309	286	69102	88158	10203
杭　州	Hangzhou	24559	12639	507	68051	41314	7292
合　肥	Hefei	4389	1583	161	40232	68819	6213
福　州	Fuzhou	4390	2229	91	39407	61185	9011
南　昌	Nanchang	3861	4162	373	27891	50848	5939
济　南	Jinan	5949	2594	197	28692	26088	4057
郑　州	Zhengzhou	7317	4721	196	80899	21335	7835
武　汉	Wuhan	11931	3219	249	79472	65635	13167
长　沙	Changsha	4066	5021	403	73881	19748	8109
广　州	Guangzhou	20605	8814	467	151795	105380	19092
南　宁	Nanning	4199	6705	367	32086	63629	4660
海　口	Haikou	598	156	13	15471	6439	2957
重　庆	Chongqing	19304	15606	1111	181252	235812	33606
成　都	Chengdu	8319	3992	265	139670	92907	9132
贵　阳	Guiyang	4452	2148	150	32258	14926	2808
昆　明	Kunming	2761	3444	218	71494	2063	1590
拉　萨	Lhasa	601	482	17	3477	10482	1467
西　安	Xi'an	4248	1247	77	72021	23684	2556
兰　州	Lanzhou	3530	2169	68	17773	6578	1153
西　宁	Xining	1478	1793	177	11889	6820	3148
银　川	Yinchuan	2310	2458	329	10041	12452	2237
乌鲁木齐	Urumqi	3337	3288	407	17105	9742	3473

注：本表数据为初步数。
a) Data in this table are preliminary data.

8-13 分地区废气中主要污染物排放情况（2017年）
Main Pollutant Emission in Waste Gas by Region (2017)

单位：万吨 (10 000 tons)

地 区	Region	二氧化硫 Sulphur Dioxide	氮氧化物 Nitrogen Oxides	烟(粉)尘 Smoke and Dust
全 国	**National Total**	**875.40**	**1258.83**	**796.26**
北 京	Beijing	2.01	14.45	2.04
天 津	Tianjin	5.56	14.23	6.52
河 北	Hebei	60.24	105.60	80.37
山 西	Shanxi	57.31	52.10	43.38
内蒙古	Inner Mongolia	54.63	50.55	53.62
辽 宁	Liaoning	38.97	60.51	55.75
吉 林	Jilin	16.61	25.54	19.57
黑龙江	Heilongjiang	29.37	40.96	40.22
上 海	Shanghai	1.85	19.39	4.70
江 苏	Jiangsu	41.07	90.72	39.08
浙 江	Zhejiang	19.05	43.20	15.34
安 徽	Anhui	23.54	49.00	28.08
福 建	Fujian	13.39	27.72	17.02
江 西	Jiangxi	21.55	35.54	27.95
山 东	Shandong	73.91	115.86	54.96
河 南	Henan	28.63	66.29	22.34
湖 北	Hubei	22.01	37.67	18.80
湖 南	Hunan	21.46	36.47	20.71
广 东	Guangdong	27.68	82.97	26.08
广 西	Guangxi	17.73	34.56	20.91
海 南	Hainan	1.43	6.01	2.09
重 庆	Chongqing	25.34	20.40	8.33
四 川	Sichuan	38.91	45.76	22.40
贵 州	Guizhou	68.75	35.97	19.68
云 南	Yunnan	38.44	26.88	22.42
西 藏	Tibet	0.35	3.02	0.66
陕 西	Shaanxi	27.94	33.98	23.67
甘 肃	Gansu	25.88	21.25	17.71
青 海	Qinghai	9.24	7.23	12.95
宁 夏	Ningxia	20.75	16.17	18.77
新 疆	Xinjiang	41.82	38.84	50.15

注：本表数据为初步数。
a) Data in this table are preliminary data.

8-14 主要城市废气中主要污染物排放情况（2017年）
Main Pollutant Emission in Waste Gas in Main Cities (2017)

单位：吨 (ton)

城市	City	工业二氧化硫排放量 Volume of Industrial Sulphur Dioxide Emission	工业氮氧化物排放量 Volume of Industrial Nitrogen Oxides Emission	工业烟(粉)尘排放量 Volume of Industrial Smoke and Dust Emission	生活二氧化硫排放量 Volume of Sulphur Dioxide Emission by Consumption	生活氮氧化物排放量 Volume of Nitrogen Oxides Emission by Consumption	生活烟尘排放量 Volume of Consumption Soot Emission
北京	Beijing	3799	15405	4282	16286	7510	6506
天津	Tianjin	42323	73249	44480	13308	4390	14843
石家庄	Shijiazhuang	33252	58643	23289	26632	4032	13697
太原	Taiyuan	9759	29416	21858	83913	6719	25152
呼和浩特	Hohhot	31024	30384	111036	26306	4909	19896
沈阳	Shenyang	25904	37721	20489	20655	4517	30716
长春	Changchun	14300	31293	18269	7344	2130	7100
哈尔滨	Harbin	19168	35398	34857	84427	29364	131426
上海	Shanghai	12651	38335	30262	5838	3703	3091
南京	Nanjing	15404	46249	44651	170	351	90
杭州	Hangzhou	26497	31123	16343	428	226	305
合肥	Hefei	9379	20099	13599	2166	547	1771
福州	Fuzhou	34138	28579	48554	2329	324	1096
南昌	Nanchang	12128	10605	23416	245	222	599
济南	Jinan	16545	21254	25060	15934	2021	7715
郑州	Zhengzhou	16472	20706	14012	10345	6404	8494
武汉	Wuhan	14077	42107	42329	6936	2935	1800
长沙	Changsha	3532	9825	7577	4827	612	284
广州	Guangzhou	15285	18920	8614	73	268	24
南宁	Nanning	8384	16936	9918	9477	1128	
海口	Haikou	502	259	113	10	97	0
重庆	Chongqing	139880	86658	68731	113309	8286	4672
成都	Chengdu	11181	22075	9936	10366	3400	1402
贵阳	Guiyang	50631	20122	12983	28703	1956	8442
昆明	Kunming	44515	35258	19673	5100	688	2428
拉萨	Lhasa	642	1942	620	490	63	222
西安	Xi'an	3904	7403	2758	38352	6480	25380
兰州	Lanzhou	20095	27618	15786	10796	2374	4302
西宁	Xining	24120	10865	24144	9065	2323	8390
银川	Yinchuan	13728	19528	21023	15810	2131	8398
乌鲁木齐	Urumqi	37483	41110	39751	5840	2474	4294

注：本表数据为初步数。
a) Data in this table are preliminary data.

8-15 分地区固体废物处理利用情况（2017年）
Disposal and Utilization of Industrial Solid Wastes by Region (2017)

单位：万吨 (10 000 tons)

地 区	Region	一般工业固体废物产生量 Common Industrial Solid Wastes Produced	一般工业固体废物综合利用量 Common Industrial Solid Wastes Comprehensively Utilized	一般工业固体废物处置量 Common Industrial Solid Wastes Disposed	一般工业固体废物贮存量 Stock of Common Industrial Solid Wastes	一般工业固体废物倾倒丢弃量 Common Industrial Solid Wastes Discharged	危险废物产生量 Hazardous Wastes Produced	危险废物综合利用量 Hazardous Wastes Utilized	危险废物处置量 Hazardous Wastes Disposed	危险废物贮存量 Stock of Hazardous Wastes
全 国	**National Total**	**331592**	**181187**	**79798**	**78397**	**73.04**	**6936.89**	**4043.42**	**2551.56**	**870.87**
北 京	Beijing	630	467	164	0	0.01	18.18	7.72	10.35	0.20
天 津	Tianjin	1495	1479	20	0	0.04	24.38	3.17	21.13	0.08
河 北	Hebei	32721	18741	11668	2399		189.82	127.32	64.56	5.05
山 西	Shanxi	34162	12190	16684	5877	3.11	70.86	38.34	33.53	1.11
内蒙古	Inner Mongolia	27953	10422	8259	9654	3.33	320.11	143.53	394.76	12.27
辽 宁	Liaoning	27466	11346	4407	13514	1.52	106.21	57.43	43.84	9.46
吉 林	Jilin	5143	2300	1496	1381	0.65	178.72	91.70	80.71	32.65
黑龙江	Heilongjiang	7070	3159	1827	2284	32.65	65.08	25.85	40.65	6.31
上 海	Shanghai	1630	1533	100	2	0.00	110.44	24.36	85.81	1.91
江 苏	Jiangsu	12002	11298	591	167	2.98	435.52	170.95	242.22	49.96
浙 江	Zhejiang	4485	4226	259	57	0.00	342.26	138.16	201.33	21.82
安 徽	Anhui	12002	11157	592	561		127.69	69.12	60.90	4.59
福 建	Fujian	5462	3404	1956	163	0.41	95.46	58.79	51.56	9.13
江 西	Jiangxi	12341	4594	839	6940	0.72	84.50	59.74	26.13	5.58
山 东	Shandong	23925	19026	1900	3164	0.05	2043.40	1660.68	295.11	140.40
河 南	Henan	15685	11537	2769	1604	0.89	188.96	141.19	46.77	21.32
湖 北	Hubei	8112	4812	1021	2624	0.58	115.28	50.80	66.40	1.72
湖 南	Hunan	4354	3597	222	586	0.01	328.12	306.95	28.02	13.77
广 东	Guangdong	6340	5311	682	399	1.03	264.31	117.17	136.43	17.81
广 西	Guangxi	6503	3693	1009	1994	0.45	214.01	147.48	62.22	14.35
海 南	Hainan	437	186	250	3	0.01	13.03	2.63	6.19	4.66
重 庆	Chongqing	1943	1372	457	124	0.82	60.49	30.08	23.69	9.27
四 川	Sichuan	13756	5466	3007	6634	2.68	341.19	176.91	152.28	19.44
贵 州	Guizhou	9353	5201	3139	1275	2.69	43.05	13.28	29.37	1.42
云 南	Yunnan	13725	5364	6155	2553	4.29	245.62	135.29	59.92	67.14
西 藏	Tibet	382	7	5	371		0.00	0.00	0.00	0.00
陕 西	Shaanxi	10081	3586	5394	1961	0.08	111.56	34.65	74.43	8.92
甘 肃	Gansu	5334	2453	1276	1679	0.10	162.60	86.46	32.43	47.35
青 海	Qinghai	12996	7152	32	5954	0.01	295.69	12.04	16.61	268.30
宁 夏	Ningxia	4877	1905	2010	988		82.73	56.02	23.63	5.34
新 疆	Xinjiang	9223	4207	1608	3483	13.95	257.64	55.60	140.56	69.53

注：本表数据为初步数。
a) Data in this table are preliminary data.

8-16 主要城市固体废物处理利用情况(2017年)
Disposal and Utilization of Industrial Solid Wastes in Main Cities (2017)

单位：万吨 (10 000 tons)

城市 City	一般工业固体废物产生量 Common Industrial Solid Wastes Produced	一般工业固体废物综合利用量 Common Industrial Solid Wastes Comprehensively Utilized	一般工业固体废物处置量 Common Industrial Solid Wastes Disposed	一般工业固体废物贮存量 Stock of Common Industrial Solid Wastes
北京 Beijing	630.35	466.76	163.94	0.19
天津 Tianjin	1495.44	1478.58	19.97	0.14
石家庄 Shijiazhuang	1588.37	1481.20	59.19	81.91
太原 Taiyuan	2440.70	1043.05	1193.08	222.30
呼和浩特 Hohhot	1195.90	437.27	715.38	55.86
沈阳 Shenyang	890.57	646.42	164.00	171.88
长春 Changchun	438.28	309.88	132.75	0.12
哈尔滨 Harbin	433.38	378.83	44.50	11.98
上海 Shanghai	1630.48	1532.71	99.98	2.37
南京 Nanjing	1995.42	1798.49	78.14	119.59
杭州 Hangzhou	389.39	300.47	112.43	5.19
合肥 Hefei	846.42	713.58	15.86	117.68
福州 Fuzhou	623.58	607.10	9.67	8.09
南昌 Nanchang	170.88	156.33	14.24	0.56
济南 Jinan	793.09	712.52	82.94	0.19
郑州 Zhengzhou	1141.85	886.33	260.98	0.49
武汉 Wuhan	1360.35	1205.98	164.72	42.47
长沙 Changsha	113.13	78.32	17.86	16.99
广州 Guangzhou	535.21	511.28	23.22	3.14
南宁 Nanning	164.58	136.80	27.64	1.74
海口 Haikou	5.21	4.80	0.58	0.00
重庆 Chongqing	1943.20	1371.92	456.91	123.74
成都 Chengdu	260.74	211.10	48.83	2.80
贵阳 Guiyang	1629.25	555.47	1083.45	1.49
昆明 Kunming	1998.88	717.63	1255.72	29.48
拉萨 Lhasa	154.47	1.17	0.09	153.22
西安 Xi'an	185.03	158.60	27.63	2.49
兰州 Lanzhou	307.80	279.22	28.74	0.48
西宁 Xining	338.04	314.91	19.61	6.97
银川 Yinchuan	1108.11	359.59	386.26	362.48
乌鲁木齐 Urumqi	935.75	876.69	57.34	1.75

注：本表数据为初步数。
a) Data in this table are preliminary data.

8-17 环保重点城市空气质量情况（2018年）

Ambient Air Quality in Key Cities of Environmental Protection (2018)

城市	City	二氧化硫年平均浓度 (μg/m³) Annual Average Concentration of SO_2 (μg/m³)	二氧化氮年平均浓度 (μg/m³) Annual Average Concentration of NO_2 (μg/m³)	可吸入颗粒物 (PM_{10})年平均浓度 (μg/m³) Annual Average Concentration of PM_{10} (μg/m³)	一氧化碳日均值第95百分位浓度 (mg/m³) 95th Percentile Daily Average Concentration of CO (mg/m³)	臭氧(O_3)日最大8小时第90百分位浓度 (μg/m³) 90th Percentile Daily Maximum 8 Hours Average Concentration of O_3(μg/m³)	细颗粒物($PM_{2.5}$)年平均浓度 (μg/m³) Annual Average Concentration of $PM_{2.5}$ (μg/m³)	空气质量达到及好于二级的天数（天） Days of Air Quality Equal to or Above Grade II (day)
北京	Beijing	6	42	78	1.7	192	51	227
天津	Tianjin	12	47	82	1.9	201	52	207
石家庄	Shijiazhuang	23	50	131	2.6	211	72	151
唐山	Tangshan	34	56	110	3.3	197	60	202
秦皇岛	Qinhuangdao	21	45	77	2.5	164	38	285
邯郸	Handan	22	43	133	2.8	201	69	161
保定	Baoding	21	47	114	2.4	210	67	159
太原	Taiyuan	29	52	135	1.9	191	59	170
大同	Datong	31	29	82	3.1	153	36	288
阳泉	Yangquan	32	45	108	2.2	184	59	203
长治	Changzhi	22	31	98	2.4	189	54	213
临汾	Linfen	46	40	117	3.6	217	69	138
呼和浩特	Hohhot	20	41	86	2.2	150	36	272
包头	Baotou	24	39	84	2.3	156	39	268
赤峰	Chifeng	20	27	69	1.5	127	30	331
沈阳	Shenyang	26	39	72	1.8	163	41	282
大连	Dalian	12	27	55	1.3	157	30	317
鞍山	Anshan	22	34	76	2.1	158	41	299
抚顺	Fushun	21	32	72	1.6	164	43	278
本溪	Benxi	21	31	65	2.2	137	34	331
锦州	Jinzhou	39	35	75	1.8	152	46	276
长春	Changchun	16	35	61	1.3	133	33	322
吉林	Jilin	15	27	63	1.5	149	37	304
哈尔滨	Harbin	20	37	65	1.3	136	39	310
齐齐哈尔	Qiqihar	15	18	53	1.1	121	28	338
牡丹江	Mudanjiang	7	25	58	1.3	125	30	342
上海	Shanghai	10	42	51	1.1	160	36	295
南京	Nanjing	10	44	75	1.3	181	43	251
无锡	Wuxi	12	43	75	1.6	179	43	258
徐州	Xuzhou	17	42	104	1.6	184	62	205
常州	Changzhou	15	49	77	1.6	194	53	225
苏州	Suzhou	8	48	65	1.2	173	42	268
南通	Nantong	17	36	62	1.2	160	41	291
连云港	Lianyungang	15	31	67	1.5	169	44	274
扬州	Yangzhou	13	38	87	1.5	180	49	235
镇江	Zhenjiang	10	38	74	1.3	177	54	230
杭州	Hangzhou	10	43	68	1.3	181	40	269

8-17 续表 1 continued

城　市 City		二氧化硫年平均浓度 ($\mu g/m^3$) Annual Average Concentration of SO_2 ($\mu g/m^3$)	二氧化氮年平均浓度 ($\mu g/m^3$) Annual Average Concentration of NO_2 ($\mu g/m^3$)	可吸入颗粒物 (PM_{10})年平均浓度 ($\mu g/m^3$) Annual Average Concentration of PM_{10} ($\mu g/m^3$)	一氧化碳日均值第95百分位浓度 (mg/m^3) 95th Percentile Daily Average Concentration of CO (mg/m^3)	臭氧(O_3)日最大8小时第90百分位浓度 ($\mu g/m^3$) 90th Percentile Daily Maximum 8 Hours Average Concentration of O_3($\mu g/m^3$)	细颗粒物($PM_{2.5}$)年平均浓度 ($\mu g/m^3$) Annual Average Concentration of $PM_{2.5}$ ($\mu g/m^3$)	空气质量达到及好于二级的天数(天) Days of Air Quality Equal to or Above Grade II (day)
宁　波	Ningbo	9	36	52	1.2	152	33	320
温　州	Wenzhou	9	37	58	1.0	141	30	347
湖　州	Huzhou	13	38	60	1.3	189	36	259
绍　兴	Shaoxing	9	31	66	1.4	171	42	284
合　肥	Hefei	7	43	72	1.4	169	48	260
芜　湖	Wuhu	11	42	68	1.5	179	50	238
马鞍山	Maanshan	15	38	76	1.7	185	45	250
福　州	Fuzhou	7	26	48	0.9	151	25	337
厦　门	Xiamen	9	31	46	0.9	127	25	360
泉　州	Quanzhou	10	25	53	0.8	150	27	341
南　昌	Nanchang	11	36	64	1.5	144	30	327
九　江	Jiujiang	13	29	68	1.2	152	43	291
济　南	Jinan	18	46	111	1.8	201	55	188
青　岛	Qingdao	10	35	74	1.4	151	35	308
淄　博	Zibo	27	43	105	2.3	202	57	182
枣　庄	Zaozhuang	20	35	117	1.4	195	59	182
烟　台	Yantai	12	28	67	1.3	162	30	303
潍　坊	Weifang	18	36	106	1.7	188	53	210
济　宁	Jinin	20	38	101	1.8	194	50	212
泰　安	Taian	18	36	100	1.8	188	52	207
日　照	Rizhao	11	35	80	1.4	162	42	268
郑　州	Zhengzhou	15	50	106	1.8	194	63	168
开　封	Kaifeng	17	36	105	1.9	187	64	182
洛　阳	Luoyang	19	43	104	2.1	190	59	181
平顶山	Pingdingshan	18	38	101	1.7	182	65	187
安　阳	Anyang	22	44	123	2.9	196	74	160
焦　作	Jiaozuo	18	41	116	2.6	200	67	168
三门峡	Sanmenxia	15	39	100	1.8	171	57	211
武　汉	Wuhan	9	47	73	1.6	164	49	249
宜　昌	Yichang	11	34	77	1.6	143	53	274
荆　州	Jingzhou	15	34	86	1.8	157	49	273
长　沙	Changsha	10	34	61	1.3	161	48	278
株　洲	Zhuzhou	18	33	71	1.4	148	45	288
湘　潭	Xiangtan	16	35	68	1.3	153	49	275
岳　阳	Yueyang	10	23	72	1.4	155	45	283
常　德	Changde	11	25	62	1.4	151	44	296
张家界	Zhangjiajie	7	22	58	1.4	130	32	340
广　州	Guangzhou	10	50	54	1.2	174	35	294

8-17 续表 2 continued

城 市	City	二氧化硫年平均浓度 (μg/m³) Annual Average Concentration of SO_2 (μg/m³)	二氧化氮年平均浓度 (μg/m³) Annual Average Concentration of NO_2 (μg/m³)	可吸入颗粒物 (PM_{10})年平均浓度 (μg/m³) Annual Average Concentration of PM_{10} (μg/m³)	一氧化碳日均值第95百分位浓度 (mg/m³) 95th Percentile Daily Average Concentration of CO (mg/m³)	臭氧(O_3)日最大8小时第90百分位浓度 (μg/m³) 90th Percentile Daily Maximum 8 Hours Average Concentration of O_3(μg/m³)	细颗粒物($PM_{2.5}$)年平均浓度 (μg/m³) Annual Average Concentration of $PM_{2.5}$ (μg/m³)	空气质量达到及好于二级的天数 (天) Days of Air Quality Equal to or Above Grade II (day)
韶 关	Shaoguan	15	29	49	1.4	148	36	330
深 圳	Shenzhen	7	29	44	0.9	137	26	345
珠 海	Zhuhai	7	30	43	1.0	162	27	325
汕 头	Shantou	12	19	44	1.0	152	27	337
湛 江	Zhanjiang	9	14	39	0.9	150	27	336
南 宁	Nanning	11	35	57	1.3	128	34	340
柳 州	Liuzhou	15	24	62	1.4	127	41	322
桂 林	Guilin	12	23	55	1.3	136	38	324
北 海	Beihai	9	15	46	1.3	138	27	343
海 口	Haikou	5	14	35	0.8	116	18	356
重 庆	Chongqing	9	44	64	1.3	166	40	295
成 都	Chengdu	9	48	81	1.4	167	51	251
自 贡	Zigong	13	31	78	1.4	172	54	234
攀 枝 花	Panzhihua	40	39	64	2.5	140	36	357
泸 州	Luzhou	15	35	59	1.0	149	39	305
德 阳	Deyang	8	32	77	1.2	155	42	276
绵 阳	Mianyang	6	31	72	1.1	152	45	279
南 充	Nanchong	9	33	73	1.2	151	48	292
宜 宾	Yibin	16	36	75	1.4	159	52	260
贵 阳	Guiyang	11	25	57	1.0	118	32	357
遵 义	Zunyi	12	26	47	1.1	123	28	359
昆 明	Kunming	13	34	55	1.2	130	30	361
曲 靖	Qujing	14	19	53	1.4	128	30	364
玉 溪	Yuxi	12	22	55	2.2	128	26	364
拉 萨	Lhasa	7	21	55	0.9	136	20	358
西 安	Xi'an	15	55	111	2.2	180	61	187
铜 川	Tongchuan	21	37	89	2.0	168	49	234
宝 鸡	Baoji	10	41	96	1.5	150	52	253
咸 阳	Xianyang	16	50	121	2.1	198	69	157
渭 南	Weinan	13	51	120	1.9	170	59	178
延 安	Yan'an	26	46	84	2.6	144	36	315
兰 州	Lanzhou	21	55	103	2.7	168	47	213
金 昌	Jinchang	21	16	76	0.9	146	22	308
西 宁	Xining	20	39	91	2.8	138	46	282
银 川	Yinchuan	27	37	87	2.1	166	38	249
石 嘴 山	Shizuishan	41	32	89	1.7	157	39	250
乌鲁木齐	Urumqi	11	45	98	3.0	134	54	255
克拉玛依	Karamay	7	21	60	1.5	129	28	327

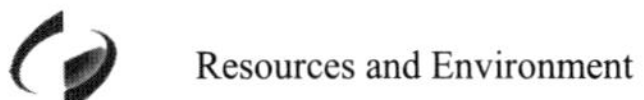

8-18 分地区城市生活垃圾清运和处理情况（2018年）
Collection, Transport and Disposal of Consumption Wastes in Cities by Region (2018)

地区	Region	生活垃圾清运量（万吨）Consumption Wastes Collected and Transported (10 000 tons)	无害化处理厂数（座）Number of Factories for Wastes Treatment (unit)	卫生填埋 Landfill	焚烧 Incinerate	其他 Others	无害化处理能力（吨/日）Treatment Capacity (ton/day)	卫生填埋 Landfill	焚烧 Incinerate	其他 Others
全国	**National Total**	**22801.8**	**1091**	**663**	**331**	**97**	**766195**	**373498**	**364595**	**28102**
北京	Beijing	975.1	28	13	7	8	28591	10991	12050	5550
天津	Tianjin	294.8	9	4	5		10600	5100	5500	
河北	Hebei	755.7	53	39	10	4	25342	13942	10650	750
山西	Shanxi	478.9	27	19	6	2	13887	10012	3577	298
内蒙古	Inner Mongolia	349.3	28	25	3		12954	9604	3350	
辽宁	Liaoning	872.2	38	32	3	3	26622	22442	2780	1400
吉林	Jilin	470.6	30	22	6	2	15234	9154	5500	580
黑龙江	Heilongjiang	524.9	35	28	6	1	18831	13888	4600	343
上海	Shanghai	784.7	15	5	9	1	29150	15350	13300	500
江苏	Jiangsu	1718.0	72	28	35	9	60665	14935	44210	1520
浙江	Zhejiang	1474.6	72	22	38	12	63626	16626	44585	2415
安徽	Anhui	612.0	39	16	18	5	24595	8735	15110	750
福建	Fujian	874.9	30	11	14	5	24896	6246	16350	2300
江西	Jiangxi	448.8	24	17	7		17318	12356	4962	
山东	Shandong	1700.8	88	34	40	14	57515	18653	36100	2762
河南	Henan	1019.6	45	37	7	1	25265	17865	7350	50
湖北	Hubei	954.2	49	32	11	6	31397	14847	12350	4200
湖南	Hunan	824.5	37	29	6	2	26647	16222	10300	125
广东	Guangdong	3035.4	99	54	37	8	107304	51668	53872	1764
广西	Guangxi	466.5	27	19	8		15896	9796	6100	
海南	Hainan	222.4	13	6	5	2	6438	2230	3908	300
重庆	Chongqing	549.2	25	18	6	1	17697	7047	10500	150
四川	Sichuan	1013.1	48	29	16	3	25441	9731	14810	900
贵州	Guizhou	338.5	25	13	10	2	15821	7656	7750	415
云南	Yunnan	435.8	30	20	10		12409	4479	7930	
西藏	Tibet	53.9	6	5	1		1501	801	700	
陕西	Shaanxi	650.2	25	24		1	19388	19288		100
甘肃	Gansu	281.2	27	22	4	1	10244	6294	3600	350
青海	Qinghai	113.5	8	7		1	1779	1659		120
宁夏	Ningxia	117.7	13	9	2	2	4830	2670	2000	160
新疆	Xinjiang	390.7	26	24	1	1	14312	13212	800	300

8-18 续表 continued

地区	Region	无害化处理量(万吨) Volume of Wastes Disposed (10 000 tons)	卫生填埋 Landfill	焚烧 Incinerate	其他 Others	生活垃圾无害化处理率(%) Treatment Rate of Consumption Wastes (%)
全国	**National Total**	**22565.4**	**11706.0**	**10184.9**	**674.4**	**99.0**
北京	Beijing	975.1	393.8	399.7	181.6	100.0
天津	Tianjin	278.5	142.0	136.5		94.5
河北	Hebei	754.2	386.1	343.3	24.8	99.8
山西	Shanxi	478.1	345.5	122.6	10.1	99.8
内蒙古	Inner Mongolia	348.6	255.5	93.1		99.8
辽宁	Liaoning	868.4	734.3	67.2	67.0	99.6
吉林	Jilin	410.5	270.3	132.2	8.0	87.2
黑龙江	Heilongjiang	456.4	349.3	100.5	6.6	86.9
上海	Shanghai	784.7	394.3	386.0	4.4	100.0
江苏	Jiangsu	1718.0	348.9	1328.7	40.5	100.0
浙江	Zhejiang	1474.6	454.8	981.3	38.5	100.0
安徽	Anhui	612.0	179.5	420.3	12.2	100.0
福建	Fujian	873.9	254.3	585.3	34.3	99.9
江西	Jiangxi	448.8	335.0	113.8		100.0
山东	Shandong	1700.8	499.4	1116.4	85.0	100.0
河南	Henan	1016.6	807.7	207.5	1.4	99.7
湖北	Hubei	954.0	501.6	409.3	43.1	100.0
湖南	Hunan	824.1	508.9	311.5	3.7	100.0
广东	Guangdong	3031.6	1739.4	1241.7	50.4	99.9
广西	Guangxi	466.5	313.0	153.5		100.0
海南	Hainan	222.4	80.7	133.7	8.0	100.0
重庆	Chongqing	549.1	292.1	256.9		100.0
四川	Sichuan	1006.0	439.7	558.2	8.0	99.3
贵州	Guizhou	325.3	184.8	130.4	10.0	96.1
云南	Yunnan	427.8	175.2	252.6		98.2
西藏	Tibet	51.8	23.3	28.5		96.0
陕西	Shaanxi	644.1	642.8		1.3	99.1
甘肃	Gansu	280.5	159.4	109.0	12.1	99.8
青海	Qinghai	109.0	90.7		18.3	96.0
宁夏	Ningxia	116.9	64.4	49.9	2.6	99.3
新疆	Xinjiang	357.2	339.3	15.5	2.5	91.4

8-19 环保重点城市道路交通噪声监测情况（2018年）
Monitoring of Urban Road Traffic Noise in Key Cities of Environmental Protection (2018)

城　市	City	等效声级 dB(A) Average Noise Value dB(A)	城　市	City	等效声级 dB(A) Average Noise Value dB(A)	城　市	City	等效声级 dB(A) Average Noise Value dB(A)
北　京	Beijing	69.0	温　州	Wenzhou	66.8	深　圳	Shenzhen	69.0
天　津	Tianjin	67.3	湖　州	Huzhou	68.0	珠　海	Zhuhai	67.8
石家庄	Shijiazhuang	67.2	绍　兴	Shaoxing	68.7	汕　头	Shantou	70.2
唐　山	Tangshan	69.2	合　肥	Hefei	69.0	湛　江	Zhanjiang	65.7
秦皇岛	Qinhuangdao	64.1	芜　湖	Wuhu	66.0	南　宁	Nanning	68.2
邯　郸	Handan	67.1	马鞍山	Maanshan	67.1	柳　州	Liuzhou	68.0
保　定	Baoding	69.1	福　州	Fuzhou	69.3	桂　林	Guilin	68.1
太　原	Taiyuan	69.7	厦　门	Xiamen	66.4	北　海	Beihai	65.6
大　同	Datong	68.2	泉　州	Quanzhou	69.4	海　口	Haikou	69.1
阳　泉	Yangquan	66.6	南　昌	Nanchang	67.1	重　庆	Chongqing	67.1
长　治	Changzhi	66.6	九　江	Jiujiang	67.9	成　都	Chengdu	69.7
临　汾	Linfen	64.4	济　南	Jinan	69.7	自　贡	Zigong	71.3
呼和浩特	Hohhot	68.7	青　岛	Qingdao	68.0	攀枝花	Panzhihua	69.7
包　头	Baotou	63.9	淄　博	Zibo	67.7	泸　州	Luzhou	70.6
赤　峰	Chifeng	67.4	枣　庄	Zaozhuang	66.9	德　阳	Deyang	66.2
沈　阳	Shenyang	69.8	烟　台	Yantai	67.2	绵　阳	Mianyang	70.3
大　连	Dalian	67.9	潍　坊	Weifang	67.7	南　充	Nanchong	67.0
鞍　山	Anshan	69.7	济　宁	Jinin	67.9	宜　宾	Yibin	67.5
抚　顺	Fushun	69.6	泰　安	Taian	66.8	贵　阳	Guiyang	69.3
本　溪	Benxi	68.7	日　照	Rizhao	61.4	遵　义	Zunyi	69.7
锦　州	Jinzhou	68.8	郑　州	Zhengzhou	68.0	昆　明	Kunming	67.1
长　春	Changchun	69.6	开　封	Kaifeng	68.7	曲　靖	Qujing	64.2
吉　林	Jilin	69.6	洛　阳	Luoyang	66.5	玉　溪	Yuxi	64.0
哈尔滨	Harbin	73.9	平顶山	Pingdingshan	66.6	拉　萨	Lhasa	67.0
齐齐哈尔	Qiqihar	68.2	安　阳	Anyang	68.0	西　安	Xi'an	69.8
牡丹江	Mudanjiang	68.3	焦　作	Jiaozuo	65.6	铜　川	Tongchuan	68.1
上　海	Shanghai	69.3	三门峡	Sanmenxia	67.7	宝　鸡	Baoji	68.7
南　京	Nanjing	67.5	武　汉	Wuhan	70.1	咸　阳	Xianyang	67.6
无　锡	Wuxi	65.3	宜　昌	Yichang	68.9	渭　南	Weinan	66.2
徐　州	Xuzhou	69.2	荆　州	Jingzhou	69.5	延　安	Yan'an	66.0
常　州	Changzhou	66.9	长　沙	Changsha	69.9	兰　州	Lanzhou	68.5
苏　州	Suzhou	67.1	株　洲	Zhuzhou	64.8	金　昌	Jinchang	64.0
南　通	Nantong	67.6	湘　潭	Xiangtan	66.4	西　宁	Xining	68.2
连云港	Lianyungang	65.5	岳　阳	Yueyang	70.0	银　川	Yinchuan	66.8
扬　州	Yangzhou	69.0	常　德	Changde	68.3	石嘴山	Shizuishan	64.3
镇　江	Zhenjiang	66.7	张家界	Zhangjiajie	69.8	乌鲁木齐	Urumqi	67.7
杭　州	Hangzhou	67.8	广　州	Guangzhou	68.9	克拉玛依	Karamay	64.8
宁　波	Ningbo	68.6	韶　关	Shaoguan	67.3			

8-20 环保重点城市区域环境噪声监测情况（2018年）

Monitoring of Urban Environment Noise in Key Cities of Environmental Protection (2018)

城市	City	等效声级 dB(A) Average Noise Value dB(A)	城市	City	等效声级 dB(A) Average Noise Value dB(A)	城市	City	等效声级 dB(A) Average Noise Value dB(A)
北京	Beijing	53.7	温州	Wenzhou	54.9	深圳	Shenzhen	57.2
天津	Tianjin	54.3	湖州	Huzhou	52.0	珠海	Zhuhai	56.0
石家庄	Shijiazhuang	56.0	绍兴	Shaoxing	52.3	汕头	Shantou	57.1
唐山	Tangshan	51.7	合肥	Hefei	55.4	湛江	Zhanjiang	55.4
秦皇岛	Qinhuangdao	51.5	芜湖	Wuhu	54.9	南宁	Nanning	56.6
邯郸	Handan	54.3	马鞍山	Maanshan	57.0	柳州	Liuzhou	55.3
保定	Baoding	60.4	福州	Fuzhou	57.6	桂林	Guilin	53.8
太原	Taiyuan	55.7	厦门	Xiamen	55.3	北海	Beihai	52.2
大同	Datong	51.3	泉州	Quanzhou	56.5	海口	Haikou	56.1
阳泉	Yangquan	55.4	南昌	Nanchang	54.4	重庆	Chongqing	53.2
长治	Changzhi	53.2	九江	Jiujiang	53.3	成都	Chengdu	55.3
临汾	Linfen	50.9	济南	Jinan	53.3	自贡	Zigong	59.3
呼和浩特	Hohhot	54.4	青岛	Qingdao	56.9	攀枝花	Panzhihua	51.5
包头	Baotou	54.4	淄博	Zibo	55.2	泸州	Luzhou	52.8
赤峰	Chifeng	55.5	枣庄	Zaozhuang	54.7	德阳	Deyang	52.5
沈阳	Shenyang	54.7	烟台	Yantai	54.6	绵阳	Mianyang	56.8
大连	Dalian	54.6	潍坊	Weifang	55.5	南充	Nanchong	51.2
鞍山	Anshan	54.7	济宁	Jinin	50.7	宜宾	Yibin	54.8
抚顺	Fushun	52.4	泰安	Taian	55.0	贵阳	Guiyang	58.2
本溪	Benxi	54.8	日照	Rizhao	49.5	遵义	Zunyi	55.5
锦州	Jinzhou	53.5	郑州	Zhengzhou	55.6	昆明	Kunming	54.4
长春	Changchun	55.8	开封	Kaifeng	52.3	曲靖	Qujing	51.4
吉林	Jilin	53.3	洛阳	Luoyang	53.1	玉溪	Yuxi	53.9
哈尔滨	Harbin	59.5	平顶山	Pingdingshan	54.9	拉萨	Lhasa	49.1
齐齐哈尔	Qiqihar	52.5	安阳	Anyang	54.3	西安	Xi'an	56.1
牡丹江	Mudanjiang	54.6	焦作	Jiaozuo	54.6	铜川	Tongchuan	55.1
上海	Shanghai	54.6	三门峡	Sanmenxia	54.0	宝鸡	Baoji	57.2
南京	Nanjing	54.1	武汉	Wuhan	56.4	咸阳	Xianyang	58.6
无锡	Wuxi	56.7	宜昌	Yichang	52.0	渭南	Weinan	56.6
徐州	Xuzhou	55.8	荆州	Jingzhou	55.7	延安	Yan'an	57.2
常州	Changzhou	55.6	长沙	Changsha	53.9	兰州	Lanzhou	54.7
苏州	Suzhou	54.3	株洲	Zhuzhou	55.3	金昌	Jinchang	51.8
南通	Nantong	56.2	湘潭	Xiangtan	53.8	西宁	Xining	52.1
连云港	Lianyungang	53.2	岳阳	Yueyang	53.1	银川	Yinchuan	53.0
扬州	Yangzhou	54.1	常德	Changde	55.9	石嘴山	Shizuishan	49.6
镇江	Zhenjiang	54.1	张家界	Zhangjiajie	52.3	乌鲁木齐	Urumqi	54.7
杭州	Hangzhou	56.8	广州	Guangzhou	55.5	克拉玛依	Karamay	53.7
宁波	Ningbo	56.1	韶关	Shaoguan	56.6			

8-21 分地区耕地面积
Area of Cultivated Land at Year-end by Region

单位：千公顷 (1 000 hectares)

地 区	Region	2012	2013	2014	2015	2016	2017
地方合计	**Region Total**	**135158.4**	**135163.4**	**135057.3**	**134998.7**	**134920.9**	**134881.2**
北 京	Beijing	220.9	221.2	219.9	219.3	216.3	213.7
天 津	Tianjin	439.3	438.3	437.2	436.9	436.9	436.8
河 北	Hebei	6558.3	6551.2	6535.5	6525.5	6520.5	6518.9
山 西	Shanxi	4064.2	4062.0	4056.8	4058.8	4056.8	4056.3
内蒙古	Inner Mongolia	9186.9	9199.0	9230.7	9238.0	9257.9	9270.8
辽 宁	Liaoning	4998.9	4989.7	4981.7	4977.4	4974.5	4971.6
吉 林	Jilin	7013.7	7006.5	7001.4	6999.2	6993.4	6986.7
黑龙江	Heilongjiang	15845.9	15864.1	15860.0	15854.1	15850.1	15845.7
上 海	Shanghai	188.2	188.0	188.2	189.8	190.7	191.6
江 苏	Jiangsu	4584.7	4581.6	4574.2	4574.9	4571.1	4573.3
浙 江	Zhejiang	1979.4	1978.5	1976.6	1978.6	1974.7	1977.0
安 徽	Anhui	5881.3	5883.1	5872.1	5872.9	5867.5	5866.8
福 建	Fujian	1338.4	1338.7	1336.4	1336.3	1336.3	1336.9
江 西	Jiangxi	3083.5	3087.3	3085.4	3082.7	3082.2	3086.0
山 东	Shandong	7635.7	7633.5	7620.6	7611.0	7606.9	7589.8
河 南	Henan	8156.8	8140.7	8117.9	8105.9	8111.0	8112.3
湖 北	Hubei	5290.0	5281.8	5261.7	5255.0	5245.3	5235.9
湖 南	Hunan	4146.2	4149.5	4149.0	4150.2	4148.7	4151.0
广 东	Guangdong	2614.4	2621.8	2623.3	2615.9	2607.6	2599.7
广 西	Guangxi	4414.2	4419.4	4410.3	4402.3	4395.1	4387.5
海 南	Hainan	726.7	726.7	725.7	725.9	722.7	722.4
重 庆	Chongqing	2451.3	2455.8	2454.6	2430.5	2382.5	2369.8
四 川	Sichuan	6732.1	6734.8	6734.2	6731.4	6732.9	6725.2
贵 州	Guizhou	4552.2	4548.1	4540.1	4537.4	4530.2	4518.8
云 南	Yunnan	6224.9	6219.8	6207.4	6208.5	6207.8	6213.3
西 藏	Tibet	442.2	441.8	442.5	443.0	444.6	444.0
陕 西	Shaanxi	3985.5	3992.0	3994.8	3995.2	3989.5	3982.9
甘 肃	Gansu	5383.5	5378.8	5377.9	5374.9	5372.4	5377.0
青 海	Qinghai	588.5	588.2	585.7	588.4	589.4	590.1
宁 夏	Ningxia	1282.7	1281.1	1285.9	1290.1	1288.8	1289.9
新 疆	Xinjiang	5148.1	5160.2	5169.5	5188.9	5216.5	5239.6

注：本表数据来源于自然资源部，为当年全国土地变更调查数据。
a) Data in this table come from the Ministry of Land and Resources, and are from national land change survey that year.

8-22 分地区土地利用情况（2017年）
Land Use by Region (2017)

单位：千公顷 (1 000 hectares)

地区	Region	农用地 Land for Agriculture Use	#园地 Garden Land	#牧草地 Grass Land	建设用地 Land for Construction	居民点及工矿用地 Land for Inhabitation, Mining and Manufacturing	交通运输用地 Land for Transport Facilities	水利设施用地 Land for Water Conservancy Facilities
全国	**National Total**	**644863.6**	**14214.2**	**219320.3**	**39574.1**	**32131.0**	**3833.5**	**3609.5**
北京	Beijing	1146.7	132.8	0.2	360.2	306.8	32.8	20.6
天津	Tianjin	692.1	29.6		417.3	333.3	30.3	53.7
河北	Hebei	13064.4	832.3	401.0	2241.6	1938.0	194.8	108.9
山西	Shanxi	10026.2	405.8	33.7	1040.0	894.1	108.2	37.7
内蒙古	Inner Mongolia	82880.6	56.4	49507.0	1673.4	1369.7	233.9	69.7
辽宁	Liaoning	11533.1	467.8	3.2	1644.2	1342.9	163.6	137.7
吉林	Jilin	16592.6	65.8	236.0	1105.9	870.9	96.6	138.5
黑龙江	Heilongjiang	39912.7	44.6	1094.9	1636.9	1233.3	158.2	245.4
上海	Shanghai	313.4	16.5	0.0	308.8	274.9	30.7	3.2
江苏	Jiangsu	6470.4	297.2	0.1	2311.0	1914.6	232.8	163.6
浙江	Zhejiang	8588.9	574.3	0.3	1318.2	1024.1	151.7	142.5
安徽	Anhui	11121.9	346.5	0.5	2014.9	1660.5	149.4	205.0
福建	Fujian	10862.4	766.5	0.3	844.2	640.9	130.8	72.5
江西	Jiangxi	14411.5	320.7	0.7	1306.2	988.0	115.8	202.4
山东	Shandong	11486.1	714.3	5.8	2883.7	2425.8	224.1	233.8
河南	Henan	12655.7	213.3	0.3	2644.3	2267.8	189.5	187.0
湖北	Hubei	15729.6	480.2	2.0	1737.2	1332.2	131.7	273.3
湖南	Hunan	18166.6	653.1	13.6	1653.3	1352.4	148.3	152.5
广东	Guangdong	14916.5	1260.7	3.1	2072.3	1681.5	195.8	195.1
广西	Guangxi	19526.8	1080.5	5.2	1252.8	929.1	142.5	181.2
海南	Hainan	2967.4	917.0	19.2	348.3	262.6	27.6	58.1
重庆	Chongqing	7056.8	270.9	45.5	684.6	580.3	65.5	38.8
四川	Sichuan	42133.2	726.9	10956.6	1870.0	1581.3	157.2	131.5
贵州	Guizhou	14725.9	162.1	72.2	728.2	579.5	107.0	41.8
云南	Yunnan	32927.9	1628.2	147.0	1105.2	866.1	120.6	118.4
西藏	Tibet	87230.2	1.5	70683.0	157.2	106.7	42.2	8.3
陕西	Shaanxi	18562.6	816.4	2169.4	968.0	822.2	109.3	36.5
甘肃	Gansu	18547.9	255.8	5918.6	922.3	794.2	88.8	39.3
青海	Qinghai	45088.0	6.0	40794.6	359.0	242.2	53.3	63.4
宁夏	Ningxia	3806.9	50.0	1491.7	323.7	273.7	40.7	9.4
新疆	Xinjiang	51718.7	620.7	35714.8	1641.1	1241.2	159.8	240.1

8-23 分地区森林资源情况
Forest Resources by Region

地 区	Region	林业用地面积 (万公顷) Area of Afforested Land (10 000 hectares)	森林面积 (万公顷) Forest Area (10 000 hectares)	#人工林 Man-made Forest	森林覆盖率 (%) Forest Coverage Rate (%)	活立木总蓄积量 (万立方米) Total Standing Forest Stock (10 000 cu.m)	森林蓄积量 (万立方米) Stock Volume of Forest (10 000 cu.m)
全 国	**National Total**	**32591.12**	**22044.62**	**8003.10**	**22.96**	**1900713.20**	**1756022.99**
北 京	Beijing	107.10	71.82	43.48	43.77	3000.81	2437.36
天 津	Tianjin	20.39	13.64	12.98	12.07	620.56	460.27
河 北	Hebei	775.64	502.69	263.54	26.78	15920.34	13737.98
山 西	Shanxi	787.25	321.09	167.63	20.50	14778.65	12923.37
内蒙古	Inner Mongolia	4499.17	2614.85	600.01	22.10	166271.98	152704.12
辽 宁	Liaoning	735.92	571.83	315.32	39.24	30888.53	29749.18
吉 林	Jilin	904.79	784.87	175.94	41.49	105368.45	101295.77
黑龙江	Heilongjiang	2453.77	1990.46	243.26	43.78	199999.41	184704.09
上 海	Shanghai	10.19	8.90	8.90	14.04	664.32	449.59
江 苏	Jiangsu	174.98	155.99	150.83	15.20	9609.62	7044.48
浙 江	Zhejiang	659.77	604.99	244.65	59.43	31384.86	28114.67
安 徽	Anhui	449.33	395.85	232.91	28.65	26145.10	22186.55
福 建	Fujian	924.40	811.58	385.59	66.80	79711.29	72937.63
江 西	Jiangxi	1079.90	1021.02	368.70	61.16	57564.29	50665.83
山 东	Shandong	349.34	266.51	256.11	17.51	13040.49	9161.49
河 南	Henan	520.74	403.18	245.78	24.14	26564.48	20719.12
湖 北	Hubei	876.09	736.27	197.42	39.61	39579.82	36507.91
湖 南	Hunan	1257.59	1052.58	501.51	49.69	46141.03	40715.73
广 东	Guangdong	1080.29	945.98	615.51	53.52	50063.49	46755.09
广 西	Guangxi	1629.50	1429.65	733.53	60.17	74433.24	67752.45
海 南	Hainan	217.50	194.49	140.40	57.36	16347.14	15340.15
重 庆	Chongqing	421.71	354.97	95.93	43.11	24412.17	20678.18
四 川	Sichuan	2454.52	1839.77	502.22	38.03	197201.77	186099.00
贵 州	Guizhou	927.96	771.03	315.45	43.77	44464.57	39182.90
云 南	Yunnan	2599.44	2106.16	507.68	55.04	213244.99	197265.84
西 藏	Tibet	1798.19	1490.99	7.84	12.14	230519.15	228254.42
陕 西	Shaanxi	1236.79	886.84	310.53	43.06	51023.42	47866.70
甘 肃	Gansu	1046.35	509.73	126.56	11.33	28386.88	25188.89
青 海	Qinghai	819.16	419.75	19.10	5.82	5556.86	4864.15
宁 夏	Ningxia	179.52	65.60	43.55	12.63	1111.14	835.18
新 疆	Xinjiang	1371.26	802.23	121.42	4.87	46490.95	39221.50

注：1.本表为第九次全国森林资源清查（2014-2018)资料。

2.全国总计数包括台湾省和香港、澳门特别行政区数据。

a) Data in the table are the figures of the Ninth National Forestry Survey (2014-2018).

b) Data of national total include forest resources in Taiwan province and Hong Kong SAR and Macao SAR.

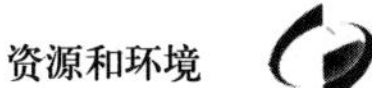

8-24 造　林　面　积
Area of Afforestation

单位：公顷 (hectare)

年份 地区	Year Region	造林总面积 Total Area of Afforestation	按造林方式分 By Approach				
			人工造林 Manual Planting	飞播造林 Airplane Planting	新封山育林 New Closing Hillsides for Afforestation	退化林修复 Restoration of Degraded Forest	人工更新 Artificial Regeneration
	2000	5105138	4345008	760130			
	2005	5403791	3231556	416386	1755849		
	2006	3838794	2446122	271803	1120869		
	2007	3907711	2738521	118671	1050519		
	2008	5354387	3684913	154065	1515409		
	2009	6262330	4156293	226337	1879700		
	2010	5909919	3872762	195948	1841209		
	2011	5996613	4065693	196931	1733989		
	2012	5595791	3820704	136409	1638678		
	2013	6100057	4209686	154400	1735971		
	2014	5549612	4052912	108055	1388645		
	2015	7683695	4362589	128390	2152877	739334	300505
	2016	7203509	3823656	162322	1953638	991088	272805
	2017	7680711	4295890	141220	1657169	1280993	305439
	2018	7299473	3677952	135429	1785067	1329166	371859
北　京	Beijing	29979	18427		10001	744	807
天　津	Tianjin	8648	8648				
河　北	Hebei	600956	359045	14934	223827	238	2912
山　西	Shanxi	340148	308020		32128		
内蒙古	Inner Mongolia	599979	317967	61146	107537	92497	20832
辽　宁	Liaoning	167978	62353	13333	55334	25673	11285
吉　林	Jilin	122657	48260			62685	11712
黑龙江	Heilongjiang	96639	45678		30863	19692	406
上　海	Shanghai	3183	3183				
江　苏	Jiangsu	43356	41283			124	1949
浙　江	Zhejiang	63643	7462		1798	46964	7419
安　徽	Anhui	138493	55718		39965	38815	3995
福　建	Fujian	193393	6517		112846	18882	55148
江　西	Jiangxi	308143	88556		70193	144835	4559
山　东	Shandong	147481	118745			3188	25548
河　南	Henan	173596	137272	13336	18890	4098	
湖　北	Hubei	330657	143803		63178	119578	4098
湖　南	Hunan	584316	188114		168002	223819	4381
广　东	Guangdong	270462	85178		99798	63696	21790
广　西	Guangxi	247800	46828		29421	6085	165466
海　南	Hainan	10496	2657				7839
重　庆	Chongqing	270003	110058		62225	89521	8199
四　川	Sichuan	436816	257961		70746	96135	11974
贵　州	Guizhou	346676	205917		84347	56412	
云　南	Yunnan	374796	261079		67692	45937	88
西　藏	Tibet	75039	39883		35156		
陕　西	Shaanxi	348094	160912	27004	75220	84958	
甘　肃	Gansu	392765	296021	667	85410	10667	
青　海	Qinghai	205904	70031		135873		
宁　夏	Ningxia	100055	44828		14939	40288	
新　疆	Xinjiang	243788	134881	5009	89678	12768	1452
大兴安岭	Daxinganling	23534	2667			20867	

注：自2015年起造林面积包括人工造林、飞播造林、新封山育林、退化林修复和人工更新。

a) Since 2015, total area of afforestation includes that of manual planting, aiplance planting, new closing hillsides for afforestation, restoration of degraded forest, artificial regeneration.

8-25 分地区草原建设利用情况(2017年)
Grassland Construction and Utilization by Region (2017)

单位：千公顷 (1 000 hectares)

地 区	Region	草原总面积 Area of Grassland	累计种草保留面积 Accumulated Grass Reserved	当年新增种草面积 Newly Increased Grassland This Year	草原鼠害 Rodent Pests in Grassland		草原虫害 Insect Pests in Grassland		草原火灾受害面积(公顷) Area Affected by Fire (hectare)
					危害面积 Area Harmed	治理面积 Area Harnessed	危害面积 Area Harmed	治理面积 Area Harnessed	
全 国	**National Total**	**392832.7**	**19036.0**	**6119.1**	**28446.0**	**7464.7**	**12960.0**	**4382.0**	**3051.9**
北 京	Beijing	394.8							
天 津	Tianjin	146.6	5.6	2.6					
河 北	Hebei	4712.1	215.5	114.6	256.7	201.3	331.3	220.7	
山 西	Shanxi	4552.0	392.7	146.0	396.7	135.3	291.3	85.3	
内蒙古	Inner Mongolia	78804.5	3683.5	1788.2	3934.0	1137.3	4904.0	1650.0	2153.6
辽 宁	Liaoning	3388.8	506.3	78.2	280.7	176.0	288.7	137.3	13.3
吉 林	Jilin	5842.2	329.7	158.3	200.7	128.7	126.7	72.0	
黑龙江	Heilongjiang	7531.8	408.1	181.1	192.0	121.3	213.3	108.7	
上 海	Shanghai	73.3							
江 苏	Jiangsu	412.7	18.6	16.4					
浙 江	Zhejiang	3169.9							
安 徽	Anhui	1663.2	76.5	64.8					
福 建	Fujian	2048.0	32.2	20.6					
江 西	Jiangxi	4442.3	179.4	105.9					
山 东	Shandong	1638.0	160.3	147.5					
河 南	Henan	4433.8	86.1	70.3					
湖 北	Hubei	6352.2	199.8	65.7					
湖 南	Hunan	6372.7	230.1	85.1					
广 东	Guangdong	3266.2	39.4	23.7					
广 西	Guangxi	8698.3	103.8	24.5					
海 南	Hainan	949.8	12.2	2.4					
重 庆	Chongqing	2158.4	78.1	39.3					
四 川	Sichuan	20380.4	2875.3	610.6	2716.0	384.0	794.7	238.7	400.7
贵 州	Guizhou	4287.3	302.6	131.8					
云 南	Yunnan	15308.4	1443.2	326.3					
西 藏	Tibet	82051.9	216.2	28.0	3000.0	2006.0	187.3	66.7	
陕 西	Shaanxi	5206.2	891.6	135.2	473.3	138.0	147.3	38.7	
甘 肃	Gansu	17904.2	2559.6	705.9	3440.7	551.3	1226.0	300.0	58.7
青 海	Qinghai	36369.7	1425.6	303.9	8226.0	856.7	1092.0	203.3	423.6
宁 夏	Ningxia	3014.1	718.2	146.4	276.7	173.3	340.0	146.7	
新 疆	Xinjiang	57258.8	1845.5	595.8	5052.7	1455.3	3017.3	1114.0	2.0

8-26 分地区湿地面积
Area of Wetlands by Region

地 区	Region	湿地面积(千公顷) Area of Wetlands (1 000 hectares)	自然湿地 Natural Wetlands	近海与海岸 Coasts and Seashores	河 流 Rivers	湖 泊 Lakes	沼 泽 Marshland	人工湿地 Man-made Wetlands	湿地面积占辖区面积比重 (%) Proportion of Wetlands in Total Area of Territory (%)
全 国	**National Total**	**53602.6**	**46674.7**	**5795.9**	**10552.1**	**8593.8**	**21732.9**	**6745.9**	**5.58**
北 京	Beijing	48.1	24.2		22.7	0.2	1.3	23.9	2.86
天 津	Tianjin	295.6	151.1	104.3	32.3	3.6	10.9	144.5	23.94
河 北	Hebei	941.9	694.6	231.9	212.5	26.6	223.6	247.3	5.04
山 西	Shanxi	151.9	108.1		96.9	3.1	8.1	43.8	0.97
内蒙古	Inner Mongolia	6010.6	5878.8		463.7	566.2	4848.9	131.8	5.08
辽 宁	Liaoning	1394.8	1077.7	713.2	251.5	2.9	110.1	317.1	9.42
吉 林	Jilin	997.6	862.9		223.5	112.0	527.4	134.7	5.32
黑龙江	Heilongjiang	5143.3	4953.8		733.5	356.0	3864.3	189.5	11.31
上 海	Shanghai	464.6	409.0	386.6	7.3	5.8	9.3	55.6	73.27
江 苏	Jiangsu	2822.8	1948.8	1087.5	296.6	536.7	28.0	874.0	27.51
浙 江	Zhejiang	1110.1	843.3	692.5	141.2	8.9	0.7	266.8	10.91
安 徽	Anhui	1041.8	713.6		309.6	361.1	42.9	328.2	7.46
福 建	Fujian	871.0	711.2	575.6	135.1	0.3	0.2	159.8	7.18
江 西	Jiangxi	910.1	710.7		310.8	374.1	25.8	199.4	5.45
山 东	Shandong	1737.5	1103.0	728.5	257.8	62.6	54.1	634.5	11.07
河 南	Henan	627.9	380.7		368.9	6.9	4.9	247.2	3.76
湖 北	Hubei	1445.0	764.2		450.4	276.9	36.9	680.8	7.77
湖 南	Hunan	1019.7	813.5		398.4	385.8	29.3	206.2	4.81
广 东	Guangdong	1753.4	1158.1	815.1	337.9	1.5	3.6	595.3	9.76
广 西	Guangxi	754.3	536.6	259.0	268.9	6.3	2.4	217.7	3.20
海 南	Hainan	320.0	242.0	201.7	39.7	0.6		78.0	9.14
重 庆	Chongqing	207.2	87.7		87.3	0.3	0.1	119.5	2.51
四 川	Sichuan	1747.8	1665.6		452.3	37.4	1175.9	82.2	3.61
贵 州	Guizhou	209.7	151.6		138.1	2.5	11.0	58.1	1.19
云 南	Yunnan	563.5	392.5		241.8	118.5	32.2	171.0	1.43
西 藏	Tibet	6529.0	6524.0		1434.5	3035.2	2054.3	5.0	5.35
陕 西	Shaanxi	308.5	276.2		257.6	7.6	11.0	32.3	1.50
甘 肃	Gansu	1693.9	1642.4		381.7	15.9	1244.8	51.5	3.73
青 海	Qinghai	8143.6	8001.0		885.3	1470.3	5645.4	142.6	11.27
宁 夏	Ningxia	207.2	169.5		97.9	33.5	38.1	37.7	4.00
新 疆	Xinjiang	3948.2	3678.3		1216.4	774.5	1687.4	269.9	2.38

注：1.本表为中国第二次湿地调查(2009-2013)资料。

2.全国总计数包括台湾省和香港、澳门特别行政区数据。全国湿地面积按类型分不包括台湾省和香港、澳门特别行政区数据。

a) Data in the table are the figures of China Second Wetlands Survey (2009-2013).

b) Data of national total include forest resources in Taiwan province, Hong Kong SAR and Macao SAR. Area of national wetlands by type does not include Taiwan province, Hong Kong SAR and Macao SAR.

8-27 分地区自然保护基本情况（2017年）
Basic Situation of Natural Protection by Region (2017)

地 区	Region	自然保护区个数（个）Number of Nature Reserves (unit)	自然保护区面积（万公顷）Area of Nature Reserves (10 000 hectares)	保护区面积占辖区面积比重（%）Area of Nature Reserves as Percentage of Area of Jurisdiction (%)
全 国	**National Total**	**2750**	**14716.7**	**14.3**
北 京	Beijing	20	13.5	8.2
天 津	Tianjin	8	9.1	7.6
河 北	Hebei	45	70.9	3.7
山 西	Shanxi	46	110.2	7.0
内蒙古	Inner Mongolia	182	1270.3	10.7
辽 宁	Liaoning	105	267.3	13.4
吉 林	Jilin	51	252.6	13.5
黑龙江	Heilongjiang	250	791.6	16.7
上 海	Shanghai	4	13.7	5.3
江 苏	Jiangsu	31	53.6	3.8
浙 江	Zhejiang	37	21.2	1.7
安 徽	Anhui	106	50.6	3.6
福 建	Fujian	92	44.5	3.2
江 西	Jiangxi	200	122.4	7.3
山 东	Shandong	88	113.6	4.9
河 南	Henan	33	77.8	4.7
湖 北	Hubei	80	106.3	5.7
湖 南	Hunan	128	122.5	5.8
广 东	Guangdong	384	185.0	7.1
广 西	Guangxi	78	135.0	5.5
海 南	Hainan	49	270.7	6.9
重 庆	Chongqing	57	80.2	9.6
四 川	Sichuan	169	830.1	17.1
贵 州	Guizhou	124	89.4	5.1
云 南	Yunnan	160	288.2	7.3
西 藏	Tibet	47	4137.1	33.7
陕 西	Shaanxi	60	113.1	5.5
甘 肃	Gansu	60	887.1	20.8
青 海	Qinghai	11	2177.3	30.1
宁 夏	Ningxia	14	53.3	8.0
新 疆	Xinjiang	31	1958.4	11.8

8-28 分地区自然灾害损失情况(2018年)
Loss Caused by Natural Disasters by Region (2018)

单位：千公顷 (1 000 hectares)

地区	Region	农作物受灾面积合计 Total Areas Affected of Farm Crops		旱灾 Drought		洪涝、山体滑坡、泥石流和台风 Flood, Waterlogging, Landslides and Debris Flow, Typhoon		风雹灾害 Wind and Hail	
		受灾 Area Affected	绝收 Total Crop Failure	受灾 Area Affected	绝收 Total Crop Failure	受灾 Area Affected	绝收 Total Crop Failure	受灾 Area Affected	绝收 Total Crop Failure
全国	**National Total**	**20814.3**	**2585.0**	**7711.8**	**922.4**	**7283.1**	**1009.9**	**2406.8**	**196.6**
北京	Beijing	4.7	0.4			2.6	0.4	1.6	
天津	Tianjin	14.4	0.8			14.3	0.7	0.1	0.1
河北	Hebei	557.0	80.3	44.0	13.0	252.2	23.7	139.7	6.2
山西	Shanxi	830.8	185.6	150.0	8.7	140.7	21.3	23.0	1.3
内蒙古	Inner Mongolia	2629.8	559.2	1427.0	388.9	672.6	146.0	204.7	15.0
辽宁	Liaoning	1467.3	277.7	1167.5	239.1	242.9	34.7	56.9	3.9
吉林	Jilin	1319.7	131.8	1086.0	104.3	71.1	10.2	162.6	17.3
黑龙江	Heilongjiang	4155.0	275.7	2294.0	14.5	1090.2	227.2	384.5	18.0
上海	Shanghai	7.3				7.3			
江苏	Jiangsu	380.0	34.7	5.8	0.2	258.1	31.5	99.4	2.8
浙江	Zhejiang	168.6	1.7			46.0	1.5	3.4	
安徽	Anhui	863.2	111.5			559.4	99.8	36.9	0.5
福建	Fujian	78.7	3.5	23.9	0.5	43.5	3.0	0.8	
江西	Jiangxi	530.7	60.4	309.7	29.7	167.0	28.1	19.4	0.9
山东	Shandong	983.8	97.2	22.9	0.3	851.2	85.3	103.2	7.8
河南	Henan	1167.7	86.1	4.3	0.8	829.8	56.8	99.1	3.6
湖北	Hubei	1076.1	89.0	515.1	54.2	147.1	10.6	19.2	3.7
湖南	Hunan	625.6	60.9	342.9	30.9	90.0	9.7	37.3	4.4
广东	Guangdong	547.8	27.1			537.4	26.5		
广西	Guangxi	150.0	10.2	6.9	0.6	138.7	8.7	4.4	0.9
海南	Hainan	32.4	2.5			32.4	2.5		
重庆	Chongqing	70.9	12.2	1.7	0.2	30.5	7.2	33.9	4.7
四川	Sichuan	484.0	65.4	98.7	7.8	357.7	56.0	27.3	1.5
贵州	Guizhou	291.7	56.3	132.2	24.3	39.8	6.4	98.3	24.7
云南	Yunnan	274.8	46.1			171.1	34.1	33.5	5.7
西藏	Tibet	9.7	3.1	0.3		9.4	3.1		
陕西	Shaanxi	382.4	70.0	4.2		91.6	18.1	51.2	8.6
甘肃	Gansu	764.2	159.4	50.1	4.4	257.5	41.1	90.4	17.5
青海	Qinghai	51.9	5.4	14.6		25.3	4.0	10.8	0.8
宁夏	Ningxia	148.1	17.5			69.9	6.1	21.5	4.7
新疆	Xinjiang	746.0	53.3	10.0		35.8	5.6	643.7	42.0

8-28 续表 continued

单位：千公顷 (1 000 hectares)

地区 Region	低温冷冻和雪灾 Low-temperature, Freezing and Snow Disaster		人口受灾 Population		直接经济损失（亿元） Direct Economic Loss (100 million yuan)
	受灾 Area Affected	绝收 Total Crop Failure	受灾人口（万人次） Population Affected (10 000 person-times)	死亡人口(含失踪)（人） Deaths (including missing) (person)	
全 国 National Total	**3412.6**	**456.1**	**13553.9**	**589**	**2644.6**
北 京 Beijing	0.5		15.7		18.8
天 津 Tianjin			10.9		1.0
河 北 Hebei	121.1	37.4	503.9	4	41.3
山 西 Shanxi	517.1	154.3	619.1	13	109.2
内蒙古 Inner Mongolia	325.5	9.3	484.2	25	144.5
辽 宁 Liaoning			680.3		90.2
吉 林 Jilin			383.7		88.5
黑龙江 Heilongjiang	386.3	16.0	362.3	4	87.5
上 海 Shanghai			40.8		0.9
江 苏 Jiangsu	16.7	0.2	348.3	17	41.3
浙 江 Zhejiang	119.2	0.2	139.9	2	36.8
安 徽 Anhui	266.9	11.2	728.3	35	138.2
福 建 Fujian	10.5		115.1	8	38.1
江 西 Jiangxi	34.6	1.7	621.1	37	58.8
山 东 Shandong	6.5	3.8	889.3	39	289.6
河 南 Henan	234.5	24.9	1332.3	15	63.5
湖 北 Hubei	394.7	20.5	1026.3	11	81.1
湖 南 Hunan	155.4	15.9	698.5	26	64.5
广 东 Guangdong	10.4	0.6	675.2	26	258.6
广 西 Guangxi			224.6	36	14.5
海 南 Hainan			60.2	1	6.0
重 庆 Chongqing	4.8	0.1	148.2	26	18.6
四 川 Sichuan	0.3	0.1	836.8	34	340.5
贵 州 Guizhou	21.4	0.9	508.2	9	39.1
云 南 Yunnan	70.2	6.3	480.2	64	162.9
西 藏 Tibet			23.5	12	7.7
陕 西 Shaanxi	235.4	43.3	330.7	13	64.1
甘 肃 Gansu	366.2	96.4	922.8	73	249.8
青 海 Qinghai	1.2	0.6	72.9	16	28.2
宁 夏 Ningxia	56.7	6.7	42.6	1	7.3
新 疆 Xinjiang	56.5	5.7	228.0	42	53.5

注：农作物受灾面积合计、受灾人口、死亡人口(含失踪)和直接经济损失含地震、森林、海洋等灾害。

a) Total areas affected of farm crops, population affected, deaths (including missing) and direct economic loss include earthquake, forest disasters and sea disasters.

8-29 地质灾害及防治情况
Geological Disasters and Prevention and Cure

年份 Year 地区 Region	发生地质灾害数量(处) Geological Disasters (unit)	#滑坡 Land-slide	#崩塌 Collapse	#泥石流 Mud-rock Flow	#地面塌陷 Land Subside	人员伤亡(人) Casualties (person)	#死亡人数 Deaths	直接经济损失(万元) Direct Economic Losses (10 000 yuan)	地质灾害防治项目数(个) Number of Projects of Prevention of Geological Disasters (unit)	地质灾害防治投资(万元) Investment of Projects of Prevention of Geological Disasters (10 000 yuan)
2000	19653	13431	2945	1958	347	27697	1179	494201	429	33197
2005	17751	9367	7654	566	137	1223	578	357678	3179	166860
2006	102804	88523	13160	417	398	1227	663	431590	2914	193570
2007	25364	15478	7722	1215	578	1123	598	247528	3492	244885
2008	26580	13450	8080	843	454	1598	656	326936	5325	529939
2009	10580	6310	2378	1442	326	845	331	190109	28061	542368
2010	30670	22250	5688	1981	478	3445	2244	638509	28106	1159813
2011	15804	11504	2445	1356	386	413	244	413151	20871	928085
2012	14675	11112	2152	952	364	636	293	625253	26882	1024183
2013	15374	9832	3288	1547	385	929	482	1043568	36984	1235363
2014	10937	8149	1860	554	307	637	360	567027	32019	1634039
2015	8355	5668	1870	483	292	422	226	250528	26289	1762663
2016	10997	8194	1905	652	225	593	362	354290	28190	1360234
2017	7521	5524	1356	387	206	523	329	359477	17602	1635941
2018	2966	1631	858	339	122	185	105	147128		
北京 Beijing	21	2	19					458		
天津 Tianjin	1		1			2	2	10		
河北 Hebei	10	4	6			1		10		
山西 Shanxi	10	1	8		1	10	10	293		
内蒙古 Inner Mongolia	2		2					6		
辽宁 Liaoning	1		1					1		
吉林 Jilin	6		6			1	1	14		
黑龙江 Heilongjiang	3	1	2					100		
上海 Shanghai										
江苏 Jiangsu	8	3	3		2			830		
浙江 Zhejiang	32	12	16	3	1			445		
安徽 Anhui	109	38	67	3	1			433		
福建 Fujian	29	10	18		1	6	6	199		
江西 Jiangxi	133	89	23	6	15	2		555		
山东 Shandong	7	3	3		1			272		
河南 Henan	7	2	2		2			894		
湖北 Hubei	39	20	14		5	6	5	1328		
湖南 Hunan	276	208	31	4	29	20	9	6565		
广东 Guangdong	230	59	157	4	8	11	10	2626		
广西 Guangxi	130	24	70	2	34	19	10	2179		
海南 Hainan										
重庆 Chongqing	157	53	97	3	4	21	14	4263		
四川 Sichuan	563	238	199	125	1	24	6	37955		
贵州 Guizhou	22	17	3		2	1		1612		
云南 Yunnan	235	183	14	33	3	23	8	18214		
西藏 Tibet	67	18	9	39	1	5	4	3787		
陕西 Shaanxi	258	215	24	15	3	6	5	9874		
甘肃 Gansu	479	351	41	75	6	22	12	48692		
青海 Qinghai	100	76	15	9		4	3	5047		
宁夏 Ningxia	3	1	1		1			60		
新疆 Xinjiang	28	3	6	18	1	1		406		

注：本表数据为初步数。
a) Data in this table are preliminary data.

8-30 森林火灾情况(2018年) Forest Fires (2018)

地 区	Region	森林火灾次数(次) Forest Fires (time)	一般火灾 Ordinary Fires	较大火灾 Major Fires	重大火灾 Severe Fires	特别重大火灾 Especially Severe Fires	火场总面积(公顷) Total Area of Fires (hectare)	受害森林面积(公顷) Destructed Forest Area (hectare)	伤亡人数(人) Casualties (person)	其他损失折款(万元) Economic Loss (10 000 yuan)
全 国	**National Total**	**2478**	**1579**	**894**	**3**	**2**	**28595**	**16309**	**39**	**20444.7**
北 京	Beijing	1	1				1			
天 津	Tianjin	1		1			11	3		
河 北	Hebei	25	21	4			295	67		7.6
山 西	Shanxi	12	6	6			670	201	3	41.5
内蒙古	Inner Mongolia	105	30	73	1	1	6641	6120		342.5
辽 宁	Liaoning	40	17	23			750	371		348.3
吉 林	Jilin	83	64	19			265	85	1	145.4
黑龙江	Heilongjiang	44	28	15		1	2616	2407		5.0
上 海	Shanghai									
江 苏	Jiangsu	16	16				19	3		5.4
浙 江	Zhejiang	45	17	28			289	117		173.8
安 徽	Anhui	42	38	4			48	17		2.2
福 建	Fujian	89	14	75			807	578	5	48.9
江 西	Jiangxi	58	24	34			804	479	1	472.3
山 东	Shandong	20	14	6			266	141		8.2
河 南	Henan	41	37	4			126	5	1	67.8
湖 北	Hubei	153	108	45			1078	194	2	24.4
湖 南	Hunan	290	185	105			1526	649	1	178.3
广 东	Guangdong	266	161	105			1896	969	1	489.2
广 西	Guangxi	574	394	180			4142	1233	9	606.2
海 南	Hainan	29	17	12			62	39	1	28.5
重 庆	Chongqing	13	10	3			52	36		42.1
四 川	Sichuan	229	201	26	2		3589	1540	2	16286.2
贵 州	Guizhou	29	14	15			321	75		5.0
云 南	Yunnan	60	24	36			1390	562	10	861.9
西 藏	Tibet	1		1						
陕 西	Shaanxi	125	72	53			696	281		3.2
甘 肃	Gansu	9	6	3			31	19	1	51.5
青 海	Qinghai	21	10	11			168	97		144.9
宁 夏	Ningxia	15	14	1			13	8		48.8
新 疆	Xinjiang	42	36	6			24	13	1	5.9

8-31 林业有害生物防治情况
Prevention of Forest Biological Disasters

单位：万公顷 (10 000 hectares)

年 份 地 区	Year Region	合 计 Total 发生面积 Area of Occurrence	防治面积 Area of Prevention	防治率 (%) Prevention Rate (%)	森林病害 Forest Diseases 发生面积 Area of Occurrence	防治面积 Area of Prevention
	2000	851.86	574.19	67.4	93.45	61.95
	2005	961.03	640.75	66.7	101.20	70.62
	2006	1100.67	735.47	66.8	103.87	71.80
	2007	1209.68	801.20	66.2	110.95	85.88
	2008	1141.84	783.96	68.7	116.83	90.48
	2009	1141.97	819.38	71.8	103.12	81.88
	2010	1164.24	812.36	69.8	129.06	89.56
	2011	1168.14	728.50	62.4	119.72	79.23
	2012	1176.90	782.59	66.5	131.16	84.26
	2013	1223.05	766.83	62.7	139.17	89.88
	2014	1206.45	787.43	65.3	137.28	86.71
	2015	1218.35	877.77	72.0	139.05	97.71
	2016	1211.34	833.82	68.8	138.89	95.90
	2017	1253.12	962.17	76.8	133.09	101.71
	2018	1219.52	948.93	77.8	176.87	134.54
北 京	Beijing	2.91	2.91	100.0	0.13	0.13
天 津	Tianjin	5.11	5.11	100.0	0.67	0.67
河 北	Hebei	46.86	44.09	94.1	2.10	2.02
山 西	Shanxi	23.93	19.53	81.6	1.66	0.87
内蒙古	Inner Mongolia	101.98	60.44	59.3	14.89	8.14
辽 宁	Liaoning	56.01	51.43	91.8	5.00	4.30
吉 林	Jilin	23.19	22.20	95.7	2.24	2.08
黑龙江	Heilongjiang	41.43	32.70	78.9	2.89	1.85
上 海	Shanghai	1.26	1.20	95.2	0.12	0.12
江 苏	Jiangsu	15.10	14.58	96.6	0.64	0.64
浙 江	Zhejiang	21.14	19.80	93.7	5.83	5.45
安 徽	Anhui	41.98	38.50	91.7	7.15	6.11
福 建	Fujian	17.65	16.90	95.7	0.99	0.98
江 西	Jiangxi	31.07	28.90	93.0	10.50	9.97
山 东	Shandong	48.50	47.28	97.5	7.76	7.42
河 南	Henan	57.07	51.54	90.3	10.74	9.76
湖 北	Hubei	53.53	39.35	73.5	13.25	9.44
湖 南	Hunan	42.28	27.85	65.9	3.12	2.00
广 东	Guangdong	34.61	22.13	63.9	10.40	8.83
广 西	Guangxi	34.56	5.60	16.2	5.64	1.98
海 南	Hainan	2.27	0.66	29.0	0.01	0.00
重 庆	Chongqing	41.37	41.31	99.9	14.66	14.65
四 川	Sichuan	69.26	45.11	65.1	8.80	4.78
贵 州	Guizhou	20.50	19.57	95.5	1.93	1.88
云 南	Yunnan	45.25	44.69	98.8	7.23	7.13
西 藏	Tibet	37.60	7.26	19.3	8.46	1.63
陕 西	Shaanxi	41.19	31.83	77.3	8.17	5.23
甘 肃	Gansu	39.38	28.26	71.8	6.99	4.65
青 海	Qinghai	26.78	22.13	82.6	2.66	2.36
宁 夏	Ningxia	30.32	16.35	53.9	0.95	0.88
新 疆	Xinjiang	151.72	137.51	90.6	9.16	8.40
大兴安岭	Daxinganling	13.73	2.19	15.9	2.12	0.18

8-31 续表 continued

单位：万公顷 (10 000 hectares)

年 份 Year / 地 区 Region	森林虫害 Forest Pest Plague		森林鼠害 Forest Rat Plague		有害植物 Harmful Plants	
	发生面积 Area of Occurrence	防治面积 Area of Prevention	发生面积 Area of Occurrence	防治面积 Area of Prevention	发生面积 Area of Occurrence	防治面积 Area of Prevention
2000	669.28	456.59	89.12	55.65		
2005	726.09	498.51	133.73	71.62		
2006	829.87	557.20	166.93	106.47		
2007	887.72	604.53	211.02	110.79		
2008	843.19	590.23	181.81	103.25		
2009	850.30	638.14	188.55	99.36		
2010	852.32	628.70	182.86	94.11		
2011	845.91	546.58	202.51	102.69		
2012	846.29	572.93	199.45	125.41		
2013	847.46	589.56	224.25	82.97	12.16	4.43
2014	841.28	599.54	211.60	96.03	16.29	5.16
2015	846.64	620.92	214.82	150.19	17.84	8.94
2016	857.02	615.03	195.51	112.13	19.92	10.77
2017	905.97	714.40	194.20	133.24	19.88	12.82
2018	840.41	665.25	184.40	138.60	17.85	10.54
北 京 Beijing	2.78	2.78				
天 津 Tianjin	4.44	4.44				
河 北 Hebei	40.95	38.73	3.81	3.34		
山 西 Shanxi	16.63	13.83	5.47	4.67	0.16	0.15
内蒙古 Inner Mongolia	67.32	41.11	19.77	11.19		
辽 宁 Liaoning	49.86	46.25	1.15	0.88		
吉 林 Jilin	16.48	15.67	4.47	4.45		
黑龙江 Heilongjiang	21.11	16.09	17.42	14.76		
上 海 Shanghai	1.15	1.09				
江 苏 Jiangsu	14.31	13.80			0.14	0.14
浙 江 Zhejiang	15.31	14.34				
安 徽 Anhui	34.82	32.40				
福 建 Fujian	16.67	15.91				
江 西 Jiangxi	20.58	18.93			0.00	0.00
山 东 Shandong	40.74	39.87				
河 南 Henan	46.33	41.78				
湖 北 Hubei	31.15	25.30	0.39	0.36	8.74	4.25
湖 南 Hunan	39.11	25.80	0.01	0.01	0.03	0.03
广 东 Guangdong	20.67	10.56			3.55	2.74
广 西 Guangxi	28.39	3.15	0.02	0.02	0.52	0.45
海 南 Hainan	0.93	0.53			1.33	0.13
重 庆 Chongqing	23.71	23.66	2.99	2.98	0.01	0.01
四 川 Sichuan	56.78	37.33	3.68	3.00	0.00	0.00
贵 州 Guizhou	17.28	16.60	0.38	0.36	0.92	0.73
云 南 Yunnan	35.51	35.17	0.71	0.70	1.79	1.70
西 藏 Tibet	23.74	4.58	5.34	1.03	0.06	0.01
陕 西 Shaanxi	24.39	20.44	8.63	6.16		
甘 肃 Gansu	18.83	13.76	13.56	9.86		
青 海 Qinghai	10.86	8.48	12.68	11.11	0.58	0.18
宁 夏 Ningxia	11.95	5.46	17.42	10.02		
新 疆 Xinjiang	84.79	76.72	57.77	52.40		
大兴安岭 Daxinganling	2.86	0.68	8.74	1.33		

8-32 突发环境事件情况(2018年)
Environmental Emergencies (2018)

地 区	Region	突发环境事件次数(次) Number of Environmental Emergencies (time)	特别重大环境事件 Extraordinarily Serious Environmental Emergencies	重 大 环境事件 Serious Environmental Emergencies	较 大 环境事件 Comparatively Serious Environmental Emergencies	一 般 环境事件 Ordinary Environmental Emergencies
全 国	**National Total**	**286**		**2**	**6**	**278**
北 京	Beijing	29				29
天 津	Tianjin	2				2
河 北	Hebei	6				6
山 西	Shanxi	12				12
内蒙古	Inner Mongolia	1				1
辽 宁	Liaoning	10				10
吉 林	Jilin	4				4
黑龙江	Heilongjiang					
上 海	Shanghai	1				1
江 苏	Jiangsu	5				5
浙 江	Zhejiang	11				11
安 徽	Anhui	4				4
福 建	Fujian	11			1	10
江 西	Jiangxi	4			1	3
山 东	Shandong	1				1
河 南	Henan	12			1	11
湖 北	Hubei	17			1	16
湖 南	Hunan	16				16
广 东	Guangdong	37				37
广 西	Guangxi	10				10
海 南	Hainan	1				1
重 庆	Chongqing	7				7
四 川	Sichuan	20			1	19
贵 州	Guizhou	8			1	7
云 南	Yunnan					
西 藏	Tibet					
陕 西	Shaanxi	27				27
甘 肃	Gansu	5		1		4
青 海	Qinghai	1				1
宁 夏	Ningxia	23		1		22
新 疆	Xinjiang	1				1

8-33 地震灾害情况
Earthquake Disasters

年份 Year 地区 Region	地震灾害次数(次) Number of Earthquakes (time)	#5.0-5.9级 5.0-5.9 Richter scale	#6.0-6.9级 6.0-6.9 Richter scale	#7.0级以上 Over 7.0 Richter scale	人员伤亡(人) Casualties (person)	#死亡人数 Deaths	直接经济损失(万元) Direct Economic Loss (10 000 yuan)
2000	10	7	2		2987	10	146792
2005	13	9	2		882	15	262811
2006	10	9			229	25	79962
2007	3	1	1		422	3	201922
2008	17	6	4	2	446293	69283	85949594
2009	8	5	2		407	3	273782
2010	12	4		1	13795	2705	2361077
2011	18	11	2	1	540	32	6020873
2012	12	8	3		1279	86	828757
2013	14	10	3	1	15965	294	9953631
2014	20	14	4	1	3666	623	3326078
2015	14	13	1		1192	30	1791918
2016	16	8	4		104	1	668693
2017	12	4	3	1	676	38	1476600
2018	11	7			85		302716
吉林 Jilin	2	1			2		39921
湖北 Hubei	1						1636
四川 Sichuan	3	2			23		32461
云南 Yunnan	3	2			60		178640
青海 Qinghai	1	1					11754
新疆 Xinjiang	1	1					38304

8-34 主要海洋灾害情况（2018年）
Major Marine Disasters (2018)

灾种 Disaster Categories	发生次数(次) Disasters (time)	人员死亡、失踪(人) Casualties and Missing People (person)	直接经济损失(亿元) Direct Economic Loss (100 million yuan)
合计 Total	**97**	**73**	**44.92**
风暴潮 Stormy Tides	16	3	44.56
赤潮 Red Tides	36		
海浪 Huge Waves	44	70	0.35
海冰 Sea Ice	1		0.01

8-35 全海域未达到第一类海水水质标准的海域面积(2018年)
Sea Area with Water Quality Not Reaching Standard of Grade 1 (2018)

单位：平方公里 (sq.km)

项 目	Item	第二类水质海域面积 Sea Area with Water Quality at Grade 2	第三类水质海域面积 Sea Area with Water Quality at Grade 3	第四类水质海域面积 Sea Area with Water Quality at Grade 4	劣于第四类水质海域面积 Sea Area with Water Quality Below Grade 4
总 计	**Total**	**38070**	**22320**	**16130**	**33270**
渤 海	Bohai Sea	10830	4470	2930	3330
黄 海	Huanghai Sea	10350	6890	6870	1980
东 海	Donghai Sea	11390	6480	4380	22110
南 海	Nanhai Sea	5500	4480	1950	5850

8-36 环境污染治理投资
Investment in the Treatment of Environmental Pollution

指 标	Item	2014	2015	2016	2017
环境污染治理投资总额(亿元)	**Total Investment in the Treatment of Environmental Pollution (100 million yuan)**	**9575.5**	**8806.3**	**9219.8**	**9539.0**
#城镇环境基础设施建设投资	Investment in Urban Environmental Infrastructure	5463.9	4946.8	5412.0	6085.7
#燃气	Gas Supply	574.0	463.1	532.0	566.7
集中供热	Centralized Heating	763.0	687.8	662.5	778.3
排水	Drainage Works	1196.1	1248.5	1485.5	1727.5
园林绿化	Gardening and Greening	2338.5	2075.4	2170.9	2390.2
市容环境卫生	Environmental Sanitation	592.2	472.0	561.1	623.0
工业污染源治理投资	Investment in the Treatment of Industrial Pollution	997.7	773.7	819.0	681.5
当年完成环保验收项目环保投资	Environmental Investment of Project of Environmental Protection Acceptance Completed This Year	3113.9	3085.8	2988.8	2771.7
环境污染治理投资总额占国内生产总值比重(%)	**Total Investment in the Treatment of Environmental Pollution as Percent of GDP (%)**	**1.49**	**1.28**	**1.25**	**1.16**

注：1.城镇环境基础设施建设投资中增加了县城基础设施建设投资。
2.2016年和2017年工业污染源治理投资和当年完成环保验收项目环保投资数据为初步数。

a) Investment in environmental infrastructure at county level was added to investment in urban environmental infrastructure.

b) In 2016 and 2017, Investment in the Treatment of Industrial Pollution and Environmental Investment of Project of Environmental Protection Acceptance Completed This Year are preliminary data.

8-37 工业污染治理投资完成情况
Investment Completed in the Treatment of Industrial Pollution

单位：万元 (10 000 yuan)

年份 Year 地区 Region	工业污染治理完成投资 Investment Completed in the Treatment of Industrial Pollution	治理废水 Treatment of Waste Water	治理废气 Treatment of Waste Gas	治理固体废物 Treatment of Solid Waste	治理噪声 Treatment of Noise Pollution	治理其他 Treatment of Other Pollution
2000	2347895	1095897	909242	114673	13692	214390
2005	4581909	1337147	2129571	274181	30613	810396
2006	4839485	1511165	2332697	182631	30145	782848
2007	5523909	1960722	2752642	182532	18279	606838
2008	5426404	1945977	2656987	196851	28383	598206
2009	4426207	1494606	2324616	218536	14100	374349
2010	3969768	1295519	1881883	142692	14193	620021
2011	4443610	1577471	2116811	313875	21623	413831
2012	5004573	1403448	2577139	247499	11627	764860
2013	8496647	1248822	6409109	140480	17628	680608
2014	9976511	1152473	7893935	150504	10950	768649
2015	7736822	1184138	5218073	161468	27892	1145251
2016	8190041	1082395	5614702	466733	6236	1019974
2017	6815345	763760	4462628	127419	12862	1448676
北京 Beijing	156666	1565	78542			76559
天津 Tianjin	78305	2145	59536	4	12	16609
河北 Hebei	342738	17680	262270		19	62770
山西 Shanxi	515241	18862	430967	1234	1228	62950
内蒙古 Inner Mongolia	421211	59866	263758	3044		94542
辽宁 Liaoning	130471	8247	100891	1745	312	19275
吉林 Jilin	90702	3219	84892	470	82	2039
黑龙江 Heilongjiang	91220	18780	69017			3423
上海 Shanghai	448240	99490	133451	66443	62	148794
江苏 Jiangsu	447999	80959	229915	29207	1317	106601
浙江 Zhejiang	369011	62112	240301	434	1601	64563
安徽 Anhui	258955	19816	197684	4183	1828	35443
福建 Fujian	147394	12146	114470	2923	5	17850
江西 Jiangxi	106395	25987	72928	280	240	6960
山东 Shandong	1130995	105626	813429	850	695	210395
河南 Henan	504559	8632	280371	540	561	214456
湖北 Hubei	174632	31296	124206	5542	637	12951
湖南 Hunan	86090	14036	66139	212	610	5093
广东 Guangdong	420272	45205	260675	314	481	113598
广西 Guangxi	75847	9019	43792	167		22870
海南 Hainan	34253	896	31305	377	1500	175
重庆 Chongqing	60702	1508	49957	66	242	8929
四川 Sichuan	126934	21085	87975	4840	555	12479
贵州 Guizhou	53360	13694	31706	1244	65	6651
云南 Yunnan	59617	5584	33682	1775	548	18028
西藏 Tibet	694	280	40			374
陕西 Shaanxi	172274	21936	110400	1322	263	38353
甘肃 Gansu	74957	4749	32296	50		37862
青海 Qinghai	15285	3793	5837	32		5623
宁夏 Ningxia	85551	12801	71115			1635
新疆 Xinjiang	134775	32745	81081	123		20826

注：本表2016年和2017年数据为初步数。
a) Data in 2016 and 2017 are preliminary data.

8-38 林业投资完成情况(2018年)
Forestry Investment Completed (2018)

单位：万元 (10 000 yuan)

地 区	Region	本年完成投资 Investment Completed During the Year	国家投资 State Investment	生态建设与保护 Ecological Construction	林业支撑与保障 Forestry Support	林业产业发展 Forestry Development	其他投资 Other Investment
全 国	**National Total**	**48171343**	**24324902**	**21257493**	**6084415**	**19263251**	**1566184**
北 京	Beijing	2448559	2409673	1965703	278446	40854	163556
天 津	Tianjin	135079	127205	120530	14451	98	
河 北	Hebei	1861822	1095039	1428411	226564	163244	43603
山 西	Shanxi	1117541	908478	878722	168094	58259	12466
内蒙古	Inner Mongolia	1612360	1558025	1312389	254195	13390	32386
辽 宁	Liaoning	419546	395950	264336	128868	25034	1308
吉 林	Jilin	884136	790145	623826	137821	89249	33240
黑龙江	Heilongjiang	1414502	1382890	1175065	163834	27064	48539
上 海	Shanghai	164947	164947	131023	26176	3389	4359
江 苏	Jiangsu	867269	453634	516943	71717	253197	25412
浙 江	Zhejiang	796396	597899	302641	316504	116459	60792
安 徽	Anhui	1021252	516373	554984	143988	300493	21787
福 建	Fujian	1539947	348834	243762	92682	1194342	9161
江 西	Jiangxi	1149215	621891	389464	300186	314228	145337
山 东	Shandong	3045469	693032	715093	419388	1890948	20040
河 南	Henan	750687	537759	484120	121211	143168	2188
湖 北	Hubei	1966414	506061	657741	155098	1122312	31263
湖 南	Hunan	3233334	942342	850945	428409	1905204	48776
广 东	Guangdong	867790	810223	477463	307529	49415	33383
广 西	Guangxi	9629216	677181	1254190	403705	7669727	301594
海 南	Hainan	143945	143101	98450	38376	3159	3960
重 庆	Chongqing	819216	625064	424090	177869	200761	16496
四 川	Sichuan	2790807	1130728	946125	149219	1643333	52130
贵 州	Guizhou	2535121	1011309	1155027	167043	1124933	88118
云 南	Yunnan	1383232	1323988	952081	324940	78648	27563
西 藏	Tibet	347444	324744	189808	80283	10182	67171
陕 西	Shaanxi	1372268	1088798	889436	161058	292660	29114
甘 肃	Gansu	1384743	1012607	716295	289111	367574	11763
青 海	Qinghai	430816	392331	291804	56397	8506	74109
宁 夏	Ningxia	201418	194811	164455	17465	12075	7423
新 疆	Xinjiang	1093882	803255	650638	210456	138766	94022
局直属单位(含大兴安岭)	Directly under the Bureau (including Daxinganling)	742970	736585	431933	253332	2580	55125

主要统计指标解释

耕地 指种植农作物的土地，包括熟地，新开发、复垦、整理地，休闲地（含轮歇地、轮作地）；以种植农作物（含蔬菜）为主，间有零星果树、桑树或其他树木的土地；平均每年能保证收获一季的已垦滩地和海涂。耕地中包括南方宽度＜1.0 米，北方宽度＜2.0 米固定的沟、渠、路和地坎（埂）；临时种植药材、草皮、花卉、苗木等的耕地，以及其他临时改变用途的耕地。

园地 指种植以采集果、叶、根、茎、汁等为主的集约经营的多年生木本和草本作物，覆盖度大于 50%和每亩株数大于合理株数 70%的土地。包括用于育苗的土地。

林地 指生长乔木、竹类、灌木的土地，及沿海生长红树林的土地。包括迹地，不包括居民点内部的绿化林木用地，铁路、公路征地范围内的林木，以及河流、沟渠的护堤林。

牧草地 指生长草本植物为主的土地。

径流量 指在一定时段内通过河流某一过水断面的水量，用以反映一个国家或地区水资源的丰歉程度。计算公式为：

径流量=降水量-蒸发量

流域 每条河流都有自己的干流和支流，干支流共同组成这条河流的水系。每条河流都有自己的集水区域，这个集水区域就称为该河流的流域。

外流河 指直接或间接流入海洋的河流。供给外流河河水的区域称为外流区域。

内陆河 指在陆地内部干燥地区，河水沿途消失于沙漠或注入内陆湖泊的河流。供给内陆河河水的区域称为内陆区域。

矿产资源 矿产资源指由地质作用形成的，具有利用价值的，呈固态、液态、气态的自然资源，是社会生产发展的重要物质基础。目前我国已发现矿种有 170 多种，按其特点和用途，可分为能源矿产(如煤炭、石油、天然气、地热)、金属矿产(如铁矿、锰矿、铜矿、铅矿、铝土矿)、非金属矿产(如金刚石、石灰岩、粘土)和水气矿产(如地下水、矿泉水、二氧化碳气)四大类。其中：金属矿产按其物质成份和性质又可分为：黑色金属矿产、有色金属矿产、贵金属矿产、稀有金属矿产、稀土金属矿产、分散元素金属矿产六类。

矿产基础储量 基础储量是查明矿产资源的一部分。它能满足现行采矿和生产所需的指标要求，是控制的、探明的并通过可行性或预可行性研究认为属于经济的、边界经济的部分，用未扣除设计、采矿损失的数量表示。

平均气温 气温指空气的温度，我国一般以摄氏度为单位表示。气象观测的温度表是放在离地面约 1.5 米处通风良好的百叶箱里测量的，因此，通常说的气温指的是离地面 1.5 米处百叶箱中的温度。计算方法：月平均气温是将全月各日的平均气温相加，除以该月的天数而得。年平均气温是将 12 个月的月平均气温累加后除以 12 而得。

年平均相对湿度 指空气中实际水气压与当时气温下的饱和水气压之比。其统计方法与气温相同。

降水量 指从天空降落到地面的液态或固态(经融化后)水，未经蒸发、渗透、流失而在地面上积聚的深度。计算方法：月降水量是将全月各日的降水量累加而得。年降水量是将 12 个月的月降水量累加而得。

全年日照时数 指太阳实际照射地面的时数，通常以小时为单位表示。其统计方法与降水量相同。

水资源总量 指当地降水形成的地表和地下产水总量，即地表径流量与降水入渗补给量之和。

地表水资源量 指河流、湖泊以及冰川等地表水体中可以逐年更新的动态水量，即天然河川径流量。

地下水资源量 指地下饱和含水层逐年更新的动态水量，即降水和地表水入渗对地下水的补给量。

地表水与地下水重复计算量 指地表水和地下水相互转化的部分，即天然河川径流量中的地下水排泄量和地下水补给量中来源于地表水的入渗补给量。

供水总量 指各种水源为用水户提供的包括输水损失在内的毛水量。

地表水源供水量 指地表水体工程的取水量，按蓄、引、提、调四种形式统计。从水库、塘坝中引水或提水，均属蓄水工程供水量；从河道或湖泊中自流引水的，无论有闸或无闸，均属引水工程供水量；利用扬水站从河道或湖泊中直接取水的，属提水工程供水量；跨流域调水指水资源一级区或独立流域之间的跨流域调配水量，不包括在蓄、引、提水量中。

地下水源供水量 指水井工程的开采量，按浅层淡水、深层承压水和微咸水分别统计。城市地下水源供水量包括自来水厂的开采量和工矿企业自备井的开采量。

其他水源供水量 包括污水处理再利用、集雨工程、海水淡化等水源工程的供水量。

用水总量 指各类用水户取用的包括输水损失在内的毛水量。

农业用水 包括农田灌溉用水、林果地灌溉用水、草地灌溉用水、鱼塘补水和畜禽用水。

工业用水 指工矿企业在生产过程中用于制造、加工、冷却、空调、净化、洗涤等方面的用水，按新水取用量计，不包括企业内部的重复利用水量。

生活用水 包括城镇生活用水和农村生活用水。城镇生活用水由居民用水和公共用水（含第三产业及建筑业等用水）组成；农村生活用水指居民生活用水。

生态环境补水 仅包括人为措施供给的城镇环境用水和部分河湖、湿地补水，而不包括降水、径流自然满足的水量。

一般工业固体废物产生量 指未被列入《国家危险废物名录》或者根据国家规定的危险废物鉴别标准（GB5085）、固体废物浸出毒性浸出方法（GB5086）及固体废物浸出毒性测定方法（GB／T 15555）鉴别方法判定不具有危险特性的工业固体废物。计算公式是：

一般工业固体废物产生量=（一般工业固体废物综合利用量－其中：综合利用往年贮存量）+一般工业固体废物贮存量+（一般工业固体废物处置量－其中：处置往年贮存量）+一般工业固体废物倾倒丢弃量

一般工业固体废物综合利用量 指报告期内企业通过回收、加工、循环、交换等方式，从固体废物中提取或者使其转化为可以利用的资源、能源和其他原材料的固体废物量（包括当年利用的往年工业固体废物累计贮存量）。如用作农业肥料、生产建筑材料、筑路等。综合利用量由原产生固体废物的单位统计。

一般工业固体废物处置量 指报告期内企业将工业固体废物焚烧和用其他改变工业固体废物的物理、化学、生物特性的方法，达到减少或者消除其危险成分的活动，或者将工业固体废物最终置于符合环境保护规定要求的填埋场的活动中，所消纳固体废物的量。

一般工业固体废物贮存量 指报告期内企业以综合利用或处置为目的，将固体废物暂时贮存或堆存在专设的贮存设施或专设的集中堆存场所内的量。专设的固体废物贮存场所或贮存设施必须有防扩散、防流失、防渗漏、防止污染大气、水体的措施。

一般工业固体废物倾倒丢弃量 指报告期内企业将所产生的固体废物倾倒或者丢弃到固体废物污染防治设施、场所以外的量。

危险废物产生量 指当年全年调查对象实际产生的危险废物的量。危险废物指列入国家危险废物名录或者根据国家规定的危险废物鉴别标准和鉴别方法认定的，具有爆炸性、易燃性、易氧化性、毒性、腐蚀性、易传染性疾病等危险特性之一的废物。按《国家危险废物名录》（环境保护部、国家发展和改革委员会 2008 部令第 1 号）填报。

危险废物综合利用量 指当年全年调查对象从危险废物中提取物质作为原材料或者燃料的活动中消纳危险废物的量。包括本单位利用或委托、提供给外单位利用的量。

危险废物处置量 指报告期内企业将危险废物焚烧和用其他改变工业固体废物的物理、化学、生物特性的方法，达到减少或者消除其危险成分的活动，或者将危险废物最终置于符合环境保护规定要求的填埋场的活动中，所消纳危险废物的量。处置量包括处置本单位或委托给外单位处置的量。

危险废物贮存量 指将危险废物以一定包装方式暂时存放在专设的贮存设施内的量。专设的贮存设施指对危险废物的包装、选址、设计、安全防护、监测和关闭等符合《危险废物贮存污染控制标准》（GB18597-2001）等相关环保法律法规要求，具有防扩散、防流失、防渗漏、防止污染大气和水体措施的设施。

生活垃圾清运量 指报告期收集和运送到各生活垃圾处理厂(场)和生活垃圾最终消纳点的生活垃圾数量。生活垃圾指城市日常生活或为城市日常生活提供服务的活动中产生的固体废物以及法律行政规定的视为城市生活垃圾的固体废物。包括：居民生活垃圾、商业垃圾、集市贸易市场垃圾、街道清扫垃圾、公共场所垃圾和机关、学校、厂矿等单位的生活垃圾。

生活垃圾无害化处理率 指报告期生活垃圾无害化处理量与生活垃圾产生量的比率。在统计上，由于生活垃圾产生量不易取得，可用清运量代替。计算公式为：

$$\text{生活垃圾无害化处理率}=\frac{\text{生活垃圾无害化处理量}}{\text{生活垃圾产生量}}\times 100\%$$

森林面积 包括郁闭度 0.2 以上的乔木林地面积和竹林面积，国家特别规定的灌木林地面积，农田林网以及村旁、路旁、水旁、宅旁林木的覆盖面积。

人工林面积 指由人工播种、植苗或扦插造林形成的生长稳定，(一般造林 3-5 年后或飞机播种 5-7 年后)每公顷保存株数大于或等于造林设计植树株数 80%或郁闭度 0.20 以上(含 0.20)的林分面积。

森林覆盖率 以行政区域为单位的森林面积占区域土地总面积的百分比。计算公式为：

$$\text{森林覆盖率}=\frac{\text{森林面积}}{\text{土地总面积}}\times 100\%$$

活立木总蓄积量 指一定范围土地上全部树木蓄积的总量，包括森林蓄积、疏林蓄积、散生木蓄积和四旁树蓄积。

森林蓄积量 指一定森林面积上存在着的林木树干部分的总材积。

造林面积 指在宜林荒山荒地、宜林沙荒地、无立木林地、疏林地和退耕地等其他宜林地上通过人工措施形成或恢复森林、林木、灌木林的过程。

人工造林 指在宜林荒山荒地、宜林沙荒地、无立木林地、疏林地和退耕地等其他宜林地上通过播种、植苗和分植来提高森林植被覆被率的技术措施。

飞播造林 通过飞机播种，并辅以适当的人工措施，在自然力的作用下使其形成森林或灌草植被，提高森林植被覆被率或提高森林植被质量的技术措施。包括荒山飞播造林和飞播营林。

新封山育林 对宜林地、无立木林地、疏林地或低质低效有林地、灌木林地实施封禁并辅以人工促进手段，使其形成森林或灌草植被或提高林分质量的一项技术措施。包括无林地和疏林地封育以及有林地和灌木林地封育。

退化林修复　为改善林分的活力和结构，有效遏制防护林退化，提高林分质量和恢复森林功能，对结构失调和稳定性降低、功能退化甚至丧失且自然更新能力弱的林分采取的结构调整、树种替换、补植补播、嫁接复壮等森林经营措施。

人工更新造林　指在采伐迹地、火烧迹地、林中空地上通过人工造林重新形成森林的过程。包括通过松土除草、平茬或断根复壮、补植补播、除蘖间苗等措施促进目的树种幼苗幼树生长发育的人工促进天然更新。

湿地　指天然或人工、长久或暂时性的沼泽地、泥炭地或水域地带，包括静止或流动、淡水、半咸水、咸水体，低潮时水深不超过 6 米的水域以及海岸地带地区的珊瑚滩和海草床、滩涂、红树林、河口、河流、淡水沼泽、沼泽森林、湖泊、盐沼及盐湖。

自然保护区　指为了保护自然环境和自然资源，促进国民经济的持续发展，将一定面积的陆地和水体划分出来，并经各级人民政府批准而进行特殊保护和管理的区域个数。根据保护对象，自然保护区分为自然生态系统类、野生生物类、自然遗迹类。风景名胜区、文物保护区不计在内。

滑坡　指斜坡上不稳定的岩土体在重力作用下沿一定软弱面(或滑动带)整体向下滑动的物理地质现象。

崩塌　指陡坡上大块的岩土体在重力作用下突然脱离母体崩落的物理地质现象。

泥石流　指山地突然爆发的饱含大量泥沙、石块的特殊洪流。

地面塌陷　指地表岩、土体在自然或人为因素作用下向下陷落，并在地面形成塌陷坑(洞)的一种动力地质现象。

森林火灾次数　指发生在城市市区外的一切森林、林木和林地的火灾次数。按照受害森林面积和伤亡人数，森林火灾分为一般森林火灾、较大森林火灾、重大森林火灾和特别重大森林火灾：1.一般森林火灾：受害森林面积在 1 公顷以下或者其他林地起火的，或者死亡 1 人以上 3 人以下的，或者重伤 1 人以上 10 人以下的；2.较大森林火灾：受害森林面积在 1 公顷以上 100 公顷以下的，或者死亡 3 人以上 10 人以下的，或者重伤 10 人以上 50 人以下的；3.重大森林火灾：受害森林面积在 100 公顷以上 1000 公顷以下的，或者死亡 10 人以上 30 人以下的，或者重伤 50 人以上 100 人以下的；4.特别重大森林火灾：受害森林面积在 1000 公顷以上的，或者死亡 30 人以上的，或者重伤 100 人以上的。本条所称“以上”包括本数，“以下”不包括本数。

林业有害生物　危害森林、林木、荒漠植被、湿地植被等的病虫鼠兔及有害植物。

突发环境事件　指突然发生，造成或可能造成重大人员伤亡、重大财产损失和对全国或者某一地区的经济社会稳定、政治安定构成重大威胁和损害，有重大社会影响的涉及公共安全的环境事件。

发生地震灾害次数　指发生形成灾害(包括人员伤亡或经济损失)的所有震级的地震次数。

Explanatory Notes on Main Statistical Indicators

Cultivated Land refers to land mainly for the regular cultivation of farm crops (including vegetables), with some fruit trees, mulberry trees and others, covers cultivated land, newly-developed land, reclaimed land, consolidated land, fallow, beach land that can guarantee one harvest per year on average. It also covers fixed ditch, canal, road and sill (ridge) with width less than 1 meter in the South and 2 meters in the North, lands planted temporarily with herbs, grass, flowers and nursery stocks, and other cultivated land with temporary change of use.

Garden Land refers to land for intensive cultivation of perennial woody plants and herbs to collect fruits, leaves, roots, stems and juice, with a covering rate over 50% and plant number per mu over 70% of rational plant number. Land for nursery is included.

Forestland refers to land for planting arbor, bamboo, bush shrub and land in coastal zones for planting mangrove. It includes slash, but not the green belts in residential area, forests requested for railway and highway, and the dike protection forest around rivers and ditches.

Pastureland refers to land mainly for the growth of herbs.

Volume of Runoff refers to the total volume of water running through a certain cross section of a river during a certain period of time, reflecting the water resource condition in a country or a region. The formula for calculating volume of runoff is as follows:

Runoff =Precipitation-Evaporation

Drainage Area Each river has its own main stream and branches to form the water system of the river. Each river has its own catchment's area, which is also called as the drainage area of the river.

Out-flowing Rivers refer to rivers directly or indirectly flowing into the sea. The area providing water to the out-flowing rivers is called as out-flowing area.

Inland Rivers refer to rivers in inland dry areas that die away in desert on the way or infuse into inland lakes. The area providing water to the inland rivers is called as inland area.

Mineral Resources refer to useful minerals, with solid state, liquid state, gaseity, due to the geological process. Minerals are important natural resources, and important material base for social development. At present, there are more than 170 types of minerals discovered in China. They can be categorized into four groups: energy producing minerals (including coal, petroleum, natural gas and terrestrial heat), metallic minerals (including iron, manganese, copper, lead and bauxite), non metallic minerals (including diamond, limestone and clay), and water/gas related minerals (including ground water, mineral water and carbon dioxide). Metallic minerals can be further classified as ferrous, non-ferrous, noble metal, rare metal, rare earth metal and dispersed metals.

Ensured Mineral Reserves refer to the actual mineral reserves, which equal to the proven mineral reserves (including industrial reserves and prospective reserves) minus extracted parts and underground losses.

Average Temperature refers to the air temperature. China uses centigrade as the unit. The thermometry used for weather observation is put in a breezy shutter, which is 1.5 meters high from the ground. Therefore, the commonly used temperature refers to the temperature in the breezy shutter 1.5 meters away from the ground. The calculation method is as follows:

Monthly average temperature is the summation of average daily temperature of one month divided by the actual days of that particular month.

Annual average temperature is the summation of monthly average of a year divided by 12 months.

Average Annual Relative Humidity refers to the ratio of actual water vapour pressure to the saturation water vapour pressure under the current temperature. The calculation method is the same as that of temperature.

Volume of Precipitation refers to the deepness of liquid state or solid state (thawed) water falling from the sky to the ground that has not been evaporated, infiltrated or run off. The calculation method is as follows:

Monthly precipitation is the summation of daily precipitation of a month.

Annual precipitation is the summation of 12 months precipitation of a year.

Annual Sunshine Hours refer to the actual hours of sun irradiating the earth, usually expressed in hours. The calculation method is the same as that of the precipitation.

Total Water Resources refers to total volume of surface water and groundwater and is measured as run-off for surface water and replenishment of groundwater with rainfall in local area.

Surface Water Resources refers to total volume of year by year renewable dynamic resources which exist in rivers, lakes, glaciers and other surface water and are the natural run-off of rivers.

Groundwater Resources refers to total volume of year by year renewable dynamic resources which exist in saturation acquifers of groundwater and are measured as replenishment of groundwater with rainfall and surface water.

Duplicated Measurement between Surface Water and Groundwater refers to mutual exchange between surface water and groundwater, i.e. run-off of rivers includes some depletion into groundwater while groundwater includes some replenishment from surface water.

Water Supply refers to gross water of various sources

supplied to consumers, including losses during distribution.

Surface Water Supply refers to withdrawals by surface water supply system, broken down with storage, flow, pumping and transfer. Supply from storage projects includes withdrawals from reservoirs; supply from flow includes withdrawals from rivers and lakes with natural flows no matter if there are locks or not; supply from pumping projects includes withdrawals from rivers or lakes with pumping stations; and supply from transfer refers to water supplies transferred from first-level regions of water resources or independent river drainage areas to others, and should not be covered under supplies of storage, flow and pumping.

Groundwater Supply refers to withdrawals from supplying wells, broken down with shallow layer freshwater, deep layer freshwater and slightly brackish water. Groundwater supply for urban areas includes water mining by both waterworks and own wells of enterprises.

Other Water Supply Sources include supplies by waste-water treatment, rain collection, seawater desalinization and other water projects.

Water Use refers to gross water used by various water users, including losses during distribution.

Water Use by Agriculture includes uses of water by irrigation of farming fields, forestry and orchards, irrigation of grassland, replenishment of fishing farms and water used by animal husbandry.

Water Use by Industry refers to new withdrawals of water, excluding reuse of water within enterprises.

Water Use by Living Consumption includes use of water for living consumption in both urban and rural areas. Urban water use by living consumption is composed of household use and public use (including tertiary industry and construction). Rural water use by living consumption includes water used by households.

Water Use by Ecological and Environmental Protection includes replenishment of rivers and lakes and use for urban environment.

Common Industrial Solid Wastes Produced refers to the industrial solid wastes that are not listed in the 《National Catalogue of Hazardous Wastes》, or not regarded as hazardous according to the national hazardous waste identification standards (GB5085), solid waste-Extraction procedure for leaching toxicity (GB5086) and solid waste-Extraction procedure for leaching toxicity (GB/T 15555). The calculation formula is as followed:

Common Industrial Solid Wastes Produced = (common industrial solid wastes utilized – the proportion of utilized stock of previous years) + common industrial solid waste stock + (common industrial solid wastes disposed – the proportion of disposed stock of previous years) + common industrial solid wastes discharged.

Common Industrial Solid Wastes Comprehensively Utilized refers to volume of solid wastes from which useful materials can be extracted or which can be converted into usable resources, energy or other materials by means of reclamation, processing, recycling and exchange (including utilizing in the year the stocks of industrial solid wastes of the previous year) during the report period, e.g. being used as agricultural fertilizers, building materials or as material for paving road. Examples of such utilizations include fertilizers, building materials and road materials. The information shall be collected by the producing units of the wastes.

Common Industrial Solid Wastes Disposed refers to the quantity of industrial solid wastes which are burnt or specially disposed using other methods to alter the physical, chemical and biological properties and thus to reduce or eliminate the hazard, or placed ultimately in the sites meeting the requirements for environmental protection during the report period.

Stock of Common Industrial Solid Wastes refers to the volume of solid wastes placed in special facilities or special sites by enterprises for purposes of utilization or disposal during the report period. The sites or facilities should take measures against dispersion, loss, seepage, and air and water contamination.

Common Industrial Solid Wastes Discharged refers to the volume of industrial solid wastes dumped or discharged by producing enterprises to disposal facilities or to other sites.

Hazardous Wastes Produced refers to the volume of actual hazardous wastes produced by surveyed samples throughout the year of the survey. Hazardous waste refers to those included in the national hazardous wastes catalogue or specified as any one of the following properties in light of the national hazardous wastes identification standards and methods: explosive, ignitable, oxidizable, toxic, corrosive or liable to cause infectious diseases or lead to other dangers. The report of this indicator should follow the 《National Catalogue of Hazardous Wastes》 (the NO.1 Ministry Order in 2008 by the Ministry of Environment Protection and National Development and Reform Commission).

Hazardous Wastes Utilized refers to the volume of hazardous wastes that are used to extract materials for raw materials or fuel throughout the year of the survey, including those utilized by the producing enterprise and those provided to other enterprises for utilization.

Hazardous Wastes Disposed refers to the quantity of hazardous wastes which are burnt or specially disposed using other methods to alter the physical, chemical and biological properties and thus to reduce or eliminate the hazard, or placed ultimately in the sites meeting the requirements for environmental protection during the report period.

Stock of Hazardous Wastes refers to the volume of hazardous wastes specially packaged and placed in special facilities or special sites by enterprises. The special stock facilities should meet the requirements set in relevant environment protection laws and regulations such as "Pollution Control Standards for Hazardous Waste Stock" (GB18597-2001) in regard to package of hazardous waste, location, design, safety, monitoring and shutdown, and take measures against dispersion, loss, seepage, and air and water contamination.

Consumption Wastes Transported refers to volume of consumption wastes collected and transported to disposal factories or sites during the reference period. Consumption wastes are solid wastes produced from urban households or from service activities for urban households, and solid wastes regarded by laws and regulations as urban consumption wastes, including those from households, commercial activities, markets, cleaning of streets, public sites, offices, schools, factories, mining units and other sources.

Ratio of Consumption Wastes Treated refers to consumption wastes treated over that produced. In practical statistics, as it is difficult to estimate, the volume of consumption wastes produced is replaced with that transported. It is calculated as:

$$\text{Ratio of consumption wastes treated} = \frac{\text{consumption wastes treated}}{\text{consumption wastes produced}} \times 100\%$$

Forest Area refers to the area of trees and bamboo grow with a canopy density above 0.2 degree, the area of shrubby tree according to regulations of the government, the area of forest land inside farm land and the area of trees planted by the side of villages, farm houses and along roads and rivers.

Area of Man-made Forests refer to the area of stable growing forests, planted manually or by airplanes, with a survival rate of 80% or higher of the designed number of trees per hectare, or with a canopy density of 0.20 degree or above after 3-5 years of manual planting or 5-7 years of airplane planting.

Forest Coverage Rate Taking the administrative jurisdiction as the unit, the percentage of area of afforested land to the area of total land. The formula for calculating forest coverage rate is as follows:

$$\text{Forestry coverage rate} = \frac{\text{Area of Afforested Land}}{\text{Area of Total Land}} \times 100\%$$

Total Standing Stock Volume refers to the total stock volume of trees growing in land, including trees in forest, trees in sparse forest, scattered trees and trees planted by the side of villages, farm houses and along roads and rivers.

Stock Volume of Forest refers to total stock volume of wood growing in forest area, which shows the total size and level of forest resources of a country or a region.

Area of Afforestation refers to the total area of land suitable for afforestation, including barren hills, idle land, sand dunes, non-timber forest land, woodland and "grain for green" land, on which acres of forests, trees and shrubs are planted through manual planting.

Manual Planting refers to technical measures of sowing, planting seedlings and divided transplanting on land suitable for afforestation, including barren hills, idle land, sand dunes, non-timber forest land, woodland and "grain for green" land to increase vegetation coverage rate of forests.

Airplane Planting refers to technical measures of airplane planting with of appropriate artificial help taken under the influence of natural power to restore certain amount of seedlings on land suitable for afforestation, , with an aim of increasing vegetation coverage rate of forests or improving forest quality. It includes barren afforestation and aerial seeding forest afforestation.

New Closing Hillsides to Facilitate Afforestation is a technical measure by banning and aritificial means to form forest or shrub and grass or improve forest quality land, to suitable for forest, forest land without stumpage, sparse forest land, or low quality forest, shrub forest.

Restoration of Degraded Forest In order to improve the vitality and structure of forest, effectively curb forest degradation, improve forest quality and restore forest function, management measures are taken to the forest of structural imbalance and stability reduction, function reduction or even loss and natural regeneration ability is weak, which include structural adjustment, species replacement, replanting sowing, grafting rejuvenation, etc.

Artificial Regeneration refers to forest reforming process in logging slash, Slash Burning, the glade through afforestation. Including artificially promoting natural regeneration of promoting the growth and development of target tree species seedlings by weeding, root pruning or stubble rejuvenation, sowing and replanting, removing tillering and thinning, etc.

Wetlands refer to marshland and peat bog, whether natural or man-made, permanent or temporary; water covered areas, whether stagnant or flowing, with fresh or semi-fresh or salty water that is less than 6 meters deep at low tide; as well as coral beach, weed beach, mud beach, mangrove, river outlet, rivers, fresh-water marshland, marshland forests, lakes, salty bog and salt lakes along the coastal areas.

Natural Reserves refer to number of certain areas of land, or waters that have been set aside and put under special protection and management in order to protect natural environment and natural resources, and promote the sustainable development of national economy. They are subject to formal approval from governments of various levels. According to the protected targets, natural reserves can be divided into three categories: reserves of natural ecological system, natural reserves of wildlife species, and natural heritage of historical significance.Scenic spots and cultural preservation zones are not included.

Landslides refer to the geological phenomenon of unstable rocks and earth on slopes sliding down along certain soft surface as a result of gravitational force.

Collapse refers to the geological phenomenon of large mass of rocks or earth suddenly collapsing from the mountain or cliff as a result of gravitational force.

Mud-rock Flow refers to the sudden rush of flood torrents containing large amount of mud and rocks in mountainous areas.

Land Subside refers to the geological phenomenon of surface rocks or earth subsiding into holes or pits as a result of natural or human factors.

Number of Forest Fires refers to the number of fires in forests, woods and woodland outside of the downtown areas of cities. In light of the area plagued by fires and the number of casualties, forest fires can be categorized into usual forest fires, relatively larger fires, serious forest fires and extraordinary serous forest fires: 1). Usual forest fires: the destructed forest area is less than 1 hectare, or the fire erupts in other woodland, or the number of deaths is no less than 1 but less than 3, or the number of seriously injured persons is no less than 1 but less than 10 persons. 2). Relatively larger forest fires: the destructed forest area is no less than 1 hectare but less than 100 hectares, or the number of deaths is no less than 3 but less than 10, or the number of seriously injured persons is no less than 10 but less than 50 persons. 3). Serious forest fires: the destructed forest area is no less than 100 hectares but less than 1000 hectares, or the number of deaths is no less than 10 but less than 30, or the number of seriously injured persons is no less than 50 but u less than 100 persons. 4). Extraordinary serious forest fires: the destructed forest area is no less than 1000 hectares, or the number of deaths is no less than 30, or the number of seriously injured persons is no less than 100 persons.

Forest Harmful Organisms refer to the diseases, pests, rats and harmful plants that plague forests,wood, desert and wetland vegetation.

Environmental Emergencies refer to environmental emergencies that caused or likely to cause significant causalities, serious property damages and pose a major threat and damage to the economic, social or political stability of the country or a region, or have significant social impact that related to the public safety.

Number of Earthquakes the number of earthquakes of all magnitude that cause damages (including casualties or economic losses).

9

能　源

Energy

简要说明

一、本篇资料的主要内容

本篇包括的主要内容有能源生产、消费及品种构成，能源生产和消费弹性系数，综合能源平衡表和主要能源品种的单项平衡表，分行业、分主要能源品种的消费量，能源加工转换效率及生活用能源消费量等。从 2013 年开始，增加全国单位国内生产总值能耗和发电装机容量等指标。

二、本篇资料的统计范围

本篇资料的统计范围为全社会。

三、本篇的资料来源

9－1 表数据来自能源产品产量统计，并以此为依据计算；9－14、9－15 表数据来自电力企业联合会；其他表的数据均来自历年能源平衡表。

四、关于数据口径与计算方法的说明

1.一次能源生产量与能源产品产量统计数字一致。

2.能源生产与消费弹性系数分别以能源生产、消费增长速度与国内生产总值增长速度相比求得。

3.能源平衡表中，进口量和出口量采用海关统计数据。进口量中包括我国轮船、飞机在国外加油量，出口量中包括外国轮船、飞机在我国加油量。电力折算标准煤系数按平均发电煤耗计算。

4.能源加工转换效率表中，电力折算标准煤系数采用当量值计算，每千瓦小时折 0.1229 千克标准煤。

5.GDP 按可比价格计算。

Brief Introduction

I. Main Contents

Data in this chapter cover mainly energy production, consumption, and composition; elasticity ratio of energy production and consumption; overall balance sheet of energy and balance sheets by different types of energy; consumption of energy by sector and by types of energy; efficiency of energy processing and conversion; and the consumption of energy for non-production uses. Since 2013, indicators like energy consumption per unit of GDP and installed power-generating capacity are also included.

II. The Scope of Data

The scope of data in this chapter is the whole country.

III. Sources of Data

Data in Table 9-1 are calculated on the basis of statistics on output of energy products; data in Tables 9-14 and 9-15 come from the Association of Power Generation Enterprises; and data in other tables in this chapter are from the energy balance sheets over the years.

IV. Notes on Coverage and Compilation of Data

(1) The data on production of primary energy are the same as the corresponding data on output of energy products.

(2) The elasticity ratio of energy production is calculated as the quotient of the growth rate of energy production divided by the growth rate of GDP; and the elasticity ratio of energy consumption is calculated as the quotient of the growth rate of energy consumption divided by the growth rate of GDP.

(3) In the energy balance sheet, data on imports and exports are from Customs statistics. The refueling by Chinese ships and airplanes abroad is included in imports. The refueling by foreign ships and airplanes in China is included in exports. The coefficient for conversion of electric power into the standard coal equivalent is calculated according to the average consumption of coal for generating electricity.

(4) In the table on the efficiency of energy conversion, the coefficient for the conversion of electric power into the standard coal equivalent is calculated on the basis of the heat value equivalent. One kilowatt is equal to 0.1229 kg SCE.

(5) Gross domestic product are calculated at constant prices.

9-1 能源生产总量及构成
Total Production of Energy and Its Composition

年 份 Year	能源生产总量 (万吨标准煤) Total Energy Production (10 000 tons of SCE)	占能源生产总量的比重 (%) As Percentage of Total Energy Production (%)			
		原 煤 Coal	原 油 Crude Oil	天然气 Natural Gas	一次电力及其他能源 Primary Electricity and Other Energy
1978	62770	70.3	23.7	2.9	3.1
1980	63735	69.4	23.8	3.0	3.8
1985	85546	72.8	20.9	2.0	4.3
1990	103922	74.2	19.0	2.0	4.8
1991	104844	74.1	19.2	2.0	4.7
1992	107256	74.3	18.9	2.0	4.8
1993	111059	74.0	18.7	2.0	5.3
1994	118729	74.6	17.6	1.9	5.9
1995	129034	75.3	16.6	1.9	6.2
1996	133032	75.0	16.9	2.0	6.1
1997	133460	74.3	17.2	2.1	6.5
1998	129834	73.3	17.7	2.2	6.8
1999	131935	73.9	17.3	2.5	6.3
2000	138570	72.9	16.8	2.6	7.7
2001	147425	72.6	15.9	2.7	8.8
2002	156277	73.1	15.3	2.8	8.8
2003	178299	75.7	13.6	2.6	8.1
2004	206108	76.7	12.2	2.7	8.4
2005	229037	77.4	11.3	2.9	8.4
2006	244763	77.5	10.8	3.2	8.5
2007	264173	77.8	10.1	3.5	8.6
2008	277419	76.8	9.8	3.9	9.5
2009	286092	76.8	9.4	4.0	9.8
2010	312125	76.2	9.3	4.1	10.4
2011	340178	77.8	8.5	4.1	9.6
2012	351041	76.2	8.5	4.1	11.2
2013	358784	75.4	8.4	4.4	11.8
2014	361866	73.6	8.4	4.7	13.3
2015	361476	72.2	8.5	4.8	14.5
2016	346037	69.8	8.2	5.2	16.8
2017	358500	69.6	7.6	5.4	17.4
2018	377000	69.3	7.2	5.5	18.0

注：1.电力折算标准煤的系数根据当年平均发电煤耗计算(下表同)。
2.2018年数据为初步统计数(下表同)。

a) The coefficient for conversion of electric power into SCE (standard coal equivalent) is calculated on the basis of the data on average coal consumption in generating electric power in the same year. The same applies to the tables following.

b) The data of 2018 are preliminary statistics. The same applies to the tables following.

9-2 能源消费总量及构成
Total Consumption of Energy and Its Composition

年 份 Year	能源消费总量 (万吨标准煤) Total Energy Consumption (10 000 tons of SCE)	占能源消费总量的比重 (%) As Percentage of Total Energy Consumption (%)			
		煤 炭 Coal	石 油 Petroleum	天然气 Natural Gas	一次电力及其他能源 Primary Electricity and Other Energy
1978	57144	70.7	22.7	3.2	3.4
1980	60275	72.2	20.7	3.1	4.0
1985	76682	75.8	17.1	2.2	4.9
1990	98703	76.2	16.6	2.1	5.1
1991	103783	76.1	17.1	2.0	4.8
1992	109170	75.7	17.5	1.9	4.9
1993	115993	74.7	18.2	1.9	5.2
1994	122737	75.0	17.4	1.9	5.7
1995	131176	74.6	17.5	1.8	6.1
1996	135192	73.5	18.7	1.8	6.0
1997	135909	71.4	20.4	1.8	6.4
1998	136184	70.9	20.8	1.8	6.5
1999	140569	70.6	21.5	2.0	5.9
2000	146964	68.5	22.0	2.2	7.3
2001	155547	68.0	21.2	2.4	8.4
2002	169577	68.5	21.0	2.3	8.2
2003	197083	70.2	20.1	2.3	7.4
2004	230281	70.2	19.9	2.3	7.6
2005	261369	72.4	17.8	2.4	7.4
2006	286467	72.4	17.5	2.7	7.4
2007	311442	72.5	17.0	3.0	7.5
2008	320611	71.5	16.7	3.4	8.4
2009	336126	71.6	16.4	3.5	8.5
2010	360648	69.2	17.4	4.0	9.4
2011	387043	70.2	16.8	4.6	8.4
2012	402138	68.5	17.0	4.8	9.7
2013	416913	67.4	17.1	5.3	10.2
2014	425806	65.6	17.4	5.7	11.3
2015	429905	63.7	18.3	5.9	12.1
2016	435819	62.0	18.5	6.2	13.3
2017	448529	60.4	18.8	7.0	13.8
2018	464000	59.0	18.9	7.8	14.3

9-3 综合能源平衡表
Overall Energy Balance Sheet

单位：万吨标准煤 (10 000 tons of SCE)

项　　目	Item	1990	1995	2000	2005	2010	2015	2016	2017
可供消费的能源总量	**Total Energy Available for Consumption**	**96138**	**129535**	**144234**	**254619**	**365588**	**429960**	**431842**	**446007**
一次能源生产量	Primary Energy Output	103922	129034	138570	229037	312125	361476	346037	358500
回收能	Recovery of Energy		2312	3087	7452	8958			
进口量	Imports	1310	5456	14327	26823	57671	77451	89730	99957
出口量(-)	Exports (-)	5875	6776	9327	11257	8803	9784	11956	12670
年初年末库存差额	Stock Changes in the Year	-3219	-491	-2424	2564	-4363	817	8031	219
能源消费总量	**Total Energy Consumption**	**98703**	**131176**	**146964**	**261369**	**360648**	**429905**	**435819**	**448529**
在总量中:	Consumption by Sector								
农、林、牧、渔业	Agriculture, Forestry, Animal Husbandry and Fishery	4852	5505	4233	6860	7266	8232	8544	8931
工　业	Industry	67578	96191	103014	187914	261377	292276	290255	294488
建筑业	Construction	1213	1335	2207	3486	5533	7696	7991	8555
交通运输、仓储和邮政业	Transport, Storage and Post	4541	5863	11447	19136	27102	38318	39651	42191
批发、零售业和住宿、餐饮业	Wholesale and Retail Trades, Hotels and Catering Services	1247	2018	3251	5917	7847	11404	12015	12475
其他行业	Other Sectors	3473	4519	6118	10484	15052	21881	23154	24269
生活消费	Household Consumption	15799	15745	16695	27573	36470	50099	54209	57620
在总量中:	Consumption by Usage								
终端消费	End-use Consumption	94289	124252	140476	250877	337469	417494	424278	436953
#工业	Industry	63239	89473	96871	177775	238652	280206	279058	283273
加工转换损失量	Losses During the Process of Energy Conversion	2264	3634	2472	3882	14294	17191	16964	17278
#炼焦	Coking	905		526	855	1595	4099	3887	3721
炼油	Petroleum Refining	326		781	1273	1960	2230	2139	2630
回收能	Recovery of Energy						14492	15273	15921
损失量	Energy Losses	2150	3289	4016	6610	8885	9712	9849	10219
平衡差额	**Balance**	**-2565**	**-1641**	**-2730**	**-6751**	**4940**	**55**	**-3977**	**-2522**

注：1.村办工业包括在工业中(下表同)。
2.进口量包括我国飞机、轮船在国外加油量；出口量包括外国飞机、轮船在我国加油量(下表同)。

a) Energy consumption of industry include that of village industry. The same applies to the tables following.

b) The refueling by Chinese ships and airplanes abroad is included in imports. The refueling by foreign ships and airplanes in China is included in exports. The same applies to the tables following.

9-4 石油平衡表
Petroleum Balance Sheet

单位: 万吨 (10 000 tons)

项目	Item	1990	1995	2000	2005	2010	2015	2016	2017
可供量	**Total Energy Available for Consumption**	**11435**	**16073**	**22631**	**32539**	**44178**	**55188**	**56411**	**58801**
生产量	Output	13831	15005	16300	18135	20301	21456	19969	19151
进口量	Imports	756	3673	9748	17163	29437	39749	44503	49141
出口量(-)	Exports (-)	3110	2455	2172	2888	4079	5128	6383	7027
年初年末库存差额	Stock Changes in the Year	-41	-151	-1245	129	-1481	-888	-1678	-2464
消费量	**Total Energy Consumption**	**11486**	**16065**	**22496**	**32547**	**44101**	**55160**	**56403**	**58745**
在消费量中:	Consumption by Sector								
农、林、牧、渔业	Agriculture, Forestry, Animal Husbandry and Fishery	1034	1203	789	1452	1383	1733	1730	1786
工　业	Industry	7322	9349	11249	14030	18555	18908	19093	19546
建筑业	Construction	327	243	841	1502	2483	3507	3713	4040
交通运输、仓储和邮政业	Transport, Storage and Post	1683	2864	6399	10928	15079	20550	21032	22029
批发、零售业和住宿、餐饮业	Wholesale and Retail Trades, Hotels and Catering Services	78	334	247	376	481	616	585	621
其他行业	Other Sectors	758	1390	1636	1974	2578	3683	3537	3503
生活消费	Non-production Consumption	285	682	1336	2284	3542	6162	6713	7220
在消费量中:	Consumption by Usage								
终端消费	End-use Consumption	9305	13676	19950	29496	41243	52446	53937	56233
#工　业	Industry	5180	7096	8860	11108	15858	16230	16650	17043
中间消费	Intermediate Consumption								
(用于加工转换)	(Consumed in Conversion)	1630	2230	2353	2896	2663	2627	2424	2465
发　电	Power Generation	1234	1359	1178	1306	385	266	285	281
供　热	Heating	356	400	427	429	593	493	518	523
制　气	Gas Production	40	52	26	14			5	5
炼油损失量	Losses in Petroleum Refining	296	420	722	1146	1685	1868	1617	1657
损失量	Other Losses	255	159	193	155	194	88	42	47
平衡差额	**Balance**	**-51**	**8**	**135**	**-8**	**77**	**28**	**8**	**56**

注：生产量为原油产量。
a) Data on output refer to the output of crude oil.

9-5 煤炭平衡表
Coal Balance Sheet

单位：万吨 (10 000 tons)

项目	Item	1990	1995	2000	2005	2010	2015	2016	2017
可供量	**Total Energy Available for Consumption**	**102221**	**133462**	**131895**	**235508**	**355578**	**397074**	**378494**	**382094**
生产量	Output	107988	136073	138418	236515	342845	374654	341060	352356
进口量	Imports	200	164	218	2622	18307	20406	25555	27093
出口量(-)	Exports (-)	1729	2862	5506	7173	1911	534	879	809
年初年末库存差额	Stock Changes in the Year	-4239	87	-1235	3545	-3663	2547	12758	3453
消费量	**Total Energy Consumption**	**105523**	**137677**	**135690**	**243375**	**349008**	**397014**	**384560**	**385723**
在消费量中:	Consumption by Sector								
农、林、牧、渔业	Agriculture, Forestry, Animal Husbandry and Fishery	2095	1857	1051	1802	2147	2625	2778	2834
工业	Industry	81091	117571	121807	224766	329728	375650	363175	365480
建筑业	Construction	438	440	537	604	731	878	805	733
交通运输、仓储和邮政业	Transport, Storage and Post	2161	1315	882	811	639	492	404	353
批发、零售业和住宿、餐饮业	Wholesale and Retail Trades, Hotels and Catering Services	1058	977	1461	2627	3192	3864	3826	3461
其他行业	Other Sectors	1980	1987	1495	2727	3412	4159	4081	3580
生活消费	Household Consumption	16700	13530	8457	10039	9159	9347	9492	9283
在消费量中:	Consumption by Usage								
终端消费	End-use Consumption	60206	66156	50511	86386	114826	112195	97809	91681
#工业	Industry	35774	46050	36628	67776	95546	90831	76423	71438
中间消费	Intermediate Consumption								
(用于加工转换)	(Consumed in Conversion)	41258	69488	81987	152208	222948	266481	272512	281405
#发电	Power Generation	27204	44440	55811	103663	153742	179318	182666	190025
供热	Heating	2996	5887	8794	13542	17553	24095	26577	28983
炼焦	Coking	10698	18396	16496	33446	49950	60644	60649	58910
炼油及煤制油	Petroleum Refineries and Coal-to-liquids					213	679	1105	1568
制气	Gas Production	360	764	960	1277	1040	1270	1212	1643
洗选损耗	Losses in Coal Washing and Dressing	4059	2033	3191	4782	11235	18338	14240	12637
平衡差额	**Balance**	**-3302**	**-4215**	**-3795**	**-7868**	**6569**	**60**	**-6066**	**-3629**

注：生产量为原煤产量。
a) Data on output refer to the output of raw coal.

9-6 电力平衡表
Electricity Balance Sheet

单位：亿千瓦小时 (100 million kW·h)

项目	Item	1990	1995	2000	2005	2010	2015	2016	2017
可供量	**Total Energy Available for Consumption**	**6230**	**10023**	**13473**	**24941**	**41936**	**58021**	**61298**	**64821**
生产量	Output	6212	10077	13556	25003	42072	58146	61425	64951
水电	Hydropower	1267	1906	2224	3970	7222	11303	11934	11898
火电	Thermal Power	4945	8043	11142	20473	33319	42842	44371	46627
核电	Nuclear Power		128	167	531	739	1708	2133	2481
风电	Wind Power					446	1858	2371	2950
进口量	Imports	19	6	15	50	55	62	62	64
出口量(-)	Exports (-)	1	60	99	112	191	187	189	195
消费量	**Total Energy Consumption**	**6230**	**10023**	**13472**	**24940**	**41934**	**58020**	**61297**	**64821**
在消费量中:	Consumption by Sector								
农、林、牧、渔业	Agriculture, Forestry, Animal Husbandry and Fishery	427	582	533	776	976	1040	1092	1175
工业	Industry	4873	7660	10005	18522	30872	41550	43089	44960
建筑业	Construction	65	160	160	234	483	699	726	789
交通运输、仓储和邮政业	Transport, Storage and Post	106	182	281	430	735	1126	1251	1418
批发、零售业和住宿、餐饮业	Wholesale and Retail Trades, Hotels and Catering Services	76	200	419	752	1292	2122	2324	2527
其他行业	Other Sectors	202	234	623	1341	2452	3919	4395	4881
生活消费	Household Consumption	481	1006	1452	2885	5125	7565	8421	9072
在消费量中:	Consumption by Usage								
终端消费	End-use Consumption	5796	9279	12536	23234	39366	55032	58234	61625
#工业	Industry	4439	6915	9068	16815	28304	38562	40026	41764
输配电损失量	Losses in Transmission	435	745	937	1706	2568	2988	3063	3196

9-7 能源生产弹性系数
Elasticity Ratio of Energy Production

年 份 Year	能源生产比上年增长 (%) Growth Rate of Energy Production over Preceding Year (%)	电力生产比上年增长 (%) Growth Rate of Electricity Production over Preceding Year(%)	国内生产总值比上年增长 (%) Growth Rate of Gross Domestic Product (GDP) over Preceding Year(%)	能源生产弹性系数 Elasticity Ratio of Energy Production	电力生产弹性系数 Elasticity Ratio of Electricity Production
1985	9.9	8.9	13.4	0.74	0.66
1990	2.2	6.2	3.9	0.56	1.59
1991	0.9	9.1	9.3	0.10	0.98
1992	2.3	11.3	14.2	0.16	0.80
1993	3.6	15.3	13.9	0.26	1.10
1994	6.9	10.7	13.0	0.53	0.82
1995	8.7	8.6	11.0	0.79	0.78
1996	3.1	7.2	9.9	0.31	0.73
1997	0.3	5.1	9.2	0.03	0.55
1998	-2.7	2.7	7.8		0.35
1999	1.6	6.3	7.7	0.21	0.82
2000	5.0	9.4	8.5	0.59	1.11
2001	6.4	9.2	8.3	0.77	1.11
2002	6.0	11.7	9.1	0.66	1.29
2003	14.1	15.5	10.0	1.41	1.55
2004	15.6	15.3	10.1	1.54	1.51
2005	11.1	13.5	11.4	0.98	1.18
2006	6.9	14.6	12.7	0.54	1.15
2007	7.9	14.5	14.2	0.56	1.02
2008	5.0	5.6	9.7	0.52	0.58
2009	3.1	7.1	9.4	0.33	0.76
2010	9.1	13.3	10.6	0.86	1.25
2011	9.0	12.0	9.6	0.94	1.25
2012	3.2	5.8	7.9	0.40	0.73
2013	2.2	8.9	7.8	0.28	1.14
2014	0.9	4.0	7.3	0.12	0.55
2015	0.0	2.9	6.9		0.42
2016	-4.3	5.6	6.7		0.84
2017	3.6	5.7	6.8	0.53	0.84
2018	5.0	7.7	6.6	0.76	1.17

注：国内生产总值增长速度按不变价格计算(下表同)。

a) The growth rates of GDP are calculated at constant prices. The same applies to the tables following.

9-8 能源消费弹性系数
Elasticity Ratio of Energy Consumption

年 份 Year	能源消费比 上年增长 (%) Growth Rate of Energy Consumption over Preceding Year (%)	电力消费比 上年增长 (%) Growth Rate of Electricity Consumption over Preceding Year(%)	国内生产总值比 上年增长 (%) Growth Rate of Gross Domestic Product (GDP) over Preceding Year(%)	能源消费 弹性系数 Elasticity Ratio of Energy Consumption	电力消费 弹性系数 Elasticity Ratio of Electricity Consumption
1985	8.1	9.0	13.4	0.60	0.67
1990	1.8	6.2	3.9	0.46	1.59
1991	5.1	9.2	9.3	0.55	0.99
1992	5.2	11.5	14.2	0.37	0.81
1993	6.3	11.0	13.9	0.45	0.79
1994	5.8	9.9	13.0	0.45	0.76
1995	6.9	8.2	11.0	0.63	0.75
1996	3.1	7.4	9.9	0.31	0.75
1997	0.5	4.8	9.2	0.05	0.52
1998	0.2	2.8	7.8	0.03	0.36
1999	3.2	6.1	7.7	0.42	0.79
2000	4.5	9.5	8.5	0.54	1.12
2001	5.8	9.3	8.3	0.70	1.12
2002	9.0	11.8	9.1	0.99	1.30
2003	16.2	15.6	10.0	1.62	1.56
2004	16.8	15.4	10.1	1.67	1.52
2005	13.5	13.5	11.4	1.18	1.18
2006	9.6	14.6	12.7	0.76	1.15
2007	8.7	14.4	14.2	0.61	1.01
2008	2.9	5.6	9.7	0.30	0.58
2009	4.8	7.2	9.4	0.51	0.77
2010	7.3	13.2	10.6	0.69	1.25
2011	7.3	12.1	9.6	0.76	1.26
2012	3.9	5.9	7.9	0.49	0.75
2013	3.7	8.9	7.8	0.47	1.14
2014	2.1	4.0	7.3	0.29	0.55
2015	1.0	2.9	6.9	0.14	0.42
2016	1.4	5.6	6.7	0.21	0.84
2017	2.9	5.7	6.8	0.43	0.84
2018	3.3	8.5	6.6	0.50	1.29

注：2018年电力消费数据来源于中国电力企业联合会。
a) The electricity consumption data of 2018 are from China Electricity Council.

9-9 按行业分能源消费量（2017年）

行　业	Sector	能源消费总量（万吨标准煤） Total Energy Consumption (10 000 tons of SCE)
消 费 总 量	**Total Consumption**	**448529.14**
农、林、牧、渔业	**Agriculture, Forestry, Animal Husbandry and Fishery**	**8931.23**
工业	**Industry**	**294488.04**
采掘业	**Mining and Quarrying**	**17680.23**
煤炭开采和洗选业	Mining and Washing of Coal	9231.73
石油和天然气开采业	Extraction of Petroleum and Natural Gas	3952.10
黑色金属矿采选业	Mining and Processing of Ferrous Metal Ores	1531.43
有色金属矿采选业	Mining and Processing of Non-Ferrous Metal Ores	1106.83
非金属矿采选业	Mining and Processing of Nonmetal Ores	1190.19
开采辅助活动	Support Activities for Mining	320.41
其他采矿业	Mining of Other Ores	347.54
制造业	**Manufacturing**	**245139.54**
农副食品加工业	Processing of Food from Agricultural Products	4089.20
食品制造业	Manufacture of Foods	1995.26
酒、饮料和精制茶制造业	Manufacture of Liquor, Beverages and Refined Tea	1418.03
烟草制品业	Manufacture of Tobacco	199.77
纺织业	Manufacture of Textile	7487.00
纺织服装、服饰业	Manufacture of Textile, Wearing Apparel and Accessories	878.54
皮革、毛皮、羽毛及其制品和制鞋业	Manufacture of Leather, Fur, Feather and Related Products and Footwear	559.83
木材加工和木、竹、藤、棕、草制品业	Processing of Timber,Manufacture of Wood,Bamboo,Rattan,Palm, and Straw Products	1075.24
家具制造业	Manufacture of Furniture	352.61
造纸和纸制品业	Manufacture of Paper and Paper Products	4304.31
印刷和记录媒介复制业	Printing and Reproduction of Recording Media	479.45
文教、工美、体育和娱乐用品制造业	Manufacture of Articles for Culture, Education, Arts and Crafts, Sport and Entertainment Activities	433.12
石油加工、炼焦和核燃料加工业	Processing of Petroleum, Coking and Processing of Nuclear Fuel	24366.57
化学原料和化学制品制造业	Manufacture of Raw Chemical Materials and Chemical Products	49054.85
医药制造业	Manufacture of Medicines	2222.42
化学纤维制造业	Manufacture of Chemical Fibers	2174.81
橡胶和塑料制品业	Manufacture of Rubber and Plastics Products	4761.41
非金属矿物制品业	Manufacture of Non-metallic Mineral Products	32835.27
黑色金属冶炼和压延加工业	Smelting and Pressing of Ferrous Metals	60934.21
有色金属冶炼和压延加工业	Smelting and Pressing of Non-ferrous Metals	22157.39
金属制品业	Manufacture of Metal Products	5152.41
通用设备制造业	Manufacture of General Purpose Machinery	3630.43
专用设备制造业	Manufacture of Special Purpose Machinery	1687.91
汽车制造业	Manufacture of Automobiles	3378.13
铁路、船舶、航空航天和其他运输设备制造业	Manufacture of Railway, Ship, Aerospace and Other Transport Equipments	992.23
电气机械和器材制造业	Manufacture of Electrical Machinery and Apparatus	2579.77
计算机、通信和其他电子设备制造业	Manufacture of Computers, Communication and Other Electronic Equipment	3661.76
仪器仪表制造业	Manufacture of Measuring Instruments and Machinery	306.85
其他制造业	Other Manufacture	1673.41
废弃资源综合利用业	Utilization of Waste Resources	221.14
金属制品、机械和设备修理业	Repair Service of Metal Products, Machinery and Equipment	76.22
电力、煤气及水生产和供应业	**Electric Power, Gas and Water Production and Supply**	**31668.27**
电力、热力生产和供应业	Production and Supply of Electric Power and Heat Power	29247.58
燃气生产和供应业	Production and Supply of Gas	925.36
水的生产和供应业	Production and Supply of Water	1495.33
建筑业	**Construction**	**8554.51**
交通运输、仓储和邮政业	**Transport, Storage and Post**	**42190.79**
批发、零售业和住宿、餐饮业	**Wholesale, Retail Trade and Hotel ,Restaurants**	**12475.43**
其他行业	**Others**	**24268.83**
生活消费	**Residential Consumption**	**57620.31**

Consumption of Energy by Sector (2017)

煤炭消费量 (万吨) Coal Consumption (10 000 tons)	焦炭消费量 (万吨) Coke Consumption (10 000 tons)	原油消费量 (万吨) Crude Oil Consumption (10 000 tons)	汽油消费量 (万吨) Gasoline Consumption (10 000 tons)	煤油消费量 (万吨) Kerosene Consumption (10 000 tons)	柴油消费量 (万吨) Diesel Oil Consumption (10 000 tons)	燃料油消费量 (万吨) Fuel Oil Consumption (10 000 tons)	天然气消费量 (亿立方米) Natural Gas Consumption (100 million cu.m)	电力消费量 (亿千瓦小时) Electricity Consumption (100 million kW·h)
385723.25	**43743.13**	**58902.17**	**12416.27**	**3326.36**	**16996.54**	**4887.30**	**2393.70**	**64820.97**
2833.93	**38.45**		**229.64**	**1.52**	**1546.82**	**1.31**	**1.14**	**1175.12**
365480.27	**43609.05**	**58893.50**	**382.10**	**14.55**	**1459.94**	**3043.74**	**1575.25**	**44959.84**
24451.26	**202.91**	**739.96**	**29.53**	**1.30**	**438.84**	**31.16**	**164.77**	**2403.62**
23211.62	74.92	0.06	7.22	0.81	155.83	0.36	20.15	881.57
125.57		713.31	8.90		41.34	28.67	141.42	454.06
241.23	116.48		2.12	0.02	56.43	0.02		374.11
106.87	3.49		4.50	0.43	27.65	1.40	0.17	326.11
678.27	8.01		2.72	0.03	56.29	0.02	0.39	228.93
86.92		26.59	4.03		100.87	0.69	2.64	23.87
0.79			0.03		0.42			114.96
161112.70	**43365.74**	**58153.34**	**324.05**	**13.21**	**958.35**	**3007.76**	**959.04**	**33594.63**
2191.65	137.64	0.02	17.55	0.20	36.35	2.24	16.97	716.29
1564.08	2.36		7.91	0.01	13.31	2.48	17.53	263.34
980.38	0.85		5.04	0.05	8.24	2.15	10.87	156.37
21.31			0.52		1.32	0.13	1.06	51.96
3272.74	1.39	0.01	13.07	0.05	21.29	6.29	30.76	1684.90
137.72	0.65	0.01	8.96		9.83	0.62	6.26	215.83
90.28			5.18	0.08	4.04	0.37	1.45	147.25
208.56			4.73	0.02	8.73	0.23	2.26	245.28
16.37	0.74		4.62		4.96	0.31	1.73	98.60
4581.20		0.04	4.80	0.02	15.89	13.22	19.55	712.37
40.78			6.25	0.03	5.82	0.22	3.42	121.32
72.47	3.97		6.64	0.04	6.55	0.84	7.18	82.58
44844.68	41.33	54931.90	3.69	0.25	148.78	1725.28	191.46	946.44
24697.03	3674.38	3220.70	28.47	2.17	88.84	1033.29	266.18	5122.26
1153.40	1.52		8.16	0.05	9.64	1.71	9.44	364.77
1294.01	16.79		1.13	0.06	2.16	3.09	6.92	425.47
658.03	1.22		17.04	0.24	21.18	6.12	11.84	1349.35
27466.13	773.28	0.42	23.92	1.00	280.25	157.46	105.30	3305.08
29440.08	37520.60	0.01	6.61	0.09	60.26	2.13	59.39	5261.49
16730.14	517.75		4.94	1.08	38.93	27.97	50.75	6003.30
247.86	60.38	0.01	17.29	0.63	22.26	4.51	31.58	1447.58
178.28	444.39	0.01	23.86	2.11	29.58	0.91	15.37	913.95
137.65	63.87	0.09	20.42	0.93	21.77	1.15	11.20	423.87
269.20	69.20	0.06	34.65	0.43	37.80	0.57	22.16	885.42
182.07	1.19	0.01	5.89	1.82	16.04	4.41	22.81	174.51
99.74	5.43	0.02	21.25	0.69	17.07	2.78	10.19	745.59
106.60	13.00		13.86	0.19	11.12	1.00	14.74	1106.77
12.41	0.51	0.01	4.74	0.25	2.67	0.21	1.09	88.69
366.38	2.03		1.43	0.02	1.56	0.27	5.18	482.13
48.28	9.92		0.59	0.03	4.63	5.31	3.29	37.15
3.19			0.85	0.67	7.47	0.49	1.11	14.71
179916.31	**40.41**	**0.20**	**28.52**	**0.04**	**62.75**	**4.82**	**451.44**	**8961.59**
179311.44	38.78	0.20	21.88	0.04	58.91	4.61	446.10	8292.15
582.61	1.63		2.87		1.57	0.11	4.93	182.68
22.26			3.77		2.27	0.10	0.41	486.77
732.82	**12.57**		**472.32**	**9.75**	**596.06**	**43.24**	**1.80**	**789.22**
352.71	**6.01**	**8.67**	**5698.53**	**3173.31**	**11253.69**	**1771.34**	**284.71**	**1417.98**
3461.05	**49.36**		**264.46**	**11.30**	**233.77**	**15.15**	**57.56**	**2526.65**
3579.96	**5.85**		**2075.05**	**88.36**	**1233.30**	**12.51**	**52.95**	**4880.59**
9282.52	**21.84**		**3294.17**	**27.58**	**672.96**		**420.30**	**9071.57**

9-10 能源加工转换效率
Efficiency of Energy Conversion

单位: %　　(%)

年 份 Year	总效率 Total Efficiency	发电及电站供热 Electricity Generation and Heating by Power Stations	炼 焦 Coking	炼 油 Petroleum Refining
1983	69.93	36.94	91.18	99.16
1984	69.16	36.95	90.08	99.17
1985	68.29	36.85	90.79	99.10
1986	68.32	36.69	90.63	99.04
1987	67.48	36.75	90.46	98.81
1988	66.54	36.34	90.77	98.76
1989	66.51	36.74	90.30	98.57
1990	66.48	37.34	91.28	90.19
1991	65.90	37.60	89.90	98.10
1992	66.00	37.80	92.70	96.80
1993	67.32	39.90	98.05	98.49
1994	65.20	39.35	89.62	97.48
1995	71.05	37.31	91.99	97.67
1996	70.19	36.63	94.07	97.46
1997	69.76	35.89	94.01	97.37
1998	69.28	37.09	94.97	96.41
1999	69.25	37.04	96.13	97.51
2000	69.38	37.78	96.20	97.32
2001	69.70	38.15	96.47	97.60
2002	68.99	38.67	96.63	96.73
2003	69.38	38.46	96.13	96.38
2004	70.60	38.64	97.10	96.48
2005	71.11	38.97	97.14	96.94
2006	70.87	39.08	97.02	96.90
2007	71.23	39.80	97.54	97.17
2008	71.46	40.47	98.46	96.22
2009	72.41	41.23	98.00	96.74
2010	72.52	41.99	96.38	97.00
2011	72.19	42.13	96.30	97.41
2012	72.68	42.81	95.65	97.11
2013	72.96	43.12	95.60	97.65
2014	73.49	43.55	95.07	97.54
2015	73.72	44.22	92.34	97.55
2016	73.85	44.60	92.76	97.81
2017	73.69	45.07	92.83	97.60

9-11 平均每天能源消费量
Average Daily Energy Consumption by Type of Energy

能源品种	Type of Energy	1990	1995	2000	2005	2010	2015	2016	2017
合计 （万吨标准煤）	**Total (10 000 tons of SCE)**	**270.4**	**359.4**	**401.5**	**716.1**	**988.1**	**1177.8**	**1190.8**	**1228.8**
煤炭 （万吨）	Coal (10 000 tons)	289.1	377.2	370.7	666.8	956.2	1087.7	1050.7	1056.8
焦炭 （万吨）	Coke (10 000 tons)	18.9	29.4	29.6	68.8	106.0	120.7	124.2	119.8
原油 （万吨）	Crude Oil (10 000 tons)	32.2	40.8	58.0	82.4	117.5	148.2	153.1	161.4
燃料油 （万吨）	Fuel Oil (10 000 tons)	9.2	10.2	10.6	11.6	10.3	12.8	12.7	13.4
汽油 （万吨）	Gasoline (10 000 tons)	5.2	8.0	9.6	13.3	19.1	31.1	32.4	34.0
煤油 （万吨）	Kerosene (10 000 tons)	1.0	1.4	2.4	3.0	4.8	7.3	8.1	9.1
柴油 （万吨）	Diesel Oil (10 000 tons)	7.4	11.8	18.6	30.1	40.3	47.6	46.0	46.6
天然气 （亿立方米）	Natural Gas (100 million cu.m)	0.4	0.5	0.7	1.3	3.0	5.3	5.7	6.6
电力 （亿千瓦小时）	Electricity (100 million kW·h)	17.1	27.5	36.8	68.3	114.9	159.0	167.5	177.6

9-12 生活能源消费量
Average Annual Energy Consumption for Households

能源品种	Type of Energy	1990	1995	2000	2005	2010	2015	2016	2017
合计 （万吨标准煤）	**Total (10 000 tons of SCE)**	**15799**	**15745**	**16695**	**27573**	**36470**	**50099**	**54209**	**57620**
煤炭 （万吨）	Coal (10 000 tons)	16700	13530	8457	10039	9159	9347	9492	9283
煤油 （万吨）	Kerosene (10 000 tons)	105	64	72	25	21	29	26	28
液化石油气 （万吨）	Liquefied Petroleum Gas (10 000 tons)	159	534	858	1329	1537	2549	2955	3225
天然气 （亿立方米）	Natural Gas (100 million cu.m)	19	19	32	79	227	360	380	420
煤气 （亿立方米）	Coal Gas (100 million cu.m)	29	57	126	145	167	80	63	52
热力 （万百万千焦）	Heat (10 billion kilo-joule)	8972	12637	23234	52044	67410	93841	98623	106330
电力 （亿千瓦小时）	Electricity (100 million kW·h)	481	1006	1452	2885	5125	7565	8421	9072

9-13 人均生活能源消费量
Annual per Capita Energy Consumption of Households

年份 Year	平均每人生活消费能源（千克标准煤） Annual per Capita Consumption for Households (kg of SCE)	煤炭（千克） Coal (kg)	电力（千瓦小时） Electricity (kW·h)	液化石油气（千克） Liquefied Petroleum Gas (kg)	天然气（立方米） Natural Gas (cu.m)	煤气（立方米） Coal Gas (cu.m)
1983	106.6	127.7	13.4	0.6	0.1	1.5
1984	113.5	134.9	15.3	0.6	0.4	1.6
1985	126.7	148.7	21.2	0.9	0.4	1.3
1986	127.3	148.3	23.2	1.1	0.6	1.3
1987	132.1	152.1	26.4	1.1	0.7	1.6
1988	141.0	159.1	31.2	1.2	1.4	1.6
1989	139.3	152.4	35.3	1.4	1.5	2.4
1990	139.2	147.1	42.4	1.4	1.6	2.5
1991	139.0	143.0	47.2	1.8	1.6	3.2
1992	134.2	126.9	54.9	2.1	1.8	4.4
1993	133.5	123.2	62.5	2.5	1.5	4.6
1994	129.3	109.5	72.7	3.2	1.7	6.3
1995	130.7	112.3	83.5	4.4	1.6	4.7
1996	120.5	83.0	87.7	5.9	1.7	6.4
1997	119.3	77.2	98.6	6.2	1.7	8.9
1998	119.0	73.1	104.2	6.9	1.9	9.7
1999	121.8	69.9	108.6	6.8	2.1	9.3
2000	132.0	67.0	115.0	6.8	2.6	10.0
2001	136.0	66.1	126.5	6.7	3.3	9.4
2002	146.0	65.7	138.3	7.6	3.6	9.8
2003	166.0	69.9	159.7	8.6	4.0	10.1
2004	191.0	75.4	184.0	10.4	5.2	10.7
2005	211.0	77.0	221.3	10.2	6.1	11.1
2006	230.0	76.6	255.6	11.5	7.8	12.7
2007	250.0	74.1	308.3	12.4	10.9	14.1
2008	254.0	69.1	331.9	11.0	12.8	13.9
2009	264.0	68.5	366.0	11.2	13.3	12.5
2010	273.0	68.5	383.1	10.5	17.0	12.5
2011	294.0	68.5	418.1	12.0	19.7	10.9
2012	313.0	69.0	460.4	12.1	21.3	10.2
2013	335.0	68.0	515.0	13.6	23.8	7.9
2014	346.1	67.8	526.0	15.9	25.1	7.1
2015	365.4	68.2	551.7	18.6	26.2	5.9
2016	393.2	68.8	610.8	21.4	27.5	4.6
2017	415.6	67.0	654.3	23.3	30.3	3.7

注：计算消费量所使用的人口数为平均人口数。
a) Data in the table are calculated with the data on the annual average population.

9-14 分地区电力消费量
Electricity Consumption by Region

单位：亿千瓦小时 (100 million kW·h)

地 区	Region	1995	2000	2005	2010	2015	2017	2018
北 京	Beijing	262	384	571	810	953	1067	1142
天 津	Tianjin	179	234	385	646	801	806	861
河 北	Hebei	603	809	1502	2692	3176	3442	3666
山 西	Shanxi	399	502	946	1460	1737	1991	2161
内蒙古	Inner Mongolia	187	254	668	1537	2543	2892	3353
辽 宁	Liaoning	623	749	1111	1715	1985	2135	2302
吉 林	Jilin	268	291	378	577	652	703	751
黑龙江	Heilongjiang	409	442	556	748	869	929	974
上 海	Shanghai	403	559	922	1296	1406	1527	1567
江 苏	Jiangsu	685	971	2193	3864	5115	5808	6128
浙 江	Zhejiang	440	738	1642	2821	3554	4193	4533
安 徽	Anhui	289	339	582	1078	1640	1921	2135
福 建	Fujian	261	402	757	1315	1852	2113	2314
江 西	Jiangxi	181	208	392	701	1087	1294	1429
山 东	Shandong	741	1001	1912	3298	5117	5430	5917
河 南	Henan	571	719	1353	2354	2880	3166	3418
湖 北	Hubei	415	503	789	1330	1665	1869	2071
湖 南	Hunan	375	406	674	1172	1448	1582	1745
广 东	Guangdong	788	1335	2674	4060	5311	5959	6323
广 西	Guangxi	221	314	510	993	1334	1445	1703
海 南	Hainan	32	38	82	159	272	305	327
重 庆	Chongqing		308	348	626	875	997	1114
四 川	Sichuan	583	521	943	1549	1992	2205	2459
贵 州	Guizhou	204	288	487	835	1174	1385	1482
云 南	Yunnan	224	274	557	1004	1439	1538	1679
西 藏	Tibet				20	41	58	69
陕 西	Shaanxi	240	293	516	859	1222	1495	1594
甘 肃	Gansu	241	295	489	804	1099	1164	1290
青 海	Qinghai	69	109	207	465	658	687	738
宁 夏	Ningxia	92	136	303	547	878	978	1065
新 疆	Xinjiang	120	183	310	662	2160	2543	2138

注：2000年及以后数据来源于中国电力企业联合会，2018年为快报数（下表同）。

a) Data since 2000 are from China Electricity Council, the data of 2018 are preliminary statistics and the same applies to the tables following.

9-15 发电装机容量
Installed Capacity of Power Generation

单位：万千瓦 (10 000 kw)

年份 Year	发电装机容量 Installed Capacity of Power Generation	火电 Thermal Power	水电 Hydropower	核电 Nuclear Power	风电 Wind Power	太阳能发电 Solar Power	其他 Others
2000	31932	23754	7935	210	34		
2001	33849	25301	8301	210	38		
2002	35657	26555	8607	447	47		
2003	39141	28977	9490	619	55		
2004	44239	32948	10524	696	82		
2005	51718	39138	11739	696	106		
2006	62370	48382	13029	696	207		
2007	71822	55607	14823	908	420		
2008	79273	60286	17260	908	839		
2009	87410	65108	19629	908	1760	3	3
2010	96641	70967	21606	1082	2958	26	3
2011	106253	76834	23298	1257	4623	212	19
2012	114676	81968	24947	1257	6142	341	20
2013	125768	87009	28044	1466	7652	1589	8
2014	137887	93232	30486	2008	9657	2486	19
2015	152527	100554	31954	2717	13075	4218	9
2016	165051	106094	33207	3364	14747	7631	7
2017	177708	110495	34359	3582	16325	12942	7
2018	189967	114367	35226	4466	18426	17463	18

注：数据来源于中国电力企业联合会。
a) The data are from China Electricity Council.

9-16 平均每万元国内生产总值能源消费量
Energy Intensity by GDP

年 份 Year	万元国内生产总值能源消费量(吨标准煤/万元) Total Energy Consumption (tce/10 000 yuan)	万元国内生产总值煤炭消费量(吨/万元) Coal (ton/10 000 yuan)	万元国内生产总值焦炭消费量(吨/万元) Coke (ton/10 000 yuan)	万元国内生产总值石油消费量(吨/万元) Petroleum (ton/10 000 yuan)	万元国内生产总值原油消费量(吨/万元) Crude Oil (ton/10 000 yuan)	万元国内生产总值燃料油消费量(吨/万元) Fuel Oil (ton/10 000 yuan)	万元国内生产总值电力消费量(万千瓦小时/万元) Electricity (10 000 kW·h/10 000 yuan)
	国内生产总值按1980年可比价格计算 GDP is calculated at 1980 constant prices						
1980	13.14	13.30	0.94	1.91	2.01	0.67	0.66
1981	12.33	12.56	0.81	1.93	1.81	0.59	0.64
1982	11.81	12.20	0.76	1.56	1.65	0.53	0.62
1983	11.34	11.80	0.71	1.44	1.56	0.49	0.60
1984	10.57	11.18	0.66	1.29	1.37	0.43	0.56
1985	10.08	10.72	0.62	1.21	1.25	0.37	0.54
1986	9.75	10.38	0.63	1.17	1.23	0.36	0.54
1987	9.36	10.03	0.62	1.11	1.15	0.34	0.54
1988	9.03	9.65	0.59	1.08	1.09	0.31	0.53
1989	9.04	9.64	0.59	1.08	1.08	0.32	0.55
1990	8.85	9.47	0.62	1.03	1.06	0.30	0.56
	国内生产总值按1990年可比价格计算 GDP is calculated at 1990 constant prices						
1990	5.23	5.59	0.37	0.61	0.62	0.18	0.33
1991	5.03	5.36	0.35	0.60	0.60	0.17	0.33
1992	4.63	4.84	0.33	0.57	0.56	0.15	0.32
1993	4.32	4.51	0.33	0.55	0.52	0.14	0.31
1994	4.05	4.24	0.30	0.49	0.46	0.12	0.31
1995	3.90	4.09	0.32	0.48	0.44	0.11	0.30
1996	3.66	3.79	0.32	0.48	0.43	0.10	0.29
1997	3.36	3.41	0.27	0.48	0.43	0.09	0.28
1998	3.13	3.10	0.26	0.45	0.40	0.09	0.27
1999	3.00	2.97	0.23	0.45	0.40	0.08	0.26
2000	2.89	2.67	0.21	0.44	0.42	0.08	0.26
	国内生产总值按2000年可比价格计算 GDP is calculated at 2000 constant prices						
2000	1.47	1.35	0.11	0.22	0.21	0.04	0.13
2001	1.43	1.32	0.11	0.21	0.20	0.04	0.14
2002	1.43	1.30	0.11	0.21	0.19	0.03	0.14
2003	1.51	1.41	0.12	0.21	0.19	0.03	0.15
2004	1.60	1.48	0.13	0.22	0.20	0.03	0.15
2005	1.63	1.52	0.16	0.20	0.19	0.03	0.16
	国内生产总值按2005年可比价格计算 GDP is calculated at 2005 constant prices						
2005	1.40	1.30	0.13	0.17	0.16	0.02	0.13
2006	1.36	1.28	0.13	0.17	0.15	0.02	0.14
2007	1.29	1.20	0.13	0.15	0.14	0.02	0.14
2008	1.21	1.14	0.12	0.14	0.13	0.01	0.13
2009	1.16	1.12	0.13	0.13	0.13	0.01	0.13
2010	1.13	1.09	0.12	0.14	0.13	0.01	0.13
	国内生产总值按2010年可比价格计算 GDP is calculated at 2010 constant prices						
2010	0.88	0.85	0.09	0.11	0.10	0.01	0.10
2011	0.86	0.86	0.09	0.10	0.10	0.01	0.10
2012	0.83	0.85	0.09	0.10	0.10	0.01	0.10
2013	0.79	0.81	0.09	0.10	0.09	0.01	0.10
2014	0.76	0.73	0.08	0.09	0.09	0.01	0.10
2015	0.71	0.66	0.07	0.09	0.09	0.01	0.10
	国内生产总值按2015年可比价格计算 GDP is calculated at 2015 constant prices						
2015	0.63	0.58	0.06	0.08	0.08	0.01	0.08
2016	0.60	0.53	0.06	0.08	0.08	0.01	0.08
2017	0.57	0.49	0.06	0.08	0.08	0.01	0.08

主要统计指标解释

能源生产总量 指一定时期内，全国一次能源生产量的总和。该指标是观察全国能源生产水平、规模、构成和发展速度的总量指标。一次能源生产量包括原煤、原油、天然气、水电、核能及其他动力能(如风能、地热能等)发电量，不包括低热值燃料生产量、太阳热能等的利用和由一次能源加工转换而成的二次能源产量。

能源消费总量 指一定地域内，国民经济各行业和居民家庭在一定时期内消费的各种能源的总和。包括：原煤、原油、天然气、水能、核能、风能、太阳能、地热能、生物质能等一次能源；一次能源通过加工转换产生的洗煤、焦炭、煤气、电力、热力、成品油等二次能源和同时产生的其他产品；其他化石能源、可再生能源和新能源。其中水能、风能、太阳能、地热能、生物质能等可再生能源，是指人们通过一定技术手段获得的，并作为商品能源使用的部分。在核算过程中，一次能源、二次能源消费不能重复计算。能源消费总量分为终端能源消费量、能源加工转换损失量和能源损失量三部分。

(1)终端能源消费量：指一定时期内，全国生产和生活消费的各种能源在扣除了用于加工转换二次能源消费量和损失量以后的数量。

(2)能源加工转换损失量：指一定时期内，全国投入加工转换的各种能源数量之和与产出各种能源产品之和的差额。该指标是观察能源在加工转换过程中损失量变化的指标。

(3)能源损失量：指一定时期内，能源在输送、分配、储存过程中发生的损失和由客观原因造成的各种损失量，不包括各种气体能源放空、放散量。

能源生产弹性系数 是研究能源生产增长速度与国民经济增长速度之间关系的指标。计算公式：

$$能源生产弹性系数=\frac{能源生产量年平均增长速度}{国民经济年平均增长速度}$$

国民经济年平均增长速度，可根据不同的目的或需要，用国民生产总值、国内生产总值等指标来计算，本年鉴是采用国内生产总值指标计算的。

电力生产弹性系数 是研究电力生产增长速度与国民经济增长速度之间关系的指标。一般来说，电力的发展应当快于国民经济的发展，也就是说电力应超前发展。计算公式为：

$$电力生产弹性系数=\frac{电力生产量年平均增长速度}{国民经济年平均增长速度}$$

能源消费弹性系数 反映能源消费增长速度与国民经济增长速度之间比例关系的指标。计算公式为：

$$能源消费弹性系数=\frac{能源消费量年平均增长速度}{国民经济年平均增长速度}$$

电力消费弹性系数 反映电力消费增长速度与国民经济增长速度之间比例关系的指标。计算公式为：

$$电力消费弹性系数=\frac{电力消费量年平均增长速度}{国民经济年平均增长速度}$$

能源加工转换效率 指一定时期内，能源经过加工、转换后，产出的各种能源产品的数量与同期内投入加工转换的各种能源数量的比率。该指标是观察能源加工转换装置和生产工艺先进与落后、管理水平高低等的重要指标。计算公式为：

$$能源加工转换效率=\frac{能源加工转换产出量}{能源加工转换投入量}\times100\%$$

单位国内生产总值能耗 指一定时期内，一个国家或地区每生产一个单位的国内生产总值所消费的能源。计算公式为：

$$单位国内生产总值能耗=\frac{能源消费总量}{国内生产总值}$$

单位国内生产总值电耗 指一定时期内，一个国家或地区每生产一个单位的国内生产总值所消费的电力。计算公式为：

$$单位国内生产总值电耗=\frac{全社会用电量}{国内生产总值}$$

Explanatory Notes on Main Statistical Indicators

Total Energy Production refers to the total production of primary energy by all energy producing enterprises in the country in a given period of time. It is a comprehensive indicator to show the level, scale, composition and pace of development of energy production of the country. The production of primary energy includes that of coal, crude oil, natural gas, hydro-power and electricity generated by nuclear energy and other means such as wind power and geothermal power. However, it does not include the production of fuels of low calorific value, solar thermal and secondary energy converted from primary energy.

Total Energy Consumption refers to the total consumption of energy of various kinds by the production sectors of the economy and the households in a given period of time. It includes the primary kinds of energy such as coal, crude oil, natural gas, hydro-power, nuclear power, wind power, solar power, geothermal power and bio-energy; the secondary kinds of energy and their products which are transformed from the primary energy such as washed coal, coke, coal gas, electricity, heating, and petroleum products; and other kinds of fossil energy, renewable energy and new energy. The renewable energy, including hydro-power, wind power, solar power, geothermal power and bio-energy, refers to the part attained with some given technical means and used for commercial purposes. Total energy consumption can be divided into three parts: end-use energy consumption; loss during the process of energy conversion; and energy loss.

(1) End-use Energy Consumption: It refers to the total energy consumption by the production sectors and the households in the country (region) in a given period of time. It does not include the consumption during the conversion of primary energy into secondary energy and the loss in the process of energy conversion.

(2) Loss During the Process of Energy Conversion: It refers to the total input of various kinds of energy for conversion, minus the total output of various kinds of energy in the country in a given period of time. It is an indicator to show the loss that occurs during the process of energy conversion.

(3) Energy Loss: It refers to the total of the loss of energy during the course of energy transport, distribution and storage and the loss caused by any objective reason in a given period of time. The loss of various kinds of gas due to gas discharges and stocktaking is not included.

Elasticity Ratio of Energy Production is an indicator to show the relationship between the growth rate of energy production and the growth rate of the national economy. The formula is:

$$\text{Elasticity Ratio of Energy Production} = \frac{\text{Average Annual Growth Rate of Energy Production}}{\text{Average Annual Growth Rate of National Economy}}$$

The average annual growth rate of the national economy can be measured by indicators such as the Gross National Product and the Gross Domestic Product, depending on the purposes or needs. The Gross Domestic Product has been used in the calculation of the ratio in this Yearbook.

Elasticity Ratio of Electricity Production is an indicator to show the relationship between the growth rate of electricity production and the growth rate of the national economy. Generally speaking, the growth rate of electricity production should be higher than that of the national economy.

Its formula is:

$$\text{Elasticity Ratio of Electricity Production} = \frac{\text{Average Annual Growth Rate of Electricity Production}}{\text{Average Annual Growth Rate of National Economy}}$$

Elasticity Ratio of Energy Consumption is an indicator to show the relationship between the growth rate of energy consumption and the growth rate of the national economy. The formula is:

$$\text{Elasticity Ratio of Energy Consumption} = \frac{\text{Average Annual Growth Rate of Energy Consumption}}{\text{Average Annual Growth Rate of National Economy}}$$

Elasticity Ratio of Electricity Consumption is an indicator to show the relationship between the growth rate of electricity consumption and the growth rate of the national economy. The formula is:

$$\text{Elasticity Ratio of Electricity Consumption} = \frac{\text{Average Annual Growth Rate of Electricity Consumption}}{\text{Average Annual Growth Rate of National Economy}}$$

Efficiency of Energy Processing and Conversion refers to the ratio of the total output of energy products of various kinds after processing and conversion to the total input of energy of various kinds for processing and conversion in the same reference period. It is an important indicator to show the current conditions of energy processing and conversion equipment, production technique and management. The formula is:

$$\text{Efficiency of Energy Processing \& Conversion} = \frac{\text{Output of Energy After Processing \& Conversion}}{\text{Input of Energy for Processing \& Conversion}} \times 100\%$$

Energy Consumption per Unit of GDP refers to the energy consumption per unit of Gross Domestic Product in a country or the Gross Regional Product in a region in the same reference period. The formula is:

$$\text{Energy Consumption per Unit of GDP} = \frac{\text{Total Energy Consumption}}{\text{Gross Domestic Product}}$$

Electricity Consumption per Unit of GDP refers to the electricity consumption per unit of Gross Domestic Product in a country or the Gross Regional Product in a region in the same reference period. The formula is:

$$\text{Electricity Consumption per Unit of GDP} = \frac{\text{Total Electricity Consumption}}{\text{Gross Domestic Product}}$$

10

固定资产投资

Investment in Fixed Assets

简要说明

一、本篇资料的主要内容

本篇资料通过对一定时期全社会建造和购置固定资产活动的数量方面的描述，反映报告期内固定资产投资的规模、速度、结构和比例关系、固定资产投资的资金来源及新增主要产品生产能力等。

二、本篇资料的统计范围

固定资产投资统计的范围包括：建设项目投资、房地产开发投资及农户投资。

三、本篇的资料来源

跨省（区）项目资料来自国务院有关部门（企业）等；农户固定资产投资资料来自国家统计局住户调查办公室的住户调查；除此以外的固定资产投资统计资料均来自国家统计局固定资产投资统计司的统计调查。

四、本篇的统计调查方法

除农户固定资产投资统计采用抽样调查方法外，其他均为全面调查。

五、统计口径的变化

自 1997 年起，除房地产开发投资、农村非农户投资、农户投资及城镇和工矿区私人建房投资外，固定资产投资的统计起点由 5 万元提高到 50 万元。

自 2006 年起，农村非农户固定资产投资统计改为按项目统计，调查方法由抽样调查改为全面调查，起点提高到 50 万元。

自 2006 年起，城镇和工矿区私人建房投资改为按项目统计，起点为 50 万元。

自 2011 年起，除房地产开发投资、农户投资外，固定资产投资项目统计起点由计划总投资 50 万元提高到 500 万元。

为便于比较，增速均按可比口径计算。

六、内容修订

为进一步贯彻新发展理念，更好地反映经济结构和质量的变化，反映投资对优化供给结构的关键性作用。本篇资料对固定资产投资表式进行了改版，增加了基础设施等三大领域投资、民间投资、三次产业投资等，内容以各分组固定资产投资比上年增长速度为主，通过速度变化反映固定资产投资形势及政策效应。

Brief Introduction

I. Main Contents

Statistics in this chapter describe activities on the construction and purchase of fixed assets of the whole country during a given period of time, and reflect the size, growth, structure, ratio, financing of the investment in fixed assets, capacity increased of main production during the reference period.

II. Scope of Statistics

Statistics on the investment in fixed assets cover investments in capital construction projects in urban and rural areas, investments in real estate development, and rural household investment.

III. Sources of Data

Data on trans-provincial projects are provided by various departments under the State Council. Data on investments in fixed assets by individuals in rural areas are provided by the Department of Rural Social and Economic Survey of the NBS through its rural social and economic survey. Other data on investments in fixed assets are from surveys conducted by the Department of Investment and Construction Statistics of the NBS.

IV. Methodology of Data Collection

All data on investments in fixed assets are collected by the system of reporting form with complete enumeration, except data on individual investments in fixed assets in rural areas, which are collected through sample surveys.

V. Changes in Statistical Scope

Since 1997, the cut-off point of projects covered by statistics of investment in fixed assets are raised from an investment of 50,000 yuan to 500,000 yuan, except investment in real estate development, farm household investment, non-farm household investment and private investment in housing construction in urban areas and industrial and mining areas. For the convenience of comparison, relevant data of 1996 are adjusted accordingly, and figures compiled on the basis of the old standard are enclosed in brackets.

Since 2006, statistics on investments in fixed assets of rural non-farm households are changed to project-based. Survey method is changed from sample survey to the system of reporting form with complete enumeration. The cut-off point has been raised to 500,000 yuan.

Since 2006, statistics on private investment in housing construction in urban areas and industrial and mining areas have become project-based. The cut-off point has been raised to 500,000 yuan.

Since 2011, the cut-off size of fixed assets investment projected rose from a total planned investment above 500 thousand yuan to 5 million yuan. Relevant data in 2010 are adjusted for the purpose of comparison, data in parenthesis are those of original statistical scope.

VI. Revision of Content

In order to further implement the New Development Principles, better reflect the changes in economic structure and quality, and reflect the key role of investment in optimizing the supply structure. This chapter revises the fixed assets investment form, and increases three field such as infrastructure,etc investment, non-governmental investment and three strata of industries. The content is mainly about the growth rate of fixed assets investment in each group compared with the preceding year, reflecting the situation of fixed assets investment and policy effects through the change of speed.

10-1 全社会固定资产投资
Total Investment in Fixed Assets in the Whole Country

年份 Year	全社会固定资产投资 Total Investment in Fixed Assets		房地产开发投资 Real Estate Development	
	绝对数(亿元) Value (100 million yuan)	比上年增长(%) Growth Rate over Preceding Year (%)	绝对数(亿元) Value (100 million yuan)	比上年增长(%) Growth Rate over Preceding Year (%)
1981	961	5.5		
1982	1230	28.0		
1983	1430	16.2		
1984	1833	28.2		
1985	2543	38.8		
1986	3121	22.7	101	
1987	3792	21.5	150	48.4
1988	4754	25.4	257	71.6
1989	4410	-7.2	273	6.0
1990	4517	2.4	253	-7.1
1991	5595	23.9	336	32.7
1992	8080	44.4	731	117.5
1993	13072	61.8	1938	165.0
1994	17042	30.4	2554	31.8
1995	20019	17.5	3149	23.3
1996	22914	14.8	3216	2.1
1997	24941	8.8	3178	-1.2
1998	28406	13.9	3614	13.7
1999	29855	5.1	4103	13.5
2000	32918	10.3	4984	21.5
2001	37214	13.0	6344	27.3
2002	43500	16.9	7791	22.8
2003	55567	27.7	10154	30.3
2004	70477	26.6	13158	29.6
2005	88774	26.0	15909	20.9
2006	109998	23.9	19423	22.1
2007	137324	24.8	25289	30.2
2008	172828	25.9	31203	23.4
2009	224599	30.0	36242	16.1
2010	251684	23.8	48259	33.2
2011	311485	23.8	61797	28.1
2012	374695	20.3	71804	16.2
2013	446294	19.1	86013	19.8
2014	512021	15.2	95036	10.5
2015	562000	9.8	95979	1.0
2016	606466	7.9	102581	6.9
2017	641238	7.0	109799	7.0
2018	645675	5.9	120264	9.5
平均每年增长(%) Annual Growth Rate(%)				
1982-2018	20.4			
1991-2018	21.1		27.1	
2001-2018	20.4		21.9	

注：根据第三次全国经济普查结果，2014年增速为可比口径。根据第三次全国农业普查、统计执法检查和第四次全国经济普查单位清查结果，2017、2018年增速为可比口径。以下各表同。

a) According to the results of the Third National Economic Census, the growth rate in 2014 is at comparable coverage. According to the results of the Third National Agricultural Census, the Statistical Law Enforcement Inspection and the Fourth National Economic Census, the growth rate in 2017 and 2018 is at comparable coverage. The same applies to the tables following.

10-2 全社会固定资产投资实际到位资金比上年增长情况
Growth Rate of Actual Funds for Investment of Total Investment in Fixed Assets in the Whole Country over Preceding Year

单位：% (%)

年 份 Year	本年实际到位资金 Actual Funds for Investment	国家预算资金 State Budget	国内贷款 Domestic Loans	利用外资 Foreign Investment	自筹资金 Self-raising Funds	其他资金 Other Funds
1996	14.1	1.4	9.0	19.7	5.2	58.9
1997	8.1	11.3	4.6	-2.3	12.6	6.5
1998	13.7	71.9	15.9	-2.5	11.6	17.7
1999	3.6	54.7	3.3	-23.3	4.4	3.5
2000	11.3	13.9	17.5	-15.5	11.5	13.2
2001	14.7	20.7	7.6	2.0	15.9	20.7
2002	18.6	24.1	22.4	20.5	20.6	7.5
2003	30.1	-15.0	36.0	24.7	37.8	21.0
2004	27.2	21.1	14.5	26.4	31.2	31.8
2005	26.9	27.6	18.4	21.1	33.5	16.0
2006	25.8	12.5	20.0	8.9	29.0	28.3
2007	26.8	25.4	17.6	18.4	28.6	31.7
2008	21.3	35.8	14.8	3.5	29.7	-2.8
2009	36.8	59.5	48.6	-13.0	29.5	62.4
2010	24.3	15.7	20.2	7.9	28.4	17.1
2011	21.1	14.1	5.3	7.6	28.3	11.2
2012	18.4	27.7	11.3	-11.7	21.1	12.9
2013	20.0	17.7	15.2	-3.3	20.3	25.3
2014	10.6	19.9	9.7	-6.2	13.6	-5.0
2015	7.5	15.6	-6.4	-29.6	9.2	10.1
2016	5.6	17.1	10.1	-20.5	-0.2	30.7
2017	3.6	7.0	7.8	-5.5	0.9	11.2
2018	3.2	0.1	-6.1	-2.7	3.9	8.0

注：2018年到位资金统计范围为计划总投资5000万元及以上建设项目和房地产开发项目。以下表同。

a) The statistic scope of actual funds for investment of in 2018 covers construction projects and real estate development projects with total planned investment of 50 million yuan or more. The same applies to the talbe following.

10-3 民间固定资产投资
Non-governmental Investment in Fixed Assets

年　份 Year	民间固定资产投资 (亿元) Non-governmental Investment in Fixed Assets (100 million yuan)	比上年增长 (%) Growth Rate over Preceding Year (%)	占固定资产投资 (不含农户)比重(%) As Percentage of Total Investment (%)
2012	223982	24.8	61.4
2013	274794	23.1	63.0
2014	321576	18.1	64.1
2015	354007	10.1	64.2
2016	365219	3.2	61.2
2017	381510	6.0	60.4
2018	394051	8.7	62.0

10-4 三次产业固定资产投资(不含农户)
Total Investment in Fixed Assets (Excluding Rural Households) by Three Strata of Industry

年　份 Year	全部投资 (亿元) Total Investment (100 million yuan)	第一产业 Primary Industry	第二产业 Secondary Industry	第三产业 Tertiary Industry	全部投资比上年增长(%) Growth Rate over Preceding Year (%)	第一产业 Primary Industry	第二产业 Secondary Industry	第三产业 Tertiary Industry
2003	45812	535	16628	28649				
2004	59028	645	22835	35548	28.5	20.6	37.3	24.1
2005	75095	843	31592	42661	27.2	30.6	38.3	20.0
2006	93369	1118	39545	52706	24.3	32.7	25.2	23.5
2007	117464	1460	50814	65190	25.8	30.6	28.5	23.7
2008	148738	2250	64900	81588	26.6	54.1	27.7	25.2
2009	193920	3356	81991	108573	30.4	49.1	26.3	33.1
2010	241431	3926	101013	136492	24.5	17.0	23.2	25.7
2011	302396	6819	132212	163365	23.8	25.0	27.3	21.1
2012	364854	8772	158060	198022	20.7	28.6	19.6	21.2
2013	435747	9109	184549	242090	19.4	30.6	17.2	20.8
2014	501265	11803	207459	282003	15.5	31.9	12.9	16.9
2015	551590	15562	224048	311980	10.0	31.8	8.0	10.6
2016	596501	18838	231826	345837	8.1	21.1	3.5	10.9
2017	631684	20892	235751	375040	7.2	11.8	3.2	9.5
2018	635636	22413	237899	375324	5.9	12.9	6.2	5.5

注：2003-2010为城镇固定资产投资口径，2011-2018年为固定资产投资(不含农户)口径，增速为可比口径。

a) Data of 2003-2010 is urban fixed assets investment, data of 2011-2018 is fixed assets investment (excluding rural households), the growth rate is at comparable coverage.

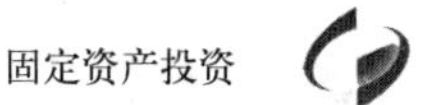

10-5 分地区按领域分固定资产投资(不含农户)比上年增长情况(2018年)

Growth Rate of Total Investment (Excluding Rural Households) over Preceding Year by Region and Field (2018)

单位：% (%)

地 区	Region	全部投资 Total Investment	#基础设施 Infrastructure	制造业 Manufacturing	房地产开发 Real Estate Development
全国总计	**National Total**	**5.9**	**3.8**	**9.5**	**9.5**
北 京	Beijing	-5.5	4.5	-41.7	4.9
天 津	Tianjin	-5.6	-31.6	-22.0	8.6
河 北	Hebei	6.0	5.5	8.2	-7.2
山 西	Shanxi	5.7	16.8	14.6	18.0
内蒙古	Inner Mongolia	-28.3	-39.5	-25.8	-0.8
辽 宁	Liaoning	3.7	-13.6	20.3	13.5
吉 林	Jilin	1.6	-9.2	-3.8	29.2
黑龙江	Heilongjiang	-4.7	-18.7	15.6	15.8
上 海	Shanghai	5.2	-0.2	14.8	4.6
江 苏	Jiangsu	5.5	0.7	11.2	14.1
浙 江	Zhejiang	7.1	14.4	4.9	20.9
安 徽	Anhui	11.8	7.0	33.3	6.4
福 建	Fujian	11.5	7.5	22.3	3.0
江 西	Jiangxi	11.1	17.7	18.2	8.0
山 东	Shandong	4.1	7.4	2.4	13.8
河 南	Henan	8.1	23.9	3.4	-1.1
湖 北	Hubei	11.0	13.1	15.6	2.6
湖 南	Hunan	10.0	-10.1	35.0	15.2
广 东	Guangdong	10.7	8.4	-0.1	19.3
广 西	Guangxi	10.8	9.8	22.5	11.9
海 南	Hainan	-12.5	-14.2	-37.9	-16.5
重 庆	Chongqing	7.0	12.4	9.3	6.8
四 川	Sichuan	10.2	17.2	-3.9	10.6
贵 州	Guizhou	15.8	10.8	12.5	6.7
云 南	Yunnan	11.6	10.3	14.3	16.5
西 藏	Tibet	9.8	6.1	50.6	129.4
陕 西	Shaanxi	10.4	7.3	8.6	13.9
甘 肃	Gansu	-3.9	-13.6	-13.4	18.2
青 海	Qinghai	7.3	7.4	7.6	-13.9
宁 夏	Ningxia	-18.2	-21.2	0.4	-31.1
新 疆	Xinjiang	-25.2	-41.7	-9.1	-0.4

10-6 分地区实际到位资金比上年增长情况(2018年)
Growth Rate of Actual Funds for Investment over Preceding Year by Region (2018)

单位：% (%)

地 区	Region	本年实际到位资金 Actual Funds for Investment	国家预算资金 State Budget	国内贷款 Domestic Loans	利用外资 Foreign Investment	自筹资金 Self-raising Funds	其他资金 Other Funds
全国总计	**National**	**3.2**	**0.1**	**-6.1**	**-2.7**	**3.9**	**8.0**
北 京	Beijing	-15.5	-4.9	-20.0	19.1	-9.6	-21.1
天 津	Tianjin	-9.8	17.5	-26.8	95.0	4.6	-13.5
河 北	Hebei	3.8	9.9	8.3	26.7	3.1	3.7
山 西	Shanxi	13.1	20.2	13.1	-77.2	11.0	16.6
内蒙古	Inner Mongolia	-12.3	-56.3	-14.1	302.9	2.4	-5.2
辽 宁	Liaoning	3.2	5.7	12.6	22.0	-7.7	16.0
吉 林	Jilin	1.8	-16.7	-37.6	-67.8	3.2	35.6
黑龙江	Heilongjiang	-0.3	-5.2	-6.9	-56.4	-3.4	15.6
上 海	Shanghai	2.8	11.1	-1.0	-30.1	17.7	-12.4
江 苏	Jiangsu	-0.2	0.8	-8.1	1.4	-1.8	5.6
浙 江	Zhejiang	1.7	-4.1	22.0	42.2	-3.8	1.1
安 徽	Anhui	13.2	38.4	-3.8	-34.6	6.3	27.2
福 建	Fujian	4.9	7.2	-0.5	-58.9	12.5	-5.8
江 西	Jiangxi	7.6	-18.3	-5.7	124.5	9.7	13.8
山 东	Shandong	10.8	-2.8	-6.9	0.3	13.0	16.9
河 南	Henan	12.7	42.7	-12.3	51.7	16.1	7.8
湖 北	Hubei	10.4	0.2	7.2	-9.3	11.7	11.9
湖 南	Hunan	-3.8	-22.2	-15.0	-21.5	-5.4	11.6
广 东	Guangdong	9.5	17.0	6.8	-28.9	4.8	16.3
广 西	Guangxi	9.7	-6.6	-4.8	-33.2	8.1	26.0
海 南	Hainan	-24.3	7.7	-46.1	-91.8	-8.7	-33.5
重 庆	Chongqing	7.1	-18.4	4.7	43.1	2.1	15.9
四 川	Sichuan	-5.6	2.2	-18.2	-15.6	-11.2	13.0
贵 州	Guizhou	5.4	1.4	-0.4	-44.6	1.0	22.2
云 南	Yunnan	14.9	14.4	-15.0	-89.7	18.4	39.3
西 藏	Tibet	-2.8	-24.8	58.5		13.1	36.1
陕 西	Shaanxi	6.1	-8.8	-14.3	-34.5	9.2	17.5
甘 肃	Gansu	-2.0	-6.2	-18.4		-3.3	17.8
青 海	Qinghai	0.1	51.9	-14.2	31.1	-15.5	53.7
宁 夏	Ningxia	-16.3	-19.0	-33.9	-41.5	-17.5	4.0
新 疆	Xinjiang	-20.7	-16.1	-54.3	-53.4	-18.3	7.5

10-7 分地区按构成分固定资产投资(不含农户)比上年增长情况(2018年)
Growth Rate of Total Investment in Fixed Assets (Excluding Rural Households) over Preceding Year by Region and Composition of Funds (2018)

单位：% (%)

地区	Region	全部投资 Total Investment	建筑安装工程 Construction and Installation	设备工器具购置 Purchase of Equipment and Instruments	其他费用 Other Expenses
全国总计	**National Total**	**5.9**	**3.6**	**2.6**	**20.0**
北京	Beijing	-5.5	7.8	-21.7	-10.4
天津	Tianjin	-5.6	-29.4	11.1	36.4
河北	Hebei	6.0	4.5	10.8	8.9
山西	Shanxi	5.7	5.3	-1.0	17.1
内蒙古	Inner Mongolia	-28.3	-32.3	-21.0	-9.2
辽宁	Liaoning	3.7	-11.4	12.5	81.7
吉林	Jilin	1.6	-0.4	-6.8	28.6
黑龙江	Heilongjiang	-4.7	-9.1	10.7	10.3
上海	Shanghai	5.2	-3.0	36.3	7.3
江苏	Jiangsu	5.5	3.8	-0.7	24.1
浙江	Zhejiang	7.1	-5.9	-9.2	37.1
安徽	Anhui	11.8	8.6	14.5	25.2
福建	Fujian	11.5	11.0	19.5	8.5
江西	Jiangxi	11.1	10.8	4.2	25.1
山东	Shandong	4.1	6.0	-12.2	23.3
河南	Henan	8.1	9.5	7.6	0.3
湖北	Hubei	11.0	9.5	16.2	15.1
湖南	Hunan	10.0	7.9	26.9	9.2
广东	Guangdong	10.7	3.1	3.4	39.4
广西	Guangxi	10.8	10.4	2.4	17.9
海南	Hainan	-12.5	-17.4	-0.3	1.6
重庆	Chongqing	7.0	-2.0	4.6	48.9
四川	Sichuan	10.2	9.0	6.5	20.6
贵州	Guizhou	15.8	14.8	24.3	19.9
云南	Yunnan	11.6	11.9	-1.6	14.1
西藏	Tibet	9.8	9.8	-17.6	72.3
陕西	Shaanxi	10.4	12.1	-4.2	13.3
甘肃	Gansu	-3.9	-7.2	3.4	17.7
青海	Qinghai	7.3	2.2	28.6	28.9
宁夏	Ningxia	-18.2	-24.8	1.2	-4.5
新疆	Xinjiang	-25.2	-29.9	-6.4	-6.2

10-8 分地区按建设性质分固定资产投资(不含农户)比上年增长情况(2018年)
Growth Rate of Fixed Assets (Excluding Rural Households) over Preceding Year by Region and Type of Construction (2018)

单位：% (%)

地区 Region		全部投资 Total Investment	#新建 New Construction	扩建 Expansion	改建和技术改造 Reconstruction and Technical Transformation
全国总计	**National Total**	**5.9**	**6.8**	**-5.1**	**12.4**
北京	Beijing	-5.5	-3.1	-3.1	-13.4
天津	Tianjin	-5.6	-7.9	-9.9	-6.1
河北	Hebei	6.0	4.4	3.6	11.0
山西	Shanxi	5.7	10.6	-19.0	-7.7
内蒙古	Inner Mongolia	-28.3	-21.7	-51.4	-50.7
辽宁	Liaoning	3.7	4.2	6.0	-3.3
吉林	Jilin	1.6	4.3	-11.6	-2.6
黑龙江	Heilongjiang	-4.7	-0.4	-20.8	-31.8
上海	Shanghai	5.2	0.4	8.9	29.0
江苏	Jiangsu	5.5	-1.5	30.9	18.1
浙江	Zhejiang	7.1	14.3	-18.8	-15.1
安徽	Anhui	11.8	8.5	-3.4	48.0
福建	Fujian	11.5	9.9	16.8	20.2
江西	Jiangxi	11.1	10.2	3.7	24.5
山东	Shandong	4.1	8.5	-21.1	9.1
河南	Henan	8.1	9.0	13.1	-13.3
湖北	Hubei	11.0	8.4	7.6	32.6
湖南	Hunan	10.0	7.3	1.8	35.7
广东	Guangdong	10.7	13.0	-20.0	25.5
广西	Guangxi	10.8	15.2	-24.2	3.2
海南	Hainan	-12.5	-13.9	-32.2	16.4
重庆	Chongqing	7.0	5.4	-7.4	49.3
四川	Sichuan	10.2	10.7	29.2	2.1
贵州	Guizhou	15.8	16.3	-6.1	46.2
云南	Yunnan	11.6	22.6	-24.0	-7.4
西藏	Tibet	9.8	16.3	19.9	-45.0
陕西	Shaanxi	10.4	11.6	-9.9	8.8
甘肃	Gansu	-3.9	-2.2	-34.5	-13.3
青海	Qinghai	7.3	7.0	37.5	8.7
宁夏	Ningxia	-18.2	-23.9	25.2	19.2
新疆	Xinjiang	-25.2	-24.0	-36.5	-25.3

 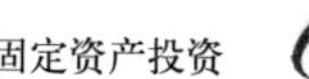 

10-9 分地区按隶属关系分固定资产投资(不含农户)比上年增长情况(2018年)
Growth Rate of Fixed Assets (Excluding Rural Households) over Preceding Year by Jurisdiction of Management and Region (2018)

单位：% (%)

地 区	Region	全部投资 Total Investment	中央项目 Central Investment	地方项目 Local Investment
全国总计	**National Total**	**5.9**	**-4.1**	**6.5**
北 京	Beijing	-5.5	17.5	-7.6
天 津	Tianjin	-5.6	19.5	-8.0
河 北	Hebei	6.0	17.0	5.6
山 西	Shanxi	5.7	23.0	5.1
内蒙古	Inner Mongolia	-28.3	-3.2	-29.3
辽 宁	Liaoning	3.7	-15.2	5.3
吉 林	Jilin	1.6	29.1	0.3
黑龙江	Heilongjiang	-4.7	-23.1	0.2
上 海	Shanghai	5.2	43.1	2.1
江 苏	Jiangsu	5.5	-1.2	5.6
浙 江	Zhejiang	7.1	1.3	7.3
安 徽	Anhui	11.8	-7.4	12.2
福 建	Fujian	11.5	-1.0	11.8
江 西	Jiangxi	11.1	-29.6	11.6
山 东	Shandong	4.1	-26.2	5.0
河 南	Henan	8.1	2.8	8.2
湖 北	Hubei	11.0	3.0	11.2
湖 南	Hunan	10.0	25.8	9.8
广 东	Guangdong	10.7	17.0	10.4
广 西	Guangxi	10.8	-20.5	11.9
海 南	Hainan	-12.5	30.8	-14.5
重 庆	Chongqing	7.0	-7.1	7.6
四 川	Sichuan	10.2	8.5	10.3
贵 州	Guizhou	15.8	-11.7	16.2
云 南	Yunnan	11.6	-5.5	12.6
西 藏	Tibet	9.8	75.7	8.0
陕 西	Shaanxi	10.4	-7.7	11.4
甘 肃	Gansu	-3.9	-8.0	-3.8
青 海	Qinghai	7.3	11.6	6.7
宁 夏	Ningxia	-18.2	-53.1	-15.2
新 疆	Xinjiang	-25.2	-1.5	-29.6

10-10 分地区按登记注册类型分固定资产投资(不含农户)比上年增长情况(2018年)

Growth Rate of Fixed Assets (Excluding Rural Households) over Preceding Year by Registration Status and Region (2018)

单位：% (%)

地区	Region	全部投资 Total Investment	#内资 Domestic Funded	港澳台商投资 Funds from Hong Kong, Macao and Taiwan	外商投资 Foreign Funded
全国总计	**National Total**	**5.9**	**6.5**	**-11.5**	**6.1**
北 京	Beijing	-5.5	-2.8	-33.4	-13.5
天 津	Tianjin	-5.6	-5.2	-42.4	9.3
河 北	Hebei	6.0	6.9	-37.8	-8.7
山 西	Shanxi	5.7	6.8	-8.9	22.7
内蒙古	Inner Mongolia	-28.3	-28.3	-60.5	2.9
辽 宁	Liaoning	3.7	2.9	17.9	5.2
吉 林	Jilin	1.6	0.3	36.8	102.6
黑龙江	Heilongjiang	-4.7	-4.2	-28.0	-29.8
上 海	Shanghai	5.2	8.1	-15.4	-6.7
江 苏	Jiangsu	5.5	6.0	2.1	-0.6
浙 江	Zhejiang	7.1	7.3	-0.6	17.1
安 徽	Anhui	11.8	12.0	-24.6	45.2
福 建	Fujian	11.5	12.8	11.0	-33.7
江 西	Jiangxi	11.1	11.3	0.5	31.9
山 东	Shandong	4.1	4.4	5.3	-7.9
河 南	Henan	8.1	8.4	-12.5	21.5
湖 北	Hubei	11.0	11.5	-4.3	0.4
湖 南	Hunan	10.0	10.0	-8.6	33.8
广 东	Guangdong	10.7	11.9	-15.6	29.6
广 西	Guangxi	10.8	10.8	-22.2	42.1
海 南	Hainan	-12.5	-10.8	-26.4	-50.6
重 庆	Chongqing	7.0	8.7	-40.1	27.5
四 川	Sichuan	10.2	10.8	-27.3	-6.6
贵 州	Guizhou	15.8	16.8	-63.9	44.6
云 南	Yunnan	11.6	12.0	-0.2	-39.2
西 藏	Tibet	9.8	10.1	-91.4	
陕 西	Shaanxi	10.4	10.6	-38.4	27.7
甘 肃	Gansu	-3.9	-4.1	69.6	16.2
青 海	Qinghai	7.3	8.1	-88.7	-45.6
宁 夏	Ningxia	-18.2	-18.2	-21.6	-7.1
新 疆	Xinjiang	-25.2	-25.0	-24.9	-35.8

10-11 分地区按控股情况类型分固定资产投资(不含农户)比上年增长情况(2018年)

Growth Rate of Fixed Assets (Excluding Rural Households) over Preceding Year by Holding Type and Region (2018)

单位：%　　　　　　　　　　　　　　　　　　　　　　　　　　　　　　　　(%)

地区	Region	全部投资 Total Investment	#国有控股 State-holding	集体控股 Collective-holding	私人控股 Private-holding
全国总计	**National Total**	**5.9**	**1.9**	**-8.7**	**8.8**
北 京	Beijing	-5.5	-0.2	-60.5	-3.9
天 津	Tianjin	-5.6	-10.4	-20.9	8.9
河 北	Hebei	6.0	10.7	6.0	3.3
山 西	Shanxi	5.7	22.3	-44.5	-5.5
内蒙古	Inner Mongolia	-28.3	-34.4	-55.7	-19.0
辽 宁	Liaoning	3.7	-9.7	-4.0	14.3
吉 林	Jilin	1.6	-1.3	-19.2	-3.4
黑龙江	Heilongjiang	-4.7	-19.9	-54.0	12.8
上 海	Shanghai	5.2	5.6	18.2	12.8
江 苏	Jiangsu	5.5	-4.4	18.9	10.6
浙 江	Zhejiang	7.1	-8.5	-22.0	21.1
安 徽	Anhui	11.8	1.6	23.3	18.4
福 建	Fujian	11.5	4.6	32.1	19.9
江 西	Jiangxi	11.1	8.2	34.0	7.4
山 东	Shandong	4.1	8.5	-18.9	2.6
河 南	Henan	8.1	23.9	-10.4	4.7
湖 北	Hubei	11.0	9.0	-23.6	5.3
湖 南	Hunan	10.0	-7.0	-31.2	23.1
广 东	Guangdong	10.7	15.5	15.1	7.7
广 西	Guangxi	10.8	9.1	-22.2	10.5
海 南	Hainan	-12.5	-10.5	-14.7	-12.8
重 庆	Chongqing	7.0	1.0	9.2	12.9
四 川	Sichuan	10.2	10.7	6.6	9.6
贵 州	Guizhou	15.8	16.4	-4.7	13.3
云 南	Yunnan	11.6	7.9	-44.2	17.7
西 藏	Tibet	9.8	8.1	13.0	47.8
陕 西	Shaanxi	10.4	2.6	16.2	12.9
甘 肃	Gansu	-3.9	-8.4	-33.7	4.1
青 海	Qinghai	7.3	8.9	-5.3	-3.4
宁 夏	Ningxia	-18.2	-17.0	32.7	-18.8
新 疆	Xinjiang	-25.2	-28.8	55.8	-19.7

10-12 各行业按构成分固定资产投资(不含农户)比上年增长情况(2018年)
Growth Rate of Total Investment in Fixed Assets (Excluding Rural Households) over Preceding Year by Sector and Compostion of Funds (2018)

单位：% (%)

指标	Item	全部投资 Total Investment	建筑安装工程投资 Construction and Installation	设备工器具购置 Purchase of Equipment and Instruments	其他费用 Other Expenses
全国总计	**National Total**	**5.9**	**3.6**	**2.6**	**20.0**
农、林、牧、渔业	**Agriculture, Forestry, Animal Husbandry and Fishery**	**12.3**	**13.5**	**12.9**	**2.8**
农业	Farming	15.4	18.0	10.2	2.5
林业	Forestry	2.0	4.6	-5.3	-3.2
畜牧业	Animal Husbandry	11.7	10.8	18.8	8.9
渔业	Fishery	19.4	19.1	37.1	-10.6
农、林、牧、渔专业及辅助性活动	Professional and Support Activities for Agriculture, Forestry, Animal Husbandry and Fishery	8.4	7.7	9.8	16.7
采矿业	**Mining**	**4.1**	**5.2**	**4.2**	**-4.7**
煤炭开采和洗选业	Mining and Washing of Coal	5.9	6.4	2.4	10.9
石油和天然气开采业	Extraction of Petroleum and Natural Gas	-0.7	1.1	0.2	-20.9
黑色金属矿采选业	Mining and Processing of Ferrous Metal Ores	5.1	14.0	8.9	-53.4
有色金属矿采选业	Mining and Processing of Non-Ferrous Metal Ores	-8.0	-7.2	-12.7	-6.3
非金属矿采选业	Mining and Processing of Non-metal Ores	26.7	30.1	16.3	33.0
开采专业及辅助活动	Professional and Support Activities for Mining	-0.4	-4.3	14.5	-20.0
其他采矿业	Mining of Other Ores	45.0	29.7	40.3	130.6
制造业	**Manufacturing**	**9.5**	**12.0**	**6.6**	**4.0**
农副食品加工业	Processing of Food from Agricultural Products	0.0	1.8	-2.1	-11.8
食品制造业	Manufacture of Foods	3.8	3.6	2.7	11.8
酒、饮料和精制茶制造业	Manufacture of Liquor, Beverages and Refined Tea	-6.8	-2.4	-14.3	-25.2
烟草制品业	Manufacture of Tobacco	1.3	-3.1	5.5	36.2
纺织业	Manufacture of Textile	5.1	7.2	5.2	-15.0
纺织服装、服饰业	Manufacture of Textile, Wearing Apparel and Accessories	-1.5	-3.9	5.1	-17.1
皮革、毛皮、羽毛及其制品和制鞋业	Manufacture of Leather, Fur, Feather and Related Products and Footware	3.1	9.9	-5.2	-21.0
木材加工和木、竹、藤、棕、草制品业	Processing of Timber, Manufacture of Wood, Bamboo, Rattan, Palm and Straw Products	17.3	21.2	14.1	-1.2
家具制造业	Manufacture of Furniture	23.2	33.2	11.0	-15.7
造纸及纸制品业	Manufacture of Paper and Paper Products	5.1	9.0	1.0	-5.1
印刷和记录媒介复制业	Printing and Reproduction of Recording Media	7.2	13.6	-2.0	4.9
文教、工美、体育和娱乐用品制造业	Manufacture of Articles for Culture, Education, Arts and Crafts, Sport and Entertainment Activities	8.1	13.2	2.0	-7.8
石油、煤炭及其他燃料加工业	Processing of Petroleum, Coal and Other Fuels	10.1	13.4	7.6	2.9
化学原料及化学制品制造业	Manufacture of Raw Chemical Materials and Chemical Products	6.0	9.4	0.4	9.3
医药制造业	Manufacture of Medicines	4.0	7.2	-3.1	2.9
化学纤维制造业	Manufacture of Chemical Fibres	29.0	3.9	75.9	-16.1
橡胶和塑料制品业	Manufacture of Rubber and Plastics Products	5.4	7.5	4.6	-10.0
非金属矿物制品业	Manufacture of Non-metallic Mineral Products	19.7	24.2	13.3	8.3
黑色金属冶炼和压延加工业	Smelting and Pressing of Ferrous Metals	13.8	11.5	15.7	24.3
有色金属冶炼和压延加工业	Smelting and Pressing of Non-ferrous Metals	3.2	3.0	4.8	-2.9
金属制品业	Manufacture of Metal Products	15.4	19.9	8.9	8.9
通用设备制造业	Manufacture of General Purpose Machinery	8.6	13.5	0.1	19.1
专用设备制造业	Manufacture of Special Purpose Machinery	15.4	20.1	6.5	20.1
汽车制造业	Manufacture of Automobiles	3.5	8.2	-0.9	-3.3
铁路、船舶、航空航天和其他运输设备制造业	Manufacture of Railway, Ship, Aerospace and Other Transport Equipments	-4.1	-0.7	-8.3	-15.2
电气机械和器材制造业	Manufacture of Electrical Machinery and Apparatus	13.4	12.9	14.6	10.0
计算机、通信和其他电子设备制造业	Manufacture of Computers, Communication and Other Electronic Equipment	16.6	17.4	14.7	27.3
仪器仪表制造业	Manufacture of Measuring Instruments and Machinery	7.5	18.2	-4.4	-17.0
其他制造业	Other Manufacture	8.3	7.2	14.7	6.7
废弃资源综合利用业	Utilization of Waste Resources	33.6	34.8	28.9	47.9
金属制品、机械和设备修理业	Repair Service of Metal Products, Machinery and Equipment	-26.9	-24.4	-27.4	-54.0
电力、热力、燃气及水生产和供应业	**Production and Supply of Electricity, Heat, Gas and Water**	**-6.7**	**-2.6**	**-13.7**	**-8.7**
电力、热力生产和供应业	Production and Supply of Electric Power and Heat Power	-12.3	-9.9	-16.8	-9.0
燃气生产和供应业	Production and Supply of Gas	6.4	4.5	18.1	-5.9
水的生产和供应业	Production and Supply of Water	15.3	18.3	10.9	-7.8
建筑业	**Construction**	**-13.9**	**-13.9**	**-7.8**	**-21.1**
房屋建筑业	Construction of Buildings	-0.3	-2.4	6.3	19.9
土木工程建筑业	Civil Engineering	-16.6	-15.5	-12.3	-29.6
建筑安装业	Building Installation	-13.3	-7.5	6.2	-75.9
建筑装饰、装修和其他建筑业	Building Decoration and Other Constructions	-17.4	-27.4	-10.1	41.7

10-12 续表 continued

单位：% (%)

指 标	Item	全部投资 Total Investment	建筑安装工程投资 Construction and Installation	设备工器具购置 Purchase of Equipment and Instruments	其他费用 Other Expenses
批发和零售业	**Wholesale and Retail Trades**	**-21.5**	**-19.3**	**-29.9**	**-27.5**
批发业	Wholesale Trade	-28.3	-26.0	-34.2	-38.3
零售业	Retail Trade	-15.0	-13.1	-24.5	-18.7
交通运输、仓储和邮政业	**Transport, Storage and Post**	**3.9**	**5.3**	**9.4**	**-5.8**
铁路运输业	Railway Transport	-5.1	-6.1	7.7	-12.7
道路运输业	Road Transport	8.2	10.5	10.7	-3.6
水上运输业	Water Transport	-9.6	-16.7	5.4	11.5
航空运输业	Air Transport	4.8	-6.6	17.5	-20.2
管道运输业	Transport Via Pipelines	-4.4	-6.3	3.9	-6.4
多式联运和运输代理业	Intermodality and Forwarding Agency	-20.0	-18.6	-19.9	-35.2
装卸搬运和仓储业	Loading, Unloading and Storage	-1.3	-1.1	-1.1	-3.3
邮政业	Post	-23.0	-24.4	-17.8	-25.7
住宿和餐饮业	**Hotels and Catering Services**	**-3.4**	**-5.2**	**-7.6**	**17.0**
住宿业	Hotels	-0.9	-3.7	-4.9	28.6
餐饮业	Catering Services	-12.8	-10.8	-12.9	-32.7
信息传输、软件和信息技术服务业	**Information Transmission, Software and Information Technology**	**4.0**	**-0.4**	**11.6**	**-0.5**
电信、广播电视和卫星传输服务	Telecommunication, Radio and Television and Satellite Transmission Service	-10.8	-13.9	-6.3	-20.1
互联网和相关服务	Internet and Related Service	37.6	40.5	24.4	98.5
软件和信息技术服务业	Software and Information Technology	5.8	-3.7	47.7	-16.2
金融业	**Financial Intermediation**	**-13.1**	**-24.0**	**70.1**	**-6.7**
货币金融服务	Monetary and Financial Service	-3.7	-28.7	95.6	48.4
资本市场服务	Capital Market Service	-40.8	-38.7	3.6	-62.7
保险业	Insurance	20.7	8.3	61.8	82.5
其他金融业	Other Financial Activities	6.0	21.8	-10.7	-70.2
房地产业	**Real Estate**	**8.3**	**-2.6**	**-1.1**	**40.4**
租赁和商务服务业	**Leasing and Business Services**	**14.2**	**16.7**	**-15.1**	**30.4**
租赁业	Leasing	-21.8	-10.4	-24.3	-5.0
商务服务业	Business Services	17.6	17.2	-5.0	30.8
科学研究和技术服务业	**Scientific Research and Technical Services**	**13.6**	**14.0**	**0.5**	**34.4**
研究和试验发展	Research and Experimental Development	8.7	9.0	9.1	6.7
专业技术服务业	Professional Technical Services	-0.6	-2.6		19.9
科技推广和应用服务业	Science and Technology Popularization and Application Services	29.3	32.5	-5.7	72.2
水利、环境和公共设施管理业	**Management of Water Conservancy, Environment and Public Facilities**	**3.3**	**5.4**	**0.7**	**-7.9**
水利管理业	Management of Water Conservancy	-4.9	-4.0	7.9	-12.4
生态保护和环境治理业	Ecological Protection and Environmental Treatment	43.0	46.1	24.0	40.6
公共设施管理业	Management of Public Facilities	2.5	4.8	-3.7	-9.0
土地管理业	Management of Land	8.8	13.1	15.1	-40.8
居民服务、修理和其他服务业	**Service to Households, Repair and Other Services**	**-14.4**	**-9.9**	**-24.4**	**-37.8**
居民服务业	Services to Households	4.3	9.5	-14.4	-18.5
机动车、电子产品和日用产品修理业	Repair of Motor Vehicle, Electronics and Household Products	-28.6	-25.3	-44.8	0.7
其他服务业	Other Services	-40.6	-37.7	-18.1	-74.2
教育	**Education**	**7.2**	**10.0**	**-2.0**	**-11.3**
卫生和社会工作	**Health and Social Service**	**8.4**	**8.2**	**8.3**	**10.5**
卫生	Health	10.0	10.0	8.5	12.8
社会工作	Social Service	2.9	2.6	6.7	3.2
文化、体育和娱乐业	**Culture, Sports and Entertainment**	**21.2**	**23.1**	**14.5**	**12.5**
新闻和出版业	Journalism and Publishing Activities	-10.3	-20.8	-37.3	51.4
广播、电视、电影和影视录音制作业	Radio, Television, Motion Picture and Videotape Programme Production Services	-44.0	-48.9	-27.8	16.7
文化艺术业	Cultural and Art Activities	-6.2	-2.6	-19.2	-25.0
体育	Sports Activities	19.8	19.9	19.1	19.3
娱乐业	Entertainment	82.2	93.5	50.8	46.7
公共管理、社会保障和社会组织	**Public Management, Social Security and Social Organization**	**-18.0**	**-13.1**	**-35.4**	**-51.2**
中国共产党机关	Organs of Communist Party of China	7.9	14.4	-38.2	-30.2
国家机构	Government Agencies	-18.5	-12.6	-36.2	-54.0
人民政协、民主党派	People's Political Consultative Conference and Democratic Parties	-21.2	-16.6	54.1	-95.9
社会保障	Social Security	-44.0	-41.8	-53.4	-67.2
群众团体、社会团体和其他成员组织	Mass Organizations, Social Organizations and Other Membership Organizations	-4.1	-2.6	-38.0	15.0
基层群众自治组织	Grass Roots Self-Governing Organizations	-13.0	-11.6	-13.2	-50.4
国际组织	**International Organizations**				

10-13 各行业按建设性质分固定资产投资(不含农户)比上年增长情况(2018年)

Growth Rate of Total Investment in Fixed Assets (Excluding Rural Households) over Preceding Year by Sector and Type of Construction (2018)

单位: % (%)

指标	Item	全部投资 Total Investment	#新建 New Construction	扩建 Expansion	改建和技术改造 Reconstruction and Technical Transformation
全国总计	**National Total**	**5.9**	**6.8**	**-5.1**	**12.4**
农、林、牧、渔业	**Agriculture, Forestry, Animal Husbandry and Fishery**	**12.3**	**18.0**	**-16.5**	**-14.1**
农业	Farming	15.4	20.1	-14.6	-1.8
林业	Forestry	2.0	13.9	-23.4	-67.3
畜牧业	Animal Husbandry	11.7	15.8	-15.1	2.3
渔业	Fishery	19.4	25.3	-24.0	-4.3
农、林、牧、渔专业及辅助性活动	Professional and Support Activities for Agriculture, Forestry, Animal Husbandry and Fishery	8.4	15.1	-15.8	-6.2
采矿业	**Mining**	**4.1**	**2.8**	**2.9**	**9.3**
煤炭开采和洗选业	Mining and Washing of Coal	5.9	12.6	-5.6	7.7
石油和天然气开采业	Extraction of Petroleum and Natural Gas	-0.7	-3.8	4.9	18.0
黑色金属矿采选业	Mining and Processing of Ferrous Metal Ores	5.1	0.4	90.0	-12.1
有色金属矿采选业	Mining and Processing of Non-Ferrous Metal Ores	-8.0	8.7	-17.1	-18.7
非金属矿采选业	Mining and Processing of Non-metal Ores	26.7	18.7	4.5	55.8
开采专业及辅助性活动	Professional and Support Activities for Mining	-0.4	-6.7	45.8	3.5
其他采矿业	Mining of Other Ores	45.0	121.3	-31.1	15.7
制造业	**Manufacturing**	**9.5**	**8.1**	**2.6**	**18.7**
农副食品加工业	Processing of Food from Agricultural Products	0.0	-0.8	-3.4	8.4
食品制造业	Manufacture of Foods	3.8	4.7	-13.2	14.9
酒、饮料和精制茶制造业	Manufacture of Liquor, Beverages and Refined Tea	-6.8	-6.5	-9.5	2.7
烟草制品业	Manufacture of Tobacco	1.3	28.2	-83.7	24.0
纺织业	Manufacture of Textile	5.1	8.4	-0.4	8.2
纺织服装、服饰业	Manufacture of Textile, Wearing Apparel and Accessories	-1.5	-1.6	2.1	-0.7
皮革、毛皮、羽毛及其制品和制鞋业	Manufacture of Leather, Fur, Feather and Related Products and Footware	3.1	0.2	-9.6	17.6
木材加工和木、竹、藤、棕、草制品业	Processing of Timber, Manufacture of Wood, Bamboo, Rattan, Palm and Straw Products	17.3	17.5	-3.0	35.8
家具制造业	Manufacture of Furniture	23.2	22.1	25.9	22.5
造纸及纸制品业	Manufacture of Paper and Paper Products	5.1	-5.8	16.4	17.0
印刷和记录媒介复制业	Printing and Reproduction of Recording Media	7.2	5.4	-4.9	16.0
文教、工美、体育和娱乐用品制造业	Manufacture of Articles for Culture, Education, Arts and Crafts, Sport and Entertainment Activities	8.1	0.3	15.0	22.9
石油、煤炭及其他燃料加工业	Processing of Petroleum, Coal and Other Fuels	10.1	14.5	-19.8	16.2
化学原料及化学制品制造业	Manufacture of Raw Chemical Materials and Chemical Products	6.0	9.3	0.5	6.2
医药制造业	Manufacture of Medicines	4.0	2.0	-1.1	10.3
化学纤维制造业	Manufacture of Chemical Fibres	29.0	38.9	10.6	20.4
橡胶和塑料制品业	Manufacture of Rubber and Plastics Products	5.4	7.6	-8.2	13.0
非金属矿物制品业	Manufacture of Non-metallic Mineral Products	19.7	21.5	-1.5	29.8
黑色金属冶炼和压延加工业	Smelting and Pressing of Ferrous Metals	13.8	-23.4	10.3	43.8
有色金属冶炼和压延加工业	Smelting and Pressing of Non-ferrous Metals	3.2	14.9	-17.6	-5.8
金属制品业	Manufacture of Metal Products	15.4	14.1	18.6	20.7
通用设备制造业	Manufacture of General Purpose Machinery	8.6	7.5	-4.0	21.0
专用设备制造业	Manufacture of Special Purpose Machinery	15.4	18.3	3.1	24.0
汽车制造业	Manufacture of Automobiles	3.5	-1.8	16.7	12.0
铁路、船舶、航空航天和其他运输设备制造业	Manufacture of Railway, Ship, Aerospace and Other Transport Equipments	-4.1	-18.7	10.9	32.9
电气机械和器材制造业	Manufacture of Electrical Machinery and Apparatus	13.4	7.4	6.4	27.3
计算机、通信和其他电子设备制造业	Manufacture of Computers, Communication and Other Electronic Equipment	16.6	14.1	8.3	34.4
仪器仪表制造业	Manufacture of Measuring Instruments and Machinery	7.5	-5.5	39.8	18.9
其他制造业	Other Manufacture	8.3	4.6	27.4	9.6
废弃资源综合利用业	Utilization of Waste Resources	33.6	32.9	21.8	39.3
金属制品、机械和设备修理业	Repair Service of Metal Products, Machinery and Equipment	-26.9	-23.1	-43.7	-37.0
电力、热力、燃气及水生产和供应业	**Production and Supply of Electricity, Heat, Gas and Water**	**-6.7**	**-6.0**	**-19.0**	**1.6**
电力、热力生产和供应业	Production and Supply of Electric Power and Heat Power	-12.3	-11.0	-21.2	-11.5
燃气生产和供应业	Production and Supply of Gas	6.4	12.9	-25.8	13.5
水的生产和供应业	Production and Supply of Water	15.3	11.8	-7.9	60.4
建筑业	**Construction**	**-13.9**	**-16.4**	**-24.5**	**4.6**
房屋建筑业	Construction of Buildings	-0.3	5.5	-1.0	-28.0
土木工程建筑业	Civil Engineering	-16.6	-19.7	-24.3	1.0
建筑安装业	Building Installation	-13.3	-27.3	-70.8	67.1
建筑装饰、装修和其他建筑业	Building Decoration and Other Constructions	-17.4	-26.1	-26.4	66.0

10-13 续表 continued

单位：% (%)

指 标	Item	全部投资 Total Investment	#新建 New Construction	扩建 Expansion	改建和技术改造 Reconstruction and Technical Transformation
批发和零售业	**Wholesale and Retail Trades**	**-21.5**	**-19.3**	**-32.9**	**-23.5**
批发业	Wholesale Trade	-28.3	-25.4	-44.9	-26.4
零售业	Retail Trade	-15.0	-14.0	-16.9	-20.2
交通运输、仓储和邮政业	**Transport, Storage and Post**	**3.9**	**9.2**	**-18.0**	**1.3**
铁路运输业	Railway Transport	-5.1	21.2	-83.2	-3.1
道路运输业	Road Transport	8.2	11.0	-7.7	-1.1
水上运输业	Water Transport	-9.6	-25.2	-10.5	152.7
航空运输业	Air Transport	4.8	-8.8	14.7	-48.0
管道运输业	Transport Via Pipelines	-4.4	7.7	230.5	-78.5
多式联运和运输代理业	Intermodality and Forwarding Agency	-20.0	-14.8	-63.8	-47.6
装卸搬运和仓储业	Loading, Unloading and Storage	-1.3	-4.7	9.9	41.8
邮政业	Post	-23.0	-19.4	-43.3	5.6
住宿和餐饮业	**Hotels and Catering Services**	**-3.4**	**-3.4**	**-10.4**	**4.3**
住宿业	Hotels	-0.9	-2.5	-2.0	19.6
餐饮业	Catering Services	-12.8	-7.1	-26.7	-27.0
信息传输、软件和信息技术服务业	**Information Transmission, Software and Information Technology**	**4.0**	**0.2**	**-1.8**	**5.0**
电信、广播电视和卫星传输服务	Telecommunication, Radio and Television and Satellite Transmission Service	-10.8	-13.9	-11.0	-3.6
互联网和相关服务	Internet and Related Service	37.6	37.5	26.0	39.5
软件和信息技术服务业	Software and Information Technology	5.8	-2.3	3.2	31.3
金融业	**Financial Intermediation**	**-13.1**	**-23.2**	**-14.0**	**-7.1**
货币金融服务	Monetary and Financial Service	-3.7	-16.5	-59.1	-38.7
资本市场服务	Capital Market Service	-40.8	-46.9	107.9	72.0
保险业	Insurance	20.7	14.4	-79.0	117.7
其他金融业	Other Financial Activities	6.0	1.1	16.9	337.0
房地产业	**Real Estate**	**8.3**	**8.6**	**-12.3**	**9.1**
租赁和商务服务业	**Leasing and Business Services**	**14.2**	**15.1**	**25.7**	**42.3**
租赁业	Leasing	-21.8	-9.4	44.2	-0.3
商务服务业	Business Services	17.6	15.7	25.1	45.1
科学研究和技术服务业	**Scientific Research and Technical Services**	**13.6**	**12.5**	**21.3**	**12.2**
研究和试验发展	Research and Experimental Development	8.7	6.5	30.4	18.8
专业技术服务业	Professional Technical Services	-0.6	-5.0	16.8	14.7
科技推广和应用服务业	Science and Technology Popularization and Application Services	29.3	31.7	17.5	4.2
水利、环境和公共设施管理业	**Management of Water Conservancy, Environment and Public Facilities**	**3.3**	**4.5**	**-4.3**	**2.7**
水利管理业	Management of Water Conservancy	-4.9	-1.7	-11.0	-23.5
生态保护和环境治理业	Ecological Protection and Environmental Treatment	43.0	50.1	22.7	24.3
公共设施管理业	Management of Public Facilities	2.5	3.3	-5.1	6.2
土地管理业	Management of Land	8.8	2.0	116.2	-31.1
居民服务、修理和其他服务业	**Service to Households, Repair and Other Services**	**-14.4**	**-12.7**	**-25.7**	**-13.3**
居民服务业	Services to Households	4.3	**5.0**	-8.8	8.8
机动车、电子产品和日用产品修理业	Repair of Motor Vehicle, Electronics and Household Products	-28.6	-24.1	-54.2	-24.7
其他服务业	Other Services	-40.6	-39.0	-38.8	-49.0
教育	**Education**	**7.2**	**10.2**	**-10.4**	**-4.2**
卫生和社会工作	**Health and Social Service**	**8.4**	**9.5**	**4.2**	**2.8**
卫生	Health	10.0	10.9	10.3	-4.5
社会工作	Social Service	2.9	5.2	-20.2	60.5
文化、体育和娱乐业	**Culture, Sports and Entertainment**	**21.2**	**19.9**	**30.1**	**36.5**
新闻和出版业	Journalism and Publishing Activities	-10.3	-8.3	-11.9	30.2
广播、电视、电影和影视录音制作业	Radio, Television, Motion Picture and Videotape Programme Production Services	-44.0	-46.4	-50.7	3.8
文化艺术业	Cultural and Art Activities	-6.2	-5.6	-17.6	-5.3
体育	Sports Activities	19.8	14.1	88.9	66.9
娱乐业	Entertainment	82.2	78.3	115.2	158.7
公共管理、社会保障和社会组织	**Public Management, Social Security and Social Organization**	**-18.0**	**-14.5**	**-27.8**	**-43.9**
中国共产党机关	Organs of Communist Party of China	7.9	40.4	-47.2	120.9
国家机构	Government Agencies	-18.5	-15.0	-34.5	-46.8
人民政协、民主党派	People's Political Consultative Conference and Democratic Parties	-21.2	-30.7		
社会保障	Social Security	-44.0	-42.1	-42.5	-79.9
群众团体、社会团体和其他成员组织	Mass Organizations, Social Organizations and Other Membership Organizations	-4.1	5.1	1.5	-47.1
基层群众自治组织	Grass Roots Self-Governing Organizations	-13.0	-7.5	-18.8	-31.7
国际组织	**International Organizations**				

10-14 各行业按隶属关系分固定资产投资(不含农户)比上年增长情况(2018年)
Growth Rate of Total Investment in Fixed Assets (Excluding Rural Households) over Preceding Year by Sector and Jurisdiction of Management (2018)

单位：% (%)

指标	Item	全部投资 Total Investment	中央 Central Government	地方 Local Governments
全国总计	**National Total**	**5.9**	**-4.1**	**6.5**
农、林、牧、渔业	**Agriculture, Forestry, Animal Husbandry and Fishery**	**12.3**	**25.2**	**12.2**
农业	Farming	15.4	78.0	15.0
林业	Forestry	2.0	-18.7	2.2
畜牧业	Animal Husbandry	11.7	-1.5	11.7
渔业	Fishery	19.4	-65.0	19.6
农、林、牧、渔专业及辅助性活动	Professional and Support Activities for Agriculture, Forestry, Animal Husbandry and Fishery	8.4	4.3	8.5
采矿业	**Mining**	**4.1**	**-2.5**	**8.6**
煤炭开采和洗选业	Mining and Washing of Coal	5.9	-12.1	7.3
石油和天然气开采业	Extraction of Petroleum and Natural Gas	-0.7	-2.6	12.8
黑色金属矿采选业	Mining and Processing of Ferrous Metal Ores	5.1	-25.5	8.8
有色金属矿采选业	Mining and Processing of Non-Ferrous Metal Ores	-8.0	-14.4	-7.8
非金属矿采选业	Mining and Processing of Non-metal Ores	26.7	-64.1	27.1
开采专业及辅助性活动	Professional and Support Activities for Mining	-0.4		-20.1
其他采矿业	Mining of Other Ores	45.0		44.9
制造业	**Manufacturing**	**9.5**	**1.4**	**9.7**
农副食品加工业	Processing of Food from Agricultural Products	0.0	-26.6	0.2
食品制造业	Manufacture of Foods	3.8	-3.3	3.8
酒、饮料和精制茶制造业	Manufacture of Liquor, Beverages and Refined Tea	-6.8	-55.0	-6.6
烟草制品业	Manufacture of Tobacco	1.3	17.9	-4.3
纺织业	Manufacture of Textile	5.1	66.8	5.0
纺织服装、服饰业	Manufacture of Textile, Wearing Apparel and Accessories	-1.5	147.5	-1.7
皮革、毛皮、羽毛及其制品和制鞋业	Manufacture of Leather, Fur, Feather and Related Products and Footware	3.1	-56.2	3.6
木材加工和木、竹、藤、棕、草制品业	Processing of Timber, Manufacture of Wood, Bamboo, Rattan, Palm and Straw Products	17.3		16.7
家具制造业	Manufacture of Furniture	23.2		23.2
造纸及纸制品业	Manufacture of Paper and Paper Products	5.1	-40.2	5.2
印刷和记录媒介复制业	Printing and Reproduction of Recording Media	7.2	91.9	6.8
文教、工美、体育和娱乐用品制造业	Manufacture of Articles for Culture, Education, Arts and Crafts, Sport and Entertainment Activities	8.1		8.0
石油、煤炭及其他燃料加工业	Processing of Petroleum, Coal and Other Fuels	10.1	15.0	8.8
化学原料及化学制品制造业	Manufacture of Raw Chemical Materials and Chemical Products	6.0	-1.8	6.2
医药制造业	Manufacture of Medicines	4.0	104.0	3.6
化学纤维制造业	Manufacture of Chemical Fibres	29.0	-50.0	31.3
橡胶和塑料制品业	Manufacture of Rubber and Plastics Products	5.4	-49.5	5.7
非金属矿物制品业	Manufacture of Non-metallic Mineral Products	19.7	-15.9	20.3
黑色金属冶炼和压延加工业	Smelting and Pressing of Ferrous Metals	13.8	24.3	13.2
有色金属冶炼和压延加工业	Smelting and Pressing of Non-ferrous Metals	3.2	13.6	2.7
金属制品业	Manufacture of Metal Products	15.4	-15.0	15.8
通用设备制造业	Manufacture of General Purpose Machinery	8.6	47.6	8.3
专用设备制造业	Manufacture of Special Purpose Machinery	15.4	-2.3	15.6
汽车制造业	Manufacture of Automobiles	3.5	2.3	3.6
铁路、船舶、航空航天和其他运输设备制造业	Manufacture of Railway, Ship, Aerospace and Other Transport Equipments	-4.1	-20.4	-2.1
电气机械和器材制造业	Manufacture of Electrical Machinery and Apparatus	13.4	130.1	12.6
计算机、通信和其他电子设备制造业	Manufacture of Computers, Communication and Other Electronic Equipment	16.6	-34.2	18.2
仪器仪表制造业	Manufacture of Measuring Instruments and Machinery	7.5		4.8
其他制造业	Other Manufacture	8.3	-77.3	10.8
废弃资源综合利用业	Utilization of Waste Resources	33.6	-19.1	34.2
金属制品、机械和设备修理业	Repair Service of Metal Products, Machinery and Equipment	-26.9	-49.3	-24.3
电力、热力、燃气及水生产和供应业	**Production and Supply of Electricity, Heat, Gas and Water**	**-6.7**		**-6.0**
电力、热力生产和供应业	Production and Supply of Electric Power and Heat Power	-12.3	-10.1	-13.4
燃气生产和供应业	Production and Supply of Gas	6.4	59.6	3.6
水的生产和供应业	Production and Supply of Water	15.3	40.3	14.9
建筑业	**Construction**	**-13.9**	**53.5**	**-16.4**
房屋建筑业	Construction of Buildings	-0.3	29.2	-0.9
土木工程建筑业	Civil Engineering	-16.6	52.2	-19.7
建筑安装业	Building Installation	-13.3		-17.9
建筑装饰、装修和其他建筑业	Building Decoration and Other Constructions	-17.4	-15.8	-17.4

10-14 续表 continued

单位：% (%)

指　　标	Item	全部投资 Total Investment	中　央 Central Government	地　方 Local Governments
批发和零售业	**Wholesale and Retail Trades**	**-21.5**	**4.2**	**-21.7**
批发业	Wholesale Trade	-28.3	1.3	-28.7
零售业	Retail Trade	-15.0	10.9	-15.2
交通运输、仓储和邮政业	**Transport, Storage and Post**	**3.9**	**-2.5**	**5.3**
铁路运输业	Railway Transport	-5.1	-5.6	-3.7
道路运输业	Road Transport	8.2	-2.9	8.5
水上运输业	Water Transport	-9.6	50.0	-16.6
航空运输业	Air Transport	4.8	11.8	-2.2
管道运输业	Transport Via Pipelines	-4.4	-33.6	21.8
多式联运和运输代理业	Intermodality and Forwarding Agency	-20.0	77.3	-20.9
装卸搬运和仓储业	Loading, Unloading and Storage	-1.3	-29.1	-0.6
邮政业	Post	-23.0	33.0	-25.0
住宿和餐饮业	**Hotels and Catering Services**	**-3.4**	**-29.2**	**-3.2**
住宿业	Hotels	-0.9	-31.3	-0.5
餐饮业	Catering Services	-12.8	24.9	-12.8
信息传输、软件和信息技术服务业	**Information Transmission, Software and Information Technology**	**4.0**	**-5.7**	**8.1**
电信、广播电视和卫星传输服务	Telecommunication, Radio and Television and Satellite Transmission Service	-10.8	-6.9	-16.2
互联网和相关服务	Internet and Related Service	37.6	5.5	39.0
软件和信息技术服务业	Software and Information Technology	5.8	16.6	5.5
金融业	**Financial Intermediation**	**-13.1**	**-20.7**	**-11.8**
货币金融服务	Monetary and Financial Service	-3.7	-33.2	3.3
资本市场服务	Capital Market Service	-40.8	-38.9	-41.0
保险业	Insurance	20.7	39.0	13.9
其他金融业	Other Financial Activities	6.0	133.9	4.7
房地产业	**Real Estate**	**8.3**	**9.3**	**8.3**
租赁和商务服务业	**Leasing and Business Services**	**14.2**	**72.1**	**13.4**
租赁业	Leasing	-21.8	-75.6	-21.0
商务服务业	Business Services	17.6	86.9	16.7
科学研究和技术服务业	**Scientific Research and Technical Services**	**13.6**	**-1.0**	**14.6**
研究和试验发展	Research and Experimental Development	8.7	-3.1	10.2
专业技术服务业	Professional Technical Services	-0.6	-4.0	-0.3
科技推广和应用服务业	Science and Technology Popularization and Application Services	29.3	16.7	29.6
水利、环境和公共设施管理业	**Management of Water Conservancy, Environment and Public Facilities**	**3.3**	**-6.2**	**3.4**
水利管理业	Management of Water Conservancy	-4.9	-24.6	-4.6
生态保护和环境治理业	Ecological Protection and Environmental Treatment	43.0	47.9	43.0
公共设施管理业	Management of Public Facilities	2.5		2.6
土地管理业	Management of Land	8.8	195.2	7.9
居民服务、修理和其他服务业	**Service to Households, Repair and Other Services**	**-14.4**	**35.6**	**-15.1**
居民服务业	Services to Households	4.3	-51.6	5.1
机动车、电子产品和日用产品修理业	Repair of Motor Vehicle, Electronics and Household Products	-28.6		-28.6
其他服务业	Other Services	-40.6	167.4	-44.2
教育	**Education**	**7.2**	**19.0**	**6.8**
卫生和社会工作	**Health and Social Service**	**8.4**	**25.9**	**8.1**
卫生	Health	10.0	10.9	10.0
社会工作	Social Service	2.9	169.3	1.8
文化、体育和娱乐业	**Culture, Sports and Entertainment**	**21.2**	**-28.1**	**22.2**
新闻和出版业	Journalism and Publishing Activities	-10.3	287.8	-23.8
广播、电视、电影和影视录音制作业	Radio, Television, Motion Picture and Videotape Programme Production Services	-44.0	-75.2	-41.7
文化艺术业	Cultural and Art Activities	-6.2	28.3	-6.4
体育	Sports Activities	19.8	-18.0	20.1
娱乐业	Entertainment	82.2	-19.7	84.7
公共管理、社会保障和社会组织	**Public Management, Social Security and Social Organization**	**-18.0**	**-75.7**	**-13.4**
中国共产党机关	Organs of Communist Party of China	7.9		-2.5
国家机构	Government Agencies	-18.5	-79.2	-12.2
人民政协、民主党派	People's Political Consultative Conference and Democratic Parties	-21.2		-22.5
社会保障	Social Security	-44.0	-83.8	-43.9
群众团体、社会团体和其他成员组织	Mass Organizations, Social Organizations and Other Membership Organizations	-4.1		-7.6
基层群众自治组织	Grass Roots Self-Governing Organizations	-13.0	80.0	-13.1
国际组织	**International Organizations**			

10-15 各行业按登记注册类型分固定资产投资(不含农户)比上年增长情况(2018年)

Growth Rate of Total Investment in Fixed Assets (Excluding Rural Households) over Preceding Year by Sector and Registration Status (2018)

单位：% (%)

指　　标	Item	全部投资 Total Investment	#内资 Domestic Funds	港澳台商投资 Funds from Hong Kong, Macao and Taiwan	外商投资 Foreign Funded
全　国　总　计	**National Total**	**5.9**	**6.5**	**-11.5**	**6.1**
农、林、牧、渔业	**Agriculture, Forestry, Animal Husbandry and Fishery**	**12.3**	**12.6**	**69.8**	**10.2**
农业	Farming	15.4	15.5	93.6	-0.9
林业	Forestry	2.0	1.6		
畜牧业	Animal Husbandry	11.7	13.5	19.3	-10.7
渔业	Fishery	19.4	17.2	283.2	
农、林、牧、渔专业及辅助性活动	Professional and Support Activities for Agriculture, Forestry, Animal Husbandry and Fishery	8.4	8.8		125.6
采矿业	**Mining**	**4.1**	**3.8**	**27.9**	**-2.9**
煤炭开采和洗选业	Mining and Washing of Coal	5.9	6.2	-50.4	42.2
石油和天然气开采业	Extraction of Petroleum and Natural Gas	-0.7	-2.2	47.1	38.3
黑色金属矿采选业	Mining and Processing of Ferrous Metal Ores	5.1	3.9		110.5
有色金属矿采选业	Mining and Processing of Non-Ferrous Metal Ores	-8.0	-6.1	-64.5	-47.0
非金属矿采选业	Mining and Processing of Non-metal Ores	26.7	27.7	12.3	27.5
开采专业及辅助性活动	Professional and Support Activities for Mining	-0.4	0.4	-55.5	-64.7
其他采矿业	Mining of Other Ores	45.0	44.1	75.8	
制造业	**Manufacturing**	**9.5**	**10.4**	**-2.0**	**4.9**
农副食品加工业	Processing of Food from Agricultural Products	0.0	0.3	-25.6	7.6
食品制造业	Manufacture of Foods	3.8	5.9	-24.9	-8.1
酒、饮料和精制茶制造业	Manufacture of Liquor, Beverages and Refined Tea	-6.8	-3.5	-33.9	-38.4
烟草制品业	Manufacture of Tobacco	1.3	1.4		
纺织业	Manufacture of Textile	5.1	5.7	-5.1	0.0
纺织服装、服饰业	Manufacture of Textile, Wearing Apparel and Accessories	-1.5	-0.1	-10.8	-33.6
皮革、毛皮、羽毛及其制品和制鞋业	Manufacture of Leather, Fur, Feather and Related Products and Footware	3.1	2.2	66.1	-60.2
木材加工和木、竹、藤、棕、草制品业	Processing of Timber, Manufacture of Wood, Bamboo, Rattan, Palm and Straw Products	17.3	17.7	57.1	-32.6
家具制造业	Manufacture of Furniture	23.2	26.8	-26.1	-28.9
造纸及纸制品业	Manufacture of Paper and Paper Products	5.1	5.0	49.2	-40.5
印刷和记录媒介复制业	Printing and Reproduction of Recording Media	7.2	7.4	11.5	-9.7
文教、工美、体育和娱乐用品制造业	Manufacture of Articles for Culture, Education, Arts and Crafts, Sport and Entertainment Activities	8.1	9.8	-20.1	-21.0
石油、煤炭及其他燃料加工业	Processing of Petroleum, Coal and Other Fuels	10.1	9.3	-36.2	51.5
化学原料及化学制品制造业	Manufacture of Raw Chemical Materials and Chemical Products	6.0	6.4	-6.6	10.5
医药制造业	Manufacture of Medicines	4.0	6.1	-1.2	-28.1
化学纤维制造业	Manufacture of Chemical Fibres	29.0	29.1	70.7	-21.6
橡胶和塑料制品业	Manufacture of Rubber and Plastics Products	5.4	7.1	-13.2	-11.4
非金属矿物制品业	Manufacture of Non-metallic Mineral Products	19.7	21.3	-19.0	7.0
黑色金属冶炼和压延加工业	Smelting and Pressing of Ferrous Metals	13.8	15.6	-13.1	-4.8
有色金属冶炼和压延加工业	Smelting and Pressing of Non-ferrous Metals	3.2	3.6	1.0	-14.6
金属制品业	Manufacture of Metal Products	15.4	17.7	-23.5	-8.2
通用设备制造业	Manufacture of General Purpose Machinery	8.6	9.5	3.7	-9.3
专用设备制造业	Manufacture of Special Purpose Machinery	15.4	15.8	12.5	7.9
汽车制造业	Manufacture of Automobiles	3.5	6.7	-1.0	-8.9
铁路、船舶、航空航天和其他运输设备制造业	Manufacture of Railway, Ship, Aerospace and Other Transport Equipments	-4.1	0.5	-26.4	-45.8
电气机械和器材制造业	Manufacture of Electrical Machinery and Apparatus	13.4	13.5	20.7	5.7
计算机、通信和其他电子设备制造业	Manufacture of Computers, Communication and Other Electronic Equipment	16.6	11.8	5.8	46.3
仪器仪表制造业	Manufacture of Measuring Instruments and Machinery	7.5	13.4	-19.9	-41.6
其他制造业	Other Manufacture	8.3	7.9	-6.4	77.6
废弃资源综合利用业	Utilization of Waste Resources	33.6	35.9	-43.9	24.5
金属制品、机械和设备修理业	Repair Service of Metal Products, Machinery and Equipment	-26.9	-26.9	45.3	-46.9
电力、热力、燃气及水生产和供应业	**Production and Supply of Electricity, Heat, Gas and Water**	**-6.7**	**-5.9**	**-34.5**	**5.0**
电力、热力生产和供应业	Production and Supply of Electric Power and Heat Power	-12.3	-11.4	-38.4	-6.0
燃气生产和供应业	Production and Supply of Gas	6.4	7.6	-22.1	17.7
水的生产和供应业	Production and Supply of Water	15.3	15.4	-10.7	35.8
建筑业	**Construction**	**-13.9**	**-13.6**	**-89.2**	**-11.0**
房屋建筑业	Construction of Buildings	-0.3	-0.4		-17.7
土木工程建筑业	Civil Engineering	-16.6	-15.8	-94.1	-74.4
建筑安装业	Building Installation	-13.3	-12.3		
建筑装饰、装修和其他建筑业	Building Decoration and Other Constructions	-17.4	-21.2		

10-15 续表 continued

单位：% (%)

指　　标	Item	全部投资 Total Investment	#内资 Domestic Funds	港澳台商投资 Funds from Hong Kong, Macao and Taiwan	外商投资 Foreign Funded
批发和零售业	**Wholesale and Retail Trades**	**-21.5**	**-21.7**	**-13.2**	**-1.3**
批发业	Wholesale Trade	-28.3	-27.3	-56.6	-62.1
零售业	Retail Trade	-15.0	-16.3	20.2	78.4
交通运输、仓储和邮政业	**Transport, Storage and Post**	**3.9**	**4.1**	**-1.2**	**-10.1**
铁路运输业	Railway Transport	-5.1	-5.1	-12.8	
道路运输业	Road Transport	8.2	8.2	4.9	66.5
水上运输业	Water Transport	-9.6	-9.1	-42.6	5.6
航空运输业	Air Transport	4.8	5.5	-1.3	
管道运输业	Transport Via Pipelines	-4.4	5.3		
多式联运和运输代理业	Intermodality and Forwarding Agency	-20.0	-22.6		-22.9
装卸搬运和仓储业	Loading, Unloading and Storage	-1.3	-1.1	7.6	-20.6
邮政业	Post	-23.0	-26.9	131.7	
住宿和餐饮业	**Hotels and Catering Services**	**-3.4**	**-4.1**	**30.2**	**-3.9**
住宿业	Hotels	-0.9	-1.5	29.8	5.9
餐饮业	Catering Services	-12.8	-13.5	54.9	-58.0
信息传输、软件和信息技术服务业	**Information Transmission, Software and Information Technology**	**4.0**	**0.7**	**43.3**	**-8.6**
电信、广播电视和卫星传输服务	Telecommunication, Radio and Television and Satellite Transmission Service	-10.8	-9.7	-16.9	-18.2
互联网和相关服务	Internet and Related Service	37.6	31.4	85.9	-27.4
软件和信息技术服务业	Software and Information Technology	5.8	-0.7	120.2	17.0
金融业	**Financial Intermediation**	**-13.1**	**-13.6**		**-80.4**
货币金融服务	Monetary and Financial Service	-3.7	-8.9		-27.2
资本市场服务	Capital Market Service	-40.8	-37.1		-86.3
保险业	Insurance	20.7	20.7		
其他金融业	Other Financial Activities	6.0	7.4		
房地产业	**Real Estate**	**8.3**	**9.4**	**-20.8**	**13.2**
租赁和商务服务业	**Leasing and Business Services**	**14.2**	**17.8**	**-60.8**	**7.2**
租赁业	Leasing	-21.8	12.4	-95.1	60.8
商务服务业	Business Services	17.6	18.1	7.4	-10.1
科学研究和技术服务业	**Scientific Research and Technical Services**	**13.6**	**14.8**	**-10.1**	**-27.5**
研究和试验发展	Research and Experimental Development	8.7	**10.9**	**-45.4**	**-2.2**
专业技术服务业	Professional Technical Services	-0.6	-0.5	42.3	-1.9
科技推广和应用服务业	Science and Technology Popularization and Application Services	29.3	30.6	298.4	-84.4
水利、环境和公共设施管理业	**Management of Water Conservancy, Environment and Public Facilities**	**3.3**	**3.2**	**21.5**	**46.7**
水利管理业	Management of Water Conservancy	-4.9	**-5.0**	**78.0**	**57.9**
生态保护和环境治理业	Ecological Protection and Environmental Treatment	43.0	44.8	-41.7	14.3
公共设施管理业	Management of Public Facilities	2.5	2.4	40.6	68.9
土地管理业	Management of Land	8.8	9.0		
居民服务、修理和其他服务业	**Service to Households, Repair and Other Services**	**-14.4**	**-14.6**	**3.7**	**-11.2**
居民服务业	Services to Households	4.3	4.0	-5.5	-1.8
机动车、电子产品和日用产品修理业	Repair of Motor Vehicle, Electronics and Household Products	-28.6	-27.0	-25.8	
其他服务业	Other Services	-40.6	-41.0		174.4
教育	**Education**	**7.2**	**7.3**	**-45.5**	**71.8**
卫生和社会工作	**Health and Social Service**	**8.4**	**7.6**	**221.3**	**79.2**
卫生	Health	10.0	9.3	219.5	43.7
社会工作	Social Service	2.9	1.9		218.2
文化、体育和娱乐业	**Culture, Sports and Entertainment**	**21.2**	**21.8**	**-28.9**	**25.3**
新闻和出版业	Journalism and Publishing Activities	-10.3	-10.3		
广播、电视、电影和影视录音制作业	Radio, Television, Motion Picture and Videotape Programme Production Services	-44.0	-43.8	-50.9	
文化艺术业	Cultural and Art Activities	-6.2	-6.0	-53.7	119.7
体育	Sports Activities	19.8	18.6	68.8	342.5
娱乐业	Entertainment	82.2	85.9	-52.1	-6.4
公共管理、社会保障和社会组织	**Public Management, Social Security and Social Organization**	**-18.0**	**-18.0**	**137.6**	
中国共产党机关	Organs of Communist Party of China	7.9	7.9		
国家机构	Government Agencies	-18.5	-18.5	155.1	
人民政协、民主党派	People's Political Consultative Conference and Democratic Parties	-21.2	-21.2		
社会保障	Social Security	-44.0	-44.0		
群众团体、社会团体和其他成员组织	Mass Organizations, Social Organizations and Other Membership Organizations	-4.1	-3.6	113.8	
基层群众自治组织	Grass Roots Self-Governing Organizations	-13.0	-12.8		
国际组织	**International Organizations**				

10-16 各行业按控股情况分固定资产投资(不含农户)比上年增长情况(2018年)

Growth Rate of Total Investment in Fixed Assets (Excluding Rural Households) over Preceding Year by Sector and Holding Type (2018)

单位: % (%)

指　标	Item	全部投资 Total Investment	#国有控股 State-holding	集体控股 Collective-holding	私人控股 Private-holding
全 国 总 计	**National Total**	**5.9**	**1.9**	**-8.7**	**8.8**
农、林、牧、渔业	**Agriculture, Forestry, Animal Husbandry and Fishery**	**12.3**	**11.5**	**-10.6**	**11.9**
农业	Farming	15.4	14.7	-3.4	14.3
林业	Forestry	2.2	12.2	12.2	-13.3
畜牧业	Animal Husbandry	11.7	21.1	-14.6	9.4
渔业	Fishery	19.4	-6.2	-29.2	26.3
农、林、牧、渔专业及辅助性活动	Professional and Support Activities for Agriculture, Forestry, Animal Husbandry and Fishery	8.4	5.3	-30.7	16.9
采矿业	**Mining**	**4.1**	**-3.6**	**28.1**	**11.2**
煤炭开采和洗选业	Mining and Washing of Coal	5.9	-0.5	15.2	11.2
石油和天然气开采业	Extraction of Petroleum and Natural Gas	-0.7	-3.7		35.8
黑色金属矿采选业	Mining and Processing of Ferrous Metal Ores	5.1	-22.8	173.8	4.8
有色金属矿采选业	Mining and Processing of Non-Ferrous Metal Ores	-8.0	-15.5	6.4	-5.9
非金属矿采选业	Mining and Processing of Non-metal Ores	26.7	44.2	33.6	24.3
开采专业及辅助性活动	Professional and Support Activities for Mining	-0.4	7.7	-62.1	-14.8
其他采矿业	Mining of Other Ores	45.0	-89.5	212.0	77.4
制造业	**Manufacturing**	**9.5**	**5.9**	**1.2**	**8.2**
农副食品加工业	Processing of Food from Agricultural Products	0.0	5.7	-17.8	-2.8
食品制造业	Manufacture of Foods	3.8	-9.2	-56.1	1.8
酒、饮料和精制茶制造业	Manufacture of Liquor, Beverages and Refined Tea	-6.8	-9.6	-22.1	-5.0
烟草制品业	Manufacture of Tobacco	1.3	-2.2	-99.8	30.1
纺织业	Manufacture of Textile	5.1	-17.4	-19.1	4.7
纺织服装、服饰业	Manufacture of Textile, Wearing Apparel and Accessories	-1.5	14.9	45.9	-3.7
皮革、毛皮、羽毛及其制品和制鞋业	Manufacture of Leather, Fur, Feather and Related Products and Footware	3.1	11.9	-32.7	0.6
木材加工和木、竹、藤、棕、草制品业	Processing of Timber, Manufacture of Wood, Bamboo, Rattan, Palm and Straw Products	17.3	11.3	-10.8	19.6
家具制造业	Manufacture of Furniture	23.2	58.7	126.8	22.4
造纸及纸制品业	Manufacture of Paper and Paper Products	5.1	71.9	32.6	-0.9
印刷和记录媒介复制业	Printing and Reproduction of Recording Media	7.2	-3.2	-36.7	5.2
文教、工美、体育和娱乐用品制造业	Manufacture of Articles for Culture, Education, Arts and Crafts, Sport and Entertainment Activities	8.1	-17.3	-36.6	11.9
石油、煤炭及其他燃料加工业	Processing of Petroleum, Coal and Other Fuels	10.1	9.5	-33.8	16.6
化学原料及化学制品制造业	Manufacture of Raw Chemical Materials and Chemical Products	6.0	15.5	17.6	3.0
医药制造业	Manufacture of Medicines	4.0	18.9	12.3	1.9
化学纤维制造业	Manufacture of Chemical Fibres	29.0	-3.6	74.8	38.9
橡胶和塑料制品业	Manufacture of Rubber and Plastics Products	5.4	-14.8	24.4	5.8
非金属矿物制品业	Manufacture of Non-metallic Mineral Products	19.7	6.5	37.3	16.2
黑色金属冶炼和压延加工业	Smelting and Pressing of Ferrous Metals	13.8	9.2	-29.6	15.8
有色金属冶炼和压延加工业	Smelting and Pressing of Non-ferrous Metals	3.2	-12.1	-67.9	8.5
金属制品业	Manufacture of Metal Products	15.4	14.2	-1.0	15.9
通用设备制造业	Manufacture of General Purpose Machinery	8.6	13.7	19.8	8.4
专用设备制造业	Manufacture of Special Purpose Machinery	15.4	28.3	-0.2	13.5
汽车制造业	Manufacture of Automobiles	3.5	-4.9	14.0	3.2
铁路、船舶、航空航天和其他运输设备制造业	Manufacture of Railway, Ship, Aerospace and Other Transport Equipments	-4.1	-0.7	-34.0	-3.9
电气机械和器材制造业	Manufacture of Electrical Machinery and Apparatus	13.4	19.6	-17.0	8.5
计算机、通信和其他电子设备制造业	Manufacture of Computers, Communication and Other Electronic Equipment	16.6	1.7	-5.5	13.9
仪器仪表制造业	Manufacture of Measuring Instruments and Machinery	7.5	63.2	329.7	4.0
其他制造业	Other Manufacture	8.3	7.9	38.0	3.7
废弃资源综合利用业	Utilization of Waste Resources	33.6	45.2	352.1	29.0
金属制品、机械和设备修理业	Repair Service of Metal Products, Machinery and Equipment	-26.9	-25.3	-62.0	-29.0
电力、热力、燃气及水生产和供应业	**Production and Supply of Electricity, Heat, Gas and Water**	**-6.7**	**-5.1**	**-38.8**	**-9.0**
电力、热力生产和供应业	Production and Supply of Electric Power and Heat Power	-12.3	-11.2	-49.5	-13.9
燃气生产和供应业	Production and Supply of Gas	6.4	0.5	-44.3	15.0
水的生产和供应业	Production and Supply of Water	15.3	17.6	-3.0	7.4
建筑业	**Construction**	**-13.9**	**-20.4**	**-3.9**	**-2.1**
房屋建筑业	Construction of Buildings	-0.3	1.6	-12.4	-1.5
土木工程建筑业	Civil Engineering	-16.6	-23.0	44.3	-1.7
建筑安装业	Building Installation	-13.3	-29.6	-76.3	9.6
建筑装饰、装修和其他建筑业	Building Decoration and Other Constructions	-17.4	-22.1	-76.8	-7.7

10-16 续表 continued

单位：% (%)

指标	Item	全部投资 Total Investment	#国有控股 State-holding	集体控股 Collective-holding	私人控股 Private-holding
批发和零售业	**Wholesale and Retail Trades**	**-21.5**	**-15.5**	**-41.9**	**-24.8**
批发业	Wholesale Trade	-28.3	-13.9	-59.5	-30.4
零售业	Retail Trade	-15.0	-16.5	-31.2	-18.8
交通运输、仓储和邮政业	**Transport, Storage and Post**	**3.9**	**4.3**	**-10.9**	**-3.8**
铁路运输业	Railway Transport	-5.1	-5.9	-5.0	23.4
道路运输业	Road Transport	8.2	7.9	-2.1	3.5
水上运输业	Water Transport	-9.6	-8.4	-61.8	-18.2
航空运输业	Air Transport	4.8	8.3	-79.4	-16.7
管道运输业	Transport Via Pipelines	-4.4	-19.3	-95.4	51.9
多式联运和运输代理业	Intermodality and Forwarding Agency	-20.0	1.0		-39.7
装卸搬运和仓储业	Loading, Unloading and Storage	-1.3	-5.3	-25.0	-0.3
邮政业	Post	-23.0	-33.3	109.4	-27.4
住宿和餐饮业	**Hotels and Catering Services**	**-3.4**	**11.2**	**-39.4**	**-8.4**
住宿业	Hotels	-0.9	13.9	-37.0	-7.7
餐饮业	Catering Services	-12.8	-1.6	-52.3	-10.7
信息传输、软件和信息技术服务业	**Information Transmission, Software and Information Technology**	**4.0**	**1.7**	**-8.8**	**-3.1**
电信、广播电视和卫星传输服务	Telecommunication, Radio and Television and Satellite Transmission Service	-10.8	-3.9	-74.7	-60.9
互联网和相关服务	Internet and Related Service	37.6	30.1	-34.8	23.6
软件和信息技术服务业	Software and Information Technology	5.8	10.2	127.0	-8.7
金融业	**Financial Intermediation**	**-13.1**	**-8.6**	**-42.0**	**-22.2**
货币金融服务	Monetary and Financial Service	-3.7	-7.1	-43.6	-15.2
资本市场服务	Capital Market Service	-40.8	-33.6	98.7	-42.3
保险业	Insurance	20.7	28.7		86.4
其他金融业	Other Financial Activities	6.0	31.8	-29.1	-33.8
房地产业	**Real Estate**	**8.3**	**0.8**	**-5.6**	**13.9**
租赁和商务服务业	**Leasing and Business Services**	**14.2**	**18.9**	**-16.7**	**11.7**
租赁业	Leasing	-21.8	-41.4	96.9	28.6
商务服务业	Business Services	17.6	22.2	-19.1	10.4
科学研究和技术服务业	**Scientific Research and Technical Services**	**13.6**	**8.6**	**70.9**	**14.7**
研究和试验发展	Research and Experimental Development	8.7	16.6	180.9	2.2
专业技术服务业	Professional Technical Services	-0.6	-3.0	43.2	-2.2
科技推广和应用服务业	Science and Technology Popularization and Application Services	29.3	14.4	46.2	34.5
水利、环境和公共设施管理业	**Management of Water Conservancy, Environment and Public Facilities**	**3.3**	**2.4**	**-6.6**	**0.5**
水利管理业	Management of Water Conservancy	-4.9	-4.8	-15.8	-17.8
生态保护和环境治理业	Ecological Protection and Environmental Treatment	43.0	46.2	32.1	30.2
公共设施管理业	Management of Public Facilities	2.5	1.5	-7.3	-1.2
土地管理业	Management of Land	8.8	12.4	-40.7	8.4
居民服务、修理和其他服务业	**Service to Households, Repair and Other Services**	**-14.4**	**-18.0**	**-22.6**	**-14.8**
居民服务业	Services to Households	4.3	8.0	-31.1	3.8
机动车、电子产品和日用产品修理业	Repair of Motor Vehicle, Electronics and Household Products	-28.6	-30.2	-92.6	-33.7
其他服务业	Other Services	-40.6	-50.0	45.5	-30.2
教育	**Education**	**7.2**	**5.4**	**-0.2**	**26.2**
卫生和社会工作	**Health and Social Service**	**8.4**	**6.8**	**-8.1**	**8.8**
卫生	Health	10.0	8.9	-5.8	11.0
社会工作	Social Service	2.9	-4.9	-14.7	5.2
文化、体育和娱乐业	**Culture, Sports and Entertainment**	**21.2**	**5.5**	**4.2**	**35.6**
新闻和出版业	Journalism and Publishing Activities	-10.3	-32.9		189.0
广播、电视、电影和影视录音制作业	Radio, Television, Motion Picture and Videotape Programme Production Services	-44.0	-42.3	-21.3	-47.6
文化艺术业	Cultural and Art Activities	-6.2	-6.1	-21.5	-13.3
体育	Sports Activities	19.8	17.1	41.4	11.1
娱乐业	Entertainment	82.2	65.1	29.9	89.8
公共管理、社会保障和社会组织	**Public Management, Social Security and Social Organization**	**-18.0**	**-17.6**	**-38.6**	**-41.9**
中国共产党机关	Organs of Communist Party of China	7.9	-0.1	-44.3	
国家机构	Government Agencies	-18.5	-16.9	-39.2	-67.9
人民政协、民主党派	People's Political Consultative Conference and Democratic Parties	-21.2	**107.0**		
社会保障	Social Security	-44.0	-41.5	-59.3	-74.1
群众团体、社会团体和其他成员组织	Mass Organizations, Social Organizations and Other Membership Organizations	-4.1	-26.2	25.8	-3.7
基层群众自治组织	Grass Roots Self-Governing Organizations	-13.0	-14.4	-44.1	65.3
国际组织	**International Organizations**				

10-17 各行业实际到位资金比上年增长情况（2018年）

单位：%

指　　标	Item	本年实际到位资金 Actual Funds for Investment
全国总计	**National Total**	**3.2**
农、林、牧、渔业	**Agriculture, Forestry, Animal Husbandry and Fishery**	**14.4**
农业	Farming	12.2
林业	Forestry	-1.1
畜牧业	Animal Husbandry	24.5
渔业	Fishery	15.8
农、林、牧、渔专业及辅助性活动	Professional and Support Activities for Agriculture, Forestry, Animal Husbandry and Fishery	19.6
采矿业	**Mining**	**5.5**
煤炭开采和洗选业	Mining and Washing of Coal	11.5
石油和天然气开采业	Extraction of Petroleum and Natural Gas	0.8
黑色金属矿采选业	Mining and Processing of Ferrous Metal Ores	15.4
有色金属矿采选业	Mining and Processing of Non-Ferrous Metal Ores	-16.3
非金属矿采选业	Mining and Processing of Non-metal Ores	32.2
开采专业及辅助性活动	Professional and Support Activities for Mining	9.0
其他采矿业	Mining of Other Ores	47.9
制造业	**Manufacturing**	**5.6**
农副食品加工业	Processing of Food from Agricultural Products	-6.0
食品制造业	Manufacture of Foods	1.8
酒、饮料和精制茶制造业	Manufacture of Liquor, Beverages and Refined Tea	-12.2
烟草制品业	Manufacture of Tobacco	5.8
纺织业	Manufacture of Textile	1.0
纺织服装、服饰业	Manufacture of Textile, Wearing Apparel and Accessories	-9.3
皮革、毛皮、羽毛及其制品和制鞋业	Manufacture of Leather, Fur, Feather and Related Products and Footware	-4.7
木材加工和木、竹、藤、棕、草制品业	Processing of Timber, Manufacture of Wood, Bamboo, Rattan, Palm and Straw Products	8.6
家具制造业	Manufacture of Furniture	21.2
造纸及纸制品业	Manufacture of Paper and Paper Products	3.0
印刷和记录媒介复制业	Printing and Reproduction of Recording Media	8.2
文教、工美、体育和娱乐用品制造业	Manufacture of Articles for Culture, Education, Arts and Crafts, Sport and Entertainment Activities	0.5
石油、煤炭及其他燃料加工业	Processing of Petroleum, Coal and Other Fuels	5.6
化学原料及化学制品制造业	Manufacture of Raw Chemical Materials and Chemical Products	5.5
医药制造业	Manufacture of Medicines	-4.3
化学纤维制造业	Manufacture of Chemical Fibres	34.1
橡胶和塑料制品业	Manufacture of Rubber and Plastics Products	2.7
非金属矿物制品业	Manufacture of Non-metallic Mineral Products	18.2
黑色金属冶炼和压延加工业	Smelting and Pressing of Ferrous Metals	15.9
有色金属冶炼和压延加工业	Smelting and Pressing of Non-ferrous Metals	-5.6
金属制品业	Manufacture of Metal Products	14.1
通用设备制造业	Manufacture of General Purpose Machinery	8.9
专用设备制造业	Manufacture of Special Purpose Machinery	10.3
汽车制造业	Manufacture of Automobiles	-3.0
铁路、船舶、航空航天和其他运输设备制造业	Manufacture of Railway, Ship, Aerospace and Other Transport Equipments	-4.1
电气机械和器材制造业	Manufacture of Electrical Machinery and Apparatus	11.9
计算机、通信和其他电子设备制造业	Manufacture of Computers, Communication and Other Electronic Equipment	5.8
仪器仪表制造业	Manufacture of Measuring Instruments and Machinery	10.6
其他制造业	Other Manufacture	10.0
废弃资源综合利用业	Utilization of Waste Resources	31.3
金属制品、机械和设备修理业	Repair Service of Metal Products, Machinery and Equipment	-27.0
电力、热力、燃气及水生产和供应业	**Production and Supply of Electricity, Heat, Gas and Water**	**-9.2**
电力、热力生产和供应业	Production and Supply of Electric Power and Heat Power	-13.3
燃气生产和供应业	Production and Supply of Gas	6.8
水的生产和供应业	Production and Supply of Water	7.8
建筑业	**Construction**	**-23.5**
房屋建筑业	Construction of Buildings	-21.5
土木工程建筑业	Civil Engineering	-25.1
建筑安装业	Building Installation	-23.0
建筑装饰、装修和其他建筑业	Building Decoration and Other Constructions	-6.1

Growth Rate of Actual Funds for Investment over Preceding Year by Sector (2018)

(%)

国家预算资金 State Budget	国内贷款 Domestic Loans	利用外资 Foreign Investment	自筹资金 Self-raising Funds	其他资金 Other Funds
0.1	**-6.1**	**-2.7**	**3.9**	**8.0**
7.6	**-0.8**	**-29.5**	**13.9**	**53.6**
28.6	-1.1	-35.2	12.2	23.3
-12.7	-25.8	-13.5	-4.4	120.6
-24.2	44.1	9.4	23.1	46.9
155.0	-29.8	-96.9	14.8	92.2
24.9	-32.0	-45.3	16.0	115.0
-46.4	**-7.5**	**58.6**	**5.5**	**58.8**
-62.3	-23.4	-76.9	23.1	-5.3
-37.3	-3.8	100.2	-5.5	106.8
51.4	87.2		12.6	6.3
-92.3	-29.8	-90.9	-11.2	-41.9
	-11.3	-68.3	35.2	31.5
-16.8			-3.6	32.9
	382.2		12.8	
-47.8	**5.7**	**8.2**	**5.4**	**26.5**
-53.5	-19.9	11.4	-5.4	19.7
-86.1	-30.9	-6.5	5.7	-7.5
-40.2	-38.8	-33.6	-10.8	-4.1
-95.9	-28.1		12.3	-42.9
165.2	-26.1	40.7	3.0	-10.6
98.3	-30.9	-43.7	-9.2	28.4
15.4	-38.7	-27.0	0.6	-38.4
85.2	14.6	20.9	9.0	-19.6
71.0	10.9	-9.7	23.1	-8.3
29.0	-7.2	-24.6	4.0	18.3
	42.2	-62.3	2.9	104.4
-5.0	40.3	-50.5	-0.3	14.0
-14.0	25.2	80.1	2.6	-16.1
-70.2	52.7	5.8	-0.3	28.2
-48.9	-28.2	52.8	-4.3	42.7
-33.0		-66.5	-10.1	-19.9
-13.2	-30.9	-23.5	5.7	25.5
-61.5	-8.3	34.0	19.8	40.9
-87.0	-44.8	-57.7	21.7	26.8
-94.1	4.5	-91.3	-0.5	-27.9
-65.2	-1.2	53.0	14.4	57.0
22.5	-18.8	-23.2	9.1	71.4
-57.7	-8.0	92.2	12.1	10.7
13.3	-30.6	61.1	-1.1	-10.6
53.8	25.9	-34.1	-10.0	143.2
-34.7	24.5	2.2	9.7	73.4
-55.0	0.2	16.8	5.5	27.4
79.4	-30.4	-56.6	10.6	
-69.8	23.4	-52.4	7.4	154.0
87.4	71.2	-22.1	27.6	75.2
-71.7	-30.3		-26.1	
-7.7	**-11.9**	**-39.4**	**-8.7**	**-1.8**
-21.9	-12.9	-42.3	-12.6	-11.9
12.3	17.6	-41.1	3.1	58.5
16.3	-7.5	-17.1	6.9	23.4
-34.3	**-60.1**	**4.7**	**-20.7**	**47.9**
26.7	-45.8		-32.8	27.8
-38.7	-60.2	-59.5	-20.9	56.1
-82.3	-68.3		0.8	53.4
34.0	-79.1		0.4	-21.7

10-17 续表

单位：%

指　　标	Item	本年实际到位资金 Actual Funds for Investment
批发和零售业	**Wholesale and Retail Trades**	**-21.6**
批发业	Wholesale Trade	-26.4
零售业	Retail Trade	-17.1
交通运输、仓储和邮政业	**Transport, Storage and Post**	**0.5**
铁路运输业	Railway Transport	-5.6
道路运输业	Road Transport	3.1
水上运输业	Water Transport	-1.1
航空运输业	Air Transport	3.4
管道运输业	Transport Via Pipelines	9.6
多式联运和运输代理业	Intermodality and Forwarding Agency	-19.3
装卸搬运和仓储业	Loading, Unloading and Storage	-3.8
邮政业	Post	-19.3
住宿和餐饮业	**Hotels and Catering Services**	**-10.9**
住宿业	Hotels	-10.9
餐饮业	Catering Services	-11.4
信息传输、软件和信息技术服务业	**Information Transmission, Software and Information Technology**	**7.2**
电信、广播电视和卫星传输服务	Telecommunication, Radio and Television and Satellite Transmission Service	-9.1
互联网和相关服务	Internet and Related Service	38.3
软件和信息技术服务业	Software and Information Technology	10.6
金融业	**Financial Intermediation**	**-6.5**
货币金融服务	Monetary and Financial Service	-1.1
资本市场服务	Capital Market Service	-37.7
保险业	Insurance	34.4
其他金融业	Other Financial Activities	14.1
房地产业	**Real Estate**	**5.4**
租赁和商务服务业	**Leasing and Business Services**	**6.5**
租赁业	Leasing	-38.8
商务服务业	Business Services	10.6
科学研究和技术服务业	**Scientific Research and Technical Services**	**14.0**
研究和试验发展	Research and Experimental Development	11.0
专业技术服务业	Professional Technical Services	-4.3
科技推广和应用服务业	Science and Technology Popularization and Application Services	30.4
水利、环境和公共设施管理业	**Management of Water Conservancy, Environment and Public Facilities**	**-2.8**
水利管理业	Management of Water Conservancy	-10.7
生态保护和环境治理业	Ecological Protection and Environmental Treatment	32.8
公共设施管理业	Management of Public Facilities	-3.3
土地管理业	Management of Land	-40.2
居民服务、修理和其他服务业	**Service to Households, Repair and Other Services**	**-18.4**
居民服务业	Services to Households	1.7
机动车、电子产品和日用产品修理业	Repair of Motor Vehicle, Electronics and Household Products	-46.6
其他服务业	Other Services	-45.6
教育	**Education**	**2.2**
卫生和社会工作	**Health and Social Service**	**5.8**
卫生	Health	9.7
社会工作	Social Service	-7.3
文化、体育和娱乐业	**Culture, Sports and Entertainment**	**13.7**
新闻和出版业	Journalism and Publishing Activities	-18.0
广播、电视、电影和影视录音制作业	Radio, Television, Motion Picture and Videotape Programme Production Services	-44.2
文化艺术业	Cultural and Art Activities	-17.8
体育	Sports Activities	8.3
娱乐业	Entertainment	72.8
公共管理、社会保障和社会组织	**Public Management, Social Security and Social Organization**	**-7.2**
中国共产党机关	Organs of Communist Party of China	21.0
国家机构	Government Agencies	-6.4
人民政协、民主党派	People's Political Consultative Conference and Democratic Parties	
社会保障	Social Security	-49.6
群众团体、社会团体和其他成员组织	Mass Organizations, Social Organizations and Other Membership Organizations	7.0
基层群众自治组织	Grass Roots Self-Governing Organizations	1.5
国际组织	**International Organizations**	

continued

(%)

国家预算资金 State Budget	国内贷款 Domestic Loans	利用外资 Foreign Investment	自筹资金 Self-raising Funds	其他资金 Other Funds
-63.0	**-35.9**	**-37.7**	**-18.5**	**-39.2**
-68.6	-35.7	-31.8	-23.7	-50.0
-58.0	-36.1	-44.8	-13.6	-31.5
7.8	**0.7**	**-29.6**	**4.8**	**-19.5**
-5.1	2.1	-75.8	32.7	-45.4
9.7	1.7	-28.5	1.7	0.4
19.9	-23.9	-45.8	2.1	-11.5
51.2	4.0		9.2	-46.1
24.3	-19.1		17.4	90.1
-15.7	-40.7	39.2	-18.1	45.3
-41.4	-15.3	-1.9	-2.9	31.2
-85.4	-61.1		-19.6	-7.7
-41.2	**-26.4**	**-40.9**	**-8.4**	**-7.1**
-38.9	-26.6	-48.8	-7.9	-8.2
-50.5	-21.6	-33.6	-10.7	-2.5
-34.6	**8.3**	**184.8**	**3.3**	**96.1**
-65.4	-22.9	3217.0	-9.2	79.2
104.5	122.4	233.8	17.3	114.5
-31.6	-12.4	-46.0	12.1	71.5
-40.5	**14.7**		**-6.3**	**-23.1**
-32.6	67.8	15.0	-4.0	27.9
-40.7	-62.2		-36.9	-10.8
			44.8	
	97.1		13.0	
-7.7	**-6.5**	**-35.8**	**8.1**	**7.9**
-24.0	**-7.4**	**17.5**	**7.1**	**58.6**
-90.2	-48.6		-36.6	-40.0
-22.1	-3.0	5.2	11.2	62.0
23.5	**0.5**	**15.8**	**13.3**	**34.3**
66.3	9.8		5.0	11.4
-11.7	-17.3	-23.7	-0.4	-15.9
-0.2	2.0	82.3	31.0	105.7
4.1	**-19.8**	**16.6**	**-5.1**	**20.5**
-6.4	-36.6	-65.0	-13.7	17.2
31.9	-7.1	-11.1	40.2	79.8
6.2	-18.1	33.3	-6.1	18.5
-23.5	-54.9		-44.5	-0.3
-42.6	**4.2**		**-22.5**	**48.1**
-28.9	26.0		-6.7	184.7
-59.2	-1.6		-50.1	-13.5
-57.5	-74.6	182.8	-41.4	-56.6
5.9	**-23.1**	**-6.9**	**-2.6**	**55.2**
3.2	**-1.7**	**123.4**	**5.7**	**15.9**
5.9	-0.9	86.7	10.8	17.3
-14.0	-5.1		-8.1	5.7
9.3	**-12.4**	**60.0**	**20.6**	**-1.8**
39.4	-94.1		-21.3	
-45.2	-51.4		-33.3	-77.2
-7.1	-23.2	-51.8	-19.8	-12.4
41.8	-47.5	93.1	12.3	28.3
100.1	57.9	87.3	77.8	39.5
-13.7	**-30.0**	**-54.8**	**-10.1**	**40.4**
116.5			-5.2	65.3
-12.5	-36.1	-54.8	-10.3	52.6
-35.7	333.8		-77.9	-7.6
105.8	0.6		5.8	-26.6
-58.8	-7.4		47.6	-54.6

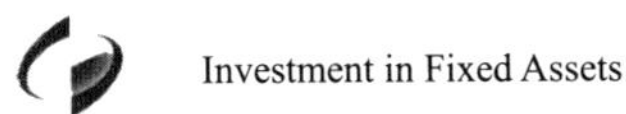

10-18 分地区按行业分固定资产投资(不含农户)比上年增长情况(2018年)
Growth Rate of Total Investment in Fixed Assets (Excluding Rural Households) over Preceding Year by Region and Sector (2018)

单位：% (%)

地 区	Region	合 计 Total	农、林、牧、渔业 Agriculture, Forestry, Animal Husbandry and Fishery	采矿业 Mining	制造业 Manufacturing	电力、热力、燃气及水生产和供应业 Production and Supply of Electricity, Heat, Gas and Water	建筑业 Construction	批发和零售业 Wholesale and Retail Trades
全国总计	**National Total**	**5.9**	**12.3**	**4.1**	**9.5**	**-6.7**	**-13.9**	**-21.5**
北 京	Beijing	-5.5	9.2	25.4	-41.7	-42.4	-50.5	2.5
天 津	Tianjin	-5.6	-9.1	36.5	-22.0	10.6	-91.0	-22.7
河 北	Hebei	6.0	2.1	-2.8	8.2	13.2	104.1	14.9
山 西	Shanxi	5.7	-53.5	-2.6	14.5	5.9	-80.4	-47.6
内蒙古	Inner Mongolia	-28.3	-40.1	-34.8	-25.8	-5.6	-91.0	-75.8
辽 宁	Liaoning	3.7	3.0	-2.9	20.3	-7.9	46.5	-41.8
吉 林	Jilin	1.6	7.5	-15.6	-3.8	0.4	-27.4	-39.7
黑龙江	Heilongjiang	-4.7	-18.3	-6.6	15.6	13.3		-18.4
上 海	Shanghai	5.2			14.8	28.0	-95.1	0.7
江 苏	Jiangsu	5.5	2.2	-34.3	11.2	-25.0	-7.8	-35.9
浙 江	Zhejiang	7.1	-60.4	18.8	4.9	-24.5	-81.1	-31.8
安 徽	Anhui	11.8	33.0	80.6	33.3	-19.4	2.3	5.0
福 建	Fujian	11.5	36.1	-20.8	22.3	-4.9	39.8	32.1
江 西	Jiangxi	11.1	17.2	-23.8	18.2	-25.1	1.6	-12.7
山 东	Shandong	4.1	1.2	5.1	2.4	-21.4	12.9	-38.8
河 南	Henan	8.2	15.9	-20.5	3.4	-1.0	-34.1	-3.3
湖 北	Hubei	11.0	-1.4	68.0	15.6	9.5	-32.7	16.6
湖 南	Hunan	10.0	27.6	31.2	35.0	14.4	-32.8	-33.9
广 东	Guangdong	10.7	-10.4	30.5	-0.1	4.9	-18.0	-39.5
广 西	Guangxi	10.8	18.5	31.3	22.5	-13.4	23.8	17.1
海 南	Hainan	-12.5	-22.0		-37.9	55.5	3.5	-26.0
重 庆	Chongqing	7.0	-9.5	-26.6	9.3	3.5	-17.3	-45.5
四 川	Sichuan	10.2	95.3	62.7	-3.9	1.7	-33.0	-14.8
贵 州	Guizhou	15.8	99.2	66.8	12.5	-1.9	-70.4	-32.1
云 南	Yunnan	11.6	26.4	-13.0	14.3	16.3	-25.1	10.7
西 藏	Tibet	9.8	80.4	51.5	50.6	-15.8		2.0
陕 西	Shaanxi	10.4	42.0	25.6	8.6	-16.7	-9.0	-15.5
甘 肃	Gansu	-3.9	18.8	48.8	-13.4	-19.1	8.0	-25.7
青 海	Qinghai	7.3	12.5	36.5	7.6	27.6	-45.1	23.0
宁 夏	Ningxia	-18.2	-35.6	-1.3	0.4	-17.0	-34.4	-20.1
新 疆	Xinjiang	-25.2	-42.1	17.0	-9.1	-16.3	-28.9	-57.1

10-18 续表 1 continued

单位：% (%)

地 区	Region	交通运输、仓储和邮政业 Transport, Storage and Post	住宿和餐饮业 Hotels and Catering Services	信息传输、软件和信息技术服务业 Information Transmission, Software and Information Technology	金融业 Financial Intermediation	房地产业 Real Estate	租赁和商务服务业 Leasing and Business Services	科学研究和技术服务业 Scientific Research and Technical Services
全国总计	**National Total**	**3.9**	**-3.4**	**4.0**	**-13.1**	**8.3**	**14.2**	**13.6**
北 京	Beijing	11.3	40.2	31.9	42.9	-3.2	-75.4	22.1
天 津	Tianjin	-7.4	-59.9	-18.0	-67.8	4.7	63.7	-51.9
河 北	Hebei	22.0	-8.2	-15.9	-25.5	-6.1	72.7	28.6
山 西	Shanxi	18.5	-58.6	24.5	-15.9	17.3	48.2	-14.5
内蒙古	Inner Mongolia	-35.1	-71.0	6.2	-36.8	-3.1	-37.2	-72.2
辽 宁	Liaoning	-18.6	-44.1	-24.1	-45.9	13.0	-33.1	-19.3
吉 林	Jilin	-11.2	-32.6	-33.0	-89.9	25.3	0.7	65.8
黑龙江	Heilongjiang	-24.0	-40.8	-1.2	-17.0	8.6	-43.0	51.9
上 海	Shanghai	9.6	72.5	14.1	12.6	4.6	-37.2	10.4
江 苏	Jiangsu	-2.0	-15.5	-11.5	-12.5	13.1	-13.7	6.8
浙 江	Zhejiang	21.8	-16.6	2.8	-40.8	14.3	-19.2	40.7
安 徽	Anhui	2.3	6.9	-14.8	-14.2	5.8	27.3	15.9
福 建	Fujian	8.4	30.8	37.3	29.6	2.7	12.1	4.8
江 西	Jiangxi	14.1	0.1	-6.0	-38.4	4.4	12.4	62.1
山 东	Shandong	2.0	-20.1	15.1	0.4	15.2	55.2	-4.6
河 南	Henan	26.2	8.8	32.3	73.8	3.8	56.9	45.2
湖 北	Hubei	11.2	7.7	55.3	13.4	3.5	-28.1	14.3
湖 南	Hunan	9.3	-2.6	0.3	33.0	8.6	43.6	99.7
广 东	Guangdong	-2.5	-3.3	-5.8	16.2	18.8	63.4	-10.3
广 西	Guangxi	19.0	26.7	1.3	-35.9	12.1	-3.9	42.1
海 南	Hainan	-22.6	11.6	-33.0	74.4	-12.7	-22.0	-49.8
重 庆	Chongqing	11.2	8.5	-52.7	-68.8	5.3	40.5	19.2
四 川	Sichuan	17.2	-1.0	33.8	1.8	4.6	3.8	54.6
贵 州	Guizhou	10.8	34.6	49.7	-68.3	13.3	164.2	1.8
云 南	Yunnan	13.5	1.8	-8.2	-34.3	12.7	160.7	39.6
西 藏	Tibet	5.2	26.1		-33.3	7.1	99.3	196.6
陕 西	Shaanxi	12.7	28.9	6.7	-12.2	13.1	8.9	16.8
甘 肃	Gansu	-17.0	-34.1	42.0	-32.2	10.9	14.4	-41.1
青 海	Qinghai	-10.2	9.6	10.3	471.1	-6.9	104.6	-8.7
宁 夏	Ningxia	-18.2	-33.5	-41.5	-91.9	-29.1	-15.7	-53.6
新 疆	Xinjiang	-40.5	-73.2	1.3	-34.4	-7.5	-51.3	-43.8

10-18 续表 2 continued

单位: % (%)

地 区	Region	水利、环境和公共设施管理业 Management of Water Conservancy, Environment and Public Facilities	居民服务、修理和其他服务业 Service to Households, Repair and Other Services	教 育 Education	卫生和社会工作 Health and Social Service	文化、体育和娱乐业 Culture, Sports and Entertainment	公共管理、社会保障和社会组织 Public Management, Social Security and Social Organization	国际组织 International Organizations
全国总计	**National Total**	**3.3**	**-14.4**	**7.2**	**8.4**	**21.2**	**-18.0**	
北 京	Beijing	-2.5		-2.7	-15.0	9.1	131.0	
天 津	Tianjin	-48.5	-11.4	-39.1	-21.8	-49.0	-86.9	
河 北	Hebei	-3.3	-33.6	56.0	54.4	11.9	45.0	
山 西	Shanxi	16.9	-32.7	33.2	8.6	78.9	-30.2	
内蒙古	Inner Mongolia	-43.4	-17.9	-21.8	-37.8	-52.7	-84.9	
辽 宁	Liaoning	-7.7	-28.3	-6.0	-14.6	-34.7	-6.9	
吉 林	Jilin	-10.5	-16.0	12.3	54.3	0.4	63.0	
黑龙江	Heilongjiang	-19.5	-10.2	-23.9	14.8	-52.4	-53.3	
上 海	Shanghai	-15.1	56.1	31.1	41.9	6.0	34.0	
江 苏	Jiangsu	2.4	-29.9	-7.5	-30.8	8.5	-11.0	
浙 江	Zhejiang	4.7	-64.4	12.4	-5.0	-17.7	-48.3	
安 徽	Anhui	10.0	8.2	-0.2	-8.9	8.8	-16.8	
福 建	Fujian	4.0	2.7	45.2	51.1	75.3	16.8	
江 西	Jiangxi	19.4	-40.4	42.2	-11.2	37.3	-5.0	
山 东	Shandong	13.8	-47.0	-16.7	-3.3	5.7	-9.7	
河 南	Henan	20.4	-7.4	16.6	6.3	18.7	38.0	
湖 北	Hubei	12.1	-18.4	28.0	33.7	159.8	-33.4	
湖 南	Hunan	-14.1	22.9	19.9	16.7	29.0	-44.3	
广 东	Guangdong	22.6	1.6	26.6	28.8	19.7	6.9	
广 西	Guangxi	1.7	-15.5	13.4	-4.0	19.3	-17.4	
海 南	Hainan	-6.1	26.0	-9.4	-19.7	-27.5	-36.6	
重 庆	Chongqing	15.3	-49.1	-11.1	19.4	44.7	72.7	
四 川	Sichuan	15.1	52.7	24.4	29.6	78.8	95.3	
贵 州	Guizhou	8.2	30.6	29.6	32.3	13.7	54.2	
云 南	Yunnan	6.7	54.2	-0.4	14.7	28.1	-13.9	
西 藏	Tibet	-0.9	-61.0	21.0	87.2	20.5	-21.5	
陕 西	Shaanxi	6.1	25.7	-7.5	14.4	39.2	16.7	
甘 肃	Gansu	-10.2	-52.6	-9.9	-6.7	7.5	5.7	
青 海	Qinghai	60.4	-58.2	56.6	19.9	69.7	-49.8	
宁 夏	Ningxia	-16.7	-50.1	2.7	13.5	-14.4	27.2	
新 疆	Xinjiang	-47.2	-44.5	-34.4	-40.5	-45.5	-35.4	

10-19 新增主要产品生产能力
Capacity Increased of Main Production

能力名称	Item	2014	2015	2016	2017	2018
原煤开采 （万吨/年）	Coal Mining (10 000 tons/year)	29545	22642	12870	19873	11697
焦炭 （万吨/年）	Coke (10 000 tons/year)	4996	2622	1541	1853	1470
天然气开采 （亿立方米/年）	Extraction of Petroleum and Natural Gas (100 million cu.m/year)	157	176	158	168	46
铁矿开采（原矿） （万吨/年）	Iron Ore Mining (10 000 tons/year)	13337	12740	7534	7635	1778
电解铜 （吨/年）	Electrolytic Copper (ton/year)	429100	460920	141750	155000	44751
电解铝 （吨/年）	Electrolytic Aluminum (ton/year)	1645297	1619410	550000	658162	
发电装机容量 （万千瓦）	Installed Power Capacity (10 0000 kw)	11098	13667	12222	4548	12607
水力发电 （万千瓦）	Hydraulic Power (10 000 kw)	2396	1476	1680	1282	1848
火力发电 （万千瓦）	Fire Power (10 000 kw)	4374	6023	4520	3266	5869
水泥 （万吨/年）	Cement (10 000 tons/year)	24996	11711	6938	6728	3358
氮肥 （吨/年）	Nitrogen Fertilizers (ton/year)	5833138	4282678	3305405	2314006	1301201
磷肥 （吨/年）	Phosphate Fertilizer (ton/year)	1196202	1470362	1627477	1302941	794558
钾肥 （吨/年）	Potash Fertilizer (ton/year)	1123140	1435297	1447199	687166	756320
塑料树脂及共聚物 （吨/年）	Plastic Colophony and Polymer (ton/year)	6828288	5975396	3204489	3255547	1945890
轮胎外胎 （万条/年）	Tire (Cover) (10 000 units/year)	8656	7627	5354	6227	2007
载货汽车制造 （辆/年）	Trucks (unit/year)	124200	192514	120836	77321	86746
客车制造 （辆/年）	Passenger Motor Vehicles (unit/year)	190200	217640	296311	152611	10804
轿车制造 （辆/年）	Cars (unit/year)	2119281	1312160	1583461	2313530	1023319
其他汽车制造 （辆/年）	Other Motor Vehicles (unit/year)	84238	107216	103956	120155	34146
化学纤维 （吨/年）	Chemical Fibre (ton/year)	6442328	4084155	2799085	2509787	2025136
棉纺锭 （锭）	Cotton Spindles (unit)	8401945	9407274	11099694	12487229	8113521
啤酒 （万吨/年）	Beer (10 000 tons/year)	275	342	179	126	34
白酒 （万吨/年）	Distilled Spirit (10 000 tons/year)	143	133	134	138	34
其他酒 （万吨/年）	Other Alcohols (10 000 tons/year)	101	49	46	38	9
卷烟 （箱/年）	Cigarettes (box/year)	1750000	1254134	1287601	1179908	866254
机制纸浆 （万吨/年）	Machine-made Paper Pulp (10 000 tons/year)	114	170	235	174	38
新建公路 （公里）	Length of New Highways (km)	65352	70902	66194	72529	32906
新(扩)建港口码头	Newly-built or Expanded Ports					
年吞吐量 （万吨/年）	Annual Handling Capacity(10 000 tons/year)	39239	28563	14582	22710	27458
泊位 （个）	Berths (unit)	337	226	145	162	115
城市自来水供水能力(万吨/日)	Tap Water Supply Capacity (10 000 tons/day)	1400	1721	3418	2802	1588

10-20 农村农户固定资产投资比上年增长情况(2018年)
Growth Rate of Investment in Fixed Assets of Rural Households over Preceding Year (2018)

地区	Region	全部投资 Total Investment	#竣工房屋投资 Investment in Buildings Completed	#住宅投资 Investment in Residential Buildings
全国	**National**	**5.1**	**-1.2**	**-0.2**
北京	Beijing	0.2	0.6	1.4
天津	Tianjin	23.7	-40.8	-38.6
河北	Hebei	-8.2	-10.6	-9.4
山西	Shanxi	-19.1	-21.2	-23.8
内蒙古	Inner Mongolia	-10.4	-42.4	-53.0
辽宁	Liaoning	-11.3	-8.5	-12.2
吉林	Jilin	-0.8	-25.0	-24.3
黑龙江	Heilongjiang	2.6	-1.0	-7.2
上海	Shanghai	15.6	8.4	19.1
江苏	Jiangsu	-6.8	-10.6	-9.5
浙江	Zhejiang	51.5	20.6	20.3
安徽	Anhui	21.0	1.7	21.4
福建	Fujian	-1.6	-3.5	-3.8
江西	Jiangxi	-2.0	19.2	16.4
山东	Shandong	-0.8	-3.1	-6.1
河南	Henan	3.7	-6.1	-2.0
湖北	Hubei	22.5	28.7	29.8
湖南	Hunan	11.8	-1.9	1.2
广东	Guangdong	2.9	-15.0	-13.9
广西	Guangxi	0.9	1.9	1.8
海南	Hainan	-18.1	-15.6	-7.6
重庆	Chongqing	-1.0	-19.7	-22.6
四川	Sichuan	1.9	8.9	5.0
贵州	Guizhou	29.9	28.9	28.8
云南	Yunnan	1.9	-0.8	-1.9
西藏	Tibet			
陕西	Shaanxi	2.0	-14.5	-16.1
甘肃	Gansu	0.7	1.5	4.3
青海	Qinghai	-14.7	-7.4	-7.2
宁夏	Ningxia	1.5	-19.9	-3.1
新疆	Xinjiang	-1.8	-21.8	-22.8

主要统计指标解释

全社会固定资产投资　是以货币形式表现的在一定时期内全社会建造和购置固定资产的工作量以及与此有关费用的总称。该指标是反映固定资产投资规模、结构和发展速度的综合性指标。全社会固定资产投资按登记注册类型可分为国有、集体、联营、股份制、私营和个体、港澳台商、外商、其他等。

固定资产投资（不含农户）　指城镇和农村各种登记注册类型的企业、事业、行政单位及城镇个体户进行的计划总投资500万元及以上的建设项目投资和房地产开发投资，包括原口径的城镇固定资产投资加上农村企事业组织项目投资，该口径自2011年起开始使用。

民间固定资产投资　指具有集体、私营、个人性质的内资企事业单位以及由其控股（包括绝对控股和相对控股）的企业单位在中华人民共和国境内建造或购置固定资产的投资。

基础设施投资　指为社会生产和生活提供基础性、大众性服务的工程和设施，是社会赖以生存和发展的基本条件。包括以下行业投资：铁路运输业、道路运输业、水上运输业、航空运输业、管道运输业、多式联运和运输代理业、装卸搬运业、邮政业、电信广播电视和卫星传输服务业、互联网和相关服务业、水利管理业、生态保护和环境治理业、公共设施管理业。

实际到位资金　指用于固定资产投资的各种货币资金。包括国家预算资金、国内贷款、利用外资、自筹资金和其他资金。

国家预算资金　国家预算包括一般预算、政府性基金预算、国有资本经营预算和社保基金预算。各类预算中用于固定资产投资的资金全部作为国家预算资金填报，其中一般预算中用于固定资产投资的部分包括基建投资、车购税、灾后恢复重建基金和其他财政投资。各级政府债券也应归入国家预算资金。

国内贷款　指报告期固定资产投资项目单位向银行及非银行金融机构借入用于固定资产投资的各种国内借款，包括银行利用自有资金及吸收存款发放的贷款、上级拨入的国内贷款、国家专项贷款（包括煤代油贷款、劳改煤矿专项贷款等），地方财政专项资金安排的贷款、国内储备贷款、周转贷款等。

利用外资　指报告期收到的境外(包括外国及港澳台地区）资金(包括设备、材料、技术在内)。包括对外借款(外国政府贷款、国际金融组织贷款、出口信贷、外国银行商业贷款、对外发行债券和股票)、外商直接投资、外商其他投资(包括利用外商投资收益在国内进行固定资产再投资活动的资金)。不包括我国自有外汇资金(国家外汇、地方外汇、留成外汇、调济外汇和国内银行自有资金发放的外汇贷款等)。各类外资按报告期的外汇牌价（中间价）折成人民币计算。

自筹资金　指固定资产投资单位在报告期收到的，由各企、事业单位筹集用于固定资产投资的资金，包括各类企事业单位的自有资金和从其他单位筹集的用于固定资产投资的资金，但不包括各类财政性资金、从各类金融机构借入资金和国外资金。

其他资金来源　指在报告期收到的除以上各种资金之外的用于固定资产投资的资金。包括社会集资、个人资金、无偿捐赠的资金及其他单位拨入的资金等。

固定资产投资按国民经济行业分　指根据其从事的社会经济活动性质对各类单位进行的分类。应根据建设项目建成投产后的主要产品种类或主要用途及社会经济活动种类来划分，不能根据项目单位本身的行业类别来划分。如果项目投产后有几种产品，应根据主要产品来确定行业类别。一般情况下，一个建设项目只能属于一种国民经济行业。

固定资产投资按隶属关系分　是按建设单位或企业、事业、行政单位的主管上级机关确定的。

（1）中央　是指中共中央、人大常委会和国务院各部、委、局、总公司以及直属机构直接领导的建设项目和企业、事业、行政单位。这些单位的固定资产投资计划由国务院各部门直接编制和下达，统一组织或委托下级实施。包括有中央垂直管理的部门（如国家统计局各级调查队）和中央直属企业、事业单位（如工商银行、中国电信、中国石油）等。

（2）地方　是由省（自治区、直辖市）、地（区、市、州、盟）、县（区、市、旗）三级政府及业务主管部门直接领导和管理的建设项目、企业、事业、行政单位。地方项目还包括不隶属以上各级政府及主管部门的建设项目和企业、事业单位，如外商投资企业和无主管部门的企业等。

固定资产投资按建设性质分　按整个建设项目情况来确定。建设项目的性质一般分为新建、扩建、改建和技术改造、单纯建造生活设施、迁建、恢复、单纯购置。农户投资不划分建设性质。

（1）新建　指从无到有“平地起家”开始建设的项目。现有企业、事业、行政单位投资的项目一般不属于新建。但如有的单位原有基础很小，经过建设后新增的固定资产价值超过该企业、事业、行政单位原有固定资产价值（原值）三倍以上的，也应作为新建。

（2）扩建　指在厂内或其他地点，为扩大原有产品的生产能力（或效益）或增加新的产品生产能力，而增建的生产车间（或主要工程）、分厂、独立的生产线等项目。行政、事业单位在原单位增建业务性用房（如学校增建教学用房、医院增建门诊部、病房等）也作为扩建。

现有企、事业单位为扩大原有主要产品生产能力或增加新的产品生产能力，增建一个或几个主要生产车间（或主要工程）、分厂，同时进行一些更新改造工程的，也应作为扩建。

（3）改建和技术改造　指现有企业、事业单位对原有设施进行技术改造或更新（包括相应配套的辅助性生产、生活福利设施）的建设项目。改建项目包括企业、事业单位为适应市场变化的需要，而改变企业的主要产品种类（如军工企业转民用产品等）的建设项目；原有产品生产作业线由于各工序（车间）之间能力不平衡，为填平补齐充分发挥原有生产能力而增建但不增加主要产品生产能力的建设项目。技术改造是指企业、事业单位在现有基础上用先进的技术代替落后的技术，用先进的工艺和装备代替落后的工艺和装备，以改变企业落后的技术经济面貌，实现以内涵为主的扩大再生产，达到提高产品质量、促进产品更新换代、节约能源、降低消耗、扩大生产规模、全面提高社会经效益的目的。技术改造具体包括以下内容：机器设备和工具的更新改造；生产工艺改革、节约能源和原材料的改造；厂房建筑和公共设施的改造；保护环境进行的“三废”治理改造；劳动条件和生产环境的改造等。

固定资产投资按构成分

（1）建筑工程　指各种房屋、建筑物的建造工程。这部分投资额必须兴工动料，通过施工活动才能实现，是固定资产投资额的重要组成部分。

（2）安装工程　指各种设备、装置的安装工程。

在安装工程中，不包括被安装设备本身价值。

（3）设备工器具购置　指报告期内购置或自制的，达到固定资产标准的设备、工具、器具的价值。新建单位及扩建单位的新建车间，按照设计或计划要求购置或自制的全部设备、工具、器具，不论是否达到固定资产标准均计入“设备工器具购置”中。

（4）其他费用　指在固定资产建造和购置过程中发生的，除建筑安装工程和设备、工器具购置投资完成额以外的应当分摊计入固定资产投资的费用，不指经营中财务上的其他费用。

本年新增生产能力（或工程效益）　指在本年度内按照新增生产能力（或工程效益）的计算条件和标准，实际建成投入生产或交付使用的生产能力（或工程效益）。

Explanatory Notes on Main Statistical Indicators

Total Investment in Fixed Assets in the Whole Country refers to the volume of activities in construction and purchases of fixed assets of the whole country and related fees, expressed in monetary terms during the reference period. It is a comprehensive indicator which shows the size, structure and growth of the investment in fixed assets, providing a basis for observing the progress of construction projects and evaluating results of investment. Total investment in fixed assets in the whole country includes, by type of ownership, the investment by State-owned units, collective-owned units, joint ownership units, share-holding units, private units, individuals as well as investments by entrepreneurs from Hong Kong, Macao and Taiwan, foreign investors and others.

Investment in Fixed Assets (Excluding Rural Households) refers to the investment in construction projects with a total planned investment of 5 million yuan and over by enterprises of various ownerships, institutions, administrative units and urban self-employed individuals, and the investment in real estate development in both urban and rural areas. Since 2011, it covers the urban investment in fixed assets under the previous statistical coverage plus project investments by rural enterprises and institutions.

Non-governmental Investment in Fixed Assets refers to the investment in the construction or purchase of fixed assets in the territory of the People's Republic of China by domestic-funded enterprises and institutions with collective, private and personal nature and by enterprises and institutions controlled by them (including absolute and relative holding).

Infrastructure Investment refers to projects and facilities that provide basic and popular services for social production and life. It is the basic condition for the survival and development of society. It includes: railway transport, road transport, water transport, air transport, pipeline transport, multimodal transport and transport agent Intermodality and Forwarding Agency, loading and unloading, posts, telecommunications, radio and television and satellite transmission services, Internet and related services, water management industry, ecological protection and environmental governance, public facilities management.

Actual Funds for Investment refer to all kinds of monetary funds used for fixed assets investment. It includes state budget funds, domestic loans, foreign capital utilization, self-raising funds and other funds.

Fund from the State Budget State budget consists of general budget, government fund budget, operation budget of state-owned assets and social security fund budget. Funds for investment in fixed assets from various budgets are reported as fund from the state budget, of which, the general budget utilized on fixed assets investment includes investment on infrastructure construction, vehicle purchase tax, post-disaster restoration and reconstruction funds and other financial investment. Government bonds at all levels should also be included.

Domestic Loans refer to loans of various forms borrowed by investing units from banks and non-bank financial institutions during the reference period for the purpose of investment in fixed assets, including loans issued by banks from their self-owned funds and deposit, loans appropriated by higher responsible authorities, special loans by government (including loan for substituting petroleum with coal, special loans for reform-through-labour coal mines), loans arranged by local government from special funds, domestic reserve loan, and revolving loan, etc.

Foreign Investment refers to overseas (including foreign countries, Hongkong, Macao and Taiwan) funds received during the reference period (covering equipment, materials and technology), including foreign borrowings (loans from foreign governments and international financial institutions, export credit, commercial loans from foreign banks, issue of bonds and stocks overseas), foreign direct investment and other foreign investments (including funds from foreign direct investment income that are reinvested in fixed assets domestically). Excluded from this category is capital in foreign exchanges owned by China (foreign exchanges owned by the central and local governments, foreign exchanges retained by enterprises, foreign exchanges by enterprises through the regulating mechanism, loans in foreign exchanges issued by the Bank of China with its own fund, etc.). In calculating the utilization of foreign capital, foreign currencies are converted into Chinese Renminbi applying the exchange rate (central parity rate) at the end of the reference period.

Self-raised Funds refer to funds for investment in fixed assets received during the reference period by investing units, including investment in fixed assets using own funds of various enterprises and institutions or funds raised from other units other than financial funds, funds borrowed from financial institutions and overseas funds.

Other Funds refer to funds for investment in fixed assets received from sources other than those listed above, including funds raised from individuals and through donations, and funds transferred from other units.

Investment in Fixed Assets by Sector refers to the classification of investment by the nature of social economic activities the investing units are engaged in. The classification of construction projects by sector is determined by the major products or the purpose of the projects when they are put into production or use, and by the nature of their social economic activities, instead of being determined by industrial classification of the project enterprises. The project will be classified according to major product if there are several kinds of products yielded. In general, one project can only be classified into one sector.

Investment in Fixed Assets by Jurisdiction of Management refers to the classification of investment by the competent authorities under which investment is made by construction units, enterprises, institutions or administrative units.

(1) Central investment refers to the investment in projects or by enterprises, institutions or administrative units which are under the direct leadership and management of the State Council and of the national commissions, ministries, agencies and State-owned large corporations. Various ministries and departments of the State Council prepare and implement plans through unified organization or lower-level commissions, which include departments direct under central government (i.e. survey offices at all level of the National Bureau of Statistics) and enterprises and institutions directly under central government (like the Industrial and Commercial Bank of China, China Telecom and China National Petroleum Corporation).

(2) Local investment refers to the investment in projects or by enterprises, institutions or administrative units which are under the direct leadership and management of competent departments and governments at the level of province (autonomous regions and municipalities directly under the Central Government), prefecture （prefectures, cities and leagues） and county (districts, cities and banners). Also included are projects by foreign-invested enterprises and enterprises without competent managing authorities.

Investment in Fixed Assets by Type of Construction Construction projects in general can be classified, by the type of construction, into new construction, expansion, reconstruction and technical transformation, purely construction of living facilities, moving, restoration and purely purchasing. However, investment by type of construction is not applied to investment by real-estate development units and investment by rural households.

(1) New construction in general refers to construction projects, which start from scratch. The existing projects invested by enterprises, institutions and administrative agencies cannot be classified as new construction. In case the size of the existing unit is quite small, and the value of newly added fixed assets is more than three times of the original value, the expansion will be considered as new construction.

(2) Expansion refers to projects of construction of new production workshop, branch factory or independent production line within a factory or in other locations, for the purpose of increasing the production capacity (or improving efficiency) or adding new production capacity. Newly constructed accommodation for the operation of institutions and administrative organizations (such as newly constructed buildings for teaching in schools, buildings for clinics or wards in hospitals, etc.) are also classified as expansion.

Also included in expansion are investments by existing enterprises or institutions in building major production line(s) or branch factory (ies) along with some work on innovation, for the purpose of expanding the production capacity of original products or producing new products.

(3) Reconstruction and technical transformation refers to construction projects by existing enterprises or institutions in innovation or technical transformation of the old facilities (including auxiliary production equipment and welfare facilities). Also considered as reconstruction is the construction of new workshops by the existing enterprises or institutions to change the variety of products to meet the market demand (such as the production of civil products by defence industries), or to bring the designed production capacity into full play through a more balanced production process on production lines. Technical transformation refers to replacement of old technology or equipment by new technology or equipment, in order to expand the reproduction through improvement of technology contents in production, to improve product quality, to promote new products, to save energy, to reduce consumption, to expand the production scale and to improve overall social-economic efficiency. Contents of technical transformation include: updating of machinery, equipment and tools; reforming production process by using energy or materials saving technology; construction of factory workshops and transformation of public facilities; treatment transformation of "three wastes" (waste gas, waste water and industrial residue) aiming at environmental protection; improvement of working conditions and environment, etc.

Investment in Fixed Assets by Structure

(1) Construction refers to the construction of houses and buildings, also known as work volume of construction. This part of investment can only be achieved through construction activities, it is the major component of the total investment in fixed assets.

(2) Installation refers to the installation of various kinds of equipment and instruments, also known as work volume of installation.

The value of equipment installed itself is not included in the value of installation projects.

(3) Purchase of equipment and instruments refers to the total value of equipment, tools, and instruments purchased or self-produced which come up to the cut-off point for fixed assets during the reference period. Equipment, tools and instruments purchased or self-produced for new workshops by newly established or expanded units are categorized as "purchase of equipment and instruments" no matter whether they come up to the cut-off point for fixed assets.

(4) Other expenses refer to expenses arising during the construction or purchase of fixed assets other than those expenses on construction, installation and purchase of equipment and instruments. Other financial expenses arising in operation are not included.

The Newly Increased Production Capacity (project efficiency) of Current Year refers to the production capacity (project efficiency) that has been completed and put into operation in current year according to the calculation conditions and standards on newly increased production capacity (project efficiency).

11

对外经济贸易

Foreign Trade and Economic Cooperation

简 要 说 明

本篇资料综合反映中国的货物贸易、服务进出口、利用外资、对外直接投资、对外经济合作的历年概况，重点反映对外经济贸易的近期发展状况。

一、货物贸易部分

货物贸易统计的主要内容包括：进出口货物的品种、数(重)量、金额、国别(地区)、收发货人所在地、境内目的地、境内货源地等项目。

货物贸易统计的范围是按照联合国的国际贸易统计原则制定的，即凡能引起中华人民共和国关境内物质资源存量增加或减少的进出口货物，除制度另有规定者外，均列入该项统计。

货物贸易统计的资料来源于海关总署，调查方法是全面调查。

历年出口商品分类金额和历年进口商品分类金额按照联合国《国际贸易标准分类》(SITC)进行统计。进出口商品目录是在海关合作理事会（世界海关组织 WCO）制定的《商品名称和编码协调制度》(HS)的基础上，结合我国进出口实际情况制定的。

我国对各国(地区)进出口总额表中，出口货物按中华人民共和国关境外最终目的国(地区)，进口货物按中华人民共和国关境外原产国(地区)统计。各地区进出口商品总值分别按境内收发货人所在地和目的地、货源地列示。收发货人所在地是指中华人民共和国关境内进出口企业报关注册的登记地；境内货源地是指出口货物在中华人民共和国关境内的产地或原始发货地；境内目的地则指进口货物在中华人民共和国关境内的消费、使用地或最终运抵地。

二、服务进出口部分

服务进出口按国际收支口径统计，资料来源于商务部。

三、利用外资部分

利用外资统计的主要内容包括：实际使用外资情况，外商投资企业登记注册情况。

统计范围是凡经工商行政管理机关核准登记，在中华人民共和国境内所有利用外资的单位和部门，经批准设立的中外合资经营企业、合作经营企业、外资企业、外商投资股份制企业、合作开发项目等具有法人资格的独立核算企业(包括港澳台地区投资企业)，在境内从事经营活动的外国及港澳台地区企业及外国公司在中国境内设立的分支机构。

利用外资统计的资料来源于商务部，外商投资企业的登记注册情况资料来源于国家市场监督管理总局，调查方法是全面调查。

特殊说明：利用外资统计 1985 年及以前为政府统计部门的调查汇总数，1986 年及以后全部来源于商务部（2003 年以前为对外贸易经济合作部）。2000 年及以前利用外资数据中含对外借款数。利用外资数据不含银行、证券、保险领域。

四、对外直接投资部分

对外直接投资统计的内容主要包括：境内投资主体的基本情况；境外企业的基本情况；境内投资主体与境外企业间的投资、收益和分配情况；通过境外企业实现的货物进出口情况；境外企业核准情况。

统计范围主要包括境内投资者通过直接投资方式在境外拥有或控制 10%或以上股权、投票权或其他等价利益的各类公司型和非公司型的境外直接投资企业。

资料来源于商务部，调查方法是全面调查。

五、对外经济合作部分

对外经济合作统计的主要内容包括：对外承包工程的合同数、合同金额、完成营业额以及对外劳务合作派出人数、年末在外人数等。

统计范围是发生对外承包工程业务的企业或单位，有对外劳务合作经营资格的企业以及海员外派机构。

资料来源于商务部，调查方法是全面调查。

Brief Introduction

Data in this chapter provide summary data of China's trade in goods, imports and exports in services, utilization of foreign capital, overseas direct investment, contracted projects and labour cooperation with foreign countries or territories over the years, focusing on the recent situation of foreign trade and economic cooperation.

I. Trade in Goods

Data on trade in goods include: varieties of imports and exports, amount (weight), value, countries (regions), imports and exports corporations, destination within territory, origin of goods within territory, mode of trade, types of tariffs and so on.

The scope of trade in goods statistics are designed according to United Nations' principles on international trade statistics, that is: all imports or exports that will lead to stock changes of material resources with the territory of People's Republic of China; excluding goods by escape clause.

Sources of data on trade in goods are from the General Administration of Customs of the People's Republic of China through a comprehensive reporting system.

Customs statistics in value terms for both imports and exports are compiled according to the classifications of *UN Standard International Trade Classification (SITC)*. The list of import and export commodities is compiled based on the *Harmonized Commodity Description and Coding System (HS)* stipulated by the Customs Cooperation Council （World Customs Organization） and China's reality of imports and exports.

In the table on China's total imports and exports with related countries and regions, the export commodities are calculated at the Customs of the countries (regions) of destination and the import commodities are calculated at the Customs of the countries (regions) of origin. The total values of the import and export commodities by region are calculated respectively at the provinces where the import or export corporations are situated and at the provinces of destination or provinces of origin within the border of the People's Republic of China. The province where the import or export corporations are situated refers to the province where the import or export corporations have applied to and have been registered at the Customs. The province of origin within the border of the Peoples Republic of China refers to the province where the export commodities are produced or originally delivered. The province of destination within the border of the People's Republic of China refers to the province where the import commodities are consumed, used or transported to the destination.

II. Imports and Exports of Services

Statistics on imports and exports in services is compiled according to Balance of Payments (BOP) and does not include services of government. Data on trade in services are from the Ministry of Commerce.

III. Utilization of Foreign Capitals

Utilization of foreign capitals includes: total amount of foreign investment actually utilized, and the basic condition of registration of foreign funded enterprises.

The statistics cover all the units and departments which have utilized foreign capitals, all the Sino-foreign joint ventures, Sino-foreign cooperative enterprises, ventures exclusively with foreign investment, foreign-funded stock companies, Sino-foreign cooperative development projects (including the enterprises funded by the entrepreneurs from Hong Kong, Macao and Taiwan) with independent accounting system and legal person status, and all foreign enterprises or enterprises funded by the entrepreneurs from Hong Kong Macao and Taiwan which engaged in business activities, and branches of foreign companies which have been approved to be set up within the boundaries of the People's Republic of China after verification and registration through administrative authorities for industry and commerce.

Data on utilization of foreign capitals are from Ministry of Commerce, data on basic condition of registration of foreign funded enterprises are from State Administration for Market Regulation through comprehensive reporting system.

Special notice: data on utilization of foreign capitals before 1985 were survey results from governmental statistical agencies, since 1986 all data are from Ministry of Commerce (formerly MOFTEC before 2003). Data on utilization of foreign capitals in 2000 and before include foreign loans. Data on the utilization of foreign capitals do not include banking, securities and insurance.

IV. Overseas Direct Investment

Overseas direct investment includes: basic situation of domestic investors and overseas enterprises, investment, earnings and their distribution between domestic and overseas invested enterprises, import and export of commodities through overseas enterprises, approval of overseas enterprises.

Statistics cover all types of overseas corporations and non-corporations that domestic investors own or control 10% or more equity, voting rights or other equivalent interests through direct investment.

Data are from Ministry of Commerce through comprehensive survey.

V. Foreign Economic Cooperation

Data on foreign economic cooperation include: number of contracts for overseas contracted projects, contracted volume, completed business turnover, and dispatched labour for overseas labour services, persons abroad by the end of year and so on.

Statistical scope is the enterprises or units that have overseas contracted projects, enterprises with qualifications for overseas labour services and seafarers dispatched agencies.

Data on foreign economic cooperation are from Ministry of Commerce through a comprehensive reporting system.

11-1 对外经济贸易基本情况
Foreign Trade and Economic Cooperation

指　　标	Item	2014	2015	2016	2017	2018
货物进出口总额(亿元人民币)	**Total Value of Imports and Exports (RMB 100 million yuan)**	**264241.8**	**245502.9**	**243386.5**	**278099.2**	**305008.1**
出口总额	Total Exports	143883.8	141166.8	138419.3	153309.4	164127.8
进口总额	Total Imports	120358.0	104336.1	104967.2	124789.8	140880.3
进出口差额	Balance	23525.7	36830.7	33452.1	28519.6	23247.5
货物进出口总额　(亿美元)	**Total Value of Imports and Exports (USD 100 million)**	**43015.3**	**39530.3**	**36855.6**	**41071.4**	**46224.2**
出口总额	Total Exports	23422.9	22734.7	20976.3	22633.5	24866.8
进口总额	Total Imports	19592.4	16795.6	15879.3	18437.9	21357.3
进出口差额	Balance	3830.6	5939.0	5097.1	4195.5	3509.5
服务进出口总额　(亿美元)	**Imports and Exports of Services (USD 100 million)**	**6520.2**	**6541.6**	**6616.3**	**6956.8**	**7918.8**
出口总额	Total Exports	2191.4	2186.2	2095.3	2280.9	2668.4
进口总额	Total Imports	4328.8	4355.4	4521.0	4675.9	5250.4
进出口差额	Balance	-2137.4	-2169.2	-2425.7	-2395.0	-2582.0
外商直接投资额　(亿美元)	**Foreign Direct Investments (USD 100 million)**	**1195.6**	**1262.7**	**1260.0**	**1310.4**	**1349.7**
新设立外商直接投资企业数(个)	**Newly established Foreign Investment Enterprises (FIEs) (unit)**	**23778**	**26575**	**27900**	**35652**	**60533**
外资企业基本情况	**Registered Foreign-funded Enterprises**					
年底登记户数　(户)	Number of Registered Enterprises (household)	460699	481179	505151	539345	593276
投资总额　(亿美元)	Total Investment (USD 100 million)	37977.3	45390.2	51240.1	68992.4	77738.0
注册资本　(亿美元)	Registered Capital (USD 100 million)	21835.1	26681.6	31243.4	37107.2	42738.6
#外方	Capital from Foreign Investors	17413.9	20756.7	23918.5	28266.2	32341.9
对外直接投资流量　(亿美元)	**Net Overseas Direct Investment (USD 100 million)**	**1231.2**	**1456.7**	**1961.5**	**1582.9**	**1430.4**
对外经济合作　(亿美元)	**Economic Cooperation with Foreign Countries & Regions (USD 100 million)**					
对外承包工程合同金额	Contracted Value of Contracted Projects	1917.6	2100.7	2440.1	2652.8	2418.0
对外承包工程完成营业额	Value of Turnover Fulfilled of Contracted Projects	1424.1	1540.7	1594.2	1685.9	1690.4

注：1.外资企业基本情况数据来自国家市场监督管理总局，其年底登记户数自2008年起口径调整为外商投资企业及其分支机构。
2.自2009年起商务部将对外设计咨询纳入对外承包工程合并统计。

a) Data of foreign enterprises come from State Administration for Market Regulation, and their number of registered enterprises includes enterprises and their sub-branch since 2008, and the figures before were adjusted too.

b) Since 2009, overseas design and consultation services are included in overseas contracted projects by Ministry of Commerce.

11-2 货物进出口总额
Total Value of Imports and Exports of Goods

年份 Year	亿元人民币 RMB 100 million				亿美元 USD 100 million			
	进出口总额 Total Imports & Exports	出口总额 Total Exports	进口总额 Total Imports	差额 Balance	进出口总额 Total Imports & Exports	出口总额 Total Exports	进口总额 Total Imports	差额 Balance
1978	355.0	167.7	187.4	-19.7	206.4	97.5	108.9	-11.5
1980	570.0	271.2	298.8	-27.6	381.4	181.2	200.2	-19.0
1985	2066.7	808.9	1257.9	-449.0	696.0	273.5	422.5	-149.0
1990	5560.1	2985.8	2574.3	411.6	1154.4	620.9	533.5	87.5
1991	7225.8	3827.1	3398.7	428.5	1356.3	718.4	637.9	80.5
1992	9119.6	4676.3	4443.3	233.0	1655.3	849.4	805.9	43.6
1993	11271.0	5284.8	5986.2	-701.4	1957.0	917.4	1039.6	-122.2
1994	20381.9	10421.8	9960.1	461.8	2366.2	1210.1	1156.2	53.9
1995	23499.9	12451.8	11048.1	1403.7	2808.6	1487.8	1320.8	167.0
1996	24133.9	12576.4	11557.4	1019.0	2898.8	1510.5	1388.3	122.2
1997	26967.2	15160.7	11806.6	3354.1	3251.6	1827.9	1423.7	404.2
1998	26849.7	15223.5	11626.1	3597.4	3239.5	1837.1	1402.4	434.8
1999	29896.2	16159.8	13736.5	2423.3	3606.3	1949.3	1657.0	292.3
2000	39273.3	20634.4	18638.8	1995.6	4743.0	2492.0	2250.9	241.1
2001	42183.6	22024.4	20159.2	1865.3	5096.5	2661.0	2435.5	225.5
2002	51378.2	26947.9	24430.3	2517.6	6207.7	3256.0	2951.7	304.3
2003	70483.5	36287.9	34195.6	2092.3	8509.9	4382.3	4127.6	254.7
2004	95539.1	49103.3	46435.8	2667.6	11545.5	5933.3	5612.3	321.0
2005	116921.8	62648.1	54273.7	8374.4	14219.1	7619.5	6599.5	1020.0
2006	140974.7	77597.9	63376.9	14221.0	17604.4	9689.8	7914.6	1775.2
2007	166924.1	93627.1	73296.9	20330.2	21761.8	12200.6	9561.2	2639.4
2008	179921.5	100394.9	79526.5	20868.4	25632.6	14306.9	11325.6	2981.3
2009	150648.1	82029.7	68618.4	13411.3	22075.4	12016.1	10059.2	1956.9
2010	201722.3	107022.8	94699.5	12323.3	29740.0	15777.5	13962.5	1815.1
2011	236402.0	123240.6	113161.4	10079.2	36418.6	18983.8	17434.8	1549.0
2012	244160.2	129359.3	114801.0	14558.3	38671.2	20487.1	18184.1	2303.1
2013	258168.9	137131.4	121037.5	16094.0	41589.9	22090.0	19499.9	2590.2
2014	264241.8	143883.8	120358.0	23525.7	43015.3	23422.9	19592.4	3830.6
2015	245502.9	141166.8	104336.1	36830.7	39530.3	22734.7	16795.6	5939.0
2016	243386.5	138419.3	104967.2	33452.1	36855.6	20976.3	15879.3	5097.1
2017	278099.2	153309.4	124789.8	28519.6	41071.4	22633.5	18437.9	4195.5
2018	305008.1	164127.8	140880.3	23247.5	46224.2	24866.8	21357.3	3509.5

注：1.本表1978年为外贸业务统计数，1980年起为海关进出口统计数。
2.货物进出口差额负数为逆差。

a) Data in 1978 were from the Ministry of Foreign Trade; and data since 1980 are from Customs statistics.

b) A negative balance indicates trade deficit. That is, imports surpassing exports.

11-3 按国际贸易标准分类分进出口商品金额(2018年)
Value of Imports and Exports of Goods by SITC (2018)

商品分类	SITC Section and Division	出口 Exports		进口 Imports	
		亿元人民币 RMB 100 million	亿美元 USD 100 million	亿元人民币 RMB 100 million	亿美元 USD 100 million
总额	**Total**	**164127.81**	**24866.82**	**140880.32**	**21357.34**
初级产品	**Primary Goods**	**8897.16**	**1349.93**	**46306.64**	**7017.44**
食品及活动物	**Food and Live Animals**	**4324.52**	**654.71**	**4274.08**	**648.01**
活动物	Live Animals	35.91	5.44	27.17	4.12
肉及肉制品	Meat and Meat Preparations	186.60	28.30	731.13	110.90
乳品及蛋品	Dairy Products and Birds' Eggs	19.45	2.95	354.84	53.83
鱼、甲壳及软体类动物及其制品	Fish, Crustaceans, Molluscs and Aquatic Invertebrates, and Preparations Thereof	1423.65	215.44	787.81	119.13
谷物及其制品	Cereals and Cereal Preparations	134.90	20.39	460.18	70.36
蔬菜及水果	Vegetables and Fruit	1588.58	240.39	807.95	122.59
糖、糖制品及蜂蜜	Sugars, Sugar Preparations and Honey	155.06	23.48	99.61	15.14
咖啡、茶、可可、调味料及其制品	Coffee, Tea, Cocoa, Spices, and Manufactures Thereof	258.66	39.20	108.03	16.26
饲料(不包括未碾磨谷物)	Feeding Stuff For Animals (Not Including Unmilled Cereals)	205.15	31.20	286.33	43.46
杂项食品	Miscellaneous Edible Products And Preparations	316.54	47.93	611.03	92.23
饮料及烟类	**Beverages and Tobacco**	**245.38**	**37.13**	**504.18**	**76.65**
饮料	Beverages	151.81	23.05	389.84	59.06
烟草及其制品	Tobacco and Tobacco Manufactures	93.57	14.09	114.34	17.59
非食用原料(燃料除外)	**Crude materials, Inedible, Except Fuels**	**1187.53**	**180.21**	**17932.11**	**2721.44**
生皮及生毛皮	Hides, Skins and Furskins, Raw	1.63	0.25	139.80	21.33
油籽及含油果实	Oil-seeds and Oleaginous Fruits	82.57	12.51	2746.93	417.94
生橡胶(包括合成橡胶及再生橡胶)	Crude Rubber (Including Synthetic and Reclaimed)	55.92	8.50	745.42	113.00
软木及木材	Cork and Wood	45.05	6.83	1547.61	235.26
纸浆及废纸	Pulp and Waste Paper	8.67	1.31	1584.95	240.10
纺织纤维及其废料	Textile Fibres and Their Wastes	261.50	39.69	606.56	92.00
天然肥料及矿物(煤、石油及宝石除外)	Crude Fertilizers, and Crude Minerals (Excluding Coal, Petroleum and Precious Stones)	234.28	35.59	489.16	74.18
金属矿砂及金属废料	Metalliferous Ores and Metal Scrap	129.66	19.58	9917.01	1504.15
其他动、植物原料	Crude Animal and Vegetable Materials, n.e.s.	368.26	55.94	154.68	23.48
矿物燃料、润滑油及有关原料	**Mineral Fuels, Lubricants and Related Materials**	**3069.46**	**467.22**	**23082.24**	**3493.56**
煤、焦炭及煤砖	Coal, Coke and Briquettes	246.58	37.64	1627.98	248.31
石油、石油产品及有关原料	Petroleum, Petroleum Products and Related Materials	2603.86	396.42	18119.94	2741.98
天然气及人造气	Gas, Natural and Manufactured	119.40	18.07	3317.59	500.73
电流	Electric Current	99.63	15.09	16.73	2.55
动、植物油脂及蜡	**Animal and Vegetable Oils, Fats and Wax**	**70.27**	**10.65**	**514.03**	**77.78**
动物油、脂	Animal Oils and Fats	11.62	1.76	19.17	2.89
植物油、脂	Vegetable Oils and Fats	26.80	4.06	480.26	72.68
已加工的动植物油、脂及动植物蜡	Animal or Vegetable Fats and Oils, Processed; Waxes of Animal or Vegetable Origin	31.85	4.83	14.60	2.21

11-3 续表 continued

商品分类	SITC Section and Division	出口 Exports 亿元人民币 RMB 100 million	出口 Exports 亿美元 USD 100 million	进口 Imports 亿元人民币 RMB 100 million	进口 Imports 亿美元 USD 100 million
工业制品	**Manufactured Goods**	**155230.65**	**23516.89**	**94573.68**	**14339.90**
化学成品及有关产品	**Chemicals and Related Products**	**11030.94**	**1674.66**	**14755.72**	**2236.36**
有机化学品	Organic Chemicals	3403.30	516.66	4489.52	680.56
无机化学品	Inorganic Chemicals	1271.65	193.05	692.84	105.15
染料、鞣料及着色料	Dyeing, Tanning and Colouring Materials	501.73	76.25	324.45	49.20
医药品	Medicinal and Pharmaceutical Products	1147.94	174.30	1957.48	296.07
精油、香料及盥洗、光洁制品	Essential Oils and Resinoids and Perfume Materials; Toilet, Polishing and Cleansing Preparations	561.75	85.03	971.27	146.69
制成肥料	Fertilizers	460.70	69.86	179.73	27.27
初级形状的塑料	Plastics in Primary Forms	1202.93	182.86	3720.64	564.48
非初级形状的塑料	Plastics in Non-primary Forms	1009.19	153.02	852.60	129.23
其他化学原料及产品	Chemical Materials and Products	1471.75	223.62	1567.18	237.69
按原料分类的制成品	**Manufactured Goods Classified Chiefly by Material**	**26673.72**	**4046.59**	**9974.15**	**1513.51**
皮革、皮革制品及已鞣毛皮	Leather, Leather Manufactures and Dressed Furskins	121.20	18.36	246.24	37.46
橡胶制品	Rubber Manufactures	1366.06	207.25	353.22	53.61
软木及木制品(家具除外)	Cork and Wood Manufactures (Excluding Furniture)	935.33	141.86	95.52	14.50
纸及纸板；纸浆、纸及纸板制品	Paper, Paperboard and Articles of Paper Pulp, of Paper or of Paperboard	1211.82	183.66	395.87	60.08
纺纱、织物、制成品及有关产品	Textile Yarn, Fabrics, Made-up Articles and Related Products	7812.58	1185.22	1177.60	178.80
非金属矿物制品	Non-metallic Mineral Manufactures	3028.83	459.10	1342.45	203.42
钢铁	Iron and Steel	4116.09	626.04	1592.69	241.66
有色金属	Non-ferrous Metals	1811.94	274.91	3682.61	558.91
金属制品	Manufactures of Metals	6269.88	950.20	1087.95	165.07
机械及运输设备	**Machinery and Transport Equipment**	**79758.14**	**12077.88**	**55419.13**	**8396.56**
动力机械及设备	Power-generating Machinery and Equipment	2679.76	406.71	1657.15	251.33
特种工业专用机械	Machinery Specialized for Particular Industries	3114.50	472.20	3978.04	604.73
金工机械	Metalworking Machinery	570.19	86.35	879.72	133.80
通用工业机械设备及零件	General Industrial Machinery and Equipment,and Machine Parts	7891.59	1198.86	3501.39	531.22
办公用机械及自动数据处理设备	Office Machines and Automatic Data-processing Machines	14469.19	2192.09	3774.29	571.60
电信及声音的录制及重放装置设备	Telecommunications and Sound-recording and Reproducing Apparatus and Equipment	21581.16	3256.94	4809.85	724.91
电力机械、器具及其电气零件	Electrical machinery, Apparatus and Appliances, and Electrical Parts Thereof	21820.04	3305.22	29232.69	4431.41
陆路车辆(包括气垫式)	Road vehicles (Including Air-cushion Vehicles)	5498.45	834.54	5363.15	813.89
其他运输设备	Other Transport Equipment	2133.27	324.97	2222.85	333.68
杂项制品	**Miscellaneous Products**	**37357.98**	**5656.06**	**9489.22**	**1437.40**
活动房屋;卫生、水道、供热及照明装置	Prefabricated Buildings; Sanitary, Plumbing, Heating and Lighting Fixtures and Fittings	2536.10	383.46	72.27	10.94
家具及其零件；褥垫及类似填充制品	Furniture and Parts Thereof; Bedding, Mattresses, Mattress Supports, Cushions and Similar Stuffed Furnishings	4168.77	631.36	215.47	32.62
旅行用品、手提包及类似品	Travel goods, Handbags and Similar Containers	1799.20	272.83	192.99	29.18
服装及衣着附件	Articles of Apparel and Clothing Accessories	10426.64	1578.41	547.21	82.66
鞋靴	Footwear	3094.36	468.94	308.48	46.61
专业、科学及控制用仪器和装置	Professional, Scientific and Controlling Instruments and Apparatus	3633.18	551.10	5283.77	800.85
摄影器材、光学物品及钟表	Photographic Apparatus, Equipment and Supplies and Optical Goods; Watches and Clocks	1167.57	176.84	1262.20	191.12
杂项制品	Miscellaneous Manufactured Articles	10532.16	1593.10	1606.83	243.43
未分类的其他商品	**Products Not Otherwise Classified**	**409.87**	**61.71**	**4935.47**	**756.07**

11-4 按商品类章分进出口商品金额(2018年)
Value of Imports and Exports of Goods by HS Section and Division (2018)

商品分类	HS Section and Division	出口 Exports 亿元人民币 RMB 100 million	出口 Exports 亿美元 USD 100 million	进口 Imports 亿元人民币 RMB 100 million	进口 Imports 亿美元 USD 100 million
总 额	**Total**	**164127.81**	**24866.82**	**140880.32**	**21357.34**
第一类 活动物；动物产品	**Live Animals; Animal Products**	**1174.30**	**177.89**	**1937.86**	**293.60**
01章 活动物	Live Animals	35.91	5.44	27.17	4.12
02章 肉及食用杂碎	Meat and Edible Meat Offal	57.15	8.66	726.24	110.18
03章 鱼、甲壳动物、软体动物及其他水生无脊椎动物	Fish and Crustaceans Molluscs and Other Aquatic Invertebrates	876.19	132.56	767.11	115.99
04章 乳品；蛋品；天然蜂蜜；其他食用动物产品	Dairy Produce; Birds' Eggs; Natural Honey; Edible Products of Animal Origin, not Elsewhere Specified or Included	38.90	5.90	369.36	56.01
05章 其他动物产品	Products of Animal Origin, not Elsewhere Specified or Included	166.16	25.33	47.98	7.30
第二类 植物产品	**Vegetable Products**	**1690.73**	**255.72**	**4104.36**	**624.55**
06章 活树及其他活植物；鳞茎、根及类似品；插花及装饰用簇叶	Live Tree and Other Plants; Bulbs, Roots and the Like; Cut Flowers and Ornamental Foliage	25.06	3.79	19.37	2.93
07章 食用蔬菜、根及块茎	Edible Vegetables and Certain Roots and Tubers	693.98	105.17	133.58	20.38
08章 食用水果及坚果；甜瓜或柑桔属水果的果皮	Edible Fruit and Nuts; Peel of Citrus Fruit or Melons	351.80	52.85	572.62	86.82
09章 咖啡、茶、马黛茶及调味香料	Coffee, Tea, Mate and Spices	216.13	32.78	41.99	6.34
10章 谷物	Cereals	62.98	9.50	377.63	57.94
11章 制粉工业产品；麦芽；淀粉；菊粉；面筋	Products of The Milling Industry; Malt; Starches; Inulin; Wheat Gluten	52.17	7.92	77.90	11.79
12章 含油子仁及果实；杂项子仁及果实；工业用或药用植物；稻草、秸秆及饲料	Oil Seeds and Oleaginous Fruits; Miscellaneous Grains, Seeds and Fruit; Industrial or Medicinal Plants; Straw and Fodder	179.44	27.15	2851.15	433.80
13章 虫胶；树胶、树脂及其他植物液、汁	Lac; Gums, Resins And Other Vegetable Saps and Extracts	100.75	15.29	20.72	3.14
14章 编结用植物材料；其他植物产品	Vegetable Plaiting Materials; Vegetable Products Not Elsewhere Specified or Included	8.43	1.28	9.38	1.42
第三类 动、植物油、脂及其分解产品；精制的食用油脂；动、植物蜡	**Animal or Vegetable Fats and Oils and their Cleavage Products; Prepared Edible Fats; Animal or Vegetable Waxes**	**72.09**	**10.93**	**568.78**	**86.09**
15章 动、植物油、脂及其分解产品；精制的食用油脂；动、植物蜡	Animal or Vegetable Fats and Oils and Their Cleavage Products; Prepared Edible Fats; Animal or Vegetable Waxes	72.09	10.93	568.78	86.09
第四类 食品；饮料、酒及醋；烟草、烟草及烟草代用品的制品	**Prepared Foodstuffs; Beverages, Spirits And Vinegar; Tobacco and Manufactured Tobacco Substitutes**	**2184.40**	**331.05**	**1712.23**	**259.25**
16章 肉、鱼、甲壳动物、软体动物及其他水生无脊椎动物的制品	Preparations of Meat, of Fish or of Crustaceans, Molluscs or other Aquatic Invertebrates	676.97	102.52	26.17	3.94
17章 糖及糖食	Sugars and Sugar Confectionery	120.77	18.29	93.51	14.21
18章 可可及可可制品	Cocoa and Cocoa Preparations	27.09	4.07	52.55	7.88
19章 谷物、粮食粉、淀粉或乳的制品；糕饼点心	Preparations of Cereals, Flour, Starch or Milk; Pastry-Cooks' Products	131.99	19.93	441.76	66.66

11-4 续表 1 continued

商品分类	HS Section and Division	出口 Exports 亿元人民币 RMB 100 million	出口 Exports 亿美元 USD 100 million	进口 Imports 亿元人民币 RMB 100 million	进口 Imports 亿美元 USD 100 million
20章 蔬菜、水果、坚果或植物其他部分的制品	Preparations of Vegetables, Fruit, Nuts or Other Parts of Plants	530.48	80.50	92.80	14.02
21章 杂项食品	Miscellaneous Edible Preparations	242.63	36.79	215.86	32.56
22章 饮料、酒及醋	Beverages, Spirits and Vinegar	155.97	23.69	424.53	64.34
23章 食品工业的残渣及废料；配制的动物饲料	Residues and Waste from The Food Industries; Prepared Animal Fodder	204.94	31.17	250.71	38.04
24章 烟草及烟草代用品的制品	Tobacco and Manufactured Tobacco Substitutes	93.57	14.09	114.34	17.59
第五类 矿产品	**Mineral Products**	**3390.75**	**516.06**	**32573.49**	**4932.60**
25章 盐；硫磺；泥土及石料；石膏料、石灰及水泥	Salt; Sulphur; Earths and Stone; Plastering Materials, Lime and Cement	244.54	37.17	529.90	80.25
26章 矿砂、矿渣及矿灰	Ores, Slag and Ash	76.61	11.64	8960.63	1358.68
27章 矿物燃料、矿物油及其蒸馏产品；沥青物质；矿物蜡	Mineral Fuels, Mineral Oils and Products of Their Distillation; Bituminous Substances; Mineral Waxes	3069.60	467.24	23082.95	3493.67
第六类 化学工业及其相关工业的产品	**Products of The Chemical or Industries Allied**	**8995.35**	**1365.39**	**10267.29**	**1555.52**
28章 无机化学品；贵金属、稀土金属、放射性元素及其同位素的有机及无机化合物	Inorganic Chemicals; Organic or Inorganic Compounds of Precious Metals, of Rare-Earth Metals, of Radioactive Elements or of Isotopes	1324.17	200.89	713.87	108.36
29章 有机化学品	Organic Chemicals	3936.04	597.62	4440.65	673.05
30章 药品	Pharmaceutical Products	584.68	88.70	1846.64	279.31
31章 肥料	Fertilizers	463.06	70.22	180.05	27.32
32章 鞣料浸膏及染料浸膏；鞣酸及其衍生物；染料、颜料及其他着色料;油漆及清漆;油灰及其他类似胶粘剂；墨水、油墨	Tanning or Dyeing Extracts; Tannins and Their Derivatives; Dyes, Pigments and Other Colouring Matter; Paints and Varnishes; Putty and Other Mastics; Inks	511.02	77.66	332.13	50.36
33章 精油及香膏；芳香料制品及化妆盥洗品	Essential Oils and Retinoid; Perfumery, Cosmetic or Toilet Preparations	371.36	56.19	820.46	123.83
34章 肥皂、有机表面活性剂、洗涤剂、润滑剂、人造蜡、调制蜡、光洁剂、蜡烛及类似品、塑型用膏、"牙科用蜡"及牙科用熟石膏制剂	Soap,Organic Surface-Active Agents,Washing Preparations, Lubricating Preparations, Artificial Waxes, Prepared Waxes, Polishing or Scouring Preparations, Candles and Similar Articles, Modelling Pastes, "Dental Waxes" And Dental Preparations With a Basis of Plast	271.68	41.16	323.86	49.14
35章 蛋白类物质；改性淀粉；胶；酶	Albuminoidal Substances; Modified Starches; Glues; Enzymes	201.41	30.52	238.00	36.00
36章 炸药；烟火制品；火柴；引火合金；易燃材料制品	Explosives; Pyrotechnic Products; Matches; Pyrophoric Alloys; Certain Combustible Preparations	65.73	9.97	9.23	1.40
37章 照相及电影用品	Photographic or Cinematographic Goods	74.46	11.30	171.61	26.03
38章 杂项化学产品	Miscellaneous Chemical Products	1191.73	181.16	1190.79	180.71
第七类 塑料及其制品；橡胶及其制品	**Plastics and Articles Thereof Rubber and Articles Thereof**	**6717.37**	**1018.68**	**6052.31**	**917.96**
39章 塑料及其制品	Plastics and Articles Thereof	5250.95	796.20	4937.22	748.85
40章 橡胶及其制品	Rubber and Articles Thereof	1466.42	222.48	1115.10	169.10
第八类 生皮、皮革、毛皮及其制品；鞍具及挽具；旅行用品、手提包及类似品；动物肠线(蚕胶丝除外)制品	**Raw Hides and Skins, Leather, Fur Skins and Articles Thereof; Saddlery and Harness; Travel Goods, Handbags and Similar Containers; Articles of Animal Gut (Other Than Silk-Worm Gut)**	**2266.90**	**343.31**	**601.19**	**91.31**
41章 生皮(毛皮除外)及皮革	Raw Hides and Skins(Other Than Fur Skins) and Leather	41.85	6.35	314.00	47.79

11-4 续表 2 continued

商品分类		HS Section and Division	出口 Exports 亿元人民币 RMB 100 million	出口 Exports 亿美元 USD 100 million	进口 Imports 亿元人民币 RMB 100 million	进口 Imports 亿美元 USD 100 million
42章	皮革制品；鞍具及挽具；旅行用品、手提包及类似容器；动物肠线(蚕胶丝除外)制品	Articles of Leather; Saddlery and Harness; Travel Goods, Handbags and Similar Containers; Articles of Animal Gut(Other Than Silk-Worm Gut)	1938.22	293.86	219.22	33.14
43章	毛皮、人造毛皮及其制品	Fur Skins and Artificial Fur; Manufactures Thereof	286.82	43.10	67.96	10.38
第九类	**木及木制品；木炭；软木及软木制品；稻草，秸秆、针茅或其他编结材料制品；篮筐及柳条编结品**	**Wood and Articles of Wood; Wood Charcoal; Cork and Articles of Cork; Manufactures of Straw, of Esparto or of Other Plaiting Materials; Basket Ware and Wickerwork**	**1086.03**	**164.72**	**1644.17**	**249.91**
44章	木及木制品；木炭	Wood and Articles of Wood; Wood Charcoal	978.70	148.44	1639.44	249.19
45章	软木及软木制品	Cork and Articles of Cork	1.69	0.26	3.70	0.56
46章	稻草、秸秆、针茅或其他编结材料制品；篮筐及柳条编结品	Manufactures of Straw, of Esparto or of Other Plaiting Materials; Basket Ware and Wickerwork	105.65	16.02	1.04	0.16
第十类	**木浆及其他纤维状纤维素浆；纸及纸板的废碎品；纸、纸板及其制品**	**Pulp of Wood or of Other Fibrous Cellulosic Material; Waste and Scrap of Paper or Paperboard; Paper and Paperboard and Articles Thereof**	**1522.76**	**230.75**	**2130.32**	**322.87**
47章	木浆及其他纤维状纤维素浆；纸及纸板的废碎品	Pulp of Wood or of Other Fibrous Cellulosic Material; Waste and Scrap of Paper or Paperboard	8.67	1.31	1584.95	240.10
48章	纸及纸板；纸浆、纸或纸板制品	Paper and Paperboard; Articles of Paper Pulp, of Paper or Paperboard	1262.32	191.30	408.73	62.03
49章	书籍、报纸、印刷图画及其他印制品；手稿、打字稿及设计图纸	Printed Books, Newspapers, Pictures and Other Products of The Printing Industry; Manuscripts, Typescripts and Plans	251.77	38.13	136.64	20.74
第十一类	**纺织原料及纺织制品**	**Textiles and Textile Articles**	**17553.66**	**2660.07**	**2251.67**	**341.38**
50章	蚕丝	Silk	75.10	11.40	3.53	0.53
51章	羊毛、动物细毛或粗毛；马毛纱线及其机织物	Wool, Fine or Coarse Animal Hair; Horsehair Yarn and Woven Fabric	162.78	24.76	275.49	41.98
52章	棉花	Cotton	1016.68	154.47	652.32	98.90
53章	其他植物纺织纤维；纸纱线及其机织物	Other Vegetable Textile Fibres; Paper Yarn and Woven Fabrics of Paper Yarn	93.02	13.99	60.47	9.17
54章	化学纤维长丝	Man-Made Filaments	1351.14	204.92	207.94	31.53
55章	化学纤维短纤	Man-Made Short Fibres	835.37	126.85	163.18	24.77
56章	絮胎、毡呢及无纺织物；特种纱线；线、绳、索、缆及其制品	Wadding, Felt and Nonwoven; Special Yarns; Twine, Cordage, Ropes and Cables and Articles Thereof	377.74	57.32	87.36	13.26
57章	地毯及纺织材料的其他铺地制品	Carpets and Other Textile Floor Coverings	196.31	29.75	9.02	1.37
58章	特种机织物；簇绒织物；花边；装饰毯；装饰带；刺绣品	Special Woven Fabrics; Tufted Textile Fabrics; Lace; Tapestries; Trimmings; Embroidery	334.03	50.63	33.80	5.13
59章	浸渍、涂布、包覆或层压的纺织物；工业用纺织制品	Impregnated, Coated, Covered or Laminated Textile Fabrics; Textile Articles of a Kind Suitable for Industrial Use	528.89	80.28	119.22	18.10
60章	针织物及钩编织物	Knitted or Crocheted Fabrics	1195.57	181.54	108.01	16.38
61章	针织或钩编的服装及衣着附件	Articles of Apparel and Clothing Accessories, Knitted or Crocheted	4845.22	733.27	223.80	33.81
62章	非针织或非钩编的服装及衣着附件	Articles of Apparel and Clothing Accessories, not Knitted or Crocheted	4706.77	712.93	275.35	41.59

11-4 续表 3 continued

商品分类		HS Section and Division	出口 Exports		进口 Imports	
			亿元人民币 RMB 100 million	亿美元 USD 100 million	亿元人民币 RMB 100 million	亿美元 USD 100 million
63章	其他纺织制成品；成套物品；旧衣着及旧纺织品；碎织物	Other Made Up Textile Articles; Sets; Worn Clothing And Worn Textile Articles; Rags Articles; Rags	1835.06	277.97	32.18	4.87
第十二类	**鞋、帽、伞、杖、鞭及其零件；已加工的羽毛及其制品；人造花；人发制品**	**Footwear, Headgear, Umbrellas, Sun Umbrellas, Walking-Sticks, Seat-Sticks, Whips, Riding-Crops and Parts Thereof; Prepared Feathers and Articles Made Therewith; Artificial Flowers; Articles of Human Hair**	**4034.30**	**611.18**	**332.58**	**50.25**
64章	鞋靴、护腿和类似品及其零件	Footwear, Gaiters and The Like; Parts of Such Articles	3094.36	468.94	308.48	46.61
65章	帽类及其零件	Headgear and Parts Thereof	308.31	46.69	6.59	1.00
66章	雨伞、阳伞、手杖、鞭子、马鞭及其零件	Umbrellas, Sun Umbrellas, Walking-Sticks, Seat-Sticks, Whips, Riding-Crops And Parts Thereof	178.45	27.08	2.24	0.33
67章	已加工羽毛、羽绒及其制品；人造花；人发制品	Prepared Feathers and Down and Articles Made of Feathers or of Down; Artificial Flowers; Articles of Human Hair	453.18	68.48	15.27	2.31
第十三类	**石料、石膏、水泥、石棉、云母及类似材料的制品；陶瓷产品；玻璃及其制品**	**Articles of Stone, Plaster, Cement, Asbestos, Mica or Similar Materials; Ceramic Products; Glass and Glassware**	**3313.41**	**502.02**	**715.05**	**108.49**
68章	石料、石膏、水泥、石棉、云母及类似材料的制品	Articles of Stone, Plaster, Cement, Asbestos, Mica or Similar Materials; Ceramic Products; Glass and Glassware	784.78	119.07	121.54	18.43
69章	陶瓷产品	Ceramic Products	1425.26	215.65	80.61	12.22
70章	玻璃及其制品	Glass and Glassware	1103.36	167.30	512.90	77.84
第十四类	**天然或养殖珍珠、宝石或半宝石、贵金属、包贵金属及其制品；仿首饰；硬币**	**Natural or Cultured Pearls, Precious or Semi-Precious Stones, Precious Metals, Metals Clad With Precious Metal and Stones, Precious Metals, Metals Clad With Precious Metal and Articles Thereof; Imitation Jewellery; Coin**	**1305.88**	**197.10**	**5112.25**	**780.20**
71章	天然或养殖珍珠、宝石或半宝石、贵金属、包贵金属及其制品；仿首饰；硬币	Natural or Cultured Pearls, Precious or Semi-Precious Stones, Precious Metals, Metals Clad With Precious Metal and Articles Thereof; Imitation Jewellery; Coin	1305.88	197.10	5112.25	780.20
第十五类	**贱金属及其制品**	**Base Metals and Articles of Base Metal**	**12219.31**	**1854.35**	**7017.44**	**1065.24**
72章	钢铁	Iron and Steel	3077.01	468.60	1474.16	223.70
73章	钢铁制品	Articles of Iron or Steel	4296.46	651.28	708.98	107.61
74章	铜及其制品	Copper and Articles Thereof	456.98	69.42	3130.16	475.37
75章	镍及其制品	Nickel and Articles Thereof	29.84	4.51	360.43	54.87
76章	铝及其制品	Aluminium and Articles Thereof	1782.39	270.23	437.87	66.43
78章	铅及其制品	Lead and Articles Thereof	8.56	1.32	27.04	4.02
79章	锌及其制品	Zinc and Articles Thereof	16.36	2.49	171.00	25.73
80章	锡及其制品	Tin and Articles Thereof	4.94	0.75	11.77	1.79
81章	其他贱金属、金属陶瓷及其制品	Other Base Metals; Cermets; Articles Thereof	254.97	38.65	314.48	47.80
82章	贱金属工具、器具、利口器、餐匙、餐叉及其零件	Tools, Implements, Cutlery, Spoons and Forks, of Base Metal; Parts Thereof of Base Metal	1075.11	162.96	253.67	38.52
83章	贱金属杂项制品	Miscellaneous Articles of Base Metal	1216.67	184.15	127.87	19.40

11-4 续表 4 continued

商品分类		HS Section and Division	出口 Exports		进口 Imports	
			亿元人民币 RMB 100 million	亿美元 USD 100 million	亿元人民币 RMB 100 million	亿美元 USD 100 million
第十六类	**机器、机械器具、电气设备及其零件；录音机及放声机、电视图像、声音的录制和重放设备及其零件、附件**	**Machinery and Mechanical Appliances; Electrical Equipment; Parts Thereof; Sound Recorders and Reproducers, Television Image and Sound Recorders and Reproducers; and Parts and Accessories of Recorders and Reproducers; and Parts and Accessories of Such Artic**	**72225.27**	**10933.36**	**47760.99**	**7238.10**
84章	核反应堆、锅炉、机器、 机械器具及其零件	Nuclear Reactors, Boilers, Machinery and Mechanical Appliances; Parts Thereof	28307.59	4293.06	13324.84	2021.92
85章	电机、电气设备及其零件；录音机及放声机、电视图像、 声音的录制和重放设备及其零件、附件	Electrical Machinery and Equipment and Parts Thereof; Sound Recorders and Reproducers, Television Image and Sound Recorders and Reproducers, and Parts and Accessories of Such Articles	43917.68	6640.30	34436.15	5216.18
第十七类	**车辆、航空器、船舶及有关运输设备**	**Vehicles, Aircraft, Vessels And Associated Transport Equipment**	**7767.18**	**1180.06**	**7596.09**	**1149.11**
86章	铁道及电车道机车、车辆及其零件；铁道及电车轨道固定装置及其零件、附件；各种机械(包括电动机械)交通信号设备	Railway or Tramway Locomotives, Rolling-Stock and Parts Thereof; Railway or Tramway Track Fixtures And Fittings and Parts Thereof; Mechanical(Including Electro-Mechanical) Traffic Signalling Equipment of All Kinds	872.24	132.73	52.26	7.93
87章	车辆及其零件、附件，但铁道及电车道车辆除外	Vehicles Other Than Railway or Tramway Rolling-Stock, and Parts and Accessories Thereof	4948.34	750.71	5371.72	815.20
88章	航空器、航天器及其零件	Aircraft, Spacecraft, and Parts Thereof	299.98	45.26	2037.08	305.41
89章	船舶及浮动结构体	Ships, Boats and Floating Structures	1646.62	251.36	135.03	20.57
第十八类	**光学、照相、电影、计量、检验、医疗或外科用仪器及设备、精密仪器及设备；钟表；乐器；上述物品的零件、附件**	**Optical, Photographic, Cinematographic, Measuring, Checking, Precision, Medical or Surgical Instruments and Apparatus; Clocks And Watches; Musical Instruments; Parts and Accessories Thereof**	**5127.76**	**777.45**	**7055.38**	**1069.05**
90章	光学、照相、电影、计量、检验、医疗或外科用仪器及设备、精密仪器及设备；上述物品的零件、附件	Optical, Photographic, Cinematographic, Measuring, Checking, Precision Medical or Surgical Instruments and Apparatus; Parts and Accessories Thereof	4713.09	714.66	6772.49	1026.26
91章	钟表及其零件	Clocks and Watches and Parts Thereof	306.99	46.50	250.60	37.91
92章	乐器及其零件、附件	Musical Instruments; Parts and Accessories of Such Articles	107.68	16.30	32.29	4.88
第十九类	**武器、弹药及其零件、附件**	**Arms and Ammunition; Parts and Accessories Thereof**	**10.88**	**1.65**	**0.54**	**0.08**
93章	武器、弹药及其零件、附件	Arms and Ammunition; Parts and Accessories Thereof	10.88	1.65	0.54	0.08
第二十类	**杂项制品**	**Miscellaneous Manufactured Articles**	**11100.20**	**1679.45**	**572.21**	**86.69**
94章	家具；寝具、褥垫、弹簧床垫、软坐垫及类似的填充制品；未列名灯具及照明装置；发光标志、发光名牌及类似品；活动房屋	Furniture; Bedding, Mattresses, Mattress Supports, Cushions and Similar Stuffed Furnishings; Lamps and Lighting Fittings, not Elsewhere Specified or Included; Illuminated Signs, Illuminated	6305.37	954.43	262.17	39.69
95章	玩具、游戏品、运动用品及其零件、附件	Toys, Games and Sports Requisites; Parts and Accessories Thereof	3710.66	560.64	139.36	21.09
96章	杂项制品	Miscellaneous Manufactured Articles	1084.17	164.38	170.68	25.92
第二十一类	**艺术品、收藏品及古物**	**Works of Art, Collectors' Pieces and Antiques**	**12.49**	**1.88**	**11.69**	**1.73**
97章	艺术品、收藏品及古物	Works of Art, Collectors' Pieces and Antiques	12.49	1.88	11.69	1.73
第二十二类	**特殊交易品及未分类商品**	**Commodities and Transactions not Classified According to Kind**	**356.80**	**53.75**	**862.42**	**133.36**
98章	特殊交易品及未分类商品	Commodities and Transactions not Classified According to Kind	356.80	53.75	862.42	133.36

11-5　我国同各国(地区)海关货物进出口总额(2018年)
Value of Imports and Exports by Country (Region) of Origin/Destination(2018)

国　别（地区）	Country (Region)	万元人民币 (RMB 10 000)			万美元 (USD 10 000)		
		进出口总额 Total	出口总额 Exports	进口总额 Imports	进出口总额 Total	出口总额 Exports	进口总额 Imports
总　计	**Total**	**3050081297**	**1641278121**	**1408803176**	**462241539**	**248668151**	**213573388**
亚洲	**Asia**	**1570819945**	**783712826**	**787107119**	**238058298**	**118759869**	**119298429**
阿富汗	Afghanistan	456253	439946	16307	69167	66759	2408
巴林	Bahrain	848447	748612	99835	128565	113552	15013
孟加拉国	Bangladesh	12347142	11696939	650203	1873748	1775306	98442
不丹	Bhutan	8355	8349	6	1284	1283	1
文莱	Brunei	1214513	1047776	166737	183946	159195	24751
缅甸	Myanmar	10033703	6952305	3081398	1523211	1054777	468434
柬埔寨	Cambodia	4876029	3962756	913273	738418	600752	137666
塞浦路斯	Cyprus	525589	489907	35682	79211	73812	5399
朝鲜	Korea DPR	1608804	1467250	141554	243021	221706	21315
中国香港	Hong Kong, China	205272389	199628770	5643619	31052397	30202160	850237
印度	India	62933891	50516382	12417509	9550900	7667566	1883335
印度尼西亚	Indonesia	51002789	28520795	22481994	7734118	4319141	3414978
伊朗	Iran	22970447	9123598	13846849	3504201	1393973	2110228
伊拉克	Iraq	20116245	5215067	14901178	3039860	790332	2249527
以色列	Israel	9142484	6105506	3036978	1391557	927442	464116
日本	Japan	216182278	97068169	119114109	32770921	14704868	18066054
约旦	Jordan	2097450	1956153	141297	318367	296949	21418
科威特	Kuwait	12311305	2186317	10124988	1865651	331265	1534387
老挝	Laos	2296439	963476	1332963	347215	145400	201815
黎巴嫩	Lebanon	1328217	1296270	31947	201827	196928	4898
中国澳门	Macao, China	2082221	2039979	42242	315327	308919	6409
马来西亚	Malaysia	71634987	29938899	41696088	10858103	4537599	6320505
马尔代夫	Maldives	260928	260262	666	39721	39617	103
蒙古	Mongolia	5268072	1084354	4183718	798900	164489	634411
尼泊尔	Nepal	728754	714219	14535	109937	107737	2200
阿曼	Oman	14373254	1881283	12491971	2176312	286461	1889851
巴基斯坦	Pakistan	12573148	11144139	1429009	1910540	1693332	217209
巴勒斯坦	Palestine	48587	48297	290	7381	7336	44
菲律宾	Philippines	36697239	23102359	13594880	5564824	3503664	2061160
卡塔尔	Qatar	7692577	1641576	6051001	1162880	248241	914639
沙特阿拉伯	Saudi Arabia	41840861	11493843	30347018	6328242	1742804	4585438
新加坡	Singapore	54521164	32305608	22215556	8276440	4903663	3372777
韩国	Korea Rep.	206672635	71717488	134955147	31339955	10875614	20464340
斯里兰卡	Sri Lanka	3016960	2804870	212090	457679	425505	32175
叙利亚	Syria	840883	840315	568	127364	127277	87
泰国	Thailand	57691185	28269162	29422023	8750835	4287872	4462964
土耳其	Turkey	14132533	11654803	2477730	2154546	1778860	375686
阿联酋	United Arab Emirates	30343584	19573334	10770250	4588902	2965125	1623777
也门共和国	Republic of Yemen	1716443	1235498	480945	259454	187461	71993
越南	Vietnam	97727221	55424212	42303009	14783304	8387669	6395635
中国	P. R. China	96467459		96467459	14622157		14622157
中国台湾	Taiwan, China	149261435	32118514	117142921	22624292	4864306	17759987
东帝汶	Timor Leste	90509	88472	2037	13540	13239	301
哈萨克斯坦	Kazakhstan	13143843	7499649	5644194	1987814	1135153	852661
吉尔吉斯斯坦	Kirghizia	3709527	3673691	35836	561112	555679	5433
塔吉克斯坦	Tadzhikistan	997086	946197	50889	150593	142908	7684
土库曼斯坦	Turkmenistan	5568788	209717	5359071	843630	31693	811937
乌兹别克斯坦	Uzbekistan	4145225	2607678	1537547	626919	394473	232446
亚洲其他国家（地区）	Other Countries (Regions) in Asia	70	68	2	11	11	0.3
非洲	**Africa**	**134664567**	**69183420**	**65481147**	**20415879**	**10489386**	**9926493**
阿尔及利亚	Algeria	6010501	5227321	783180	910416	792645	117770
安哥拉	Angola	18534636	1487165	17047471	2807965	225314	2582651
贝宁	Benin	1451538	1419532	32006	219827	214995	4833
博茨瓦那	Botswana	195270	185794	9476	29583	28160	1423
布隆迪	Burundi	32275	24472	7803	4925	3732	1193
喀麦隆	Cameroon	1843728	1115746	727982	278957	169422	109535
加那利群岛	Canary Is.	1924	1915	9	293	292	1

11-5 续表 1 continued

国别（地区）	Country (Region)	万元人民币 (RMB 10 000) 进出口总额 Total	出口总额 Exports	进口总额 Imports	万美元 (USD 10 000) 进出口总额 Total	出口总额 Exports	进口总额 Imports
佛得角	Cape Verde	51473	51275	198	7856	7827	29
中非	Central Africa	48350	12644	35706	7319	1894	5425
塞卜泰(休达)	Ceuta	508	199	309	76	30	46
乍得	Chad	187855	122519	65336	28053	18459	9595
科摩罗	Comoros	52281	52262	19	7922	7920	3
刚果(布)	Congo	4784016	293970	4490046	725896	44596	681300
吉布提	Djibouti	1224247	1224109	138	186398	186378	20
埃及	Egypt	9131209	7914415	1216794	1382973	1198721	184252
赤道几内亚	Eq. Guinea	1506070	95380	1410690	228452	14515	213937
埃塞俄比亚	Ethiopia	1911049	1685150	225899	287617	253087	34530
加蓬	Gabon	2225654	255660	1969994	336258	38586	297672
冈比亚	Gambia	294451	281020	13431	44625	42619	2006
加纳	Ghana	4790953	3174417	1616536	725596	481395	244201
几内亚	Guinea	2333729	891532	1442197	354111	135350	218762
几内亚比绍	Guinea-Bissau	24593	19635	4958	3747	2983	764
科特迪瓦共和国	Cote d'lvoire	1417290	1248998	168292	214410	189179	25231
肯尼亚	Kenya	3538387	3423679	114708	537096	519720	17376
利比里亚	Liberia	1344784	1285812	58972	204375	195448	8927
利比亚	Libya	4117804	944649	3173155	620741	142823	477918
马达加斯加	Madagascar	797266	665209	132057	121013	101008	20006
马拉维	Malawi	163373	145917	17456	24896	22160	2736
马里	Mali	285675	227691	57984	43402	34551	8851
毛里塔尼亚	Mauritania	1249098	683071	566027	189836	103686	86151
毛里求斯	Mauritius	555925	531186	24739	84162	80418	3744
摩洛哥	Morocco	2887887	2423709	464178	438781	368091	70690
莫桑比克	Mozambique	1639506	1222528	416978	249532	186178	63353
纳米比亚	Namibia	547737	212278	335459	82663	32371	50292
尼日尔	Niger	187997	76571	111426	28737	11626	17111
尼日利亚	Nigeria	10073899	8842186	1231713	1525787	1340478	185309
留尼汪	Reunion	108135	108063	72	16376	16366	11
卢旺达	Rwanda	134909	109037	25872	20492	16559	3933
圣多美和普林西比	Sao Tome & Principe	4834	4802	32	730	726	5
塞内加尔	Senegal	1494965	1410977	83988	227145	214285	12860
塞舌尔	Seychelles	40569	40552	17	6135	6133	3
塞拉利昂	Sierra Leone	281289	166656	114633	43017	25302	17714
索马里	Somalia	431480	420211	11269	65200	63545	1655
南非	South Africa	28694893	10715092	17979801	4353587	1624838	2728749
西撒哈拉	Western Sahara	31	28	3	5	4	0.4
苏丹	Sudan	1682145	1243547	438598	254557	188040	66517
坦桑尼亚	Tanzania	2626245	2365350	260895	397440	358314	39126
多哥	Togo	1402609	1308974	93635	213501	198925	14576
突尼斯	Tunisia	1058588	929772	128816	160968	141460	19508
乌干达	Uganda	496580	466403	30177	75262	70640	4622
布基纳法索	Burkina Faso	208834	146770	62064	31811	22300	9512
刚果(金)	Congo DR	4888006	1170207	3717799	742879	177325	565554
赞比亚	Zambia	3323251	637907	2685344	505234	96949	408285
津巴布韦	Zimbabwe	866767	294479	572288	133530	44568	88963
莱索托	Lesotho	61557	42137	19420	9423	6414	3009
梅利利亚	Melilla	3646	3641	5	560	560	1
斯威士兰	Swaziland	41653	24078	17575	6386	3640	2746
厄立特里亚	Eritrea	232672	28333	204339	35370	4285	31086
马约特岛	Mayotte	24046	24036	10	3657	3656	1
南苏丹共和国	Republic of South Sudan	1112724	51563	1061161	168130	7717	160414
非洲其他国家（地区）	Other Countries (Regions) in Africa	1206	1190	16	187	184	2
欧洲	**Europe**	**563777584**	**313287701**	**250489883**	**85403048**	**47459772**	**37943276**
比利时	Belgium	15825624	11231818	4593806	2402278	1705507	696772
丹麦	Denmark	7708310	4809220	2899090	1168142	729175	438967
英国	United Kingdom	53155574	37376354	15779220	8041357	5654298	2387059
德国	Germany	121335558	51153523	70182035	18381416	7748934	10632482
法国	France	41586180	20227629	21358551	6287513	3067291	3220222
爱尔兰	Ireland	9598337	2407031	7191306	1450946	364989	1085958
意大利	Italy	35775365	21883284	13892081	5423380	3317161	2106219

11-5 续表 2 continued

国 别（地区）	Country (Region)	万元人民币 (RMB 10 000)			万美元 (USD 10 000)		
		进出口总额 Total	出口总额 Exports	进口总额 Imports	进出口总额 Total	出口总额 Exports	进口总额 Imports
卢森堡	Luxembourg	742018	536278	205740	111762	80557	31204
荷兰	Netherlands	56246646	48102577	8144069	8516738	7283469	1233269
希腊	Greece	4658003	4285727	372276	706083	649832	56251
葡萄牙	Portugal	3957698	2474133	1483565	599925	375020	224906
西班牙	Spain	22228874	16455652	5773222	3370325	2495225	875100
阿尔巴尼亚	Albania	425935	355210	70725	64794	53991	10804
安道尔	Andorra	1332	1236	96	201	187	15
奥地利	Austria	6438304	1868798	4569506	975082	282754	692328
保加利亚	Bulgaria	1707060	949746	757314	258668	144025	114643
芬兰	Finland	5185024	2034943	3150081	786679	308576	478103
直布罗陀	Gibraltar	1826	1824	2	276	276	0.2
匈牙利	Hungary	7157831	4300174	2857657	1088229	654021	434207
冰岛	Iceland	278207	168224	109983	42133	25558	16576
列支敦士登	Liechtenstein	115720	34229	81491	17583	5183	12400
马耳他	Malta	1165247	934690	230557	178120	143200	34920
摩纳哥	Monaco	87269	80217	7052	13088	12018	1070
挪威	Norway	4008004	1751235	2256769	607252	265100	342152
波兰	Poland	16199720	13791104	2408616	2452158	2087621	364537
罗马尼亚	Romania	4399703	2970136	1429567	667496	450711	216785
圣马力诺	San Marino	5433	2430	3003	827	370	456
瑞典	Sweden	11299410	5405021	5894389	1714561	819086	895475
瑞士	Switzerland	27902790	2659342	25243448	4253161	401577	3851584
爱沙尼亚	Estonia	841160	679702	161458	127670	103151	24519
拉脱维亚	Latvia	909369	768719	140650	137914	116609	21305
立陶宛	Lithuania	1379802	1162117	217685	209299	176296	33004
格鲁吉亚	Georgia	757398	721902	35496	114943	109554	5389
亚美尼亚	Armenia	341958	140628	201330	51533	21318	30214
阿塞拜疆	Azerbaijan	602867	340288	262579	89795	51593	38202
白俄罗斯	Byelorussia	1129824	753612	376212	171264	114159	57105
摩尔多瓦	Moldavia	97140	71774	25366	14708	10870	3839
俄罗斯	Russia	70790520	31658945	39131575	10710745	4796527	5914218
乌克兰	Ukraine	6383587	4640541	1743046	966353	701850	264503
斯洛文尼亚	Slovenia	3292287	2902859	389428	501526	442423	59102
克罗地亚	Croatia	1013706	873846	139860	153916	132716	21200
捷克	Czech	10803624	7904305	2899319	1630863	1190958	439905
斯洛伐克	Slovak	5156266	1676197	3480069	778148	253585	524563
北马其顿	North Macedonia	101882	69765	32117	15409	10574	4834
波黑	Bosnia & Herzegovina	123086	71906	51180	18712	10972	7740
梵蒂冈城国	Vatican City State	5	4	1	1	1	0.1
法罗群岛	Faroe Islands	84383	1753	82630	12861	267	12594
塞尔维亚	Serbia	627835	480557	147278	95217	72830	22387
黑山	Montenegro	143765	116493	27272	21983	17810	4174
欧洲其他国家（地区）	Other Countries (Regions) in Europe	120	2	118	17	0.3	17
拉丁美洲	**Latin America**	**202615950**	**98037952**	**104577998**	**30717170**	**14877758**	**15839412**
安提瓜和巴布达	Antigua and Barbuda	36744	36714	30	5541	5536	5
阿根廷	Argentina	7850655	5521715	2328940	1193523	841807	351715
阿鲁巴岛	Aruba	21436	21413	23	3240	3237	3
巴哈马	Bahamas	321818	312940	8878	49291	48003	1288
巴巴多斯	Barbados	103759	89679	14080	15801	13673	2128
伯利兹	Belize	61336	61168	168	9292	9267	26
玻利维亚	Bolivia	769372	551783	217589	116587	83617	32970
博内尔	Bonaire	407	407		64	64	
巴西	Brazil	73364040	22138071	51225969	11123439	3366487	7756952
开曼群岛	Cayman Is.	65247	65164	83	10128	10116	12
智利	Chile	28097270	10466852	17630418	4260434	1587363	2673071
哥伦比亚	Colombia	9641746	5747988	3893758	1460560	871765	588795
多米尼克	Dominica	22779	22701	78	3462	3450	12
哥斯达黎加	Costa Rica	1606176	1095429	510747	243995	166273	77722
古巴	Cuba	1030059	713475	316584	155592	107554	48038
库腊索岛	Curacao	27081	27069	12	4107	4105	2
多米尼加共和国	Dominica Rep.	1511683	1392332	119351	228851	210838	18013
厄瓜多尔	Ecuador	3770836	2449555	1321281	570653	371783	198870
法属圭亚那	French Guyana	9268	9173	95	1400	1386	14
格林纳达	Granada	8668	8666	2	1315	1315	0.3
瓜德罗普岛	Guadeloupe	28094	28086	8	4262	4261	1
危地马拉	Guatemala	1596708	1539914	56794	241946	233289	8657

11-5 续表 3 continued

国别（地区）	Country (Region)	万元人民币 (RMB 10 000) 进出口总额 Total	出口总额 Exports	进口总额 Imports	万美元 (USD 10 000) 进出口总额 Total	出口总额 Exports	进口总额 Imports
圭亚那	Guyana	174664	146324	28340	26512	22203	4308
海地	Haiti	410997	406103	4894	62340	61590	750
洪都拉斯	Honduras	682950	651437	31513	103600	98773	4827
牙买加	Jamaica	435050	385285	49765	65964	58332	7632
马提尼克岛	Martinique	14725	14710	15	2231	2229	2
墨西哥	Mexico	38315634	29050651	9264983	5801883	4400992	1400891
蒙特塞拉特	Montserrat	219	217	2	34	34	0.3
尼加拉瓜	Nicaragua	378838	310935	67903	57971	47400	10572
巴拿马	Panama	4631437	4576877	54560	702190	694013	8176
巴拉圭	Paraguay	1124378	1098044	26334	171121	167105	4017
秘鲁	Peru	15144361	5317655	9826706	2297899	806469	1491430
波多黎各	Puerto Rico	1171402	581520	589882	177610	88293	89317
萨巴	Saba	5	5		1	1	
圣卢西亚	Saint Lucia	12547	12508	39	1892	1886	6
圣马丁岛	Saint Martin Is.	8623	8622	1	1321	1321	0.1
圣文森特和格林纳丁斯	Saint Vincent & Grenadines	24829	24669	160	3720	3696	23
萨尔瓦多	El Salvador	716861	610763	106098	109161	92722	16439
苏里南	Surinam	176161	141168	34993	26789	21486	5303
特立尼达和多巴哥	Trinidad and Tobago	484888	229317	255571	73256	34713	38543
特克斯和凯科斯群岛	Turks & Caicos Is.	1984	1984		301	301	
乌拉圭	Uruguay	3045913	1357918	1687995	462065	206443	255623
委内瑞拉	Venezuela	5660244	757661	4902583	857719	114579	743140
英属维尔京群岛	Virgin Is. (E)	24773	24756	17	3684	3682	3
圣其茨和尼维斯	St. Kitts-Nevis	8366	7710	656	1256	1154	102
圣皮埃尔和密克隆	St. Pierre and Miquelon	11	11		2	2	
荷属安地列斯群岛	Andreas Is. (N)	18925	18847	78	2876	2864	12
拉美其他国家（地区）	Other Countries (Regions) in Latin America	1983	1962	21	292	289	3
北美洲	**North America**	**460169754**	**339352393**	**120817361**	**69743750**	**51372292**	**18371458**
加拿大	Canada	41923907	23229284	18694623	6351264	3515324	2835940
美国	United States	417977447	316008984	101968463	63351900	47839581	15512319
格陵兰	Greenland	156791	2570	154221	23589	397	23191
百慕大群岛	Bermuda	111217	111163	54	16938	16930	8
北美洲其他国家（地区）	Other Countries (Regions) in North America	391	391		59	59	
大洋洲及太平洋群岛	**Oceanic and Pacific Islands**	**117774577**	**37703829**	**80070748**	**17864026**	**5709073**	**12154953**
澳大利亚	Australia	100950997	31258522	69692475	15314073	4733006	10581067
库克群岛	Cook Is.	5000	3399	1601	769	519	250
斐济	Fiji	318604	301563	17041	48198	45667	2531
盖比群岛	Gambier Is.	63	35	28	10	5	4
瑙鲁	Nauru	1374	1291	83	203	191	12
新喀里多尼亚	New Caledonia (Fr)	809246	88711	720535	122780	13409	109371
瓦努阿图	Vanuatu	51888	41723	10165	7910	6342	1568
新西兰	New Zealand	11120515	3815680	7304835	1685803	577470	1108333
诺福克岛	Norfolk Islands	1329	1322	7	199	197	1
巴布亚新几内亚	Papua New Guinea	2388762	519327	1869435	361142	78558	282585
社会群岛	Society Is.	1462	1462		222	222	0.1
所罗门群岛	Solomon Is.	491288	78002	413286	74756	11824	62932
汤加	Tonga	16614	16535	79	2507	2495	12
土阿莫土群岛	Tuamotu Archipelago	9	3	6	1	0.4	1
土布艾群岛	Tubuai Islands	2		2	0.2		0.2
萨摩亚	Samoa	47049	46710	339	7112	7061	51
基里巴斯	Kiribati	11797	11729	68	1794	1784	10
图瓦卢	Tuvalu	8203	8197	6	1243	1243	1
密克罗尼西亚联邦	Micronesia Commonwealth	26509	12256	14253	4032	1854	2178
马绍尔群岛共和国	Marshall. Is.	1447988	1426312	21676	219861	216545	3316
帕劳共和国	Republic of Palau	9125	9099	26	1377	1373	4
法属波利尼西亚	Polynesia (F)	54551	49933	4618	8230	7532	698
瓦利斯和浮图纳	Wallis and Futuna	198	195	3	30	29	0.4
大洋洲其他国家（地区）	Other Countries (Regions) in Oceania	12002	11821	181	1775	1748	27
国别（地区）不详	**Others**	**258922**	**1**	**258921**	**39367**	**0.1**	**39367**

11-6 出口主要货物数量和金额(2018年)
Main Exported Goods in Volume and Value (2018)

品　　名		Item		数　量 Volume	金　额 Value 万元人民币 RMB 10 000	万美元 USD 10 000
活猪	(万头)	Live Hogs	(10 000 heads)	158	281943	42730
活家禽	(万只)	Live Poultry	(10 000 heads)	240	641	97
牛肉	(吨)	Frozen, Fresh Beef	(ton)	434	2106	320
猪肉	(吨)	Frozen, Fresh Pork	(ton)	41762	128634	19531
冻鸡	(吨)	Frozen Chicken	(ton)	109085	157088	23820
水海产品	(万吨)	Aquatic and Seawater Products	(10 000 tons)	425	14537758	2200136
鲜蛋	(百万个)	Fresh Eggs	(million units)	1177	73691	11175
谷物及谷物粉	(万吨)	Cereals and Cereals Flour	(10 000 tons)	249	706055	106590
#稻谷和大米	(万吨)	Rice	(10 000 tons)	209	588314	88750
玉米	(吨)	Maize	(ton)	12192	4020	599
蔬菜	(万吨)	Vegetables	(10 000 tons)	948	8323665	1261504
#鲜或冷藏蔬菜	(万吨)	Fresh Vegetables	(10 000 tons)	629	3066199	463716
橘、橙	(吨)	Mandarins and Oranges	(ton)	708817	654488	97254
苹果	(吨)	Apples	(ton)	1118478	854650	129893
松子仁	(吨)	Pine Nut Kernels	(ton)	12750	122364	18483
大豆	(万吨)	Soybean	(10 000 tons)	13	65400	10002
花生及花生仁	(万吨)	Peanuts	(10 000 tons)	20	184270	27858
食用植物油	(吨)	Edible Vegetable Oil	(ton)	294727	202869	30701
食糖	(吨)	Sugar	(ton)	195747	66679	10059
天然蜂蜜	(吨)	Natural Honey	(ton)	123478	164556	24926
茶叶	(吨)	Tea	(ton)	364742	1173890	177786
辣椒干	(吨)	Dried Capsicum	(ton)	77243	102081	15446
猪肉罐头	(吨)	Canned Pork	(ton)	50028	98784	15029
蘑菇罐头	(吨)	Canned Mushroom	(ton)	241694	379831	57590
啤酒	(万升)	Beer	(10 000 liters)	38571	166428	25234
肠衣	(吨)	Casings	(ton)	102856	890021	135646
填充用羽毛；羽绒	(吨)	Feathers and Down for Stuffing	(ton)	49355	540158	82608
中药材及中式成药	(吨)	Medical Materials and Medicaments of Chinese Type	(ton)	128400	727337	110174
烤烟	(吨)	Flue-cured Tobacco	(ton)	127493	295907	44828
纸烟	(万条)	Cigarette	(10 000 items)	14332	481876	72104
锯材	(万立方米)	Wood Sawn	(10 000 cu.m)	25	117011	17756
生丝	(吨)	Raw Silk	(ton)	4581	192091	29083
山羊绒	(吨)	Cashmere	(ton)	3212	157835	23794
棉花	(吨)	Cotton (Cotton Wool)	(ton)	47349	62025	9365
天然石墨	(万吨)	Natural Graphite	(10 000 tons)	34	229686	34833
天然碳酸镁；氧化镁	(万吨)	Natural Magnesium Carbonate, Magnesia	(10 000 tons)	315	688612	104767
萤石(氟石)	(万吨)	Fluorite	(10 000 tons)	40	90946	13847
天然硫酸钡(重晶石)	(万吨)	Natural Barium Sulfate (barite)	(10 000 tons)	121	104054	15867
滑石	(万吨)	Talcum	(10 000 tons)	70	112826	17110
氧化铝	(吨)	Aluminum Oxide	(ton)	1461500	525229	78370
煤及褐煤	(万吨)	Coal and Lignite	(10 000 tons)	493	514631	78750
焦炭及半焦炭	(万吨)	Coke and Semi-coke	(10 000 tons)	976	1949738	297452

11-6 续表 1 continued

品名		Item		数量 Volume	金额 Value 万元人民币 RMB 10 000	万美元 USD 10 000
原油	(万吨)	Crude Oil	(10 000 tons)	263	841433	127042
成品油	(万吨)	Petroleum Products Refined	(10 000 tons)	5860	23563397	3588370
石蜡	(万吨)	Paraffin Wax	(10 000 tons)	51	344345	52318
仲钨酸铵	(吨)	Tungstates	(ton)	5641	101822	15607
氧化锌及过氧化锌	(吨)	Zinc Oxide and Zinc Peroxide	(ton)	11758	22084	3348
合成有机染料	(吨)	Synthetic Organic Dyestuffs	(ton)	220739	1065619	161863
医药品	(吨)	Medical and Pharmaceutical Products	(ton)	1032308	11479411	1742998
#中式成药	(吨)	Medicaments of Chinese Type	(ton)	11266	172822	26234
医用敷料	(吨)	Pharmaceutical Goods	(ton)	207162	946244	143489
洗衣粉	(吨)	Detergent	(ton)	552983	236014	35802
烟花、爆竹	(吨)	Fireworks and Firecrackers	(ton)	379031	571189	86643
松香及树脂酸	(吨)	Resin and Resin Acids	(ton)	47085	53939	8200
新的充气橡胶轮胎	(万条)	New Pneumatic Rubber Tyres	(10 000 units)	48620	9957253	1510967
纸及纸板(未切成形)	(万吨)	Paper and Paperboard in Rolls	(10 000 tons)	565	4614314	700427
纺织纱线、织物及制品		Textile yarns, Fabrics and Articles			78494604	11907827
#棉纱线	(吨)	Cotton Yarn	(ton)	402072	1159941	176590
丝织物		Silk			426245	64729
棉机织物		Cotton Cloth			9439002	1433637
亚麻及苎麻机织物	(万米)	Flax or Ramie Woven Fabric	(10 000 m)	34826	711458	106643
合成短纤与棉混纺机织物	(万米)	Synthetic Short Fibre and Cotton-fibre Mixture Woven Fabric	(10 000 m)	168955	1386496	211193
地毯	(万平方米)	Carpets	(10 000 sq.m)	63568	1963088	297455
塑料编织袋(周转袋除外)	(万条)	Bags of PP or PE Strip(Except Turnover Bags)	(10 000 units)	637709	659369	99997
水泥及水泥熟料	(万吨)	Cement and Cement Clinkers	(10 000 tons)	904	321023	49036
平板玻璃	(万平方米)	Plate Glass	(10 000 sq.m)	19347	1027426	155563
玻璃制品	(万吨)	Glass Products	(10 000 tons)	378	4379968	663893
家用陶瓷	(万吨)	Porcelain and Pottery Ware for Household Use	(10 000 tons)	363	7699279	1164007
钢坯及粗锻件	(万吨)	Billet and Crude Forgings	(10 000 tons)	1	8742	1310
钢材	(万吨)	Rolled Steel	(10 000 tons)	6933	39841598	6059597
未锻轧铜(包括铜合金)	(吨)	Unwrought Copper and its Alloys	(ton)	281849	1241727	188427
铜材	(吨)	Rolled Copper	(ton)	509868	2807536	426845
未锻轧铝(包括铝合金)	(万吨)	Unwrought Aluminum and its Alloys	(10 000 tons)	56	803068	121604
铝材	(万吨)	Rolled Aluminum	(10 000 tons)	523	10055243	1525027
未锻轧锌及锌合金	(吨)	Unwrought Zinc and Zinc Alloys	(ton)	24283	49141	7518
未锻轧锡及锡合金	(吨)	Unwrought Tin and Tin Alloys	(ton)	6105	30633	4606
未锻轧锑、粉末及废碎料	(吨)	Unwrought Antimony, Powder and Scrap	(ton)	5326	29678	4361
未锻轧锰	(吨)	Unwrought Manganese	(ton)	424387	567588	85830
钢铁或铜制标准紧固件	(万吨)	Iron or Copper Standard Fasteners	(10 000 tons)	329	4344597	658513
手用或机用工具	(万吨)	Hand Tools and Tools for Machines	(10 000 tons)	185	7634312	1157011
电扇	(万台)	Fans	(10 000 sets)	72129	3573685	545750
纺织机械及零件		Textile Machinery and Parts			2413900	366578
缝纫机	(万台)	Sewing Machines	(10 000 sets)	1089	951556	144372

11-6 续表 2 continued

品 名	Item	数 量 Volume	金 额 Value 万元人民币 RMB 10 000	万美元 USD 10 000
金属加工机床 (万台)	Metalworking Machine Tools (10 000 sets)	962	2641172	399998
电子计算器 (万台)	Electric Calculator (10 000 sets)	18790	233033	35447
自动数据处理设备及其部件 (万台)	Automatic Data Processing Machines and Components (10 000 sets)	147293	113559777	17199271
自动数据处理设备的零件(万吨)	Parts for Auto Data Processing Equipment (10 000 tons)	52	29218616	4431443
轴承 (万套)	Bearings (10 000 units)	630515	2808396	426131
电动机及发电机 (万台)	Electric Motors and Generators (10 000 sets)	269913	7807173	1184563
静止式变流器 (万个)	Static Converters (10 000 units)	542350	11820398	1790251
原电池 (百万个)	Primary Cells and Batteries (million units)	29578	1412050	213956
蓄电池 (万个)	Electric Accumulators (10 000 units)	265379	9507240	1438130
电话机 (万台)	Telephone Sets (10 000 sets)	119981	94462628	14219813
收音设备(包括收录音组合机) (万台)	Radio Sets(including Sound Recording Apparatus) (10 000 sets)	22506	2536112	384262
彩色电视机 (万台)	Colour TV Sets (10 000 sets)	9688	9880491	1492946
电容器 (吨)	Electrical Capacitors (ton)	104644	3339148	505228
通断保护电路装置及零件 (吨)	Electrical Apparatus for Switching or Protecting Electrical Circuits and Parts (ton)	25907797	19725237	2988720
二极管及类似半导体器件 (百万个)	Diode and Semi Conductors (million units)	581210	17498127	2654255
电线和电缆 (万吨)	Insulated Wire or Cable (10 000 tons)	242	14239129	2158150
集装箱 (万个)	Containers (10 000 units)	340	6853186	1043430
汽车 (万辆)	Motor Vehicles (10 000 units)	115	9714866	1476245
自行车 (万辆)	Bicycles (10 000 units)	5927	2139339	325125
照相机 (万架)	Cameras (10 000 sets)	3425	2345960	354842
医疗仪器及器械	Medical Instruments and Appliances		7525072	1139857
手表 (万只)	Wrist Watches (10 000 units)	63342	1452841	220202
日用钟 (万只)	Clocks (10 000 sets)	24235	506177	76699
家具及其零件	Furniture and Parts		35430327	5366452
箱包及类似容器 (万吨)	Luggage and Similar Containers (10 000 tons)	316	17864058	2708902
服装及衣着附件	Clothing and Accessories		104116246	15761454
#非针织或钩编织物制服装	Garments, not Knitted or Crocheted		42557648	6445962
针织或钩编服装	Garments, Knitted or Crocheted		41348799	6258012
鞋类 (万吨)	Footwear (10 000 tons)	448	30943646	4689417
#皮面鞋 (万双)	Leather Shoes (10 000 pairs)	67916	6151302	931327
橡胶或塑料底纺织材料为面的鞋 (万双)	Cloth Shoes with Outer of Rubber or Artificial Plastic Materials (10 000 pairs)	294235	9049812	1371244
塑料制品 (万吨)	Plastic Articles (10 000 tons)	1312	28691721	4345204
玩具	Toys		16607098	2506497
足球、篮球、排球 (万个)	Footballs, Basketballs and Volleyballs (10 000 units)	23895	310693	47299
伞 (万把)	Umbrellas (10 000 units)	47301	1569784	238342
竹编结品 (吨)	Bamboo Products (ton)	29505	93164	14066
藤编结品 (吨)	Rattan Products (ton)	9182	53289	8080
草编结品 (吨)	Straw Mats and Straw Products (ton)	16590	87434	13173
柳编结品 (吨)	Wickerwork (ton)	50009	308840	46766
机电产品	Mechanical and Electrical Products		964303721	146032561
高新技术产品	High and New-tech Products		493706947	74681622

11-7 进口主要货物数量和金额(2018年)
Main Imported Goods in Volume and Value(2018)

品名		Item		数量 Volume	金额 Value 万元人民币 RMB 10 000	万美元 USD 10 000
谷物及谷物粉	(万吨)	Cereals and Cereals Flour	(10 000 tons)	2047	3854240	591193
#小麦	(万吨)	Wheat	(10 000 tons)	310	560357	85826
稻谷和大米	(万吨)	Paddy and Rice	(10 000 tons)	308	1078798	163918
大豆	(万吨)	Soybean	(10 000 tons)	8804	25033327	3808702
食用植物油	(万吨)	Edible Vegetable Oil	(10 000 tons)	629	3128025	472791
食糖	(万吨)	Sugar	(10 000 tons)	280	674833	102880
天然橡胶（包括胶乳）	(万吨)	Natural Rubber (including Latex)	(10 000 tons)	260	2383640	360672
合成橡胶（包括胶乳）	(万吨)	Synthetic Rubber (including Latex)	(10 000 tons)	441	5023236	762188
原木	(万立方米)	Logs	(10 000 cu.m)	5969	7219722	1098484
锯材	(万立方米)	Wood Sawn	(10 000 cu.m)	3663	6668623	1013113
纸浆	(万吨)	Paper Pulp	(10 000 tons)	2479	12996053	1971564
羊毛及毛条	(万吨)	Wool and Wool Tops	(10 000 tons)	38	2153655	327845
棉花	(万吨)	Cotton	(10 000 tons)	157	2103173	317176
纺织用合成纤维	(万吨)	Synthetic Fibers Suitable for Spinning	(10 000 tons)	45	711417	107945
#聚酯纤维	(万吨)	Polyester Fibers	(10 000 tons)	19	187360	28414
聚丙烯腈纤维	(万吨)	Polyacryolnitr Fibers	(10 000 tons)	15	278712	42372
铁矿砂及其精矿	(万吨)	Iron Ore	(10 000 tons)	106412	50104258	7592218
锰矿砂及其精矿	(万吨)	Manganese Ores and Concentrates	(10 000 tons)	2760	3841978	581117
铜矿砂及其精矿	(万吨)	Copper Ores and Concentrates	(10 000 tons)	1970	21033424	3193515
铬矿砂及其精矿	(万吨)	Chromium Ores and Concentrates	(10 000 tons)	1428	1868452	285304
氧化铝	(万吨)	Aluminum Oxide	(10 000 tons)	51	210285	32047
煤及褐煤	(万吨)	Coal and Lignite	(10 000 tons)	28189	16233471	2476146
原油	(万吨)	Crude Oil	(10 000 tons)	46189	158896259	24038026
成品油	(万吨)	Petroleum Products Refined	(10 000 tons)	3348	13303105	2014257
乙二醇	(万吨)	Ethylene Glycol	(10 000 tons)	980	5913255	900570
对苯二甲酸	(万吨)	Telephthalic Acid	(10 000 tons)	78	443412	66790
己内酰胺	(万吨)	Carprolactam	(10 000 tons)	17	229748	34942
医药品	(吨)	Pharmaceutical Products	(ton)	152709	19574794	2960701
肥料	(万吨)	Chemical Fertilizers	(10 000 tons)	950	1795128	272375

11-7 续表 continued

品名	Item	数量 Volume	金额 Value 万元人民币 RMB 10 000	万美元 USD 10 000
#尿素 (吨)	Urea (ton)	163913	29082	4543
氮、磷、钾复合肥 (万吨)	Compound Fertilizers of Nitrogen, Phosphor and Kalium (10 000 tons)	146	440378	66903
磷酸氢二铵 (万吨)	Diammonium Phosphape (10 000 tons)	6	15791	2455
氯化钾 (万吨)	Potassium Chloride (10 000 tons)	746	1219624	184792
初级形状的聚乙烯 (万吨)	Polyethylene in Primary Forms (10 000 tons)	966	8123387	1233413
初级形状的聚丙烯 (万吨)	Polypropylene in Primary Forms (10 000 tons)	328	2770621	419378
初级形状的苯乙烯聚合物(万吨)	Polystyrene in Primary Forms (10 000 tons)	385	4574071	694030
#ABS树脂 (万吨)	ABS Copolymers (10 000 tons)	201	2583343	392370
初级形状的聚氯乙烯 (万吨)	Polyvinyl Chloride in Primary Forms (10 000 tons)	94	659185	99793
聚酯切片 (万吨)	Slices or Chips of Polyethylene Terephthalate (10 000 tons)	38	307010	46395
杀虫剂、除草剂及类似品 (吨)	Pesticides, Herbicides and Similar Products (ton)	79202	451825	68957
纸及纸板(未切成形的) (万吨)	Paper and Paperboard (Unchopped in Shape)(10 000 tons)	627	3640966	552675
钢材 (万吨)	Rolled Steel (10 000 tons)	1317	10828191	1643485
未锻轧的铜(包括铜合金)(万吨)	Unwrought Copper and Copper Alloys (10 000 tons)	475	20712066	3145064
铜材 (万吨)	Rolled Copper (10 000 tons)	55	3950564	599690
未锻轧的铝(包括铝合金)(万吨)	Aluminum and Aluminum Alloys (10 000 tons)	20	300733	44946
铝材 (万吨)	Rolled Aluminum (10 000 tons)	40	1779997	270169
蒸汽锅炉及过热水锅炉 (台)	Steam Boilers and Superheated Water Boilers (set)	164	16174	2462
制冷设备用压缩机 (万台)	Compressors for Refrigerating Equipment (10 000 sets)	942	703514	106924
金属加工机床 (台)	Machine Tools (set)	87895	6350336	966443
阀门 (万套)	Valves (10 000 sets)	104008	4825675	732192
自动数据处理设备及其部件 (万台)	Automatic Data Processing Machines and Components (10 000 sets)	46918	21692555	3289427
电话机 (万台)	Telephone Sets (10 000 sets)	420	204478	31055
收音设备 (万台)	Sound Recording Apparatus (10 000 sets)	144	185962	28262
(包括收录音组合机及整套散件)	(Including Radio Combination and a Complete Set of Spare Parts)			
彩色电视机 (万台)	Color TV Sets (10 000 sets)	4	11163	1706
汽车 (万辆)	Motor Vehicles (10 000 units)	113	33313938	5051430
#小轿车 (辆)	Cars (unit)	485730	12787954	1937381
货车 (辆)	Trucks (unit)	14316	538121	81279
非公路用自卸车 (辆)	Dump Trucks not For Highway Use (unit)	39	11253	1669
装有引擎的汽车底盘 (台)	Chassis with Engines (unit)	1665	105698	16105
飞机及其他航空器 (架)	Aircraft and Others (unit)	1028	18413777	2758130
医疗仪器及器械	Medical Instruments and Appliances		7426706	1124617
机电产品	Mechanical and Electrical Products		637358836	96569969
高新技术产品	High and New-tech Products		443517311	67166114

11-8 分地区货物进出口总额(2018年)
Total Value of Imports and Exports of Goods by Region (2018)

单位：亿元人民币 (RMB 100 million)

地 区	Region	按收发货人所在地分 By Location of Importers/Exporters			按境内目的地和货源地分 By Place of Destination or Origin in China		
		进出口 Total	出 口 Exports	进 口 Imports	进出口 Total	出 口 Exports	进 口 Imports
全 国	**National Total**	**305008.1**	**164127.8**	**140880.3**	**305008.1**	**164127.8**	**140880.3**
北 京	Beijing	27185.5	4872.2	22313.3	8385.9	1863.8	6522.0
天 津	Tianjin	8080.2	3208.1	4872.1	9367.3	3030.8	6336.5
河 北	Hebei	3553.2	2242.2	1311.0	5762.1	3262.6	2499.5
山 西	Shanxi	1369.1	810.5	558.6	1624.4	1089.1	535.3
内蒙古	Inner Mongolia	1034.7	378.3	656.3	1308.0	492.7	815.3
辽 宁	Liaoning	7557.7	3214.5	4343.2	8839.2	3819.4	5019.9
吉 林	Jilin	1363.1	325.8	1037.3	1420.0	368.2	1051.8
黑龙江	Heilongjiang	1749.5	294.0	1455.5	1568.9	317.8	1251.0
上 海	Shanghai	34012.1	13665.1	20346.9	32052.3	11938.1	20114.2
江 苏	Jiangsu	43793.5	26653.0	17140.5	47301.3	27520.0	19781.3
浙 江	Zhejiang	28511.6	21174.5	7337.1	29115.5	21628.0	7487.5
安 徽	Anhui	4141.9	2385.8	1756.2	3916.5	2406.4	1510.1
福 建	Fujian	12345.6	7613.1	4732.6	11392.9	6927.2	4465.7
江 西	Jiangxi	3161.7	2223.0	938.8	2714.3	1776.2	938.1
山 东	Shandong	19302.9	10568.0	8735.0	24020.8	11441.3	12579.5
河 南	Henan	5511.7	3578.7	1932.9	5818.3	3846.9	1971.4
湖 北	Hubei	3485.8	2252.1	1233.8	3384.5	2089.8	1294.7
湖 南	Hunan	3075.7	2024.5	1051.2	2341.9	1389.5	952.4
广 东	Guangdong	71602.1	42706.5	28895.6	79969.1	46755.9	33213.1
广 西	Guangxi	4104.4	2175.5	1928.8	3990.0	1170.2	2819.8
海 南	Hainan	848.2	297.8	550.4	1201.2	307.3	893.9
重 庆	Chongqing	5221.0	3393.7	1827.3	4505.9	3037.2	1468.7
四 川	Sichuan	5946.7	3332.7	2614.1	6153.4	3158.0	2995.3
贵 州	Guizhou	500.9	337.6	163.3	550.6	378.6	172.0
云 南	Yunnan	1970.6	847.6	1123.1	1792.7	695.3	1097.4
西 藏	Tibet	47.5	28.6	18.9	41.9	26.8	15.0
陕 西	Shaanxi	3513.2	2078.7	1434.5	3442.3	1997.0	1445.3
甘 肃	Gansu	395.4	145.8	249.6	427.3	171.3	256.1
青 海	Qinghai	48.2	31.1	17.1	38.7	21.7	17.0
宁 夏	Ningxia	248.9	180.1	68.7	266.1	181.2	84.9
新 疆	Xinjiang	1325.5	1088.9	236.6	2295.1	1019.6	1275.4

11-9 分地区货物进出口总额(2018年)
Total Value of Imports and Exports of Goods by Region (2018)

单位：亿美元 (USD 100 million)

地 区	Region	按收发货人所在地分 By Location of Importers/Exporters			按境内目的地和货源地分 By Place of Destination or Origin in China		
		进出口 Total	出口 Exports	进口 Imports	进出口 Total	出口 Exports	进口 Imports
全 国	**National Total**	**46224.2**	**24866.8**	**21357.3**	**46224.2**	**24866.8**	**21357.3**
北 京	Beijing	4124.9	740.8	3384.1	1274.2	283.1	991.1
天 津	Tianjin	1225.6	488.1	737.5	1417.4	460.5	956.9
河 北	Hebei	539.0	339.8	199.2	874.7	495.0	379.8
山 西	Shanxi	207.6	122.7	84.9	246.5	165.0	81.5
内蒙古	Inner Mongolia	156.9	57.5	99.4	198.3	74.8	123.5
辽 宁	Liaoning	1146.0	487.9	658.1	1340.8	579.9	760.9
吉 林	Jilin	206.8	49.4	157.3	215.4	55.9	159.5
黑龙江	Heilongjiang	264.4	44.5	219.9	237.4	48.2	189.2
上 海	Shanghai	5156.8	2071.4	3085.4	4858.6	1810.2	3048.4
江 苏	Jiangsu	6639.1	4039.7	2599.4	7171.3	4171.6	2999.7
浙 江	Zhejiang	4323.6	3210.4	1113.2	4414.5	3279.4	1135.1
安 徽	Anhui	628.4	362.0	266.4	594.0	364.9	229.2
福 建	Fujian	1874.1	1155.3	718.8	1728.3	1049.9	678.4
江 西	Jiangxi	481.9	339.4	142.4	411.7	269.4	142.3
山 东	Shandong	2924.0	1601.2	1322.8	3641.1	1734.5	1906.6
河 南	Henan	828.1	537.8	290.4	874.9	578.6	296.3
湖 北	Hubei	527.8	340.7	187.1	513.0	316.6	196.4
湖 南	Hunan	464.7	305.4	159.3	354.6	210.3	144.3
广 东	Guangdong	10844.6	6465.0	4379.6	12112.5	7077.2	5035.3
广 西	Guangxi	623.0	327.9	295.1	607.3	177.1	430.2
海 南	Hainan	127.3	44.9	82.5	180.9	46.5	134.5
重 庆	Chongqing	790.2	513.5	276.6	681.9	459.7	222.2
四 川	Sichuan	899.2	503.7	395.5	932.3	477.8	454.5
贵 州	Guizhou	76.0	51.2	24.8	83.6	57.4	26.1
云 南	Yunnan	298.6	128.1	170.5	271.8	105.3	166.5
西 藏	Tibet	7.2	4.3	2.9	6.4	4.0	2.3
陕 西	Shaanxi	533.0	316.0	217.1	522.5	303.6	218.9
甘 肃	Gansu	60.1	22.1	38.0	64.9	25.9	39.0
青 海	Qinghai	7.3	4.7	2.6	5.8	3.3	2.5
宁 夏	Ningxia	37.8	27.3	10.4	40.5	27.5	12.9
新 疆	Xinjiang	200.0	164.1	35.9	347.0	153.8	193.2

11-10 分地区外商投资企业货物进出口总额(2018年)

Value of Imports and Exports of Goods of Foreign-funded Enterprises by Region (2018)

地 区	Region	万元人民币 (RMB 10 000)			万美元 (USD 10 000)		
		进出口 Total	出 口 Exports	进 口 Imports	进出口 Total	出 口 Exports	进 口 Imports
全 国	**National Total**	**1298843699**	**683957837**	**614885862**	**196766370**	**103584415**	**93181955**
北 京	Beijing	47849613	9942122	37907490	7257056	1506190	5750866
天 津	Tianjin	39191900	16597899	22594001	5946424	2522301	3424123
河 北	Hebei	6523679	3696052	2827626	992003	561760	430242
山 西	Shanxi	8070302	5105610	2964693	1222136	771363	450774
内蒙古	Inner Mongolia	727938	428199	299739	110435	65148	45287
辽 宁	Liaoning	32755930	13568441	19187489	4971424	2057434	2913991
吉 林	Jilin	6827457	942146	5885311	1037383	143013	894370
黑龙江	Heilongjiang	1335255	729076	606179	203236	110997	92238
上 海	Shanghai	219407781	88696369	130711413	33261367	13439929	19821438
江 苏	Jiangsu	269334963	148087799	121247164	40821044	22433651	18387393
浙 江	Zhejiang	57332947	35071257	22261690	8698799	5321123	3377676
安 徽	Anhui	12808271	7072051	5736220	1942993	1072883	870111
福 建	Fujian	44829023	26516084	18312939	6802135	4020480	2781655
江 西	Jiangxi	9329148	4767710	4561438	1414425	722239	692187
山 东	Shandong	56565327	34030705	22534621	8576726	5157576	3419150
河 南	Henan	35623098	22831436	12791661	5331568	3414291	1917277
湖 北	Hubei	8965703	4770928	4194776	1361031	724425	636606
湖 南	Hunan	6004405	3088675	2915730	911056	467557	443499
广 东	Guangdong	323923603	193774675	130148928	49042139	29342429	19699710
广 西	Guangxi	10492886	4870529	5622357	1590226	737387	852839
海 南	Hainan	5883614	2269199	3614415	880699	341721	538979
重 庆	Chongqing	29498655	21311712	8186943	4464749	3226430	1238318
四 川	Sichuan	38932746	21563217	17369529	5888002	3261237	2626764
贵 州	Guizhou	1443591	789120	654471	219940	120274	99666
云 南	Yunnan	389815	218075	171740	58665	32854	25812
西 藏	Tibet	646		646	96		96
陕 西	Shaanxi	24194484	12920947	11273537	3669507	1964489	1705018
甘 肃	Gansu	21930	6996	14934	3345	1066	2278
青 海	Qinghai	3137	1874	1262	471	286	185
宁 夏	Ningxia	465974	238363	227611	70557	36214	34343
新 疆	Xinjiang	109879	50570	59309	16732	7669	9063

11-11 服务进出口总额
Total Value of Imports and Exports of Services

年份 Year	亿美元 100 million USD				亿元人民币 100 million RMB			
	进出口 Imports and Exports	出口 Exports	进口 Imports	差额 Balance	进出口 Imports and Exports	出口 Exports	进口 Imports	差额 Balance
1982	46.9	26.7	20.2	6.5				
1983	47.6	27.7	19.9	7.7				
1984	59.5	30.9	28.6	2.3				
1985	56.2	31.0	25.2	5.8				
1986	61.4	38.6	22.8	15.9				
1987	65.7	40.8	24.9	16.0				
1988	87.0	51.0	36.0	15.0				
1989	101.1	62.0	39.1	22.9				
1990	124.2	80.7	43.5	37.1				
1991	136.7	95.5	41.2	54.3				
1992	220.1	125.8	94.3	31.5				
1993	266.2	145.8	120.4	25.5				
1994	365.0	202.0	163.0	39.0				
1995	496.4	244.2	252.2	-8.0				
1996	505.7	279.8	225.9	54.0				
1997	622.1	342.4	279.7	62.7				
1998	518.9	250.5	268.4	-17.9				
1999	610.2	293.7	316.5	-22.8				
2000	711.9	350.3	361.6	-11.3				
2001	784.5	391.8	392.7	-1.0				
2002	927.6	462.3	465.3	-3.0				
2003	1066.4	513.3	553.1	-39.8				
2004	1452.3	725.1	727.2	-2.2				
2005	1682.8	843.1	839.7	3.4				
2006	2038.2	1029.8	1008.4	21.4				
2007	2654.5	1353.2	1301.3	51.9				
2008	3222.6	1633.1	1589.5	43.7				
2009	3024.9	1435.7	1589.2	-153.5				
2010	3717.4	1783.4	1934.0	-150.6				
2011	4488.9	2010.5	2478.4	-468.0				
2012	4828.8	2015.8	2813.0	-797.3				
2013	5376.1	2070.1	3306.1	-1236.0				
2014	6520.2	2191.4	4328.8	-2137.4				
2015	6541.6	2186.2	4355.4	-2169.2				
2016	6616.3	2095.3	4521.0	-2425.7	43998.1	13933.7	30064.4	-16130.8
2017	6956.8	2280.9	4675.9	-2395.0	46991.1	15406.8	31584.3	-16177.4
2018	7918.8	2668.4	5250.4	-2582.0	52401.9	17658.0	34744.0	-17086.0

注：服务进出口总额包含政府服务。
a) Total value of imports and exports of services includes government services.

11-12　服务进出口分类金额(2018年)
Total Value of Imports and Exports of Services by Sector (2018)

类　别	Classification	亿美元 100 million USD			亿元人民币 100 million RMB		
		进出口 Imports and Exports	出口 Exports	进口 Imports	进出口 Imports and Exports	出口 Exports	进口 Imports
总额	**Total**	**7918.8**	**2668.4**	**5250.4**	**52401.9**	**17658.0**	**34744.0**
运输	Transport	1505.9	423.0	1082.9	9965.2	2799.2	7166.0
旅行	Travel	3163.0	394.6	2768.4	20930.8	2611.2	18319.6
建筑	Construction	351.9	265.9	86.0	2328.6	1759.4	569.2
保险服务	Insurance Services	168.0	49.2	118.8	1111.8	325.8	786.1
金融服务	Financial Services	56.0	34.8	21.2	370.8	230.4	140.4
电信、计算机和信息服务	Telecommunications, Computer and Information Services	708.3	470.6	237.7	4686.9	3114.0	1572.9
电信服务	Telecommunications Services	36.8	21.0	15.8	243.2	138.8	104.4
计算机和信息服务	Computer and Information Services	671.5	449.6	221.9	4443.7	2975.2	1468.6
知识产权使用费	Charges For The Use of Intellectual Property	411.5	55.6	355.9	2723.3	368.0	2355.2
#研发成果使用费	Charges For The Use of The Results of Research and Development	167.1	5.3	161.8	1105.6	35.0	1070.6
视听及相关产品许可费	Charges For Licenses of Audio-visual and Related Product	31.6	1.3	30.3	209.4	8.8	200.6
个人、文化和娱乐服务	Personal, Cultural, and Recreational Services	46.1	12.1	33.9	304.9	80.3	224.5
维护和维修服务	Maintenance and Repair Services	97.2	71.8	25.4	642.9	475.1	167.8
加工服务	Processing Services	176.9	174.2	2.6	1170.5	1153.0	17.5
其他商业服务	Other Business Services	1171.8	699.0	472.8	7754.4	4625.6	3128.9
#技术相关服务	Technology Related Services	301.1	174.3	126.8	1992.7	1153.5	839.2
专业和管理咨询服务	Professional and Management Consulting Services	519.1	338.3	180.8	3435.2	2238.7	1196.5
研发成果转让费及委托研发	Charges For The Transfer of The Results of Research and Development and Commissioned Research and Development	163.6	93.0	70.6	1082.6	615.3	467.3
政府服务	Government Services	62.2	17.5	44.7	411.9	116.0	295.9

注：本表按照国际货币基金组织《国际收支和国际头寸手册》(第六版)标准统计。

a) Data in this table are compiled on *Balance of Payments and International Investment Position Manual* (6th edition) of IMF.

11-13 利用外资情况
Utilization of Foreign Capital

年 份 Year	项 目 (个) Number of Projects (unit)	#外商直接投资 Foreign Direct Investment	实际使用外资金额 (亿美元) Total Amount of Foreign Investment Actually Utilized (USD 100 million)	#外商直接投资 Foreign Direct Investment
1979-1982	947	920	130.60	17.69
1983	690	638	22.61	9.16
1984	2204	2166	28.66	14.19
1985	3145	3073	47.60	19.56
1986	1551	1498	76.28	22.44
1987	2289	2233	84.52	23.14
1988	6063	5945	102.26	31.94
1989	5909	5779	100.60	33.92
1990	7371	7273	102.89	34.87
1991	13086	12978	115.54	43.66
1992	48858	48764	192.03	110.08
1993	83595	83437	389.60	275.15
1994	47646	47549	432.13	337.67
1995	37184	37011	481.33	375.21
1996	24673	24556	548.05	417.26
1997	21138	21001	644.08	452.57
1998	19850	19799	585.57	454.63
1999	17022	16918	526.59	403.19
2000	22347	22347	593.56	407.15
2001	26140	26140	496.72	468.78
2002	34171	34171	550.11	527.43
2003	41081	41081	561.40	535.05
2004	43664	43664	640.72	606.30
2005	44001	44001	638.05	603.25
2006	41473	41473	698.76	658.21
2007	37871	37871	783.39	747.68
2008	27514	27514	952.53	923.95
2009	23435	23435	918.04	900.33
2010	27406	27406	1088.21	1057.35
2011	27712	27712	1176.98	1160.11
2012	24925	24925	1132.94	1117.16
2013	22773	22773	1187.21	1175.86
2014	23778	23778	1197.05	1195.62
2015	26575	26575	1262.67	1262.67
2016	27900	27900	1260.01	1260.01
2017	35652	35652	1310.35	1310.35
2018	60533	60533	1349.66	1349.66

注：1.2000年及以前，实际使用外资包含对外借款。
2.2015年起，实际使用外资金额只包含外商直接投资金额。
a) In 2000 and before, total amount of foreign investment actually utilized included foreign loans.
b) Since 2015, total amount of foreign investment actually utilized only includes that of foreign direct investment.

11-14 按国别(地区)分外商直接投资额
Foreign Direct Investment Actually Utilized by Countries or Regions

单位：万美元 (USD 10000)

国别(地区)	Country(Region)	2017	2018
总计	**Total**	**13103513**	**13496589**
亚洲	**Asia**	**10919387**	**10701310**
阿富汗	Afghanistan	73	233
巴林	Bahrain	30	
孟加拉国	Bangladesh	10	7
文莱	Brunei	2573	1872
缅甸	Myanmar	170	822
柬埔寨	Cambodia	1505	199
塞浦路斯	Cyprus	1192	975
中国香港	Hong Kong, China	9450901	8991724
印度	India	15772	4754
印度尼西亚	Indonesia	4076	3246
伊朗	Iran		10
伊拉克	Iraq	182	36
以色列	Israel	773	1131
日本	Japan	326100	379780
约旦	Jordan	19	394
科威特	Kuwait	1474	443
老挝	Laos	1082	51
黎巴嫩	Lebanon	19	167
中国澳门	Macao, China	63738	127987
马来西亚	Malaysia	10836	21162
蒙古	Mongolia	308	41
尼泊尔	Nepal	1	15
阿曼	Oman	599	
巴基斯坦	Pakistan	99	67
巴勒斯坦	Palestine	73	
菲律宾	Philippines	500	4986
卡塔尔	Qatar		5
沙特阿拉伯	Saudi Arabia	1493	8694
新加坡	Singapore	476318	521021
韩国	Republic of Korea	367253	466688
斯里兰卡	Sri Lanka	22	
叙利亚	Syria	934	898
泰国	Thailand	11023	4574
土耳其	Turkey	674	87
阿联酋	United Arab Emirates	1357	2568
也门共和国	Republic of Yemen	33	1536
越南	Vietnam	353	13883
中国台湾	Taiwan, China	177247	139136
哈萨克斯坦	Kazakhstan	561	1968
吉尔吉斯斯坦	Kirghizia	12	
塔吉克斯坦	Tadzhikistan	2	
土库曼斯坦	Turkmenistan		150
非洲	**Africa**	**65746**	**61042**
阿尔及利亚	Algeria	3	
安哥拉	Angola	120	
刚果(布)	Congo	2	1
埃及	Egypt	75	88
冈比亚	Gambia	390	
加纳	Ghana	950	4786
几内亚	Guinea	2	
几内亚比绍	Guinea-Bissau	103	

11-14 续表 1 continued

单位：万美元 (USD 10 000)

国别(地区)	Country (Region)	2017	2018
科特迪瓦	Ivory Coast	2	
肯尼亚	Kenya	309	
利比里亚	Liberia	50	
利比亚	Libyan	38	
马里	Mali	8	5
毛里求斯	Mauritius	34368	26058
莫桑比克	Mozambique	1473	
尼日利亚	Nigeria	625	1306
塞舌尔	Seychelles	20409	22547
南非	South Africa	6518	4185
坦桑尼亚	Tanzania	51	1013
突尼斯	TuNiSia	80	
乌干达	Uganda		653
赞比亚	Zambia		400
津巴布韦	Zimbabwe	150	
非洲其他国家(地区)	Other Countries (Regions) in Africa	20	
欧洲	**Europe**	**883619**	**1119350**
比利时	Belgium	14759	14788
丹麦	Denmark	81947	5887
英国	United Kingdom	100333	248164
德国	Germany	154163	367428
法国	France	79018	101107
爱尔兰	Ireland	14881	16485
意大利	Italy	19482	23260
卢森堡	Luxembourg	59587	75747
荷兰	Netherlands	217398	127268
希腊	Greece	85	126
葡萄牙	Portugal	1499	40
西班牙	Spain	14246	17064
奥地利	Austria	9488	14518
保加利亚	Bulgaria	9	66
芬兰	Finland	5385	8372
匈牙利	Hungary	148	131
冰岛	Iceland	734	
列支敦士登	Liechtenstein	24	67
马耳他	Malta	246	21
摩纳哥	Monaco	27	26
挪威	Norway	732	7381
波兰	Poland	289	247
罗马尼亚	Romania	711	272
瑞典	Sweden	50695	15760
瑞士	Switzerland	45961	60387
拉脱维亚	Latvia		4
立陶宛	Lithuania	2372	20
亚美尼亚	Armenia		3
阿塞拜疆	Azerbaijan		40
白俄罗斯	Byelorussia	824	1820
摩尔多瓦	Moldavia		3
俄罗斯	Russia	2384	5677
乌克兰	Ukraine	2707	80
斯洛文尼亚	Slovenia	37	421
克罗地亚	Croatia		615
捷克	Czech	797	421
斯洛伐克	Slovakia	44	2877
塞尔维亚	Serbia	7	12

11-14 续表 2 continued

单位：万美元 (USD 10 000)

国别（地区）	Country (Region)	2017	2018
欧洲其他国家(地区)	Other Countries (Regions) in Europe	2600	2745
拉丁美洲	**Latin America**	**636273**	**902646**
安提瓜和巴布达	Antigua and Barbuda	2272	
阿根廷	Argentina		65
巴哈马	Bahamas		500
巴巴多斯	Barbados	4103	14750
伯利兹	Belize	931	354
巴西	Brazil	4228	3119
开曼群岛	Cayman Islands	217690	406825
智利	Chile	516	1279
哥伦比亚	Colombia	5	7
危地马拉	Guatemala		39
墨西哥	Mexico	1204	1731
巴拿马	Panama	2137	2115
特克斯和凯科斯群岛	Turks & Caicos Is.		43
乌拉圭	Uruguay	4087	586
委内瑞拉	Venezuela	2	54
维尔京群岛	Virgin Islands	399076	471151
圣基茨和尼维斯	St.Kitts-Nevis	22	
拉美洲其他国家（地区）	Other Countries (Regions) in Latin America		28
北美洲	**North America**	**428552**	**514789**
加拿大	Canada	29269	28461
美国	United States	264905	268931
百慕大	Bermuda	134213	216727
北美洲其他国家（地区）	Other Countries (Regions) in North America	165	670
大洋洲及太平洋岛屿	**Oceanic and Pacific Islands**	**160950**	**190904**
澳大利亚	Australia	27618	28889
瑙鲁	Nauru		27
新西兰	New Zealand	2116	3326
萨摩亚	Samoan	122943	155421
马绍尔群岛	Marshall Islands	4863	2292
大洋洲其他国家（地区）	Other Countries (Regions) in Oceanic	3410	949
其他	**Others**	**8986**	**6548**

11-15 按方式分外商直接投资额
Amount of Foreign Investment by Form

金额单位：亿美元 (USD 100 million)

指　标	Item	2017		2018	
		项目（个）Number of Projects (unit)	实际使用金　额 Actually Utilized Value	项目（个）Number of Projects (unit)	实际使用金　额 Actually Utilized Value
总　计	**Total**	**35652**	**1310.35**	**60533**	**1349.66**
合资经营企业	Equity Joint Venture	8364	297.41	10170	344.93
合作经营企业	Contractual Joint Venture	124	8.05	107	7.72
外资企业	Wholly Foreign-owned Enterprise	27007	913.44	50106	893.97
外商投资股份制企业	FDI Shareholding Inc.	125	64.75	129	82.99
合作开发	Joint Exploration	2	11.80	1	11.93
合伙企业	Partnership	30	14.90	20	8.12
其他	Others				

11-16 按行业分外商直接投资（2018年）
Foreign Direct Investment by Sector (2018)

行　业	Sector	合同项目（个）Number of Projects (unit)	实际使用金额（万美元）Investment Actually Utilized (USD 10 000)
总　计	**Total**	**60533**	**13496589**
农、林、牧、渔业	Agriculture, Forestry, Animal Husbandry and Fishery	741	80131
采矿业	Mining	46	122841
制造业	Manufacturing	6152	4117421
电力、热力、燃气及水生产和供应业	Production and Supply of Electricity, Heat, Gas and Water	284	442390
建筑业	Construction	1449	148809
批发和零售业	Wholesale and Retail Trades	22853	976689
交通运输、仓储和邮政业	Transport, Storage and Post	754	472737
住宿和餐饮业	Hotels and Catering Services	854	90107
信息传输、软件和信息技术服务业	Information Transmission, Software and Information Technology	7222	1166127
金融业	Financial Intermediation	2469	870366
房地产业	Real Estate	1053	2246740
租赁和商务服务业	Leasing and Business Services	9099	1887459
科学研究和技术服务业	Scientific Research and Technical Services	5819	681298
水利、环境和公共设施管理业	Management of Water Conservancy, Environment and Public Facilities	151	47408
居民服务、修理和其他服务业	Service to Households, Repair and Other Services	485	56166
教育	Education	266	7420
卫生和社会工作	Health and Social Service	83	30178
文化、体育和娱乐业	Culture, Sports and Entertainment	749	52290
公共管理和社会组织	Public Management and Social Organizations	4	12

注：本表中的行业分类执行2017年版的国民经济行业分类标准。
a) Classification for national standard of industry classification in this table are implementing the version of 2017.

11-17 按行业分外商投资企业年底注册登记情况（2018年）
Registration Status of Foreign Funded Enterprises by Sector at Year-end (2018)

行业	Sector	企业数（户） Number of Enterprises (unit)	投资总额（亿美元） Total Investment (100 million USD)	注册资本（亿美元） Registered Capital (100 million USD)	#外方 Foreign Investor
总计	**Total**	**593276**	**77738**	**42739**	**32342**
农、林、牧、渔业	Agriculture, Forestry, Animal Husbandry and Fishery	6962	9549	1158	1035
采矿业	Mining	739	221	127	89
制造业	Manufacturing	141144	23084	12128	9395
电力、热力、燃气及水生产和供应业	Production and Supply of Electricity, Heat, Gas and Water	5202	2792	1192	672
建筑业	Construction	6987	1308	854	504
批发和零售业	Wholesale and Retail Trades	165725	4879	2911	2422
交通运输、仓储和邮政业	Transport, Storage and Post	13153	2061	1193	751
住宿和餐饮业	Hotels and Catering Services	34536	569	382	333
信息传输、软件和信息技术服务业	Information Transmission, Software and Information Technology	47425	2570	1503	1325
金融业	Financial Intermediation	19059	4203	3790	2216
房地产业	Real Estate	17983	8556	4899	3985
租赁和商务服务业	Leasing and Business Services	76032	10119	8202	6122
科学研究和技术服务业	Scientific Research and Technical Services	42714	5924	3340	2636
水利、环境和公共设施管理业	Management of Water Conservancy, Environment and Public Facilities	1496	590	308	229
居民服务、修理和其他服务业	Service to Households, Repair and Other Services	6029	380	186	156
教育	Education	765	83	33	29
卫生和社会工作	Health and Social Service	534	258	121	93
文化、体育和娱乐业	Culture, Sports and Entertainment	6334	531	378	324
其他	Others	457	60	35	27

注：本表数据来自国家市场监督管理总局，数据包含外商投资企业及其分支机构。（下表同）。

a) Data in this table are from the State Administration for Market Regulation, and include foreign funded enterprises and their branches. The same applies to the table following.

11-18 分地区外商投资企业年底注册登记情况
Registration Status of Foreign Funded Enterprises by Region at Year-end

地 区	Region	企业数（户） Number of Enterprises (unit)		投资总额（亿美元） Total Investment (100 million USD)		注册资本（亿美元） Registered Capital (100 million USD)		#外 方 Foreign Investor	
		2017	2018	2017	2018	2017	2018	2017	2018
全 国	**National Total**	**539345**	**593276**	**68992**	**77738**	**37107**	**42739**	**28266**	**32342**
北 京	Beijing	31442	32306	4864	5477	3124	3444	2174	2379
天 津	Tianjin	13938	15089	2548	2906	1763	2041	1276	1405
河 北	Hebei	7956	8255	958	1087	467	521	354	397
山 西	Shanxi	3437	3381	497	630	262	326	136	187
内蒙古	Inner Mongolia	3453	3511	460	449	207	195	133	128
辽 宁	Liaoning	16883	17028	3159	3775	1754	2169	1391	1763
吉 林	Jilin	4044	4018	389	490	142	233	88	179
黑龙江	Heilongjiang	4444	5028	337	427	200	259	148	177
上 海	Shanghai	84007	87300	7982	8849	5473	5961	4174	4506
江 苏	Jiangsu	58577	59308	9658	10560	5226	5640	4364	4639
浙 江	Zhejiang	37422	40191	3734	4458	2286	2842	1756	2103
安 徽	Anhui	6135	6611	866	1130	489	595	352	434
福 建	Fujian	28264	30150	2607	2787	1503	1638	1161	1262
江 西	Jiangxi	6059	6137	808	877	566	613	424	463
山 东	Shandong	29512	30733	3042	3452	1820	2053	1381	1564
河 南	Henan	7827	8257	1045	1054	555	594	409	447
湖 北	Hubei	10962	11761	1151	1423	611	767	461	584
湖 南	Hunan	7733	8765	1634	1832	684	800	533	628
广 东	Guangdong	135869	170968	17622	19235	6432	7964	4792	5939
广 西	Guangxi	4872	5333	562	627	299	322	240	255
海 南	Hainan	2442	2707	761	928	610	707	555	644
重 庆	Chongqing	5739	6299	946	1107	602	697	454	530
四 川	Sichuan	11462	12502	1128	1256	658	709	448	486
贵 州	Guizhou	1671	1891	313	453	167	243	135	202
云 南	Yunnan	4366	4343	374	544	214	291	160	230
西 藏	Tibet	252	266	30	26	21	17	15	15
陕 西	Shaanxi	5629	5856	800	1188	473	630	350	435
甘 肃	Gansu	2061	2342	202	236	160	169	152	156
青 海	Qinghai	470	519	77	79	30	30	15	14
宁 夏	Ningxia	738	762	304	185	229	129	180	108
新 疆	Xinjiang	1679	1659	133	212	81	136	57	80

11-19 按主要国别(地区)分对外直接投资
Overseas Direct Investment by Countries or Regions

单位：万美元 (USD 10 000)

国家（地区）	Country or Region	对外直接投资流量 Net Overseas Direct Investment		截至2018年对外直接投资存量 Overseas Direct Investment Stock at the End of 2018
		2017	2018	
合计	**Total**	**15828830**	**14303731**	**198226585**
亚洲	**Asia**	**11003986**	**10550488**	**127613437**
#中国香港	Hong Kong, China	9115278	8686917	110039108
印度	India	28998	20620	466280
印度尼西亚	Indonesia	168225	186482	1281128
日本	Japan	44405	46841	349052
中国澳门	Macao, China	-102447	81067	886578
新加坡	Singapore	631990	641126	5009383
韩国	Republic of Korea	66080	103366	671011
泰国	Thailand	105759	73729	594670
越南	Vietnam	76440	115083	560543
非洲	**Africa**	**410500**	**538911**	**4610353**
#阿尔及利亚	Algeria	-14053	17865	206286
苏丹	Sudan	25487	5712	132507
几内亚	Guinea	623	20317	74244
马达加斯加	Madagascar	7120	5560	80335
尼日利亚	Nigeria	13795	19470	245349
南非	South Africa	31736	64206	653168
欧洲	**Europe**	**1846319**	**658839**	**11279692**
#英国	United Kingdom	206630	102664	1988323
德国	Germany	271585	146799	1368861
法国	France	95215	-7502	659879
俄罗斯	Russia	154842	72524	1420822
拉丁美洲	**Latin America**	**1407659**	**1460847**	**40677193**
#巴西	Brazil	42627	42772	381245
开曼群岛	Cayman Islands	-660596	547312	25922371
墨西哥	Mexico	17133	37845	110688
英属维尔京群岛	Virgin Is. (E)	1930117	714978	13049678
北美洲	**North America**	**649827**	**872383**	**9634833**
#加拿大	Canada	32083	156350	1252272
美国	United States	642549	747717	7550729
大洋洲	**Oceania**	**510539**	**222263**	**4411078**
#澳大利亚	Australia	424196	198597	3837868
新西兰	New Zealand	59661	25746	259120

11-20 按行业分对外直接投资
Overseas Direct Investment by Sector

单位：万美元 (USD 10 000)

行业	Sector	对外直接投资流量 Net Overseas Direct Investment 2017	2018	截至2018年对外直接投资存量 Overseas Direct Investment Stock at the End of 2018
总　计	**Total**	**15828830**	**14303731**	**198226585**
农、林、牧、渔业	Agriculture, Forestry, Animal Husbandry and Fishery	250769	256258	1877318
采矿业	Mining	-370152	462794	17348081
制造业	Manufacturing	2950737	1910768	18230588
电力、热力、燃气及水生产和供应业	Production and Supply of Electricity, Heat, Gas and Water	234401	470246	3369471
建筑业	Construction	652772	361848	4163229
批发和零售业	Wholesale and Retail Trades	2631102	1223791	23269268
交通运输、仓储和邮政业	Transport, Storage and Post	546792	516057	6650033
住宿和餐饮业	Hotels and Catering Services	-18509	135396	440434
信息传输、软件和信息技术服务业	Information Transmission, Software and Information Technology	443024	563187	19357456
金融业	Financial Intermediation	1878544	2171720	21789544
房地产业	Real Estate	679506	306600	5734096
租赁和商务服务业	Leasing and Business Services	5427321	5077813	67546458
科学研究和技术服务业	Scientific Research and Technical Services	239065	380199	4424564
水利、环境和公共设施管理业	Management of Water Conservancy, Environment and Public Facilities	21892	17863	313108
居民服务、修理和其他服务业	Service to Households, Repair and Other Services	186526	222822	1671529
教育	Education	13372	57302	476111
卫生和社会工作	Health and Social Service	35267	52480	299697
文化、体育和娱乐业	Culture, Sports and Entertainment	26401	116586	1265599
公共管理、社会保障和社会组织	Public Management, Social Security and Social Organization			

11-21 对外经济合作

Economic Cooperation with Foreign Countries or Regions

年份 Year	对外承包工程 Contracted Projects					对外劳务合作 Labour Services	
	合同数(份) Number of Contracts (unit)	合同金额(亿美元) Contracted Value (100 million USD)	完成营业额(亿美元) Value of Turnover Fulfilled (100 million USD)	派出人数(万人) Dispatched Labor (10 000 persons)	年末在外人数(万人) Persons Abroad by the End of Year (10 000 persons)	派出劳务人数(万人) Dispatched Labor (10 000 persons)	年末在外人数(万人) Persons Abroad by the End of Year (10 000 persons)
1979	27	0.33					
1980	138	1.40	1.23				
1981	250	2.76					
1982	195	3.46	1.89				
1983	280	7.99	3.16				
1984	344	15.38	4.94		2.19		2.76
1985	465	11.16	6.63		3.06		2.49
1986	486	11.89	8.19		2.74		1.90
1987	616	16.48	11.14		3.13		3.19
1988	642	18.13	12.53		3.00		3.98
1989	776	17.81	14.84		2.40		4.31
1990	920	21.25	16.44		2.18		3.61
1991	1171	25.24	19.70		2.15		6.83
1992	1164	52.51	24.03		2.54		10.56
1993	1393	51.89	36.68		3.42		13.09
1994	1702	60.27	48.83		3.83		18.43
1995	1558	74.84	51.08		3.84		22.59
1996	1634	77.28	58.21		3.88		24.66
1997	2085	85.16	60.36		4.78		28.55
1998	2322	92.43	77.69		6.11		29.08
1999	2527	101.99	85.22		5.53		32.65
2000	2597	117.19	83.79		5.56		36.93
2001	5836	130.39	88.99		6.00		41.47
2002	4036	150.55	111.94		7.85		41.04
2003	3708	176.67	138.37		9.40		42.97
2004	6694	238.44	174.68	7.38	11.47	17.30	41.94
2005	9502	296.14	217.63	8.95	14.48	18.34	41.87
2006	12996	660.05	299.93	13.48	19.86	21.48	47.52
2007	6282	776.21	406.43	15.48	23.60	21.49	50.51
2008	5411	1045.62	566.12	20.01	27.16	22.49	46.71
2009	7280	1262.10	777.06	21.42	32.69	18.01	45.03
2010	9544	1343.67	921.70	22.46	37.65	18.68	47.01
2011	6381	1423.32	1034.24	24.32	32.40	20.91	48.84
2012	6710	1565.29	1165.97	23.34	34.46	27.84	50.56
2013	11578	1716.29	1371.43	27.09	37.01	25.57	48.26
2014	7740	1917.56	1424.11	26.92	40.89	29.26	59.69
2015	8662	2100.74	1540.74	25.31	40.86	27.68	61.83
2016	19157	2440.10	1594.17	23.02	37.29	26.40	59.60
2017	22774	2652.76	1685.87	22.21	37.68	30.02	60.23
2018	10985	2418.04	1690.44	22.70	39.07	26.50	60.61

11-22 按国别(地区)分对外经济合作(2018年)
Economic Cooperation with Foreign Countries or Regions (2018)

国别(地区)	Country (Region)	对外承包工程 Contracted Projects			对外劳务合作 Labour Services	
		完成营业额(万美元) Value of Turnover Fulfilled (10 000 USD)	派出人数(人) Dispatched Labor (person)	年末在外人数(人) Persons Abroad by the End of Year (person)	派出人数(人) Dispatched Labor (person)	年末在外人数(人) Persons Abroad by the End of Year (person)
合　计	**Total**	**16904403**	**227006**	**390719**	**265000**	**606102**
亚洲	**Asia**	**9069440**	**148040**	**214261**	**208773**	**483956**
阿富汗	Afghanistan	4764	33	231		
巴林	Bahrain	724	63	63		
孟加拉国	Bangladesh	432206	6739	12523	80	270
文莱	Brunei	137187	8449	9573	3839	3385
缅甸	Myanmar	116942	2093	2427	144	550
柬埔寨	Cambodia	180102	3706	4719	225	1874
塞浦路斯	Cyprus				379	359
中国香港	Hong Kong, China	592760	279	724	35036	53449
印度	India	231541	1040	1483	89	249
印度尼西亚	Indonesia	609652	15896	20928	1098	1935
伊朗	Iran	231551	2132	3268	18	246
伊拉克	Iraq	255713	6110	11514	210	268
以色列	Israel	110789	1354	1635	4692	5233
日本	Japan	33305		484	39493	141010
约旦	Jordan	65199	465	470	99	204
科威特	Kuwait	273392	11163	11413	703	1465
老挝	Laos	526468	15128	21230	592	2659
黎巴嫩	Lebanon	79	5	5		
中国澳门	Macao, China	250919	116	1279	72969	130919
马来西亚	Malaysia	796480	12837	17912	1700	6399
马尔代夫	Maldives	63923	3569	3920	1170	1246
蒙古	Mongolia	75721	2695	1556	1489	2157
尼泊尔	Nepal	45701	855	1409	56	297
阿曼	Oman	87897	1782	2294		30
巴基斯坦	Pakistan	1127117	15540	22819	449	856
巴勒斯坦	Palestine	318	27	30		
菲律宾	Philippines	197248	1551	3761	123	290
卡塔尔	Qatar	72739	482	1763	94	1168
沙特阿拉伯	Saudi Arabia	521763	11953	18516	1630	8441
新加坡	Singapore	258199	689	2711	30628	94368
韩国	Korea	40707	67	89	2196	10497
斯里兰卡	Sri Lanka	237954	2379	4267	92	695
叙利亚	Syria	766				
泰国	Thailand	335596	1829	3069	507	615
土耳其	Turkey	66728	766	2465	43	491
阿联酋	United Arab Emirates	361485	2696	5535	1185	4006
也门共和国	Yemen Rep.	1134		21		
越南	Vietnam	280167	3557	7486	517	2246
中国台湾	Taiwan, China	2997	49	58	6384	4661
东帝汶	East Timor	35290	488	900	5	7
哈萨克斯坦	Kazakhstan	221357	4468	3867	422	967
吉尔吉斯斯坦	Kirghizia	21049	479	2008	48	155
塔吉克斯坦	Tadzhikistan	30848	2127	1035	28	109
土库曼斯坦	Turkmenistan	27398	245	383	50	46
乌兹别克斯坦	Uzbekistan	105564	2139	2418	291	134

11-22 续表 1 continued

国别(地区)	Country (Region)	对外承包工程 Contracted Projects			对外劳务合作 Labour Services	
		完成营业额 (万美元) Value of Turnover Fulfilled (10 000 USD)	派出人数 (人) Dispatched Labor (person)	年末在外人数 (人) Persons Abroad by the End of Year (person)	派出人数 (人) Dispatched Labor (person)	年末在外人数 (人) Persons Abroad by the End of Year (person)
非洲	**Africa**	**4883888**	**57436**	**137353**	**23266**	**63705**
阿尔及利亚	Algeria	752146	14159	39106	8409	21114
安哥拉	Angola	454319	4188	14897	5189	12325
贝宁	Benin	14370	301	357	63	201
博茨瓦纳	Botswana	25956	75	462	1	30
布隆迪	Burundi	4078	351	675	6	251
喀麦隆	Cameroon	125210	2102	2718	61	65
佛得角	Cape Verde	2744	79	393		4
中非	Central African	2253	42	185		
乍得	Chad	49833	358	1575		142
科摩罗	Comoros	2924	91	129		
刚果(布)	Congo	47705	567	3089	165	1033
吉布提	Djibouti	30147	141	781	225	374
埃及	Egypt	204560	885	1171	28	26
赤道几内亚	Eq.Guinea	54294	1103	3065	172	960
埃塞俄比亚	Ethiopia	400179	3422	8310	250	802
加蓬	Gabon	16104	56	608	68	302
冈比亚	Gambia	3717	33	297	433	439
加纳	Ghana	113176	886	1632	93	1450
几内亚	Guinea	81987	979	3606	45	581
几内亚比绍	Guinea-Bissau	287	15	350	1	1
科特迪瓦	Cote d'Ivoire	85048	1277	2009	51	107
肯尼亚	Kenya	435274	4571	8503	260	628
利比里亚	Liberia	19693	192	805	2116	3603
利比亚	Libya	107		87	9	3
马达加斯加	Madagascar	16740	155	161	26	452
马拉维	Malawi	8902	127	266	27	33
马里	Mali	40072	396	597		
毛里塔尼亚	Mauritania	18324	421	856	92	843
毛里求斯	Mauritius	12418	321	688		605
摩洛哥	Morocco	68304	361	274	30	155
莫桑比克	Mozambique	80422	551	2329	189	824
纳米比亚	Namibia	45899	492	1066	23	87
尼日尔	Niger	17158	130	713	7	123
尼日利亚	Nigeria	404785	3279	7180	1223	3908
卢旺达	Rwanda	28805	129	748	115	1099
圣多美和普林西比	Sao Tome & Principe	552	5			
塞内加尔	Senegal	114290	1037	2425	629	859
塞舌尔	Seychelles	1591	100	156		25
塞拉利昂	Sierra Leone	13611	218	653	131	614
索马里	Somalia	1987		1		
南非	S. Africa	138142	560	551	116	110
苏丹	Sudan	50046	614	3154	1388	1975
坦桑尼亚	Tanzania	107600	1577	3199	56	749
多哥	Togo	22518	190	376	81	301
突尼斯	Tunisia	11151	196	243		17
乌干达	Uganda	214767	3617	3913	240	1580
布基纳法索	Burkina Faso	4045	25	21		
刚果(金)	Congo DR	182015	3257	6230	465	1438
赞比亚	Zambia	270345	3138	5544	674	2698
津巴布韦	Zimbabwe	32033	236	589	58	99

11-22 续表 2 continued

国别(地区)	Country (Region)	对外承包工程 Contracted Projects			对外劳务合作 Labour Services	
		完成营业额(万美元) Value of Turnover Fulfilled (10 000 USD)	派出人数(人) Dispatched Labor (person)	年末在外人数(人) Persons Abroad by the End of Year (person)	派出人数(人) Dispatched Labor (person)	年末在外人数(人) Persons Abroad by the End of Year (person)
莱索托	Lesotho	1168	85	126	38	481
厄立特里亚	Eritrea	4023	14	109		125
南苏丹	Republic of South Sudan	46064	332	375	13	64
欧洲	**Europe**	**1001574**	**7428**	**13605**	**7893**	**14394**
比利时	Belgium	725			4	31
丹麦	Denmark	1283	1		120	142
英国	United Kingdom	57018	82	127	1256	822
德国	Germany	81436	42	73	1788	5633
法国	France	125834	54	79		2
意大利	Italy	27342	4	70	559	816
卢森堡	Luxembourg				1	1
荷兰	Netherlands	13420	2	8	312	389
希腊	Greece	19572	2	24	693	703
葡萄牙	Portugal	25610	2	1	20	11
西班牙	Spain	44436	25	39	1	8
阿尔巴尼亚	Albania	266	9	17	246	246
奥地利	Austria	10179	49	114		
保加利亚	Bulgaria	4984				
芬兰	Finland	218		3	3	3
直布罗陀	Gibraltar				28	105
匈牙利	Hungary	3881	2	1		
冰岛	Iceland			1	4	12
马耳他	Malta			11	526	499
摩纳哥	Monaco				17	13
挪威	Norway	3756	1	1	372	244
波兰	Poland	6267	167	119	4	41
罗马尼亚	Romania	8218		54		
瑞典	Sweden	9667		4	1	5
瑞士	Switzerland	1881	48	47	383	389
爱沙尼亚	Estonia	9				
拉脱维亚	Latvia	64	3	3	12	12
立陶宛	Lithuania			3	12	12
格鲁吉亚	Georgia	27792	869	1210		
亚美尼亚	Armenia	5903	201	252		
阿塞拜疆	Azerbaijan	4253		80		
白俄罗斯	Belorussia	99603	646	1717	8	11
摩尔多瓦	Moldavia	67				
俄罗斯	Russia	234979	2139	4123	1503	4123
乌克兰	Ukraine	57612	685	695		2
斯洛文尼亚	Slovenia	640				
克罗地亚	Croatia	12	20	20		
捷克	Czech Rep.	5739	3			
斯洛伐克	Slovak	166	6			
马其顿共和国	Macedonia	10758	260	732	12	11
波黑	Bosnia & Herzegovina	5560	3	41	8	8
塞尔维亚	Serbia	34508	480	758		
黑山	Montenegro	67914	1623	3178		100
拉丁美洲	**Latin America**	**1196689**	**10748**	**19528**	**18098**	**30140**
安提瓜和巴布达	Antigua & Barbuda	2630	82	80	8	12
阿根廷	Argentina	159097	2604	1287	43	163

11-22 续表 3 continued

国别(地区)	Country (Region)	对外承包工程 Contracted Projects			对外劳务合作 Labour Services	
		完成营业额 (万美元) Value of Turnover Fulfilled (10 000 USD)	派出人数 (人) Dispatched Labor (person)	年末在外人数 (人) Persons Abroad by the End of Year (person)	派出人数 (人) Dispatched Labor (person)	年末在外人数 (人) Persons Abroad by the End of Year (person)
巴哈马	Bahamas	15361		118	3731	5118
巴巴多斯	Barbados	5193	152	177	15	15
伯利兹	Belize	103			634	1417
玻利维亚	Bolivia	68905	1137	1469	76	114
巴西	Brazil	260900	135	492	1	157
开曼群岛	Cayman Is.				38	64
智利	Chile	21289	4	23	235	338
哥伦比亚	Colombia	26645	34	319		2
多米尼克	Dominica	4655	355	318	4	20
哥斯达黎加	Costa Rica	14944	259	197	6	6
古巴	Cuba	40401	284	413		
库腊索岛	Curacao	250	4	4		
多米尼加共和国	Republic of Dominica	730		13	5	14
厄瓜多尔	Ecuador	123717	353	2390	316	858
法属圭亚那	French Guyana		2			
格林纳达	Grenade	1474	121	132		
危地马拉	Guatemala	3419		51		
圭亚那	Guyana	9672	43	42	8	26
洪都拉斯	Honduras	11547	54	61	36	64
牙买加	Jamaica	24969	279	446	115	445
墨西哥	Mexico	55387	53	300		25
尼加拉瓜	Nicaragua	90				6
巴拿马	Panama	31781	477	807	12396	19916
巴拉圭	Paraguay	92				
秘鲁	Peru	108553	4034	8732		410
圣文森特和格林纳丁斯	Saint Vincent & Grenadines				218	557
萨尔瓦多	EI Salvador	27				
苏里南	Suriname	9758	103	193	17	25
特立尼达和多巴哥	Trinidad & Tobago	11486	24	118	66	94
乌拉圭	Uruguay	1950		3		
委内瑞拉	Venezuela	181665	155	1343	47	136
英属维尔京群岛	Virgin Islands, British				83	137
圣基茨和尼维斯	St. Kitts-Nevis					1
北美洲	**North America**	**245715**	**1063**	**2771**	**2239**	**3633**
加拿大	Canada	13262	23	100	173	902
美国	United States	232447	1040	2671	2056	2716
格陵兰	Greenland	6				
百慕大群岛	Bermuda				10	15
大洋洲及太平洋岛屿	**Oceanic and Pacific Is.**	**506632**	**2291**	**3201**	**4338**	**9548**
澳大利亚	Australia	400216	157	144	1386	2644
库克群岛	Cook Islands	1052		11	7	36
斐济	Fiji	22167	753	852	13	92
新喀里多尼亚	New Caledonia (Fr)	1200				
瓦努阿图	Vanuatu	8880	484	507	5	364
新西兰	New Zealand	19905		36	543	716
巴布亚新几内亚	Papua New Guinea	49128	754	1087	468	971
所罗门群岛	Solomon Is.	1927		3		
汤加	Tonga	170	2	323		
萨摩亚	Samoa	1143		152	4	
基里巴斯	Kiribati	108	117	76	125	617
图瓦卢	Tuvalu	236			125	210
密克罗尼西亚	Micronesia	501	24	10	17	202
马绍尔群岛	Marshall Islands				1590	3592
帕劳共和国	Republic of Palau				55	104
其他	**Others**	**466**			**393**	**726**

主要统计指标解释

货物进出口总额 指实际进出我国关境的货物总金额。包括对外贸易实际进出口货物，来料加工装配进出口货物，国家间、联合国及国际组织无偿援助物资和赠送品，华侨、港澳台同胞和外籍华人捐赠品，租赁期满归承租人所有的租赁货物，进料加工进出口货物，边境地方贸易及边境地区小额贸易进出口货物，中外合资企业、中外合作经营企业、外商独资经营企业进出口货物和公用物品，到、离岸价格在规定限额以上的进出口货样和广告品(无商业价值、无使用价值和免费提供出口的除外)，从保税仓库提取在中国境内销售的进口货物，以及其他进出口货物。该指标可以观察一个国家在货物贸易方面的总规模。我国规定出口货物按离岸价格统计，进口货物按到岸价格统计。

商品收发货人所在地进、出口额 指在所在地海关注册登记的有进出口经营权的企业实际进、出口额。

商品目的地进口额和商品货源地出口额 目的地进口额指进口货物的消费、使用或最终抵运地的实际进口额；货源地出口额指出口货物的产地或原始发货地的实际出口额。

服务进出口 指常住单位与非常住单位之间相互提供的服务。包括运输，旅行，建筑，保险服务，金融服务，电信、计算机和信息服务，知识产权使用费，个人、文化和娱乐服务，维护和维修服务，加工服务，其他商业服务，政府服务。

外商直接投资 是指外国投资者在我国境内通过设立外商投资企业、合伙企业、与中方投资者共同进行石油资源的合作勘探开发以及设立外国公司分支机构等方式进行投资。外国投资者可以用现金、实物、无形资产、股权等投资，还可以用从外商投资企业获得的利润进行再投资。

对外直接投资 是境内投资者以控制国（境）外企业的经营管理权为核心的经济活动，体现在一经济体通过投资于另一经济体而实现其持久利益的目标。

对外承包工程 根据《对外承包工程管理条例》，对外承包工程是指中国的企业或者其他单位承包境外建设工程项目的活动。

对外劳务合作 指组织劳务人员赴其他国家或地区为国外的企业或机构工作的经营性活动。

Explanatory Notes on Main Statistical Indicators

Total Import and Export of Goods refer to the real value of commodities imported and exported across the border of China. They include the actual imports and exports through foreign trade, imported and exported goods under the processing and assembling trades and materials, supplies and gifts as aid given gratis between governments and by the United Nations and other international organizations, and contributions donated by overseas Chinese, compatriots in Hong Kong and Macao and Chinese with foreign citizenship, leasing commodities owned by tenant at the expiration of leasing period, the imported and exported commodities processed with imported materials, commodities trading in border areas, the imported and exported commodities and articles for public use of the Sino-foreign joint ventures, cooperative enterprises and ventures with sole foreign investment. Also included is import or export of samples and advertising goods for which CIF or FOB value are beyond the permitted ceiling (excluding goods of no trading or use value and free commodities for export), imported goods sold in China from bonded warehouses and other imported or exported goods. The indicator of the total imports and exports at customs can be used to observe the total size of external trade in a country. In accordance with the stipulation of the Chinese government, imports are calculated at CIF, while exports are calculated at FOB.

Import or Export Value by Location of China's Foreign Trade Managing Units refers to actual value of imports and exports carried out by corporations which have been registered by the local Customs house and are vested with right to run import export business.

Import Value of Commodities by Place of Destination and Export Value of Commodities by Place of Origin in China The former indicator refers to the value of import commodities of the places of their consumption, utilization or the places of their final destination. The latter indicator refers to the value of export commodities of the places of their origin or the places of the commodities dispatched.

Import and Export of Services refers to services provided between resident and non-resident units, including transportation, travel, construction, insurance, finance, telecommunications, computer and informations, professional and management consultancy, intellectual property fee, individual, culture and recreation, maintenance and repair, and other services, but excluding government services.

Foreign Direct Investment refers to foreign investment in China through the establishment of foreign invested enterprises, cooperative exploration and development of petroleum resources with domestic investors and the establishment of branch organizations of foreign enterprises. Foreign investment can be made in forms of cash, physical investment, intangible assets and equity, in addition with reinvestment of the foreign enterprises with the profits gained from the investment.

Overseas Direct Investment refers to the economic activities centring on operation and management of those enterprises are under the control of domestic investors. The content of overseas direct investment mainly reflects one economic entity by investing in another economic entity to achieve its goal of lasting interest.

Overseas Contracted Projects refer to activities of contracting overseas construction projects by Chinese enterprises or any other units, which are stipulated in the *Regulations on Administration of Foreign Contracted Project.*

Overseas Labour Services refer to operational activities of organizing labour force to go abroad providing services to foreign enterprises or agencies.

12

农　业

Agriculture

简 要 说 明

一、本篇资料的主要内容及统计范围

本篇资料反映我国农业生产和农村经济的基本情况，内容主要包括农业机械拥有量、农林牧渔业产值、主要农产品产量、水利设施与除涝治碱、国营农场基本情况等方面的统计资料。

农业统计范围包括全社会除军马生产及农业科研机构进行的农业生产以外的所有农业生产活动。即农村各种经济组织和农户经营的农林牧渔业生产活动；各种专业性农、林、牧、渔场的农业生产活动；国家各级机关、团体、学校、部队进行的农业生产活动；集体所有制的乡、镇、村办农场的农业生产活动；以及工矿企业经营的农、林、牧、渔业生产活动。

1.农业：指对各种农作物的种植活动。包括谷物、豆类、薯类、棉花、油料、糖料、麻类、烟叶、蔬菜、园艺作物、水果、坚果、饮料和香料作物、中草药及其他作物的种植。

2.林业：包括林木的栽培(不包括茶园、桑园和果园的栽培、管理和收获等活动)，木材和竹材的采运，林产品的采集。

3.畜牧业：包括牲畜饲养和放牧，家禽饲养以及野生动物的捕猎和饲养。

4.渔业：包括水生动物和海藻类植物的养殖和捕捞。

5.农、林、牧、渔专业及辅助性活动：指对农、林、牧、渔业生产活动进行的各种支持性服务。但不包括各种科学技术和专业性技术服务活动。

农村社会经济统计范围包括除县城关镇以外所有乡镇的社会经济活动。

二、本篇的资料来源及统计调查方法

1.农业生产基本情况由国家统计局农村社会经济调查司根据《农林牧渔业统计报表制度》、《农业产值和价格综合统计报表制度》的有关资料整理提供。

《农林牧渔业统计报表制度》包括两部分内容：

一是种植业的粮食、棉花等主要农作物；畜牧业的猪、牛、羊和家禽等实行抽样调查。

二是农业生产条件、其他农作物、园林作物、其他畜禽等实行全面统计。

2.林业和渔业生产情况资料，分别来自国家林业和草原局和农业农村部汇总的统计报表，调查方法由部门自行确定。

3.国有农场基本情况资料，主要取材于农业农村部农垦局汇总的统计报表。其调查范围是全国31个省、自治区、直辖市。统计方法为逐级上报、全面汇总。

4.灌溉、水库和除涝、治水、治碱情况及各地区水利设施和除涝、治碱面积资料，主要来源于水利部汇总的统计报表。其统计范围包括各省、自治区、直辖市。资料收集以县为基本统计单位，采取逐级汇总上报的方式。有些特殊指标如灌区数、大型水库、跨县的中小型水库，由地区直接统计，上报省水利厅。

三、数据使用注意事项

根据第三次全国农业普查结果，按照国际惯例，对2007年以后农业、畜牧业、渔业及农林牧渔业总产值等数据进行了修订。具体修订情况见相关表的标注。

Brief Introduction

I. Main Contents and Statistical Scopes

The data in this chapter show the basic conditions of agricultural production and rural economy, including mainly cultivated land, quantity of agricultural machinery, output of agriculture, forestry, animal husbandry and fishery, output of major products, facilities of water conservancy and efforts to eliminate water-logging and combat alkalinity, productive fixed assets owned by rural households, basic conditions of State-owned farms.

Statistics on agriculture cover all agricultural production activities except horse raising for military purpose and agricultural production activities undertaken by agriculture research institutions. In other words, included in agriculture statistics are production activities in agriculture, forestry, animal husbandry and fishery undertaken by rural economic units of various types and by rural households; production activities of farms specializing in agriculture, forestry, animal husbandry and fishery; production activities in agriculture undertaken by government agencies, institutions, schools and military units; production activities in agriculture undertaken by collective farms run by townships and villages; and production activities in agriculture, forestry, animal husbandry and fishery undertaken by manufacturing and mining enterprises.

(1) Agriculture: refers to cultivation of farm crops, including cereals, beans, tuber crops, cotton, oil-bearing crops, sugar crops, hemp, tobacco leaves, vegetables, gardening plants, fruits, nuts, crops for beverages and spices, medicinal herbs and other farm crops.

(2) Forestry: includes the planting of trees (excluding the operations of planting, management and harvesting on tea plantations, mulberry fields and orchards), cutting and transport of timber and bamboo and collection of forest products.

(3) Animal husbandry: includes the raising and grazing of domestic animals and poultry, and the hunting and raising of wild animals.

(4) Fishery: includes cultivation and catching of aquatic animals and seaweed.

(5) Professional and support activities for agriculture, forestry, animal husbandry and fishery: include supporting services to production activities in agriculture, forestry, animal husbandry and fishery but do not include activities of science and technology and professional services.

Rural social and economic statistics cover social and economic activities in all townships except county towns.

II. Data Sources and Survey Methods

(1) Data on agricultural production are provided by the Department of Rural Social and Economic Survey of the NBS using data from the *Statistical Reporting System on Agriculture, Forestry, Animal Husbandry and Fishery*; the *Statistical Reporting System on Agricultural Output and Price.*

Statistical Reporting System on Agriculture, Forestry, Animal Husbandry and Fishery is composed of two parts:

Firstly, it is the sample survey conducted on major farm crops such as grain and cotton, on animal husbandry such as hog, cattle, sheep and poultry.

Secondly, it is the comprehensive reporting system, statistical reporting forms are used on agricultural production conditions, other farm crops, garden crops, and other poultry.

(2) Data on the basic conditions of forestry and fishery production come from statistical reports tabulated by National Forestry and Grassland Administration and Ministry of Agriculture and Rural Affairs, survey methods are decided by them respectively.

(3) Data on the basic conditions of the State-owned farms come from the statistical reports tabulated by the Bureau of Reclamation of Ministry of Agriculture and Rural Affairs. The statistical scope covers 31 provinces, autonomous regions and municipalities directly under the Central Government. Data are collected from the grassroots units in accordance with the statistical reporting scheme whereby reporting is done level by level for aggregation.

(4) Data on irrigation and reservoirs, data on efforts to eliminate water-logging, to prevent floods by water control and to combat alkalinity as well as data on the facilities of water conservancy and the area of water-logging eliminated and the improved area of saline-alkaline land come mainly from statistical reports of the Ministry of Water Resources. The statistical scope includes provinces, autonomous regions and municipalities directly under the Central Government. Data are collected from individual counties in accordance with the statistical reporting system and are tabulated and reported level by level. Data on some special indicators, such as the number of irrigated areas, large reservoirs and the medium-sized and small reservoirs that cut across counties are collected directly by the prefectures and reported to the provincial departments of water resources.

Ⅲ. Data Usage Notes

According to the results of the Third National Agricultural Census and international practices, data of agriculture, animal husbandry, fishery, and gross output value of agriculture, forestry, animal husbandry and fishery after 2007 were revised. Please refer to the footnotes of relevant tables for detail.

12-1 农业生产条件与农作物播种面积
Agricultural Production Basic Conditions and Sown Area of Farm Crops

指　　标	Item	2000	2010	2015	2017	2018
农业机械总动力 (万千瓦)	Total Agricultural Machinery Power (10 000 kw)	52573.6	92780.5	111728.1	98783.3	100371.7
大中型拖拉机 (万台)	Number of Large and Medium-sized Agricultural Tractors (10 000 units)	97.5	392.2	607.3	670.1	422.0
小型拖拉机 (万台)	Number of Small Tractors (10 000 units)	1264.4	1785.8	1703.0	1634.2	1818.3
大中型拖拉机配套农具 (万部)	Number of Large and Medium-sized Tractor Towing Farm Machinery (10 000 units)	140.0	612.9	962.0	1070.0	422.6
小型拖拉机配套农具 (万部)	Small Tractor Towing Farm Machinery (10 000 units)	1788.8	2992.5	3041.5	2931.4	
农用排灌柴油机 (万台)	Number of Diesel Engines (10 000 units)	688.1	946.3	939.9	930.2	
耕地灌溉面积 (千公顷)	Irrigated Area of Cultivated Land (1 000 hectares)	53820	60348	65873	67816	68272
农用化肥施用量 (万吨)	Consumption of Chemical Fertilizers (10 000 tons)	4146.4	5561.7	6022.6	5859.4	5653.4
农村用电量 (亿千瓦时)	Electricity Consumed in Rural Areas (100 million kwh)	2421.3	6632.3	9026.9	9524.4	9358.5
农作物总播种面积 (千公顷)	Total Sown Area (1 000 hectares)	156300	157350	166829	166332	165902
粮食	Grain Crops	108463	111695	118963	117989	117038
谷物	Cereal	85264	92621	103225	100765	99671
#稻谷	Rice	29962	30097	30784	30747	30189
小麦	Wheat	26653	24459	24596	24508	24266
玉米	Corn	23056	34977	44968	42399	42130
豆类	Beans	12660	11053	8433	10051	10186
薯类	Tubers	10538	8021	7305	7173	7180
油料	Oil-bearing Crops	15400	13695	13314	13223	12872
棉花	Cotton	4041	4366	3775	3195	3354
麻类	Fiber Crops	262	91	54	58	57
糖料	Sugar Crops	1514	1809	1573	1546	1623
烟叶	Tobacco	1437	1309	1254	1131	1058
蔬菜	Vegetables	15237	16201	19613	19981	20439
茶园面积 (千公顷)	Area of Tea Plantations (1 000 hectares)	1089	1932	2641	2849	2986
果园面积 (千公顷)	Area of Orchards (1 000 hectares)	8932	10681	11212	11136	11875

注：1.从2016年开始，农业机械总动力中不包括三轮汽车和低速载货汽车动力。
2.2018年，农业农村部修订制度，把大中型拖拉机和小型拖拉机的分类标准由发动机功率14.7千瓦改为22.1千瓦；大中型拖拉机配套农具口径改为"与58.8千瓦及以上拖拉机配套"。同时，取消小型拖拉机配套农具和农用排灌柴油机指标(以下相关表同)。

a) Since 2016, total agricultural machinery power does not include power of three-wheeled vehicles and low-speed trucks.

b) In 2018, the Ministry of Agriculture revised the system, the classification standard of large and medium-sized tractors and small tractors is changed from engine power 14.7 kW to 22.1 kW; the coverage of large and medium-sized tractor towing farm machinery is changed to "matching with 58.8 kW and above tractors". At the same time, the Small Tractor Towing Farm Machinery was cancelled. The same applies to the tables following.

12-2 主要农牧渔业生产情况

Output of Agriculture, Animal Husbandry and Fishery

指 标	Item	2013	2014	2015	2016	2017	2018
农产品产量 (万吨)	Output of Farm Products (10 000 tons)						
粮食	Grain	63048.2	63964.8	66060.3	66043.5	66160.7	65789.2
谷物	Cereal	58650.4	59601.5	61818.4	61666.5	61520.5	61003.6
#稻谷	Rice	20628.6	20960.9	21214.2	21109.4	21267.6	21212.9
小麦	Wheat	12371.0	12832.1	13263.9	13327.0	13433.4	13144.0
玉米	Corn	24845.3	24976.4	26499.2	26361.3	25907.1	25717.4
豆类	Beans	1542.4	1564.5	1512.5	1650.7	1841.6	1920.3
薯类	Tubers	2855.4	2798.8	2729.3	2726.3	2798.6	2865.4
油料	Oil-bearing Crops	3287.4	3371.9	3390.5	3400.0	3475.2	3433.4
#花生	Peanuts	1608.2	1590.1	1596.1	1636.1	1709.2	1733.2
油菜籽	Rapeseeds	1352.3	1391.4	1385.9	1312.8	1327.4	1328.1
芝麻	Sesame	43.8	43.7	45.0	35.2	36.6	43.1
棉花	Cotton	628.2	629.9	590.7	534.3	565.3	610.3
麻类	Fiber Crops	17.6	16.5	15.6	18.1	21.8	20.3
#黄红麻	Jute and Ambary Hemp	5.7	5.1	4.8	3.4	2.9	2.9
甘蔗	Sugarcane	11926.4	11578.8	10706.4	10321.5	10440.4	10809.7
甜菜	Beetroots	628.7	509.9	508.8	854.5	938.4	1127.7
烟叶	Tobacco	322.0	284.7	267.7	257.4	239.1	224.1
#烤烟	Flue-Cured Tobacco	304.0	269.7	249.5	244.5	227.9	211.0
蚕茧	Silkworm Cocoons	81.8	81.5	81.2	80.3	81.7	83.1
#桑蚕茧	Mulberry Silkworm Cocoons	74.7	74.4	74.1	73.8	75.1	76.4
茶叶	Tea	188.7	204.9	227.7	231.3	246.0	261.0
水果	Fruits	22748.1	23302.6	24524.6	24405.2	25241.9	25688.4
农产品单位面积产量 (公斤/公顷)	Output of Farm Products per Hectare (kg/hectare)						
谷物	Cereal	5907	5896	5989	6004	6105	6120
棉花	Cotton	1509	1508	1565	1671	1769	1819
花生	Peanuts	3658	3639	3640	3678	3710	3752
油菜籽	Rapeseeds	1880	1944	1972	1982	1995	2027
芝麻	Sesames	1460	1443	1495	1529	1610	1645
黄红麻	Jute and Ambary Hemp	3847	4098	4232	5132	5178	5008
甘蔗	Sugarcane	69986	70682	72528	73638	76132	76891
甜菜	Beetroots	44801	51533	52751	55630	53843	52174
烤烟	Flue-Cured Tobacco	2065	2027	2084	2121	2108	2103
大牲畜年底头数(万头)	Number of Large Animals (year-end,10 000 heads)	10008.6	9952.0	9929.8	9559.9	9763.6	9625.5
#牛	Cattle and Buffaloes	8985.8	9007.3	9055.8	8834.5	9038.7	8915.3
马	Horses	431.7	415.8	397.5	351.2	343.6	347.3
驴	Donkeys	425.7	383.6	342.4	259.3	267.8	253.3
骡	Mules	138.0	117.4	104.1	84.5	81.1	75.8
骆驼	Camels	27.4	28.0	30.1	30.5	32.3	33.8
肉猪出栏头数 (万头)	Number of Slaughtered Fattened Hogs (10 000 heads)	72768.0	74951.5	72415.6	70073.9	70202.1	69382.4
猪年底头数 (万头)	Number of Hogs (year-end,10 000 heads)	47893.1	47160.2	45802.9	44209.2	44158.9	42817.1
羊年底只数 (万只)	Number of Sheep and Goats (year-end,10 000 heads)	28935.2	30391.3	31174.3	29930.5	30231.7	29713.5
山羊	Goats	13657.5	14167.5	14507.5	13691.8	13823.8	13574.7
绵羊	Sheep	15277.7	16223.8	16666.8	16238.8	16407.9	16138.8
肉类产量 (万吨)	Output of Meat (10 000 tons)	8632.8	8817.9	8749.5	8628.3	8654.4	8624.6
#猪牛羊肉	Pork, Beef and Mutton	6641.6	6864.2	6702.2	6502.6	6557.5	6522.9
猪肉	Pork	5618.6	5820.8	5645.4	5425.5	5451.8	5403.7
牛肉	Beef	613.1	615.7	616.9	616.9	634.6	644.1
羊肉	Mutton	409.9	427.6	439.9	460.3	471.1	475.1
奶类 (万吨)	Milk (10 000 tons)	3118.9	3276.5	3295.5	3173.9	3148.6	3176.8
#牛奶	Cow Milk	3000.8	3159.9	3179.8	3064.0	3038.6	3074.6
绵羊毛 (吨)	Sheep Wool (ton)	402081	407230	413134	411642	410523	356608
山羊粗毛 (吨)	Goat Coarse Wool (ton)	40215	38655	35487	35785	32863	26965
山羊绒 (吨)	Cashmere (ton)	17307	18465	18684	18844	17852	15438
禽蛋 (万吨)	Poultry Eggs (10 000 tons)	2905.5	2930.3	3046.1	3160.5	3096.3	3128.3
水产品总产量 (万吨)	Total Aquatic Products (10 000 tons)	5744.2	6001.9	6211.0	6379.5	6445.3	6457.7
海水产品	Seawater Aquatic Products	2992.4	3136.3	3232.3	3301.3	3321.7	3301.4
淡水产品	Freshwater Aquatic Products	2751.9	2865.7	2978.7	3078.2	3123.6	3156.2

12-3 农、林、牧、渔业总产值及指数

Gross Output Value of Agriculture, Forestry, Animal Husbandry and Fishery and Related Indices

年份 / 地区	Year / Region	绝对数（亿元） Gross Output Value (100 million yuan) 农林牧渔业总产值 Total	#农业 Farming	#林业 Forestry	#牧业 Animal Husbandry	#渔业 Fishery	指数（上年=100） Indices of Gross Output (preceding year=100) 农林牧渔业总产值 Total	#农业 Farming	#林业 Forestry	#牧业 Animal Husbandry	#渔业 Fishery
	1978	1397.0	1117.5	48.1	209.3	22.1					
	1980	1922.6	1454.1	81.4	354.2	32.9	101.4	99.7	112.2	107.0	107.7
	1985	3619.5	2506.4	188.7	798.3	126.1	103.4	99.8	104.5	117.2	118.9
	1990	7662.1	4954.3	330.3	1967.0	410.6	107.6	108.0	103.1	107.0	110.0
	1995	20340.9	11884.6	709.9	6045.0	1701.3	110.9	107.9	105.0	114.8	119.4
	2000	24915.8	13873.6	936.5	7393.1	2712.6	103.6	101.4	105.4	106.3	106.5
	2005	39450.9	19613.4	1425.5	13310.8	4016.1	105.7	104.1	103.2	107.8	106.5
	2006	40810.8	21522.3	1610.8	12083.9	3970.5	105.4	105.4	105.6	105.0	106.0
	2007	48651.8	24444.7	1889.9	16068.6	4427.9	103.9	103.7	109.8	103.2	104.0
	2008	57420.8	27679.9	2180.3	20354.2	5137.5	105.6	104.6	108.0	106.7	105.8
	2009	59311.3	29983.8	2324.4	19184.6	5514.7	104.6	103.4	106.7	105.5	105.6
	2010	67763.1	35909.1	2575.0	20461.1	6263.4	104.4	104.3	103.5	104.2	105.4
	2011	78837.0	40339.6	3092.4	25194.2	7337.4	104.4	105.6	107.6	101.7	104.1
	2012	86342.2	44845.7	3407.0	26491.2	8403.9	104.9	104.3	106.7	105.2	105.0
	2013	93173.7	48943.9	3847.4	27572.4	9254.5	104.0	104.4	107.4	102.0	105.1
	2014	97822.5	51851.1	4190.0	27963.4	9877.5	104.3	104.9	106.4	102.6	104.0
	2015	101893.5	54205.3	4358.4	28649.3	10339.1	104.0	105.4	106.1	100.5	104.3
	2016	106478.7	55659.9	4635.9	30461.2	10892.9	103.5	104.2	108.2	101.1	102.9
	2017	109331.7	58059.8	4980.6	29361.2	11577.1	104.0	104.7	106.9	102.1	102.8
	2018	113579.5	61452.6	5432.6	28697.4	12131.5	103.5	103.9	106.5	101.7	102.7
北京	Beijing	296.8	114.7	95.1	72.0	6.1	94.0	81.1	161.7	73.6	66.0
天津	Tianjin	390.5	197.2	12.7	95.8	71.1	100.9	99.1	141.8	94.8	107.7
河北	Hebei	5707.0	3085.9	186.6	1813.8	207.5	103.0	102.0	99.0	104.2	101.3
山西	Shanxi	1460.6	894.9	99.9	361.5	6.9	102.2	101.5	104.1	102.7	98.8
内蒙古	Inner Mongolia	2985.3	1512.5	100.3	1294.3	29.2	103.0	103.9	100.8	102.2	97.6
辽宁	Liaoning	4061.9	1749.4	149.5	1346.2	628.5	102.6	102.4	104.3	103.4	103.8
吉林	Jilin	2184.3	993.0	73.3	1001.6	39.0	102.2	102.8	92.3	102.7	95.7
黑龙江	Heilongjiang	5624.3	3635.0	186.4	1542.4	105.7	103.5	104.5	105.8	100.6	107.4
上海	Shanghai	289.6	150.1	15.8	48.3	56.2	97.7	100.7	96.6	82.6	93.0
江苏	Jiangsu	7192.5	3735.0	147.3	1091.3	1707.9	100.9	100.8	105.5	97.2	102.4
浙江	Zhejiang	3157.3	1518.0	177.0	331.8	1043.3	101.7	102.9	105.9	92.0	102.1
安徽	Anhui	4672.7	2253.7	332.9	1315.8	505.7	102.6	102.1	103.1	101.9	103.2
福建	Fujian	4229.5	1653.4	389.0	718.4	1318.2	103.5	104.7	104.1	97.9	105.1
江西	Jiangxi	3148.6	1549.2	319.6	672.2	473.9	103.5	104.2	106.0	100.8	102.4
山东	Shandong	9397.4	4678.3	181.6	2432.7	1425.9	103.0	103.9	109.3	99.9	100.8
河南	Henan	7757.9	4973.7	129.0	2067.7	122.7	103.9	103.6	107.4	102.4	106.0
湖北	Hubei	6207.8	3033.8	235.2	1386.5	1106.0	103.4	103.8	109.1	102.5	99.8
湖南	Hunan	5361.6	2664.3	387.1	1464.6	417.2	103.6	103.2	109.4	101.1	107.5
广东	Guangdong	6318.1	3089.6	390.6	1184.7	1383.8	104.2	105.1	106.5	101.1	103.7
广西	Guangxi	4909.2	2717.5	379.9	1072.3	504.3	105.6	106.8	106.3	102.7	104.8
海南	Hainan	1535.7	729.5	110.4	245.3	387.4	104.1	105.1	105.4	103.9	101.2
重庆	Chongqing	2052.4	1292.7	101.1	520.1	100.4	102.5	102.2	100.1	104.7	97.4
四川	Sichuan	7195.6	4153.7	358.7	2246.1	247.9	103.9	104.6	101.7	102.4	104.9
贵州	Guizhou	3619.5	2288.7	253.3	846.3	54.8	107.0	108.4	108.4	104.5	95.2
云南	Yunnan	4108.9	2234.7	396.9	1237.1	98.3	106.3	106.8	109.9	104.2	109.8
西藏	Tibet	195.5	88.1	3.2	98.4	0.3	105.5	108.0	104.3	102.7	102.1
陕西	Shaanxi	3240.0	2245.0	104.6	682.8	29.8	103.3	103.2	117.3	101.0	105.7
甘肃	Gansu	1659.4	1166.1	33.1	318.9	2.0	103.7	105.4	104.8	102.4	96.1
青海	Qinghai	405.9	169.2	10.4	216.0	3.6	104.6	103.7	115.2	104.8	105.8
宁夏	Ningxia	575.8	344.6	9.2	176.1	19.7	104.0	104.2	94.7	104.8	99.9
新疆	Xinjiang	3637.8	2541.2	62.7	796.4	28.1	105.1	105.3	108.5	103.3	109.5

注：本表绝对数按当年价格计算，指数按可比价格计算。2003年起总产值包括农林牧渔专业及辅助性活动产值。

a) Data in value terms in this table are calculated at current prices, while the indices are calculated at constant prices. Since 2003, gross output value includes professional and support services for agriculture, forestry, animal husbandry and fishery.

12-4 主要农业机械拥有量（年底数）
Major Agricultural Machinery at Year-end

年 份 Year / 地 区 Region	农业机械总动力（万千瓦） Total Power of Agricultural Machinery (10 000 kw)	大中型拖拉机 Large and Medium-sized Tractors		小型拖拉机 Small Tractors		农用排灌柴油机 Diesel Engines
		数 量（万台） Number (10 000 units)	配套农具（万部） Towing Farm Machinery (10 000 units)	数 量（万台） Number (10 000 units)	配套农具（万部） Towing Farm Machinery (10 000 units)	数 量（万台） Number (10 000 units)
1978	11749.9	55.74	119.20	137.30	145.40	265.70
1980	14745.7	74.49	136.90	187.40	219.10	289.90
1985	20912.5	85.24	112.80	382.40	320.20	286.50
1990	28707.7	81.35	97.40	698.10	648.80	411.10
1995	36118.1	67.18	99.12	864.64	957.98	491.21
2000	52573.6	97.45	139.99	1264.37	1788.79	688.12
2005	68397.8	139.60	226.20	1526.89	2464.97	809.91
2006	72522.1	171.82	261.50	1567.90	2626.57	836.35
2007	76589.6	206.27	308.28	1619.11	2732.96	861.50
2008	82190.4	299.52	435.36	1722.41	2794.54	898.39
2009	87496.1	351.58	542.06	1750.90	2880.56	924.92
2010	92780.5	392.17	612.86	1785.79	2992.55	946.25
2011	97734.7	440.65	698.95	1811.27	3062.01	968.39
2012	102559.0	485.24	763.52	1797.23	3080.62	982.31
2013	103906.8	527.02	826.62	1752.28	3049.21	934.70
2014	108056.6	567.95	889.64	1729.77	3053.63	936.13
2015	111728.1	607.29	962.00	1703.04	3041.52	939.93
2016	97245.6	645.35	1028.11	1671.61	2994.03	940.77
2017	98783.3	670.08	1070.03	1634.24	2931.43	930.15
2018	100371.7	422.00	422.57	1818.26		
北 京 Beijing	125.7	0.47	0.16	0.22		
天 津 Tianjin	348.0	1.38	1.88	0.31		
河 北 Hebei	7706.2	27.30	40.57	122.30		
山 西 Shanxi	1441.1	9.87	8.92	28.07		
内蒙古 Inner Mongolia	3663.7	31.65	17.88	85.74		
辽 宁 Liaoning	2243.7	17.00	15.97	40.77		
吉 林 Jilin	3466.0	31.59	12.36	90.15		
黑龙江 Heilongjiang	6084.7	55.18	41.61	105.71		
上 海 Shanghai	94.0	0.74	0.38	0.26		
江 苏 Jiangsu	5017.7	16.54	25.76	67.44		
浙 江 Zhejiang	2009.3	1.31	0.57	10.25		
安 徽 Anhui	6543.8	22.76	40.20	207.87		
福 建 Fujian	1228.3	0.53	0.29	8.75		
江 西 Jiangxi	2382.0	3.84	3.31	34.07		
山 东 Shandong	10415.2	47.94	58.40	201.29		
河 南 Henan	10204.5	35.35	63.19	318.45		
湖 北 Hubei	4424.6	16.17	18.40	116.49		
湖 南 Hunan	6338.6	11.27	4.26	28.43		
广 东 Guangdong	2429.9	2.44	2.06	32.05		
广 西 Guangxi	3750.8	5.08	3.04	51.78		
海 南 Hainan	565.8	2.04	1.50	6.71		
重 庆 Chongqing	1428.1	0.20	0.18	0.48		
四 川 Sichuan	4603.9	7.44	2.34	15.34		
贵 州 Guizhou	2376.7	1.81	0.17	12.41		
云 南 Yunnan	2693.5	7.92	3.46	30.54		
西 藏 Tibet	545.8	6.74	0.07	20.64		
陕 西 Shaanxi	2311.8	9.84	11.48	21.99		
甘 肃 Gansu	2102.8	8.88	6.64	73.50		
青 海 Qinghai	472.1	1.22	0.88	25.77		
宁 夏 Ningxia	621.9	3.87	2.47	17.28		
新 疆 Xinjiang	2731.8	33.63	34.16	43.20		

12-5 耕地灌溉面积和农用化肥施用量
Irrigated Area of Cultivated Land and Consumption of Chemical Fertilizers

年份 Year / 地区 Region		耕地灌溉面积(千公顷) Irrigated Area of Cultivated Land (1 000 hectares)	农用化肥施用量(万吨) Consumption of Chemical Fertilizers (10 000 tons)	氮肥 Nitrogenous Fertilizer	磷肥 Phosphate Fertilizer	钾肥 Potash Fertilizer	复合肥 Compound Fertilizer
	1978	44965.0	884.0				
	1980	44888.1	1269.4	934.2	273.3	34.6	27.2
	1985	44035.9	1775.8	1204.9	310.9	80.4	179.6
	1990	47403.1	2590.3	1638.4	462.4	147.9	341.6
	1995	49281.2	3593.7	2021.9	632.4	268.5	670.8
	2000	53820.3	4146.4	2161.5	690.5	376.5	917.9
	2005	55029.3	4766.2	2229.3	743.8	489.5	1303.2
	2006	55750.5	4927.7	2262.5	769.5	509.7	1385.9
	2007	56518.3	5107.8	2297.2	773.0	533.6	1503.0
	2008	58471.7	5239.0	2302.9	780.1	545.2	1608.6
	2009	59261.4	5404.4	2329.9	797.7	564.3	1698.7
	2010	60347.7	5561.7	2353.7	805.6	586.4	1798.5
	2011	61681.6	5704.2	2381.4	819.2	605.1	1895.1
	2012	62490.5	5838.8	2399.9	828.6	617.7	1990.0
	2013	63473.3	5911.9	2394.2	830.6	627.4	2057.5
	2014	64539.5	5995.9	2392.9	845.3	641.9	2115.8
	2015	65872.6	6022.6	2361.6	843.1	642.3	2175.7
	2016	67140.6	5984.1	2310.5	830.0	636.9	2207.1
	2017	67815.6	5859.4	2221.8	797.6	619.7	2220.3
	2018	68271.6	5653.4	2065.4	728.9	590.3	2268.8
北京	Beijing	109.7	7.3	3.0	0.4	0.4	3.5
天津	Tianjin	304.7	16.9	5.6	2.0	1.3	8.0
河北	Hebei	4492.3	312.4	114.5	23.9	24.0	150.0
山西	Shanxi	1518.7	109.6	25.3	11.6	9.0	63.8
内蒙古	Inner Mongolia	3196.5	222.7	86.1	40.8	18.4	77.2
辽宁	Liaoning	1619.3	145.0	54.8	10.0	11.8	68.4
吉林	Jilin	1893.1	228.3	58.4	6.3	14.0	149.6
黑龙江	Heilongjiang	6119.6	245.6	83.6	49.5	34.7	77.9
上海	Shanghai	190.8	8.4	3.8	0.6	0.3	3.8
江苏	Jiangsu	4179.8	292.5	145.6	34.0	17.2	95.7
浙江	Zhejiang	1440.8	77.8	40.1	8.6	6.1	22.9
安徽	Anhui	4538.3	311.8	95.6	28.2	27.9	160.1
福建	Fujian	1085.2	110.7	41.9	15.5	21.9	31.4
江西	Jiangxi	2032.0	123.2	34.0	18.5	17.9	52.9
山东	Shandong	5236.0	420.3	130.7	42.1	35.6	211.9
河南	Henan	5288.7	692.8	201.7	96.3	57.4	337.3
湖北	Hubei	2931.9	295.8	113.1	46.0	29.1	107.7
湖南	Hunan	3164.0	242.6	94.1	25.5	41.6	81.4
广东	Guangdong	1775.2	231.3	88.6	27.0	44.9	70.8
广西	Guangxi	1706.9	255.0	73.8	30.0	56.0	95.3
海南	Hainan	290.5	48.4	14.8	3.1	8.6	21.8
重庆	Chongqing	696.9	93.2	45.9	16.6	5.3	25.4
四川	Sichuan	2932.5	235.2	112.1	45.4	17.4	60.3
贵州	Guizhou	1132.2	89.5	40.1	10.6	8.9	29.8
云南	Yunnan	1898.1	217.4	105.0	31.3	24.6	56.5
西藏	Tibet	264.5	5.2	1.5	0.9	0.4	2.4
陕西	Shaanxi	1275.0	229.6	88.9	17.9	24.1	98.7
甘肃	Gansu	1337.5	83.2	33.2	15.5	7.6	26.9
青海	Qinghai	214.0	8.3	3.5	1.4	0.2	3.3
宁夏	Ningxia	523.4	38.4	16.4	4.1	2.8	15.2
新疆	Xinjiang	4883.5	255.0	109.9	65.1	20.9	59.1

12-6 灌溉、水库和除涝治水情况
Irrigation, Reservoirs, Flood Prevention, Water and Soil Conservation

项　　目	Item	2000	2005	2010	2015	2017	2018
万亩以上灌区数	Number of Irrigated Areas over 10 000 Mu (set)	5683	5860	5795	7773	7839	7881
3.3万公顷以上	33 000 Hectares and Over	101	117	131	176	178	175
2.0-3.3万公顷	20 000-33 000 Hectares	141	170	218	280	281	286
灌区有效灌溉面积(万公顷)	Effective Irrigated Area (10 000 hectares)	2449.3	2641.9	2941.5	3230.2	3326.2	3332.4
3.3万公顷以上	33 000 Hectares and Over	788.3	1023.0	1091.8	1202.4	1245.7	1239.9
2.0-3.3万公顷	20 000-33 000 Hectares	344.0	408.0	474.0	566.3	542.5	540.0
水库 (座)	Number of Reservoirs (unit)	83260	85108	87873	97988	98795	98822
大型水库	Large Reservoir	420	470	552	707	732	736
中型水库	Medium-sized Reservoir	2704	2934	3269	3844	3934	3954
小型水库	Small Reservoir	80136	81704	84052	93437	94129	94132
水库库容量 (亿立方米)	Capacity of Reservoirs (100 million cu.m)	5184	5624	7162	8581	9035	8953
大型水库	Large Reservoir	3842	4197	5594	6812	7210	7117
中型水库	Medium-sized Reservoir	746	826	930	1068	1117	1126
小型水库	Small Reservoir	594	602	638	701	708	710
节水灌溉面积 (万公顷)	Water-saving Irrigated Area (10 000 hectares)	1638.9	2133.8	2731.4	3106.0	3431.9	3613.5
除涝面积 (万公顷)	Areas with Flood Prevention Measures(10 000 hectares)	2098.9	2133.9	2169.2	2271.3	2382.4	2426.2
水土流失治理面积(万公顷)	Area of Soil Erosion under Control (10 000 hectares)	8096	9465	10680	11557.8	12583.9	13153.2
堤防长度 (万公里)	Total Length of Dikes (10 000 km)	27.0	27.7	29.4	29.1	30.6	31.2
堤防保护面积 (万公顷)	Area of Land Protected by Dikes (10 000 hectares)	3960.0	4412.0	4683.1	4084.4	4094.6	4140.9

注：大型水库库容：1亿立方米以上；中型水库库容：1千万至1亿立方米；小型水库库容：10万至1千万立方米。

a) The capacity of the large-scale reservoir is over 100 million cubic meters, while that of the medium-scale one is from 10 to 100 million cubic meters, and that of the small-scale one is from 100 000 to 10 million cubic meters.

12-7 分地区水利设施和除涝面积（2018年）
Water Conservancy Facilities and Area with Flood Prevention Measures by Region (2018)

地 区	Region	水库数（座）Number of Reservoirs (unit)	水库总库容量（亿立方米）Capacity of Reservoirs (100 million cu.m)	除涝面积（千公顷）Area with Flood Prevention Measures (1 000 hectares)	水土流失治理面积（千公顷）Area of Soil Erosion under Control (1 000 hectares)
全 国	**National Total**	**98822**	**8952.9**	**24261.7**	**131531.6**
北 京	Beijing	87	52.2	12.0	813.7
天 津	Tianjin	27	26.2	364.6	100.0
河 北	Hebei	1070	206.4	1638.3	5532.5
山 西	Shanxi	610	69.7	89.3	6798.5
内蒙古	Inner Mongolia	607	109.8	277.0	14088.6
辽 宁	Liaoning	795	371.4	931.6	5394.5
吉 林	Jilin	1621	333.9	1034.8	2385.8
黑龙江	Heilongjiang	1031	268.4	3400.1	4895.4
上 海	Shanghai			60.3	
江 苏	Jiangsu	952	35.3	4315.5	930.2
浙 江	Zhejiang	4308	445.6	556.4	3692.5
安 徽	Anhui	6063	203.8	2414.1	1989.2
福 建	Fujian	3673	170.5	157.6	3778.4
江 西	Jiangxi	10809	321.7	431.2	5917.9
山 东	Shandong	6192	220.3	3027.0	4143.0
河 南	Henan	2654	425.7	2136.9	3778.3
湖 北	Hubei	6946	1263.7	1482.1	6134.7
湖 南	Hunan	14092	514.1	438.4	3745.5
广 东	Guangdong	8394	449.6	541.2	1757.9
广 西	Guangxi	4537	710.6	235.3	2647.7
海 南	Hainan	1109	111.6	25.2	116.7
重 庆	Chongqing	3076	126.2		3580.1
四 川	Sichuan	8239	522.9	102.3	9961.8
贵 州	Guizhou	2414	444.6	124.1	7053.0
云 南	Yunnan	6702	757.1	293.2	9517.7
西 藏	Tibet	116	38.4	3.4	528.5
陕 西	Shaanxi	1102	94.4	133.3	7918.0
甘 肃	Gansu	388	103.5	14.3	9090.7
青 海	Qinghai	207	316.6	0.8	1251.7
宁 夏	Ningxia	327	27.8		2301.1
新 疆	Xinjiang	674	210.6	21.7	1688.1

12-8 农作物播种面积
Sown Areas of Farm Crops

单位：千公顷　　　　(1 000 hectares)

年份 地区	Year Region	农作物总播种面积 Total Sown Area	粮食作物播种面积 Sown Area of Grain Crops	谷物 Cereal	#稻谷 Rice	#小麦 Wheat	#玉米 Corn	豆类 Soybeans
	1978	150104	120587		34421	29183	19961	
	1980	146380	117234		33878	28844	20087	
	1985	143626	108845		32070	29218	17694	
	1990	148362	113466		33064	30753	21401	
	1995	149879	110060	89310	30744	28860	22776	11232
	2000	156300	108463	85264	29962	26653	23056	12660
	2005	155488	104278	81874	28847	22793	26358	12901
	2006	152149	104958	84931	28938	23613	28463	12149
	2007	151068	105999	86388	28973	23770	30024	11708
	2008	154245	107545	87499	29350	23715	30981	11988
	2009	156095	110255	90383	29793	24442	32948	11785
	2010	157350	111695	92621	30097	24459	34977	11053
	2011	160360	112980	94615	30338	24523	36767	10367
	2012	162071	114368	97142	30476	24576	39109	9405
	2013	163702	115908	99288	30710	24470	41299	8893
	2014	165183	117455	101087	30765	24472	42997	8824
	2015	166829	118963	103225	30784	24596	44968	8433
	2016	166939	119230	102702	30746	24694	44178	9287
	2017	166332	117989	100765	30747	24508	42399	10051
	2018	165902	117038	99671	30189	24266	42130	10186
北京	Beijing	103.8	55.6	51.8	0.2	9.8	40.1	2.6
天津	Tianjin	429.3	350.2	342.4	39.9	110.8	186.8	6.5
河北	Hebei	8197.1	6538.7	6196.5	78.4	2357.2	3437.7	116.0
山西	Shanxi	3555.2	3137.1	2711.8	0.8	560.3	1747.7	250.7
内蒙古	Inner Mongolia	8824.1	6789.9	5130.9	150.4	596.7	3742.1	1307.4
辽宁	Liaoning	4207.1	3484.0	3311.2	488.4	2.4	2713.0	82.8
吉林	Jilin	6080.9	5599.7	5209.9	839.7	1.2	4231.5	343.5
黑龙江	Heilongjiang	14673.3	14214.5	10312.5	3783.1	109.4	6317.8	3741.9
上海	Shanghai	282.3	129.9	128.6	103.6	21.3	1.8	0.6
江苏	Jiangsu	7520.2	5475.9	5183.2	2214.7	2404.0	515.8	257.1
浙江	Zhejiang	1978.7	975.7	789.9	651.1	85.4	49.3	113.1
安徽	Anhui	8771.1	7316.3	6568.6	2544.8	2875.9	1138.6	687.6
福建	Fujian	1577.3	833.5	653.2	619.6	0.2	28.8	37.9
江西	Jiangxi	5555.8	3721.3	3491.7	3436.2	14.6	35.0	127.6
山东	Shandong	11076.8	8404.8	8143.0	113.8	4058.6	3934.7	158.0
河南	Henan	14783.4	10906.1	10367.2	620.4	5739.9	3919.0	424.0
湖北	Hubei	7952.9	4847.0	4291.8	2391.0	1105.0	781.2	247.1
湖南	Hunan	8111.1	4747.9	4411.2	4009.0	23.4	359.2	148.2
广东	Guangdong	4279.4	2151.0	1910.2	1787.4	0.4	120.1	41.1
广西	Guangxi	5972.4	2802.1	2379.1	1752.6	3.0	584.4	155.4
海南	Hainan	712.9	286.1	246.1	246.1			6.0
重庆	Chongqing	3348.5	2017.8	1143.9	656.4	24.8	442.3	201.4
四川	Sichuan	9615.3	6265.6	4479.5	1874.0	635.0	1856.0	524.9
贵州	Guizhou	5477.2	2740.2	1513.2	671.8	141.6	602.1	325.1
云南	Yunnan	6890.8	4174.6	3173.5	849.6	339.2	1785.2	469.4
西藏	Tibet	270.4	184.7	179.2	0.9	31.7	5.2	4.5
陕西	Shaanxi	4091.0	3006.0	2472.7	105.4	967.3	1179.5	188.4
甘肃	Gansu	3773.6	2645.3	1937.0	3.8	775.6	1012.7	137.5
青海	Qinghai	557.3	281.3	180.2		111.6	18.5	12.8
宁夏	Ningxia	1164.6	735.7	603.2	78.0	128.6	310.8	22.6
新疆	Xinjiang	6068.9	2219.6	2158.5	78.4	1031.5	1033.3	44.5

12-8 续表 1 continued

单位：千公顷 (1 000 hectares)

年份 地区	Year Region	薯类 Tubers	棉花 Cotton	油料 Oil-bearing Crops	#花生 Peanuts	#油菜籽 Rapeseeds	麻类 Fiber Crops	#黄红麻 Jute and Ambary Hemp	糖料 Sugar Crops
	1978	11796	4866	6222	1768	2600	751	412	879
	1980	10153	4920	7928	2339	2844	666	314	922
	1985	8572	5140	11800	3318	4494	1231	992	1525
	1990	9121	5588	10900	2907	5503	495	300	1679
	1995	9519	5422	13102	3809	6907	376	147	1820
	2000	10538	4041	15400	4856	7494	262	50	1514
	2005	9503	5062	14318	4662	7278	335	31	1564
	2006	7877	5816	11738	3956	5984	283	31	1567
	2007	7902	5199	12344	4128	6140	219	32	1756
	2008	8057	5278	13232	4362	6838	176	24	1926
	2009	8088	4485	13445	4281	7170	115	18	1804
	2010	8021	4366	13695	4374	7316	91	17	1809
	2011	7998	4524	13471	4336	7192	79	17	1834
	2012	7821	4360	13435	4401	7187	69	15	1887
	2013	7727	4162	13438	4396	7193	63	15	1844
	2014	7544	4176	13395	4370	7158	58	12	1737
	2015	7305	3775	13314	4386	7028	54	11	1573
	2016	7241	3198	13191	4448	6623	54	7	1555
	2017	7173	3195	13223	4608	6653	58	6	1546
	2018	7180	3354	12872	4620	6551	57	6	1623
北京	Beijing	1.2	0.0	1.6	1.2	0.0			
天津	Tianjin	1.3	17.1	2.1	1.4	0.0			
河北	Hebei	226.2	210.4	367.9	258.1	19.4	0.0		18.1
山西	Shanxi	174.5	2.6	111.9	5.4	25.3	0.0		0.0
内蒙古	Inner Mongolia	351.6	0.1	891.0	28.6	246.2	0.5		122.0
辽宁	Liaoning	90.0	0.0	290.9	286.1	0.8	0.0		2.0
吉林	Jilin	46.3		280.8	244.9	0.2			0.6
黑龙江	Heilongjiang	160.2		51.5	17.4	1.8	16.7		12.0
上海	Shanghai	0.6	0.1	2.8	0.6	2.1			0.1
江苏	Jiangsu	35.7	16.6	262.8	98.4	159.1	0.2		0.9
浙江	Zhejiang	72.7	5.7	128.5	15.8	104.9	0.0	0.0	6.2
安徽	Anhui	60.2	86.3	520.2	144.2	357.0	1.0	0.3	2.6
福建	Fujian	142.4	0.1	75.4	69.6	5.3	0.0	0.0	4.9
江西	Jiangxi	102.0	46.7	680.1	167.3	483.0	3.6	0.0	14.3
山东	Shandong	103.9	183.3	711.4	695.3	8.6	0.1		
河南	Henan	114.9	36.7	1461.4	1203.2	145.0	3.0	3.0	2.0
湖北	Hubei	308.1	159.3	1255.8	232.6	933.0	1.7	0.0	6.5
湖南	Hunan	188.6	63.9	1344.7	109.2	1222.2	1.8	0.1	7.4
广东	Guangdong	199.8		341.0	332.5	4.7	0.1	0.1	172.6
广西	Guangxi	267.7	1.2	243.4	211.5	24.4	2.4	2.0	886.4
海南	Hainan	34.1		31.6	30.6		0.0	0.0	20.8
重庆	Chongqing	672.6		325.1	62.8	250.2	3.8	0.0	2.2
四川	Sichuan	1261.2	4.0	1491.2	263.5	1218.5	17.0	0.2	9.4
贵州	Guizhou	902.0	0.7	651.9	51.9	497.7	0.3		10.7
云南	Yunnan	531.6	0.0	309.5	41.0	256.1	0.1		260.0
西藏	Tibet	0.9		22.5	0.1	22.4			
陕西	Shaanxi	344.9	6.9	284.0	39.9	175.9	0.5		0.1
甘肃	Gansu	570.7	21.5	325.8	0.6	174.9	1.6		3.8
青海	Qinghai	88.3		147.9		145.8			0.0
宁夏	Ningxia	109.9		33.7	0.1	2.6			
新疆	Xinjiang	16.6	2491.3	224.1	6.1	63.5	2.2		57.3

12-8 续表 2 continued

单位：千公顷 (1 000 hectares)

年 份 Year 地 区 Region			烟 叶		蔬 菜	茶 园	果 园
	#甘 蔗 Sugarcane	#甜 菜 Beetroots	Tobacco	#烤 烟 Flue-cured Tobacco	Vegetables	Tea Plantations	Orchards
1978	549	331	784	613	3331	1048	1657
1980	480	443	512	397	3163	1041	1783
1985	965	560	1313	1077	4753	1045	2736
1990	1009	670	1593	1342	6338	1061	5179
1995	1125	695	1470	1309	9515	1115	8091
2000	1185	329	1437	1269	15237	1089	8932
2005	1354	210	1363	1245	17721	1352	10035
2006	1378	189	1189	1088	16639	1431	10123
2007	1531	225	1180	1094	15615	1430	9805
2008	1709	218	1302	1219	16539	1716	10221
2009	1643	161	1329	1223	16670	1830	10454
2010	1624	185	1309	1209	16201	1932	10681
2011	1644	191	1418	1325	17910	2056	10808
2012	1696	191	1544	1446	18497	2201	10990
2013	1704	140	1552	1472	18836	2367	11043
2014	1638	99	1398	1330	19224	2526	11608
2015	1476	96	1254	1197	19613	2641	11212
2016	1402	154	1208	1153	19553	2723	10903
2017	1371	174	1131	1081	19981	2849	11136
2018	1406	216	1058	1003	20439	2986	11875
北 京 Beijing					36.0		46.4
天 津 Tianjin					49.7		28.6
河 北 Hebei		18.1	1.4	1.3	787.6	0.0	529.7
山 西 Shanxi		0.0	1.4	1.3	176.9	0.1	363.3
内蒙古 Inner Mongolia		122.0	1.4	1.0	189.8		83.1
辽 宁 Liaoning		2.0	6.4	5.4	313.4		352.1
吉 林 Jilin		0.6	9.9	6.1	110.9		24.7
黑龙江 Heilongjiang		12.0	11.9	11.7	161.5		20.5
上 海 Shanghai	0.1				94.3	0.1	14.5
江 苏 Jiangsu	0.9	0.0			1425.0	33.7	204.5
浙 江 Zhejiang	6.2		0.5		639.0	200.5	323.5
安 徽 Anhui	1.7		8.1	8.0	652.2	176.3	142.0
福 建 Fujian	4.9		48.6	48.4	558.3	210.9	331.8
江 西 Jiangxi	14.3		17.4	16.8	632.9	103.5	411.7
山 东 Shandong			17.9	17.9	1479.6	23.1	574.7
河 南 Henan	2.0		94.9	93.4	1721.1	115.7	434.1
湖 北 Hubei	6.5	0.0	37.5	33.6	1224.3	321.5	366.2
湖 南 Hunan	7.4		86.6	85.4	1264.9	165.0	517.0
广 东 Guangdong	172.6		17.5	15.4	1272.2	63.4	982.3
广 西 Guangxi	886.4		10.5	8.9	1439.7	71.7	1263.6
海 南 Hainan	20.8		0.1		257.7	2.0	170.7
重 庆 Chongqing	2.2		32.4	28.1	739.2	42.4	307.4
四 川 Sichuan	9.3	0.1	76.5	67.7	1369.2	375.4	744.5
贵 州 Guizhou	10.6	0.0	145.7	134.5	1401.0	465.8	580.3
云 南 Yunnan	260.0		412.3	401.6	1131.9	466.6	599.8
西 藏 Tibet					24.0		
陕 西 Shaanxi	0.0	0.1	16.8	14.7	495.1	135.9	1113.9
甘 肃 Gansu		3.8	1.9	1.8	352.6	12.1	313.7
青 海 Qinghai		0.0			44.0		7.4
宁 夏 Ningxia			0.3	0.3	121.8		92.4
新 疆 Xinjiang		57.3	0.1		273.3		930.7

12-9 主要农作物种植结构
Planting Structure of Major Farm Crops

单位：% (%)

项 目	Item	1995	2000	2005	2010	2015	2017	2018
农作物总播种面积	**Total Sown Areas of Farm Crops**	**100.00**	**100.00**	**100.00**	**100.00**	**100.00**	**100.00**	**100.00**
粮食作物	**Grain Crops**	**73.43**	**69.39**	**67.07**	**70.99**	**71.31**	**70.94**	**70.55**
谷物	Cereal	59.59	54.55	52.66	58.86	61.87	60.58	60.08
稻谷	Rice	20.51	19.17	18.55	19.13	18.45	18.49	18.20
小麦	Wheat	19.26	17.05	14.66	15.54	14.74	14.73	14.63
玉米	Corn	15.20	14.75	16.95	22.23	26.95	25.49	25.39
谷子	Millet	1.02	0.80	0.55	0.52	0.50	0.52	0.47
高粱	Jowar	0.81	0.57	0.37	0.32	0.25	0.30	0.37
其它谷物	Other Cereal	2.80	2.21	1.58	1.12	0.96	1.05	1.02
豆类	Soybeans	7.49	8.10	8.30	7.02	5.05	6.04	6.14
#大豆	Soja	5.42	5.95	6.17	5.53	4.09	4.96	5.07
杂豆	Miscellaneous Beans	2.07	2.15	2.13	1.50	0.96	1.09	1.07
薯类	Tubers	6.35	6.74	6.11	5.10	4.38	4.31	4.33
#马铃薯	Potato	2.29	3.02	3.14	3.11	2.87	2.92	2.87
油料作物	**Oil-bearing Crops**	**8.74**	**9.85**	**9.21**	**8.70**	**7.98**	**7.95**	**7.76**
#花生	Peanuts	2.54	3.11	3.00	2.78	2.63	2.77	2.78
油菜籽	Rapeseeds	4.61	4.79	4.68	4.65	4.21	4.00	3.95
芝麻	Sesame	0.43	0.50	0.38	0.23	0.18	0.14	0.16
胡麻籽	Benne	0.41	0.32	0.26	0.19	0.15	0.14	0.14
向日葵	Helianthus	0.54	0.79	0.66	0.63	0.65	0.70	0.56
棉花	**Cotton**	**3.62**	**2.59**	**3.26**	**2.77**	**2.26**	**1.92**	**2.02**
麻类	**Fiber Crops**	**0.25**	**0.17**	**0.22**	**0.06**	**0.03**	**0.04**	**0.03**
#黄红麻	Jute and Ambary Hemp	0.10	0.03	0.02	0.01	0.01	0.00	0.00
苎 麻	Ramee	0.06	0.06	0.08	0.04	0.02	0.02	0.02
大 麻	Hemp		0.01	0.01	0.00	0.00	0.01	0.01
亚 麻	Flax	0.08	0.06	0.10	0.01	0.00	0.00	0.00
糖料	**Sugar Crops**	**1.21**	**0.97**	**1.01**	**1.15**	**0.94**	**0.93**	**0.98**
甘蔗	Sugarcane	0.75	0.76	0.87	1.03	0.88	0.83	0.85
甜菜	Beetroots	0.46	0.21	0.14	0.12	0.06	0.10	0.13
烟叶	**Tobacco**	**0.98**	**0.92**	**0.88**	**0.83**	**0.75**	**0.68**	**0.64**
#烤烟	Flue-cured Tobacco	0.87	0.81	0.80	0.77	0.72	0.65	0.60
药材	**Medicinal Materials**	**0.19**	**0.43**	**0.78**	**0.80**	**1.12**	**1.30**	**1.44**
蔬菜、瓜类	**Vegetables and Melon**	**7.08**	**11.06**	**12.82**	**11.71**	**13.07**	**13.28**	**13.60**
#蔬菜	Vegetables	6.35	9.75	11.40	10.30	11.76	12.01	12.32
其他农作物	**Other Farm Crops**	**4.49**	**4.70**	**4.78**	**2.98**	**2.53**	**2.97**	**2.98**
#青饲料	Succulence	1.22	1.37	2.17	1.12	0.98	1.13	1.19

12-10 主要农产品产量
Output of Major Farm Products

单位：万吨 (10 000 tons)

年份 地区	Year Region	粮食 Grain	谷物 Cereal	#稻谷 Rice	#小麦 Wheat	#玉米 Corn	豆类 Beans	薯类 Tubers	棉花 Cotton
	1978	30476.5		13693.0	5384.0	5594.5		3174.0	216.7
	1980	32055.5		13990.5	5520.5	6260.0		2872.5	270.7
	1985	37910.8		16856.9	8580.5	6382.6		2603.6	414.7
	1990	44624.3		18933.1	9822.9	9681.9		2743.3	450.8
	1995	46661.8	41611.6	18522.6	10220.7	11198.6	1787.5	3262.6	476.8
	2000	46217.5	40522.4	18790.8	9963.6	10600.0	2010.0	3685.2	441.7
	2005	48402.2	42776.0	18058.8	9744.5	13936.5	2157.7	3468.5	571.4
	2006	49804.2	45099.2	18171.8	10846.6	15160.3	2003.7	2701.3	753.3
	2007	50413.9	45963.0	18638.1	10952.5	15512.3	1709.1	2741.8	759.7
	2008	53434.3	48569.4	19261.2	11293.2	17212.0	2021.9	2843.0	723.2
	2009	53940.9	49243.3	19619.7	11583.4	17325.9	1904.6	2792.9	623.6
	2010	55911.3	51196.7	19722.6	11614.1	19075.2	1871.8	2842.7	577.0
	2011	58849.3	54061.7	20288.3	11862.5	21131.6	1863.3	2924.3	651.9
	2012	61222.6	56659.0	20653.2	12254.0	22955.9	1680.6	2883.0	660.8
	2013	63048.2	58650.4	20628.6	12371.0	24845.3	1542.4	2855.4	628.2
	2014	63964.8	59601.5	20960.9	12832.1	24976.4	1564.5	2798.8	629.9
	2015	66060.3	61818.4	21214.2	13263.9	26499.2	1512.5	2729.3	590.7
	2016	66043.5	61666.5	21109.4	13327.0	26361.3	1650.7	2726.3	534.3
	2017	66160.7	61520.5	21267.6	13433.4	25907.1	1841.6	2798.6	565.3
	2018	65789.2	61003.6	21212.9	13144.0	25717.4	1920.3	2865.4	610.3
北 京	Beijing	34.1	33.0	0.1	5.3	27.1	0.5	0.7	0.0
天 津	Tianjin	209.7	207.4	37.4	57.1	110.6	1.4	0.9	1.8
河 北	Hebei	3700.9	3524.9	52.5	1450.7	1941.2	28.1	147.9	23.9
山 西	Shanxi	1380.4	1293.2	0.6	228.6	981.6	35.6	51.6	0.4
内蒙古	Inner Mongolia	3553.3	3197.8	121.9	202.3	2700.0	205.7	149.8	0.0
辽 宁	Liaoning	2192.4	2131.6	418.0	1.4	1662.8	20.0	40.8	0.0
吉 林	Jilin	3632.7	3533.8	646.3	0.0	2799.9	62.8	36.2	
黑龙江	Heilongjiang	7506.8	6747.6	2685.5	36.2	3982.2	678.5	80.7	
上 海	Shanghai	103.7	103.2	88.0	13.0	1.3	0.2	0.4	0.0
江 苏	Jiangsu	3660.3	3572.5	1958.0	1289.1	300.0	65.0	22.8	2.1
浙 江	Zhejiang	599.1	535.7	477.4	35.8	20.6	28.2	35.2	0.8
安 徽	Anhui	4007.3	3889.3	1681.2	1607.5	595.6	103.0	14.9	8.9
福 建	Fujian	498.6	412.7	398.3	0.1	12.6	10.8	75.1	0.0
江 西	Jiangxi	2190.7	2112.2	2092.2	3.2	15.7	29.4	49.1	7.2
山 东	Shandong	5319.5	5190.8	98.6	2471.7	2607.2	44.5	84.2	21.7
河 南	Henan	6648.9	6483.4	501.4	3602.9	2351.4	101.7	63.8	3.8
湖 北	Hubei	2839.5	2704.0	1965.6	410.4	323.4	38.4	97.0	14.9
湖 南	Hunan	3022.9	2891.5	2674.0	8.0	202.8	36.3	95.0	8.6
广 东	Guangdong	1193.5	1087.5	1032.1	0.2	54.5	11.3	94.7	
广 西	Guangxi	1372.8	1295.9	1016.2	0.5	273.4	26.2	50.7	0.1
海 南	Hainan	147.1	130.7	130.7			1.9	14.6	
重 庆	Chongqing	1079.3	753.6	486.9	8.2	251.3	40.9	284.9	
四 川	Sichuan	3493.7	2830.9	1478.6	247.3	1066.3	121.5	541.3	0.4
贵 州	Guizhou	1059.7	739.2	420.7	33.2	259.0	29.3	291.2	0.1
云 南	Yunnan	1860.5	1581.7	527.7	74.3	926.0	118.1	160.7	0.0
西 藏	Tibet	104.4	101.5	0.5	19.5	3.4	2.2	0.6	
陕 西	Shaanxi	1226.0	1103.1	80.7	401.3	584.2	28.6	94.3	1.0
甘 肃	Gansu	1151.4	918.5	2.5	280.5	590.0	30.6	202.3	3.5
青 海	Qinghai	103.1	64.0		42.6	11.5	2.9	36.2	
宁 夏	Ningxia	392.6	353.4	66.6	41.6	234.6	2.8	36.4	
新 疆	Xinjiang	1504.2	1478.8	72.7	571.9	827.6	14.0	11.5	511.1

12-10 续表 1 continued

单位：万吨 (10 000 tons)

年份 Year / 地区 Region	油料 Oil-bearing Crops	#花生 Peanuts	#油菜籽 Rapeseeds	#芝麻 Sesame	麻类 Fiber Crops	#黄红麻 Jute and Ambary Hemp	甘蔗 Sugarcane	甜菜 Beetroots
1978	521.8	237.7	186.8	32.2	135.1	108.8	2111.6	270.2
1980	769.1	360.0	238.4	25.9	143.6	109.8	2280.7	630.5
1985	1578.4	666.4	560.7	69.1	444.8	411.9	5154.9	891.9
1990	1613.2	636.8	695.8	46.9	109.7	72.6	5762.0	1452.5
1995	2250.3	1023.5	977.7	58.3	89.7	37.1	6541.7	1398.4
2000	2954.8	1443.7	1138.1	81.1	52.9	12.6	6828.0	807.3
2005	3077.1	1434.2	1305.2	62.5	110.5	8.3	8663.8	788.1
2006	2640.3	1288.7	1096.6	66.2	89.1	8.7	9709.2	750.8
2007	2787.0	1381.5	1138.2	52.0	66.1	9.6	11179.4	902.9
2008	3036.8	1463.5	1240.3	51.5	56.1	8.0	12152.1	853.9
2009	3139.4	1460.4	1353.6	53.5	31.9	7.1	11200.4	546.5
2010	3156.8	1513.6	1278.8	46.2	24.2	6.5	10598.2	705.1
2011	3212.5	1530.2	1313.7	45.8	22.3	7.0	10867.4	795.8
2012	3285.6	1579.2	1340.1	46.6	19.6	6.3	11574.6	877.2
2013	3287.4	1608.2	1352.3	43.8	17.6	5.7	11926.4	628.7
2014	3371.9	1590.1	1391.4	43.7	16.5	5.1	11578.8	509.9
2015	3390.5	1596.1	1385.9	45.0	15.6	4.8	10706.4	508.8
2016	3400.0	1636.1	1312.8	35.2	18.1	3.4	10321.5	854.5
2017	3475.2	1709.2	1327.4	36.6	21.8	2.9	10440.4	938.4
2018	3433.4	1733.2	1328.1	43.1	20.3	2.9	10809.7	1127.7
北京 Beijing	0.4	0.3	0.0	0.0				
天津 Tianjin	0.6	0.5	0.0	0.0			0.0	
河北 Hebei	121.4	98.5	3.4	0.2	0.0			94.1
山西 Shanxi	15.5	1.3	2.4	0.2	0.0			0.1
内蒙古 Inner Mongolia	201.5	7.7	39.8	0.1	0.2			515.9
辽宁 Liaoning	78.1	76.8	0.1	0.1	0.0			11.8
吉林 Jilin	87.5	80.3	0.0	0.1				2.5
黑龙江 Heilongjiang	11.2	5.1	0.2	0.1	10.5			53.0
上海 Shanghai	0.7	0.2	0.5	0.0			0.2	
江苏 Jiangsu	86.0	39.3	45.7	1.0	0.1		5.3	0.0
浙江 Zhejiang	29.4	4.7	23.3	0.9	0.0	0.0	40.6	
安徽 Anhui	158.0	71.1	84.3	1.1	0.3	0.1	10.1	
福建 Fujian	21.2	20.3	0.9	0.0	0.0	0.0	26.1	
江西 Jiangxi	120.8	48.1	69.1	3.7	0.6	0.0	64.6	
山东 Shandong	310.9	306.7	2.2	0.1	0.0			
河南 Henan	631.0	572.4	39.0	18.8	2.1	2.0	15.4	
湖北 Hubei	302.5	80.7	205.3	11.4	0.5	0.0	27.7	0.1
湖南 Hunan	234.4	28.5	204.2	1.5	0.4	0.0	33.8	
广东 Guangdong	106.3	104.4	1.1	0.6	0.0	0.0	1412.7	
广西 Guangxi	66.7	62.7	2.3	1.2	0.7	0.6	7292.8	
海南 Hainan	8.4	8.3		0.1	0.0	0.0	132.5	
重庆 Chongqing	63.7	13.6	48.6	0.4	0.6	0.0	9.1	
四川 Sichuan	362.5	67.7	292.2	0.2	3.1	0.0	36.2	0.2
贵州 Guizhou	112.6	11.5	86.2	0.1	0.0		62.5	0.0
云南 Yunnan	61.0	7.0	52.5	0.0	0.0		1640.1	
西藏 Tibet	5.9	0.0	5.8					
陕西 Shaanxi	61.0	12.6	36.9	1.1	0.1	0.0	0.1	0.0
甘肃 Gansu	70.4	0.2	35.5		0.3			25.2
青海 Qinghai	28.5		28.1					0.0
宁夏 Ningxia	7.3	0.0	0.6					
新疆 Xinjiang	67.8	2.7	17.7	0.0	0.7			424.7

12-10 续表 2 continued

单位：万吨 (10 000 tons)

年份 Year / 地区 Region		烟叶 Tobacco	#烤烟 Flue-cured Tobacco	蚕茧 Silkworm Cocoons	#桑蚕茧 Mulberry Silkworm Cocoons	茶叶 Tea	水果 Fruits	#苹果 Apples	#柑桔 Citrus	#梨 Pears	#葡萄 Grapes	#香蕉 Bananas
	1978	124.2	105.2	22.8	17.3	26.8	657.0	227.5	38.3	151.7	10.4	8.5
	1980	84.5	71.7	32.6	25.0	30.4	679.3	236.3	71.3	146.6	11.0	6.1
	1985	242.5	207.5	37.1	33.6	43.2	1163.9	361.4	180.8	213.7	36.1	63.1
	1990	262.7	225.9	53.4	48.0	54.0	1874.4	431.9	485.5	235.3	85.9	145.6
	1995	231.4	207.2	80.0	76.0	58.8	4214.6	1400.8	822.5	494.2	174.2	312.5
	2000	255.2	223.8	54.8	50.1	68.3	6225.1	2043.1	878.3	841.2	328.2	494.1
	2005	268.3	243.5	78.0	71.3	93.5	16120.1	2401.1	1591.9	1132.4	579.4	651.8
	2006	245.6	225.5	87.9	82.0	102.8	17102.0	2605.9	1789.8	1198.6	627.1	690.1
	2007	242.2	224.9	92.7	86.2	101.0	16800.1	2734.7	1837.7	1222.8	644.0	764.0
	2008	275.9	258.2	88.2	80.5	125.5	18108.8	2899.5	2297.0	1296.4	698.2	748.4
	2009	296.2	275.0	79.5	72.8	135.1	19093.7	3047.5	2471.7	1343.6	764.9	829.6
	2010	283.2	261.2	82.7	75.5	146.2	20095.4	3164.9	2581.7	1409.5	813.5	884.1
	2011	299.8	278.6	84.3	76.8	160.8	21018.6	3367.3	2864.1	1448.6	857.7	946.1
	2012	324.6	302.3	83.7	76.7	176.1	22091.5	3581.4	3089.4	1550.4	1000.6	1036.0
	2013	322.0	304.0	81.8	74.7	188.7	22748.1	3629.8	3196.4	1544.4	1088.5	1103.0
	2014	284.7	269.7	81.5	74.4	204.9	23302.6	3735.4	3362.2	1581.9	1173.1	1062.2
	2015	267.7	249.5	81.2	74.1	227.7	24524.6	3889.9	3617.5	1652.7	1316.4	1062.7
	2016	257.4	244.5	80.3	73.8	231.3	24405.2	4039.3	3591.5	1596.3	1262.9	1094.0
	2017	239.1	227.9	81.7	75.1	246.0	25241.9	4139.0	3816.8	1641.0	1308.3	1117.0
	2018	224.1	211.0	83.1	76.4	261.0	25688.4	3923.3	4138.1	1607.8	1366.7	1122.2
北 京	Beijing	0.0	0.0				61.5	4.3		7.9	2.2	
天 津	Tianjin						62.5	3.6		8.4	10.2	
河 北	Hebei	0.3	0.3			0.0	1347.9	220.1		329.7	113.4	
山 西	Shanxi	0.4	0.4	0.2	0.2	0.0	750.5	376.5		63.7	28.4	
内蒙古	Inner Mongolia	0.6	0.4	0.8			264.2	13.6		7.0	6.1	
辽 宁	Liaoning	1.8	1.5	4.5			788.9	237.0		126.3	76.2	
吉 林	Jilin	2.7	1.5	0.4			148.1	5.6		5.7	11.3	
黑龙江	Heilongjiang	3.4	3.3	0.5			170.8	13.8		4.3	8.7	
上 海	Shanghai					0.0	54.3		10.7	3.8	6.6	
江 苏	Jiangsu			3.9	3.9	1.4	934.1	40.5	3.0	70.4	67.1	
浙 江	Zhejiang	0.1		2.2	2.2	17.5	743.6		183.7	38.3	76.8	
安 徽	Anhui	2.0	2.0	2.9	2.9	11.2	643.8	36.4	2.3	122.6	48.2	
福 建	Fujian	10.7	10.7			41.8	683.1		339.2	17.5	20.8	42.1
江 西	Jiangxi	3.6	3.4	0.6	0.6	6.5	684.4		410.8	16.3	8.6	
山 东	Shandong	4.6	4.6	1.5	1.5	2.2	2788.8	952.2		101.1	109.4	
河 南	Henan	25.3	25.0	1.2	0.6	6.3	2492.8	402.7	3.9	122.9	77.0	
湖 北	Hubei	6.6	5.6	0.4	0.4	33.0	998.0	1.0	488.1	37.3	27.9	
湖 南	Hunan	19.1	18.8			21.5	1016.8		528.6	19.7	18.5	
广 东	Guangdong	4.3	3.8	11.9	11.9	10.0	1669.2		437.2	11.3		422.8
广 西	Guangxi	1.8	1.4	36.9	36.9	7.5	2116.6		836.5	40.2	55.9	323.2
海 南	Hainan	0.0	0.0	0.1	0.1	0.1	430.4		7.0			121.6
重 庆	Chongqing	6.2	5.2	1.4	1.4	4.2	431.3	0.4	261.2	29.0	11.7	0.1
四 川	Sichuan	16.2	14.0	9.2	9.2	30.1	1080.7	72.6	433.0	94.7	37.6	4.9
贵 州	Guizhou	25.1	22.8	0.1	0.1	18.0	369.5	9.1	47.9	35.9	31.3	4.0
云 南	Yunnan	84.5	82.3	3.7	3.7	42.3	813.4	51.9	98.1	57.6	101.3	203.5
西 藏	Tibet						0.3					
陕 西	Shaanxi	4.0	3.4	0.7	0.7	7.1	1835.1	1008.7	46.9	99.7	72.8	
甘 肃	Gansu	0.6	0.6			0.1	609.3	291.5	0.1	19.0	25.3	
青 海	Qinghai						3.5	0.4		0.4	0.0	
宁 夏	Ningxia	0.1	0.1				197.2	18.2		0.9	19.9	
新 疆	Xinjiang	0.0					1497.8	163.3		116.2	293.5	

注：2003年起水果产量包括瓜果类产量。

a) Data of output of fruits include melons after 2003.

12-11 主要农产品单位面积产量
Output of Major Farm Products per Hectare

单位：公斤/公顷 (kg/hectare)

年份 地区	Year Region	谷物 Cereals	棉花 Cotton	花生 Peanuts	油菜籽 Rapeseeds	芝麻 Sesame	黄红麻 Jute and Ambary Hemp	甘蔗 Sugarcane	甜菜 Beetroots	烤烟 Flue-cured Tobacco
	1978		445	1344	718	506	2639	38496	8166	1717
	1980		550	1539	838	333	3497	47562	14242	1806
	1985		807	2008	1248	657	4154	53430	15913	1927
	1990		807	2191	1264	702	2421	57118	21668	1683
	1995	4659	879	2687	1415	908	2534	58133	20132	1584
	2000	4753	1093	2973	1519	1034	2516	57626	24518	1763
	2005	5225	1129	3076	1793	1054	2670	63970	37523	1956
	2006	5310	1295	3254	1833	1173	2781	70450	39767	2072
	2007	5321	1461	3347	1854	1156	3033	73015	40097	2056
	2008	5551	1370	3355	1814	1205	3302	71122	39246	2118
	2009	5448	1390	3411	1888	1295	4017	68170	33845	2250
	2010	5528	1322	3460	1748	1293	3849	65271	38018	2160
	2011	5714	1441	3529	1827	1366	4028	66113	41720	2103
	2012	5833	1516	3588	1865	1439	4099	68264	45924	2090
	2013	5907	1509	3658	1880	1460	3847	69986	44801	2065
	2014	5896	1508	3639	1944	1443	4098	70682	51533	2027
	2015	5989	1565	3640	1972	1495	4232	72528	52751	2084
	2016	6004	1671	3678	1982	1529	5132	73638	55630	2121
	2017	6105	1769	3710	1995	1610	5178	76132	53843	2108
	2018	6120	1819	3752	2027	1645	5008	76891	52174	2103
北　京	Beijing	6362	800	2771	1600	1230				
天　津	Tianjin	6056	1068	3695	1612	1347				
河　北	Hebei	5688	1137	3815	1752	1336			51914	2479
山　西	Shanxi	4769	1399	2483	938	902			46408	2765
内蒙古	Inner Mongolia	6232	1376	2707	1615	741			42271	3982
辽　宁	Liaoning	6438	2292	2685	1704	3409			59203	2751
吉　林	Jilin	6783		3278		1442			39504	2533
黑龙江	Heilongjiang	6543		2951	1355	2098			43996	2831
上　海	Shanghai	8023	1177	2786	2563	1427		33356		
江　苏	Jiangsu	6892	1241	3998	2873	1907		61918		
浙　江	Zhejiang	6782	1422	2992	2225	1810	3243	65994		
安　徽	Anhui	5921	1026	4929	2361	1541	4017	58059		2472
福　建	Fujian	6317	799	2918	1621	1298	3197	53274		2205
江　西	Jiangxi	6049	1545	2873	1430	1226	4217	45026		2034
山　东	Shandong	6375	1184	4411	2531	1680				2587
河　南	Henan	6254	1033	4758	2687	1731	6858	75833		2671
湖　北	Hubei	6300	938	3468	2201	1683	2800	42940	34450	1658
湖　南	Hunan	6555	1341	2609	1671	1379	2011	45781		2205
广　东	Guangdong	5693		3140	2382	1834	2772	81868		2433
广　西	Guangxi	5447	1058	2964	958	3989	3078	82274		1615
海　南	Hainan	5311		2718		1358	3000	63815		
重　庆	Chongqing	6588		2163	1943	1077	1835	41573		1851
四　川	Sichuan	6320	991	2568	2398	1563	1882	38735	17352	2063
贵　州	Guizhou	4885	990	2207	1732	1337		59047		1693
云　南	Yunnan	4984	378	1696	2050	832		63068		2049
西　藏	Tibet	5666		2940	2595					
陕　西	Shaanxi	4461	1431	3160	2099	1698		25250		2289
甘　肃	Gansu	4742	1640	3938	2031				66840	3214
青　海	Qinghai	3548			1930				18100	
宁　夏	Ningxia	5859		3159	2450					4450
新　疆	Xinjiang	6851	2051	4449	2793	1500			74175	

12-12 主要林产品产量
Output of Major Forest Products

年 份 Year / 地 区 Region		木材 (万立方米) Timber (10 000 cu.m)	橡胶 (吨) Rubber (ton)	松脂 (吨) Pine Resin (ton)	生漆 (吨) Lacquer (ton)	油桐籽 (吨) Tung-oil Seeds (ton)	油茶籽 (吨) Tea-oil Seeds (ton)
	1978	5162.3	101600	337600	2200	391150	478900
	1980	5359.3	112945	420750	2450	303350	490350
	1985	6323.4	187901	343946	2168	378770	619229
	1990	5571.0	264243	435244	2683	350770	523313
	1995	6766.9	424025	548133	2976	404929	623128
	2000	4724.0	480248	551057	5279	453461	823224
	2005	5560.3	513618	767134	14316	368688	875022
	2006	6611.8	537983	908784	20762	382989	919947
	2007	6976.6	588390	965618	12891	361285	939096
	2008	8108.3	547861	849205	15526	370966	989859
	2009	7068.3	619138	1046579	20498	367287	1169289
	2010	8089.6	693022	1115711	20093	433624	1092243
	2011	8145.9	750850	1156612	18867	437702	1480044
	2012	8174.9	802255	1215065	26027	427048	1727708
	2013	8438.5	864806	1307747	25154	418924	1776506
	2014	8233.3	840171	1309520	22290	416065	2023445
	2015	7200.3	816103	1326292	22806	412042	2163492
	2016	7775.9	815918	1328877	21934	408518	2164440
	2017	8398.2	817366	1443868	18145	370083	2431647
	2018	8810.9	824093	1375367	18882	348173	2629796
北 京	Beijing	13.8					
天 津	Tianjin	19.7					
河 北	Hebei	87.4					
山 西	Shanxi	26.0					
内蒙古	Inner Mongolia	74.5					
辽 宁	Liaoning	171.0					
吉 林	Jilin	165.5					
黑龙江	Heilongjiang	70.6					
上 海	Shanghai						
江 苏	Jiangsu	133.9					260
浙 江	Zhejiang	123.4		272	20	178	68523
安 徽	Anhui	450.5		14880	110	1729	97267
福 建	Fujian	580.2		107635	85	26329	174154
江 西	Jiangxi	257.0		119760	195	13563	455454
山 东	Shandong	474.3					
河 南	Henan	258.4		7	1998	66397	49134
湖 北	Hubei	209.8		13280	2664	21400	194836
湖 南	Hunan	286.1		47434	1120	26663	1010844
广 东	Guangdong	859.9	18601	248015		8701	149194
广 西	Guangxi	3174.8	38	690217	55	85617	273000
海 南	Hainan	198.4	350677	7712			3844
重 庆	Chongqing	59.5		80	1458	4318	10518
四 川	Sichuan	230.7		240	293	5238	23119
贵 州	Guizhou	278.3		16708	7392	44470	83090
云 南	Yunnan	550.7	454776	108490	130	15766	20043
西 藏	Tibet					897	2
陕 西	Shaanxi	8.0		637	3361	26905	16514
甘 肃	Gansu	4.5			1	2	
青 海	Qinghai	0.1					
宁 夏	Ningxia						
新 疆	Xinjiang	44.1					
大兴安岭	Daxinganling						

12-13 牲畜饲养情况
Number of Livestock

单位：万头、万只 (10 000 heads)

年 份 Year 地 区 Region	大牲畜年底头数 Large Animals (year-end)	牛 Cattle and Buffaloes	马 Horses	驴 Donkeys	骡 Mules	骆驼 Camels
1996	13360.2	11031.8	871.5	944.4	478.0	34.5
2000	14638.1	12353.2	876.6	922.7	453.0	32.6
2005	12894.8	10990.8	740.0	777.2	360.4	26.6
2006	12325.7	10503.1	719.3	730.9	345.5	26.9
2007	11998.2	10397.5	646.7	638.9	291.0	24.1
2008	11529.7	10068.0	594.7	600.4	243.8	22.8
2009	11380.8	10035.9	562.3	540.4	219.7	22.6
2010	11074.6	9820.0	529.9	510.1	191.5	23.0
2011	10580.0	9384.0	515.4	485.3	171.1	24.3
2012	10248.4	9137.3	465.2	462.4	159.0	24.5
2013	10008.6	8985.8	431.7	425.7	138.0	27.4
2014	9952.0	9007.3	415.8	383.6	117.4	28.0
2015	9929.8	9055.8	397.5	342.4	104.1	30.1
2016	9559.9	8834.5	351.2	259.3	84.5	30.5
2017	9763.6	9038.7	343.6	267.8	81.1	32.3
2018	9625.5	8915.3	347.3	253.3	75.8	33.8
北 京 Beijing	10.9	10.6	0.1	0.2	0.0	
天 津 Tianjin	25.1	24.6	0.1	0.4	0.0	0.0
河 北 Hebei	371.6	342.0	6.1	18.0	5.5	0.0
山 西 Shanxi	118.5	102.0	1.0	12.0	3.6	0.0
内蒙古 Inner Mongolia	778.7	616.2	63.8	72.8	8.6	17.3
辽 宁 Liaoning	306.0	248.3	6.2	46.4	5.2	0.0
吉 林 Jilin	330.7	325.3	2.8	2.3	0.3	
黑龙江 Heilongjiang	476.2	456.5	13.4	5.2	1.0	
上 海 Shanghai	5.8	5.8	0.0			
江 苏 Jiangsu	31.7	29.2	0.2	1.7	0.6	
浙 江 Zhejiang	13.7	13.7				
安 徽 Anhui	80.0	79.6	0.1	0.3	0.0	
福 建 Fujian	30.9	30.9				
江 西 Jiangxi	246.5	246.5				
山 东 Shandong	390.1	380.6	0.7	8.5	0.3	
河 南 Henan	377.0	373.4	0.9	2.3	0.4	
湖 北 Hubei	241.5	241.1	0.3	0.1	0.0	
湖 南 Hunan	387.0	385.4	1.4	0.1	0.1	
广 东 Guangdong	120.6	120.6	0.0			
广 西 Guangxi	350.7	328.6	18.8	0.0	3.3	
海 南 Hainan	54.5	54.5				
重 庆 Chongqing	105.6	103.7	1.4	0.1	0.4	
四 川 Sichuan	916.0	824.3	74.3	8.5	8.9	
贵 州 Guizhou	483.0	465.3	17.1	0.1	0.5	
云 南 Yunnan	859.6	811.9	14.3	13.2	20.2	
西 藏 Tibet	642.2	608.4	27.7	4.8	1.2	
陕 西 Shaanxi	153.1	149.9	0.2	2.7	0.4	
甘 肃 Gansu	504.6	440.4	11.7	34.5	15.0	3.0
青 海 Qinghai	527.6	514.3	11.6	0.4	0.1	1.1
宁 夏 Ningxia	128.9	124.6	0.1	3.9	0.2	0.0
新 疆 Xinjiang	557.3	457.2	73.0	14.8	0.0	12.4

12-13 续表 continued

单位：万头、万只 (10 000 heads)

年份 地区	Year Region	肉猪出栏头数 Slaughtered Fattened Hogs	猪年底头数 Hogs (year-end)	羊年底只数 Sheep and Goats (year-end)	山羊 Goats	绵羊 Sheep
	1996	41225.2	36283.6	23728.3	12315.8	11412.5
	2000	51862.3	41633.6	27948.2	14945.6	13002.6
	2005	60367.4	43319.1	29792.7	14659.0	15133.7
	2006	61209.0	41854.4	28337.6	13956.1	14381.5
	2007	56640.9	43933.2	28606.7	14564.1	14042.5
	2008	61278.9	46433.1	28823.7	15067.0	13756.7
	2009	64990.9	47177.2	29063.0	14734.0	14328.9
	2010	67332.7	46765.2	28730.2	14195.0	14535.2
	2011	67030.0	47074.8	28664.1	14087.4	14576.7
	2012	70724.5	48030.2	28512.7	13932.3	14580.4
	2013	72768.0	47893.1	28935.2	13657.5	15277.7
	2014	74951.5	47160.2	30391.3	14167.5	16223.8
	2015	72415.6	45802.9	31174.3	14507.5	16666.8
	2016	70073.9	44209.2	29930.5	13691.8	16238.8
	2017	70202.1	44158.9	30231.7	13823.8	16407.9
	2018	69382.4	42817.1	29713.5	13574.7	16138.8
北京	Beijing	169.4	45.4	24.2	5.7	18.6
天津	Tianjin	278.6	196.9	41.9	4.9	37.0
河北	Hebei	3709.6	1820.8	1179.6	365.2	814.3
山西	Shanxi	814.6	549.5	875.6	344.1	531.5
内蒙古	Inner Mongolia	896.0	497.3	6001.9	1632.0	4369.9
辽宁	Liaoning	2495.8	1262.2	772.8	407.9	364.9
吉林	Jilin	1570.4	870.4	396.6	54.3	342.3
黑龙江	Heilongjiang	1964.4	1353.2	772.7	166.0	606.7
上海	Shanghai	148.9	96.5	13.7	12.9	0.9
江苏	Jiangsu	2680.9	1552.0	390.2	380.7	9.5
浙江	Zhejiang	911.6	516.8	125.9	40.8	85.0
安徽	Anhui	2837.4	1356.3	500.6	499.8	0.8
福建	Fujian	1421.3	799.9	95.3	95.3	
江西	Jiangxi	3124.0	1587.3	100.3	100.3	
山东	Shandong	5082.3	2985.6	1801.4	875.2	926.2
河南	Henan	6402.4	4337.2	1734.1	1474.0	260.1
湖北	Hubei	4363.5	2521.8	546.8	546.8	
湖南	Hunan	5993.7	3822.0	668.3	668.3	
广东	Guangdong	3757.4	2024.3	93.0	93.0	
广西	Guangxi	3465.8	2298.3	223.5	222.9	0.6
海南	Hainan	561.6	382.4	68.9	68.8	0.1
重庆	Chongqing	1758.2	1167.2	323.2	323.0	0.2
四川	Sichuan	6638.3	4258.5	1462.9	1303.5	159.4
贵州	Guizhou	1869.9	1549.3	401.5	379.1	22.5
云南	Yunnan	3850.5	3055.5	1268.9	1175.3	93.6
西藏	Tibet	17.9	38.8	1047.1	366.8	680.3
陕西	Shaanxi	1150.8	839.0	866.8	715.7	151.0
甘肃	Gansu	691.6	545.2	1885.9	407.3	1478.5
青海	Qinghai	116.5	78.2	1336.1	180.0	1156.1
宁夏	Ningxia	112.5	73.8	534.3	107.2	427.1
新疆	Xinjiang	526.7	335.8	4159.7	558.0	3601.7

12-14 畜产品产量
Output of Livestock Products

年份 Year 地区 Region		肉类（万吨）Output of Meat (10 000 tons)	#猪牛羊肉 Output of Pork, Beef and Mutton	猪肉 Pork	牛肉 Beef	羊肉 Mutton	奶类（万吨）Milk (10 000 tons)	#牛奶 Cow Milk
	1996	4584.0	3694.7	3158.0	355.7	181.0	735.8	629.4
	2000	6013.9	4743.2	3966.0	513.1	264.1	919.1	827.4
	2005	6938.9	5473.5	4555.3	568.1	350.1	2864.8	2753.4
	2006	7099.9	5608.4	4650.3	590.3	367.7	3051.6	2944.6
	2007	6916.4	5319.8	4307.9	626.2	385.7	3055.2	2947.1
	2008	7370.9	5692.9	4682.0	617.7	393.2	3236.2	3010.6
	2009	7706.7	5958.5	4932.8	626.2	399.4	3153.9	2995.1
	2010	7993.6	6173.5	5138.4	629.1	406.0	3211.3	3038.9
	2011	8023.0	6140.3	5131.6	610.7	398.0	3262.8	3109.9
	2012	8471.1	6462.8	5443.5	614.7	404.5	3306.7	3174.9
	2013	8632.8	6641.6	5618.6	613.1	409.9	3118.9	3000.8
	2014	8817.9	6864.2	5820.8	615.7	427.6	3276.5	3159.9
	2015	8749.5	6702.2	5645.4	616.9	439.9	3295.5	3179.8
	2016	8628.3	6502.6	5425.5	616.9	460.3	3173.9	3064.0
	2017	8654.4	6557.5	5451.8	634.6	471.1	3148.6	3038.6
	2018	8624.6	6522.9	5403.7	644.1	475.1	3176.8	3074.6
北京	Beijing	17.5	15.1	13.5	0.9	0.6	31.1	31.1
天津	Tianjin	33.9	25.3	21.2	2.9	1.2	48.0	48.0
河北	Hebei	466.7	373.3	286.3	56.5	30.5	391.1	384.8
山西	Shanxi	93.1	77.1	62.5	6.5	8.1	81.7	81.1
内蒙古	Inner Mongolia	267.3	239.6	71.8	61.4	106.3	571.8	565.6
辽宁	Liaoning	377.1	244.2	210.1	27.5	6.6	132.6	131.8
吉林	Jilin	253.6	172.3	127.0	40.7	4.6	39.0	38.8
黑龙江	Heilongjiang	247.5	204.9	149.9	42.6	12.5	458.5	455.9
上海	Shanghai	13.5	11.6	11.3	0.0	0.3	33.4	33.4
江苏	Jiangsu	328.5	216.1	205.5	2.8	7.8	50.0	50.0
浙江	Zhejiang	104.6	77.5	74.0	1.2	2.3	15.8	15.7
安徽	Anhui	421.7	269.7	243.9	8.7	17.1	30.8	30.8
福建	Fujian	256.1	117.1	113.1	1.9	2.0	14.3	13.8
江西	Jiangxi	325.7	260.9	246.3	12.5	2.1	9.6	9.6
山东	Shandong	854.7	534.2	421.0	76.4	36.8	232.5	225.1
河南	Henan	669.4	540.7	479.0	34.8	26.9	208.9	202.7
湖北	Hubei	430.9	358.8	333.2	15.8	9.7	12.8	12.8
湖南	Hunan	541.7	479.6	446.8	17.9	14.9	6.2	6.2
广东	Guangdong	449.9	287.6	281.5	4.1	2.0	13.9	13.9
广西	Guangxi	426.8	279.6	263.9	12.3	3.4	8.9	8.9
海南	Hainan	79.9	48.7	45.6	1.9	1.1	0.2	0.2
重庆	Chongqing	182.3	146.1	132.2	7.2	6.8	4.9	4.9
四川	Sichuan	664.7	542.0	481.2	34.5	26.3	64.3	64.2
贵州	Guizhou	213.7	189.8	164.8	19.9	5.0	4.6	4.6
云南	Yunnan	427.2	378.5	323.8	36.0	18.6	65.7	58.2
西藏	Tibet	28.4	27.8	1.0	20.9	5.9	40.8	36.4
陕西	Shaanxi	114.5	104.4	86.6	8.2	9.6	159.7	109.7
甘肃	Gansu	101.2	95.6	50.6	21.4	23.6	41.1	40.5
青海	Qinghai	36.5	35.5	9.2	13.2	13.1	33.5	32.6
宁夏	Ningxia	34.1	30.3	8.8	11.5	9.9	169.4	168.3
新疆	Xinjiang	162.0	139.4	38.1	42.0	59.4	201.7	194.9

12-14 续表 continued

年份 地区	Year Region	绵羊毛 (吨) Sheep Wool (ton)	#细羊毛 Fine Wool	#半细羊毛 Semi-Fine Wool	山羊粗毛 (吨) Goat Wool (ton)	山羊绒 (吨) Cashmere (ton)	禽 蛋 (万吨) Poultry Eggs (10 000 tons)	蜂 蜜 (万吨) Honey (10 000 tons)
	1996	298102	121020	74099	35284	9585	1965.2	18.3
	2000	292502	117386	84921	33266	11057	2182.0	24.6
	2005	393172	127862	123068	36904	15435	2438.1	29.3
	2006	387643	130959	116043	35171	16223	2424.0	33.4
	2007	371075	124262	108635	35333	15665	2546.7	38.0
	2008	369665	119279	105272	35477	16534	2699.6	38.5
	2009	358121	124365	109013	35910	16593	2751.9	39.7
	2010	385125	123504	113998	36226	17848	2776.9	38.2
	2011	386487	132877	113305	38070	17126	2830.4	41.2
	2012	393725	124716	127313	40505	17211	2885.4	43.8
	2013	402081	131730	128335	40215	17307	2905.5	43.7
	2014	407230	122251	132693	38655	18465	2930.3	46.3
	2015	413134	130537	134905	35487	18684	3046.1	47.3
	2016	411642	129164	137973	35785	18844	3160.5	55.5
	2017	410523	127921	133458	32863	17852	3096.3	54.3
	2018	356608	117891	120430	26965	15438	3128.3	44.7
北 京	Beijing	37.4	2.9	2.9	5.2	3.1	11.2	0.1
天 津	Tianjin	179.4	22.7	156.8	1.9		19.4	0.0
河 北	Hebei	20816.3	4784.8	12788.3	2360.3	704.6	378.0	1.1
山 西	Shanxi	7957.9	2317.2	4171.9	1428.6	1215.1	102.6	0.6
内蒙古	Inner Mongolia	118178.9	62086.2	23365.7	6053.8	6606.8	55.2	0.4
辽 宁	Liaoning	7607.3	1198.7	6095.3	1335.5	1055.6	297.2	0.3
吉 林	Jilin	11430.2	4728.5	6669.1	504.3	86.7	117.1	1.1
黑龙江	Heilongjiang	25805.0	3924.0	20879.0	1202.0	189.9	108.5	1.9
上 海	Shanghai	3.2			73.8		3.2	0.1
江 苏	Jiangsu	344.3	77.8	266.6	8.6	0.0	178.0	0.5
浙 江	Zhejiang	1687.2		1687.2	391.9		31.5	6.6
安 徽	Anhui	132.0	95.0	37.0	23.0		158.3	2.1
福 建	Fujian						44.3	1.6
江 西	Jiangxi						47.0	1.8
山 东	Shandong	6451.0	1655.5	3686.7	2696.7	551.1	447.0	0.4
河 南	Henan	4130.2	500.5	2584.5	2406.1	312.5	413.6	6.1
湖 北	Hubei	9.0		5.0	48.0		171.5	2.3
湖 南	Hunan				2.0	1.0	105.4	1.0
广 东	Guangdong				6.0		39.2	2.4
广 西	Guangxi						22.3	1.6
海 南	Hainan						4.7	0.1
重 庆	Chongqing	1.4		1.4			41.5	2.2
四 川	Sichuan	5475.0	1719.0	2847.0	558.0	140.0	148.8	5.4
贵 州	Guizhou	600.2	166.3	433.9	84.6	8.1	20.0	0.4
云 南	Yunnan	1534.0	304.0	1005.0	102.0	6.0	32.7	1.2
西 藏	Tibet	7967.7	1345.8	2267.0	937.2	853.4	0.5	0.0
陕 西	Shaanxi	3059.3	1044.1	1679.7	1747.3	1478.3	61.6	0.6
甘 肃	Gansu	29293.0	9140.3	5180.9	1620.5	324.1	14.1	0.4
青 海	Qinghai	17600.0	2279.0	6873.0	700.0	355.0	2.3	0.2
宁 夏	Ningxia	9746.0	4380.0	2221.0	786.0	663.0	14.4	0.1
新 疆	Xinjiang	76561.7	16119.1	15524.9	1881.7	883.5	37.3	2.0

12-15 水产品产量
Output of Aquatic Products

单位：万吨 (10 000 tons)

年份 地区	Year Region	水产品总产量 Total Aquatic Products	海水产品 Seawater Aquatic Products	天然生产 Naturally Grown	人工养殖 Artificially Cultured	鱼类 Fish	虾蟹类 Shrimps, Prawns and Crabs	贝类 Shellfish	藻类 Algae	其他 Others
	1978	465.4	359.5	314.5	45.0	256.1	50.6	26.8	26.0	
	1980	449.7	325.7	281.3	44.4	234.1	42.1	23.4	26.2	
	1985	705.2	419.7	348.5	71.2	274.5	70.6	47.3	27.3	
	1990	1237.0	713.3	550.9	162.4	423.1	107.0	147.3	27.5	8.2
	1995	2517.2	1439.1	1026.8	412.3	758.1	184.8	392.3	74.9	29.0
	2000	3706.2	2203.9	1275.9	928.0	896.7	257.9	901.7	106.1	41.5
	2005	4419.9	2465.9	1255.1	1210.8	913.9	281.3	1008.1	133.9	128.6
	2006	4583.6	2509.6	1245.4	1264.2	892.1	299.4	1046.7	137.6	133.8
	2007	4747.5	2550.9	1243.6	1307.3	891.3	298.9	1068.2	138.8	153.7
	2008	4895.6	2598.3	1258.0	1340.3	864.3	288.8	1072.5	142.3	122.1
	2009	5116.4	2681.6	1276.3	1405.2	880.8	303.6	1120.0	148.4	131.0
	2010	5373.0	2797.5	1315.2	1482.3	906.3	310.4	1170.4	156.6	142.1
	2011	5603.2	2908.0	1356.7	1551.3	1075.2	321.8	1212.8	162.9	135.3
	2012	5502.1	2889.6	1314.4	1575.2	957.3	345.7	1264.8	179.0	142.8
	2013	5744.2	2992.4	1327.7	1664.7	972.8	362.6	1327.6	188.5	140.9
	2014	6001.9	3136.3	1403.9	1732.4	1042.5	382.9	1371.7	202.9	136.2
	2015	6211.0	3232.3	1435.7	1796.6	1078.0	386.3	1414.0	211.5	142.5
	2016	6379.5	3301.3	1386.0	1915.3	1063.1	396.1	1476.9	219.3	145.8
	2017	6445.3	3321.7	1321.0	2000.7	1115.8	370.7	1481.4	224.8	129.0
	2018	6457.7	3301.4	1270.2	2031.2	1091.5	368.2	1487.0	236.2	118.5
北京	Beijing	3.0	0.2	0.2		0.2				
天津	Tianjin	32.6	4.9	4.1	0.8	3.8	0.8	0.2		0.1
河北	Hebei	109.6	76.8	27.8	49.0	19.9	7.7	45.2	0.1	3.9
山西	Shanxi	4.8								
内蒙古	Inner Mongolia	13.9								
辽宁	Liaoning	450.8	367.0	80.6	286.4	65.6	14.4	234.9	34.2	17.9
吉林	Jilin	23.4								
黑龙江	Heilongjiang	62.4								
上海	Shanghai	26.3	16.7	16.7		15.9	0.8	0.0		0.0
江苏	Jiangsu	494.8	140.8	49.0	91.8	35.7	25.4	70.8	4.3	4.6
浙江	Zhejiang	589.6	463.2	342.3	120.9	254.2	86.4	98.0	8.9	15.7
安徽	Anhui	225.0								
福建	Fujian	783.9	696.8	218.0	478.8	210.8	50.7	306.6	112.0	16.7
江西	Jiangxi	255.9								
山东	Shandong	861.4	736.1	215.0	521.1	172.1	38.9	429.3	66.7	29.2
河南	Henan	98.4								
湖北	Hubei	458.4								
湖南	Hunan	246.9								
广东	Guangdong	842.4	449.2	132.4	316.7	155.7	79.4	194.2	7.9	11.9
广西	Guangxi	332.0	194.4	58.1	136.3	39.2	43.9	103.2		8.1
海南	Hainan	175.8	137.8	108.4	29.4	100.9	19.9	4.6	2.0	10.4
重庆	Chongqing	53.0								
四川	Sichuan	153.5								
贵州	Guizhou	23.7								
云南	Yunnan	63.8								
西藏	Tibet	0.0								
陕西	Shaanxi	16.3								
甘肃	Gansu	1.4								
青海	Qinghai	1.7								
宁夏	Ningxia	17.7								
新疆	Xinjiang	17.4								
中农发集团	CNADG	17.6	17.6	17.6		17.6				

注：2013年起中国水产总公司改名为中农发集团(China National Agricultural Development Group Co.LTD，简称CNADG)。
a) China National Fisheries Corp. was named as China National Agricultural Development Group Co., LTD. since 2013.

12-15 续表 continued

单位：万吨 (10 000 tons)

年 份 地 区	Year Region	淡水产品 Freshwater Aquatic Products	天然生产 Naturally Grown	人工养殖 Artificially Cultured	鱼 类 Fish	虾蟹类 Shrimps, Prawns and Crabs	贝 类 Shellfish	其 他 Others
	1978	105.9	29.6	76.2	99.7	3.8	2.4	
	1980	124.0	33.9	90.2	116.3	5.2	2.5	
	1985	285.4	47.6	237.8	276.5	5.5	3.4	
	1990	523.7	78.3	445.4	504.9	9.5	7.6	1.8
	1995	1078.1	137.3	940.8	1018.6	27.3	20.5	11.6
	2000	1502.3	193.4	1308.9	1358.4	76.3	40.0	27.7
	2005	1954.0	221.0	1733.0	1737.2	140.3	46.3	30.2
	2006	2074.0	220.4	1853.6	1822.5	167.8	50.9	32.8
	2007	2196.6	225.6	1971.0	1908.5	202.1	50.5	35.5
	2008	2297.3	224.8	2072.5	1998.5	210.1	50.1	38.7
	2009	2434.8	218.4	2216.5	2109.9	228.8	52.0	44.2
	2010	2575.5	228.9	2346.5	2225.6	248.1	53.8	47.9
	2011	2695.2	223.2	2471.9	2343.7	248.8	53.9	48.8
	2012	2612.5	204.0	2408.5	2235.9	268.7	54.0	54.0
	2013	2751.9	204.2	2547.7	2366.5	277.0	52.8	55.5
	2014	2865.7	202.5	2663.2	2470.7	288.7	51.4	54.8
	2015	2978.7	199.3	2779.3	2571.9	300.2	51.6	54.9
	2016	3078.2	200.3	2877.9	2653.8	316.1	52.5	55.8
	2017	3123.6	218.3	2905.3	2702.6	320.8	46.7	53.6
	2018	3156.2	196.4	2959.8	2691.4	369.7	40.8	54.4
北 京	Beijing	2.8	0.2	2.6	2.8			
天 津	Tianjin	27.8	0.6	27.2	23.7	4.0	0.0	0.1
河 北	Hebei	32.8	4.2	28.6	29.3	3.0	0.2	0.4
山 西	Shanxi	4.8	0.2	4.5	4.7	0.0		0.0
内蒙古	Inner Mongolia	13.9	2.1	11.8	13.6	0.1		0.2
辽 宁	Liaoning	83.8	3.9	79.9	76.6	6.5	0.0	0.8
吉 林	Jilin	23.4	1.9	21.5	23.0	0.4	0.0	
黑龙江	Heilongjiang	62.4	4.7	57.7	61.6	0.8	0.0	0.0
上 海	Shanghai	9.6	0.2	9.4	6.4	3.2		0.0
江 苏	Jiangsu	354.0	28.7	325.3	252.5	89.4	9.0	3.2
浙 江	Zhejiang	126.4	13.1	113.3	95.9	14.6	3.4	12.5
安 徽	Anhui	225.0	25.9	199.0	169.8	42.5	8.0	4.7
福 建	Fujian	87.1	7.0	80.1	71.9	8.4	4.8	2.0
江 西	Jiangxi	255.9	22.4	233.5	222.7	18.8	6.5	7.9
山 东	Shandong	125.3	8.3	117.1	112.3	12.0	0.4	0.7
河 南	Henan	98.4	10.8	87.5	92.2	5.3	0.2	0.7
湖 北	Hubei	458.4	18.1	440.3	349.3	101.7	0.8	6.6
湖 南	Hunan	246.9	9.0	238.0	213.7	26.9	1.7	4.7
广 东	Guangdong	393.3	11.5	381.7	357.6	27.1	3.6	5.0
广 西	Guangxi	137.6	9.3	128.3	132.6	1.0	1.4	2.6
海 南	Hainan	38.0	1.3	36.7	37.4	0.3	0.1	0.3
重 庆	Chongqing	53.0	1.9	51.1	51.7	0.8	0.0	0.5
四 川	Sichuan	153.5	4.5	148.9	150.4	1.9	0.3	0.9
贵 州	Guizhou	23.7	1.1	22.6	23.4	0.2	0.0	0.1
云 南	Yunnan	63.8	3.1	60.6	63.0	0.5	0.2	0.1
西 藏	Tibet	0.0	0.0	0.0	0.0			0.0
陕 西	Shaanxi	16.3	0.7	15.6	15.6	0.0	0.0	0.6
甘 肃	Gansu	1.4		1.4	1.4	0.0		0.0
青 海	Qinghai	1.7		1.7	1.7	0.0		
宁 夏	Ningxia	17.7	0.0	17.7	17.6	0.1		0.0
新 疆	Xinjiang	17.4	1.4	16.0	17.0	0.4	0.0	0.0

12-16 人均主要农产品产量
Per Capita Output of Major Farm Products

单位：公斤 (kg)

年份 Year 地区 Region	粮食 Grain	谷物 Cereal	棉花 Cotton	油料 Oil-bearing Crops	猪牛羊肉 Pork, Beef and Mutton	水产品 Total Aquatic Products	牛奶 Milk
1978	319		2.3	5.5	9.1	4.9	
1980	327		2.8	7.8	12.3	4.6	1.2
1985	361		3.9	15.0	16.8	6.7	2.4
1990	393		4.0	14.2	22.1	10.9	3.7
1995	378	345	4.0	18.7	27.4	20.9	4.8
2000	366	321	3.5	23.4	37.6	29.4	6.6
2005	371	328	4.4	23.6	42.0	33.9	21.1
2006	380	344	5.7	20.1	42.8	35.0	22.5
2007	383	349	5.8	21.1	40.4	36.0	22.4
2008	403	367	5.5	22.9	43.0	37.0	22.7
2009	405	370	4.7	23.6	44.8	38.4	22.5
2010	418	383	4.3	23.6	46.2	40.2	22.7
2011	438	402	4.8	23.9	45.7	41.7	23.1
2012	453	419	4.9	24.3	47.8	40.6	23.5
2013	464	432	4.6	24.2	49.1	42.2	22.2
2014	469	437	4.6	24.7	50.3	43.8	23.2
2015	482	451	4.3	24.7	48.9	45.1	23.2
2016	479	447	3.9	24.7	47.2	46.3	22.2
2017	477	444	4.1	25.1	47.3	46.5	21.9
2018	472	438	4.4	24.7	46.8	46.4	22.1
北京 Beijing	16	15	0.0	0.2	7.0	1.4	14.4
天津 Tianjin	135	133	1.2	0.4	16.2	20.9	30.8
河北 Hebei	491	468	3.2	16.1	49.5	14.5	51.0
山西 Shanxi	372	349	0.1	4.2	20.8	1.3	21.8
内蒙古 Inner Mongolia	1404	1263	0.0	79.6	94.6	5.5	223.4
辽宁 Liaoning	502	488	0.0	17.9	56.0	103.3	30.2
吉林 Jilin	1340	1304		32.3	63.6	8.6	14.3
黑龙江 Heilongjiang	1985	1785		3.0	54.2	16.5	120.6
上海 Shanghai	43	43	0.0	0.3	4.8	10.8	13.8
江苏 Jiangsu	455	444	0.3	10.7	26.9	61.5	6.2
浙江 Zhejiang	105	94	0.1	5.2	13.6	103.5	2.8
安徽 Anhui	637	618	1.4	25.1	42.9	35.8	4.9
福建 Fujian	127	105	0.0	5.4	29.8	199.7	3.5
江西 Jiangxi	473	456	1.6	26.1	56.3	55.2	2.1
山东 Shandong	531	518	2.2	31.0	53.3	85.9	22.5
河南 Henan	694	677	0.4	65.9	56.4	10.3	21.1
湖北 Hubei	480	458	2.5	51.2	60.7	77.6	2.2
湖南 Hunan	439	420	1.2	34.1	69.7	35.9	0.9
广东 Guangdong	106	97		9.4	25.5	74.8	1.2
广西 Guangxi	280	264	0.0	13.6	57.0	67.7	1.8
海南 Hainan	158	141		9.1	52.4	189.0	0.2
重庆 Chongqing	349	244		20.6	47.3	17.1	1.6
四川 Sichuan	420	340	0.0	43.6	65.1	18.4	7.7
贵州 Guizhou	295	206	0.0	31.4	52.9	6.6	1.3
云南 Yunnan	386	328	0.0	12.7	78.6	13.2	12.1
西藏 Tibet	307	298		17.2	81.6	0.1	107.0
陕西 Shaanxi	318	287	0.3	15.8	27.1	4.2	28.5
甘肃 Gansu	438	349	1.3	26.8	36.3	0.5	15.4
青海 Qinghai	172	106		47.4	59.0	2.8	54.2
宁夏 Ningxia	573	516		10.6	44.2	25.8	245.7
新疆 Xinjiang	610	600	207.3	27.5	56.5	7.1	79.0

12-17 国有农场基本情况
Basic Statistics on State Farms

本表为农垦系统数据。
Data in this table are those from land reclamation departments.

指 标	Item	2014	2015	2016	2017	2018
农场数 (个)	**Number of Farms (unit)**	**1789**	**1785**	**1781**	**1758**	**1759**
职工人数 (万人)	**Number of Staff and Workers (10 000 persons)**	**299.2**	**287.7**	**276.7**	**271.5**	**192.1**
耕地面积 (千公顷)	**Cultivated Area (1 000 hectares)**	**6242.7**	**6325.4**	**6446.9**	**6455.6**	**6419.7**
农业机械总动力 (亿瓦)	**Total Power of Agricultural Machinery (100 million watts)**	**272.6**	**283.8**	**296.5**	**302.6**	**306.2**
农业机械拥有量(万台、万辆)	**Ownership of Agricultural Machinery(10 000 units)**					
大中型农用拖拉机	Large and Medium-sized Agricultural Tractors	19.3	19.7	21.6	22.2	22.9
小型及手扶拖拉机	Small and Walking Agricultural Tractors	32.1	30.9	26.8	30.1	37.3
农用排灌动力机械	Machinery for Agricultural Drainage and Irrigation	29.3	28.0	29.4	28.7	33.3
联合收割机	Combine Harvesters	5.3	5.7	9.4	6.4	6.4
农用运输汽车	Trucks for Agricultural Use	8.9	8.4	9.1	8.2	7.6
农用化肥施用量 (万吨)	**Consumption of Chemical Fertilizers (10 000 tons)**	**273.2**	**269.9**	**273.9**	**278.0**	**273.8**
农业总产值 (亿元)	**Gross Agricultural Output Value (100 million yuan)**	**3415.2**	**3449.7**	**3457.8**	**3837.2**	**3823.1**
农作物总播种面积(千公顷)	**Sown Area of Farm Crops (1 000 hectares)**	**6907.3**	**6898.3**	**6930.1**	**6872.7**	**6851.2**
粮食作物	Grain	4923.6	4997.0	4996.3	4894.1	4827.0
谷 物	Cereal	4205.7	4353.0	4039.0	3815.5	4022.4
棉 花	Cotton	905.3	834.2	732.1	796.4	1021.8
油 料	Oil-bearing Crops	364.4	352.2	361.2	337.2	306.2
糖 料	Sugar Crops	84.3	84.3	85.9	90.4	93.6
麻 类	Fiber Crops	3.3	3.3	5.1	5.1	5.7
年底实有茶园面积	Area of Tea Plantations (year-end)	28.5	29.4	28.9	28.5	27.3
年底实有桑园面积	Area of Mulberry Plantations (year-end)	2.1	2.2	1.6	1.0	0.9
年底实有果园面积	Area of Orchards (year-end)	406.9	422.7	418.5	418.0	411.3
年底实有橡胶园面积	Area of Rubber Plantations (year-end)	444.2	443.2	453.6	453.6	439.1
主要农产品产量 (万吨)	**Output of Major Farm Products (10 000 tons)**					
粮食作物	Grain	3538.1	3665.1	3483.2	3515.2	3652.8
谷 物	Cereal	3336.2	3465.0	3249.7	3198.4	3359.4
棉 花	Cotton	211.4	175.0	187.7	208.6	284.8
油 料	Oil-bearing Crops	82.6	80.8	81.7	76.6	79.7
糖 料	Sugar Crops	706.8	718.3	734.5	774.8	755.8
麻 类	Fiber Crops	1.4	1.5	2.6	3.0	8.2
茶 叶	Tea	5.0	5.0	5.1	5.2	5.6
水 果	Fruits	547.1	649.2	677.5	737.5	745.3
干 胶	Rubber	31.3	31.0	28.6	27.0	29.3
畜牧业、渔业生产	**Production of Animal Husbandry and Fishery**					
大牲畜年底头数 (万头)	Number of Large Animals (year-end)(10 000 heads)	276.1	282.0	292.0	300.5	280.2
猪年底头数 (万头)	Number of Hogs (10 000 heads)	1256.9	1227.3	1239.0	1263.7	1173.1
羊年底只数 (万只)	Number of Sheep and Goats (10 000 heads)	1434.7	1494.8	1437.2	1369.8	1236.5
#绵 羊	Sheep	1203.6	1249.0	1195.0	1140.4	1031.6
畜产品产量 (万吨)	**Output of Livestock Products (10 000 tons)**					
猪牛羊肉	Pork, Beef and Mutton	192.4	185.0	185.4	189.4	163.0
#猪 肉	Pork	151.8	146.4	147.5	150.9	126.2
牛 奶	Milk	375.1	369.1	379.0	385.1	389.8
禽 蛋	Poultry Eggs	46.7	48.3	50.5	54.4	45.4
羊 毛	Sheep Wool	3.2	3.3	3.4	3.4	3.2
水产品总产量 (万吨)	**Total Output of Aquatic Products (10 000 tons)**	**153.4**	**152.5**	**148.4**	**160.9**	**162.8**

主要统计指标解释

农林牧渔业总产值 指以货币表现的农、林、牧、渔业全部产品和对农林牧渔业生产活动进行的各种支持性服务活动的价值总量，它反映一定时期内农林牧渔业生产总规模和总成果。1957 年以前的农林牧渔业总产值中包括了厩肥和农民自给性手工业(如农民自制衣服、鞋、袜，自己从事粮食初步加工等)。1958 年及以后，林业中增加了村及村以下竹木采伐产值；牧业中取消了厩肥产值；副业中取消了农民自给性手工业产值，增加了村及村以下办的工业产值；渔业中增加了海洋捕捞水产品产值。1980 年及以后，在副业中增加了农民家庭兼营工业商品部分的产值。从 1984 年起村及村以下工业产值划归工业。从 1993 年起取消副业，将野生动物的捕猎划入牧业，野生植物采集和农民家庭兼营商品性工业划归农业。从 2003 年起，执行新的国民经济行业分类标准，农林牧渔业总产值中包括了农林牧渔服务业产值，2018 年以后农林牧渔服务业产值改称农林牧渔专业及辅助性活动产值。林业中增加了森林采运业产值。农业中取消了家庭兼营商品性工业产值，将野生林产品的采集划归林业。第一、二、三次农业普查以后，根据农业普查结果，对农业、畜牧业、渔业年报数据和农业、畜牧业、渔业产值进行了修订。2010 年执行《统计用产品分类目录》，对 2009 年的农业、林业产值做了相应调整。

农林牧渔业总产值的计算方法通常是按农、林、牧、渔业产品及其副产品的产量分别乘以各自单位产品价格求得；少数生产周期较长，当年没有产品或产品产量不易统计的，则采用间接方法匡算其产值；然后将四业产品产值及农林牧渔专业及辅助性活动产值相加即为农林牧渔业总产值。

粮食产量 指农业生产经营者日历年度内生产的全部粮食数量。按收获季节包括夏收粮食、早稻和秋收粮食，按作物品种包括谷物、薯类和豆类。其产量计算方法：谷物按脱粒后的原粮计算，豆类按去豆荚后的干豆计算；薯类(包括甘薯和马铃薯，不包括芋头和木薯)1963 年以前按每 4 公斤鲜薯折 1 公斤粮食计算，从 1964 年开始改为按 5 公斤鲜薯折 1 公斤粮食计算；城市郊区作为蔬菜的薯类(如马铃薯等)按鲜品计算，并且不作粮食统计。1989 年以前全国粮食产量数据主要靠全面报表取得，1989 年开始使用抽样调查数据。

棉花产量 指全社会的产量。包括春播棉和夏播棉。产量按皮棉计算。不包括木棉。

油料产量 指全部油料作物的生产量。包括花生、油菜籽、芝麻、向日葵籽、胡麻籽（亚麻籽）和其他油料。不包括大豆、木本油料和野生油料。花生以带壳干花生计算。

水产品产量 指渔业（捕捞和养殖）生产活动的最终有效成果，包括全部海水和淡水鱼类、甲壳类（虾、蟹）、贝类、头足类、藻类和其他类渔业产品的最终产量。水产品产量是通过各级水产部门逐级上报取得数据。1995 年及以前，贝类中牡蛎按鲜肉计算；蚶、蛤、蛙按 5 斤鲜品折 1 斤计算。1996 年以后则统一按鲜品计算。

猪、牛、羊肉产量 指当年出栏并已屠宰、除去头蹄下水后带骨肉(即胴体重)的重量。包括全社会范围内的产量。1996 年以前为全面统计并逐级上报数据。1996 年第一次农业普查以后，根据普查结果，对畜牧业主要年报数据进行了修正。1999 年以后，国家统计局在部分地区开展了猪、牛、羊、禽等主要畜禽品种的抽样调查，并用抽样数据作为国家定案数据使用。未开展抽样调查的地区和品种，仍使用各级统计部门逐级上报数据。2008 年，建立了主要畜禽监测调查制度，猪、牛、羊、禽等主要畜禽数据均以抽样调查数为法定数据。

期初（末）畜禽存栏头（只）数 指报告期初(末)农村各种合作经济组织和国营农场、农民个人、机关、团体、学校、工矿企业、部队等单位以及城镇居民饲养的大牲畜、猪、羊、家禽等畜禽的数量。数据上报方式及数据调整情况同猪、牛、羊肉产量。

农作物播种面积 指农业生产经营者应在日历年度内收获农作物在全部土地（耕地或非耕地）上的播种或移植面积。凡是本年内收获的农作物，无论是本年还是上年播种，都算为播种面积，但不包括本年播种，下年收获的农作物面积。

耕地灌溉面积 指具有一定的水源，地块比较平整，灌溉工程或设备已经配套，在一般年景下能够进行正常灌溉的耕地面积。在一般情况下，耕地灌溉面积应等于灌溉工程或设备已经配套，能够进行正常灌溉的水田和水浇地面积之和。它是反映我国农田水利建设的重要指标。

农用化肥施用量 指本年内实际用于农业生产的化肥数量，包括氮肥、磷肥、钾肥和复合肥。化肥施用量要求按折纯量计算数量。折纯量是指把氮肥、磷肥、钾肥分别按含氮、含五氧化二磷、含氧化钾的百分之百成份进行折算后的数量。复合肥按其所含主要成分折算。公式为：

折纯量=实物量×某种化肥有效成份含量的百分比

农业机械总动力 指全部农业机械动力的额定功率之和。农业机械是指用于种植业、畜牧业、渔业、农产品初加工、农用运输和农田基本建设等活动的机械及设备。农机总动力按使用能源不同分为以下四部分：

柴油发动机动力：指全部柴油发动机额定功率之和；

汽油发动机动力：指全部汽油发动机额定功率之和；

电动机动力：指全部电动机（含潜水电泵的电动机）额定功率之和；

其他机械动力：指采用柴油、汽油、电力之外的其他能源，如水力、风力、煤炭、太阳能等动力机械功率之和。

这个指标的统计数据主要来源于农机部门。

Explanatory Notes on Main Statistical Indicators

Gross Output Value of Agriculture, Forestry, Animal Husbandry and Fishery refers to the total value of products of agriculture, forestry, animal husbandry and fishery, and total value of services in support of agriculture, forestry, animal husbandry and fishery activities. It reflects the total scale and results of agricultural production during a given period. Prior to 1957, China's gross agricultural output value included barnyard manure and handicraft products for self-consumption (clothes, shoes, stockings, and initial grain processing undertaken by peasants). Since 1958, cutting and felling of bamboo and trees by villages and other cooperative organizations under villages have been included in forestry; value of barnyard manure has been excluded from animal husbandry; self consumed handicrafts have not been included from sideline occupations, while the output value of industries run by villages and cooperative organizations under village has been included in sideline occupations; and the output value of fish catches by motor fishing boats has been added to fishery. Since 1980, the value of handicraft products made for sale by individuals in households has been added to sideline occupations. Since 1984, industries run by villages and under villages have been included in the sector of industry. Since 1993, the subdivision of sideline occupations has been cancelled, and the hunting of wild animals has been classified into animal husbandry, and the gathering of wild plants and commodity industry run by rural household have been included in farming. A new industrial classification of economic activities was introduced in 2003. Under the new classification, value of services to agriculture, forestry, animal husbandry and fishery is included in the gross output value of agriculture. In 2018, the output value of agriculture, forestry, animal husbandry and fishery services was renamed the output value of professional and auxiliary activities in support of agriculture, forestry, animal husbandry and fishery, value of wood felling and transport is included in forestry, value of industrial output by rural households is not included in agriculture. According to the result of the first, second, third Agriculture Census, efforts were made to adjust the annual reports of animal husbandry and fishery output and the output value of agriculture, animal husbandry and fishery output to make the figures from the annual reports consistent with the census data. "The Classification of Products for Statistical Purposes" implemented in 2010 made relevant revision on the output value of agriculture and forestry in 2009.

Gross output value of agriculture is obtained by multiplying the output of each product or by-product by its price, resulting in the output value of each single item. For a small number of products, annual output of which is not available or difficult to get due to the long production (growing) process involved, the output value is estimated through an indirect approach. The sum of output values of all products of agriculture, forestry, animal husbandry and fishery and professional and auxiliary activities in support of agriculture, forestry, animal husbandry and fishery is then equal to the gross output value of agriculture.

Grain Output refers to the total output of grains produced by agricultural producers within a calendar year. It includes summer grain, early rice and autumn grain if classified by harvest seasons; it covers cereal, tubers and beans if classified by type of crops. Output of cereal should be limited to husked grain only. Output of beans refers to dry beans without pods. The output of tubers (sweet potatoes and potatoes, not including taros and cassava) are converted into that of grain at the ratio 4:1, i.e. 4 kilograms of fresh tubers were equivalent to 1 kilogram of grain up to 1963. Since 1964 the ratio for conversion has been 5:1. Tubers supplied as vegetables (such as potatoes) in cities and suburbs are calculated as fresh vegetables and their output is not included in the output of grain. Data on grain production before 1989 were obtained through the Comprehensive Statistical Reporting System. Since 1989, data from sample surveys are used.

Cotton Output refers to cotton production in the whole country including cotton planted in spring and in autumn. Output is measured as the weight of ginned cotton. Ceiba is not included.

Output of Oil-bearing Crops refers to the total production of oil-bearing crops of various kinds, including peanuts (dry, in shell), rapeseeds, sesame, sunflower seeds, flax seeds, and other oil-bearing crops. Soybeans, oil-bearing woody plants, and wild oil-bearing crops are not included.

Output of Aquatic Products refers to final output actually yielded from fishing production (fishery and breeding), including all output of marine and freshwater fish, crustaceans (shrimps, crabs), shellfish, cephalopod, seaweed and other fishery products. Data on output of aquatic products are reported by aquatic product agencies level by level. Before 1995, among the shellfish, oyster was counted as fresh meat; 5 kilograms of ark shell, clams and frogs are equivalent to 1 kilogram of fresh aquatic products; they have all been counted as fresh aquatic products since 1996.

Output of Pork, Beef, and Mutton refers to the meat of slaughtered hogs, cattle, sheep and goats with head, feet, and offal taken away. Data refers to the production of the whole country. Before 1996, it was a comprehensive reporting from the lower level to the upper one. The First Agricultural Census of China in 1996 revealed some discrepancy between the production of animal products from the annual reports and that from the census. Efforts were made to adjust the output value of animal husbandry to make the figures from the annual reports consistent with the census data. Since 1999, the NBS conducted sample surveys for the major animal husbandry products, such as hogs, cattle, sheep and goats and fowls, and the data from sample surveys are used as national finalized data. Those products, which are not covered by the sample survey, are still reported by statistical agencies level by level. In 2008, A Monitoring and Survey Program was set up on main livestock, the data on the main livestock such as hog, cattle, sheep and poultry became the official data based on the sampling survey.

Number of Livestock or Poultry in Stock at Beginning (or End) of Period refers to the total number of large animals, pigs, sheep, fowls, etc. raised by rural cooperative organizations, State farms, rural individuals, government agencies, schools, industrial and mining enterprises, army, and urban residents at the beginning (or end) of the reference period. Data reporting system and data adjustment are the same as that in the output of pork, beef and mutton.

Sown Area of Crops refers to area of all land (cultivated or non-cultivated area) sown or transplanted with crops that are harvested within the calendar year by agricultural producers. All crops harvested within the year are counted as sown area, regardless of being sown in this year or the previous year. Crops sown this year but will be harvested in the coming year are excluded.

Irrigated Area of Cultivated Land refers to area of land that are effectively irrigated, i.e. relatively level land, where there are water sources or complete sets of irrigation facilities to lift and move adequate water for irrigation purpose under normal conditions. Under normal situations, irrigated area of cultivated land is the sum of watered fields and irrigated fields where irrigation systems or equipment have been installed for regular irrigation purpose. It is an important indicator to reflect the farmland water conservancy construction in China.

Consumption of Chemical Fertilizers in Agriculture refers to the quantity of chemical fertilizers applied in agriculture in the year, including nitrogenous fertilizer, phosphate fertilizer, potash fertilizer, and compound fertilizer. The consumption of chemical fertilizers is calculated in terms of volume of effective components by means of converting the gross weight of the respective fertilizers into weight containing effective component (e.g. nitrogen content in nitrogenous fertilizer, phosphorous pentoxide contents in phosphate fertilizer, and potassium oxide contents in potash fertilizer). Compound fertilizer is converted in regard to its major components. The formula is:

Volume of effective component= physical quantity × effective component of certain chemical fertilizer (%)

Total Power of Agricultural Machinery refers to the total rated capacity of all agricultural machinery. Agricultural machinery refers to the machineries and equipments which are used for activities of planting, animal husbandry, fishery, primary processing of agricultural products, agricultural transport and infrastructure construction of farmland. Total power of agricultural machinery is grouped into four parts according to the energy used:

Diesel engine power refers to the total rated capacity of all diesel engines.

Gasoline engine power refers to the total rated capacity of all gasoline engines.

Motor power refers to the total rated capacity of all motors (include submersible pump motors).

Other mechanical powers refer to the total mechanical capacity of the sources of energy besides diesel, gasoline and motor power, such as hydro power, wind power, coal and solar energy.

Data are mainly from agricultural machinery agencies.

13

工　业

Industry

简 要 说 明

一、本篇资料的主要内容

本篇资料反映我国工业经济的基本情况，包括 31 个省、自治区、直辖市的主要工业经济统计数据：

1.全国规模以上工业企业主要经济指标，以及按工业门类、企业规模、企业登记注册类型、工业行业大类和按地区分组的主要经济指标；

2.国有控股、私营、外商投资和港澳台商投资工业企业按工业行业大类和按地区分组的主要经济指标；

3.大中型工业企业按工业行业大类和按地区分组的主要经济指标；

4.主要工业产品产量和生产能力等。

二、本篇资料的统计范围

本篇资料中规模以上工业企业的统计范围：1998 年至2006年为全部国有和年主营业务收入500万元及以上的非国有工业法人单位；2007 年至 2010 年为年主营业务收入500万元及以上的工业法人单位；从2011年开始，为年主营业务收入 2000 万元及以上的工业法人单位。

本篇资料中工业行业分类按《国民经济行业分类》（GB/T 4754—2017）标准划分；企业规模划分按《统计上大中小微型企业划分办法（2017）》标准执行。

三、本篇的资料来源和统计调查方法

本篇 2017 年及以前年份工业企业统计数据主要根据工业统计年度报表有关资料整理汇总，2018 年数据主要根据工业统计快报有关资料整理汇总。

四、数据使用注意事项

2017、2018 年全国规模以上工业企业主要指标数据与上年数据之间存在不可比因素，其主要原因是：（一）根据统计制度，每年定期对规模以上工业企业调查范围进行调整。每年有部分企业达到规模标准纳入调查范围，也有部分企业因规模变小而退出调查范围，还有新建投产企业、破产、注（吊）销企业等变化。（二）加强统计执法，对统计执法检查中发现的不符合规模以上工业统计要求的企业进行了清理，对相关基数依规进行了修正。（三）加强数据质量管理，剔除跨地区、跨行业重复统计数据。根据国家统计局最新开展的企业组织结构调查情况，对企业集团（公司）跨地区、跨行业重复计算进行了剔重。（四）"营改增"政策实施后，服务业企业改交增值税且税率较低，工业企业逐步将内部非工业生产经营活动剥离，转向服务业，使工业企业财务数据有所减小。

Brief Introduction

I. Main Contents

Data in this chapter reflect the basic conditions of the industrial sector, presenting main industrial economic indicators of 31 provinces, autonomous regions and municipalities:

(1) Main economic indicators of industrial enterprises above designated size; as well as the main economic indicators and efficiency indicators classified by industrial sector, by size of enterprise, by type of registration, by branch of industry and by province.

(2) Main economic indicators and efficiency indicators of State-holding industrial enterprises, private industrial enterprises, foreign-funded industrial enterprises and industrial enterprises with funds from Hong Kong, Macao and Taiwan classified by branch of industry and by province.

(3) Main economic indicators and efficiency indicators of large and medium-sized industrial enterprises classified by branch of industry and by province.

(4) Output and production capacity of key industrial products.

II. Scopes of Statistics

The scopes of industrial enterprises above designated size were: all State-owned industrial enterprises and the non-State-owned industrial enterprises with revenue from principal business over 5 million yuan from 1998 to 2006; all industrial enterprises with revenue from principal business over 5 million yuan from 2007 to 2010; and all industrial enterprises with revenue from principal business above 20 million yuan since 2011.

Data by branch of industry in this chapter are based on the *National Industrial Classification of all Economic Activities (GB/T 4754-2017)*, and data by size of enterprise are based on the 2017's *Standards of Enterprises by Size*.

III. Sources of Data and Methods of Survey

The data on industrial enterprises in this Chapter are compiled mainly on the basis of annual industrial statistics reporting forms in 2017 and before, and on preliminary reporting forms in 2018.

Ⅳ. Data Usage Notes

Data of 2017 and 2018 of main indicators of industrial enterprises above designated size nationwide are not comparable with previous years, the reasons are as following: (1) According to the statistical system, the investigation scope of industrial enterprises above designated size should be adjusted regularly every year. Every year, some enterprises meet the scale criteria to be included in the scope of investigation, some enterprises withdraw from the scope of investigation because of the smaller scale, and there are other changes: new enterprises, bankruptcy, annotation (cancellation) enterprises, etc. (2) Strengthening of statistical law enforcement, cleaning up enterprises found in the inspection of statistical law enforcement that do not meet the standard of industrial statistics above designated size, and amending the relevant cardinality in accordance with regulations. (3) Strengthening data quality management and eliminating duplicated statistical data across regions and across industries. According to the latest survey of organizational structure of enterprises carried out by the National Bureau of Statistics, the repeated calculation of enterprise groups (companies) across regions and industries is weighed. (4) After the implementation of the program to replace the business tax with a value-added tax, the value-added tax was paid by the service enterprises and the tax rate was lower. The industrial enterprises gradually stripped off the internal non-industrial production and operation activities and turned to the service industry, which reduced the financial data of the industrial enterprises.

13-1 规模以上工业企业主要指标（2018年）
Main Indicators of Industrial Enterprises above Designated Size (2018)

单位：亿元 (100 million yuan)

项 目	Item	企业单位数（个）Number of Enterprises (unit)	资产总计 Total Assets	营业收入 Revenue from Principal Business	利润总额 Total Profits
总 计	**Total**	**378440**	**1134382.2**	**1049490.5**	**66351.4**
按工业门类分	**Grouped by Industries**				
采矿业	Mining	11214	96065.7	45695.3	5246.4
制造业	Manufacturing	355852	866343.7	931189.8	56964.4
电力、热力、燃气及水生产和供应业	Production and Supply of Electricity, Gas and Water	11374	171972.9	72605.4	4140.5
按企业规模分	**Grouped by Size of Enterprises**				
大型企业	Large Enterprises	9103	545158.1	459178.9	32129.4
中型企业	Medium-sized Enterprises	49778	260495.1	238287.8	15520.5
小型企业	Small Enterprises	319559	328729.0	352023.8	18701.5
按登记注册类型分	**By Status of Registration**				
内资企业	Domestic Funded	330704	910029.0	805012.4	49575.8
国有企业	State-owned Enterprises	1836	65398.0	42334.5	1816.6
集体企业	Collective-owned Enterprises	1675	1731.7	1926.1	102.2
股份合作企业	Cooperative Enterprises	772	665.7	762.0	22.8
联营企业	Joint Ownership Enterprises	96	137.7	168.6	9.3
国有联营企业	State Joint Ownership Enterprises	9	39.5	11.5	0.2
集体联营企业	Collective Joint Ownership Enterprises	40	19.1	23.6	1.9
国有与集体联营企业	Joint State-collective Enterprises	18	41.0	32.3	
其他联营企业	Other Joint Ownership Enterprises	29	38.2	101.1	7.1
有限责任公司	Limited Liability Corporations	92935	427067.8	331503.5	20312.7
国有独资公司	State Sole Funded Corporations	3480	100634.5	58035.3	2918.7
其他有限责任公司	Other Limited Liability Corporations	89455	326433.3	273468.2	17394.0
股份有限公司	Share-holding Corporations Limited	11980	174685.9	115447.5	10175.8
私营企业	Private Enterprises	220628	239288.8	311970.0	17137.0
私营独资企业	Private-funded Enterprises	10887	4901.7	8918.3	553.4
私营合伙企业	Private Partnership Enterprises	1817	983.2	1672.5	97.0
私营有限责任公司	Private Limited Liability Corporations	198651	208012.8	278437.6	14922.8
私营股份有限公司	Private Share-holding Corporations Ltd.	9273	25391.0	22941.5	1563.8
其他企业	Other Enterprises	782	1053.4	900.3	-0.4
港、澳、台商投资企业	Enterprises with Funds from Hong Kong, Macao and Taiwan	22829	98303.9	101368.7	6454.5
合资经营企业(港或澳、台资)	Joint-venture Enterprises	6700	35864.4	34167.1	2347.9
合作经营企业(港或澳、台资)	Cooperative Enterprises	534	1448.8	1784.6	174.6
港、澳、台商独资经营企业	Enterprises with Sole Investment	14840	53515.8	60458.9	3425.6
港、澳、台商投资股份有限公司	Share-holding Corporations Ltd.	490	6071.6	4004.8	439.4
其他港、澳、台商投资企业	Other Enterprises with Funds from Hong Kong, Macao and Taiwan	265	1403.4	953.2	67.1
外商投资企业	Foreign Funded Enterprises	24907	126049.3	143109.3	10321.0
中外合资经营企业	Joint-venture Enterprises	8366	58161.5	65260.3	5228.8
中外合作经营企业	Cooperation Enterprises	491	2049.5	1928.3	211.6
外资企业	Enterprises with Sole Funds	15190	57252.3	69208.4	4352.7
外商投资股份有限公司	Share-holding Corporations Ltd.	476	7424.8	5353.3	456.2
其他外商投资企业	Other Foreign Funded Enterprises	384	1161.2	1359.0	71.7

注：1.全国规模以上工业企业统计范围1998年至2006年为全部国有及年主营业务收入在500万元及以上非国有工业企业；2007年至2010年为年主营业务收入在500万元及以上的工业企业；2011年及以后年份为年主营业务收入在2000万元及以上的工业企业。2018年为统计快报数据，以下相关表均同。

2.2018年数据与上年数据之间存在不可比因素，原因详见“简要说明四”。以下相关表均同。

a) Industrial enterprises above designated size are all state-owned enterprises and non-state owned enterprises with annual revenue from principal business over 5 million yuan from 1998 to 2006, and are industrial enterprise with annual revenue from principal business over 5 million yuan from 2007 to 2010, and are industrial enterprise with annual revenue from principal business over 20 million yuan since 2011. Data of 2018 are preliminary data. The same applies to the relevant tables following.

b) Data of 2018 are not comparable with previous year, see "Brief Introduction Ⅳ". The same applies to the relevant tables following.

13-2 按行业分规模以上工业企业主要指标（2018年）

单位：亿元

行　　业	Sector	企　业单位数（个）Number of Enterprises (unit)	资产总计 Total Assets
总　　计	**National Total**	**378440**	**1134382.2**
煤炭开采和洗选业	Mining and Washing of Coal	4505	55089.0
石油和天然气开采业	Extraction of Petroleum and Natural Gas	123	19348.3
黑色金属矿采选业	Mining and Processing of Ferrous Metal Ores	1528	9922.6
有色金属矿采选业	Mining and Processing of Non-Ferrous Metal Ores	1456	5785.4
非金属矿采选业	Mining and Processing of Non-metal Ores	3395	3346.9
开采专业及辅助性活动	Professional and Support Activities for Mining	186	2552.2
其他采矿业	Mining of Other Ores	21	21.2
农副食品加工业	Processing of Food from Agricultural Products	25007	30808.6
食品制造业	Manufacture of Foods	8981	15641.9
酒、饮料和精制茶制造业	Manufacture of Liquor, Beverages and Refined Tea	6805	17688.7
烟草制品业	Manufacture of Tobacco	116	10881.1
纺织业	Manufacture of Textile	19122	21819.8
纺织服装、服饰业	Manufacture of Textile, Wearing Apparel and Accessories	14827	12515.9
皮革、毛皮、羽毛及其制品和制鞋业	Manufacture of Leather, Fur, Feather and Related Products and Footwear	8550	6511.3
木材加工和木、竹、藤、棕、草制品业	Processing of Timber, Manufacture of Wood, Bamboo, Rattan, Palm and Straw Products	9153	5403.9
家具制造业	Manufacture of Furniture	6300	5624.1
造纸和纸制品业	Manufacture of Paper and Paper Products	6704	14715.2
印刷和记录媒介复制业	Printing and Reproduction of Recording Media	5706	5752.4
文教、工美、体育和娱乐用品制造业	Manufacture of Articles for Culture, Education, Arts and Crafts, Sport and Entertainment Activities	9307	8689.6
石油、煤炭及其他燃料加工业	Processing of Petroleum, Coal and Other Fuels	2001	31488.4
化学原料和化学制品制造业	Manufacture of Raw Chemical Materials and Chemical Products	23513	74928.7
医药制造业	Manufacture of Medicines	7581	32913.1
化学纤维制造业	Manufacture of Chemical Fibres	1832	7769.5
橡胶和塑料制品业	Manufacture of Rubber and Plastics Products	18621	22027.6
非金属矿物制品业	Manufacture of Non-metallic Mineral Products	35072	48469.5
黑色金属冶炼和压延加工业	Smelting and Pressing of Ferrous Metals	5138	61103.8
有色金属冶炼和压延加工业	Smelting and Pressing of Non-ferrous Metals	6942	40306.4
金属制品业	Manufacture of Metal Products	23739	27657.0
通用设备制造业	Manufacture of General Purpose Machinery	23869	42169.5
专用设备制造业	Manufacture of Special Purpose Machinery	18057	39752.7
汽车制造业	Manufacture of Automobiles	15174	79176.2
铁路、船舶、航空航天和其他运输设备制造业	Manufacture of Railway, Ship, Aerospace and Other Transport Equipments	4790	16398.5
电气机械和器材制造业	Manufacture of Electrical Machinery and Apparatus	24190	68960.7
计算机、通信和其他电子设备制造业	Manufacture of Computers, Communication and Other Electronic Equipment	16656	101613.2
仪器仪表制造业	Manufacture of Measuring Instruments and Machinery	4355	9833.0
其他制造业	Other Manufacture	1673	1411.7
废弃资源综合利用业	Utilization of Waste Resources	1710	2470.4
金属制品、机械和设备修理业	Repair Service of Metal Products, Machinery and Equipment	361	1841.6
电力、热力生产和供应业	Production and Supply of Electric Power and Heat Power	7747	147498.8
燃气生产和供应业	Production and Supply of Gas	1693	10305.5
水的生产和供应业	Production and Supply of Water	1934	14168.6

Main Indicators of Industrial Enterprises above Designated Size by Industrial Sector (2018)

(100 million yuan)

流动资产合计 Total Current Assets	应收账款 Accounts Receivable	存货 Inventories	#产成品 Finished Goods	负债合计 Total Liabilities
554165.1	**143418.2**	**116671.3**	**43119.1**	**641273.8**
20654.6	2403.5	1668.8	665.7	36170.9
2937.9	417.0	206.3	101.7	8048.3
3039.5	463.5	330.7	152.3	6024.7
1967.2	285.9	387.7	160.0	3252.4
1550.3	292.9	211.9	114.2	1701.7
1347.2	501.9	114.8	8.9	1316.9
10.9	5.0	1.5	0.6	11.1
17130.3	2782.1	4948.3	2021.5	16845.9
7842.0	1568.3	1742.4	747.3	7180.8
10158.9	1014.9	2766.0	920.0	7438.5
7750.7	467.9	4714.5	345.2	2619.6
11812.7	2593.3	3425.3	1478.4	12324.0
7269.3	2002.1	1990.3	1020.3	6075.6
4028.7	1164.1	1054.0	397.7	3103.3
2762.2	665.4	786.4	350.2	2565.8
3270.2	842.0	783.4	303.7	2900.0
7172.3	1705.0	1406.0	569.7	8491.7
3094.8	992.3	626.2	241.4	2576.0
5506.1	1327.7	2042.4	1004.1	4604.3
15406.5	1616.3	4109.5	1364.3	20354.6
33904.0	7264.3	6941.5	2962.3	41512.1
18478.9	4100.1	4044.8	1795.9	13744.7
3559.9	498.7	916.4	467.0	4648.7
12438.1	3844.3	2852.3	1269.9	11199.1
25190.3	8204.4	4417.1	2024.1	26098.9
26385.7	2549.3	7044.6	2298.0	38201.6
19877.8	3043.5	5854.0	1682.2	25428.5
16504.9	5236.9	4034.6	1583.5	15077.8
27105.7	8560.8	6846.4	2386.8	22516.1
25543.3	7900.5	6231.6	2192.0	22180.4
47164.3	14156.2	7690.3	3315.8	46896.2
10236.9	3037.8	2634.8	521.0	9764.8
44962.7	15567.9	8023.6	3567.9	39665.0
67590.2	27154.6	11718.0	4222.0	59144.5
6463.4	2142.9	1349.6	455.1	4378.9
785.1	213.3	198.6	72.4	702.9
1423.6	367.7	399.0	192.9	1477.6
1003.8	384.3	198.0	15.9	975.0
22853.1	5065.7	1560.1	44.3	89938.1
3549.7	523.5	261.6	63.2	6080.3
4431.5	490.0	137.9	20.0	8037.0

13-2 续表

单位：亿元

行　　业	Sector	营业收入 Business Revenue	营业成本 Business Cost
总　　计	**National Total**	**1049490.5**	**881200.2**
煤炭开采和洗选业	Mining and Washing of Coal	24645.8	17545.2
石油和天然气开采业	Extraction of Petroleum and Natural Gas	8710.9	5296.1
黑色金属矿采选业	Mining and Processing of Ferrous Metal Ores	3374.4	2792.2
有色金属矿采选业	Mining and Processing of Non-Ferrous Metal Ores	3729.1	2843.4
非金属矿采选业	Mining and Processing of Non-metal Ores	3413.3	2672.4
开采专业及辅助性活动	Professional and Support Activities for Mining	1790.9	1689.4
其他采矿业	Mining of Other Ores	30.9	26.7
农副食品加工业	Processing of Food from Agricultural Products	47758.3	42803.3
食品制造业	Manufacture of Foods	18679.8	14640.3
酒、饮料和精制茶制造业	Manufacture of Liquor, Beverages and Refined Tea	15534.9	10725.5
烟草制品业	Manufacture of Tobacco	10465.4	3748.5
纺织业	Manufacture of Textile	27863.1	24834.0
纺织服装、服饰业	Manufacture of Textile, Wearing Apparel and Accessories	17417.7	14776.4
皮革、毛皮、羽毛及其制品和制鞋业	Manufacture of Leather, Fur, Feather and Related Products and Footwear	12130.5	10495.7
木材加工和木、竹、藤、棕、草制品业	Processing of Timber, Manufacture of Wood, Bamboo, Rattan, Palm and Straw Products	9210.3	8105.9
家具制造业	Manufacture of Furniture	7081.7	5904.0
造纸和纸制品业	Manufacture of Paper and Paper Products	14012.8	12094.7
印刷和记录媒介复制业	Printing and Reproduction of Recording Media	6471.1	5429.7
文教、工美、体育和娱乐用品制造业	Manufacture of Articles for Culture, Education, Arts and Crafts, Sport and Entertainment Activities	13408.8	11645.9
石油、煤炭及其他燃料加工业	Processing of Petroleum, Coal and Other Fuels	47910.8	38932.0
化学原料和化学制品制造业	Manufacture of Raw Chemical Materials and Chemical Products	72065.9	59973.7
医药制造业	Manufacture of Medicines	24264.7	14163.1
化学纤维制造业	Manufacture of Chemical Fibres	8394.0	7581.6
橡胶和塑料制品业	Manufacture of Rubber and Plastics Products	24845.2	21331.9
非金属矿物制品业	Manufacture of Non-metallic Mineral Products	48973.6	40205.9
黑色金属冶炼和压延加工业	Smelting and Pressing of Ferrous Metals	67255.6	59808.2
有色金属冶炼和压延加工业	Smelting and Pressing of Non-ferrous Metals	52215.3	48710.3
金属制品业	Manufacture of Metal Products	34375.1	30118.7
通用设备制造业	Manufacture of General Purpose Machinery	38308.9	31691.7
专用设备制造业	Manufacture of Special Purpose Machinery	29920.0	24252.5
汽车制造业	Manufacture of Automobiles	83372.6	70109.5
铁路、船舶、航空航天和其他运输设备制造业	Manufacture of Railway, Ship, Aerospace and Other Transport Equipments	11853.7	10022.3
电气机械和器材制造业	Manufacture of Electrical Machinery and Apparatus	64643.3	54375.3
计算机、通信和其他电子设备制造业	Manufacture of Computers, Communication and Other Electronic Equipment	107685.4	94445.8
仪器仪表制造业	Manufacture of Measuring Instruments and Machinery	8206.5	6387.7
其他制造业	Other Manufacture	1675.1	1422.8
废弃资源综合利用业	Utilization of Waste Resources	4086.0	3710.6
金属制品、机械和设备修理业	Repair Service of Metal Products, Machinery and Equipment	1103.6	933.7
电力、热力生产和供应业	Production and Supply of Electric Power and Heat Power	62462.6	56577.7
燃气生产和供应业	Production and Supply of Gas	7484.8	6443.8
水的生产和供应业	Production and Supply of Water	2657.9	1932.1

continued

(100 million yuan)

销售费用 Selling Expenses	管理费用 Administrative Expenses	财务费用 Financial Expenses	利润总额 Total Profits	平均用工人数（万人） Annual Average Employees (10 000 persons)
30924.4	**46125.1**	**11904.9**	**66351.4**	**7942.3**
575.8	1712.7	924.7	2888.2	320.9
35.6	627.1	115.0	1627.5	64.7
70.3	215.1	154.8	72.6	33.4
47.8	230.3	78.9	419.8	33.6
163.0	188.9	47.4	268.9	32.4
3.7	69.2	-1.9	-31.5	25.8
1.4	1.3	0.2	0.8	0.2
1172.1	1182.2	429.0	2124.4	314.3
1548.9	823.2	119.0	1552.2	179.4
1271.3	734.9	98.3	2094.3	129.6
163.6	498.2	-23.9	923.5	16.2
464.2	919.5	369.3	1265.3	331.8
669.4	833.5	116.1	1006.8	335.6
312.3	498.8	86.0	721.0	214.0
227.1	287.0	78.4	475.3	101.2
298.7	399.6	45.0	425.9	110.4
411.8	559.4	230.3	766.4	106.2
177.6	386.8	45.5	425.6	84.5
347.9	578.7	102.5	710.9	190.4
433.0	972.1	411.6	2270.8	82.2
2357.1	3209.2	1038.8	5146.2	372.8
4803.4	2047.8	211.1	3094.2	207.5
88.2	260.4	124.4	393.9	43.3
726.3	1252.5	227.9	1248.6	281.8
1606.0	2096.4	589.2	4287.8	450.0
668.5	1604.4	845.7	4029.3	228.1
390.2	955.4	654.0	1397.1	168.2
762.1	1502.9	299.2	1590.2	340.6
1292.6	2477.2	301.5	2526.9	387.5
1233.6	2078.9	338.6	2035.1	302.4
2399.7	4336.3	311.7	6091.3	458.8
269.5	823.1	103.0	673.0	119.0
2517.9	3593.4	444.8	3758.0	547.0
2504.0	5929.0	376.4	4781.0	853.6
379.6	675.1	43.2	780.5	87.7
49.0	92.2	16.8	90.2	26.5
43.9	99.5	37.2	217.2	16.1
12.4	89.6	18.1	61.5	13.6
70.7	785.4	2296.2	3266.7	257.0
203.0	240.0	85.8	591.3	29.7
151.1	257.8	115.1	282.6	44.4

13-3 规模以上工业企业主要指标

Main Indicators of Industrial Enterprises above Designated Size

单位：亿元 (100 million yuan)

年份 地区	Year Region	企业单位数（个）Number of Enterprises (unit)	资产总计 Total Assets	流动资产合计 Total Current Assets	应收账款 Accounts Receivable	存货 Inventories	#产成品 Finished Goods	负债合计 Total Liabilities
	1998	165080	108821.9	46600.9	12612.7	15054.0	5975.0	69363.8
	2000	162885	126211.2	54338.2	14789.8	16034.1	6293.2	76743.8
	2005	271835	244784.3	111031.4	26646.2	31379.1	11087.6	141509.8
	2006	301961	291214.5	132310.1	31692.2	36999.3	13141.4	167322.2
	2007	336768	353037.4	163259.6	38690.6	45288.7	16024.4	202913.7
	2008	426113	431305.6	195681.8	43933.8	54108.6	19518.9	248899.4
	2009	434364	493692.9	223038.7	51399.8	56724.8	20495.0	285732.8
	2010	452872	592881.9	279227.3	61441.2	69790.1	23841.1	340396.4
	2011	325609	675796.9	327778.7	70502.0	80583.1	28478.6	392644.6
	2012	343769	768421.2	368200.7	84043.1	88324.7	31919.2	445371.8
	2013	369813	870751.1	413490.9	97402.7	97119.2	34535.8	505694.3
	2014	377888	956777.2	445742.4	107437.0	102874.4	38359.5	547031.4
	2015	383148	1023398.1	469207.3	117246.3	102804.0	39501.2	579310.5
	2016	378599	1085865.9	500852.8	126847.2	106962.7	40492.8	606641.5
	2017	372729	1121909.6	534080.9	135645.1	113305.4	42393.7	628016.3
	2018	378440	1134382.2	554165.1	143418.2	116671.3	43119.1	641273.8
北京	Beijing	3197	48009.5	17938.5	4473.1	2617.6	990.8	21437.1
天津	Tianjin	4292	20939.6	10728.5	2694.0	2234.4	803.4	12133.6
河北	Hebei	14943	44371.8	20295.7	4308.2	4533.4	1592.3	26715.3
山西	Shanxi	3875	37707.0	15233.9	2691.3	2157.2	783.1	27194.0
内蒙古	Inner Mongolia	2832	30626.9	10632.1	1968.9	1640.1	621.1	19460.4
辽宁	Liaoning	6621	35637.8	17859.1	3924.5	4393.5	1476.8	22562.2
吉林	Jilin	5963	17968.0	8371.8	1533.4	1868.9	649.3	10126.4
黑龙江	Heilongjiang	3740	14981.6	6679.9	1425.7	1343.7	416.1	8732.5
上海	Shanghai	8130	42661.8	24768.0	7365.6	5228.8	1650.1	20060.7
江苏	Jiangsu	45675	119590.9	66896.9	22059.9	14426.7	5534.3	62924.3
浙江	Zhejiang	40586	77666.7	42716.0	12840.7	9056.6	3665.2	43113.7
安徽	Anhui	19421	37599.7	18564.2	5802.1	3808.6	1501.0	21612.4
福建	Fujian	17470	36232.5	18861.6	4898.6	4351.0	1742.8	18523.4
江西	Jiangxi	11630	24085.5	11391.4	2798.0	2585.8	990.4	12454.3
山东	Shandong	38333	102275.6	52528.1	9914.3	11485.3	4458.4	62247.1
河南	Henan	22081	50431.7	23696.6	5468.7	4594.0	1668.4	28263.9
湖北	Hubei	15598	39895.1	18555.4	4734.4	4051.0	1591.1	20307.7
湖南	Hunan	16055	27195.3	12443.9	3589.3	3060.5	1012.2	14011.6
广东	Guangdong	47456	124284.2	75060.2	22927.0	15784.3	5858.8	69812.1
广西	Guangxi	6058	17158.8	8432.6	1764.2	1928.2	822.0	10813.5
海南	Hainan	337	3090.5	1284.7	220.1	200.9	72.4	1600.0
重庆	Chongqing	6772	19172.5	8982.2	2990.7	1775.1	699.4	11053.7
四川	Sichuan	14205	44075.9	19059.7	5107.4	3860.8	1429.9	24885.2
贵州	Guizhou	5583	15068.0	6723.3	1039.5	1345.0	338.2	9293.4
云南	Yunnan	4260	20562.1	7528.1	1230.3	2397.7	559.2	12479.4
西藏	Tibet	123	1570.0	423.7	42.1	32.1	8.1	833.2
陕西	Shaanxi	6426	32432.5	12254.6	2402.8	2287.6	947.0	17486.7
甘肃	Gansu	1917	12148.6	4448.3	814.3	1239.3	424.6	7896.8
青海	Qinghai	586	6337.5	2022.4	426.9	357.4	123.3	4355.6
宁夏	Ningxia	1250	9657.0	3208.3	674.9	704.8	217.0	6410.8
新疆	Xinjiang	3025	20947.6	6575.3	1287.1	1321.1	472.4	12472.7

13-3 续表 continued

单位：亿元 (100 million yuan)

年份 Year 地区 Region	营业收入 Business Revenue	营业成本 Business Cost	销售费用 Selling Expenses	管理费用 Administrative Expenses	财务费用 Financial Expenses	利润总额 Total Profits	平均用工人数(万人) Annual Average Employees (10 000 persons)
1998	64148.9	52797.5	2290.7	4644.7	2415.7	1458.1	6195.8
2000	84151.8	68654.0	2985.8	5414.2	1961.0	4393.5	5559.4
2005	248544.0	209862.5	7209.4	10950.3	2671.0	14802.5	6896.0
2006	313592.5	264696.6	8592.7	12807.2	3375.2	19504.4	7358.4
2007	399717.1	334598.6	10728.1	15943.7	4287.9	27155.2	7875.2
2008	500020.1	423295.8	12893.3	20199.8	6021.8	30562.4	8837.6
2009	542522.4	457510.0	14137.4	22169.7	5898.9	34542.2	8831.2
2010	697744.0	585256.8	17520.3	28873.0	7024.7	53049.7	9544.7
2011	841830.2	708092.0	20259.6	32165.2	8913.5	61396.3	9167.3
2012	929291.5	784541.2	22908.7	35888.1	11295.6	61910.1	9567.3
2013	1038659.5	880679.7	25945.2	39431.9	12008.3	68378.9	9791.5
2014	1107032.5	943369.6	28001.1	41121.0	13482.3	68154.9	9977.2
2015	1109853.0	944857.3	29150.2	43125.3	13494.2	66187.1	9775.0
2016	1158998.5	984668.4	31174.9	45490.7	12650.6	71921.4	9475.6
2017	1133160.8	956120.0	31343.8	46717.8	12832.9	74916.3	8957.9
2018	1049490.5	881200.2	30924.4	46125.1	11904.9	66351.4	7942.3
北京 Beijing	21958.8	18191.7	1199.4	1088.8	204.7	1530.0	89.7
天津 Tianjin	18107.1	15218.3	493.6	773.1	160.9	1200.7	101.0
河北 Hebei	39562.9	34171.8	869.7	1331.8	568.4	2211.7	285.2
山西 Shanxi	19805.0	15704.5	620.8	1044.6	690.7	1355.9	187.1
内蒙古 Inner Mongolia	14351.0	11111.1	434.3	561.4	462.4	1409.4	83.1
辽宁 Liaoning	27820.5	23317.1	774.6	1121.3	445.7	1460.3	183.2
吉林 Jilin	14206.0	11547.6	659.1	703.1	145.6	817.0	106.9
黑龙江 Heilongjiang	9322.7	7457.4	313.6	492.8	124.3	487.0	87.0
上海 Shanghai	39814.8	32032.8	1465.4	2633.0	96.6	3338.4	192.5
江苏 Jiangsu	132155.4	112306.3	3755.3	5761.7	1047.2	8491.9	926.1
浙江 Zhejiang	71445.8	59962.6	2161.7	3949.2	759.9	4452.1	652.7
安徽 Anhui	40004.8	34180.7	1017.2	1545.2	442.6	2448.2	288.6
福建 Fujian	51889.2	44687.9	1233.4	1786.2	412.2	3537.1	400.4
江西 Jiangxi	32304.8	27979.3	660.4	998.6	223.4	2157.8	233.8
山东 Shandong	96584.6	83142.5	2653.7	3463.0	1289.5	4872.2	696.0
河南 Henan	47459.1	40601.6	1045.7	1533.3	709.3	3053.4	480.3
湖北 Hubei	43271.6	36286.8	1287.6	1812.4	405.7	2755.4	293.0
湖南 Hunan	35420.9	29488.1	1137.7	1708.4	383.9	1726.9	297.8
广东 Guangdong	138022.0	115987.9	4750.0	7732.2	686.9	8309.7	1282.6
广西 Guangxi	19069.6	16360.3	423.8	628.1	202.0	1100.1	138.9
海南 Hainan	2231.5	1728.6	131.8	75.6	43.9	145.3	10.1
重庆 Chongqing	20052.5	17012.5	615.7	845.2	193.9	1218.7	154.8
四川 Sichuan	41246.8	34321.7	1363.8	1674.1	561.6	2717.9	295.0
贵州 Guizhou	9538.6	7243.8	335.9	403.8	214.5	879.2	82.5
云南 Yunnan	13640.5	10634.6	382.9	503.1	302.0	925.2	83.0
西藏 Tibet	259.8	201.1	9.0	20.2	8.1	17.4	2.0
陕西 Shaanxi	23476.5	18479.7	590.7	957.4	342.3	2436.3	146.8
甘肃 Gansu	9021.1	7763.0	142.2	255.9	217.0	270.4	49.8
青海 Qinghai	2234.6	1818.0	57.0	109.1	111.9	62.7	17.2
宁夏 Ningxia	4444.7	3717.5	86.2	178.3	167.7	174.2	28.4
新疆 Xinjiang	10767.2	8543.4	252.3	434.1	280.1	788.8	66.6

注：2017年及以前为主营业务收入和主营业务成本，2018年为营业收入和营业成本，以下相关表均同。

a) The indicators were Revenue from Principal Business and Cost of Principal Business in 2017 and before, and are Business Revenue and Business Cost since 2018. The same applies to the tables following.

13-4 按行业分国有控股工业企业主要指标（2018年）

单位：亿元

行 业	Sector	企 业 单位数 (个) Number of Enterprises (unit)	资产总计 Total Assets
总 计	**National Total**	**18670**	**439908.8**
煤炭开采和洗选业	Mining and Washing of Coal	856	41813.7
石油和天然气开采业	Extraction of Petroleum and Natural Gas	77	18453.2
黑色金属矿采选业	Mining and Processing of Ferrous Metal Ores	122	6581.1
有色金属矿采选业	Mining and Processing of Non-Ferrous Metal Ores	247	3171.5
非金属矿采选业	Mining and Processing of Non-metal Ores	174	962.4
开采专业及辅助性活动	Professional and Support Activities for Mining	37	2106.8
农副食品加工业	Processing of Food from Agricultural Products	646	1885.8
食品制造业	Manufacture of Foods	326	1325.8
酒、饮料和精制茶制造业	Manufacture of Liquor, Beverages and Refined Tea	282	6009.6
烟草制品业	Manufacture of Tobacco	93	10785.4
纺织业	Manufacture of Textile	177	1188.2
纺织服装、服饰业	Manufacture of Textile, Wearing Apparel and Accessories	187	355.3
皮革、毛皮、羽毛及其制品和制鞋业	Manufacture of Leather, Fur, Feather and Related Products and Footwear	26	87.1
木材加工和木、竹、藤、棕、草制品业	Processing of Timber, Manufacture of Wood, Bamboo, Rattan, Palm and Straw Products	82	284.6
家具制造业	Manufacture of Furniture	19	166.4
造纸和纸制品业	Manufacture of Paper and Paper Products	96	1572.7
印刷和记录媒介复制业	Printing and Reproduction of Recording Media	284	766.5
文教、工美、体育和娱乐用品制造业	Manufacture of Articles for Culture, Education, Arts and Crafts, Sport and Entertainment Activities	71	251.8
石油、煤炭及其他燃料加工业	Processing of Petroleum, Coal and Other Fuels	233	15287.3
化学原料和化学制品制造业	Manufacture of Raw Chemical Materials and Chemical Products	1132	21870.4
医药制造业	Manufacture of Medicines	430	5041.5
化学纤维制造业	Manufacture of Chemical Fibres	51	1275.1
橡胶和塑料制品业	Manufacture of Rubber and Plastics Products	243	1586.3
非金属矿物制品业	Manufacture of Non-metallic Mineral Products	1601	9033.0
黑色金属冶炼和压延加工业	Smelting and Pressing of Ferrous Metals	312	32317.7
有色金属冶炼和压延加工业	Smelting and Pressing of Non-ferrous Metals	514	15522.7
金属制品业	Manufacture of Metal Products	498	3055.1
通用设备制造业	Manufacture of General Purpose Machinery	693	8265.2
专用设备制造业	Manufacture of Special Purpose Machinery	686	9778.1
汽车制造业	Manufacture of Automobiles	759	36635.8
铁路、船舶、航空航天和其他运输设备制造业	Manufacture of Railway, Ship, Aerospace and Other Transport Equipments	404	7503.5
电气机械和器材制造业	Manufacture of Electrical Machinery and Apparatus	590	9169.9
计算机、通信和其他电子设备制造业	Manufacture of Computers, Communication and Other Electronic Equipment	592	17469.7
仪器仪表制造业	Manufacture of Measuring Instruments and Machinery	198	1309.6
其他制造业	Other Manufacture	32	243.8
废弃资源综合利用业	Utilization of Waste Resources	66	211.4
金属制品、机械和设备修理业	Repair Service of Metal Products, Machinery and Equipment	92	1278.0
电力、热力生产和供应业	Production and Supply of Electric Power and Heat Power	4121	128072.0
燃气生产和供应业	Production and Supply of Gas	478	5605.5
水的生产和供应业	Production and Supply of Water	1142	11607.2

Main Indicators of State-holding Industrial Enterprises by Industrial Sector (2018)

(100 million yuan)

流动资产合计 Total Current Assets	应收账款 Accounts Receivable	存货 Inventories	#产成品 Finished Goods	负债合计 Total Liabilities
158240.5	**29417.4**	**32598.0**	**9389.1**	**258245.7**
14734.3	1555.0	1236.8	432.2	27837.1
2817.8	404.2	183.1	96.9	7429.7
1456.1	193.3	134.4	42.9	4027.9
905.6	137.1	206.4	76.8	1758.4
456.1	49.9	53.4	21.2	493.8
1121.7	423.2	91.9	4.9	1107.3
1146.0	98.2	409.1	174.6	1369.4
619.0	151.1	132.6	65.8	698.5
4245.5	116.8	965.5	237.6	1971.8
7690.0	445.2	4702.1	341.1	2563.6
611.4	95.1	182.4	96.3	680.2
227.5	31.7	37.3	15.5	141.3
60.6	11.9	13.0	9.1	34.7
145.7	22.4	52.3	17.8	193.6
111.4	41.1	8.2	3.2	109.5
747.7	75.0	163.7	38.7	1039.2
467.3	85.2	93.2	34.1	239.9
192.2	18.8	101.2	57.4	151.9
6125.9	639.4	2067.9	621.1	8270.4
7111.4	926.7	1433.4	565.1	13665.8
2625.6	445.4	604.3	236.3	2061.9
551.4	46.4	127.6	53.8	783.5
815.3	193.3	227.6	130.9	994.0
4006.1	1219.3	556.4	229.5	5344.9
11697.2	1012.5	3382.0	910.8	20708.0
6846.6	636.5	2449.9	635.6	10398.8
1790.8	496.2	476.4	184.9	1878.7
5710.1	1533.0	1530.5	511.6	5218.3
6521.7	2102.5	1748.7	616.3	6597.7
21563.1	4804.6	3284.9	1557.4	21713.0
5018.5	1480.8	1412.2	170.3	4927.6
6678.8	2123.7	997.9	458.3	6115.6
9229.5	2934.3	1662.6	632.2	9072.1
858.3	289.7	159.6	36.4	609.5
75.7	16.0	10.4	3.2	170.7
108.6	48.8	11.4	3.8	149.9
648.4	245.1	138.4	4.3	679.2
17087.6	3678.8	1307.5	21.3	77132.7
1777.2	225.8	135.9	26.0	3396.7
3636.4	363.1	105.7	13.4	6507.7

13-4 续表

单位：亿元

行　　业	Sector	营业收入 Business Revenue	营业成本 Business Cost
总　　计	**National Total**	**284730.4**	**232075.5**
煤炭开采和洗选业	Mining and Washing of Coal	16492.1	11511.2
石油和天然气开采业	Extraction of Petroleum and Natural Gas	8140.0	5048.2
黑色金属矿采选业	Mining and Processing of Ferrous Metal Ores	1289.7	1055.0
有色金属矿采选业	Mining and Processing of Non-Ferrous Metal Ores	1843.9	1410.2
非金属矿采选业	Mining and Processing of Non-metal Ores	344.4	245.1
开采专业及辅助性活动	Support Activities for Mining	1544.9	1488.2
农副食品加工业	Processing of Food from Agricultural Products	2698.7	2492.3
食品制造业	Manufacture of Foods	1327.1	1060.3
酒、饮料和精制茶制造业	Manufacture of Liquor, Beverages and Refined Tea	3540.2	1657.6
烟草制品业	Manufacture of Tobacco	10407.4	3713.2
纺织业	Manufacture of Textile	760.8	691.3
纺织服装、服饰业	Manufacture of Textile, Wearing Apparel and Accessories	210.9	148.2
皮革、毛皮、羽毛及其制品和制鞋业	Manufacture of Leather, Fur, Feather and Related Products and Footwear	78.7	66.0
木材加工和木、竹、藤、棕、草制品业	Processing of Timber, Manufacture of Wood, Bamboo, Rattan, Palm and Straw Products	167.4	146.1
家具制造业	Manufacture of Furniture	164.0	126.8
造纸和纸制品业	Manufacture of Paper and Paper Products	631.7	524.4
印刷和记录媒介复制业	Printing and Reproduction of Recording Media	581.3	441.7
文教、工美、体育和娱乐用品制造业	Manufacture of Articles for Culture, Education, Arts and Crafts, Sport and Entertainment Activities	568.9	518.2
石油、煤炭及其他燃料加工业	Processing of Petroleum, Coking and Processing of Nuclear Fuel	28730.2	22008.3
化学原料和化学制品制造业	Manufacture of Raw Chemical Materials and Chemical Products	15236.3	12385.3
医药制造业	Manufacture of Medicines	2659.2	1445.8
化学纤维制造业	Manufacture of Chemical Fibres	1186.4	1022.4
橡胶和塑料制品业	Manufacture of Rubber and Plastics Products	1131.6	989.9
非金属矿物制品业	Manufacture of Non-metallic Mineral Products	5779.0	4226.0
黑色金属冶炼和压延加工业	Smelting and Pressing of Ferrous Metals	24881.7	21846.5
有色金属冶炼和压延加工业	Smelting and Pressing of Non-ferrous Metals	19207.3	18265.1
金属制品业	Manufacture of Metal Products	2186.9	1940.3
通用设备制造业	Manufacture of General Purpose Machinery	4535.3	3739.9
专用设备制造业	Manufacture of Special Purpose Machinery	5065.1	4366.2
汽车制造业	Manufacture of Automobiles	37870.1	31406.1
铁路、船舶、航空航天和其他运输设备制造业	Manufacture of Railway, Ship, Aerospace and Other Transport Equipments	4323.9	3607.2
电气机械和器材制造业	Manufacture of Electrical Machinery and Apparatus	6658.6	5629.0
计算机、通信和其他电子设备制造业	Manufacture of Computers, Communication and Other Electronic Equipment	9920.5	8214.4
仪器仪表制造业	Manufacture of Measuring Instruments and Machinery	651.7	520.9
其他制造业	Other Manufacture	66.0	46.8
废弃资源综合利用业	Utilization of Waste Resources	305.6	280.0
金属制品、机械和设备修理业	Repair Service of Metal Products, Machinery and Equipment	528.5	456.3
电力、热力生产和供应业	Production and Supply of Electric Power and Heat Power	57175.2	52454.8
燃气生产和供应业	Production and Supply of Gas	3904.4	3452.3
水的生产和供应业	Production and Supply of Water	1934.3	1428.1

continued

(100 million yuan)

销售费用 Selling Expenses	管理费用 Administrative Expenses	财务费用 Financial Expenses	利润总额 Total Profits	平均用工人数 (万人) Annual Average Employees (10 000 persons)
6018.9	**11694.8**	**4918.8**	**18583.1**	**1418.1**
374.0	1292.3	733.0	1895.5	240.4
34.3	614.2	103.1	1355.5	63.5
24.4	112.1	110.5	-47.7	13.4
12.2	117.6	44.7	203.3	15.6
25.6	33.0	10.1	24.7	5.2
1.1	53.9	-5.1	-51.9	22.5
67.7	64.8	27.9	55.1	13.3
125.7	61.5	10.3	72.1	13.2
310.8	194.2	-11.5	1062.6	23.6
162.0	492.6	-24.3	903.9	15.8
13.4	33.4	15.8	13.0	11.4
5.2	43.6	-0.5	15.2	7.9
1.3	6.0	0.3	5.2	1.8
6.6	8.5	4.0	1.4	2.3
2.9	17.7	-0.9	29.4	0.7
20.4	41.1	32.4	20.9	5.0
10.7	67.2	-1.7	65.8	8.0
15.1	10.6	2.7	26.9	1.6
158.4	647.3	148.2	1405.1	39.5
326.5	719.6	376.2	1169.3	68.8
566.9	257.1	22.4	403.3	26.2
20.1	50.8	17.7	77.7	6.8
48.8	65.7	17.8	8.0	12.0
213.4	311.4	119.9	886.9	39.3
310.5	770.1	487.6	1306.4	81.9
102.4	305.9	289.9	217.7	50.9
48.6	118.5	22.9	49.3	17.2
144.3	383.7	36.3	258.6	39.2
187.3	329.4	92.0	72.7	38.4
1431.4	1912.5	8.8	3037.7	111.3
99.1	386.0	44.1	206.0	32.3
354.0	368.1	20.4	336.9	34.0
464.1	800.9	104.7	375.7	65.5
34.8	65.4	2.4	47.7	6.2
4.0	4.8	6.1	4.8	0.9
1.6	6.7	4.0	13.2	0.9
2.5	52.9	11.8	16.0	7.7
43.7	566.9	1918.4	2628.3	223.1
108.7	103.8	39.8	245.1	14.7
134.6	203.1	76.8	165.3	36.2

13-5 国有控股工业企业主要指标
Main Indicators of State-holding Industrial Enterprises

单位：亿元 (100 million yuan)

年份 Year 地区 Region		企业单位数(个) Number of Enterprises (unit)	资产总计 Total Assets	流动资产合计 Total Current Assets	应收账款 Accounts Receivable	存货 Inventories	#产成品 Finished Goods	负债合计 Total Liabilities
	1998	64737	74916.3	29559.0	7769.5	9163.7	3439.6	48144.4
	2000	53489	84014.9	32628.8	8396.6	8849.7	3242.0	51239.6
	2005	27477	117629.6	42155.3	6842.3	11841.6	3278.1	66653.6
	2006	24961	135153.4	46713.1	7129.9	12787.5	3630.9	76012.5
	2007	20680	158187.9	54997.5	8536.2	15262.8	4166.6	89372.3
	2008	21313	188811.4	65494.0	9660.7	18031.6	5094.7	111374.7
	2009	20510	215742.0	74114.0	11705.1	19373.6	5057.3	130098.9
	2010	20253	247759.9	90810.2	13054.2	23692.7	6109.7	149432.1
	2011	17052	281673.9	106550.4	15432.8	27478.6	7460.2	172289.9
	2012	17851	312094.4	115385.6	19061.3	29261.6	8010.9	191350.0
	2013	18574	343985.9	124529.4	22513.9	31551.6	8458.4	214230.6
	2014	18808	371308.8	131827.3	24270.9	32852.1	9278.6	230132.1
	2015	19273	397403.7	138438.2	26553.5	31760.2	9128.1	246147.1
	2016	19022	417704.2	147311.8	28354.4	32462.3	9304.8	257235.4
	2017	19022	439622.9	160206.5	29239.4	34082.7	9704.9	266097.9
	2018	18670	439908.8	158240.5	29417.4	32598.0	9389.1	258245.7
北京	Beijing	629	34083.3	9000.5	1956.7	1036.2	382.7	14096.9
天津	Tianjin	466	10627.8	4264.4	684.5	760.6	234.4	6616.7
河北	Hebei	700	17478.9	5786.3	1074.0	1483.8	420.9	11199.8
山西	Shanxi	878	24544.9	8290.0	1222.0	1117.4	388.1	17826.9
内蒙古	Inner Mongolia	606	16484.8	4626.6	872.6	731.0	261.1	10686.7
辽宁	Liaoning	614	17229.2	6847.7	1126.8	2030.0	631.2	11286.3
吉林	Jilin	356	9704.0	4535.1	531.8	1047.9	332.1	5693.9
黑龙江	Heilongjiang	478	8969.8	3441.2	641.3	541.1	150.8	5096.0
上海	Shanghai	652	20081.3	9203.8	1616.4	1801.5	413.4	8666.3
江苏	Jiangsu	1065	22054.7	9173.6	2372.5	2088.2	571.8	12305.7
浙江	Zhejiang	813	13019.2	4774.6	1454.6	973.9	236.0	7268.4
安徽	Anhui	688	15235.4	5528.6	1053.7	1067.9	326.4	9426.5
福建	Fujian	532	9128.4	2852.8	712.3	731.7	135.8	5314.9
江西	Jiangxi	464	7084.6	3338.9	598.9	710.5	189.9	4348.2
山东	Shandong	1119	31853.0	13779.2	2367.2	2457.3	842.8	20099.3
河南	Henan	687	15033.0	5844.5	1013.5	1435.8	359.2	10418.7
湖北	Hubei	716	17465.5	6826.0	1468.6	1290.4	413.4	8885.5
湖南	Hunan	715	10299.2	4589.2	1142.1	1247.8	254.8	6080.0
广东	Guangdong	1058	27049.5	10225.3	1499.5	2171.9	681.9	14479.1
广西	Guangxi	542	7672.9	2923.1	403.5	729.8	243.8	5062.1
海南	Hainan	53	1171.6	250.0	20.6	43.3	8.4	598.6
重庆	Chongqing	492	7495.9	2768.6	663.5	533.6	171.4	4521.2
四川	Sichuan	952	20718.5	6598.9	1477.1	1278.8	378.0	12409.6
贵州	Guizhou	485	9229.1	3777.7	320.4	797.0	134.1	5816.5
云南	Yunnan	601	14097.9	4085.4	569.4	1545.2	223.3	8700.8
西藏	Tibet	34	1161.5	266.8	17.1	14.8	3.3	598.5
陕西	Shaanxi	746	21376.3	6854.2	1167.3	1171.3	436.9	12044.0
甘肃	Gansu	416	8801.5	2859.8	438.0	914.7	288.8	5825.4
青海	Qinghai	138	4454.0	1151.2	223.8	179.6	54.7	3067.5
宁夏	Ningxia	153	4025.6	725.8	186.6	143.9	43.2	2867.4
新疆	Xinjiang	822	12277.7	3050.8	521.0	521.0	176.7	6938.5

13-5 续表 continued

单位：亿元 (100 million yuan)

年 份 Year 地 区 Region	营业收入 Business Revenue	营业成本 Business Cost	销售费用 Selling Expenses	管理费用 Administrative Expenses	财务费用 Financial Expenses	利润总额 Total Profits	平均用工人数（万人） Annual Average Employees (10 000 persons)
1998	33566.1	27092.5	979.3	2961.1	1596.6	525.1	3747.8
2000	42203.1	33473.6	1178.1	3304.5	1228.8	2408.3	2995.2
2005	85574.2	69302.4	1869.7	4912.0	1166.7	6519.8	1874.9
2006	101404.6	81957.8	2081.3	5293.5	1416.8	8485.5	
2007	122617.1	98515.1	2487.6	6350.0	1724.2	10795.2	1743.0
2008	147507.9	122504.2	2753.1	7378.6	2477.6	9063.6	1794.1
2009	151700.6	124590.5	3042.1	8002.8	2409.0	9287.0	1803.4
2010	194339.7	158727.4	3739.5	9714.5	2681.3	14737.7	1836.3
2011	228900.1	187783.8	4255.9	10623.1	3430.9	16457.6	1812.0
2012	245076.0	202600.4	4794.4	11198.7	4396.4	15176.0	1892.8
2013	257816.9	213204.7	5201.2	11567.9	4513.2	15917.7	1889.5
2014	262692.3	217409.7	5552.9	11413.2	5331.7	14508.0	1842.7
2015	241668.9	199927.3	5245.5	11191.5	5420.7	11416.7	1777.8
2016	238990.2	196284.8	5507.3	11340.5	4877.6	12324.3	1695.9
2017	265393.0	216186.1	5802.9	11981.9	5012.5	17215.5	1595.8
2018	284730.4	232075.5	6018.9	11694.8	4918.8	18583.1	1418.1
北 京 Beijing	12213.5	10571.0	342.2	459.8	141.1	875.6	36.7
天 津 Tianjin	6711.0	5411.9	71.4	233.6	99.0	672.5	26.1
河 北 Hebei	11016.8	9405.7	178.7	460.3	228.0	374.0	65.6
山 西 Shanxi	10164.1	7748.7	349.5	655.5	496.1	612.0	108.4
内蒙古 Inner Mongolia	6679.3	5153.9	90.3	257.3	273.1	590.5	38.1
辽 宁 Liaoning	12940.4	10705.8	332.1	484.9	232.8	532.0	75.7
吉 林 Jilin	9011.3	7397.6	354.6	402.6	49.7	447.9	44.0
黑龙江 Heilongjiang	5004.5	3868.4	75.5	316.8	64.1	215.2	52.3
上 海 Shanghai	16270.1	12843.7	325.4	993.1	20.3	1765.3	34.3
江 苏 Jiangsu	18427.7	15309.9	325.6	637.2	176.9	1327.1	60.2
浙 江 Zhejiang	11636.2	9642.9	215.5	360.5	121.3	804.4	30.3
安 徽 Anhui	11657.2	9801.0	206.4	457.1	221.7	634.4	62.7
福 建 Fujian	6195.6	5295.8	87.5	167.2	127.1	376.6	22.7
江 西 Jiangxi	7625.1	6671.1	103.2	220.6	65.6	330.8	31.8
山 东 Shandong	24341.6	20362.1	484.9	955.4	347.9	1361.6	122.3
河 南 Henan	10290.7	8850.0	138.1	415.7	283.7	235.8	94.1
湖 北 Hubei	11390.4	9072.0	262.2	583.0	108.3	862.5	56.8
湖 南 Hunan	8127.4	6375.0	177.0	368.6	127.0	396.2	41.1
广 东 Guangdong	21744.6	18109.9	580.3	738.1	173.0	1533.8	74.4
广 西 Guangxi	7002.5	5853.0	147.1	191.8	92.3	407.6	29.1
海 南 Hainan	550.0	429.2	19.5	13.4	20.8	40.0	2.5
重 庆 Chongqing	4954.5	4093.2	219.1	280.3	84.8	171.3	27.9
四 川 Sichuan	10628.6	8407.4	297.6	498.9	260.3	818.6	63.8
贵 州 Guizhou	4213.9	2790.5	101.3	171.7	148.2	604.2	29.9
云 南 Yunnan	7475.2	5479.4	124.1	266.8	218.5	543.0	29.8
西 藏 Tibet	160.5	138.8	2.2	11.3	6.1		1.2
陕 西 Shaanxi	11463.6	8582.6	171.8	476.9	236.5	1298.8	67.1
甘 肃 Gansu	7412.5	6453.0	85.1	175.7	164.0	168.4	33.3
青 海 Qinghai	1439.5	1159.2	23.1	72.5	86.0	21.3	10.5
宁 夏 Ningxia	1807.6	1444.7	19.9	88.1	75.7	63.2	10.6
新 疆 Xinjiang	6174.4	4647.9	107.7	280.0	168.6	498.5	34.8

13-6 按行业分私营工业企业主要指标（2018年）

单位：亿元

行　业	Sector	企业单位数（个）Number of Enterprises (unit)	资产总计 Total Assets
总　计	**National Total**	**220628**	**239288.8**
煤炭开采和洗选业	Mining and Washing of Coal	2258	4817.5
石油和天然气开采业	Extraction of Petroleum and Natural Gas	9	20.7
黑色金属矿采选业	Mining and Processing of Ferrous Metal Ores	989	1893.8
有色金属矿采选业	Mining and Processing of Non-Ferrous Metal Ores	675	1008.8
非金属矿采选业	Mining and Processing of Non-metal Ores	2230	1353.7
开采专业及辅助性活动	Professional and Support Activities for Mining	57	93.6
其他采矿业	Mining of Other Ores	11	6.3
农副食品加工业	Processing of Food from Agricultural Products	15855	12053.7
食品制造业	Manufacture of Foods	4988	4431.0
酒、饮料和精制茶制造业	Manufacture of Liquor, Beverages and Refined Tea	3833	3367.6
烟草制品业	Manufacture of Tobacco	5	25.8
纺织业	Manufacture of Textile	13575	10037.7
纺织服装、服饰业	Manufacture of Textile, Wearing Apparel and Accessories	8747	4880.2
皮革、毛皮、羽毛及其制品和制鞋业	Manufacture of Leather, Fur, Feather and Related Products and Footwear	5239	2486.2
木材加工和木、竹、藤、棕、草制品业	Processing of Timber, Manufacture of Wood, Bamboo, Rattan, Palm and Straw Products	6922	3113.9
家具制造业	Manufacture of Furniture	4212	2628.8
造纸和纸制品业	Manufacture of Paper and Paper Products	4134	3286.4
印刷和记录媒介复制业	Printing and Reproduction of Recording Media	3423	2106.7
文教、工美、体育和娱乐用品制造业	Manufacture of Articles for Culture, Education, Arts and Crafts, Sport and Entertainment Activities	5467	3637.6
石油、煤炭及其他燃料加工业	Processing of Petroleum, Coal and Other Fuels	1027	6693.5
化学原料和化学制品制造业	Manufacture of Raw Chemical Materials and Chemical Products	12994	17860.1
医药制造业	Manufacture of Medicines	3463	5952.8
化学纤维制造业	Manufacture of Chemical Fibres	1266	2409.5
橡胶和塑料制品业	Manufacture of Rubber and Plastics Products	11118	8577.4
非金属矿物制品业	Manufacture of Non-metallic Mineral Products	21667	18712.5
黑色金属冶炼和压延加工业	Smelting and Pressing of Ferrous Metals	3228	13018.2
有色金属冶炼和压延加工业	Smelting and Pressing of Non-ferrous Metals	4080	7563.2
金属制品业	Manufacture of Metal Products	15481	12498.8
通用设备制造业	Manufacture of General Purpose Machinery	14663	12671.9
专用设备制造业	Manufacture of Special Purpose Machinery	10530	11879.3
汽车制造业	Manufacture of Automobiles	7973	11262.9
铁路、船舶、航空航天和其他运输设备制造业	Manufacture of Railway, Ship, Aerospace and Other Transport Equipments	2669	3573.5
电气机械和器材制造业	Manufacture of Electrical Machinery and Apparatus	13880	19103.8
计算机、通信和其他电子设备制造业	Manufacture of Computers, Communication and Other Electronic Equipment	7612	14983.1
仪器仪表制造业	Manufacture of Measuring Instruments and Machinery	2173	2939.7
其他制造业	Other Manufacture	983	508.5
废弃资源综合利用业	Utilization of Waste Resources	977	1090.0
金属制品、机械和设备修理业	Repair Service of Metal Products, Machinery and Equipment	134	120.0
电力、热力生产和供应业	Production and Supply of Electric Power and Heat Power	1479	5600.1
燃气生产和供应业	Production and Supply of Gas	376	650.9
水的生产和供应业	Production and Supply of Water	226	369.1

Main Indicators of Private Enterprises by Industrial Sector (2018)

(100 million yuan)

流动资产合计 Total Current Assets	应收账款 Accounts Receivable	存货 Inventories	#产成品 Finished Goods	负债合计 Total Liabilities
134355.0	**37983.8**	**31183.7**	**13019.2**	**134884.7**
2263.5	398.6	209.1	108.2	3155.7
5.2	0.7	0.3	0.1	10.6
887.4	140.1	122.9	69.9	1177.1
440.9	80.6	74.9	41.0	595.7
598.6	142.6	88.1	50.9	651.1
56.8	21.1	5.1	1.3	51.1
2.8	0.7	0.4	0.3	2.4
6550.3	1172.2	1976.0	825.2	5908.4
2094.3	430.8	609.7	228.2	2048.7
1549.5	290.1	578.3	265.5	1571.1
15.0	4.7	3.4	1.3	20.0
5317.3	1349.5	1587.4	748.0	5942.1
2763.1	688.3	812.5	391.8	2551.5
1396.3	436.1	371.0	143.0	1274.8
1540.7	392.5	443.3	202.5	1433.3
1459.7	359.3	379.2	155.2	1371.3
1708.8	529.4	399.1	174.7	1944.7
1103.6	395.6	236.1	92.5	1130.1
2148.2	578.1	722.1	292.8	1945.6
4142.1	495.3	957.1	382.5	5449.5
9327.6	2191.6	2056.9	944.0	9576.9
3128.6	802.2	696.2	300.7	2772.4
1254.5	197.8	368.5	196.6	1510.9
4895.7	1628.0	1095.5	502.3	4653.6
9984.2	3664.5	1840.5	861.6	10011.2
6697.8	700.8	1873.0	705.6	8040.5
4409.5	873.3	1278.7	425.9	4802.1
7359.5	2369.5	1772.6	723.5	7164.3
7582.7	2580.5	1895.1	729.8	6454.3
7372.5	2334.3	1764.4	650.1	6210.8
6675.6	2278.9	1283.5	566.5	6982.7
2020.2	641.6	492.3	176.8	2037.7
12147.5	4798.4	2373.4	1038.6	10560.9
10374.5	3584.0	2034.5	704.4	9037.3
1858.1	640.1	388.1	148.6	1367.4
302.1	92.6	75.5	31.5	252.0
680.8	157.8	201.6	112.1	685.4
62.1	21.3	10.0	2.9	70.7
1773.6	451.6	73.2	11.1	3831.5
288.0	44.8	26.1	8.2	409.3
115.8	23.9	8.3	3.4	218.2

13-6 续表

单位：亿元

行　　业	Sector	营业收入 Business Revenue	营业成本 Business Cost
总　计	**National Total**	**311970.0**	**269614.6**
煤炭开采和洗选业	Mining and Washing of Coal	4079.0	3286.4
石油和天然气开采业	Extraction of Petroleum and Natural Gas	5.9	4.8
黑色金属矿采选业	Mining and Processing of Ferrous Metal Ores	1319.9	1120.7
有色金属矿采选业	Mining and Processing of Non-Ferrous Metal Ores	946.3	773.5
非金属矿采选业	Mining and Processing of Non-metal Ores	2046.1	1636.0
开采专业及辅助性活动	Professional and Support Activities for Mining	66.5	57.4
其他采矿业	Mining of Other Ores	7.4	5.6
农副食品加工业	Processing of Food from Agricultural Products	21484.6	19131.7
食品制造业	Manufacture of Foods	6377.4	5306.1
酒、饮料和精制茶制造业	Manufacture of Liquor, Beverages and Refined Tea	4556.8	3690.0
烟草制品业	Manufacture of Tobacco	14.5	11.2
纺织业	Manufacture of Textile	14545.0	12980.4
纺织服装、服饰业	Manufacture of Textile, Wearing Apparel and Accessories	7960.9	6814.0
皮革、毛皮、羽毛及其制品和制鞋业	Manufacture of Leather, Fur, Feather and Related Products and Footwear	5426.8	4748.7
木材加工和木、竹、藤、棕、草制品业	Processing of Timber, Manufacture of Wood, Bamboo, Rattan, Palm and Straw Products	6615.2	5871.0
家具制造业	Manufacture of Furniture	3664.3	3070.0
造纸和纸制品业	Manufacture of Paper and Paper Products	5049.8	4487.7
印刷和记录媒介复制业	Printing and Reproduction of Recording Media	3136.9	2711.9
文教、工美、体育和娱乐用品制造业	Manufacture of Articles for Culture, Education, Arts and Crafts, Sport and Entertainment Activities	6084.1	5255.5
石油、煤炭及其他燃料加工业	Processing of Petroleum, Coal and Other Fuels	8057.8	7351.8
化学原料和化学制品制造业	Manufacture of Raw Chemical Materials and Chemical Products	22668.3	19462.3
医药制造业	Manufacture of Medicines	5972.2	4293.8
化学纤维制造业	Manufacture of Chemical Fibres	3396.3	3099.8
橡胶和塑料制品业	Manufacture of Rubber and Plastics Products	11619.0	10092.3
非金属矿物制品业	Manufacture of Non-metallic Mineral Products	24019.2	20410.1
黑色金属冶炼和压延加工业	Smelting and Pressing of Ferrous Metals	20856.0	18761.2
有色金属冶炼和压延加工业	Smelting and Pressing of Non-ferrous Metals	13942.3	12883.7
金属制品业	Manufacture of Metal Products	18617.5	16440.7
通用设备制造业	Manufacture of General Purpose Machinery	14730.1	12376.5
专用设备制造业	Manufacture of Special Purpose Machinery	11709.1	9527.0
汽车制造业	Manufacture of Automobiles	11511.3	9875.5
铁路、船舶、航空航天和其他运输设备制造业	Manufacture of Railway, Ship, Aerospace and Other Transport Equipments	3794.1	3250.2
电气机械和器材制造业	Manufacture of Electrical Machinery and Apparatus	21574.6	18579.5
计算机、通信和其他电子设备制造业	Manufacture of Computers, Communication and Other Electronic Equipment	17960.8	15462.1
仪器仪表制造业	Manufacture of Measuring Instruments and Machinery	3033.8	2402.8
其他制造业	Other Manufacture	822.7	716.4
废弃资源综合利用业	Utilization of Waste Resources	2035.7	1871.2
金属制品、机械和设备修理业	Repair Service of Metal Products, Machinery and Equipment	98.5	83.0
电力、热力生产和供应业	Production and Supply of Electric Power and Heat Power	1408.4	1087.7
燃气生产和供应业	Production and Supply of Gas	599.3	502.4
水的生产和供应业	Production and Supply of Water	155.3	121.7

continued

(100 million yuan)

销售费用 Selling Expenses	管理费用 Administrative Expenses	财务费用 Financial Expenses	利润总额 Total Profits	平均用工人数（万人） Annual Average Employees (10 000 persons)
8255.2	**12724.3**	**3046.2**	**17137.0**	**2840.7**
113.9	165.3	68.1	339.6	38.3
	0.6	0.2	0.2	0.1
25.0	53.4	25.4	80.4	11.5
23.9	50.2	15.0	66.3	8.6
87.3	100.2	22.8	158.7	16.9
0.5	3.6	1.0	3.5	0.7
0.6	0.6	0.1	0.4	0.1
519.7	564.2	184.8	1001.8	157.7
288.3	271.8	57.6	436.5	71.7
207.5	190.2	50.1	327.3	41.9
0.4	1.0	0.1	5.4	0.1
242.4	467.1	165.6	653.0	178.0
254.1	349.6	60.4	438.0	147.8
121.6	185.9	48.3	297.8	89.7
145.9	186.7	48.0	334.5	70.4
150.6	190.7	28.3	206.7	57.8
128.7	184.4	51.3	200.0	47.8
79.7	143.7	29.1	159.2	36.3
171.2	243.7	46.6	346.0	79.8
118.1	132.2	125.2	234.8	18.4
600.4	916.1	246.4	1390.6	146.4
657.5	422.8	65.6	508.7	55.6
27.8	91.6	47.5	131.9	17.4
292.5	508.4	114.8	562.6	123.4
758.6	921.0	255.6	1532.0	229.8
171.4	375.5	167.6	1279.4	79.2
128.0	262.5	127.4	516.7	53.0
369.7	712.5	169.9	844.5	173.3
456.6	848.9	141.8	858.2	166.6
461.0	769.0	111.4	802.5	124.9
268.1	620.1	136.2	608.4	125.8
81.3	204.0	31.1	216.2	44.1
590.0	1085.0	172.3	1068.3	199.6
519.3	1085.1	66.2	883.6	158.2
119.5	224.2	21.5	271.9	31.9
20.4	39.6	6.3	37.7	11.8
21.7	43.3	13.5	95.3	7.7
2.8	7.1	1.2	4.2	2.2
10.7	69.5	108.4	168.7	11.6
15.4	23.9	7.8	49.7	2.7
3.3	9.1	5.7	15.8	1.8

13-7 私营工业企业主要指标
Main Indicators of Private Industrial Enterprises

单位：亿元 (100 million yuan)

年份 Year / 地区 Region		企业单位数(个) Number of Enterprises (unit)	资产总计 Total Assets	流动资产合计 Total Current Assets	应收账款 Accounts Receivable	存货 Inventories	#产成品 Finished Goods	负债合计 Total Liabilities
1998		10667	1487.0	776.5	222.3	301.9	148.2	909.4
2000		22128	3873.8	1910.8	556.9	683.8	333.3	2208.8
2005		123820	30325.1	16426.0	4333.8	4709.3	2198.3	18038.9
2006		149736	40514.8	22035.6	5737.7	6198.8	2877.7	23946.8
2007		177080	53305.0	29412.6	7500.2	8122.1	3762.3	31120.2
2008		245850	75879.6	40572.4	10375.8	11220.3	5115.4	42825.3
2009		256031	91175.6	47550.4	11944.2	12276.0	5876.1	50495.5
2010		273259	116867.8	61798.7	15137.7	15004.2	6601.2	64068.4
2011		180612	127749.9	69059.5	16244.4	16614.1	7388.3	69744.8
2012		189289	152548.1	81049.1	19819.7	19166.3	8659.6	82699.3
2013		208409	187704.4	99272.0	24676.2	23118.9	10101.7	101334.0
2014		213789	213114.4	108457.8	27805.4	25066.2	11435.3	111130.1
2015		216506	229006.5	114893.2	30628.4	26063.5	12075.1	118651.5
2016		214309	239542.7	120053.6	32257.5	27468.5	12364.8	121386.1
2017		215138	242636.7	127828.0	35237.1	29635.9	12840.8	127610.5
2018		220628	239288.8	134355.0	37983.8	31183.7	13019.2	134884.7
北　京	Beijing	1022	1911.3	1341.3	474.1	292.5	106.4	1008.4
天　津	Tianjin	1837	2210.6	1458.1	409.6	329.7	126.1	1312.6
河　北	Hebei	11768	14823.2	7880.7	1852.3	1906.2	743.6	8373.3
山　西	Shanxi	2224	6623.1	3519.1	715.7	630.3	247.5	4827.3
内蒙古	Inner Mongolia	1022	3400.1	1590.4	329.6	307.5	125.5	2429.5
辽　宁	Liaoning	3139	5830.4	3738.1	801.7	901.5	335.4	3923.7
吉　林	Jilin	3094	2092.5	995.5	234.2	257.6	104.3	1131.4
黑龙江	Heilongjiang	1671	1538.9	857.9	213.4	233.3	77.9	958.4
上　海	Shanghai	3551	5449.1	3776.4	1333.9	826.2	330.8	2811.8
江　苏	Jiangsu	28747	34479.7	20438.0	6873.4	4602.7	1952.3	19127.7
浙　江	Zhejiang	28745	25547.3	16000.1	5101.3	3657.4	1558.1	16098.0
安　徽	Anhui	13550	10031.9	5701.2	1994.6	1360.6	614.7	5179.8
福　建	Fujian	9087	7460.7	4298.5	1206.8	1090.6	549.0	3421.0
江　西	Jiangxi	6300	6858.2	3088.5	829.9	748.6	321.5	3102.0
山　东	Shandong	25512	25175.2	13516.2	2768.6	3321.7	1412.3	15019.7
河　南	Henan	10151	9605.0	4131.0	849.5	792.3	333.5	3765.4
湖　北	Hubei	9054	8592.8	4269.1	1160.1	1139.7	524.6	4057.3
湖　南	Hunan	12303	10140.5	4470.7	1346.7	1087.7	460.3	4396.8
广　东	Guangdong	20061	22518.4	15511.4	4893.5	3576.3	1285.9	13977.4
广　西	Guangxi	3784	4171.5	2537.2	664.8	593.5	311.6	2656.0
海　南	Hainan	50	99.5	67.8	12.9	18.6	4.0	65.7
重　庆	Chongqing	4321	5350.7	2604.8	835.6	536.6	250.0	2840.8
四　川	Sichuan	8127	8067.8	4097.7	1138.9	1012.1	443.2	4062.0
贵　州	Guizhou	3580	2716.8	1410.4	362.0	277.8	111.0	1546.0
云　南	Yunnan	2159	2710.1	1516.9	298.6	387.8	158.1	1596.8
西　藏	Tibet	38	67.8	29.9	6.2	4.3	0.7	45.7
陕　西	Shaanxi	2665	3151.9	1484.0	410.5	319.7	170.0	1527.0
甘　肃	Gansu	699	955.4	503.7	128.2	105.8	55.4	614.7
青　海	Qinghai	270	880.4	446.2	95.2	96.8	42.7	564.2
宁　夏	Ningxia	866	3715.2	1722.2	311.6	430.9	122.0	2403.2
新　疆	Xinjiang	1231	3112.9	1351.7	330.6	337.6	140.6	2041.4

13-7 续表 continued

单位：亿元 (100 million yuan)

年份 Year / 地区 Region		营业收入 Business Revenue	营业成本 Business Cost	销售费用 Selling Expenses	管理费用 Administrative Expenses	财务费用 Financial Expenses	利润总额 Total Profits	平均用工人数（万人） Annual Average Employees (10 000 persons)
	1998	1846.3	1563.2	74.0	75.2	43.4	67.3	160.8
	2000	4791.5	4122.0	178.4	180.3	72.0	189.7	346.4
	2005	45801.4	39914.5	1185.5	1469.7	465.9	2120.7	1692.1
	2006	64817.7	56316.2	1610.1	1972.0	632.5	3191.1	1971.0
	2007	90277.8	77335.8	2136.1	2734.1	903.3	5053.7	2252.9
	2008	131525.4	112220.3	3076.1	4135.6	1389.4	8302.1	2871.9
	2009	156603.6	134374.6	3539.4	4941.5	1442.0	9677.7	2973.8
	2010	207838.2	177049.5	4573.6	7179.9	1921.4	15102.5	3312.1
	2011	247277.9	210191.5	5083.5	7751.2	2415.9	18155.5	2956.4
	2012	285621.5	243192.1	5976.6	9025.3	2921.5	20191.9	3121.3
	2013	342002.6	293764.8	7161.7	10719.7	3471.6	23327.1	3359.4
	2014	372175.7	322482.8	7956.3	11266.7	3717.7	23550.4	3505.3
	2015	386394.6	334569.2	8618.5	12278.5	3603.0	24249.7	3464.0
	2016	410188.1	355823.8	9202.5	13142.6	3506.2	25494.9	3397.8
	2017	381034.4	329585.7	9217.5	13430.1	3550.8	23043.0	3230.0
	2018	311970.0	269614.6	8255.2	12724.3	3046.2	17137.0	2840.7
北　京	Beijing	1232.0	918.7	108.6	122.9	9.2	76.4	12.5
天　津	Tianjin	2920.9	2653.8	52.1	110.9	14.8	89.8	18.9
河　北	Hebei	18264.1	16135.5	292.9	483.6	192.5	1120.8	146.5
山　西	Shanxi	5415.6	4582.3	170.2	176.9	106.0	340.7	38.7
内蒙古	Inner Mongolia	2059.9	1747.6	61.9	74.2	48.2	107.9	13.7
辽　宁	Liaoning	5390.9	4779.1	103.0	192.6	88.1	211.4	37.2
吉　林	Jilin	1422.9	1218.2	50.6	68.2	22.3	64.0	22.4
黑龙江	Heilongjiang	1159.5	1023.9	38.7	48.6	17.5	32.6	10.7
上　海	Shanghai	4616.0	3726.8	216.3	396.8	30.1	279.6	44.5
江　苏	Jiangsu	47302.5	41098.2	1004.4	1888.2	430.4	2709.0	379.2
浙　江	Zhejiang	27395.5	23543.4	752.9	1651.3	341.9	1180.9	349.6
安　徽	Anhui	15979.0	13850.7	401.5	566.6	128.9	987.4	133.3
福　建	Fujian	17305.1	15109.1	387.6	565.7	107.0	1060.9	144.8
江　西	Jiangxi	11394.1	9900.8	268.7	332.8	69.8	789.4	93.7
山　东	Shandong	28680.8	25379.9	714.3	887.1	355.8	1206.4	273.2
河　南	Henan	12367.2	10437.4	309.9	346.2	129.7	1070.0	138.1
湖　北	Hubei	15475.9	13367.2	445.3	544.9	161.0	826.2	115.0
湖　南	Hunan	19324.4	16442.0	630.5	917.7	176.3	907.7	176.0
广　东	Guangdong	30736.3	26539.2	963.9	1713.0	144.9	1383.1	321.2
广　西	Guangxi	6420.5	5651.2	140.9	247.1	52.4	297.3	64.4
海　南	Hainan	83.5	69.9	3.4	4.8	1.3	3.7	1.3
重　庆	Chongqing	7212.6	6004.8	208.3	297.3	57.0	608.9	72.7
四　川	Sichuan	14665.4	12563.6	462.7	534.0	133.2	862.8	110.1
贵　州	Guizhou	3056.8	2579.5	106.9	130.2	29.6	161.4	31.5
云　南	Yunnan	2922.7	2525.3	80.9	105.7	32.2	163.2	27.8
西　藏	Tibet	18.7	13.9	1.2	2.4	0.9		0.3
陕　西	Shaanxi	4522.3	3728.5	141.0	166.2	35.2	407.6	30.5
甘　肃	Gansu	531.7	458.1	16.8	21.8	15.7	18.5	5.8
青　海	Qinghai	413.5	349.5	14.1	19.1	12.6	22.5	3.5
宁　夏	Ningxia	1634.5	1464.8	38.1	51.4	58.9	20.7	10.8
新　疆	Xinjiang	2045.2	1751.9	67.4	56.3	43.0	126.2	13.0

13-8 按行业分外商投资和港澳台商投资工业企业主要指标（2018年）

单位：亿元

行　　业	Sector	企业单位数（个）Number of Enterprises (unit)	资产总计 Total Assets
总　　计	**National Total**	**47736**	**224353.2**
煤炭开采和洗选业	Mining and Washing of Coal	41	1368.3
石油和天然气开采业	Extraction of Petroleum and Natural Gas	9	838.2
黑色金属矿采选业	Mining and Processing of Ferrous Metal Ores	25	207.8
有色金属矿采选业	Mining and Processing of Non-Ferrous Metal Ores	43	288.5
非金属矿采选业	Mining and Processing of Non-metal Ores	55	108.2
开采专业及辅助性活动	Professional and Support Activities for Mining	5	140.0
农副食品加工业	Processing of Food from Agricultural Products	1615	5972.0
食品制造业	Manufacture of Foods	1111	4379.6
酒、饮料和精制茶制造业	Manufacture of Liquor, Beverages and Refined Tea	722	3624.2
烟草制品业	Manufacture of Tobacco	4	19.4
纺织业	Manufacture of Textile	2154	4176.9
纺织服装、服饰业	Manufacture of Textile, Wearing Apparel and Accessories	2907	3450.7
皮革、毛皮、羽毛及其制品和制鞋业	Manufacture of Leather, Fur, Feather and Related Products and Footwear	1533	2342.1
木材加工和木、竹、藤、棕、草制品业	Processing of Timber, Manufacture of Wood, Bamboo, Rattan, Palm and Straw Products	346	513.1
家具制造业	Manufacture of Furniture	760	1384.1
造纸和纸制品业	Manufacture of Paper and Paper Products	861	5805.4
印刷和记录媒介复制业	Printing and Reproduction of Recording Media	588	1319.9
文教、工美、体育和娱乐用品制造业	Manufacture of Articles for Culture, Education, Arts and Crafts, Sport and Entertainment Activities	1914	2661.8
石油、煤炭及其他燃料加工业	Processing of Petroleum, Coal and Other Fuels	162	3120.8
化学原料和化学制品制造业	Manufacture of Raw Chemical Materials and Chemical Products	3082	15877.5
医药制造业	Manufacture of Medicines	789	7082.9
化学纤维制造业	Manufacture of Chemical Fibres	231	1523.2
橡胶和塑料制品业	Manufacture of Rubber and Plastics Products	2944	6113.9
非金属矿物制品业	Manufacture of Non-metallic Mineral Products	1832	5876.8
黑色金属冶炼和压延加工业	Smelting and Pressing of Ferrous Metals	406	5683.2
有色金属冶炼和压延加工业	Smelting and Pressing of Non-ferrous Metals	550	5266.3
金属制品业	Manufacture of Metal Products	2687	5123.2
通用设备制造业	Manufacture of General Purpose Machinery	3315	11948.4
专用设备制造业	Manufacture of Special Purpose Machinery	2489	7612.8
汽车制造业	Manufacture of Automobiles	3072	30445.9
铁路、船舶、航空航天和其他运输设备制造业	Manufacture of Railway, Ship, Aerospace and Other Transport Equipments	596	3262.1
电气机械和器材制造业	Manufacture of Electrical Machinery and Apparatus	3565	13981.8
计算机、通信和其他电子设备制造业	Manufacture of Computers, Communication and Other Electronic Equipment	4738	46541.9
仪器仪表制造业	Manufacture of Measuring Instruments and Machinery	821	2298.1
其他制造业	Other Manufacture	346	392.8
废弃资源综合利用业	Utilization of Waste Resources	121	263.4
金属制品、机械和设备修理业	Repair Service of Metal Products, Machinery and Equipment	61	482.9
电力、热力生产和供应业	Production and Supply of Electric Power and Heat Power	632	7701.0
燃气生产和供应业	Production and Supply of Gas	403	3378.0
水的生产和供应业	Production and Supply of Water	201	1776.3

Main Indicators of Industrial Enterprises with Hong Kong, Macao, Taiwan and Foreign Funds by Industrial Sector (2018)

(100 million yuan)

流动资产合计 Total Current Assets	应收账款 Accounts Receivable	存货 Inventories	#产成品 Finished Goods	负债合计 Total Liabilities
136202.7	**44509.0**	**27717.0**	**10437.7**	**121399.2**
560.1	90.2	19.3	11.2	760.6
78.9	7.6	21.4	4.2	555.0
96.0	31.0	11.9	7.8	99.5
71.0	3.6	15.2	3.7	174.5
57.3	12.1	10.1	3.7	54.9
42.2	13.6	1.6	0.3	44.6
3849.1	562.9	1092.9	465.6	3594.1
2608.8	548.1	430.5	200.6	1976.5
1754.7	365.5	361.7	121.3	1842.6
6.6	2.5	1.8	0.3	10.3
2479.8	612.8	734.8	294.2	2032.6
2378.2	712.6	642.9	324.8	1582.2
1518.7	460.7	379.6	130.3	1113.6
327.7	85.6	107.0	51.0	251.2
913.0	270.7	204.3	71.2	759.4
2842.1	724.2	478.4	188.3	3043.2
758.0	256.4	141.1	55.3	522.5
1809.6	470.3	748.7	429.9	1375.1
1660.3	188.1	424.5	106.8	1779.4
8251.8	2203.6	1682.7	701.8	7731.2
4435.7	939.6	1131.2	511.2	2982.0
766.4	128.6	207.1	101.4	864.6
3574.4	1173.7	900.0	361.2	2922.3
3186.4	891.5	596.5	285.4	2530.6
2882.2	353.8	649.4	231.5	3221.7
2707.7	572.3	631.0	170.6	3217.3
3296.2	1141.6	827.9	287.9	2410.6
8450.2	2779.6	2162.1	707.5	6297.0
5433.4	1835.7	1382.7	452.1	3716.7
18559.5	6247.5	2994.3	1201.8	17802.0
2175.3	568.3	644.0	99.7	1777.8
9587.8	3613.6	1742.0	670.1	7698.4
32911.7	15084.7	5516.9	2011.4	28034.0
1699.6	554.2	386.3	116.0	1015.9
257.0	73.4	72.0	24.8	156.0
154.5	31.3	37.2	16.0	128.7
275.2	125.5	64.2	3.2	280.4
2131.4	479.9	163.9	3.7	4291.4
1187.3	215.1	80.0	9.1	1729.5
466.7	76.8	18.2	0.6	1019.2

13-8 续表

单位：亿元

行　　业	Sector	营业收入 Business Revenue	营业成本 Business Cost
总　　计	**National Total**	**244478.0**	**205575.6**
煤炭开采和洗选业	Mining and Washing of Coal	566.9	333.2
石油和天然气开采业	Extraction of Petroleum and Natural Gas	552.1	223.1
黑色金属矿采选业	Mining and Processing of Ferrous Metal Ores	130.6	106.2
有色金属矿采选业	Mining and Processing of Non-Ferrous Metal Ores	96.7	55.5
非金属矿采选业	Mining and Processing of Non-metal Ores	72.9	50.7
开采专业及辅助性活动	Professional and Support Activities for Mining	76.8	61.6
农副食品加工业	Processing of Food from Agricultural Products	8643.4	7815.5
食品制造业	Manufacture of Foods	5231.3	3699.0
酒、饮料和精制茶制造业	Manufacture of Liquor, Beverages and Refined Tea	3630.6	2636.6
烟草制品业	Manufacture of Tobacco	8.2	5.1
纺织业	Manufacture of Textile	4481.1	3879.3
纺织服装、服饰业	Manufacture of Textile, Wearing Apparel and Accessories	4670.7	3913.1
皮革、毛皮、羽毛及其制品和制鞋业	Manufacture of Leather, Fur, Feather and Related Products and Footwear	4001.7	3386.3
木材加工和木、竹、藤、棕、草制品业	Processing of Timber, Manufacture of Wood, Bamboo, Rattan, Palm and Straw Products	542.1	462.1
家具制造业	Manufacture of Furniture	1643.4	1379.0
造纸和纸制品业	Manufacture of Paper and Paper Products	4349.6	3610.3
印刷和记录媒介复制业	Printing and Reproduction of Recording Media	1143.1	919.5
文教、工美、体育和娱乐用品制造业	Manufacture of Articles for Culture, Education, Arts and Crafts, Sport and Entertainment Activities	4019.9	3519.0
石油、煤炭及其他燃料加工业	Processing of Petroleum, Coal and Other Fuels	4713.2	3662.9
化学原料和化学制品制造业	Manufacture of Raw Chemical Materials and Chemical Products	16896.9	13513.9
医药制造业	Manufacture of Medicines	5802.0	3089.5
化学纤维制造业	Manufacture of Chemical Fibres	1608.2	1413.0
橡胶和塑料制品业	Manufacture of Rubber and Plastics Products	6227.8	5233.0
非金属矿物制品业	Manufacture of Non-metallic Mineral Products	4693.2	3638.8
黑色金属冶炼和压延加工业	Smelting and Pressing of Ferrous Metals	7399.9	6702.5
有色金属冶炼和压延加工业	Smelting and Pressing of Non-ferrous Metals	6155.1	5705.2
金属制品业	Manufacture of Metal Products	5871.3	5049.4
通用设备制造业	Manufacture of General Purpose Machinery	11878.1	9644.0
专用设备制造业	Manufacture of Special Purpose Machinery	6723.6	5331.8
汽车制造业	Manufacture of Automobiles	39395.9	32321.3
铁路、船舶、航空航天和其他运输设备制造业	Manufacture of Railway, Ship, Aerospace and Other Transport Equipments	2035.5	1717.7
电气机械和器材制造业	Manufacture of Electrical Machinery and Apparatus	15010.8	12636.8
计算机、通信和其他电子设备制造业	Manufacture of Computers, Communication and Other Electronic Equipment	56172.6	51707.4
仪器仪表制造业	Manufacture of Measuring Instruments and Machinery	2514.1	1965.2
其他制造业	Other Manufacture	486.1	409.1
废弃资源综合利用业	Utilization of Waste Resources	346.9	297.2
金属制品、机械和设备修理业	Repair Service of Metal Products, Machinery and Equipment	500.8	432.6
电力、热力生产和供应业	Production and Supply of Electric Power and Heat Power	3183.3	2634.1
燃气生产和供应业	Production and Supply of Gas	2560.5	2128.5
水的生产和供应业	Production and Supply of Water	441.2	286.7

continued

(100 million yuan)

销售费用 Selling Expenses	管理费用 Administrative Expenses	财务费用 Financial Expenses	利润总额 Total Profits	平均用工人数（万人） Annual Average Employees (10 000 persons)
8515.8	**11479.3**	**1314.1**	**16775.5**	**1887.0**
10.2	39.2	23.3	143.6	3.3
1.0	11.0	8.8	282.9	0.6
2.1	6.2	2.1	11.8	0.9
1.1	9.0	4.9	24.8	1.0
5.0	6.4	1.2	8.2	0.9
0.3	2.7	0.9	10.1	0.3
229.5	180.7	55.3	363.9	43.1
732.1	266.5	6.1	521.9	39.9
461.7	159.7	10.5	307.0	26.6
0.2	1.4	0.3	1.0	0.3
94.7	211.1	34.1	260.7	59.5
260.0	257.2	17.2	224.8	107.6
125.4	205.0	24.1	275.9	80.3
21.2	24.7	7.0	23.7	6.9
68.1	108.6	4.7	98.0	24.9
168.0	195.3	74.6	320.0	24.3
39.6	88.7	3.8	90.4	19.4
88.0	208.1	18.6	181.9	74.7
68.2	99.1	34.8	409.2	7.1
947.3	765.3	159.9	1471.7	56.1
1341.9	504.4	25.8	841.5	40.2
21.9	66.8	25.1	84.5	7.5
219.9	406.5	41.8	316.9	82.1
163.6	257.6	39.8	586.2	47.7
61.2	157.3	59.1	424.5	19.1
50.2	130.8	95.1	148.4	17.3
159.8	334.5	23.8	296.0	69.2
430.3	790.5	40.9	965.7	95.1
280.6	501.2	16.0	609.0	66.1
1043.6	2075.9	73.9	3349.1	161.4
49.1	132.2	18.8	139.3	20.9
478.8	891.2	64.7	946.1	153.5
665.7	1921.6	110.8	1953.9	464.2
107.5	185.6	3.5	252.2	25.9
15.4	29.6	2.7	26.5	9.2
2.3	12.6	3.8	36.3	1.4
3.4	32.7	7.2	24.3	3.9
3.6	71.4	131.2	364.9	9.9
78.3	94.4	14.4	290.0	10.4
15.0	36.5	23.4	88.7	4.3

13-9 外商投资和港澳台商投资工业企业主要指标
Main Indicators of Industrial Enterprises with Hong Kong, Macao, Taiwan and Foreign Funds

单位：亿元 (100 million yuan)

年份 Year / 地区 Region		企业单位数(个) Number of Enterprises (unit)	资产总计 Total Assets	流动资产合计 Total Current Assets	应收账款 Accounts Receivable	存货 Inventories	#产成品 Finished Goods	负债合计 Total Liabilities
	1998	26442	21327.0	9971.9	3071.2	3233.0	1151.1	12481.6
	2000	28445	25714.1	12849.5	4045.9	4078.4	1417.6	14658.9
	2005	56387	64308.5	35304.0	11422.0	10093.4	3258.3	36459.4
	2006	60872	77108.7	42674.9	13655.9	12167.9	3954.6	43398.6
	2007	67456	96367.0	53781.5	16785.3	15126.2	4862.9	55168.2
	2008	77847	112145.0	60340.2	17123.6	16801.2	5782.2	62831.0
	2009	75376	124477.6	69082.1	20860.9	16469.7	5634.6	69928.8
	2010	74045	148552.3	84328.6	24176.3	20623.8	6588.1	82038.8
	2011	57216	161987.7	95334.6	27132.0	23075.2	7973.7	92130.8
	2012	56908	172320.3	100289.9	29850.6	23510.8	8199.6	97414.1
	2013	57368	188661.4	108770.2	32460.7	24399.1	8389.9	106197.3
	2014	55172	198162.1	113723.6	34419.4	24840.3	9023.0	109924.4
	2015	52758	201302.7	114481.0	35955.1	23622.2	8933.8	109679.8
	2016	49554	212744.4	122079.2	39362.5	23936.7	8829.7	114911.3
	2017	47458	215998.1	128098.4	41604.2	25712.3	9696.0	116678.1
	2018	47736	224353.2	136202.7	44509.0	27717.0	10437.7	121399.2
北京	Beijing	719	9753.0	6282.6	1444.0	1066.8	438.5	5357.1
天津	Tianjin	1221	5990.6	3723.0	1166.9	907.7	339.8	2933.4
河北	Hebei	719	5478.4	2942.2	655.4	542.8	165.1	2993.5
山西	Shanxi	143	2521.3	1371.4	372.5	126.5	38.7	1652.2
内蒙古	Inner Mongolia	130	2666.7	928.9	142.8	130.8	51.8	1459.5
辽宁	Liaoning	1228	8528.5	4692.2	1108.3	1285.0	412.7	4922.6
吉林	Jilin	307	1703.5	1003.3	361.5	182.5	56.1	1046.6
黑龙江	Heilongjiang	177	1744.1	897.0	220.0	203.1	54.7	1026.8
上海	Shanghai	3397	18949.8	12535.7	4222.2	2800.7	956.3	10040.2
江苏	Jiangsu	9578	41846.2	25012.4	9204.9	5252.1	1959.9	20559.9
浙江	Zhejiang	4920	16741.9	10314.3	3109.1	2176.0	913.6	8348.6
安徽	Anhui	777	4266.5	2663.3	1413.9	372.0	150.6	2574.4
福建	Fujian	3548	11470.7	6931.0	1925.9	1517.4	621.3	5730.6
江西	Jiangxi	744	2965.1	1443.2	424.5	300.9	130.2	1522.1
山东	Shandong	3355	12533.1	7625.7	2345.2	1455.1	532.1	6859.4
河南	Henan	511	6721.6	4755.6	1594.1	636.2	296.7	4866.1
湖北	Hubei	814	6366.7	3430.6	850.3	552.4	231.9	3642.1
湖南	Hunan	548	3123.4	1619.6	708.2	253.3	112.2	1902.2
广东	Guangdong	12708	42820.3	28128.1	9873.8	6146.2	2284.4	23102.5
广西	Guangxi	436	3201.9	1798.4	426.7	367.9	159.8	1949.6
海南	Hainan	66	876.4	428.8	82.1	60.1	23.5	448.2
重庆	Chongqing	414	3917.4	2246.1	1010.6	430.4	159.6	2567.3
四川	Sichuan	576	5087.4	3223.2	1418.3	438.9	165.8	3270.2
贵州	Guizhou	110	580.1	266.7	73.3	47.2	13.6	362.3
云南	Yunnan	168	812.1	317.1	62.3	92.9	30.2	433.5
西藏	Tibet	5	28.3	17.3	2.7	0.5	0.1	8.4
陕西	Shaanxi	216	2075.0	1013.3	178.6	266.7	98.5	915.0
甘肃	Gansu	51	402.4	154.8	34.8	15.3	6.1	228.6
青海	Qinghai	24	203.8	65.9	13.1	6.7	1.5	159.9
宁夏	Ningxia	45	587.2	211.5	37.5	44.3	13.8	319.8
新疆	Xinjiang	81	389.9	159.8	25.6	38.7	18.4	196.5

13-9 续表 continued

单位：亿元 (100 million yuan)

年份 地区	Year Region	营业收入 Business Revenue	营业成本 Business Cost	销售费用 Selling Expenses	管理费用 Administrative Expenses	财务费用 Financial Expenses	利润总额 Total Profits	平均用工人数（万人） Annual Average Employees (10 000 persons)
	1998	15604.6	13023.6	763.9	964.3	477.7	418.6	775.2
	2000	22545.7	18583.3	1044.8	1236.8	393.6	1282.5	853.0
	2005	78564.5	67863.0	2818.6	3084.6	468.0	4140.8	1899.6
	2006	98936.1	84903.3	3369.7	3733.3	684.4	5384.1	2118.1
	2007	125498.0	106981.4	4206.0	4655.2	808.3	7527.4	2353.0
	2008	146613.6	125931.6	4858.7	5830.8	1033.8	8242.6	2579.4
	2009	150263.1	127247.8	4965.8	5991.9	1145.4	10107.1	2450.4
	2010	188729.4	159273.1	5948.1	7544.3	1137.0	15019.6	2645.7
	2011	216304.3	183931.7	6859.4	8281.0	1164.5	15494.2	2574.1
	2012	221948.8	189558.5	7104.4	8982.6	1709.7	13965.9	2573.8
	2013	242964.2	207255.7	7832.2	9878.3	1443.0	15802.6	2536.1
	2014	252630.1	215004.2	8123.6	10365.1	1562.8	16577.3	2472.4
	2015	245697.6	208266.5	8006.4	10541.3	1703.9	15905.8	2355.4
	2016	250393.0	211127.9	8253.7	10794.7	1536.3	17597.5	2182.4
	2017	247619.7	208242.5	8328.5	10999.2	1417.1	18412.4	2052.3
	2018	244478.0	205575.6	8515.8	11479.3	1314.1	16775.5	1887.0
北 京	Beijing	8876.4	7024.4	691.4	383.4	34.9	743.7	29.3
天 津	Tianjin	7283.4	6126.3	297.1	343.8	25.7	419.2	42.6
河 北	Hebei	5231.1	4350.5	201.7	198.5	49.3	432.6	32.2
山 西	Shanxi	1646.3	1397.6	21.2	57.7	27.9	138.9	14.5
内蒙古	Inner Mongolia	1187.6	935.7	29.9	53.9	40.6	135.9	5.5
辽 宁	Liaoning	7687.9	6133.7	376.3	309.2	56.7	689.0	41.5
吉 林	Jilin	1767.6	1431.0	64.2	103.9	15.5	137.5	10.2
黑龙江	Heilongjiang	1315.9	1028.4	108.6	58.0	18.3	120.3	8.2
上 海	Shanghai	24118.2	19481.2	897.2	1598.9	26.7	1920.3	110.5
江 苏	Jiangsu	46701.9	39690.7	1422.1	2197.9	233.0	3151.3	347.9
浙 江	Zhejiang	15594.8	12806.9	591.7	937.8	131.0	1177.0	133.3
安 徽	Anhui	4571.2	4001.9	123.8	167.5	22.4	262.8	27.1
福 建	Fujian	16558.0	14050.0	490.2	646.6	98.3	1231.3	140.4
江 西	Jiangxi	3474.3	2953.2	75.9	129.7	29.4	277.4	33.5
山 东	Shandong	11951.3	10087.0	443.8	472.8	115.2	773.8	97.2
河 南	Henan	6136.2	5613.1	127.5	136.5	53.1	209.6	42.6
湖 北	Hubei	7473.9	6212.8	247.7	318.1	22.6	567.8	39.5
湖 南	Hunan	2959.3	2494.5	108.4	157.7	23.9	158.4	37.0
广 东	Guangdong	51424.0	43775.7	1641.1	2572.6	165.4	3107.8	588.9
广 西	Guangxi	3935.4	3371.8	125.4	112.4	21.2	268.6	22.1
海 南	Hainan	833.3	627.5	28.0	21.7	10.4	73.9	1.8
重 庆	Chongqing	5052.7	4538.2	138.4	195.3	27.0	134.7	26.5
四 川	Sichuan	5261.2	4619.6	98.4	141.6	23.0	303.5	30.2
贵 州	Guizhou	430.8	365.6	12.9	16.3	7.1	30.0	3.3
云 南	Yunnan	580.0	433.5	54.2	31.5	8.2	33.2	5.1
西 藏	Tibet	8.1	4.4	0.4	0.5		3.0	
陕 西	Shaanxi	1535.2	1317.2	65.7	86.5	7.4	184.3	10.1
甘 肃	Gansu	258.6	232.8	9.3	6.4	6.9	2.0	1.2
青 海	Qinghai	80.3	72.5	2.1	1.9	1.8	2.0	0.5
宁 夏	Ningxia	301.3	212.3	8.8	11.0	7.9	56.2	2.2
新 疆	Xinjiang	241.8	185.4	12.7	9.8	3.3	29.6	2.0

13-10 按行业分大中型工业企业主要指标（2018年）

单位：亿元

行业	Sector	企业单位数（个）Number of Enterprises (unit)	资产总计 Total Assets
总　计	**National Total**	**58881**	**805653.2**
煤炭开采和洗选业	Mining and Washing of Coal	1449	48064.9
石油和天然气开采业	Extraction of Petroleum and Natural Gas	49	18154.3
黑色金属矿采选业	Mining and Processing of Ferrous Metal Ores	251	7814.6
有色金属矿采选业	Mining and Processing of Non-Ferrous Metal Ores	332	3658.4
非金属矿采选业	Mining and Processing of Non-metal Ores	207	1111.1
开采专业及辅助性活动	Professional and Support Activities for Mining	56	2340.5
农副食品加工业	Processing of Food from Agricultural Products	2591	14902.9
食品制造业	Manufacture of Foods	1573	9949.8
酒、饮料和精制茶制造业	Manufacture of Liquor, Beverages and Refined Tea	1025	12483.3
烟草制品业	Manufacture of Tobacco	74	10066.7
纺织业	Manufacture of Textile	3062	12564.9
纺织服装、服饰业	Manufacture of Textile, Wearing Apparel and Accessories	3152	8099.3
皮革、毛皮、羽毛及其制品和制鞋业	Manufacture of Leather, Fur, Feather and Related Products and Footwear	1907	4011.4
木材加工和木、竹、藤、棕、草制品业	Processing of Timber, Manufacture of Wood, Bamboo, Rattan, Palm and Straw Products	819	1834.4
家具制造业	Manufacture of Furniture	972	3276.8
造纸和纸制品业	Manufacture of Paper and Paper Products	842	10163.3
印刷和记录媒介复制业	Printing and Reproduction of Recording Media	688	2603.4
文教、工美、体育和娱乐用品制造业	Manufacture of Articles for Culture, Education, Arts and Crafts, Sport and Entertainment Activities	1714	4538.3
石油、煤炭及其他燃料加工业	Processing of Petroleum, Coal and Other Fuels	542	27856.7
化学原料和化学制品制造业	Manufacture of Raw Chemical Materials and Chemical Products	2957	48667.5
医药制造业	Manufacture of Medicines	1659	24971.4
化学纤维制造业	Manufacture of Chemical Fibres	284	6037.6
橡胶和塑料制品业	Manufacture of Rubber and Plastics Products	2249	11879.6
非金属矿物制品业	Manufacture of Non-metallic Mineral Products	3850	22114.2
黑色金属冶炼和压延加工业	Smelting and Pressing of Ferrous Metals	1003	55816.8
有色金属冶炼和压延加工业	Smelting and Pressing of Non-ferrous Metals	1127	31746.4
金属制品业	Manufacture of Metal Products	2690	13306.3
通用设备制造业	Manufacture of General Purpose Machinery	2938	25482.9
专用设备制造业	Manufacture of Special Purpose Machinery	2355	25340.3
汽车制造业	Manufacture of Automobiles	3264	65741.5
铁路、船舶、航空航天和其他运输设备制造业	Manufacture of Railway, Ship, Aerospace and Other Transport Equipments	939	12415.2
电气机械和器材制造业	Manufacture of Electrical Machinery and Apparatus	4325	49323.1
计算机、通信和其他电子设备制造业	Manufacture of Computers, Communication and Other Electronic Equipment	4891	86109.9
仪器仪表制造业	Manufacture of Measuring Instruments and Machinery	750	6060.8
其他制造业	Other Manufacture	226	704.8
废弃资源综合利用业	Utilization of Waste Resources	110	840.6
金属制品、机械和设备修理业	Repair Service of Metal Products, Machinery and Equipment	109	1544.0
电力、热力生产和供应业	Production and Supply of Electric Power and Heat Power	1275	99488.2
燃气生产和供应业	Production and Supply of Gas	204	5474.5
水的生产和供应业	Production and Supply of Water	369	9087.0

注：从2017年开始，工业企业年报规模划分按《统计上大中小微型企业划分办法（2017）》执行。大中型工业企业为从业人员300人及以上并且主营业务收入在2000万元及以上的工业企业。

Main Indicators of Large and Medium-sized Industrial Enterprises by Industrial Sector (2018)

(100 million yuan)

流动资产合计 Total Current Assets	应收账款 Accounts Receivable	存货 Inventories	#产成品 Finished Goods	负债合计 Total Liabilities
385328.8	**91729.9**	**79300.9**	**28134.6**	**454734.2**
17630.6	1862.9	1399.2	516.0	31205.4
2712.7	362.9	200.3	99.2	7614.0
2120.1	302.1	197.1	76.9	4800.8
1119.7	162.0	216.9	80.5	1915.8
541.1	72.3	65.4	25.2	564.7
1214.0	437.3	107.4	8.1	1213.1
8403.4	1082.2	2139.3	883.2	8639.7
4998.2	919.8	973.9	400.2	4534.3
7779.8	563.5	1972.7	568.2	4927.6
7151.5	403.1	4390.7	301.8	2336.7
6680.4	1180.8	1898.3	751.8	6947.3
4632.4	1254.7	1304.4	720.7	3775.7
2529.5	700.9	598.5	232.1	1732.9
945.0	208.0	254.6	105.9	921.3
1922.5	479.5	422.2	156.4	1751.5
4681.2	883.8	875.0	352.9	5824.7
1385.9	417.9	271.9	106.7	975.6
2965.3	665.4	1163.8	624.3	2351.7
13627.4	1285.8	3583.3	1147.4	18022.2
20190.3	3548.4	3960.8	1640.7	28013.6
13991.6	2887.4	2949.2	1312.2	10039.3
2586.1	312.7	665.4	326.1	3618.6
6384.4	1737.6	1512.8	661.1	5915.9
10684.7	2408.5	1915.3	911.3	11412.7
23158.1	1946.0	6079.8	1873.7	34584.2
14667.1	2007.8	4411.2	1143.9	19820.6
7844.1	2301.5	1921.8	717.2	7296.3
16588.5	4836.8	4227.7	1434.1	13803.5
16324.4	4836.7	3947.1	1408.3	14759.8
39183.1	10960.1	6079.3	2649.8	38775.5
7741.7	2237.3	1928.5	357.5	7495.1
32132.2	10451.1	5469.5	2562.0	28726.8
57971.8	23608.5	9821.6	3550.3	50719.5
3890.4	1236.0	773.8	269.6	2620.0
352.7	72.7	87.5	31.1	357.3
466.4	85.6	151.5	70.0	498.3
815.8	313.8	161.3	8.3	813.7
12979.9	2168.3	980.9	21.3	57191.0
1713.3	232.4	140.6	19.9	3198.5
2616.8	292.6	80.3	9.0	5013.8

a) Since 2017, sizes in industrial enterprises annual reporting forms are based on the 2017's Standards of Enterprises by Size. Large and medium-sized enterprises refer to enterprises with engaged persons over 300 and revenue from principal business above 20 million yuan.

13-10 续表

单位：亿元

行 业	Sector	营业收入 Business Revenue	营业成本 Business Cost
总 计	**National Total**	**697466.7**	**578443.5**
煤炭开采和洗选业	Mining and Washing of Coal	19359.1	13282.1
石油和天然气开采业	Extraction of Petroleum and Natural Gas	8303.1	5046.5
黑色金属矿采选业	Mining and Processing of Ferrous Metal Ores	1917.2	1533.1
有色金属矿采选业	Mining and Processing of Non-Ferrous Metal Ores	2338.3	1739.8
非金属矿采选业	Mining and Processing of Non-metal Ores	568.6	433.3
开采专业及辅助性活动	Professional and Support Activities for Mining	1665.5	1584.4
农副食品加工业	Processing of Food from Agricultural Products	19606.6	17467.3
食品制造业	Manufacture of Foods	11728.2	8863.7
酒、饮料和精制茶制造业	Manufacture of Liquor, Beverages and Refined Tea	10041.9	6284.9
烟草制品业	Manufacture of Tobacco	9427.7	3184.9
纺织业	Manufacture of Textile	14751.8	13071.5
纺织服装、服饰业	Manufacture of Textile, Wearing Apparel and Accessories	9762.2	8076.0
皮革、毛皮、羽毛及其制品和制鞋业	Manufacture of Leather, Fur, Feather and Related Products and Footwear	6750.7	5743.8
木材加工和木、竹、藤、棕、草制品业	Processing of Timber, Manufacture of Wood, Bamboo, Rattan, Palm and Straw Products	2171.7	1858.6
家具制造业	Manufacture of Furniture	3581.8	2915.4
造纸和纸制品业	Manufacture of Paper and Paper Products	7758.7	6525.9
印刷和记录媒介复制业	Printing and Reproduction of Recording Media	2409.0	1931.5
文教、工美、体育和娱乐用品制造业	Manufacture of Articles for Culture, Education, Arts and Crafts, Sport and Entertainment Activities	6826.2	5916.4
石油、煤炭及其他燃料加工业	Processing of Petroleum, Coal and Other Fuels	43274.5	34698.3
化学原料和化学制品制造业	Manufacture of Raw Chemical Materials and Chemical Products	41098.1	33623.4
医药制造业	Manufacture of Medicines	17055.1	9072.9
化学纤维制造业	Manufacture of Chemical Fibres	6346.2	5711.0
橡胶和塑料制品业	Manufacture of Rubber and Plastics Products	11255.1	9517.8
非金属矿物制品业	Manufacture of Non-metallic Mineral Products	17374.5	13474.1
黑色金属冶炼和压延加工业	Smelting and Pressing of Ferrous Metals	57908.0	51024.2
有色金属冶炼和压延加工业	Smelting and Pressing of Non-ferrous Metals	35504.8	32910.0
金属制品业	Manufacture of Metal Products	14644.8	12675.7
通用设备制造业	Manufacture of General Purpose Machinery	19793.5	16150.5
专用设备制造业	Manufacture of Special Purpose Machinery	15925.4	12777.5
汽车制造业	Manufacture of Automobiles	69006.8	57639.6
铁路、船舶、航空航天和其他运输设备制造业	Manufacture of Railway, Ship, Aerospace and Other Transport Equipments	8106.8	6815.7
电气机械和器材制造业	Manufacture of Electrical Machinery and Apparatus	44119.2	36603.7
计算机、通信和其他电子设备制造业	Manufacture of Computers, Communication and Other Electronic Equipment	93469.9	82174.2
仪器仪表制造业	Manufacture of Measuring Instruments and Machinery	4690.2	3654.8
其他制造业	Other Manufacture	669.3	557.2
废弃资源综合利用业	Utilization of Waste Resources	1358.6	1213.0
金属制品、机械和设备修理业	Repair Service of Metal Products, Machinery and Equipment	831.1	714.0
电力、热力生产和供应业	Production and Supply of Electric Power and Heat Power	51628.7	48430.2
燃气生产和供应业	Production and Supply of Gas	2939.8	2467.5
水的生产和供应业	Production and Supply of Water	1476.4	1059.5

continued

(100 million yuan)

销售费用 Selling Expenses	管理费用 Administrative Expenses	财务费用 Financial Expenses	利润总额 Total Profits	平均用工人数（万人） Annual Average Employees (10 000 persons)
21458.0	**30658.3**	**7760.0**	**47649.8**	**4962.6**
435.0	1498.6	828.1	2487.6	283.6
34.3	603.4	110.0	1507.1	63.8
38.3	156.5	133.1	10.0	22.1
24.0	143.6	43.4	314.1	21.7
30.5	41.5	11.6	44.8	9.9
2.1	58.2	-3.7	-36.5	23.9
519.1	479.5	213.0	970.1	146.8
1247.2	495.4	58.6	1105.0	108.1
1017.4	478.9	40.0	1732.9	80.2
144.8	466.8	-22.5	837.6	15.0
247.6	492.6	236.0	738.3	183.8
488.9	502.6	66.1	648.1	202.5
199.9	313.4	41.5	458.1	137.3
62.9	81.3	25.6	138.2	29.9
176.6	229.4	19.6	251.6	59.2
254.1	317.6	165.3	544.6	50.9
78.4	178.5	12.4	217.9	37.9
179.8	310.8	45.5	383.2	112.1
347.5	876.3	372.1	2133.7	70.3
1436.5	1808.3	727.3	3233.8	199.8
3931.4	1513.8	140.6	2459.7	141.2
64.0	197.9	99.9	322.6	30.4
372.8	599.3	107.8	642.2	139.6
579.3	866.6	254.3	2218.8	194.7
564.0	1425.3	768.4	3847.8	191.6
264.7	651.3	545.2	1022.9	114.2
341.4	674.8	127.7	796.0	152.7
725.5	1339.9	134.7	1492.7	191.7
732.0	1101.9	219.8	1145.6	154.5
2070.0	3532.6	183.0	5488.5	324.5
183.3	604.4	65.8	476.8	79.8
1974.2	2421.2	255.5	2943.1	351.9
2162.0	4977.8	277.1	4174.4	710.5
216.0	360.2	21.9	489.4	49.7
22.4	41.5	9.7	39.3	13.1
10.5	31.5	15.4	88.2	4.9
6.7	69.6	15.2	36.9	10.9
39.6	446.5	1289.3	1849.6	204.0
119.1	119.7	36.2	252.7	16.8
113.8	148.6	69.5	142.2	27.0

13-11 大中型工业企业主要指标
Main Indicators of Large and Medium-sized Industrial Enterprises

单位：亿元 (100 million yuan)

年份 Year 地区 Region	企业单位数（个）Number of Enterprises (unit)	资产总计 Total Assets	流动资产合计 Total Current Assets	应收账款 Accounts Receivable	存货 Inventories	#产成品 Finished Goods	负债合计 Total Liabilities
1998	23408	76095.8	30719.9	8127.9	9481.4	3481.6	47836.5
2000	21724	87309.8	35282.9	9238.3	9918.3	3614.9	52083.9
2005	29774	178816.9	77623.7	17018.8	21879.5	7026.0	102529.7
2006	32930	212410.4	92049.1	20206.2	25788.9	8341.8	121016.5
2007	36506	257015.6	113694.5	24735.1	31839.6	10245.5	147160.5
2008	40392	305328.8	132898.8	26679.9	36825.6	12227.3	177416.3
2009	41290	351080.5	152364.1	32208.4	38724.5	12448.6	206323.4
2010	46648	427451.6	195899.0	39220.0	49505.4	15465.7	249848.2
2011	61347	505941.0	240505.3	47882.1	59552.6	19535.3	299089.3
2012	63314	564360.4	264650.9	55981.3	63992.4	21459.0	333780.3
2013	65514	626731.5	288989.1	63297.6	68989.0	22891.6	370709.3
2014	65301	679436.7	311020.9	69442.3	72064.1	24966.9	397804.3
2015	63703	718838.6	325464.4	75915.9	70757.8	25130.0	416708.3
2016	62312	767059.8	350655.7	83000.2	73915.5	26096.8	438442.2
2017	58854	797736.2	372934.5	87351.7	77583.6	27525.5	451584.5
2018	58881	805653.2	385328.8	91729.9	79300.9	28134.6	454734.2
北京 Beijing	649	41329.8	13812.4	3174.5	1812.4	708.5	18099.1
天津 Tianjin	641	14947.2	6964.8	1562.5	1401.8	504.9	8464.7
河北 Hebei	1890	31650.1	13898.0	2207.7	3152.7	1035.9	19525.9
山西 Shanxi	1086	30988.5	12448.4	1892.5	1673.8	569.5	22144.5
内蒙古 Inner Mongolia	573	21963.0	7617.5	1143.4	1217.4	450.1	13227.9
辽宁 Liaoning	1143	26703.7	12590.5	2401.0	3129.6	1035.8	16790.5
吉林 Jilin	560	13202.3	6223.8	996.8	1339.4	432.4	7491.0
黑龙江 Heilongjiang	467	10910.4	4797.2	941.1	851.2	251.1	6252.0
上海 Shanghai	1325	31664.3	17353.6	4849.0	3588.2	1025.9	14549.6
江苏 Jiangsu	6790	80236.7	43745.6	13761.5	9398.9	3526.1	41764.5
浙江 Zhejiang	4748	45350.1	24156.0	6939.1	4703.8	2025.9	23561.7
安徽 Anhui	1595	25131.0	11832.2	3517.9	2234.8	805.9	15024.9
福建 Fujian	3282	25118.1	12712.5	3108.9	2914.8	1087.0	13147.8
江西 Jiangxi	1775	15025.2	7266.7	1533.5	1652.2	573.2	8081.7
山东 Shandong	4641	75189.6	39316.0	6675.0	8397.8	3215.8	46958.4
河南 Henan	5416	38608.4	18312.9	4107.3	3552.5	1262.1	22924.4
湖北 Hubei	1998	26713.5	12323.6	2963.6	2520.5	907.6	14082.2
湖南 Hunan	2247	18082.9	8665.2	2338.9	2211.3	642.3	9807.4
广东 Guangdong	10234	93583.1	56038.8	16834.2	11234.2	4239.8	51862.4
广西 Guangxi	1418	11943.3	5771.2	994.7	1353.5	548.3	7510.8
海南 Hainan	84	2227.2	912.3	133.1	144.3	49.8	1168.5
重庆 Chongqing	1282	12825.4	6252.1	2152.7	1215.0	480.6	7530.3
四川 Sichuan	2090	28596.4	13099.3	3433.0	2613.3	879.4	15717.6
贵州 Guizhou	546	10183.4	4564.6	443.6	981.0	184.6	6288.9
云南 Yunnan	578	13851.9	4819.0	605.9	1813.6	296.8	8063.4
西藏 Tibet	15	922.7	205.5	9.3	13.5	3.5	385.6
陕西 Shaanxi	872	24575.9	8804.9	1488.4	1621.0	634.4	13199.8
甘肃 Gansu	251	8571.5	3062.1	380.5	993.8	315.2	5455.6
青海 Qinghai	110	4601.8	1319.1	183.8	245.7	74.6	3120.1
宁夏 Ningxia	167	6652.2	2084.5	317.1	482.9	121.0	4473.2
新疆 Xinjiang	408	14303.5	4358.7	639.5	836.0	246.7	8060.1

13-11 续表 continued

单位：亿元 (100 million yuan)

年 份 Year 地 区 Region	营业收入 Business Revenue	营业成本 Business Cost	销售费用 Selling Expenses	管理费用 Administrative Expenses	财务费用 Financial Expenses	利润总额 Total Profits	平均用工人数（万人） Annual Average Employees (10 000 persons)
1998	37130.6	29949.7	1275.5	2987.3	1591.8	881.9	3412.8
2000	50120.3	39768.9	1717.4	3502.6	1313.0	3183.3	2880.6
2005	169237.9	141880.2	4949.2	7511.1	1878.3	11011.8	3798.9
2006	210877.1	176592.3	5884.6	8722.2	2368.0	14363.2	4116.5
2007	264015.8	219425.5	7367.6	10826.3	2946.3	19626.7	4403.1
2008	318812.5	268933.2	8488.7	13207.5	4060.6	19929.2	4759.7
2009	335751.1	280972.6	9342.3	14443.7	3927.4	22265.7	4831.3
2010	439013.7	365216.5	11654.8	18908.2	4677.8	34977.2	5390.2
2011	554055.8	463087.0	13900.0	22320.7	6091.1	41743.8	6177.8
2012	603021.4	506604.0	15840.2	24431.7	7784.7	40570.2	6394.5
2013	665283.3	561075.8	17589.4	26147.9	7998.1	44007.2	6457.2
2014	705027.1	595485.7	19091.3	27390.3	9013.3	44152.9	6435.2
2015	693927.8	585638.3	19566.0	28370.0	8869.5	41564.9	6245.2
2016	722934.4	607782.7	20902.9	29838.9	8206.7	46192.8	6051.6
2017	721344.7	600748.0	21141.3	30767.4	8380.8	51361.5	5664.9
2018	697466.7	578443.5	21458.0	30658.3	7760.0	47649.8	4962.6
北 京 Beijing	18266.3	15277.6	976.5	768.4	168.8	1276.2	64.2
天 津 Tianjin	12409.3	10144.2	341.7	505.8	116.6	1046.6	67.6
河 北 Hebei	27924.0	23833.3	644.3	959.4	404.0	1684.1	177.8
山 西 Shanxi	15964.6	12431.3	511.3	886.3	571.0	1199.2	158.4
内蒙古 Inner Mongolia	11052.3	8480.7	344.3	422.7	325.7	1165.8	59.6
辽 宁 Liaoning	21247.3	17626.9	586.7	784.2	328.5	1227.3	131.4
吉 林 Jilin	11537.6	9345.6	543.7	560.6	81.0	688.9	68.1
黑龙江 Heilongjiang	6914.6	5347.1	242.1	383.4	78.5	407.4	66.4
上 海 Shanghai	29454.7	23521.7	1059.4	1861.2	39.7	2659.3	123.9
江 苏 Jiangsu	84414.6	71161.0	2584.3	3534.1	607.6	5864.3	552.1
浙 江 Zhejiang	40573.3	33721.4	1370.5	2153.4	348.6	3080.1	319.0
安 徽 Anhui	20991.4	17599.1	551.9	875.8	276.0	1358.4	148.0
福 建 Fujian	30736.1	26143.6	758.0	1069.1	273.2	2345.4	246.6
江 西 Jiangxi	18400.3	15785.7	375.6	612.9	129.4	1240.9	132.3
山 东 Shandong	69218.9	59149.2	1960.6	2474.1	945.7	3643.0	417.3
河 南 Henan	34823.4	29805.3	736.4	1135.3	556.6	2139.1	339.2
湖 北 Hubei	23733.2	19476.6	721.1	1071.7	215.4	1682.7	163.0
湖 南 Hunan	17774.9	14311.4	611.3	911.9	230.6	958.7	155.3
广 东 Guangdong	100547.4	83514.7	3739.5	5758.1	423.0	6587.4	895.0
广 西 Guangxi	12669.2	10681.6	277.8	422.9	132.6	821.8	92.0
海 南 Hainan	1756.7	1350.1	106.6	51.6	35.6	106.7	7.0
重 庆 Chongqing	13021.6	11160.2	429.2	548.6	109.7	656.8	94.3
四 川 Sichuan	23695.7	19355.7	820.7	996.2	283.1	1757.1	177.2
贵 州 Guizhou	5426.4	3773.0	184.7	225.8	148.6	679.0	46.0
云 南 Yunnan	8973.8	6723.0	253.1	325.2	180.0	613.9	47.5
西 藏 Tibet	147.3	129.1	2.4	10.5	4.0	-1.1	1.1
陕 西 Shaanxi	15304.6	11687.2	350.6	616.4	247.6	1811.9	95.6
甘 肃 Gansu	7757.1	6711.2	107.7	201.1	142.6	225.1	38.1
青 海 Qinghai	1693.1	1382.4	40.5	83.9	81.7	28.6	12.9
宁 夏 Ningxia	3091.0	2566.0	53.0	135.8	108.5	102.1	20.7
新 疆 Xinjiang	7946.2	6247.7	172.6	311.8	166.1	593.0	45.1

13-12 工业产品产量
Output of Industrial Products

产品名称		Item		2017	2018
原煤	(亿吨)	Coal	(100 million tons)	35.24	36.83
原油	(万吨)	Crude Petroleum Oil	(10 000 tons)	19150.61	18910.56
天然气	(亿立方米)	Natural Gas	(100 million cu.m)	1480.35	1602.65
原盐	(万吨)	Salt	(10 000 tons)	6654.17	5836.17
精制食用植物油	(万吨)	Refined Edible Vegetable Oil	(10 000 tons)	6071.82	5066.00
成品糖	(万吨)	Refined Sugar	(10 000 tons)	1472.04	1524.14
罐头	(万吨)	Canned Food	(10 000 tons)	1314.31	1027.99
啤酒	(万千升)	Beer	(10 000 kiloliter)	4401.49	3812.24
卷烟	(亿支)	Cigarettes	(100 million pieces)	23448.25	23358.69
纱	(万吨)	Yarn	(10 000 tons)	3191.39	2958.94
布	(亿米)	Cloth	(100 million m)	691.05	657.26
机制纸及纸板	(万吨)	Machine-made Paper and Paperboard	(10 000 tons)	12542.01	11660.58
汽油	(万吨)	Gasoline	(10 000 tons)	13276.19	13887.72
柴油	(万吨)	Diesel Oil	(10 000 tons)	18318.02	17377.45
焦炭	(万吨)	Coke	(10 000 tons)	43142.55	43819.96
硫酸(折100%)	(万吨)	Sulfuric Acid	(10 000 tons)	9212.92	9129.76
烧碱(折100%)	(万吨)	Caustic Soda	(10 000 tons)	3329.17	3420.18
纯碱(碳酸钠)	(万吨)	Soda Ash	(10 000 tons)	2767.14	2620.49
乙烯	(万吨)	Ethylene	(10 000 tons)	1821.84	1840.97
合成氨	(万吨)	Synthetic Ammonia	(10 000 tons)	4946.26	4611.55
农用氮、磷、钾化肥	(万吨)	Chemical Fertilizers	(10 000 tons)	5891.71	5418.00
#氮肥	(万吨)	Nitrogen Fertilizers	(10 000 tons)	3795.15	3466.95
磷肥	(万吨)	Phosphate Fertilizers	(10 000 tons)	1501.05	1323.76
化学农药原药	(万吨)	Chemical Pesticides	(10 000 tons)	250.74	208.28
初级形态的塑料	(万吨)	Primary Plastic	(10 000 tons)	8458.08	8558.02
合成橡胶	(万吨)	Synthetic Rubber	(10 000 tons)	592.09	558.96
合成洗涤剂	(万吨)	Synthetic Detergents	(10 000 tons)	1311.49	928.56
化学药品原药	(万吨)	Chemical Medicines	(10 000 tons)	355.44	282.27
中成药	(万吨)	Traditional Chinese Medicine	(10 000 tons)	383.61	261.93
化学纤维	(万吨)	Chemical Fiber	(10 000 tons)	4877.05	5011.09
橡胶轮胎外胎	(万条)	Tires	(10 000 tires)	92789.58	81640.74
水泥	(万吨)	Cement	(10 000 tons)	233084.06	220770.68
平板玻璃	(万重量箱)	Plain Glass	(10 000 weight cases)	83765.80	86863.51
生铁	(万吨)	Pig Iron	(10 000 tons)	71361.93	77105.44
粗钢	(万吨)	Crude Steel	(10 000 tons)	87074.09	92800.90
钢材	(万吨)	Rolled Steel	(10 000 tons)	104642.05	110551.65
#重轨	(万吨)	Heavy Rail	(10 000 tons)	369.33	377.24
大型型钢	(万吨)	Rolled-steel, Large	(10 000 tons)	1460.70	1616.49
中小型型钢	(万吨)	Rolled-steel, Medium and Small	(10 000 tons)	4604.81	4829.87
棒材	(万吨)	Steel Bar	(10 000 tons)	6743.96	7248.11
钢筋	(万吨)	Corrugated Steel Bar	(10 000 tons)	19898.78	20960.97
线材(盘条)	(万吨)	Wire Rod	(10 000 tons)	12862.24	14448.83
特厚板	(万吨)	Heavy Steel Plate	(10 000 tons)	729.67	817.89
厚钢板	(万吨)	Thick Steel Plate	(10 000 tons)	2608.92	2956.08
中厚宽钢带	(万吨)	Medium Wide Steel Belt	(10 000 tons)	13779.55	15455.31

注：1.原煤包括无烟煤、烟煤、褐煤，不包括石煤。
2.原油包括天然原油和人造原油。
3.纱包括棉纱、棉混纺纱、纯化纤纱，不包括棉线、代用纤维纱和手工纺纱。
4.布包括棉布、棉混纺布、纯化纤布，不包括代用纤维布、手工织布。
5.农用化肥按有效成分100%计算。
6.橡胶轮胎外胎包括摩托车充气橡胶轮胎外胎。
7.2017年数据与上年数据之间存在不可比因素，原因详见“简要说明四中(一)、(二)、(三)”。以下相关表均同。

a) Coal includes anthracite, bituminous coal and lignite, but excludes stone coal.
b) Crude oil includes natural and synthetic crude oil.
c) Yarn includes pure and blended cotton yarn, pure chemical-fiber yarn, but excludes cotton thread, substitute fiber yarn and hand-made yarn.
d) Cloth includes pure and blended cotton cloth, pure chemical-fiber cloth and canvas, but excludes substitute fiber cloth, hand-woven cloth and cord fabric.
e) The output of chemical fertilizers is calculated on the basis of 100 % effective content.
f) Tires include pneumatic tires of motorcycle.
g) Figures of 2017 are not comparable with previous year, please see "a,b,c in Brief Introduction Ⅳ". The same applies to the tables following.

13-12 续表 continued

产品名称		Item		2017	2018
热轧薄宽钢带	(万吨)	Hot-roll Thin Wide Steel Belt	(10 000 tons)	5503.33	6815.93
冷轧薄宽钢带	(万吨)	Non-hot-roll Thin Wide Steel Belt	(10 000 tons)	5270.83	5311.45
镀层板(带)	(万吨)	Plated Plate(Belt)	(10 000 tons)	5262.99	4950.93
无缝钢管	(万吨)	Seamless Steel Pipe	(10 000 tons)	2611.56	2482.87
十种有色金属	(万吨)	Ten Kinds of Nonferrous Metals	(10 000 tons)	5498.31	5702.68
#精炼铜	(万吨)	Refined Copper	(10 000 tons)	896.95	902.86
原铝(电解铝)	(万吨)	Electrolyzed Aluminum	(10 000 tons)	3328.96	3580.19
氧化铝	(万吨)	Aluminum Oxide	(10 000 tons)	6900.67	7253.06
发动机	(万千瓦)	Engines	(10 000 kw)	267405.13	270128.56
金属切削机床	(万台)	Metal-cutting Machine Tools	(10 000 units)	60.85	48.86
矿山专用设备	(万吨)	Special Equipment for Mine	(10 000 tons)	812.66	504.88
炼油、化工生产专用设备	(万吨)	Equipment for Oil Refining, Chemical Production	(10 000 tons)	150.84	109.60
大中型拖拉机	(万台)	Large and Medium Tractors	(10 000 sets)	34.44	24.35
铁路客车	(辆)	Railway Passenger Coaches	(unit)	330	934
铁路货车	(万辆)	Railway Freight Wagons	(10 000 units)	5.18	4.78
汽车	(万辆)	Motor Vehicles	(10 000 sets)	2901.81	2781.90
#轿车	(万辆)	Cars	(10 000 sets)	1194.54	1160.07
客车	(万辆)	Buses	(10 000 sets)	55.02	52.05
载货汽车	(万辆)	Trucks	(10 000 sets)	343.61	371.73
摩托车整车	(万辆)	Motorcycle	(10 000 sets)	2267.66	1899.88
两轮脚踏自行车	(万辆)	Bicycles with Two wheels and Feet Driven	(10 000 sets)	7105.24	4038.04
发电机组(发电设备)	(万千瓦)	Power Generation Equipment	(10 000 kw)	11822.93	10600.49
家用电冰箱	(万台)	Home Refrigerators	(10 000 sets)	8314.48	7993.23
房间空气调节器	(万台)	Air Conditioners	(10 000 sets)	17861.53	20485.97
家用电风扇	(万台)	Electric Fans	(10 000 sets)	18643.05	18013.95
家用吸排油烟机	(万台)	Household Smoke Absorbers	(10 000 sets)	3144.03	2910.85
家用洗衣机	(万台)	Home Washing Machines	(10 000 sets)	7500.88	7268.04
家用吸尘器	(万台)	Vacuum Cleaners	(10 000 sets)	9892.33	10335.19
程控交换机	(万线)	Program-controlled Switchboards	(10 000 lines)	937.86	1006.63
电话单机	(万部)	Telephone Sets	(10 000 units)	7239.37	5960.06
传真机	(万部)	Fax Machines	(10 000 units)	230.19	174.89
移动通信手持机	(万台)	Mobile Telephones	(10 000 sets)	188982.37	179846.37
微型计算机设备	(万台)	Micro Computer Equipment	(10 000 units)	30678.37	30700.19
#笔记本计算机	(万台)	Notebook PCs	(10 000 units)	17243.52	17327.43
显示器	(万台)	Display	(10 000 units)	17437.32	16627.09
集成电路	(亿块)	Integrated Circuits	(100 million units)	1564.58	1739.47
彩色电视机	(万台)	Color Television Sets	(10 000 sets)	15932.62	18834.82
组合音响	(万台)	Hi-Fi Stereo Component Players	(10 000 sets)	11421.70	12225.78
照相机	(万台)	Cameras	(10 000 sets)	2308.27	1783.48
#数码照相机	(万台)	Digital Cameras	(10 000 sets)	1614.87	1135.91
复印和胶版印制设备	(万台)	Xerox and Hectograph Printing Equipment	(10 000 sets)	626.14	590.18
发电量	(亿千瓦小时)	Electricity	(100 million kwh)	66044.47	71117.73
#火电	(亿千瓦小时)	Thermal Power	(100 million kwh)	47545.95	50738.57
水电	(亿千瓦小时)	Hydropower	(100 million kwh)	11978.65	12342.28

注：1.金属切削机床不包括台钻、砂轮机、抛光机。
2.拖拉机是指14.7千瓦及以上的轮式和履带式拖拉机。用本厂自产的拖拉机装配的推土机，只计推土机产量，不计拖拉机产量。
3.发电机组(发电设备)指500千瓦以上的水轮发电机组、汽轮发电机和燃气轮发电机等。

a) Metal-cutting machine tools do not include bench drills, grinders and polishing machines.

b) Tractors refer to both wheel and crawler tractors with a haulage capacity of 14.7 kw and over. The tractors which are refitted into bulldozers by the same tractor factories are deducted.

c) Power generating equipment refers to units with a generating capacity of 500 kw and over, including hydroturbine generating units, steam turbine generating units and gas turbine generating units.

13-13 分地区工业产品产量
Output of Industrial Products by Region

年 份 Year 地 区 Region	原 煤 (亿吨) Coal (100 million tons)	天然气 (亿立方米) Natural Gas (100 million cu.m)	原 盐 (万吨) Salt (10 000 tons)	成品糖 (万吨) Refined Sugar (10 000 tons)	啤 酒 (万千升) Beer (10 000 kiloliter)	卷 烟 (亿支) Cigarettes (100 million pieces)	布 (亿米) Cloth (100 million m)
1978	6.18	137.30	1953.00	227.00	40.00	1182.00	110.30
1980	6.20	142.70	1728.00	257.00	69.00	1520.00	134.70
1985	8.72	129.30	1479.00	451.00	310.00	2370.00	146.70
1990	10.80	152.98	2023.00	582.00	692.00	3298.00	188.80
1995	13.61	179.47	2977.72	558.64	1568.82	3485.02	260.18
2000	13.84	272.00	3128.00	700.00	2231.32	3397.00	277.00
2005	23.65	493.20	4661.06	912.37	3126.05	19389.08	484.39
2006	25.70	585.53	5663.13	949.07	3543.58	20218.13	598.55
2007	27.60	692.40	6166.97	1271.38	3954.07	21438.84	675.26
2008	29.03	802.99	6664.43	1432.61	4156.91	22199.20	723.05
2009	31.15	852.69	6662.79	1338.35	4162.18	22901.50	753.42
2010	34.28	957.91	7037.76	1117.59	4490.16	23752.60	800.00
2011	37.64	1053.37	6742.16	1187.43	4834.50	24474.00	814.14
2012	39.45	1106.08	6911.78	1409.47	4778.58	25160.90	848.94
2013	39.74	1208.58	7367.60	1592.76	4982.79	25603.86	897.59
2014	38.74	1301.57	7049.71	1642.67	4936.29	26098.49	893.68
2015	37.47	1346.10	6665.54	1474.11	4715.60	25890.70	892.58
2016	34.11	1368.65	6620.10	1443.30	4506.44	23825.76	906.75
2017	35.24	1480.35	6654.17	1472.04	4401.49	23448.25	691.05
2018	36.83	1602.65	5836.17	1524.14	3812.24	23358.69	657.26
北 京 Beijing	0.02	17.28			108.46	169.64	
天 津 Tianjin		33.94	195.65		32.83	211.60	0.66
河 北 Hebei	0.55	6.15	276.37	31.23	166.76	762.00	22.31
山 西 Shanxi	9.26	52.42			17.52	149.00	0.24
内蒙古 Inner Mongolia	9.76	16.07	119.32	35.95	64.62	262.60	
辽 宁 Liaoning	0.34	5.87	75.54	0.34	213.30	268.75	1.09
吉 林 Jilin	0.16	18.43			92.17	516.28	0.33
黑龙江 Heilongjiang	0.61	43.54		7.66	185.01	379.50	0.06
上 海 Shanghai		14.54			49.96	892.70	0.92
江 苏 Jiangsu	0.12	9.97	939.06	0.66	173.11	1031.02	117.83
浙 江 Zhejiang				0.53	237.31	939.47	167.35
安 徽 Anhui	1.15	2.25	139.00	0.30	52.84	1114.41	11.16
福 建 Fujian	0.09		23.00		150.28	855.14	110.78
江 西 Jiangxi	0.06	0.20	212.44	0.15	83.62	638.01	7.94
山 东 Shandong	1.26	4.80	1118.76		471.90	1252.84	75.25
河 南 Henan	1.14	2.90	374.08	0.01	256.13	1525.36	18.86
湖 北 Hubei	0.01	5.13	416.74	0.08	171.04	1275.84	57.86
湖 南 Hunan	0.19		323.17	2.54	56.34	1635.56	3.20
广 东 Guangdong		102.50	1.60	102.44	387.29	1283.68	27.40
广 西 Guangxi	0.05	0.19		1016.68	155.60	700.05	1.85
海 南 Hainan		1.06		13.93	3.45	120.00	
重 庆 Chongqing	0.12	61.17	213.86	1.16	70.61	520.00	2.22
四 川 Sichuan	0.37	369.85	494.45	1.86	221.36	755.19	16.04
贵 州 Guizhou	1.43	2.98		3.25	95.60	1075.79	0.40
云 南 Yunnan	0.47		160.13	243.18	72.82	3501.52	
西 藏 Tibet					13.34		
陕 西 Shaanxi	6.30	444.48	131.20		93.06	794.39	9.81
甘 肃 Gansu	0.36	1.03	10.41	4.60	44.55	471.50	
青 海 Qinghai	0.08	64.05	262.82		1.94		
宁 夏 Ningxia	0.78		95.45		20.79	80.00	0.83
新 疆 Xinjiang	2.13	321.85	253.13	57.59	48.63	176.85	2.87

注：1.成品糖1997年及以前名称为糖，产量包括土糖，1998-2004年名称为机制糖。
2.啤酒2003年及以前计量单位为万吨。
3.卷烟2003年及以前计量单位为万箱。

a) Machined-made sugar was called sugar in 1997 and before, in which the homemade sugar was included.1998-2004 was called machine-made sugar.
b) Unit of beer in 2003 and before was 10 000 tons.
c) Unit of cigarettes in 2003 and before was 10 000 boxes.

13-13 续表 1 continued

年 份 地 区	Year Region	机制纸及纸板(万吨) Machine-made Paper and Paperboards (10 000 tons)	焦 炭(万吨) Coke (10 000 tons)	硫 酸(万吨) Sulfuric Acid (10 000 tons)	烧 碱(万吨) Caustic Soda (10 000 tons)	纯 碱(万吨) Soda Ash (10 000 tons)	乙 烯(万吨) Ethylene (10 000 tons)	农用氮、磷、钾化肥(万吨) Chemical Fertilizer (10 000 tons)
	1978	439.00	4690.00	661.00	164.00	132.90	38.00	869.30
	1980	535.00	4343.00	764.30	192.30	161.30	49.00	1232.10
	1985	911.00	4802.10	676.40	235.30	201.10	65.20	1322.20
	1990	1372.00	7328.30	1196.90	335.40	379.50	157.20	1879.70
	1995	2812.30	13424.49	1811.00	531.82	597.71	240.10	2548.14
	2000	2486.94	12184.02	2427.00	667.88	834.00	470.00	3186.00
	2005	6205.42	26511.70	4544.66	1239.98	1421.08	755.54	5177.86
	2006	6863.02	30074.36	5033.17	1511.78	1560.03	940.51	5345.05
	2007	7792.43	33105.28	5412.56	1759.29	1765.00	1027.80	5824.98
	2008	8404.30	32313.94	5097.95	1926.01	1854.60	987.58	6028.05
	2009	8965.13	35744.05	5960.91	1832.37	1944.77	1072.62	6385.01
	2010	9832.63	38657.83	7090.47	2228.39	2034.82	1421.34	6337.86
	2011	11010.89	43433.00	7482.70	2473.52	2294.03	1527.50	6419.39
	2012	10956.54	43831.45	7876.63	2696.82	2395.93	1486.80	6832.10
	2013	11323.06	48179.38	8154.49	2927.44	2431.63	1599.31	7026.18
	2014	11785.80	47980.86	8901.55	3063.51	2525.84	1696.69	6876.85
	2015	11742.77	44822.54	8975.70	3020.66	2591.80	1714.60	7431.99
	2016	12319.22	44911.48	9133.03	3201.68	2584.98	1781.14	6629.62
	2017	12542.01	43142.55	9212.92	3329.17	2767.14	1821.84	5891.71
	2018	11660.58	43819.96	9129.76	3420.18	2620.49	1840.97	5418.00
北 京	Beijing	5.69					79.41	
天 津	Tianjin	276.00	164.72	21.22	82.03	62.22	132.69	15.02
河 北	Hebei	282.14	4747.12	157.40	135.32	224.94	0.72	199.65
山 西	Shanxi	46.07	9256.16	49.89	50.43			361.26
内蒙古	Inner Mongolia	12.72	3374.12	313.22	317.04	22.31		377.51
辽 宁	Liaoning	118.68	2213.73	139.65	76.31		176.18	33.07
吉 林	Jilin	64.76	297.92	79.78	2.17		76.68	17.43
黑龙江	Heilongjiang	45.32	875.80	5.05	21.35		105.81	38.33
上 海	Shanghai	16.79	544.91	15.92	71.13		172.88	1.02
江 苏	Jiangsu	1140.97	1472.71	246.80	320.55	437.84	161.20	168.04
浙 江	Zhejiang	1869.05	203.02	306.19	189.96	33.61	119.97	19.92
安 徽	Anhui	353.70	1109.34	643.91	80.68	37.34		217.15
福 建	Fujian	771.41	174.18	226.69	37.06	24.94	102.86	68.22
江 西	Jiangxi	214.50	573.94	272.58	43.47			5.32
山 东	Shandong	2033.67	4098.59	518.82	977.76	438.47	122.38	387.06
河 南	Henan	379.07	2235.59	446.24	172.70	382.74	0.90	441.57
湖 北	Hubei	325.91	873.98	1211.95	83.09	137.48	88.40	637.69
湖 南	Hunan	348.33	656.21	176.72	44.76	16.66	5.40	52.69
广 东	Guangdong	2094.55	573.61	228.17	34.99	58.22	299.28	14.08
广 西	Guangxi	294.84	692.41	396.03	53.71	3.51		36.08
海 南	Hainan	166.38						61.47
重 庆	Chongqing	308.47	251.14	171.04	32.85	106.10		146.91
四 川	Sichuan	261.47	1126.87	495.18	104.60	140.48		370.54
贵 州	Guizhou	17.34	402.71	800.99				487.13
云 南	Yunnan	88.51	907.43	1442.32	27.55	13.27		305.16
西 藏	Tibet	0.86						
陕 西	Shaanxi	72.41	4024.91	113.82	100.16	25.68		129.38
甘 肃	Gansu	4.88	385.38	486.65	19.19		64.39	29.54
青 海	Qinghai		172.47	6.49	23.41	432.02		478.55
宁 夏	Ningxia	23.34	736.54	74.56	59.69	22.64		39.11
新 疆	Xinjiang	22.73	1674.42	82.48	258.23		131.83	279.11

13-13 续表 2 continued

年 份 地 区	Year Region	化学农药原药 (万吨) Chemical Pesticide (10 000 tons)	初级形态的塑料 (万吨) Primary Plastic (10 000 tons)	化学纤维 (万吨) Chemical Fiber (10 000 tons)	水 泥 (万吨) Cement (10 000 tons)	平板玻璃 (万重量箱) Plate Glass (10 000 weight cases)	生 铁 (万吨) Pig Iron (10 000 tons)	粗 钢 (万吨) Crude Steel (10 000 tons)	钢 材 (万吨) Rolled Steel (10 000 tons)
1978		53.30	67.90	28.46	6524.00	1784.00	3479.00	3178.00	2208.00
1980		53.70	89.80	45.03	7986.00	2466.00	3802.00	3712.00	2716.00
1985		21.10	123.40	94.78	14595.00	4942.00	4384.00	4679.00	3693.00
1990		22.80	227.00	165.42	20971.00	8067.00	6238.00	6635.00	5153.00
1995		41.65	516.87	341.17	47560.59	15731.71	10529.27	9535.99	8979.80
2000		60.70	1087.51	694.00	59700.00	18352.20	13101.48	12850.00	13146.00
2005		114.73	2308.86	1664.79	106884.79	40210.24	34375.19	35323.98	37771.14
2006		138.46	2602.60	2073.18	123676.48	46574.70	41245.19	41914.85	46893.36
2007		176.48	3184.54	2413.78	136117.25	53918.07	47651.63	48928.80	56560.87
2008		209.99	3680.23	2453.29	142355.73	59890.39	47824.42	50305.75	60460.29
2009		208.92	3629.97	2747.28	164397.78	58574.07	55283.46	57218.23	69405.40
2010		223.52	4432.59	3090.00	188191.17	66330.80	59733.34	63722.99	80276.58
2011		230.00	4992.31	3390.07	209925.86	79107.55	64050.88	68528.31	88619.57
2012		290.88	5330.92	3837.37	220984.08	75050.50	66354.40	72388.22	95577.83
2013		303.14	6293.03	4160.28	241923.89	79285.80	71149.88	81313.89	108200.54
2014		374.40	7088.84	4389.75	249207.08	83128.16	71374.78	82230.63	112513.12
2015		374.00	7807.66	4831.71	235918.83	78651.63	69141.30	80382.50	103468.41
2016		320.97	8307.81	4886.36	241030.98	80408.45	70227.33	80760.94	104813.45
2017		250.74	8458.08	4877.05	233084.06	83765.80	71361.93	87074.09	104642.05
2018		208.28	8558.02	5011.09	220770.68	86863.51	77105.44	92800.90	110551.65
北 京	Beijing		120.11	0.20	396.98	54.52			179.88
天 津	Tianjin		334.64	8.87	619.42	3377.13	1649.43	2022.96	4733.84
河 北	Hebei	2.26	189.57	72.96	9554.30	12156.03	21396.00	23723.37	26916.86
山 西	Shanxi	0.14	89.09		4415.57	2121.66	4761.33	5386.24	4903.31
内蒙古	Inner Mongolia	3.15	724.00	0.55	3052.33	1037.70	1744.28	2307.58	2259.46
辽 宁	Liaoning	0.93	362.50	20.48	4155.91	4422.08	6331.84	6873.92	6899.12
吉 林	Jilin	1.67	117.05	36.92	1480.00	1109.17	1162.23	1204.58	1300.85
黑龙江	Heilongjiang	0.36	197.82	5.20	1955.16	394.52	695.68	774.31	561.39
上 海	Shanghai	1.06	335.39	39.70	414.52		1476.75	1630.09	1983.32
江 苏	Jiangsu	80.20	930.78	1370.47	14717.81	3812.67	6796.05	10422.10	12146.72
浙 江	Zhejiang	21.75	926.21	2282.30	12323.46	4336.85	873.75	1266.51	3048.69
安 徽	Anhui	10.95	148.25	39.61	13248.19	3310.17	2422.01	3103.87	3194.95
福 建	Fujian	0.50	324.91	694.88	8831.93	4949.48	982.31	2085.70	2915.94
江 西	Jiangxi	4.93	33.31	54.62	8884.30	320.30	2204.17	2499.18	2571.34
山 东	Shandong	16.41	763.08	59.58	12619.03	7488.64	6456.83	7177.20	9427.78
河 南	Henan	11.86	166.33	56.70	11019.99	1983.14	2511.48	2892.03	3660.99
湖 北	Hubei	16.77	191.26	25.49	10695.31	9326.86	2514.59	3071.80	3649.87
湖 南	Hunan	5.90	49.10	10.77	10997.43	2499.51	1963.17	2307.59	2374.69
广 东	Guangdong	1.49	593.80	48.53	16082.16	9441.51	2016.01	2880.54	4337.64
广 西	Guangxi	1.60	18.69		11827.06	458.72	1447.07	2262.08	2890.93
海 南	Hainan		30.59		2104.15	661.74			
重 庆	Chongqing	1.29	37.00	10.01	6583.06	1592.68	580.43	638.16	1187.66
四 川	Sichuan	21.10	236.25	86.16	13752.78	5384.12	1978.55	2400.70	2896.74
贵 州	Guizhou		10.50	1.27	11121.78	1646.48	342.01	418.41	554.28
云 南	Yunnan	0.01	42.90	6.22	12119.76	1024.29	1572.36	1925.04	1940.74
西 藏	Tibet				913.03				
陕 西	Shaanxi	0.32	475.34	1.42	6286.61	2104.47	1157.61	1178.69	1445.15
甘 肃	Gansu	1.22	125.79	0.03	3883.25	535.08	613.99	802.41	833.45
青 海	Qinghai		60.28		1354.86	343.47	124.45	138.08	146.63
宁 夏	Ningxia	2.39	278.45	0.04	1767.91	411.59	210.06	252.46	266.78
新 疆	Xinjiang		645.02	78.11	3592.63	558.94	1120.99	1155.30	1322.65

注：初级形态的塑料2004年及以前名称为塑料树脂及共聚物，简称塑料。

a) Before 2004, the primary plastic was called plastic colophony copolymer, or plastic in abbreviation.

13-13 续表 3 continued

年 份 地 区	Year Region	金属切削机床(万台) Metal-cutting Machine Tools (10 000 units)	大中型拖拉机(万台) Large and Medium-sized Tractors (10 000 units)	汽 车(万辆) Motor Vehicles (10 000 units)	#轿 车 Cars	发电机组(万千瓦) Power Generation Equipment (10 000 kw)	家用电冰箱(万台) Household Refrigerators (10 000 units)	房间空气调节器(万台) Air Conditioners (10 000 units)
	1978	18.32	11.35	14.91		483.80	2.80	0.02
	1980	13.36	9.77	22.23	0.54	419.30	4.90	1.32
	1985	16.72	4.50	43.72	0.90	563.60	144.81	12.35
	1990	13.45	3.94	51.40	3.50	1225.40	463.06	24.07
	1995	20.34	6.33	145.27	33.70	1667.90	918.54	682.56
	2000	17.66	4.10	207.00	60.70	1249.00	1279.00	1826.67
	2005	51.14	16.33	570.49	277.01	9200.00	2987.06	6764.57
	2006	57.30	19.93	727.89	386.94	11694.27	3530.89	6849.42
	2007	64.69	20.31	888.89	479.78	12990.98	4397.13	8014.28
	2008	71.73	28.44	930.59	503.81	13942.42	4799.95	8147.37
	2009	58.55	37.13	1379.53	748.48	11729.25	5930.45	8078.25
	2010	69.73	33.68	1826.53	957.59	12880.21	7295.72	10887.47
	2011	88.68	40.19	1841.64	1012.67	14410.52	8699.20	13912.50
	2012	88.23	52.73	1927.62	1077.00	13005.52	8427.00	12398.72
	2013	87.55	66.56	2212.09	1210.43	14197.66	9255.74	13069.30
	2014	85.80	64.37	2372.52	1248.31	15053.02	8796.09	14463.27
	2015	75.50	68.82	2450.35	1162.97	12431.38	7992.75	14200.35
	2016	67.28	61.84	2811.91	1211.12	13119.78	8481.57	14342.37
	2017	60.85	34.44	2901.81	1194.54	11822.93	8314.48	17861.53
	2018	48.86	24.35	2781.90	1160.07	10600.49	7993.23	20485.97
北 京	Beijing	1.26		165.26	78.06	149.48		
天 津	Tianjin	0.14	0.65	86.26	54.97	406.06	49.94	164.50
河 北	Hebei	0.04		121.06	5.57	5.68		1153.83
山 西	Shanxi			10.77		40.08		
内蒙古	Inner Mongolia			0.54	0.48	3.54		
辽 宁	Liaoning	3.96		94.87	61.08		132.73	117.06
吉 林	Jilin	0.01	0.01	276.85	181.26	0.01		
黑龙江	Heilongjiang	0.04	0.65	16.29	7.09	1435.29		
上 海	Shanghai	0.60		297.76	194.77	3235.62	46.08	382.84
江 苏	Jiangsu	8.49	3.48	121.89	58.67	668.98	956.33	512.39
浙 江	Zhejiang	11.97	2.01	119.22	87.72	536.16	618.28	1613.24
安 徽	Anhui	2.84	0.38	82.43	17.85		2631.08	3210.33
福 建	Fujian	0.90		23.95	0.89	7.96		99.13
江 西	Jiangxi	0.47		54.98	7.02	15.74	89.13	582.48
山 东	Shandong	6.81	9.12	87.94	18.02	505.60	888.40	1060.85
河 南	Henan	0.94	4.77	58.91	11.27	86.60	125.63	1505.10
湖 北	Hubei	0.69	0.05	241.87	99.73	165.02	488.80	1842.86
湖 南	Hunan	0.46		52.90	20.71	80.54		
广 东	Guangdong	3.35		321.58	174.09	204.38	1598.72	6129.32
广 西	Guangxi	0.18		215.05	12.05	41.09		
海 南	Hainan			2.11	0.39			
重 庆	Chongqing	0.65		172.64	46.40	141.05	139.65	1848.86
四 川	Sichuan	0.61	0.01	74.71	1.92	2312.25	85.34	263.18
贵 州	Guizhou	0.14		0.45			143.12	
云 南	Yunnan	2.03	3.15	15.88		58.76		
西 藏	Tibet							
陕 西	Shaanxi	1.87		62.13	18.08	0.02		
甘 肃	Gansu	0.16		1.12				
青 海	Qinghai	0.02				40.88		
宁 夏	Ningxia	0.24	0.01			8.20		
新 疆	Xinjiang		0.07	2.48	2.00	451.50		

13-13 续表 4 continued

年份 Year 地区 Region	家用洗衣机（万台）Household Washing Machines (10 000 units)	移动通信手持机（万台）Mobile Telephones (10 000 units)	微型计算机设备（万台）Micro-Computer Equipment (10 000 units)	集成电路（亿块）Integrated Circuit (100 million units)	彩色电视机（万台）Color Television Sets (10 000 units)	发电量（亿千瓦小时）Electricity (100 million kwh)	#水电 Hydropower
1978	0.04			0.30	0.38	2566.00	446.00
1980	24.53			0.17	3.21	3006.30	582.10
1985	887.20			0.64	435.28	4106.90	923.70
1990	662.68		8.21	1.08	1033.04	6212.00	1267.20
1995	948.41		83.57	55.17	2057.74	10077.30	1905.77
2000	1442.98	5247.90	672.00	58.80	3936.00	13556.00	2224.14
2005	3035.52	30354.21	8084.89	269.97	8283.22	25002.60	3970.17
2006	3560.50	48013.79	9336.44	335.75	8375.40	28657.26	4357.86
2007	4005.10	54857.86	12073.38	411.62	8478.01	32815.53	4852.64
2008	4447.00	55945.10	15853.65	438.77	9187.14	34668.82	5851.87
2009	4973.63	68193.37	18215.07	414.40	9898.79	37146.51	6156.44
2010	6247.73	99827.36	24584.46	652.50	11830.03	42071.60	7221.72
2011	6715.94	113257.71	32036.93	719.52	12231.34	47130.19	6989.45
2012	6791.12	118154.57	31806.71	779.61	12823.52	49875.53	8721.07
2013	7300.53	152343.90	35348.41	903.46	12745.21	54316.35	9202.92
2014	7114.40	168202.75	35079.63	1015.53	14128.90	57944.57	10728.82
2015	7274.50	181261.40	31418.70	1087.20	14475.73	58145.73	11302.70
2016	7620.85	184845.66	29008.51	1317.95	15769.64	61331.60	11840.48
2017	7500.88	188982.37	30678.37	1564.58	15932.62	66044.47	11978.65
2018	7268.04	179846.37	30700.19	1739.47	18834.82	71117.73	12342.28
北京 Beijing		9029.61	564.47	137.49	896.51	450.45	9.91
天津 Tianjin	26.23	2680.27		16.30	93.08	711.47	0.15
河北 Hebei	4.00			0.12		3133.18	10.54
山西 Shanxi		1979.40				3180.52	43.18
内蒙古 Inner Mongolia					82.31	5002.96	36.49
辽宁 Liaoning		279.44			154.82	1982.69	33.57
吉林 Jilin						838.24	63.32
黑龙江 Heilongjiang				2.91		1029.21	26.20
上海 Shanghai	140.07	4729.04	1448.81	233.48	144.38	839.70	
江苏 Jiangsu	1891.56	4924.60	6215.03	564.24	1312.84	5085.08	33.22
浙江 Zhejiang	1153.43	5317.57	204.07	65.36	722.19	3438.44	180.04
安徽 Anhui	2126.03	70.04	2022.34	1.25	1779.19	2734.49	53.84
福建 Fujian		1362.14	1183.63	2.03	979.49	2494.16	374.59
江西 Jiangxi	20.84	4648.55	96.55	0.01	23.21	1281.29	120.92
山东 Shandong	666.71	3254.08	0.81	0.44	1695.18	5825.61	4.64
河南 Henan	16.38	20605.52			15.56	3050.14	143.75
湖北 Hubei		4373.56	1111.45	3.29	575.79	2835.82	1484.08
湖南 Hunan		1614.73	67.10	4.72	1.12	1532.73	537.23
广东 Guangdong	682.75	80818.28	4733.81	300.79	9048.27	4694.76	258.31
广西 Guangxi		345.62		0.01	100.57	1752.02	701.12
海南 Hainan						323.37	25.51
重庆 Chongqing	362.04	18868.17	7074.08	5.41	1.91	799.53	246.14
四川 Sichuan	178.00	9437.02	5903.64	76.59	1001.54	3687.00	3156.91
贵州 Guizhou		1956.02	1.97	0.38	132.74	2015.98	711.24
云南 Yunnan		1897.64	72.42	3.67	69.73	3240.99	2698.48
西藏 Tibet						66.64	57.28
陕西 Shaanxi		1655.07		3.28	4.39	1855.59	136.11
甘肃 Gansu				317.70		1531.43	411.92
青海 Qinghai						811.03	517.90
宁夏 Ningxia						1609.97	19.76
新疆 Xinjiang						3283.25	245.90

13-14 人均主要工业产品产量
Per Capita Output of Main Industrial Products

年 份 Year	原 煤 (吨) Coal (ton)	原 油 (公斤) Crude Oil (kg)	纱 (公斤) Yarn (kg)	布 (米) Cloth (m)	机制纸及纸板 (公斤) Machine-made Paper and Paperboard (kg)	水 泥 (公斤) Cement (kg)	粗 钢 (公斤) Crude Steel (kg)	发电量 (千瓦小时) Electricity (kwh)
1978	0.65	108.82	2.49	11.54	4.59	68.23	33.24	268.36
1980	0.63	107.97	2.98	13.73	5.45	81.39	37.83	306.35
1985	0.83	118.83	3.36	13.96	8.67	138.86	44.52	390.76
1990	0.95	121.84	4.08	16.63	12.09	184.74	58.45	547.22
1995	1.13	124.53	4.50	21.59	23.34	394.74	79.15	836.39
1996	1.15	129.22	4.21	17.17	21.67	403.42	83.15	888.10
1997	1.13	130.68	4.55	20.23	22.22	416.02	88.57	923.16
1998	1.07	129.64	4.36	19.41	17.12	431.58	93.07	939.66
1999	1.09	127.72	4.53	19.96	17.24	457.40	99.19	989.28
2000	1.10	129.09	5.20	21.94	19.70	472.82	101.77	1073.62
2001	1.16	128.91	5.98	22.80	29.70	519.75	119.22	1164.29
2002	1.21	130.43	6.64	25.18	36.45	566.23	142.43	1291.78
2003	1.42	131.64	7.63	27.44	37.64	669.11	172.57	1482.91
2004	1.64	135.70	9.96	37.20	41.77	745.96	218.28	1699.99
2005	1.81	139.10	11.13	37.15	47.60	819.84	270.95	1917.79
2006	1.96	140.93	13.29	45.66	52.35	943.36	319.71	2185.88
2007	2.09	141.38	14.86	51.24	59.13	1032.85	371.27	2490.01
2008	2.19	143.77	15.52	54.58	63.45	1074.66	379.76	2617.20
2009	2.34	142.34	17.02	56.59	67.34	1234.90	429.81	2790.33
2010	2.56	151.76	19.23	59.80	73.50	1406.82	476.36	3145.06
2011	2.80	150.93	20.22	60.57	81.92	1561.80	509.83	3506.37
2012	2.92	153.61	22.09	62.85	81.12	1636.08	535.93	3692.58
2013	2.93	154.65	23.57	66.13	83.42	1782.29	599.05	4001.56
2014	2.84	154.98	24.77	65.51	86.39	1826.67	602.74	4247.29
2015	2.73	156.47	25.80	65.09	85.64	1720.50	586.21	4240.44
2016	2.47	144.84	27.07	65.77	89.36	1748.29	585.79	4448.62
2017	2.54	138.13	23.02	49.85	90.46	1681.22	628.06	4763.76
2018	2.64	135.78	21.25	47.19	83.72	1585.16	666.32	5106.35

13-15 全国规模以上工业主要产品生产能力
Main Industrial Products above Designated Size

产品名称		Item		2017	2018
天然原油	(万吨)	Crude Oil	(10 000 tons)	19984.21	19751.61
卷烟	(亿支)	Cigarettes	(100 million pieces)	38635.74	38984.66
原油加工能力	(万吨)	Crude Oil Processing Capacity	(10 000 tons)	74110.02	76600.61
焦炭	(万吨)	Coke	(10 000 tons)	61359.16	60369.28
烧碱	(万吨)	Caustic Soda	(10 000 tons)	3819.12	3957.86
碳化钙(电石，折300升/千克)	(万吨)	Calsium Carbide (converted to 300 litres/kg)	(10 000 tons)	3291.75	3246.45
农用氮、磷、钾化学肥料总计(折纯)	(万吨)	Chemical Fertilizers	(10 000 tons)	9216.79	8972.96
初级形态塑料	(万吨)	Primary Plastic	(10 000 tons)	9924.60	10639.05
化学纤维	(万吨)	Chemical Fibre	(10 000 tons)	5783.46	6405.78
水泥	(万吨)	Cement	(10 000 tons)	332665.32	327234.97
平板玻璃	(万重量箱)	Plate Glass	(10 000 weight cases)	98457.82	105995.02
粗钢	(万吨)	Crude Steel	(10 000 tons)	103722.39	102692.97
钢材	(万吨)	Rolled Steel	(10 000 tons)	144318.70	145170.97
原铝(电解铝)	(万吨)	Electrolyzed Aluminum	(10 000 tons)	3816.58	4051.41
金属切削机床	(万台)	Metal-cutting Machine Tools	(10 000 sets)	90.52	84.17
汽车	(万辆)	Motor Vehicles	(10 000 sets)	3718.04	3975.67
家用电冰箱	(万台)	Household Refrigerators	(10 000 sets)	10741.90	10764.89
房间空气调节器	(万台)	Air Conditioners	(10 000 sets)	27078.46	27975.47
微型计算机设备	(万台)	Micro Computer Equipment	(10 000 sets)	45708.80	47639.83
移动通信手持机(手机)	(万台)	Mobile Telephones	(10 000 sets)	252758.09	250859.26
彩色电视机	(万台)	Color TV Set	(10 000 sets)	23122.92	27906.00
发电设备容量总计	(万千瓦)	Installed Capacity of Power Generation	(10 000 kw)	165486.15	168719.80
#火电设备容量	(万千瓦)	Thermal Power	(10 000 kw)	109440.27	111478.17
水电设备容量	(万千瓦)	Hydropower	(10 000 kw)	31029.18	30059.00
核电设备容量	(万千瓦)	Nuclear Power	(10 000 kw)	3581.93	4465.93
风电设备容量	(万千瓦)	Wind Power	(10 000 kw)	14760.76	15661.30

主要统计指标解释

工业　指从事自然资源的开采，对采掘品和农产品进行加工和再加工的物质生产部门。具体包括：(1)对自然资源的开采，如采矿、晒盐等(但不包括禽兽捕猎和水产捕捞)；(2)对农副产品的加工、再加工，如粮油加工、食品加工、缫丝、纺织、制革等；(3)对采掘品的加工、再加工，如炼铁、炼钢、化工生产、石油加工、机器制造、木材加工等，以及电力、燃气及水的生产和供应等；(4)对工业品的修理、翻新，如机器设备的修理等。

工业统计调查单位为工业法人单位。

工业法人单位指从事工业生产经营活动的法人单位。工业法人单位应同时具备以下条件：①依法成立，有自己的名称、组织机构和场所，能够独立承担民事责任；②独立拥有（或授权）使用资产，承担负债，有权与其他单位签订合同；③具有包括资产负债表在内的帐户，或者能够根据需要编制帐户。

国有控股企业　即原来的国有及国有控股企业，根据企业实收资本中国有经济成分的出资人的实际投资情况，或国有经济成分的出资人对企业资产的实际控制、支配程度进行分类。以下情况为国有控股：(1) 在企业的全部实收资本中，国有经济成分的出资人拥有的实收资本（股本）所占企业全部实收资本（股本）的比例大于50%的国有绝对控股。(2) 在企业的全部实收资本中，国有经济成分的出资人拥有的实收资本（股本）所占比例虽未大于50%，但相对大于其他任何一方经济成分的出资人所占比例的国有相对控股；或者虽不大于其他经济成分，但根据协议规定拥有企业实际控制权的国有协议控股。(3) 投资双方各占50%，且未明确由谁绝对控股的企业，若其中一方为国有经济成分的，一律按国有控股处理。

本篇涉及的企业登记注册类型的解释详见综合篇。

资产总计　指企业过去的交易或者事项形成的、由企业拥有或者控制的、预期会给企业带来经济利益的资源。资产一般按流动性分为流动资产和非流动资产。其中流动资产可分为货币资金、交易性金融资产、应收票据、应收账款、预付款项、其他应收款、存货等；非流动资产可分为长期股权投资、固定资产、无形资产及其他非流动资产等。来源于会计“资产负债表”中“资产总计”项目的期末余额数。

流动资产合计　资产满足以下条件之一应归为流动资产：(1) 预计在一个正常营业周期中变现、出售或耗用，主要包括存货、应收账款等；(2) 主要为交易目的而持有；(3) 预计在资产负债表日起一年内（含一年）变现；(4) 自资产负债日起一年内，交换其他资产或清偿负债的能力不受限制的现金或现金等价物。包括货币资金、应收票据、应收账款、存货等项目。来源于会计“资产负债表”中“流动资产合计”项目的期末余额数。

负债合计　指企业过去的交易或者事项形成的，预期会导致经济利益流出企业的现时义务。负债一般按偿还期长短分为流动负债和非流动负债。来源于会计“资产负债表”中“负债合计”项目的期末余额数。

应收账款　指企业因销售商品、提供劳务等经营活动所形成的债权，包括应向客户收取的货款、增值税款和为客户代垫的运杂费等。来源于会计“资产负债表”中“应收账款”项目的期末余额数。

存货　指企业在日常活动中持有以备出售的产成品或商品、处在生产过程中的在产品、在生产过程或提供劳务过程中耗用的材料或物料等，通常包括原材料、在产品、半成品、产成品、商品以及周转材料等。来源于会计“资产负债表”中“存货”项目的期末余额数。

产成品　指企业已经完成全部生产过程并验收入库，可以按照合同规定的条件送交订货单位，或者可以作为商品对外销售的产品。来源于会计“产成品”科目的借方余额。

营业收入　指企业经营主要业务和其他业务所确认的收入总额。营业收入包括“主营业务收入”和“其他业务收入”。来源于会计“利润表”中“营业收入”项目的本年累计数。

营业成本　指企业经营主要业务和其他业务所发生的成本总额。包括企业（单位）在报告期内从事销售商品、提供劳务等日常活动发生的各种耗费。包括“主营业务成本”和“其他业务成本”。来源于会计“利润表”中“营业成本”项目的本年累计数。

销售费用　指企业在销售商品和材料、提供劳务的过程中发生的各种费用，包括保险费、包装费、展览费和广告费、商品维修费、预计产品质量保证损失、运输费、装卸费等以及为销售本企业商品而专设的销售机构（含销售网点、售后服务网点等）的职工薪酬、业务费、折旧费等经营费用。

管理费用　指企业为组织和管理企业生产经营所发生的费用，包括企业在筹建期间内发生的开办费、董事会和行政管理部门在企业经营管理中发生的，或者应当由企业统一负担的公司经费等。来源于会计“利润表”中“管理费用”项目的本年累计数。

财务费用　指企业为筹集生产经营所需资金等而发生的筹资费用，包括企业生产经营期间发生的利息支出（减利息收入）、汇兑损失（减汇兑收益）以及相关的手续费等。来源于会计“利润表”中“财务费用”项目的本年累计数。

利润总额　指企业在一定会计期间的经营成果，是生产经营过程中各种收入扣除各种耗费后的盈余，反映企业在报告期内实现的盈亏总额。来源于会计“利润表”中“利润总额”项目的本年累计数。

平均用工人数　指报告期企业平均实际拥有的、参与本企业生产经营活动的人员数。

Explanatory Notes on Main Statistical Indicators

Industry refers to the material production sector which is engaged in the extraction of natural resources and processing and reprocessing of minerals and agricultural products, including (1) extraction of natural resources, such as mining, salt production (but not including hunting and fishing); (2) processing and reprocessing of farm and sideline produces, such as grain and oil processing, food processing, silk reeling, spinning and weaving and leather making; (3) processing and reprocessing of mineral products, such as steel making, iron smelting, chemicals manufacturing, petroleum processing, machine building, timber processing, and production and supply of electricity, gas and water; (4) repairing and renovating of industrial products such as the machinery.

In industrial surveys, the units of enquiry are industrial corporate units.

Industrial corporate units refer to corporate units engaging in industrial production and operation activities, which meet the following requirements: (1) They are established legally, having their own names, organizations, location, and are able to take civil liability independently; (2) They possess (or are authorized to use) assets independently, assume liabilities and are entitled to sign contracts with other units; (3) They have accounts including the balance sheets or can compile the accounts according to the need.

State-holding Enterprises cover the original state-owned enterprises and state-holding enterprises. They are classified according to the actual investment made by the contribor of state-owned part in the paid-in capital of the enterprises, or the degree of control or dominance of the contributor on the assets of the enterprises. The following cases are regarded as state-holding: (1) Absolute state-holding in which the contribors of state-owned parts possess more than 50% of all the paid-in capital (stocks) of the enterprises; (2) Relative state-holding in which the contribors of state-owned parts possess no more than 50% of the paid-in capital (stocks) of the enterprises, but more than that of any other contributors; or Agreed state-holding in which the contribors of state-owned parts possess no more than other contributors but have actual control over the enterprises according to agreements; (3) In the case both contributors possess 50% and it is not clear which one is in absolute holding position, the enterprise is regarded as state-holding enterprise if one of the contributor has state-owned elements.

For explanation of types of registration covered in this chapter, please refer to General Survey.

Total Assets refer to all resources that are owned or controlled by enterprises through previous trades or transactions with expectation of making economic profits. Classified by the degree of liquidity, total assets include current assets and non-current assets. Current assets can be classified into monetary capital, trading financial assets, notes receivable, accounts receivable, advanced payments, other receivables and inventories. Non-current assets can be divided into long-term equity investment, fixed assets, intangible assets and other non-current assets. Data on this indicator can be obtained from the year-end figures of total assets in the *Balance Sheet* of accounting records.

Total Current Assets refer to the assets that meet one of the following requirements: (1) expected to be cashed, sold or used in a normal operation cycle, mainly including inventory and accounts receivable; (2) be owned for trading purpose mainly; (3) expected to be cashed in one year (including one year) from the day of the *Balance Sheet*; (4) unlimited cash or cash equivalents that can be exchanged with other assets or being capable of settling debts during one year since the day of the *Balance Sheet*. Included are monetary capital, notes receivable, accounts receivable and inventories. Data on this indicator can be obtained from the year-end figures of total current assets in the *Balance Sheet* of accounting records.

Total Liabilities refer to payable liabilities of enterprises that accumulated from previous trades or transactions with expectation of economic profits leaking out. In terms of payment, it can be divided into liquid liabilities and long-term liabilities. Data on this indicator can be obtained from the year-end figures of total liabilities in the *Balance Sheet* of accounting records.

Accounts Receivable refers to creditor's rights formed by business activities such as selling goods, providing labor, which include payment for goods that should be charged to the customer, value-added tax and advance freight for the clients. It comes from the ending balance of accounts receivable in balance sheet.

Inventories refers to finished goods or commodities held in preparation for sale in enterprises' daily activities, goods in the production process, material or the physical materials consumed in the production process or in the process of providing labor, usually include raw materials, goods in the production process, semi-finished products, finished products, goods and materials in flow. It comes from the ending balance of inventory in balance sheet.

Finished Goods refers to the products that the enterprises have completed all of the production process and accepted and put in storage, and can be sent to the ordering units in accordance with the contract stipulations, or can be on sale. It come from the debit balance of Finished Products of accounting.

Business Revenue refers to the total revenue recognized by an enterprise in its principal business and other business operations. Business revenue includes " revenue from principal Business" and " revenue from other business". It comes from this year's cumulative report of "business revenue" items from the "income statement".

Business Cost refers to the total cost incurred by an enterprise in its principal business and other business operations. It includes various expenditures incurred by enterprises (units) in their daily activities of selling goods and providing labour services during the reporting period. It includes "Cost of principal business" and "Cost of other business". It comes from this year's cumulative report of "operating cost" items from the "income statement".

Selling Expense refers to the cost during the sale of goods and materials, providing labour services, including insurance, packing, exhibition fees and advertising fees, merchandise maintenance costs, expected product quality guarantee loss, transportation fees, handling fees, and operating expenses for the sales of the company's products such as employee compensation, business expenses, depreciation costs for dedicated sales offices (including sales outlets, after-sales service outlets, etc.).

Administrative Expense refers to the expenses for the organization and management of enterprise operating, including the start-up costs during the construction of enterprises, funds occurred during enterprises operating by board of directors and executive management in the enterprise management, or burden by enterprises. It comes from this year's cumulative current amount of management cost in income statement.

Financial Expenses refers to cost of raising fund for enterprises to raise funds for production and operation, including interest payments (a reduction in interest income), exchange loss (less exchange gains) and related fees during the period of production. It comes from this year's cumulative current amount of financial expenses in income statement.

Total Profits refers to the operation results in a certain accounting period, and it is the balance of various incomes minus various spendings in the course of operation, reflecting the total profits and losses of enterprises in reference period. Data are obtained from the this year's cumulative amount of total profits in the profit statement of the accounting record of enterprise.

Annual Average Employees refers to the number of persons engaged in the enterprise production and operation activities in the reporting period, which are actually owned by the enterprise.

14

建筑业

Construction

简 要 说 明

一、本篇资料主要内容

本篇资料反映我国建筑业概况和发展情况。包括建筑业企业基本情况和生产经营情况。主要指标有企业个数、从业人员数、建筑业总产值、建筑业增加值、房屋建筑面积、利润税金、劳动生产率等。此外，还包括勘察设计单位和人员情况的主要指标。

二、本篇资料统计范围

根据建筑业发展的实际情况，建筑业统计范围从2002 年年报起由原具有建筑业资质等级四级及四级以上的独立核算的建筑业企业调整为具有建筑业资质的独立核算建筑业企业。

三、本篇资料来源及统计调查方法

本篇建筑业企业统计数据是根据国家统计局制定的《建筑业统计报表制度》整理汇总的。建筑业统计报表由国家统计局根据企业实际情况采取全面调查的方法布置、收集，由资质内建筑业企业通过联网直报系统上报。

勘察设计单位和人员表依据住房和城乡建设部制定的《勘察设计报表制度》中有关年报资料编制，由住房和城乡建设部提供。

Brief Introduction

I. Main Contents

Data in this chapter show the general situation and the development of the construction industry in China. They cover the situation of production and management of the construction enterprises, including the number of enterprises; number of employed persons; gross output value and value added of the construction industry; floor space of buildings under construction; profits and taxes; and labour productivity etc. They also cover main indicators on the situation of prospecting and designing units and personnel.

II. Scope of Statistics

In view of the development of the construction industry, starting from 2002 the scope of construction statistics has been adjusted to include all the construction enterprises of various types of ownership with qualification certificates and independent accounting systems, replacing the previous criteria that required construction enterprises of various types of ownership to have qualification certificates at or above Class 4 with independent accounting systems.

III. Sources of Data and Methods of Survey

Data on construction enterprises are collected in accordance with the Statistical Reporting System of Construction stipulated by the National Bureau of Statistics. The construction statistical reports are deployed and collected through comprehensive survey by National Bureau of Statistics in accordance with the real conditions of the enterprises, they are directly reported by qualified construction enterprises through internet.

Data on prospecting and designing units and their personnel are provided by the Ministry of Housing and Urban-Rural Development, based on the requirements on the annual reporting specified in the Statistical Reporting Form System of Prospecting and Designing stipulated by the Ministry of Housing and Urban-Rural Development.

14-1 建筑业企业概况
Main Indicators on Construction Enterprises

年份 Year	总计 Total	国有企业 State-owned	集体企业 Collective-owned	港澳台商投资企业 Funded from Hong Kong, Macao and Taiwan	外商投资企业 Foreign Funded	其他 Others
企业单位数（个） Number of Enterprises						
1980	6604	1996	4608			
1985	11150	3385	7765			
1990	13327	4275	9052			
1995	24133	7531	15348	329	312	613
2000	47518	9030	24756	635	319	12778
2001	45893	8264	19096	622	274	17637
2002	47820	7536	13177	632	279	26196
2003	48688	6638	10425	535	287	30803
2004	59018	6513	8959	511	386	42649
2005	58750	6007	8090	516	388	43749
2006	60166	5555	7051	479	370	46711
2007	62074	5319	6614	482	365	49294
2008	71095	5315	5843	474	363	59100
2009	70817	5009	5352	444	351	59661
2010	71863	4810	5026	416	331	61280
2011	72280	4642	4847	393	303	62095
2012	75280	4602	4640	385	295	65358
2013	78919	3847	3728	390	272	70682
2014	81141	3753	3589	369	261	73169
2015	80911	3603	3318	343	249	73398
2016	83017	3593	3154	326	222	75722
2017	88074	3453	2873	334	218	81196
2018	95400	3080	2430	272	191	89427
从业人员（万人） Number of Persons Employed (10 000 persons)						
1980	648.0	481.8	166.2			
1985	911.5	576.7	334.8			
1990	1010.7	621.0	389.7			
1995	1497.9	824.3	631.9	5.0	5.4	31.3
2000	1994.3	635.6	887.5	8.2	4.4	458.6
2001	2110.7	590.7	739.9	7.7	4.3	768.1
2002	2245.2	543.8	579.2	7.4	4.5	1110.4
2003	2414.3	524.3	505.6	7.0	6.0	1371.3
2004	2500.3	467.4	386.4	6.8	8.1	1631.6
2005	2699.9	480.0	361.6	8.6	10.8	1838.9
2006	2878.2	467.6	332.0	8.9	8.1	2061.6
2007	3133.7	470.1	317.0	9.8	11.4	2325.4
2008	3315.0	472.1	266.8	10.5	9.2	2556.4
2009	3672.6	518.9	246.8	10.9	10.2	2885.7
2010	4160.4	576.9	246.5	12.2	9.8	3315.1
2011	3852.5	444.9	220.4	11.3	9.9	3166.0
2012	4267.2	457.8	216.2	13.0	10.3	3570.0
2013	4528.4	387.7	187.1	16.5	10.1	3927.0
2014	4537.0	371.2	175.0	15.4	8.6	3966.7
2015	5093.7	417.6	169.0	17.9	9.2	4480.0
2016	5184.5	438.1	168.2	16.1	8.7	4553.4
2017	5529.6	428.4	158.7	19.0	7.7	4915.8
2018	5563.3	427.8	131.4	13.8	9.6	4980.7
建筑业总产值（亿元） Gross Output Value (100 million yuan)						
1980	286.93	220.90	66.03			
1985	675.10	474.51	200.59			
1990	1345.01	935.19	409.82			
1995	5793.75	3670.25	1899.47	33.60	33.19	157.24
2000	12497.60	5053.79	4035.84	99.18	67.49	3241.30
2001	15361.56	5362.81	3775.89	102.55	73.06	6047.25
2002	18527.18	5582.86	3338.50	113.87	91.38	9400.57
2003	23083.87	6060.23	3270.73	123.71	129.39	13499.81
2004	29021.45	7325.61	2756.12	137.03	202.46	18600.23
2005	34552.10	8432.03	2815.20	172.54	249.03	22883.30
2006	41557.16	9218.56	2904.48	240.52	274.87	28918.73
2007	51043.71	10630.90	3153.65	281.95	396.32	36580.89
2008	62036.81	12231.66	3216.43	321.07	387.14	45880.52
2009	76807.74	15190.05	3281.75	334.59	415.17	57586.19
2010	96031.13	18148.59	3655.27	443.96	439.68	73343.64
2011	116463.32	20436.81	4306.49	612.68	658.17	90449.18
2012	137217.86	22930.19	4919.00	649.74	476.99	108241.94
2013	160366.06	20739.02	4524.68	621.96	607.72	133872.68
2014	176713.42	22069.45	4681.80	661.67	643.20	148657.29
2015	180757.47	21767.07	4364.40	693.34	606.24	153326.42
2016	193566.78	23849.02	4388.75	683.99	525.21	164119.81
2017	213943.56	26414.38	4317.92	799.36	547.30	181864.60
2018	235085.53	26264.27	3812.67	741.72	785.56	203481.31

注：1.1996年至2001年数据为资质等级(旧资质)四级及四级以上建筑业企业数据；2002年及以后数据为所有具有资质等级的施工总承包、专业承包建筑业企业数据。

2.从业人员数1993年至1997年为年平均人数，其余年份为年末人数。

a) Data from 1996 to 2001 included construction enterprises at fourth or higher quality grades(old classification of grades). Data since 2002 included all general construction contractors and professional contractors which possess qualification grades.

b) For 1993-1997, the number of employed persons refers to the annual average, and refers to persons at year-end in other years.

14-2 按登记注册类型分建筑业企业主要经济指标（2018年）

指　标		Item		合　计 Total
企业单位数	（个）	Number of Construction Enterprises	(unit)	95400
从业人员	（万人）	Number of Employed Persons	(10 000 persons)	5563.30
固定资产原价	（亿元）	Fixed Assets (original value)	(100 million yuan)	21627.60
固定资产净值	（亿元）	Fixed Assets (net value)	(100 million yuan)	11779.26
建筑业总产值	（亿元）	Gross Output Value of Construction	(100 million yuan)	235085.53
房屋施工面积	（万平方米）	Floor Space of Buildings under Construction	(10 000 sq.m)	1408920.39
房屋竣工面积	（万平方米）	Floor Space of Buildings Completed	(10 000 sq.m)	413508.79
利润总额	（亿元）	Total Profits	(100 million yuan)	7974.82
税金总额	（亿元）	Total Tax	(100 million yuan)	7502.85
按总产值计算的劳动生产率	（元/人）	Overall Labour Productivity In Terms of Gross Output Value	(yuan/person)	373193
房屋建筑面积竣工率	(%)	Rate of Floor Space of Buildings Completed	(%)	29.3
产值利润率	(%)	Ratio of Profit to Gross Output Value	(%)	3.4
产值利税率	(%)	Ratio of Pre-tax Profit to Gross Output Value	(%)	6.6

Main Economic Indicators on Construction Enterprises by Registration Status (2018)

内资企业 Domestic Funded	#国有 State-owned	#集体 Collective-owned	港澳台商投资企业 Funded from Hong Kong, Macao and Taiwan	#港澳台商独资企业 Solely Owned	外商投资企业 Foreign Funded	#外商独资企业 Solely Owned
94937	3080	2430	272	83	191	69
5539.91	427.83	131.37	13.78	3.62	9.61	2.82
21491.18	3370.63	368.30	75.76	19.00	60.66	19.95
11706.26	1784.64	209.72	41.56	8.85	31.44	9.56
233558.25	26264.27	3812.67	741.72	197.02	785.56	360.05
1401984.70	131070.52	26813.25	3665.16	198.78	3270.54	1269.54
411790.68	21894.09	12222.88	1143.36	78.01	574.74	101.89
7888.86	813.46	133.44	37.51	13.26	48.45	32.71
7468.21	700.77	220.42	15.89	3.84	18.75	9.03
372516	531442	277453	488508	535900	546879	606221
29.4	16.7	45.6	31.2	39.2	17.6	8.0
3.4	3.1	3.5	5.1	6.7	6.2	9.1
6.6	5.8	9.3	7.2	8.7	8.6	11.6

14-3 分地区建筑业劳动生产率(2018年)
Labor Productivity of Construction by Region (2018)

单位：元/人 (yuan/person)

地区	Region	按建筑业总产值计算的劳动生产率 Overall Labor Productivity in Terms of Total Output Value	#国有 State-owned	#集体 Collective-owned
全国	**National Average**	**373193**	**531442**	**277453**
北京	Beijing	552473	652649	456764
天津	Tianjin	395345	694279	382240
河北	Hebei	429099	1105939	242113
山西	Shanxi	372041	411618	240656
内蒙古	Inner Mongolia	316812	864096	245070
辽宁	Liaoning	357232	377282	173868
吉林	Jilin	395705	425902	260993
黑龙江	Heilongjiang	263940	239754	277000
上海	Shanghai	583972	881533	165288
江苏	Jiangsu	335803	426531	268724
浙江	Zhejiang	360809	452897	322850
安徽	Anhui	421813	739544	224558
福建	Fujian	266835	278471	253522
江西	Jiangxi	353687	541096	346209
山东	Shandong	366960	628776	214721
河南	Henan	373304	573322	373453
湖北	Hubei	595205	1334902	266966
湖南	Hunan	348142	461601	284186
广东	Guangdong	469256	476957	296772
广西	Guangxi	329562	449678	292074
海南	Hainan	396869	457456	295634
重庆	Chongqing	327437	519733	329411
四川	Sichuan	317667	351858	291124
贵州	Guizhou	362686	414949	184367
云南	Yunnan	312495	609453	192457
西藏	Tibet	297502	861342	590986
陕西	Shaanxi	411272	601763	271897
甘肃	Gansu	320721	427536	191296
青海	Qinghai	378017	675798	380197
宁夏	Ningxia	267274	306880	324131
新疆	Xinjiang	317489	242569	611631

14-4 分地区按登记注册类型分建筑业企业单位数（2018年）
Number of Construction Enterprises by Registration Status and Region (2018)

单位：个 (unit)

地 区	Region	合 计 Total	内资企业 Domestic Funded	#国 有 State-owned	#集 体 Collective-owned	港澳台商投资企业 Funded from Hong Kong, Macao and Taiwan	#港澳台商独资企业 Solely Owned	外商投资企业 Foreign Funded	#外商独资企业 Solely Owned
全 国	**National Total**	**95400**	**94937**	**3080**	**2430**	**272**	**83**	**191**	**69**
北 京	Beijing	2621	2562	89	84	32	7	27	6
天 津	Tianjin	1798	1790	55	21	5	3	3	
河 北	Hebei	2523	2520	114	67	3			
山 西	Shanxi	2666	2662	112	62	2		2	
内蒙古	Inner Mongolia	1006	1006	16	6				
辽 宁	Liaoning	5134	5101	158	165	13	4	20	4
吉 林	Jilin	2322	2317	48	29	4	1	1	1
黑龙江	Heilongjiang	1671	1667	92	72	2		2	
上 海	Shanghai	2445	2350	71	25	53	24	42	21
江 苏	Jiangsu	9292	9221	160	81	32	11	39	19
浙 江	Zhejiang	6769	6742	78	68	22	6	5	1
安 徽	Anhui	3813	3810	84	61	2		1	
福 建	Fujian	4865	4842	76	32	18	5	5	3
江 西	Jiangxi	2632	2625	89	120	5	1	2	1
山 东	Shandong	6907	6891	273	320	4		12	3
河 南	Henan	6159	6152	114	112	3		4	1
湖 北	Hubei	4196	4183	171	58	7	4	6	1
湖 南	Hunan	2580	2576	142	131	3	1	1	1
广 东	Guangdong	5746	5685	235	273	51	11	10	4
广 西	Guangxi	1385	1384	83	140	1			
海 南	Hainan	194	193	11	12			1	
重 庆	Chongqing	2770	2765	86	44	3	2	2	1
四 川	Sichuan	5230	5228	259	102	1	1	1	
贵 州	Guizhou	1202	1201	91	50	1			
云 南	Yunnan	2843	2842	85	105	1			
西 藏	Tibet	280	280	13	3				
陕 西	Shaanxi	2661	2655	95	98	2	2	4	2
甘 肃	Gansu	1434	1433	68	57	1			
青 海	Qinghai	382	381	29	19			1	
宁 夏	Ningxia	691	691	38	6				
新 疆	Xinjiang	1183	1182	45	7	1			

14-5 分地区按登记注册类型分建筑业企业从业人员（2018年）
Number of Staff and Workers in Construction Enterprises by Registration Status and Region (2018)

单位：人 (person)

地区	Region	合计 Total	内资企业 Domestic Funded	#国有 State-owned	#集体 Collective-owned	港澳台商投资企业 Funded from Hong Kong, Macao and Taiwan	#港澳台商独资企业 Solely Owned	外商投资企业 Foreign Funded	#外商独资企业 Solely Owned
全国	**National Total**	**55632995**	**55399086**	**4278309**	**1313691**	**137800**	**36216**	**96109**	**28197**
北京	Beijing	529112	517574	68604	9785	7702	1951	3836	1206
天津	Tianjin	641059	640326	89669	8078	422	184	311	
河北	Hebei	1242457	1242002	77073	31948	455			
山西	Shanxi	781172	780663	81418	14039	68		441	
内蒙古	Inner Mongolia	253053	253053	13570	2902				
辽宁	Liaoning	738606	730991	67584	47127	5447	4609	2168	674
吉林	Jilin	406635	405459	16948	4619	1152	72	24	24
黑龙江	Heilongjiang	299354	298831	51942	16483	50		473	
上海	Shanghai	853592	833070	201970	9652	8673	3559	11849	6919
江苏	Jiangsu	8110275	8091341	173103	31177	9025	4133	9909	4700
浙江	Zhejiang	7949311	7888394	59968	98666	37326	10943	23591	50
安徽	Anhui	1867934	1866697	176743	30194	1182		55	
福建	Fujian	4335851	4318526	229206	69543	16188	4390	1137	390
江西	Jiangxi	1601389	1599637	59565	78074	1159	15	593	251
山东	Shandong	3290521	3274289	208451	126734	826		15406	1828
河南	Henan	2919551	2902320	263668	71646	15205		2026	1060
湖北	Hubei	2434219	2425379	139278	22146	953	54	7887	247
湖南	Hunan	2601713	2593009	365910	83221	4095	685	4609	4609
广东	Guangdong	2808731	2772906	414806	171301	25578	3698	10247	5813
广西	Guangxi	1302170	1302022	273864	79142	148			
海南	Hainan	73604	73525	9997	4559			79	
重庆	Chongqing	2264748	2263711	120314	32669	388	263	649	29
四川	Sichuan	3529179	3528807	518193	115473	56	56	316	
贵州	Guizhou	813874	813849	161336	22833	25			
云南	Yunnan	1287401	1287376	144868	37595	25			
西藏	Tibet	45454	45454	3240	398				
陕西	Shaanxi	1539472	1537368	81213	57418	1604	1604	500	397
甘肃	Gansu	514915	514869	113691	31524	46			
青海	Qinghai	97869	97866	27653	3604			3	
宁夏	Ningxia	107699	107699	23927	773				
新疆	Xinjiang	392075	392073	40537	368	2			

14-6 建筑业企业技术装备情况

Number and Power of Machinery and Equipment Owned by Construction Enterprises

年 份 地 区	Year Region	自有施工机械设备年末总台数（台） Number of Machinery and Equipment Owned (set)	自有施工机械设备年末总功率（万千瓦） Total Power of Machinery and Equipment Owned (10 000 kw)	自有施工机械设备年末净值（万元） Net Value of Machinery and Equipment Owned (10 000 yuan)	技术装备率（元/人） Value of Machines per Laborer (yuan/person)	动力装备率（千瓦/人） Power of Machines per Laborer (kw/person)
	1992	2531578	4431.9	3147398	2719	3.8
	1995	3482784	7056.5	6386383	4264	4.7
	2000	6259885	9228.1	12572317	6304	4.6
	2005	8798527	13765.6	25037702	9273	5.1
	2006	8973042	14156.3	26217542	9109	4.9
	2007	9487515	15579.4	28856331	9208	5.0
	2008	9448056	18195.4	32869151	9915	5.5
	2009	9734910	19022.6	37049784	10088	5.2
	2010	11209484	19386.4	39719872	9547	4.7
	2011	10054231	21822.4	46327127	12025	5.7
	2012	10157280	24275.3	57070804	13374	5.7
	2013	11467280	25424.0	60941736	13458	5.6
	2014	12030587	29602.2	56797668	12519	6.5
	2015	9643725	26736.8	56619984	11116	5.2
	2016	9579327	25365.3	56021121	10805	4.9
	2017	10225555	25500.6	54818437	9914	4.6
	2018	10923709	25757.7	62464586	11228	4.6
北 京	Beijing	83295	443.0	1145390	21647	8.4
天 津	Tianjin	80469	362.7	1783524	27822	5.7
河 北	Hebei	487061	1179.0	7596815	61143	9.5
山 西	Shanxi	210382	733.3	1479180	18935	9.4
内蒙古	Inner Mongolia	71057	193.4	480353	18982	7.6
辽 宁	Liaoning	159917	540.2	981033	13282	7.3
吉 林	Jilin	64513	254.1	557493	13710	6.2
黑龙江	Heilongjiang	106978	252.4	678892	22679	8.4
上 海	Shanghai	59352	217.8	1011593	11851	2.6
江 苏	Jiangsu	1355826	3903.5	8004105	9869	4.8
浙 江	Zhejiang	1974765	1881.7	4230025	5321	2.4
安 徽	Anhui	359511	1000.7	1582093	8470	5.4
福 建	Fujian	338453	1284.5	2473123	5704	3.0
江 西	Jiangxi	250540	663.5	1399533	8739	4.1
山 东	Shandong	700274	1751.5	3549370	10787	5.3
河 南	Henan	676240	1707.1	3517733	12049	5.8
湖 北	Hubei	775683	1575.5	3239232	13307	6.5
湖 南	Hunan	791785	1039.5	3024343	11624	4.0
广 东	Guangdong	602693	2057.5	3516249	12519	7.3
广 西	Guangxi	132661	325.0	592688	4552	2.5
海 南	Hainan	10856	29.0	40277	5472	3.9
重 庆	Chongqing	180892	430.8	1055573	4661	1.9
四 川	Sichuan	561560	1179.8	2481447	7031	3.3
贵 州	Guizhou	79568	404.5	695475	8545	5.0
云 南	Yunnan	172438	844.4	4422957	34356	6.6
西 藏	Tibet	4019	16.1	47492	10448	3.5
陕 西	Shaanxi	327967	712.1	1549051	10062	4.6
甘 肃	Gansu	186032	347.9	641610	12461	6.8
青 海	Qinghai	29532	96.7	196573	20085	9.9
宁 夏	Ningxia	22015	44.6	99464	9235	4.1
新 疆	Xinjiang	67375	285.8	391903	9996	7.3

注：从2004年起，自有机械设备情况统计改为自有施工机械设备情况统计。

a) Starting from 2004, statistics on machinery and equipment owned refer to construction machinery and equipment owned.

14-7 分地区建筑业总产值（2018年）
Total Output Value of Construction by Region (2018)

单位：亿元 (100 million yuan)

地 区	Region	建筑业总产值 Total Output Value	建筑工程产值 Output Value of Construction	安装工程产值 Output Value of Installation	其 他 Others
全 国	**National Total**	**235085.53**	**207586.45**	**19630.16**	**7868.91**
北 京	Beijing	10939.76	10378.31	455.35	106.10
天 津	Tianjin	3791.10	3292.71	395.24	103.15
河 北	Hebei	5740.25	4740.08	734.71	265.46
山 西	Shanxi	4071.46	3547.58	421.61	102.27
内蒙古	Inner Mongolia	1040.12	880.88	66.73	92.51
辽 宁	Liaoning	3528.41	2885.63	522.47	120.32
吉 林	Jilin	2183.63	1789.04	249.43	145.16
黑龙江	Heilongjiang	1194.28	921.03	212.06	61.20
上 海	Shanghai	7072.21	5971.92	940.18	160.11
江 苏	Jiangsu	30846.66	28827.45	1761.57	257.64
浙 江	Zhejiang	28756.20	25838.03	2104.88	813.28
安 徽	Anhui	7888.45	6728.64	620.98	538.84
福 建	Fujian	11548.82	10724.52	723.18	101.12
江 西	Jiangxi	6993.40	5990.83	541.04	461.54
山 东	Shandong	12898.29	11072.95	1549.43	275.91
河 南	Henan	11360.52	9662.06	1118.55	579.91
湖 北	Hubei	15133.87	13466.39	1233.15	434.32
湖 南	Hunan	9581.44	8231.78	764.41	585.25
广 东	Guangdong	13714.37	11809.67	1441.13	463.56
广 西	Guangxi	4671.72	4043.24	378.81	249.68
海 南	Hainan	339.22	285.82	36.84	16.56
重 庆	Chongqing	7819.42	7070.06	481.50	267.86
四 川	Sichuan	12983.75	11095.62	1177.78	710.35
贵 州	Guizhou	3329.98	2849.80	301.62	178.56
云 南	Yunnan	5458.52	4935.93	353.29	169.30
西 藏	Tibet	172.82	159.43	8.92	4.47
陕 西	Shaanxi	7120.15	6232.19	597.68	290.28
甘 肃	Gansu	1796.43	1514.06	190.70	91.67
青 海	Qinghai	435.14	364.65	52.38	18.12
宁 夏	Ningxia	565.04	512.67	43.94	8.43
新 疆	Xinjiang	2110.05	1763.47	150.59	195.99

14-8 分地区按登记注册类型分建筑业总产值（2018年）
Total Output Value of Construction by Registration Status and Region (2018)

单位：万元 (10 000 yuan)

地区	Region	合计 Total	内资企业 Domestic Funded	#国有 State-owned	#集体 Collective-owned	港澳台商投资企业 Funded from Hong Kong, Macao and Taiwan	#港澳台商独资企业 Solely Owned	外商投资企业 Foreign Funded	#外商独资企业 Solely Owned
全国	**National Total**	**2350855278**	**2335582533**	**262642657**	**38126749**	**7417162**	**1970235**	**7855583**	**3600470**
北京	Beijing	109397581	108341153	19417744	773622	539740	160876	516687	114607
天津	Tianjin	37911023	37855823	7028673	412322	29754	1302	25446	
河北	Hebei	57402493	57359419	8491730	973319	43075			
山西	Shanxi	40714639	40668244	4887017	337375	6743		39652	
内蒙古	Inner Mongolia	10401233	10401233	1244471	66096				
辽宁	Liaoning	35284135	34843181	3734941	805041	375989	317041	64966	21288
吉林	Jilin	21836324	21776372	729868	147983	58925	6129	1027	1027
黑龙江	Heilongjiang	11942839	11923284	1613786	579069	754		18801	
上海	Shanghai	70722106	68961839	20203935	168379	746688	251703	1013579	620704
江苏	Jiangsu	308466606	306444294	8880849	942011	421034	124584	1601278	1158385
浙江	Zhejiang	287561963	283891357	2857010	3236834	2357650	418214	1312955	1472
安徽	Anhui	78884540	78868432	12625427	668396	15134		974	
福建	Fujian	115488194	115177821	6362279	1279502	269103	45675	41270	20822
江西	Jiangxi	69934025	69749313	3299766	2839746	39811	260	144901	4030
山东	Shandong	128982939	128159518	13375521	2802630	157088		666333	29648
河南	Henan	113605191	112969104	13268515	2610101	535687		100400	34062
湖北	Hubei	151338712	150791611	19161446	554835	44532	744	502569	15435
湖南	Hunan	95814427	95413900	17038884	2615078	279886	25120	120641	120641
广东	Guangdong	137143652	134363721	21270803	5068922	1296301	454405	1483630	1333490
广西	Guangxi	46717231	46686122	11741363	2277910	31109			
海南	Hainan	3392239	3385937	463174	147669			6302	
重庆	Chongqing	78194241	78059481	6782353	1100167	91688	89188	43072	390
四川	Sichuan	129837518	129824304	21676002	3530757	1270	1270	11944	
贵州	Guizhou	33299817	33299267	8454843	554557	550			
云南	Yunnan	54585218	54584380	12081867	1086783	838			
西藏	Tibet	1728246	1728246	302589	20389				
陕西	Shaanxi	71201521	70988650	5334211	1704248	73723	73723	139148	124469
甘肃	Gansu	17964275	17964201	4901747	617446	74			
青海	Qinghai	4351435	4351425	1956369	137669			10	
宁夏	Ningxia	5650436	5650436	1327472	43369				
新疆	Xinjiang	21100479	21100464	2128007	24526	16			

14-9 分地区按行业分建筑业总产值（2018年）
Total Output Value of Construction by Branch and Region (2018)

单位：万元 (10 000 yuan)

地 区	Region	建筑业总产值 Total Output Value of Construction	房屋建筑业 Construction of Buildings	土木工程建筑业 Civil Engineering	建筑安装业 Construction Installation	建筑装饰、装修和其他建筑业 Building Decoration and Other Construction
全 国	**National Total**	**2350855278**	**1488295317**	**634165311**	**119528717**	**108865933**
北 京	Beijing	109397581	55136530	39257390	7132907	7870754
天 津	Tianjin	37911023	12432772	20742017	3057501	1678732
河 北	Hebei	57402493	35728626	16043639	4250319	1379909
山 西	Shanxi	40714639	18775656	18780862	1894956	1263164
内蒙古	Inner Mongolia	10401233	6030210	3756095	390064	224865
辽 宁	Liaoning	35284135	15511739	13077785	3850944	2843667
吉 林	Jilin	21836324	12259989	6742298	2052584	781454
黑龙江	Heilongjiang	11942839	5539004	4859737	1210319	333779
上 海	Shanghai	70722106	38443055	19338326	6433709	6507016
江 苏	Jiangsu	308466606	227685770	43319521	19764364	17696952
浙 江	Zhejiang	287561963	207118838	59553763	8828098	12061264
安 徽	Anhui	78884540	46113419	26217463	3800884	2752773
福 建	Fujian	115488194	82588657	27246650	2350486	3302401
江 西	Jiangxi	69934025	45054934	19444624	2409572	3024894
山 东	Shandong	128982939	80431290	34764158	7643479	6144012
河 南	Henan	113605191	62457633	37693630	7093991	6359937
湖 北	Hubei	151338712	93513623	48413370	5329107	4082613
湖 南	Hunan	95814427	69166074	21321150	3626861	1700342
广 东	Guangdong	137143652	70494819	38563445	9941842	18143545
广 西	Guangxi	46717231	35916140	9591486	899425	310181
海 南	Hainan	3392239	2540732	387063	288940	175505
重 庆	Chongqing	78194241	57584329	15431204	2421384	2757325
四 川	Sichuan	129837518	87119496	34511467	5172938	3033616
贵 州	Guizhou	33299817	18992653	10990910	2491267	824988
云 南	Yunnan	54585218	34144910	17603100	1596812	1240396
西 藏	Tibet	1728246	936797	735256	24949	31244
陕 西	Shaanxi	71201521	37759878	28396312	3616622	1428709
甘 肃	Gansu	17964275	11919900	4728804	934427	381144
青 海	Qinghai	4351435	1325229	2778240	194255	53711
宁 夏	Ningxia	5650436	3589568	1927633	92897	40338
新 疆	Xinjiang	21100479	11983046	7947916	732815	436703

14-10 分地区建筑业企业签订合同和承包工程完成情况（2018年）
Contracts Signed and Completion of Contracted Projects by Construction Enterprises by Region (2018)

单位：万元 (10 000 yuan)

地区	Region	合同总额 Total Value of Contracts	上年结转合同额 Value from Contracts Signed in Last Year	本年新签合同额 Value from New Contracts Signed in This Year	直接从建设单位承揽工程完成的产值 Completed Output Value of Projects Contracted Directly from Investors	自行完成施工产值 Own-completed Output Value	分包出去工程的产值 Output Value of Out-sourced Projects	从建设单位以外承揽工程完成的产值 Completed Output Value of Projects Contracted from Non-investors
全国	**National Total**	**4944090455**	**2215549827**	**2728540628**	**2311232003**	**2240856981**	**70375022**	**109998297**
北京	Beijing	365420854	205420499	160000354	111409554	91563046	19846508	17834535
天津	Tianjin	119216002	64144835	55071167	38978139	35728202	3249937	2182820
河北	Hebei	125850972	59069590	66781382	56767820	55793597	974223	1608896
山西	Shanxi	90490381	40123365	50367016	40184774	39942556	242218	772083
内蒙古	Inner Mongolia	25018116	12104702	12913414	10320682	10275271	45411	125961
辽宁	Liaoning	73307714	35658357	37649358	34003559	33617139	386421	1666997
吉林	Jilin	37274808	15966807	21308001	21424166	21264922	159244	571402
黑龙江	Heilongjiang	23570712	9522227	14048485	12095795	11836455	259340	106384
上海	Shanghai	228079395	111513134	116566261	73134755	63171714	9963040	7550391
江苏	Jiangsu	504946449	207484258	297462190	288401824	287142230	1259594	21324376
浙江	Zhejiang	483750970	179393499	304357471	281101104	277208647	3892457	10353316
安徽	Anhui	149052289	62479630	86572660	78107733	77382879	724854	1501661
福建	Fujian	222424584	85348738	137075846	112935016	112514199	420817	2973995
江西	Jiangxi	126293225	55773251	70519974	67548905	66440679	1108226	3493346
山东	Shandong	237679842	92608451	145071391	128180139	127134541	1045599	1848399
河南	Henan	220582011	90349484	130232527	110777252	109664353	1112899	3940838
湖北	Hubei	339180988	158209456	180971532	150444539	148653025	1791515	2685688
湖南	Hunan	215948534	103905464	112043070	94039827	93170959	868869	2643468
广东	Guangdong	388560750	192716943	195843807	142356825	129491859	12864966	7651793
广西	Guangxi	88194713	38108758	50085955	47181175	45543337	1637838	1173894
海南	Hainan	8718519	4779550	3938970	3381277	3371109	10169	21130
重庆	Chongqing	140485223	61765897	78719326	77159063	75420218	1738846	2774024
四川	Sichuan	267576430	122614607	144961823	124890447	122761498	2128949	7076020
贵州	Guizhou	86900976	42288928	44612048	33087920	32785904	302016	513913
云南	Yunnan	115165644	43920645	71244999	53617353	52962351	655002	1622867
西藏	Tibet	3586821	1078653	2508168	1751850	1704773	47077	23474
陕西	Shaanxi	152727755	71367344	81360411	69497023	66424723	3072300	4776798
甘肃	Gansu	34390542	14148042	20242500	17934621	17818672	115949	145604
青海	Qinghai	10816782	5903798	4912984	3885727	3803404	82323	548031
宁夏	Ningxia	8922246	3626659	5295586	5694413	5528766	165647	121670
新疆	Xinjiang	49956210	24154258	25801953	20938727	20735954	202773	364526

14-11 分地区按登记注册类型分建筑业企业实收资本（2018年）

Paid-up Capitals of Construction Enterprises by Registration Status and Region (2018)

单位：万元 (10 000 yuan)

地 区	Region	合 计 Total	内资企业 Domestic Funded	#国 有 State-owned	#集 体 Collective-owned	港澳台商投资企业 Funded from Hong Kong, Macao and Taiwan	#港澳台商独资企业 Solely Owned	外商投资企业 Foreign Funded	#外商独资企业 Solely Owned
全 国	**National Total**	**390831729**	**387854881**	**44131495**	**4744197**	**1640568**	**709648**	**1336281**	**780310**
北 京	Beijing	32789084	32477919	5387840	202517	161090	61425	150075	57142
天 津	Tianjin	12108155	12062332	1477398	104955	27659	5659	18164	
河 北	Hebei	10817289	10810875	1262375	87596	4814		1600	
山 西	Shanxi	9575115	9568716	1393957	94264	3799		2600	
内蒙古	Inner Mongolia	4092809	4092809	397287	11357				
辽 宁	Liaoning	11539116	11261991	1077611	226108	234866	222042	42259	634
吉 林	Jilin	5278454	5264453	230845	26073	13941	505	60	
黑龙江	Heilongjiang	4988869	4985354	884974	111509	1660		1855	
上 海	Shanghai	13415074	13033611	2643881	43187	250635	104083	130829	88263
江 苏	Jiangsu	35518037	35174756	1573770	135421	104016	30925	239265	90387
浙 江	Zhejiang	26788534	26626751	480629	162935	143606	20565	18176	2000
安 徽	Anhui	11776441	11762765	1164512	71414	10476	9576	3200	
福 建	Fujian	16801595	16714829	698053	95117	65765	16113	21000	10000
江 西	Jiangxi	11967556	11836207	550084	310337	129693	95	1656	
山 东	Shandong	22193596	22163806	2916585	478572	13667		16122	739
河 南	Henan	20663278	20647880	1604521	199095	3041		12357	862
湖 北	Hubei	17906686	17833614	2803344	106530	9752	137	63320	
湖 南	Hunan	13150668	13136917	2601069	258896	8060	698	5691	5691
广 东	Guangdong	27396462	26582423	3539981	569771	262312	52016	551728	521568
广 西	Guangxi	6025779	6025779	1857464	239981				
海 南	Hainan	785907	783907	82593	36819	2000			
重 庆	Chongqing	9532439	9331558	992445	62309	187072	185223	13810	810
四 川	Sichuan	23885811	23878873	2877067	194949	586	586	6352	352
贵 州	Guizhou	5577295	5577295	1611012	114725				
云 南	Yunnan	10955072	10951072	707620	196624	2000		2000	
西 藏	Tibet	720022	720022	58405	10086				
陕 西	Shaanxi	12864359	12860998	1699521	437307			3362	1862
甘 肃	Gansu	4241466	4240966	667609	113144			500	
青 海	Qinghai	1373718	1373418	300971	17275			300	
宁 夏	Ningxia	1706462	1676462	184371	14155			30000	
新 疆	Xinjiang	4396582	4396522	403704	11171	60			

14-12 分地区建筑业企业资产（2018年）
Assets of Construction Enterprises by Region (2018)

单位：万元 (10 000 yuan)

地 区	Region	资产总计 Total Assets	#流动资产 Circulating Funds	#固定资产 Fixed Assets	#在建工程 Under Construction
全 国	**National Total**	**2340024586**	**1826661724**	**216275992**	**25702323**
北 京	Beijing	272206442	174849391	9054989	616362
天 津	Tianjin	71246456	54504199	6822866	567718
河 北	Hebei	65402902	54509509	7961879	552187
山 西	Shanxi	59473477	47384451	6711034	513147
内蒙古	Inner Mongolia	22191790	17521206	2502407	382981
辽 宁	Liaoning	60051779	50460586	7357045	410136
吉 林	Jilin	26715701	21209552	2947983	1469421
黑龙江	Heilongjiang	20615459	17089349	2840082	128412
上 海	Shanghai	109091893	90201524	7973289	366829
江 苏	Jiangsu	207319041	173185868	23714741	1448506
浙 江	Zhejiang	137191479	112972704	14591234	1113552
安 徽	Anhui	70763065	54728645	7155129	1027867
福 建	Fujian	64237194	53213774	6992620	351695
江 西	Jiangxi	59185090	49204952	4684890	650170
山 东	Shandong	139066061	116026810	15003967	890332
河 南	Henan	97999514	73241305	13589481	1527763
湖 北	Hubei	130326577	99819527	15737928	3862181
湖 南	Hunan	62934066	45668975	6913524	1279230
广 东	Guangdong	187532344	145563902	11812978	1283918
广 西	Guangxi	29037069	23229764	2414582	353808
海 南	Hainan	3386567	2863225	154762	45849
重 庆	Chongqing	60763821	49510405	4801870	761479
四 川	Sichuan	122746880	95808611	10097325	2424286
贵 州	Guizhou	52697818	42754179	2092764	956385
云 南	Yunnan	60863005	43453967	5578636	597386
西 藏	Tibet	3566113	2645177	322896	31125
陕 西	Shaanxi	71503804	57056521	8422866	1077558
甘 肃	Gansu	24987136	19503942	3003438	339681
青 海	Qinghai	6913915	5221071	1052154	77317
宁 夏	Ningxia	8063145	7034403	850082	82835
新 疆	Xinjiang	31944984	26224234	3116550	512206

14-13 分地区建筑业企业负债及所有者权益（2018年）
Liabilities and Owners' Equity of Construction Enterprises by Region (2018)

单位：万元 (10 000 yuan)

地 区	Region	负债合计 Total Liabilities	流动负债合计 Liquid Liabilities	非流动负债合计 Non-current Liabilities	所有者权益 Owners' Equity	#实收资本 Paid-in Capitals
全 国	**National Total**	**1592180956**	**1417577496**	**116471738**	**747618672**	**390831729**
北 京	Beijing	187944477	168589235	18298062	84261966	32789084
天 津	Tianjin	53946572	50527789	2796317	17299890	12108155
河 北	Hebei	47249254	43563047	2398996	18153649	10817289
山 西	Shanxi	45422702	42024660	3047996	14050775	9575115
内蒙古	Inner Mongolia	15204376	14260227	579631	6987415	4092809
辽 宁	Liaoning	42116351	38100371	1741133	17932521	11539116
吉 林	Jilin	16956053	15171529	753653	9759649	5278454
黑龙江	Heilongjiang	14397763	13159786	885230	6217700	4988869
上 海	Shanghai	84609129	78683343	2654869	24483273	13415074
江 苏	Jiangsu	118739537	109461319	6606653	88579503	35518037
浙 江	Zhejiang	84776552	80205322	2585685	52414927	26788534
安 徽	Anhui	47716400	41840776	4017167	23046664	11776441
福 建	Fujian	37072271	33086312	2755460	27164923	16801595
江 西	Jiangxi	40370977	23686039	1556965	18845094	11967556
山 东	Shandong	101024187	93532885	5285083	38041874	22193596
河 南	Henan	57815497	51933746	3361199	40184069	20663278
湖 北	Hubei	90236671	78147385	10819827	39821776	17906686
湖 南	Hunan	39350165	32846580	4709130	23583901	13150668
广 东	Guangdong	132826679	116003175	11707071	54705886	27396462
广 西	Guangxi	19412762	16566078	1869817	9625684	6025779
海 南	Hainan	2112603	1855986	69950	1273964	785907
重 庆	Chongqing	42989098	37538865	3436312	17774723	9532439
四 川	Sichuan	84661554	73286059	7969025	38079190	23885811
贵 州	Guizhou	38717507	32040321	5225833	13980312	5577295
云 南	Yunnan	40682034	35158983	4656655	20179869	10955072
西 藏	Tibet	2010478	1503184	398165	1568171	720022
陕 西	Shaanxi	51748395	47829537	2587476	19756086	12864359
甘 肃	Gansu	17673153	15813735	1451779	7313984	4241466
青 海	Qinghai	4679704	4265778	294120	2234211	1373718
宁 夏	Ningxia	5617770	5281755	113285	2456442	1706462
新 疆	Xinjiang	24100285	21613691	1839196	7840585	4396582

14-14 分地区按登记注册类型分建筑业企业资产（2018年）
Assets of Construction Enterprises by Registration Status and Region (2018)

单位：万元 (10 000 yuan)

地 区	Region	合 计 Total	内资企业 Domestic Funded	#国 有 State-owned	#集 体 Collective-owned	港澳台商投资企业 Funded from Hong Kong, Macao and Taiwan	#港澳台商独资企业 Solely Owned	外商投资企业 Foreign Funded	#外商独资企业 Solely Owned
全 国	**National Total**	**2340024586**	**2314426429**	**392244738**	**22309443**	**13589924**	**3948333**	**12008234**	**8242692**
北 京	Beijing	272206442	270111783	47228991	1621614	1023040	429789	1071619	281429
天 津	Tianjin	71246456	71133260	12244969	1007359	62773	12314	50423	
河 北	Hebei	65402902	65369733	8329316	383761	25718		7451	
山 西	Shanxi	59473477	59430862	12669110	497691	7081		35534	
内蒙古	Inner Mongolia	22191790	22191790	2889700	22066				
辽 宁	Liaoning	60051779	58730446	6887834	1333297	1151042	1097188	170290	4613
吉 林	Jilin	26715701	26483444	2962055	199207	226065	4788	6192	
黑龙江	Heilongjiang	20615459	20580825	4761875	494927	9346		25287	
上 海	Shanghai	109091893	106295837	30085323	158441	1573068	472410	1222988	820517
江 苏	Jiangsu	207319041	204981770	15853509	772640	652807	129130	1684464	824123
浙 江	Zhejiang	137191479	135812787	3971386	893566	1253533	106299	125160	25169
安 徽	Anhui	70763065	70652303	13122770	278313	107290	103577	3471	
福 建	Fujian	64237194	63885103	6299519	443999	247785	33911	104306	65826
江 西	Jiangxi	59185090	56967419	3816949	1300716	2209061	401	8610	
山 东	Shandong	139066061	138854968	20768507	2929979	105131		105962	1149
河 南	Henan	97999514	97671198	13360448	693740	190053		138263	3300
湖 北	Hubei	130326577	130121196	46779786	336554	30497	178	174884	
湖 南	Hunan	62934066	62686776	12441903	820560	97631	3627	149659	149659
广 东	Guangdong	187532344	177524384	27499157	2602744	3595867	554054	6412093	5879343
广 西	Guangxi	29037069	29037069	11235556	906970				
海 南	Hainan	3386567	3383572	460084	128808	2995			
重 庆	Chongqing	60763821	59640150	8940767	284421	1015659	999574	108012	4152
四 川	Sichuan	122746880	122715202	21043230	847037	1095	1095	30583	408
贵 州	Guizhou	52697818	52697818	21507726	483421				
云 南	Yunnan	60863005	60857552	7562591	709320	2277		3176	
西 藏	Tibet	3566113	3566113	635315	99452				
陕 西	Shaanxi	71503804	71318459	12819136	1183490			185344	183003
甘 肃	Gansu	24987136	24985560	7145365	511604			1576	
青 海	Qinghai	6913915	6913593	3119837	159835			322	
宁 夏	Ningxia	8063145	7880580	1578162	107246			182565	
新 疆	Xinjiang	31944984	31944874	4223864	96668	110			

14-15 分地区按登记注册类型分建筑业企业负债（2018年）
Liabilities of Construction Enterprises by Registration Status and Region (2018)

单位：万元 (10 000 yuan)

地 区	Region	合 计 Total	内资企业 Domestic Funded	#国 有 State-owned	#集 体 Collective-owned	港澳台商投资企业 Funded from Hong Kong, Macao and Taiwan	#港澳台商独资企业 Solely Owned	外商投资企业 Foreign Funded	#外商独资企业 Solely Owned
全 国	**National Total**	**1592180956**	**1574300062**	**305349132**	**14169831**	**9243728**	**2812088**	**8637166**	**6112136**
北 京	Beijing	187944477	186326205	36887243	1209867	843108	406114	775164	185679
天 津	Tianjin	53946572	53893863	9721215	798967	30595	6499	22114	
河 北	Hebei	47249254	47226454	6891584	200707	17335		5465	
山 西	Shanxi	45422702	45384997	10486277	386580	6150		31554	
内蒙古	Inner Mongolia	15204376	15204376	2137908	10737				
辽 宁	Liaoning	42116351	41360614	5748329	1037611	639135	599024	116602	2771
吉 林	Jilin	16956053	16788694	1743043	158636	161650	386	5709	
黑龙江	Heilongjiang	14397763	14367984	4063042	310939	6888		22891	
上 海	Shanghai	84609129	82679320	24272395	90322	1077107	304484	852703	562911
江 苏	Jiangsu	118739537	117319298	12266374	447248	435606	74722	984634	569384
浙 江	Zhejiang	84776552	83755965	3005276	545173	950639	81414	69949	28751
安 徽	Anhui	47716400	47625231	10592290	137375	91138	88323	32	
福 建	Fujian	37072271	36863551	5019937	263046	140211	12736	68509	40405
江 西	Jiangxi	40370977	38533697	3047465	721971	1836334	306.4	946	
山 东	Shandong	101024187	100870494	16245180	2162570	89973		63721	410
河 南	Henan	57815497	57536739	10495015	329687	179519		99240	300
湖 北	Hubei	90236671	90129958	36483468	165518	13408	41	93306	
湖 南	Hunan	39350165	39171430	8636521	431751	78755	2929	99979	99979
广 东	Guangdong	132826679	126070644	21159465	1614424	1822693	422694	4933342	4485608
广 西	Guangxi	19412762	19412762	8758341	529533				
海 南	Hainan	2112603	2112152	350254	51350	451			
重 庆	Chongqing	42989098	42087507	7275583	188328	822582	812092	79009	878
四 川	Sichuan	84661554	84651531	15545876	537933	326	326	9697	56
贵 州	Guizhou	38717507	38717507	15779653	333539				
云 南	Yunnan	40682034	40680888	5692316	296630	15		1132	
西 藏	Tibet	2010478	2010478	413120	79189				
陕 西	Shaanxi	51748395	51612551	9874109	564665			135845	135004
甘 肃	Gansu	17673153	17673019	5741200	307511			134	
青 海	Qinghai	4679704	4679682	2296712	111989			22	
宁 夏	Ningxia	5617770	5452302	1274161	77689			165468	
新 疆	Xinjiang	24100285	24100172	3445780	68345	113			

14-16 分地区按登记注册类型分建筑业企业所有者权益（2018年）
Owners' Equity of Construction Enterprises by Registration Status and Region (2018)

单位：万元 (10 000 yuan)

地区	Region	合计 Total	内资企业 Domestic Funded	#国有 State-owned	#集体 Collective-owned	港澳台商投资企业 Funded from Hong Kong, Macao and Taiwan	#港澳台商独资企业 Solely Owned	外商投资企业 Foreign Funded	#外商独资企业 Solely Owned
全国	**National Total**	**747618672**	**739901363**	**86926587**	**8139243**	**4346241**	**1136245**	**3371068**	**2130556**
北京	Beijing	84261966	83785578	10341748	411747	179933	23675	296455	95751
天津	Tianjin	17299890	17239402	2523754	208392	32178	5816	28309	
河北	Hebei	18153649	18143280	1437731	183054	8383		1986	
山西	Shanxi	14050775	14045865	2182833	111111	931		3979	
内蒙古	Inner Mongolia	6987415	6987415	751792	11329				
辽宁	Liaoning	17932521	17366925	1139504	295686	511907	498165	53688	1842
吉林	Jilin	9759649	9694751	1219012	40571	64415	4402	483	
黑龙江	Heilongjiang	6217700	6212845	698833	183988	2459		2396	
上海	Shanghai	24483273	23617026	5812929	68119	495961	167926	370286	257606
江苏	Jiangsu	88579503	87662472	3587135	325392	217201	54408	699830	254739
浙江	Zhejiang	52414927	52056822	966109	348394	302894	24885	55210	-3582
安徽	Anhui	23046664	23027073	2530480	140938	16153	15253	3439	
福建	Fujian	27164923	27021552	1279582	180952	107574	21175	35797	25421
江西	Jiangxi	18845094	18464703	800466	578745	372727	95	7664	
山东	Shandong	38041874	37984474	4523326	767408	15158		42241	739
河南	Henan	40184069	40134512	2865433	363684	10534		39023	3000
湖北	Hubei	39821776	39723063	10296318	171035	17135	137	81579	
湖南	Hunan	23583901	23515346	3805383	388809	18876	698	49679	49679
广东	Guangdong	54705886	51453960	6339693	988320	1773174	131361	1478751	1393736
广西	Guangxi	9625684	9625684	2477214	377437				
海南	Hainan	1273964	1271420	109829	77458	2544			
重庆	Chongqing	17774723	17552643	1665183	96094	193077	187482	29003	3275
四川	Sichuan	38079190	38057535	5497354	309105	769	769	20886	352
贵州	Guizhou	13980312	13980312	5728073	149882				
云南	Yunnan	20179869	20175563	1870275	412690	2261		2044	
西藏	Tibet	1568171	1568171	222195	20263				
陕西	Shaanxi	19756086	19706587	2945028	618825			49500	48000
甘肃	Gansu	7313984	7312542	1404165	204092			1442	
青海	Qinghai	2234211	2233911	823125	47846			300	
宁夏	Ningxia	2456442	2439344	304002	29556			17098	
新疆	Xinjiang	7840585	7840588	778083	28323	-2			

14-17 分地区建筑业企业营业收入（2018年）
Business Revenue of Construction Enterprises by Region (2018)

单位：万元 (10 000 yuan)

地区	Region	营业收入 Business Revenue	主营业务收入 Revenue from Principal Business	#主营业务成本 Costs of Principal Business	#主营业务利润 Profits from Principal Business	其他业务收入 Revenue from Other Businesses	#其他业务利润 Profits from Other Businesses
全国	**National Total**	**2119917042**	**2093388310**	**1902472326**	**77885880**	**26528731**	**1850399**
北京	Beijing	134550977	133346395	123915121	4719366	1204583	172880
天津	Tianjin	40800944	40201678	37135154	808036	599267	58092
河北	Hebei	51568190	50896092	46993978	1339496	672098	64377
山西	Shanxi	41347676	40660453	37462739	927004	687223	49464
内蒙古	Inner Mongolia	12414667	12202879	10864231	456810	211788	11410
辽宁	Liaoning	36262403	34751901	31030181	1070444	1510502	41044
吉林	Jilin	19982436	19617815	17581905	862084	364622	14561
黑龙江	Heilongjiang	13261312	13175209	12030267	329811	86103	5168
上海	Shanghai	90845359	90230114	83594611	2065449	615245	111818
江苏	Jiangsu	257786987	256163448	231065512	11390975	1623539	201250
浙江	Zhejiang	170798343	168950614	157349189	4657953	1847729	194510
安徽	Anhui	69021632	68276932	61998897	2479621	744700	42931
福建	Fujian	97330841	96255746	87331102	3792540	1075096	48548
江西	Jiangxi	57698841	56808434	51597678	2289364	890407	20011
山东	Shandong	117781614	116133559	105710704	3912611	1648055	89618
河南	Henan	102942045	101240249	89177924	5304437	1701796	78437
湖北	Hubei	143573627	142498707	126525418	7257887	1074920	77758
湖南	Hunan	86954077	86358016	78179567	3122793	596061	68695
广东	Guangdong	149362294	147205055	133583794	5221769	2157239	204017
广西	Guangxi	37217750	36749716	34123310	853390	468035	24152
海南	Hainan	4134525	4052901	3753411	153068	81624	1624
重庆	Chongqing	63539556	62562759	56001131	2912437	976796	67172
四川	Sichuan	115299485	112662141	100855128	4773087	2637343	68551
贵州	Guizhou	32811423	32141438	29452951	1190285	669985	16776
云南	Yunnan	46752074	46189216	41196929	2324730	562859	30272
西藏	Tibet	2770676	2734440	2448170	221834	36235	882
陕西	Shaanxi	70407664	69670914	63779457	2215991	736750	34530
甘肃	Gansu	18483317	17946062	16466504	520206	537256	17856
青海	Qinghai	5317681	5183197	4758869	102669	134484	2028
宁夏	Ningxia	5921227	5837737	5377209	138842	83490	12211
新疆	Xinjiang	22977399	22684497	21131288	470892	292902	19758

14-18 分地区按登记注册类型分建筑业企业营业收入（2018年）
Business Revenue of Construction by Registration Status and Region (2018)

单位：万元　　(10 000 yuan)

地区	Region	合计 Total	内资企业 Domestic Funded	#国有 State-owned	#集体 Collective-owned	港澳台商投资企业 Funded from Hong Kong, Macao and Taiwan	#港澳台商独资企业 Solely Owned	外商投资企业 Foreign Funded	#外商独资企业 Solely Owned
全　国	**National Total**	**2119917042**	**2104573245**	**286537329**	**33686160**	**7525574**	**2002334**	**7818222**	**4935400**
北　京	Beijing	134550977	132814082	26641429	1269859	827511	390606	909384	274671
天　津	Tianjin	40800944	40740956	7933240	416249	32825	4371	27163	
河　北	Hebei	51568190	51525262	7468045	830845	41644		1285	
山　西	Shanxi	41347676	41303969	5340841	376212	4534		39173	
内蒙古	Inner Mongolia	12414667	12414667	1410363	51485				
辽　宁	Liaoning	36262403	35783557	4531220	994809	393777	338452	85069	12059
吉　林	Jilin	19982436	19912959	1448159	185120	63748	5037	5729	
黑龙江	Heilongjiang	13261312	13251003	3006604	541445	2375		7934	
上　海	Shanghai	90845359	88165660	25905116	357640	981901	326426	1697798	1298003
江　苏	Jiangsu	257786987	255673597	11273168	799738	337567	111715	1775823	1332780
浙　江	Zhejiang	170798343	169168058	2755870	1032271	1315708	89606	314576	2784
安　徽	Anhui	69021632	68968774	11909099	690138	52531	48597	326	
福　建	Fujian	97330841	97008932	4917127	893009	266568	25252	55341	28809
江　西	Jiangxi	57698841	56394144	3829524	2453593	1299276	140	5421	
山　东	Shandong	117781614	117605630	16146127	2418271	106790		69195	744
河　南	Henan	102942045	102850621	10168647	1740273	12472		78952	1000
湖　北	Hubei	143573627	143098196	32777931	667291	20081	107	455350	
湖　南	Hunan	86954077	86604343	15434299	2075955	228701	25120	121034	121034
广　东	Guangdong	149362294	146361496	25390897	5282641	1395695	507562	1605104	1447347
广　西	Guangxi	37217750	37217750	11407503	1874201				
海　南	Hainan	4134525	4130038	440736	209927	4487			
重　庆	Chongqing	63539556	63343439	4948117	815945	135322	128134	60795	953
四　川	Sichuan	115299485	115285468	13729957	2786491	1208	1208	12809	192
贵　州	Guizhou	32811423	32811423	8125752	707508				
云　南	Yunnan	46752074	46748737	5787332	1055787	838		2500	
西　藏	Tibet	2770676	2770676	342263	33827				
陕　西	Shaanxi	70407664	69990966	12323166	2148214			416698	415025
甘　肃	Gansu	18483317	18482848	4578773	709538			469	
青　海	Qinghai	5317681	5317681	2501419	134659				
宁　夏	Ningxia	5921227	5850932	1504856	61928			70295	
新　疆	Xinjiang	22977399	22977384	2559752	71287	15			

14-19 分地区建筑业企业利税总额（2018年）
Total Pre-tax Profits of Construction Enterprises by Region (2018)

地区	Region	利税总额 合计（万元） Total Pre-tax Profits (10 000 yuan)	利润总额 Total Profits	税金总额 Total Tax	产值利税率(%) Ratio of Pre-tax Profits to Output Value (%)	资产利税率(%) Ratio of Pre-tax Profits to Assets (%)
全国	**National Total**	**154776743**	**79748233**	**75028510**	**6.6**	**6.6**
北京	Beijing	6871704	4887684	1984020	6.3	2.5
天津	Tianjin	1501602	861269	640333	4.0	2.1
河北	Hebei	2964910	1393414	1571496	5.2	4.5
山西	Shanxi	1994810	961049	1033761	4.9	3.4
内蒙古	Inner Mongolia	943683	429093	514591	9.1	4.3
辽宁	Liaoning	2390085	1089840	1300244	6.8	4.0
吉林	Jilin	1836173	883404	952769	8.4	6.9
黑龙江	Heilongjiang	773625	233972	539653	6.5	3.8
上海	Shanghai	4011440	2266242	1745198	5.7	3.7
江苏	Jiangsu	22842235	11617738	11224497	7.4	11.0
浙江	Zhejiang	10261230	4943850	5317380	3.6	7.5
安徽	Anhui	5034891	2548747	2486144	6.4	7.1
福建	Fujian	8195276	3864745	4330531	7.1	12.8
江西	Jiangxi	4560910	2279996	2280914	6.5	7.7
山东	Shandong	7713996	4030204	3683792	6.0	5.6
河南	Henan	10411834	5360191	5051643	9.2	10.6
湖北	Hubei	13276337	7339060	5937277	8.8	10.2
湖南	Hunan	7076268	3175943	3900325	7.4	11.2
广东	Guangdong	9835724	5409873	4425852	7.2	5.2
广西	Guangxi	2215979	891299	1324681	4.7	7.6
海南	Hainan	360368	149536	210831	10.6	10.6
重庆	Chongqing	5717873	2954295	2763577	7.3	9.4
四川	Sichuan	9529940	4841238	4688702	7.3	7.8
贵州	Guizhou	2250700	1218511	1032190	6.8	4.3
云南	Yunnan	4318247	2374615	1943632	7.9	7.1
西藏	Tibet	313456	216490	96966	18.1	8.8
陕西	Shaanxi	4414215	2207152	2207062	6.2	6.2
甘肃	Gansu	1230746	551497	679249	6.9	4.9
青海	Qinghai	292192	109487	182705	6.7	4.2
宁夏	Ningxia	350498	152959	197539	6.2	4.4
新疆	Xinjiang	1285799	504840	780959	6.1	4.0

14-20 分地区按登记注册类型分建筑业企业税金总额（2018年）
Taxes of Construction Enterprises by Registration Status and by Region (2018)

单位：万元 (10 000 yuan)

地 区	Region	合 计 Total	内资企业 Domestic Funded	#国 有 State-owned	#集 体 Collective-owned	港澳台商投资企业 Funded from Hong Kong, Macao and Taiwan	#港澳台商独资企业 Solely Owned	外商投资企业 Foreign Funded	#外商独资企业 Solely Owned
全 国	**National Total**	**75028510**	**74682099**	**7007726**	**2204196**	**158873**	**38447**	**187537**	**90311**
北 京	Beijing	1984020	1956368	277817	31554	15342	4827	12310	2237
天 津	Tianjin	640333	639072	91626	-1045	797	126	465	
河 北	Hebei	1571496	1569585	162758	61954	1869		42	
山 西	Shanxi	1033761	1032342	160871	18365	249		1170	
内蒙古	Inner Mongolia	514591	514591	47204	2917				
辽 宁	Liaoning	1300244	1287987	158701	52034	7140	5904	5118	74
吉 林	Jilin	952769	949849	51033	9849	2731	212	189	
黑龙江	Heilongjiang	539653	538994	72697	35415	2		657	
上 海	Shanghai	1745198	1681462	302875	11119	17145	6772	46591	35595
江 苏	Jiangsu	11224497	11189870	375851	56876	12664	2864	21962	15089
浙 江	Zhejiang	5317380	5266389	80825	42035	32226	2688	18765	364
安 徽	Anhui	2486144	2485064	289522	56570	1069	1049	11	
福 建	Fujian	4330531	4323672	150234	18000	5703	574	1157	249
江 西	Jiangxi	2280914	2266623	141210	173518	14003	13	288	
山 东	Shandong	3683792	3681092	345604	127768	461		2240	42
河 南	Henan	5051643	5048784	352501	249096	192		2667	201
湖 北	Hubei	5937277	5912593	995661	44686	525	1	24158	
湖 南	Hunan	3900325	3882799	506676	173090	8292	807	9234	9234
广 东	Guangdong	4425852	4356573	586355	314088	37446	12289	31832	22281
广 西	Guangxi	1324681	1324681	266873	113324				
海 南	Hainan	210831	210541	14359	16869	290			
重 庆	Chongqing	2763577	2760976	163219	46466	621	316	1980	42
四 川	Sichuan	4688702	4688430	442465	165969	5	5	267	6
贵 州	Guizhou	1032190	1032190	228317	60115				
云 南	Yunnan	1943632	1943445	164838	88174	102		85	
西 藏	Tibet	96966	96966	17396	523				
陕 西	Shaanxi	2207062	2202161	262029	174586			4901	4898
甘 肃	Gansu	679249	679233	115929	44998			16	
青 海	Qinghai	182705	182705	70516	7558				
宁 夏	Ningxia	197539	196107	46147	4207			1432	
新 疆	Xinjiang	780959	780958	65615	3518	0			

14-21 分地区按登记注册类型分建筑业企业利润总额（2018年）
Total Profits of Construction Enterprises by Registration Status and Region (2018)

单位：万元　　　　(10 000 yuan)

地 区	Region	合 计 Total	内资企业 Domestic Funded	#国 有 State-owned	#集 体 Collective-owned	港澳台商投资企业 Funded from Hong Kong, Macao and Taiwan	#港澳台商独资企业 Solely Owned	外商投资企业 Foreign Funded	#外商独资企业 Solely Owned
全 国	**National Total**	**79748233**	**78888552**	**8134639**	**1334351**	**375132**	**132633**	**484549**	**327117**
北 京	Beijing	4887684	4827721	892219	18011	29160	15833	30802	10391
天 津	Tianjin	861269	862022	219218	14315	-186	-1121	-568	
河 北	Hebei	1393414	1392131	44068	38318	1273		11	
山 西	Shanxi	961049	960495	78157	7653	-69		622	
内蒙古	Inner Mongolia	429093	429093	-3747	2332				
辽 宁	Liaoning	1089840	1054306	60951	-123	30912	30647	4623	-636
吉 林	Jilin	883404	879877	17004	-735	3511	2444	16	
黑龙江	Heilongjiang	233972	233850	-92761	16826	-19.6		142	
上 海	Shanghai	2266242	2122800	603402	2743	39594	18342	103848	94951
江 苏	Jiangsu	11617738	11454597	317592	37125	20369	8182	142772	97324
浙 江	Zhejiang	4943850	4893965	101073	29785	41388	1453	8497	485
安 徽	Anhui	2548747	2546367	246331	14452	2758	2698	-377	
福 建	Fujian	3864745	3859095	132326	24606	7002	1383	-1351	-1966
江 西	Jiangxi	2279996	2193718	62049	95892	86108	-39.8	170.2	
山 东	Shandong	4030204	4016441	459956	108436	2117		11645	-131
河 南	Henan	5360191	5344300	396289	106043	967		14924	78
湖 北	Hubei	7339060	7313292	1386172	58717	1331	-3	24437	
湖 南	Hunan	3175943	3144625	481295	86254	2776	339	28542	28542
广 东	Guangdong	5409873	5247134	558130	174653	107257	57181	55482	42213
广 西	Guangxi	891299	891299	223446	50232				
海 南	Hainan	149536	148780	12631	12058	757			
重 庆	Chongqing	2954295	2954973	182754	43180	-1890	-4717	1212	36
四 川	Sichuan	4841238	4839696	527719	139739	12	12	1529	-19
贵 州	Guizhou	1218511	1218511	380259	31314				
云 南	Yunnan	2374615	2374358	253010	67598	3		254	
西 藏	Tibet	216490	216490	23064	2568				
陕 西	Shaanxi	2207152	2151309	306721	120281			55844	55848
甘 肃	Gansu	551497	551428	48054	27908			69	
青 海	Qinghai	109487	109487	66640	3431				
宁 夏	Ningxia	152959	151554	30543	-650			1404	
新 疆	Xinjiang	504840	504839	120076	1392	1			

14-22 分地区按登记注册类型分建筑业企业主营业务利润（2018年）
Profits of Project Settlement Accounts of Construction Enterprises by Registration Status and Region (2018)

单位：万元 (10 000 yuan)

地 区	Region	合 计 Total	内资企业 Domestic Funded	#国 有 State-owned	#集 体 Collective-owned	港澳台商投资企业 Funded from Hong Kong, Macao and Taiwan	#港澳台商独资企业 Solely Owned	外商投资企业 Foreign Funded	#外商独资企业 Solely Owned
全 国	**National Total**	**77885880**	**77056623**	**7694823**	**1280426**	**338434**	**111136**	**490824**	**337370**
北 京	Beijing	4719366	4667190	848742	7588	26217	14224	25959	7819
天 津	Tianjin	808036	808955	222150	12849	-47	-944	-872	
河 北	Hebei	1339496	1338299	44693	38081	1183		14	
山 西	Shanxi	927004	926458	64304	6486	-78		624	
内蒙古	Inner Mongolia	456810	456810	-7018	2270				
辽 宁	Liaoning	1070444	1049359	48885	1457	16226	16117	4858	-705
吉 林	Jilin	862084	858072	7118	1015	3996	2444	16	
黑龙江	Heilongjiang	329811	329697	-102861	15632	-19.6		134	
上 海	Shanghai	2065449	1939702	574937	1168	24398	13996	101349	93651
江 苏	Jiangsu	11390975	11227681	300134	36906	20044	7876	143251	98841
浙 江	Zhejiang	4657953	4608843	94868	25516	40748	1529	8363	343
安 徽	Anhui	2479621	2477240	229660	14397	2758	2698	-377	
福 建	Fujian	3792540	3788014	120304	21882	5986	518	-1460	-2025
江 西	Jiangxi	2289364	2202492	61600	93882	86704	-40	168.2	
山 东	Shandong	3912611	3899625	422347	105281	1674		11313	-140
河 南	Henan	5304437	5288630	383481	104847	972		14835	78
湖 北	Hubei	7257887	7232048	1308715	59179	1338	-3	24501	
湖 南	Hunan	3122793	3090814	466289	85000	2476	339	29503	29503
广 东	Guangdong	5221769	5048728	515750	171889	104951	57064	68090	54127
广 西	Guangxi	853390	853390	212747	48658				
海 南	Hainan	153068	152313	12697	12078	756			
重 庆	Chongqing	2912437	2913093	186506	29123	-1840	-4673	1184	36
四 川	Sichuan	4773087	4771558	506250	138113	-9	-9	1538	-19
贵 州	Guizhou	1190285	1190285	350338	30182				
云 南	Yunnan	2324730	2324473	245723	63581	3		254	
西 藏	Tibet	221834	221834	23316	2579				
陕 西	Shaanxi	2215991	2160136	305772	119506			55856	55861
甘 肃	Gansu	520206	520137	44673	26681			69	
青 海	Qinghai	102669	102669	64275	2937				
宁 夏	Ningxia	138842	137187	25278	-566			1655	
新 疆	Xinjiang	470892	470893	113151	2228	-1			

14-23 建筑业企业房屋建筑面积
Floor Space of Buildings Constructed by Construction Enterprises

单位：万平方米 (10 000 sq.m)

年份 Year 地区 Region	房屋建筑面积 Floor Space of Buildings		#国有 State-owned		#集体 Collective-owned	
	施工面积 Floor Space under Construction	竣工面积 Floor Space Completed	施工面积 Floor Space under Construction	竣工面积 Floor Space Completed	施工面积 Floor Space under Construction	竣工面积 Floor Space Completed
1985	35491.8	17072.7	19295.8	8563.1	16196.0	8509.6
1990	37923.0	19552.5	20303.2	9361.7	17619.7	10190.9
1995	89862.8	35666.3	44562.9	15182.4	41829.5	19262.0
2000	160141.1	80714.9	46237.5	20145.0	68112.3	38515.5
2005	352744.7	159406.2	56308.8	20505.7	42257.4	21750.4
2006	410154.4	179673.0	62253.8	20014.4	40872.5	21019.3
2007	482005.5	203992.7	68768.4	20539.5	42119.6	21300.9
2008	530518.6	223592.0	65633.7	19853.2	39247.8	19224.8
2009	588593.9	245401.6	72681.0	21765.4	36380.9	18783.2
2010	708023.5	277450.2	84452.8	22076.1	39232.1	18375.0
2011	851828.1	316429.3	106396.7	25876.7	38203.0	19253.1
2012	986427.5	358736.2	117123.6	26763.3	39209.0	19810.7
2013	1132002.9	401520.9	107280.6	25392.8	36030.3	17500.2
2014	1249826.3	423357.3	119295.1	23870.6	35788.9	17428.2
2015	1239717.6	420784.9	120844.0	24233.1	32954.3	16630.8
2016	1264216.3	422382.3	134362.0	26978.9	31213.2	15804.7
2017	1318374.1	419072.3	132877.1	25525.8	29439.7	14199.1
2018	1408920.4	413508.8	131070.5	21894.1	26813.2	12222.9
北京 Beijing	71969.3	9771.3	13909.8	2078.1	756.5	276.3
天津 Tianjin	13379.9	2119.6	1682.4	110.6	294.0	23.9
河北 Hebei	35665.3	9054.4	3836.9	710.9	941.1	352.0
山西 Shanxi	16651.8	3692.5	1698.1	449.7	147.3	51.7
内蒙古 Inner Mongolia	5369.2	1699.8	1107.6	157.6	47.2	31.2
辽宁 Liaoning	13659.8	4310.0	846.5	216.3	414.3	255.3
吉林 Jilin	8504.2	3132.4	115.2	76.9	25.0	17.0
黑龙江 Heilongjiang	3765.4	1438.5	660.7	101.5	202.5	142.9
上海 Shanghai	47577.4	7960.1	14141.8	1659.6	75.8	44.7
江苏 Jiangsu	249176.8	74806.3	2620.1	551.5	716.7	305.0
浙江 Zhejiang	214499.4	62123.3	359.7	98.3	2223.4	964.6
安徽 Anhui	46758.4	15894.5	7521.9	1193.8	375.6	290.9
福建 Fujian	72626.8	17294.2	2991.3	946.5	1655.1	224.8
江西 Jiangxi	33274.7	15638.5	1431.6	543.6	1969.5	1064.6
山东 Shandong	81483.6	22255.7	4299.3	944.3	2694.1	1081.2
河南 Henan	63789.7	20623.9	9718.1	471.8	1517.5	885.8
湖北 Hubei	88238.1	32691.9	6260.8	1126.8	420.9	254.8
湖南 Hunan	59247.4	19929.3	8809.8	1692.5	2327.5	1320.0
广东 Guangdong	73731.3	18536.5	16911.8	2619.0	4307.5	1552.4
广西 Guangxi	26494.8	8723.5	6647.0	1307.5	1762.6	812.3
海南 Hainan	2202.3	594.9	487.8	75.1	96.3	71.8
重庆 Chongqing	35140.0	13780.1	1555.6	368.9	372.3	240.9
四川 Sichuan	58007.4	20876.7	12773.8	2065.6	1200.8	757.4
贵州 Guizhou	16660.9	4904.3	1985.3	541.7	448.7	163.3
云南 Yunnan	19224.4	7514.7	2903.3	418.2	406.8	278.7
西藏 Tibet	518.5	144.4	105.3	16.8	5.8	
陕西 Shaanxi	29645.2	7071.9	938.9	310.0	954.5	542.1
甘肃 Gansu	9992.4	2648.5	2906.8	546.8	389.0	166.8
青海 Qinghai	990.6	451.6	92.5	28.6	35.2	29.3
宁夏 Ningxia	2334.5	801.5	461.9	177.3	25.7	17.6
新疆 Xinjiang	8341.1	3023.9	1289.3	288.2	4.3	3.6

14-24 勘察设计单位基本情况（2018年）
Conditions of Prospecting and Designing Institutions (2018)

地 区	Region	单位数（个）Number of Institutions (unit)	年末从业人员数（人）Number of Staff & Workers at Year-end (person)	#高级职称 Senior Title	#中级职称 Middle Title	#初级职称 Junior Title	营业收入（万元）Business Revenue (10 000 yuan)
全 国	**National Total**	**23183**	**4472817**	**400485**	**676946**	**559094**	**519152163**
北 京	Beijing	1450	348103	50613	72855	57568	79775261
天 津	Tianjin	334	78357	14810	17987	17771	20364747
河 北	Hebei	714	186568	12229	24019	18766	9589286
山 西	Shanxi	561	54525	7438	13759	10642	4773909
内蒙古	Inner Mongolia	351	17089	4884	5440	3169	633196
辽 宁	Liaoning	824	64711	13009	18895	10833	4858170
吉 林	Jilin	558	28064	8644	8669	4414	1196248
黑龙江	Heilongjiang	392	23419	8056	7633	2964	2483014
上 海	Shanghai	1120	277212	26817	55056	64305	62497017
江 苏	Jiangsu	1821	574401	22928	47902	44198	48276940
浙 江	Zhejiang	1128	463948	19130	36118	28376	33772892
安 徽	Anhui	1094	145546	11177	20986	19303	16827157
福 建	Fujian	860	278760	8382	21465	18894	17235612
江 西	Jiangxi	349	168068	5410	8985	7600	10047889
山 东	Shandong	1533	188793	20881	39815	30080	25389307
河 南	Henan	1087	112389	14819	27691	18618	8307638
湖 北	Hubei	913	165307	22971	31951	27431	26141821
湖 南	Hunan	719	171438	13005	28005	30328	28504540
广 东	Guangdong	1837	495870	27026	52770	46738	52308770
广 西	Guangxi	531	62741	7792	13599	10714	8046067
海 南	Hainan	227	11951	1534	2662	2418	729283
重 庆	Chongqing	517	48539	9039	13677	6957	4815192
四 川	Sichuan	1447	179381	23799	40470	25395	17692048
贵 州	Guizhou	311	93690	7375	10445	10258	12101830
云 南	Yunnan	745	55697	9607	14946	11677	3755771
西 藏	Tibet	33	1655	220	434	208	267061
陕 西	Shaanxi	860	105151	14854	21317	16279	12840557
甘 肃	Gansu	299	30801	5327	8013	6068	3322037
青 海	Qinghai	144	7063	1518	1956	1413	299306
宁 夏	Ningxia	116	5129	1040	1431	1353	277405
新 疆	Xinjiang	308	28451	6151	7995	4356	2022190

14-25 工程招标代理机构基本情况（2018年）
Conditions of Project Bidding Agencies (2018)

地 区	Region	企业单位数（个）Number of Enterprises (unit)	期末企业人员（人）Personnel of Enterprises at Year-end (person)	#专业技术人员 Technical Personnel	#年末注册执业人数 Registered Professionals	#招标代理人员 Project Bidding Personnel	营业收入（万元）Business Revenue (10 000 yuan)
全 国	National Total	7717	617584	463950	140223	112726	45203789
北 京	Beijing	307	50612	37497	8367	7806	11652683
天 津	Tianjin	151	7826	5769	1712	1779	210155
河 北	Hebei	297	13341	9987	2885	3658	6702134
山 西	Shanxi	211	7825	4821	1785	2943	216895
内蒙古	Inner Mongolia	227	6323	4426	1715	2443	127991
辽 宁	Liaoning	338	9075	7255	2609	4143	4840990
吉 林	Jilin	230	10054	7579	2371	3020	172759
黑龙江	Heilongjiang	135	3865	2819	842	2150	72531
上 海	Shanghai	150	33931	21967	6693	2851	1430051
江 苏	Jiangsu	528	41954	34755	15019	6950	1529491
浙 江	Zhejiang	362	45157	37105	10678	5907	2518168
安 徽	Anhui	258	21656	16258	4713	3957	636029
福 建	Fujian	252	26637	20635	6866	3444	62345
江 西	Jiangxi	206	12627	10485	2767	2370	394485
山 东	Shandong	673	42333	30698	9693	9145	1007079
河 南	Henan	237	31233	24435	5888	5028	828017
湖 北	Hubei	241	15779	12220	3856	3512	2305970
湖 南	Hunan	314	22691	15756	5140	3909	485421
广 东	Guangdong	525	79160	64148	13965	9580	3862743
广 西	Guangxi	210	13856	10258	3479	3002	353961
海 南	Hainan	161	4013	2424	706	1241	67399
重 庆	Chongqing	88	10290	7440	2473	1782	401840
四 川	Sichuan	268	33071	22806	9362	4988	808156
贵 州	Guizhou	127	9484	6009	1998	1927	360933
云 南	Yunnan	270	9030	6306	1594	3738	2152513
西 藏	Tibet	9	327	232	97	96	4143
陕 西	Shaanxi	242	24527	18056	5567	3934	1255458
甘 肃	Gansu	155	10737	8238	2600	1613	190586
青 海	Qinghai	156	2989	1966	548	1191	56517
宁 夏	Ningxia	116	4738	3167	1148	1088	142048
新 疆	Xinjiang	273	12443	8433	3087	3531	354299

14-26 建设工程监理企业基本情况(2018年)

Conditions of Construction Project Supervision Enterprises (2018)

行业 地区	Sector Region	企业单位数(个) Number of Enterprises (unit)	年末从业人数(人) Persons Engaged (year-end) (person)	#高、中级职称人员 Persons with Senior or Middle Certificates	年末注册执业人数(人) Registered Professionals (year-end) (person)	#注册监理工程师 Registered Supervisory Engineers	营业收入(万元) Business Revenue (10 000 yuan)
合　计	**Total**	**8393**	**1169275**	**547718**	**310670**	**178173**	**43144242**
按行业分	**By Sector**						
房屋建筑工程	Housing Construction Projects	6610	721406	335859	210482	120501	18651258
冶炼工程	Metallurgical Projects	22	5886	3381	1415	643	673308
矿山工程	Mining Projects	39	11169	3285	1608	938	261393
化工、石油工程	Chemical and Petroleum Projects	137	35741	20449	8747	4171	3899942
水利水电工程	Water Conservancy and Hydro-power Projects	111	36129	17881	6419	2145	4223485
电力工程	Power Projects	376	68554	27836	13558	6853	6292249
农林工程	Agriculture and Forestry Projects	16	912	502	242	178	13241
铁路工程	Railway Projects	51	25698	15855	4038	2931	1160237
公路工程	Highway Projects	39	6861	3063	1062	688	161373
港口与航道工程	Habour and Navigation Projects	6	802	527	318	230	27927
航天航空工程	Air and Space Projects	8	1280	606	309	237	31570
通信工程	Communications Projects	47	15748	3760	1708	1194	346933
市政公用工程	Civil and Public Utility Projects	729	82808	39668	22274	12811	3577553
机电安装工程	Machinery and Electric Installation Projects	1	1167	365	70	32	356
综合资质	Comprehensive Qualification	191	154830	74504	38309	24556	3819386
事务所资质	Office Qualification	10	284	177	111	65	4032
按地区分	**By Region**						
北　京	Beijing	329	89959	46876	18224	10562	5058361
天　津	Tianjin	121	15204	7331	4502	2908	507943
河　北	Hebei	321	33473	17986	8652	5187	515231
山　西	Shanxi	229	27534	15646	6790	4662	600763
内蒙古	Inner Mongolia	166	12778	7194	3158	2317	159431
辽　宁	Liaoning	295	21066	13869	7339	4963	784440
吉　林	Jilin	190	17398	10463	4665	2911	985671
黑龙江	Heilongjiang	218	18264	13471	4499	2935	221228
上　海	Shanghai	215	51492	23295	12863	7945	1985916
江　苏	Jiangsu	754	94147	44912	39747	18386	4147412
浙　江	Zhejiang	525	76717	30398	22179	14003	2940690
安　徽	Anhui	344	37790	17989	11126	5981	1203351
福　建	Fujian	446	68042	23320	15161	7173	1761047
江　西	Jiangxi	182	28353	8698	5385	3014	1109212
山　东	Shandong	553	64434	27940	19027	11228	1443733
河　南	Henan	316	54714	26120	12569	7812	2461872
湖　北	Hubei	272	36722	20126	9330	5746	1213119
湖　南	Hunan	271	51179	23175	11665	6823	1840019
广　东	Guangdong	563	89566	40678	22913	14524	3413053
广　西	Guangxi	213	23540	10567	7219	4345	614654
海　南	Hainan	62	4566	1939	1362	817	75983
重　庆	Chongqing	118	29667	13810	8007	4008	1283992
四　川	Sichuan	421	86130	38073	23653	12176	5062321
贵　州	Guizhou	191	18675	8417	4987	2488	969896
云　南	Yunnan	176	30581	11565	3598	2660	386628
西　藏	Tibet	9	439	170	150	98	5339
陕　西	Shaanxi	428	41553	22184	9538	4873	1510928
甘　肃	Gansu	195	17307	8950	5000	3171	387259
青　海	Qinghai	75	4826	1942	1330	680	69000
宁　夏	Ningxia	65	6718	2721	1371	860	102890
新　疆	Xinjiang	130	16441	7893	4661	2917	322859

主要统计指标解释

建筑业统计单位 指从事房屋、构筑物建造和设备安装活动的法人企业。建筑业法人企业应具有建筑业资质并能够独立核算，同时还应具备以下条件：①依法成立，有自己的名称、组织机构和场所，能够承担民事责任；②独立拥有和使用资产，承担负债，有权与其他单位签订合同；③独立核算盈亏，能够编制资产负债表。

建筑业总产值 是以货币形式表现的建筑业企业在一定时期内生产的建筑业产品和提供服务的总和。建筑业总产值包括：

⑴建筑工程产值：指列入建筑工程预算内的各种工程价值。

⑵安装工程产值：指设备安装工程价值，不包括被安装设备本身的价值。

⑶其他产值：建筑业总产值中除建筑工程、安装工程以外的产值。包括房屋构筑物修理产值、非标准设备制造产值、总包企业向分包企业收取的管理费以及不能明确划分的施工活动所完成的产值。

a.房屋构筑物修理产值：指房屋和构筑物修理所完成的产值，但不包括被修理房屋、构筑物本身价值和生产设备的修理价值。

b.非标准设备制造产值：指加工制造没有定型的非标准生产设备的加工费和原材料价值(如化工厂、炼油厂用的各种罐、槽，矿井生产统一使用的各种漏斗、三角槽、阀门等)以及附属加工厂为本企业承建工程制作的非标准设备的价值。

房屋施工面积 指报告期内施工的全部房屋建筑面积，包括本期新开工的房屋建筑面积、上期跨入本期继续施工的房屋建筑面积、上期停缓建在本期恢复施工的房屋建筑面积、本期竣工的房屋建筑面积及本期施工后又停缓建的房屋建筑面积。

房屋竣工面积 指报告期内房屋建筑按照设计要求已全部完工，达到住人和使用条件，经验收鉴定合格或达到竣工验收标准，可正式移交使用的各栋房屋建筑面积的总和。

Explanatory Notes on Main Statistical Indicators

Statistical Unit in the Construction Industry refers to a corporate enterprise engaged in the construction of buildings and structures and in the installation of equipment. A corporate construction enterprise should have qualification certificates with independent accounting system, and should meet the following 3 requirements: a) being set up in line with relevant legal basis, having its full name, organization and location, and capable of taking civil liabilities; b) independently possessing and using its assets and assuming its liabilities, and entitled to sign contracts with other institutions; and c) making independent accounts of its profits and losses, and capable of compiling its own balance sheet.

Gross Output Value of Construction refers to total of construction products and services, expressed in money terms, produced or rendered by construction and installation enterprises during a given period of time. It includes:

(1) Output value of construction projects: the value of projects covered by the project budgets;

(2) Output value of installation projects: the value of the installation of equipment, (excluding the value of the equipment to be installed);

(3) Other output values: the output value of construction industry apart from that of construction projects and installation projects. It includes: output value of repair of buildings and structures; output value of non-standard equipment manufacturing; overhead expenses received by contracted enterprises from the sub-contracted enterprises and the completed output value of construction activities for which there is no clear definition.

a. Output value of repair of buildings and structures: the value created through the repairs of buildings or structures. It does not include the value of buildings or structures being repaired and the value of the repair of production equipment;

b. Output value of manufactured non-standard equipment: the value of non-standard production equipment, including raw materials and manufacturing cost, made for the construction project (i.e., chemical plant; kettles or tanks used by refineries; various fillers, triangle tanks, valves used by mines). It also includes the output value of equipment manufactured by subsidiary workshops.

Floor Space of Buildings refers to floor space of buildings under construction in the reference period, including the space of buildings for which construction has newly started; buildings for which construction has started earlier and is continuing during the reference period; and buildings for which construction has been suspended earlier but has restarted during the reference period; buildings completed during the reference period; and buildings under construction but construction has subsequently been during the reference period.

Floor Space of Buildings Completed refers to the total floor space of each building that has been completed in the reference period in accordance with the requirements of the design, up to the standard for being resided in and put into use, or has been checked and accepted by departments concerned as qualified ones or up to the standard of buildings completed and can be handed over for putting into use.

15

批发和零售业

Wholesale and Retail Trades

简 要 说 明

一、本篇资料的主要内容

本篇资料主要反映批发和零售业的发展与经营状况，同时反映国内商品流通、商品消费、市场运行态势以及流通现代化进程。主要内容包括：限额以上批发和零售业的基本情况、商品流转情况、财务状况；零售连锁经营情况；亿元商品交易市场成交情况；社会消费品零售总额等。

二、本篇资料的统计范围

限额以上批发和零售业的法人企业、个体经营户，零售连锁集团，成交额在亿元以上的商品交易市场，以及参与商品零售、餐饮经营活动的各行业法人企业、产业活动单位和个体经营户。限额以上批发和零售业统计单位是指：批发业，年主营业务收入 2000 万元及以上；零售业，年主营业务收入 500 万元及以上。

三、本篇的资料来源

本篇资料是根据《批发和零售业统计报表制度》进行搜集和加工整理而得。

四、本篇的统计调查方法

本篇资料中限额以上批发和零售业法人企业、个体经营户、其他行业附营的批发和零售业产业活动单位资料，以及零售连锁集团、亿元商品交易市场采用全面调查的方法取得；限额以下法人企业及个体经营户等资料采用抽样调查的方法推算。

Brief Introduction

I. Main Contents

Data in this chapter reflect the development and operation of enterprises above designated size of wholesale and retail trades of commodity circulation, consumption, market operation, modernization of logistics on China's domestic trade. Main contents include the basic conditions of the wholesale and retail trades above designated size; circulation of commodities; financial status; total retail sales of consumer goods; turnover of large commodity transaction markets with transaction over 100 million yuan; development of chain stores of retail trades.

II. Scope of Statistics

Included in this chapter are the registered enterprises and self-employed individuals of wholesale and retail trades; chain enterprises; large commodity markets with transaction value over 100 million yuan; and corporation enterprises, economic active establishments and self-employed individuals involved in retail trades; catering services. The criteria for wholesale and retail sale trades above designated size are as follows: wholesale trade with annual principal business sales over 20 million yuan; retail trade, with annual principal business sales over 5 million yuan.

III. Sources of Data

Data in this chapter are collected and processed in accordance with *The Statistical Reporting Form System on Wholesale and Retail Trades* by the Department of Trade and External Economic Relations of the National Bureau of Statistics.

IV. Methods of Survey

Data on basic conditions for all corporate enterprises of wholesale and retail trades above designated size, self-employed individuals, the establishments of other industries involved in the wholesale and retail trades, chain enterprises of wholesale and retail trades, large commodity markets with transaction value over 100 million yuan are collected through comprehensive reporting system. Data on corporate enterprises and self-employed individuals below the designated size are collected by sample surveys.

15-1 批发和零售业情况
Basic Conditions of Wholesale and Retail Trades

指　　标	Item	2014	2015	2016	2017	2018
批发和零售业	**Wholesale and Retail Trades**					
法人企业 (个)	Number of Corporation Enterprises (unit)	181612	183077	193371	200170	211515
年末从业人数 (万人)	Engaged Persons at Year-end (10 000 persons)	1182.0	1173.6	1193.6	1183.8	1184.5
商品购进额 (亿元)	Total Purchases Value (100 million yuan)	493664.0	468071.7	506309.4	572287.8	616551.4
#进口额 (亿元)	Imports (100 million yuan)	38571.4	33943.6	35355.7	43743.8	45121.4
商品销售额 (亿元)	Total Sales Value (100 million yuan)	541319.8	515567.5	558877.6	630181.3	691162.1
#出口额 (亿元)	Exports (100 million yuan)	23013.9	22719.5	21924.7	23617.1	26238.6
期末商品库存额 (亿元)	Total Stock at Year-end (100 million yuan)	38123.8	36591.7	38388.6	43397.0	42117.2
批发业	**Wholesale Trade**					
法人企业 (个)	Number of Corporation Enterprises (unit)	93960	91819	95066	100988	113696
年末从业人数 (万人)	Engaged Persons at Year-end (10 000 persons)	500.1	490.7	495.9	506.3	526.9
商品购进额 (亿元)	Total Purchases Value (100 million yuan)	397152.2	369538.9	397418.9	468165.4	516111.6
#进口额 (亿元)	Imports (100 million yuan)	35455.1	31249.6	32106.0	40754.0	42219.2
商品销售额 (亿元)	Total Sales Value (100 million yuan)	430678.4	401312.2	432265.3	507096.0	566174.2
#出口额 (亿元)	Exports (100 million yuan)	22909.4	22631.4	21808.8	23544.6	26158.0
期末商品库存额 (亿元)	Total Stock at Year-end (100 million yuan)	26080.9	25378.5	27295.7	31609.0	31202.1
零售业	**Retail Trade**					
法人企业 (个)	Number of Corporation Enterprises (unit)	87652	91258	98305	99182	97819
年末从业人数 (万人)	Engaged Persons at Year-end (10 000 persons)	681.9	682.8	697.7	677.5	657.6
商品购进额 (亿元)	Total Purchases Value (100 million yuan)	96511.8	98532.7	108890.5	104122.4	100439.8
#进口额 (亿元)	Imports (100 million yuan)	3116.3	2694.0	3249.7	2989.8	2902.2
商品销售额 (亿元)	Total Sales Value (100 million yuan)	110641.4	114255.3	126612.3	123085.3	124987.9
#出口额 (亿元)	Exports (100 million yuan)	104.5	88.1	115.9	72.5	80.6
期末商品库存额 (亿元)	Total Stock at Year-end (100 million yuan)	12042.9	11213.2	11092.9	11788.0	10915.1
年末零售营业面积 (万平方米)	Business Area of Retail at Year-end (10 000 sq.m)	31255.8	32651.3	33905.3	33250.2	33764.8

注：本表的统计范围为限额以上法人企业。
a) Scope of wholesale and retail trades covers enterprises above designated size.

15-2 按登记注册类型和行业分限额以上批发业企业主要指标(2018年)

单位：亿元

指标	Item	法人企业(个) Number of Corporation Enterprises (unit)	年末从业人数(人) Engaged Persons at Year-end (person)	商品购进额 Total Purchases Value	#进口 Imports
批发业合计	**Wholesale Trade**	**113696**	**5268895**	**516111.6**	**42219.2**
按登记注册类型分	**by Status of Registration**				
内资企业	**Domestic Funded Enterprises**	**108261**	**4409376**	**441009.4**	**23176.5**
国有企业	State-owned Enterprises	1495	279628	13224.9	212.1
集体企业	Collective-owned Enterprises	343	16289	617.0	58.3
股份合作企业	Cooperative Enterprises	109	3345	324.3	20.5
联营企业	Joint Ownership Enterprises	12	1072	25.3	0.8
#国有联营企业	State Joint Ownership Enterprises	3	458	3.0	
集体联营企业	Collective Joint Ownership Enterprises	5	360	16.5	
有限责任公司	Limited Liability Corporations	27384	1581365	221488.8	14371.1
国有独资公司	State Sole Funded Corporations	1739	173477	37165.7	2445.1
其他有限责任公司	Other Limited Liability Corporations	25645	1407888	184323.1	11926.0
股份有限公司	Share-holding Corporations Ltd.	2136	428157	46979.7	2802.8
私营企业	Private Enterprises	76261	2077631	158046.0	5710.5
私营独资企业	Private-funded Enterprises	466	8321	330.0	2.7
私营合伙企业	Private Partnership Enterprises	51	1188	38.9	
私营有限责任公司	Private Limited Liability Corporations	74525	2002176	154123.9	5549.6
私营股份有限公司	Private Share-holding Corporations Ltd.	1219	65946	3553.2	158.2
其他企业	Other Enterprises	521	21889	303.4	0.4
港、澳、台商投资企业	**Enterprises with Funds from Hong Kong, Macao and Taiwan**	**2416**	**411319**	**23225.0**	**3669.2**
合资经营企业	Joint-venture Enterprises	346	30008	3944.0	303.4
合作经营企业	Cooperative Enterprises	13	1741	216.3	0.4
独资经营企业	Enterprises with Sole Fund	1977	363734	18499.9	3175.9
投资股份有限公司	Share-holding Corporations Ltd. with Investment	49	8059	353.6	165.2
其他港澳台商投资企业	Other Enterprises with Funds from Hong Kong, Macao and Taiwan	31	7777	211.2	24.3
外商投资企业	**Foreign Funded Enterprises**	**3019**	**448200**	**51877.2**	**15373.5**
中外合资经营企业	Joint-venture Enterprises	460	59801	16270.5	1000.4
中外合作经营企业	Cooperation Enterprises	14	1060	41.5	14.7
外资企业	Enterprises with Sole Fund	2422	363930	31149.2	14075.6
外商投资股份有限公司	Share-holding Corporations Ltd. with Foreign Investment	55	10616	408.7	75.4
其他外商投资企业	Other Foreign Funded Enterprises	68	12793	4007.3	207.5

注：限额以上批发业企业中，因包含了部分视同法人单位，财务指标数据存在资产≠负债+所有者权益的问题。

Main Indicators of Enterprises above Designated Size of Wholesale Trade by Status of Registration and Sector (2018)

(100 million yuan)

商品销售额 Total Sales Value	#出口 Exports	期末商品库存额 Stock (year-end)	资产总计 Total Assets	#流动资产合计 Total Current Assets	#固定资产合计 Total Fixed Assets	负债合计 Total Liabilities	所有者权益合计 Total Owners' Equities	主营业务收入 Revenue from Principal Business	主营业务成本 Cost of Principal Business	主营业务税金及附加 Taxes and Other Charges on Principal Business	主营业务利润 Profits from Principal Business
566174.2	**26158.0**	**31202.1**	**247653.8**	**195796.5**	**8381.5**	**180250.7**	**67474.7**	**499369.4**	**466270.0**	**2540.4**	**30559.0**
478386.0	**20432.5**	**25199.8**	**208475.2**	**164653.0**	**7534.3**	**153374.0**	**55173.1**	**422390.1**	**398147.1**	**2376.9**	**21866.1**
18528.3	235.3	1652.8	8606.6	7170.3	686.0	3391.3	5226.8	16401.3	12576.4	1523.1	2301.8
720.9	12.8	33.8	374.3	260.8	27.0	293.2	81.1	650.2	609.8	2.0	38.4
332.5	0.4	11.0	70.1	63.1	3.9	54.5	15.6	289.3	276.2	0.3	12.9
29.1	0.8	3.5	22.1	19.0	1.5	17.0	5.1	25.4	24.5		0.9
4.6		0.4	2.3	2.1	0.1	0.4	1.9	3.9	3.3		0.5
19.1		0.6	6.4	3.5	1.4	4.8	1.7	16.6	16.4		0.2
237698.3	9402.3	12280.9	108358.2	85333.1	3327.7	82383.6	25977.9	208430.1	198602.4	567.8	9259.9
39960.6	1039.5	1844.6	22565.5	14972.4	909.6	15941.9	6623.7	35232.1	33803.2	180.8	1248.1
197737.8	8362.8	10436.3	85792.7	70360.7	2418.1	66441.7	19354.2	173198.0	164799.2	387.0	8011.8
46799.6	1594.7	3135.1	25545.9	16467.8	1190.4	15794.6	9820.1	42244.2	40181.7	51.2	2011.4
173903.5	9185.0	8067.3	65406.3	55283.9	2277.1	51402.9	13991.8	153988.3	145569.5	230.5	8188.3
384.0	1.8	21.9	101.2	85.3	9.4	68.9	32.3	348.8	312.6	2.0	34.1
51.7		1.2	11.9	9.9	0.8	7.9	4.0	47.0	42.7	0.2	4.0
169570.2	8984.6	7815.2	63438.6	53845.5	2156.2	50214.3	13212.7	150185.0	142080.8	221.3	7882.9
3897.6	198.5	229.0	1854.7	1343.1	110.7	1111.8	742.9	3407.5	3133.4	7.0	267.2
373.7	1.2	15.3	91.6	55.1	20.6	36.8	54.8	361.2	306.7	2.0	52.5
26639.2	**612.8**	**2359.3**	**16126.8**	**12776.9**	**327.2**	**11359.9**	**4767.0**	**23533.6**	**20637.4**	**48.3**	**2848.0**
4294.9	38.1	288.2	2917.0	2213.3	59.3	2040.1	876.8	3732.6	3531.0	5.1	196.5
235.8	0.1	2.9	93.8	85.5	0.9	75.6	18.2	210.0	201.0	0.2	8.8
21444.1	567.2	2019.0	12552.8	10137.1	250.1	8944.0	3608.7	19007.5	16391.6	41.5	2574.4
425.0	5.0	39.9	429.0	215.9	11.1	204.1	224.9	371.3	317.6	1.1	52.6
239.4	2.4	9.4	134.3	125.0	5.8	96.0	38.3	212.2	196.1	0.3	15.8
61149.0	**5112.7**	**3643.0**	**23051.8**	**18366.7**	**520.0**	**15516.8**	**7534.6**	**53445.7**	**47485.6**	**115.3**	**5844.9**
18362.9	671.3	664.0	4420.3	3429.3	107.5	3564.2	855.6	16003.2	14716.4	22.7	1264.0
51.2	4.2	1.7	30.2	25.3	0.9	21.7	8.5	46.5	42.5	0.1	4.0
38014.5	4424.9	2864.3	17674.2	14166.6	327.3	11341.3	6333.1	33257.4	28781.9	89.7	4385.8
524.2	8.3	38.1	277.0	179.4	25.7	146.1	130.9	472.9	363.6	1.2	108.1
4196.2	4.0	75.0	650.1	566.0	58.6	443.5	206.6	3665.7	3581.2	1.6	82.9

a) Of enterprises above designated size of wholesale trade, the financial data have the problem of total assets ≠ liabilities + total owner's equities, because some of them are regarded as legal entities.

15-2 续表

单位：亿元

指　　标	Item	法人企业(个) Number of Corporation Enterprises (unit)	年末从业人数(人) Engaged Persons at Year-end (person)	商　品购进额 Total Purchases Value	#进口 Imports
按国民经济行业分	**by Sector**				
农、林、牧、渔产品批发	Wholesale of Agricultural, Forestry, Livestock and Fishery Produc	4841	175814	9729.7	1344.8
食品、饮料及烟草制品批发	Wholesale of Food, Beverages and Tobaccos	11691	1016619	37880.3	1540.3
#米、面制品及食用油批发	Wholesale of Rice, Flour and Edible Oil	1878	111230	6929.9	594.3
烟草制品批发	Wholesale of Tobaccos	510	252425	13036.4	59.3
纺织、服装及家庭用品批发	Wholesale of Textiles, Wearing Apparel and Household Articles	14753	934578	41037.4	2402.7
#服装批发	Wholesale of Garments	3048	312477	7042.8	608.7
日用家电批发	Wholesale of Household Electrical Appliances	1477	113958	11647.7	128.7
文化、体育用品及器材批发	Wholesale of Culture, Sports Appliances and Equipments	3559	207489	10882.2	738.9
医药及医疗器材批发	Wholesale of Medicines and Medical Appliances	9053	760685	25697.4	2168.8
矿产品、建材及化工产品批发	Wholesale of Mineral Products, Building Materials and Chemical Products	46212	1193228	302271.0	17508.9
#煤炭及制品批发	Wholesale of Coal and Related Products	4721	133925	30974.0	909.0
石油及制品批发	Wholesale of Petroleum and Related Products	5055	340468	75031.2	4597.0
金属及金属矿批发	Wholesale of Metal Materials	14696	252873	129463.6	7015.7
建材批发	Wholesale of Building Materials	7333	165616	15634.7	812.6
化肥批发	Wholesale of Chemical Fertilizer	1490	52268	4763.6	220.4
机械设备、五金产品及电子产品批发	Wholesale of Machinery, Hardware and Electronic Products	19473	843577	77177.8	15077.8
#汽车及零配件批发	Wholesale of Motor Vehicles and Their Parts	3662	150669	29953.0	4693.7
计算机、软件及辅助设备批发	Wholesale of Computer, Software and Assistant Appliances	1661	74538	7068.3	1467.0
贸易经纪与代理	Trade Broker and Agency	1139	32512	4121.8	950.3
其他批发业	Other Wholesale not Classified Elsewhere	2975	104393	7314.0	486.7

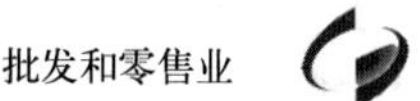

continued

(100 million yuan)

商品销售额 Total Sales Value	#出口 Exports	期末商品库存额 Stock (year-end)	资产总计 Total Assets	#流动资产合计 Total Current Assets	#固定资产合计 Total Fixed Assets	负债合计 Total Liabilities	所有者权益合计 Total Owners' Equities	主营业务收入 Revenue from Principal Business	主营业务成本 Cost of Principal Business	主营业务税金及附加 Taxes and Other Charges on Principal Business	主营业务利润 Profits from Principal Business
10754.9	166.8	1938.1	9510.2	6819.0	550.7	6777.1	2733.0	10049.1	9585.7	15.6	447.8
47801.4	900.5	3725.7	24506.1	19528.4	1530.8	13900.0	10607.3	41961.6	33954.0	1908.0	6099.6
7035.2	218.6	1178.0	4554.3	3665.3	283.8	3699.8	853.2	6392.2	5997.9	9.2	385.1
18363.9	164.2	1035.9	7078.1	5827.8	555.8	1499.0	5579.1	15828.5	11402.0	1827.6	2598.9
46947.8	7804.0	4298.7	23482.6	19449.6	575.8	17539.4	5942.8	42068.9	36961.7	73.5	5033.7
8747.2	2818.5	837.3	5084.7	3781.6	169.8	3159.2	1925.2	7914.2	6516.7	19.7	1377.8
11737.2	268.8	1089.9	6595.2	6022.5	59.9	5781.6	813.6	10476.4	9738.5	9.2	728.7
11431.4	643.0	1242.0	6676.9	5242.4	178.9	4587.6	2089.2	10129.2	9258.0	21.2	850.0
29856.4	318.8	2953.0	18281.2	15693.0	594.8	13431.2	4849.0	26108.7	22581.9	70.9	3455.9
318151.0	5963.0	11032.2	115728.1	88275.1	3984.4	87449.9	28353.9	279889.4	271631.0	252.5	8005.9
33368.3	188.5	920.9	15671.7	10900.9	625.7	11373.6	4296.0	28982.1	27747.1	49.5	1185.5
76655.6	803.6	2831.7	22562.1	15972.6	1909.3	15941.2	6701.8	69315.0	67307.4	54.8	1952.8
135370.6	2307.5	4439.4	46922.6	37723.9	627.4	37477.3	9445.6	117458.5	115218.2	71.3	2169.0
17653.1	570.5	656.0	10535.4	8043.5	259.3	7860.5	2672.1	15524.6	14738.2	30.3	756.1
4824.2	80.1	397.1	2941.6	2260.7	113.0	2286.7	654.9	4486.7	4284.6	6.6	195.5
87623.4	8460.8	5228.0	40805.5	33776.6	769.1	30050.2	10751.5	76772.4	70796.8	143.1	5832.5
34684.5	928.3	1995.1	13393.6	11108.3	177.6	10335.3	3058.3	29995.3	27560.6	73.1	2361.6
7611.8	1121.5	493.2	3120.9	2871.6	34.9	2524.9	594.8	6834.9	6515.6	7.0	312.3
4819.0	1346.4	191.1	4526.9	3905.9	58.6	3659.1	867.9	4511.5	4258.4	12.2	240.9
8789.0	554.7	593.3	4136.2	3106.4	138.8	2856.2	1280.2	7878.6	7242.4	43.4	592.8

15-3 分地区限额以上批发业企业主要指标(2018年)
Main Indicators of Enterprises above Designated Size of Wholesale Trade by Region (2018)

单位：亿元 (100 million yuan)

地区	Region	法人企业(个) Number of Corporation Enterprises (unit)	年末从业人数(人) Engaged Persons at Year-end (person)	商品购进额 Total Purchases Value	#进口 Imports	商品销售额 Total Sales Value	#出口 Exports	期末商品库存额 Stock (year-end)
全国	**National Total**	**113696**	**5268895**	**516111.6**	**42219.2**	**566174.2**	**26158.0**	**31202.1**
北京	Beijing	5123	423972	53564.9	9537.2	57275.0	2230.3	4944.0
天津	Tianjin	4083	155399	24912.7	1459.4	25976.3	596.3	1543.4
河北	Hebei	1566	94653	6151.2	85.3	7186.1	104.8	348.3
山西	Shanxi	1122	76681	7923.1	37.9	8837.3	53.6	313.2
内蒙古	Inner Mongolia	784	35792	2996.2	200.2	3676.9	84.6	309.3
辽宁	Liaoning	2632	84574	14159.7	387.4	15377.6	276.5	698.1
吉林	Jilin	797	38029	1923.8	8.7	2015.9	4.9	300.8
黑龙江	Heilongjiang	568	36484	3141.3	1043.4	3435.9	14.4	276.2
上海	Shanghai	5159	506410	83679.8	12621.6	92361.8	4454.7	5809.0
江苏	Jiangsu	13717	459142	51268.6	2832.3	55428.7	3474.3	2480.6
浙江	Zhejiang	13795	419663	51875.0	2826.8	56362.3	4882.9	2063.0
安徽	Anhui	2434	118638	7647.8	509.8	8680.7	237.5	525.9
福建	Fujian	7156	223297	24185.4	2439.6	27363.3	1633.6	1094.5
江西	Jiangxi	1348	94107	2793.2	30.8	3748.6	113.7	212.7
山东	Shandong	8308	325784	24409.3	676.8	27161.1	1230.8	1183.3
河南	Henan	3778	192606	8157.7	100.8	9220.1	122.8	606.9
湖北	Hubei	3241	205023	12379.3	49.6	13852.6	366.6	676.6
湖南	Hunan	2529	122447	5909.4	72.4	6229.4	97.0	390.9
广东	Guangdong	22639	947949	71099.9	5495.1	77652.9	4415.9	4314.9
广西	Guangxi	1538	76559	5950.7	94.3	6513.2	183.3	308.0
海南	Hainan	228	19398	1146.4	24.1	1295.8	7.6	72.9
重庆	Chongqing	2289	103311	8675.1	387.6	9676.5	266.2	349.4
四川	Sichuan	2545	153857	8960.0	158.0	9522.5	147.5	516.6
贵州	Guizhou	1232	65559	2843.0	18.3	3899.8	77.1	231.9
云南	Yunnan	1270	80511	7153.8	224.6	8058.7	255.8	508.4
西藏	Tibet	26	4071	83.0		117.0		15.4
陕西	Shaanxi	1351	84950	9247.4	701.0	10153.4	729.6	231.9
甘肃	Gansu	636	33584	4071.7	14.6	4451.2	24.4	205.7
青海	Qinghai	130	8289	610.0	0.9	724.8	1.8	22.8
宁夏	Ningxia	186	11406	1412.7	8.7	1440.8	1.8	58.7
新疆	Xinjiang	1486	66750	7779.2	172.0	8477.8	67.4	588.8

15-3 续表 continued

单位：亿元 (100 million yuan)

地 区	Region	资产总计 Total Assets	#流动资产合计 Total Current Assets	#固定资产合计 Total Fixed Assets	负债合计 Total Liabilities	所有者权益合计 Total Owners' Equities	主营业务收入 Revenue from Principal Business	主营业务成本 Cost of Principal Business	主营业务税金及附加 Taxes and Other Charges on Principal Business	主营业务利润 Profits from Principal Business
全 国	**National Total**	**247653.8**	**195796.5**	**8381.5**	**180250.7**	**67474.7**	**499369.4**	**466270.0**	**2540.4**	**30559.0**
北 京	Beijing	41125.4	30327.3	700.2	29174.2	11951.2	49292.9	45914.0	104.9	3273.9
天 津	Tianjin	14490.9	12435.3	217.4	11950.7	2537.7	22370.8	21471.8	72.1	826.9
河 北	Hebei	3611.0	3029.4	201.7	2731.7	879.4	6281.4	5810.4	75.5	395.5
山 西	Shanxi	4615.2	3229.2	318.1	3480.1	1135.1	7483.4	7086.6	54.1	342.8
内蒙古	Inner Mongolia	1757.9	1389.3	130.2	1306.8	451.2	3273.0	3006.6	44.1	222.3
辽 宁	Liaoning	4927.9	4224.3	202.3	4028.3	883.7	13503.8	13082.3	60.4	361.1
吉 林	Jilin	1255.8	1062.6	106.8	950.2	304.6	1793.9	1655.5	29.1	109.3
黑龙江	Heilongjiang	1828.3	1576.6	113.5	1520.4	308.0	3350.2	3177.1	36.6	136.5
上 海	Shanghai	29459.1	23730.6	600.9	20678.5	8780.8	80607.8	74842.6	117.0	5648.2
江 苏	Jiangsu	20219.3	16881.7	719.3	15167.4	5040.8	49324.0	45725.0	181.8	3417.2
浙 江	Zhejiang	21346.6	16379.3	572.5	15694.2	5652.2	50353.6	48164.3	176.1	2013.2
安 徽	Anhui	4153.8	3437.5	169.2	2971.7	1182.0	7588.4	6878.4	92.2	617.9
福 建	Fujian	10782.4	7669.3	329.7	6801.1	3973.3	24222.8	22757.8	103.6	1361.3
江 西	Jiangxi	1801.0	1420.9	153.0	1240.0	561.1	3354.0	2942.9	63.7	347.4
山 东	Shandong	11516.8	9598.5	675.9	9046.6	2490.8	24125.0	22693.0	135.4	1296.6
河 南	Henan	4104.0	3354.8	237.1	2954.2	1207.0	8227.4	7389.5	131.5	706.4
湖 北	Hubei	5057.4	3960.4	460.8	3661.9	1395.5	12046.1	10885.4	106.4	1054.3
湖 南	Hunan	2338.7	1781.4	191.4	1558.5	780.2	5481.2	4815.0	119.9	546.3
广 东	Guangdong	35018.0	28528.0	996.3	26385.3	8644.4	69548.1	65248.1	243.7	4056.3
广 西	Guangxi	3061.4	2363.3	147.6	2226.6	842.2	5728.1	5397.1	59.6	271.5
海 南	Hainan	635.7	495.7	35.0	369.8	265.8	1155.0	1039.5	28.9	86.7
重 庆	Chongqing	3546.9	2965.1	153.2	2479.0	1067.9	8755.0	8071.6	102.1	581.2
四 川	Sichuan	4131.9	3444.2	204.0	3048.5	1083.4	8414.1	7664.4	111.6	638.1
贵 州	Guizhou	2995.6	2578.3	90.2	1912.6	1083.0	3691.7	2866.6	71.9	753.2
云 南	Yunnan	3499.1	2708.4	153.6	2129.6	1369.5	7076.5	6444.1	74.6	557.8
西 藏	Tibet	100.0	74.1	8.6	48.2	51.8	102.6	71.0	8.1	23.5
陕 西	Shaanxi	2751.9	2128.8	118.9	1806.2	949.4	8631.6	8187.8	63.2	380.5
甘 肃	Gansu	1201.9	824.6	110.6	667.8	534.1	4155.1	3965.1	30.0	160.0
青 海	Qinghai	1425.4	458.8	20.0	561.8	863.6	661.9	612.3	8.8	40.8
宁 夏	Ningxia	1023.8	846.0	34.6	805.0	228.5	1258.4	1207.9	10.1	40.4
新 疆	Xinjiang	3870.6	2892.9	208.7	2893.8	976.7	7511.4	7196.0	23.4	292.0

15-4 按登记注册类型和行业分限额以上零售业企业主要指标(2018年)

单位：亿元

指标	Item	法人企业(个) Number of Corporation Enterprises (unit)	年末从业人数(人) Engaged Persons at Year-end (person)	商品购进额 Total Purchases Value	#进口 Imports
零售业合计	**Retail Trade**	**97819**	**6576341**	**100439.8**	**2902.2**
按登记注册类型分	**by Status of Registration**				
内资企业	**Domestic Funded Enterprises**	**95563**	**5677521**	**88342.3**	**2158.2**
国有企业	State-owned Enterprises	839	63163	772.3	24.6
集体企业	Collective-owned Enterprises	1002	41378	478.3	1.4
股份合作企业	Cooperative Enterprises	248	10119	102.6	0.2
联营企业	Joint Ownership Enterprises	88	2293	86.4	3.4
国有联营企业	State Joint Ownership Enterprises	16	234	10.2	
集体联营企业	Collective Joint Ownership Enterprises	24	1108	48.6	3.4
国有与集体联营企业	Joint State-collective Enterprises	24	440	16.4	
其他联营企业	Other Joint Ownership Enterprises	24	511	11.2	
有限责任公司	Limited Liability Corporations	26321	2237001	39322.6	1113.9
国有独资公司	State Sole Funded Corporations	838	81455	1660.6	66.0
其他有限责任公司	Other Limited Liability Corporations	25483	2155546	37662.0	1047.9
股份有限公司	Share-holding Corporations Ltd.	2118	573968	11014.6	108.6
私营企业	Private Enterprises	64537	2734993	36474.9	905.8
私营独资企业	Private-funded Enterprises	4881	85296	900.5	1.7
私营合伙企业	Private Partnership Enterprises	534	9222	96.0	0.6
私营有限责任公司	Private Limited Liability Corporations	57845	2519349	34434.4	874.2
私营股份有限公司	Private Share-holding Corporations Ltd.	1277	121126	1044.0	29.3
其他企业	Other Enterprises	410	14606	90.6	0.2
港、澳、台商投资企业	**Enterprises with Funds from Hong Kong, Macao and Taiwan**	**1328**	**468325**	**6022.9**	**405.8**
合资经营企业	Joint-venture Enterprises	265	89436	1340.1	96.4
合作经营企业	Cooperative Enterprises	27	4561	77.6	
独资经营企业	Enterprises with Sole Fund	963	360024	4394.9	274.2
投资股份有限公司	Share-holding Corporations Ltd. with Investment	41	8181	128.3	35.2
其他港澳台商投资企业	Other Enterprises with Funds from Hong Kong, Macao and Taiwan	32	6123	82.0	
外商投资企业	**Foreign Funded Enterprises**	**928**	**430495**	**6074.6**	**338.1**
中外合资经营企业	Joint-venture Enterprises	221	134884	2384.9	130.1
中外合作经营企业	Cooperation Enterprises	15	7999	109.9	
外资企业	Enterprises with Sole Fund	586	250723	3049.9	198.0
外商投资股份有限公司	Share-holding Corporations Ltd. with Foreign Investment	44	19535	377.2	1.8
其他外商投资企业	Other Foreign Funded Enterprises	62	17354	152.7	8.2

注：限额以上零售业企业中，因包含了部分视同法人单位，财务指标数据存在资产≠负债+所有者权益的问题。

Main Indicators of Enterprises above Designated Size of Retail Trade by Status of Registration and Sector (2018)

(100 million yuan)

商品销售额 Total Sales Value	#出口 Exports	期末商品库存额 Stock (year-end)	资产总计 Total Assets	#流动资产合计 Total Current Assets	#固定资产合计 Total Fixed Assets	负债合计 Total Liabilities	所有者权益合计 Total Owners' Equities	主营业务收入 Revenue from Principal Business	主营业务成本 Cost of Principal Business	主营业务税金及附加 Taxes and Other Charges on Principal Business	主营业务利润 Profits from Principal Business
124987.9	**80.6**	**10915.1**	**61828.3**	**43283.3**	**7536.7**	**43032.8**	**18863.1**	**108313.9**	**94602.2**	**430.1**	**13281.6**
108532.1	**79.7**	**9580.4**	**52599.2**	**36692.7**	**6570.4**	**36820.2**	**15846.5**	**94196.3**	**83283.7**	**366.5**	**10546.0**
1229.7	0.6	80.2	972.5	683.1	154.7	632.7	196.7	1086.0	932.8	5.1	148.1
565.4		32.5	188.4	118.3	42.4	109.6	78.8	494.9	422.4	4.0	68.5
125.4		8.8	61.8	39.3	15.0	40.2	21.5	112.3	99.2	0.4	12.6
101.2		1.4	12.8	9.5	2.6	5.2	7.6	93.6	82.7	0.3	10.6
12.3		0.2	1.4	1.2	0.2	0.4	1.0	10.6	8.9		1.6
53.2		0.8	3.1	2.0	1.0	1.2	1.9	51.3	45.6	0.1	5.6
20.0		0.2	4.1	3.4	0.4	1.3	2.8	17.4	15.5	0.1	1.8
15.7		0.2	4.2	2.9	0.9	2.3	1.9	14.3	12.7		1.6
47596.2	34.6	4186.5	22383.5	15943.7	2661.3	16073.2	6312.3	41526.3	36874.8	144.7	4506.8
2126.7	0.8	160.4	1562.9	900.8	209.3	966.5	596.4	1774.2	1558.8	8.2	207.2
45469.5	33.8	4026.1	20820.6	15043.0	2452.0	15106.8	5715.9	39752.1	35316.0	136.5	4299.6
15496.8	3.0	919.6	9946.5	5745.7	1411.5	5994.6	4154.6	12420.4	11150.9	39.2	1230.3
43299.2	41.5	4347.1	18990.1	14131.6	2267.2	13950.1	5045.8	38348.7	33632.4	172.4	4543.9
1085.2		56.8	294.6	171.4	81.9	130.8	163.8	919.9	762.6	9.6	147.8
114.7		5.0	38.9	21.5	10.5	15.7	23.2	103.1	86.0	0.9	16.3
40802.7	31.5	4135.5	17908.5	13442.4	2073.2	13366.1	4548.2	36161.8	31807.8	156.0	4197.9
1296.6	10.0	149.8	748.1	496.2	101.6	437.6	310.6	1163.9	976.0	5.9	181.9
118.3		4.5	43.6	21.5	15.8	14.5	29.1	114.3	88.6	0.5	25.2
7723.9	**0.4**	**756.2**	**4186.3**	**2909.2**	**501.4**	**2817.3**	**1369.0**	**6747.1**	**5406.2**	**32.5**	**1308.4**
1669.9	0.1	170.6	1224.1	834.8	137.6	683.6	540.5	1458.9	1210.0	6.5	242.5
88.2		5.1	43.1	31.4	5.5	14.1	29.0	79.2	67.4	0.3	11.5
5712.4	0.4	551.3	2753.3	1924.7	334.4	2007.7	745.5	4994.0	3956.7	24.6	1012.7
152.5		22.1	107.3	76.1	14.7	71.1	36.2	127.6	101.1	0.5	26.0
100.9		7.0	58.5	42.3	9.1	40.7	17.7	87.4	71.0	0.6	15.7
8731.9	**0.5**	**578.5**	**5042.9**	**3681.4**	**464.9**	**3395.3**	**1647.6**	**7370.4**	**5912.3**	**31.0**	**1427.1**
3437.1	0.1	172.3	1649.1	1175.1	156.7	1103.0	546.2	2803.4	2281.2	11.4	510.7
131.4		7.0	78.3	58.2	9.4	56.9	21.5	120.1	105.0	0.5	14.7
4354.5	0.4	361.8	2844.5	2208.7	243.1	2079.4	765.1	3729.0	2916.1	17.2	795.7
438.6		22.7	323.6	181.4	29.8	67.2	256.4	377.4	319.8	1.1	56.6
370.3		14.7	147.3	58.0	25.9	88.8	58.5	340.5	290.2	0.8	49.5

a) Of enterprises above designated size of retail trade, the financial data have the problem of total assets ≠ liabilities + total owner's equities, because some of them are regarded as legal entities.

15-4 续表

单位：亿元

指标	Item	法人企业(个) Number of Corporation Enterprises (unit)	年末从业人数(人) Engaged Persons at Year-end (person)	商品购进额 Total Purchases Value	#进口 Imports
按国民经济行业分	**by Sector**				
综合零售	Integrated Retail	12418	2196318	17939.1	191.2
#百货零售	Retail of General Merchandise	5910	913307	8915.5	164.8
超级市场零售	Retail of Supermarkets	5269	1177373	8285.7	17.5
食品、饮料及烟草制品专门零售	Special Retail of Food, Beverages and Tobaccos	8728	370083	3095.5	47.7
纺织、服装及日用品专门零售	Special Retail of Textiles, Garments and Daily Consumer Articles	5127	578254	4025.6	284.9
#服装零售	Retail of Garments	2497	371289	2323.9	178.1
文化、体育用品及器材专门零售	Special Retail of Culture, Sports Appliances and Equipments	4311	243135	2618.1	129.6
#体育用品及器材零售	Retail of Sports Appliances and Equipments	204	17205	185.3	0.7
图书、报刊零售	Retail of Books, Newspapers and Magazines	1180	112573	1070.7	55.3
医药及医疗器材专门零售	Special Retail of Medicines and Medical Appliances	4746	608088	4018.2	17.6
#西药零售	Retail of Western Medicines	3791	553993	3631.2	10.4
汽车、摩托车、零配件和燃料及其他动力销售	Retail of Motor Vehicles, Motorcycles, Parts, and Fuel and Other Powers	38391	1701595	48665.5	2056.9
#汽车新车零售	Retail of New Motor Vehicles	27755	1285963	35802.2	2023.7
机动车燃油零售	Retail of Fuel Oil of Motor Vehicles	7692	341075	11369.1	14.0
家用电器及电子产品专门零售	Special Retail of Household Electric Appliances and Electronic Products	11074	439352	8464.1	48.3
#日用家电零售	Retail of Household Electric Appliances	4209	177320	3418.6	7.7
计算机、软件及辅助设备零售	Retail of Computer, Software and Assistant Appliances	2800	82746	2237.0	27.0
通信设备零售	Retail of Communication Equipments	1348	74757	1105.7	5.4
五金、家具及室内装饰材料专门零售	Special Retail of Hardware, Furniture and Interior Decoration Materials	5688	155931	2047.8	31.1
货摊、无店铺及其他零售业	Stalls, Non-shop and Other Retails	7336	283585	9565.8	94.9
#互联网零售	Retails on the Internet	4872	200519	8645.1	79.3

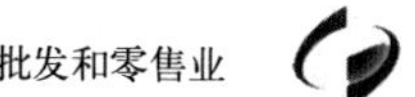

continued

(100 million yuan)

商品销售额 Total Sales Value	#出口 Exports	期末商品库存额 Stock (year-end)	资产总计 Total Assets	#流动资产合计 Total Current Assets	#固定资产合计 Total Fixed Assets	负债合计 Total Liabilities	所有者权益合计 Total Owners' Equities	主营业务收入 Revenue from Principal Business	主营业务成本 Cost of Principal Business	主营业务税金及附加 Taxes and Other Charges on Principal Business	主营业务利润 Profits from Principal Business
23344.1	6.4	1816.8	15697.4	9110.9	2910.5	10997.2	4700.5	19568.0	16392.2	120.0	3055.8
12843.4	0.9	824.8	10177.1	5634.5	2033.1	6809.0	3368.0	10238.3	8491.9	83.9	1662.5
9612.2	5.6	893.3	5036.9	3134.2	823.2	3791.2	1245.9	8528.4	7260.1	31.0	1237.3
4038.5	2.7	319.6	2492.6	1684.6	328.8	1226.7	1265.6	3579.2	2774.4	24.7	780.1
6097.2	11.3	979.7	3600.7	2705.0	289.4	2433.3	1174.9	5310.7	3686.5	32.7	1591.5
3737.6	3.5	620.8	2422.1	1771.2	193.1	1663.3	758.6	3214.4	2152.4	21.6	1040.4
3329.4	3.8	729.3	2906.3	2090.2	318.7	1695.6	1210.6	2982.8	2328.6	26.0	628.2
282.0	0.1	53.7	173.5	133.8	25.2	111.0	62.4	246.2	185.0	1.4	59.8
1223.6	1.7	255.0	1443.2	965.0	185.0	746.6	696.6	1174.6	886.6	4.3	283.8
4837.4	0.1	639.4	3079.8	2367.9	151.7	2205.8	874.0	4281.1	3503.8	16.8	760.5
4325.7		579.1	2793.5	2127.4	130.1	2008.1	785.5	3825.7	3144.5	14.7	666.6
58739.5	4.1	4972.7	23809.9	17364.6	2714.8	17029.8	6840.7	51052.6	47084.7	133.2	3834.8
39565.7	3.4	4427.5	15740.2	12267.4	1594.3	12188.3	3553.0	35274.9	32712.1	99.4	2463.4
17393.3	0.3	399.1	7227.5	4523.0	999.5	4300.1	2986.3	14211.2	12972.4	27.3	1211.5
9748.1	27.9	757.0	5268.6	4170.4	276.6	3681.5	1587.2	8503.6	7610.2	25.5	867.9
4000.3	0.8	341.7	3123.4	2385.4	136.2	2170.2	953.3	3440.4	3051.0	11.5	378.0
2483.9	8.3	162.0	727.9	640.5	26.3	467.0	261.0	2211.0	2026.7	4.4	179.9
1302.1	17.9	100.8	545.5	463.8	17.1	413.4	132.1	1158.2	1049.9	2.4	105.9
2757.9	2.7	188.4	1430.7	940.9	236.2	927.6	502.9	2400.8	1940.6	23.8	436.4
12096.1	21.6	512.1	3542.3	2848.8	309.9	2835.4	706.7	10635.2	9281.3	27.3	1326.5
10908.5	21.2	447.4	2658.4	2329.5	94.0	2292.3	366.0	9542.0	8382.7	22.2	1137.1

15-5 分地区限额以上零售业企业主要指标(2018年)
Main Indicators of Enterprises above Designated Size of Retail Trade by Region (2018)

单位：亿元 (100 million yuan)

地区	Region	法人企业(个) Number of Corporation Enterprises (unit)	年末从业人数(人) Engaged Persons at Year-end (person)	商品购进额 Total Purchases Value	#进口 Imports	商品销售额 Total Sales Value	#出口 Exports	期末商品库存额 Stock (year-end)
全　国	**National Total**	**97819**	**6576341**	**100439.8**	**2902.2**	**124987.9**	**80.6**	**10915.1**
北　京	Beijing	1862	297344	7846.0	279.9	8651.1	1.5	693.2
天　津	Tianjin	877	77900	1953.7	79.5	2192.2		191.3
河　北	Hebei	2432	242965	2472.1	47.1	2989.5		335.4
山　西	Shanxi	1996	141734	1497.9	15.9	2055.9	0.4	185.6
内蒙古	Inner Mongolia	1094	76745	1033.4	15.1	1291.2	0.2	128.0
辽　宁	Liaoning	2144	166613	2452.5	84.9	3056.4	2.7	251.7
吉　林	Jilin	1531	87492	1149.2	10.2	1595.8		166.8
黑龙江	Heilongjiang	1113	88799	1127.6	18.9	1589.1		116.7
上　海	Shanghai	1924	365852	6372.4	436.0	8155.2	0.9	890.1
江　苏	Jiangsu	8585	514100	9857.0	218.0	11737.1	3.0	914.5
浙　江	Zhejiang	5808	381283	7169.2	338.8	9189.2	3.1	808.2
安　徽	Anhui	5000	255570	3558.5	65.4	4320.2	3.9	696.3
福　建	Fujian	6410	271097	4878.7	92.7	6375.1	13.1	360.2
江　西	Jiangxi	3134	148933	1636.3	21.7	2101.2	1.2	200.5
山　东	Shandong	7404	499907	6493.6	92.8	7717.1	2.2	777.8
河　南	Henan	6012	365318	3293.5	40.5	4517.5	0.6	389.9
湖　北	Hubei	4904	325998	4842.3	65.4	6409.1	1.3	417.1
湖　南	Hunan	5883	293885	3575.8	83.2	4773.1	1.1	348.2
广　东	Guangdong	8224	675995	10641.0	487.4	13403.1	26.9	1214.6
广　西	Guangxi	2402	129146	1524.8	19.7	1789.5	0.5	170.1
海　南	Hainan	206	26028	522.8	25.3	641.1		57.3
重　庆	Chongqing	3203	198651	2796.5	71.2	3349.9	11.5	205.7
四　川	Sichuan	4385	309161	5298.7	127.1	6104.3	0.1	427.1
贵　州	Guizhou	2451	104969	1528.6	34.0	2062.6	0.1	175.6
云　南	Yunnan	2311	141355	1656.4	39.3	2268.0	5.5	210.3
西　藏	Tibet	90	5871	164.4	1.8	174.6		18.9
陕　西	Shaanxi	4032	219167	2884.1	36.3	3832.9	0.3	269.2
甘　肃	Gansu	941	59345	755.9	15.7	869.1	0.5	79.0
青　海	Qinghai	237	18970	220.1	4.1	325.0		32.0
宁　夏	Ningxia	267	25875	276.8	1.5	306.3		37.9
新　疆	Xinjiang	957	60273	960.1	32.8	1145.3		145.9

15-5 续表 continued

单位：亿元 (100 million yuan)

地 区	Region	资产总计 Total Assets	#流动资产合计 Total Current Assets	#固定资产合计 Total Fixed Assets	负债合计 Total Liabilities	所有者权益合计 Total Owners' Equities	主营业务收入 Revenue from Principal Business	主营业务成本 Cost of Principal Business	主营业务税金及附加 Taxes and Other Charges on Principal Business	主营业务利润 Profits from Principal Business
全 国	**National Total**	**61828.3**	**43283.3**	**7536.7**	**43032.8**	**18863.1**	**108313.9**	**94602.2**	**430.1**	**13281.6**
北 京	Beijing	4856.9	3768.2	278.0	3689.9	1167.0	7623.4	6746.7	26.3	850.5
天 津	Tianjin	1148.6	763.6	144.4	888.6	260.0	1910.6	1712.5	5.2	192.9
河 北	Hebei	1646.1	1095.3	260.9	1225.5	420.6	2589.2	2328.1	8.3	252.8
山 西	Shanxi	1098.0	717.9	210.8	883.2	221.9	1738.2	1587.7	4.7	145.8
内蒙古	Inner Mongolia	603.6	375.7	130.8	458.8	144.9	1125.9	999.9	3.5	122.5
辽 宁	Liaoning	1791.4	1210.9	235.7	1411.5	373.9	2572.7	2328.5	9.5	234.7
吉 林	Jilin	957.0	567.4	279.1	722.4	215.7	1127.8	1001.7	5.2	120.9
黑龙江	Heilongjiang	847.2	539.8	168.4	635.3	211.7	1314.7	1175.5	5.9	133.3
上 海	Shanghai	3777.7	2852.2	378.8	2704.7	1080.9	7171.5	5703.0	31.0	1437.5
江 苏	Jiangsu	6423.3	4094.2	741.6	4184.8	2239.2	10379.5	9107.4	39.3	1232.9
浙 江	Zhejiang	3792.4	2718.0	434.9	2990.3	988.9	7419.5	6581.0	23.8	814.7
安 徽	Anhui	1975.0	1356.2	276.2	1267.5	707.5	3762.3	3313.2	13.9	435.2
福 建	Fujian	2082.7	1421.4	228.3	1161.4	919.1	5257.8	4586.5	25.1	646.2
江 西	Jiangxi	1106.9	784.1	129.8	742.4	364.5	1890.0	1657.8	8.0	224.2
山 东	Shandong	4136.6	2888.4	568.7	3130.8	906.0	6771.6	6032.8	24.4	714.4
河 南	Henan	2208.0	1618.3	301.6	1568.8	639.2	3907.7	3383.6	17.8	506.3
湖 北	Hubei	2937.0	1894.4	517.0	1931.1	1007.4	5216.3	4460.1	29.7	726.5
湖 南	Hunan	2307.5	1304.4	428.2	1414.1	893.4	4373.8	3800.1	28.1	545.6
广 东	Guangdong	7236.4	5931.1	413.2	4863.3	2373.2	11785.1	10193.8	41.7	1549.6
广 西	Guangxi	908.3	688.4	91.7	613.9	294.2	1561.8	1393.1	4.4	164.3
海 南	Hainan	309.4	213.6	43.1	195.7	113.7	556.2	468.2	5.1	82.9
重 庆	Chongqing	1315.1	810.9	212.6	891.7	420.0	3199.4	2810.3	10.0	379.1
四 川	Sichuan	2369.4	1548.2	316.0	1534.0	835.4	5425.7	4785.2	20.3	620.1
贵 州	Guizhou	1344.9	1031.9	113.4	900.5	443.5	1812.1	1578.6	5.3	228.2
云 南	Yunnan	1175.9	770.2	151.1	735.6	440.3	1992.6	1754.7	5.2	232.7
西 藏	Tibet	65.4	42.4	13.4	43.3	23.0	161.5	149.8	0.9	10.7
陕 西	Shaanxi	1797.8	1227.5	215.6	1177.6	620.2	3373.3	2935.9	19.2	418.2
甘 肃	Gansu	522.7	329.6	77.9	325.3	191.2	754.9	664.9	2.3	87.7
青 海	Qinghai	137.7	92.0	30.6	98.7	39.0	276.9	248.0	0.9	28.0
宁 夏	Ningxia	214.9	137.7	32.1	134.3	80.6	260.0	230.8	1.1	28.1
新 疆	Xinjiang	734.8	489.6	112.9	507.7	227.1	1001.7	882.7	3.8	115.2

15-6 按登记注册类型分连锁零售企业基本情况(2018年)
Basic Conditions of Chain Retail Enterprises by Status of Registration (2018)

指标	Item	总店数(个) Number of Head Stores (unit)	门店总数(个) Number of Stores (unit)	年末从业人数(万人) Engaged Persons at Year-end (10 000 persons)	年末零售营业面积(万平方米) Operating Area of Retail Enterprises at Year-end (10 000 sq.m)	商品销售额(亿元) Total Sales of Commodities (100 million yuan)	商品购进总额(亿元) Total Purchases Value (100 million yuan)	统一配送商品购进额(亿元) Centralized Purchase and Delivery (100 million yuan)
合计	**Total**	**2934**	**249711**	**239.0**	**17924.7**	**38012.7**	**32133.0**	**24294.4**
内资企业	**Domestic Funded Enterprises**	**2667**	**224100**	**184.8**	**14376.2**	**30614.7**	**26212.9**	**20666.0**
国有企业	State-owned Enterprises	159	12444	9.6	946.2	3645.5	3175.4	2717.8
集体企业	Collective-owned Enterprises	16	340	0.6	40.4	56.3	49.1	4.6
股份合作企业	Cooperative Enterprises	6	348	0.4	44.0	129.9	95.5	86.9
联营企业	Joint Ownership Enterprises	4	255	0.1	2.8	11.1	9.4	8.4
国有联营企业	State Joint Ownership Enterprises	1	209	0.1	1.9	8.2	7.1	7.1
集体联营企业	Collective Joint Ownership Enterprises							
国有与集体联营企业	Joint State-collective Enterprises	1	5	0.0	0.1	0.1	0.1	0.1
其他联营企业	Other Joint Ownership Enterprises	2	41	0.0	0.7	2.9	2.3	1.3
有限责任公司	Limited Liability Corporations	1134	88420	69.6	3984.8	9205.4	7881.9	6644.7
国有独资公司	State Sole Funded Corporations	32	1928	1.4	310.3	794.2	726.1	685.0
其他有限责任公司	Other Limited Liability Corporations	1102	86492	68.1	3674.5	8411.2	7155.8	5959.7
股份有限公司	Share-holding Corporations Ltd.	280	52306	63.2	7572.1	14511.2	12420.8	9003.2
私营企业	Private Enterprises	1051	67975	40.5	1760.8	3024.4	2550.6	2171.6
私营独资企业	Private-funded Enterprises	25	890	0.4	11.3	26.6	22.6	20.2
私营合伙企业	Private Partnership Enterprises	4	457	0.1	6.7	7.1	6.2	5.2
私营有限责任公司	Private Limited Liability Corporations	985	58936	34.6	1547.2	2610.0	2199.0	1850.9
私营股份有限公司	Private Share-holding Corporations Ltd.	37	7692	5.3	195.5	380.6	322.8	295.3
其他企业	Other Enterprises	17	2012	0.9	25.1	30.9	30.2	28.8
港、澳、台商投资企业	**Enterprises with Funds from Hong Kong, Macao and Taiwan**	**121**	**13329**	**26.6**	**1833.4**	**3101.0**	**2716.4**	**1891.8**
合资经营企业	Joint-venture Enterprises	24	3803	3.1	178.4	314.6	276.9	128.2
合作经营企业	Cooperative Enterprises	5	244	5.9	345.5	470.2	424.3	424.1
独资经营企业	Enterprises with Sole Fund	87	8153	12.4	596.5	1597.3	1196.6	790.3
投资股份有限公司	Share-holding Corporations Ltd.	3	280	0.2	12.1	22.2	18.4	18.4
其他港澳台商投资企业	Other Enterprises with Funds from Hong Kong, Macao and Taiwan	2	849	5.0	700.8	696.7	800.0	530.7
外商投资企业	**Foreign Funded Enterprises**	**146**	**12282**	**27.5**	**1715.1**	**4296.9**	**3203.8**	**1736.6**
中外合资经营企业	Joint-venture Enterprises	47	5029	11.5	854.2	1907.6	1477.3	977.4
中外合作经营企业	Cooperative Enterprises	7	544	1.4	149.7	156.5	143.3	95.4
外资企业	Enterprises with Sole Fund	87	5983	14.1	597.6	1971.4	1507.4	609.4
外商投资股份有限公司	Share-holding Corporations Ltd.	4	613	0.5	108.4	210.9	75.8	54.5
其他外商投资企业	Other Foreign Funded Enterprises	1	113	0.1	5.2	50.5		

15-7 按行业和业态分连锁零售企业基本情况(2018年)

Basic Statistics of Chain Retail Enterprises by Sector and Business Categories (2018)

指　标	Item	总店数 (个) Number of Head Stores (unit)	门店总数 (个) Number of Stores (unit)	年末从业人数 (万人) Engaged Persons at Year-end (10 000 persons)	年末零售营业面积 (万平方米) Operating Area of Retail Enterprises at Year-end (10 000 sq.m)	商品销售额 (亿元) Total Sales of Commodities (100 million yuan)	商品购进总额 (亿元) Total Purchases Value (100 million yuan)	统一配送商品购进额 (亿元) Centralized Purchase and Delivery (100 million yuan)
总计	**Total**	**2934**	**249711**	**239.0**	**17924.7**	**38012.7**	**32133.0**	**24294.4**
按行业分	**By Sector**							
#综合零售	Integrated Retail	809	64899	123.0	8715.5	13180.5	11511.6	7409.9
食品、饮料及烟草制品专门零售	Retail of Food, Beverages and Tobaccos	178	23306	9.3	144.3	470.3	337.8	251.0
纺织、服装及日用品专门零售	Special Retail of Textiles, Garments and Daily Consumer Articles	187	19539	14.1	399.2	1314.4	767.4	522.2
文化、体育用品及器材专门零售	Retail of Culture, Sports Appliances and Equipments	93	1790	3.6	174.8	891.3	833.1	811.7
医药及医疗器材专门零售	Retail of Medicines and Medical Appliances	909	73632	35.0	904.0	1677.2	1338.4	1145.1
汽车、摩托车、燃料及零配件专门零售	Retail of Motor Vehicles, Motorcycles, Fuel and Parts	213	16770	12.8	2979.9	6787.8	4959.8	4121.2
家用电器及电子产品专门零售	Special Retail of Household Electric Appliances and Electronic Products	203	8299	17.4	1424.1	3723.3	3499.8	2321.7
五金、家具及室内装饰材料专门零售	Special Retail of Hardware, Furniture and Interior Decoration Material	16	447	0.7	51.3	83.3	48.1	34.5
货摊、无店铺及其他零售业	Stalls, Non-Shop and Other Retails	13	784	0.5	12.8	39.5	30.3	12.4
按业态分	**By Business Categories**							
便利店	Convenience Store	122	28895	10.0	273.8	542.0	445.7	351.8
折扣店	Discount Store	2	72	0.1	8.0	14.5	12.1	
超市	Supermarket	386	28164	40.3	2061.1	3431.0	3137.6	2449.7
大型超市	Hypermarket	156	4760	45.1	3562.4	4665.4	4126.2	2825.1
仓储会员店	Warehouse Club	2	100	1.3	71.4	235.3	214.0	26.8
百货店	Department Store	100	5942	25.1	2508.6	3781.4	3186.7	1415.4
专业店	Specialty Store	1689	137136	88.7	8439.1	21879.3	18502.0	15612.7
#加油站	Gas Station	322	35551	23.8	5453.0	14153.8	11703.7	9987.4
专卖店	Franchised Store	384	34054	23.4	629.9	2776.2	2012.3	1279.2
家居建材商店	Building Material Store	13	78	0.2	19.2	35.1	24.3	10.4
厂家直销中心	Factory Outlets Center	7	686	0.4	17.0	67.2	57.0	56.3
其他	Other Store	73	9824	4.2	334.1	585.3	415.2	267.1

15-8 连锁零售企业基本情况
Basic Conditions of Chain Retail Enterprises

年份 Year / 地区 Region		总店数 (个) Number of Head Stores (unit)	门店总数 (个) Number of Stores (unit)	年末从业人数 (万人) Engaged Persons at Year-end (10 000 persons)	年末零售营业面积 (万平方米) Operating Area of Retail Enterprises at Year-end (10 000 sq.m)	商品销售额 (亿元) Total Sales of Commodities (100 million yuan)	商品购进总额 (亿元) Total Purchases Value (100 million yuan)	统一配送商品购进额 (亿元) Centralized Purchase and Delivery (100 million yuan)
	2005	1416	105684	160.1	8687.5	12587.8	10734.6	8409.4
	2006	1696	128924	187.1	8979.0	14952.2	13447.4	10565.7
	2007	1729	145366	186.2	10044.0	17754.3	15917.0	12542.4
	2008	2457	168502	197.1	10197.8	20466.5	17193.1	13782.1
	2009	2327	175677	210.9	11809.2	22240.0	19343.7	14723.1
	2010	2361	176792	225.2	12756.8	27385.4	24044.6	17412.5
	2011	2411	195779	249.1	13670.7	34510.7	29653.0	22919.6
	2012	2524	192870	256.3	14765.9	35462.1	30825.5	23975.8
	2013	2649	204090	255.9	15640.3	38006.9	32258.7	25341.8
	2014	2663	206415	250.2	16221.3	37340.6	31298.5	24582.4
	2015	2690	209812	248.1	16862.4	35400.4	30556.8	23379.9
	2016	2726	232444	245.0	17960.1	35922.9	31036.9	24173.7
	2017	2871	236103	234.9	17329.6	36630.7	31396.4	24613.2
	2018	2934	249711	239.0	17924.7	38012.7	32133.0	24294.4
北京	Beijing	180	9862	16.7	922.3	3356.3	2944.3	2110.5
天津	Tianjin	32	2271	2.6	204.8	568.3	469.4	286.8
河北	Hebei	117	6557	5.8	655.1	996.3	861.2	648.5
山西	Shanxi	63	5136	4.1	335.0	475.7	358.0	203.6
内蒙古	Inner Mongolia	18	1041	0.6	34.8	39.0	34.3	21.3
辽宁	Liaoning	99	7428	5.5	332.6	635.4	639.9	416.3
吉林	Jilin	28	2165	1.4	72.5	177.8	140.4	134.5
黑龙江	Heilongjiang	33	1480	1.4	48.5	218.0	211.6	207.2
上海	Shanghai	136	23079	27.9	1305.9	4187.8	3328.1	2666.7
江苏	Jiangsu	191	22353	27.6	1932.5	4635.2	4348.6	3833.3
浙江	Zhejiang	221	23443	12.2	1105.8	2337.7	2132.8	1805.8
安徽	Anhui	75	11603	9.2	676.3	1690.9	1602.3	1156.7
福建	Fujian	181	11719	12.0	1166.9	1673.5	1382.7	915.4
江西	Jiangxi	75	5744	4.9	370.8	1025.7	562.8	463.8
山东	Shandong	168	15362	18.8	2508.6	2163.5	1859.7	1351.1
河南	Henan	117	6127	6.0	580.5	886.0	789.9	456.3
湖北	Hubei	144	10667	12.8	730.9	2196.6	1931.4	1037.5
湖南	Hunan	121	10766	9.3	902.7	1364.5	847.6	717.0
广东	Guangdong	309	24257	21.5	1341.3	3484.3	2696.0	1815.5
广西	Guangxi	85	6491	4.3	515.4	884.3	814.9	807.5
海南	Hainan	5	782	0.5	44.0	220.2	192.1	188.7
重庆	Chongqing	79	9218	8.3	467.9	980.4	746.3	600.2
四川	Sichuan	146	13581	9.7	481.7	854.7	751.6	461.0
贵州	Guizhou	29	1558	1.2	64.3	76.9	75.1	69.3
云南	Yunnan	32	6136	3.8	144.7	473.8	250.6	214.9
西藏	Tibet	3	110	0.1	3.3	5.1	5.1	2.5
陕西	Shaanxi	71	3958	4.2	258.9	1044.0	884.7	713.2
甘肃	Gansu	18	1362	1.0	82.7	194.8	166.1	133.1
青海	Qinghai	10	187	0.5	16.9	24.0	14.1	10.0
宁夏	Ningxia	53	1394	1.6	220.4	356.3	377.8	210.9
新疆	Xinjiang	95	3874	3.6	396.7	786.0	713.5	635.3

注：门店总数全国总计中包括开设在港澳台地区和国外的门店。

a) Total number of stores includes that from Hong Kong, Macao and Taiwan province and foreign countries.

15-9 亿元以上商品交易市场基本情况(2018年)

Basic Statistics on Commodity Exchange Markets of Transaction Value over 100 Million Yuan (2018)

市场	Market	市场数量(个) Number of Markets (unit)	摊位数(个) Number of Booths (unit)	营业面积(万平方米) Operating Area (10 000 sq.m)	成交额(亿元) Turnover (100 million yuan)	批发市场 Whole-sale	零售市场 Retail
总 计	**Total**	**4296**	**3178423**	**29190.6**	**109373.3**	**95323.2**	**14050.1**
综合市场	**Integrated Markets**	**1254**	**1183218**	**8054.9**	**26056.3**	**22090.4**	**3965.9**
生产资料综合市场	Production Comprehensive Market	43	55271	783.7	1369.7	1307.5	62.2
工业消费品综合市场	Industrial Consumable Comprehensive Markets	237	394672	2472.9	7248.0	6237.9	1010.1
农产品综合市场	Farm Produce Comprehensive Markets	648	389193	2573.1	12300.6	10424.3	1876.4
其他综合市场	Other Comprehensive Markets	326	344082	2225.2	5138.0	4120.8	1017.2
专业市场	**Special Markets**	**3042**	**1995205**	**21135.8**	**83317.0**	**73232.9**	**10084.2**
生产资料市场	Production Markets	549	263071	5939.9	30249.4	29951.2	298.2
农业生产用具市场	Agricultural Production Equipment Markets	14	4703	165.7	244.0	244.0	
农用生产资料市场	Agricultural Production Markets	17	3309	48.5	115.8	115.8	
煤炭市场	Coal and Charcoal Markets	4	3318	198.3	285.8	285.8	
木材市场	Wood Markets	35	12232	433.8	628.6	628.6	
建材市场	Building Material Markets	204	111232	2406.4	2021.0	1722.8	298.2
化工材料及制品市场	Chemical Materials and Products Markets	26	17082	200.7	4287.9	4287.9	
金属材料市场	Metal Materials Markets	171	71624	1952.5	19838.4	19838.4	
机械设备市场	Mechanical Equipments Markets	46	24314	289.2	874.0	874.0	
其他生产资料市场	Others	32	15257	244.8	1954.1	1954.1	
农产品市场	Farm Produce Markets	853	469951	4000.2	18327.3	17308.7	1018.6
粮油市场	Grain and Oil Markets	85	20534	318.5	1707.1	1684.7	22.4
肉禽蛋市场	Meat, Poultry and Eggs Markets	101	40328	302.8	1544.6	1317.9	226.7
水产品市场	Aquatic Products Markets	134	65341	471.2	3738.0	3577.7	160.3
蔬菜市场	Vegetables Markets	244	169181	1539.5	3972.3	3846.0	126.4
干鲜果品市场	Dried and Fresh Melons and Fruits Markets	113	62156	618.1	3820.9	3798.3	22.6
棉麻土畜、烟叶市场	Cotton, Local & Livestock Products, and Tobacco Markets	11	17419	121.7	470.8	465.8	5.0
其他农产品市场	Others	165	94992	628.4	3073.5	2618.2	455.3
食品、饮料及烟酒市场	Food, Beverages, Tobacco and Liquor Markets	104	49913	356.3	1200.4	1100.2	100.2
食品饮料市场	Food and Beverages Markets	26	14209	68.0	275.0	238.5	36.5
茶叶市场	Tea Markets	32	12706	132.4	296.9	269.6	27.3
烟酒市场	Tobacco and Liquor Markets	9	2653	25.7	107.1	103.7	3.4
其他食品饮料及烟酒市场	Others	37	20345	130.2	521.4	488.4	33.0
纺织、服装、鞋帽市场	Textiles, Clothing, Shoes and Hats Markets	455	626179	3389.7	15429.5	14458.6	970.8
布料及纺织品市场	Cloth and Textiles Markets	60	101411	993.8	6850.5	6805.1	45.4
服装市场	Clothing Markets	286	387457	1884.9	6004.5	5300.4	704.0
鞋帽市场	Shoes and Hats Markets	36	23536	127.2	615.1	608.1	7.0
其他纺织服装鞋帽市场	Others	73	113775	383.7	1959.4	1745.0	214.4
日用品及文化用品市场	Daily Use Articles and Cultural Goods Markets	77	58119	343.3	1922.9	1855.0	67.9

15-9 续表 continued

市场	Market	市场数量(个) Number of Markets (unit)	摊位数(个) Number of Booths (unit)	营业面积(万平方米) Operating Area (10 000 sq.m)	成交额(亿元) Turnover (100 million yuan)	批发市场 Whole-sale	零售市场 Retail
小商品市场	Merchandise Markets	34	28227	123.4	656.0	635.6	20.4
箱包市场	Luggage Markets	5	9388	69.5	700.4	700.4	
玩具市场	Toys Markets	4	1459	33.0	25.8	25.8	
文具市场	Stationary Markets	2	640	7.3	6.8	6.8	
图书、报刊杂志市场	Books, Newspapers and Magazines Markets	5	1130	6.0	34.8	17.6	17.2
音像制品及电子出版物市场	Video Products and E-journal Markets	2	427	1.8	6.1		6.1
体育用品市场	Sports Markets	1	275	1.3	1.9	1.9	
其他日用品及文化用品市场	Others	24	16573	101.0	491.0	466.9	24.1
黄金、珠宝、玉器等首饰市场	Gold, Jewelry, Jade Markets	23	15937	254.9	758.4	716.1	42.4
电器、通讯器材、电子设备市场	Electrical Appliances, Communication Appliances and Electronical Appliances Markets	107	47824	305.2	780.3	419.8	360.5
家电市场	Household Appliances Markets	30	10438	144.5	271.6	224.5	47.1
通讯器材市场	Communication Appliances Markets	17	9200	32.2	104.9	78.1	26.9
照相、摄像器材市场	Cameras and Video Equipments Markets	2	407	1.6	6.4	2.9	3.6
计算机及辅助设备市场	Computer and Auxiliary Equipments Markets	51	23716	111.9	327.4	54.0	273.3
其他电器、通讯器材、电子设备市场	Others	7	4063	15.0	70.0	60.4	9.6
医药、医疗用品及器材市场	Medicine, Medical Materials and Medical Instruments Markets	21	50577	299.0	1518.4	1457.2	61.2
中药材市场	Chinese Medicine Markets	21	50577	299.0	1518.4	1457.2	61.2
其他医药、医疗用品及器材市场	Others						
家具、五金及装饰材料市场	Furniture, Hardware and Decoration Materials Markets	532	280395	4349.5	5644.8	3401.6	2243.2
家具市场	Furniture Markets	169	79650	1693.7	1806.3	994.4	811.9
装饰材料市场	Decoration Materials Markets	213	104308	1591.5	1945.3	1070.4	874.9
灯具市场	Lamps Markets	14	6652	104.3	246.7	202.6	44.1
厨具、盥洗设备市场	Kitchen Utensils, Washing Equipments Markets	6	3245	34.6	27.3	24.7	2.5
五金材料市场	Hardware Materials Markets	68	47009	418.6	968.5	897.0	71.5
其他装修市场	Others	62	39531	506.8	650.7	212.5	438.2
汽车、摩托车及零配件市场	Cars, Motorcycles and Spare Parts Markets	246	77078	1449.5	6080.3	1390.8	4689.5
汽车市场	Cars Markets	181	46881	1152.5	5217.2	637.5	4579.7
摩托车市场	Motorcycles Markets	7	3092	22.8	38.5	26.0	12.5
机动车零配件市场	Vehicle Spare Parts Markets	58	27105	274.2	824.5	727.3	97.2
花、鸟、鱼、虫市场	Flower, Bird, Fish and Insects Markets	25	21358	173.1	669.2	611.6	57.6
花卉市场	Flower Markets	19	19685	164.4	642.5	605.9	36.6
鸟市场	Bird Markets						
观赏鱼市场	Fish Markets						
其他花鸟鱼虫市场	Others	6	1673	8.7	26.7	5.7	21.0
旧货市场	Second Hand Markets	9	5297	18.7	25.3	4.6	20.6
古玩、古董、字画市场	Antiques,Calligraphy and Painting Markets	1	305	1.3	1.0		1.0
邮票、硬币市场	Stamps and Coins Markets						
其他旧货市场	Others	8	4992	17.4	24.3	4.6	19.6
其他专业市场	Others	41	29506	256.7	710.9	557.5	153.4

15-10 亿元以上商品交易市场摊位分类情况（2018年）
Classification of Commodity Exchange Markets of Transaction Value over 100 Million Yuan (2018)

类别	Classification	摊位数（个） Number of Booths (unit)	成交额（亿元） Turnover (100 million yuan)	批发市场 Wholesale	零售市场 Retail
总计	**Total**	**3178423**	**109373.3**	**95323.2**	**14050.1**
粮油、食品类	Grain and Oil, Food	906755	31681.4	28416.1	3265.4
#粮油类	Grain and Oil	78914	3939.7	3619.1	320.5
肉禽蛋类	Meat, Poultry and Eggs	123759	4112.6	3225.6	887.0
水产品类	Aquatic Products	130903	6354.5	5603.7	750.8
蔬菜类	Vegetables	318809	7420.1	6767.6	652.5
干鲜果品类	Dried and Fresh Melons and Fruits	162092	7904.3	7598.6	305.7
饮料类	Beverages	44135	1045.6	932.4	113.2
烟酒类	Tobacco and Liquor	33345	990.6	836.8	153.7
服装鞋帽、针、纺织品类	Clothing, Shoes, Hats and Textiles	853132	18049.4	16577.2	1472.2
服装类	Clothing	525777	7427.7	6377.9	1049.8
鞋帽类	Footwear and Hats	119776	1772.1	1535.8	236.3
针、纺织品类	Knitwear and Textiles	207579	8849.7	8663.5	186.2
化妆品类	Cosmetics	29313	299.3	230.7	68.6
金银珠宝类	Gold, Silver and Jewellery	27642	1028.6	951.6	77.0
日用品类	Articles for Daily Use	159734	3213.8	2881.5	332.3
五金、电料类	Hardware & Electrical Materials	113981	2399.7	2142.5	257.2
体育、娱乐用品类	Sports & Recreational Articles	12066	167.5	137.0	30.5
#照相器材类	Photographic Equipment	902	23.2	10.4	12.8
书报杂志类	Newspapers and Magazines	3257	73.0	56.5	16.4
电子出版物及音像制品类	E-journal and Video Products	4415	64.1	45.7	18.4
家用电器和音像器材类	Household Appliances and Video Equipments	31135	683.8	554.5	129.3
中西药品类	Traditional Chinese and Western Medicine	34698	1520.1	1444.3	75.8
#西药类	Western Medicine	1783	49.8	42.1	7.6
中草药及中成药类	Traditional Chinese	31401	1435.6	1372.3	63.3
文化办公用品类	Cultural and Official Goods	50098	867.2	600.6	266.6
#计算机及其配套产品	Computer and Corollary Equipment	24147	338.1	121.0	217.1
家具类	Furniture	113180	2469.5	1439.4	1030.1
通讯器材类	Communication Appliances	19377	357.6	281.4	76.2
煤炭及制品类	Coal and Related Products	3448	402.2	400.1	2.1
木材及制品类	Wood and Wooden Products	22547	814.6	758.1	56.5
石油及制品类	Petroleum and Related Products	2330	1786.5	1785.5	1.0
化工材料及制品类	Raw Chemical Materials and Related Products	23096	4398.7	4389.7	9.0
#化肥类	Fertilizer	2462	74.6	71.2	3.4
金属材料类	Metal Materials	84322	20078.9	20004.5	74.3
建筑及装潢材料类	Building and Decoration Materials	274837	5100.6	3674.0	1426.6
机电产品及设备类	Mechanical & Electrical Products	50715	1674.5	1646.8	27.8
#农机类	Agricultural Machinery	5310	269.6	264.5	5.1
汽车类	Automobile	74970	6244.3	1563.3	4681.0
种子饲料类	Seed and Feedstuff	5792	93.1	86.4	6.6
棉麻类	Cotton and Hemp	3221	340.4	336.3	4.0
其他类	Others	196882	3528.4	3150.2	378.2

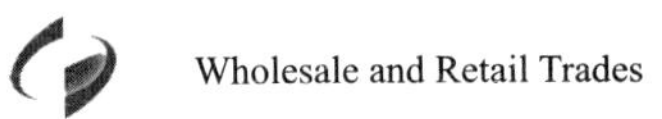

15-11 亿元以上商品交易市场基本情况

Basic Statistics on Commodity Exchange Markets of Transaction Value over 100 Million Yuan

年份 Year 地区 Region		市场数量(个) Number of Markets (unit)	摊位数(个) Number of Booths (unit)	营业面积(万平方米) Operating Area (10 000 sq.m)	成交额(亿元) Turnover (100 million yuan)	批发市场 Wholesale	零售市场 Retail
	2000	3087	2115115	8261.6	16358.9	11648.0	4710.9
	2005	3323	2248803	13140.8	30020.9	24544.2	5476.7
	2006	3876	2527987	18072.3	37137.5	29679.9	7457.5
	2007	4121	2681630	19814.6	44085.1	35871.5	8213.6
	2008	4567	2839070	21225.2	52458.0	43120.0	9337.9
	2009	4687	2994781	23230.3	57963.8	48308.2	9655.5
	2010	4940	3193365	24832.3	72703.5	60954.9	11748.6
	2011	5075	3334787	26234.5	82017.3	69390.8	12626.5
	2012	5194	3494122	27899.4	93023.8	80141.8	12882.0
	2013	5089	3488170	28868.3	98365.1	84628.3	13736.8
	2014	5023	3534757	29567.9	100309.9	86323.7	13986.2
	2015	4952	3468638	30065.7	100133.8	85836.9	14296.8
	2016	4861	3457899	30023.4	102139.7	87859.3	14280.4
	2017	4617	3347936	29691.8	108247.6	93996.9	14250.7
	2018	4296	3178423	29190.6	109373.3	95323.2	14050.1
北京	Beijing	94	67919	608.7	3934.9	2864.8	1070.0
天津	Tianjin	43	28233	307.9	1178.0	1124.6	53.4
河北	Hebei	200	242828	2307.2	5848.3	5574.3	274.0
山西	Shanxi	31	25251	253.2	619.5	586.3	33.2
内蒙古	Inner Mongolia	55	37361	536.8	684.3	506.2	178.1
辽宁	Liaoning	174	159195	860.5	3955.0	3331.8	623.2
吉林	Jilin	46	40800	374.1	398.6	204.5	194.0
黑龙江	Heilongjiang	61	40908	330.5	999.3	716.6	282.7
上海	Shanghai	127	52589	442.9	9483.2	8898.3	584.9
江苏	Jiangsu	469	338172	3615.6	20730.0	18804.7	1925.4
浙江	Zhejiang	703	432187	3177.8	17960.4	15165.9	2794.5
安徽	Anhui	124	122370	1272.7	3023.0	2683.8	339.1
福建	Fujian	114	44578	320.5	1561.0	1241.8	319.2
江西	Jiangxi	105	96172	754.8	2083.1	1799.4	283.7
山东	Shandong	418	304850	3384.3	8538.5	7939.0	599.5
河南	Henan	138	112228	1254.3	3280.8	2865.0	415.7
湖北	Hubei	129	72517	679.2	2080.6	1460.2	620.4
湖南	Hunan	309	181972	1129.7	4030.9	3113.6	917.3
广东	Guangdong	303	187212	1801.5	5310.0	4651.4	658.5
广西	Guangxi	78	73335	375.8	1196.0	999.1	196.9
海南	Hainan	4	2405	107.1	36.8	19.2	17.6
重庆	Chongqing	141	95190	769.4	3596.6	3163.0	433.6
四川	Sichuan	112	127893	1220.4	2980.7	2779.9	200.8
贵州	Guizhou	58	49952	568.9	1362.2	1137.9	224.3
云南	Yunnan	32	49513	203.5	422.1	337.4	84.8
西藏	Tibet	3	2836	3.5	27.0	21.3	5.6
陕西	Shaanxi	55	36792	405.0	1177.6	798.5	379.1
甘肃	Gansu	27	27268	224.6	332.0	238.2	93.8
青海	Qinghai	9	6565	61.7	58.5	46.0	12.5
宁夏	Ningxia	37	26023	458.8	338.7	307.3	31.4
新疆	Xinjiang	97	93309	1379.9	2146.1	1943.2	202.9

15-12 社会消费品零售总额
Total Retail Sales of Consumer Goods

地 区	Region	2017 社会消费品零售总额(亿元) Total Retail Sales of Consumer Goods (100 million yuan)	2017 增长(%) Growth Rate (%)	2018 社会消费品零售总额(亿元) Total Retail Sales of Consumer Goods (100 million yuan)	2018 增长(%) Growth Rate (%)
全 国	**National Total**	**366261.6**	**10.2**	**380986.9**	**9.0**
北 京	Beijing	11575.4	5.2	11747.7	2.7
天 津	Tianjin	5729.7	1.7	5533.0	1.7
河 北	Hebei	15907.6	10.7	16537.1	9.0
山 西	Shanxi	6918.1	6.8	7338.5	8.2
内蒙古	Inner Mongolia	7160.2	6.9	7311.1	6.3
辽 宁	Liaoning	13807.2	2.9	14142.8	6.7
吉 林	Jilin	7855.8	7.5	7520.4	4.8
黑龙江	Heilongjiang	9099.2	8.3	9317.4	6.3
上 海	Shanghai	11830.3	8.1	12668.7	7.9
江 苏	Jiangsu	31737.4	10.6	33230.4	7.9
浙 江	Zhejiang	24308.5	10.6	25007.9	9.0
安 徽	Anhui	11192.6	11.9	12100.1	11.6
福 建	Fujian	13013.0	11.5	14317.4	10.8
江 西	Jiangxi	7448.1	12.3	7566.4	11.0
山 东	Shandong	33649.0	9.8	33605.0	8.8
河 南	Henan	19666.8	11.6	20594.7	10.3
湖 北	Hubei	17394.1	11.1	18333.6	10.9
湖 南	Hunan	14854.9	10.6	15638.3	10.0
广 东	Guangdong	38200.1	10.0	39501.1	8.8
广 西	Guangxi	7813.0	11.2	8291.6	9.3
海 南	Hainan	1618.8	11.4	1717.1	6.8
重 庆	Chongqing	8067.7	11.0	7977.0	8.7
四 川	Sichuan	17480.5	12.0	18254.5	11.1
贵 州	Guizhou	4154.0	12.0	3971.2	8.2
云 南	Yunnan	6423.1	12.2	6826.0	11.1
西 藏	Tibet	523.3	13.9	597.6	14.2
陕 西	Shaanxi	8236.4	11.8	8938.3	10.2
甘 肃	Gansu	3426.6	7.6	3428.3	7.4
青 海	Qinghai	839.0	9.3	835.6	6.7
宁 夏	Ningxia	930.4	9.5	935.8	4.8
新 疆	Xinjiang	3044.6	7.7	3187.0	5.2

注：2018年增速计算使用的上年社会消费品零售总额根据第三次全国农业普查结果及有关制度规定进行了修订，增速按照可比口径计算。

a) The last year's data used in calculating the growth rate of total retail sales of consumer goods in 2018 were revised according to the results of the Third National Agricultural Census and the relevant regulations, and the growth rate was calculated at comparable coverage.

15-13 分地区网上零售额(2018年)
Online Retail Sales by Region (2018)

地 区	Region	网上零售额 (亿元) Online Retail Sales (100 million yuan)	增 长 (%) Growth Rate (%)	其中：实物商品网上零售额 (亿元) Online Retail Sales in Goods (100 million yuan)	增 长 (%) Growth Rate (%)
全 国	**National Total**	**90065.0**	**23.9**	**70198.2**	**25.4**
北 京	Beijing	7294.1	10.3	5211.9	11.6
天 津	Tianjin	1261.4	25.4	948.3	23.9
河 北	Hebei	2018.4	34.3	1685.3	33.7
山 西	Shanxi	532.0	44.2	255.3	29.3
内蒙古	Inner Mongolia	371.0	37.3	154.4	66.1
辽 宁	Liaoning	1146.7	28.9	857.5	28.7
吉 林	Jilin	449.1	39.6	211.5	43.9
黑龙江	Heilongjiang	546.7	41.8	267.5	50.9
上 海	Shanghai	8786.5	11.3	7105.2	9.5
江 苏	Jiangsu	9242.3	25.5	7696.7	30.0
浙 江	Zhejiang	14384.7	18.9	11089.1	24.3
安 徽	Anhui	2015.9	33.4	1623.7	32.9
福 建	Fujian	4114.1	31.4	3515.2	33.2
江 西	Jiangxi	1233.3	49.6	1002.1	52.5
山 东	Shandong	3513.6	31.7	2849.3	29.0
河 南	Henan	1889.6	31.3	1373.0	32.5
湖 北	Hubei	2533.5	23.5	1963.6	33.9
湖 南	Hunan	1624.0	43.3	1030.9	33.5
广 东	Guangdong	18921.8	25.1	16383.1	26.5
广 西	Guangxi	732.4	33.6	370.0	33.9
海 南	Hainan	350.1	28.6	95.1	9.2
重 庆	Chongqing	1030.9	32.4	561.6	34.4
四 川	Sichuan	2671.7	31.1	2009.0	33.6
贵 州	Guizhou	453.4	33.8	229.9	31.8
云 南	Yunnan	632.3	49.4	344.7	52.6
西 藏	Tibet	41.6	46.1	18.2	63.5
陕 西	Shaanxi	962.5	35.9	656.8	38.2
甘 肃	Gansu	288.6	12.0	85.7	41.5
青 海	Qinghai	51.5	61.3	19.0	100.6
宁 夏	Ningxia	85.4	40.5	38.4	47.7
新 疆	Xinjiang	159.7	44.8	118.7	41.6
不分地区	Not Classified by Region	726.4		427.7	

15-14 乘用车销售情况
Sales of Passenger Cars

年 份 Year	乘用车合计 Total Passenger Cars		#轿车 Cars		#MPV		#SUV	
	绝对量 (万辆) Number (10 000 units)	同比增速 (%) Growth Rate (%)	绝对量 (万辆) Number (10 000 units)	同比增速 (%) Growth Rate (%)	绝对量 (万辆) Number (10 000 units)	同比增速 (%) Growth Rate (%)	绝对量 (万辆) Number (10 000 units)	同比增速 (%) Growth Rate (%)
2007	594.0	17.9	442.1	19.0	21.7	23.1	34.2	55.7
2008	643.3	8.3	476.3	7.7	18.9	-12.7	42.5	24.3
2009	1026.6	59.6	738.2	55.0	24.5	29.6	69.9	64.5
2010	1332.5	29.8	925.9	25.4	43.3	76.5	123.2	76.4
2011	1367.1	2.6	951.6	2.8	51.1	17.8	150.3	22.0
2012	1465.9	7.2	1015.5	6.7	92.0	80.1	183.3	21.9
2013	1724.3	17.6	1156.7	13.9	130.1	41.5	283.7	54.8
2014	1898.9	10.1	1209.8	4.6	185.3	42.4	383.9	35.3
2015	2060.9	8.5	1145.2	-5.3	212.2	14.5	608.5	58.5
2016	2383.8	15.7	1203.5	5.1	245.2	15.6	874.1	43.6
2017	2418.4	1.5	1163.4	-3.3	201.6	-17.8	1006.9	15.2
2018	2275.1	-5.9	1116.6	-4.0	167.7	-16.8	953.4	-5.3

数据来源：中国汽车流通协会。
Source: China Automobile Dealers Association.

15-15 二手乘用车销售情况
Sales of Second-hand Passenger Cars

年 份 Year	二手乘用车合计 Total Second-hand Passenger Cars		#轿车 Cars		#MPV		#SUV	
	绝对量 (万辆) Number (10 000 units)	同比增速 (%) Growth Rate (%)	绝对量 (万辆) Number (10 000 units)	同比增速 (%) Growth Rate (%)	绝对量 (万辆) Number (10 000 units)	同比增速 (%) Growth Rate (%)	绝对量 (万辆) Number (10 000 units)	同比增速 (%) Growth Rate (%)
2009	196.3	21.4	171.8	20.4	12.0	25.4	6.4	31.3
2010	238.7	21.6	209.8	22.1	14.9	23.6	7.1	10.9
2011	422.0		370.7		26.7		12.3	
2012	514.7	22.0	452.5	22.1	31.3	17.3	18.4	49.3
2013	573.9	11.5	496.5	9.7	36.6	16.9	27.2	47.9
2014	625.7	9.0	534.0	7.5	44.6	21.9	30.9	13.7
2015	677.7	8.3	564.1	5.6	35.5	-20.4	47.3	53.1
2016	788.0	16.3	628.0	11.3	58.9	66.0	68.1	44.1
2017	931.6	18.2	737.0	17.4	72.3	22.8	86.8	27.4
2018	1045.0	12.2	822.2	11.6	78.2	8.1	113.6	30.8

注：1.2011年开始为全口径统计数据，之前两年为600家重点企业调查数据。
2.数据来源：中国汽车流通协会。
a) All-inclusive statistics were used since 2011, and were survey data of 600 key enterprises in the previous two years.
Source: China Automobile Dealers Association.

主要统计指标解释

批发业　指向其他批发或零售单位（含个体经营者）及其他企事业单位、机关团体等批量销售生活用品、生产资料的活动，以及从事进出口贸易和贸易经纪与代理的活动，包括拥有货物所有权，并以本单位(公司)的名义进行交易活动，也包括不拥有货物的所有权，收取佣金的商品代理、商品代售活动；还包括各类商品批发市场中固定摊位的批发活动，以及以销售为目的的收购活动。

零售业　指百货商店、超级市场、专门零售商店、品牌专卖店、售货摊等主要面向最终消费者（如居民等）的销售活动，以互联网、邮政、电话、售货机等方式的销售活动，还包括在同一地点，后面加工生产，前面销售的店铺（如面包房）；谷物、种子、饲料、牲畜、矿产品、生产用原料、化工原料、农用化工产品、机械设备（乘用车、计算机及通信设备除外）等生产资料的销售不作为零售活动；多数零售商对其销售的货物拥有所有权，但有些则是充当委托人的代理人，进行委托销售或以收取佣金的方式进行销售。

批发和零售业商品购进、销售、库存额　指各种登记注册类型的批发和零售业企业(单位)以本企业(单位)为总体的，从国内、国外市场购进的商品总价，销售和出口的商品总价，库存的商品总价等情况。该指标可以反映商品流转过程中商品的购进、销售、库存之间的比例关系和存在的问题。

商品购进额　指从本企业以外的单位和个人购进(包括从国外直接进口）作为转卖或加工后转卖的商品金额（含增值税)。商品购进包括：（1）从工农业生产者、批发和零售业、住宿和餐饮业、出版社或报社的出版发行部门和其他服务业等企事业单位和个体经营户购进的商品；（2）从机关、社会团体购进的商品；（3）从海关、市场管理部门购进的缉私和没收的商品；（4）从居民收购的废旧商品等。不包括：（1）企业为本单位自身经营用，不是作为转卖而购进的商品，如材料物资、包装物、低值易耗品、办公用品等；（2）未通过买卖行为而收入的商品，如接受其他部门移交的商品、借入的商品、收入代其他单位保管的商品、其他单位赠送的样品、加工回收的成品等；（3）经本单位介绍，由买卖双方直接结算，本单位只收取手续费的业务；（4）销售退回和买方拒付货款的商品；（5）商品溢余；（6）期货交易商品。

进口　指直接从国外进口或委托外贸企业代理进口的商品金额，不包括从国内有关单位购进的进口商品。对外贸易企业只统计自主经营进口的商品，不统计受托代理进口的商品。

商品销售额　指对本单位以外的单位和个人出售的商品金额（包括售给本单位消费用的商品，含增值税）。商品销售包括：（1）售给个人和社会集团消费用的商品；（2）售给农业、工业、建筑业、服务业等国民经济各行业用于生产、经营用的商品，包括售予批发和零售业作为转卖或加工后转卖的商品；（3）对国（境）外直接出口的商品。不包括：（1）未通过买卖行为付出的商品，如因机构变动移交给其他企业单位的商品、借出的商品、归还受其他单位委托代保管的商品、付出的加工原料和赠送给其他单位的样品等；（2）促销返券所销售的、不计入营业收入的商品；（3）经本单位介绍，由买卖双方直接结算，本单位只收取手续费的业务；（4）未发生所有权转移的商品预付卡销售，如加油卡；（5）汽车维修、电话卡销售等服务性经济活动；（6）购货退回的商品；（7）商品损耗和损失；（8）出售本单位自用的废旧物资；（9）期货交易商品；（10）自来水供应企业、电力企业、天然气供应企业提供的水、电、气。

出口　指直接向国（境）外出口商品和委托外贸企业代理出口的商品金额，商品出口不包括售给外贸企业出口或加工后出口的商品，以及在国内市场以外币销售的商品。外贸企业只统计自主经营出口的商品，不包括受托代理出口的商品。

期末商品库存额　对于批发和零售业法人单位和个体经营户，是指报告期末取得所有权的全部商品金额（含增值税）；对于批发和零售业产业活动单位，是指报告期末实际在库且归属法人具有所有权的全部商品金额（含增值税）。库存商品包括：（1）存放在本单位(如门市部、批发站、采购站、经营处)的仓库、货场、货柜和货架中的商品；（2）挑选、整理、包装中的商品；（3）已记入购进而尚未运到本单位的商品，即发货单或银行承兑凭证已到而货未到的商品；（4）寄放他处的商品，如因购货方拒绝付款而暂时存在购货方的商品；（5）委托其他单位代销(未作销售或调出)尚未售出的商品；（6）代其他单位购进尚未交付的商品。不包括：（1）所有权不属于本单位的商品，如商品已作销售但买方尚未取走的商品，代替他人保管、运输、加工的商品，代其他单位销售（未做购进或调入）而未售出的商品；（2）委托外单位加工的商品（包括本单位所属加工厂和其他生产单位加工生产尚未收回成品的商品）；（3）外贸企业代理其他单位从国外进口，尚未付给订货单位的商品；（4）代国家储备部门保管的商品。

连锁总店（总部）　指负责连锁企业资源（商号、商誉、经营模式、服务标准、管理模式等）的开发、配置、控制或使用等功能的企业核心管理机构。连锁经营是指经营同类商品或服务，使用统一商号的若干店铺，在同一总店（总部）的管理下，采取统一采购或特许经营等方式，实现规模效益的组织形式，包括直营连锁、特许连锁和自愿连锁三种形式。其中，直营连锁是指连锁店铺由连锁公司全资或控股开设，在总部的直接控制下，开展统一经营的连锁经营形式；特许连锁是指拥有注册商标、企业标志、专利、专有技术等经营资源的企业（特许人），以合同形式将其拥有的经营资源许可其他经营者（被特许人）使用，被特许人按合同约定在统一的经营模式下开展经营，并向特许人支付特许经营费用的连锁经营形式；自愿连锁是指若干个店铺或企业自愿组合起来，在不改变各自资产所有权关系的情况下，以同一个品牌形象面对消费者，以共同进货为纽带开展的连锁经营形式。

亿元以上商品交易市场　指年成交额在亿元及以上的商品交易市场。商品交易市场是指经有关部门和组织批准设立，有固定场所、设施，有经营管理部门和监管人员，若干市场经营者入内，常年或实际开业三个月以上，集中、公开、独立地进行生活消费品、生产资料等现货商品交易以及提供相关服务的交易场所，包括各类消费品市场、生产资料市场等。

社会消费品零售总额　指企业（单位、个体户）通过交易直接售给个人、社会集团非生产、非经营用的实物商品金额，以及提供餐饮服务所取得的收入金额。个人包括城乡居民和入境人员，社会集团包括机关、社会团体、部队、学校、企事业单位、居委会或村委会等。

网上零售额　指通过公共网络交易平台（包括自建网站和第三方平台）实现的商品和服务零售额之和。商品和服务包括实物商品和非实物商品（如虚拟商品、服务类商品等）。

Explanatory Notes on Main Statistical Indicators

Wholesale Trade refers to the activities of selling wholesale commodities for daily use and capital goods to enterprises of wholesale and retail trades (including self-employed individuals) and other enterprises, institutions and government organs and organizations, and the activities of engaging in import and export and acting as a trade agent. The wholesaler may have the ownership of the commodities for wholesale and trade in the name of its own (a company), and the wholesaler can act as commission agent or commodity broker without the ownership of commodities. Also included are the wholesale activities at the fixed stalls in wholesale market and the acquisition for sales purpose.

Retail Trade refers to the activities of department store, supermarket, franchised store, brand store, retail stall and on-the-spot-making-selling store selling commodities to the final consumers (residents) by any means including internet, post, telephone, sales machine. It also includes shops with sales and production located in the same places (such as bakeries). Retail trade excludes the activities of sales of capital goods such as grain, seed, feed, livestock, mineral products, raw material for production, industrial chemicals, chemical products for agricultural use, machine and equipment (excluding vehicles, computers and communication equipment). Most retailers have the ownership of commodities to sell, but some are acting as agents or brokers to make transactions for a commission.

Purchase, Sales and Stock of Commodities by Wholesale and Retail Trades refer to the total volume of commodities purchased, total volume of sales and exports, and the stock of commodities by wholesale and retail enterprises (establishments) of different status of registration from domestic and overseas markets. This indicator reflects the relationship among purchase, sales and stock of commodities in the circulation of goods and reveals the existing problems.

Total Purchases of Commodities refer to the total value of purchases of commodities by enterprises (establishments) from other establishments or individuals (including direct import from abroad) for the purpose of re-selling, either with or without further processing of the commodities purchased. The commodities include: (1) commodities purchased from agricultural and industrial producer, wholesaler, retailer, publishing house and other enterprises, institutions and individual operators of service business; (2) commodities purchased from institutions and government departments; (3) confiscated goods purchased from the customs authorities or market management agencies; (4) second-hand goods and wastes purchased from residents; The commodities exclude (1) commodities purchased by enterprises (establishments) for use in their own business operation, commodities obtained without buying or selling procedures such as materials, consumable goods of low value, office appliance, etc. (2) received goods without trading, such as goods handed over from others, borrowed goods, preserved goods for others, donated goods from others, processed and retrieved goods, etc. (3) goods of direct settlement between buyer and seller with handling fees introduced by others, (4) goods returned or refused to pay by the buyer, (5) excessive goods, (6) futures trading commodities.

Import refers to the amount of goods imported directly from abroad or imported entrusted to foreign trade enterprises as agents, excluding imports purchased from relevant domestic units. Foreign trade enterprises only count imported goods independently, not imported goods entrusted by agents.

Total Sales of Commodities refer to value of commodities sold by the establishments to other establishments and individuals (including goods sold for self consumption, including the value-added tax). The commodities include: (1) commodities sold to individuals and social groups for their consumption; (2) commodities sold to establishments in all industries for their production and operation, including agriculture, industry, construction, and catering services including commodities sold to wholesale and retail establishments for re-selling, with or without further processing; and (3) commodities for direct export to abroad. Excluded are (1) extended commodities without trading, such as goods handed over to other enterprises and institutions because of the change of organizations, lent goods, returned goods preserved for others, extended processing materials and samples donated to others, (2) goods sold by coupon rebates that are not included in business income, (3) goods of direct settlement between buyer and seller with handling fees introduced by others, (4) prepaid cards for goods without transfer of ownership, such as gas cards, (5) Service-oriented economic activities such as automobile maintenance and telephone card sales, (6) goods returned after purchase, (7) damaged and spoiled goods, (8) waste and used goods of self use, (9) futures trading commodities, (10) water, electricity and gas supplied by water supply enterprises, electric power enterprises and natural gas supply enterprises.

Export refers to the amount of goods exported directly to foreign countries (borders) or exported entrusted to foreign trade enterprises as agents. Commodity export does not include goods sold to foreign trade enterprises for export or exported after processing, as well as goods sold in foreign currencies in the domestic market. Foreign trade enterprises only count the goods they export independently, excluding those exported by trusted agents.

Total Stock of Commodities at End of Period For the legal entities and self-employed individuals engaged in wholesale and retail trade, it refers to total value (including VAT) of commodities possessed at the end of the reference period; and for wholesale and retail establishments, it refers to the value (including VAT) of all commodities actually in stock and owned by their legal persons at the end of reference period. The commodities in stock includes: (1) commodities located in storage, garages, counters, and shelves of operating places of wholesale and retail trades (such as sale stores, wholesale centres, procurement stations and operating offices); (2) commodities in the process of being selected, sorted, and packed; (3) commodities not arrived but recorded as purchase in the account, i.e. commodities not arrived but payment receipts for the commodities from the sellers or the banks arrived; (4) commodities deposited in other places rather than places mentioned above, for instance: commodities in the hold of purchasers temporarily due to the refusal of payment; (5) commodities entrusted to other units to sell but not sold yet; (6) commodities purchased for other units but not delivered yet. Commodities not included as stock are those not owned by the enterprises (units), commodities on commission for processing, imported commodities of agency of foreign trade enterprise but not yet delivered to ordering units and finally those put in stock on behalf of the state reserves units.

Chain Head Stores (headquarter) refer to the core leading stores responsible for development, allocation, administration and utilization of resources (name of stores, brand of stores, operation model, service standard, management way, etc.) of chain stores. Chain stores refers to the stores engaged in providing homogeneous commodities or services, with the central leadership of head store (headquarters) and guided by common policies, conduct centralized purchase and distributed selling of commodities, in order to gain better efficiency through standardized operation. The chain stores include regular chain stores, franchise chain stores and voluntary chain stores.

Regular Chain store refers to chain stores that are invested or controlled by the headquarters. They operate under direct and unified management from the headquarters.

Franchise chain store refers to the chain stores (franchisees) which are franchised with operation resources such as trade marks, names, patent and operation know-how by the franchisors in form of contract and pay the operation fees to the franchisors.

Voluntary chain store refers to the stores operate jointly on the voluntary bases while maintaining their status of independent legal entities with full ownership of their assets. They sell goods of same brand from same channel of resource to the consumers.

Large Commodity Markets with Transaction Value over 100 Million Yuan refers to the commodity markets with an annual transaction at and above 100 million. The commodity market refers to the markets approved and managed by related departments, where there are fixed sites, facilities, managers and administration offices, where there are a certain number of traders to operate for three month and above or all the year, where the commodities including the articles for daily consumption and capital goods and services are traded in a centralized, independent and open way. Such market includes markets of daily goods and market of capital goods, etc.

Total Retail Sales of Consumer Goods refer to the amount obtained by enterprises (units, self-employed individuals) through direct sales of non-production and non-business physical commodity to individuals, social institutions, and revenue from providing catering services. Individuals include rural and urban households, population from abroad, social institutions include government agencies, social organizations, military units, schools, institutions, neighbourhood (village) committees.

Online Retail Sales refer to the total retail sales of goods and services through public online trading platforms (including self-built websites and third-party platforms). Goods and services include physical goods and non-physical goods (such as virtual goods, service goods, etc.).

16

运输、邮电和软件业

Transport, Postal and Telecommunication Services, and Software Industry

简 要 说 明

一、本篇资料的主要内容

本篇资料反映我国交通运输业和邮政、电信、软件业发展的基本状况。

交通运输业资料主要包括：五种运输方式的线路里程、运输设备拥有量、技术质量情况，各种运输方式完成的货物运输量和旅客运输量，规模以上港口码头长度、泊位数量及货物吞吐量等资料。

邮政、电信、软件业资料主要包括：全国营业网点及邮政邮路情况，电信主要通信能力，主要的邮电业务完成情况，邮电通信发展水平，软件和信息技术服务业主要经济指标等资料。

二、本篇资料的统计范围

1.铁路资料：包括国家铁路（含控股合资）、地方铁路和非控股合资铁路运营情况，不含军用铁路及由厂矿企事业单位自建的铁路专用线和不办理公共营业的专用铁路。国家铁路（含控股合资）和非控股合资铁路运营资料来源于各铁路局及所属运输企业(公司)。地方铁路运营概况资料来源于各省地方铁路管理部门。

2.公路、水运、港口资料：(1)公路和水路线路里程为年末通车和通航里程数，不含未正式投入使用的公路和航道里程；(2)民用汽车拥有量及机动车和汽车驾驶员人数，根据公安部交通管理局所属各省车管部门登记注册的车辆资料和驾驶员资料整理，不含军用车辆；(3)公路营运汽车拥有量，根据各省道路运输主管部门登记注册的从事公路运输的营业性运输车辆资料整理，属于民用汽车的一部分；(4)营业性运输船舶拥有量，根据各省交通运输主管部门登记注册的从事水上客、货运输的营业性船舶资料整理，不含非运输船舶及农业、渔业生产船舶；(5)公路、水路客货运输量资料，由交通运输部负责收集整理；(6)公路、水路运输量统计包括全面调查和非全面调查两种方式，统计范围是在各省交通运输主管部门登记注册的从事公路、水路客、货运输的营业性的车辆和船舶所完成的运输量；(7)规模以上港口的统计范围为年通过能力在1000万吨以上的沿海港口和200万吨以上的内河港口，以及从事外贸、集装箱装卸的港口，具体范围由交通运输部划定。

3.管道运输资料：包括输原油、输成品油、输天然气及输其他气体的运输量。管道运输统计数据主要来源于中国石油天然气集团有限公司、中国石油化工集团公司和中国海洋石油集团有限公司所属的管道运输企业，由三家集团公司分别负责收集审核本部门统计数据。

4.民航运输资料：统计对象为在我国境内注册从事民用航空运输飞行和通用飞行的航空运输企业和定期航班通航机场，不包括在我国境内运输飞行的外国航空公司。统计范围为各航空公司从事国内运输、港澳台运输、国际运输的定期航班航线条数及里程、运输量及飞机构成和运营情况、通用航空飞行完成情况等。

5.邮政、电信、软件业资料：包括邮政企业和获得快递业务经营许可的快递企业，以及从事电信运营的中国电信集团有限公司、中国移动通信集团有限公司、中国联合网络通信集团有限公司三家基础电信企业（不含专用网业务资料），主营业务收入500万元以上的软件和信息技术服务业等企业。邮电业务量按业务种类分为邮政业务量和电信业务量。

三、本篇的资料来源

本篇资料由国家统计局服务业统计司负责整理、编辑。有关交通运输资料分别来源于交通运输部、中国民用航空局、国家铁路局、中国国家铁路集团有限公司、中国石油天然气集团有限公司、中国石油化工集团有限公司、中国海洋石油集团有限公司和公安部交通管理局所属各省车管部门。邮电通信业资料来源于工业和信息化部、国家邮政局、中国互联网络信息中心。

Brief Introduction

I. Main Contents

Data in this chapter present the development of transportation, post, telecommunications and software industry in China.

Data on transport cover mainly the length of the routes of five means of transportation, the possession of transport equipment, the condition of technological quality, freight traffic and passenger traffic accomplished by various means of transportation, the length of ports above designated size and the situation of berths, and cargo handled at sea ports.

Data on post, telecommunications and software industry cover mainly the situation of post and telecommunication offices and postal routes; main telecommunication capacity; business volume of postal and telecommunication services achieved; the level of development of postal and telecommunication services, and the main economic indicators of software and IT services industry.

II. Scope of Statistics

1. Data on railway transportation: including the operation and management of the national, local and joint-venture railways but not including railways for military purpose, lines built by industrial and mining enterprises and special railways not for commercial use. Data on the operation and management of the national railways and joint-venture railways come from the railway bureaus and transport enterprises subordinate to them. Data on the operation and management of local railways come from the provincial administrative departments managing the local railways.

2. Data on highways, waterways and ports: (1) The length of highways and waterways refer to the length open to traffic or navigation at the end of the year, but not including the highways and waterways under construction or not officially having been put into use. (2) Data on the possession of civil motor vehicles and the number of drivers are provided by the divisions of vehicle management under the provincial departments of public security, subordinate to the Traffic Management Bureau, Ministry of Public Security, but not including vehicles for military use. (3) Data on possession of highway vehicles are provided by the divisions of vehicle management under provincial departments of public security, which are subordinate to the Traffic Management Bureau, Ministry of Public Security, including vehicles for business use and non-business use. These vehicles are part of the totality of civil motor vehicles. (4) Data on possession of ships are provided by the divisions of navigation or ports management under provincial departments of communications, which are subordinate to the Ministry of Transport. However, fishing boats, boats for constructions in water and boats for military use are not included. (5) Data on passenger traffic and freight traffic by highways and waterways are collected and prepared by the Ministry of Transport. (6) Data on highway and waterway transportation are collected through both comprehensive reporting system and non-comprehensive reporting system. The statistical scope encompasses all the enterprises, institutional units and individuals (including joint-households) registered in the People's Republic of China and engaged in highway or waterway freight or passenger transport business. (7) Data on production capacity and handling capacity include the seaports handling cargo more than 10 million tons, inland river ports with turnover over 2 million tons and ports with operation in foreign trade and containing shipping. The specific scopes are decided by the Administration of Transportation.

3. Data on pipeline transport: The data on pipeline transport cover the volume transported of petroleum (crude oil) pipelines, petroleum products pipelines, natural gas pipelines and other gas pipelines. Data sources of the pipeline transport statistics are mainly the enterprises engaged in the pipeline transport subordinate to the China National Petroleum Corporation, Sinopec Group and China National Offshore Oil Corporation. The three corporations collect and examine the statistical data submitted to them from the units subordinate to them respectively.

4. Data on civil aviation transport: The targets of statistical collection are enterprises registered for engagement in civil aviation transport flights and flights for general purposes and general aviation airports with scheduled flights. Excluded are foreign companies which operate flights within Chinese territory. The scope of statistics encompasses number of lines, mileage flown, transport volume, composition of the fleets operational situation of the airlines, performance of general purpose flights in respect of domestic transport, transport between China mainland and Hong Kong, Macao and Taiwan, and international transport.

5. Data on post, telecommunications and software industry: Data in this category include postal enterprises and express delivery companies that obtained express business license, the three major enterprises of telecommunication: China Telecom, China Mobile and China Unicom (not including services provided through dedicated networks), and enterprises of software and IT services with turnover from primary activities above five million yuan. By types of business, the business volume of post and telecommunications is divided into postal services and telecommunication services.

III. Sources of Data

Data in this chapter are processed and compiled by the Department of Service Statistics, NBS. Data on transportation are from Ministry of Transport, Civil Aviation Administration of China, National Railway Administration, China State Railway Group Co., Ltd., China National Petroleum Corporation, Sinopec Group, China National Offshore Oil Corporation, the divisions of vehicle management under the provincial departments of public security, which are subordinate to the Traffic Management Bureau, Ministry of Public Security. Data on postal and telecommunication services come from the Ministry of Industry and Information, and the State Post Bureau of China, CNNIC.

16-1 分地区交通运输、仓储和邮政业就业人员数(2018年底)

Number of Employed Persons in Transport, Storage and Post at Year-end by Region (2018)

单位：人 (person)

地 区	Region	铁路运输业 Railway Transport	道路运输业 Road Transport	水上运输业 Water Transport	航空运输业 Air Transport	管道运输业 Pipeline Transport	多式联运和运输代理业 Intermodality and Forwarding Agency	装卸搬运和仓储业 Loading, Unloading and Storage	邮政业 Post
全 国	**National Total**	**1833800**	**3642970**	**357698**	**645957**	**33883**	**313777**	**432771**	**929159**
北 京	Beijing	105933	279774	304	83122	4287	29218	14541	84799
天 津	Tianjin	11321	61561	12520	8923	525	13090	15327	9075
河 北	Hebei	51072	121007	21244	5880	1453	1904	14550	28692
山 西	Shanxi	104705	76661	79	6514		2157	6932	17121
内蒙古	Inner Mongolia	103833	65806	27	5252	104	923	6782	18227
辽 宁	Liaoning	107581	122535	15757	20106	808	12977	33319	16630
吉 林	Jilin	58361	49051	54	6484	935	1640	12467	19664
黑龙江	Heilongjiang	126389	66041	3401	4667	613	1648	18237	29304
上 海	Shanghai	38340	181993	51285	91436	1443	84771	32383	24187
江 苏	Jiangsu	20109	246682	62071	15061	8727	19643	36638	51465
浙 江	Zhejiang	20421	173107	27727	13915	50	13259	20568	32082
安 徽	Anhui	38727	133448	10923	4901	69	5931	10877	40304
福 建	Fujian	40736	96647	15236	26260	63	11398	11651	28389
江 西	Jiangxi	59669	93132	4591	4299	16	552	7529	20109
山 东	Shandong	96131	224934	46669	8287	3817	16080	32729	47215
河 南	Henan	109329	201620	1698	8977	280	5279	24970	40539
湖 北	Hubei	85818	157194	14728	9611	4557	3442	12471	60244
湖 南	Hunan	72930	97592	2392	8982	306	1647	6607	28376
广 东	Guangdong	59100	397895	42287	132231	450	72078	50950	109102
广 西	Guangxi	63674	67507	5204	8692		1554	12975	28399
海 南	Hainan	6361	23993	6329	25408	28	1139	3432	9606
重 庆	Chongqing	29705	133988	10343	15011	46	2333	6013	28037
四 川	Sichuan	66671	173568	1402	51954	612	2805	12194	64699
贵 州	Guizhou	34578	56007	586	12351	117	552	3661	10948
云 南	Yunnan	39568	75210	297	27058	261	3267	6890	18641
西 藏	Tibet	36	5191		4135			236	839
陕 西	Shaanxi	101135	110956	157	12012	769	2818	10783	34199
甘 肃	Gansu	83282	44888	174	3686		383	3867	9538
青 海	Qinghai	23621	15526		2518		93	748	3219
宁 夏	Ningxia	18898	12258	124	2757		26	752	3841
新 疆	Xinjiang	55766	77198	89	15467	3547	1170	1692	11669

16-2 交通运输业基本情况
Basic Conditions of Transport

指　标	Item	2015	2016	2017	2018
运输线路长度　（万公里）	**Length of Transport Routes　(10 000 km)**				
铁路营业里程	Railways in Operation	12.10	12.40	12.70	13.17
公路里程	Highways	457.73	469.63	477.35	484.65
#高速公路	Expressway	12.35	13.10	13.64	14.26
内河航道里程	Navigable Inland Waterways	12.70	12.71	12.70	12.71
定期航班航线里程	Regular Civil Aviation Routes	531.72	634.81	748.30	837.98
管道输油(气)里程	Petroleum and Gas Pipelines	10.87	11.34	11.93	12.23
客运量总计　（万人）	**Total Passenger Traffic　(10 000 persons)**	**1943271**	**1900194**	**1848620**	**1793820**
铁路	Railways	253484	281405	308379	337495
公路	Highways	1619097	1542759	1456784	1367170
水运	Waterways	27072	27234	28300	27981
民航	Civil Aviation	43618	48796	55156	61174
旅客周转量总计　（亿人公里）	**Total Passenger-Kilometers(100 million passenger-km)**	**30058.9**	**31258.5**	**32812.8**	**34218.2**
铁路	Railways	11960.6	12579.3	13456.9	14146.6
公路	Highways	10742.7	10228.7	9765.2	9279.7
水运	Waterways	73.1	72.3	77.7	79.6
民航	Civil Aviation	7282.6	8378.1	9513.0	10712.3
货运量总计　（万吨）	**Total Freight Traffic　(10 000 tons)**	**4175886**	**4386763**	**4804850**	**5152732**
铁路	Railways	335801	333186	368865	402631
公路	Highways	3150019	3341259	3686858	3956871
水运	Waterways	613567	638238	667846	702684
民航	Civil Aviation	629.3	668.0	705.9	738.5
管道	Petroleum and Gas Pipelines	75870	73411	80576	89807
货物周转量　（亿吨公里）	**Total Freight Ton-kilometers　(100 million ton-km)**	**178356**	**186629**	**197373**	**204686**
铁路	Railways	23754.3	23792.3	26962.2	28821.0
公路	Highways	57955.7	61080.1	66771.5	71249.2
水运	Waterways	91772.5	97338.8	98611.2	99052.8
民航	Civil Aviation	208.07	222.45	243.55	262.50
管道	Petroleum and Gas Pipelines	4665	4196	4784	5301
民用汽车拥有量　（万辆）	**Possession of Civil Motor Vehicles　(10 000 units)**	**16284.45**	**18574.54**	**20906.67**	23231.23
#私人汽车	Private Vehicles	14099.10	16330.22	18515.11	20574.93
其他机动车拥有量　（万辆）	**Possession of Other Motor Vehicles　(10 000 units)**	**9570.42**	**7449.93**	**7607.88**	**6979.25**
民用运输船舶拥有量　（艘）	**Possession of Civil Transport Vessels　(unit)**	**165905**	**160144**	**144924**	**136975**
机动船	Motor Vessels	149659	144568	131746	125754
驳船	Barges	16246	15576	13178	11221
沿海规模以上港口货物吞吐量　（万吨）	**Volume of Freight Handled in Coastal Ports above Designated Size　(10 000 tons)**	**784578**	**810933**	**865464**	**922392**

注：1.2008年公路、水路运输量统计口径有调整(以下相关表同)。

2.从2009年起，沿海规模以上港口统计范围为年吞吐量1000万吨以上的沿海港口，内河规模以上港口统计范围为年吞吐量200万吨以上的内河港口(以下相关表同)。

3.2013年，管道运输统计口径在原中国石油天然气集团公司、中国石油化工集团公司基础上增加中国海洋石油总公司，2012年管道数据按同口径调整(以下相关表同)。

4.2013年公路水路客货运输数据，源自2013年交通运输业经济统计专项调查，统计范围口径有所调整(以下相关表同)。按可比口径计算，2013年公路客运量、旅客周转量、货运量、货物周转量比上年分别增长4.2%、1.0%、10.9%和11.2%;水运客运量、旅客周转量、货运量、货物周转量比上年分别增长3.0%、2.9%、10.4%和4.8%。

5.2014年、2015年公路水路运输量统计数据根据2015年开展的公路水路运输量小样本抽样调查结果进行了调整。

a) In 2008, data on total passenger traffic and freight traffic of highway and waterways have changed. The same applies to the relevant following tables

b) Since 2009, statistical coverage above designated size refers to coastal seaport with capacity over 10 million tons yearly and inland port over 2 million tons yearly. The same applies to the relevant tables following.

c) In 2013, the pipelines transport statistics had an additional inclusion of CNOOC to the 2012 inclusion of CNPC and SINOPEC. The 2012 data on pipelines transport are adjusted for data comparability. The same applies in the relevant following tables.

d) The 2013 figures on passenger traffic and freight traffic are calculated with the data from the 2013 survey of transport economics, and have different coverages. The same applies to the relevant following tables. When adjusted to comparable coverages, the 2013 highway passenger traffic, passenger kilometers, freight traffic and freight ton-kilometers increased over the previous year by 4.2%, 1.0%, 10.9% and 11.2% respectively; and the 2013 waterway passenger traffic, passenger-kilometers, freight traffic and freight ton-kilometers by 3.0%, 2.9%, 10.4% and 4.8% respectively.

e) Data of transport of highways and waterways in 2014 and 2015 are adjusted according to small-sized sample survey on transport of highways and waterways conducted in 2015.

16-3 运输线路长度
Length of Transportation Routes

单位：万公里 (10 000 km)

年份 Year	铁路营业里程 Length of Railways in Operation	#铁路电气化里程 Electrified Railways	公路里程 Length of Highways	#高速公路 Expressway	内河航道里程 Length of Navigable Inland Waterways	定期航班航线里程 Length of Regular Civil Aviation Routes	#国际航线 International Routes	管道输油(气)里程 Length of Petroleum and Gas Pipelines
1978	5.17	0.10	89.02		13.60	14.89	5.53	0.83
1980	5.33	0.17	88.83		10.85	19.53	8.12	0.87
1985	5.52	0.41	94.24		10.91	27.72	10.60	1.17
1990	5.79	0.69	102.83	0.05	10.92	50.68	16.64	1.59
1991	5.78	0.78	104.11	0.06	10.97	55.91	17.74	1.62
1992	5.81	0.84	105.67	0.07	10.97	83.66	30.30	1.59
1993	5.86	0.89	108.35	0.11	11.02	96.08	27.87	1.64
1994	5.90	0.90	111.78	0.16	11.02	104.56	35.19	1.68
1995	6.24	0.97	115.70	0.21	11.06	112.90	34.82	1.72
1996	6.49	1.01	118.58	0.34	11.08	116.65	38.63	1.93
1997	6.60	1.20	122.64	0.48	10.98	142.50	50.44	2.04
1998	6.64	1.30	127.85	0.87	11.03	150.58	50.44	2.31
1999	6.74	1.40	135.17	1.16	11.65	152.22	52.33	2.49
2000	6.87	1.49	167.98	1.63	11.93	150.29	50.84	2.47
2001	7.01	1.69	169.80	1.94	12.15	155.36	51.69	2.76
2002	7.19	1.74	176.52	2.51	12.16	163.77	57.45	2.98
2003	7.30	1.81	180.98	2.97	12.40	174.95	71.53	3.26
2004	7.44	1.86	187.07	3.43	12.33	204.94	89.42	3.82
2005	7.54	1.94	334.52	4.10	12.33	199.85	85.59	4.40
2006	7.71	2.34	345.70	4.53	12.34	211.35	96.62	4.81
2007	7.80	2.40	358.37	5.39	12.35	234.30	104.74	5.45
2008	7.97	2.50	373.02	6.03	12.28	246.18	112.02	5.83
2009	8.55	3.02	386.08	6.51	12.37	234.51	91.99	6.91
2010	9.12	3.27	400.82	7.41	12.42	276.51	107.02	7.85
2011	9.32	3.43	410.64	8.49	12.46	349.06	149.44	8.33
2012	9.76	3.55	423.75	9.62	12.50	328.01	128.47	9.16
2013	10.31	3.60	435.62	10.44	12.59	410.60	150.32	9.85
2014	11.18	3.69	446.39	11.19	12.63	463.72	176.72	10.57
2015	12.10	7.47	457.73	12.35	12.70	531.72	239.44	10.87
2016	12.40	8.03	469.63	13.10	12.71	634.81	282.80	11.34
2017	12.70	8.66	477.35	13.64	12.70	748.30	324.59	11.93
2018	13.17	9.22	484.65	14.26	12.71	837.98	359.89	12.23

注：1.铁路电气化里程2014年及以前为国家铁路电气化里程，2015年起为全国铁路电气化里程。
2.2004年起内河航道里程为内河航道通航里程数(以下相关表同)。
3.2005年起公路里程包括村道(以下相关表同)。
4.2011年起民航航线里程改为定期航班航线里程(以下相关表同)。

a) Electrified railways refers to national electrified railways before 2014, and refers to electrified railways of the whole country since 2015.
b) Since 2004, inland waterways refers to navigable inland waterways. The same applies to the relevant tables followings.
c) Length of highways include the village road since 2005. The same applies to the relevant tables following.
d) Since 2011, Civil aviation routes change to regular civil aviation routes. The same applies to the relevant tables following.

16-4 分地区运输线路长度（2018年底）

Length of Transport Routes at Year-end by Region (2018)

单位：公里 (km)

地 区	Region	铁路营业里程 Length of Railways in Operation	内河航道里程 Length of Navigable Inland Waterways	公路里程 Total Length of Highways	等级公路 Expressway and Class I to IV Highways	#高速 Express way	#一级 First Class	#二级 Second Class	等外公路 Highways Below Class IV
全 国	**National Total**	**131651**	**127126**	**4846532**	**4465864**	**142593**	**111703**	**393471**	**380667**
北 京	Beijing	1264		22256	22256	1115	1457	4029	
天 津	Tianjin	1153	88	16257	16257	1262	1209	2986	
河 北	Hebei	7362		193252	188475	7280	6341	20987	4777
山 西	Shanxi	5441	467	143326	141012	5605	2731	15736	2314
内蒙古	Inner Mongolia	12766	2403	202641	195636	6633	7791	17684	7005
辽 宁	Liaoning	6525	413	122974	115699	4331	4153	18305	7275
吉 林	Jilin	5043	1456	105399	100599	3298	2163	9642	4799
黑龙江	Heilongjiang	6894	5098	167116	142959	4512	2729	11931	24156
上 海	Shanghai	466	2091	13106	13106	836	545	3615	
江 苏	Jiangsu	3062	24380	158729	156297	4711	15081	23439	2432
浙 江	Zhejiang	2813	9761	120662	120339	4421	7046	10374	323
安 徽	Anhui	4324	5641	208826	207942	4836	4863	11595	885
福 建	Fujian	3514	3245	108901	92464	5155	1351	10887	16438
江 西	Jiangxi	4278	5638	161941	135442	5931	2601	11613	26499
山 东	Shandong	6336	1117	275642	274948	6057	11159	26177	693
河 南	Henan	5410	1403	268589	242775	6600	3692	27192	25814
湖 北	Hubei	4341	8470	275039	265912	6367	6093	23179	9128
湖 南	Hunan	5070	11496	240060	223667	6725	2068	14478	16393
广 东	Guangdong	4524	12112	217699	209131	9003	11329	18975	8568
广 西	Guangxi	5202	5707	125449	115702	5563	1554	13156	9748
海 南	Hainan	1033	343	35023	34731	924	460	1845	292
重 庆	Chongqing	2326	4352	157483	133943	3096	952	8572	23541
四 川	Sichuan	4950	10818	331592	304830	7131	4178	16021	26762
贵 州	Guizhou	3565	3740	196908	156559	6453	1464	8433	40348
云 南	Yunnan	3848	4024	252929	220554	5184	1443	12222	32374
西 藏	Tibet	785		97785	85473	38	578	1055	12312
陕 西	Shaanxi	5002	1146	177128	161028	5475	1641	9734	16100
甘 肃	Gansu	4672	911	143228	128071	4242	627	9156	15157
青 海	Qinghai	2349	674	82137	70157	3328	609	8525	11980
宁 夏	Ningxia	1373	130	35405	35355	1678	1895	3870	51
新 疆	Xinjiang	5959		189050	154546	4803	1901	18056	34504

16-5 运输线路质量
Quality of Transport Routes

指标	Item	1990	2000	2010	2017	2018
铁路营业里程 (公里)	**Length of Railways in Operation (km)**	**53378**	**58656**	**66239**	**126970**	**131651**
#复线里程 (公里)	Double-Tracking Length (km)	13024	21408	29684	71761	76346
复线里程比重 (%)	Proportion (%)	24.4	36.5	44.8	56.5	58.0
公路里程 (公里)	**Length of Highways (km)**	**1028348**	**1679848**	**4008229**	**4773469**	**4846532**
#等级公路里程 (公里)	Expressway and Class I to IV Highways (km)	741104	1315931	3304709	4338560	4465864
等级公路里程比重 (%)	Proportion (%)	72.1	78.3	82.4	90.9	92.1
内河航道里程 (公里)	**Length of Navigable Inland Waterways (km)**	**109192**	**119325**	**124242**	**127019**	**127126**
#等级航道里程 (公里)	Standard Waterways (km)	59575	61367	62290	66160	66442
等级航道里程比重 (%)	Proportion (%)	54.6	51.4	50.1	52.1	52.3

注：铁路营业里程2014年及以前为国家铁路营业里程，2015年起为全国铁路营业里程。

a) Length of railways in operation refers to that of national railways before 2015, and refers to railways of all the country since 2015.

16-6 客运量
Passenger Traffic

单位：万人 (10 000 persons)

年份 Year	客运量总计 Total	铁路 Railways	公路 Highways	水运 Waterways	民航 Civil Aviation
1978	253993	81491	149229	23042	231
1980	341785	92204	222799	26439	343
1985	620206	112110	476486	30863	747
1990	772682	95712	648085	27225	1660
1991	806048	95080	682681	26109	2178
1992	860855	99693	731774	26502	2886
1993	996634	105458	860719	27074	3383
1994	1092882	108738	953940	26165	4039
1995	1172596	102745	1040810	23924	5117
1996	1245357	94797	1122110	22895	5555
1997	1326094	93308	1204583	22573	5630
1998	1378717	95085	1257332	20545	5755
1999	1394413	100164	1269004	19151	6094
2000	1478573	105073	1347392	19386	6722
2001	1534122	105155	1402798	18645	7524
2002	1608150	105606	1475257	18693	8594
2003	1587497	97260	1464335	17142	8759
2004	1767453	111764	1624526	19040	12123
2005	1847018	115583	1697381	20227	13827
2006	2024158	125656	1860487	22047	15968
2007	2227761	135670	2050680	22835	18576
2008	2867892	146193	2682114	20334	19251
2009	2976898	152451	2779081	22314	23052
2010	3269508	167609	3052738	22392	26769
2011	3526319	186226	3286220	24556	29317
2012	3804035	189337	3557010	25752	31936
2013	2122992	210597	1853463	23535	35397
2014	2032218	230460	1736270	26293	39195
2015	1943271	253484	1619097	27072	43618
2016	1900194	281405	1542759	27234	48796
2017	1848620	308379	1456784	28300	55156
2018	1793820	337495	1367170	27981	61174

注：从1979年起，公路运输包括社会车辆完成数量，从1984年起，还包括私营运输完成的数量(下表同)，从2008年起公路运输量统计范围原则上为营运车辆。水路运输量统计范围为在交通运输主管部门审批、备案、从事营业性旅客和货物运输生产的船舶。

a) Since 1979, freight traffic by highways has included the quantities transported by trucks of non-highway departments. Since 1984, it has also included the quantities transported by private trucks. The same applies to the tables following. Since 2008, freight traffic by highways referred to the vehicles under operation. Statistical coverage of freight traffic by waterways is vessels engaged in passengers and goods transport for business purpose, and approved, registered by the department of transportation.

16-7 旅 客 周 转 量
Passenger-Kilometers

单位：亿人公里 (100 million passenger-km)

年 份 Year	旅客周转量 总 计 Total	铁 路 Railways	公 路 Highways	水 运 Waterways	民 航 Civil Aviation
1978	1743.1	1093.2	521.3	100.6	27.9
1980	2281.3	1383.2	729.5	129.1	39.6
1985	4435.4	2416.1	1724.9	178.7	115.7
1990	5628.4	2612.6	2620.3	164.9	230.5
1991	6178.3	2828.1	2871.7	177.2	301.3
1992	6949.4	3152.2	3192.6	198.4	406.1
1993	7858.0	3483.3	3700.7	196.4	477.6
1994	8591.4	3636.0	4220.3	183.5	551.6
1995	9001.9	3545.7	4603.1	171.8	681.3
1996	9164.8	3347.6	4908.8	160.6	747.8
1997	10055.5	3584.9	5541.4	155.7	773.5
1998	10636.7	3773.4	5942.8	120.3	800.2
1999	11299.7	4135.9	6199.2	107.3	857.3
2000	12261.1	4532.6	6657.4	100.5	970.5
2001	13155.1	4766.8	7207.1	89.9	1091.4
2002	14125.6	4969.4	7805.8	81.8	1268.7
2003	13810.5	4788.6	7695.6	63.1	1263.2
2004	16309.1	5712.2	8748.4	66.3	1782.3
2005	17466.7	6062.0	9292.1	67.8	2044.9
2006	19197.2	6622.1	10130.8	73.6	2370.7
2007	21592.6	7216.3	11506.8	77.8	2791.7
2008	23196.7	7778.6	12476.1	59.2	2882.8
2009	24834.9	7878.9	13511.4	69.4	3375.2
2010	27894.3	8762.2	15020.8	72.3	4039.0
2011	30984.0	9612.3	16760.2	74.5	4537.0
2012	33383.1	9812.3	18467.5	77.5	5025.7
2013	27571.7	10595.6	11250.9	68.3	5656.8
2014	28647.1	11241.9	10996.8	74.3	6334.2
2015	30058.9	11960.6	10742.7	73.1	7282.6
2016	31258.5	12579.3	10228.7	72.3	8378.1
2017	32812.8	13456.9	9765.2	77.7	9513.0
2018	34218.2	14146.6	9279.7	79.6	10712.3

16-8 货 运 量
Freight Traffic

单位：万吨 (10 000 tons)

年 份 Year	货运量 总计 Total	铁 路 Railways	公 路 Highways	水 运 Waterways	#远 洋 Ocean	民 航 Civil Aviation	管 道 Petroleum and Gas Pipelines
1978	319431	110119	151602	47357	3659	6.4	10347
1980	310841	111279	142195	46833	4292	8.9	10525
1985	745763	130709	538062	63322	6627	19.5	13650
1990	970602	150681	724040	80094	9408	37.0	15750
1991	985793	152893	733907	83370	10567	45.2	15578
1992	1045899	157627	780941	92490	11191	57.5	14783
1993	1115902	162794	840256	97938	12508	69.4	14845
1994	1180396	163216	894914	107091	13421	82.9	15092
1995	1234938	165982	940387	113194	15251	101.1	15274
1996	1298421	171024	983860	127430	14213	115.0	15992
1997	1278218	172149	976536	113406	20287	124.7	16002
1998	1267427	164309	976004	109555	18892	140.1	17419
1999	1293008	167554	990444	114608	22621	170.4	20232
2000	1358682	178581	1038813	122391	22949	196.7	18700
2001	1401786	193189	1056312	132675	27573	171.0	19439
2002	1483447	204956	1116324	141832	29896	202.1	20133
2003	1564492	224248	1159957	158070	34002	219.0	21998
2004	1706412	249017	1244990	187394	39469	276.7	24734
2005	1862066	269296	1341778	219648	48549	306.7	31037
2006	2037060	288224	1466347	248703	54413	349.4	33436
2007	2275822	314237	1639432	281199	58903	401.8	40552
2008	2585937	330354	1916759	294510	42352	407.6	43906
2009	2825222	333348	2127834	318996	51733	445.5	44598
2010	3241807	364271	2448052	378949	58054	563.0	49972
2011	3696961	393263	2820100	425968	63542	557.5	57073
2012	4100436	390438	3188475	458705	65815	545.0	62274
2013	4098900	396697	3076648	559785	71156	561.3	65209
2014	4167296	381334	3113334	598283	74733	594.1	73752
2015	4175886	335801	3150019	613567	74685	629.3	75870
2016	4386763	333186	3341259	638238	79769	668.0	73411
2017	4804850	368865	3686858	667846	76030	705.9	80576
2018	5152732	402631	3956871	702684	76969	738.5	89807

注：1993年起铁路货物运输增加行包运量(下表同)。
a) The indicator of railways freight has increased the freight of package since 1993. The same applies to the tables following.

16-9 货 物 周 转 量
Freight Ton-Kilometers

单位：亿吨公里 (100 million ton-km)

年 份 Year	货物周转量 总计 Total	铁 路 Railways	公 路 Highways	水 运 Waterways	#远 洋 Ocean	民 航 Civil Aviation	管 道 Petroleum and Gas Pipelines
1978	9928	5345.2	350.3	3801.8	2487	0.97	430
1980	11629	5717.5	342.9	5076.5	3532	1.41	491
1985	18365	8125.7	1903.0	7729.3	5329	4.15	603
1990	26208	10622.4	3358.1	11591.9	8141	8.18	627
1991	27987	10972.0	3428.0	12955.4	8990	10.10	621
1992	29218	11575.6	3755.4	13256.2	9034	13.42	617
1993	30647	12090.9	4070.5	13860.8	9134	16.61	608
1994	33435	12632.0	4486.3	15686.6	10268	18.58	612
1995	35909	13049.5	4694.9	17552.2	11938	22.30	590
1996	36590	13106.2	5011.2	17862.5	11254	24.93	585
1997	38385	13269.9	5271.5	19235.0	14875	29.10	579
1998	38089	12560.1	5483.4	19405.8	14920	33.45	606
1999	40568	12910.3	5724.3	21262.8	17014	42.34	628
2000	44321	13770.5	6129.4	23734.2	17073	50.27	636
2001	47710	14694.1	6330.4	25988.9	20873	43.72	653
2002	50686	15658.4	6782.5	27510.6	21733	51.55	683
2003	53859	17246.7	7099.5	28715.8	22305	57.90	739
2004	69445	19288.8	7840.9	41428.7	32255	71.80	815
2005	80258	20726.0	8693.2	49672.3	38552	78.90	1088
2006	88840	21954.4	9754.2	55485.7	42577	94.28	1551
2007	101419	23797.0	11354.7	64284.8	48686	116.39	1866
2008	110300	25106.3	32868.2	50262.7	32851	119.60	1944
2009	122133	25239.2	37188.8	57556.7	39524	126.23	2022
2010	141837	27644.1	43389.7	68427.5	45999	178.90	2197
2011	159324	29465.8	51374.7	75423.8	49355	173.91	2885
2012	173804	29187.1	59534.9	81707.6	53412	163.89	3211
2013	168014	29173.9	55738.1	79435.7	48705	170.29	3496
2014	181668	27530.2	56846.9	92774.6	55935	187.77	4328
2015	178356	23754.3	57955.7	91772.5	54236	208.07	4665
2016	186629	23792.3	61080.1	97338.8	58075	222.45	4196
2017	197373	26962.2	66771.5	98611.2	55084	243.55	4784
2018	204686	28821.0	71249.2	99052.8	51927	262.50	5301

16-10 旅客运输平均运距
Average Transport Distance of Passengers

单位：公里 (km)

年份 Year	总计 Total	铁路 Railways	公路 Highways	水运 Waterways	民航 Civil Aviation
1978	69	134	35	44	1208
1980	67	150	33	49	1153
1985	72	216	36	58	1563
1990	73	273	40	61	1388
1991	77	297	42	68	1383
1992	81	316	44	75	1407
1993	79	330	43	73	1412
1994	79	334	44	70	1366
1995	77	345	44	72	1331
1996	74	353	44	70	1346
1997	76	384	46	69	1374
1998	77	397	47	59	1391
1999	81	413	49	56	1407
2000	83	431	49	52	1444
2001	86	453	51	48	1450
2002	88	471	53	44	1476
2003	87	492	53	37	1442
2004	92	511	54	35	1470
2005	95	524	55	34	1479
2006	95	527	54	33	1485
2007	97	532	56	34	1503
2008	81	532	47	29	1497
2009	83	517	49	31	1464
2010	85	523	49	32	1509
2011	88	516	51	30	1548
2012	88	518	52	30	1574
2013	130	503	61	29	1598
2014	141	488	63	28	1616
2015	155	472	66	27	1670
2016	165	447	66	27	1717
2017	177	436	67	27	1725
2018	191	419	68	28	1751

16-11 货物运输平均运距
Average Transport Distance of Freight

单位：公里 (km)

年份 Year	总计 Total	铁路 Railways	公路 Highways	水运 Waterways	民航 Civil Aviation	管道 Petroleum and Gas Pipelines
1978	395	485	32	873	1516	416
1980	220	514	20	1184	1580	467
1985	246	622	35	1221	2129	442
1990	270	705	46	1447	2211	398
1991	284	718	47	1554	2234	399
1992	279	734	48	1433	2335	417
1993	275	743	48	1415	2394	410
1994	283	774	50	1465	2241	406
1995	291	786	50	1551	2206	386
1996	282	766	51	1402	2168	366
1997	300	771	54	1696	2334	362
1998	301	764	56	1771	2388	348
1999	314	771	58	1855	2485	310
2000	326	771	59	1939	2555	340
2001	340	761	60	1959	2556	336
2002	342	764	61	1940	2551	339
2003	344	769	61	1817	2643	336
2004	407	775	63	2211	2595	329
2005	431	770	65	2261	2572	350
2006	436	762	67	2231	2698	464
2007	446	757	69	2286	2896	460
2008	427	760	171	1707	2934	443
2009	432	757	175	1804	2833	453
2010	438	759	177	1806	3177	440
2011	431	749	182	1771	3120	506
2012	424	748	187	1781	3007	516
2013	410	735	181	1419	3034	536
2014	436	722	183	1551	3161	587
2015	427	707	184	1496	3306	615
2016	425	714	183	1525	3330	572
2017	411	731	181	1477	3450	594
2018	397	716	180	1410	3554	590

16-12 分地区客运量（2018年）
Passenger Traffic by Region (2018)

单位：万人 (10 000 persons)

地区	Region	合计 Total	铁路 Railways	公路 Highways	水运 Waterways
全国	**National Total**	**1793820**	**337495**	**1367170**	**27981**
北京	Beijing	58935	14357	44577	
天津	Tianjin	17450	5075	12259	116
河北	Hebei	47346	12211	35133	2
山西	Shanxi	23837	7958	15719	161
内蒙古	Inner Mongolia	13268	5446	7823	
辽宁	Liaoning	71343	14422	56355	566
吉林	Jilin	31956	8446	23372	139
黑龙江	Heilongjiang	31568	10522	20739	307
上海	Shanghai	15845	12267	3151	427
江苏	Jiangsu	120612	21204	97025	2383
浙江	Zhejiang	98380	21870	72013	4497
安徽	Anhui	63347	12337	50770	240
福建	Fujian	48105	12096	34081	1929
江西	Jiangxi	60686	11131	49302	253
山东	Shandong	67443	15356	50044	2044
河南	Henan	110421	16383	93707	331
湖北	Hubei	98350	16713	80990	648
湖南	Hunan	106680	13943	91007	1729
广东	Guangdong	142144	34121	105249	2775
广西	Guangxi	47931	11100	36134	697
海南	Hainan	14383	2958	9637	1788
重庆	Chongqing	60587	7707	52150	731
四川	Sichuan	98569	15116	81462	1991
贵州	Guizhou	93025	6761	84053	2211
云南	Yunnan	41484	5500	34642	1342
西藏	Tibet	1399	352	1047	
陕西	Shaanxi	71583	10953	60269	361
甘肃	Gansu	42185	5473	36634	78
青海	Qinghai	6443	1256	5092	95
宁夏	Ningxia	6137	653	5342	142
新疆	Xinjiang	21204	3810	17394	
不分地区	Not Classified by Region	61174			

注：不分地区合计数为民航完成数。
a) The total passenger traffic not classified by region refers to that completed by civil aviation.

16-13 分地区旅客周转量（2018年）
Passenger-kilometers by Region (2018)

单位：亿人公里 (100 million passenger-km)

地 区	Region	合 计 Total	铁 路 Railways	公 路 Highways	水 运 Waterways
全 国	**National Total**	**34218.15**	**14146.58**	**9279.68**	**79.57**
北 京	Beijing	254.43	154.57	99.87	
天 津	Tianjin	276.51	199.90	76.40	0.21
河 北	Hebei	1289.20	1061.40	227.61	0.19
山 西	Shanxi	393.95	234.23	159.64	0.08
内蒙古	Inner Mongolia	337.14	214.71	122.43	
辽 宁	Liaoning	938.79	641.29	291.46	6.05
吉 林	Jilin	427.28	273.33	153.77	0.18
黑龙江	Heilongjiang	433.75	279.26	154.13	0.36
上 海	Shanghai	218.70	112.09	105.82	0.79
江 苏	Jiangsu	1539.34	819.23	716.64	3.47
浙 江	Zhejiang	1103.66	694.56	402.80	6.30
安 徽	Anhui	1163.66	786.38	376.89	0.39
福 建	Fujian	599.99	385.20	212.04	2.75
江 西	Jiangxi	993.73	732.42	260.97	0.34
山 东	Shandong	1289.61	783.28	493.57	12.76
河 南	Henan	1775.09	1063.29	711.19	0.61
湖 北	Hubei	1258.91	800.74	453.44	4.74
湖 南	Hunan	1463.10	979.54	479.93	3.63
广 东	Guangdong	2085.59	953.75	1120.71	11.13
广 西	Guangxi	816.65	462.26	351.10	3.29
海 南	Hainan	130.54	52.06	74.38	4.10
重 庆	Chongqing	493.10	227.09	260.43	5.59
四 川	Sichuan	878.30	410.25	466.14	1.91
贵 州	Guizhou	798.67	322.82	469.08	6.77
云 南	Yunnan	431.57	158.92	269.63	3.02
西 藏	Tibet	46.83	18.86	27.97	
陕 西	Shaanxi	797.97	510.36	286.98	0.62
甘 肃	Gansu	634.71	401.28	233.31	0.13
青 海	Qinghai	141.01	90.14	50.77	0.10
宁 夏	Ningxia	88.31	40.78	47.46	0.07
新 疆	Xinjiang	405.76	282.61	123.15	
不分地区	Not Classified by Region	10712.32			

注：不分地区合计数为民航完成数。
a) The total passenger-kilometers not classified by region refers to that completed by civil aviation.

16-14 分地区货运量(2018年)
Freight Traffic by Region (2018)

单位：万吨 (10 000 tons)

地区	Region	合计 Total	铁路 Railways	公路 Highways	水运 Waterways
全国	**National Total**	**5152732**	**402631**	**3956871**	**702684**
北京	Beijing	20873	596	20278	
天津	Tianjin	52221	9249	34711	8261
河北	Hebei	249323	19637	226334	3352
山西	Shanxi	211497	85260	126214	23
内蒙古	Inner Mongolia	232525	72506	160018	
辽宁	Liaoning	223346	19691	189737	13918
吉林	Jilin	52156	5615	46520	22
黑龙江	Heilongjiang	55190	11357	42943	889
上海	Shanghai	106983	482	39595	66906
江苏	Jiangsu	233157	6171	139251	87735
浙江	Zhejiang	269083	4330	166533	98219
安徽	Anhui	406761	8066	283817	114877
福建	Fujian	136947	3518	96576	36854
江西	Jiangxi	174285	5155	157646	11484
山东	Shandong	354019	23247	312807	17964
河南	Henan	259884	10461	235183	14240
湖北	Hubei	204307	4730	163145	36432
湖南	Hunan	229957	4468	204389	21101
广东	Guangdong	416389	9293	304743	102353
广西	Guangxi	190652	7140	153389	30123
海南	Hainan	22040	1068	12052	8921
重庆	Chongqing	128491	1967	107064	19460
四川	Sichuan	187385	7199	173324	6862
贵州	Guizhou	102537	5513	95354	1670
云南	Yunnan	140670	4661	135321	688
西藏	Tibet	2433	70	2363	
陕西	Shaanxi	173245	42245	130823	177
甘肃	Gansu	70386	6087	64271	28
青海	Qinghai	18905	3220	15685	
宁夏	Ningxia	38916	7159	31757	
新疆	Xinjiang	97498	12469	85029	
不分地区	Not Classified by Region	90672			126

注：不分地区合计数中包括民航、管道完成数。
a) The freight ton-kilometers not classified by region refers to that completed by civil aviation, pipelines.

16-15 分地区货物周转量（2018年）
Freight Ton-kilometers by Region (2018)

单位：亿吨公里 (100 million ton-km)

地 区	Region	合 计 Total	铁 路 Railways	公 路 Highways	水 运 Waterways
全 国	**National Total**	**204686.24**	**28820.99**	**71249.21**	**99052.82**
北 京	Beijing	1034.22	866.82	167.41	
天 津	Tianjin	2240.53	509.82	404.10	1326.60
河 北	Hebei	13873.03	4832.00	8550.15	490.88
山 西	Shanxi	4489.44	2581.56	1907.75	0.13
内蒙古	Inner Mongolia	5595.98	2610.35	2985.63	
辽 宁	Liaoning	10654.45	1184.57	3152.29	6317.59
吉 林	Jilin	1704.71	515.29	1189.23	0.20
黑龙江	Heilongjiang	1601.31	784.57	810.66	6.08
上 海	Shanghai	28299.85	9.77	299.29	27990.80
江 苏	Jiangsu	8969.29	303.00	2544.35	6121.94
浙 江	Zhejiang	11538.14	221.53	1964.10	9352.50
安 徽	Anhui	11803.68	721.19	5451.62	5630.88
福 建	Fujian	7646.24	147.35	1289.52	6209.37
江 西	Jiangxi	4528.63	530.58	3759.94	238.11
山 东	Shandong	10052.20	1357.00	6859.68	1835.52
河 南	Henan	8982.12	2066.44	5893.92	1021.75
湖 北	Hubei	6675.50	869.97	2955.53	2850.00
湖 南	Hunan	4386.56	812.75	3114.85	458.96
广 东	Guangdong	28338.33	270.60	3890.32	24177.41
广 西	Guangxi	4983.78	710.09	2683.05	1590.64
海 南	Hainan	875.83	17.00	84.55	774.27
重 庆	Chongqing	3597.91	206.63	1152.75	2238.53
四 川	Sichuan	2946.09	861.02	1814.95	270.13
贵 州	Guizhou	1797.91	606.33	1146.51	45.07
云 南	Yunnan	1971.91	465.36	1489.23	17.33
西 藏	Tibet	150.06	33.22	116.84	
陕 西	Shaanxi	4024.89	1723.00	2301.37	0.52
甘 肃	Gansu	2609.93	1490.91	1118.97	0.05
青 海	Qinghai	551.36	275.62	275.74	
宁 夏	Ningxia	627.68	229.49	398.19	
新 疆	Xinjiang	2483.87	1007.17	1476.70	
不分地区	Not Classified by Region	5650.78			87.56

注：不分地区合计数中包括民航、管道完成数。
a) The freight ton-kilometers not classified by region refers to that completed by civil aviation, pipelines.

16-16 按货类分国家铁路货物运输量
National Railway Freight Traffic by Category of Cargo

项目	Item	2017			2018		
		货运量(万吨) Freight Traffic (10 000 tons)	货物周转量(百万吨公里) Freight Ton-kilometers (million ton-kilometers)	平均运距(公里) Average Transport Distance (km)	货运量(万吨) Freight Traffic (10 000 tons)	货物周转量(百万吨公里) Freight Ton-kilometers (million ton-kilometers)	平均运距(公里) Average Transport Distance (km)
总计	**Total**	**291759**	**2407223**	**825**	**318958**	**2578494**	**808**
#煤	Coal	149130	970716	651	166422	1096365	659
焦炭	Coke	8165	86518	1060	8512	90603	1064
石油	Petroleum	11747	91534	779	11508	86220	749
钢铁及有色金属	Steel and Iron, and Non-Ferrous Metal	17131	160057	934	18474	165611	896
金属矿石	Metal Ores	38749	216903	560	41870	225032	537
非金属矿石	Nonmetal Ores	5706	28934	507	6273	35188	561
磷矿石	Phosphorus Ore	1257	11733	934	1633	13359	818
矿建材料	Mineral Building Materials	8712	29097	334	7928	26885	339
水泥	Cement	2306	8029	348	2436	8265	339
木材	Timber	2557	19952	780	2187	16457	752
粮食	Grain	7795	153890	1974	8451	160810	1903
零担	Less-Than-Truckload	1328	18336	1380	332	3911	1179
集装箱	Container	17735	263699	1487	25647	345990	1349

注：本表货运量和货物周转量不包括行包运量。
a) Freight traffic and freight ton-kilometers in the table do not include the baggage freight.

16-17 国家铁路地区间货物交流(2018年)
Goods Exchanges of National Railways between Regions (2018)

单位：万吨 (10 000 tons)

发送省 Sender \ 到达省 Receiver		合计 Total	北京 Beijing	天津 Tianjin	河北 Hebei	山西 Shanxi	内蒙古 Inner Mongolia	辽宁 Liaoning	吉林 Jilin	黑龙江 Heilongjiang	上海 Shanghai
总 计	**National Total**	**318958**	**1364**	**12554**	**69670**	**8058**	**14746**	**27407**	**9444**	**10846**	**615**
北 京	Beijing	569	57	140	124	38	25	7	8	1	0
天 津	Tianjin	9248	37	5608	1731	121	1335	11	17	17	0
河 北	Hebei	15457	690	2171	8338	714	97	360	64	94	41
山 西	Shanxi	81787	98	1865	47751	3764	294	1944	145	52	18
内蒙古	Inner Mongolia	41180	102	2177	8892	164	11496	5410	5187	5298	16
辽 宁	Liaoning	17800	149	173	279	94	641	12940	1919	846	11
吉 林	Jilin	5370	38	28	79	15	67	2341	1141	355	5
黑龙江	Heilongjiang	10657	32	34	129	13	329	3962	731	3924	13
上 海	Shanghai	468	7	3	4	5	2	6	8	8	1
江 苏	Jiangsu	5971	1	3	18	703	19	13	12	12	19
浙 江	Zhejiang	3670	8	2	2	16	14	13	15	21	61
安 徽	Anhui	8065	0	6	13	13	7	10	7	8	12
福 建	Fujian	3517	2	1	5	3	4	3	2	2	30
江 西	Jiangxi	5044	3	0	1	2	13	3	2	3	28
山 东	Shandong	18898	55	12	1159	2029	47	18	19	27	12
河 南	Henan	9605	7	8	139	69	28	90	15	27	37
湖 北	Hubei	4139	7	1	32	10	13	26	25	33	5
湖 南	Hunan	4275	4	4	3	3	12	4	1	1	11
广 东	Guangdong	7521	19	0	8	11	8	20	1	1	25
广 西	Guangxi	7138	1	0	1	3	0	14	1	1	2
海 南	Hainan	1068			0	0		0		0	0
重 庆	Chongqing	1705	1	4	3	3	4	8	1	3	1
四 川	Sichuan	5503	11	7	21	10	14	5	12	4	39
贵 州	Guizhou	5511	1	1	20	18	8	6	15	46	2
云 南	Yunnan	4658	1	4	36	9	20	11	15	17	58
西 藏	Tibet	70	4	1	1	0	0	0	0	0	1
陕 西	Shaanxi	15670	4	58	566	106	86	24	10	7	47
甘 肃	Gansu	6052	3	33	30	14	7	8	2	4	57
青 海	Qinghai	3220	5	21	75	36	118	30	39	16	4
宁 夏	Ningxia	2658	5	34	129	22	19	103	20	11	8
新 疆	Xinjiang	12467	11	157	82	51	18	18	11	8	48

16-17 续表 1 continued

单位：万吨 (10 000 tons)

发送省 Sender \ 到达省 Receiver		江苏 Jiangsu	浙江 Zhejiang	安徽 Anhui	福建 Fujian	江西 Jiangxi	山东 Shandong	河南 Henan	湖北 Hubei	湖南 Hunan	广东 Guangdong	广西 Guangxi
总 计	**National Total**	**7752**	**4371**	**9874**	**3734**	**7439**	**24321**	**14217**	**9401**	**9041**	**6412**	**7236**
北 京	Beijing	4	6	4	1	1	17	44	6	10	7	1
天 津	Tianjin	9	18	10	0	8	13	9	24	22	6	0
河 北	Hebei	186	57	77	11	147	858	525	223	100	64	24
山 西	Shanxi	2562	305	1436	133	578	10342	3649	2339	1431	117	251
内蒙古	Inner Mongolia	78	46	48	8	114	387	286	173	181	20	26
辽 宁	Liaoning	31	21	47	2	21	90	158	78	37	18	2
吉 林	Jilin	98	25	247	17	42	90	219	83	82	14	2
黑龙江	Heilongjiang	48	26	85	1	21	164	218	52	99	11	1
上 海	Shanghai	20	13	13	15	22	15	33	15	23	29	8
江 苏	Jiangsu	1039	33	632	14	163	113	1269	41	40	36	13
浙 江	Zhejiang	29	2280	18	35	663	14	26	9	29	45	14
安 徽	Anhui	1119	211	4992	54	467	73	338	340	102	38	31
福 建	Fujian	6	62	5	2290	809	5	4	5	12	130	11
江 西	Jiangxi	15	303	27	609	2426	6	3	87	738	305	49
山 东	Shandong	563	67	447	35	259	9140	2021	246	114	37	63
河 南	Henan	454	143	906	172	371	279	2299	1341	602	328	292
湖 北	Hubei	30	22	133	35	62	45	305	1570	244	172	136
湖 南	Hunan	42	35	4	12	145	17	6	93	2577	586	246
广 东	Guangdong	3	14	4	11	242	8	53	142	926	2846	1528
广 西	Guangxi	2	15	12	4	18	10	47	37	373	491	2755
海 南	Hainan	0	0	0	0	4	0	0	1	5	7	12
重 庆	Chongqing	1	11	3	3	1	10	7	7	17	21	75
四 川	Sichuan	26	17	20	8	17	50	53	128	40	104	247
贵 州	Guizhou	13	14	3	106	38	50	171	330	92	215	528
云 南	Yunnan	66	58	16	21	33	84	34	29	71	234	703
西 藏	Tibet	2	2	2	1	1	2	19	1	1	4	1
陕 西	Shaanxi	401	99	457	17	484	1840	1588	1442	867	50	62
甘 肃	Gansu	169	67	79	20	145	50	241	206	35	99	27
青 海	Qinghai	136	53	71	11	42	199	112	168	58	29	28
宁 夏	Ningxia	133	75	38	27	19	85	126	64	32	40	49
新 疆	Xinjiang	468	273	41	61	77	265	353	119	81	307	51

16-17 续表 2 continued

单位：万吨 (10 000 tons)

发送省 Sender \ 到达省 Receiver		海南 Hainan	重庆 Chongqing	四川 Sichuan	贵州 Guizhou	云南 Yunnan	西藏 Tibet	陕西 Shaanxi	甘肃 Gansu	青海 Qinghai	宁夏 Ningxia	新疆 Xinjiang
总　计	**National Total**	**1143**	**5911**	**12623**	**6374**	**7881**	**611**	**6271**	**6625**	**2234**	**1234**	**9549**
北　京	Beijing	1	16	16	2	5	1	5	7	2	2	11
天　津	Tianjin	0	12	34	6	13	1	10	41	9	70	54
河　北	Hebei	1	129	191	76	63	8	53	37	5	12	42
山　西	Shanxi	3	405	807	365	117	4	105	213	113	133	447
内蒙古	Inner Mongolia	1	103	287	37	48	7	200	198	45	91	53
辽　宁	Liaoning	1	20	76	24	41	2	36	13	4	6	22
吉　林	Jilin	0	38	141	68	108	1	14	4	1	1	5
黑龙江	Heilongjiang	0	78	394	93	97	19	41	15	8	5	14
上　海	Shanghai	1	20	84	13	22	4	35	6	3	3	29
江　苏	Jiangsu	1	37	232	54	93	8	763	325	130	11	123
浙　江	Zhejiang	2	43	69	40	67	2	29	22	3	7	71
安　徽	Anhui	1	18	54	30	42	2	28	22	2	4	22
福　建	Fujian	0	27	31	13	26	1	7	5	1	1	15
江　西	Jiangxi	2	85	57	155	92	2	4	6	1	4	14
山　东	Shandong	0	160	329	122	128	9	799	293	82	286	318
河　南	Henan	2	186	478	249	213	33	82	233	138	2	381
湖　北	Hubei	8	150	440	200	124	9	172	52	18	7	53
湖　南	Hunan	5	76	50	199	75	2	21	9	4	3	24
广　东	Guangdong	33	108	210	577	586	5	39	17	3	2	72
广　西	Guangxi	28	214	437	803	1820	2	22	6	1	1	16
海　南	Hainan	1026	1	3	2	6	0	0	0	0	0	1
重　庆	Chongqing	1	375	931	93	66	1	15	6	1	0	32
四　川	Sichuan	3	725	2555	427	689	18	64	97	13	2	78
贵　州	Guizhou	3	658	842	1273	844	1	31	34	17	2	131
云　南	Yunnan	15	132	726	446	1593	1	55	56	9	16	90
西　藏	Tibet	0	0	2	0	0	2	1	12	7	0	0
陕　西	Shaanxi	0	1647	1462	727	299	29	2887	181	55	32	135
甘　肃	Gansu	0	168	553	103	91	88	515	2771	276	43	147
青　海	Qinghai	0	59	149	24	47	302	31	174	1156	13	16
宁　夏	Ningxia	0	58	469	52	85	41	86	296	80	418	33
新　疆	Xinjiang	5	161	513	99	382	6	122	1473	49	54	7102

16-18 全国铁路运输设备基本情况
Basic Statistics on National Railways Transport Equipment

项　　目	Item	2014	2015	2016	2017	2018
机　车　（台）	**Locomotives (unit)**	**21096**	**21366**	**21453**	**21420**	**21482**
内燃机车	Diesel Locomotives	9485	9132	8974	8568	8296
电力机车	Electric Locomotives	11596	12219	12464	12837	13166
客　车　（辆）	**Passenger Coaches (coach)**	**60629**	**67706**	**70872**	**72262**	**73199**
软卧车	Soft Berth Coaches		4953	5003	4953	4804
硬卧车	Hard Berth Coaches		20312	20683	20438	19856
软座车	Soft Seat Coaches		17649	20680	22984	25705
硬座车	Hard Seat Coaches		18061	17896	17163	16717
货　车　（辆）	**Freight Cars (coach)**	**716578**	**768516**	**764783**	**808736**	**839213**

16-19 高速铁路基本情况
Basic Statistics of High Speed Railway

年　份 Year	营业里程 (公里) Length in Operation (km)	占铁路营业里程比重 (%) Percentage of Length of Railways in Operation (%)	客运量 (万人) Passenger Traffic (10 000 persons)	占铁路客运量比重 (%) Percentage of Railway Passenger Traffic (%)	旅客周转量 (亿人公里) Passenger-Kilometers (100 million passenger-km)	占铁路客运周转量比重 (%) Percentage of Railway Passenger-Kilometers (%)
2008	672	0.8	734	0.5	15.6	0.2
2009	2699	3.2	4651	3.1	162.2	2.1
2010	5133	5.6	13323	8.0	463.2	5.3
2011	6601	7.1	28552	15.8	1058.4	11.0
2012	9356	9.6	38815	20.5	1446.1	14.7
2013	11028	10.7	52962	25.1	2141.1	20.2
2014	16456	14.7	70378	30.5	2825.0	25.1
2015	19838	16.4	96139	37.9	3863.4	32.3
2016	22980	18.5	122128	43.4	4641.0	36.9
2017	25164	19.8	175216	56.8	5875.6	43.7
2018	29904	22.7	205430	60.9	6871.9	48.6

16-20 民用汽车拥有量
Possession of Civil Vehicles

年份 Year 地区 Region	民用汽车总计(万辆) Total (10 000 units)	载客汽车(万辆) Passenger Vehicles (10 000 units)	大型 Large	中型 Medium	小型 Small	微型 Minicar	载货汽车(万辆) Trucks (10 000 units)
1978	135.84	25.90					100.17
1980	178.29	35.08					129.90
1985	321.12	79.45					223.20
1990	551.36	162.19					368.48
1995	1040.00	417.90					585.43
2000	1608.91	853.73					716.32
2005	3159.66	2132.46	82.13	131.65	1618.35	300.32	955.55
2006	3697.35	2619.57	87.34	137.00	2083.40	311.83	986.30
2007	4358.36	3195.99	93.82	140.52	2646.47	315.18	1054.06
2008	5099.61	3838.92	100.39	143.19	3271.14	324.19	1126.07
2009	6280.61	4845.09	107.95	145.80	4246.90	344.44	1368.60
2010	7801.83	6124.13	116.44	146.07	5498.36	363.25	1597.55
2011	9356.32	7478.37	126.54	147.41	6827.54	376.88	1787.99
2012	10933.09	8943.01	128.13	131.78	8302.63	380.47	1894.75
2013	12670.14	10561.78	131.38	117.06	9951.46	361.87	2010.62
2014	14598.11	12326.70	139.61	112.06	11748.19	326.84	2125.46
2015	16284.45	14095.88	140.07	89.66	13580.48	285.66	2065.62
2016	18574.54	16278.24	146.03	83.82	15813.84	234.55	2171.89
2017	20906.67	18469.54	152.94	78.95	18038.69	198.96	2338.85
2018	23231.23	20555.40	158.33	75.40	20135.22	186.46	2567.82
北京 Beijing	574.04	527.96	6.35	7.54	512.51	1.56	39.99
天津 Tianjin	298.65	263.27	2.63	1.25	257.28	2.10	33.56
河北 Hebei	1529.98	1330.39	6.75	2.24	1292.67	28.74	193.37
山西 Shanxi	652.15	579.32	3.51	1.24	561.23	13.34	70.25
内蒙古 Inner Mongolia	531.91	468.21	2.96	1.19	458.48	5.58	61.00
辽宁 Liaoning	796.37	698.36	7.38	4.30	681.38	5.29	94.12
吉林 Jilin	421.92	375.39	3.59	1.44	366.37	3.99	44.57
黑龙江 Heilongjiang	477.41	409.87	4.99	2.15	399.43	3.29	64.74
上海 Shanghai	393.37	358.37	5.08	2.63	349.64	1.02	32.87
江苏 Jiangsu	1776.57	1652.10	11.53	4.25	1626.57	9.75	116.24
浙江 Zhejiang	1532.95	1391.32	7.35	3.42	1369.64	10.91	136.78
安徽 Anhui	814.20	698.45	5.43	2.52	687.23	3.26	111.87
福建 Fujian	622.82	545.63	3.57	2.36	536.09	3.61	74.77
江西 Jiangxi	537.55	461.45	2.94	1.46	454.79	2.27	73.19
山东 Shandong	2128.29	1883.47	12.94	4.13	1834.72	31.68	236.85
河南 Henan	1449.68	1281.65	7.83	3.75	1257.05	13.02	162.22
湖北 Hubei	772.40	683.57	6.07	2.92	672.63	1.94	84.35
湖南 Hunan	780.96	703.07	5.91	4.39	689.68	3.10	74.67
广东 Guangdong	2116.28	1891.30	17.67	5.66	1860.01	7.96	217.91
广西 Guangxi	588.42	509.85	3.87	1.72	500.00	4.25	75.88
海南 Hainan	126.90	110.54	1.63	0.60	107.77	0.53	15.67
重庆 Chongqing	419.10	372.88	3.08	1.14	367.85	0.82	44.29
四川 Sichuan	1098.17	988.77	7.68	2.32	967.41	11.36	105.21
贵州 Guizhou	478.98	414.49	3.00	1.99	407.69	1.80	62.13
云南 Yunnan	677.50	580.12	2.88	2.12	569.61	5.51	94.63
西藏 Tibet	51.45	34.31	0.46	0.46	33.02	0.38	16.33
陕西 Shaanxi	616.80	549.94	4.08	1.80	538.40	5.66	62.61
甘肃 Gansu	315.07	257.52	2.37	1.12	252.98	1.06	55.54
青海 Qinghai	109.87	91.42	0.91	0.58	89.42	0.51	17.54
宁夏 Ningxia	144.78	113.07	0.99	0.39	111.07	0.62	30.62
新疆 Xinjiang	396.70	329.34	2.90	2.32	322.60	1.53	64.05

16-20 续表 continued

年 份 Year 地 区 Region	载货汽车（万辆） Trucks (10 000 units)				其他汽车（万辆） Others (10 000 units)	机动车驾驶员（万人） Number of Motor Drivers (10 000 persons)	
	重 型 Heavy	中 型 Medium	轻 型 Light	微 型 Mini			#汽车驾驶员 Automobile Drivers
1978							192.45
1980							245.23
1985							462.14
1990						1635.85	790.96
1995						3501.52	1673.39
2000						7655.56	3746.51
2005	168.07	236.66	484.51	66.31	71.66	13069.52	8017.76
2006	174.01	235.39	532.13	44.76	91.49	14213.87	9317.24
2007	186.74	243.46	587.22	36.63	108.31	15363.88	10567.15
2008	200.84	249.73	644.96	30.54	134.62	17336.56	12276.80
2009	315.08	262.21	765.33	25.97	66.92	19167.58	13740.73
2010	394.80	269.75	911.88	21.12	80.14	20068.47	15129.89
2011	460.58	267.80	1042.07	17.54	89.96	22817.62	17416.76
2012	472.51	229.20	1179.65	13.40	95.33	25250.83	20028.52
2013	501.97	196.40	1300.02	12.23	97.75	26955.93	21742.70
2014	533.67	188.09	1385.77	17.93	145.95	29892.32	24812.07
2015	530.05	148.87	1375.79	10.90	122.95	32853.05	28012.99
2016	569.48	138.69	1455.29	8.43	124.41	35876.98	30328.77
2017	635.41	130.68	1566.30	6.46	98.28	36016.94	31658.20
2018	709.53	124.39	1728.53	5.37	108.00	41030.16	36923.42
北 京 Beijing	6.86	2.43	30.57	0.13	6.09	1120.34	1115.90
天 津 Tianjin	7.22	1.03	25.11	0.21	1.82	456.33	455.86
河 北 Hebei	67.83	4.50	120.85	0.20	6.21	2160.78	2116.74
山 西 Shanxi	29.06	1.28	39.70	0.22	2.58	976.60	963.51
内蒙古 Inner Mongolia	18.99	1.54	40.38	0.09	2.70	762.87	718.41
辽 宁 Liaoning	30.60	4.58	58.88	0.06	3.89	1323.89	1252.36
吉 林 Jilin	14.74	1.96	27.84	0.04	1.96	744.60	694.34
黑龙江 Heilongjiang	19.39	4.41	40.87	0.07	2.80	883.57	848.41
上 海 Shanghai	20.05	4.96	7.86	0.00	2.13	751.47	737.87
江 苏 Jiangsu	46.34	11.37	58.48	0.05	8.23	2873.43	2641.83
浙 江 Zhejiang	23.28	4.14	108.66	0.71	4.84	2201.74	2097.52
安 徽 Anhui	38.65	2.96	70.19	0.06	3.89	1504.97	1407.97
福 建 Fujian	13.00	2.12	59.46	0.18	2.42	1260.00	1017.37
江 西 Jiangxi	24.80	4.02	44.34	0.02	2.91	1376.09	1113.09
山 东 Shandong	76.36	8.29	151.92	0.28	7.96	2940.03	2850.76
河 南 Henan	54.76	4.17	103.16	0.13	5.80	2769.50	2638.91
湖 北 Hubei	20.91	5.93	57.47	0.04	4.47	1637.33	1467.23
湖 南 Hunan	15.86	5.09	53.67	0.05	3.22	1559.07	1310.53
广 东 Guangdong	37.71	11.46	166.45	2.29	7.06	3755.78	3306.62
广 西 Guangxi	19.17	5.58	50.89	0.24	2.69	1435.92	1077.22
海 南 Hainan	1.65	1.17	12.83	0.01	0.69	250.88	193.85
重 庆 Chongqing	14.33	2.82	27.14	0.00	1.92	872.76	734.43
四 川 Sichuan	25.67	7.06	72.44	0.03	4.19	2280.05	1896.04
贵 州 Guizhou	8.87	3.54	49.71	0.00	2.37	964.22	753.69
云 南 Yunnan	14.59	5.47	74.55	0.01	2.75	1387.71	1011.64
西 藏 Tibet	3.56	2.03	10.69	0.06	0.81	50.24	47.70
陕 西 Shaanxi	18.76	2.75	41.05	0.05	4.26	1094.52	1025.84
甘 肃 Gansu	10.34	2.88	42.30	0.02	2.01	631.31	525.14
青 海 Qinghai	3.26	0.76	13.52	0.01	0.90	162.28	145.32
宁 夏 Ningxia	6.91	0.86	22.82	0.02	1.10	219.15	197.74
新 疆 Xinjiang	16.01	3.23	44.72	0.09	3.30	622.74	559.56

注：1.小轿车包括在载客汽车中（下表同）。
2.从2002年起，载客汽车和载货汽车的其中分项、其他汽车统计口径有调整与以前年份不可比（下表同）。

a) Cars are included in passenger vehicles. The same applies to the tables following.

b) Since 2002, there has been adjustment to the statistical coverages of some detailed items of passenger vehicles and trucks and other vehicles, the data are hence not comparable with those in previous years. The same applies to the tables following.

16-21 私人汽车拥有量
Possession of Private Vehicles

单位：万辆 (10 000 units)

年份 Year / 地区 Region		汽车总计 Total	载客汽车 Passenger Vehicles	大型 Large	中型 Medium	小型 Small	微型 Minicar
1985		28.49	1.93				
1990		81.62	24.07				
1995		249.96	114.15				
2000		625.33	365.09				
2005		1848.07	1383.93	7.61	50.88	1079.78	245.66
2006		2333.32	1823.57	11.19	56.20	1491.18	265.00
2007		2876.22	2316.91	7.91	55.73	1984.29	268.98
2008		3501.39	2880.50	8.57	57.97	2533.28	280.68
2009		4574.91	3808.33	8.72	59.96	3436.26	303.39
2010		5938.71	4989.50	9.34	61.00	4593.46	325.70
2011		7326.79	6237.46	9.99	62.34	5823.62	341.52
2012		8838.60	7637.87	8.26	55.43	7226.48	347.71
2013		10501.68	9198.23	6.95	46.95	8810.51	333.83
2014		12339.36	10945.39	7.70	42.10	10590.75	304.83
2015		14099.10	12737.23	8.27	28.89	12432.26	267.81
2016		16330.22	14896.27	4.99	24.84	14645.61	220.83
2017		18515.11	17001.51	4.58	22.17	16788.42	186.35
2018		20574.93	18930.29	4.48	20.39	18731.80	173.62
北京	Beijing	478.49	462.46	0.41	4.36	456.28	1.42
天津	Tianjin	250.11	232.95	0.11	0.44	230.69	1.71
河北	Hebei	1411.48	1273.41	0.63	0.73	1243.87	28.18
山西	Shanxi	588.35	542.94	0.06	0.25	529.74	12.88
内蒙古	Inner Mongolia	488.34	443.19	0.13	0.41	437.21	5.44
辽宁	Liaoning	687.38	639.08	0.65	1.78	631.57	5.08
吉林	Jilin	380.86	348.04	0.41	0.48	343.28	3.87
黑龙江	Heilongjiang	425.79	378.74	0.52	0.82	374.28	3.13
上海	Shanghai	302.14	301.26	0.10	0.75	299.44	0.97
江苏	Jiangsu	1531.36	1475.00	0.03	0.88	1465.31	8.78
浙江	Zhejiang	1346.46	1262.18	0.08	0.71	1252.55	8.83
安徽	Anhui	707.63	650.66	0.06	0.43	647.08	3.09
福建	Fujian	544.20	493.55	0.04	0.43	489.67	3.41
江西	Jiangxi	478.52	436.02	0.02	0.15	433.71	2.14
山东	Shandong	1910.26	1762.61	0.48	1.55	1730.75	29.82
河南	Henan	1318.28	1213.48	0.05	0.43	1200.42	12.57
湖北	Hubei	690.79	633.31	0.04	0.42	631.07	1.78
湖南	Hunan	722.34	658.42	0.08	0.67	654.85	2.82
广东	Guangdong	1861.11	1733.65	0.29	2.12	1724.71	6.53
广西	Guangxi	531.74	478.19	0.03	0.44	473.57	4.15
海南	Hainan	109.66	97.34	0.02	0.14	96.80	0.37
重庆	Chongqing	362.59	339.63	0.02	0.13	338.92	0.57
四川	Sichuan	975.38	907.40	0.05	0.33	896.91	10.11
贵州	Guizhou	436.19	385.71	0.02	0.16	383.84	1.69
云南	Yunnan	620.72	539.11	0.02	0.21	533.65	5.22
西藏	Tibet	42.33	27.99	0.03	0.15	27.50	0.31
陕西	Shaanxi	554.94	509.06	0.03	0.14	503.44	5.45
甘肃	Gansu	265.57	226.12	0.01	0.15	225.12	0.85
青海	Qinghai	91.05	78.36	0.01	0.11	77.89	0.36
宁夏	Ningxia	131.67	105.61	0.02	0.12	104.87	0.61
新疆	Xinjiang	329.21	294.82	0.04	0.51	292.80	1.47

16-21 续表 continued

单位：万辆 (10 000 units)

年份 Year / 地区 Region		载货汽车 Trucks	重型 Heavy	中型 Medium	轻型 Light	微型 Mini	其他汽车 Others
	1985	26.48					
	1990	57.48					
	1995	131.83					
	2000	259.09					
	2005	452.11	62.50	100.34	243.29	45.98	12.04
	2006	494.91	64.23	108.64	288.94	33.09	14.84
	2007	539.45	68.89	110.44	332.69	27.43	19.86
	2008	596.39	73.28	115.68	384.12	23.31	24.50
	2009	753.40	108.73	129.59	494.97	20.12	13.17
	2010	931.52	141.44	140.52	632.77	16.78	17.69
	2011	1067.43	164.28	144.52	744.39	14.24	21.90
	2012	1175.63	168.13	128.51	867.64	11.35	25.09
	2013	1275.49	174.39	111.85	978.73	10.52	27.95
	2014	1352.78	182.68	104.90	1050.60	14.59	41.20
	2015	1330.65	173.86	86.62	1060.70	9.47	31.22
	2016	1401.16	184.82	79.77	1129.13	7.45	32.79
	2017	1478.40	193.98	73.22	1205.66	5.54	35.19
	2018	1605.10	208.78	68.59	1323.25	4.48	39.55
北京	Beijing	14.54	0.68	0.29	13.56	0.01	1.49
天津	Tianjin	16.57	1.41	0.33	14.73	0.11	0.59
河北	Hebei	135.40	30.79	3.32	101.11	0.18	2.67
山西	Shanxi	44.38	11.93	0.68	31.57	0.20	1.03
内蒙古	Inner Mongolia	44.01	9.20	0.86	33.87	0.08	1.14
辽宁	Liaoning	47.16	7.10	2.41	37.61	0.04	1.14
吉林	Jilin	32.12	7.31	1.48	23.30	0.04	0.70
黑龙江	Heilongjiang	46.27	9.00	3.27	33.94	0.06	0.77
上海	Shanghai	0.65	0.26	0.19	0.19		0.23
江苏	Jiangsu	53.46	16.56	4.85	32.02	0.04	2.90
浙江	Zhejiang	83.11	3.36	1.29	77.84	0.63	1.17
安徽	Anhui	55.41	3.39	1.20	50.76	0.06	1.55
福建	Fujian	49.87	2.78	1.17	45.75	0.17	0.78
江西	Jiangxi	41.69	3.39	2.14	36.14	0.02	0.82
山东	Shandong	144.09	13.11	4.45	126.39	0.14	3.56
河南	Henan	102.10	10.31	2.83	88.85	0.12	2.70
湖北	Hubei	55.81	7.63	3.89	44.25	0.03	1.68
湖南	Hunan	62.17	10.16	4.18	47.79	0.04	1.75
广东	Guangdong	124.94	9.19	5.42	108.29	2.04	2.52
广西	Guangxi	52.36	7.41	3.80	40.93	0.22	1.18
海南	Hainan	12.09	0.88	0.97	10.23	0.01	0.24
重庆	Chongqing	22.39	0.83	1.03	20.53	0.00	0.57
四川	Sichuan	66.24	5.84	3.75	56.63	0.03	1.73
贵州	Guizhou	49.42	3.78	2.34	43.30	0.00	1.06
云南	Yunnan	80.33	9.05	4.38	66.89	0.01	1.28
西藏	Tibet	14.19	2.98	1.88	9.30	0.04	0.14
陕西	Shaanxi	44.37	9.11	2.16	33.06	0.04	1.51
甘肃	Gansu	38.66	4.49	1.90	32.25	0.02	0.78
青海	Qinghai	12.34	1.13	0.53	10.67	0.01	0.35
宁夏	Ningxia	25.52	4.35	0.70	20.44	0.02	0.54
新疆	Xinjiang	33.42	1.37	0.91	31.06	0.07	0.97

16-22 新注册民用汽车数量
Statistics on New Registrations of Civil Vehicles

单位：辆 (unit)

年份 地区	Year Region	民用汽车总计 Total	载客汽车 Passenger Vehicles	大型 Large	中型 Medium	小型 Small	微型 Minicar
	2002	3371951	2294649	97200	145062	1491479	560908
	2005	5286287	4157504	99489	105314	3712056	240645
	2006	5730432	4678667	95428	82758	4382206	118275
	2007	6079209	5000042	91087	72059	4772468	64428
	2008	7631839	6226814	112811	64024	5928095	121884
	2009	12459452	10248554	114984	69548	9794452	269570
	2010	15288186	12546891	148234	76519	12086273	235865
	2011	16242474	13694540	163258	76472	13244774	210036
	2012	17725011	15248801	163517	71013	14875884	138387
	2013	20309394	17522965	168946	81160	17173792	99067
	2014	22051905	19366787	151405	79646	19050695	85041
	2015	23317507	21202815	191034	67080	20862002	82699
	2016	27244374	24648115	194829	59767	24338735	54784
	2017	28003955	24802416	171474	46657	24507374	76911
	2018	26521129	23139385	155760	39514	22876458	67653
北京	Beijing	547747	454570	2800	3709	447449	612
天津	Tianjin	273321	237368	1963	624	231915	2866
河北	Hebei	1666401	1395631	4735	1443	1383844	5609
山西	Shanxi	664948	560538	2967	658	555546	1367
内蒙古	Inner Mongolia	426794	372085	2212	458	368925	490
辽宁	Liaoning	632638	566363	3598	1101	561299	365
吉林	Jilin	346739	301993	2633	445	298785	130
黑龙江	Heilongjiang	414445	364621	4796	904	358769	152
上海	Shanghai	503658	467164	3838	1203	461458	665
江苏	Jiangsu	2051374	1891811	10002	1758	1872303	7748
浙江	Zhejiang	1712563	1528157	7855	2061	1509916	8325
安徽	Anhui	1136308	981501	5743	1651	972645	1462
福建	Fujian	719039	630954	6954	1045	622027	928
江西	Jiangxi	763262	665440	3343	1052	660391	654
山东	Shandong	1966524	1658297	10977	1710	1638043	7567
河南	Henan	1842447	1611226	8584	3347	1587458	11837
湖北	Hubei	1015161	890528	6455	1383	881973	717
湖南	Hunan	1061016	961434	9411	2760	947773	1490
广东	Guangdong	2656358	2340606	21130	2461	2310807	6208
广西	Guangxi	752725	657928	3743	1069	652454	662
海南	Hainan	163517	140124	2209	455	136630	830
重庆	Chongqing	577381	515669	2438	535	510769	1927
四川	Sichuan	1346193	1192619	7328	1364	1182321	1606
贵州	Guizhou	731132	638270	3701	1562	632013	994
云南	Yunnan	794237	656054	3304	1402	650711	637
西藏	Tibet	59821	34999	332	226	34357	84
陕西	Shaanxi	773894	677493	6273	1108	668639	1473
甘肃	Gansu	296864	240677	2359	534	237661	123
青海	Qinghai	110159	89883	1041	367	88465	10
宁夏	Ningxia	131188	99547	1159	163	98133	92
新疆	Xinjiang	383275	315835	1877	956	312979	23

16-22 续表 continued

单位：辆 (unit)

年份 地区	Year Region	载货汽车 Trucks	重型 Heavy	中型 Medium	轻型 Light	微型 Mini	其他汽车 Others
	2002	993761	186498	220969	501985	84309	83541
	2005	1024034	162859	175576	639557	46042	104749
	2006	925294	139120	147689	616910	21575	126471
	2007	917603	155155	157867	591014	13567	161564
	2008	1168226	236749	185338	733343	12796	236799
	2009	2148355	500593	242679	1391249	13834	62543
	2010	2637605	769644	238595	1614803	14563	103690
	2011	2442601	726854	173140	1535590	7017	105333
	2012	2386173	560063	139793	1681908	4409	90037
	2013	2689898	739027	133402	1814385	3084	96531
	2014	2542287	630588	104425	1805471	1803	142831
	2015	2043257	454979	72274	1513773	2231	71435
	2016	2507282	649352	77114	1779643	1173	88977
	2017	3087575	980068	66974	2037906	2627	113964
	2018	3238847	967089	49591	2220492	1675	142897
北京	Beijing	84253	18751	2702	62800		8924
天津	Tianjin	33881	9293	359	24194	35	2072
河北	Hebei	261494	91185	2503	167805	1	9276
山西	Shanxi	101301	52712	473	48113	3	3109
内蒙古	Inner Mongolia	52612	12342	384	39875	11	2097
辽宁	Liaoning	63574	24441	1634	37499		2701
吉林	Jilin	42428	17049	524	24852	3	2318
黑龙江	Heilongjiang	47667	14180	1138	32349		2157
上海	Shanghai	34041	22187	2026	9828		2453
江苏	Jiangsu	147481	55584	5452	86443	2	12082
浙江	Zhejiang	177207	39189	2458	135559	1	7199
安徽	Anhui	148052	47949	1708	98394	1	6755
福建	Fujian	84583	17739	1064	65779	1	3502
江西	Jiangxi	94050	36942	1072	56032	4	3772
山东	Shandong	298168	110229	2970	184594	375	10059
河南	Henan	221511	79400	2259	139846	6	9710
湖北	Hubei	117819	32361	2755	82695	8	6814
湖南	Hunan	95219	19627	2020	73551	21	4363
广东	Guangdong	304714	60461	3854	239207	1192	11038
广西	Guangxi	91652	23930	1100	66621	1	3145
海南	Hainan	22648	2605	602	19440	1	745
重庆	Chongqing	59356	25983	1304	32068	1	2356
四川	Sichuan	147096	43712	2930	100454		6478
贵州	Guizhou	89764	12756	991	76016	1	3098
云南	Yunnan	134767	21681	695	112390	1	3416
西藏	Tibet	24233	8024	1734	14473	2	589
陕西	Shaanxi	90393	28034	1258	61099	2	6008
甘肃	Gansu	53968	8424	673	44871		2219
青海	Qinghai	19427	3190	206	16030	1	849
宁夏	Ningxia	30730	7736	122	22872		911
新疆	Xinjiang	64758	19393	621	44743	1	2682

16-23 公路营运汽车拥有量
Possession of Vehicles for Highway Business Transportation

年 份 Year 地 区 Region		汽车总计 (万辆) Total (10 000 units)	载客汽车 Passenger Vehicles		载货汽车 Trucks			
			辆数 (万辆) Number (10 000 units)	客位 (万客位) Number of Seats (10 000 seats)	辆数 (万辆) Number (10 000 units)	#普通载货汽车 Ordinary Trucks	吨位 (万吨) Capacity (10 000 tons)	#普通载货汽车 Ordinary Trucks
	1990	31.30	10.76	468.92	20.22	19.82	131.61	127.06
	1995	27.49	13.73	480.61	13.75	13.12	103.13	94.56
	2000	702.82	216.81	2524.45	486.02	475.24	1667.70	1573.73
	2005	733.22	128.40	1859.28	604.82	580.28	2537.75	2282.15
	2006	802.58	161.92	2312.41	640.66	598.43	2822.69	2343.13
	2007	849.22	164.73	2428.81	684.49	648.01	3135.69	2643.74
	2008	930.61	169.64	2560.36	760.97	720.18	3686.20	3139.76
	2009	1087.35	180.79	2799.71	906.56	859.27	4655.23	4002.80
	2010	1133.32	83.13	2017.09	1050.19	996.43	5999.82	5223.23
	2011	1263.75	84.34	2086.66	1179.41	1116.36	7261.20	6273.51
	2012	1339.89	86.71	2166.55	1253.19	1184.58	8062.14	6963.29
	2013	1504.73	85.26	2170.26	1419.48	1080.75	9613.91	5008.34
	2014	1537.93	84.58	2189.55	1453.36	1091.32	10292.47	5241.45
	2015	1473.12	83.93	2148.58	1389.19	1011.87	10366.50	4982.50
	2016	1435.77	84.00	2140.26	1351.77	946.03	10826.78	4843.83
	2017	1450.22	81.61	2099.18	1368.62	902.90	11774.81	4868.40
	2018	1435.48	79.66	2048.11	1355.82	816.76	12872.97	4791.21
北 京	Beijing	24.39	7.53	82.66	16.86	14.61	96.43	64.87
天 津	Tianjin	18.83	0.87	36.55	17.96	10.83	140.55	35.01
河 北	Hebei	138.22	2.30	68.46	135.91	56.89	1537.95	306.64
山 西	Shanxi	60.98	1.56	38.48	59.41	23.93	719.42	147.83
内蒙古	Inner Mongolia	30.95	1.14	40.13	29.82	17.21	252.47	82.21
辽 宁	Liaoning	77.57	2.93	85.36	74.64	47.97	614.83	217.91
吉 林	Jilin	35.19	1.37	46.00	33.82	23.46	231.28	114.31
黑龙江	Heilongjiang	50.11	1.63	52.78	48.48	33.82	398.84	210.66
上 海	Shanghai	25.92	4.33	65.52	21.59	6.78	289.02	66.19
江 苏	Jiangsu	90.63	5.27	167.54	85.36	54.25	835.68	357.06
浙 江	Zhejiang	38.15	2.22	78.11	35.94	21.00	363.66	137.83
安 徽	Anhui	71.97	2.59	78.48	69.38	36.98	704.03	263.60
福 建	Fujian	27.14	1.48	43.56	25.67	15.32	262.14	87.56
江 西	Jiangxi	37.90	1.67	49.98	36.23	19.83	405.99	160.99
山 东	Shandong	115.96	2.10	75.45	113.86	42.78	1429.22	350.64
河 南	Henan	106.02	3.88	119.60	102.14	56.51	1008.30	321.05
湖 北	Hubei	38.06	3.30	76.87	34.76	23.98	317.28	156.32
湖 南	Hunan	34.53	3.85	96.46	30.68	22.83	245.06	120.73
广 东	Guangdong	67.23	3.82	163.66	63.41	40.70	610.37	251.57
广 西	Guangxi	38.99	2.56	80.55	36.43	27.12	313.35	173.01
海 南	Hainan	6.01	0.53	16.81	5.48	4.70	28.05	15.44
重 庆	Chongqing	29.74	1.76	45.30	27.98	20.22	248.50	146.83
四 川	Sichuan	62.07	4.84	114.45	57.23	44.89	443.74	254.05
贵 州	Guizhou	19.62	2.78	61.77	16.84	14.44	110.76	79.66
云 南	Yunnan	53.07	4.79	76.79	48.28	43.25	269.56	202.52
西 藏	Tibet	6.43	0.49	8.92	5.93	5.36	48.30	40.39
陕 西	Shaanxi	43.80	1.84	53.82	41.96	31.28	299.23	140.30
甘 肃	Gansu	30.63	1.99	44.38	28.64	25.13	141.60	90.29
青 海	Qinghai	8.21	0.36	10.78	7.85	6.25	53.55	33.32
宁 夏	Ningxia	10.06	0.47	15.27	9.59	3.88	115.88	33.12
新 疆	Xinjiang	37.11	3.41	53.60	33.70	20.54	337.92	129.31

注：1.小轿车包括在载客汽车中。

2.1999年为全国营运汽车，以前仅为公路部门营运汽车；2000-2004年为全国运输汽车(含营运和非营运汽车)；2005年起为全国营运汽车（不含非营运汽车)。

3.从2010年起，公路营运载客汽车不包括在公路运输管理部门管理并注册登记为公共汽车和出租汽车。

4.从2013年起，公路营运载货汽车包括货车、牵引车和挂车，统计口径发生调整，数据与上年同期不可比。

a) Passenger vehicles include cars.

b) Number of vehicles only included those owned by the Department of Highway Transportation before 1999; and referred to all working vehicles for business transportation in 1999;and all vehicles for business, whether working and non-working from 2000 to 2004; and all working vehicles for (i.e. non-working vehicles are not included) since 2005.

c) Since 2010, passenger vehicles do not include those managed by the department of highway transportation and registered as buses and taxis.

d) Since 2013, highway business trucks include truck, towing vehicle and trailer, the coverage has changed, so it's not comparable with previous year.

16-24 民用运输船舶拥有量
Possession of Civil Transport Vessels

年份 Year 地区 Region	机动船 Motor Vessels				驳船 Barges		
	艘数(艘) Number (unit)	净载重量(吨位) Dead Weight Tonnage (ton)	载客量(客位) Passenger Capacity (seat)	拖船功率(千瓦) Drawing Power (kw)	艘数(艘) Number (unit)	净载重量(吨位) Dead Weight Tonnage (ton)	载客量(客位) Passenger Capacity (seat)
1980	29588	12207808	455454	914704	71604	4743905	89584
1985	260296	20898230	877963	1666163	132682	8670224	99643
1990	325888	29090082	1138937	1750351	82482	9066738	62926
1995	299717	40940087	979985	1707115	57998	9449652	17722
2000	185018	42640605	1014013	1439743	44658	8640504	18258
2005	165900	90756392	977846	1480381	41394	11030057	33496
2006	157805	98241489	1025861	1538957	36555	12015595	33355
2007	157544	106441173	1004546	1520924	34227	12373412	22316
2008	152247	111047702	994495	1564439	31943	13121439	14050
2009	149367	133384848	979384	1120381	27565	12702991	2166
2010	155624	168985654	1001395	1410719	22783	11422911	2260
2011	157950	202602789	1004622	1600896	21292	10040453	3768
2012	158309	218793742	1021260	1531873	20282	9692502	3798
2013	155340	234317614	1031711	1235661	17214	9692720	1287
2014	154974	247399826	1030973	1424950	17003	10452402	1334
2015	149659	261434867	1015939	1424426	16246	11007996	1391
2016	144568	255170820	999008	1445786	15576	11056320	3124
2017	131746	246750827	964377	1532698	13178	9765519	3122
2018	125754	242447129	960245	1465403	11221	8705726	3044
北京 Beijing							
天津 Tianjin	283	4683149	2982	183021	10	32462	
河北 Hebei	1641	1739268	21194	16382			
山西 Shanxi	263	7241	4317				
内蒙古 Inner Mongolia							
辽宁 Liaoning	461	10102920	33092	18508	10	34197	
吉林 Jilin	350	10151	11376	1360	17	10450	
黑龙江 Heilongjiang	1148	177766	22953	37210	290	183265	
上海 Shanghai	1414	21320700	38075	96800	47	122339	
江苏 Jiangsu	28631	36970536	50825	353935	4072	3229548	
浙江 Zhejiang	14284	30276211	87364	152354	3	13370	
安徽 Anhui	24308	46649669	14782	29763	757	393021	
福建 Fujian	1798	10875673	33223	21644	2	1180	
江西 Jiangxi	2706	2524238	13665	8018	2	1730	
山东 Shandong	6265	12573410	66419	339775	4219	4017449	
河南 Henan	5153	10128681	14090	5242	316	301765	
湖北 Hubei	3172	6720831	33345	47007	106	209505	
湖南 Hunan	4895	4285244	69161	844	236	22927	1924
广东 Guangdong	7781	21832651	81238	114618	12	25255	
广西 Guangxi	7833	9461461	102204				
海南 Hainan	486	3180501	40753	2942			
重庆 Chongqing	2774	7133347	41720	17386	32	50460	
四川 Sichuan	4431	1281496	47565	16289	885	54872	
贵州 Guizhou	2057	152449	54654		2	308	
云南 Yunnan	1241	168589	31070	896	5	371	10
西藏 Tibet							
陕西 Shaanxi	1135	31588	19810	395	198	1252	1110
甘肃 Gansu	476	1603	9153				
青海 Qinghai	117	1772	2977				
宁夏 Ningxia	648		12238	1014			
新疆 Xinjiang							
不分地区 Not Classified by Region	3	155984					

16-25 沿海规模以上港口分货类吞吐量
Volume of Freight Handled in Coastal Ports above Designated Size by Type of Freight

单位：万吨 (10 000 tons)

货物种类	Type of Freight	2017 合计 Total	2017 出港 Out-port	2017 进港 In-port	2018 合计 Total	2018 出港 Out-port	2018 进港 In-port
总计	**Total**	**865464**	**375730**	**489734**	**922392**	**403883**	**518509**
煤炭及制品	Coal and Its Products	151640	86674	64965	163896	93200	70696
石油、天然气及制品	Petroleum, Natural Gas and Their Products	85994	22989	63005	91356	23538	67817
金属矿石	Metal Ores	145304	25438	119866	149176	26954	122221
钢铁	Steel and Iron	31768	20768	11000	32167	20911	11256
矿建材料	Mineral Building Materials	62825	24435	38390	73480	29005	44475
水泥	Cement	7112	2093	5019	8300	2643	5657
木材	Timber	5649	724	4925	6202	725	5476
非金属矿石	Nonmetal Ores	16679	7302	9378	20353	8563	11791
化肥和农药	Chemical Fertilizers and Pesticides	2374	1494	880	2544	1555	989
盐	Salt	1179	168	1011	1162	168	994
粮食	Grain	21393	7103	14289	21138	7090	14048
其他	Others	333547	176542	157006	352618	189531	163089

16-26 沿海主要规模以上港口货物吞吐量
Volume of Freight Handled in Main Coastal Ports above Designated Size

单位：万吨 (10 000 tons)

港口	Seaport	1985	1990	1995	2000	2005	2010	2015	2017	2018
总计	**Total**	**31154**	**48321**	**80166**	**125603**	**292777**	**548358**	**784578**	**865464**	**922392**
#大连	Dalian	4381	4952	6417	9084	17085	31399	41482	45517	46784
营口	Yingkou	98	237	1156	2268	7537	22579	33849	36267	37001
秦皇岛	Qinhuangdao	4419	6945	8382	9743	16900	26297	25309	24520	23119
天津	Tianjin	1856	2063	5787	9566	24069	41325	54051	50056	50774
烟台	Yantai	689	668	1361	1774	4506	15033	25163	28816	44308
威海	Weihai		100	379	669	1015	2407	4213	4468	5570
青岛	Qingdao	2611	3034	5103	8636	18678	35012	48453	51031	54250
日照	Rizhao		925	1452	2674	8421	22597	33707	36136	43763
上海	Shanghai	11291	13959	16567	20440	44317	56320	64906	70542	68392
连云港	Lianyungang	929	1137	1716	2708	6016	12739	19756	20605	21443
宁波-舟山	Ningbo-Zhoushan	1040	2554	6853	11547	26881	63300	88929	100933	108439
台州	Taizhou				950	2067	4706	6237	7057	7167
温州	Wenzhou		307	601	859	3097	6408	8490	8926	8239
福州	Fuzhou		561	1032	2426	7443	7125	13967	14838	17876
厦门	Xiamen		529	1314	1965	4771	12728	21023	21116	21720
汕头	Shantou	201	279	716	1284	1736	3509	5181	4890	3963
深圳	Shenzhen				5697	15351	22098	21706	24136	25127
广州	Guangzhou	1772	4163	7299	11128	25036	41095	50053	57003	59396
湛江	Zhanjiang	1231	1557	1885	2038	4647	13638	22036	28209	30185
北海	Beihai		82	201	265	437	1251	2468	3169	3387
防城	Fangcheng						7650	11504	10355	10448
海口	Haikou	170	288	468	808	2118	5700	9204	11297	11883
八所	Basuo	388	431	275	378	486	893	1767	1605	1396

注：1.从2006年起，宁波－舟山港包括原宁波港和舟山港，以往年度数据为原宁波港数据。
2.从2007年起，烟台港包括原烟台港和龙口港，以往年度数据为原烟台港数据。
3.从2011年起，厦门港统计范围包括原厦门港和漳州港。

a) Since 2006, data of Ningbo-Zhoushan seaport include those of Ningbo seaport and Zhoushan seaport.
b) Since 2007, data of Yantai seaport include Yantai seaport and Longkou seaport, and were data of Yantai seaport before 2007.
c) Since 2011, data of Xianmen seaport include Xiamen seaport and Zhangzhou seaport.

16-27 沿海主要规模以上港口码头泊位数（2018年底）

Number of Berths in Main Coastal Ports above Designated Size at Year-end (2018)

名 称	Name	总计 Total			生产用 For Productive Use			非生产用 For Nonproductive Use	
		码头长度（米）Length of Quay Line (m)	泊位个数（个）Number of Berths (unit)	#万吨级 10 000 Ton Class	码头长度（米）Length of Quay Line (m)	泊位个数（个）Number of Berths (unit)	#万吨级 10 000 Ton Class	码头长度（米）Length of Quay Line (m)	泊位个数（个）Number of Berths (unit)
总 计	**Total**	**876523**	**6150**	**2019**	**814337**	**5302**	**1942**	**62186**	**848**
#大 连	Dalian	44978	248	104	41101	223	104	3877	25
营 口	Yingkou	19709	93	61	18975	86	61	734	7
秦皇岛	Qinhuangdao	17161	92	44	15928	72	44	1233	20
天 津	Tianjin	39509	167	120	36783	145	120	2726	22
烟 台	Yantai	34604	207	91	33474	197	91	1130	10
威 海	Weihai	16058	99	33	15188	94	33	870	5
青 岛	Qingdao	30429	128	85	29308	122	85	1121	6
日 照	Rizhao	19203	75	64	18897	74	64	306	1
上 海	Shanghai	107234	1054	224	75410	573	181	31824	481
连云港	Lianyungang	16634	73	59	16337	71	59	297	2
宁波-舟山	Ningbo-Zhoushan	96840	707	178	92503	619	178	4337	88
台 州	Taizhou	14601	194	9	14401	192	9	200	2
温 州	Wenzhou	16923	199	20	16785	198	20	138	1
福 州	Fuzhou	28359	200	70	28015	194	62	344	6
厦 门	Xiamen	31246	173	81	30222	154	80	1024	19
汕 头	Shantou	10223	91	19	9952	86	19	271	5
深 圳	Shenzhen	32932	156	76	31207	142	74	1725	14
广 州	Guangzhou	55285	556	96	50463	488	73	4822	68
湛 江	Zhanjiang	17388	132	36	16353	119	36	1035	13
北 海	Beihai	7672	62	15	7612	61	15	60	1
防 城	Fangcheng	16343	128	39	16283	123	39	60	5
海 口	Haikou	9867	70	34	9676	69	34	191	1
八 所	Basuo	2488	12	9	2488	12	9		

16-28 内河主要规模以上港口码头泊位数（2018年底）

Number of Berths in Main Ports of Inland Rivers above Designated Size at Year-end (2018)

名 称	Name	总计 Total			生产用 For Productive Use			非生产用 For Nonproductive Use	
		码头长度（米）Length of Quay Line (m)	泊位个数（个）Number of Berths (unit)	#万吨级 10 000 Ton Class	码头长度（米）Length of Quay Line (m)	泊位个数（个）Number of Berths (unit)	#万吨级 10 000 Ton Class	码头长度（米）Length of Quay Line (m)	泊位个数（个）Number of Berths (unit)
总 计	**Total**	**791221**	**11148**	**451**	**753345**	**10521**	**437**	**37876**	**627**
#重 庆	Chongqing	84771	1024		63760	664		21011	360
宜 昌	Yichang	24676	249		23175	231		1501	18
武 汉	Wuhan	16456	162		14114	135		2342	27
黄 石	Huangshi	7892	89		7462	83		430	6
九 江	Jiujiang	17516	176		15311	146		2205	30
安 庆	Anqing	7621	90		6549	73		1072	17
池 州	Chizhou	8393	86		8393	86			
铜 陵	Tongling	7414	74	3	7369	73	3	45	1
芜 湖	Wuhu	13544	124	13	13544	124	13		
马鞍山	Maanshan	9027	110	1	8977	109	1	50	1
南 京	Nanjing	29958	236	66	29318	226	62	640	10
镇 江	Zhenjiang	22602	211	42	22482	209	42	120	2
泰 州	Taizhou	20989	161	61	20989	161	61		
扬 州	Yangzhou	7446	42	23	7446	42	23		
江 阴	Jiangyin	16692	111	39	16542	109	39	150	2
常 州	Changzhou	4134	32	9	4134	32	9		
南 通	Nantong	20165	114	67	19610	108	57	555	6
上海(内河)	Shanghai(Inland Rivers)	42005	839		41650	833		355	6

16-29 民用航空航线及飞机架数
Number of Civil Aviation Routes and Civil Aircrafts

指　　标	Item	1990	2000	2010	2016	2017	2018
定期航班航线条数　（条）	**Number of Regular Civil Aviation Routes(line)**	**437**	**1165**	**1880**	**3794**	**4418**	**4945**
国际航线	International Routes	44	133	302	739	803	849
国内航线	Domestic Routes	385	1032	1578	3055	3615	4096
#港澳台地区航线	Routes of Hong Kong,Macao and Taiwan	8	42	85	109	96	100
定期航班航线里程（公里）	**Length of Regular Civil Aviation Routes　(km)**	**506762**	**1502887**	**2765147**	**6348144**	**7483033**	**8379833**
国际航线	International Routes	166350	508405	1070167	2828015	3245859	3598911
国内航线	Domestic Routes	329493	994482	1694980	3520129	4237174	4780922
#港澳台地区航线	Routes of Hong Kong,Macao and Taiwan	10919	55759	121437	166812	147537	153105
定期航班通航机场　（个）	**Number of Regular Civil Airports Opened(unit)**	**94**	**139**	**175**	**216**	**228**	**233**
民用飞机期末架数　（架）	**Number of Civil Aircraft　(unit)**	**503**	**982**	**2405**	**5046**	**5593**	**6134**
运输飞机	Aero Transport	204	527	1597	2950	3296	3639
大中型飞机	Air bus		462	1453	2789	3120	3452
#波音747	Boeing 747	11	19	40	26	27	24
波音737	Boeing 737	21	186	650	1216	1357	1513
波音757	Boeing 757	9	48	48	33	35	46
波音767	Boeing 767	6	16	18	13	12	5
A320	Airbus A320		60	281	728	814	892
小型飞机	Puddle-jumper		65	144	161	176	187
#ARJ21-700	ARJ21-700				2	4	10
通用航空飞机	General Aircraft	217	301	606	2096	2297	2495

注：1.1992年以前，民航机场和飞机架数为民航总局直属企业数，1992年起为民航全行业数字。
　2.1997年以前，地区航线含民航至香港、澳门航线,与国内航线、国际航线并列。1997年起，民航至香港航线统计在国内航线中，航线里程及运输量统计口径也做同样调整。1999年起，地区航线为国内航线的其中项，仍含民航至香港、澳门航线及运量(下表同)。
　3.2011年起民用航空航线条数改为定期航班航线条数，民用通航机场改为定期航班通航机场。

a) Before 1992, the number of civil airports and aircrafts refers to those owned by enterprises directly under CAAC. Since 1992, it refers to those owned by all enterprises of civil aviation. The same applies to the tables following.

b) Before 1997, regional routes include the routes to and from Hong Kong, Macao, and are taken as parallel items to the items of domestic routes and international routes. Since 1997, regional routes to and from Hong Kong are taken as domestic routes, and adjustment are also made on the length of aviation routes and traffic volume accordingly. Since 1999, regional routes are taken as a part of domestic routes, and include the aviation routes to and from Hong Kong, Macao. The same applies to the tables following.

c) Since 2011, civil aviation routes change to regular civil aviation routes, civil airports opened change to regular civil airports opened.

16-30 民用航空运输量及通用航空飞行时间
Civil Aviation Traffic and Flying Time of General Aviation

指　　标	Item	1990	2000	2010	2016	2017	2018
客运量（万人）	**Passenger Traffic (10 000 persons)**	**1660**	**6722**	**26769**	**48796**	**55156**	**61174**
国际航线	International Routes	114	690	1931	5162	5545	6367
国内航线	Domestic Routes	1346	6031	24838	43634	49611	54807
#港澳台地区航线	Routes of Hong Kong,Macao and Taiwan	200	403	672	985	1027	1127
旅客周转量(万人公里)	**Passenger-tons (10 000 person-km)**	**2304797**	**9705437**	**40389960**	**83781348**	**95130358**	**107123166**
国际航线	International Routes	516910	2328154	7589325	21603850	24765095	28226135
国内航线	Domestic Routes	1576554	7377283	32800635	62177498	70365262	78897031
#港澳台地区航线	Routes of Hong Kong,Macao and Taiwan	211333	502405	981817	1441033	1482485	1650525
货(邮)运量（吨）	**Freight Traffic (ton)**	**369722**	**1967123**	**5630371**	**6680105**	**7058921**	**7385098**
国际航线	International Routes	81102	492356	1926315	1931921	2220776	2427234
国内航线	Domestic Routes	239467	1474767	3704056	4748184	4838144	4957864
#港澳台地区航线	Routes of Hong Kong,Macao and Taiwan	49153	135442	216603	219608	241502	234807
货邮周转量(万吨公里)	**Freight Ton-kilometers(10 000 ton-km)**	**81825**	**502683**	**1788982**	**2224493**	**2435523**	**2624991**
国际航线	International Routes	43830	291550	1253028	1503386	1705867	1870290
国内航线	Domestic Routes	31647	211133	535954	721108	729656	754701
#港澳台地区航线	Routes of Hong Kong,Macao and Taiwan	6348	19495	28700	27505	30512	30150
总周转量（万吨公里）	**Total Air Traffic Ton-kilometers (10 000 ton-km)**	**249950**	**1225007**	**5384490**	**9625107**	**10830751**	**12065276**
国际航线	International Routes	82595	465190	1929689	3405834	3884753	4350189
国内航线	Domestic Routes	145156	759818	3454801	6219274	6945998	7715087
#港澳台地区航线	Routes of Hong Kong,Macao and Taiwan	22199	56878	115895	154316	160960	175130
通用航空飞行时间(小时)	**Flying Time of General Aviation (hr)**	**42524**	**48707**	**391135**	**764685**	**837496**	**937149**
农林业航空作业	Flight for Agriculture and Forestry	22674	22922	29619	51028	59578	
#航空护林	Forest Protection Service	3573	3927	7748	11943	15476	
播种造林	Afforestation	4605	4060	1419	733	1157	
工业航空作业	Flight for Industry	19850	25785	65430	82875	89336	

16-31 邮电业务基本情况
Basic Conditions of Postal and Telecommunication Services

指 标	Item	2015	2016	2017	2018
邮政业务总量 (亿元)	Business Volume of Postal Services (100 million yuan)	5078.7	7397.2	9763.7	12345.2
电信业务总量 (亿元)	Business Volume of Telecommunication Services (100 million yuan)	23346.3	15617.0	27596.7	65633.9
邮政业务量	**Business Volume of Postal Services**				
函件 (亿件)	Number of Letters (100 million pcs)	45.8	36.2	31.5	26.7
包裹 (万件)	Package (10 000 pcs)	4243.4	2794.0	2657.2	2407.6
快递 (万件)	Pieces of Express Mail Services (10 000 pcs)	2066636.8	3128315.1	4005591.9	5071042.8
报刊期发数 (万份)	Issue of Newspapers and Magazines (10 000 copies)	15539.5	13617.5	12572.8	12458.2
汇兑 (万笔)	Postal Remittance Transactions (10 000 times)	8241.7	5804.4	3743.4	2520.0
纪特邮票 (万枚)	Commemorative and Special Stamps (10 000 pcs)	157000.8	154320.6	140219.4	118076.4
营业网点 (处)	Number of Offices (unit)	188637	216708	278025	274635
平均每一营业网点服务面积 (平方公里)	Average Area Served by Every Postal Office (sq.km)	50.9	44.3	34.5	35.0
邮路总长度 (万公里)	Length of Postal Routes (10 000 km)	637.6	658.5	938.5	985.1
农村投递路线长度 (万公里)	Rural Delivery Routes (10 000 km)	375.6	376.8	380.5	403.1
城市投递路线长度 (万公里)	Urban Delivery Routes (10 000 km)	137.1	147.5	162.8	171.2
电信业务量	**Business Volume of Telecommunication Services**				
移动电话通话时长 (亿分钟)	Length of Calls of Mobile Telephone (100 million minutes)	57648.9	56599.0	54004.7	51125.2
移动短信业务量 (亿条)	Short Message Services (100 million messages)	6991.8	6670.9	6641.4	11398.6
互联网上网人数 (万人)	Number of Internet Users (10 000 persons)	68826	73125	77198	82851
互联网普及率 (%)	Popularization Rate of Internet (%)	50.3	53.2	55.8	59.6
移动电话用户 (万户)	Number of Mobile Telephone Subscribers at Year-end (10 000 subscribers)	127139.7	132193.4	141748.7	156609.8
#3G移动电话用户 (万户)	3G Mobile Phone Subscribers (10 000 subscribers)	27573.0	17080.5	13463.2	14018.3
移动电话漫游国家和地区(个)	Countries(regions) with Mobile Phone Roaming (unit)	255	258	262	260
固定电话用户 (万户)	Number of Fixed Telephone Subscribers at Year-end (10 000 subscribers)	23099.6	20662.4	19375.7	19208.5
#住宅电话用户	Household Fixed Telephone Subscribers	13899.8	11995.0	10964.1	9901.1
固定长途电话交换机容量 (万路端)	Capacity of Long Distance Telephone Exchanges (10 000 lines)	811.1	681.1	603.5	392.4
局用交换机容量 (万门)	Capacity of Office Telephone Exchanges (10 000 lines)	26446.5	22441.6	18398.7	11440.4
移动电话交换机容量 (万户)	Capacity of Mobile Telephone Exchanges (10 000 subscribers)	218150.0	218540.0	242185.8	259453.1
长途光缆线路长度 (万公里)	Length of Long-distance Optical Cable Lines(10 000 km)	96.5	99.4	104.5	99.4
互联网宽带接入端口 (万个)	Broad Band Subscribers Port of Internet (10 000 ports)	57709.4	71276.9	77599.1	86752.3
IPv4地址数 (万个)	Number of IPv4 Addresses (10 000 units)	24698.3	28229.8	33870.5	33892.5
IPv6地址数 (块/32)	Number of IPv6 Addresses (unit/32)	20594	21188	23430	41079
互联网国际出口带宽 (Mbps)	International Internet Bandwidth (Mbps)	5392116	6640291	7320180	8946570

注：1.邮政业务总量和电信业务总量2000年及以前按1990年不变价格计算，2001-2010年按2000年不变价格计算，2011年起按2010年不变价格计算，2016年起电信业务总量按2015年不变价格计算，2016年按可比口径比上年增长30.3%(下表同)。

2.邮政业务总量、快递的统计口径2006年以前为中国邮政集团，2007年起为规模以上(年业务收入200万元以上)邮政业法人企业数据(下表同)。

3.营业网点1998年及以前为邮电局所，1999-2006年为邮政局所；统计口径从2002年起为邮政局所和邮政代办点，2007年起为规模以上邮政业法人企业办理业务的场所(下表同)。

4.2015年移动电话用户及3G移动电话用户统计口径有调整，与往年不可比。

a) Business volume of postal services and business volume of telecommunication services before 2000 was calculated at 1990 constant prices and that from 2001 to 2010 was calculated at 2000 constant prices. Since 2011, it was calculated at 2010 constant prices. Business volume of telecommunication services since 2016 was calculated at 2015 constant prices, the increase rate at constant prices in 2016 was 30.3% over preceding years. The same applies to the table following.

b) Statistical coverages of business volume of postal services and pieces of express mail services are China Post Group before 2006, and since 2007, they are postal enterprises above designated size (with annual business revenue above 2 million yuan). The same applies to the table following.

c) The indicator of number of postal offices referred to postal and communication offices before 1998,and referred to postal offices from 1999 to 2006. It included postal offices and postal sub-stations since 2002, and was the business sites of postal enterprises above designated size since 2007. The same applies to the table following.

d) In 2015, coverage of mobile phone users and 3G mobile phone users was adjusted, so the data can't be compared with previous years.

16-32 邮政和电信业务量
Business Volume of Postal Services and Telecommunication Services

年 份 地 区	Year Region	邮政业务总量(亿元) Business Volume of Postal Services (100 million yuan)	电信业务总量(亿元) Business Volume of Telecommunication Services (100 million yuan)	函 件(亿件) Number of Letters (100 million pcs)	包 裹(万件) Package (10 000 pcs)	报刊期发数(万份) Issue of Newspapers and Magazines (10 000 copies)
	1978	14.92	19.17	28.35	7400.5	11250.0
	1980	17.02	22.01	33.13	7153.2	16431.0
	1985	25.70	36.51	46.78	7612.7	30172.0
	1990	45.95	109.59	54.87	9690.1	20078.0
	1995	113.34	875.51	79.55	15641.0	21689.0
	2000	232.80	4559.90	77.71	9600.3	20089.7
	2005	625.52	11403.02	73.51	9531.8	14601.3
	2006	730.49	14595.38	71.31	9317.5	14372.7
	2007	1213.73	18591.33	69.50	9103.3	13030.6
	2008	1401.80	22247.72	73.63	7936.7	15658.3
	2009	1639.88	25553.58	75.32	7229.6	13909.5
	2010	1985.30	29993.18	74.01	6642.5	17158.3
	2011	1607.71	11725.78	73.78	6883.0	15007.7
	2012	2036.84	12982.44	70.74	6875.5	15401.6
	2013	2725.08	15707.15	63.41	6924.9	15140.9
	2014	3696.08	18138.33	56.10	6024.2	14936.8
	2015	5078.72	23346.30	45.81	4243.4	15539.5
	2016	7397.24	15616.95	36.19	2794.0	13617.5
	2017	9763.71	27596.74	31.48	2657.2	12572.8
	2018	12345.19	65633.91	26.71	2407.6	12458.2
北 京	Beijing	397.93	1755.46	2.14	190.2	477.9
天 津	Tianjin	115.34	737.82	0.24	36.8	479.3
河 北	Hebei	380.11	2790.14	0.49	128.3	519.0
山 西	Shanxi	94.06	1372.93	0.19	23.1	256.0
内蒙古	Inner Mongolia	44.35	1270.77	0.07	39.5	204.2
辽 宁	Liaoning	160.64	1774.96	0.62	68.3	453.8
吉 林	Jilin	72.64	1077.80	0.13	34.1	167.2
黑龙江	Heilongjiang	93.74	1131.53	0.30	52.2	237.0
上 海	Shanghai	820.62	1436.34	5.74	222.8	484.0
江 苏	Jiangsu	1050.23	4814.66	2.26	139.8	969.4
浙 江	Zhejiang	2326.23	4101.33	2.62	150.9	692.6
安 徽	Anhui	316.75	2260.95	0.40	59.2	487.7
福 建	Fujian	499.04	2026.23	0.93	56.6	462.7
江 西	Jiangxi	176.64	1609.18	0.28	44.5	349.7
山 东	Shandong	528.44	3659.14	0.64	173.0	853.9
河 南	Henan	436.71	3950.31	1.07	120.9	869.7
湖 北	Hubei	345.24	2040.03	0.74	61.6	391.3
湖 南	Hunan	248.24	2477.10	0.22	41.5	540.3
广 东	Guangdong	3215.75	7798.43	5.29	156.8	569.2
广 西	Guangxi	126.77	2053.66	0.29	48.2	417.8
海 南	Hainan	21.84	569.24	0.03	14.0	86.8
重 庆	Chongqing	134.83	1543.52	0.15	25.6	304.6
四 川	Sichuan	348.45	3297.15	0.28	88.7	687.9
贵 州	Guizhou	63.07	2193.37	0.93	10.3	209.0
云 南	Yunnan	90.43	2478.73	0.24	40.0	251.7
西 藏	Tibet	4.21	112.47	0.01	29.7	117.4
陕 西	Shaanxi	138.88	2215.91	0.16	107.5	301.8
甘 肃	Gansu	31.05	1194.20	0.08	78.1	203.3
青 海	Qinghai	7.15	422.81	0.03	54.9	51.5
宁 夏	Ningxia	17.79	462.92	0.03	10.5	47.8
新 疆	Xinjiang	38.03	856.18	0.13	100.2	313.8
不分地区	Not Classified by Region		148.64			

16-32 续表 1 continued

年 份 Year 地 区 Region		订销报纸累计数(万份) Cumulative Number of Newspaper Sold and Booked (10 000 copies)	订销杂志累计数(万份) Cumulative Number of Magazines Sold and Booked (10 000 copies)	汇 兑(万笔) Postal Remittance Transactions (10 000 times)	纪特邮票(万枚) Commemorative and Special Stamps (10 000 pieces)	快 递(万件) Pieces of Express Mail Services (10 000 pcs)	快递业务收入(万元) Revenue from Express Service (10 000 yuan)
	1978	1394729.8	64099.2	11852.4			
	1980	1604235.2	105525.0	13557.0			
	1985	2293065.2	208015.7	16355.1			
	1990	1548568.5	116652.0	16555.8	71233.0	343.3	
	1995	1985894.5	125473.4	23985.1	239250.0	5562.7	
	2000	1844607.1	124449.8	22475.0	453500.0	11031.4	
	2005	1502669.3	100314.6	16052.0	121214.0	22880.3	
	2006	1538987.5	100466.5	18928.0	104580.9	26988.0	
	2007	1505639.6	98104.1	22875.2	113656.7	120189.6	3425851.6
	2008	1626004.2	104220.0	26404.2	131873.0	151329.3	4084274.6
	2009	1621040.2	102073.1	27177.4	110088.5	185785.8	4790030.7
	2010	1717080.6	104756.3	28043.2	114622.5	233892.0	5746029.8
	2011	1817050.7	107701.6	26474.3	102857.5	367311.1	7579878.2
	2012	1892652.5	112009.7	22913.4	118276.0	568548.0	10553324.2
	2013	1942934.7	113720.0	18520.6	118335.3	918674.9	14416815.3
	2014	1912277.3	107618.1	12527.4	138990.4	1395925.3	20453586.2
	2015	1880361.3	99977.1	8241.7	157000.8	2066636.8	27696465.9
	2016	1786989.7	84415.0	5804.4	154320.6	3128315.1	39743601.3
	2017	1766328.4	79261.4	3743.4	140219.4	4005591.9	49571088.8
	2018	1727899.1	77496.9	2520.0	118076.4	5071042.8	60384253.8
北 京	Beijing	64333.2	2506.8	113.0	9546.6	220875.6	3310328.2
天 津	Tianjin	19629.4	895.7	20.6	2672.6	57576.7	874555.6
河 北	Hebei	76061.0	3569.3	48.4	4769.4	174136.2	1807779.7
山 西	Shanxi	51939.6	1744.1	49.3	2880.3	30332.9	385467.2
内蒙古	Inner Mongolia	32173.5	1171.1	30.3	2830.8	15182.3	299100.7
辽 宁	Liaoning	51032.1	3160.6	92.4	4260.6	65363.7	879726.8
吉 林	Jilin	29663.0	1179.0	40.0	3018.3	22637.5	377131.5
黑龙江	Heilongjiang	38140.7	1978.9	22.4	4939.9	30177.2	464325.9
上 海	Shanghai	75282.0	2045.1	238.2	5219.0	348648.8	10202806.0
江 苏	Jiangsu	146249.8	6029.1	265.9	7785.6	438935.4	4808932.1
浙 江	Zhejiang	112100.9	4269.4	122.6	4804.3	1011050.7	7793024.1
安 徽	Anhui	63610.0	3485.2	24.9	4687.8	112322.4	1110120.0
福 建	Fujian	70726.5	2653.7	55.5	3591.3	211613.4	2066842.1
江 西	Jiangxi	51533.2	2001.4	63.3	4861.9	61929.5	670877.1
山 东	Shandong	107707.6	6236.3	115.0	6905.9	218701.1	2283960.8
河 南	Henan	107727.7	4020.0	341.4	6648.2	152631.6	1529449.7
湖 北	Hubei	64157.1	2678.2	37.7	4976.7	135307.7	1437737.2
湖 南	Hunan	65560.0	4186.3	42.8	3880.8	78932.6	804691.3
广 东	Guangdong	70477.7	4771.3	132.3	6975.9	1296195.7	14117279.4
广 西	Guangxi	33748.4	2566.2	71.8	1463.9	48101.1	615000.7
海 南	Hainan	16497.6	520.4	13.2	570.3	7107.1	163135.3
重 庆	Chongqing	29273.5	2743.8	17.6	2055.0	45795.4	580358.4
四 川	Sichuan	105811.2	3883.5	97.2	4032.9	145991.7	1671575.4
贵 州	Guizhou	39177.2	1885.9	97.5	3356.5	21193.7	404531.8
云 南	Yunnan	44000.0	1575.7	112.7	2077.2	33999.1	471438.1
西 藏	Tibet	14105.9	426.3	17.4	377.6	725.8	24297.1
陕 西	Shaanxi	46943.2	2010.0	40.4	3097.3	56876.5	673078.9
甘 肃	Gansu	30984.3	1181.5	41.2	1763.5	8911.6	188515.3
青 海	Qinghai	10845.6	289.3	11.5	646.0	1897.2	47871.9
宁 夏	Ningxia	6976.9	364.9	18.0	1110.7	6771.3	81303.0
新 疆	Xinjiang	51430.7	1468.0	125.8	2269.6	11121.4	239012.4

注：快递业务量2006年及以前为邮政特快专递，2007年起为规模以上(年业务收入200万元以上)快递服务企业，2013年起为获得快递业务经营许可的快递服务企业业务量。

a) Business volume of express services referred to express mail service in 2006 and before, and referred to those enterprises above designated size (with business revenue over 2 million yuan) since 2007, refers to those enterprises obtained business license of express mail service since 2013.

16-32 续表 2 continued

年份 地区	Year Region	移动短信业务量(亿条) Short Message Services (100 million messages)	移动电话用户(万户) Number of Mobile Telephone Subscribers at Year-end (10 000 subscribers)	#3G移动电话用户 3G Mobile Phone Subscribers	#4G移动电话用户 4G Mobile Phone Subscribers
	1978				
	1980				
	1985				
	1990		1.8		
	1995		362.9		
	2000		8453.3		
	2005	3046.3	39340.6		
	2006	4295.4	46105.8		
	2007	5945.8	54730.6		
	2008	6996.9	64124.5		
	2009	7726.5	74721.4	1232.2	
	2010	8277.5	85900.3	4705.1	
	2011	8790.0	98625.3	12842.4	
	2012	8973.1	111215.5	23280.3	
	2013	8921.0	122911.3	40161.1	
	2014	7674.2	128609.3	48525.5	9728.4
	2015	6991.8	127139.7	27573.0	43038.1
	2016	6670.9	132193.4	17080.5	76994.9
	2017	6641.4	141748.7	13463.2	99688.9
	2018	11398.6	156609.8	14018.3	116546.4
北京	Beijing	1035.0	4009.2	383.6	3164.6
天津	Tianjin	108.3	1648.5	147.0	1260.9
河北	Hebei	478.2	8195.6	686.3	5919.9
山西	Shanxi	392.2	3961.5	342.2	2947.2
内蒙古	Inner Mongolia	164.5	3044.4	306.7	2230.9
辽宁	Liaoning	326.4	4880.7	418.7	3605.3
吉林	Jilin	185.1	3001.1	307.9	2130.5
黑龙江	Heilongjiang	169.5	3833.6	385.5	2615.8
上海	Shanghai	529.0	3722.3	361.8	3265.2
江苏	Jiangsu	996.1	9794.0	691.7	7707.6
浙江	Zhejiang	1020.9	8308.8	570.2	6501.3
安徽	Anhui	232.3	5535.8	596.9	4122.9
福建	Fujian	799.2	4553.5	311.4	3633.4
江西	Jiangxi	164.8	4043.5	293.6	2970.0
山东	Shandong	595.4	10569.6	1074.2	7294.2
河南	Henan	540.8	9354.1	639.5	7232.2
湖北	Hubei	280.3	5569.8	403.3	4162.6
湖南	Hunan	282.3	6302.9	505.2	4710.9
广东	Guangdong	1137.3	16823.3	1190.4	13631.7
广西	Guangxi	218.7	5045.3	436.6	3672.0
海南	Hainan	96.9	1085.3	73.1	854.7
重庆	Chongqing	152.7	3650.7	331.6	2553.1
四川	Sichuan	311.9	9068.6	541.3	6540.7
贵州	Guizhou	162.5	3940.4	330.5	2960.2
云南	Yunnan	205.3	4659.1	284.2	3375.5
西藏	Tibet	34.7	312.3	43.2	232.3
陕西	Shaanxi	373.8	4688.6	371.4	3598.1
甘肃	Gansu	137.3	2736.0	280.3	2001.0
青海	Qinghai	62.6	686.4	65.6	526.1
宁夏	Ningxia	57.1	881.0	76.0	669.6
新疆	Xinjiang	147.7	2703.8	1568.5	456.2

注：固定长途电话通话时长为固定传统长途电话通话时长及固定IP电话通话时长之和。

a) Length of long-distance calls of fixed telephone includes traditional calls and IP calls.

16-32 续表 3 continued

年 份 地 区	Year Region	移动电话通话时长（亿分钟）Length of Calls of Mobile Telephone (100 million minutes)	#去话通话时长 Length of Outgoing Calls	固定电话用户（万户）Number of Fixed Telephone Subscribers at Year-end (10 000 subscribers)	#住宅电话用户 Household Fixed Telephone Subscribers
	1978			192.5	
	1980			214.1	
	1985			312.0	6.1
	1990			685.0	183.4
	1995	113.4		4070.6	2909.8
	2000	1845.3		14482.9	11817.2
	2005	12507.4		35044.5	27225.1
	2006	16870.7		36778.6	28259.1
	2007	23061.3		36563.7	27521.3
	2008	29355.6		34035.9	25200.5
	2009	35351.0		31373.2	21782.8
	2010	43261.2	21129.0	29434.2	20298.4
	2011	50472.6	25056.0	28509.8	19272.8
	2012	55444.9	27603.5	27815.3	18329.0
	2013	58229.7	28987.7	26698.5	17117.7
	2014	59012.7	29270.1	24943.0	15665.3
	2015	57648.9	28499.9	23099.6	13899.8
	2016	56599.0	28072.8	20662.4	11995.0
	2017	54004.7	26904.2	19375.7	10964.1
	2018	51125.2	25441.5	19208.5	9901.1
北 京	Beijing	1219.7	654.0	577.4	239.8
天 津	Tianjin	573.0	290.1	337.1	76.8
河 北	Hebei	2350.1	1151.8	698.0	303.5
山 西	Shanxi	1296.7	644.2	276.6	94.0
内蒙古	Inner Mongolia	1074.3	542.2	213.5	85.6
辽 宁	Liaoning	1683.7	844.3	690.2	388.2
吉 林	Jilin	938.5	463.4	477.9	280.3
黑龙江	Heilongjiang	1189.2	584.0	360.2	279.4
上 海	Shanghai	998.4	512.5	663.2	382.2
江 苏	Jiangsu	3116.2	1562.2	1418.3	758.0
浙 江	Zhejiang	2752.9	1384.6	1260.9	458.1
安 徽	Anhui	1616.8	792.5	576.3	295.6
福 建	Fujian	1642.4	827.8	785.4	379.1
江 西	Jiangxi	1288.7	627.0	465.4	302.6
山 东	Shandong	3809.7	1893.5	1031.6	448.8
河 南	Henan	3095.7	1493.0	777.2	334.4
湖 北	Hubei	1693.9	829.3	602.8	348.7
湖 南	Hunan	2053.3	997.4	646.8	238.2
广 东	Guangdong	5014.7	2550.2	2211.4	1150.3
广 西	Guangxi	1406.7	688.2	331.1	155.9
海 南	Hainan	424.2	212.6	171.7	106.1
重 庆	Chongqing	1248.0	601.2	593.1	465.6
四 川	Sichuan	2961.6	1456.7	1833.0	1009.9
贵 州	Guizhou	1586.2	786.5	244.1	152.5
云 南	Yunnan	1770.4	880.1	303.6	121.2
西 藏	Tibet	139.4	73.3	61.9	45.7
陕 西	Shaanxi	1479.3	735.0	650.7	443.0
甘 肃	Gansu	923.1	453.8	332.8	229.1
青 海	Qinghai	215.9	108.2	119.9	71.9
宁 夏	Ningxia	260.3	131.0	56.0	23.9
新 疆	Xinjiang	1302.2	671.1	440.7	233.0

16-33 邮政业网点及邮递线路（年底数）
Postal Offices and Postal Delivery Routes at Year-end

年份 Year / 地区 Region	营业网点（处）Number of Offices (unit)	信筒信箱（个）Number of Post Boxes (unit)	农村投递路线（公里）Rural Delivery Routes (km)	城市投递路线（公里）Urban Delivery Routes (km)
1978	49623	156398	4266291	
1980	49471	159009	4138879	
1985	53107	174678	3565758	
1990	53629	181877	3364861	
1995	61898	203011	3345848	
2000	58437	239356	3364498	
2005	65917	202259	3565226	941286
2006	62799	197491	3566982	985785
2007	70655	195336	3637553	1024046
2008	69146	224023	3656936	1111749
2009	65672	206597	3676051	1324378
2010	75739	171043	3690561	1461321
2011	78667	148206	3632579	1171464
2012	95572	150271	3731657	1327674
2013	125115	147351	3744733	1282319
2014	137562	142330	3775875	1435111
2015	188637	129572	3756043	1371041
2016	216708	127678	3767660	1474841
2017	278025	125409	3805332	1628446
2018	274635	122060	4030582	1711862
北京 Beijing	5425	4562	19649	53376
天津 Tianjin	2444	2594	20739	23614
河北 Hebei	9836	2681	206532	73378
山西 Shanxi	6779	1645	109231	38886
内蒙古 Inner Mongolia	4934	1600	161655	64788
辽宁 Liaoning	7117	2997	112953	74632
吉林 Jilin	4659	1644	94677	30569
黑龙江 Heilongjiang	6155	2277	119373	43615
上海 Shanghai	4716	3013	36760	51914
江苏 Jiangsu	15202	6870	257907	100031
浙江 Zhejiang	25861	23912	200106	121946
安徽 Anhui	10479	2273	146884	50035
福建 Fujian	10255	7584	102319	41175
江西 Jiangxi	7384	2039	90190	44143
山东 Shandong	14762	4329	281181	116682
河南 Henan	14138	3602	191463	71680
湖北 Hubei	14210	2465	187782	56372
湖南 Hunan	10433	2867	208932	99398
广东 Guangdong	25111	5092	270803	174986
广西 Guangxi	8024	3165	107965	33298
海南 Hainan	1767	3138	30662	19413
重庆 Chongqing	6786	2051	61069	34794
四川 Sichuan	20170	12860	252983	63774
贵州 Guizhou	8332	2112	122967	46434
云南 Yunnan	9100	1909	171871	40373
西藏 Tibet	1167	5405	86384	10249
陕西 Shaanxi	8366	1943	124468	38494
甘肃 Gansu	4725	2829	130145	41640
青海 Qinghai	1098	526	42981	8685
宁夏 Ningxia	1508	480	11743	11275
新疆 Xinjiang	3692	1596	68209	32216

16-33 续表 continued

年 份 Year 地 区 Region	邮路总长度(公里) Length of Postal Routes (km)	#航空邮路 Air Mail Routes	#铁路邮路 Railway Routes	#汽车邮路 Highway Routes
1978	4863282		150249	572204
1980	4737124		150819	582058
1985	1416303		181916	658102
1990	1618200		191313	676747
1995	1886082		183036	819412
2000	3073331	1597044	184925	1070304
2005	3406226	1813959	200180	1229802
2006	3369392	1777368	204733	1230633
2007	3532980	1855335	211534	1302915
2008	3693464	1908316	236860	1385102
2009	4027751	2178332	248876	1450782
2010	4635569	2529232	269700	1753027
2011	5140272	2718292	309027	2017483
2012	5855107	3160292	320144	2289077
2013	5897229	3334949	395809	2070847
2014	6305556	3622873	232976	2361997
2015	6376429	3558821	218014	2486461
2016	6585049	3712222	203729	2644714
2017	9384668	5996105	215205	3156199
2018	9851315	6544859	220980	3072496
北 京 Beijing	566266	480220	19655	67829
天 津 Tianjin	126491	97700		28791
河 北 Hebei	215993	77021		138398
山 西 Shanxi	92465	38064		54291
内蒙古 Inner Mongolia	247189	166400	3941	76544
辽 宁 Liaoning	255395	173207	5866	76209
吉 林 Jilin	184623	145878	2996	35749
黑龙江 Heilongjiang	162299	84721	15802	61776
上 海 Shanghai	110893	47102	8641	54489
江 苏 Jiangsu	487432	244870		242562
浙 江 Zhejiang	729059	361407	76491	290641
安 徽 Anhui	187072	38175	1109	147781
福 建 Fujian	712096	585766		125997
江 西 Jiangxi	98972	5953		92987
山 东 Shandong	408336	272469		135693
河 南 Henan	412682	281749	3499	127235
湖 北 Hubei	262100	150750		111350
湖 南 Hunan	369957	242928		126948
广 东 Guangdong	1997304	1669961	40682	285943
广 西 Guangxi	316908	230554		86169
海 南 Hainan	91597	73565		17551
重 庆 Chongqing	153099	92958	1939	56179
四 川 Sichuan	347830	188820	2121	150174
贵 州 Guizhou	147277	91556		55721
云 南 Yunnan	291772	161944	14391	115437
西 藏 Tibet	94970	36600	1972	56398
陕 西 Shaanxi	176855	98691	1385	75709
甘 肃 Gansu	201669	122637	2769	76145
青 海 Qinghai	88507	51729	2092	34686
宁 夏 Ningxia	61000	52216		8784
新 疆 Xinjiang	253210	179248	15629	58333

注：邮路总长度1980年及以前为邮路及农村投递路线总长度之和。
a) Length of postal routes before 1981 included the length of postal routes and rural delivery routes.

16-34 电信主要通信能力（年底数）
Main Communication Capacity of Telecommunications at Year-end

年 份 Year 地 区 Region	固定长途电话交换机容量（路端）Capacity of Long-distance Telephone Exchanges (circuit)	局 用 交换机容量（万门）Capacity of Office Telephone Exchanges (10 000 lines)	移动电话交换机容量（万户）Capacity of Mobile Telephone Exchanges (10 000 subscribers)	移动电话基站（万个）Base Stations of Mobile Telephones (10 000)	光缆线路长度（公里）Length of Optical Cable Lines (km)	#长途光缆线路长度 Length of Long Distance Optical Cable Lines
1978	1863	405.9				
1980	1969	443.2				
1985	11522	613.4				
1990	161370	1231.8	5.1			3334
1995	3518781	7203.6	796.7			106882
2000	5635498	17825.6	13985.6		1212358	286642
2005	13716307	47196.1	48241.7	28.1	4072788	723040
2006	14423427	50279.9	61032.0	35.7	4279559	722439
2007	17092213	51034.6	85496.1	45.9	5777289	792154
2008	16907188	50863.2	114531.4	59.7	6778496	797979
2009	16849027	49265.6	144084.7	111.9	8294565	831011
2010	16414644	46537.3	150284.9	139.8	9962467	818133
2011	16023432	43428.4	171636.0	175.2	12119303	842341
2012	15797426	43749.3	184023.8	206.6	14793300	868175
2013	12805074	41089.3	196557.3	241.0	17453709	890018
2014	9829082	40517.1	205024.9	350.8	20612529	928398
2015	8110825	26446.5	218150.0	465.6	24863348	965283
2016	6810778	22441.6	218540.0	559.4	30420755	994092
2017	6035297	18398.7	242185.8	618.7	37801073	1044998
2018	3924342	11440.4	259453.1	667.2	43167888	994130
北 京 Beijing	376770	1149.9	6540.0	16.6	377020	4217
天 津 Tianjin	95520	421.8	3456.0	6.7	238077	4146
河 北 Hebei	112800	891.9	14637.0	29.9	2119472	35102
山 西 Shanxi	176130	267.6	6090.8	19.0	1194828	30060
内蒙古 Inner Mongolia		181.5	5969.0	14.2	876328	75109
辽 宁 Liaoning	112800	429.4	6499.2	22.0	1354703	21866
吉 林 Jilin	102570	256.0	5244.0	11.3	872629	33747
黑龙江 Heilongjiang	234684	608.9	9067.4	14.2	1063840	50242
上 海 Shanghai	357840	480.1	6548.0	11.6	617611	4024
江 苏 Jiangsu	122460	73.0	19333.7	40.8	3511781	37391
浙 江 Zhejiang	667907	375.7	16202.0	40.6	3021205	26770
安 徽 Anhui		106.9	8224.3	22.7	2161095	35275
福 建 Fujian		249.6	7417.6	23.6	1547784	23477
江 西 Jiangxi	83520	346.7	6484.9	19.3	1772865	28385
山 东 Shandong	123988	357.2	12870.4	42.3	2340000	36400
河 南 Henan		774.2	12115.5	33.8	1768718	34124
湖 北 Hubei		322.1	8502.3	23.1	1592659	29055
湖 南 Hunan	364040	310.9	10123.0	24.0	2001617	41797
广 东 Guangdong	257964	473.8	23037.5	65.1	2588927	53955
广 西 Guangxi	235488	912.2	12582.0	18.8	1340276	39725
海 南 Hainan		49.1	2119.0	5.5	255302	915
重 庆 Chongqing		333.4	4099.0	16.2	1059427	6174
四 川 Sichuan	164370	598.8	16388.3	34.2	2775875	67133
贵 州 Guizhou		309.8	5605.0	20.9	1057248	35006
云 南 Yunnan	185344	682.6	7627.7	24.8	1523855	48060
西 藏 Tibet			2820.0	3.8	194143	35419
陕 西 Shaanxi		219.6	5105.5	20.9	1215546	27973
甘 肃 Gansu	42955	16.9	5465.1	15.8	826956	36100
青 海 Qinghai	67192	7.6	927.0	3.7	288659	40330
宁 夏 Ningxia	40000	64.3	1583.0	3.7	223071	11224
新 疆 Xinjiang		169.2	6769.0	18.1	1386371	40929
不分地区 Not Classified by Region						

注：电话交换机容量不包括用户交换机容量。

a) The capacity of exchanges in this table do not includes the capacity of exchanges owned by users.

16-35 电信通信服务水平（年底数）
Telecommunication Services Available at Year-end

年份 Year 地区 Region	电话普及率（包括移动电话）（部/百人）Popularization Rate of Telephone (Include Mobile Telephone) (sets/100 persons)	固定电话普及率（部/百人）Popularization Rate of Fixed Line Telephone (sets/100 persons)	移动电话普及率（部/百人）Popularization Rate of Mobile Telephone (sets/100 persons)
1978	0.38	0.38	
1980	0.43	0.43	
1985	0.60	0.60	
1990	1.11	1.11	
1995	4.66	4.36	0.30
2000	19.10	12.38	6.72
2005	57.22	26.96	30.26
2006	63.40	28.10	35.30
2007	69.45	27.81	41.64
2008	74.29	25.76	48.53
2009	79.89	23.62	56.27
2010	86.41	22.05	64.36
2011	94.81	21.26	73.55
2012	103.10	20.60	82.50
2013	109.95	19.62	90.33
2014	112.26	18.24	94.03
2015	109.30	16.80	92.49
2016	110.55	14.94	95.60
2017	115.91	13.94	101.97
2018	126.00	13.77	112.23
北　京 Beijing	212.92	26.80	186.11
天　津 Tianjin	127.31	21.61	105.70
河　北 Hebei	117.70	9.24	108.46
山　西 Shanxi	113.99	7.44	106.55
内蒙古 Inner Mongolia	128.57	8.42	120.14
辽　宁 Liaoning	127.79	15.83	111.96
吉　林 Jilin	128.66	17.67	110.98
黑龙江 Heilongjiang	111.15	9.55	101.60
上　海 Shanghai	180.94	27.36	153.57
江　苏 Jiangsu	139.27	17.62	121.65
浙　江 Zhejiang	166.80	21.98	144.83
安　徽 Anhui	96.66	9.11	87.54
福　建 Fujian	135.47	19.93	115.54
江　西 Jiangxi	97.02	10.01	87.00
山　东 Shandong	115.47	10.27	105.20
河　南 Henan	105.48	8.09	97.39
湖　北 Hubei	104.32	10.19	94.13
湖　南 Hunan	100.74	9.38	91.36
广　东 Guangdong	167.76	19.49	148.27
广　西 Guangxi	109.14	6.72	102.42
海　南 Hainan	134.54	18.37	116.16
重　庆 Chongqing	136.82	19.12	117.70
四　川 Sichuan	130.70	21.98	108.72
贵　州 Guizhou	116.24	6.78	109.46
云　南 Yunnan	102.76	6.29	96.47
西　藏 Tibet	108.85	18.01	90.84
陕　西 Shaanxi	138.17	16.84	121.33
甘　肃 Gansu	116.36	12.62	103.74
青　海 Qinghai	133.66	19.87	113.79
宁　夏 Ningxia	136.17	8.14	128.04
新　疆 Xinjiang	126.45	17.72	108.73

注：2015年移动电话用户口径有调整，移动电话普及率与往年不可比。

a) In 2015, coverage of mobile phone users is adjusted, popularization rate of mobile phones is not comparable with previous years.

16-36 邮政通信服务水平（年底数）
Postal Services Available at Year-end

年 份 Year 地 区 Region	平均每一营业网点服务面积（平方公里）Average Area Served by Every Postal Office (sq.km)	平均每一营业网点服务人口（万人）Average People Served by Every Postal Office (10 000 persons)	平均每人每年发函件数（件）Annual Average Number of Letters Mailed per Capita (piece)	平均每百人每年订报刊数（份）Annual Average Number of Newspaper and Magazine Subscribed per 100 Persons (piece)	已通邮的行政村比重（%）Percentage of Administrative Village with Posts (%)
1978	193.5	1.94	2.95	11.7	
1980	194.1	1.98	3.36	16.7	96.5
1985	180.8	1.97	4.48	28.8	96.3
1990	179.0	2.13	4.82	17.6	96.4
1995	155.1	1.95	6.61	18.0	
2000	135.3	1.77	6.40	16.4	
2005	145.6	1.97	5.66	11.2	99.0
2006	152.9	2.09	5.50	11.2	99.4
2007	135.9	1.90	5.30	9.9	98.4
2008	138.8	1.90	5.60	11.9	98.5
2009	146.2	2.03	5.66	10.4	98.8
2010	126.8	1.77	5.52	12.8	99.0
2011	122.0	1.71	5.50	11.1	98.0
2012	100.4	1.42	5.22	11.4	99.1
2013	76.7	1.09	4.66	11.0	99.2
2014	69.8	0.99	4.10	10.9	99.4
2015	50.9	0.73	3.30	11.3	99.8
2016	44.3	0.64	2.65	9.9	99.4
2017	34.5	0.50	2.26	9.0	100.0
2018	35.0	0.51	1.91	8.9	100.0
北 京 Beijing	3.1	0.40	9.95	22.2	100.0
天 津 Tianjin	4.5	0.64	1.52	7.5	100.0
河 北 Hebei	19.3	0.77	0.65	6.9	100.0
山 西 Shanxi	22.1	0.55	0.51	6.9	100.0
内蒙古 Inner Mongolia	222.9	0.51	0.26	8.1	100.0
辽 宁 Liaoning	21.1	0.61	1.42	10.4	100.0
吉 林 Jilin	38.6	0.58	0.48	6.2	100.0
黑龙江 Heilongjiang	74.7	0.61	0.79	6.3	100.0
上 海 Shanghai	1.2	0.51	23.68	20.0	100.0
江 苏 Jiangsu	6.6	0.53	2.81	12.0	100.0
浙 江 Zhejiang	3.9	0.22	4.57	12.1	100.0
安 徽 Anhui	12.4	0.60	0.63	7.7	100.0
福 建 Fujian	11.7	0.38	2.36	11.7	100.0
江 西 Jiangxi	21.7	0.63	0.59	7.5	100.0
山 东 Shandong	10.2	0.68	0.63	8.5	100.0
河 南 Henan	11.3	0.68	1.12	9.1	100.0
湖 北 Hubei	12.7	0.42	1.26	6.6	100.0
湖 南 Hunan	20.1	0.66	0.31	7.8	100.0
广 东 Guangdong	7.2	0.45	4.66	5.0	100.0
广 西 Guangxi	28.7	0.61	0.58	8.5	100.0
海 南 Hainan	19.2	0.53	0.33	9.3	100.0
重 庆 Chongqing	12.1	0.46	0.48	9.8	100.0
四 川 Sichuan	23.8	0.41	0.33	8.2	100.0
贵 州 Guizhou	20.4	0.43	2.58	5.8	100.0
云 南 Yunnan	41.8	0.53	0.51	5.2	100.0
西 藏 Tibet	1028.3	0.29	0.23	34.1	100.0
陕 西 Shaanxi	22.7	0.46	0.42	7.8	100.0
甘 肃 Gansu	82.5	0.56	0.29	7.7	100.0
青 海 Qinghai	655.7	0.55	0.45	8.5	100.0
宁 夏 Ningxia	43.8	0.46	0.43	7.0	100.0
新 疆 Xinjiang	433.4	0.67	0.51	12.6	100.0

16-37 互联网主要指标发展情况(年底数)
Main Indicators on Internet Development at Year-end

年 份 地 区	Year Region	域名数 (万个) Number of Domain Names (10 000 units)	网站数 (万个) Number of Websites (10 000 sites)	网页数 (万个) Number of Webpages (10 000 pages)	IPv4地址数 (万个) IPv4 Addresses (10 000)	互联网宽带接入端口 (万个) Broad Band Subscribers Port of Internet (10 000 ports)	移动互联网用户 (万户) Mobile Internet Subscribers (10 000 subscribers)
	1995						
	2000		26.5				
	2005	259.2	69.4		7439.1	4874.7	
	2006	410.9	84.3	447257.8	9801.6	6486.4	
	2007	1193.1	150.4	847108.5	13527.5	8539.3	
	2008	1682.6	287.8	1608637.0	18127.3	10890.4	
	2009	1681.8	323.2	3360173.2	23244.6	13835.7	
	2010	865.6	190.8	6000806.0	27763.7	18781.1	
	2011	774.8	229.6	8658229.8	33044.0	23239.4	
	2012	1341.2	268.1	12274681.7	33053.5	32108.4	
	2013	1843.6	320.2	15004076.3	33030.8	35945.3	
	2014	2059.6	334.9	18991864.9	33198.8	40546.1	87522.1
	2015	3101.4	422.9	21229622.4	33652.0	57709.4	96447.2
	2016	4227.6	482.4	23599758.4	33810.3	71276.9	109395.0
	2017	3848.0	533.3	26039903.0	33870.5	77599.1	127153.7
	2018	3792.8	523.4	28162240.6	33892.5	86752.3	127481.5
北 京	Beijing	443.5	71.9	10695275.1	8639.2	2059.9	3291.1
天 津	Tianjin	26.7	5.4	465062.9	355.9	897.4	1352.5
河 北	Hebei	86.8	12.3	1025297.9	965.9	4192.4	6505.3
山 西	Shanxi	107.6	5.7	294992.3	433.8	1989.2	3086.3
内蒙古	Inner Mongolia	12.2	1.6	15460.5	264.4	1358.4	2508.1
辽 宁	Liaoning	64.7	11.4	177231.7	1128.6	3240.3	3905.9
吉 林	Jilin	37.1	3.5	180765.9	410.1	1526.7	2366.2
黑龙江	Heilongjiang	28.1	4.3	205114.9	410.1	2113.2	2894.9
上 海	Shanghai	147.4	37.8	2069686.3	1528.5	1871.8	3032.0
江 苏	Jiangsu	188.3	28.7	1378142.3	1613.3	7131.5	7979.5
浙 江	Zhejiang	149.2	41.7	3354070.9	2192.8	5971.0	6833.6
安 徽	Anhui	90.5	8.7	319693.7	559.2	3374.0	4596.3
福 建	Fujian	736.4	28.0	812747.7	657.5	3245.0	3793.6
江 西	Jiangxi	77.1	5.0	208694.3	586.3	2032.7	3340.8
山 东	Shandong	151.7	31.7	525752.0	1657.3	6312.3	8418.6
河 南	Henan	207.5	24.9	1310626.7	891.4	4780.8	7766.5
湖 北	Hubei	106.2	12.3	156806.1	813.4	2961.3	4552.0
湖 南	Hunan	122.3	9.5	127461.9	799.9	2821.1	5226.6
广 东	Guangdong	449.0	72.8	3806253.4	3230.0	8149.1	14106.9
广 西	Guangxi	52.7	5.3	163749.2	467.7	2760.1	4130.8
海 南	Hainan	28.4	2.7	86290.1	159.3	726.1	914.0
重 庆	Chongqing	46.7	5.6	50562.1	569.4	2245.7	2862.2
四 川	Sichuan	144.6	24.0	354133.2	938.8	5400.5	7332.0
贵 州	Guizhou	39.8	2.2	15726.2	149.1	1535.4	3323.1
云 南	Yunnan	46.6	2.9	175784.1	332.1	1962.6	3918.9
西 藏	Tibet	1.2	0.1	459.2	44.1	194.3	260.2
陕 西	Shaanxi	53.0	7.4	158674.5	552.4	2239.6	3726.8
甘 肃	Gansu	25.4	1.4	12908.6	159.3	1128.0	2210.6
青 海	Qinghai	3.0	0.4	1656.7	61.0	355.4	559.0
宁 夏	Ningxia	7.2	0.8	1018.3	94.9	498.2	694.6
新 疆	Xinjiang	8.0	1.0	12141.9	203.4	1678.6	1992.5
不分地区	Not Classified by Region	103.9	52.5		3023.2		

注：各地区IPv4地址数是根据各地区占全国的比例推算数据。

a) The number of IPv4 addresses in each region is calculated according to the proportion of the regions in the whole country.

16-37 续表 continued

年份 Year / 地区 Region		移动互联网接入流量(万GB) Flow Accessed to Mobile Internet (10 000 GB)	互联网宽带接入用户(万户) Broadband Subscribers of Internet (10 000 subscribers)	#城市宽带接入用户 Urban Broadband Subscribers	#农村宽带接入用户 Rural Broadband Subscribers	#家庭宽带接入用户 Household Broadband Subscribers	#政企宽带接入用户 Government and Enterprise Broadband Subscribers
	1995						
	2000						
	2005		3735.0				
	2006		5085.3				
	2007		6641.4				
	2008		8287.9				
	2009		10397.8				
	2010		12629.1	9963.5	2475.7		
	2011		15000.1	11691.4	3308.8		
	2012		17518.3	13442.4	4075.9		
	2013		18890.9	14153.6	4737.3		
	2014	206193.6	20048.3	15174.6	4873.7	16333.6	3714.8
	2015	418753.3	25946.6	19547.2	6398.4	21716.4	4230.2
	2016	937863.5	29720.7	22266.6	7454.0	24926.8	4793.9
	2017	2459380.3	34854.0	25476.7	9377.3	29552.2	5301.8
	2018	7090039.3	40738.2	28996.5	11741.7	35351.6	5386.6
北京	Beijing	181330.2	638.8	571.0	67.8	574.8	64.0
天津	Tianjin	79874.1	437.9	411.8	26.2	343.0	94.9
河北	Hebei	306648.4	2159.8	1302.2	857.5	1921.6	238.2
山西	Shanxi	145721.1	991.0	794.3	196.7	909.4	81.6
内蒙古	Inner Mongolia	142977.5	628.3	531.9	96.4	555.0	73.3
辽宁	Liaoning	190081.1	1136.0	922.5	213.5	1035.6	100.4
吉林	Jilin	135590.4	588.2	493.9	94.3	556.2	32.1
黑龙江	Heilongjiang	120181.5	810.7	569.5	241.1	745.9	64.8
上海	Shanghai	134846.8	772.9	772.9		658.3	114.6
江苏	Jiangsu	514026.7	3351.9	2107.5	1244.4	2868.1	483.8
浙江	Zhejiang	429803.0	2653.8	1751.5	902.3	2172.1	481.7
安徽	Anhui	251826.2	1662.4	1022.1	640.4	1400.9	261.6
福建	Fujian	209900.3	1629.1	1061.1	568.0	1423.9	205.2
江西	Jiangxi	173557.3	1323.4	908.1	415.3	1165.7	157.7
山东	Shandong	383441.1	2884.8	1933.5	951.3	2613.1	271.8
河南	Henan	434883.9	2503.9	1774.2	729.7	2214.2	289.7
湖北	Hubei	217677.7	1480.7	1074.2	406.6	1220.9	259.8
湖南	Hunan	266950.4	1635.3	1115.1	520.2	1464.2	171.1
广东	Guangdong	845841.2	3597.8	2970.5	627.3	3025.2	572.6
广西	Guangxi	228728.8	1230.6	754.8	475.8	1126.4	104.2
海南	Hainan	61944.2	279.1	196.5	82.6	244.6	34.6
重庆	Chongqing	169556.6	1070.1	854.4	215.8	932.1	138.1
四川	Sichuan	355855.9	2624.5	1772.6	851.9	2202.0	422.5
贵州	Guizhou	250673.2	732.0	568.0	164.1	632.5	99.5
云南	Yunnan	280875.1	1019.4	713.6	305.9	834.8	184.6
西藏	Tibet	10618.4	78.2	66.1	12.1	61.1	17.2
陕西	Shaanxi	248683.2	1057.4	773.3	284.1	927.4	130.0
甘肃	Gansu	131267.3	742.8	465.0	277.9	645.8	97.0
青海	Qinghai	49550.7	152.9	118.5	34.4	121.8	31.1
宁夏	Ningxia	52402.9	217.0	174.6	42.4	202.1	14.9
新疆	Xinjiang	84724.5	647.3	451.4	195.8	552.9	94.4

16-38 软件和信息技术服务业主要经济指标
Main Indicators on Software and Information Technology Services

年 份 地 区	Year Region	软件业务收入（万元） Software Income (10 000 yuan)	#软件产品收入 Software Products Income	#信息技术服务收入 Income from IT Service	#信息安全收入 Information Safety Income	#嵌入式系统软件收入 Embedded System and Software Income	其中：软件业务出口（万美元） Software Export (10 000 USD)
	2010	135885509.6	49305319.5	65296861.8		21283328.4	2673526.0
	2011	188489906.0	61921545.6	95830650.1		30737710.2	3461947.0
	2012	247937523.5	78572418.6	129448959.2		39916145.7	3942380.0
	2013	305874743.1	98768380.6	160305341.0		46801021.5	4691377.0
	2014	370264197.3	121984961.7	187110900.5		61168335.2	4867057.8
	2015	428479158.8	136561431.9	222109513.9		69808213.0	4948702.5
	2016	482322235.0	150278252.4	260904232.5		71139750.1	4994607.7
	2017	551031186.6	169835724.7	306037090.4		75158371.5	5411643.3
	2018	619087337.7	173785598.1	375630759.6	11629202.6	58041777.4	5106629.0
北 京	Beijing	97289177.8	30650174.0	62800499.4	3516787.5	321716.9	382497.4
天 津	Tianjin	16405911.3	3740463.0	12355652.0	27754.6	282041.7	26415.2
河 北	Hebei	2641618.6	392005.3	2176540.6	5597.5	67475.1	3800.2
山 西	Shanxi	286991.7	140867.6	120870.8	2323.4	22929.9	
内蒙古	Inner Mongolia	116699.4	36650.5	70501.3	311.0	9236.6	
辽 宁	Liaoning	15095709.6	6997948.8	6439154.9	1497153.1	161452.8	259862.7
吉 林	Jilin	6671132.0	2022633.0	3411101.2	129852.8	1107545.0	4608.8
黑龙江	Heilongjiang	482541.1	190838.4	161818.3	73603.9	56280.5	70.0
上 海	Shanghai	48368600.2	12126226.1	36106660.8	133609.5	2103.8	390858.8
江 苏	Jiangsu	88331850.6	21732299.9	53442384.8	1178135.2	11979030.8	583171.3
浙 江	Zhejiang	52006147.9	12039185.0	36900870.6	433666.5	2632425.8	314115.3
安 徽	Anhui	4560507.2	1925038.0	1816223.3	147560.0	671685.9	8441.9
福 建	Fujian	28900454.4	9752276.9	15170855.2	476182.8	3501139.6	47174.5
江 西	Jiangxi	1529390.9	821975.4	670848.9	27768.4	8798.2	7383.9
山 东	Shandong	49493473.0	16897183.8	21152555.3	1485104.7	9958629.1	70952.8
河 南	Henan	3364308.6	897030.6	2338231.6	46229.6	82816.8	486.6
湖 北	Hubei	17914891.5	8005681.7	9063547.1	791595.0	54067.7	25114.9
湖 南	Hunan	4925764.0	1797990.3	1917027.9	22059.3	1188686.5	14470.0
广 东	Guangdong	106874315.5	22821002.0	62255565.6	374446.9	21423301.0	2673335.1
广 西	Guangxi	1524849.5	121029.2	1341663.1	17865.6	44291.6	2502.2
海 南	Hainan	2532700.9	531234.6	1997566.8	3441.2	458.3	933.2
重 庆	Chongqing	13929501.4	3222231.8	8783398.6	293895.7	1629975.3	15828.3
四 川	Sichuan	31726384.7	11402521.7	17728543.9	825448.8	1769870.2	152417.8
贵 州	Guizhou	1767338.7	299588.3	1439490.2	8655.7	19604.5	1739.1
云 南	Yunnan	911126.1	216782.3	668009.5	22063.5	4270.9	
西 藏	Tibet						
陕 西	Shaanxi	19948948.0	4660556.4	14208275.4	45504.6	1034611.6	120449.0
甘 肃	Gansu	522834.9	192556.9	320829.2	7748.0	1700.8	
青 海	Qinghai	14105.7	3455.7	9684.2		965.9	
宁 夏	Ningxia	185752.3	63157.9	118836.4	950.4	2807.7	
新 疆	Xinjiang	764310.4	85013.2	643552.6	33887.6	1857.0	

注：本表统计口径为主营业务收入500万元以上的软件和信息技术服务业等企业。

a) Data in the table cover enterprises with revenue from principal business of over 5 million yuan of software and IT service etc.

16-39 按行业分企业信息化及电子商务情况(2018年)
Informatization and E-Commerce of Enterprises by Industrial Sector(2018)

行业	Industry	企业数(个) Number of Enterprises (unit)	期末使用计算机数(台) Computers Used at the End of Period (unit)	每百人使用计算机数(台) Computers Used Per 100 Persons (unit)	企业拥有网站数(个) Websites of Enterprises (unit)	每百家企业拥有网站数(个) Websites Per 100 Enterprises (unit)
总计	**Total**	**985463**	**50380625**	**29**	**527843**	**54**
采矿业	Mining	9716	1141911	23	3652	38
制造业	Manufacturing	343681	17971618	25	232554	68
电力、热力、燃气及水生产和供应业	Production and Supply of Electricity, Heat, Gas and Water	11798	2011912	61	6190	52
建筑业	Construction	106510	4068652	9	44253	42
批发和零售业	Wholesale and Retail Trades	207906	5876290	50	85225	41
交通运输、仓储和邮政业	Transport, Storage and Post	40039	2714954	33	16884	42
住宿和餐饮业	Hotels and Catering Services	45884	938491	23	20113	44
信息传输、软件和信息技术服务业	Information Transmission, Software and Information Technology	20700	6406463	132	21092	102
房地产业	Real Estate	109953	2517002	38	42021	38
租赁和商务服务业	Leasing and Business Services	33542	2042628	30	19843	59
科学研究和技术服务业	Scientific Research and Technical Services	20753	2435019	82	14957	72
水利、环境和公共设施管理业	Management of Water Conservancy, Environment and Public Facilities	5897	201757	18	3193	54
居民服务、修理和其他服务业	Service to Households, Repair and Other Services	6779	152573	15	2866	42
教育	Education	5544	793532	102	3814	69
卫生和社会工作	Health and Social Service	6212	560235	55	4738	76
文化、体育和娱乐业	Culture, Sports and Entertainment	10549	547588	63	6448	61

注：有电子商务交易活动的企业是指通过互联网开展电子商务销售或电子商务采购的企业(下表同)。
a) Enterprises with E-Commerce Transactions refers to those enterprises which performed sales or purchases through Internet. The same applies to the tables following.

16-39 续表 continued

行 业	Industry	有电子商务交易活动 With E-Commerce Transactions		电子商务销售额(亿元) Sales of E-Commerce (100 million yuan)	电子商务采购额(亿元) Purchases of E-Commerce (100 million yuan)
		企业数(个) Enterprises (unit)	比重(%) Proportion (%)		
总 计	**Total**	**99035**	**10.0**	**152424.5**	**85597.8**
采矿业	Mining	297	3.1	1984.2	718.7
制造业	Manufacturing	34709	10.1	55925.8	37842.7
电力、热力、燃气及水生产和供应业	Production and Supply of Electricity, Heat, Gas and Water	718	6.1	2739.6	2691.5
建筑业	Construction	3937	3.7	156.1	5440.8
批发和零售业	Wholesale and Retail Trades	25080	12.1	68984.7	33508.1
交通运输、仓储和邮政业	Transport, Storage and Post	2479	6.2	5227.2	364.9
住宿和餐饮业	Hotels and Catering Services	14492	31.6	881.2	26.4
信息传输、软件和信息技术服务业	Information Transmission, Software and Information Technology	4494	21.7	11164.9	2540.7
房地产业	Real Estate	3589	3.3	249.6	44.7
租赁和商务服务业	Leasing and Business Services	3085	9.2	4294.1	1839.4
科学研究和技术服务业	Scientific Research and Technical Services	1756	8.5	236.5	510.5
水利、环境和公共设施管理业	Management of Water Conservancy, Environment and Public Facilities	809	13.7	58.5	3.9
居民服务、修理和其他服务业	Service to Households, Repair and Other Services	544	8.0	47.3	9.8
教育	Education	383	6.9	133.3	3.2
卫生和社会工作	Health and Social Service	455	7.3	8.6	25.3
文化、体育和娱乐业	Culture, Sports and Entertainment	2208	20.9	332.9	27.3

16-40 分地区企业信息化及电子商务情况(2018年)
Informatization and E-Commerce of Enterprises by Region (2018)

地区	Region	企业数(个) Number of Enterprises (unit)	期末使用计算机数(台) Computers Used at the End of Period (unit)	每百人使用计算机数(台) Computers Used Per 100 Persons (unit)	企业拥有网站数(个) Websites of Enterprises (unit)	每百家企业拥有网站数(个) Websites Per 100 Enterprises (unit)	有电子商务交易活动 With E-Commerce Transactions 企业数(个) Enterprises (unit)	比重(%) Proportion (%)	电子商务销售额(亿元) Sales of E-Commerce (100 million yuan)	电子商务采购额(亿元) Purchases of E-Commerce (100 million yuan)
全国	**National Total**	**985463**	**50380625**	**29**	**527843**	**54**	**99035**	**10.0**	**152424.5**	**85597.8**
北京	Beijing	31534	4581161	70	20286	64	6536	20.7	18261.2	10623.6
天津	Tianjin	16725	909710	37	7848	47	1103	6.6	3106.0	1906.3
河北	Hebei	29231	1261891	25	16362	56	1954	6.7	2556.1	1971.4
山西	Shanxi	14635	721306	23	5637	39	916	6.3	2450.2	922.1
内蒙古	Inner Mongolia	9317	486112	31	4111	44	571	6.1	1948.6	1258.3
辽宁	Liaoning	24758	1301083	35	12282	50	1226	5.0	3638.4	2264.2
吉林	Jilin	12855	537090	30	5417	42	635	4.9	553.1	288.4
黑龙江	Heilongjiang	9867	575864	35	4322	44	466	4.7	593.3	310.8
上海	Shanghai	33967	3698775	56	22718	67	3645	10.7	17412.0	9664.4
江苏	Jiangsu	103460	4990547	24	62794	61	8939	8.6	8659.9	6534.8
浙江	Zhejiang	88443	4055446	24	46586	53	10558	11.9	8846.5	2648.9
安徽	Anhui	39818	1383775	23	24875	62	4704	11.8	4864.4	2103.2
福建	Fujian	46357	1645811	17	20261	44	5028	10.8	3481.0	998.1
江西	Jiangxi	27056	896706	19	13837	51	2234	8.3	2817.9	1048.9
山东	Shandong	78913	2803319	24	41713	53	10654	13.5	15992.2	10034.3
河南	Henan	53291	1612445	17	25586	48	3618	6.8	5183.9	2220.2
湖北	Hubei	40082	1788207	26	23869	60	3666	9.1	4051.4	1825.9
湖南	Hunan	38803	1267433	22	19863	51	3988	10.3	3127.5	2581.3
广东	Guangdong	124606	8459520	37	74939	60	12158	9.8	27829.9	17104.6
广西	Guangxi	17285	721030	24	4101	24	1530	8.9	1168.2	815.8
海南	Hainan	3023	194262	40	1820	60	392	13.0	689.5	284.5
重庆	Chongqing	21990	1069389	24	10861	49	2545	11.6	4186.8	1624.7
四川	Sichuan	39274	1898955	24	21220	54	4501	11.5	4219.2	2463.9
贵州	Guizhou	16293	508564	26	7093	44	1576	9.7	1612.1	616.3
云南	Yunnan	16541	728873	30	7189	43	1713	10.4	1443.1	867.3
西藏	Tibet	796	34874	34	467	59	89	11.2	119.3	48.3
陕西	Shaanxi	22692	1145226	32	11904	52	2483	10.9	1820.3	814.7
甘肃	Gansu	8183	322096	23	3986	49	614	7.5	506.4	784.8
青海	Qinghai	2070	131203	36	1062	51	186	9.0	168.0	169.1
宁夏	Ningxia	3347	167865	31	1667	50	286	8.5	267.1	217.6
新疆	Xinjiang	10251	482087	28	3167	31	521	5.1	850.9	580.9

主要统计指标解释

铁路营业里程 又称营业长度，指投入客货运输营业或临时营业的线路长度。

电气化里程 指具备了电力机车牵引条件，并已交付运营的线路里程。

公路里程 指报告期末公路的实际长度。统计范围：包括城间、城乡间、乡（村）间能行驶汽车的公共道路，公路通过城镇街道的里程，公路桥梁长度、隧道长度、渡口宽度。不包括城市街道里程，断头路里程，农（林）业生产用道路里程，工（矿）企业等内部道路里程。统计原则：按已竣工验收或交付使用的实际里程计算；两条或多条公路共同经由同一路段的重复里程，只计算一次。

内河航道里程 指在一定时期内，能通航运输船舶及排筏的天然河流、湖泊水库、运河及通航渠道的长度。包括全年季节性通航累计三个月以上的航道，不包括仅供零散流放竹、木排的河道。两省以河为界的航道里程，双方均按一半计算，以免重复。

定期航班航线里程 指定期航班营运里程的总长度，以万公里为计算单位。航线里程的统计分为按重复距离计算和按不重复距离计算两种形式。"按重复距离计算"是指不同航线的相同航段距离可以重复累加；"按不重复距离计算"则不同航线相同航段只统计一次。

管道输油(气)里程 指油、气、成品油等各类介质实际输送距离，是反映运输管线长度的指标，也是计算周转量的依据。对于有复线和备用线的地段，原则上按单线计算管输里程。双线同时输送又不能分开计量的情况下，管输里程为双线长度之和除以2。

货(客)运量 指在一定时期内，各种运输工具实际运送的货物重量(旅客数量)。货运按吨计算，客运按人计算。货物不论运输距离长短、货物类别，均按实际重量统计。旅客不论行程远近或票价多少，均按一人一次客运量统计；半价票、儿童票也按一人统计。

货物(旅客)周转量 指在一定时期内，由各种运输工具运送的货物(旅客)数量与其相应运输距离的乘积之总和。该指标可以反映运输业生产的总成果，也是编制和检查运输生产计划，计算运输效率、劳动生产率以及核算运输单位成本的主要基础资料。计算货物周转量通常按发出站与到达站之间的最短距离，也就是计费距离计算。计算公式为：

货物（旅客）周转量=Σ（货物（旅客）运输量×运输距离）

港口货物吞吐量 指经由水路进、出港区范围，并经过装卸的货物数量。按货物流向分为进港吞吐量和出港吞吐量，按货物的贸易性质分为内贸和外贸吞吐量。货物类别根据现行的交通行业《运输货物分类和代码》标准分类。

民用运输船舶拥有量 指报告期末在水路运输管理部门注册登记的从事水上客、货运输活动的我国企业或私人拥有的营业性运输船舶（含我国企业或私人拥有的悬挂外国旗的船舶）数量。不包括非运输船舶及农业、渔业生产船舶。

民用汽车拥有量 指报告期末，在公安交通管理部门按照《机动车注册登记工作规范》，已注册登记领有民用车辆牌照的全部汽车数量。汽车拥有量统计的主要分类：根据汽车结构分为载客汽车、载货汽车及其他汽车；根据汽车所有者不同分为个人(私人)汽车、单位汽车；根据汽车的使用性质分为营运汽车、非营运汽车；根据汽车大小规格不同，载客汽车分为大型、中型、小型和微型，载货汽车分为重型、中型、轻型和微型。

邮政、电信业务总量 指以货币形式表示的邮政、电信通信企业为社会提供各类邮政、电信通信服务的总数量。计算方法为各类业务的实物量分别乘以相应的不变单价，求出各类业务的货币量加总求得。没有不变单价的业务按其业务收入直接相加。

移动电话用户 指在电信运营企业营业网点办理开户登记手续，通过移动电话交换机进入移动电话网，占用移动电话号码的各类电话用户。包括各类签约用户、智能网预付费用户、无线上网卡用户。

互联网上网人数 指过去半年内使用过互联网的6周岁及以上中国居民人数。

固定电话用户 指在电信企业营业网点办理开户登记手续并已接入固定电话网上的全部电话用户。包括普通电话用户、无线市话用户、公用电话用户、窄带综合业务数字网（N—ISDN）用户、智能网专用接入终端用户等。

住宅电话用户 指私人付费或安装在居民住宅并按照私人或住宅电话用户登记注册和收费的各类电话用户。

固定长途电话交换机容量 指电信企业用于接入长途电话网的电话交换机的设备额定容量。

局用交换机容量 指安装在电信企业内用于接续本地固定电话的电话交换机容量，包括接入网设备容量（安装在电信运营企业用于连接语音用户的远端节点的设备容量）。

移动电话交换机容量 指移动电话交换机根据一定话务模型和交换机处理能力计算出来的最大同时服务用户的数量。按报告期末已割接入网正式投入使用的设备实际容量统计。

互联网宽带接入端口 指用于接入互联网用户的各类实际安装运行的接入端口的数量，包括xDSL用户接入端口、LAN接入端口、其他类型接入端口等，不包括窄带拨号接入端口。

Explanatory Notes on Main Statistical Indicators

Length of Railways in Operation refers to the total length of the trunk line for passenger and freight transportation in full operation or temporary operation.

Length of Electrified Trunk Line refers to the length of the trunk line capable for the running of electrified locomotives and having been put into operation.

Length of Highways refers to the actual length of highways at the end of reference period. It covers public roads running vehicles among cities, city and rural areas, township (villages), highways passing through streets at small cities and towns, length of bridges and tunnels, width of ferry piers. It does not include the length of streets in cities, dead end highways, the length of streets built for agricultural (forest) production and inside factories (mines). It can only be calculated with the actual mileage having been completed, checked and accepted or put into operation. If two or more highways go the same section of the way, the length of the section is only calculated for once.

Length of Navigable Inland Waterways refers to the length of natural rivers, lakes, reservoirs and canals that are open to navigation for ships and rafts during a given period. It includes the channels with annual seasonal navigation for more than three months other than the waterways only for scattered bamboo and wooden rafts. If two provinces share one river as the border, the length of waterways will be half divided for each province to avoid duplication.

Length of Routes with Scheduled Flights refers to the total length of all routes for scheduled flights, which is calculated using million kilometres as the unit. There are usually two ways to calculate the route length: duplicated calculation and non-duplicated calculation. Duplicated calculation means that the same segment of different routes can be added duplicately, while the non-duplicated calculation allows the same segment of different routes be counted once only.

Length of Oil (Gas) Pipelines refers to the actual transport distance of oil, gas and oil products, an indicator reflecting the length of transportation routes and a reference to calculate the freight-kilometers. For those sections with double pipelines and alternate pipeline, the length will be calculated according to the length of single pipeline in principle. If the double pipelines perform the transportation at the same time and unable to be counted separately, the length of pipelines will be the length of double pipelines divided by 2.

Freight (Passenger) Traffic refers to the weight of freight (number of passenger) transported with various means within a specific period of time. Freight transport is calculated in tons and passenger traffic is calculated in terms of number of persons. Freight transport is calculated in terms of the actual weight of the goods and takes no account of the type of freight and distance of travel. Passenger traffic is calculated by the principle that one person can be counted only once in one trip and takes no account of the travelling distance and ticket price. The passengers who travel with a half price ticket or a child's ticket is also calculated as one person.

Freight Ton-kilometres (Passenger-kilometres) refers to the sum of the product of the volume of transported cargo (passengers) multiplied by the transport distance. It is an important indicator to reflect the achievement of the transportation industry. This is an important indicator to show the total results of the transport industry; to prepare and examine the transport plan; and to serve as the main basic data for calculating the efficiency, labour productivity and unit cost of transport. Normally, the shortest distance between the departure station and the destination station (i.e., the payable distance) is the basis in calculating the freight ton-kilometres. The formula is as follows:

$$\frac{\text{Freight ton - kilometres}}{\text{(passenger - kilometres)}} = \sum \frac{\text{freight}}{\text{(passenger)traffic}} \times \frac{\text{distance of}}{\text{transportation}}$$

Volume of Freight Handled in Coastal Ports refers to the volume of cargo passing in and out of the harbour area of the major coastal ports and having been loaded and unloaded. The volume of freight handled may be classified by direction of cargo flow as in-port freight and out-port freight, or by nature of cargo as freight for domestic trade and freight for foreign trade. It can also be classified by type of freight based on the existing standard classification for transportation industry "*Classification and Coding for Freight*".

Possession of Civil Transport Vessels refers to the total number at the end of reference period of operating transport vessels owned by Chinese enterprises or privately that are registered in the water transportation management institutions and permitted to perform cargo transport activities (including vessels with foreign flags but owned by Chinese enterprises or citizens). Non-transport vessels and vessels used for agriculture and fishery are not included.

Possession of Civil Motor Vehicles refer to the total numbers of vehicles that are registered and received vehicles license tags according to the *Work Standard for Motor Vehicles Registration* formulated by the Transport Management Office under the department of public security at the end of the reference period. They are divided into categories. According to the structure of motor vehicles, they are divided into passenger vehicles, trucks and others; according to ownership into private vehicles and vehicles for the unit's use; according to kind of usage into working vehicles and non-working vehicles; and according to size of vehicles into large passenger vehicles, medium-sized passenger vehicles, small passenger vehicles and mini passenger vehicles, heavy trucks, light-heavy trucks, light trucks and mini-trucks.

Business Volume of Post and Telecommunications refers to the total amount of postal and telecommunication services, expressed in value terms, provided by the post and telecommunications departments for society. Business volume of post and telecommunications is the sum of each service in kind multiplying with its correspondent unit price (constant price). Business without constant price add their business revenue directly.

Mobile Telephone Subscribers refer to persons who have gone through registration procedures in the operation points of enterprises engaged in telecommunications and are hence connected with the mobile telephone communication network through the mobile telephone switchboards and occupy mobile phone numbers. Included are various types of subscriber, prepaid users for intelligent network and wireless network card users.

Internet Users refer to the number of Chinese citizens aged 6 and over who use the Internet in the past six months.

Local Telephone Subscribers refer to all subscribers who have gone through registration procedures in the operation points of enterprises engaged in telecommunications and are hence connected to the local telecommunications service provider through fixed line network. Included are general subscribers, wireless local telephone subscribers, public telephones subscribers, N-ISDN subscribers and intelligent network terminal subscribers.

Household Telephone Subscribers refer to all kinds of subscribers with telephone sets paid privately or installed in the dwelling units of residents, and registered as private subscribers or residence subscribers for payment.

Capacity of Fixed Long Distance Telephone Exchanges refers to the rated capacity of telephone exchanges to connect long distance telephone network by enterprises engaged in telecommunications.

Capacity of Office Telephone Exchanges refers to the capacity (measured in gate) of telephone exchanges installed in the offices of telecommunication service providers for communication between fixed telephones. It includes the capacity of access network equipment (capacity of equipment installed in the offices of telecommunication service providers for connecting distant nodes of voice users).

Capacity of Mobile Telephone Exchanges refers to the capacity of the maximum services provided to subscribers at any one time as computed based on a certain model of calls distribution and transacting capacity of the mobile telephone exchanges. It is calculated based on the actual capacity of equipments connected to network through cutover and put into operation officially at the end of the reference period.

Broadband Connection Terminals refer to the connection terminals to internet users actually installed and put into operation, including connection terminals for XDSL, connection terminals for LAN, and other types of connection terminals. N-ISDN connection terminals are not included.

17

住宿、餐饮业和旅游

Hotels, Catering Services and Tourism

简 要 说 明

一、本篇资料的主要内容

本篇资料主要反映住宿和餐饮业的基本情况、经营情况和旅游产业的发展状况。主要内容包括：限额以上住宿和餐饮业基本情况、经营情况、财务状况；连锁餐饮业经营情况；旅行社、星级饭店基本情况；入境、出境旅游人数、国内居民旅游人数，以及国际、国内旅游收入等。

二、本篇资料的统计范围

限额以上住宿和餐饮业法人企业、个体经营户；餐饮连锁集团；旅行社、星级饭店和旅游者。限额以上住宿和餐饮业统计单位是指：年主营业务收入200万元及以上。

三、本篇的资料来源

本篇资料中住宿和餐饮业统计数据是根据《住宿和餐饮业统计报表制度》进行搜集和加工整理而得；旅游产业有关资料主要根据国家移民管理局、文化和旅游部的资料编制而成。

四、本篇的统计调查方法

本篇资料中限额以上住宿和餐饮业法人企业、个体经营户，以及餐饮连锁集团资料采用全面调查的方法取得；限额以下法人企业和个体经营户资料采用抽样调查的方法推算。旅游数据中国际、国内旅游收入和国内旅游人数等指标采取抽样调查方法，其余数据均为全面调查统计取得。

Brief Introduction

I. Main Contents

Data in this chapter reflect the development of hotel and catering services and tourism in China. They mainly include: the basic conditions, operating and financial status of hotel and catering services above the designated size; the operating status of chain catering services; the basic conditions of travel agencies and star-rated hotels; number of international tourists and Chinese residents going abroad, number of domestic tourists and income from international and domestic tourism.

II. Scope of Statistics

Data in this chapter cover the corporate enterprises of hotel and catering services above the designated size, self-employed households of hotel and catering services; chain catering services, travel agencies, star-rated hotels and tourists; The statistical unit of the enterprises of hotel and catering services above the designated size is the annual income of main business at and over 2 million yuan.

III. Sources of Data

Data in this chapter are collected and compiled according to the Statistical Reporting Form System on Program on Hotels and Catering Services. The data on tourism are from National Immigration Administration, and Ministry of Culture and Tourism.

IV. Methods of Survey

Data on the corporate enterprises of hotel and catering services above the designated size and chain catering services are from the comprehensive reporting form system. Data on the enterprises of hotel and catering services below the designated size and self-employed households are calculated according to the results of sample survey. The data on tourism are from the comprehensive reporting form system except those on the earnings from international and domestic tourism and number of domestic tourists from sample surveys.

17-1 住宿和餐饮业情况
Basic Conditions of Hotels and Catering Services

指　标		Item		2014	2015	2016	2017	2018
住宿和餐饮业		**Hotels and Catering Services**						
法人企业	(个)	Number of Corporation Enterprises	(unit)	45508	44884	45855	45664	46872
年末从业人数	(万人)	Engaged Persons at Year-end	(10 000 persons)	432.4	413.2	407.4	405.3	412.2
营业额	(亿元)	Business Revenue	(100 million yuan)	8150.6	8512.2	8938.2	9276.7	9682.6
#餐费收入	(亿元)	From Meals	(100 million yuan)	5453.7	5709.5	5967.9	6135.4	6405.4
年末餐饮营业面积	(万平方米)	Business Area of Catering Services at Year-end	(10 000 sq.m)	9570.0	9276.7	9468.2	9590.4	10283.3
住宿业		**Hotels**						
法人企业	(个)	Number of Corporation Enterprises	(unit)	18874	18937	19496	19780	20614
年末从业人数	(万人)	Engaged Persons at Year-end	(10 000 persons)	197.9	191.2	186.3	182.1	178.0
营业额	(亿元)	Business Revenue	(100 million yuan)	3535.2	3648.2	3811.1	3963.9	4059.7
#客房收入	(亿元)	From Hotel Rooms	(100 million yuan)	1739.2	1803.1	1907.2	2051.2	2130.6
餐费收入	(亿元)	From Meals	(100 million yuan)	1333.5	1366.1	1405.8	1403.3	1407.7
客房数	(万间)	Number of Rooms	(10 000 rooms)	319.9	337.2	378.3	393.2	394.8
床位数	(万位)	Number of Beds	(10 000 beds)	523.0	549.7	605.5	626.2	637.3
年末餐饮营业面积	(万平方米)	Business Area of Catering Services at Year-end	(10 000 sq.m)	4014.2	3910.4	4080.5	4239.9	4827.9
餐饮业		**Catering Services**						
法人企业	(个)	Number of Corporation Enterprises	(unit)	26634	25947	26359	25884	26258
年末从业人数	(万人)	Engaged Persons at Year-end	(10 000 persons)	234.5	222.1	221.1	223.2	234.2
营业额	(亿元)	Business Revenue	(100 million yuan)	4615.3	4864.0	5127.1	5312.8	5622.9
#餐费收入	(亿元)	From Meals	(100 million yuan)	4120.2	4343.5	4562.1	4732.1	4997.7
年末餐饮营业面积	(万平方米)	Business Area of Catering Services at Year-end	(10 000 sq.m)	5555.8	5366.3	5387.7	5350.5	5455.4

注：本表的统计范围为限额以上法人企业。

a) Scope of hotels and catering services covers enterprises above designated size.

17-2 按登记注册类型和行业分限额以上住宿业企业主要指标(2018年)

单位：亿元

指标	Item	法人企业(个) Number of Corporation Enterprises (unit)	年末从业人数(人) Engaged Persons at Year-end (person)	营业额 Business Revenue	#客房收入 From Hotel Rooms	#餐费收入 From Meals
住宿业合计	**Hotels**	**20614**	**1780363**	**4059.7**	**2130.6**	**1407.7**
按登记注册类型分	**by Status of Registration**					
内资企业	**Domestic Funded Enterprises**	**19829**	**1607052**	**3509.4**	**1857.6**	**1226.0**
国有企业	State-owned Enterprises	1283	161627	307.4	134.1	114.6
集体企业	Collective-owned Enterprises	217	16385	34.1	16.0	11.3
股份合作企业	Cooperative Enterprises	46	3196	7.0	3.3	2.6
联营企业	Joint Ownership Enterprises	18	2183	4.6	2.4	1.8
#国有联营企业	State Joint Ownership Enterprises	9	1601	3.1	1.7	1.2
集体联营企业	Collective Joint Ownership Enterprises	4	190	0.3	0.1	0.2
有限责任公司	Limited Liability Corporations	6501	701140	1615.4	822.4	564.8
国有独资公司	State Sole Funded Corporations	464	77623	169.0	77.6	61.2
其他有限责任公司	Other Limited Liability Corporations	6037	623517	1446.4	744.8	503.6
股份有限公司	Share-holding Corporations Ltd.	474	57125	123.4	57.5	42.9
私营企业	Private Enterprises	11268	664225	1415.7	820.8	487.4
私营独资企业	Private-funded Enterprises	966	36892	74.4	42.6	25.8
私营合伙企业	Private Partnership Enterprises	226	10211	19.4	9.9	8.0
私营有限责任公司	Private Limited Liability Corporations	9811	600800	1284.1	748.0	438.7
私营股份有限公司	Private Share-holding Corporations Ltd.	265	16322	37.8	20.2	14.9
其他企业	Other Enterprises	22	1171	1.9	1.1	0.6
港、澳、台商投资企业	**Enterprises with Funds from Hong Kong, Macao and Taiwan**	**487**	**112952**	**350.5**	**175.0**	**118.2**
合资经营企业	Joint-venture Enterprises	190	47122	145.0	71.9	47.2
合作经营企业	Cooperative Enterprises	40	10556	41.0	20.3	13.2
独资经营企业	Enterprises with Sole Fund	236	51395	154.8	77.7	53.8
投资股份有限公司	Share-holding Corporations Ltd. with Investment	13	2991	7.8	4.0	3.4
其他港澳台商投资企业	Other Enterprises with Funds from Hong Kong, Macao and Taiwan	8	888	2.0	1.1	0.6
外商投资企业	**Enterprises with Foreign Investment**	**298**	**60359**	**199.8**	**98.0**	**63.5**
中外合资经营企业	Joint-venture Enterprises	119	26270	87.8	40.4	30.5
中外合作经营企业	Cooperation Enterprises	25	8133	29.6	13.6	7.1
外资企业	Enterprises with Sole Fund	129	22630	70.4	37.7	21.3
外商投资股份有限公司	Share-holding Corporations Ltd. with Foreign Investment	12	1128	3.7	2.3	1.0
其他外商投资企业	Other Foreign Funded Enterprises	13	2198	8.2	4.0	3.7
按国民经济行业分	**by Sector**					
旅游饭店	Tourist Hotel	11650	1363368	3143.9	1518.9	1185.8
一般旅馆	Fonda	8276	375524	830.1	561.3	198.1
民宿服务	Home Lodging Services	96	3483	7.0	4.6	1.7
露营地服务	Campground Services	6	251	0.3	0.1	0.2
其他住宿业	Others	586	37737	78.4	45.8	21.9

Main Indicators of Enterprises above Designated Size of Hotels by Status of Registration and Sector (2018)

(100 million yuan)

资产总计 Total Assets	#流动资产合计 Total Current Assets	#固定资产合计 Total Fixed Assets	负债合计 Total Liabilities	所有者权益合计 Total Owners' Equities	主营业务收入 Revenue from Principal Business	主营业务成本 Cost of Principal Business	主营业务税金及附加 Taxes and Other Charges on Principal Business	主营业务利润 Profits from Principal Business
13529.5	**5485.1**	**4812.3**	**10099.0**	**3432.5**	**3878.4**	**1476.1**	**72.8**	**2329.5**
11090.5	**4469.6**	**3958.5**	**8353.8**	**2738.7**	**3351.2**	**1306.1**	**60.0**	**1985.1**
933.8	280.7	447.3	472.1	461.7	289.4	93.9	5.1	190.4
67.5	26.2	31.4	48.3	19.2	32.9	10.6	0.5	21.8
13.3	6.3	4.4	11.7	1.6	6.6	2.2	0.1	4.3
8.3	3.5	2.7	4.6	3.7	4.2	1.2	0.1	2.9
6.1	2.5	1.7	2.7	3.4	2.8	0.8		2.0
1.0	0.1	0.8	1.3	-0.3	0.3	0.1		0.2
5963.3	2331.4	2182.2	4499.2	1466.0	1526.1	563.6	27.3	935.2
666.7	209.8	266.1	387.0	279.7	160.6	62.1	3.9	94.6
5296.6	2121.6	1916.2	4112.2	1186.2	1365.5	501.5	23.5	840.5
550.1	232.2	180.9	351.6	198.4	150.3	64.0	10.0	76.3
3551.7	1588.1	1108.6	2964.5	587.4	1339.9	569.9	16.8	753.2
101.4	37.2	46.1	57.4	43.9	70.5	40.9	1.2	28.4
25.8	9.8	10.4	13.4	12.5	18.6	10.2	0.3	8.1
3343.0	1504.9	1023.1	2836.2	507.2	1214.8	501.7	14.5	698.6
81.5	36.1	28.8	57.5	23.8	36.0	17.2	0.7	18.1
2.4	1.2	1.0	1.8	0.6	1.8	0.7	0.1	1.0
1569.8	**587.8**	**574.5**	**1126.9**	**442.9**	**341.6**	**106.9**	**9.2**	**225.5**
667.6	274.1	194.6	569.2	98.4	139.0	41.7	4.2	93.1
113.0	47.7	46.4	56.3	56.7	39.3	14.1	1.0	24.2
760.5	255.7	322.1	482.0	278.5	154.2	48.2	3.9	102.1
19.2	9.8	7.7	12.7	6.5	7.3	2.1	0.1	5.1
9.5	0.6	3.7	6.7	2.8	1.9	0.9		1.0
869.2	**427.7**	**279.1**	**618.3**	**250.9**	**185.6**	**63.1**	**3.6**	**118.9**
323.3	100.5	106.1	202.3	121.1	82.6	20.9	2.0	59.7
87.7	28.6	53.3	75.6	12.1	27.5	13.7	0.2	13.6
437.1	294.0	106.2	332.0	105.2	64.3	24.3	1.1	38.9
9.3	2.5	5.1	7.9	1.4	3.5	0.5	0.1	2.9
11.8	2.2	8.3	0.5	11.2	7.7	3.7	0.1	3.9
11417.0	4508.8	4185.5	8598.2	2820.5	3010.6	1104.8	61.9	1843.9
1733.9	780.7	542.0	1213.0	521.2	786.0	336.7	9.6	439.7
81.2	44.9	10.8	59.6	21.7	6.8	2.7	0.1	4.0
0.4	0.1	0.2	0.2	0.3	0.3	0.2		0.1
296.9	150.7	73.6	228.1	68.8	74.7	31.7	1.3	41.7

17-3 分地区限额以上住宿业企业主要指标(2018年)
Main Indicators of Enterprises above Designated Size of Hotels by Region (2018)

单位：亿元 (100 million yuan)

地区	Region	法人企业(个) Number of Corporation Enterprises (unit)	年末从业人数(人) Engaged Persons at Year-end (person)	营业额 Business Revenue	#客房收入 From Hotel Rooms	#餐费收入 From Meals	资产总计 Total Assets	#流动资产合计 Total Current Assets	#固定资产合计 Total Fixed Assets
全国	**National Total**	**20614**	**1780363**	**4059.7**	**2130.6**	**1407.7**	**13529.5**	**5485.1**	**4812.2**
北京	Beijing	930	114261	421.4	234.9	98.3	1566.1	655.5	512.1
天津	Tianjin	224	17218	40.1	21.6	10.1	214.0	104.5	70.4
河北	Hebei	453	46907	74.5	32.6	32.8	359.0	139.8	129.5
山西	Shanxi	360	31382	39.4	19.9	15.6	139.8	47.4	68.5
内蒙古	Inner Mongolia	276	21251	31.5	17.0	12.5	107.6	34.5	59.6
辽宁	Liaoning	425	37078	70.7	35.0	23.5	337.4	124.0	126.0
吉林	Jilin	211	17996	27.8	14.6	10.4	125.3	48.0	58.4
黑龙江	Heilongjiang	191	16145	25.8	14.1	8.0	107.0	28.3	52.5
上海	Shanghai	762	72581	301.5	170.7	71.9	899.7	369.0	280.2
江苏	Jiangsu	1075	101285	249.1	115.1	105.4	816.2	260.3	345.6
浙江	Zhejiang	1394	133318	335.7	161.8	139.6	976.2	367.2	354.7
安徽	Anhui	562	41534	75.1	38.3	30.5	261.8	86.9	101.3
福建	Fujian	967	87983	240.7	101.2	118.7	552.9	215.0	197.3
江西	Jiangxi	597	41024	78.1	41.5	30.5	274.3	92.3	103.6
山东	Shandong	1099	91517	170.9	85.3	67.5	447.1	154.5	200.0
河南	Henan	1294	86347	125.1	64.6	48.2	406.2	172.7	142.1
湖北	Hubei	865	56547	133.2	72.9	46.6	337.5	121.8	128.9
湖南	Hunan	891	75915	165.6	87.5	62.4	427.9	150.8	166.1
广东	Guangdong	2366	238480	575.1	300.6	177.7	1948.4	1012.2	526.1
广西	Guangxi	635	49421	85.3	50.3	26.5	268.8	96.5	105.8
海南	Hainan	256	52166	122.2	77.0	34.9	758.5	329.1	255.5
重庆	Chongqing	461	36863	89.1	47.8	32.6	277.6	121.7	88.8
四川	Sichuan	1141	80112	171.4	88.5	66.9	540.8	233.0	177.2
贵州	Guizhou	704	39965	73.4	48.0	19.7	232.2	101.0	79.3
云南	Yunnan	659	55320	97.4	58.8	27.7	335.3	123.2	140.3
西藏	Tibet	71	5158	9.0	5.6	2.1	56.0	9.8	26.1
陕西	Shaanxi	948	71573	137.8	70.3	57.2	390.1	138.8	162.8
甘肃	Gansu	353	25334	38.0	23.8	12.1	156.1	68.4	59.6
青海	Qinghai	102	7395	8.8	5.7	2.4	49.6	22.0	17.9
宁夏	Ningxia	67	5973	8.0	4.0	3.2	34.4	14.1	16.3
新疆	Xinjiang	275	22314	38.1	21.5	12.3	125.6	43.0	59.9

17-3 续表 continued

单位：亿元 (100 million yuan)

地区	Region	负债合计 Total Liabilities	所有者权益合计 Total Owners' Equities	主营业务收入 Revenue from Principal Business	主营业务成本 Cost of Principal Business	主营业务税金及附加 Taxes and Other Charges on Principal Business	主营业务利润 Profits from Principal Business
全 国	**National Total**	**10099.0**	**3432.5**	**3878.4**	**1476.1**	**72.8**	**2329.5**
北 京	Beijing	1153.1	413.0	397.3	104.5	10.2	282.6
天 津	Tianjin	198.1	16.2	35.5	12.9	0.8	21.9
河 北	Hebei	309.3	49.7	70.5	27.1	1.1	42.3
山 西	Shanxi	127.7	12.2	37.4	14.1	0.8	22.5
内蒙古	Inner Mongolia	87.0	20.6	30.2	11.3	0.6	18.2
辽 宁	Liaoning	288.1	49.3	68.2	22.6	1.3	44.3
吉 林	Jilin	97.3	28.1	26.9	10.3	0.5	16.1
黑龙江	Heilongjiang	76.6	30.4	25.7	8.0	0.6	17.1
上 海	Shanghai	502.3	397.9	287.3	88.1	4.3	194.8
江 苏	Jiangsu	570.1	246.8	236.7	81.8	4.1	150.7
浙 江	Zhejiang	797.2	179.0	314.4	101.4	3.5	209.5
安 徽	Anhui	197.7	64.1	70.3	30.4	1.4	38.5
福 建	Fujian	356.2	196.8	227.3	102.5	3.9	120.9
江 西	Jiangxi	185.4	88.9	75.1	34.6	1.4	39.1
山 东	Shandong	344.3	102.8	161.2	61.8	2.4	97.0
河 南	Henan	278.8	127.4	119.2	49.7	2.1	67.4
湖 北	Hubei	212.5	125.1	124.2	55.0	2.2	67.0
湖 南	Hunan	293.0	134.9	157.8	77.1	3.7	76.9
广 东	Guangdong	1722.7	225.6	545.9	212.1	6.6	327.3
广 西	Guangxi	203.0	65.6	80.6	27.5	1.1	52.0
海 南	Hainan	555.7	202.8	153.5	52.0	10.2	91.3
重 庆	Chongqing	224.4	53.3	84.7	39.1	1.3	44.3
四 川	Sichuan	401.6	139.2	162.4	72.8	2.6	87.0
贵 州	Guizhou	148.8	83.4	70.5	35.4	0.9	34.1
云 南	Yunnan	218.1	117.2	89.8	39.6	1.6	48.6
西 藏	Tibet	14.3	41.6	8.3	3.1	0.1	5.2
陕 西	Shaanxi	289.2	100.9	129.7	58.6	1.9	69.1
甘 肃	Gansu	102.6	53.5	36.5	17.7	0.6	18.2
青 海	Qinghai	26.5	23.0	8.0	4.2	0.1	3.7
宁 夏	Ningxia	34.0	1.0	7.5	3.2	0.1	4.1
新 疆	Xinjiang	83.5	42.1	35.8	17.5	0.6	17.7

17-4 按登记注册类型和行业分限额以上餐饮业企业主要指标(2018年)

单位：亿元

指　　标	Item	法人企业(个) Number of Corporation Enterprises (unit)	年末从业人数(人) Engaged Persons at Year-end (person)	营业额 Business Revenue	#餐费收入 From Meals
餐饮业合计	**Catering Services**	**26258**	**2342218**	**5622.9**	**4997.7**
按登记注册类型分	**by Status of Registration**				
内资企业	**Domestic Funded Enterprises**	**25282**	**1669516**	**3940.4**	**3388.1**
国有企业	State-owned Enterprises	285	27899	48.9	31.8
集体企业	Collective-owned Enterprises	123	6471	17.8	12.7
股份合作企业	Cooperative Enterprises	75	5554	14.1	12.2
联营企业	Joint Ownership Enterprises	7	333	1.2	0.9
#集体联营企业	Collective Joint Ownership Enterprises	4	251	0.9	0.7
有限责任公司	Limited Liability Corporations	5473	507599	1168.1	972.3
国有独资公司	State Sole Funded Corporations	131	21042	44.9	27.9
其他有限责任公司	Other Limited Liability Corporations	5342	486557	1123.3	944.4
股份有限公司	Share-holding Corporations Ltd.	360	55543	135.6	111.3
私营企业	Private Enterprises	18915	1063456	2548.7	2241.8
私营独资企业	Private-funded Enterprises	2822	88212	239.4	214.3
私营合伙企业	Private Partnership Enterprises	313	13955	33.4	30.5
私营有限责任公司	Private Limited Liability Corporations	15425	934591	2206.4	1936.2
私营股份有限公司	Private Share-holding Corporations Ltd.	355	26698	69.5	60.8
其他企业	Other Enterprises	44	2661	6.1	5.1
港、澳、台商投资企业	**Enterprises with Funds from Hong Kong, Macao and Taiwan**	**614**	**294626**	**754.3**	**709.6**
合资经营企业	Joint-venture Enterprises	111	54138	134.1	126.8
合作经营企业	Cooperative Enterprises	17	4482	12.7	11.9
独资经营企业	Enterprises with Sole Fund	476	234712	603.9	567.4
投资股份有限公司	Share-holding Corporations Ltd. with Investment	7	1002	3.0	2.9
其他港澳台商投资企业	Other Enterprises with Funds from Hong Kong, Macao and Taiwan	3	292	0.6	0.6
外商投资企业	**Enterprises with Foreign Investment**	**362**	**378076**	**928.2**	**900.0**
中外合资经营企业	Joint-venture Enterprises	69	88569	185.1	182.0
中外合作经营企业	Cooperation Enterprises	6	676	3.0	2.8
外资企业	Enterprises with Sole Fund	255	272825	696.5	675.7
外商投资股份有限公司	Share-holding Corporations Ltd. with Foreign Investment	10	1037	5.3	2.0
其他外商投资企业	Other Foreign Funded Enterprises	22	14969	38.2	37.5
按国民经济行业分	**by Sector**				
正餐服务	Restaurant	24167	1595407	3774.9	3265.4
快餐服务	Fast Food	968	541912	1276.2	1224.1
饮料及冷饮服务	Beverages and Cold Drinks	231	81165	272.5	251.5
餐饮配送及外卖送餐服务	Catering Distribution and Delivery Service	534	63272	174.0	143.9
其他餐饮业	Others	358	60462	125.3	112.7

Main Indicators of Enterprises above Designated Size of Catering Services by Status of Registration and Sector (2018)

(100 million yuan)

资产总计 Total Assets	#流动资产合计 Total Current Assets	#固定资产合计 Total Fixed Assets	负债合计 Total Liabilities	所有者权益合计 Total Owners' Equities	主营业务收入 Revenue from Principal Business	主营业务成本 Cost of Principal Business	主营业务税金及附加 Taxes and Other Charges on Principal Business	主营业务利润 Profits from Principal Business
5120.4	**2409.2**	**1459.3**	**3580.8**	**1540.6**	**5290.6**	**2679.4**	**36.5**	**2574.7**
4181.7	**1983.1**	**1239.4**	**3049.2**	**1132.5**	**3723.7**	**2015.8**	**34.2**	**1673.7**
90.5	27.4	38.8	53.6	37.8	46.1	24.0	0.6	21.5
16.5	8.8	3.9	10.7	5.7	17.0	10.4	0.7	5.9
13.8	9.2	3.1	10.3	3.5	13.1	6.9	0.1	6.1
3.1	1.8	1.2	0.6	2.5	1.2	0.9		0.3
3.1	1.8	1.1	0.6	2.5	0.9	0.7		0.2
1374.1	626.8	442.3	1065.1	309.0	1102.6	551.5	9.0	542.1
71.0	20.6	38.2	43.8	27.2	42.1	23.6	0.5	18.0
1303.1	606.2	404.1	1021.3	281.8	1060.5	527.8	8.5	524.2
234.9	117.8	51.0	123.9	110.4	121.6	61.7	1.2	58.7
2444.9	1189.3	697.8	1783.0	661.6	2416.2	1356.7	22.6	1036.9
146.1	55.3	63.8	63.2	82.9	227.4	146.3	3.5	77.6
19.4	8.6	7.4	8.9	10.5	32.1	19.9	0.5	11.7
2203.7	1092.8	609.3	1667.1	536.4	2091.0	1148.4	18.0	924.6
75.8	32.5	17.3	43.9	31.8	65.7	42.0	0.6	23.1
3.8	2.0	1.2	2.0	1.9	5.9	3.8	0.1	2.0
581.2	**290.3**	**139.4**	**322.7**	**259.5**	**701.4**	**252.5**	**1.4**	**447.5**
134.6	44.8	54.8	60.4	74.2	125.7	52.6	0.2	72.9
10.6	7.4	1.7	10.9	-0.3	11.8	5.3	0.1	6.4
424.2	229.0	81.1	241.5	183.8	560.5	193.4	1.1	366.0
11.7	9.0	1.6	9.7	2.0	2.9	1.0		1.9
0.2	0.1		0.2		0.6	0.2		0.4
357.5	**135.7**	**80.6**	**208.9**	**148.6**	**865.5**	**411.2**	**0.8**	**453.5**
68.4	21.5	22.0	35.3	33.0	173.0	80.4	0.1	92.5
2.5	1.4	0.1	0.8	1.6	2.9	2.1		0.8
261.9	102.4	52.7	158.1	103.8	649.2	311.3	0.6	337.3
3.4	2.1	0.1	1.4	2.0	4.8	3.1		1.7
21.3	8.3	5.5	13.2	8.1	35.6	14.4	0.1	21.1
4229.9	1956.9	1299.7	3086.6	1144.3	3567.9	1868.9	33.1	1665.9
563.6	225.0	122.4	318.2	245.3	1196.6	554.7	2.0	639.9
177.5	114.0	18.5	86.3	91.3	248.0	76.8	0.3	170.9
87.0	69.7	9.6	51.0	36.0	163.6	118.0	0.6	45.0
62.4	43.7	9.1	38.6	23.8	114.5	61.0	0.4	53.1

17-5 分地区限额以上餐饮业企业主要指标(2018年)

Main Indicators of Enterprises above Designated Size of Catering Services by Region (2018)

单位：亿元 (100 million yuan)

地区	Region	法人企业(个) Number of Corporation Enterprises (unit)	年末从业人数(人) Engaged Persons at Year-end (person)	营业额 Business Revenue	#餐费收入 From Meals	资产总计 Total Assets	#流动资产合计 Total Current Assets	#固定资产合计 Total Fixed Assets
全国	**National Total**	**26258**	**2342218**	**5622.9**	**4997.7**	**5120.4**	**2409.2**	**1459.2**
北京	Beijing	1259	261022	722.8	678.5	420.8	275.0	42.8
天津	Tianjin	345	49368	107.3	96.5	89.3	44.8	23.9
河北	Hebei	442	29781	45.8	33.7	89.0	38.1	27.3
山西	Shanxi	442	38834	55.7	44.6	102.1	44.4	31.1
内蒙古	Inner Mongolia	281	25772	51.2	41.7	107.6	41.5	38.7
辽宁	Liaoning	304	28156	103.7	96.5	128.7	54.4	37.2
吉林	Jilin	174	8377	15.6	12.2	24.6	8.9	11.2
黑龙江	Heilongjiang	80	4720	8.8	6.9	18.6	8.4	8.3
上海	Shanghai	1626	270869	774.7	743.7	451.9	278.4	67.8
江苏	Jiangsu	1848	199339	457.4	383.7	558.8	211.3	201.7
浙江	Zhejiang	1659	143461	381.3	332.3	387.0	159.7	123.7
安徽	Anhui	1252	86510	161.8	130.9	241.2	98.0	85.3
福建	Fujian	1092	80039	241.7	224.6	118.5	62.5	30.8
江西	Jiangxi	540	26949	54.8	45.2	90.9	36.7	30.3
山东	Shandong	1609	108680	216.0	173.3	323.4	121.8	140.1
河南	Henan	983	50692	82.7	70.9	104.9	47.7	31.6
湖北	Hubei	1479	101693	284.6	239.2	302.8	134.4	91.4
湖南	Hunan	1101	69152	163.4	142.2	132.0	47.1	47.6
广东	Guangdong	3491	376859	852.3	767.7	596.8	327.6	122.9
广西	Guangxi	362	30429	49.8	43.2	41.7	22.3	11.0
海南	Hainan	55	5908	12.4	11.7	12.6	6.1	2.7
重庆	Chongqing	1224	63581	175.6	155.2	117.9	45.6	42.5
四川	Sichuan	1544	106641	229.0	202.1	254.3	110.6	78.1
贵州	Guizhou	611	21651	41.9	37.5	40.1	22.5	9.9
云南	Yunnan	611	31102	66.7	59.8	82.3	46.7	23.9
西藏	Tibet	10	520	1.1	1.0	2.2	1.0	1.0
陕西	Shaanxi	1282	83630	205.3	172.0	158.8	70.3	50.9
甘肃	Gansu	348	21204	31.0	26.7	49.3	18.0	19.7
青海	Qinghai	48	2977	4.0	3.3	10.9	4.5	4.5
宁夏	Ningxia	62	4952	6.9	5.5	17.4	8.0	6.7
新疆	Xinjiang	94	9350	17.9	15.5	44.1	12.7	14.8

17-5 续表 continued

单位：亿元 (100 million yuan)

地区	Region	负债合计 Total Liabilities	所有者权益合计 Total Owners' Equities	主营业务收入 Revenue from Principal Business	主营业务成本 Cost of Principal Business	主营业务税金及附加 Taxes and Other Charges on Principal Business	主营业务利润 Profits from Principal Business
全国	**National Total**	**3580.8**	**1540.6**	**5290.6**	**2679.4**	**36.5**	**2574.6**
北京	Beijing	300.3	120.5	671.5	280.7	1.3	389.4
天津	Tianjin	66.4	22.9	102.9	51.5	0.3	51.1
河北	Hebei	74.9	14.1	43.6	21.4	0.4	21.8
山西	Shanxi	96.1	5.9	53.4	26.0	0.5	26.9
内蒙古	Inner Mongolia	87.3	20.3	49.7	26.1	0.5	23.0
辽宁	Liaoning	116.4	13.3	99.0	49.3	0.5	49.2
吉林	Jilin	16.6	8.0	15.4	7.9	0.1	7.4
黑龙江	Heilongjiang	13.3	6.2	8.6	3.6	0.1	5.0
上海	Shanghai	324.5	127.5	714.3	313.8	1.1	399.4
江苏	Jiangsu	371.0	187.5	436.9	219.1	3.4	214.4
浙江	Zhejiang	311.0	76.0	356.2	183.6	1.7	170.9
安徽	Anhui	160.3	80.9	156.5	81.1	2.1	73.3
福建	Fujian	66.5	51.9	226.9	138.8	2.1	85.9
江西	Jiangxi	65.6	25.3	52.2	30.2	0.7	21.3
山东	Shandong	244.0	79.4	203.8	107.6	1.7	94.5
河南	Henan	56.4	48.5	79.9	40.5	1.1	38.3
湖北	Hubei	211.9	90.9	263.1	144.0	3.2	116.0
湖南	Hunan	75.2	56.8	156.4	92.8	2.4	61.1
广东	Guangdong	411.8	185.1	808.5	392.1	3.6	412.9
广西	Guangxi	30.9	10.3	46.9	24.7	0.3	21.9
海南	Hainan	11.0	1.5	11.5	4.8	0.1	6.5
重庆	Chongqing	56.6	61.3	165.7	105.1	2.1	58.5
四川	Sichuan	174.3	80.0	214.9	119.1	2.1	93.7
贵州	Guizhou	23.9	16.3	40.0	26.1	0.5	13.4
云南	Yunnan	44.4	37.8	63.3	41.0	0.7	21.7
西藏	Tibet	1.4	0.8	1.0	0.5		0.5
陕西	Shaanxi	91.9	66.9	191.2	117.3	3.4	70.5
甘肃	Gansu	28.7	20.6	29.8	16.5	0.4	12.9
青海	Qinghai	5.3	5.5	3.8	2.1		1.7
宁夏	Ningxia	16.4	1.0	6.6	3.4	0.1	3.2
新疆	Xinjiang	26.7	17.4	17.1	8.7	0.1	8.3

17-6 按登记注册类型分连锁餐饮企业基本情况(2018年)
Basic Conditions of Chain Catering Enterprises by Status of Registration (2018)

指　标	Item	总店数 (个) Number of Head Stores (unit)	门店总数 (个) Number of Stores (unit)	年末从业人数 (万人) Engaged Persons at Year-end (10 000 persons)	年末餐饮营业面积 (万平方米) Operating Area of Catering Enterprises at Year-end (10 000 sq.m)
合　计	**Total**	**482**	**31001**	**89.3**	**1075.0**
内资企业	**Domestic Funded Enterprises**	**308**	**9455**	**27.6**	**428.0**
国有企业	State-owned Enterprises	4	130	0.3	3.4
集体企业	Collective-owned Enterprises	1	2	0.0	1.1
股份合作企业	Cooperative Enterprises	3	9	0.0	0.8
联营企业	Joint Ownership Enterprises				
国有联营企业	State Joint Ownership Enterprises				
集体联营企业	Collective Joint Ownership Enterprises				
国有与集体联营企业	Joint State-collective Enterprises				
其他联营企业	Other Joint Ownership Enterprises				
有限责任公司	Limited Liability Corporations	109	3746	8.6	126.3
国有独资公司	State Sole Funded Corporations	1	3	0.0	0.2
其他有限责任公司	Other Limited Liability Corporations	108	3743	8.5	126.1
股份有限公司	Share-holding Corporations Ltd.	14	1263	5.6	101.0
私营企业	Private Enterprises	176	4298	13.1	195.2
私营独资企业	Private-funded Enterprises	7	95	0.3	4.8
私营合伙企业	Private Partnership Enterprises				
私营有限责任公司	Private Limited Liability Corporations	165	4186	12.7	188.4
私营股份有限公司	Private Share-holding Corporations Ltd.	4	17	0.0	2.0
其他企业	Other Enterprises	1	7	0.0	0.1
港、澳、台商投资企业	**Enterprises with Funds from Hong Kong, Macao and Taiwan**	**86**	**8402**	**22.5**	**224.1**
合资经营企业	Joint-venture Enterprises	14	1155	4.3	32.3
合作经营企业	Cooperative Enterprises	1	4	0.1	1.5
独资经营企业	Enterprises with Sole Fund	68	7210	18.0	186.1
投资股份有限公司	Share-holding Corporations Ltd.	2	29	0.1	4.1
其他港澳台商投资企业	Other Enterprises with Funds from Hong Kong, Macao and Taiwan	1	4	0.0	0.1
外商投资企业	**Foreign Funded Enterprises**	**88**	**13144**	**39.2**	**422.9**
中外合资经营企业	Joint-venture Enterprises	11	2044	8.6	72.4
中外合作经营企业	Cooperative Enterprises				
外资企业	Enterprises with Sole Fund	71	10434	27.7	302.1
外商投资股份有限公司	Share-holding Corporations Ltd.	2	81	0.9	9.9
其他外商投资企业	Other Foreign Funded Enterprises	4	585	2.0	38.5

17-6 续表 continued

指 标	Item	餐位数 (万个) Number of Dining-seats (10 000 units)	营业额 (亿元) Business Revenue (100 million yuan)	商品购进总额 (亿元) Total Purchases Value(100 million yuan)	统一配送商品购进额 (亿元) Centralized Purchase and Delivery (100 million yuan)
合 计	**Total**	**332.6**	**1950.01**	**674.01**	**504.09**
内资企业	**Domestic Funded Enterprises**	**127.2**	**569.25**	**201.71**	**114.11**
国有企业	State-owned Enterprises	1.1	8.14	3.24	1.92
集体企业	Collective-owned Enterprises	0.2	1.03	0.48	0.48
股份合作企业	Cooperative Enterprises	0.3	0.71	0.34	0.04
联营企业	Joint Ownership Enterprises				
国有联营企业	State Joint Ownership Enterprises				
集体联营企业	Collective Joint Ownership Enterprises				
国有与集体联营企业	Joint State-collective Enterprises				
其他联营企业	Other Joint Ownership Enterprises				
有限责任公司	Limited Liability Corporations	36.9	170.12	55.68	39.25
国有独资公司	State Sole Funded Corporations	0.0	0.28	0.09	0.07
其他有限责任公司	Other Limited Liability Corporations	36.9	169.84	55.60	39.19
股份有限公司	Share-holding Corporations Ltd.	19.6	141.90	52.78	25.24
私营企业	Private Enterprises	69.1	247.32	89.16	47.16
私营独资企业	Private-funded Enterprises	1.2	5.72	1.77	0.11
私营合伙企业	Private Partnership Enterprises				
私营有限责任公司	Private Limited Liability Corporations	67.5	240.89	87.11	46.85
私营股份有限公司	Private Share-holding Corporations Ltd.	0.4	0.71	0.28	0.19
其他企业	Other Enterprises	0.0	0.02	0.02	0.02
港、澳、台商投资企业	**Enterprises with Funds from Hong Kong, Macao and Taiwan**	**68.3**	**519.76**	**162.85**	**146.12**
合资经营企业	Joint-venture Enterprises	9.9	97.48	39.61	39.31
合作经营企业	Cooperative Enterprises	0.2	2.25	1.27	1.27
独资经营企业	Enterprises with Sole Fund	57.5	416.60	120.47	105.01
投资股份有限公司	Share-holding Corporations Ltd.	0.7	3.27	1.46	0.48
其他港澳台商投资企业	Other Enterprises with Funds from Hong Kong, Macao and Taiwan	0.1	0.16	0.05	0.05
外商投资企业	**Foreign Funded Enterprises**	**137.1**	**861.00**	**309.45**	**243.87**
中外合资经营企业	Joint-venture Enterprises	22.9	177.27	46.11	45.38
中外合作经营企业	Cooperative Enterprises				
外资企业	Enterprises with Sole Fund	97.4	616.38	241.50	185.99
外商投资股份有限公司	Share-holding Corporations Ltd.	3.0	30.47	11.97	11.94
其他外商投资企业	Other Foreign Funded Enterprises	13.9	36.88	9.87	0.57

17-7 按行业分连锁餐饮企业基本情况(2018年)

Basic Conditions of Chain Catering Enterprises by Sector (2018)

指 标	Item	总店数 (个) Number of Head Stores (unit)	门店总数 (个) Number of Stores (unit)	年末从业人数 (万人) Engaged Persons at Year-end (10 000 persons)	年末餐饮营业面积 (万平方米) Operating Area of Catering Enterprises at Year-end (10 000 sq.m)	餐位数 (万个) Number of Dining-seats (10 000 units)	营业额 (亿元) Business Revenue (100 million yuan)	商品购进总额 (亿元) Total Purchases Value (100 million yuan)	统一配送商品购进额 (亿元) Centralized Purchase and Delivery (100 million yuan)
总 计	**Total**	**482**	**31001**	**89.3**	**1075.0**	**332.6**	**1950.01**	**674.01**	**504.09**
正餐服务	Restaurant	250	7656	32.9	493.0	137.9	656.00	211.98	112.68
快餐服务	Fast Food	184	17172	49.6	500.1	169.2	1065.07	400.36	341.03
饮料及冷饮服务	Beverages and Cold Drinks	30	5653	6.3	78.0	24.4	211.90	56.87	47.61
其他餐饮业	Others	18	520	0.4	4.0	1.2	17.04	4.80	2.77

17-8 分地区连锁餐饮企业基本情况
Basic Conditions of Chain Catering Enterprises by Region

年份 Year / 地区 Region		总店数 (个) Number of Head Stores (unit)	门店总数 (个) Number of Stores (unit)	年末从业人数 (万人) Engaged Persons at Year-end (10 000 persons)	年末餐饮营业面积 (万平方米) Operating Area of Catering Enterprises at Year-end (10 000 sq.m)	餐位数 (万个) Number of Dining-seats (10 000 units)	营业额 (亿元) Business Revenue (100 million yuan)	商品购进总额 (亿元) Total Purchases Value (100 million yuan)	统一配送商品购进额 (亿元) Centralized Purchase and Delivery (100 million yuan)
	2005	300	9748	50.1	478.1	245.8	454.36	171.50	109.10
	2006	349	11360	55.7	588.2	274.8	563.75	201.20	127.50
	2007	358	12743	62.6	629.2	280.0	640.00	274.91	168.80
	2008	453	12561	66.1	651.9	253.1	806.91	271.59	192.52
	2009	426	13739	65.2	691.6	248.9	879.32	362.00	239.84
	2010	415	15333	70.6	742.6	263.8	955.42	455.83	298.76
	2011	428	16285	83.3	821.4	277.1	1120.39	518.93	343.07
	2012	456	18153	80.6	869.2	286.5	1283.26	561.36	388.48
	2013	454	20554	80.3	937.1	319.5	1319.62	571.24	400.72
	2014	465	22494	78.0	1020.0	338.6	1391.02	583.44	413.88
	2015	455	23721	71.4	970.9	333.6	1526.61	576.97	462.50
	2016	459	25634	75.6	1036.9	341.1	1635.15	612.43	494.10
	2017	463	27478	78.0	1075.4	337.9	1735.48	613.29	489.46
	2018	482	31001	89.3	1075.0	332.6	1950.01	674.01	504.09
北京	Beijing	88	5624	16.1	216.8	62.3	455.14	151.87	128.81
天津	Tianjin	9	595	2.6	22.0	6.9	45.37	20.09	4.51
河北	Hebei	4	18	0.1	3.7	0.6	2.24	1.01	0.21
山西	Shanxi	5	106	0.4	5.5	1.8	7.75	4.00	3.38
内蒙古	Inner Mongolia	4	115	0.3	6.6	0.8	14.80	12.16	0.14
辽宁	Liaoning	13	952	1.2	32.2	10.2	61.23	55.20	49.62
吉林	Jilin	1	16	0.0	0.8	0.3	0.54	0.16	0.15
黑龙江	Heilongjiang	4	71	0.2	2.7	0.8	3.39	1.30	1.21
上海	Shanghai	56	6202	14.5	147.6	43.5	333.48	84.95	52.06
江苏	Jiangsu	20	1707	5.6	51.6	16.7	109.05	49.38	24.28
浙江	Zhejiang	28	2074	4.9	66.6	21.6	120.82	43.70	39.56
安徽	Anhui	8	855	2.0	38.1	7.9	26.27	8.22	8.08
福建	Fujian	23	732	2.7	22.0	6.8	38.40	14.02	11.47
江西	Jiangxi	4	167	0.8	6.2	2.0	10.20	6.35	6.15
山东	Shandong	16	680	2.3	38.1	8.9	60.47	15.36	13.84
河南	Henan	14	240	0.7	6.9	4.2	11.40	2.91	2.67
湖北	Hubei	38	1354	4.4	59.8	13.6	80.92	25.82	21.34
湖南	Hunan	19	978	4.1	53.9	23.3	57.79	18.60	15.02
广东	Guangdong	69	4532	12.4	144.2	41.6	285.61	84.16	74.02
广西	Guangxi	4	317	1.0	7.1	2.2	13.61	3.13	3.13
海南	Hainan	1	7	0.0	0.3	0.1	0.98	0.26	0.26
重庆	Chongqing	16	1628	7.1	78.2	30.0	94.50	37.30	16.86
四川	Sichuan	10	1162	3.5	36.3	13.6	65.37	15.60	11.18
贵州	Guizhou	2	16	0.1	1.7	0.3	0.60	0.23	0.23
云南	Yunnan	5	243	0.7	5.8	2.3	13.54	4.35	2.73
西藏	Tibet	1	2	0.0	0.0	0.0	0.09	0.01	
陕西	Shaanxi	11	413	1.3	14.7	8.5	26.30	9.71	9.27
甘肃	Gansu	3	49	0.2	1.7	0.5	3.60	1.62	1.62
青海	Qinghai								
宁夏	Ningxia								
新疆	Xinjiang	6	146	0.3	4.2	1.3	6.53	2.54	2.32

注：门店总数全国总计中包括开设在港澳台地区和国外的门店。

a) Total number of stores includes that from Hong Kong, Macao and Taiwan province and foreign countries.

17-9 旅游发展情况
Development of Tourism

指标	Item	2014	2015	2016	2017	2018
旅行社数 (个)	**Number of Travel Agencies (unit)**	**26650**	**27621**	**27939**	**29717**	
星级饭店数 (个)	**Number of Star-rated Hotels (unit)**	**12803**	**12327**	**11685**	**9566**	
入境游客 (万人次)	**Number of Overseas Visitor Arrivals(10 000 person-times)**	**12849.83**	**13382.04**	**13844.38**	**13948.24**	**14119.83**
外国人	Foreigners	2636.08	2598.54	2815.12	2916.53	3054.29
港澳同胞	Chinese Compatriots From Hong Kong and Macao	9677.16	10233.64	10456.26	10444.59	10451.93
台湾同胞	Chinese Compatriots From Taiwan Province	536.59	549.86	573.00	587.13	613.61
#入境过夜游客	Overnight Tourists	5562.20	5688.57	5926.73	6073.84	6289.57
国内居民出境人数(万人次)	**Number of Chinese Outbound Visitors (10 000 person-times)**	**11659.32**	**12786.00**	**13513.00**	**14272.74**	**16199.34**
#因私出境人数	For Private Purpose	11002.91	12172.00	12850.00	13581.56	15501.69
国内游客 (亿人次)	**Number of Domestic Visitors (100 million person-times)**	**36.11**	**40.00**	**44.40**	**50.01**	**55.39**
旅游收入	**Tourism Earnings**					
国际旅游收入 (亿美元)	Foreign Exchange Earnings from International Tourism (100 million USD)	569.13	1136.50	1200.00	1234.17	1271.03
国内旅游收入 (亿元)	Earnings from Domestic Tourism (100 million yuan)	30311.86	34195.05	39390.00	45660.77	51278.29

注：2015年以后，“国际旅游收入”补充完善了停留时间为3-12个月的入境游客花费和游客在华短期旅居的花费，与以前年度不可比。

a) Since 2015, Foreign Exchange Earnings from International Tourism has supplemented and improved the cost of inbound tourists and short-term tourists for the term of 3-12 months in China, so it is not comparable with the previous year.

17-10 国内旅游情况
Domestic Tourism

年份 Year	国内游客 (百万人次) Domestic Tourists (million person-times)	城镇居民 Urban Residents	农村居民 Rural Residents	旅游总花费 (亿元) Tourism Expenditure(100 million yuan)	城镇居民 Urban Residents	农村居民 Rural Residents	人均花费 (元) Per Capita Expenditure (yuan)	城镇居民 Urban Residents	农村居民 Rural Residents
1994	524	205	319	1023.5	848.2	175.3	195.3	414.7	54.9
1995	629	246	383	1375.7	1140.1	235.6	218.7	464.0	61.5
1996	640	256	383	1638.4	1368.4	270.0	256.2	534.1	70.5
1997	644	259	385	2112.7	1551.8	560.9	328.1	599.8	145.7
1998	695	250	445	2391.2	1515.1	876.1	345.0	607.0	197.0
1999	719	284	435	2831.9	1748.2	1083.7	394.0	614.8	249.5
2000	744	329	415	3175.5	2235.3	940.3	426.6	678.6	226.6
2001	784	375	409	3522.4	2651.7	870.7	449.5	708.3	212.7
2002	878	385	493	3878.4	2848.1	1030.3	441.8	739.7	209.1
2003	870	351	519	3442.3	2404.1	1038.2	395.7	684.9	200.0
2004	1102	459	643	4710.7	3359.0	1351.7	427.5	731.8	210.2
2005	1212	496	716	5285.9	3656.1	1629.7	436.1	737.1	227.6
2006	1394	576	818	6229.7	4414.7	1815.0	446.9	766.4	221.9
2007	1610	612	998	7770.6	5550.4	2220.2	482.6	906.9	222.5
2008	1712	703	1009	8749.3	5971.7	2777.6	511.0	849.4	275.3
2009	1902	903	999	10183.7	7233.8	2949.9	535.4	801.1	295.3
2010	2103	1065	1038	12579.8	9403.8	3176.0	598.2	883.0	306.0
2011	2641	1687	954	19305.4	14808.6	4496.8	731.0	877.8	471.4
2012	2957	1933	1024	22706.2	17678.0	5028.2	767.9	914.5	491.0
2013	3262	2186	1076	26276.1	20692.6	5583.5	805.5	946.6	518.9
2014	3611	2483	1128	30311.9	24219.8	6092.1	839.7	975.4	540.2
2015	4000	2802	1188	34195.1	27610.9	6584.2	857.0	985.5	554.2
2016	4440	3195	1240	39390.0	32241.3	7147.8	888.2	1009.1	576.4
2017	5001	3677	1324	45660.8	37673.0	7987.7	913.0	1024.6	603.3
2018	5539	4119	1420	51278.3	42590.0	8688.3	925.8	1034.0	611.9

17-11 国际旅游收入及构成
Foreign Exchange Earnings from International Tourism and Composition

指标	Item	2017		2018	
		数额 (亿美元) Value (100 million USD)	比重 (%) Percentage (%)	数额 (亿美元) Value (100 million USD)	比重 (%) Percentage (%)
总计	**Total**	**1234.17**	**100.0**	**1271.03**	**100.0**
长途交通	Long Distance Transportation	449.46	36.4	366.31	28.8
民航	Civil Aviation	304.87	24.7	333.53	26.2
铁路	Railway	49.52	4.0	13.52	1.1
汽车	Highway	29.43	2.4	13.72	1.1
轮船	Waterway	65.65	5.3	5.54	0.4
游览	Sightseeing	65.04	5.3	53.71	4.2
住宿	Accommodation	122.08	9.9	181.09	14.2
餐饮	Food and Beverage	103.07	8.4	142.55	11.2
商品销售	Shopping	229.95	18.6	327.61	25.8
娱乐	Entertainment	74.16	6.0	45.82	3.6
邮电通讯	Postal and Communication Services	27.57	2.2	11.62	0.9
市内交通	Local Transportation	39.20	3.2	27.76	2.2
其他服务	Other Service	123.64	10.0	114.54	9.0

17-12 入境外国游客分组构成
Number of Overseas Visitor Arrivals by Sex, Age and Purpose

指标	Item	2017		2018	
		人数 (万人次) Persons (10 000 person-times)	比重 (%) Percentage (%)	人数 (万人次) Persons (10 000 person-times)	比重 (%) Percentage (%)
总计	**Total**	**4294.30**	**100.0**	**4795.11**	**100.0**
按性别分	By Sex				
男	Male	2607.98	60.7	2859.71	59.6
女	Female	1686.32	39.3	1935.39	40.4
按年龄分	By Age				
14岁及以下	14 and under	134.75	3.1	161.18	3.4
15至24岁	15-24	568.82	13.2	656.71	13.7
25至44岁	25-44	2143.34	49.9	2394.69	49.9
45至64岁	45-64	1256.03	29.2	1363.24	28.4
65岁以上	65 and over	191.36	4.5	219.28	4.6
按事由分类	By Purpose				
会议/商务	Meeting /Business	569.68	13.3	614.70	12.8
观光休闲	Sightseeing and Leisure	1593.04	37.1	1608.57	33.5
探亲访友	Visiting Relatives and Friends	110.28	2.6	132.24	2.8
服务员工	Worker and Crew	633.91	14.8	744.86	15.5
其他	Others	1387.40	32.3	1694.74	35.3

注：本表中入境外国游客含边民入境人数。
a) It includes international arrivals from the border areas to China.

17-13 按国别分外国入境游客
Number of Oversea Visitor Arrivals by Country/Region

单位：万人次 (10 000 person-times)

地　区	Region	1995	2000	2005	2010	2015	2017	2018
总计	**Total**	**588.67**	**1016.04**	**2025.51**	**2612.69**	**2598.54**	**2916.53**	**3054.29**
亚洲	**Asia**	**338.26**	**610.15**	**1249.99**	**1617.86**	**1659.47**	**1818.47**	**1912.07**
#朝鲜	Korea, D.P.Rep.	6.64	7.64	12.58	11.64	18.83	22.98	16.52
印度	India	4.50	12.09	35.65	54.93	73.05	82.20	86.30
印度尼西亚	Indonesia	13.28	22.06	37.76	57.34	54.48	68.31	71.19
日本	Japan	130.52	220.15	339.00	373.12	249.77	268.30	269.14
马来西亚	Malaysia	25.18	44.10	89.96	124.52	107.55	123.32	129.15
蒙古	Mongolia	26.19	39.91	64.20	79.44	101.41	186.45	149.43
菲律宾	Philippines	21.97	36.39	65.40	82.83	100.40	116.85	120.50
新加坡	Singapore	26.15	39.94	75.59	100.37	90.53	94.12	97.84
韩国	Republic of Korea	52.95	134.47	354.53	407.64	444.44	386.38	419.35
泰国	Thailand	17.33	24.11	58.63	63.55	64.15	77.67	83.34
非洲	**Africa**	**4.08**	**6.56**	**23.80**	**46.36**	**58.02**	**62.91**	**67.41**
欧洲	**Europe**	**159.06**	**248.90**	**479.14**	**569.79**	**491.67**	**591.17**	**604.43**
#英国	United Kingdom	18.49	28.39	49.96	57.50	57.96	59.18	60.82
德国	Germany	16.65	23.91	45.49	60.86	62.34	63.55	64.37
法国	France	11.85	18.50	37.20	51.27	48.69	49.47	49.96
意大利	Italy	6.37	7.78	19.70	22.92	24.61	28.05	27.81
荷兰	Netherlands	3.49	7.60	14.58	18.91	18.18	19.43	19.64
葡萄牙	Portugal	2.56	2.28	4.38	4.77	5.34	5.64	5.63
瑞典	Sweden	3.52	5.36	11.03	15.45	11.84	11.19	11.01
瑞士	Switzerland	3.43	3.07	5.14	7.43	7.27	7.23	7.40
俄罗斯	Russia	48.93	108.02	222.39	237.03	158.23	235.68	241.55
拉丁美洲	**Latin America**	**5.37**	**8.29**	**16.05**	**30.05**	**34.98**	**42.65**	**45.37**
北美洲	**North America**	**64.36**	**113.28**	**198.53**	**269.49**	**276.56**	**311.90**	**333.48**
#加拿大	Canada	12.88	23.66	42.98	68.53	67.98	80.60	85.02
美国	United States	51.49	89.62	155.55	200.96	208.58	231.29	248.46
大洋洲及太平洋岛屿	**Oceanic and Pacific Islands**	**15.85**	**28.18**	**57.36**	**78.93**	**77.64**	**89.22**	**91.31**
#澳大利亚	Australia	12.94	23.41	48.30	66.13	63.73	73.43	75.22
新西兰	New Zealand	2.29	3.76	7.84	11.61	12.54	14.37	14.65
其他	**Others**	**1.69**	**0.68**	**0.65**	**0.21**	**0.21**	**0.22**	**0.22**

17-14 分地区国际旅游收入

Foreign Exchange Earnings from International Tourism by Region

单位：百万美元 (USD million)

地 区	Region	1995	2000	2005	2010	2015	2017	2018
北 京	Beijing	2181.60	2768.00	3618.91	5044.61	4605.00	5129.81	5516.39
天 津	Tianjin	132.75	231.76	509.01	1419.51	3298.11	3751.47	1109.85
河 北	Hebei	42.01	141.90	209.17	350.71	501.91	578.69	646.67
山 西	Shanxi	20.62	49.91	116.22	464.60	297.10	350.14	377.98
内蒙古	Inner Mongolia	90.52	126.45	352.07	601.90	962.49	1245.56	1272.10
辽 宁	Liaoning	189.01	382.65	737.77	2259.33	1636.50	1778.06	1739.58
吉 林	Jilin	41.48	58.04	119.52	304.92	724.14	765.79	685.85
黑龙江	Heilongjiang	60.62	189.05	340.43	762.50	395.33	479.58	537.06
上 海	Shanghai	939.42	1612.67	3555.88	6340.92	5860.44	6698.65	7261.39
江 苏	Jiangsu	259.88	723.84	2259.74	4783.43	3527.29	4194.72	4648.36
浙 江	Zhejiang	235.91	513.97	1716.26	3930.20	6788.47	3586.44	2595.79
安 徽	Anhui	31.39	86.21	185.58	708.98	2262.87	2880.78	3187.57
福 建	Fujian	484.12	893.82	1305.29	2978.24	5561.40	7588.03	2828.21
江 西	Jiangxi	24.99	62.34	103.95	346.03	567.00	629.92	745.38
山 东	Shandong	153.84	315.13	780.23	2155.04	2896.48	3174.04	3292.82
河 南	Henan	60.20	123.90	216.04	498.77	623.60	661.55	723.23
湖 北	Hubei	73.17	145.72	276.36	751.16	1671.90	2104.74	2379.69
湖 南	Hunan	64.93	220.78	390.24	906.22	857.72	1295.37	1520.41
广 东	Guangdong	2392.68	4112.21	6388.05	12382.61	17884.66	19960.40	20511.74
广 西	Guangxi	121.09	306.61	358.93	806.15	1916.86	2395.63	2777.73
海 南	Hainan	80.98	108.83	128.46	322.36	248.52	681.02	770.52
重 庆	Chongqing		138.40	264.36	703.20	1468.57	1947.59	2189.89
四 川	Sichuan	125.32	121.87	315.95	354.09	1180.87	1446.54	1511.65
贵 州	Guizhou	28.98	60.92	101.41	129.58	231.33	283.27	317.63
云 南	Yunnan	165.03	339.02	528.01	1323.65	2875.50	3550.33	4418.00
西 藏	Tibet	11.30	52.26	44.43	103.59	176.66	197.51	247.09
陕 西	Shaanxi	139.43	280.25	446.25	1015.96	2000.22	2704.40	3126.66
甘 肃	Gansu	20.79	54.63	58.76	14.81	14.18	20.86	28.30
青 海	Qinghai	2.38	7.20	11.02	20.45	38.76	38.29	36.13
宁 夏	Ningxia	1.13	2.72	2.30	5.99	20.84	37.63	55.87
新 疆	Xinjiang	74.36	94.94	100.09	185.42	555.89	810.81	946.37

注：天津、黑龙江、安徽、广东、重庆、贵州、云南、陕西、新疆2018年数据含少量一日游游客花费。

a) Data of 2018 of Tianjin, Heilongjiang, Anhui, Guangdong, Chongqing, Guizhou, Yunnan, Shaanxi, Xinjiang include a small amount of one-day tourists' expenses.

17-15 分地区接待入境过夜游客
Number of Oversea Visitor Arrivals by Region

单位：万人次 (10 000 person-times)

地区	Region	2000 总计 Total	2000 #外国人 Foreigners	2005 总计 Total	2005 #外国人 Foreigners	2010 总计 Total	2010 #外国人 Foreigners	2017 总计 Total	2017 #外国人 Foreigners	2018 总计 Total	2018 #外国人 Foreigners
北京	Beijing	282.09	237.96	362.92	311.62	490.07	421.63	392.56	332.00	400.41	339.77
天津	Tianjin	35.62	32.14	74.01	67.46	166.07	153.05	79.21	68.53	58.96	55.93
河北	Hebei	41.43	35.90	62.65	57.39	97.74	85.31	91.01	70.40	98.86	74.50
山西	Shanxi	16.53	11.66	42.15	25.40	130.29	82.09	67.00	43.47	71.35	46.60
内蒙古	Inner Mongolia	39.19	38.74	100.16	99.56	142.80	140.02	184.83	175.70	188.08	178.82
辽宁	Liaoning	61.22	50.05	130.20	111.11	361.80	307.01	278.85	217.05	287.70	229.84
吉林	Jilin	22.27	19.19	37.32	30.68	82.01	72.16	148.43	128.34	143.75	123.84
黑龙江	Heilongjiang	55.17	50.47	82.15	76.42	172.42	164.83	103.88	98.46	109.16	104.13
上海	Shanghai	181.40	143.90	444.54	379.93	733.72	593.12	719.33	589.48	742.04	601.99
江苏	Jiangsu	160.95	98.15	378.30	262.15	653.55	473.50	370.10	241.75	400.85	264.69
浙江	Zhejiang	112.59	64.75	348.05	232.92	684.71	447.41	589.06	430.13	456.76	323.41
安徽	Anhui	31.84	16.79	63.29	41.06	198.42	117.40	351.09	205.28	370.75	218.79
福建	Fujian	161.33	49.75	197.39	72.36	368.14	115.27	691.74	292.87	513.55	218.29
江西	Jiangxi	16.31	5.54	37.25	13.63	113.97	39.92	174.69	57.05	191.78	57.25
山东	Shandong	72.31	48.01	155.11	124.78	366.79	277.87	440.52	316.14	422.00	306.20
河南	Henan	32.50	18.21	60.05	34.73	146.84	96.09	155.89	99.69	167.25	105.02
湖北	Hubei	45.08	35.74	82.57	62.68	181.74	138.55	368.14	277.95	405.11	307.03
湖南	Hunan	45.40	15.79	71.98	60.88	189.87	103.30	322.28	155.48	365.08	178.74
广东	Guangdong	1198.94	212.85	1896.99	476.53	3140.93	733.28	3654.52	864.83	3748.06	862.37
广西	Guangxi	122.91	50.80	147.71	88.66	250.24	141.39	512.44	255.38	562.33	270.19
海南	Hainan	48.68	9.37	43.19	26.94	66.33	47.40	111.95	78.70	126.36	89.68
重庆	Chongqing	26.61	19.29	52.39	41.81	137.02	103.96	224.85	136.21	279.98	159.00
四川	Sichuan	46.20	19.97	106.28	68.27	104.93	74.97	336.17	241.29	369.82	276.47
贵州	Guizhou	18.39	7.12	27.62	9.26	50.01	18.61	32.40	13.49	39.69	17.53
云南	Yunnan	100.11	66.59	150.28	99.65	329.15	231.23	667.69	507.52	706.08	549.94
西藏	Tibet	15.00	13.58	12.13	11.10	22.83	21.41	34.35	26.88	47.62	24.16
陕西	Shaanxi	71.28	58.48	92.84	74.57	212.17	155.24	383.74	262.06	437.14	307.30
甘肃	Gansu	21.31	14.34	28.85	17.20	7.02	4.99	7.88	4.22	10.01	5.69
青海	Qinghai	3.26	1.46	3.52	1.46	4.67	3.39	7.02	5.70	6.92	5.36
宁夏	Ningxia	0.78	0.58	0.82	0.66	1.80	1.29	6.53	3.32	8.82	3.43
新疆	Xinjiang	25.61	20.84	33.11	29.01	50.94	45.44	77.41	67.15	99.30	85.63

主要统计指标解释

住宿业 指为旅行者提供短期留宿场所的活动，有些单位只提供住宿，也有些单位提供住宿、饮食、商务、娱乐一体的服务，不包括主要按月或按年长期出租房屋住所的活动。

餐饮业 指通过即时制作加工、商业销售和服务性劳动等，向消费者提供食品和消费场所及设施的服务。

营业额 指住宿和餐饮业单位在经营活动中，因提供服务或销售商品等取得的全部收入（含增值税），收入主要来源于提供客房、餐费服务、商品销售和其他服务，如商务服务。不包括多产业法人企业附营的其他行业产业活动单位的餐费收入、商品销售收入等各项收入。其中，客房收入指住宿和餐饮业单位在经营活动中因提供住宿服务取得的收入（含增值税）。不包括多产业法人企业附营的其他行业产业活动单位的客房收入。餐费收入指本单位为顾客提供就餐服务取得的收入（含增值税）。包括：经烹饪、调制加工后出售的各种食品，如主食、炒菜、凉拌菜等的收入。不包括多产业法人企业附营的其他行业产业活动单位的餐费收入。

入境游客 指报告期内来中国（大陆）观光、度假、探亲访友、就医疗养、购物、参加会议或从事经济、文化、体育、宗教活动的外国人、港澳台同胞等游客（即入境旅游人数）。统计时，入境游客按每入境一次统计1人次。入境旅游人数包括入境过夜游客和入境一日游游客。

出境人数（出境游客） 指中国（大陆）居民因公或因私出境前往其他国家、中国香港特别行政区、澳门特别行政区和台湾省观光、度假、探亲访友、就医疗养、购物、参加会议或从事经济、文化、体育、宗教活动的人数（即出境游客）。统计时，出境游客按每出境一次统计1人次。

国内游客 指报告期内在中国（大陆）观光游览、度假、探亲访友、就医疗养、购物、参加会议或从事经济、文化、体育、宗教活动的中国（大陆）居民人数，其出游的目的不是通过所从事的活动谋取报酬。统计时，国内游客按每出游一次统计1人次。

国际旅游收入 指入境游客在中国（大陆）境内旅行、游览过程中用于交通、参观游览、住宿、餐饮、购物、娱乐等全部花费。

国内旅游收入（旅游总花费） 指国内游客在国内旅行、游览过程中用于交通、参观游览、住宿、餐饮、购物、娱乐等全部花费。

星级饭店 指设备、设施、服务符合《旅游饭店星级的划分与评定》（GB/T14308-2010）标准，经过有关旅游管理权威部门评定（验收）后授予“星级”称号的饭店。

Explanatory Notes on Main Statistical Indicators

Hotel Services refer to the accommodation services provided to visitors. Some units may provide only accommodation while others provide a combination of accommodation, meals, business services and/or recreational facilities. It excludes activities related to the provision of long-term primary residences in facilities such as apartments typically leased on a monthly or annual basis.

Catering Services refer to the activities of providing foods, serving locations and facilities to customers through instant processing, commercial sales and service-type labor.

Business Revenue refers to total revenue (including VAT) of hotels and catering services received from providing services or selling commodities through business activities, income comes mainly from providing hotels, catering services, selling of commodities and other services, such as commodity services. It does not include revenue such as meal fees, selling of commodities of other industrial units affiliated with multi industrial legal entities. Income from hotels refers to income (including VAT) of hotels and catering services by providing lodging services through business activities. Income from catering services refers to income (including VAT) from providing catering services, including selling of cooked or prepared foods, such as staple food, cooked dishes, or cold dishes. It does not include meal fees of other industrial units affiliated with multi industrial legal entities.

Overseas Visitor Arrivals refer to the number of tourists of foreigners, Chinese compatriots from Hong Kong, Macao and Taiwan who come to China (mainland) within the reference period for sight-seeing, vacation, visiting relatives, medical treatment, shopping, attending conference, or to engage in economic, cultural, sports and religious activities (namely the number of overseas visitor arrivals). In compiling statistics, each arrival is counted as one person-time. The number of overseas visitor arrivals includes inbound overnight tourists and one-day tourists.

Number of Chinese Residents Going Abroad (Chinese Outbound Visitors) refers to the number of Chinese (mainland) residents going to other countries, Hong Kong Special Administrative region, Macao Special Administrative region and Taiwan for on official or private purposes, for sight-seeing, vacation, visiting relatives, medical treatment, shopping, attending conference, or to engage in economic, cultural, sports and religious activities (namely the Chinese outbound visitors). In compiling statistics, each time of leaving is counted as one person-time.

Number of Domestic Tourists refers to the number of Chinese (mainland) residents who travel within China (mainland) for sight-seeing, vacation, visiting relatives, medical treatment, shopping, attending conference, or to engage in economic, cultural, sports and religious activities. In compiling statistics, each time of travelling is counted as one person-time.

Foreign Exchange Earnings from International Tourism refer to the total expenditure of foreigners, overseas Chinese, Chinese compatriots from Hong Kong, Macao and Taiwan during their stay in the mainland of China on transportation, sighting, accommodation, food, shopping and entertainment.

Income from Domestic Tourism refer to expenditure of domestic tourists on transportation, sighting, accommodation, food, shopping and entertainment while they travel.

Star-rated Hotels refer to hotels rated with stars as evaluated (accepted) by the relevant tourism authorities according to GB/T14308-2010 standard with reference to their infrastructure, facilities and service levels

18

金融业

Financial Intermediation

简要说明

一、本篇资料的主要内容

本篇反映我国金融、证券和保险业发展情况。有以下四个部分：一是金融机构金融活动情况，二是存贷款利率调整情况，三是直接融资情况，四是保险业务情况。

二、本篇各部分资料来源

1.反映金融机构活动情况的资料包括：金融机构人民币信贷收支表(资金来源)、金融机构人民币信贷收支表(资金运用)、货币供应量（年底余额）、货币供应量同比增长率、黄金和外汇储备、货币当局资产负债表（年底余额)、其他存款性公司资产负债表（年底余额)、外资银行资产负债表（年底余额)、社会融资规模增量及构成、社会融资规模存量及增长率。金融机构信贷收支表的统计范围包括中国人民银行、国家政策性银行、国有商业银行、其他商业银行、城市合作银行、城市信用合作社、农村信用合作社、外资银行、财务公司、信托投资公司、金融租赁公司、邮政储蓄机构。中国人民银行总行根据金融机构的基层单位全面填报、并按各自系统汇总的资料，进行归并和汇总，最后得到金融机构的信贷收支表。黄金和外汇储备表中的资料取自于中国人民银行的资产负债表，由该行有关部门提供。

2.反映存贷款利率调整情况的金融机构法定存款利率和金融机构法定贷款利率表，数据来自中国人民银行总行规定的、并对外发布的存贷款利率。

3.反映直接融资情况的证券市场基本情况、上市公司数量、证券市场发行情况、股票交易情况，资料由中国证券监督管理委员会提供。

4.反映保险业务情况的保险系统机构、人员数、保险公司业务经济技术指标、保险公司资产情况、保险公司资金运用情况、各地区原保险保费收入和赔付支出情况，数据由中国银行保险监督管理委员会提供。

Brief Introduction

I. Main Contents

Data in this chapter show the development of China's financial, securities and insurance industries, in the following four aspects: (1) the financial activities of the financial institutions; (2) the situations regarding the adjustment of deposit and loan interests; (3) the situation regarding direct financing; (4) the situation regarding the insurance business.

II. Sources of Data

(1) Data on the activities of financial institutions are Balance Sheet of Credit Funds of Financial Institutions (Funds Sources), Balance Sheet of Credit Funds of Financial Institutions (Funds Uses), Money Supply at Year-end, Rate of Increase of Money Supply Over the Previous Corresponding Period, Gold and Foreign Exchange Reserves, Balance Sheet of Monetary Authority (Balance at Year-end) ，Balance Sheet of Other Depository Corporations (Balance at Year-end)，Balance Sheet of Foreign-funded Banks at Year-end，Statistics on Increment of All-system financing Aggregates and Composition，Statistics on Stock of All-system Financing Aggregates and Composition. Statistical scope of balance sheet of credit funds of financial institutions and data on cash income and expenditure cover the People's Bank of China, the State policy banks, the State-owned commercial banks, other commercial banks, urban cooperative banks, urban credit cooperatives, rural credit cooperatives, foreign-funded banks, finance companies, financial trust and investment companies, financial leasing companies, postal savings bureau. The grassroots units of the above financial institutions fill out the questionnaires and report to the higher authority. The higher authorities tabulate the data level by level. Finally, the Head Office of the People's Bank of China tabulate the data to obtain the national total. The data on gold and foreign exchange reserves are extracted from the balance sheet of the People's Bank of China and are provided by the relevant departments in the Bank.

(2) Official Interest Rates of Deposits of Financial Institutions and Official Interest Rates of Loans of Financial Institutions show the changes of the interest rates of deposits and loans. Data are from the interest rates of deposits and loans stipulated and published by the Head Office of the People's Bank of China.

(3) General Statistics on Securities Markets, Number of Listed Companies, issuance of securities market and Statistics of Stock Trading show the situation regarding direct financing. Data are from the *Statistical Yearbook on China's Securities and Futures* compiled by China Securities Regulatory Commission.

(4) Number of Institutions and Employed Persons in the Insurance System at Year-end and Economic and Technical Indicators of Insurance Companies，Situations of Assets of Insurance Company，Fund Uses of Insurance Company，Premium of Primary Insurance and Payment by Region show the business situation of the insurance industry, with data from the insurance statistics compiled by the China Banking and Insurance Regulatory Commission.

18-1 货币供应量（年底余额）
Money Supply at Year-end

单位：亿元 (100 million yuan)

年 份 Year	货币和准货币 (M_2) Money and Quasi-Money (M_2)	货币 (M_1) Money (M_1)	流通中货币 (M_0) Currency in Circulation (M_0)	单位活期存款 Corporate Demand Deposits	准货币 Quasi-Money	单位定期存款 Corporate Time Deposits	个人存款 Personal Savings Deposits	其他存款 Other Deposits
1990	15293.4	6950.7	2644.4	4306.3	8342.7			
1991	19349.9	8633.3	3177.8	5455.5	10716.6			
1992	25402.2	11731.5	4336.0	7395.2	13670.7			
1993	34879.8	16280.4	5864.7	10415.7	18599.4	1247.9	15203.5	2148.0
1994	46923.5	20540.7	7288.6	13252.1	26382.8	1943.1	21518.8	2920.9
1995	60750.5	23987.1	7885.3	16101.8	36763.4	3324.2	29662.2	3777.0
1996	76094.9	28514.8	8802.0	19712.8	47580.1	5041.9	38520.8	4017.4
1997	90995.3	34826.3	10177.6	24648.7	56169.1	6738.5	46279.8	3150.7
1998	104498.5	38953.7	11204.2	27749.5	65544.9	8301.9	53407.5	3835.5
1999	119897.9	45837.3	13455.5	32381.8	74060.6	9476.8	59621.8	4962.0
2000	134610.3	53147.2	14652.7	38494.5	81463.1	11261.1	64332.4	5869.7
2001	158301.9	59871.6	15688.8	44182.8	98430.3	14180.1	73762.4	10487.8
2002	185007.0	70881.8	17278.0	53603.8	114125.2	16433.8	86910.7	10780.7
2003	221222.8	84118.6	19745.9	64372.6	137104.3	20940.4	103617.7	12546.2
2004	254107.0	95969.7	21468.3	74501.4	158137.2	25382.2	119555.4	13199.7
2005	298755.7	107278.8	24031.7	83247.1	191476.9	33100.0	141051.0	17325.9
2006	345577.9	126028.1	27072.6	98955.4	219549.9	38715.9	161587.3	19246.7
2007	403442.2	152560.1	30375.2	122184.9	250882.1	46932.5	172534.2	31415.4
2008	475166.6	166217.1	34219.0	131998.2	308949.5	60103.1	217885.4	30961.1
2009	610224.5	221445.8	38247.0	183198.8	388778.7	84819.5	260752.7	43206.5
2010	725851.8	266621.5	44628.2	221993.4	459230.3	105858.7	303302.5	50069.1
2011	851590.9	289847.7	50748.5	239099.2	561743.2	166616.0	352797.5	42329.7
2012	974148.8	308664.2	54659.8	254004.5	665484.6	195940.1	411362.6	58181.9
2013	1106525.0	337291.1	58574.4	278716.6	769233.9	232696.6	467031.1	69506.2
2014	1228374.8	348056.4	60259.5	287796.9	880318.4	264055.7	508878.1	107384.6
2015	1392278.1	400953.4	63216.6	337736.9	991324.7	288240.7	552073.5	151010.5
2016	1550066.7	486557.2	68303.9	418253.4	1063509.4	307989.6	603504.2	152015.6
2017	1690235.3	543790.1	70645.6	473144.5	1146445.2	320196.2	649341.5	176907.4
2018	1826744.2	551685.9	73208.4	478477.5	1275058.3	340178.9	721688.6	213190.8

注：1.2001年6月起，将证券公司客户保证金计入货币供应量(M_2)，含在其他存款项内。
2.自2011年10月起，货币供应量已包含住房公积金中心存款和非存款类金融机构在存款类金融机构的存款。
3.2017年货币和准货币数据为统计方法完善后的数据，与之前不可比(以下相关表同)。

a) Since June in 2001, the margin account of security companies maintained with financial institutions, part of Other Deposits, are included in money supply (M_2).

b) Since October 2011, Money supply includes deposits of Housing Provident Fund Management Center and deposits of non-depository corporations in depository corporations.

c) Figures of money and quasi-money in 2017 are collected after statistical method has been improved, so it is not comparable with previous years. The same applies to the relevant tables following.

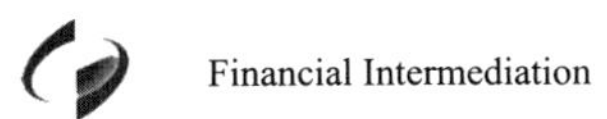

18-2 货币供应量同比增长率

Rate of Increase of Money Supply over the Previous Corresponding Period

单位：% (%)

年份 Year	货币和准货币 (M_2) Money and Quasi-Money (M_2)	货币 (M_1) Money (M_1)	流通中货币 (M_0) Currency in Circulation (M_0)	单位活期存款 Corporate Demand Deposits	准货币 Quasi-Money	单位定期存款 Corporate Time Deposits	个人存款 Personal Savings Deposits	其他存款 Other Deposits
1991	26.5	24.2	20.2	26.7	28.5			
1992	31.3	35.9	36.4	35.6	27.6			
1993								
1994	34.5	26.2	24.3	27.2	41.9	55.7	41.5	36.0
1995	29.5	16.8	8.2	21.5	39.4	71.1	37.9	29.3
1996	25.3	18.9	11.6	22.4	29.4	51.7	29.9	6.4
1997	17.3	16.5	15.6	16.9	17.8	24.5	19.3	-8.9
1998	14.8	11.9	10.1	12.6	16.7	23.2	15.4	21.7
1999	14.7	17.7	20.1	16.7	13.0	14.2	11.6	29.3
2000	12.3	16.0	8.9	18.9	10.0	18.8	7.9	18.3
2001	14.4	12.7	7.1	14.8	15.5	25.9	14.7	9.1
2002	16.8	16.8	10.1	19.2	16.8	21.8	17.8	2.8
2003	19.6	18.7	14.3	20.3	20.1	27.4	19.2	16.4
2004	14.7	13.6	8.7	15.1	15.3	21.2	15.4	5.2
2005	17.6	11.8	11.9	11.7	21.1	30.4	18.0	31.3
2006	16.9	17.5	12.7	18.9	16.6	17.1	14.6	36.2
2007	16.7	21.1	12.2	23.5	14.3	21.2	6.8	63.2
2008	17.8	9.1	12.7	8.2	23.2	28.1	26.3	-1.5
2009	28.5	33.2	11.8	38.8	26.0	42.0	19.7	39.6
2010	19.7	21.2	16.7	22.1	18.9	28.7	16.3	16.0
2011	13.6	7.9	13.8	6.7	16.8	18.1	16.2	17.7
2012	13.8	6.5	7.7	6.2	17.6	17.6	16.6	25.1
2013	13.6	9.3	7.2	9.7	15.6	18.8	13.5	19.5
2014	12.2	3.2	2.9	3.3	14.4	13.5	9.0	54.5
2015	13.3	15.2	4.9	17.4	12.6	9.2	8.5	40.6
2016	11.3	21.4	8.1	23.8	7.3	6.9	9.3	0.7
2017	8.1	11.8	3.4	13.1	6.4	4.0	7.6	6.5
2018	8.1	1.5	3.6	1.1	11.2	6.2	11.1	20.5

注：1.同比增长率按可比口径计算。1993年口径调整，故1993年未计算增长率。
2.2001年6月起，将证券公司客户保证金计入货币供应量(M_2)，含在其他存款内。
3.1997年初，中国人民银行对金融统计制度进行了调整，因此自1997年起的数据与历史数据不完全可比。

a) Rate of increase over the previous corresponding period is calculated on the basis of comparable coverage. As the statistical coverage before 1992 was not comparable with that in 1993, the increase rate in 1993 was not calculated.
b) Since June in 2001, the margin account of security companies maintained with financial institutions, part of Other Deposits, are included in money supply (M_2).
c) The People's Bank of China has made some adjustment about the monetary statistics system since the beginning of 1997, the statistics since 1997 are not fully comparable with historical statistics.

18-3 社会融资规模增量及构成

Statistics on Aggregate Financing to the Real Economy (Flow) and Composition

单位：亿元 (100 million yuan)

年份 Year	社会融资规模增量 AFRE(flow)	#人民币贷款 RMB Loans	#外币贷款(折合人民币) Foreign Currency-denominated Loans (RMB equivalent)	#委托贷款 Entrusted Loans	#信托贷款 Trust Loans	#未贴现银行承兑汇票 Undiscounted Bankers' Acceptances	#企业债券 Net Financing of Corporate Bonds	#地方政府专项债券 Local Government Special Bonds	#非金融企业境内股票融资 Equity Financing on the Domestic Stock Market by Non-financial Enterprises
2002	20112	18475	731	175		-695	367		628
2003	34113	27652	2285	601		2010	499		559
2004	28629	22673	1381	3118		-290	467		673
2005	30008	23544	1415	1961		24	2010		339
2006	42696	31523	1459	2695	825	1500	2310		1536
2007	59663	36323	3864	3371	1702	6701	2284		4333
2008	69802	49041	1947	4262	3144	1064	5523		3324
2009	139104	95942	9265	6780	4364	4606	12367		3350
2010	140191	79451	4855	8748	3865	23346	11063		5786
2011	128286	74715	5712	12962	2034	10271	13658		4377
2012	157631	82038	9163	12838	12845	10499	22551		2508
2013	173169	88916	5848	25466	18404	7756	18111		2219
2014	158761	97452	1235	21740	5174	-1198	24329		4350
2015	154063	112693	-6427	15911	434	-10567	29388		7590
2016	178159	124372	-5640	21854	8593	-19514	30025		12416
2017	194445	138432	18	7770	22555	5364	4421		8759
2018	192584	156712	-4201	-16067	-6901	-6343	24756	17852	3606

注：1.社会融资规模增量是指一定时期内实体经济从金融体系获得的资金总额。

2.2018年7月起，人民银行完善社会融资规模统计方法，将"存款类金融机构资产支持证券"和"贷款核销"纳入社会融资规模统计。2018年9月起，人民银行将"地方政府专项债券"纳入社会融资规模统计。本表的地方政府专项债券按照债权债务在托管机构登记日统计。表中2018年数据与之前年份数据不可比(下表同)。

a) AFRE(flow) refers to the total volume of financing provided by the financial system to the real economy during a certain period of time.

b) Since July 2018,the People's Bank of China improved the statistical method of AFRE,and incorporated "Asset-backed Securities of Depository Financial Institutions" and "Loans Written off" into AFRE.Since September 2018,the People's Bank of China incorporated "Local government special bonds" into AFRE. "Local government special bonds" in the table is recorded when claims and obligations registered.Statistics for 2018 in table are uncomparable to previous years. The same applies to the table following.

18-4 社会融资规模存量及增长率
Statistics on Aggregate Financing to the Real Economy (Stock) and Increase Rate

年份 Year	社会融资规模存量(亿元) AFRE (stock) (100 million yuan)	社会融资规模存量同比增速(%) Year-on-year Growth (%)	#人民币贷款 RMB Loans	#外币贷款(折合人民币) Foreign Currency-denominated Loans (RMB equivalent)	#委托贷款 Entrusted Loans	#信托贷款 Trust Loans	#未贴现银行承兑汇票 Undiscounted Bankers' Acceptances	#企业债券 Net Financing of Corporate Bonds	#地方政府专项债券 Local Government Special Bonds	#非金融企业境内股票融资 Equity Financing on the Domestic Stock Market by Non-financial Enterprises
2002	148532									
2003	181655	22.3	21.4	26.6	13.3		126.0	132.9		8.0
2004	204143	14.9	14.3	16.8	61.6		-8.0	4.0		8.5
2005	224265	13.5	13.3	11.0	11.8		0.7	129.1		4.2
2006	264500	18.1	16.3	9.0	20.0		44.9	68.7		12.5
2007	321326	21.5	16.4	21.9	29.9	84.0	138.4	41.0		45.8
2008	379765	20.5	18.7	5.1	29.1	84.3	9.2	78.7		17.7
2009	511835	34.8	31.3	55.5	35.8	63.4	36.5	86.2		18.3
2010	649869	27.0	19.9	15.9	44.2	34.4	135.5	42.3		30.9
2011	767791	18.3	16.1	13.1	21.2	13.5	25.6	36.2		17.7
2012	914675	19.1	15.0	27.2	17.1	75.0	21.0	44.4		8.6
2013	1075217	17.6	14.2	7.2	39.7	61.1	12.7	24.2		6.7
2014	1229386	14.3	13.6	4.1	29.2	10.8	-1.1	25.8		11.8
2015	1382824	12.5	13.9	-13.0	18.0	2.0	-14.8	25.1		20.2
2016	1560044	12.8	13.4	-12.9	19.8	15.8	-33.3	22.5		27.6
2017	1747069	12.0	13.2	-5.8	5.9	35.9	13.7	2.9		15.2
2018	2007470	9.8	13.2	-10.7	-11.5	-8.0	-14.3	9.2	32.6	5.4

注：1.社会融资规模存量是指一定时期末(月末、季末或年末)实体经济从金融体系获得的资金余额。
2.同比增速为可比口径计算。

a) Stock of all-system financing aggregates refers to the total volume of financing provided by the financial system to the real economy at the end of a period (at the end of month, quarter or year).

b) The data of year-on-year growth are calculated on a comparable basis.

18-5 金融机构人民币法定存款基准利率
Official Interest Rates of Deposits of Financial Institutions

单位：年利率% (% p.a.)

项目	Item	2010.10.20 Oct.20,2010	2010.12.26 Dec.26,2010	2011.02.09 Feb.09,2011	2011.04.06 Apr.06,2011	2011.07.07 July.07,2011	2012.06.08 Jun.08,2012
活期	Demand	0.36	0.36	0.40	0.50	0.50	0.40
定期	Time						
三个月	3-Month	1.91	2.25	2.60	2.85	3.10	2.85
半年	6-Month	2.20	2.50	2.80	3.05	3.30	3.05
一年	1-Year	2.50	2.75	3.00	3.25	3.50	3.25
二年	2-Year	3.25	3.55	3.90	4.15	4.40	4.10
三年	3-Year	3.85	4.15	4.50	4.75	5.00	4.65
五年	5-Year	4.20	4.55	5.00	5.25	5.50	5.10

注：1.2014年11月22日，金融机构存款利率浮动区间由存款基准利率的1.1倍调整为1.2倍。
2.自2014年11月22日起，人民银行不再公布金融机构人民币五年期定期存款基准利率。

a) Since Nov.22,2014, interval of interest rates of deposits of financial institutions is adjusted from 1.1 to 1.2 times as official interest rates of deposits.

b) Since Nov.22,2014, central bank does not publish official interest rates of 5-Year time deposits of financial instritutions

18-5 续表 continued

单位：年利率% (% p.a.)

项 目 Item		2012.07.06 July.06,2012	2014.11.22 Nov.22,2014	2015.03.01 Mar.01,2015	2015.05.11 May.11,2015	2015.06.28 Jun.28,2015	2015.08.26 Aug.26,2015	2015.10.24 Oct.24,2015
活期	Demand	0.35	0.35	0.35	0.35	0.35	0.35	0.35
定期	Time							
三个月	3-Month	2.60	2.35	2.10	1.85	1.60	1.35	1.10
半年	6-Month	2.80	2.55	2.30	2.05	1.80	1.55	1.30
一年	1-Year	3.00	2.75	2.50	2.25	2.00	1.75	1.50
二年	2-Year	3.75	3.35	3.10	2.85	2.60	2.35	2.10
三年	3-Year	4.25	4.00	3.75	3.50	3.25	3.00	2.75
五年	5-Year	4.75						

18-6 金融机构人民币法定贷款基准利率
Official Interest Rates of Loans of Financial Institutions

单位：年利率% (%, p.a.)

项 目	Item	2010.12.26 Dec.26, 2010	2011.02.09 Feb.09, 2011	2011.04.06 Apr.06, 2011	2011.07.07 July.07, 2011	2012.06.08 June.08, 2012	2012.07.06 July.06, 2012
短期贷款	Short-term						
六个月	6-Month	5.35	5.60	5.85	6.10	5.85	5.60
一年	1-Year	5.81	6.06	6.31	6.56	6.31	6.00
中长期贷款	Medium and Long-term						
一年以上至三年	3-Year or Less	5.85	6.10	6.40	6.65	6.40	6.15
三年以上至五年	5-Year or Less	6.22	6.45	6.65	6.90	6.65	6.40
五年以上	Longer than 5-Year	6.40	6.60	6.80	7.05	6.80	6.55

18-6 续表 continued

单位：年利率% (%, p.a.)

项 目	Item	2014.11.22 Nov.22, 2014	2015.03.01 Mar.01, 2015	2015.05.11 May.11, 2015	2015.06.28 June.28, 2015	2015.08.26 Aug.26, 2015	2015.10.24 Oct.24, 2015
短期贷款	Short-term						
六个月	6-Month	5.60	5.35	5.10	4.85	4.60	4.35
一年	1-Year	5.60	5.35	5.10	4.85	4.60	4.35
中长期贷款	Medium and Long-term						
一年以上至三年	3-Year or Less	6.00	5.75	5.50	5.25	5.00	4.75
三年以上至五年	5-Year or Less	6.00	5.75	5.50	5.25	5.00	4.75
五年以上	Longer than 5-Year	6.15	5.90	5.65	5.40	5.15	4.90

18-7 黄金和外汇储备
Gold and Foreign Currency Reserves

年 份 Year	黄金储备 (万盎司) Gold Reserves (10 000 oz.)	外汇储备 (亿美元) Foreign Exchange Reserves (USD 100 million)	年 份 Year	黄金储备 (万盎司) Gold Reserves (10 000 oz.)	外汇储备 (亿美元) Foreign Currency Reserves (USD 100 million)
1978	1280	1.67	1999	1267	1546.75
1979	1280	8.40	2000	1267	1655.74
1980	1280	-12.96	2001	1608	2121.65
1981	1267	27.08	2002	1929	2864.07
1982	1267	69.86	2003	1929	4032.51
1983	1267	89.01	2004	1929	6099.32
1984	1267	82.20	2005	1929	8188.72
1985	1267	26.44	2006	1929	10663.44
1986	1267	20.72	2007	1929	15282.49
1987	1267	29.23	2008	1929	19460.30
1988	1267	33.72	2009	3389	23991.52
1989	1267	55.50	2010	3389	28473.38
1990	1267	110.93	2011	3389	31811.48
1991	1267	217.12	2012	3389	33115.89
1992	1267	194.43	2013	3389	38213.15
1993	1267	211.99	2014	3389	38430.18
1994	1267	516.20	2015	5666	33303.62
1995	1267	735.97	2016	5924	30105.17
1996	1267	1050.29	2017	5924	31399.49
1997	1267	1398.90	2018	5956	30727.12
1998	1267	1449.59			

18-8 人民币汇率（年平均价）
Reference Exchange Rate of Renminbi (Period Average)

单位：人民币元 (RMB yuan)

年 份 Year	100美元 100 US Dollars	100日元 100 Japanese Yen	100港元 100 Hong Kong Dollars	100欧元 100 Euros
1985	293.67	1.2457	37.57	
1986	345.28	2.0694	44.22	
1987	372.21	2.5799	47.74	
1988	372.21	2.9082	47.70	
1989	376.51	2.7360	48.28	
1990	478.32	3.3233	61.39	
1991	532.33	3.9602	68.45	
1992	551.46	4.3608	71.24	
1993	576.20	5.2020	74.41	
1994	861.87	8.4370	111.53	
1995	835.10	8.9225	107.96	
1996	831.42	7.6352	107.51	
1997	828.98	6.8600	107.09	
1998	827.91	6.3488	106.88	
1999	827.83	7.2932	106.66	
2000	827.84	7.6864	106.18	
2001	827.70	6.8075	106.08	
2002	827.70	6.6237	106.07	800.58
2003	827.70	7.1466	106.24	936.13
2004	827.68	7.6552	106.23	1029.00
2005	819.17	7.4484	105.30	1019.53
2006	797.18	6.8570	102.62	1001.90
2007	760.40	6.4632	97.46	1041.75
2008	694.51	6.7427	89.19	1022.27
2009	683.10	7.2986	88.12	952.70
2010	676.95	7.7279	87.13	897.25
2011	645.88	8.1050	82.97	900.11
2012	631.25	7.9037	81.38	810.67
2013	619.32	6.3323	79.85	822.19
2014	614.28	5.8196	79.22	816.51
2015	622.84	5.1543	80.34	691.41
2016	664.23	6.1243	85.58	734.26
2017	675.18	6.0244	86.64	763.03
2018	661.74	5.9890	84.43	780.16

18-9 货币当局资产负债表（年底余额）
Balance Sheet of Monetary Authority (Balance at Year-end)

单位：亿元 (100 million yuan)

项 目	Item	2016	2017	2018
总资产	**Total Assets**	**343711.6**	**362931.6**	**372492.1**
国外资产	Foreign Assets	229795.8	221164.1	217648.1
外汇	Foreign Exchange	219425.3	214788.3	212556.7
货币黄金	Monetary Gold	2541.5	2541.5	2569.8
其他国外资产	Other Foreign Assets	7829.0	3834.3	2521.6
对政府债权	Claims on Government	15274.1	15274.1	15250.2
对其他存款性公司债权	Claims on Other Depository Corporations	84739.0	102230.4	111517.5
对其他金融性公司债权	Claims on Other Financial Corporations	6324.4	5986.6	4642.6
对非金融性公司债权	Claims on Non-financial Sectors	81.0	101.9	27.8
其他资产	Other Assets	7497.3	18174.5	23405.8
总负债	**Total Liabilities**	**343711.6**	**362931.6**	**372492.1**
储备货币	Reserve Money	308979.6	321870.8	330956.5
货币发行	Currency Issue	74884.4	77073.6	79145.5
其他存款性公司存款	Deposits of Other Depository Corporations	234095.2	243802.3	235511.2
非金融机构存款	Deposits of Non-financial Institutions		994.9	16299.8
不计入储备货币的金融性公司存款	Deposits of Financial Corporations not Included in Reserve Money	6485.0	5019.2	4016.3
发行债券	Bond Issue	500.0		200.0
国外负债	Foreign Liabilities	3195.1	880.0	1164.5
政府存款	Deposits of Government	25062.7	28626.0	28224.7
自有资金	Own Capital	219.8	219.8	219.8
其他负债	Other Liabilities	-730.6	6315.8	7710.2

注：1.自2017年起，对国际金融组织相关本币账户以净头寸反映。
2.“非金融机构存款”为支付机构交存人民银行的客户备付金存款。
a) As of 2017, RMB accounts with international financial organiztions are calculated on a net basis.
b) Deposits of Non-financial Institutions refers to deposits at PBC by paying institutions.

18-10 其他存款性公司资产负债表（年底余额）
Balance Sheet of Other Depository Corporations (Balance at Year-end)

单位：亿元 (100 million yuan)

项 目	Item	2016	2017	2018
总资产	**Total Assets**	**2303755.7**	**2497223.8**	**2667334.9**
国外资产	Foreign Assets	50019.6	53482.4	60146.2
储备资产	Reserve Assets	246447.2	256108.1	243160.7
准备金存款	Deposits with Center Bank	239866.6	249680.1	237223.7
库存现金	Cash in Vault	6580.6	6428.0	5937.1
对政府债权	Claims on Government	172140.2	218244.1	264352.8
对中央银行债权	Central Bank Bonds	525.2	0.0	
对其他存款性公司债权	Claims on Other Depository Corporations	315878.2	296042.9	287239.0
对其他金融性公司债权	Claims on Other Financial Corporations	265298.6	280616.8	258693.8
对非金融性公司债权	Claims on Non-financial Sectors	836467.9	889011.4	977946.5
对其他居民部门债权	Claims on Other Resident Sectors	329543.7	399669.1	472762.4
其他资产	Other Assets	87435.1	104048.9	103033.4
总负债	**Total Liabilities**	**2303755.7**	**2497223.8**	**2667334.9**
对非金融机构及住户负债	Liabilities to Non-financial & Households Institutions	1420678.7	1531978.6	1641200.7
纳入广义货币的存款	Deposits Included in Broad Money	1329747.2	1442682.3	1540345.0
单位活期存款	Corporate Demand Deposits	418253.4	473144.5	478477.5
单位定期存款	Corporate Time Deposits	307989.6	320196.2	340178.9
个人存款	Personal Deposits	603504.2	649341.5	721688.6
不纳入广义货币的存款	Deposits Excluded from Broad Money	44874.5	47043.4	45211.4
可转让存款	Transferable Deposits	14028.4	15266.5	15355.9
其他存款	Other Deposits	30846.1	31776.9	29855.5
其他负债	Other Liabilities	46057.0	42252.9	55644.3
对中央银行负债	Liabilities to Central Bank	87879.7	105470.1	104474.8
对其他存款性公司负债	Liabilities to Other Depository Corporations	144836.8	126116.1	108915.9
对其他金融性公司负债	Liabilities to Other Financial Corporations	157274.9	168350.5	184310.6
#计入广义货币的存款	Deposits Included in Broad Money	152015.6	162445.8	179374.6
国外负债	Foreign Liabilities	12672.7	20479.1	20893.7
债券发行	Bond Issue	201110.9	225877.0	255387.6
实收资本	Paid-in Capital	46946.8	51828.5	54212.7
其他负债	Other Liabilities	232355.2	267123.9	297939.0

18-11 外资银行资产负债表（年底余额）
Balance Sheet of Foreign-funded Banks at Year-end

单位：亿元 (100 million yuan)

项 目	Item	2016	2017	2018
总资产	**Total Assets**	**31670**	**42483**	**44177**
国外资产	Foreign Assets	2071	2222	2452
储备资产	Reserve Assets	4060	3766	3287
准备金	Deposits with Central Bank	4051	3758	3281
库存现金	Cash in Vault	9	7	6
对政府债权	Claims on Government	1958	2230	2681
对中央银行债权	Claims on Central Bank			
对其他存款性公司债权	Claims on Other Depository Corporations	5698	6505	5844
对其他金融性公司债权	Claims on Other Financial Corporations	2738	3694	3745
对非金融性公司债权	Claims on Non-financial Sectors	10254	11020	11649
对其他居民部门债权	Claims on Other Resident Sectors	1081	1234	1452
其他资产	Other Assets	3809	11812	13066
总负债	**Total Liabilities**	**31670**	**42483**	**44177**
对非金融机构及住户负债	Liabilities to Non-financial & Households Institutions	17153	18357	18386
纳入广义货币的存款	Deposits Included in Broad Money	12731	13802	13700
单位活期存款	Corporate Demand Deposits	4425	4886	4837
单位定期存款	Corporate Time Deposits	6996	7645	7565
个人存款	Personal Deposits	1310	1270	1298
不纳入广义货币的存款	Deposits Excluded from Broad Money	3478	3373	3461
可转让存款	Transferable Deposits	1845	1761	1876
其他存款	Other Deposits	1633	1612	1586
其他负债	Other Liabilities	945	1182	1225
对中央银行负债	Liabilities to Central Bank	168	284	144
对其他存款性公司负债	Liabilities to Other Depository Corporations	2611	2612	2342
对其他金融性公司负债	Liabilities to Other Financial Corporations	1241	941	1116
#计入广义货币的存款	Deposits Included in Broad Money	1027	772	1004
国外负债	Foreign Liabilities	3247	4884	4904
债券发行	Bond Issue	184	226	549
实收资本	Paid-in Capital	1761	1835	1878
其他负债	Other Liabilities	5305	13344	14858

18-12 金融机构人民币信贷收支表(年底余额)(资金来源)

Balance Sheet of Credit Funds of Financial Institutions at Year-end (Funds Sources)

单位：亿元 (100 million yuan)

项　目	Item	2016	2017	2018
资金来源合计	**Total Funds Sources**	**1759952**	**1931934**	**2109164**
各项存款	Total Deposits	1505864	1641044	1775226
境内存款	Domestic Deposits	1497169	1630577	1764398
住户存款	Deposits of Households	597751	643768	716038
非金融企业存款	Deposits of Non-financial Enterprises	502178	542405	562976
政府存款	Deposits of Government	270379	304853	325585
非银行业金融机构存款	Deposits of Non-banking Financial Institutions	126860	139552	159798
其他存款	Other Deposits			
境外存款	Overseas Deposits	8695	10467	10828
金融债券	Financial Bonds	31579	48000	65433
流通中货币	Currency in Circulation	68304	70646	73208
对国际金融机构负债	Liabilities to International Financial Institutions	2407	9	7
其他	Others	151799	172236	195290

注：1.2015年起，由于修订金融统计制度，《金融机构人民币信贷收支》分类项目发生较大调整，部分数据与2015年以前不可比(以下相关表同)。

2.本表机构包括中国人民银行、银行业存款类金融机构、银行业非存款类金融机构(以下相关表同)。

3.银行业存款类金融机构包括银行、信用社和财务公司。银行业非存款类金融机构包括信托投资公司、金融租赁公司、汽车金融公司和贷款公司等银行业非存款类金融机构(以下相关表同)。

4.自2015年起，“各项存款”含非银行业金融机构存放款项，“各项贷款”含拆放给非银行业金融机构款项(以下相关表同)。

a) Since 2015, as financial statistical system was revised, classification in *Sources & Uses of Credit Funds of Financial Institutions* has been adjusted. Some data are not comparable with those before 2015. The same applies to the tables following.

b) Institutions in this table include The People's Bank of China, depository financial institutions of bank, non-depository financial institutions of bank. The same applies to the tables following.

c) Depository financial institutions of bank includes bank, credit cooperatives, financial corporations. Non-depository financial institutions of bank includes trust and investment companies, financial lease companies, motor vehicle lease companies, and loans companies. The same applies to the tables following.

d) Since 2015, Total Deposits include Deposits of Non-banking Financial Institutions, total loans include those lent to non-banking financial institutions. The same applies to the tables following.

18-13 金融机构人民币信贷收支表(年底余额)(资金运用)

Balance Sheet of Credit Funds of Financial Institutions at Year-end (Funds Uses)

单位：亿元 (100 million yuan)

项　目	Item	2016	2017	2018
资金运用合计	**Total Funds Uses**	**1759952**	**1931934**	**2109164**
各项贷款	Total Loans	1066040	1201321	1362967
境内贷款	Domestic Loans	1061667	1196900	1357891
住户贷款	Loans to Households	333615	405045	478843
非金融企业及机关团体贷款	Loans to Non-financial Enterprises and Government Departments & Organizations	718521	785496	868289
非银行业金融机构贷款	Loans to Non-banking Financial Institutions	9532	6359	10760
境外贷款	Overseas Loans		4421	5075
债券投资	Portfolio Investments	247604	294382	333467
股权及其他投资	Shares and Other Investments	220820	217589	196190
黄金占款	Position for Bullion Purchase	2542	2541	2570
外汇买卖	Position for Forex Purchase			
中央银行外汇占款	Foreign Exchange	219425	214788	212557
在国际金融机构资产	Assets with International Financial Institutions	3521	1313	1414

18-14 证券市场基本情况
General Statistics on Securities Markets

项　目		Item		2017	2018
境内上市公司数(A、B股)	(家)	Number of Listed Companies (A and B Shares) in Mainland	(unit)	3485	3584
境内上市外资股公司数(B股)	(家)	Number of Listed Companies of Foreign Fund (B Shares) in Mainland	(unit)	100	99
境外上市公司数(H股)	(家)	Number of Listed Companies (H Shares) Overseas	(unit)	252	267
股票总发行股本	(亿股)	Volume Issued	(100 million shares)	53746.67	57581.03
#流通股本	(亿股)	Negotiable Shares	(100 million shares)	45044.87	49047.57
股票市价总值	(亿元)	Total Market Capitalization	(100 million yuan)	567086.08	434924.03
#股票流通市值	(亿元)	Negotiable Market Capitalization	(100 million yuan)	449298.15	353794.20
股票成交量	(亿股)	Stock Trading Volume	(100 million shares)	87780.84	82037.25
股票成交金额	(亿元)	Turnover of Stock Trading	(100 million yuan)	1124625.11	901739.40
上证综合指数(收盘)		Shanghai Comprehensive Index		3307.17	2493.90
深证综合指数(收盘)		Shenzhen Comprehensive Index		1899.34	1267.87
期末投资者数	(万个)	Number of Investors at the End of This Period	(10 000 units)	13398	14650
静态市盈率(平均市盈率)		Average P/E Ratio			
上海		Shanghai		16.30	12.49
深圳		Shenzhen		36.21	20.00
年换手率(平均换手率)	(%)	Average Turnover Rate	(%)		
上海		Shanghai		180.47	150.91
深圳		Shenzhen		412.88	356.92
交易所债券发行额	(亿元)	Value of Bonds in the Exchanges Issued	(100 million yuan)	39146.91	56877.71
债券成交额	(亿元)	Bonds Trading Turnover	(100 million yuan)	2687635.66	2405453.70
债券现货成交金额	(亿元)	Turnover of Spots Trading of Bonds	(100 million yuan)	55441.79	63821.94
债券回购成交金额	(亿元)	Turnover of Repurchase Trading of Bonds	(100 million yuan)	2632193.87	2341631.76
证券投资基金只数	(只)	Number of Securities Investment Funds	(unit)	4848	5580
证券投资基金规模	(亿份)	Capital of Securities Investment Funds	(100 million units)	110182.12	128961.33
证券投资基金成交金额	(亿元)	Turnover of Securities Investment Funds	(100 million yuan)	98051.89	102704.59
期货总成交量	(万手)	Trading Volume of Future	(10 000 pieces)	307102.17	301055.65
期货总成交额	(亿元)	Trading Turnover of Future	(100 million yuan)	1878925.88	2107973.78

注：1.交易所债券包含由中国证监会审批或备案的公司债、可转债、可交换债、可分离债、企业资产支持证券，以及交易所招标发行的地方政府债、政策性金融债。

2.期末投资者数量指持有未注销、未休眠的A股、B股、信用账户、衍生品合约账户的一码通账户数量。

3.债券成交数据为交易所债券市场数据。

4.期货成交数据按单边口径统计，包括商品期货和金融期货。

a) Exchange bonds include corporate bonds, convertible bonds, exchangeable bonds, separable bonds, enterprise asset-backed securities approved or filed by CSRC, and local government bonds and policy-based financial bonds tendered and issued by the exchange.

b) Number of investors at the end of this period refers to the number of one-way accounts holding unregistered, dormant A-shares, B-shares, credit accounts and Derivatives Contract accounts.

c) Bond trading data are that of exchange bond market.

d) Futures trading data are counted by unilateral caliber, including commodity futures and financial futures.

18-15 上市公司数量
Number of Listed Companies

单位：个 (unit)

年 份 Year	全国合计 National	上交所 Shanghai Stock Exchange	深交所 Shenzhen Stock Exchange	发A股公司 A Shares	发B股公司 B Shares	同时发A股、B股公司 A&B Shares
1990	10	8	2			
1991	13	7	6			
1992	53	29	24	53	18	18
1993	183	106	77	177	41	35
1994	291	171	120	287	58	54
1995	323	188	135	311	70	58
1996	530	293	237	514	85	69
1997	745	383	362	720	101	76
1998	852	438	414	826	106	80
1999	949	484	465	922	108	81
2000	1088	572	516	1060	114	86
2001	1160	646	514	1140	112	92
2002	1224	715	509	1213	111	100
2003	1287	780	507	1277	111	101
2004	1377	837	540	1363	110	96
2005	1381	834	547	1358	109	86
2006	1434	842	592	1411	109	86
2007	1550	860	690	1527	109	86
2008	1625	864	761	1602	109	86
2009	1718	870	848	1696	108	86
2010	2063	894	1169	2041	108	86
2011	2342	931	1411	2320	108	86
2012	2494	954	1540	2472	107	85
2013	2489	953	1536	2468	106	85
2014	2613	995	1618	2592	104	83
2015	2827	1081	1746	2808	101	82
2016	3052	1182	1870	3034	100	82
2017	3485	1396	2089	3467	100	82
2018	3584	1450	2134	3567	99	82

注：发A股公司包括既发A股又发B股的公司，发B股公司包括既发A股又发B股的公司。

a) A-share issuing companies include both A-share and B-share issuing companies, and B-share issuing companies include both A-share and B-share issuing companies.

18-16 证券市场发行情况
Share Issued on Securities Markets

单位：亿元

年 份 Year	境内发行金额 Proceeds Raised in Domestic Capital Market			境外股票发行金额 Proceeds Raised in Foreign Capital Market	新三板股票发行金额 Proceeds Raised in NEEQ	合 计 Total
	小 计 Subtotal	股票发行金额 Proceeds Raised in Stock Market	交易所债券发行金额 Proceeds Raised in Bond Market			
1992	68.91	68.91				68.91
1993	245.02	245.02		60.84		305.86
1994	213.63	213.63		188.75		402.38
1995	99.78	99.78		31.53		131.31
1996	308.04	308.04		100.57		408.61
1997	859.98	859.98		387.91		1247.89
1998	787.44	787.44		37.83		825.27
1999	873.63	873.63		47.11		920.74
2000	1515.82	1515.82		562.08		2077.90
2001	1238.14	1238.14		73.00		1311.14
2002	720.05	720.05		192.28		912.33
2003	665.51	665.51		537.32		1202.83
2004	650.53	650.53		647.72		1298.25
2005	339.03	339.03		1666.25		2005.28
2006	2374.50	2374.50		3072.57		5447.07
2007	8222.02	7814.74	407.28	927.46		9149.48
2008	4310.44	3312.39	998.05	311.38		4621.82
2009	5645.85	4834.34	811.51	1067.66		6713.51
2010	11120.10	9799.80	1320.30	2343.11		13463.21
2011	8884.13	7154.43	1729.70	732.41	6.48	9623.02
2012	7313.28	4542.40	2770.88	997.83	8.59	8319.70
2013	8086.40	4131.46	3954.94	1060.24	10.02	9156.66
2014	12671.90	8498.26	4173.64	2253.40	132.09	15057.39
2015	37983.36	16361.62	21621.74	7090.12	1216.17	46289.65
2016	56965.75	20297.39	36668.36	1271.48	1390.89	59628.12
2017	54681.89	15534.98	39146.91	1829.19	1336.25	57847.33
2018	68255.59	11377.88	56877.71	1387.61	604.43	70247.63

注：1.境内股票发行金额包括首发筹资金额和再筹资金额，均按股份上市日统计，再筹资包含公开增发、定向增发、配股、权证和优先股，其中权证为2008年之后开展的业务，优先股为2014年之后开展的业务。
2.境外股票发行金额指在港交所上市的H股的筹资金额，不含可转债。
3.新三板股票发行金额中不含优先股。

a) Proceeds raised in domestic capital market includes proceeds raised by IPO and proceeds raised by subsequent offerings, and is counted by the date of listing. Proceeds raised by subsequent offerings includes public issue, directional issue, allotment, warrant and preferred stock. The warrant is the business after 2008, preferred stock is the business after 2014.

b) Proceeds raised in foreign capital market refer to the amount of money raised by H-shares listed in Hong Kong Stock Exchange, excluding convertible bonds.

c) Proceeds raised in NEEQ do not include preferred stock.

18-17 股票交易情况
Trading Summary for Stocks

项目	Item	2011	2012	2013	2014	2015	2016	2017	2018
上市公司数 （家）	**No. of Listed Companies (unit)**	**2342**	**2494**	**2489**	**2613**	**2827**	**3052**	**3485**	**3584**
上市股票数 （只）	**No. of Listed Stocks (unit)**	**2428**	**2579**	**2574**	**2696**	**2909**	**3134**	**3567**	**3666**
A股	A Shares	2320	2472	2468	2592	2808	3034	3467	3567
B股	B Shares	108	107	106	104	101	100	100	99
股票总发行股本 （亿股）	**Total Issued Capital (100 million shares)**	**29745**	**31834**	**33822**	**36795**	**43024**	**48750**	**53747**	**57581**
A股	A Shares	29449	31551	33538	36518	42753	48468	53462	57290
B股	B Shares	297	282	284	277	271	282	285	291
#流通股本	Negotiable Shares	22500	24778	29997	32289	37043	41136	45045	49048
A股	A Shares	22205	24497	29715	32013	36774	40855	44761	48758
B股	B Shares	295	281	283	276	270	281	283	289
股票市价总值(亿元)	**Total Market Capitalization (100 million yuan)**	**214758**	**230358**	**239077**	**372547**	**531463**	**507686**	**567086**	**434924**
A股	A Shares	213310	228775	237403	370823	529252	505773	565255	433548
B股	B Shares	1448	1582	1674	1724	2211	1913	1831	1376
#股票流通市值	Negotiable Market Capitalization	164921	181658	199580	315624	417881	393402	449298	353794
A股	A Shares	163479	180083	197916	313910	415681	391499	447476	352428
B股	B Shares	1442	1575	1664	1714	2200	1903	1822	1366
股票成交金额(亿元)	**Total Turnover (100 million yuan)**	**421645**	**314583**	**468729**	**742385**	**2550541**	**1277680**	**1124625**	**901739**
A股	A Shares	420339	313715	466632	741378	2546838	1276194	1123648	901103
B股	B Shares	1305	868	1439	1007	3704	1486	977	636
总成交股数 （亿股）	**Trading Volume (100 million shares)**	**33957**	**32861**	**48373**	**73383**	**171039**	**95525**	**87781**	**82037**
A股	A Shares	33749	32682	47954	73188	170541	94481	87629	81927
B股	B Shares	208	179	264	195	498	210	152	110
上证综合指数	**Shanghai Composite Index**								
最高	High	3067.46	2478.38	2444.80	3239.36	5178.19	3538.69	3450.50	3587.03
最低	Low	2134.02	1949.46	1849.65	1974.38	2850.71	2638.30	3016.53	2449.20
收盘	Close	2199.42	2269.13	2115.98	3234.68	3539.18	3103.64	3307.17	2493.90
深证综合指数	**Shenzhen Composite Index**								
最高	High	1316.19	1020.29	1106.27	1504.48	3156.96	2304.49	2054.02	1966.15
最低	Low	828.83	724.97	815.89	1004.93	1408.99	1618.12	1753.53	1212.23
收盘	Close	866.65	881.17	1057.67	1415.19	2308.91	1969.11	1899.34	1267.87

注：1.股票总成交金额中包含约定购回式证券成交金额，故总成交金额大于A股B股成交金额之和。
2.指数最高、最低点为盘中最高、最低点。

a) Figures of total turnover include that of Appointed Repurchase Securities, so it is bigger than total turnover of A shares and B shares.
b) The highest and lowest points of the index are the highest and lowest points in the stock market.

18-18 保险系统机构、人员数（年底数）

Number of Institutions and Employed Persons in Insurance System at Year-end

项目	Item	2017 机构数（个） Number of Institutions (unit)	2017 职工人数（人） Employed Persons (person)	2017 #女职工 Female	2018 机构数（个） Number of Institutions (unit)	2018 职工人数（人） Employed Persons (person)	2018 #女职工 Female
总计	**Total**	**222**	**1181849**	**624366**	**229**	**1237751**	**647177**
保险集团公司	**Insurance (Group) Corporations**	**12**	**7047**	**4055**	**12**	**8264**	**4141**
中资保险公司	**Domestic Funded Insurance Corporations**	**145**	**1111990**	**585081**	**158**	**1162612**	**605865**
#总公司	Head Offices	145	56580	28460	158	70501	34953
省级分公司	Provincial Branches	1701	288069	153157	2152	283649	151020
中心支分公司	Branches and Sub-branches in Center Cities	9322	423704	228359	10474	440988	236029
支公司	Sub-branches	26824	255637	131194	28480	273319	138357
营业部	Business Departments	2407	21896	11223	2491	23370	11852
营销服务部	Marketing Departments	40741	66002	32688	41734	70675	33654
中外合资公司	**Joint-venture Insurance Corporations**	**57**	**62812**	**35230**	**59**	**66875**	**37171**
总公司	Head Offices	57	14900	7497	59	16223	8173
省级分公司	Provincial Branches	354	26129	15102	374	27096	15284

18-19 保险公司业务经济技术指标

Economic and Technical Indicators of Insurance Companies Funded with Chinese and Foreign Capital

单位：亿元 (100 million yuan)

项目	Item	2017 保费 Premium	2017 赔款及给付 Claim and Payment	2018 保费 Premium	2018 赔款及给付 Claim and Payment
合计	**Total**	**36577.8**	**11178.4**	**38013.3**	**12297.0**
财产保险公司	**Property Insurance Companies**	**10541.4**	**5495.8**	**11756.5**	**6455.0**
企业财产保险	Enterprise Property Insurance	392.0	225.5	423.3	242.9
家庭财产保险	Family Property Insurance	62.9	25.4	76.8	34.6
机动车辆保险	Motor Vehicle Insurance	7521.1	3937.9	7834.1	4401.9
工程保险	Engineering Insurance	110.2	47.3	120.8	54.2
责任保险	Liability Insurance	451.4	201.2	590.9	265.3
信用保险	Export Credit Insurance	214.4	94.7	242.5	127.9
保证保险	Guarantee Insurance	379.2	77.8	645.1	234.6
船舶保险	Ship Insurance	48.0	34.8	53.0	38.3
货物运输保险	Freight Transport Insurance	100.2	62.2	121.2	67.6
特殊风险保险	Special Risks Insurance	50.4	29.0	59.5	20.1
农业保险	Agriculture Insurance	478.9	333.4	572.7	394.3
健康险	Health Insurance	394.1	309.0	569.0	434.1
意外伤害保险	Accident Injury Insurance	312.7	100.7	416.7	123.8
其他险	Other Insurance	25.8	16.8	31.0	15.4
人寿保险公司	**Life Insurance Companies**	**26036.3**	**5682.1**	**26256.9**	**5842.0**
寿险	Life Insurance	21455.4	4572.6	20722.8	4388.3
健康险	Health Insurance	3992.5	986.5	4875.1	1309.8
人身意外伤害险	Personal Accident Insurance	588.4	122.9	659.0	143.9

注：本表人寿保险公司中包括中华控股寿险业务。

a) Life insurance companies include life insurance of China United Insurance Holding Company.

18-20 保险公司资产情况
Situations of Assets of Insurance Companies

单位：亿元 (100 million yuan)

年 份 Year	总资产 Total Assets	#财产险公司 Property Insurance Companies	#寿险公司 Life Insurance Companies	#再保险公司 Reinsurance Companies	#中资公司 Domestic Funded Insurance Companies	#外资公司 Foreign-funded Insurance Companies
2002	6320.00	948.00	5161.00	211.00		
2003	9088.00	1176.00	7657.00	255.00		
2004	11953.68	1411.38	8352.90	262.37	11540.63	413.05
2005	15286.44	1718.81	13458.27	292.70	14630.97	665.64
2006	19704.19	2340.45	17446.26	311.31	18862.60	862.66
2007	28912.78	3880.51	23249.16	877.26	27656.26	1256.51
2008	33418.83	4687.03	27138.45	994.45	31893.93	1524.91
2009	40634.75	4892.62	33655.05	1162.01	38582.37	2052.39
2010	50481.61	5833.52	42642.66	1151.79	47860.49	2621.12
2011	59828.94	7919.95	49798.19	1579.11	56822.12	3006.83
2012	73545.73	9477.47	60991.22	1845.25	70080.33	3465.40
2013	82886.95	10941.45	68250.07	2103.93	78551.67	4335.28
2014	101591.47	14061.48	82487.20	3513.56	94950.98	6640.49
2015	123597.76	18481.13	99324.83	5187.38	115057.96	6539.80
2016	153764.66	23849.82	126557.51	2765.61	144646.59	9118.07
2017	169377.32	24901.04	131885.05	3150.32	158956.86	10420.46
2018	183305.24	23502.73	146032.48	3633.48	171695.83	11609.41

18-21 保险公司资金运用情况
Fund Uses of Insurance Companies

单位：亿元 (100 million yuan)

年 份 Year	资金运用余额 Balance of Fund Uses	#银行存款 Deposits	#国债 Government and Public Bonds	#金融债券 Financial Bonds	#企业债券 Corporate Bonds	#证券投资基金 Securities Investment Funds
2004	10778.62	5071.10	2618.44	1026.25	639.73	666.32
2005	14092.69	5165.55	3590.65	1804.71	1204.55	1107.00
2006	17785.40	5989.11	3647.01	2754.25	2121.56	912.08
2007	26647.81	6503.44	3956.56	4897.84	2799.76	2519.41
2008	30552.83	8087.49	4208.26	8754.06	4598.46	1646.46
2009	37417.12	10519.68	4053.82	8746.10	6074.56	2758.78
2010	46046.62	13909.97	4815.78	10038.75	7935.69	2620.73
2011	55192.98	17692.69	4741.90	12418.80	8755.86	2909.92
2012	68542.58	23446.00	4795.02	14832.57	10899.98	3625.58
2013	76873.41	22640.98	4776.73	14811.84	13727.75	3575.52
2014	93314.43	25310.73	5009.88	15067.12	15465.13	4714.28
2015	111795.49	24349.67	5831.12	15215.31	17307.38	8856.50
2016	133910.67	24844.21	7796.24	16260.35	18627.99	8554.46
2017	149206.21	19274.07	10167.99	19153.05	19436.76	7524.77
2018	164088.38	24363.50	14027.62	20215.82	21011.68	8650.55

18-22 分地区原保险保费收入和赔付支出情况（2018年）
Premium of Primary Insurance and Payment by Region (2018)

单位：亿元 (100 million yuan)

地 区	Region	原保险保费收入 Premium of Primary Insurance			赔付支出 Payment		
		小计 Sub-total	财产险业务 Property Insurance	人身险业务 Life Insurance	小计 Sub-total	财产险业务 Property Insurance	人身险业务 Life Insurance
全 国	**National Total**	**38013.39**	**10770.69**	**27242.70**	**12297.00**	**5897.13**	**6399.88**
北 京	Beijing	1793.20	422.68	1370.53	629.39	245.91	383.48
天 津	Tianjin	559.99	144.44	415.54	164.14	80.39	83.75
山 西	Shanxi	824.58	212.94	611.64	267.33	102.41	164.92
河 北	Hebei	1789.29	529.78	1259.51	541.23	248.97	292.27
内蒙古	Inner Mongolia	659.25	194.40	464.85	193.26	104.20	89.05
辽 宁	Liaoning	852.57	257.67	594.90	304.22	147.06	157.16
#大 连	Dalian	335.29	81.40	253.89	103.26	47.27	55.99
吉 林	Jilin	629.89	173.41	456.48	192.17	84.82	107.35
黑龙江	Heilongjiang	898.72	187.78	710.94	257.13	100.59	156.54
上 海	Shanghai	1406.25	485.47	920.78	581.61	271.65	309.96
江 苏	Jiangsu	3317.26	858.82	2458.44	996.66	512.47	484.19
浙 江	Zhejiang	1953.88	673.98	1279.90	631.73	394.01	237.73
#宁 波	Ningbo	320.56	152.84	167.72	130.07	96.25	33.83
安 徽	Anhui	1209.73	408.80	800.94	419.15	222.68	196.46
福 建	Fujian	871.80	234.96	636.83	273.20	130.16	143.04
#厦 门	Xiamen	210.51	80.32	130.19	73.02	43.86	29.15
江 西	Jiangxi	754.02	240.37	513.65	264.87	127.74	137.13
山 东	Shandong	2519.83	619.65	1900.18	788.42	345.56	442.86
#青 岛	Qingdao	438.96	128.76	310.20	140.72	74.86	65.87
[illegible] 南	Henan	2261.74	497.30	1764.44	654.50	260.80	393.69
[illegible] 北	Hubei	1471.40	351.97	1119.42	466.77	182.30	284.47
[illegible] 南	Hunan	1255.14	357.30	897.84	410.60	183.43	227.17
广 东	Guangdong	3471.79	927.00	2544.79	1038.70	516.78	521.92
#深 圳	Shenzhen	1191.52	344.20	847.32	364.78	228.08	136.70
广 西	Guangxi	629.05	219.11	409.94	223.81	98.15	125.67
海 南	Hainan	183.20	64.23	118.97	55.97	31.80	24.16
重 庆	Chongqing	806.09	202.48	603.61	277.36	108.61	168.74
四 川	Sichuan	1956.52	492.08	1464.44	633.08	282.97	350.11
贵 州	Guizhou	444.74	208.03	236.71	181.28	108.38	72.90
云 南	Yunnan	667.94	275.81	392.13	248.58	135.60	112.98
西 藏	Tibet	33.45	22.16	11.30	18.00	12.60	5.40
陕 西	Shaanxi	970.54	229.68	740.86	280.94	118.31	162.63
甘 肃	Gansu	398.98	125.79	273.19	139.00	62.37	76.63
青 海	Qinghai	87.65	37.03	50.63	34.69	18.56	16.13
宁 夏	Ningxia	182.92	63.90	119.02	60.48	32.28	28.20
新 疆	Xinjiang	577.09	191.11	385.98	206.55	104.35	102.20
集团、总公司本级	Head Offices	78.05	73.04	5.01	50.33	30.14	19.31

注：1.本表数据为各公司上报中国保险统计信息系统年报数据，未经审计。

2.集团、总公司本级是指集团、总公司直接开展的业务，不计入任何地区。

a) Data in this table are of annual data that reported to China Insurance Statistical Information System by insurance companies.

b) Data of business run by head offices do not count to any region.

主要统计指标解释

信贷资金 指金融机构以信用方式积聚和分配的货币资金。金融机构信贷资金的来源有各项存款、金融债券、对国际金融机构负债、流通中现金、其他项目等；信贷资金的运用有各项贷款、有价证券及投资、黄金占款、外汇买卖、财政借款及在国际金融机构中的资产等。

存款 指企业、机关、团体或居民把货币资金存入银行或其他信贷机构保管，可随时或按约定时间支取款项，并取得一定利息的一种信用活动形式。根据存款对象或性质的不同可划分为住户存款、非金融企业存款、政府存款、非银行业金融机构存款等科目。它是银行信贷资金的主要来源。

贷款 指银行或其他信贷机构根据资金必须归还的原则，按一定利率，为企业、个人等提供资金的一种信用活动形式。我国银行贷款分为短期贷款、中长期贷款、融资租赁、票据融资、各项垫款、境外贷款等。

保险公司 在中国境内的、经过保险监督管理部门批准设立，并依法登记注册的各类商业保险公司。

保险金额 指保险人承担赔偿或者给付保险金责任的最高限额。

保费 指投保人为取得保险人在约定范围内所承担赔偿责任而支付给保险人的费用。

赔款 指保险人根据保险合同的规定，向被保险人支付的赔偿保险责任损失的金额。

给付 包括死伤医疗给付和满期给付。死伤医疗给付是指保险人根据人寿保险及长期健康保险合同的规定，因被保险人在保险期内发生保险责任范围内的保险事故支付给被保险人(或受益人)的金额。满期给付是指被保险人生存期满，保险人按人寿保险合同规定支付给被保险人的满期保险金额。

社会融资规模增量 指一定时期内实体经济从金融体系获得的资金总额。主要包括：人民币贷款、外币贷款（折合人民币）、委托贷款、信托贷款、未贴现的银行承兑汇票、企业债券、地方政府专项债券、非金融企业境内股票融资、投资性房地产、保险公司赔偿等。

社会融资规模存量 指一定时期末（月末、季末或年末）实体经济从金融体系获得的资金余额。主要包括：人民币贷款、外币贷款（折合人民币）、委托贷款、信托贷款、未贴现的银行承兑汇票、企业债券、地方政府专项债券、非金融企业境内股票融资、投资性房地产、保险公司赔偿等。

境内上市公司数 指在统计期末其发行的股票在沪、深交易所上市的股份有限公司的数量。以股票上市日进行统计，同时发行 A、B 股的上市公司，按一家计算。

股票总发行股本 也称上市公司总股本，是指统计期末上市公司在境内发行的全部股份数量合计，包括 A 股股本、B 股股本和其他不流通的境内股本。

股票市价总值 指统计期末根据上市公司股票价格和对应股票数量计算的股权价值合计。具体统计口径和计算方法如下：如当日无交易价格，采用最后交易日的收盘价；暂停上市股票的价格以零计算；未股改公司的非流通股以流通 A 股价格计算市值；仅发行 B 股的上市公司，其非流通股不进行股票市值计算；对当日除权股票进行市值计算时需要包含在途股份（已登记未上市）的市值。

交易所债券发行额 指统计期内各类债券发行票面金额合计。按发行首日口径计算。

债券成交额 指统计期内各类债券成交金额合计，包括债券现货成交金额和债券回购成交金额。

证券投资基金只数 指统计期末基金市场上基金产品的只数。自基金合同生效日（基金成立日）纳入统计，自基金合同终止日从统计中剔除。一般根据证监会主代码（基金主合同）口径统计。

Explanatory Notes on Main Statistical Indicators

Credit Funds refer to the monetary funds accumulated and distributed in the means of credit by the financial institutions. The sources of credit funds include various deposits, financial bonds, liabilities to international financial institutions, currency in circulation, other items. The uses of credit funds include loans, securities and investment, position for bullion purchase, foreign exchange trading, advances to treasury, and assets with international financial institutions.

Deposit is a form of credit by which enterprises, institutions, organizations or households can put money into banks and other credit institutions for safekeeping and interest earning and can withdraw anytime or at appointed time.l. According to different depositors, deposits are divided into household deposits, non financial enterprise deposits, government deposits, non banking financial institutions deposits. Deposits are major sources of the credit funds of banks.

Loan is a form of credit by which banks and other credit institutions provide funds at certain interest rate to enterprises and individuals in the light of the principle of unconditional repayment. Loans from Chinese banks include short-term loan, medium-term and long-term loans, financial lease, bill financing, various money advanced, foreign loans.

Insurance Companies refer to commercial insurance companies of various forms registered by law and established in China with the approval of insurance regulatory agencies.

Amount Insured refers to the maximum that the insurant will get for the claim of the case insured.

Premium is the fee paid by the insurant to the insurer to obtain the obligation of compensation from the insurance within the agreed terms.

Settled Claim is the compensation paid by the insurer to the insurant in accordance with the insurance contract.

Payment includes payment for death, injury or medical treatment and payment at maturity. Payment for death, injury or medical treatment refers to the money paid to the insurant (or the beneficiary) in accordance with the life or health insurance contract when the insurant encounters accidents within the insured period covered in the contract. Payment at maturity refers to the payment to the insurant in accordance with the life insurance contract at the end of the insured period.

Increment of All-system Financing Aggregates refers to the total volume of financing provided by the financial system to the real economy over a period of time. It includes: RMB Loans, Foreign Currency Loans(RMB), credit loans, entrusted loans, undiscounted banker's acceptances, corporate bonds, local government special bonds, domestic equity financing of non-financial enterprises, investment real estate, premium of insurance, etc.

Stock of All-system Financing Aggregates refers to the total volume of financing provided by the financial system to the real economy at the end of a period (at the end of month, quarter or year). It includes: RMB Loans, Foreign Currency Loans(RMB), credit loans, entrusted loans, undiscounted banker's acceptances, corporate bonds, local government special bonds, domestic equity financing of non-financial enterprises, investment real estate, premium of insurance, etc.

Number of Domestic Listed Companies refers to the number of limited companies whose stocks issued are listed on the Shanghai or Shenzhen exchanges at the end of the statistical period. The listed companies that issue A and B shares at the same time are counted as one according to listing date.

Total Issued Capital also known as total stock of listed companies, refers to the total number of shares issued by domestic listed companies at the end of the statistical period, including A share capital, B share capital and other non-tradable domestic equity.

Total Market Capitalization refers to the total stock value according to the stock price of listed companies and the corresponding stock quantity at the end of the statistical period. Specific statistical coverage and calculation methods are as follows: if there is no trading price on the day, the closing price on the last trading day shall be adopted; the price of suspended listed shares shall be calculated at zero; the non-tradable shares of non-equity-restructured companies shall be calculated at the price of circulating A shares; the non-tradable shares of listed companies that issue only B shares shall not be calculated at the market value of their non-tradable shares on the same day; When calculating the market value of the right stock, the market value of the shares in transit (registered and unlisted) should be included.

Value of Bonds in the Exchanges Issued refers to the total amount of coupon issued by various types of bonds during the statistical period. It is calculated at the coverage of the first day of issue.

Bonds Trading Turnover refers to the total amount of all kinds of bonds traded during the statistical period, including the spot amount of bonds traded and the amount of bond repurchase traded.

Number of Securities Investment Funds refers to the number of fund products in the fund market at the end of the period. It is counted since the effective date of the fund contract (the establishment date of the fund), and is excluded from the statistics since the termination date of the fund contract. It is generally counted at the coverage of the main code of the Securities Regulatory Commission (the main contract of the fund).

19

房地产

Real Estate

简 要 说 明

一、本篇资料的主要内容及统计范围

本篇资料通过对一定时期内房地产开发企业开发经营活动的数量方面的描述，反映报告期内房地产开发企业土地开发和购置情况、投资总规模及完成情况、实际到位资金情况、房屋建筑面积和造价情况、房屋新开工面积情况、商品房销售情况以及资产负债和经营情况。

本篇资料的统计范围包括有开发经营活动的全部房地产开发经营业法人单位。

二、本篇的资料来源及统计调查方法

本篇统计资料是根据《房地产开发统计报表制度》进行搜集和加工整理而得，全部数据采用全面调查的统计方法。

Brief Introduction

I. Main Contents and Scope

Statistics in this chapter describe activities made by real estate development companies during a given period of time, and reflect the development and purchase of land, size of investment and its progressing, funds actually available, floor space and cost of housing constructed, floor space of new housing starts, sales of commercial housing, assets and liabilities, and operation status of real estate developers during the reference period.

Data in this chapter covers all legal entities with development and operating activities engaged in real estate development.

II. Sources of Data

Data in this chapter are collected and compiled with the *Statistical Reports Program on Real Estate Development*, which has a full coverage of all companies.

19-1 房地产开发企业主要指标
Main Indicators of Enterprises for Real Estate Development

指 标	Item	2015	2016	2017	2018
企业个数 (个)	**Number of Enterprises (unit)**	**93426**	**94948**	**95897**	**97937**
内资	Domestic Funded	88773	90408	91608	94063
#国有	State-owned Enterprises	1329	1093	943	790
集体	Collective-owned Enterprises	409	364	319	282
港、澳、台投资	Enterprises with Funds from Hong Kong, Macao and Taiwan	3235	3232	3066	2719
外商投资	Foreign Funded	1418	1308	1223	1155
平均从业人数 (万人)	**Average Number of Employed Persons (10 000 persons)**	**273.85**	**275.23**	**283.10**	**288.92**
内资企业	Domestic Funded	255.15	257.65	266.40	273.53
#国有	State-owned Enterprises	5.73	4.71	3.79	3.22
集体	Collective-owned Enterprises	1.08	0.99	0.91	0.67
港、澳、台投资企业	Enterprises with Funds from Hong Kong, Macao and Taiwan	12.45	11.85	11.32	10.44
外商投资企业	Foreign Funded	6.25	5.73	5.38	4.95
本年土地购置面积 (万平方米)	**Land Space Purchased This Year (10 000 sq.m)**	**22810.79**	**22025.25**	**25508.29**	**29141.57**
本年完成投资 (亿元)	**Investment Completed This Year (100 million yuan)**	**95978.85**	**102580.61**	**109798.53**	**120263.51**
#住宅	Residential Buildings	64595.24	68703.87	75147.88	85192.25
本年实际到位资金 (亿元)	**Actual Funds in Place This Year (100 million yuan)**	**125203.06**	**144214.05**	**156052.62**	**165962.89**
#国内贷款	Domestic Loans	20214.38	21512.40	25241.76	24004.52
利用外资	Foreign Investment	296.53	140.44	168.19	107.98
自筹资金	Self-raising Fund	49037.56	49132.85	50872.22	55830.65
房屋建筑面积 (万平方米)	**Floor Space of Buildings (10 000 sq.m)**				
施工面积	Floor Space under Construction	735693.37	758974.80	781483.73	822300.24
竣工面积	Floor Space Completed	100039.10	106127.71	101486.41	93550.11
本年新开工面积	Floor Space Started This Year	154453.68	166928.13	178653.77	209341.79
#住宅	Residential Buildings	106651.30	115910.60	128097.78	153352.57
商品房销售面积 (万平方米)	**Floor Space of Commercialized Buildings Sold (10 000 sq.m)**	**128494.97**	**157348.53**	**169407.82**	**171654.36**
#住宅	Residential Buildings	112412.29	137539.93	144788.77	147929.42
商品房平均销售价格 (元/平方米)	**Average Selling Price of Commercialized Buildings (yuan/sq.m)**	**6793**	**7476**	**7892**	**8737**
#住宅	Residential Buildings	6473	7203	7614	8544
实收资本合计 (亿元)	**Total Capital Held (100 million yuan)**	**78329.42**	**79278.30**	**85649.75**	**95324.97**
资产负债率 (%)	**Ratio of Liabilities to Assets (%)**	**77.7**	**78.3**	**79.1**	**79.1**
主营业务收入 (亿元)	**Revenue from Principle Business (100 million yuan)**	**70174.34**	**90091.51**	**95896.90**	**112924.68**
#土地转让收入	Land Transferred	600.54	666.32	838.42	1207.38

注：商品房平均销售价格由报告期内新建商品房销售额除以销售面积计算而成。不同时期的商品房平均销售价格可能会受商品房区域、房屋类型等各种因素的影响(以下相关表同)。

a) Average selling price of commercialized buildings is calculated by total sale of newly-built commercialized building divided by floor space sold during report period. It is affected by location and type of buildings etc. in different period. The same applies to the relevant tables following.

19-2 房地产开发企业个数
Number of Enterprises for Real Estate Development

单位：个 (unit)

年份 Year / 地区 Region		企业个数 Number of Enterprises	内资企业 Domestic Funded Enterprises	#国有 State-owned Enterprises	#集体 Collective-owned Enterprises	港、澳、台投资企业 Enterprises with Funds from Hong Kong, Macao and Taiwan	外商投资企业 Foreign Funded Enterprises
	1998	24378	19960	7958	4538	3214	1204
	2000	27303	23277	6641	3492	2899	1127
	2005	56290	50957	4145	1796	3443	1890
	2006	58710	53268	3797	1586	3519	1923
	2007	62518	56965	3617	1430	3524	2029
	2008	87562	81282	3941	1520	3916	2364
	2009	80407	74674	3835	1361	3633	2100
	2010	85218	79489	3685	1220	3677	2052
	2011	88419	83011	3427	1023	3565	1843
	2012	89859	84695	3354	904	3451	1713
	2013	91444	86379	1739	570	3391	1674
	2014	94197	89218	1476	457	3414	1565
	2015	93426	88773	1329	409	3235	1418
	2016	94948	90408	1093	364	3232	1308
	2017	95897	91608	943	319	3066	1223
	2018	97937	94063	790	282	2719	1155
北京	Beijing	1551	1445	20	6	60	46
天津	Tianjin	1169	1102	27	4	38	29
河北	Hebei	3449	3406	6		22	21
山西	Shanxi	2418	2405	51	4	7	6
内蒙古	Inner Mongolia	1741	1738	3		2	1
辽宁	Liaoning	2998	2750	11	3	180	68
吉林	Jilin	1702	1682	3		14	6
黑龙江	Heilongjiang	1853	1828	27	1	14	11
上海	Shanghai	2568	2204	16	11	252	112
江苏	Jiangsu	6723	6175	39	20	386	162
浙江	Zhejiang	6818	6511	27	10	207	100
安徽	Anhui	3939	3903	31	1	28	8
福建	Fujian	3351	3044	46	10	224	83
江西	Jiangxi	2601	2542	31		48	11
山东	Shandong	7721	7496	70	48	155	70
河南	Henan	7536	7466	49	3	50	20
湖北	Hubei	4300	4195	41	11	72	33
湖南	Hunan	4128	4048	39	4	58	22
广东	Guangdong	8721	7923	66	111	603	195
广西	Guangxi	2684	2620	27	7	34	30
海南	Hainan	1199	1140	16	4	45	14
重庆	Chongqing	2250	2142	8		78	30
四川	Sichuan	4166	4073	20	3	58	35
贵州	Guizhou	2651	2618	18	1	23	10
云南	Yunnan	2768	2732	29	4	26	10
西藏	Tibet	60	60	1			
陕西	Shaanxi	2508	2471	40	8	23	14
甘肃	Gansu	1668	1656	22	7	8	4
青海	Qinghai	293	292				1
宁夏	Ningxia	538	533			2	3
新疆	Xinjiang	1865	1863	6	1	2	

19-3 房地产开发企业从业人员数

Number of Employed Persons in Enterprises for Real Estate Development

单位：人 (person)

年份 地区	Year Region	平均从业人数 Average Number of Employed Persons	内资企业 Domestic Funded Enterprises	#国有 State-owned Enterprises	#集体 Collective-owned Enterprises	港、澳、台投资企业 Enterprises with Funds from Hong Kong, Macao and Taiwan	外商投资企业 Foreign Funded Enterprises
	1998	825888	708738	332834	134939	83784	33366
	2000	971942	862245	292252	116416	79066	30631
	2005	1516150	1366743	140106	40978	90674	58733
	2006	1600930	1442158	132259	38367	97688	61084
	2007	1719666	1541336	121137	34498	100398	77932
	2008	2100362	1906029	127511	29602	109246	85087
	2009	1949295	1763867	123866	29049	109965	75463
	2010	2091147	1908969	155156	25428	105846	76332
	2011	2256964	2075474	135420	21237	112990	68500
	2012	2386772	2199815	123593	20398	116849	70108
	2013	2591814	2397762	66072	12976	121807	72245
	2014	2760070	2561817	61512	11414	129287	68966
	2015	2738454	2551484	57273	10771	124494	62476
	2016	2752298	2576545	47085	9916	118495	57258
	2017	2830960	2663954	37904	9092	113221	53785
	2018	2889165	2735301	32150	6674	104378	49486
北京	Beijing	62518	54806	1065	205	4508	3204
天津	Tianjin	35189	31859	1103	43	1934	1396
河北	Hebei	110989	107545	284		832	2612
山西	Shanxi	53690	53234	1533	328	201	255
内蒙古	Inner Mongolia	34025	33949	46		20	56
辽宁	Liaoning	56253	48721	248	47	5068	2464
吉林	Jilin	40147	39251	142		639	257
黑龙江	Heilongjiang	33249	32258	606	248	798	193
上海	Shanghai	64602	47074	211	208	12961	4567
江苏	Jiangsu	174263	155146	1309	424	12697	6420
浙江	Zhejiang	124056	117176	1535	90	4921	1959
安徽	Anhui	122246	120448	795	7	1496	302
福建	Fujian	102790	93702	2431	319	6849	2239
江西	Jiangxi	86920	85312	1026		1356	252
山东	Shandong	222191	214800	2827	1564	5429	1962
河南	Henan	243488	241006	1858	65	1832	650
湖北	Hubei	140713	136783	2092	267	2529	1401
湖南	Hunan	136851	132962	1506	45	2563	1326
广东	Guangdong	264709	236339	1582	2066	18828	9542
广西	Guangxi	88974	84941	1030	86	2751	1282
海南	Hainan	47396	42633	687	79	2541	2222
重庆	Chongqing	100766	94594	382		4763	1409
四川	Sichuan	155136	149632	752	170	3483	2021
贵州	Guizhou	97994	96719	366	7	1063	212
云南	Yunnan	96796	93513	1090	75	2722	561
西藏	Tibet	1711	1711	55			
陕西	Shaanxi	86693	85103	4734	221	1056	534
甘肃	Gansu	42057	41699	721	106	278	80
青海	Qinghai	9383	9357				26
宁夏	Ningxia	14847	14607			158	82
新疆	Xinjiang	38523	38421	134	4	102	

19-4 房地产开发企业土地开发及购置
Land Development and Purchase of Enterprises for Real Estate Development

年份 Year 地区 Region	待开发土地面积(万平方米) Land Space Pending Development (10 000 sq.m)	本年土地购置面积(万平方米) Land Space Purchased This Year (10 000 sq.m)	本年土地成交价款(亿元) Transaction Value of Land This Year (100 million yuan)
1998	13530.70	10109.32	
2000	14754.77	16905.24	
2005	27522.00	38253.73	3269.32
2006	37523.65	36573.57	3318.04
2007	41483.97	40245.85	4573.18
2008	48161.07	39353.43	4831.68
2009	32816.54	31909.45	5150.14
2010	31457.95	39953.10	8206.71
2011	40220.76	44327.44	8894.03
2012	40195.99	35666.80	7409.64
2013	42280.47	38814.38	9918.29
2014	42136.28	33383.03	10019.88
2015	36638.48	22810.79	7621.61
2016	35121.01	22025.25	9129.31
2017	35747.29	25508.29	13643.39
2018	45617.86	29141.57	16102.16
北京 Beijing	686.26	218.19	503.33
天津 Tianjin	811.14	226.32	348.31
河北 Hebei	1617.23	1150.91	280.94
山西 Shanxi	646.22	287.80	81.94
内蒙古 Inner Mongolia	539.02	362.59	56.91
辽宁 Liaoning	1679.03	809.86	294.73
吉林 Jilin	496.96	769.11	227.29
黑龙江 Heilongjiang	222.99	246.06	80.05
上海 Shanghai	384.87	144.58	221.85
江苏 Jiangsu	4455.26	2508.77	1723.90
浙江 Zhejiang	1765.43	3026.02	3002.82
安徽 Anhui	3016.52	2938.98	1337.71
福建 Fujian	1087.18	1286.82	1165.07
江西 Jiangxi	1103.32	534.70	242.48
山东 Shandong	3258.72	2709.19	917.46
河南 Henan	2594.23	1018.43	498.93
湖北 Hubei	1631.32	954.35	317.48
湖南 Hunan	2444.96	1428.57	456.94
广东 Guangdong	4442.17	1968.44	1900.20
广西 Guangxi	1253.47	602.95	201.19
海南 Hainan	599.69	123.22	47.91
重庆 Chongqing	3094.24	1260.92	625.56
四川 Sichuan	2030.57	1520.10	742.95
贵州 Guizhou	1128.20	596.56	139.76
云南 Yunnan	1667.67	571.55	159.50
西藏 Tibet	23.14	33.02	3.73
陕西 Shaanxi	1195.05	794.76	237.25
甘肃 Gansu	419.35	180.98	35.83
青海 Qinghai	96.73	56.39	19.46
宁夏 Ningxia	235.01	144.90	16.10
新疆 Xinjiang	991.92	666.52	214.60

19-5 房地产开发企业投资总规模及完成情况(2018年)
General Scale of Construction and Completed Investment of Enterprises for Real Estate Development (2018)

单位：亿元 (100 million yuan)

地区	Region	计划总投资 Total Investment Planned	自开始建设至本年底累计完成投资 Accumulative Investment Actually Completed Since Starting of Construction up to the End of This Year	本年完成投资 Investment Completed This Year	建筑安装工程 Construction and Installation	设备工器具购置 Purchase of Equipment and Instruments	其他费用 Others	土地购置费 Total Value of Land Purchased
全国	**National Total**	**740022.33**	**519326.30**	**120263.51**	**75992.00**	**1524.58**	**42746.94**	**36387.01**
北京	Beijing	28717.76	22020.81	3873.35	1160.58	12.70	2700.08	2047.27
天津	Tianjin	19152.49	12310.37	2424.49	880.07	7.30	1537.12	1141.06
河北	Hebei	21115.35	13931.82	4476.40	3797.81	89.85	588.74	467.19
山西	Shanxi	10685.51	6411.86	1376.59	961.39	15.60	399.60	328.90
内蒙古	Inner Mongolia	8299.12	5496.02	882.85	713.68	14.93	154.24	118.66
辽宁	Liaoning	21524.48	15929.40	2599.27	1553.28	31.31	1014.68	950.86
吉林	Jilin	7581.11	5334.12	1175.88	871.38	13.88	290.61	244.58
黑龙江	Heilongjiang	6415.84	4462.25	944.40	727.28	9.97	207.16	159.56
上海	Shanghai	30220.35	22265.98	4033.18	1971.77	25.75	2035.67	1846.14
江苏	Jiangsu	71809.76	48982.67	10982.34	6578.52	147.77	4256.04	3892.20
浙江	Zhejiang	46487.25	33001.78	9944.93	3642.13	73.68	6229.12	5597.85
安徽	Anhui	36071.76	24678.21	5974.11	4067.45	80.87	1825.79	1679.75
福建	Fujian	29040.72	24590.72	4940.34	2759.63	53.75	2126.96	1968.52
江西	Jiangxi	14325.30	9276.77	2174.93	1609.03	41.39	524.51	434.56
山东	Shandong	47621.02	31296.96	7552.97	5669.83	87.93	1795.22	1529.89
河南	Henan	40754.46	24345.21	7015.47	5331.81	185.13	1498.53	1137.61
湖北	Hubei	29087.30	19773.12	4693.12	3138.78	72.27	1482.07	1209.94
湖南	Hunan	24255.65	17134.86	3945.95	3114.34	83.88	747.73	560.98
广东	Guangdong	83266.57	62717.88	14412.19	8429.72	132.46	5850.01	4917.70
广西	Guangxi	18175.04	13162.54	3004.13	2166.36	40.36	797.41	675.01
海南	Hainan	13169.78	9962.92	1715.04	1304.15	15.29	395.60	222.92
重庆	Chongqing	27999.80	21734.94	4248.76	2490.94	50.41	1707.41	1484.73
四川	Sichuan	29695.79	19533.38	5697.87	3954.19	101.18	1642.49	1426.98
贵州	Guizhou	15901.96	10765.40	2349.23	1913.08	22.18	413.97	305.48
云南	Yunnan	18055.00	13362.65	3247.23	2389.95	20.71	836.58	699.34
西藏	Tibet	280.05	176.61	92.60	77.54	1.00	14.07	11.50
陕西	Shaanxi	22213.50	14025.36	3534.67	2545.49	41.78	947.40	730.49
甘肃	Gansu	5390.57	3612.30	1116.39	845.55	18.97	251.87	193.97
青海	Qinghai	1948.61	1397.72	351.82	278.84	10.25	62.73	49.37
宁夏	Ningxia	4402.95	3306.14	449.57	353.42	6.65	89.50	79.93
新疆	Xinjiang	6357.49	4325.53	1033.44	694.03	15.39	324.02	274.08

19-6 按用途分房地产开发企业完成投资
Investment Completed by Enterprises for Real Estate Development by Use

单位: 亿元 (100 million yuan)

年份 Year 地区 Region		本年完成投资 Investment Completed This Year	住宅 Residential Buildings	#别墅、高档公寓 Villas, High-grade Apartments	办公楼 Office Buildings	商业营业用房 Houses for Business Use	其他 Others
	1998	3614.23	2081.56	181.85	433.80	475.83	623.04
	2000	4984.05	3311.98	270.01	297.85	579.99	794.23
	2005	15909.25	10860.93	1049.41	763.07	2039.53	2245.72
	2006	19422.92	13638.41	1445.00	928.06	2353.88	2502.57
	2007	25288.84	18005.42	1807.12	1035.04	2785.65	3462.73
	2008	31203.19	22440.87	2032.31	1167.17	3354.48	4240.67
	2009	36241.81	25613.69	2073.34	1377.21	4180.66	5070.25
	2010	48259.40	34026.23	2829.81	1807.38	5648.40	6777.39
	2011	61796.89	44319.50	3424.16	2558.79	7424.05	7494.55
	2012	71803.79	49374.21	3448.37	3366.61	9312.00	9750.96
	2013	86013.38	58950.76	3637.90	4652.45	11944.83	10465.34
	2014	95035.61	64352.15	3844.72	5641.19	14346.25	10696.02
	2015	95978.85	64595.24	3481.37	6209.74	14607.49	10566.37
	2016	102580.61	68703.87	3478.74	6532.60	15837.53	11506.61
	2017	109798.53	75147.88	4015.44	6761.36	15639.90	12249.39
	2018	120263.51	85192.25	4419.02	5996.33	14177.09	14897.84
北 京	Beijing	3873.35	2026.06	246.68	522.16	315.03	1010.10
天 津	Tianjin	2424.49	1863.50	92.30	59.44	146.17	355.38
河 北	Hebei	4476.40	3471.11	48.47	172.22	469.05	364.02
山 西	Shanxi	1376.59	1033.76	17.44	36.77	153.15	152.90
内蒙古	Inner Mongolia	882.85	641.99	8.79	18.63	140.72	81.51
辽 宁	Liaoning	2599.27	1944.46	83.61	37.79	338.37	278.66
吉 林	Jilin	1175.88	841.02	33.92	53.19	179.85	101.83
黑龙江	Heilongjiang	944.40	647.77	10.30	31.16	160.75	104.73
上 海	Shanghai	4033.18	2225.92	493.63	692.71	461.42	653.14
江 苏	Jiangsu	10982.34	8366.18	574.76	400.74	1198.00	1017.42
浙 江	Zhejiang	9944.93	7156.45	566.50	382.66	788.19	1617.63
安 徽	Anhui	5974.11	4563.41	97.18	186.96	794.09	429.65
福 建	Fujian	4940.34	3456.86	138.64	215.55	457.63	810.30
江 西	Jiangxi	2174.93	1590.64	50.02	76.40	343.83	164.05
山 东	Shandong	7552.97	5717.52	186.80	305.71	806.38	723.36
河 南	Henan	7015.47	5387.62	86.00	251.17	781.11	595.58
湖 北	Hubei	4693.12	3464.59	102.81	241.74	552.47	434.32
湖 南	Hunan	3945.95	2764.48	89.98	124.16	590.65	466.67
广 东	Guangdong	14412.19	9757.86	543.90	1178.90	1416.68	2058.76
广 西	Guangxi	3004.13	2217.50	50.85	98.07	320.52	368.04
海 南	Hainan	1715.04	1310.51	116.69	37.45	171.04	196.05
重 庆	Chongqing	4248.76	3012.65	221.34	104.81	564.66	566.65
四 川	Sichuan	5697.87	3764.71	123.03	210.51	1000.63	722.02
贵 州	Guizhou	2349.23	1557.85	52.77	85.85	422.26	283.27
云 南	Yunnan	3247.23	2115.17	234.90	106.26	552.87	472.93
西 藏	Tibet	92.60	49.99	0.38	1.76	20.97	19.88
陕 西	Shaanxi	3534.67	2411.55	94.15	234.61	462.16	426.34
甘 肃	Gansu	1116.39	672.35	11.24	55.61	211.36	177.08
青 海	Qinghai	351.82	215.89	0.51	16.44	71.31	48.18
宁 夏	Ningxia	449.57	300.41	10.26	12.86	90.37	45.94
新 疆	Xinjiang	1033.44	642.48	31.18	44.03	195.43	151.50

19-7 房地产开发企业实际到位资金
Actual Funds in Place of Enterprises for Real Estate Development

单位：亿元 (100 million yuan)

年份 地区	Year Region	本年实际到位资金 Actual Funds in Place This Year	国内贷款 Domestic Loans	利用外资 Foreign Investment	自筹资金 Self-raising Funds	定金及预收款 Deposit and Pre Payment	个人按揭贷款 Individual Mortgage Loans	其他到位资金 Others
	1998	4414.94	1053.17	361.76	1166.98			
	2000	5997.63	1385.08	168.70	1614.21			
	2005	21397.84	3918.08	257.81	7000.39	6954.23	1341.18	1926.15
	2006	27135.55	5356.98	400.15	8597.09	8192.65	2588.38	2000.30
	2007	37477.96	7015.64	641.04	11772.53	10663.20	5080.43	2305.12
	2008	39619.36	7605.69	728.22	15312.10	9756.68	3886.04	2330.63
	2009	57799.04	11364.51	479.39	17949.12	16217.49	8561.65	3226.88
	2010	72944.04	12563.70	790.68	26637.21	19275.15	9523.77	4153.53
	2011	85688.73	13056.80	785.15	35004.57	22470.32	8678.37	5693.53
	2012	96536.81	14778.39	402.09	39081.96	26558.02	10523.78	5192.57
	2013	122122.47	19672.66	534.17	47424.95	34498.97	14033.26	5958.47
	2014	121991.48	21242.61	639.26	50419.80	30237.51	13665.45	5786.85
	2015	125203.06	20214.38	296.53	49037.56	32520.34	16661.65	6472.61
	2016	144214.05	21512.40	140.44	49132.85	41952.14	24402.94	7073.29
	2017	156052.62	25241.76	168.19	50872.22	48693.57	23906.31	7170.58
	2018	165962.89	24004.52	107.98	55830.65	55418.17	23705.89	6895.68
北京	Beijing	5726.70	1657.07		1534.85	2049.82	304.52	180.44
天津	Tianjin	3941.31	822.89		1073.90	1532.04	222.88	289.58
河北	Hebei	4784.39	580.38	0.04	2834.91	909.10	377.15	82.81
山西	Shanxi	1804.99	132.49		680.84	605.89	302.13	83.64
内蒙古	Inner Mongolia	1065.19	60.34		586.36	276.96	91.85	49.68
辽宁	Liaoning	3373.31	273.99	0.28	1129.19	1259.76	557.29	152.80
吉林	Jilin	1427.74	65.50	0.01	663.55	421.11	222.95	54.61
黑龙江	Heilongjiang	1286.98	124.63		551.97	404.26	147.50	58.63
上海	Shanghai	5330.46	1326.02	0.11	1896.42	1566.41	303.57	237.93
江苏	Jiangsu	17798.46	2841.45	63.55	4220.67	6551.93	3210.70	910.16
浙江	Zhejiang	14248.78	2279.24	3.64	4503.43	5064.16	1904.43	493.87
安徽	Anhui	8203.27	796.46		2399.71	2855.41	1792.66	359.04
福建	Fujian	6551.03	856.00	3.58	2660.60	1703.71	1009.08	318.07
江西	Jiangxi	3169.65	360.14	0.00	868.53	1077.40	761.88	101.69
山东	Shandong	10908.02	1280.11	19.21	3657.65	4123.44	1308.21	519.41
河南	Henan	7128.38	665.70		4418.06	1259.69	707.54	77.39
湖北	Hubei	7364.34	1151.96		2503.70	2485.69	948.02	274.97
湖南	Hunan	5312.08	577.91		1524.05	1896.74	1144.70	168.68
广东	Guangdong	21722.28	4236.05	13.28	6292.10	7250.92	3008.94	920.99
广西	Guangxi	3989.51	504.84	0.05	1067.83	1321.26	891.22	204.31
海南	Hainan	2370.89	285.70		893.86	910.35	118.51	162.48
重庆	Chongqing	6685.28	1085.29	3.19	1641.94	2486.96	1116.92	350.97
四川	Sichuan	8160.71	887.36	0.17	2933.34	2974.69	1106.25	258.90
贵州	Guizhou	2662.13	128.31	0.07	823.45	952.70	670.30	87.29
云南	Yunnan	2969.57	312.31	0.80	983.33	1025.43	512.49	135.22
西藏	Tibet	95.50	5.81		68.47	11.64	6.11	3.45
陕西	Shaanxi	4563.76	386.38		2146.52	1355.85	485.58	189.43
甘肃	Gansu	1158.74	131.91		448.07	379.13	158.18	41.45
青海	Qinghai	335.32	45.54		127.37	100.14	43.16	19.11
宁夏	Ningxia	582.16	58.69		162.12	245.64	92.65	23.07
新疆	Xinjiang	1241.98	84.04		533.83	359.97	178.52	85.61

19-8 房地产开发企业房屋建筑面积和造价
Floor Space and Cost of Buildings Developed by Enterprises for Real Estate Development

年 份 地 区	Year Region	房屋施工面积(万平方米) Floor Space of Buildings under Construction (10 000 sq.m)	房屋竣工面积(万平方米) Floor Space of Buildings Completed (10 000 sq.m)	房屋建筑面积竣工率(%) Rate of Floor Space of Buildings Completed (%)	房屋竣工价值(亿元) Value of Buildings Completed (100 million yuan)	房屋竣工造价(元/平方米) Cost of Buildings Completed (yuan/sq.m)
	1998	50770.14	17566.60	34.6	2139.19	1218
	2000	65896.92	25104.86	38.1	2859.35	1139
	2005	166053.26	53417.04	32.2	7752.24	1451
	2006	194786.42	55830.92	28.7	8729.35	1564
	2007	236318.24	60606.68	25.6	10039.89	1657
	2008	283266.20	66544.80	23.5	11947.57	1795
	2009	320368.20	72677.40	22.7	14689.37	2021
	2010	405356.40	78743.90	19.4	17542.73	2228
	2011	506775.48	92619.94	18.3	21975.91	2373
	2012	573417.52	99424.96	17.3	24836.62	2498
	2013	665571.89	101434.99	15.2	26805.38	2643
	2014	726482.34	107459.05	14.8	30261.99	2816
	2015	735693.37	100039.10	13.6	30552.38	3054
	2016	758974.80	106127.71	14.0	32252.13	3039
	2017	781483.73	101486.41	13.0	31512.46	3105
	2018	822300.24	93550.11	11.4	29902.01	3196
北 京	Beijing	12962.61	1557.90	12.0	651.47	4182
天 津	Tianjin	10324.37	2092.22	20.3	831.24	3973
河 北	Hebei	28172.06	2390.41	8.5	623.06	2607
山 西	Shanxi	16949.56	1407.95	8.3	372.61	2646
内蒙古	Inner Mongolia	15053.71	1415.72	9.4	335.84	2372
辽 宁	Liaoning	24216.83	2273.85	9.4	585.17	2573
吉 林	Jilin	12079.52	1519.96	12.6	354.76	2334
黑龙江	Heilongjiang	10588.25	1203.46	11.4	287.71	2391
上 海	Shanghai	14672.37	3115.76	21.2	1941.04	6230
江 苏	Jiangsu	62673.47	8536.27	13.6	3294.53	3859
浙 江	Zhejiang	44537.06	5189.67	11.7	2219.02	4276
安 徽	Anhui	41128.34	4488.40	10.9	1309.26	2917
福 建	Fujian	32825.97	3739.02	11.4	1137.79	3043
江 西	Jiangxi	20738.65	2031.76	9.8	519.92	2559
山 东	Shandong	69063.06	10512.57	15.2	2483.19	2362
河 南	Henan	54685.56	6655.23	12.2	1413.25	2124
湖 北	Hubei	31315.60	2773.99	8.9	848.61	3059
湖 南	Hunan	35781.53	4160.98	11.6	1157.04	2781
广 东	Guangdong	79935.06	7615.25	9.5	3021.33	3967
广 西	Guangxi	25399.02	2192.94	8.6	619.88	2827
海 南	Hainan	9574.56	1186.81	12.4	501.70	4227
重 庆	Chongqing	27226.56	4083.45	15.0	1555.97	3810
四 川	Sichuan	44065.92	5635.30	12.8	1618.77	2873
贵 州	Guizhou	21953.33	1279.64	5.8	307.96	2407
云 南	Yunnan	21800.41	1447.28	6.6	457.61	3162
西 藏	Tibet	358.61	49.94	13.9	12.69	2542
陕 西	Shaanxi	24618.05	1524.66	6.2	461.40	3026
甘 肃	Gansu	9428.51	752.34	8.0	180.58	2400
青 海	Qinghai	2549.21	319.91	12.5	137.22	4289
宁 夏	Ningxia	6047.78	1213.98	20.1	326.92	2693
新 疆	Xinjiang	11574.72	1183.49	10.2	334.49	2826

19-9 按用途分房地产开发企业房屋新开工面积
Floor Space of Buildings Started This Year by Enterprises for Real Estate Development by Use

单位：万平方米 (10 000 sq.m)

年份 地区	Year Region	本年房屋新开工面积 Floor Space Started This Year	住宅 Residential Buildings	#别墅、高档公寓 Villas, High-grade Apartments	办公楼 Office Buildings	商业营业用房 Houses for Business Use	其他 Others
	1998	20387.90	16637.50	638.60	871.50	1938.65	940.25
	2000	29582.64	24401.15	1169.09	898.81	3034.77	1247.91
	2005	68064.44	55185.07	2834.97	1671.10	7675.47	3532.79
	2006	79252.83	64403.80	4058.32	2134.94	8473.23	4240.86
	2007	95401.53	78795.51	4914.41	2141.44	9093.89	5370.70
	2008	102553.37	83642.12	4336.97	2471.95	10040.69	6398.62
	2009	116422.05	93298.41	3649.80	2860.76	12415.03	7847.84
	2010	163646.87	129359.31	5080.05	3668.07	17472.58	13146.91
	2011	191236.87	147163.11	5653.01	5399.20	20730.78	17943.77
	2012	177333.62	130695.42	4228.31	5986.46	22006.85	18644.89
	2013	201207.84	145844.80	4454.59	6887.24	25902.00	22573.80
	2014	179592.49	124877.00	4275.01	7349.10	25047.73	22318.66
	2015	154453.68	106651.30	3318.41	6569.12	22530.29	18702.96
	2016	166928.13	115910.60	3662.14	6415.29	22316.63	22285.61
	2017	178653.77	128097.78	4282.68	6139.66	20483.93	23932.41
	2018	209341.79	153352.57	5452.54	6049.04	20065.69	29874.50
北京	Beijing	2321.11	1233.58	99.14	221.31	108.32	757.89
天津	Tianjin	2479.34	1862.93	134.64	19.64	187.29	409.48
河北	Hebei	8390.07	6443.62	102.07	157.75	805.20	983.50
山西	Shanxi	3872.55	2957.24	34.24	52.91	318.84	543.56
内蒙古	Inner Mongolia	3024.31	2154.03	26.15	29.76	462.19	378.33
辽宁	Liaoning	3961.71	3118.63	79.52	32.74	464.06	346.28
吉林	Jilin	2477.96	1752.84	61.87	100.54	364.46	260.11
黑龙江	Heilongjiang	2494.74	1857.00	13.62	53.77	386.84	197.13
上海	Shanghai	2687.17	1473.17	155.01	310.84	206.93	696.23
江苏	Jiangsu	16821.27	12902.27	798.50	441.55	1418.72	2058.73
浙江	Zhejiang	12879.28	8765.56	436.50	484.66	856.27	2772.78
安徽	Anhui	10849.59	8454.68	111.35	230.38	955.27	1209.26
福建	Fujian	7205.35	5073.73	175.74	236.26	557.08	1338.28
江西	Jiangxi	5801.49	4454.65	133.83	77.40	711.53	557.91
山东	Shandong	18732.25	13940.76	357.75	613.77	1488.74	2688.98
河南	Henan	14677.65	11431.06	162.66	361.30	1643.45	1241.83
湖北	Hubei	8495.32	6698.65	185.94	260.69	678.24	857.74
湖南	Hunan	11127.65	8420.77	223.21	149.24	1251.10	1306.55
广东	Guangdong	19144.08	13593.10	529.64	863.77	1403.85	3283.35
广西	Guangxi	6059.30	4672.08	81.74	96.03	523.36	767.83
海南	Hainan	1944.64	1520.62	117.74	37.44	144.29	242.29
重庆	Chongqing	7386.16	5145.20	368.50	132.72	725.19	1383.06
四川	Sichuan	14094.44	9734.54	259.10	513.74	1366.53	2479.62
贵州	Guizhou	5689.20	3983.80	125.20	97.78	712.73	894.89
云南	Yunnan	4738.28	3386.83	479.34	91.52	569.56	690.36
西藏	Tibet	193.06	128.55	7.20	1.21	38.90	24.39
陕西	Shaanxi	5451.76	3979.58	95.51	223.48	633.69	615.01
甘肃	Gansu	2443.03	1611.52	18.61	53.39	393.88	384.24
青海	Qinghai	513.83	331.84		7.48	91.96	82.55
宁夏	Ningxia	994.55	681.57	23.22	10.56	149.36	153.07
新疆	Xinjiang	2390.67	1588.18	54.99	85.39	447.85	269.24

19-10 按用途分商品房销售面积
Floor Space of Commercialized Buildings Sold by Use

单位：万平方米 (10 000 sq.m)

年份 Year 地区 Region		商品房销售面积 Floor Space of Commercialized Buildings Sold	住宅 Residential Buildings	#别墅、高档公寓 Villas, High-grade Apartments	办公楼 Office Buildings	商业营业用房 Houses for Business Use	其他 Others
	1998	12185.30	10827.10	345.30	400.60	810.80	146.80
	2000	18637.13	16570.28	640.72	436.98	1399.31	230.56
	2005	55486.22	49587.83	2818.44	1096.23	4081.38	720.78
	2006	61857.07	55422.95	3672.44	1231.04	4337.79	865.29
	2007	77354.72	70135.88	4581.31	1465.23	4644.61	1109.01
	2008	65969.83	59280.35	2865.25	1157.05	4206.06	1326.37
	2009	94755.00	86184.89	4626.05	1544.43	5328.03	1697.65
	2010	104764.65	93376.60	4219.10	1889.97	6994.84	2503.24
	2011	109366.75	96528.41	3729.93	2004.97	7868.65	2964.71
	2012	111303.65	98467.51	3476.00	2253.65	7759.28	2823.21
	2013	130550.59	115722.69	3632.03	2883.35	8469.22	3475.33
	2014	120648.54	105187.79	3047.35	2505.45	9076.93	3878.37
	2015	128494.97	112412.29	3487.40	2912.59	9254.79	3915.29
	2016	157348.53	137539.93	4470.00	3826.22	10811.96	5170.43
	2017	169407.82	144788.77	4743.44	4756.21	12838.14	7024.70
	2018	171654.36	147929.42	4410.69	4363.32	11971.33	7390.29
北京	Beijing	696.19	526.76	63.14	75.78	35.02	58.62
天津	Tianjin	1249.87	1140.73	88.09	37.46	53.37	18.31
河北	Hebei	5251.93	4714.42	35.07	110.63	274.04	152.84
山西	Shanxi	2360.90	2215.59	53.16	32.61	70.81	41.90
内蒙古	Inner Mongolia	2007.67	1702.39	24.47	22.39	183.82	99.08
辽宁	Liaoning	3934.57	3554.81	57.97	18.75	257.61	103.40
吉林	Jilin	2074.46	1813.82	34.08	50.83	156.66	53.15
黑龙江	Heilongjiang	1913.25	1665.58	21.71	14.88	182.39	50.41
上海	Shanghai	1767.01	1333.29	179.77	147.08	101.75	184.89
江苏	Jiangsu	13484.21	12040.68	659.43	278.73	812.86	351.94
浙江	Zhejiang	9755.49	7936.17	420.35	424.12	642.14	753.06
安徽	Anhui	10038.43	8901.25	98.77	169.39	784.32	183.47
福建	Fujian	6213.40	4781.58	182.37	304.59	457.83	669.40
江西	Jiangxi	6200.71	5389.00	134.63	119.18	564.81	127.72
山东	Shandong	13454.73	11755.37	191.10	274.48	889.42	535.46
河南	Henan	13990.50	12482.88	64.50	224.00	1042.89	240.74
湖北	Hubei	8865.38	8101.71	147.52	194.89	428.16	140.62
湖南	Hunan	9239.15	7997.94	190.05	135.75	696.63	408.82
广东	Guangdong	14336.31	12075.10	492.65	604.45	736.09	920.67
广西	Guangxi	6212.90	5589.89	102.79	117.30	287.87	217.85
海南	Hainan	1432.25	1298.82	80.29	39.83	66.83	26.77
重庆	Chongqing	6536.25	5424.76	324.12	127.37	513.97	470.14
四川	Sichuan	12210.73	9895.35	199.24	320.46	1046.39	948.53
贵州	Guizhou	5181.96	4441.44	114.28	89.28	555.00	96.24
云南	Yunnan	4531.88	3643.93	324.35	110.97	469.28	307.71
西藏	Tibet	73.35	62.10	1.04	0.93	8.96	1.36
陕西	Shaanxi	4118.56	3545.60	46.74	218.14	231.51	123.31
甘肃	Gansu	1595.65	1437.95	9.65	16.59	105.08	36.02
青海	Qinghai	447.93	377.41	3.76	8.83	52.31	9.38
宁夏	Ningxia	1026.50	887.97	17.76	19.14	93.07	26.33
新疆	Xinjiang	1452.23	1195.14	47.82	54.50	170.45	32.14

注：2004年及以前的销售数据仅包括现房；2005年及以后的销售数据包括期房和现房(以下相关表同)。

a) Figures on floor space of houses sold and selling price of houses for 2004 and the earlier years refer to houses actually sold out, while figures since 2005 refer to both completed and future houses sold. The same applies to the relevant tables following.

19-11 按用途分商品房销售额
Total Sale of Commercialized Buildings Sold by Use

单位：亿元 (100 million yuan)

年份 地区	Year Region	商品房销售额 Total Sale of Commercialized Buildings Sold	住宅 Residential Buildings	#别墅、高档公寓 Villas, High-grade Apartments	办公楼 Office Buildings	商业营业用房 Houses for Business Use	其他 Others
	1998	2513.30	2006.87	158.70	222.41	257.06	26.97
	2000	3935.44	3228.60	274.75	207.63	456.23	42.98
	2005	17576.13	14563.76	1644.27	758.87	2049.57	203.94
	2006	20825.96	17287.81	2418.28	991.33	2275.87	270.95
	2007	29889.12	25565.81	3422.81	1269.91	2681.72	371.68
	2008	25068.18	21196.00	2235.07	969.36	2475.85	426.97
	2009	44355.17	38432.90	4469.76	1638.41	3660.67	623.20
	2010	52721.24	44120.65	4613.11	2155.71	5418.82	1026.07
	2011	58588.86	48198.32	4100.66	2471.58	6679.08	1239.88
	2012	64455.79	53467.18	3983.56	2773.43	6999.57	1215.60
	2013	81428.28	67694.94	4573.19	3747.35	8280.48	1705.52
	2014	76292.41	62410.95	3950.86	2962.93	8910.62	2007.91
	2015	87280.84	72769.82	5286.00	3761.42	8852.78	1896.81
	2016	117627.05	99064.17	7112.42	5483.81	10580.80	2498.26
	2017	133701.31	110239.51	7098.43	6441.36	13252.71	3767.73
	2018	149972.74	126392.60	7164.06	6276.83	13348.62	3954.69
北京	Beijing	2377.00	1971.15	312.60	237.21	119.39	49.25
天津	Tianjin	2006.62	1816.53	144.45	67.42	98.81	23.85
河北	Hebei	4034.96	3567.27	35.72	100.32	285.26	82.11
山西	Shanxi	1610.61	1473.17	66.51	32.20	82.72	22.53
内蒙古	Inner Mongolia	1113.94	909.04	22.97	17.45	138.69	48.76
辽宁	Liaoning	2967.31	2615.75	87.70	19.13	270.93	61.49
吉林	Jilin	1452.43	1233.50	40.95	39.59	152.29	27.06
黑龙江	Heilongjiang	1320.31	1112.28	28.03	17.45	158.87	31.71
上海	Shanghai	4751.50	3864.03	1176.74	484.83	269.37	133.27
江苏	Jiangsu	14527.27	12693.86	1078.67	336.78	1304.08	192.55
浙江	Zhejiang	14089.85	12096.31	846.96	629.10	985.46	378.97
安徽	Anhui	7076.95	6174.85	103.30	143.17	675.63	83.31
福建	Fujian	6579.49	5074.52	264.87	480.77	585.29	438.91
江西	Jiangxi	4219.89	3524.32	116.52	102.13	522.55	70.89
山东	Shandong	10065.70	8682.81	250.91	299.08	796.09	287.71
河南	Henan	8055.30	6903.79	67.41	225.26	801.74	124.51
湖北	Hubei	7531.38	6591.36	145.25	329.48	502.82	107.72
湖南	Hunan	5353.99	4377.39	160.19	153.46	665.50	157.64
广东	Guangdong	18742.12	15595.29	880.12	1344.55	1128.61	673.67
广西	Guangxi	3826.50	3330.75	82.93	114.44	281.75	99.57
海南	Hainan	2083.29	1831.95	185.38	89.33	128.69	33.32
重庆	Chongqing	5272.70	4442.87	363.74	138.98	536.02	154.83
四川	Sichuan	8532.35	6621.21	225.95	341.83	1201.19	368.12
贵州	Guizhou	2920.95	2278.10	100.54	73.05	533.69	36.12
云南	Yunnan	3406.84	2690.84	251.61	115.77	451.86	148.38
西藏	Tibet	52.82	42.94	1.00	1.04	8.16	0.68
陕西	Shaanxi	3407.45	2808.78	59.37	253.60	272.41	72.67
甘肃	Gansu	922.34	774.63	10.01	23.16	106.67	17.87
青海	Qinghai	289.89	224.05	1.75	7.29	54.32	4.22
宁夏	Ningxia	517.73	420.63	12.92	15.74	72.18	9.18
新疆	Xinjiang	863.26	648.64	39.01	43.20	157.61	13.81

19-12 按用途分商品房平均销售价格
Average Selling Price of Commercialized Buildings by Use

单位：元/平方米 (yuan/sq.m)

年份 Year / 地区 Region	商品房平均销售价格 Average Selling Price of Commercialized Buildings	住宅 Residential Buildings	#别墅、高档公寓 Villas, High-grade Apartments	办公楼 Office Buildings	商业营业用房 Houses for Business Use	其他 Others
1998	2063	1854	4596	5552	3170	1837
2000	2112	1948	4288	4751	3260	1864
2005	3168	2937	5834	6923	5022	2829
2006	3367	3119	6585	8053	5247	3131
2007	3864	3645	7471	8667	5774	3351
2008	3800	3576	7801	8378	5886	3219
2009	4681	4459	9662	10608	6871	3671
2010	5032	4725	10934	11406	7747	4099
2011	5357	4993	10994	12327	8488	4182
2012	5791	5430	11460	12306	9021	4306
2013	6237	5850	12591	12997	9777	4907
2014	6324	5933	12965	11826	9817	5177
2015	6793	6473	15157	12914	9566	4845
2016	7476	7203	15911	14332	9786	4832
2017	7892	7614	14965	13543	10323	5364
2018	8737	8544	16242	14385	11150	5351
北京 Beijing	34143	37420	49506	31300	34091	8401
天津 Tianjin	16055	15924	16398	17998	18515	13029
河北 Hebei	7683	7567	10186	9068	10409	5372
山西 Shanxi	6822	6649	12512	9874	11682	5378
内蒙古 Inner Mongolia	5548	5340	9387	7796	7545	4921
辽宁 Liaoning	7542	7358	15128	10204	10517	5947
吉林 Jilin	7001	6801	12016	7788	9721	5091
黑龙江 Heilongjiang	6901	6678	12908	11722	8711	6291
上海 Shanghai	26890	28981	65458	32964	26475	7208
江苏 Jiangsu	10774	10542	16358	12083	16043	5471
浙江 Zhejiang	14443	15242	20149	14833	15346	5032
安徽 Anhui	7050	6937	10458	8452	8614	4541
福建 Fujian	10589	10613	14524	15784	12784	6557
江西 Jiangxi	6805	6540	8654	8569	9252	5551
山东 Shandong	7481	7386	13130	10896	8951	5373
河南 Henan	5758	5531	10451	10056	7688	5172
湖北 Hubei	8495	8136	9846	16906	11744	7660
湖南 Hunan	5795	5473	8429	11305	9553	3856
广东 Guangdong	13073	12915	17865	22244	15333	7317
广西 Guangxi	6159	5959	8068	9757	9787	4570
海南 Hainan	14546	14105	23088	22428	19256	12449
重庆 Chongqing	8067	8190	11222	10912	10429	3293
四川 Sichuan	6988	6691	11340	10667	11479	3881
贵州 Guizhou	5637	5129	8798	8182	9616	3753
云南 Yunnan	7517	7384	7757	10433	9629	4822
西藏 Tibet	7202	6915	9525	11217	9104	5016
陕西 Shaanxi	8273	7922	12701	11625	11767	5893
甘肃 Gansu	5780	5387	10378	13959	10151	4962
青海 Qinghai	6472	5937	4660	8261	10385	4498
宁夏 Ningxia	5044	4737	7273	8224	7755	3489
新疆 Xinjiang	5944	5427	8157	7927	9247	4296

19-13 房地产开发企业资产负债
Assets and Liabilities of Enterprises for Real Estate Development

单位：亿元 (100 million yuan)

年份 Year 地区 Region		实收资本合计 Total Capital Held	资产总计 Total Assets	累计折旧 Total Depreciation	#本年折旧 Depreciation This Year	负债合计 Total Liabilities	所有者权益 Owners' Equity	资产负债率(%) Ratio of Liabilities to Assets(%)
	1998	5778.73	19526.18	191.04	39.02	14857.25	4668.92	76.1
	2000	5302.91	25185.99	299.28	57.72	19032.10	6153.88	75.6
	2005	13926.98	72193.64	737.01	157.35	52520.71	19672.93	72.7
	2006	16172.37	88397.99	875.67	191.58	65476.67	22921.32	74.1
	2007	19438.00	111078.20	1025.65	231.59	82680.23	28397.97	74.4
	2008	27561.90	144833.55	1414.14	340.19	104782.31	40051.24	72.3
	2009	28966.02	170184.24	1469.96	320.41	125042.73	45141.51	73.5
	2010	36767.41	224467.14	1758.34	379.81	167297.41	57170.12	74.5
	2011	46430.63	284359.44	2113.63	427.26	214469.96	69889.73	75.4
	2012	54735.36	351858.65	2360.92	525.35	264597.55	87261.10	75.2
	2013	59987.59	425243.89	2871.45	626.74	323228.24	102015.65	76.0
	2014	76566.04	498749.92	3099.89	616.67	384095.53	114654.40	77.0
	2015	78329.42	551968.06	3265.20	596.61	428729.90	123238.16	77.7
	2016	79278.30	625733.70	3658.29	640.50	489750.32	135983.38	78.3
	2017	85649.75	722236.02	3909.38	657.18	571274.85	150961.17	79.1
	2018	95324.97	852720.54	4358.86	904.59	674333.36	178382.98	79.1
北京	Beijing	5715.05	57172.58	297.78	43.49	46416.74	10755.84	81.2
天津	Tianjin	4024.63	29617.39	100.60	21.23	22927.38	6697.02	77.4
河北	Hebei	1789.74	22513.56	112.75	35.71	19023.92	3483.54	84.5
山西	Shanxi	1094.00	12384.45	53.27	11.27	10912.20	1472.25	88.1
内蒙古	Inner Mongolia	732.81	8151.95	39.35	7.87	7052.10	1099.85	86.5
辽宁	Liaoning	3065.71	22013.58	138.66	20.40	17260.29	4754.13	78.4
吉林	Jilin	755.33	6868.79	58.92	12.46	5605.94	1262.84	81.6
黑龙江	Heilongjiang	1056.75	9937.70	73.92	18.28	6979.06	2958.65	70.2
上海	Shanghai	9780.15	59214.54	453.88	62.13	39971.13	19243.41	67.5
江苏	Jiangsu	11098.68	72232.83	351.98	78.17	55295.88	16937.22	76.6
浙江	Zhejiang	7806.57	59210.29	255.19	51.70	47466.41	11743.88	80.2
安徽	Anhui	2938.02	28429.45	138.69	33.84	22976.23	5453.21	80.8
福建	Fujian	4071.71	37845.44	114.63	21.85	28799.67	9045.77	76.1
江西	Jiangxi	1379.23	14718.54	59.45	16.57	11484.34	3234.21	78.0
山东	Shandong	5521.61	54091.40	285.85	67.26	44671.49	9419.84	82.6
河南	Henan	2995.48	33708.58	188.03	44.12	27940.46	5768.11	82.9
湖北	Hubei	3420.58	32879.93	193.30	63.35	25500.06	7379.87	77.6
湖南	Hunan	1862.78	19227.70	103.49	26.70	15343.34	3884.36	79.8
广东	Guangdong	10708.25	111716.01	488.46	96.76	89303.33	22408.46	79.9
广西	Guangxi	1230.36	15953.68	69.32	15.47	12734.92	3219.12	79.8
海南	Hainan	1427.01	12284.23	100.56	20.96	10054.47	2227.88	81.8
重庆	Chongqing	3023.36	31494.92	110.44	18.44	23549.12	7945.80	74.8
四川	Sichuan	3304.89	31781.24	164.27	35.18	25672.80	6108.39	80.8
贵州	Guizhou	1445.85	14884.36	59.27	13.59	11833.32	3051.04	79.5
云南	Yunnan	1864.58	20575.64	111.65	23.88	16942.84	3632.79	82.3
西藏	Tibet	21.81	611.99	1.73	0.31	389.50	222.49	63.6
陕西	Shaanxi	1549.89	16129.37	84.12	15.10	13749.34	2380.03	85.2
甘肃	Gansu	515.36	5829.11	42.31	9.51	4963.89	864.87	85.2
青海	Qinghai	132.84	1595.91	10.57	2.22	1391.62	204.29	87.2
宁夏	Ningxia	322.12	3037.90	31.50	5.24	2611.24	426.66	86.0
新疆	Xinjiang	669.81	6607.51	64.95	11.51	5510.33	1097.18	83.4

19-14 房地产开发企业经营情况
Operating Statistics on Enterprises for Real Estate Development

单位: 亿元 (100 million yuan)

年份 Year 地区 Region		主营业务收入 Revenue from Principle Business	土地转让收入 Land Transferred	商品房销售收入 Commercialized Buildings Sold	房屋出租收入 Houses Leased	其他收入 Others	主营业务税金及附加 Taxes and Other Charges on Principal Business	营业利润 Operating Profit
	1992	528.56	42.74	426.59	5.96	53.26	41.44	63.52
	1995	1731.66	194.40	1258.28	25.79	253.19	90.30	143.41
	2000	4515.71	129.61	3896.82	95.32	393.96	214.57	73.28
	2005	14769.35	341.43	13316.77	290.29	820.86	845.25	1109.19
	2006	18046.76	300.65	16621.36	316.79	807.96	1127.12	1669.89
	2007	23397.13	427.92	21604.21	386.81	978.19	1660.30	2436.61
	2008	26696.84	466.85	24394.12	521.47	1314.40	1829.20	3432.23
	2009	34606.23	498.05	32507.83	544.27	1056.08	2585.49	4728.58
	2010	42996.48	519.19	40585.33	742.92	1149.04	3464.66	6111.48
	2011	44491.28	664.66	41697.91	904.28	1224.43	3832.98	5798.58
	2012	51028.41	819.39	47463.49	1151.55	1593.98	4610.87	6001.33
	2013	70706.67	671.42	66697.99	1364.01	1973.25	6204.18	9562.67
	2014	66463.80	571.95	62535.06	1464.10	1892.69	5968.43	6143.13
	2015	70174.34	600.54	65861.30	1600.42	2112.08	6202.38	6165.54
	2016	90091.51	666.32	85163.32	1786.97	2474.89	6651.62	8673.23
	2017	95896.90	838.42	90609.15	1568.32	2881.01	5751.77	11728.11
	2018	112924.68	1207.38	106688.38	1484.30	3544.62	6785.53	18543.71
北京	Beijing	3515.50	123.50	2712.51	195.99	483.51	309.17	593.78
天津	Tianjin	2089.75	35.70	1950.85	23.78	79.41	137.85	159.01
河北	Hebei	2748.27	22.33	2671.58	10.96	43.40	175.30	305.45
山西	Shanxi	887.64	60.21	797.46	7.57	22.41	43.90	28.82
内蒙古	Inner Mongolia	920.59	0.84	899.70	6.05	14.00	39.14	69.56
辽宁	Liaoning	2493.77	59.62	2351.33	17.45	65.37	125.48	135.34
吉林	Jilin	1065.83	10.45	1030.66	8.71	16.01	43.47	66.68
黑龙江	Heilongjiang	1075.15	17.23	999.59	6.84	51.49	70.34	102.12
上海	Shanghai	5612.27	87.47	4697.04	445.90	381.86	527.53	1591.29
江苏	Jiangsu	15565.80	190.43	15002.88	75.53	296.96	761.37	2857.89
浙江	Zhejiang	8176.62	39.07	7929.11	75.60	132.84	421.28	1063.93
安徽	Anhui	4663.29	12.03	4453.70	21.56	176.00	206.72	728.56
福建	Fujian	4512.60	11.56	4334.80	35.89	130.35	299.55	871.38
江西	Jiangxi	2679.25	47.01	2574.16	8.46	49.62	127.15	449.30
山东	Shandong	7557.50	116.11	7236.56	39.32	165.52	411.25	898.26
河南	Henan	5043.35	41.12	4771.26	32.73	198.23	218.52	791.28
湖北	Hubei	5931.40	31.40	5716.00	48.10	135.90	331.65	1359.59
湖南	Hunan	4040.24	27.81	3857.00	17.55	137.88	183.74	508.09
广东	Guangdong	14484.11	61.32	13850.31	213.81	358.67	1387.80	3514.26
广西	Guangxi	2092.57	11.03	2012.38	18.09	51.07	111.37	257.39
海南	Hainan	1525.68	2.17	1483.27	9.48	30.76	137.65	204.50
重庆	Chongqing	3713.69	61.35	3480.92	51.14	120.28	152.17	588.30
四川	Sichuan	5444.43	28.92	5259.77	44.27	111.46	264.76	729.30
贵州	Guizhou	1608.96	11.58	1499.46	13.31	84.61	70.13	227.54
云南	Yunnan	1677.98	80.97	1485.72	16.71	94.59	72.54	168.87
西藏	Tibet	47.29		43.25	0.51	3.53	1.17	8.28
陕西	Shaanxi	1782.35	6.07	1688.88	15.96	71.44	68.71	120.35
甘肃	Gansu	779.90	4.58	756.42	6.05	12.86	31.87	65.26
青海	Qinghai	144.45	0.29	138.68	1.62	3.86	5.40	10.75
宁夏	Ningxia	330.08	4.99	316.22	3.88	4.98	13.05	8.04
新疆	Xinjiang	714.38	0.24	686.90	11.49	15.76	35.48	60.55

19-15 分地区按项目规模分房地产开发完成投资（2018年）

Investment Actually Completed by Enterprises for Real Estate Development by Size of Projects and Region (2018)

单位：亿元 (100 million yuan)

地 区	Region	500万元以下 Less Than 5 Million Yuan	500-1000万元 5-10 Million Yuan	1000-3000万元 10-30 Million Yuan	3000-5000万元 30-50 Million Yuan	5000万-1亿元 50-100 Million Yuan	1-5亿元 100-500 Million Yuan	5-10亿元 500-1000 Million Yuan	10亿元以上 1 Billion Yuan and More
全 国	**National Total**	**0.38**	**6.98**	**119.98**	**275.37**	**1503.30**	**20088.53**	**23436.61**	**74832.36**
北 京	Beijing				0.09	2.06	60.52	140.25	3670.43
天 津	Tianjin			0.00	0.74	4.74	198.27	424.13	1796.61
河 北	Hebei		0.16	5.46	11.34	87.19	1521.74	1245.71	1604.80
山 西	Shanxi		0.54	3.66	9.75	45.08	354.71	276.43	686.43
内蒙古	Inner Mongolia		0.30	9.47	23.02	62.33	348.68	170.94	268.11
辽 宁	Liaoning		0.26	6.33	8.95	48.12	624.81	582.27	1328.53
吉 林	Jilin		0.21	3.15	7.73	34.51	305.61	239.22	585.46
黑龙江	Heilongjiang	0.04	0.20	8.11	12.67	46.95	263.75	216.72	395.98
上 海	Shanghai			0.09	0.26	2.40	120.35	376.08	3534.01
江 苏	Jiangsu		0.18	1.68	6.72	49.78	996.38	1960.83	7966.76
浙 江	Zhejiang		0.04	2.44	10.60	54.26	936.70	1640.99	7299.92
安 徽	Anhui	0.02	0.35	3.08	8.72	42.14	807.07	1473.89	3638.84
福 建	Fujian		0.00	1.80	2.34	28.15	609.66	958.00	3340.39
江 西	Jiangxi		0.11	3.59	8.20	52.59	585.01	547.32	978.10
山 东	Shandong	0.01	0.28	6.64	18.42	160.83	1997.21	1860.01	3509.57
河 南	Henan		0.29	3.51	8.18	63.97	1500.45	1967.75	3471.32
湖 北	Hubei		0.16	5.15	14.34	53.46	734.46	881.37	3004.17
湖 南	Hunan	0.09	1.12	10.67	24.29	139.96	1131.14	956.49	1682.18
广 东	Guangdong	0.04	0.57	11.25	21.37	105.08	1628.97	2160.81	10484.10
广 西	Guangxi		0.33	4.81	14.24	67.22	671.12	596.06	1650.35
海 南	Hainan		0.03	1.33	1.91	14.80	273.20	354.60	1069.17
重 庆	Chongqing	0.02	0.05	2.80	4.06	24.62	411.21	577.72	3228.28
四 川	Sichuan	0.01	0.18	2.40	8.34	59.65	1279.59	1693.40	2654.30
贵 州	Guizhou		0.09	2.32	4.27	33.08	659.49	398.75	1251.23
云 南	Yunnan		0.35	4.58	11.06	62.26	565.42	460.97	2142.60
西 藏	Tibet		0.10	0.60	1.36	3.14	41.11	36.09	10.21
陕 西	Shaanxi		0.09	2.34	8.69	41.62	576.01	551.63	2354.29
甘 肃	Gansu	0.14	0.22	3.21	3.78	36.96	332.41	275.57	464.11
青 海	Qinghai		0.01	0.61	1.13	4.83	88.22	75.59	181.42
宁 夏	Ningxia		0.05	1.24	2.64	15.07	128.10	122.24	180.24
新 疆	Xinjiang	0.03	0.71	7.68	16.15	56.46	337.15	214.78	400.48

19-16 房地产开发企业成套住宅竣工与销售情况
Number of Flats of Residential Buildings Completed and Sold by Enterprises for Real Estate Development

年份 Year 地区 Region		住宅竣工套数合计(套) Total Number of Flats of Residential Buildings Completed (sets)	#别墅、高档公寓 Villas, High-grade Apartments	住宅销售套数合计(套) Total Number of Flats of Residential Buildings Sold (sets)	#别墅、高档公寓 Villas, High-grade Apartments
	2000	2139702	59880		
	2005	3682523	135276	4235372	152339
	2006	4005305	139632	5049094	219982
	2007	4401203	159423	6251263	257776
	2008	4939189	144618	5565827	157455
	2009	5548897	143621	8040470	240129
	2010	6019767	163207	8817526	223596
	2011	7219163	155923	9139672	191881
	2012	7642379	161899	9446424	184001
	2013	7493133	126444	11046279	202081
	2014	7659418	145182	10104351	167469
	2015	7050109	126972	10578898	191594
	2016	7455409	218297	12822565	258582
	2017	6770598	153900	13361411	294616
	2018	6182425	136666	13298420	281405
北京	Beijing	79744	1214	49412	2110
天津	Tianjin	177624	3439	107316	5912
河北	Hebei	187153	912	449855	2169
山西	Shanxi	101379	193	191333	4830
内蒙古	Inner Mongolia	100722	2629	157230	1473
辽宁	Liaoning	199740	1761	378186	5234
吉林	Jilin	111814	1161	180868	1837
黑龙江	Heilongjiang	99243	301	174122	1512
上海	Shanghai	171688	25655	143725	12445
江苏	Jiangsu	580531	16902	1014809	37275
浙江	Zhejiang	256252	7182	664046	21878
安徽	Anhui	290667	2173	828007	7293
福建	Fujian	218227	4831	446805	10154
江西	Jiangxi	131329	1604	471058	9329
山东	Shandong	682920	8201	987777	12945
河南	Henan	460503	1382	1114669	6940
湖北	Hubei	181886	2012	704013	8076
湖南	Hunan	263374	5847	658427	13620
广东	Guangdong	463752	17373	1093652	37718
广西	Guangxi	155423	710	504148	6168
海南	Hainan	116842	7360	162803	7349
重庆	Chongqing	312512	6366	523030	21125
四川	Sichuan	369022	3121	957882	12432
贵州	Guizhou	76801	912	381021	7154
云南	Yunnan	80653	5511	290014	15296
西藏	Tibet	3892	630	5542	96
陕西	Shaanxi	100087	4133	312177	3114
甘肃	Gansu	45003	96	131212	666
青海	Qinghai	17094	767	34428	750
宁夏	Ningxia	82663	1086	75795	1462
新疆	Xinjiang	63885	1202	105058	3043

19-17 35个大中城市主要指标完成情况（2018年）
Main Indicators of Real Estate Projects in 35 Large and Medium-sized Cities (2018)

城市	City	本年完成投资（亿元）Investment Completed This Year (100 million yuan)	#住宅 Residential Buildings	#办公楼 Office Buildings	#商业营业用房 Houses for Business Use	房屋施工面积（万平方米）Floor Space of Buildings under Construction (10 000 sq.m)	房屋竣工面积（万平方米）Floor Space of Buildings Completed (10 000 sq.m)	#住宅 Residential Buildings
总计	**Total**	**57690.37**	**37461.84**	**4701.27**	**6846.80**	**311072.37**	**35605.33**	**22797.11**
北京	Beijing	3873.35	2026.06	522.16	315.03	12962.61	1557.90	731.20
天津	Tianjin	2424.49	1863.50	59.44	146.17	10324.37	2092.22	1522.27
石家庄	Shijiazhuang	1010.71	731.67	94.66	108.08	3713.92	141.30	117.51
太原	Taiyuan	529.41	397.34	23.39	38.51	6033.42	357.58	278.41
呼和浩特	Hohhot	174.25	120.29	4.13	36.75	3504.62	354.10	237.66
沈阳	Shenyang	996.72	775.06	6.87	102.78	6525.79	660.64	495.71
大连	Dalian	688.51	514.46	23.37	82.33	4219.82	326.03	218.08
长春	Changchun	778.63	529.53	48.99	129.36	7216.32	1087.51	751.67
哈尔滨	Harbin	584.99	372.10	27.70	105.24	4673.76	448.97	301.68
上海	Shanghai	4033.18	2225.92	692.71	461.42	14672.37	3115.76	1730.27
南京	Nanjing	2354.17	1574.64	152.35	351.93	8656.96	1176.85	845.34
杭州	Hangzhou	3068.90	1953.30	246.43	305.57	11755.16	1636.93	842.02
宁波	Ningbo	1587.47	1101.06	59.41	113.14	7472.48	688.87	364.44
合肥	Hefei	1527.17	1165.86	107.27	152.36	8233.22	1419.79	909.21
福州	Fuzhou	1439.68	966.43	85.49	133.37	7921.37	722.66	441.12
厦门	Xiamen	884.58	536.32	76.02	83.39	4343.24	639.73	347.87
南昌	Nanchang	890.43	612.79	57.95	140.66	6093.95	634.51	462.35
济南	Jinan	1370.43	929.59	104.71	187.92	9117.03	1203.81	897.37
青岛	Qingdao	1485.21	1034.84	98.47	153.69	10390.38	1624.77	1079.25
郑州	Zhengzhou	3258.41	2345.82	183.28	296.98	18643.11	1946.07	1357.10
武汉	Wuhan	2780.01	1957.17	220.20	349.32	11759.79	458.63	305.71
长沙	Changsha	1508.72	908.77	100.36	239.55	10702.85	1441.27	976.82
广州	Guangzhou	2701.93	1733.76	287.49	267.78	10999.01	1523.98	867.63
深圳	Shenzhen	2640.71	1303.33	598.56	331.87	6747.69	261.56	124.91
南宁	Nanning	1106.36	772.04	62.95	98.41	8129.81	792.21	584.23
海口	Haikou	609.42	419.31	22.04	67.68	3337.73	279.74	190.96
重庆	Chongqing	4248.76	3012.65	104.81	564.66	27226.56	4083.45	2784.64
成都	Chengdu	2273.16	1245.90	181.46	486.99	19514.56	1724.77	1036.27
贵阳	Guiyang	985.26	639.74	64.58	147.22	6058.28	208.07	121.25
昆明	Kunming	1839.79	1161.24	89.12	287.61	10293.44	324.26	209.92
西安	Xi'an	2213.68	1446.51	190.01	267.33	15238.05	969.69	621.07
兰州	Lanzhou	575.22	300.07	44.29	99.52	4314.16	137.70	67.11
西宁	Xining	292.25	175.33	16.25	58.56	1875.88	231.93	123.61
银川	Yinchuan	295.25	198.20	9.36	50.58	3795.57	762.23	547.99
乌鲁木齐	Urumqi	659.15	411.24	35.02	85.05	4605.11	569.82	304.45

19-17 续表 continued

城 市	City	商品房销售面积(万平方米) Floor Space of Commercialized Buildings Sold (10 000 sq.m)	#住宅 Residential Buildings	商品房平均销售价格(元/平方米) Average Selling Price of Commercialized Buildings (yuan/sq.m)	#住宅 Residential Buildings	本年土地购置面积(万平方米) Land Space Purchased This Year (10 000 sq.m)
总 计	**Total**	**55518.92**	**45493.09**	**12618**	**12528**	**8331.31**
北 京	Beijing	696.19	526.76	34143	37420	218.19
天 津	Tianjin	1249.87	1140.73	16055	15924	226.32
石 家 庄	Shijiazhuang	844.69	723.90	10452	10399	146.45
太 原	Taiyuan	839.42	771.21	11059	10840	44.35
呼和浩特	Hohhot	396.05	342.43	8346	8251	5.17
沈 阳	Shenyang	1354.82	1202.67	8892	8680	217.24
大 连	Dalian	775.95	702.09	11546	11433	111.56
长 春	Changchun	1288.44	1116.08	8245	8092	543.32
哈 尔 滨	Harbin	1050.58	920.00	9208	8932	119.06
上 海	Shanghai	1767.01	1333.29	26890	28981	144.58
南 京	Nanjing	1220.73	982.65	22380	19708	186.36
杭 州	Hangzhou	1675.98	1329.40	23917	24360	212.38
宁 波	Ningbo	1624.38	1299.17	15142	16202	569.60
合 肥	Hefei	1389.58	1103.88	12147	13069	385.43
福 州	Fuzhou	1711.05	1255.68	13530	14381	339.43
厦 门	Xiamen	529.42	170.68	20907	33715	74.08
南 昌	Nanchang	1846.31	1536.52	8561	8276	102.62
济 南	Jinan	1236.30	965.29	11930	12161	265.91
青 岛	Qingdao	1808.02	1578.31	12624	12373	384.01
郑 州	Zhengzhou	3712.11	3330.57	8443	8156	301.58
武 汉	Wuhan	3646.94	3229.75	13108	12678	77.05
长 沙	Changsha	2386.74	1973.34	8206	7796	354.13
广 州	Guangzhou	1550.28	1138.20	20014	21582	186.92
深 圳	Shenzhen	722.01	572.99	54132	55441	132.61
南 宁	Nanning	1745.19	1438.25	7782	7697	121.36
海 口	Haikou	393.32	331.44	13233	12644	86.10
重 庆	Chongqing	6536.25	5424.76	8067	8190	1260.92
成 都	Chengdu	3682.52	2660.02	9867	9783	307.41
贵 阳	Guiyang	1114.56	943.29	9361	8843	120.63
昆 明	Kunming	1909.72	1430.17	10472	11085	209.21
西 安	Xi'an	2621.72	2141.12	10171	9985	221.19
兰 州	Lanzhou	642.42	565.93	7924	7232	86.51
西 宁	Xining	332.22	274.02	7313	6733	37.28
银 川	Yinchuan	612.83	529.20	5875	5589	95.69
乌鲁木齐	Urumqi	605.30	509.28	8357	7757	436.64

主要统计指标解释

待开发土地面积 指房地产开发企业经有关部门批准，通过各种方式获得土地使用权，但尚未开工建设的土地面积。

本年土地购置面积 指房地产开发企业本年通过各种方式获得土地使用权的土地面积。

本年土地成交价款 指房地产开发企业本年进行土地使用权交易活动的最终金额。在土地一级市场，是指土地最后的划拨款、“招拍挂”价格和出让价；在土地二级市场是指土地转让、出租、抵押等最后确定的合同价格。土地成交价款与土地购置面积同口径。

土地购置费 指房地产开发企业通过各种方式取得土地使用权而支付的费用。土地购置费按本年实际发生额计入投资。土地购置费为分期付款的，分期计入房地产开发投资。

计划总投资 指房地产开发企业在建的建设工程按照总体设计（或按设计概算或预算）规定的内容全部建成计划需要的总投资。

自开始建设累计完成投资 指房地产开发企业在建的房屋建设工程或正在开发的土地开发工程从开始建设到本年末止累计完成的全部投资。

房地产开发投资 指房地产开发企业本年完成的全部用于房屋建设工程、土地开发工程的投资额以及公益性建筑和土地购置费等的投资。

本年实际到位资金 指房地产开发企业本年实际到位的，可用于房地产开发的各种货币资金。包括国内贷款、利用外资、自筹资金、定金及预收款、个人按揭贷款和其他资金。

房屋施工面积 指房地产开发企业本年施工的全部房屋建筑面积。包括本年新开工的房屋建筑面积、上年跨入本年继续施工的房屋建筑面积、上年停缓建在本年恢复施工的房屋建筑面积、本年竣工的房屋建筑面积以及本年施工后又停缓建的房屋建筑面积。多层建筑应填各层建筑面积之和。

房屋新开工面积 指房地产开发企业本年新开工建设的房屋建筑面积，以单位工程为核算对象。不包括在上年开工跨入本年继续施工的房屋建筑面积和上年停缓建而在本年恢复施工的房屋建筑面积。房屋的开工应以房屋正式开始破土刨槽（地基处理或打永久桩）的日期为准。房屋新开工面积指整栋房屋的全部建筑面积，不能分割计算。

房屋竣工面积 指房地产开发企业本年按照设计要求已全部完工，达到住人和使用条件，经验收鉴定合格或达到竣工验收标准，可正式移交使用的各栋房屋建筑面积的总和。

商品房销售面积 指房地产开发企业本年出售商品房屋的合同总面积(即双方签署的正式买卖合同中所确定的建筑面积)。

商品房销售额 指房地产开发企业本年出售商品房屋的合同总价款(即双方签署的正式买卖合同中所确定的合同总价)。该指标与商品房销售面积同口径。

Explanatory Notes on Main Statistical Indicators

Land Space Pending Development refers to the area of land with its use rights already approved by authorities and obtained by real estate development companies but the land development not yet starts.

Land Space Purchased in the Year refers to the area of land with its use rights already obtained in the year by real estate development companies.

Transaction Value of Land in the Year refers to the final amount of transactions made by real estate development companies to obtain the land use rights in the year. At the primary land market, it refers to the amount of final assignment, or the amount reached and transferred as a result of bidding, auction or listing procedures. In the secondary land market, it refers to the final amount on contracts with land transfer, lease and mortgage. The transaction value of land and the land space purchased have the same scope.

Value of Land Purchased refers to the payment made by real estate development companies for land use rights. The actual payment incurred in the year is included in the investment. The payment by installment when occurring is included in the investment.

Total Investment Planned refers to the total amount required for the completion of the activities according to the planned design or budget for the project under construction by real estate development companies.

Accumulative Investment Actually Completed Since Starting of Construction refers to all the investment accomplished by real estate development companies in the construction of building or the development of land from the beginning to the end of the year.

Investment in Real Estate Development refers to the investment made by real estate development companies in the construction of housing, development of land, nonprofit buildings and value of land purchased.

Total Actual Funds in Place This Year refers to the total amount available for real estate development regardless of kinds of currencies. It includes domestic loans, foreign investment, self-raising funds, deposit and advance payment, personal mortgage loan and others.

Floor Space of Buildings under Construction refers to the total space area of the buildings under construction in the year by real estate development companies. It includes buildings started in the year, continued from the previous year, suspended in earlier years but restarted in the year, completed in the year, and started in the year but suspended in the year as well. The floor space of a multi-storied building should be the sum of floor space of all the stories.

Floor Space of Buildings Started This Year refers to the total floor space area of the buildings started in the year by real estate development companies. It excludes the buildings started in previous years and continued in the year, and the buildings suspended in previous years but restarted in the year. The start of a construction is defined by the date of ground breaking or pile driving. The floor space of the building includes that of the entire building.

Floor Space of Buildings Completed refers to the total floor space area of the buildings completed in the year by real estate development companies, which meet the requirements as designed, reach the criteria set for people to live in or use, have passed the acceptance checks, and are ready for delivery or use.

Area of Commercialized Housing Sold refers to total contracted area of commercialized housing (i.e. area of floor space as designated in the formal contracts signed by both sides) sold by real estate development companies during the reference time.

Value of Commercialized Housing Sold refers to the total contracted value (i.e. value of sales/purchase for selling/purchase of commercialized housing as designated in the contract signed by both sides) received from the sales of the buildings by real estate development companies during the reference time. This indicator has the same coverage as the area of commercialized housing sold.

20

科学技术

Science and Technology

简 要 说 明

本篇资料主要反映我国科学技术活动和企业创新活动开展的基本情况。

一、本篇资料的主要内容

包括全社会以及规模以上工业法人单位、政府属研究机构、高等学校的研究与试验发展（R&D）活动情况；规模以上工业法人单位创新活动开展情况；国内外专利申请和授权情况；高技术企业研发活动情况；科技论文收录情况；高技术产品进出口贸易情况；技术市场交易情况；高新区企业主要经济指标；科协系统科技活动情况；测绘、地震、气象、海洋和质量监督检验检疫等综合技术服务部门业务机构及业务活动情况等。

二、本篇资料的统计范围

科技活动统计资料范围为全社会有研究与试验发展（R&D）活动的企事业单位，具体包括规模以上工业法人单位、地级及以上独立核算的政府属科学研究与技术开发机构及科技信息与文献机构、全日制普通高等学校及附属医院以及研究与试验发展（R&D）活动相对密集行业（包括农、林、牧、渔业，建筑业，交通运输、仓储和邮政业，信息传输、软件和信息技术服务业，金融业，租赁和商务服务业，科学研究和技术服务业，水利、环境和公共设施管理业，卫生和社会工作，文化、体育和娱乐业等）中从事研究与试验发展（R&D）活动的企事业单位。创新活动统计资料范围为规模以上工业法人单位。

三、本篇的资料来源

全国综合资料由国家统计局根据科技综合统计报表的有关资料整理汇总，规模以上工业法人单位、非工业（包括建筑业，交通运输、仓储和邮政业，信息传输、软件和信息技术服务业，租赁和商务服务业，科学研究和技术服务业，水利、环境和公共设施管理业，卫生和社会工作，文化、体育和娱乐业）法人单位科技活动情况由国家统计局根据企业（单位）研发活动统计报表的有关资料整理汇总；农、林、牧、渔业，金融业等行业的企事业单位由国家统计局根据最近年份的调查数据进行推算；规模以上工业法人单位创新活动情况由国家统计局根据企业创新调查的有关资料整理汇总；政府属研究机构资料由科技部和国家国防科技工业局调查提供；科学研究和技术服务业事业的研究与试验发展（R&D）活动情况资料，以及科技论文资料、技术市场资料、高新区企业资料由科技部调查提供；高等学校资料由教育部调查提供；高技术产品进出口贸易资料和出入境货物检验检疫资料由海关总署调查提供；科协系统科技活动资料由中国科协调查提供；专利、测绘、地震、气象和产品质量监督等资料，分别由国家知识产权局、自然资源部、中国地震局、中国气象局、国家市场监督管理总局等部门调查提供。

四、本篇资料的统计调查方法

研究与试验发展(R&D)活动情况采用全面调查取得；创新活动情况采用全面调查取得；科协、专利、测绘、地震、气象、海洋、产品质量监督和检验检疫资料采用抽样等多种调查方法取得。

Brief Introduction

Statistics in this chapter reflect the basic information on scientific and technological activities and innovation activities of enterprises in China.

I. Main Contents

Data on research and experimental development (R&D) activities of the whole society, industrial corporate units above designated size, scientific and technological institutions under the government and institutions of higher education; data on innovation activities of industrial corporate units above designated size; data on domestic and foreign patents application accepted and granted; data on research and experimental development activities of high-technology industry (manufacturing industry) enterprises; data on scientific and technological papers; data on import and export trade of high-technological products; data on technological markets; main economic indicators of enterprises in high-tech development zones; data on the scientific and technological activities in the system of associations for science and technology; data on comprehensive technical service departments' operation institutions and activities, such as surveying and mapping, earthquake, meteorology, ocean and product quality supervision, inspection and quarantine.

Ⅱ.Scope of Statistics

Data on scientific and technological activities cover research and experimental development (R&D) activities of enterprises and institutions of whole society, mainly including industrial corporate units above designated size, scientific research and technological development institutions and scientific and technological information and literature institutions of prefecture level and above under the government with independent accounting, full-time universities and colleges, affiliated hospitals, and enterprises and institutions engaged in R&D activities in relatively R&D-intensive industries (such as agriculture, forestry, animal husbandry, fishery, construction, transport, storage and post, information transmission, software and information technology service, finance, leasing and business services, scientific research and technical services, management of water conservancy, environment and public facilities, health and social service, culture, sports and entertainment). Data on innovation activities cover industrial corporate units above designated size.

Ⅲ.Sources of Data

National Bureau of Statistics provides national comprehensive data on the basis of comprehensive reporting forms of science and technology; data on scientific and technological activities of industrial corporate units above designated size, and non-industrial corporate units (including construction, transport, storage and post, information transmission, information technology service, leasing and business services, scientific research and technical services, management of water conservancy, environment and public facilities, health and social service, culture, sports and enetertainment) based on reporting forms of enterprises'(units') R&D activities. National Bureau of Statistics is responsible for providing estimation on enterprises and institutions in agriculture, forestry, animal husbandry, fishery, finance based on recent surveys. Data on innovation activities of industrial corporate units above designated size is also from the National Bureau of Statistics based on business innovation survey. Ministry of Science and Technology and State Administration of Science, Technology and Industry for National Defense provide information on scientific and technological institutions under the government; Ministry of Science and Technology provides information on R&D activities of scientific research and technical service enterprises and institutions, scientific and technological papers, technological markets and enterprises in high-tech development zones; Ministry of Education provide information on scientific and technological activities in institutions of higher education; General Administration of Customs provides information on import and export trade of high-technological products, and inspection and quarantine for goods inward and outward; China Association for Science and Technology provides data on the scientific and technological activities of associations for science and technology; State Intellectual Property Office, Ministry of Natural Resources, China Earthquake Administration, China Meteorological Administration, State Administration for Market Regulation respectively provide data on patents, surveying and mapping, earthquake, meteorology and product quality supervision.

Ⅳ.Statistical Methodology

Data on R&D activities are collected through complete surveys. Data on innovation activities are collected through complete survey. Data on scientific and technological associations, patents, surveying and mapping, earthquake, meteorology, ocean and product quality supervision, inspection and quarantine are collected through sample surveys and other surveys.

20-1 科技活动基本情况
Basic Statistics on Scientific and Technological Activities

指　标	Item	2014	2015	2016	2017	2018
研究与试验发展(R&D)投入情况	**Statistics on R&D Input**					
R&D人员全时当量（万人年）	Full-time Equivalent of R&D Personnel(10 000 man-years)	371.1	375.9	387.8	403.4	438.1
#基础研究	Basic Research	23.5	25.3	27.5	29.0	30.5
应用研究	Applied Research	40.7	43.0	43.9	49.0	53.9
试验发展	Experimental Development	306.8	307.5	316.4	325.4	353.8
R&D经费支出（亿元）	Expenditure on R&D (100 million yuan)	13015.6	14169.9	15676.7	17606.1	19677.9
#基础研究	Basic Research	613.5	716.1	822.9	975.5	1090.4
应用研究	Applied Research	1398.5	1528.6	1610.5	1849.2	2190.9
试验发展	Experimental Development	11003.6	11925.1	13243.4	14781.4	16396.7
#政府资金	Government Funds	2636.1	3013.2	3140.8	3487.4	3978.6
企业资金	Self-raised Funds by Enterprises	9816.5	10588.6	11923.5	13464.9	15079.3
R&D经费支出与国内生产总值之比（%）	Ratio of Expenditure on R&D to GDP (%)	2.03	2.07	2.12	2.15	2.19
科技产出及成果情况	**Statistics on S&T Outputs and Results**					
发表科技论文（万篇）	Scientific Papers Issued (10 000 pieces)	157	164	165	170	184
出版科技著作（种）	Publication on Science and Technology (kind)	47470	52207	53284	54204	53629
科技成果登记数（项）	Number of Major Achievements in Science and Technology (item)	53140	55284	58779	59792	65720
国家技术发明奖（项）	Number of National Invention Prizes Awarded (item)	70	66	66	66	67
国家科学技术进步奖（项）	Number of National Scientific and Technological Progress Prizes Awarded (item)	202	187	171	170	173
专利申请数（件）	Number of Patent Applications (piece)	2361243	2798500	3464824	3697845	4323112
#发明专利	Inventions	928177	1101864	1338503	1381594	1542002
专利授权数（件）	Number of Patent Grants (piece)	1302687	1718192	1753763	1836434	2447460
#发明专利	Inventions	233228	359316	404208	420144	432147
高技术产品进出口及技术市场情况	**Statistics on Export and Import of High-tech Products and Technical Market**					
高技术产品进出口额(亿美元)	Total Value of Export and Import of High-tech Products (USD 100 million)	12119	12046	11279	12575	14086
高技术产品出口额	Export	6605	6553	6042	6708	7430
高技术产品进口额	Import	5514	5493	5237	5867	6655
技术市场成交额（亿元）	Transaction Value in Technical Market (100 million yuan)	8577	9836	11407	13424	17697

注：1.2017年起专利申请受理数改为专利申请数（以下相关表同）。
　　2.R&D经费支出与国内生产总值之比，根据国内生产总值最新核实数据作了相应修正。

a) Since 2017, number of patent applications accepted change to number of patent applications.The same applies to the relevant tables following.
b) Ratio of expenditure on R&D to GDP was revised by use of lastest updated historical data of GDP.

20-2 科学研究与开发机构基本情况
Basic Statistics on Scientific Research and Development Institutions

指 标	Item	2014	2015	2016	2017	2018
机构基本情况	**Basic Statistics on Institutions**					
机构数 (个)	Number of R&D Institutions (unit)	3677	3650	3611	3547	3306
#中央属	Subordinated to Central Level	720	715	734	728	717
地方属	Subordinated to Local Level	2957	2935	2877	2819	2589
研究与试验发展(R&D)投入情况	**Statistics on R&D Input**					
R&D人员 (万人)	R&D Personnel (10 000 persons)	42.3	43.6	45.0	46.2	46.4
R&D人员全时当量 (万人年)	Full-time Equivalent of R&D Personnel (10 000 man-years)	37.4	38.4	39.0	40.6	41.3
#基础研究	Basic Research	6.6	7.1	8.4	8.4	8.5
应用研究	Applied Research	12.8	13.1	12.7	14.3	14.7
试验发展	Experimental Development	18.0	18.1	17.9	17.8	18.0
R&D经费支出 (亿元)	Expenditure on R&D (100 million yuan)	1926.2	2136.5	2260.2	2435.7	2691.7
#基础研究	Basic Research	258.9	295.3	337.4	384.4	423.1
应用研究	Applied Research	552.9	618.4	642.1	699.4	792.1
试验发展	Experimental Development	1114.4	1222.8	1280.7	1351.9	1476.5
#政府资金	Government Appropriation Funds	1581.0	1802.7	1851.6	2025.9	2285.0
企业资金	Self-raised Funds by Enterprises	62.9	65.4	90.4	91.9	102.6
R&D项目(课题)情况	**Statistics on R&D Topics**					
R&D项目(课题)数 (项)	R&D Projects (item)	91465	99559	100925	112472	117871
R&D项目(课题)人员全时当量 (万人年)	Participants (10 000 man-years)	34.0	34.9	34.4	35.9	36.8
R&D项目(课题)经费支出 (亿元)	Expenditure (100 million yuan)	1272.7	1513.8	1592.5	1720.8	1925.4
科技产出及成果情况	**Statistics on S&T Outputs and Results**					
发表科技论文 (篇)	Scientific Papers Issued (piece)	171928	169989	175169	177572	176003
#国外发表	Published in Foreign Periodicals	47032	47301	50010	54500	58440
出版科技著作 (种)	Publication on Science and Technology (kind)	5023	5662	5714	5459	5722
专利申请数 (件)	Number of Patent Applications (piece)	41966	46559	52331	56267	61404
#发明专利	Inventions	32265	35092	39854	43426	47740
专利授权数 (件)	Number of Patent Grants (piece)	24870	30104	32442	35350	36778
#发明专利	Inventions	15786	19720	21816	24283	23098

20-3 高等学校科技活动情况
Basic Statistics on Higher Education for Science and Technology Activities

指　　标	Item	2014	2015	2016	2017	2018
高等学校基本情况	**Basic Statistics on Higher Education**					
学校数 (个)	Number of Institutions (unit)	2529	2560	2596	2631	2663
#理工农医	Natural Sciences & Technology	1356	1713	2021	2162	2211
#人文社科	Social Sciences & Humanities	1540	1814	2199	2325	2346
R&D机构 (个)	R&D Institutions (unit)	10632	11732	13062	14971	16280
研究与试验发展(R&D)投入情况	**Statistics on R&D Input**					
R&D人员 (万人)	R&D Personnel (10 000 persons)	76.3	83.9	85.2	91.4	98.4
R&D人员全时当量 (万人年)	Full-time Equivalent of R&D Personnel (10 000 man-years)	33.5	35.5	36.0	38.2	41.1
#基础研究	Basic Research	15.5	16.4	16.7	18.1	19.1
应用研究	Applied Research	16.1	17.2	17.3	18.3	19.7
试验发展	Experimental Development	1.9	1.9	2.0	1.9	2.3
R&D经费支出 (亿元)	Expenditure on R&D (100 million yuan)	898.1	998.6	1072.2	1266.0	1457.9
#基础研究	Basic Research	328.6	391.0	432.5	531.1	589.9
应用研究	Applied Research	476.4	516.3	528.4	623.1	711.5
试验发展	Experimental Development	93.1	91.3	111.4	111.8	156.5
#政府资金	Government Appropriation Funds	536.5	637.3	687.8	804.5	972.3
企业资金	Self-raised Funds by Enterprises	302.7	301.5	310.5	360.4	387.2
R&D项目(课题)情况	**Statistics on R&D Topics**					
R&D项目(课题)数 (项)	R&D Projects (item)	766731	841520	894279	966780	1076903
R&D项目(课题)人员全时当量(万人年)	Participants (10 000 man-years)	33.5	35.4	36.0	38.2	41.1
R&D项目(课题)经费支出 (亿元)	Expenditure (100 million yuan)	701.8	765.6	777.2	877.0	988.8
科技产出及成果情况	**Statistics on S&T Outputs and Results**					
发表科技论文 (篇)	Scientific Papers Issued (piece)	1152147	1220467	1267881	1308110	1389912
#国外发表	Published in Foreign Periodicals	278599	313698	355483	390235	459492
出版科技著作 (种)	Publication on Science and Technology (kind)	39326	43136	44518	45591	44794
专利申请数 (件)	Number of Patent Applications (piece)	149961	190351	236665	277524	320790
#发明专利	Inventions	93415	109911	137755	157131	191964
专利授权数 (件)	Number of Patent Grants (piece)	85006	127329	149524	169679	193027
#发明专利	Inventions	39468	55021	66419	78254	79773

20-4 规模以上工业企业的科技活动基本情况
Basic Statistics on Science and Technology Activities of Industrial Enterprises above Designated Size

指标	Item	2004	2009	2017	2018
企业基本情况	**Statistics on Industrial Enterprises**				
有R&D活动企业数 (个)	Number of Enterprises Having R&D Activities (unit)	17075	36387	102218	104820
有R&D活动企业所占比重 (%)	Percentage of Enterprises Having R&D Activities to Total Number of Enterprises (%)	6.2	8.5	27.4	28.0
R&D活动情况	**Statistics on R&D Activities**				
R&D人员全时当量 (万人年)	Full-time Equivalent of R&D Personnel (10 000 man-years)	54.2	144.7	273.6	298.1
R&D经费支出 (亿元)	Expenditure on R&D (100 million yuan)	1104.5	3775.7	12013.0	12954.8
R&D经费支出与主营业务收入之比(%)	Percentage of Expenditure on R&D to Sales Revenue (%)	0.56	0.69	1.06	1.25
R&D项目数 (项)	R&D Projects (item)	53641	194400	445029	472299
R&D项目经费支出 (亿元)	Expenditure on R&D Projects (100 million yuan)	921.2	3185.9	11990.2	12333.5
企业办R&D机构情况	**Statistics on R&D Institutions**				
机构数 (个)	Number of R&D Institutions (unit)	17555	29879	82667	83115
机构人员数 (万人)	R&D Personnel (10 000 persons)	64.4	155.0	325.4	318.3
机构经费支出 (亿元)	Expenditure on R&D (100 million yuan)	841.6	2983.6	8955.5	10321.3
新产品开发及生产情况	**Statistics on New Products Development and Production**				
新产品开发项目数 (个)	Number of New Products (unit)	76176	237754	477861	558305
新产品开发经费支出 (亿元)	Expenditure on New Products Development (100 million yuan)	965.7	4482.0	13497.8	14987.2
新产品销售收入 (亿元)	Sales Revenue of New Products (100 million yuan)	22808.6	65838.2	191568.7	197094.1
#新产品出口	Export	5312.2	11572.5	34944.8	36160.8
专利情况	**Statistics on Patents**				
专利申请数 (件)	Number of Patent Applications (piece)	64569	265808	817037	957298
#发明专利	Inventions	20456	92450	320626	371569
有效发明专利数 (件)	Number of Inventions in Force (piece)	30315	118245	933990	1094200
技术获取和技术改造情况	**Statistics on Technology Acquisition and Technology Reconstruction**				
引进国外技术经费支出 (亿元)	Expenditure for Acquisition of Foreign Technology(100 million yuan)	397.4	422.2	399.3	465.3
引进技术消化吸收经费支出(亿元)	Expenditure for Assimilation of Technology(100 million yuan)	61.2	182.0	118.5	91.0
购买国内技术经费支出 (亿元)	Expenditure for Purchase of Domestic Technology(100 million yuan)	82.5	203.4	200.9	440.2
技术改造经费支出 (亿元)	Expenditure for Technical Renovation (100 million yuan)	2953.5	4344.7	3103.4	3233.4

注：从2011年起，规模以上工业企业的统计范围从年主营业务收入为500万元及以上的法人工业企业调整为年主营业务收入为2000万元及以上的法人工业企业。以下各表同。

a) From 2011, the statistics range of the industrial enterprises above designated size change from the industrial enterprises with the sales revenue above 5 million RMB to the industrial enterprises with the sales revenue above 20 million RMB. The same applies to the following table.

20-5 按登记注册类型分规模以上工业企业研究与试验发展(R&D)活动及专利情况(2018年)

Statistics on R&D Activities and Patents of Industrial Enterprises above Designated Size by Registration Status (2018)

登记注册类型	Status of Registration	R&D人员全时当量(人年) Full-time Equivalent of R&D Personnel (man-year)	R&D经费(万元) Expenditure on R&D (10 000 yuan)	R&D项目数(项) R&D Projects (unit)	专利申请数(件) Number of Patent Applications (piece)	#发明专利 Inventions	有效发明专利数(件) Number of Inventions In Force (piece)
合　计	**Total**	**2981234**	**129548264**	**472299**	**957298**	**371569**	**1094200**
#大中型工业企业	Large and Medium-sized Industrial Enterprises	2016465	95426947	213215	541149	241854	692288
内资企业	**Domestic Funded Enterprises**	**2327232**	**102720472**	**395457**	**819575**	**321873**	**907856**
国有企业	State-owned Enterprises	21624	834378	2632	10004	4771	12259
集体企业	Collective-owned Enterprises	2126	77889	336	373	147	340
股份合作企业	Cooperative Enterprises	2175	69943	591	617	133	553
联营企业	Joint Ownership Enterprises	108	2899	28	32	17	36
国有联营企业	State Joint Ownership Enterprises	40	1356	11	19	7	26
有限责任公司	Limited Liability Corporations	862665	42793343	125602	277326	126831	365468
国有独资公司	State Sole Funded Corporations	125482	7107416	17052	50873	23494	57907
股份有限公司	Share-holding Corporations Ltd.	442700	20251745	57178	150680	67621	206003
私营企业	Private Enterprises	993467	38516119	208855	380281	122242	322578
其他企业	Other Enterprises	2368	174157	235	262	111	619
港、澳、台商投资企业	**Enterprises with Funds from Hong Kong, Macao and Taiwan**	**319641**	**11307500**	**36250**	**68851**	**25946**	**89280**
合资经营企业	Joint-venture Enterprises	107096	4118014	14127	24945	9070	33172
合作经营企业	Cooperative Enterprises	3130	112452	434	498	131	430
独资经营企业	Enterprises with Sole Fund	182142	6090516	19336	38234	14420	48713
投资股份有限公司	Share-holding Corporations Ltd.	25275	901197	1966	4805	2263	6642
外商投资企业	**Foreign Funded Enterprises**	**334362**	**15520292**	**40592**	**68872**	**23750**	**97064**
中外合资经营企业	Joint-venture Enterprises	142701	8221204	18115	35122	11844	44918
中外合作经营企业	Cooperation Enterprises	3653	164774	621	842	293	850
外资企业	Enterprises with Sole Fund	166758	6177710	19461	27371	9215	42674
外商投资股份有限公司	Share-holding Corporations Ltd.	17203	842015	1986	4820	2150	7997

20-6 按行业分规模以上工业企业研究与试验发展(R&D)活动及专利情况(2018年)

Statistics on R&D Activities and Patents of Industrial Enterprises above Designated Size by Industrial Sector (2018)

行业	Sector	R&D人员全时当量(人年) Full-time Equivalent of R&D Personnel (man-year)	R&D经费(万元) Expenditure on R&D (10 000 yuan)	R&D项目数(项) R&D Projects (unit)	专利申请数(件) Number of Patent Applications (piece)	#发明专利 Inventions	有效发明专利数(件) Number of Inventions In Force (piece)
全国总计	**Total**	**2981234**	**129548264**	**472299**	**957298**	**371569**	**1094200**
煤炭开采和洗选业	Mining and Washing of Coal	33477	1464527	2814	3769	1006	2596
石油和天然气开采业	Extraction of Petroleum and Natural Gas	13818	892631	1825	4196	1760	3466
黑色金属矿采选业	Mining and Processing of Ferrous Metal Ores	2425	120432	390	643	280	1083
有色金属矿采选业	Mining and Processing of Non-ferrous Metal Ores	5206	317254	894	705	200	761
非金属矿采选业	Mining and Processing of Non-metal Ores	3495	148071	709	602	233	570
农副食品加工业	Processing of Food from Agricultural Products	50917	2610675	10685	11774	4497	9524
食品制造业	Manufacture of Foods	39454	1609628	8095	9227	4071	10906
酒、饮料和精制茶制造业	Manufacture of Liquor, Beverages and Refined Tea	23705	1018097	3822	4796	1609	4362
烟草制品业	Manufacture of Tobacco	4829	266076	1292	4763	1991	4196
纺织业	Manufacture of Textile	74347	2554381	11663	18239	4881	10822
纺织服装、服饰业	Manufacture of Textile, Wearing Apparel and Accessories	39323	1029904	4747	6274	1594	4437
皮革、毛皮、羽毛及其制品和制鞋业	Manufacture of Leather, Fur, Feather and Related Products and Footwear	23407	590077	3082	4774	931	2339
木材加工和木、竹、藤、棕、草制品业	Processing of Timber, Manufacture of Wood, Bamboo, Rattan, Palm and Straw Products	14398	546652	2785	4112	1338	3246
家具制造业	Manufacture of Furniture	25473	680099	3960	11064	1644	6546
造纸及纸制品业	Manufacture of Paper and Paper Products	32895	1677816	5114	6841	1922	6091
印刷和记录媒介复制业	Printing and Reproduction of Recording Media	22078	667108	4046	6356	1906	5284
文教、工美、体育和娱乐用品制造业	Manufacture of Articles for Culture, Education, Arts and Crafts, Sport and Entertainment Activities	41346	1117519	6758	15306	2951	9630
石油加工、炼焦及核燃料加工业	Processing of Petroleum, Coking and Processing of Nuclear Fuel	13969	1454100	2812	2884	1263	4784
化学原料及化学制品制造业	Manufacture of Raw Chemical Materials and Chemical Products	168331	8999255	36708	42545	20910	61451
医药制造业	Manufacture of Medicines	125919	5808857	28167	21698	11494	45766
化学纤维制造业	Manufacture of Chemical Fibre	19528	1121162	2956	3126	1149	3595
橡胶和塑料制品业	Manufacture of Rubber and Plastics Products	95472	3188856	18726	29054	8812	28690
非金属矿物制品业	Manufacture of Non-metallic Mineral Products	104704	4158518	19898	30385	10105	27727
黑色金属冶炼和压延加工业	Smelting and Pressing of Ferrous Metals	78600	7068794	9805	14303	5883	17006
有色金属冶炼和压延加工业	Smelting and Pressing of Non-ferrous Metals	64107	4425396	11347	14259	4881	17256
金属制品业	Manufacture of Metal Products	117850	3893723	23093	38868	11177	39321
通用设备制造业	Manufacture of General Purpose Machinery	218175	7356003	44338	78960	24789	78732
专用设备制造业	Manufacture of Special Purpose Machinery	194430	7257638	37614	81540	28610	97839
汽车制造业	Manufacture of Automobiles	260473	13121411	32780	66367	19678	57360
铁路、船舶、航空航天和其他运输设备制造业	Manufacture of Railway, Ship, Aerospace and Other Transport Equipments	89290	4008146	11235	24492	10641	33164
电气机械和器材制造业	Manufacture of Electrical Machinery and Apparatus	306281	13201357	52317	152766	54776	136014
计算机、通信和其他电子设备制造业	Manufacture of Computers, Communication and Other Electronic Equipment	552618	22799013	44990	179405	100216	300369
仪器仪表制造业	Instruments and Meters	70486	2232177	13166	25087	8822	28460
其他制造业	Other Manufacturing	12013	386890	1535	4026	1676	4406
金属制品、机械和设备修理业	Repair Service of Metal Products, Machinery and Equipment	4220	130529	595	999	423	869
电力、热力生产和供应业	Production and Supply of Electric Power and Heat Power	18277	968697	4685	28463	11742	20446
燃气生产和供应业	Production and Supply of Gas	3351	136339	454	637	164	371
水的生产和供应业	Production and Supply of Water	2510	98645	525	842	251	906

20-7 分地区规模以上工业企业研究与试验发展(R&D)活动及专利情况(2018年)

Statistics on R&D Activities and Patents of Industrial Enterprises above Designated Size by Region (2018)

地 区	Region	R&D人员全时当量(人年) Full-time Equivalent of R&D Personnel (man-year)	R&D经费(万元) Expenditure on R&D (10 000 yuan)	R&D项目数(项) R&D Projects (unit)	专利申请数(件) Number of Patent Applications (piece)	#发明专利 Inventions	有效发明专利数(件) Number of Inventions In Force (piece)
全 国	**National Total**	**2981234**	**129548264**	**472299**	**957298**	**371569**	**1094200**
北 京	Beijing	46929	2740103	7039	20655	10386	42851
天 津	Tianjin	53280	2528761	11440	15051	4939	23407
河 北	Hebei	68956	3819916	9921	16707	6067	18762
山 西	Shanxi	27228	1312531	3243	5423	2416	7917
内蒙古	Inner Mongolia	15777	1033594	2318	3769	1440	3909
辽 宁	Liaoning	53133	3006014	9225	12485	5425	21089
吉 林	Jilin	11124	575015	1715	3333	1314	4612
黑龙江	Heilongjiang	13110	605680	2631	2764	1232	4708
上 海	Shanghai	88016	5548768	12442	29258	12541	47940
江 苏	Jiangsu	455530	20245195	72426	165096	55944	176120
浙 江	Zhejiang	394147	11473921	77940	100254	27998	62341
安 徽	Anhui	106744	4973027	16695	56596	26175	56296
福 建	Fujian	120723	5249417	18716	31529	9850	29543
江 西	Jiangxi	67394	2677714	13658	26303	5216	11878
山 东	Shandong	236515	14184975	46625	60928	31329	63496
河 南	Henan	128054	5289250	16774	27603	8911	23857
湖 北	Hubei	105041	5255194	13574	28003	12858	32421
湖 南	Hunan	102800	5167217	15311	26339	11517	33659
广 东	Guangdong	621950	21072031	76985	241700	103499	328467
广 西	Guangxi	17228	891031	2884	6239	2559	6846
海 南	Hainan	1971	113708	548	576	249	1258
重 庆	Chongqing	61956	2992091	12484	18049	6198	17579
四 川	Sichuan	77848	3423923	11779	26277	10705	35959
贵 州	Guizhou	20041	762280	2860	5976	2611	6544
云 南	Yunnan	24048	1070172	4216	6190	2038	6466
西 藏	Tibet	326	8625	35	39	15	82
陕 西	Shaanxi	39315	2165554	4470	10182	4436	16892
甘 肃	Gansu	8026	476151	1305	3342	1207	3208
青 海	Qinghai	1157	67716	220	859	321	559
宁 夏	Ningxia	7060	369910	1739	2205	929	2282
新 疆	Xinjiang	5806	448779	1081	3568	1244	3252

20-8 按登记注册类型分规模以上工业企业新产品开发及生产情况(2018年)

New Products Development and Production of Industrial Enterprises above Designated Size by Registration Status (2018)

登记注册类型	Status of Registration	新产品开发项目数(项) New Products (unit)	新产品开发经费支出(万元) Expenditure on New Products Development (10 000 yuan)	新产品销售收入(万元) Sales Revenue of New Products (10 000 yuan)	#出口 Exports
合　计	**Total**	**558305**	**149872196**	**1970940694**	**361608191**
#大中型工业企业	Large and Medium-sized Industrial Enterprises	233296	108744999	1591166154	323444065
内资企业	**Domestic Funded Enterprises**	**463865**	**116493351**	**1438177877**	**185889554**
国有企业	State-owned Enterprises	2466	841252	12834758	265461
集体企业	Collective-owned Enterprises	333	66523	396666	32193
股份合作企业	Cooperative Enterprises	645	78042	599977	50936
联营企业	Joint Ownership Enterprises	15	1797	29743	7994
国有联营企业	State Joint Ownership Enterprises	5	731	18683	7994
有限责任公司	Limited Liability Corporations	142539	48431587	573408674	74852834
国有独资公司	State Sole Funded Corporations	17539	7571132	104568169	7368217
股份有限公司	Share-holding Corporations Ltd.	63899	21885257	300572095	41794038
私营企业	Private Enterprises	253782	45017359	547795829	68152559
其他企业	Other Enterprises	186	171535	2540136	733538
港、澳、台商投资企业	**Enterprises with Funds from Hong Kong, Macao and Taiwan**	**44253**	**13938026**	**233315345**	**94313186**
合资经营企业	Joint-venture Enterprises	16524	4891951	69815693	13435973
合作经营企业	Cooperative Enterprises	482	140592	2232362	384354
独资经营企业	Enterprises with Sole Fund	24636	7784585	147383557	74715812
投资股份有限公司	Share-holding Corporations Ltd.	2321	1057533	13065242	5565052
外商投资企业	**Foreign Funded Enterprises**	**50187**	**19440818**	**299447472**	**81405452**
中外合资经营企业	Joint-venture Enterprises	22500	10152833	171839945	28923054
中外合作经营企业	Cooperation Enterprises	686	212229	5309555	1329250
外资企业	Enterprises with Sole Fund	24637	8072917	106898739	48015832
外商投资股份有限公司	Share-holding Corporations Ltd.	1824	845899	12175929	2126532

20-9 按行业分规模以上工业企业新产品开发及生产情况(2018年) New Products Development and Production of Industrial Enterprises above Designated Size by Industrial Sector (2018)

行业	Sector	新产品开发项目数(项) New Products (unit)	新产品开发经费支出(万元) Expenditure on New Products Development (10 000 yuan)	新产品销售收入(万元) Sales Revenue of New Products (10 000 yuan)	#出口 Exports
全国总计	**Total**	**558305**	**149872196**	**1970940694**	**361608191**
煤炭开采和洗选业	Mining and Washing of Coal	1341	726981	10427845	92145
石油和天然气开采业	Extraction of Petroleum and Natural Gas	596	183456	1199813	320
黑色金属矿采选业	Mining and Processing of Ferrous Metal Ores	216	45036	805344	
有色金属矿采选业	Mining and Processing of Non-Ferrous Metal Ores	372	136896	2485995	1335
非金属矿采选业	Mining and Processing of Non-metal Ores	479	86931	1478469	29915
农副食品加工业	Processing of Food from Agricultural Products	11862	2833269	31857685	1585970
食品制造业	Manufacture of Foods	9383	1760064	16559504	1385171
酒、饮料和精制茶制造业	Manufacture of Liquor, Beverages and Refined Tea	4372	1159340	12714993	277830
烟草制品业	Manufacture of Tobacco	1185	289341	9723200	39933
纺织业	Manufacture of Textile	12781	2687412	35772339	7315129
纺织服装、服饰业	Manufacture of Textile, Wearing Apparel and Accessories	5486	1245650	18021068	4853931
皮革、毛皮、羽毛及其制品和制鞋业	Manufacture of Leather, Fur, Feather and Related Products and Footwear	4036	889357	10068446	2237560
木材加工和木、竹、藤、棕、草制品业	Processing of Timber, Manufacture of Wood, Bamboo, Rattan, Palm and Straw Products	3011	605079	5931369	819723
家具制造业	Manufacture of Furniture	5210	840057	11198873	3870080
造纸及纸制品业	Manufacture of Paper and Paper Products	5761	1674834	29140356	1588980
印刷和记录媒介复制业	Printing and Reproduction of Recording Media	4463	730496	9290974	1376944
文教、工美、体育和娱乐用品制造业	Manufacture of Articles for Culture, Education, Arts and Crafts, Sport and Entertainment Activities	8612	1303119	14594113	4878406
石油加工、炼焦及核燃料加工业	Processing of Petroleum, Coking and Processing of Nuclear Fuel	2323	1009337	32059068	567111
化学原料及化学制品制造业	Manufacture of Raw Chemical Materials and Chemical Products	37432	8253092	123874658	11818654
医药制造业	Manufacture of Medicines	31679	6520596	63670361	4872274
化学纤维制造业	Manufacture of Chemical Fibres	3154	1308989	22069534	1792917
橡胶和塑料制品业	Manufacture of Rubber and Plastics Products	24521	4050187	44784363	8702346
非金属矿物制品业	Manufacture of Non-metallic Mineral Products	21309	4242260	49171293	4805808
黑色金属冶炼和压延加工业	Smelting and Pressing of Ferrous Metals	9760	7602846	95748048	6737601
有色金属冶炼和压延加工业	Smelting and Pressing of Non-ferrous Metals	10364	4082921	80367983	5368811
金属制品业	Manufacture of Metal Products	28036	4624373	51534577	8978024
通用设备制造业	Manufacture of General Purpose Machinery	53128	8812594	100236056	15063913
专用设备制造业	Manufacture of Special Purpose Machinery	46597	8423383	84073383	11634032
汽车制造业	Manufacture of Automobiles	40322	16529584	256795586	12887080
铁路、船舶、航空航天和其他运输设备制造业	Manufacture of Railway, Ship, Aerospace and Other Transport Equipments	13382	4756781	56039830	11499332
电气机械和器材制造业	Manufacture of Electrical Machinery and Apparatus	67027	16855765	225188311	45409743
计算机、通信和其他电子设备制造业	Manufacture of Computers, Communication and Other Electronic Equipment	64306	31123181	427938758	176358233
仪器仪表制造业	Manufacture of Measuring Instruments and Machinery	17285	2766508	21445571	2940465
其他制造业	Other Manufacture	2064	409228	3238595	711186
金属制品、机械和设备修理业	Repair Service of Metal Products, Machinery and Equipment	702	151502	2436910	725595
电力、热力生产和供应业	Production and Supply of Electric Power and Heat Power	3292	618904	3960133	7201
燃气生产和供应业	Production and Supply of Gas	505	116863	1073320	
水的生产和供应业	Production and Supply of Water	393	81208	676036	

20-10 分地区规模以上工业企业新产品开发及生产情况(2018年)
New Products Development and Production of Industrial Enterprises above Designated Size by Region (2018)

地 区	Region	新产品开发项目数(项) New Products (unit)	新产品开发经费支出(万元) Expenditure on New Products Development (10 000 yuan)	新产品销售收入(万元) Sales Revenue of New Products (10 000 yuan)	#出口 Exports
全 国	**National Total**	**558305**	**149872196**	**1970940694**	**361608191**
北 京	Beijing	11010	3602685	41366175	5354562
天 津	Tianjin	11797	2137893	38556643	8416069
河 北	Hebei	11449	3863708	52288698	4671720
山 西	Shanxi	3913	1354351	19413025	2038313
内蒙古	Inner Mongolia	1686	710278	10282645	603472
辽 宁	Liaoning	9876	3062357	45567574	5038970
吉 林	Jilin	2842	1078717	13474958	749463
黑龙江	Heilongjiang	3036	532983	5613764	181944
上 海	Shanghai	18259	7558012	97967290	13096380
江 苏	Jiangsu	80921	24680855	284250383	63493280
浙 江	Zhejiang	87445	12700402	233081591	45318591
安 徽	Anhui	25728	5711342	95323850	11709784
福 建	Fujian	18067	4966148	53008984	13328030
江 西	Jiangxi	15614	3673303	45117850	5201810
山 东	Shandong	40440	11608192	152465038	19738909
河 南	Henan	16230	4481123	76882017	34113209
湖 北	Hubei	15372	5854098	88629723	4368604
湖 南	Hunan	15020	5417313	76162442	4670585
广 东	Guangdong	121523	33366963	393760563	102891377
广 西	Guangxi	3444	1091022	18335851	1615378
海 南	Hainan	706	147630	1053103	150338
重 庆	Chongqing	12812	3094253	42163130	8251054
四 川	Sichuan	13962	3931381	35763417	2722689
贵 州	Guizhou	3102	736265	7469914	183179
云 南	Yunnan	4150	965427	9288303	215879
西 藏	Tibet	38	4547	181067	
陕 西	Shaanxi	6103	2350624	20333648	2297565
甘 肃	Gansu	1279	456615	2751331	713181
青 海	Qinghai	195	86575	1232662	760
宁 夏	Ningxia	1350	234314	4826467	225479
新 疆	Xinjiang	936	412821	4328589	247617

20-11 按行业分规模以上工业企业产品和工艺创新情况(2018年)
Industrial Enterprises above Designated Size with Product or Process Innovation by Sector (2018)

行　业	Sector	有产品或工艺创新活动的企业数(个) Number of Product or Process Innovation-active Enterprises (unit)	有产品或工艺创新活动的企业占规模以上工业企业的比重(%) As Percentage of Industrial Enterprises above Designated Size (%)	#实现产品创新的企业所占比重 Product Innovators	#实现工艺创新的企业所占比重 Process Innovators
总　计	**Total**	**161333**	**43.0**	**28.8**	**30.4**
采矿业	Mining	1606	15.6	3.8	10.7
煤炭开采和洗选业	Mining and Washing of Coal	560	13.1	2.5	9.2
石油和天然气开采业	Extraction of Petroleum and Natural Gas	50	44.2	10.6	27.4
黑色金属矿采选业	Mining and Processing of Ferrous Metal Ores	168	13.2	2.7	9.9
有色金属矿采选业	Mining and Processing of Non-ferrous Metal Ores	286	22.2	4.2	15.6
非金属矿采选业	Mining and Processing of Non-metal Ores	473	15.1	5.1	9.7
开采专业及辅助性活动	Support Activies for Mining	65	32.2	10.9	21.8
其他采矿业	Mining of Other Ores	4	33.3	8.3	8.3
制造业	Manufacture	157492	44.7	30.4	31.6
农副食品加工业	Processing of Food from Agricultural Products	7069	30.4	17.2	20.1
食品制造业	Manufacture of Foods	3632	42.2	27.9	28.5
酒、饮料和精制茶制造业	Manufacture of Liquor, Beverages and Refined Tea	2353	37.0	22.4	24.5
烟草制品业	Manufacture of Tobacco	73	67.6	45.4	50.9
纺织业	Manufacture of Textile	6468	34.6	22.8	23.6
纺织服装、服饰业	Manufacture of Textile, Wearing Apparel and Accessories	3759	26.7	16.2	16.8
皮革、毛皮、羽毛及其制品和制鞋业	Manufacture of Leather, Fur, Feather and Related Products and Footware	2799	34.2	22.7	19.4
木材加工和木、竹、藤、棕、草制品业	Processing of Timber, Manufacture of Wood, Bamboo, Rattan, Palm and Straw Products	2265	25.0	13.2	17.4
家具制造业	Manufacture of Furniture	2146	33.7	22.2	23.3
造纸和纸制品业	Manufacture of Paper and Paper Products	2249	33.5	20.7	24.5
印刷和记录媒介复制业	Printing and Reproduction of Recording Media	2058	36.2	21.9	26.8
文教、工美、体育和娱乐用品制造业	Manufacture of Articles for Culture, Education, Arts and Crafts, Sport and Entertainment Activities	3659	40.1	27.5	26.9
石油加工、炼焦和核燃料加工业	Processing of Petroleum, Coking and Processing of Nuclear Fuel	709	36.0	17.4	25.4
化学原料和化学制品制造业	Manufacture of Raw Chemical Materials and Chemical Products	11350	50.6	32.7	35.7
医药制造业	Manufacture of Medicines	5063	68.3	40.9	47.8
化学纤维制造业	Manufacture of Chemical Fibres	919	50.3	34.8	36.7
橡胶和塑料制品业	Manufacture of Rubber and Plastics Products	7944	41.8	29.0	30.1
非金属矿物制品业	Manufacture of Non-metallic Mineral Products	10185	29.2	16.1	20.0
黑色金属冶炼和压延加工业	Smelting and Pressing of Ferrous Metals	1701	33.1	20.5	24.7
有色金属冶炼和压延加工业	Smelting and Pressing of Non-ferrous Metals	3092	44.0	27.8	31.9
金属制品业	Manufacture of Metal Products	9818	41.5	27.2	30.1
通用设备制造业	Manufacture of General Purpose Machinery	13692	56.0	41.8	40.7
专用设备制造业	Manufacture of Special Purpose Machinery	11289	61.1	45.2	44.1
汽车制造业	Manufacture of Automobiles	8583	56.3	41.8	42.2
铁路、船舶、航空航天和其他运输设备制造业	Manufacture of Railway, Ship, Aerospace and Other Transport Equipments	2610	54.9	40.3	39.4
电气机械和器材制造业	Manufacture of Electrical Machinery and Apparatus	15225	62.3	47.5	45.0
计算机、通信和其他电子设备制造业	Manufacture of Computers, Communication and Other Electronic Equipment	12102	69.7	53.5	51.6
仪器仪表制造业	Manufacture of Measuring Instruments and Machinery	3300	74.4	59.2	51.6
其他制造业	Other Manufacture	737	43.7	29.8	29.5
废弃资源综合利用业	Utilization of Waste Resources	499	29.2	12.1	19.0
金属制品、机械和设备修理业	Repair Service of Metal Products, Machinery and Equipment	144	37.3	20.2	27.2
电力、热力、燃气及水生产和供应业	Production and Supply of Electricity, Heat, Gas and Water	2235	18.8	2.9	13.0
电力、热力生产和供应业	Production and Supply of Electric Power and Heat Power	1501	18.9	2.7	13.0
燃气生产和供应业	Production and Supply of Gas	287	15.0	2.6	10.0
水的生产和供应业	Production and Supply of Water	447	22.0	4.0	15.7

20-12 按登记注册类型分规模以上工业企业产品和工艺创新情况(2018年)

Industrial Enterprises above Designated Size with Product or Process Innovation by Status of Registration (2018)

登记注册类型	Status of Registration	有产品或工艺创新活动的企业数(个) Number of Product or Process Innovation-active Enterprises (unit)	有产品或工艺创新活动的企业占规模以上工业企业的比重(%) As Percentage of Industrial Enterprises above Designated Size (%)	#实现产品创新的企业所占比重 Product Innovators	#实现工艺创新的企业所占比重 Process Innovators
总　计	**Total**	**161333**	**43.0**	**28.8**	**30.4**
内资企业	Domestic Funded Enterprises	139393	42.2	28.1	29.8
国有企业	State-owned Enterprises	395	26.8	13.8	18.4
集体企业	Collective-owned Enterprises	244	17.8	8.7	10.8
股份合作企业	Cooperative Enterprises	316	40.6	28.0	25.4
联营企业	Joint Ownership Enterprises	18	26.5	11.8	16.2
有限责任公司	Limited Liability Corporations	34214	43.5	28.5	31.5
国有独资公司	State Sole Funded Corporations	1688	44.4	25.4	33.5
股份有限公司	Share-holding Corporations Ltd.	8451	68.7	52.7	52.5
私营企业	Private Enterprises	95744	40.7	26.9	28.3
其他企业	Other Enterprises	11	16.4	9.0	11.9
港、澳、台商投资企业	Enterprises with Funds from Hong Kong, Macao and Taiwan	10187	49.7	34.6	35.7
外商投资企业	Foreign Funded Enterprises	11753	48.8	33.7	34.0

20-13 按行业分规模以上工业企业组织(管理)和营销创新情况(2018年)

Industrial Enterprises above Designated Size with Orgnizational or Marketing Innovation by Sector (2018)

行 业	Sector	有组织(管理)或营销创新活动的企业数(个) Number of Orgnizational or Marketing Innovation-active Enterprises (unit)	有组织(管理)或营销创新活动的企业占规模以上工业企业的比重(%) As Percentage of Industrial Enterprises above Designated Size (%)	#实现组织(管理)创新的企业所占比重 Orgnizational Innovators	#实现营销创新的企业所占比重 Marketing Innovators
总 计	**Total**	**136211**	**36.3**	**29.3**	**28.0**
采矿业	Mining	1791	17.4	15.6	9.1
煤炭开采和洗选业	Mining and Washing of Coal	693	16.2	14.9	8.9
石油和天然气开采业	Extraction of Petroleum and Natural Gas	35	31.0	29.2	8.0
黑色金属矿采选业	Mining and Processing of Ferrous Metal Ores	196	15.4	14.5	6.0
有色金属矿采选业	Mining and Processing of Non-ferrous Metal Ores	272	21.1	19.6	8.0
非金属矿采选业	Mining and Processing of Non-metal Ores	540	17.2	14.4	10.9
开采专业及辅助性活动	Support Activies for Mining	53	26.2	25.7	10.4
其他采矿业	Mining of Other Ores	2	16.7	16.7	8.3
制造业	Manufacture	131765	37.4	30.0	29.2
农副食品加工业	Processing of Food from Agricultural Products	8116	34.9	25.4	30.3
食品制造业	Manufacture of Foods	3801	44.2	31.3	39.7
酒、饮料和精制茶制造业	Manufacture of Liquor, Beverages and Refined Tea	2744	43.2	30.1	39.5
烟草制品业	Manufacture of Tobacco	51	47.2	36.1	36.1
纺织业	Manufacture of Textile	5242	28.0	22.2	21.2
纺织服装、服饰业	Manufacture of Textile, Wearing Apparel and Accessories	3370	23.9	18.7	17.8
皮革、毛皮、羽毛及其制品和制鞋业	Manufacture of Leather, Fur, Feather and Related Products and Footware	2119	25.9	19.0	20.5
木材加工和木、竹、藤、棕、草制品业	Processing of Timber, Manufacture of Wood, Bamboo, Rattan, Palm and Straw Products	2307	25.4	19.0	20.2
家具制造业	Manufacture of Furniture	2014	31.6	24.0	26.9
造纸和纸制品业	Manufacture of Paper and Paper Products	2111	31.5	24.3	24.9
印刷和记录媒介复制业	Printing and Reproduction of Recording Media	1791	31.5	25.4	24.1
文教、工美、体育和娱乐用品制造业	Manufacture of Articles for Culture, Education, Arts and Crafts, Sport and Entertainment Activities	3115	34.1	24.9	28.8
石油加工、炼焦和核燃料加工业	Processing of Petroleum, Coking and Processing of Nuclear Fuel	687	34.8	29.4	25.1
化学原料和化学制品制造业	Manufacture of Raw Chemical Materials and Chemical Products	9052	40.3	32.7	31.8
医药制造业	Manufacture of Medicines	4097	55.2	44.1	46.0
化学纤维制造业	Manufacture of Chemical Fibres	670	36.7	30.2	26.6
橡胶和塑料制品业	Manufacture of Rubber and Plastics Products	6719	35.4	28.1	27.3
非金属矿物制品业	Manufacture of Non-metallic Mineral Products	9590	27.5	22.6	20.2
黑色金属冶炼和压延加工业	Smelting and Pressing of Ferrous Metals	1444	28.1	23.9	19.6
有色金属冶炼和压延加工业	Smelting and Pressing of Non-ferrous Metals	2366	33.7	28.6	22.8
金属制品业	Manufacture of Metal Products	8041	34.0	27.8	25.5
通用设备制造业	Manufacture of General Purpose Machinery	10722	43.9	36.3	33.9
专用设备制造业	Manufacture of Special Purpose Machinery	8730	47.2	39.4	37.0
汽车制造业	Manufacture of Automobiles	6534	42.8	37.0	29.9
铁路、船舶、航空航天和其他运输设备制造业	Manufacture of Railway, Ship, Aerospace and Other Transport Equipments	1973	41.5	35.4	29.1
电气机械和器材制造业	Manufacture of Electrical Machinery and Apparatus	11724	47.9	38.8	38.7
计算机、通信和其他电子设备制造业	Manufacture of Computers, Communication and Other Electronic Equipment	9006	51.9	43.3	39.7
仪器仪表制造业	Manufacture of Measuring Instruments and Machinery	2460	55.5	45.6	44.0
其他制造业	Other Manufacture	629	37.3	29.8	30.4
废弃资源综合利用业	Utilization of Waste Resources	423	24.8	21.4	15.0
金属制品、机械和设备修理业	Repair Service of Metal Products, Machinery and Equipment	117	30.3	29.3	14.5
电力、热力、燃气及水生产和供应业	Production and Supply of Electricity, Heat, Gas and Water	2655	22.3	19.9	10.0
电力、热力生产和供应业	Production and Supply of Electric Power and Heat Power	1736	21.9	19.9	8.7
燃气生产和供应业	Production and Supply of Gas	503	26.3	21.5	16.1
水的生产和供应业	Production and Supply of Water	416	20.5	18.0	8.9

20-14 按登记注册类型分规模以上工业企业组织(管理)和营销创新情况(2018年)

Industrial Enterprises above Designated Size with Orgnizational or Marketing Innovation by Status of Registration (2018)

登记注册类型	Status of Registration	有组织(管理)或营销创新活动的企业数(个) Number of Orgnizational or Marketing Innovation-active Enterprises (unit)	有组织(管理)或营销创新活动的企业占规模以上工业企业的比重(%) As Percentage of Industrial Enterprises above Designated Size (%)	#实现组织(管理)创新的企业所占比重 Orgnizational Innovators	#实现营销创新的企业所占比重 Marketing Innovators
总　计	**Total**	**136211**	**36.3**	**29.3**	**28.0**
内资企业	Domestic Funded Enterprises	120214	36.4	29.4	28.4
国有企业	State-owned Enterprises	381	25.9	23.4	14.6
集体企业	Collective-owned Enterprises	249	18.2	14.1	12.0
股份合作企业	Cooperative Enterprises	194	24.9	19.4	18.7
联营企业	Joint Ownership Enterprises	20	29.4	25.0	17.6
有限责任公司	Limited Liability Corporations	30193	38.4	31.8	28.5
国有独资公司	State Sole Funded Corporations	1528	40.2	36.2	24.1
股份有限公司	Share-holding Corporations Ltd.	7005	56.9	48.8	45.2
私营企业	Private Enterprises	82161	34.9	27.8	27.7
其他企业	Other Enterprises	11	16.4	14.9	11.9
港、澳、台商投资企业	Enterprises with Funds from Hong Kong, Macao and Taiwan	7437	36.3	28.6	26.6
外商投资企业	Foreign Funded Enterprises	8560	35.5	28.4	24.7

20-15 大中型高技术产业(制造业)企业R&D及相关活动情况

Statistics on R&D and Related Activities in High Technology Industry (Manufacturing Industry) of Large and Medium-sized Enterprises

指　标	Item	2000	2005	2010	2015	2017	2018
R&D机构数 (个)	R&D Institutions (unit)	1379	1619	3184	5572	7018	6399
R&D人员全时当量(万人年)	Full-time Equivalent of R&D Personnel(10 000 man-years)	9.2	17.3	39.9	59.0	59.0	66.1
R&D经费支出 (亿元)	Expenditure on R&D (100 million yuan)	111.0	362.5	967.8	2219.7	2644.7	2912.5
新产品开发经费支出(亿元)	Expenditure on New Products Development (100 million yuan)	117.8	415.7	1006.9	2574.6	3421.3	3768.4
专利申请数 (件)	Patent Applications (piece)	2245	16823	59683	114562	158354	179600
有效发明专利数 (件)	Number of Inventions In Force (piece)	1443	6658	50166	199728	306431	327965

20-16　高技术产业(制造业)相关情况（2018年）

行　业	Industry	R&D机构数(个) R&D Institutions (unit)
合计	**Total**	**16052**
医药制造业	**Manufacture of Medicines**	**3183**
#化学药品制造	Manufacture of Chemical Medicine	1309
中成药生产	Manufacture of Finished Traditional Chinese Herbal Medicine	637
生物药品制品制造	Manufacture of Biopharmaceutical Products	444
电子及通信设备制造业	**Manufacture of Electronic Equipment and Communication Equipment**	**8772**
#电子工业专用设备制造	Manufacture of Special Equipment for Electronic Industry	380
光纤光缆及锂离子电池制造	Manufacture of Optical Fiber and Cable, and Lithium Ion Battery	729
#锂离子电池制造	Manufacture of Lithium Ion Batteries	511
通信设备、雷达及配套设备制造	Manufacture of Communication Equipment, Radar and Matching Equipment	1168
#通信系统设备制造	Manufacture of Communication System Equipment	544
通信终端设备制造	Manufacture of Communication Terminal Equipment	583
雷达及配套设备制造	Manufacture of Radar and Related Equipment	41
广播电视设备制造	Manufacture of Broadcasting and TV Equipment	287
非专业视听设备制造	Manufacture of Non-professional Audio-visual Equipment	577
电子器件制造	Manufacture of Electronic Appliances	2023
#电子真空器件制造	Manufacture of Electronic Vacuum Appliances	170
半导体分立器件制造	Manufacture of Semiconductor Discreting Appliances	201
集成电路制造	Manufacture of Integrate Circuit	358
光电子器件制造	Manufacture of Optoelectronic Devices	425
电子元件及电子专用材料制造	Manufacture of Electronic Components and Electronic Specialized Materials	2708
#电阻电容电感元件制造	Manufacture of Resistance, Capacitance and Inductance Components	471
电子电路制造	Manufacture of Electronic Circuit	637
电子专用材料制造	Manufacture of Electronic Specialized Materials	385
智能消费设备制造	Manufacturing of Intelligent Consumption Equipment	348
其他电子设备制造	Other Electronic Equipment	552
计算机及办公设备制造业	**Manufacture of Computers and Office Equipments**	**1076**
#计算机整机制造	Manufacture of Entired Computer	145
计算机零部件制造	Manufacture of Parts and Fixture for Computer	315
计算机外围设备制造	Manufacture of Computer Peripheral Equipment	280
办公设备制造	Manufacture of Office Equipment	157
医疗仪器设备及仪器仪表制造业	**Manufacture of Medical Equipments and Meters**	**2692**
#医疗仪器设备及器械制造	Manufacture of Medical Equipment and Appliances	739
#医疗诊断、监护及治疗设备制造	Manufacture of Medical Diagnosis, Monitoring and Treatment Equipment	234
医疗、外科及兽医用器械制造	Manufacture of Medical, Surgical and Veterinary Instruments	207
通用仪器仪表制造	Manufacture of General Instruments	1278
专用仪器仪表制造	Manufacture of Special Instruments	424
信息化学品制造业	**Manufacture of Electronic Chemicals**	**91**

注：本表的数据口径为规模以上工业企业。

Statistics on High-tech Industry (Manufacturing Industry) (2018)

R&D人员折合全时当量(人年) Full-time Equivalent of R&D Personnel (man-year)	R&D经费支出(万元) Expenditure on R&D (10 000 yuan)	R&D项目数(个) R&D Projects (unit)	R&D项目经费(万元) Expenditure on R&D Projects (10 000 yuan)	新产品开发项目数(项) New Products (unit)
852467	**35591155**	**100074**	**34162499**	**131634**
125920	**5808857**	**28167**	**5557954**	**31679**
62093	3284951	13915	3151673	14834
26363	882879	5312	832509	6505
17505.2	950526.7	4209	913115	4789
532077	**22733669**	**45663**	**22096078**	**64451**
11624	410011	1750	390251	2787
28392.6	1592536.9	3699	1548431.4	4880
22710	1183053	2766	1156184	3640
192546	9307239	6587	9305771	9654
149420.1	7197521.2	2981	7269154.9	4404
39877	1958483	3210	1899860	4773
3248.9	151234.9	396	136756	477
9653	300256.1	1485	287936.6	2213
30748	1209101	2819	1183159	4352
109587	4932396	11405	4648975	16156
8207.5	187189.4	991	180075	1362
7070	266525	1015	257062	1396
24838	1644247	2437	1571359	3313
17239.9	745503.3	2241	692788	3400
103992	3483034	13020	3307639	17004
14154.2	452773.9	2164	438660.1	2818
32255	967143	2930	931944	4065
12790	633079	2273	614708	2577
22734	785094	1990	766785	3068
22800	714001	2908	657130	4337
65939	**2224053**	**5426**	**2086212**	**8382**
26179.5	998060.5	1035	938003.1	1615
12946	425019	1381	383074	2006
9548	268006	1447	260464	2247
6134	178302	732	176376	984
93551	**3174900**	**18032**	**2975094**	**23742**
26157.7	1014515.4	5393	932370	7100
10423	488207	1934	431234	2537
6991	241194	1430	228257	1829
43845	1409692	8354	1339316	10873
14235	468536	2790	441326	3728
3264	**181045**	**667**	**176523**	**668**

a) Data in this table cover industrial enterprises above designated size.

20-16 续表

行　业	Industry	新产品开发经费支出（万元）Expenditure on New Products Development (10 000 yuan)
合计	**Total**	**46389298**
医药制造业	**Manufacture of Medicines**	**6520596**
#化学药品制造	Manufacture of Chemical Medicine	3558893
中成药生产	Manufacture of Finished Traditional Chinese Herbal Medicine	1063522
生物药品制品制造	Manufacture of Biopharmaceutical Products	1083919.1
电子及通信设备制造业	**Manufacture of Electronic Equipment and Communication Equipment**	**30855441**
#电子工业专用设备制造	Manufacture of Special Equipment for Electronic Industry	552093
光纤光缆及锂离子电池制造	Manufacture of Optical Fiber and Cable, and Lithium Ion Battery	2007236.5
#锂离子电池制造	Manufacture of Lithium Ion Batteries	1458111
通信设备、雷达及配套设备制造	Manufacture of Communication Equipment, Radar and Matching Equipment	13288468
#通信系统设备制造	Manufacture of Communication System Equipment	10490698.1
通信终端设备制造	Manufacture of Communication Terminal Equipment	2618233
雷达及配套设备制造	Manufacture of Radar and Related Equipment	179536.2
广播电视设备制造	Manufacture of Broadcasting and TV Equipment	408014
非专业视听设备制造	Manufacture of Non-professional Audio-visual Equipment	1640778
电子器件制造	Manufacture of Electronic Appliances	6236550
#电子真空器件制造	Manufacture of Electronic Vacuum Appliances	231402
半导体分立器件制造	Manufacture of Semiconductor Discreting Appliances	318341
集成电路制造	Manufacture of Integrate Circuit	2121259.8
光电子器件制造	Manufacture of Optoelectronic Devices	1025262
电子元件及电子专用材料制造	Manufacture of Electronic Components and Electronic Specialized Materials	4708997
#电阻电容电感元件制造	Manufacture of Resistance, Capacitance and Inductance Components	554340
电子电路制造	Manufacture of Electronic Circuit	1662630
电子专用材料制造	Manufacture of Electronic Specialized Materials	723551.5
智能消费设备制造	Manufacturing of Intelligent Consumption Equipment	1082243
其他电子设备制造	Other Electronic Equipment	931061
计算机及办公设备制造业	**Manufacture of Computers and Office Equipments**	**3028859**
#计算机整机制造	Manufacture of Entired Computer	1417287
计算机零部件制造	Manufacture of Parts and Fixture for Computer	510685
计算机外围设备制造	Manufacture of Computer Peripheral Equipment	397156.9
办公设备制造	Manufacture of Office Equipment	225501
医疗仪器设备及仪器仪表制造业	**Manufacture of Medical Equipments and Meters**	**3967175**
#医疗仪器设备及器械制造	Manufacture of Medical Equipment and Appliances	1285805
#医疗诊断、监护及治疗设备制造	Manufacture of Medical Diagnosis, Monitoring and Treatment Equipment	615105
医疗、外科及兽医用器械制造	Manufacture of Medical, Surgical and Veterinary Instruments	314564.2
通用仪器仪表制造	Manufacture of General Instruments	1731528
专用仪器仪表制造	Manufacture of Special Instruments	580177
信息化学品制造业	**Manufacture of Electronic Chemicals**	**206888**

continued

新产品销售收入(万元) Sales Revenue of New Products (10 000 yuan)	#出口 Export	专利申请数(件) Patent Applications (piece)	#发明专利 Inventions	有效发明专利数(件) Number of Inventions in Force (piece)
568941517	**193320485**	**264736**	**137633**	**425137**
63670361	**4872274**	**21698**	**11494**	**45766**
35708805	3435560	7902	4759	19729
12232103	152159	4078	2027	11979
6469297.4	708267.1	3480	2085	6915
403420430	**152300351**	**175923**	**94982**	**295182**
3807394	666451	5345	2097	7380
27381545.9	5141799.6	11802	4745	10393
20650330	3719693	9721	3999	7349
186632420	73393871	41630	30681	152585
56391902.4	20528800.1	30166	24059	136466
129453063	52811647	10591	6159	15112
787454.8	53424.4	873	463	1007
4728004	1030073	3175	1146	3535
31644582	10597694	13878	6126	12133
71301572	31035707	39229	20532	56524
2836543	1209964	1500	434	1283
3091854	1066346	2363	975	3109
9739345.6	4338213.2	6675	4712	16098
15427110	5223283	8384	3162	7647
57403135	22423014	41723	21925	38245
5874942	2114872	3982	1404	4388
18426606	7411092	21026	13516	10749
10476660.6	1862551.7	3792	1624	4714
11751168	5182798	10424	3967	5761
8770610	2828944	8717	3763	8626
57824579	**30791383**	**22084**	**12678**	**25348**
37117575	19958576	10779	8419	10872
8118248	5036339	2924	744	2693
6161621.6	3735801.6	3677	1308	5500
2262297	962565	2283	788	2658
27776988	**3899956**	**36172**	**13619**	**44272**
7109769	1213569	12130	5053	16928
2883380	321190	5291	2710	7596
1999986.7	415644	3050	1130	4324
14142295	1544956	16142	5833	18919
4029526	501222	5092	1576	4771
3495303	**594095**	**1515**	**917**	**1753**

20-17 国内外三种专利申请数和授权数
Three Kinds of Patent Applications and Granted

单位：件 (piece)

指 标	Item	申请数 Applications		授权数 Granted	
		2017	2018	2017	2018
合 计	**Total**	**3697845**	**4323112**	**1836434**	**2447460**
发 明	**Inventions**	**1381594**	**1542002**	**420144**	**432147**
国 内	Domestic	1245709	1393815	326970	345959
职 务	Official	1043770	1202100	303577	322776
大专院校	Universities and Colleges	179879	226628	75693	74893
科研单位	Research Institutions	53308	57959	22369	20508
企 业	Enterprises	788194	896648	200804	222287
机关团体	Government Agencies and Organizations	22389	20865	4711	5088
非职务	Non-official	201939	191715	23393	23183
国 外	Foreign	135885	148187	93174	86188
职 务	Official	132883	145359	91817	85021
非职务	Non-official	3002	2828	1357	1167
实用新型	**Utility Models**	**1687593**	**2072311**	**973294**	**1479062**
国 内	Domestic	1679807	2063860	967416	1471759
职 务	Official	1348590	1699015	825126	1284510
大专院校	Universities and Colleges	135481	153193	83497	103671
科研单位	Research Institutions	22089	23676	14617	18773
企 业	Enterprises	1158372	1476090	713043	1143867
机关团体	Government Agencies and Organizations	32648	46056	13969	18199
非职务	Non-official	331217	364845	142290	187249
国 外	Foreign	7786	8451	5878	7303
职 务	Official	7198	7909	5434	6835
非职务	Non-official	588	542	444	468
外观设计	**Designs**	**628658**	**708799**	**442996**	**536251**
国 内	Domestic	610817	689097	426442	517693
职 务	Official	339869	403909	235520	306829
大专院校	Universities and Colleges	20825	27507	11231	15436
科研单位	Research Institutions	1183	1390	819	1046
企 业	Enterprises	315201	372217	222582	288903
机关团体	Government Agencies and Organizations	2660	2795	888	1444
非职务	Non-official	270948	285188	190922	210864
国 外	Foreign	17841	19702	16554	18558
职 务	Official	16899	18682	15575	17708
非职务	Non-official	942	1020	979	850

20-18　分地区国内三种专利申请数和授权数（2018年）

Three Kinds of Domestic Patent Applications and Granted by Region (2018)

单位：件 (piece)

地　区	Region	申请数 Applications	发　明 Inventions	实用新型 Utility Models	外观设计 Designs	授权数 Granted	发　明 Inventions	实用新型 Utility Models	外观设计 Designs
全　国	**National Total**	**4146772**	**1393815**	**2063860**	**689097**	**2335411**	**345959**	**1471759**	**517693**
北　京	Beijing	211212	117664	70507	23041	123496	46978	59219	17299
天　津	Tianjin	99038	26661	66535	5842	54680	5626	44683	4371
河　北	Hebei	83785	18954	51171	13660	51894	5126	36210	10558
山　西	Shanxi	27106	9395	15788	1923	15060	2284	11258	1518
内蒙古	Inner Mongolia	16426	3757	11051	1618	9625	864	7530	1231
辽　宁	Liaoning	65686	25476	34534	5676	35149	7176	24088	3885
吉　林	Jilin	27034	10530	14520	1984	13885	2868	9493	1524
黑龙江	Heilongjiang	34582	12017	19530	3035	19435	4309	13066	2060
上　海	Shanghai	150233	62755	69564	17914	92460	21331	55581	15548
江　苏	Jiangsu	600306	198801	294090	107415	306996	42019	200333	64644
浙　江	Zhejiang	455590	143081	219206	93303	284621	32550	172451	79620
安　徽	Anhui	207428	108782	86914	11732	79747	14846	55445	9456
福　建	Fujian	166610	37252	96220	33138	102622	9858	67822	24942
江　西	Jiangxi	86001	14519	49843	21639	52819	2524	34796	15499
山　东	Shandong	231585	72764	135461	23360	132382	20338	94249	17795
河　南	Henan	154381	46868	89620	17893	82318	8339	59417	14562
湖　北	Hubei	124535	50664	62754	11117	64106	11393	44350	8363
湖　南	Hunan	94503	35414	43361	15728	48957	8261	29132	11564
广　东	Guangdong	793819	216469	367938	209412	478082	53259	268508	156315
广　西	Guangxi	44224	20302	18105	5817	20551	4330	12069	4152
海　南	Hainan	6451	2127	3355	969	3292	489	2052	751
重　庆	Chongqing	72121	22686	40958	8477	45688	6570	31261	7857
四　川	Sichuan	152987	53805	73167	26015	87372	11697	53121	22554
贵　州	Guizhou	44508	14992	25577	3939	19456	2081	13980	3395
云　南	Yunnan	36515	9606	23655	3254	20340	2297	15573	2470
西　藏	Tibet	1469	453	669	347	755	73	384	298
陕　西	Shaanxi	76512	30888	35241	10383	41479	8884	24205	8390
甘　肃	Gansu	27882	6035	17400	4447	13958	1280	10696	1982
青　海	Qinghai	4439	1287	2885	267	2668	298	2143	227
宁　夏	Ningxia	9860	2999	6403	458	5658	744	4489	425
新　疆	Xinjiang	14647	3665	9473	1509	9658	923	7375	1360
香　港	Hong Kong	5122	1593	1553	1976	3142	496	1073	1573
澳　门	Macao	298	96	136	66	125	20	55	50
台　湾	Taiwan	19877	11458	6676	1743	12935	5828	5652	1455

20-19 按国别(地区)分国外专利申请数及授权数（2018年） Three Kinds of Foreign Patent Applications and Granted by Country (Region) (2018)

单位：件 (piece)

国别(地区)	Country (Territory)	申请数 Applications	发明 Inventions	实用新型 Utility Models	外观设计 Designs	授权数 Granted	发明 Inventions	实用新型 Utility Models	外观设计 Designs
总计	**Total**	**176340**	**148187**	**8451**	**19702**	**112049**	**86188**	**7303**	**18558**
澳大利亚	Australia	1096	700	75	321	614	306	48	260
奥地利	Austria	1136	1029	35	72	739	629	29	81
比利时	Belgium	979	831	41	107	504	379	22	103
巴西	Brazil	152	96	16	40	78	44	15	19
加拿大	Canada	1345	1105	80	160	828	621	72	135
塞浦路斯	Cyprus	48	30	1	17	24	8	4	12
捷克	Czech	141	59	8	74	129	33	12	84
丹麦	Denmark	1157	935	28	194	591	431	22	138
芬兰	Finland	1012	839	57	116	880	695	68	117
法国	France	6060	4784	356	920	3916	2851	298	767
德国	Germany	18108	15427	871	1810	12093	9664	737	1692
荷兰	Holland	3842	3412	113	317	2366	1924	87	355
匈牙利	Hungary	45	40		5	30	17	2	11
印度	India	402	327	11	64	168	102	9	57
爱尔兰	Ireland	434	391	18	25	177	135	15	27
以色列	Israel	1134	977	43	114	509	386	32	91
意大利	Italy	2662	1827	122	713	1686	947	131	608
日本	Japan	51832	45284	2345	4203	34256	28094	2138	4024
列支敦士登	Liechtenstein	174	144		30	117	78	1	38
卢森堡	Luxembourg	388	293	15	80	263	166	12	85
马来西亚	Malaysia	121	66	12	43	71	28	12	31
摩纳哥	Monaco	8	4		4	3	3		
新西兰	New Zealand	250	146	1	103	181	98	10	73
挪威	Norway	324	279	10	35	173	145	1	27
波兰	Poland	114	90	8	16	53	25	6	22
韩国	Republic of Korea	17283	13875	927	2481	11815	8623	806	2386
俄罗斯联邦	Russia	261	195	37	29	139	74	20	45
新加坡	Singapore	2277	1372	736	169	1223	523	522	178
南非	South Africa	75	57	3	15	59	39	5	15
西班牙	Spain	579	405	31	143	380	181	22	177
瑞典	Sweden	2457	2090	57	310	1712	1301	54	357
瑞士	Switzerland	4818	3768	178	872	2921	1897	137	887
泰国	Thailand	177	92	14	71	63	13	14	36
英国	United Kingdom	3694	2836	134	724	2241	1333	87	821
美国	United States	45249	38859	1833	4557	28758	22915	1688	4155
其他	Other	6506	5523	235	748	2289	1480	165	644

20-20 按国际标准分类的发明和实用新型专利申请数与授权数
Inventions and Utility Models of Patent Applications and Granted by International Classifications

单位：件 (piece)

分类	Item	2017 分类申请数 Application Accepted by Technology Theme	2017 分类授权数 Application Granted by Technology Theme	2018 分类申请数 Application Accepted by Technology Theme	2018 分类授权数 Application Granted by Technology Theme
合　计	**Total**	**2816449**	**1393438**	**3999807**	**1911209**
A 部(人类生活需要)	**Section A: Personal Use Items**	**557259**	**184085**	**711105**	**228844**
农、林、牧、渔	Agriculture, Forestry, Animal Husbandry and Fishery	107283	42743	144741	64051
烘烤、食用面团	Baking and Edible Doughs	5204	1754	7055	2187
屠宰、加工	Butchering and Meat Processing	2374	966	3725	1649
食品、食物及处理	Foods or Foodstuffs and their Treatment	58499	10837	67945	10721
烟类及用品	Tobacco, Cigars and Cigarettes	4887	3060	7581	3923
服　装	Clothing	11859	6196	15856	8470
帽类制品	Headwear	1985	888	2454	1175
鞋　类	Footwear	6353	3557	8884	4753
男用服饰用品、珠宝	Haberdashery and Jewelry	3640	2011	4761	2886
手携及旅行用品	Hand or Traveling Articles	14417	7543	19188	9989
刷类用品	Brushware	2297	1182	3434	1682
家具、家庭日用品或设备	Furniture, Domestic Articles and Appliances	96919	36014	138098	38418
医学、兽医学、卫生学	Medical or Veterinary Science and Hygiene	163102	51260	236533	55924
救生、消防	Life-saving and Fire-fighting	8290	3152	10967	5109
体育、游戏、娱乐活动	Sports, Games, and Recreation	24220	12919	34034	17808
本部其他类目中不包括的技术主题	Subject Matter Not Otherwise Provided for in This Section	45930	3	5849	99
B 部(作业、运输)	**Section B: Industrial and Transportation**	**725483**	**402730**	**1141489**	**597548**
物理或化学的方法或装置	Physical or Chemical Processes or Apparatus	94623	46783	143153	68553
破碎、研磨、粉碎	Crushing, Pulverizing, or Disintegrating	18887	8468	32909	13796
分选、分离	Separation of Solid Materials, Electrostatic Separation	4463	2822	6148	3799
离心装置、离心机	Centrifugal Apparatus or Equipment	1871	1090	2750	1525
喷射、雾化	Spraying or Atomizing General	16696	9635	28837	13341
机械振动的产生和传递	Generation or Transmission of Mechanical Vibrations	293	206	411	261
固体分离、分选	Separating Solids from Solid Wastes	12817	6135	22395	10082
清　洁	Janitorial	19219	8601	34375	14312
固体废料的处理	Disposal of Solid Waste	4178	1955	6071	2350
金属加工、冲裁	Mechanical Metal-working and Stamping	32704	19763	50151	30458
铸造、粉末冶金	Casting and Powder Metallurgy	13574	8467	20678	11076
机床、其他金属加工	Machine Tools	75081	45412	119124	66025
磨削、抛光	Grinding and Polishing	21221	11189	38510	19209
简单工具	Hand Tools, Portable Power Tools, and Workshop Equipment	32099	17649	50770	25623
手工、切割工具、切断	Hand Cutting Tools, Cutting, and Severing	14776	7753	24733	13472
木材加工、保存、钉钉机	Wood Preservation and Nailing or Stapling Machines	7917	3616	14652	6510
加工水泥、粘土和石料	Cement, Clay or Stone	14445	7294	22757	11907
塑料制品的加工	Plastics	38913	22203	62124	33149
压力机	Presses	4474	2415	7199	3723
纸品制作、纸的加工	Paper Making and Processing Paper	3432	1876	6817	3807
叠层产品	Layered Products	12137	6892	16855	9173
印刷、打字机、印刷机	Printing, Lining Machines, and Typewriters	12592	7589	18081	10926
装订、图册、文件夹	Bookbinding, Albums, and Files	3059	1664	5315	2457

注：1.分类指专利分类部门对每一件发明专利申请或实用新型专利申请的技术主题进行分类，给出完整的代表发明或实用新型的发明情报的分类号。
2.本表不包括外观设计分类。

a) Classification refers to the classifying number of every patent assigned according to the technique theme of inventions and utility models of patents by the classification department of patent.
b) Designs patents are excluded in this table.

20-20 续表 1 continued

单位：件 (piece)

分 类	Item	2017 分类申请数 Application Accepted by Technology Theme	2017 分类授权数 Application Granted by Technology Theme	2018 分类申请数 Application Accepted by Technology Theme	2018 分类授权数 Application Granted by Technology Theme
绘图具、办公附属用品	Writing or Drafting Devices	7978	2793	10704	2538
装饰艺术	Decorative Arts	4512	2159	6897	3426
一般车辆	Vehicles in General	56639	33451	81411	44294
铁 路	Railways	5404	3546	8086	4744
无轨陆用车牌	Land Vehicles other than Rail	28951	17060	40849	23048
船舶、船只、有关设备	Ships and Related Equipment	7545	4635	10984	5922
飞行器、航空、宇宙航行	Aircraft and Aviation	10853	5632	15879	7678
输送、包装、存贮、搬运	Conveying and Packing Inflammatory Materials	111813	64222	182795	101875
卷扬、提升、牵引	Hoisting, Lifting, and Hauling	27050	16531	41390	23949
液体的贮运	Opening or Closing Bottles, Jars or Similar Containers	4487	2580	6687	4039
鞍具、室内装璜	Saddlery ; Upholstery	160	70	232	157
微观结构技术	Micro-structural Technology	505	511	626	298
超微观技术	Nano-Technology	115	63	111	44
C 部(化学、冶金)	**Section C: Chemistry and Metallurgy**	**247300**	**95879**	**321152**	**115168**
无机化学	Inorganic Chemistry	11142	5990	14779	6301
水、废污水、泥浆的处理	Treatment of Water, Waste Water, Sewage or Sludge	39263	17329	57895	25150
玻璃、石棉和渣棉	Glass; Mineral of Slag Wool	6825	3206	9393	4295
水泥、陶瓷等、隔音材料	Cement, Concrete, Artificial Stone; Ceramics, Refractories	14595	3411	17541	3709
肥料及制造	Fertilizers and Related Products	12429	1451	12948	1747
炸药、火柴	Explosives and Matches	410	238	632	253
有机化学	Organic Chemistry	25796	11722	31783	11976
有机高分子化合物	Organic Macromolecular Compounds	33390	10621	38168	11287
染料、涂料、抛光剂等	Dyes, Paints, Polishes, Resins, and Adhesives	23542	6646	28896	6758
石油、煤气及炼焦工业	Petroleum, Gas or Coke Industries, Inert Gases	9520	4516	12241	5028
动植物油、脂类	Animal or Vegetable Oils, Fats	5948	1050	6756	1668
生化、酒、醋、酶、	Biochemistry, Beer, Spirits, Wine, Vinegar,	30429	9886	40173	13230
糖或淀粉工业	Sugar Industry	334	92	331	140
大小原皮、毛皮、皮革	Skins, Hides, Pelts, Leather	981	478	1679	591
黑色冶金	Metallurgy of Iron	6145	3730	9315	5185
冶金学、合金或有色合金	Metallurgy, Ferrous or Nonferrous Alloys	10644	6304	15440	5973
金属加工涂料、防腐防锈	Coating Metallic Materials	8491	4525	12802	5920
电解电泳方法及设备	Electrolytic or Electrophoretic Processes	5476	3459	7877	4598
晶体生长	Crystal Growth	1852	1186	2411	1311
组合技术	Combinatorial Technology	88	39	92	48
D 部(纺织、造纸)	**Section D: Textiles and Papers Making**	**42301**	**21388**	**64345**	**30552**
线、纤维、纺纱	Natural or Artificial Threads or Fibers, Spinning	6878	3810	9246	5121
纺纱、整经或络经	Yarns, Mechanical Finishing of Yarns or Rope	1703	857	2772	1174
织 造	Weaving	2906	1642	4455	2007
编带、花边、针织、整理	Braiding, Lace-Making, Knitting	3721	2190	5691	2878
缝纫、绣花、簇绒	Sewing, Embroidery, Tufting	4241	2229	5445	3491
织物等的处理、洗涤	Treatment of Textiles, Laundering	18144	8100	29764	12336
绳、除电缆外的缆绳	Ropes and Cables, other than Electric	614	311	781	471
造纸、纤维素的生产	Paper making, Production of Cellulose	4094	2249	6191	3074
E 部(固定建筑物)	**Section E: Fixed Construction**	**172549**	**98381**	**257112**	**143039**
道路、铁路和桥梁的建筑	Construction of Roads, Railways, or Bridges	26142	13577	40344	20965
水利工程、基础、运土	Hydraulic Engineering, Foundations, Soil-shifting	23174	12804	33763	19020
给水、排水	Water Supply, Sewage	13037	6389	18602	10106

20-20 续表 2 continued

单位：件 (piece)

分 类	Item	2017 分类申请数 Application Accepted by Technology Theme	2017 分类授权数 Application Granted by Technology Theme	2018 分类申请数 Application Accepted by Technology Theme	2018 分类授权数 Application Granted by Technology Theme
建筑物	Building	61100	34485	90048	50703
锁、钥匙、门窗、保险箱	Locks, Keys, Windows or Door Fittings; Safes	12961	8489	19558	11479
一般门、窗、百叶窗、梯子	Doors, Windows, Shutters, or Roller Blinds in General; Ladders	13957	8312	20520	11813
钻井、采矿	Well Drilling, Mining	22178	14325	34277	18953
F 部(机械工程)	**Section F: Mechanical Engineering**	**278992**	**166197**	**409461**	**238029**
一般机器、发动机、蒸汽机	Machines or Engines in General; Engine Plants in General; Steam Engines	8773	5880	12648	7408
内燃机等	Combustion Engines	10114	7344	13358	8465
液力机械和其他发动机	Machines or Engines for Liquids	6041	3119	8705	4104
液体变容机械、泵	Positive-displacement Machines for Liquids; Pumps for Liquid or Elastic Fluids	21237	13730	32628	18885
液压调节器、液压技术	Fluid-pressure Acuators; Hydraulic or Pneumatics in General	5047	4061	7957	4769
工程元件或部件	Engineering Elements or Units; General Measures for Producing and Maintaining Effective Functioning of Machines or Installations; Thermal Insulation in General	78030	49029	126115	71515
气体或液体的贮藏或分配	Storage or Distribution of Gases or Liquids	3983	2325	6089	3528
照 明	Lighting	39648	21533	52151	34128
蒸汽的生产	Steam Generation	2659	1672	3476	2149
燃烧设备、燃烧技术	Combustion Apparatus; Combustion Processes	11290	6855	14673	9133
采暖、炉灶、通风	Stoves, Ranges, Ventilation	46393	24702	62929	35881
制冷气体的液化和固化	Refrigeration or Cooling, Heat Pump Systems	13286	7981	17621	9922
干 燥	Drying	14267	6775	24274	12393
炉、窑、灶、罐	Furnaces, Kilns, Ovens	6455	4069	9646	6030
一般热交换	Heat Exchange in General	7614	4710	10536	6467
武 器	Weapons	2183	1359	3618	1719
弹药、爆破	Ammunition, Blasting Caps	1972	1053	3037	1533
G 部(物理)	**Section G: Physics**	**444803**	**220516**	**613278**	**280694**
测量、测试	Measurements, Testing	165265	94230	240719	130042
光学技术	Optics	25726	14719	34576	19734
照相术、电影术、电刻术	Photography, Cinematography, Electrography	7663	4835	10421	5963
测时技术	Horology	2461	1383	2863	1635
控制、调节技术	Controlling, Regulating	28737	15071	35829	18803
计算、推算、计数技术	Computing, Calculating, Counting	137429	50640	174387	57774
核算装置	Measurement Devices	16184	7111	21523	10247
信号装置	Signaling	17174	8555	22363	9973
教育、密码、显示、广告等	Education, Cryptography, Advertising, Seals	34326	18205	52197	19291
乐器、声学	Musical Instruments, Acoustics	5214	2183	7862	2777
信息的存储	Information Storage	2643	1973	3544	2247
仪器的零部件	Instrument Details	245	146	280	195
核物理、核工程	Nuclear physics, Nuclear Engineering	77		2222	1376
其他的技术主题	Subject Matter not Otherwise Provided for in This Section	1659	1465	4492	637
H 部(电学)	**Section H: Electricity**	**347762**	**204262**	**481865**	**277335**
基本电器元件	Basic Electric Elements	119016	79136	175304	102494
电力的发电、变电或配电	Generation, Conversion, or Distribution of Electric Power	85770	51381	122716	72779
基本电子电路	Basic Electronic Circuitry	6725	4963	7641	5501
电信技术	Telecommunications Techniques	107620	51390	134031	70869
其他类不包括的电技术	Electric Techniques Not Otherwise Provided for	28631	17392	42173	25692

20-21 国外主要检索工具收录我国科技论文按学科分布(2017年)

Chinese Scientific Papers Taken by Major Foreign Referencing Systems by Discipline (2017)

学科	Discipline	篇数 pieces			位次 Precedence		
		SCI	EI	CPCI-S	SCI	EI	CPCI-S
合计	**Total**	**323878**	**214226**	**66605**			
数学	Mathematics	9275	4118	298	12	14	20
力学	Mechanics	3135	3298	56	19	16	29
信息、系统科学	Information, Systems Science	853	479	5	32	24	35
物理学	Physics	31417	10032	4263	4	8	3
化学	Chemistry	47224	7364	1530	1	13	9
天文学	Astronomy	1595	433	25	23	25	32
地学	Earth Science	12547	12542	930	8	6	15
生物学	Biology	37751	16893	1117	2	3	10
预防医学与卫生学	Protective Medicine	3188		93	18	33	27
基础医学	Basic Medicine	21297	337	997	6	27	11
药学	Pharmacy	9782		114	11	33	25
临床医学	Clinic Medicine	34226		3199	3	33	7
中医学	Traditional Chinese Medicine	1031			29	33	37
军事医学与特种医学	Special Medicine	466		68	36	33	28
农学	Agriculture	4263	351	192	16	26	22
林学	Forestry	841			33	33	37
畜牧、兽医科学	Livestock, Veterinary Medicine	1390		2	26	33	36
水产学	Aquatic	1478		31	24	33	30
测绘科学技术	Surveying & Mapping		2054		40	18	37
材料科学	Material Science	24328	18452	2332	5	2	8
工程与技术基础学科	Engineering & Basic Technology Science	1623	921	3394	22	21	6
矿山工程技术	Mining	392	878	24	37	22	33
能源科学技术	Energy	7370	9596	4198	14	9	4
冶金、金属学	Metallurgy, Metallography	1646	7630	156	21	12	23
机械、仪表	Machinery, Instrument	4542	7827	3590	15	11	5
动力与电气	Power & Electrical Engineering	997	11503	966	31	7	12
核科学技术	Nuclear Technology	1422	175	807	25	30	17
电子、通讯与自动控制	Electronics, Communication & Automation	16663	13299	15551	7	5	2
计算技术	Computer	12049	8964	18796	9	10	1
化工	Chemical Engineering	7975	242	316	13	28	18
轻工、纺织	Light Industry & Textile Industry	1096	840		28	23	37
食品	Food	4020	41	27	17	32	31
土木建筑	Civil Construction	3102	14687	947	20	4	14
水利	Water Conservancy	1367	2811	22	27	17	34
交通运输	Transportation	736	3923	94	35	15	26
航空航天	Aviation and Aerospace	1027	1888	302	30	19	19
环境	Environment	10475	50653	867	10	1	16
安全科学技术	Security	126	193	122	39	29	24
管理	Management Science	816	1676	949	34	20	13
其他	Others	347	126	225	38	31	21

注：SCI指科学引文索引(美国)，EI指工程索引(美国)，CPCI-S（原ISTP)指科学会议录引文索引。

a) SCI refers to *Science Citation Index*, EI refers to *Engineering Index*, and CPCI-S refers to *Conference Proceedings Citation Index-Science*.

20-22 高技术产品、工业制品和初级产品的进出口贸易额
Imports and Exports of High-tech Products, Manufactured Goods and Primary Goods

项 目	Item	1995	2000	2005	2010	2015	2017	2018
绝对数 (亿美元)	**Value (USD 100 million)**							
商品进出口贸易总额	Total Value of Imports and Exports	2809	4743	14219	29728	39569	41072	46224
工业制品	Manufactured Goods	2350	4021	12252	24585	33799	34098	37857
#高技术产品	High-tech Products	319	896	4160	9050	12046	12575	14086
初级产品	Primary Goods	459	722	1968	5143	5770	6974	8367
商品出口贸易总额	Total Value of Exports	1488	2492	7620	15779	22749	22634	24867
工业制品	Manufactured Goods	1273	2237	7129	14962	21710	21456	23517
#高技术产品	High-tech Products	101	370	2182	4924	6553	6708	7430
初级产品	Primary Goods	215	255	490	817	1040	1177	1350
商品进口贸易总额	Total Value of Imports	1321	2251	6600	13948	16820	18438	21357
工业制品	Manufactured Goods	1077	1784	5122	9623	12089	12642	14340
#高技术产品	High-tech Products	218	525	1977	4127	5493	5867	6655
初级产品	Primary Goods	244	467	1477	4326	4730	5796	7017
商品进出口贸易差额	Balance of Imports and Exports	167	241	1020	1831	5930	4196	3509
工业制品	Manufactured Goods	196	454	2007	5339	9620	8815	9177
高技术产品	High-tech Products	-117	-155	205	797	1060	841	775
初级产品	Primary Goods	-29	-213	-987	-3508	-3690	-4619	-5668
构成 (%)	**Percentage (%)**							
商品进出口贸易总额=100	Total Value of Imports and Exports=100							
工业制品	Manufactured Goods	83.6	84.8	86.2	82.7	85.4	83.0	81.9
#高技术产品	High-tech Products	11.4	18.9	29.3	30.4	30.4	30.6	30.5
初级产品	Primary Goods	16.3	15.2	13.8	17.3	14.6	17.0	18.1
商品出口贸易总额=100	Total Value of Export=100							
工业制品	Manufactured Goods	85.6	89.8	93.6	94.8	95.4	94.8	94.6
#高技术产品	High-tech Products	6.8	14.9	28.6	31.2	28.8	29.6	29.9
初级产品	Primary Goods	14.4	10.2	6.4	5.2	4.6	5.2	5.4
商品进口贸易总额=100	Total Value of Import=100							
工业制品	Manufactured Goods	81.5	79.2	77.6	69.0	71.9	68.6	67.1
#高技术产品	High-tech Products	16.5	23.3	30.0	29.6	32.7	31.8	31.2
初级产品	Primary Goods	18.5	20.8	22.4	31.0	28.1	31.4	32.9

20-23 国家级高新区企业主要经济指标（2018年）
Major Indicators of High-Technology Industrial Development Zone (2018)

开发区	Development Area	企业数（个）Number of Enterprises (unit)	从业人员（人）Number of Persons Engaged (person)	营业收入（万元）Total Income (10 000 yuan)	出口总额（万元）Exports (10 000 yuan)
合　计	**Total**	**120058**	**20914906**	**3462138792**	**372327623**
中关村国家自主创新示范区	Zhongguancun Science Park	22111	2719786	588308988	20573843
天津滨海高新技术产业开发区	Tianjin Binhai High-tech Industrial Development Zone	4251	266048	41723945	3959437
石家庄高新技术产业开发区	Shijiazhuang High-tech Industrial Development Zone	1305	146091	20003149	821926
唐山高新技术产业开发区	Tangshan High-tech Industrial Development Zone	235	16634	1222809	52408
保定国家高新技术产业开发区	Baoding High-tech Industrial Development Zone	492	116880	21038638	537301
承德高新技术产业开发区	Chengde High-tech Industrial Development Zone	57	14551	1588363	16782
燕郊高新技术产业开发区	Yanjiao High-tech Industrial Development Zone	225	29240	3509467	77521
太原高新技术产业开发区	Taiyuan High-tech Industrial Development Zone	1324	145608	25361510	134700
长治高新技术产业开发区	Changzhi High-tech Industrial Development Zone	78	41563	2782759	5439
呼和浩特金山高新技术产业开发区	Hohhot Jinshan High-tech Industrial Development Zone	27	59710	8551345	125003
包头稀土高新技术产业开发区	Baotou Rare Earth High-tech Industrial Development Zone	550	97801	11964512	296589
鄂尔多斯高新技术产业开发区	Eerduosi High-tech Industrial Development Zone	38	9664	1401400	335751
沈阳高新技术产业开发区	Shenyang High-tech Industrial Development Zone	827	108270	13094087	952526
大连高新技术产业园区	Dalian High-tech Industrial Development Zone	1275	181350	22571214	3226262
鞍山高新技术产业开发区	Anshan High-tech Industrial Development Zone	335	38797	7556579	401580
本溪高新技术产业开发区	Benxi High-tech Industrial Development Zone	67	7599	498601	42979
锦州高新技术产业开发区	Jinzhou High-tech Industrial Development Zone	88	22110	2844978	298937
营口高新技术产业开发区	Yingkou High-tech Industrial Development Zone	94	21870	3975099	727207
阜新高新技术产业开发区	Fuxin High-tech Industrial Development Zone	114	17321	1070214	116988
辽阳高新技术产业开发区	Liaoyang High-tech Industrial Development Zone	43	39025	12972006	94093
长春高新技术产业开发区	Changchun High-tech Industrial Development Zone	892	183109	54499316	1193624
长春净月高新技术产业开发区	Changchun Jingyue High-tech Industrial Development Zone	678	112918	8202715	124436
吉林高新技术产业开发区	Jilin High-tech Industrial Development Zone	389	70123	9092231	85970
通化国家医药高新技术产业开发区	Tonghua Medicine High-tech Industrial Development Zone	70	12088	1231241	44116
延吉高新技术产业开发区	Yanji High-tech Industrial Development Zone	200	10840	1744332	26620
哈尔滨高新技术产业开发区	Haerbin High-tech Industrial Development Zone	451	96721	17403962	1107215
齐齐哈尔高新技术产业开发区	Qiqihaer High-tech Industrial Development Zone	71	20100	2008818	87992
大庆高新技术产业开发区	Daqing High-tech Industrial Development Zone	334	67835	14739754	304123
上海张江高新技术产业开发区	Shanghai Zhangjiang Hi-Tech Park	6012	1143450	214376423	24825091
上海紫竹高新技术产业开发区	Shanghai Zizhu High-tech Industrial Development Zone	178	29016	6443961	878343
南京高新技术产业开发区	Nanjing High-tech Industrial Development Zone	2085	319418	62033365	7408981
无锡国家高新技术产业开发区	Wuxi High-tech Industrial Development Zone	1063	270010	39768370	15461029
江阴高新技术产业开发区	Jiangyin High-tech Industrial Development Zone	360	87793	17518550	2792096
徐州高新技术产业开发区	Xuzhou High-tech Industrial Development Zone	184	52871	9932975	384728
常州高新技术产业开发区	Changzhou High-tech Industrial Development Zone	1395	193506	27005739	4415591
武进国家高新技术产业开发区	Wujin High-tech Industrial Development Zone	505	133505	16016733	2218453
苏州国家高新技术产业开发区	Suzhou High-tech Industrial Development Zone	1320	239799	36176941	18330256
昆山高新技术产业开发区	Kunshan High-tech Industrial Development Zone	782	182504	17171785	5633765
苏州工业园区	Suzhou Industrial Park	2834	291027	51019354	19102839
常熟高新技术产业开发区	Changshu High-tech Industrial Development Zone	468	73721	10607034	2594401
南通高新技术产业开发区	Nantong High-tech Industrial Development Zone	416	99907	25468889	3520904
连云港高新技术产业开发区	Lianyungang High-tech Industrial Development Zone	152	54691	5748417	309241
淮安高新技术产业开发区	Huaian High-tech Industrial Development Zone	197	23370	2297942	100418
盐城高新技术产业开发区	Yancheng High-tech Industrial Development Zone	289	53414	4454020	223361
扬州高新技术产业开发区	Yangzhou High-tech Industrial Development Zone	193	36309	4072628	408621
镇江高新技术产业开发区	Zhenjiang High-tech Industrial Development Zone	467	56094	6659993	686359
泰州医药高新技术产业开发区	Taizhou Medical High-tech Industrial Development Zone	422	89793	11590010	835759
宿迁高新技术产业开发区	Suqian Medicine High-tech Industrial Development Zone	163	31292	3227825	346217
杭州高新技术产业开发区	Hangzhou High-tech Industrial Development Zone	2084	370393	64264710	4617387
萧山临江高新技术产业开发区	Xiaoshan Linjiang High-tech Industrial Development Zone	441	74361	13462921	596843
宁波国家高新技术产业开发区	Ningbo High-tech Industrial Development Zone	884	236264	39378619	6090024
温州高新技术产业开发区	Wenzhou High-tech Industrial Development Zone	490	101616	7054620	1026809

20-23 续表 1 continued

开发区	Development Area	企业数（个）Number of Enterprises (unit)	从业人员（人）Number of Persons Engaged (person)	营业收入（万元）Total Income (10 000 yuan)	出口总额（万元）Exports (10 000 yuan)
嘉兴秀洲高新技术产业开发区	Jiaxing Xiuzhou High-tech Industrial Development Zone	148	60675	7314093	1688658
莫干山高新技术产业开发区	Moganshan High-tech Industrial Development Zone	278	49015	5670862	1241572
绍兴国家高新技术产业开发区	Shaoxing High-tech Industrial Development Zone	353	57908	7670018	1458411
衢州高新技术开发区	Quzhou High-tech Industrial Development Zone	312	66338	9953230	903419
合肥高新技术产业开发区	Hefei High-tech Industrial Development Zone	1512	263946	50082779	7673752
芜湖国家高新技术产业开发区	Wuhu High-tech Industrial Development Zone	313	92109	13536365	1267304
蚌埠国家高新技术产业开发区	Bengbu High-tech Industrial Development Zone	377	65533	11655709	283169
淮南高新技术产业开发区	Huainan High-tech Industrial Development Zone	74	5738	631373	658
马鞍山慈湖高新技术产业开发区	Maanshan Cihu High-tech Industrial Development Zone	195	38503	11459892	538303
铜陵狮子山高新技术产业开发区	Tongling Shizishan High-tech Industrial Development Zone	81	10562	1128910	56114
福州高新技术产业开发区	Fuzhou High-tech Industrial Development Zone	285	97566	12022015	1591944
厦门火炬高技术产业开发区	Xiamen Torch High-tech Industrial Development Zone	1387	232397	32424010	10769691
莆田高新技术产业开发区	Putian High-tech Industrial Development Zone	156	47673	6521825	424037
三明高新技术产业开发区	Sanming High-tech Industrial Development Zone	131	22705	4403456	132425
泉州高新技术产业开发区	Quanzhou High-tech Industrial Development Zone	302	85057	8109491	665843
漳州高新技术产业开发区	Zhangzhou High-tech Industrial Development Zone	434	94722	10400024	1438228
龙岩高新技术产业开发区	Longyan High-tech Industrial Development Zone	163	31873	3588161	149766
南昌高新技术产业开发区	Nanchang High-tech Industrial Development Zone	521	139396	31534676	2424721
景德镇高新技术产业开发区	Jingdezhen High-tech Industrial Development Zone	241	70927	8858735	845060
九江共青城高新技术产业开发区	Jiujiang Gongqingcheng High-tech Industrial Development Zone	158	18977	2515877	132895
新余高新技术企业开发区	Xinyu High-tech Industrial Development Zone	244	66579	15082597	773798
鹰潭国家高新技术产业开发区	Yingtan High-tech Industrial Development Zone	132	25814	5085692	164699
赣州高新技术产业开发区	Ganzhou High-tech Industrial Development Zone	144	16012	1283727	163154
吉安高新技术产业开发区	Jian High-tech Industrial Development Zone	152	35744	4398510	866699
宜春丰城高新技术产业开发区	Yichun Fengcheng High-tech Industrial Development Zone	171	27747	4909762	121566
抚州高新技术产业开发区	Fuzhou High-tech Industrial Development Zone	205	40347	5859529	223718
济南高新技术产业开发区	Jinan High-tech Industrial Development Zone	1081	296108	51258103	4334890
青岛高新技术产业开发区	Qingdao High-tech Industrial Development Zone	574	155663	31707421	3649388
淄博高新技术产业开发区	Zibo High-tech Industrial Development Zone	462	118134	22596024	1536946
枣庄高新技术产业开发区	Zaozhuang High-tech Industrial Development Zone	151	29381	2508212	141989
黄河三角洲农业高新技术产业示范区	Huanghesanjiaozhou Agricultural High-tech Industrial Development Zone	28	3593	2521862	1933
烟台高新技术产业开发区	Yantai High-tech Industrial Development Zone	313	55984	8970056	680549
潍坊高新技术产业开发区	Weifang High-tech Industrial Development Zone	578	153258	36835587	2313825
济宁高新技术产业开发区	Jining High-tech Industrial Development Zone	607	166898	26063057	1513521
泰安高新技术产业开发区	Taian High-tech Industrial Development Zone	310	55036	5889261	258876
威海火炬高技术产业开发区	Weihai Torch High-tech Industrial Development Zone	306	124226	16012548	3446654
莱芜高新技术产业开发区	Laiwu High-tech Industrial Development Zone	145	14113	1789975	115722
临沂高新技术产业开发区	Linyi High-tech Industrial Development Zone	375	51466	7327052	258484
德州高新技术产业开发区	Dezhou High-tech Industrial Development Zone	175	18980	1755010	211668
郑州高新技术产业开发区	Zhengzhou High-tech Industrial Development Zone	1894	222132	24537236	1574990
洛阳高新技术产业开发区	Luoyang High-tech Industrial Development Zone	877	163710	18563195	931574
平顶山高新技术产业开发区	Pingdingshan High-tech Industrial Development Zone	108	27737	5224569	199556
安阳高新技术产业开发区	Anyang High-tech Industrial Development Zone	328	67406	7669181	247348
新乡高新技术产业开发区	Xinxiang High-tech Industrial Development Zone	265	52611	6185179	480330
焦作高新技术产业开发区	Jiaozuo High-tech Industrial Development Zone	115	43154	4100707	29148
南阳高新技术产业开发区	Nanyang High-tech Industrial Development Zone	183	44389	2984755	217789
武汉东湖新技术开发区	Wuhan Donghu New Technology Development Zone	3235	565641	125080769	11351516
黄石大冶湖高新技术产业开发区	Huangshi Dazhi High-tech Industrial Development Zone	586	109380	10381370	416749
宜昌高新技术产业开发区	Yichang High-tech Industrial Development Zone	336	125024	15167592	1202773
襄阳高新技术产业开发区	Xiangyang High-tech Industrial Development Zone	882	185189	33405315	718524
荆门高新技术产业开发区	Jingmen High-tech Industrial Development Zone	524	117554	15950095	657861
孝感高新技术产业开发区	Xiaogan High-tech Industrial Development Zone	505	100751	13690835	229800
荆州高新技术产业开发区	Jingzhou High-tech Industrial Development Zone	87	10569	878529	65741
黄冈高新技术产业开发区	Huanggang High-tech Industrial Development Zone	301	49390	4423485	177792
咸宁高新技术产业开发区	Xianning High-tech Industrial Development Zone	421	67032	9126752	222946
随州高新技术产业开发区	Suizhou High-tech Industrial Development Zone	272	50891	6296730	328309
仙桃高新技术产业开发区	Xiantao High-tech Industrial Development Zone	336	77408	6433918	765264
潜江高新技术产业开发区	Qianjiang High-tech Industrial Development Zone	82	11110	3193436	109487

20-23 续表 2 continued

开发区	Development Area	企业数（个）Number of Enterprises (unit)	从业人员（人）Number of Persons Engaged (person)	营业收入（万元）Total Income (10 000 yuan)	出口总额（万元）Exports (10 000 yuan)
长沙高新技术产业开发区	Changsha High-tech Industrial Development Zone	1507	342171	42912274	4209098
株洲高新技术产业开发区	Zhuzhou High-tech Industrial Development Zone	349	166617	23112048	916543
湘潭高新技术产业开发区	Xiangtan High-tech Industrial Development Zone	333	97030	14136395	452212
衡阳高新技术产业开发区	Hengyang High-tech Industrial Development Zone	185	58501	7592746	928785
常德高新技术产业开发区	Changde High-tech Industrial Development Zone	331	42402	4217264	101873
益阳高新技术产业开发区	Yiyang High-tech Industrial Development Zone	365	47040	7784693	365860
郴州高新技术产业开发区	Chenzhou High-tech Industrial Development Zone	93	20510	2641739	613594
怀化高新技术产业开发区	Huaihua High-tech Industrial Development Zone	96	12327	1082633	4043
广州高新技术产业开发区	Guangzhou High-tech Industrial Development Zone	4445	669540	105407811	11639005
深圳高新技术产业开发区	Shenzhen High-tech Industrial Development Zone	3794	762455	131555518	15301349
珠海高新技术产业开发区	Zhuhai High-tech Industrial Development Zone	1254	243227	27728719	7669633
汕头高新技术产业开发区	Shantou High-tech Industrial Development Zone	377	37718	3318843	449057
佛山高新技术产业开发区	Foshan High-tech Industrial Development Zone	1799	351983	42871782	5465622
江门高新技术产业开发区	Jiangmen High-tech Industrial Development Zone	533	105228	10464786	3149227
湛江高新技术产业开发区	Zhanjiang High-tech Industrial Development Zone	64	24573	6973777	470226
茂名高新技术产业开发区	Maoming High-tech Industrial Development Zone	136	19356	2991569	150293
肇庆高新技术产业开发区	Zhaoqing High-tech Industrial Development Zone	221	55462	5229374	593770
惠州仲恺高新技术产业开发区	Huizhou Zhongkai High-tech Industrial Development Zone	538	192560	24391276	12397150
源城高新技术产业开发区	Yuancheng High-tech Industrial Development Zone	127	49524	5000288	923543
清远高新技术产业开发区	Qingyuan High-tech Industrial Development Zone	200	68956	6287754	705952
东莞松山湖高新技术产业开发区	Dongguan Songshanhu High-tech Industrial Development Zone	674	107974	45747952	14467900
中山国家高新技术产业开发区	Zhongshan High-tech Industrial Development Zone	716	152007	16262205	6535838
南宁高新技术产业开发区	Nanning High-tech Industrial Development Zone	883	193957	26117538	3916588
柳州高新技术产业开发区	Liuzhou High-tech Industrial Development Zone	475	113574	23157626	425930
桂林国家高新技术产业开发区	Guilin High-tech Industrial Development Zone	583	136130	10123254	783897
北海高新技术产业开发区	Beihai High-tech Industrial Development Zone	104	41255	7463263	1470098
海口国家高新技术产业开发区	Haikou High-tech Industrial Development Zone	232	40355	4695912	218846
重庆高新技术产业开发区	Chongqing High-tech Industrial Development Zone	1339	233492	31573613	2336791
璧山高新技术产业开发区	Bishan High-tech Industrial Development Zone	252	60784	4684828	552334
荣昌高新技术产业开发区	Rongchang High-tech Industrial Development Zone	151	28786	2780951	87835
永川高新技术产业开发区	Yongchuan High-tech Industrial Development Zone	314	71533	10041667	354756
成都高新技术产业开发区	Chengdu High-tech Industrial Development Zone	2168	396449	63609803	19215361
自贡高新技术产业开发区	Zigong High-tech Industrial Development Zone	254	38268	4752702	335891
攀枝花高新技术产业开发区	Panzhihua High-tech Industrial Development Zone	106	17721	3765132	55521
泸州高新技术产业开发区	Luzhou High-tech Industrial Development Zone	372	51366	7491881	172475
德阳高新技术产业开发区	Deyang High-tech Industrial Development Zone	204	32563	5958064	192911
绵阳国家高新技术产业开发区	Mianyang High-tech Industrial Development Zone	229	117834	14045908	1496773
内江高新技术产业开发区	Neijiang High-tech Industrial Development Zone	112	16856	2184044	121636
乐山高新技术产业开发区	Leshan High-tech Industrial Development Zone	209	49810	5760821	464413
贵阳国家高新技术产业开发区	Guiyang High-tech Industrial Development Zone	850	231302	26280899	807695
安顺高新技术产业开发区	Anshun High-tech Industrial Development Zone	127	25496	2378967	100166
昆明国家高新技术产业开发区	Kunming High-tech Industrial Development Zone	300	77225	20956410	118204
玉溪高新技术产业开发区	Yuxi High-tech Industrial Development Zone	89	25700	8858980	146605
楚雄高新技术产业开发区	Chuxiong High-tech Industrial Development Zone	73	9604	1937542	2778
西安高新技术产业开发区	Xi'an High-tech Industrial Development Zone	4312	529887	115056025	15954118
宝鸡高新技术产业开发区	Baoji High-tech Industrial Development Zone	673	163958	21197161	780959
杨凌农业高新技术产业示范区	Yangling Agricultural High-tech Industries Demonstration Zone	228	28098	2600136	22557
咸阳高新技术产业开发区	Xianyang High-tech Industrial Development Zone	94	25919	5094112	302053
渭南国家高新技术产业开发区	Weinan High-tech Industrial Development Zone	106	22655	4643985	190960
榆林高新科技产业园区	Yulin High-tech Industrial Development Zone	102	34351	7582311	188106
安康高新技术产业开发区	Ankang High-tech Industrial Development Zone	239	25613	3355480	24603
兰州高新技术产业开发区	Lanzhou High-tech Industrial Development Zone	627	127797	17481601	477359
白银高新技术产业开发区	Baiyin High-tech Industrial Development Zone	201	59475	9103719	89583
青海高新技术产业开发区	Qinghai High-tech Industrial Development Zone	99	11793	749684	11756
银川高产业开发区	Yinchuan High-tech Industrial Development Zone	94	10738	946497	22817
宁夏石嘴山高新技术产业开发区	Ningxia Shizuishan High-tech Industrial Development Zone	59	13512	1215183	79894
乌鲁木齐高新技术产业开发区	Wulumuqi High-tech Industrial Development Zone	520	178146	39016747	157121
昌吉高新技术产业开发区	Changji High-tech Industrial Development Zone	194	12286	2297790	154950
石河子高新技术产业开发区	Shihezi High-tech Industrial Development Zone	31	17900	4124122	12277

20-24 分地区技术市场成交额

Transaction Value in Technical Markets by Region

单位：万元 (10 000 yuan)

地 区	Region	2011	2012	2013	2014	2015	2016	2017	2018
全 国	**National Total**	**47635589**	**64370683**	**74691254**	**85771790**	**98357896**	**114069816**	**134242245**	**176974213**
北 京	Beijing	18902752	24585034	28517239	31371854	34538855	39409752	44868872	49578246
天 津	Tianjin	1693819	2323275	2761575	3885631	5034369	5526361	5514411	6855875
河 北	Hebei	262471	378178	315581	292228	395438	589959	889245	2759840
山 西	Shanxi	224825	306088	527681	484595	512007	425622	941471	1507567
内蒙古	Inner Mongolia	226719	1060962	387390	139393	153872	120492	196087	198398
辽 宁	Liaoning	1596633	2306648	1733775	2174648	2674927	3232180	3858317	4744910
吉 林	Jilin	262614	251180	347167	285756	264697	1164198	2199199	3419460
黑龙江	Heilongjiang	620682	1004473	1017747	1202776	1272637	1258091	1467121	1659200
上 海	Shanghai	4807491	5187473	5316804	5924481	6637838	7809858	8106177	12251857
江 苏	Jiangsu	3334316	4009141	5275020	5431585	5729178	6356425	7784223	9914475
浙 江	Zhejiang	718968	813079	814958	872527	980966	1983716	3247310	5906641
安 徽	Anhui	650337	861592	1308253	1698313	1904669	2173748	2495697	3213131
福 建	Fujian	345712	500920	446885	391913	521448	432204	754634	845235
江 西	Jiangxi	341861	397796	430552	507593	648484	790077	962096	1158231
山 东	Shandong	1263778	1400153	1793981	2492942	3075545	3959453	5116448	8199520
河 南	Henan	387602	399435	402406	407919	450442	587075	768528	1492840
湖 北	Hubei	1256876	1963922	3976158	5806801	7893407	9038371	10330773	12040937
湖 南	Hunan	353901	422420	772098	979342	1050578	1056287	2031915	2816126
广 东	Guangdong	2750647	3649384	5293936	4132478	6625775	7581650	9370755	13654186
广 西	Guangxi	56377	25238	73449	115833	73132	339922	394228	614077
海 南	Hainan	34584	5666	38693	6525	21861	34431	41079	69407
重 庆	Chongqing	681453	540188	902760	1562007	572366	1471870	513581	1883529
四 川	Sichuan	678330	1112438	1485752	1990506	2823202	2993006	4058307	9967010
贵 州	Guizhou	136483	96743	183972	200392	259626	204437	807409	1710975
云 南	Yunnan	117144	454779	420003	479233	518364	582559	847625	894879
西 藏	Tibet							440	394
陕 西	Shaanxi	2153664	3348153	5332787	6400198	7218211	8027887	9209395	11252908
甘 肃	Gansu	526386	730619	999936	1145162	1296958	1506615	1629587	1808778
青 海	Qinghai	168443	192989	268863	291001	468849	569190	677186	793553
宁 夏	Ningxia	39447	29135	14289	31823	35202	40526	66679	121058
新 疆	Xinjiang	43783	53853	29953	28223	30322	42755	57554	39215
港澳台	Hong Kong, Macao and Taiwan	249756	353197	67307	91608	158797	678396	604530	174241
国 外	Abroad	2747738	5606534	3434284	4946503	4515877	4082703	4431367	5427512

20-25 按技术合同构成分全国技术市场成交合同金额
Value of Contract Deals in Domestic Technical Markets by Type of Contracts

单位：万元 (10 000 yuan)

项　目	Item	2012	2013	2014	2015	2016	2017	2018
合　计	**Total**	**64370683**	**74691254**	**85771790**	**98357896**	**114069816**	**134242245**	**176974213**
一、按技术性收入的类型分	**by Type of Technical Income**							
技术开发	Technology Development	26359452	27734127	29490054	30471820	34796413	47485447	58885455
委托开发	Commissioned Development	24574266	26041080	26490243	27339210	31390386	40029867	49362634
合作开发	Cooperated Development	1785186	1693047	2999811	3132610	3406027	7455580	9522821
技术转让	Technology Transfer	10208414	10837592	11371714	14665294	16078867	14002811	16096954
#技术秘密转让	Technical Secrets Transfer	6880739	7755045	8533933	11511716	6274102	6792785	6868054
专利实施许可转让	Patent License Transfer	2467125	2396267	1672625	1172986	3861730	2922040	4550718
专利权转让	Patent Right Transfer	431609	316292	577016	925292	850615	1383493	1692490
专利申请权转让	Patent Application Right Transfer	42417	31909	46003	44672	73770	90058	130087
计算机软件著作权转让	Computer Software Copyright Transfer	252776	210689	238957	617961	408110	366011	603217
集成电路布图设计专有权转让	Integrated Circuit Layout Design Exclusive Right Transfer	1954	5030	17027	44080	238412	141781	6722
植物新品种权转让	New Species of Plants Patent Right Transfer	37224	31523	38307	182452	194424	121273	70916
生物、医药新品种权转让	New Species of Biology and Medicine Patent Right Transfer	94570	90836	247847	166135	265216	155789	245353
技术咨询	Technology Consultation	1502163	1951027	2442863	2631180	4683265	4492289	5646121
技术服务	Technology Service	26300654	34168507	42467158	50589603	58511271	68261698	96345683
一般性技术服务	Normal Technology Service	26217001	33991905	42304505	49963295	58011939	66742900	95686432
技术中介	Technology Intermediary	34963	31750	74441	197355	241380	179426	320246
技术培训	Technology Training	48690	144852	88213	428953	257952	1339371	339005
二、按知识产权构成分	**by Intellectual Right**							
技术秘密	Technology Secrets	20170028	22231149	26257535	25344591	26575542	29912687	34926639
专利	Patent	6708450	5696288	6614237	6753434	12973196	14204704	20945087
发明专利	Invention	4639600	2864671	4332886	3572037	7307373	8706940	14363204
实用新型专利	Utility Model	2039812	2812200	2171791	3067496	5570794	5313921	6215502
外观设计专利	Design	29038	19417	109560	113902	95028	183844	366381
计算机软件	Computer Software	8020308	6580997	7079207	6866398	8354526	8526746	8793395
植物新品种	New Species of Plants	235667	231223	236727	265589	353516	328249	229036
集成电路布图设计	IC Layout Design	502547	1221546	360165	358039	429826	533307	378028
生物、医药新品种	New Species of Biology and Medicine	573211	1972657	730706	831678	734589	1197028	1432862
未涉及知识产权	Others	28160474	36757393	44493212	57276956	63508536	78735493	108840079

20-25 续表 continued

单位：万元 (10 000 yuan)

项 目	Item	2012	2013	2014	2015	2016	2017	2018
三、按技术领域分	**by Technical Field**							
电子信息技术	IT Technology	19301188	19465060	21826327	24973350	33129453	38607227	45051745
航空航天技术	Aviation and Aerospace Technology	1359669	1640874	2560390	2771133	2676018	4254075	4082361
先进制造技术	Advanced Manufacture Technology	9855280	9513366	12425453	13507167	14410471	15843314	24908842
生物、医药和医疗器械技术	Biology, Medicine and Medical Machine Technology	2820063	3963664	4114555	5106516	6127297	7502520	8391509
新材料及其应用	Advanced Material and Application	3324911	3211892	4422276	4452197	5127952	5010016	6724306
新能源与高效节能	New Energy and Power Saving	6482515	7365404	9269144	10642935	11388154	12021350	15400556
环境保护与资源综合利用技术	Environment and Source Application Technology	4543668	6803814	6937698	8004181	9264109	10698894	13269314
核应用技术	Nuclear Application Technology	3836376	3354838	3296828	3901318	763865	292010	2660383
农业技术	Agriculture Technology	1809170	2330207	3093548	3080496	3178260	4074813	4208292
现代交通	Modern Traffic	6491072	9683286	9683502	9818918	13687734	16653203	25427249
城市建设与社会发展	Urban Construction and Social Development	4546772	7358847	8142067	12099686	14316503	19284823	26849657
四、按社会经济目标分	**by Social and Economic Objectives**							
农林牧渔业发展	Farming,Forestry and Fishery	1939458	2351218	3108331	2649378	3084815	4204404	4689757
工商业发展	Industry Promotion	13557607	7820716	7592289	11832327	12454604	19246645	24484176
能源生产、分配和合理利用	Energy Production, Distribution and Application	9230784	8377690	13515100	9822174	10731280	11150576	16276268
基础设施以及城市和农村规划	Infrastructure, Urban and Rural Planning	8548898	13997232	11784955	11503248	15056385	19033606	30297060
环境保护、生态建设及污染防治	Environmental Protection, Ecological Building and Pollution Prevention	2820672	4243877	5926020	7714736	9094087	10517303	13219134
卫生事业发展	Sanitation Development	1417140	2337549	2278378	3234914	4071510	4378747	4990593
社会发展和社会服务	Social Development and Social Service	12943981	20331124	21931927	30174080	35296542	38821539	41718264
地球和大气层的探索与利用	Earth and Atmosphere Exploration and Utility	69984	163648	1404086	87243	234723	119448	105352
教育事业发展	Education Development	914437	578234	755301	691946	746660	717617	1079244
民用空间探测及开发	Civil Aerospace Exploration	666968	497517	232608	405674	624798	505418	519280
国防	Defense	1211581	1869779	1606585	2549196	2702260	2975035	3906405
其他民用目标	Other Civil Purpose	11049173	12122670	13445881	14542349	15911988	20063635	29048652
非定向研究	Nondirective Research				3150633	4060166	2508271	6640029

20-26 分地区测绘资料提供情况（2018年）
Statistics on Output of Surveying and Mapping Materials by Region (2018)

地 区	Region	地形图合计（张）Topographic Map (unit)	1:10000 (scale)	1:50000 (scale)	测绘基准成果（点）Surveying and Mapping Datum Product (point)	航摄成果（平方千米）Aerial Photograph (sq.km)	专题地图（张）Thematic Map (unit)
全 国	**National Total**	**264558**	**38246**	**22039**	**391894**	**2283297**	**5006048**
北 京	Beijing	2546	62		5128		11080
天 津	Tianjin				57		
河 北	Hebei	3250	2644	606	2060	277346	
山 西	Shanxi	1063	973	90	1131		1206
内蒙古	Inner Mongolia	6186	2203	2873	126239	53573	
辽 宁	Liaoning	2051	1715	313	5267		293
吉 林	Jilin	1583	975	608	3966	998000	7044
黑龙江	Heilongjiang	4825	4505	304	18033		
上 海	Shanghai	183525	211		13996		4895783
江 苏	Jiangsu	1483	1357	114	6270	25800	
浙 江	Zhejiang	367	82	281	909	7258	
安 徽	Anhui	1330	891	264	2274	13910	
福 建	Fujian				907	245	
江 西	Jiangxi	2372	2029	343	3083	141379	
山 东	Shandong	644	474	170	12498		
河 南	Henan	752	505	233	1789	122	4450
湖 北	Hubei	120		120	2764	5465	11
湖 南	Hunan	1101	996	105	6511		
广 东	Guangdong	3502	3189	307	5817	1193	10308
广 西	Guangxi	644	346	298	9835	12597	30
海 南	Hainan	13	2	11	49831		2617
重 庆	Chongqing	6137	573	273	293		50792
四 川	Sichuan	988	338	600	1656		11
贵 州	Guizhou	11		11	11059	193638	
云 南	Yunnan	2783	2625	142	19327		
西 藏	Tibet	4497	225	4135	25744		19225
陕 西	Shaanxi	1167	143	1021	14867	136795	
甘 肃	Gansu	10662	9518	1131	11929		490
青 海	Qinghai	1094	32	992	2682	334930	1924
宁 夏	Ningxia	1190	887	303	714	16212	285
新 疆	Xinjiang	2455	746	1682	12384	49697	493
国家基础地理信息中心	National Geomatics Center of China	5102		4709	12040	5258	

注：全国数据包括计划单列市数据。
a) The national data include data of separate planning cities.

20-27 分地区地震监测情况（2018年）
Situation of Earthquake Monitoring (2018)

单位：个 (unit)

地区	Region	地震台数 总数 Number of Seismic Stations	国家级台 Number of National Stations	省级台 Number of Provincial Stations	市、县级台 Number of Municipality/ County-level Stations	企业台 Number of Enterprise Stations	强震观测点 Number of Strong Motion Observation Spots	宏观观测点 Number of Macro-observation Spots
全国	**National Total**	**2253**	**199**	**286**	**1478**	**290**	**2686**	**33941**
北京	Beijing	60	10	2	47	1	42	138
天津	Tianjin	10	5	5			150	151
河北	Hebei	108	7	35	62	4	140	4025
山西	Shanxi	106	7	4	82	13	18	2354
内蒙古	Inner Mongolia	65	6	24	35		47	1055
辽宁	Liaoning	49	7	11	29	2	95	829
吉林	Jilin	39	5	6	28		15	1123
黑龙江	Heilongjiang	65	9	2	43	11	14	5019
上海	Shanghai	9	2		7		130	47
江苏	Jiangsu	114	9	7	97	1	42	1028
浙江	Zhejiang	71	5	1	58	7	46	170
安徽	Anhui	103	3	9	89	2	8	716
福建	Fujian	50	4	10	28	8	156	298
江西	Jiangxi	8	2	6			6	1118
山东	Shandong	222	6	20	191	5	153	1541
河南	Henan	110	3	10	93	4	26	2229
湖北	Hubei	51	6	8	12	25	39	1216
湖南	Hunan	41	4	3	31	3	6	416
广东	Guangdong	57	5	7	40	5	572	172
广西	Guangxi	83	5	4	42	32	6	996
海南	Hainan	21	2	3	16		5	306
重庆	Chongqing	47	1	39		7	7	948
四川	Sichuan	112	14	13	80	5	14	2354
贵州	Guizhou	21	4	15	2		7	4
云南	Yunnan	260	13	5	123	119	309	1909
西藏	Tibet	25	15	10			2	
陕西	Shaanxi	106	6	6	88	6	114	1811
甘肃	Gansu	103	9	12	75	7	251	932
青海	Qinghai	39	5	2	12	20	55	107
宁夏	Ningxia	17	4	3	10		59	310
新疆	Xinjiang	81	16	4	58	3	152	619

20-28 分地区气象业务站点及观测项目情况（2018年）
Status of Operational Meteorological Stations and Their Observation Items (2018)

单位：个 (unit)

地区和单位	Region and Units	地面观测业务 Surface Observation Stations	高空探测业务 Upper-air Observation Stations	自动气象站 Automatic Weather Stations	天气雷达观测业务 Weather Radar Observation Stations	农业气象观测站 Agro-Meteorological Observation Stations	环境气象观测站 Environmental Meteorological Observation Stations	闪电定位监测业务 Lightning Position Monitoring Stations	卫星云图接收业务 Satellite Cloud Images Receiving Stations
全　国	**National Total**	**10602**	**120**	**53395**	**275**	**722**	**764**	**476**	**329**
北　京	Beijing	55	1	398	6	7	34	1	1
天　津	Tianjin	54		256	3	5	16	4	2
河　北	Hebei	411	3	2847	6	30	34	11	8
山　西	Shanxi	262	1	1571	7	31	46	7	15
内蒙古	Inner Mongolia	697	12	1636	10	35	21	39	11
辽　宁	Liaoning	298	2	1302	7	28	65	9	3
吉　林	Jilin	388	3	1061	6	25	32	7	8
黑龙江	Heilongjiang	485	4	820	9	39	21	29	9
上　海	Shanghai	46	1	212	2	1	18	4	7
江　苏	Jiangsu	262	3	1778	12	22	74	25	7
浙　江	Zhejiang	260	3	2968	17	14	16	11	21
安　徽	Anhui	295	2	2025	8	25	7	7	2
福　建	Fujian	294	3	2116	10	26	5	9	9
江　西	Jiangxi	380	2	2167	11	19	28	12	11
山　东	Shandong	431	3	1201	11	20	55	13	10
河　南	Henan	330	3	2408	10	39	19	19	22
湖　北	Hubei	327	3	2314	10	32	34	32	18
湖　南	Hunan	421	3	3124	11	26	7	10	10
广　东	Guangdong	434	4	2808	28	28	28	9	11
广　西	Guangxi	519	6	2399	11	29	12	11	14
海　南	Hainan	129	3	466	6	7	14	6	6
重　庆	Chongqing	159	1	1805	5	14	49	5	6
四　川	Sichuan	504	7	4648	11	47	15	24	16
贵　州	Guizhou	373	2	3122	8	19	11	12	10
云　南	Yunnan	570	5	2598	9	26	7	22	11
西　藏	Tibet	187	5	127	4	5	8	24	10
陕　西	Shaanxi	390	4	1231	8	22	25	11	13
甘　肃	Gansu	343	9	1488	8	27	15	19	11
青　海	Qinghai	232	7	492	3	19	8	33	18
宁　夏	Ningxia	114	1	858	3	10	10	5	7
新　疆	Xinjiang	709	14	1149	9	44	16	46	16
其　他	Others	243			6	1	14		6

注：2018年地面观测站变动较大，系将部分省级气象观测站纳入国家级气象观测站统计范围所致。

a) Surface observation stations changed greatly in 2018, which is due to the inclusion of some provincial meteorological observatories in the statistical scope of National Meteorological observatories.

20-29 海洋观测调查情况(2017年)
Basic Statistics on Ocean Observation (2017)

项 目	Item	合计 Total	志愿船观测 Volunteer Ship Observation	断面观测 Sectional Observation	台站观测 Station Observation	浮标观测 Buoy Monitoring
站点数(个)	Stations(unit)	354	59	119	124	52
观测数据(MB)	Data(MB)	16325.4	2956.4	364.8	12707.8	296.4

20-30 海洋观测预报单位机构、人员情况
Institutions and Personnel in Ocean Observation and Forecasting

项 目 Item	中心站 Central Station	观测站点 Observing Station	海洋预报机构 Marine Forecasting Institutions
一、机构数（个） Institutions (unit)			
1994	7	56	4
1995	9	57	4
1996	10	56	4
1997	10	60	4
1998	10	56	4
1999	12	60	4
2000	12	60	4
2001	12	60	4
2002	12	63	4
2003	12	63	4
2004	12	63	4
2005	12	63	4
2006	12	63	4
2007	12	63	4
2008	12	67	4
2009	14	73	4
2010	14	73	4
2011	15	73	4
2012	16	74	4
2013	16	74	4
2014	17	73	5
2015	17	73	5
2016	17	73	5
2017	17	79	5
二、人员数（人） Personnel (person)			
1994	267	558	652
1995	348	580	658
1996	379	557	649
1997	531	592	932
1998	395	525	617
1999	362	468	621
2000	362	468	621
2001	362	468	621
2002	530	427	734
2003	530	427	734
2004	530	427	734
2005	530	427	734
2006	696	469	655
2007	696	469	657
2008	696	523	657
2009	948	444	601
2010	932	446	587
2011	968	431	588
2012	978	436	574
2013	989	435	617
2014	1343	427	1143
2015	1263	487	1143
2016	1263	487	1143
2017	1263	487	1143

20-31　产品质量国家监督抽查情况(2018年)
Results of Sampling Check under State Supervision on the Quality of Products (2018)

项　目	Item	抽查企业 (家) Number of Enterprises Supervised (unit)	抽查产品 (批) Production Supervised (batch-time)	不合格产品 (批) Production Unqualified (batch-time)
合　计	**Total**	**25856**	**28771**	**2952**
食　品	Food	2218	2304	102
日用消费品	Consumer Goods	3142	3300	549
建筑与装饰装修材料	Building & Decoration Material	6054	6505	597
农业生产资料	Agricultural Means of Production	3000	3343	269
轻工产品	Light Industry Products	2587	3002	357
机械及安防产品	Machinery, and Security and Protection Products	2045	2203	190
电子电器	Electronic and Electrical Appliances	2028	2169	345
电工及材料	Electrical Engineering and Materials	4782	5945	543

20-32　分地区产品质量情况 (2018年)
Quality of Products by Region (2018)

单位: %　　(%)

地　区	Region	优等品率 Rate of Products with Excellent Quality	质量损失率 Rate of Loss Due to Bad Quality	产品质量合格率 Qualification Rate of Products
全　国	**National Total**	**51.34**	**2.11**	**93.93**
北　京	Beijing	53.05	2.97	96.61
天　津	Tianjin	50.06	2.07	96.23
河　北	Hebei	50.94	2.07	93.20
山　西	Shanxi	41.63	1.54	93.80
内蒙古	Inner Mongolia	47.37	1.63	94.68
辽　宁	Liaoning	49.02	3.32	94.90
吉　林	Jilin	46.34	2.13	94.68
黑龙江	Heilongjiang	41.07	1.89	94.41
上　海	Shanghai	56.64	1.89	95.02
江　苏	Jiangsu	53.09	2.39	93.96
浙　江	Zhejiang	54.33	1.56	93.85
安　徽	Anhui	47.97	2.67	94.12
福　建	Fujian	51.81	2.62	94.07
江　西	Jiangxi	53.94	2.19	93.76
山　东	Shandong	53.63	1.57	93.86
河　南	Henan	54.47	1.89	93.74
湖　北	Hubei	53.20	2.85	94.13
湖　南	Hunan	56.97	1.73	93.80
广　东	Guangdong	63.62	2.89	94.15
广　西	Guangxi	45.37	1.98	91.47
海　南	Hainan	51.39	1.83	92.56
重　庆	Chongqing	52.24	1.77	96.11
四　川	Sichuan	43.30	2.10	93.43
贵　州	Guizhou	49.94	2.63	94.83
云　南	Yunnan	55.62	1.83	93.95
西　藏	Tibet			92.78
陕　西	Shaanxi	45.06	2.15	93.33
甘　肃	Gansu	34.52	1.93	93.68
青　海	Qinghai	27.50	2.97	92.83
宁　夏	Ningxia			94.50
新　疆	Xinjiang	51.25	1.96	92.15

注：本资料由75个重点工业城市抽样数据汇总而成。
a) Sampling data in this table are collected from 75 main industrial cities.

20-33 产品质量省级监督抽查情况(2018年)
Results of Sampling Check under Provincial Supervision on the Quality of Products (2018)

地 区	Region	抽查企业 (家) Number of Enterprises Supervised (unit)	抽查产品 (批) Production Supervised (batch-time)	不合格产品 (批) Production Unqualified (batch-time)
全 国	**National Total**	**151535**	**206734**	**13431**
北 京	Beijing	2125	1627	95
天 津	Tianjin	1032	1127	20
河 北	Hebei	6841	9227	288
山 西	Shanxi	7350	10554	560
内蒙古	Inner Mongolia	1879	3076	219
辽 宁	Liaoning	6991	8222	284
吉 林	Jilin	1488	807	25
黑龙江	Heilongjiang	3182	4647	216
上 海	Shanghai	5726	6942	670
江 苏	Jiangsu	9785	7964	796
浙 江	Zhejiang	13994	13995	654
安 徽	Anhui	6311	8410	346
福 建	Fujian	4663	7144	378
江 西	Jiangxi	6358	6626	579
山 东	Shandong	3590	3713	174
河 南	Henan	6813	11523	370
湖 北	Hubei	4600	8135	660
湖 南	Hunan	7065	13951	1734
广 东	Guangdong	16660	24383	1885
广 西	Guangxi	1749	3075	123
海 南	Hainan	634	581	74
重 庆	Chongqing	14929	20780	743
四 川	Sichuan	6620	15128	1257
贵 州	Guizhou	4434	5405	352
云 南	Yunnan	210	239	34
西 藏	Tibet	171	444	64
陕 西	Shaanxi	1400	1879	232
甘 肃	Gansu	2000	2803	177
青 海	Qinghai	313	456	32
宁 夏	Ningxia	646	1052	98
新 疆	Xinjiang	1976	2819	292

20-34 中国科协系统科技活动情况(2018年)

指 标		Item		总计 Total
机构和人员		**Associations or Academic Societies and Personnel**		
机构数	(个)	Number of Associations or Academic Societies	(unit)	3164
从业人员	(人)	Number of Persons Engaged	(person)	39672
学会数	(个)	Number of Academic Societies	(unit)	3672
学会个人会员	(万人)	Number of Individual Members of Academic Societies	(10000 persons)	1122
学会从业人员	(人)	Number of Persons Engaged of Academic Societies	(person)	35350
企业科协	(个)	Number of Enterprises Association for Science and Technology	(unit)	20312
个人会员	(万人)	Number of Individual Members	(10000 persons)	290
高等院校科协	(个)	Number of Institutions of Higher Learning for Science and Technology	(unit)	1374
个人会员	(万人)	Number of Individual Members	(10000 persons)	73
农技协	(个)	Number of Rural Professional and Technical Associations	(unit)	78492
个人会员	(万人)	Number of Individual Members	(10000 persons)	1166
学术交流活动		**Academic Exchange**		
学术交流活动	(次)	Number of Academic Exchanges	(time)	21182
参加人数	(万人次)	Number of Participants	(10000 person-time)	613
#企业科技工作者		Number of Enterprise Technology Workers		133
科学技术普及活动		**S&T Popularization Activities**		
举办科普宣讲活动	(次)	Number of S&T Popularization Propaganda activity	(time)	54010
宣讲活动受众人数	(万人次)	Number of Participants	(10000 person-time)	121793
参加活动科技人员	(万人次)	Number of Scientific and Technical Personnel Participating in Activities	(10000 person-time)	1198
科技开放与交流		**Openness and Communication Technology**		
参加国外科技活动人数	(人次)	Number of Participating Foreign Scientific and Technological Activities	(person-time)	30684
接待国外专家学者	(人次)	Number of Reception Foreign Experts and Scholars	(person-time)	31738
科技服务		**S&T Service**		
提供决策咨询报告	(篇)	Number of Provided Policy Decision Consultation Report	(piece)	2421
为科技工作者服务		**Services for the Scientific and Technological Workers**		
反映科技工作者建议	(条)	Number of S&T Workers Proposals	(item)	11785
表彰奖励科技工作者	(人次)	Number of Recognition and Award S&T Workers	(person-time)	101463
#女性科技工作者		Number of Recognition and Award Female S&T Workers		30203
科技期刊与科技传播		**Scientific Journals and Science and Technology Communication**		
主办科技期刊	(种)	Number of Scientific & Technological Journals	(kind)	2430
总印数	(万册)	Printed Copies	(10000 copies)	8857
编著科技图书	(种)	Number of Scientific & Technological Books	(kind)	2451
总印数	(万册)	Printed Copies	(10000 copies)	1552
主办科技网站	(个)	Number of Science and Technology Sites	(unit)	1571
浏览人数	(万人次)	Number of Visitors	(10000 person-time)	585363
科普基础设施建设		**S&T Popularization Infrastructure Construction**		
科技馆	(个)	Number of Science and Technology Museum	(unit)	909
全年参观人数	(万人次)	Number of Participants	(10000 person-time)	6972
#少儿参观人数		Number of Participants for Children		3446
科普画廊建筑面积(宣传栏、橱窗)	(平方米)	Building Area of Popular Science Galleries(Boards, Showcase)	(meters)	2417468
科普画廊展示面积	(平方米)	Display Area of Popular Science Galleries	(meters)	4578904

Basic Statistics on Scientific and Technological Activities of China Associations for Science and Technology (2018)

科协小计 Total Number of Associations	学会小计 Total Number of Academic Societies	全国学会 National Learned Societies	省级学会 Provincial Learned Societies
3164			
39672			
	3672	210	3462
	1122	479	643
	35350	3944	31406
20312			
290			
1374			
73			
78492			
1166			
2640	18543	4981	13561
84	528	219	309
20	113	47	66
42153	11857	2037	9820
21954	99839	80224	19615
268	930	829	101
1466	29218	12089	17129
6557	25181	10880	14301
1572	843	233	610
9509	2276	342	1934
31216	70247	24674	45573
9899	20304	5585	14719
336	2094	1039	1055
3486	5371	3392	1979
1439	1012	335	677
944	608	149	459
527	1044	398	646
549932	38069	12358	25711
909			
6972			
3446			
2417468			
4578904			

20-35 分地区出入境货物检验检疫情况(2018年)
General Statistics on Entry-Exit Inspection and Quarantine of Freight by Region (2018)

地 区	Region	总计 Total			
		批次 (批) Number of Batch (batch-time)	#不合格 Disqualification	货值 (万美元) Value (10 000 USD)	#不合格 Disqualification
全 国	**National Total**	**8942228**	**162593**	**111656302**	**10966515**
北 京	Beijing	174456	1157	1145202	4555
天 津	Tianjin	273265	16484	6165760	869084
河 北	Hebei	111751	2489	3748014	684654
山 西	Shanxi	15194	65	106343	1522
内蒙古	Inner Mongolia	324424	6781	1033521	43736
辽 宁	Liaoning	322539	4934	7445511	618026
吉 林	Jilin	51648	520	431357	4209
黑龙江	Heilongjiang	197675	1786	1854115	10245
上 海	Shanghai	1729940	49921	13916144	550043
江 苏	Jiangsu	523152	14607	10636287	1525695
浙 江	Zhejiang	853436	8040	10871863	596922
安 徽	Anhui	72758	773	464544	5061
福 建	Fujian	418002	4291	5224649	581671
江 西	Jiangxi	64592	499	403519	2178
山 东	Shandong	882288	7733	18110581	2356991
河 南	Henan	71893	358	1894807	3699
湖 北	Hubei	86390	435	558404	7685
湖 南	Hunan	88964	741	471254	4262
广 东	Guangdong	2207231	31959	18181964	2465236
广 西	Guangxi	136202	2606	3188971	574362
海 南	Hainan	18409	74	968283	7373
重 庆	Chongqing	39725	266	645582	3093
四 川	Sichuan	34763	761	282600	6935
贵 州	Guizhou	13942	16	173407	2206
云 南	Yunnan	102718	2796	1308784	18757
西 藏	Tibet	2779	2	18901	1
陕 西	Shaanxi	27843	237	153014	3696
甘 肃	Gansu	23564	12	255109	28
青 海	Qinghai	1760	1	21228	2
宁 夏	Ningxia	6709	38	45754	880
新 疆	Xinjiang	64216	2211	1930830	13708

主要统计指标解释

研究与试验发展(R&D) 指在科学技术领域，为增加知识总量，以及运用这些知识去创造新的应用进行的系统的创造性的活动，包括基础研究、应用研究、试验发展三类活动。国际上通常采用R&D活动的规模和强度指标反映一国的科技实力和核心竞争力。

基础研究 指为了获得关于现象和可观察事实的基本原理的新知识(揭示客观事物的本质、运动规律，获得新发现、新学说)而进行的实验性或理论性研究，它不以任何专门或特定的应用或使用为目的。其成果以科学论文和科学著作为主要形式。用来反映知识的原始创新能力。

应用研究 指为获得新知识而进行的创造性研究，主要针对某一特定的目的或目标。应用研究是为了确定基础研究成果可能的用途，或是为达到预定的目标探索应采取的新方法(原理性)或新途径。其成果形式以科学论文、专著、原理性模型或发明专利为主。用来反映对基础研究成果应用途径的探索。

试验发展 指利用从基础研究、应用研究和实际经验所获得的现有知识，为产生新的产品、材料和装置，建立新的工艺、系统和服务，以及对已产生和建立的上述各项作实质性的改进而进行的系统性工作。其成果形式主要是专利、专有技术、具有新产品基本特征的产品原型或具有新装置基本特征的原始样机等。在社会科学领域，试验发展是指把通过基础研究、应用研究获得的知识转变成可以实施的计划(包括为进行检验和评估实施示范项目)的过程。人文科学领域没有对应的试验发展活动。主要反映将科研成果转化为技术和产品的能力，是科技推动经济社会发展的物化成果。

产品创新 指企业推出了全新的或有重大改进的产品。产品创新的“新”要体现在产品的功能或特性上，包括技术规范、材料、组件、用户友好性等方面的重大改进。不包括产品仅有外观变化或其他微小改变的情况，也不包括直接转销。此处的“新”是指该产品对本企业而言必须是新的，但对于其他企业或整个市场而言不一定是新的。

这里的产品既包括货物，也包括服务。货物方面产品创新的例子有新能源汽车、新功能手机等；服务方面产品创新的例子有新的保修服务，如显著延长的新产品保修期限等。

工艺创新 指企业采用了全新的或有重大改进的生产方法、工艺设备或辅助性活动。工艺创新的“新”要体现在技术、设备或流程上；它对本企业而言必须是新的，但对于其他企业或整个市场而言不一定是新的。不包括单纯的组织管理方式的变化。此处的辅助性活动指企业的采购、物流、财务、信息化等活动。

组织（管理）创新 指企业采取了此前从未使用过的全新的组织管理方式，主要涉及企业的经营模式、组织结构或外部关系等方面。不包括单纯的合并或收购。组织（管理）创新应是企业管理层战略决策的结果。此处的“新”是指它对本企业而言必须是新的，但对于其他企业而言不一定是新的。

营销创新 指企业采用了此前从未使用过的全新的营销概念或营销策略，主要涉及产品（服务）设计或包装、产品（服务）推广、产品（服务）销售渠道、产品（服务）定价等方面。不包括季节性、周期性变化和其他常规的营销方式变化。此处的“新”是指它对本企业而言必须是新的，但对于其他企业或整个市场而言不一定是新的。

R&D人员 指参与研究与试验发展项目研究、管理和辅助工作的人员，包括项目(课题)组人员，企业科技行政管理人员和直接为项目(课题)活动提供服务的辅助人员。反映投入从事拥有自主知识产权的研究开发活动的人力规模。

R&D人员全时当量 指全时人员数加非全时人员按工作量折算为全时人员数的总和。例如：有两个全时人员和三个非全时人员(工作时间分别为20%、30%和70%)，则全时当量为 2+0.2+0.3+0.7=3.2 人年。为国际上比较科技人力投入而制定的可比指标。

R&D经费支出合计 指调查单位用于内部开展R&D活动（基础研究、应用研究和试验发展）的实际支出。包括用于R&D项目（课题）活动的直接支出，以及间接用于R&D活动的管理费、服务费、与R&D有关的基本建设支出以及外协加工费等。不包括生产性活动支出、归还贷款支出以及与外单位合作或委托外单位进行R&D活动而转拨给对方的经费支出。

R&D经费支出中政府资金 指R&D经费内部支出中来自各级政府部门的各类资金，包括财政科学技术拨款、科学基金、教育等部门事业费以及政府部门预算外资金的实际支出。

R&D经费支出中企业资金 指R&D经费内部支出中来自本企业的自有资金和接受其他企业委托而获得的经费，以及科研院所、高校等事业单位从企业获得的资金的实际支出。

R&D项目（课题）数 指在当年立项并开展研究工作、以前年份立项仍继续进行研究的研发项目（课题）数，包括当年完成和年内研究工作已告失败的研发项目（课题），但不包括委托外单位进行的研发项目（课题）数。

R&D项目（课题）人员全时当量 指实际参加研发项目（课题）活动人员折合的全时当量。

R&D项目（课题）经费支出 指调查单位内部在报告年度进行研发项目（课题）研究和试制等的实际支出。包括劳务费、其他日常支出、固定资产购建费、外协加工费等，不包括委托或与外单位合作进行项目（课题）研究而拨付给对方使用的经费。

新产品销售收入 指报告期企业销售新产品实现的销售收入。新产品是指采用新技术原理、新设计构思研制、生产的全新产品，或在结构、材质、工艺等某一方面比原有产品有明显改进，从而显著提高了产品性能或扩大了使用功能的产品。既包括经政府有关部门认定并在有效期内的新产品，也包括企业自行研制开发，未经政府有关部门认定，从投产之日起一年之内的新产品。

专利 是专利权的简称，是对发明人的发明创造经审查合格后，由专利局依据专利法授予发明人和设计人对该项发明创造享有的专有权。包括发明、实用新型和外观设计。反映拥有自主知识产权的科技和设计成果情况。

发明（专利） 指对产品、方法或者其改进所提出的新的技术方案。是国际通行的反映拥有自主知识产权技术的核心指标。

实用新型（专利） 指对产品的形状、构造或者其结合所提出的适于实用的新的技术方案。反映具有一定技术含量的技术成果情况。

外观设计（专利） 指对产品的形状、图案、色彩或者其结合所作出的富有美感并适于工业上应用的新设计。反映拥有自主知识产权的外观设计成果情况。

Explanatory Notes on Main Statistical Indicators

Research and Development (R&D) refers to systematic and creative activities in the field of science and technology aiming at increasing the knowledge and using the knowledge for new application. R&D includes 3 categories of activities: basic research, applied research and experiments and development. The scale and intensity of R&D are widely used internationally to reflect the strength of S&T and the core competitiveness of a country in the world.

Basic Research refers to empirical or theoretical research aiming at obtaining new knowledge on the fundamental principles regarding phenomena or observable facts to reveal the intrinsic nature and underlying laws and to acquire new discoveries or new theories. Basic research takes no specific or designated application as the aim of the research. Results of basic research are mainly released or disseminated in the form of scientific papers or monographs. This indicator reflects the innovation capacity for original knowledge.

Applied Research refers to creative research aiming at obtaining new knowledge on a specific objective or target. Purpose of the applied research is to identify the possible uses of results from basic research, or to explore new (fundamental) methods or new approaches. Results of applied research are expressed in the form of scientific papers, monographs, fundamental models or invention patents. This indicator reflects the exploration of ways to apply the results of basic research.

Experiments and Development refer to systematic activities aiming at using the knowledge from basic and applied researches or from practical experience to develop new products, materials and equipment, to establish new production process, systems and services, or to make substantial improvement on the existing products, process or services. Results of experiment and development activities are embodied in patents, exclusive technology, and monotype of new products or equipment. In social sciences, experiment and development activities refer to the process of converting the knowledge from basic or applied researches into feasible programmes (including conduct of demonstration projects for assessment and evaluation). There are no experiment and development activities in the science of humanities. This indicator reflects the capability of transferring the results of S&T into technique and products, and measures the realization of S&T in spearheading the economic and social development.

Product Innovation refers to the introduction of new or significantly improved products by enterprises. The innovation should be reflected by the functions or features of the products, including improvement on technical specifications, materials, parts, user-friendliness etc. Simple appearance change or other subtle changes are not included, neither is direct reselling. The product must be new to the enterprise, but it is not necessarily new to other enterprises or the whole market.

The products here cover both goods and services. Examples of innovation on goods include new energy vehicles and mobile phones with new functions; examples of innovation on services include new warranty service, such as significantly extended new warranty period of products.

Process Innovation refers to the adoption of new or significantly improved production methods, process equipments or supporting activities by enterprises. The innovation should be reflected by technology, equipment or process. It must be new to the enterprise, but it is not necessarily new to other enterprises or the whole market. Simple change of organization and management mode is not included. Supporting activities cover purchase, logistics, account and compute activities.

Examples of process innovation in production include replacement of manual packing by new automatic packing line; examples of process innovation in supporting activities include using the bar code for the first time to track products and developing new software to make financial management.

Organizational (management) Innovation refers to the adoption of a completely new organizational management mode, which has never been used before. It mainly involves the business model, organizational structure or external relations of enterprises. It does not include pure mergers or acquisitions. Organizational (management) innovation should be the result of strategic decision-making of enterprise management. The term "new" here means that it must be new to the enterprise, but not necessarily new to other enterprises.

Marketing Innovation refers to the adoption of brand-new marketing concepts or marketing strategies that have never been used before. It mainly involves product (service) design or packaging, product (service) promotion, product (service) sales channels, product (service) pricing and so on. It does not include seasonal, cyclical and other conventional marketing changes. The term "new" here means that it must be new for its own business, but not necessarily new for other businesses or the market as a whole.

R & D Personnel refer to persons engaged in research, management and supporting activities of R & D, including persons in the project teams, persons engaged in the management of S&T activities of enterprises and supporting staff providing direct service to the research projects. This indicator reflects the size of personnel engaged in R&D activities with independent intellectual property.

Full-time Equivalent of R&D Personnel refers to the sum of the full-time persons and the full-time equivalent of part-time persons converted by workload. For instance, if there are 2 full-time persons and 3 part-time workers (20%, 30% and 70% of working hours respectively on R&D activities), the full-time equivalent are 2+0.2+0.3+0.7=3.2 person-years. This is an internationally comparable indicator of S&T manpower input.

Total Expenditure of Funds on R&D refers to the real expenditure of surveyed units on their own R&D activities (basic research, applied research, experiments and development) including direct expenditure on R&D activities, indirect expenditure of management and services on R&D activities, expenditure on capital construction and material processing by others. Excluding the expenditure on production activities, return of loan, and fees transferred to cooperated or entrusted agencies on R&D activities.

Expenditure of Government Funds on R&D refers to the expenditure of funds on R&D activities from government agencies at different levels, including appropriate funds on science and technology from financial departments, scientific funds, operating expenses from education departments and the real expenditure of extra budgetary funds from government agencies.

Expenditure of Funds of Enterprises on R&D refers to the expenditure of funds on R&D activities from self-raised funds of enterprises and funds from other enterprises through entrustment, and the expenditure of funds of institutions, such as institution of scientific research and universities, from enterprises.

Number of R&D Projects (subjects) refers to the number of R&D projects (subjects) set up and implemented at the reference year, and the number of R&D projects (subjects) set up in former years and under implementation, including the projects (subjects) finished and failed at the reference year, excluding the projects (subjects) implemented by others through entrustment.

Full-time Equivalent of R&D Personnel refers to the full-time equivalent of persons actually engaged in R&D projects (subjects).

Expenditure of Funds on R&D Projects (subjects) refers to the real expenditure of internal funds of the surveyed units on research and test of R&D projects (subjects) at the reference year, including service fee, other daily expenditure, cost for fixed assets, cost of external process; excluding expenditure of funds transferred to other cooperated or entrusted units of the projects.

Sales Income of New Products refers to the sales income of new products of the enterprises at the reference period. New products refer to products developed and produced with new technologies and designs or improved in structure, material, process or other aspects so that their performance are improved or their functions expanded. New products include those affirmed by government authorities in their validity period and also those developed by enterprises without the affirmation of government authorities within one year after they are put into production.

Patent is an abbreviation for the patent right and refers to the exclusive right of ownership by the inventors or designers for the creation or inventions, given from the patent offices after due process of assessment and approval in accordance with the Patent Law. Patents are granted for inventions, utility models and designs. This indicator reflects the achievements of S&T and design with independent intellectual property.

Patented Inventions refer to new technical proposals to the products or methods or their modifications. This is universal core indicator reflecting the technologies with independent intellectual property.

Patented Utility Models refer to the practical and new technical proposals on the shape and structure of the product or the combination of both. This indicator reflects the condition of technological results with certain technical content.

Designs refer to the aesthetics and industrially applicable new designs for the shape, pattern and colour of the product, or their combinations. This indicator reflects the appearance design achievements with independent intellectual property.

21

教　育

Education

简 要 说 明

本篇主要反映我国教育事业发展基本情况。

一、本篇资料的主要内容

包括：公办教育和民办教育、学历教育和非学历教育。具体有高等教育(研究生教育、普通高等教育和成人高等教育)、中等教育(高中阶段教育和初中阶段教育)、初等教育(小学)、学前教育、特殊教育(盲聋哑和弱智学校等)以及教育经费等资料。主要指标包括学校数、在校学生数、招生数、毕业生数、教职工数和专任教师数、教育经费总投入及国家财政性教育经费等。

二、本篇的资料来源

教育事业统计资料、教育经费统计资料由教育部提供；技工学校资料由人力资源和社会保障部提供。

详细资料分别见《中国教育统计年鉴》（教育部发展规划司编）和《中国教育经费统计年鉴》（教育部财务司编）。

Brief Introduction

Data in this chapter show the development of China's education and the basic conditions on China's scientific and technological development.

I. Main Content of Data on Education

Data on education cover the situations on education funded by government and non-government agencies, and the education with and without academic credentials including higher education (education of postgraduates, general higher education and adult education), secondary education (senior and junior high schools), elementary education (primary schools), preschool education, special education (schools for the blind, deaf-mutes and mentally retarded) and their expenditure. The main indicators include the number of schools, the number of students enrolled, the number of new students enrolled, the number of graduates, the number of staff and workers, the number of full-time teachers, sources and outlay of education funding, and education expenditure from the State budget.

II. Sources of Data on Education

The Ministry of Education provides statistical data on education undertakings and education funding. Data on technical training schools are provided by Ministry of Human Resources and Social Security.

Detailed information can be found in "*Statistical Yearbook on China's Education*" compiled by Department of Planning and Development, Ministry of Education; and the "*Statistical Yearbook on National Education Funding*" compiled by the Department of Finance, Ministry of Education.

21-1 各级各类学校、教职工和专任教师情况（2018年）
Number of Schools, Educational Personnel and Full-time Teachers by Type and Level (2018)

项　目	Item	学校数(所) Schools (unit)	教职工数(人) Educational Personnel (person)	专任教师(人) Full-time Teachers (person)
高等教育	**Higher Education**			
研究生培养机构	Institutions Providing Postgraduate Programs	(815)		
普通高校	Regular Higher Education Institutions	(580)		
科研机构	Research Institutions	(235)		
普通高等学校	Regular Higher Education Institutions	2663	2487544	1672753
本科院校	HEIs Offering Degree Programs	1245	1800964	1174334
#独立学院	Independent Institutions	265	163928	123958
高职(专科)院校	Higher Vocational Colleges	1418	685266	497682
其他普通高教机构	Other Institutions	(22)	1314	737
成人高等学校	Adult HEIs	277	38027	21908
民办的其他高等教育机构	Other Non-government HEIs	(786)	19681	9107
中等教育	**Secondary Education**	**76746**	**8007965**	**6289410**
高中阶段教育	Senior Secondary Education	24320	3811458	2648232
高中	Senior Secondary Schools	14091	2745154	1814713
普通高中	Regular Senior Secondary Schools	13737	2742521	1812584
完全中学	Combined Secondary Schools	5412	1070065	537624
高级中学	Regular High Schools	6898	1352245	1199404
十二年一贯制学校	12-Year Schools	1427	320211	75556
成人高中	Adult High Schools	354	2633	2129
中等职业教育	Secondary Vocational Education	10229	1066304	833519
普通中专	Regular Specialized Secondary Schools	3322	397538	304959
成人中专	Adult Specialized Secondary Schools	1097	51906	39510
职业高中	Vocational Senior Secondary Schools	3431	339456	282996
技工学校	Skilled Workers Schools	2379	266711	198058
其他中职机构	Other Institutions	(285)	10693	7996
初中阶段教育	Junior Secondary Education	52426	4196507	3641178
初中	Junior Secondary Schools	51982	4193767	3638999
初级中学	Regular Junior Secondary Schools	35275	2779555	2547534
九年一贯制学校	9-Year Schools	16696	1413893	591283
十二年一贯制学校	12-Year Schools			86243
完全中学	Combined Secondary Schools			413647
职业初中	Vocational Junior Secondary Schools	11	319	292
成人初中	Adult Junior Secondary Schools	444	2740	2179
初等教育	**Primary Education**	**170209**	**5751498**	**6102307**
普通小学	Regular Primary Schools	161811	5732525	6091908
小学	Primary Schools	161811	5732525	5372468
九年一贯制学校	9-Year Schools			642135
十二年一贯制学校	12-Year Schools			77305
成人小学	Adult Primary Schools	8398	18973	10399
#扫盲班	Literacy Courses	5211	12556	6363
工读学校	**Correctional Work-Study Schools**	**92**	**2855**	**2099**
特殊教育	**Special Education Schools**	**2152**	**68087**	**58656**
学前教育	**Pre-school Education Institutions**	**266677**	**4531454**	**2581363**

注：1.完全中学的学校数和教职工数计入高中阶段教育，九年一贯制学校的校数和教职工数计入初中阶段教育，十二年一贯制学校的校数和教职工数计入高中阶段教育。专任教师按照教育层次划分归类。
2."()"内数据为不计校数。

a) The numbers of Combined Secondary Schools and their educational personnel are calculated into the number of Senior Secondary Education, the numbers of 9-Year Schools and their educational personnel are calculated into the number of Junior Secondary Education, the numbers of 12-Year Schools and their educational personnel are calculated into the number of Senior Secondary Education. The full-time teachers are classified by educational level.

b) The data within "( )" are not calculated as the number of schools.

21-2 各级各类学历教育学生情况（2018年）
Number of Students of Formal Education by Type and Level (2018)

单位：人 (person)

项　目	Item	毕业生数 Graduates	招生数 Entrants	在校生数 Enrolment
高等教育	**Higher Education**			
研究生	Postgraduates	604368	857966	2731257
博 士	Doctor's Degree	60724	95502	389518
硕 士	Master's Degree	543644	762464	2341739
普通本专科	Undergraduate in Regular HEIs	7533087	7909931	28310348
本 科	Normal Courses	3868358	4221590	16973343
专 科	Short-cycle Courses	3664729	3688341	11337005
成人本专科	Undergraduate in Adult HEIs	2177408	2733119	5909878
本 科	Normal Courses	995851	1400380	2971134
专 科	Short-cycle Courses	1181557	1332739	2938744
网络本专科生	Web-based Undergraduates	1949189	3209064	8256553
本 科	Normal Courses	681915	1044360	2825757
专 科	Short-cycle Courses	1267274	2164704	5430796
中等教育	**Secondary Education**	**26532791**	**29523486**	**86027102**
高中阶段教育	Senior Secondary Education	12701215	13497555	39346687
高中	Senior Secondary Schools	7828452	7927063	23794053
普通高中	Regular Senior Secondary Schools	7792443	7927063	23753709
完全中学	Combined Secondary Schools	2388090	2415580	7246165
高级中学	Regular High Schools	5115500	5129919	15449469
十二年一贯制学校	12-Year Schools	288853	381564	1058075
成人高中	Adult High Schools	36009		40344
中等职业教育	Secondary Vocational Education	4872763	5570492	15552634
普通中专	Regular Specialized Secondary Schools	2185850	2419344	6994205
成人中专	Adult Specialized Secondary Schools	510987	462495	1131250
职业高中	Vocational High Schools	1272933	1403185	4010825
技工学校	Skilled Workers Schools	902993	1285468	3416354
初中阶段教育	Junior Secondary Education	13831576	16025931	46680415
初中	Junior Secondary Schools	13677686	16025931	46525854
初级中学	Regular Junior Secondary Schools	9682552	10978173	32249484
九年一贯制学校	9-Year Schools	1966137	2597780	7256642
十二年一贯制学校	12-Year Schools	327926	457910	1262258
完全中学	Combined Secondary Schools	1700160	1991459	5755420
职业初中	Vocational Junior Secondary Schools	911	609	2050
成人初中	Adult Junior Secondary Schools	153890		154561
初等教育	**Primary Education**	**16888395**	**18672970**	**104125004**
普通小学	Regular Primary Schools	16164927	18672970	103392541
小学	Primary Schools	14168663	16439462	90986857
九年一贯制学校	9-Year Schools	1798155	1999810	11140679
十二年一贯制学校	12-Year Schools	198109	233698	1265005
成人小学	Adult Primary Schools	723468		732463
#扫盲班	Literacy Courses	210127		229141
工读学校	**Correctional Work-Study Schools**	**2716**	**3235**	**6818**
特殊教育	**Special Education Schools**	**81017**	**123514**	**665942**
学前教育	**Pre-school Education Institutions**	**17906336**	**18639134**	**46564204**

注：1.完全中学、九年一贯制学校和十二年一贯制学校的学生数按教育层次分别计入对应教育阶段的学生数中。
2.特殊教育学生数中包括义务教育阶段随班就读的学生、其他学校附设特教班。

a) Number of the students in Combined Secondary Schools, 9-Year Schools,12-Year Schools are classified by educational level.
b) Number of the students in the Special Education Schools includes those followed in the regular primary and middle School.

21-3 各级各类民办学校校数、教职工、专任教师情况(2018年)
Number of Schools, Educational Personnel and Full-time Teachers of Non-government Schools by Type and Level (2018)

项 目	Item	学校数(所) Schools (unit)	教职工数(人) Educational Personnel (person)	专任教师数(人) Full-time Teachers (person)
高等教育	**Higher Education**			
研究生培养机构	Institutions Providing Postgraduate Programs	(5)		
普通高校	Regular Higher Education Institutions	(5)		
科研机构	Research Institutions			
普通高等学校	Regular Higher Education Institutions	749	445161	324338
本科院校	HEIs Offering Degree Programs	419	318965	234654
#独立学院	Independent Institutions	265	163928	123958
高职(专科)院校	Higher Vocational Colleges	330	126060	89589
其他普通高教机构	Other Regular HEIs	(15)	136	95
成人高等学校	Adult HEI	1		
民办的其他高等教育机构	Other Non-government HEIs	(784)	19657	9096
中等教育	**Secondary Education**			
高中阶段教育	Senior Secondary Education			
高中	Senior Secondary Schools			
普通高中	Regular Senior Secondary Schools	3216	540671	207606
完全中学	Combined Secondary Schools	1084	188662	75655
高级中学	Regular High Schools	1018	93746	74889
十二年一贯制学校	12-Year Schools	1114	258263	57062
成人高中	Adult High Schools			
中等职业教育	Secondary Vocational Education			
普通中专	Regular Specialized Secondary Schools	834	52282	35889
成人中专	Adult Specialized Secondary Schools	113	7483	5122
职业高中	Vocational Senior Secondary Schools	1046	49306	33817
技工学校	Skilled Workers Schools			
其他中职机构	Other Institutions	(28)	1181	816
初中阶段教育	Junior Secondary Education			
初中	Junior Secondary Schools	5462	550455	380849
初级中学	Junior Secondary Schools	1279	122317	99577
九年一贯制学校	9-Year Schools	4181	428124	140936
十二年一贯制学校	12-Year Schools			66664
完全中学	Combined Secondary Schools			73663
职业初中	Vocational Junior Secondary Schools	2	14	9
成人初中	Adult Junior Secondary Schools			
初等教育	**Primary Education**			
普通小学	Regular Primary Schools	6179	295385	465227
小学	Primary Schools	6179	295385	222742
九年一贯制学校	9-Year Schools			181879
十二年一贯制学校	12-Year Schools			60606
成人小学	Adult Primary Schools			
#扫盲班	Literacy Courses			
工读学校	**Correctional Work-Study Schools**	**3**	**148**	**126**
特殊教育	**Special Education Schools**	**76**	**2157**	**1414**
学前教育	**Pre-school Education Institutions**	**165779**	**3000568**	**1608936**
另有：民办培训机构	**Non-government Training Institutions**	**(25064)**	**298321**	**173448**

注：1.完全中学的学校数和教职工数计入高中阶段教育，九年一贯制学校的校数和教职工数计入初中阶段教育，十二年一贯制学校的校数和教职工数计入高中阶段教育。专任教师是按照教育层次划分归类。
2."()"内数据为不计校数。
3.2018年起，民办学校不包含具有法人资格的中外合作办学校（下表同）。

a) The numbers of Combined Secondary Schools and their educational personnel are calculated into the number of Senior Secondary Education, the numbers of 9-Year Schools and their educational personnel are calculated into the number of Junior Secondary Education, the numbers of 12-Year Schools and their educational personnel are calculated into the number of Senior Secondary Education. The full-time teachers are classified by educational level.
b) The data within "( )" are not calculated as the number of schools.
c) Since 2018, the number of Non-government Schools do not include Sino-foreign cooperation office with legal personality.The same applies to the table following.

21-4 各级各类民办教育学生情况(2018年)
Statistics on Students of Non-government Schools by Type and Level (2018)

单位：人 (person)

项 目	Item	毕业生数 Graduates	招生数 Entrants	在校生数 Enrolment
高等教育	**Higher Education**			
研究生	Postgraduates	266	735	1490
博士	Doctor's Degree			
硕士	Master's Degree	266	735	1490
普通本专科	Undergraduate in Regular HEIs	1661667	1839444	6496003
本科	Normal Courses	925733	1051654	4170860
专科	Short-cycle Courses	735934	787790	2325143
成人本专科	Undergraduate in Adult HEIs	80801	141423	281833
本科	Normal Courses	10904	23607	43315
专科	Short-cycle Courses	69897	117816	238518
另有其他学生数	Students Enrolled in Other Formal Programs			
民办高校	Non-Government HEI			11087
民办的其他高等教育机构	Non-Government Other HEIs			85017
中等教育	**Secondary Education**			
高中阶段教育	Senior Secondary Education			
高中	Senior Secondary Schools			
普通高中	Regular Senior Secondary Schools	925741	1169477	3282687
完全中学	Combined Secondary Schools	360872	426719	1212634
高级中学	Regular High Schools	340314	432624	1216742
十二年一贯制学校	12-Year Schools	224555	310134	853311
成人高中	Adult High Schools			
中等职业教育	Secondary Vocational Education			
普通中专	Regular Specialized Secondary Schools	306142	458490	1185015
成人中专	Adult Specialized Secondary Schools	80770	85103	188094
职业高中	Vocational High Schools	205510	268708	723917
技工学校	Skilled Workers Schools			
初中阶段教育	Junior Secondary Education			
初中	Junior Secondary Schools	1714188	2304700	6363044
初级中学	Regular Junior Secondary Schools	501375	595483	1705127
九年一贯制学校	9-Year Schools	595547	878440	2352552
十二年一贯制学校	12-Year Schools	265833	380431	1042229
完全中学	Combined Secondary Schools	351415	450311	1263035
职业初中	Vocational Junior Secondary Schools	18	35	101
成人初中	Adult Junior Secondary Schools			
初等教育	**Primary Education**			
普通小学	Regular Primary Schools	1401671	1553073	8845746
小学	Primary Schools	668608	764585	4325633
九年一贯制学校	9-Year Schools	574405	613502	3541088
十二年一贯制学校	12-Year Schools	158658	174986	979025
成人小学	Adult Primary Schools			
#扫盲班	Literacy Courses			
工读学校	**Correctional Work-Study Schools**	**171**	**186**	**816**
特殊教育	**Special Education Schools**	**1663**	**3564**	**15591**
学前教育	**Pre-school Education Institutions**	**9359928**	**9972628**	**26397847**
另有：民办培训机构	**Non-government Training Institutions**			**9100988**

注：1.完全中学、九年一贯制学校和十二年一贯制学校的学生数按教育层次分别计入对应教育阶段的学生数中。
2.特殊教育学生数中包括义务教育阶段随班就读的学生、其他学校附设特教班。
3.“另有其他学生数”包括：自考助学班学生、预科生、进修及培训学生数。

a) Number of the students in Combined Secondary Schools, 9-Year Schools,12-Year Schools are classified by educational level.
b) Number of the students in the Special Education Schools includes those followed in the regular primary and middle School.
c) Students Enrolled in Other Formal Programs include students of classes for self-learning programs, preparatory courses, and in-service training courses.

21-5 各级各类学校情况
Number of School by Type and Level

单位：所 (unit)

年 份 Year	普通高等学校 Regular HEIs	#高职(专科)院校 Specialized Courses	普通高中 Regular Senior Secondary Schools	中等职业教育 Secondary Vocational Education	初中 Junior Secondary Schools	#职业初中 Vocational Junior Secondary Schools	普通小学 Regular Primary Schools	特殊教育 Special Education Schools	学前教育 Pre-school Education Institutions
1978	598		49215	2760	113130		949323	292	163952
1980	675		31300	3459	87077		917316	292	170419
1985	1016		17318	14190	77529	1626	832309	375	172262
1990	1075		15678	20763	73462	1509	766072	746	172322
1995	1054		13991	22072	68564	1535	668685	1379	180438
2000	1041	442	14564	19727	63898	1194	553622	1539	175836
2001	1225	628	14907	17580	66590	1065	491273	1531	111706
2002	1396	767	15406	15919	65645	984	456903	1540	111752
2003	1552	908	15779	14682	64730	1019	425846	1551	116390
2004	1731	1047	15998	14454	63757	697	394183	1560	117899
2005	1792	1091	16092	14466	62486	601	366213	1593	124402
2006	1867	1147	16153	14693	60885	335	341639	1605	130495
2007	1908	1168	15681	14832	59384	275	320061	1618	129086
2008	2263	1184	15206	14847	57914	213	300854	1640	133722
2009	2305	1215	14607	14388	56320	153	280184	1672	138209
2010	2358	1246	14058	13862	54890	67	257410	1706	150420
2011	2409	1280	13688	13083	54117	54	241249	1767	166750
2012	2442	1297	13509	12654	53216	49	228585	1853	181251
2013	2491	1321	13352	12262	52804	40	213529	1933	198553
2014	2529	1327	13253	11878	52623	26	201377	2000	209881
2015	2560	1341	13240	11202	52405	22	190525	2053	223683
2016	2596	1359	13383	10893	52118	16	177633	2080	239812
2017	2631	1388	13555	10671	51894	15	167009	2107	254950
2018	2663	1418	13737	10229	51982	11	161811	2152	266677

21-6 各级各类学校专任教师情况
Number of Full-time Teachers of Schools by Type and Level

单位：万人 (10 000 persons)

年 份 Year	普通高等学校 Regular HEIs	#高职(专科)院校 Specialized Courses	普通高中 Regular Senior Secondary Schools	中等职业教育 Secondary Vocational Education	初中 Junior Secondary Schools	#职业初中 Vocational Junior Secondary Schools	普通小学 Regular Primary Schools	特殊教育 Special Education Schools	学前教育 Pre-school Education Institutions
1978	20.6		74.1	9.9	244.1		522.6	0.4	27.8
1980	24.7		57.1	13.3	244.9		549.9	0.5	41.1
1985	34.4		49.2	35.5	216.0		537.7	0.7	55.0
1990	39.5		56.2	66.3	249.9	2.9	558.2	1.4	75.0
1995	40.1		55.1	74.0	282.1	3.7	566.4	2.5	87.5
2000	46.3	8.7	75.7	79.7	328.7	3.8	586.0	3.2	85.6
2001	53.2	12.4	84.0	73.8	338.6	3.7	579.8	2.9	54.6
2002	61.8	15.6	94.6	69.1	346.8	3.7	577.9	3.0	57.1
2003	72.5	19.7	107.1	71.3	349.8	3.1	570.3	3.0	61.3
2004	85.8	23.8	119.1	73.6	350.0	2.4	562.9	3.1	65.6
2005	96.6	26.8	129.9	75.0	349.2	2.0	559.2	3.2	72.2
2006	107.6	31.6	138.7	79.9	347.5	1.2	558.8	3.3	77.6
2007	116.8	35.5	144.3	85.9	347.3	0.9	561.3	3.5	82.7
2008	123.7	37.7	147.6	89.5	347.6	0.7	562.2	3.6	89.9
2009	129.5	39.5	149.3	86.7	351.8	0.5	563.3	3.8	98.6
2010	134.3	40.4	151.8	87.1	352.5	0.2	561.7	4.0	114.4
2011	139.3	41.3	155.7	88.1	352.5	0.2	560.5	4.1	131.6
2012	144.0	41.3	159.5	88.0	350.4	0.2	558.5	4.4	147.9
2013	149.7	43.7	162.9	86.8	348.1	0.1	558.5	4.6	166.3
2014	153.5	43.8	166.3	85.8	348.8	0.1	563.4	4.8	184.4
2015	157.3	45.5	169.5	84.4	347.6	0.1	568.5	5.0	205.1
2016	160.2	46.7	173.3	84.0	348.8		578.9	5.3	223.2
2017	163.3	48.2	177.4	83.9	354.9		594.5	5.6	243.2
2018	167.3	49.8	181.3	83.4	363.9		609.2	5.9	258.1

21-7 各级各类学校招生情况
Number of Entrants of Formal Education by Type and Level

单位: 万人 (10 000 persons)

年 份 Year	普通本专科 Undergraduate in Regular HEIs	#专科 Specialized Courses	普通高中 Regular Senior Secondary Schools	中等职业教育 Secondary Vocational Education	初中 Junior Secondary Schools	#职业初中 Vocational Junior Secondary Schools	普通小学 Regular Primary Schools	特殊教育 Special Education Schools	学前教育 Pre-school Education Institutions
1978	40.2	12.4	692.9	44.7	2006.0		3315.4	0.6	
1980	28.1	7.7	383.4	58.3	1557.6	6.7	2942.3	0.6	
1985	61.9	30.2	257.5	234.2	1367.0	17.6	2298.2	0.9	
1990	60.9	29.2	249.8	286.1	1389.3	19.4	2064.0	1.6	
1995	92.6	47.8	273.6	498.6	1781.1	28.8	2531.8	5.6	1972.4
2000	220.6	48.7	472.7	408.3	2295.6	32.3	1946.5	5.3	1531.1
2001	268.3	66.6	558.0	399.9	2287.9	30.0	1944.2	5.6	1398.2
2002	320.5	89.1	676.7	473.6	2281.8	29.5	1952.8	5.3	1373.6
2003	382.2	199.6	752.1	515.8	2220.1	24.8	1829.4	4.9	1316.8
2004	447.3	237.4	821.5	566.2	2094.6	16.4	1747.0	5.1	1350.3
2005	504.5	268.1	877.7	655.7	1987.6	11.1	1671.7	4.9	1356.2
2006	546.1	293.0	871.2	747.8	1929.5	5.9	1729.4	5.0	1391.3
2007	565.9	283.8	840.2	810.0	1868.5	4.8	1736.1	6.3	1433.6
2008	607.7	310.6	837.0	812.1	1859.6	3.4	1695.7	6.2	1482.7
2009	639.5	313.4	830.3	868.2	1788.5	2.1	1637.8	6.4	1546.9
2010	661.8	310.5	836.2	870.4	1716.6	1.1	1691.7	6.5	1700.4
2011	681.5	324.9	850.8	813.9	1634.7	0.7	1736.8	6.4	1827.3
2012	688.8	314.8	844.6	754.1	1570.8	0.5	1714.7	6.6	1911.9
2013	699.8	318.4	822.7	674.8	1496.1	0.4	1695.4	6.6	1970.0
2014	721.4	338.0	796.6	619.8	1447.8	0.2	1658.4	7.1	1987.8
2015	737.8	348.4	796.6	601.2	1411.0	0.2	1729.0	8.3	2008.8
2016	748.6	343.2	802.9	593.3	1487.2	0.1	1752.5	9.2	1922.1
2017	761.5	350.7	800.1	582.4	1547.2	0.1	1766.6	11.1	1938.0
2018	791.0	368.8	792.7	557.0	1602.6	0.1	1867.3	12.4	1863.9

21-8 各级各类学校在校学生情况
Number of Enrolments of Formal Education by Type and Level

单位: 万人 (10 000 persons)

年 份 Year	普通本专科 Undergraduate in Regular HEIs	#专科 Specialized Courses	普通高中 Regular Senior Secondary Schools	中等职业教育 Secondary Vocational Education	初中 Junior Secondary Schools	#职业初中 Vocational Junior Secondary Schools	普通小学 Regular Primary Schools	特殊教育 Special Education Schools	学前教育 Pre-school Education Institutions
1978	85.6	38.0	1553.1	212.8	4995.2		14624.0	3.1	787.7
1980	114.4	28.2	969.8	586.3	4551.8	13.5	14627.0	3.3	1150.8
1985	170.3	58.0	741.1	476.1	4010.1	45.2	13370.2	4.2	1479.7
1990	206.3	74.3	717.3	763.5	3916.6	47.9	12241.4	7.2	1972.2
1995	290.6	126.8	713.2	1230.2	4727.5	69.7	13195.2	29.6	2711.2
2000	556.1	100.9	1201.3	1284.5	6256.3	88.6	13013.3	37.8	2244.2
2001	719.1	146.8	1405.0	1164.9	6514.4	83.3	12543.5	38.6	2021.8
2002	903.4	193.4	1683.8	1190.8	6687.4	83.4	12156.7	37.5	2036.0
2003	1108.6	479.4	1964.8	1256.7	6690.8	72.4	11689.7	36.5	2003.9
2004	1333.5	595.7	2220.4	1409.2	6527.5	52.5	11246.2	37.2	2089.4
2005	1561.8	713.0	2409.1	1600.0	6214.9	43.1	10864.1	36.4	2179.0
2006	1738.8	795.5	2514.5	1809.9	5957.9	20.6	10711.5	36.3	2263.9
2007	1884.9	860.6	2522.4	1987.0	5736.2	15.3	10564.0	41.9	2348.8
2008	2021.0	916.8	2476.3	2087.1	5585.0	10.8	10331.5	41.7	2475.0
2009	2144.7	964.8	2434.3	2194.2	5440.9	7.3	10071.5	42.8	2657.8
2010	2231.8	966.2	2427.3	2237.4	5279.3	3.4	9940.7	42.6	2976.7
2011	2308.5	958.9	2454.8	2204.3	5066.8	2.6	9926.4	39.9	3424.5
2012	2391.3	964.2	2467.2	2112.7	4763.1	1.9	9695.9	37.9	3685.8
2013	2468.1	973.6	2435.9	1923.0	4440.1	1.1	9360.5	36.8	3894.7
2014	2547.7	1006.6	2400.5	1755.3	4384.6	0.8	9451.1	39.5	4050.7
2015	2625.3	1048.6	2374.4	1656.7	4312.0	0.5	9692.2	44.2	4264.8
2016	2695.8	1082.9	2366.6	1599.0	4329.4	0.4	9913.0	49.2	4413.9
2017	2753.6	1105.0	2374.5	1592.5	4442.1	0.3	10093.7	57.9	4600.1
2018	2831.0	1133.7	2375.4	1555.3	4652.6	0.2	10339.3	66.6	4656.4

21-9 各级各类学校毕业生情况
Number of Graduates of Formal Education by Type and Level

单位：万人 (10 000 persons)

年 份 Year	普通本专科 Undergraduate in Regular HEIs	#专科 Specialized Courses	普通高中 Regular Senior Secondary Schools	中等职业教育 Secondary Vocational Education	初中 Junior Secondary Schools	#职业初中 Vocational Junior Secondary Schools	普通小学 Regular Primary Schools	特殊教育 Special Education Schools	学前教育 Pre-school Education Institutions
1978	16.5	0.8	682.7	40.3	1692.6		2287.9	0.3	
1980	14.7		616.2	73.3	964.8	7.9	2053.3	0.4	
1985	31.6	14.4	196.6	92.5	1007.2	8.9	1999.9	0.4	
1990	61.4	30.6	233.0	240.6	1123.0	13.9	1863.1	0.5	
1995	80.5	48.0	201.6	348.4	1244.4	17.0	1961.5	1.9	
2000	95.0	17.9	301.5	476.7	1633.5	26.4	2419.2	4.3	
2001	103.6	19.3	340.5	430.6	1731.5	24.5	2396.9	4.6	1160.2
2002	133.7	27.7	383.8	380.1	1903.7	23.8	2351.9	4.4	1152.7
2003	187.7	94.8	458.1	346.4	2018.5	22.9	2267.9	4.5	1072.0
2004	239.1	119.5	546.9	359.2	2087.3	16.9	2135.2	4.7	1059.7
2005	306.8	160.2	661.6	418.2	2123.4	16.9	2019.5	4.3	1025.4
2006	377.5	204.8	727.1	479.0	2071.6	9.2	1928.5	4.5	1045.1
2007	447.8	248.2	788.3	530.9	1963.7	6.9	1870.2	5.0	1049.1
2008	511.9	286.3	836.1	580.7	1868.0	5.1	1865.0	5.2	1040.5
2009	531.1	285.6	823.7	624.9	1797.7	3.0	1805.2	5.7	1040.6
2010	575.4	316.4	794.4	665.0	1750.4	1.8	1739.6	5.9	1057.6
2011	608.2	328.5	787.7	660.0	1736.7	1.2	1662.8	4.4	1184.7
2012	624.7	320.9	791.5	674.6	1660.8	0.9	1641.6	4.9	1433.6
2013	638.7	318.7	799.0	674.4	1561.5	0.7	1581.1	5.1	1491.7
2014	659.4	318.0	799.6	622.9	1413.5	0.3	1476.6	4.9	1527.2
2015	680.9	322.3	797.7	567.9	1417.6	0.2	1437.3	5.3	1590.3
2016	704.2	329.8	792.4	533.6	1423.9	0.2	1507.4	5.9	1623.2
2017	735.8	351.6	775.7	496.9	1397.5	0.1	1565.9	6.9	1652.7
2018	753.3	366.5	779.2	487.3	1367.8	0.1	1616.5	8.1	1790.6

21-10 研究生和留学人员情况
Statistics on Postgraduates and Students Studying Abroad

单位：人 (person)

年 份 Year	研究生数 Number of Postgraduates			出 国 留学人员 Number of Students Studying Abroad	学成回国 留学人员 Number of Returned Students
	毕业生数 Graduates	招生数 Entrants	在校学生数 Enrolment		
1978	9	10708	10934	860	248
1980	476	3616	21604	2124	162
1985	17004	46871	87331	4888	1424
1990	35440	29649	93018	2950	1593
1995	31877	51053	145443	20381	5750
2000	58767	128484	301239	38989	9121
2001	67809	165197	393256	83973	12243
2002	80841	202611	500980	125179	17945
2003	111091	268925	651260	117307	20152
2004	150777	326286	819896	114682	24726
2005	189728	364831	978610	118515	34987
2006	255902	397925	1104653	134000	42000
2007	311839	418612	1195047	144000	44000
2008	344825	446422	1283046	179800	69300
2009	371273	510953	1404942	229300	108300
2010	383600	538177	1538416	284700	134800
2011	429994	560168	1645845	339700	186200
2012	486455	589673	1719818	399600	272900
2013	513626	611381	1793953	413900	353500
2014	535863	621323	1847689	459800	364800
2015	551522	645055	1911406	523700	409100
2016	563938	667064	1981051	544500	432500
2017	578045	806103	2639561	608400	480900
2018	604368	857966	2731257	662100	519400

21-11 技工学校情况
Statistics on Skilled Workers Schools

年 份 Year	学校数 (所) Schools (unit)	教职工数 (万人) Educational Personnel (10 000 persons)	毕业生数 (万人) Graduates (10 000 persons)	招生数 (万人) Enrolment (10 000 persons)	在校学生数 (万人) Enrolment (10 000 persons)
1985	3548	21.5	22.6	35.5	74.2
1986	3765	24.4	23.3	39.4	89.2
1987	3952	26.2	26.5	42.3	103.1
1988	3996	28.0	31.1	46.1	116.1
1989	4102	29.6	36.8	47.0	125.8
1990	4184	30.8	41.3	50.6	133.2
1991	4269	32.5	45.4	54.4	142.2
1992	4392	33.6	45.7	60.2	155.6
1993	4477	33.5	49.7	66.4	171.7
1994	4430	34.0	55.7	71.4	187.1
1995	4521	33.7	68.5	74.6	189.0
1996	4467	33.5	68.1	72.7	191.8
1997	4395	31.0	69.9	73.4	193.1
1998	4362	31.0	68.2	59.4	181.3
1999	4098	26.9	66.2	51.5	156.0
2000	3792	24.0	64.6	50.4	140.1
2001	3470	22.0	47.7	55.1	134.7
2002	3075	20.3	45.4	73.3	153.0
2003	2970	20.2	45.3	91.6	193.1
2004	2884	20.4	53.5	109.7	234.4
2005	2855	20.4	69.0	118.4	275.3
2006	2880	21.5	86.4	134.8	320.8
2007	2995	24.0	99.7	158.5	367.1
2008	3075	24.7	109.0	161.4	397.5
2009	3064	25.8	115.2	156.4	414.3
2010	2998	26.5	121.3	158.6	421.0
2011	2914	26.5	118.9	163.5	429.4
2012	2892	26.7	120.2	156.8	422.8
2013	2882	26.9	116.9	133.5	386.6
2014	2818	26.5	106.8	124.4	339.0
2015	2545	26.0	94.6	121.4	321.5
2016	2526	26.5	93.1	127.2	323.2
2017	2490	26.9	90.5	130.9	338.2
2018	2379	26.7	90.3	128.5	341.6

21-12 进城务工子女和农村留守儿童在校情况（2018年）
Children of Migrant Workers and Children Left Behind (2018)

单位：人 (person)

项 目	Item	进城务工人员随迁子女 Children of Migrant Workers	外省迁入 From Other Provinces	本省外县迁入 From Other Counties of the Same Province	农村留守儿童 Rural Children Left Behind
普通小学	**Regular Primary Schools**				
毕业生数	Graduates	1465462	666311	799151	1450450
招生数	Entrants	1845633	813573	1032060	1626209
#受过学前教育	Trained in Preschool	1840917	811936	1028981	1606129
在校学生数	Enrolment	10483928	4636367	5847561	9986919
#女	Female	4659504	2041286	2618218	4659220
初中	**Junior Secondary Schools**				
毕业生数	Graduates	945271	354432	590839	1305476
招生数	Entrants	1330669	557350	773319	1661393
在校学生数	Enrolment	3756475	1518447	2238028	4757195
#女	Female	1658326	655418	1002908	2224647

21-13 小学学龄儿童净入学率和各级普通学校毕业生升学率
Net Enrolment Ratio of School-age Children in Primary Schools and Promotion Rate of Graduates of Regular School by Levels

单位：%　　(%)

年份 Year	小学学龄儿童净入学率 Net Enrollment Ratio of School-age Children in Primary Schools	小学升学率 Promotion Rate from Primary Schools to Junior Secondary Schools	初中升学率 Promotion Rate from Junior Secondary Schools to Senior Secondary Schools
1990	97.8	74.6	40.6
1991	97.9	77.7	42.6
1992	97.2	79.7	43.6
1993	97.7	81.8	44.1
1994	98.4	86.6	47.8
1995	98.5	90.8	50.3
1996	98.8	92.6	49.8
1997	98.9	93.7	51.5
1998	98.9	94.3	50.7
1999	99.1	94.4	50.0
2000	99.1	94.9	51.2
2001	99.1	95.5	52.9
2002	98.6	97.0	58.3
2003	98.7	97.9	59.6
2004	98.9	98.1	63.8
2005	99.2	98.4	69.7
2006	99.3	100.0	75.7
2007	99.5	99.9	80.5
2008	99.5	99.7	82.1
2009	99.4	99.1	85.6
2010	99.7	98.7	87.5
2011	99.8	98.3	88.9
2012	99.9	98.3	88.4
2013	99.7	98.3	91.2
2014	99.8	98.0	95.1
2015	99.9	98.2	94.1
2016	99.9	98.7	93.7
2017	99.9	98.8	94.9
2018	100.0	99.1	95.2

注：1991年以前的入学率是按7-11周岁统一计算的；从1991年起入学率是按各地不同入学年龄和学制分别计算的。

a) Enrolment ratio of school-age children before 1991 was calculated on the basis of primary school pupils aged 7-11 enrolled. From 1991 onwards its calculation has taken account of the age of entry and the length of schooling prevailing.

21-14 分地区普通本专科学生情况（2018年）
Number of Regular Students Enrolled in Normal and Short-cycle Courses in Regular Higher Education by Region (2018)

单位：人 (person)

地区 Region	招生数 Entrants	本科 Normal Courses	专科 Short-cycle Courses	在校学生数 Enrolment	本科 Normal Courses	专科 Short-cycle Courses
全国 National Total	**7909931**	**4221590**	**3688341**	**28310348**	**16973343**	**11337005**
北京 Beijing	151952	130060	21892	594933	520899	74034
天津 Tianjin	142116	89100	53016	523349	350646	172703
河北 Hebei	386504	200178	186326	1342631	774678	567953
山西 Shanxi	201497	122038	79459	765580	502932	262648
内蒙古 Inner Mongolia	122156	62764	59392	455284	258781	196503
辽宁 Liaoning	256017	168364	87653	963208	692619	270589
吉林 Jilin	175543	120125	55418	658327	486973	171354
黑龙江 Heilongjiang	197866	133899	63967	732082	527986	204096
上海 Shanghai	135825	95786	40039	517796	383459	134337
江苏 Jiangsu	478683	271837	206846	1806277	1121239	685038
浙江 Zhejiang	267993	150858	117135	1019449	624707	394742
安徽 Anhui	306990	163886	143104	1139112	664949	474163
福建 Fujian	221725	125233	96492	772361	505489	266872
江西 Jiangxi	296321	141845	154476	1054400	544906	509494
山东 Shandong	553743	258168	295575	2040793	1068178	972615
河南 Henan	622240	279947	342293	2140780	1140778	1000002
湖北 Hubei	406772	214554	192218	1438242	876771	561471
湖南 Hunan	381644	183895	197749	1326828	723763	603065
广东 Guangdong	573287	282802	290485	1963170	1133292	829878
广西 Guangxi	282938	125196	157742	942227	491574	450653
海南 Hainan	54468	29218	25250	189179	114041	75138
重庆 Chongqing	213681	113922	99759	762811	462559	300252
四川 Sichuan	453510	230169	223341	1564710	913215	651495
贵州 Guizhou	217176	91829	125347	687530	342790	344740
云南 Yunnan	210134	104914	105220	764659	440003	324656
西藏 Tibet	9491	6123	3368	35717	24691	11026
陕西 Shaanxi	282961	167402	115559	1054808	674094	380714
甘肃 Gansu	136920	72845	64075	483620	293062	190558
青海 Qinghai	20465	10762	9703	70288	39448	30840
宁夏 Ningxia	35027	21150	13877	125253	81028	44225
新疆 Xinjiang	114286	52721	61565	374944	193793	181151

21-14 续表 continued

单位：人 (person)

地 区 Region	毕业生数 Graduates	本 科 Normal Courses	专 科 Short-cycle Courses	授予学位数 Degrees Conferred	预计毕业生数 Estimated Graduates for Next Year	本 科 Normal Courses	专 科 Short-cycle Courses
全 国 National Total	**7533087**	**3868358**	**3664729**	**3807417**	**7876732**	**4125184**	**3751548**
北 京 Beijing	149183	120258	28925	118827	155891	128660	27231
天 津 Tianjin	138789	78461	60328	76338	143550	84263	59287
河 北 Hebei	338771	171447	167324	170031	366194	179815	186379
山 西 Shanxi	216596	117525	99071	116119	214996	122914	92082
内蒙古 Inner Mongolia	122929	58014	64915	56633	131003	63486	67517
辽 宁 Liaoning	275875	177461	98414	176259	268813	175324	93489
吉 林 Jilin	166174	113143	53031	111529	177314	120524	56790
黑龙江 Heilongjiang	200701	124946	75755	123964	199622	126157	73465
上 海 Shanghai	132508	85832	46676	84519	143897	95125	48772
江 苏 Jiangsu	491268	260106	231162	253898	513850	280280	233570
浙 江 Zhejiang	280634	149271	131363	147887	297011	160982	136029
安 徽 Anhui	335182	154074	181108	152293	327903	162461	165442
福 建 Fujian	204271	120998	83273	120490	211941	128635	83306
江 西 Jiangxi	310976	126875	184101	125677	306678	125416	181262
山 东 Shandong	585871	239609	346262	238320	592887	254321	338566
河 南 Henan	559882	262013	297869	257927	606846	283258	323588
湖 北 Hubei	375447	203965	171482	199243	395368	215663	179705
湖 南 Hunan	347641	164199	183442	161013	372655	172759	199896
广 东 Guangdong	523936	253961	269975	252319	546619	280710	265909
广 西 Guangxi	213788	97498	116290	95712	249051	116638	132413
海 南 Hainan	49281	24856	24425	24128	52911	26958	25953
重 庆 Chongqing	199727	105300	94427	102550	210763	114242	96521
四 川 Sichuan	393689	186361	207328	182096	424646	218432	206214
贵 州 Guizhou	159724	69877	89847	66588	178906	70255	108651
云 南 Yunnan	188092	95714	92378	93754	202402	105207	97195
西 藏 Tibet	9297	5609	3688	5303	10071	6080	3991
陕 西 Shaanxi	311010	169633	141377	167464	303044	166474	136570
甘 肃 Gansu	122347	70587	51760	69388	127165	71856	55309
青 海 Qinghai	17414	8331	9083	8169	19688	8801	10887
宁 夏 Ningxia	30799	17892	12907	17159	33470	18953	14517
新 疆 Xinjiang	81285	34542	46743	31820	91577	40535	51042

21-15 分地区普通高等学校(机构)情况（2018年）
Situations on Educational Personnel in Regular Schools (Institutions) of Higher Education by Region (2018)

单位：人 (person)

地区	Region	学校数(所) Schools (unit)	教职工数 Educational Personnel	#校本部教职工 In Main Campus	专任教师 Full-time Teachers	正高级 Senior	副高级 Sub-senior	中级 Middle	初级 Junior	无职称 No Rank	行政人员 Administrative Personnel	教辅人员 Supporting Staff	工勤人员 Workers
全国	**National Total**	**2663**	**2487544**	**2384187**	**1672753**	**217874**	**504719**	**655883**	**178390**	**115887**	**356249**	**223358**	**131827**
北京	Beijing	92	143255	124992	71095	20378	25302	21184	2072	2159	25265	16960	11672
天津	Tianjin	56	47468	46782	31362	4948	10350	12699	1816	1549	8716	4680	2024
河北	Hebei	122	108248	106309	75454	10432	22847	30048	6476	5651	14810	9279	6766
山西	Shanxi	83	59424	57902	41910	2913	11144	17204	7318	3331	7350	5093	3549
内蒙古	Inner Mongolia	53	40465	39870	26870	2995	8767	10483	2622	2003	6330	4494	2176
辽宁	Liaoning	115	97176	95287	62535	9301	20534	26299	4722	1679	17146	9369	6237
吉林	Jilin	62	63479	61316	40328	6711	13335	14699	4574	1009	9290	6752	4946
黑龙江	Heilongjiang	81	73542	71257	46027	7764	16049	17743	3225	1246	11996	7273	5961
上海	Shanghai	64	75115	70811	44585	8462	14403	17209	2715	1796	13570	9349	3307
江苏	Jiangsu	167	170589	162684	116350	16355	40380	47052	8177	4386	24648	14124	7562
浙江	Zhejiang	108	94462	90313	63433	9532	19471	26653	3832	3945	16067	8333	2480
安徽	Anhui	119	82096	80067	61089	5786	17014	24764	10139	3386	9394	5884	3700
福建	Fujian	89	70707	67433	46555	5886	14314	19023	5528	1804	11980	6618	2280
江西	Jiangxi	102	81501	79133	57440	5448	14776	23384	8138	5694	8085	10299	3309
山东	Shandong	145	158526	152057	112717	11993	33588	47871	12990	6275	19756	13195	6389
河南	Henan	139	153690	148307	115353	9226	29570	47020	20216	9321	15163	9493	8298
湖北	Hubei	128	129164	123986	83403	11538	28150	30650	7961	5104	19915	12584	8084
湖南	Hunan	124	104086	100907	72689	8063	21276	29053	6824	7473	13738	9446	5034
广东	Guangdong	152	160099	153126	108222	14805	29423	43246	7935	12813	23429	14719	6756
广西	Guangxi	75	69027	62618	45211	4905	12164	17899	3183	7060	9021	4838	3548
海南	Hainan	20	15313	15156	10082	1318	2907	3712	1035	1110	2278	1511	1285
重庆	Chongqing	65	59521	57950	42946	5137	12278	17584	4717	3230	8223	4141	2640
四川	Sichuan	119	125535	120431	86997	9666	23447	33201	14987	5696	16513	9714	7207
贵州	Guizhou	72	50050	49441	36243	3444	11193	10492	6097	5017	7509	3641	2048
云南	Yunnan	79	54832	53893	40102	4247	11146	14932	5852	3925	7094	4066	2631
西藏	Tibet	7	3788	3718	2629	245	785	1051	385	163	598	305	186
陕西	Shaanxi	95	106096	101065	68459	9180	20973	27573	7125	3608	16268	10346	5992
甘肃	Gansu	49	40803	38846	28939	3534	9601	11277	3218	1309	5095	2689	2123
青海	Qinghai	12	7046	6762	4746	752	1494	1228	803	469	826	783	407
宁夏	Ningxia	19	11629	11271	8185	1419	2314	2142	1486	824	1586	879	621
新疆	Xinjiang	50	30812	30497	20797	1491	5724	8508	2222	2852	4590	2501	2609

21-16 分地区普通高中情况（2018年）
Statistics on Regular Senior Secondary Schools by Region (2018)

单位：人 (person)

地 区	Region	学校数（所）Schools (unit)	教职工数 Educational Personnel	#专任教师 Full-time Teachers	毕业生数 Graduates	招生数 Entrants	在校学生数 Enrolment
全 国	**National Total**	**13737**	**2742521**	**1812584**	**7792443**	**7927063**	**23753709**
北 京	Beijing	309	59611	20892	51065	47355	155478
天 津	Tianjin	189	30644	16606	53731	50162	159889
河 北	Hebei	655	152885	99859	401065	448898	1334876
山 西	Shanxi	512	100027	63893	247611	207013	679268
内蒙古	Inner Mongolia	299	56081	36316	146323	133263	421384
辽 宁	Liaoning	414	65778	51811	206402	191108	608554
吉 林	Jilin	248	43846	30775	133057	129106	408494
黑龙江	Heilongjiang	366	59556	42686	180948	173135	548421
上 海	Shanghai	260	33106	18350	51942	52330	158181
江 苏	Jiangsu	578	126952	95624	312440	352082	980758
浙 江	Zhejiang	591	94300	70365	253335	254912	769236
安 徽	Anhui	661	119303	78595	369152	358860	1074716
福 建	Fujian	538	101540	51144	206080	210816	633906
江 西	Jiangxi	480	91819	58415	304483	344664	1008384
山 东	Shandong	620	173356	137946	550112	544536	1642050
河 南	Henan	852	174443	131102	660798	726544	2100552
湖 北	Hubei	531	90145	66010	275641	277436	823519
湖 南	Hunan	626	118965	79968	364539	406744	1175466
广 东	Guangdong	1013	260118	149931	646488	604224	1837141
广 西	Guangxi	468	85495	59520	295808	368036	1035827
海 南	Hainan	119	27632	13435	57018	56996	170078
重 庆	Chongqing	256	68369	39298	204087	201397	607678
四 川	Sichuan	768	173747	99647	479939	461665	1389515
贵 州	Guizhou	466	88801	66598	330559	337279	1007791
云 南	Yunnan	519	92875	59147	257036	302529	864850
西 藏	Tibet	34	6579	5740	19133	22682	61702
陕 西	Shaanxi	471	86708	57414	263301	232057	722663
甘 肃	Gansu	381	60753	45730	201083	172624	549305
青 海	Qinghai	105	13955	9727	39125	42551	126705
宁 夏	Ningxia	65	14144	11304	52262	50880	147599
新 疆	Xinjiang	343	70988	44736	177880	165179	549723

21-17 分地区中等职业学校情况（2018年）
Statistics on Secondary Vocational Schools by Region (2018)

单位：人 (person)

地区	Region	学校数（所）Schools (unit)	教职工数 Educational Personnel	#专任教师 Full-time Teachers	毕业生数 Graduates	#获得职业资格证书 With Professional Qualification Certificates	招生数 Entrants	在校学生数 Enrolment	预计毕业生数 Estimated Graduates for Next Year
全国	**National**	**7850**	**799593**	**635461**	**3969770**	**2997739**	**4285024**	**12136280**	**4056047**
北京	Beijing	86	9507	6147	26037	13351	14373	62299	24645
天津	Tianjin	71	8077	5839	32446	25017	27516	90666	34868
河北	Hebei	604	59202	46588	230532	167024	275767	724282	250355
山西	Shanxi	358	29445	23374	111831	96798	100471	302107	110896
内蒙古	Inner Mongolia	242	18192	13639	60611	34780	57496	181488	61604
辽宁	Liaoning	280	26514	19811	98698	54666	80526	286095	103160
吉林	Jilin	260	17583	13418	41718	20633	35090	120897	44160
黑龙江	Heilongjiang	229	18480	13528	69211	44729	51549	180400	65358
上海	Shanghai	92	11947	8083	34707	29441	33372	102575	34312
江苏	Jiangsu	218	50137	42518	212599	179215	199204	626012	206745
浙江	Zhejiang	246	38628	34409	170376	163466	177634	526120	174245
安徽	Anhui	344	32291	27323	257212	202218	294300	752810	271030
福建	Fujian	180	19629	16485	107814	97232	122939	335832	117466
江西	Jiangxi	338	17758	13005	108660	102514	122524	355042	111134
山东	Shandong	398	59304	48269	250210	180701	245355	750142	262149
河南	Henan	606	60030	48216	314036	229460	391987	1101602	358846
湖北	Hubei	270	25937	19891	116775	89694	127901	369424	117684
湖南	Hunan	472	36678	29029	204504	159255	229118	658221	212530
广东	Guangdong	444	56750	44105	318470	231492	297190	867254	265408
广西	Guangxi	249	27407	20311	185663	111712	247944	677550	215660
海南	Hainan	74	6293	4518	33132	9817	44177	119241	35329
重庆	Chongqing	132	17979	14820	99289	72003	109202	299909	92909
四川	Sichuan	419	48342	37892	327834	292927	325773	820060	315884
贵州	Guizhou	183	21003	17386	152670	107925	166564	472182	152504
云南	Yunnan	376	24941	20898	142093	91732	185565	505415	158284
西藏	Tibet	11	1869	1754	5228	545	9690	22817	6683
陕西	Shaanxi	234	18590	14047	84877	63690	82498	233336	74453
甘肃	Gansu	209	16877	14211	58873	50991	72657	189046	60322
青海	Qinghai	38	2940	2357	20654	12870	28694	76979	20940
宁夏	Ningxia	29	3605	2900	24527	14721	27156	72820	23258
新疆	Xinjiang	158	13658	10690	68483	47120	100792	253657	73226

21-18 分地区初中情况（2018年）
Statistics on Regular Junior Secondary Schools by Region (2018)

单位：人 (person)

地 区	Region	学校数（所）Schools (unit)	专任教师 Full-time Teachers	城区 City	镇区 Township	乡村 Rural	在校学生数 Enrolment	城区 City	镇区 Township	乡村 Rural
全 国	**National Total**	**51982**	**3638999**	**1296529**	**1779144**	**563326**	**46525854**	**16918809**	**23122983**	**6484062**
北 京	Beijing	335	35643	29385	3496	2762	278971	238627	24017	16327
天 津	Tianjin	347	27469	19183	5557	2729	280205	194900	58501	26804
河 北	Hebei	2367	199852	61426	103694	34732	2831535	869900	1504508	457127
山 西	Shanxi	1787	108356	35833	53643	18880	1137656	420266	568035	149355
内蒙古	Inner Mongolia	691	58263	22811	31538	3914	636615	267677	332430	36508
辽 宁	Liaoning	1522	98947	52341	35097	11509	985317	545378	337349	102590
吉 林	Jilin	1175	65808	26265	26013	13530	660635	301233	251434	107968
黑龙江	Heilongjiang	1418	88978	39392	36917	12669	932812	424543	400934	107335
上 海	Shanghai	573	40996	34737	5043	1216	432531	376089	45705	10737
江 苏	Jiangsu	2187	190762	91850	90253	8659	2257619	1093477	1075140	89002
浙 江	Zhejiang	1742	127488	66385	49537	11566	1614623	839053	641528	134042
安 徽	Anhui	2833	158888	36859	87028	35001	2091690	502087	1183111	406492
福 建	Fujian	1246	101846	35940	48426	17480	1287133	536901	576160	174072
江 西	Jiangxi	2160	128769	34295	67593	26881	2069873	567545	1121144	381184
山 东	Shandong	3051	281957	111155	145656	25146	3457221	1417633	1749947	289641
河 南	Henan	4519	314329	76816	169609	67904	4518810	1143545	2515549	859716
湖 北	Hubei	2066	129756	51413	60549	17794	1587795	662668	728647	196480
湖 南	Hunan	3331	175418	45291	94204	35923	2404647	659680	1316407	428560
广 东	Guangdong	3614	286437	154386	104121	27930	3724667	2118004	1284937	321726
广 西	Guangxi	1743	137395	32693	86254	18448	2126353	494414	1347140	284799
海 南	Hainan	401	26250	10073	12760	3417	352801	153786	160326	38689
重 庆	Chongqing	866	77861	32605	38892	6364	1045616	455949	509733	79934
四 川	Sichuan	3716	204939	56409	115359	33171	2618120	768289	1491123	358708
贵 州	Guizhou	2002	128242	27072	81261	19909	1808436	377178	1161653	269605
云 南	Yunnan	1679	132323	25325	68372	38626	1861533	356093	984105	521335
西 藏	Tibet	99	10772	2422	6444	1906	129405	25652	76742	27011
陕 西	Shaanxi	1601	98478	33360	55864	9254	1085454	440328	574666	70460
甘 肃	Gansu	1467	79952	16855	44216	18881	870014	214462	487600	167952
青 海	Qinghai	265	16362	4550	8406	3406	222833	62373	117821	42639
宁 夏	Ningxia	244	20473	7525	9657	3291	290451	116966	136200	37285
新 疆	Xinjiang	935	85990	21877	33685	30428	924483	274113	360391	289979

21-19 分地区普通小学情况（2018年）
Statistics on Regular Primary Schools by Region (2018)

单位：人 (person)

地 区	Region	学校数(所) Schools (unit)	专任教师 Full-time Teachers	城区 City	镇区 Township	乡村 Rural	在校学生数 Enrolment	城区 City	镇区 Township	乡村 Rural
全 国	**National Total**	**161811**	**6091908**	**2002078**	**2225601**	**1864229**	**103392541**	**37221569**	**39506834**	**26664138**
北 京	Beijing	970	66894	55175	5091	6628	913216	790596	58437	64183
天 津	Tianjin	879	44785	32313	5209	7263	673188	494198	80053	98937
河 北	Hebei	11545	380333	88778	143326	148229	6588456	1692143	2608994	2287319
山 西	Shanxi	5445	168018	50246	64598	53174	2284991	890789	957646	436556
内蒙古	Inner Mongolia	1655	100652	33326	48202	19124	1341863	557763	621784	162316
辽 宁	Liaoning	3280	136984	68886	39641	28457	1954825	1187416	483461	283948
吉 林	Jilin	3871	106603	36097	35923	34583	1201872	541162	430491	230219
黑龙江	Heilongjiang	1469	110544	42835	43624	24085	1318982	619569	540787	158626
上 海	Shanghai	721	56803	48301	6845	1657	800222	691235	87657	21330
江 苏	Jiangsu	4103	316063	146860	132312	36891	5604407	2589769	2383359	631279
浙 江	Zhejiang	3301	210407	108306	70584	31517	3605686	1907516	1225341	472829
安 徽	Anhui	7908	249323	52158	103809	93356	4568379	1053681	2072987	1441711
福 建	Fujian	5189	172012	63276	66908	41828	3213945	1321754	1278706	613485
江 西	Jiangxi	7578	234662	56310	97752	80600	4212208	1124892	1940662	1146654
山 东	Shandong	9674	430702	151187	166779	112736	7259706	2700150	2852556	1707000
河 南	Henan	18622	547153	112431	205845	228877	9945951	2322495	4046863	3576593
湖 北	Hubei	5396	203576	74043	74912	54621	3665794	1485467	1400250	780077
湖 南	Hunan	7335	274527	73395	124445	76687	5219847	1466478	2503850	1249519
广 东	Guangdong	10308	530291	291188	129621	109482	9883724	5718351	2486837	1678536
广 西	Guangxi	8054	257750	57329	89089	111332	4767771	1147264	1733399	1887108
海 南	Hainan	1377	50730	15907	17883	16940	831869	330660	306713	194496
重 庆	Chongqing	2893	126513	49440	50045	27028	2095361	949403	838998	306960
四 川	Sichuan	5730	329927	83610	149279	97038	5554589	1605146	2596321	1353122
贵 州	Guizhou	6951	207839	40726	88517	78596	3717297	811389	1706335	1199573
云 南	Yunnan	10900	228365	37956	62473	127936	3795120	736005	1078688	1980427
西 藏	Tibet	809	22446	3345	6623	12478	326334	50723	95105	180506
陕 西	Shaanxi	4714	164159	56147	74989	33023	2656120	1091856	1210745	353519
甘 肃	Gansu	5785	143260	25133	52941	65186	1896471	462070	789067	645334
青 海	Qinghai	731	27483	6375	10638	10470	486026	123282	197503	165241
宁 夏	Ningxia	1250	34487	10712	11502	12273	581495	215449	203642	162404
新 疆	Xinjiang	3368	158617	30287	46196	82134	2426826	542898	689597	1194331

21-20 分地区特殊教育情况（2018年）
Statistics on Special Education by Region (2018)

单位：人 (person)

地 区	Region	学校数(所) Schools (unit)	专任教师 Full-time Teachers	毕业生数 Graduates	招生数 Entrants	在校学生数 Enrolment	#女 Female
全 国	**National Total**	**2152**	**58656**	**81017**	**123514**	**665942**	**242141**
北 京	Beijing	21	966	1454	998	6407	2225
天 津	Tianjin	20	634	540	667	4491	1574
河 北	Hebei	162	3422	2011	4089	20670	7590
山 西	Shanxi	76	1752	1883	2721	14398	5656
内蒙古	Inner Mongolia	45	1504	1383	2071	11757	4514
辽 宁	Liaoning	79	2085	1602	1579	11835	3905
吉 林	Jilin	50	1662	1094	1867	9649	3518
黑龙江	Heilongjiang	72	1920	1307	2298	13990	5030
上 海	Shanghai	30	1286	1515	1076	7435	2654
江 苏	Jiangsu	102	3527	3830	4774	31151	10835
浙 江	Zhejiang	85	2589	3046	3479	19526	6901
安 徽	Anhui	73	1748	1970	5009	31450	11260
福 建	Fujian	72	2147	3872	3978	25140	8588
江 西	Jiangxi	94	1571	5188	6212	33788	12147
山 东	Shandong	149	5352	4322	5240	30473	10796
河 南	Henan	149	3997	2406	9946	43875	15712
湖 北	Hubei	84	1799	1515	2850	16177	5464
湖 南	Hunan	85	2202	4730	7288	36544	12925
广 东	Guangdong	135	4842	4502	9055	47912	15289
广 西	Guangxi	81	1656	2662	7474	33594	11587
海 南	Hainan	11	330	300	684	2952	1011
重 庆	Chongqing	38	995	2459	3872	21405	8027
四 川	Sichuan	128	2970	10094	10298	56851	21984
贵 州	Guizhou	77	1839	3311	6147	31068	11653
云 南	Yunnan	65	1661	7349	7274	36925	14720
西 藏	Tibet	5	246	488	833	4715	2175
陕 西	Shaanxi	65	1408	1976	3071	16399	6193
甘 肃	Gansu	43	921	1524	3050	15769	5858
青 海	Qinghai	15	194	658	1241	6634	2779
宁 夏	Ningxia	13	407	697	964	6004	2425
新 疆	Xinjiang	28	1024	1329	3409	16958	7146

21-21 各级学校生师比
Student-Teacher Ratio by Level of Regular Schools

(教师人数=1) (Number of Teachers=1)

年份 Year 地区 Region	普通小学 Primary School	初中 Junior Secondary School	普通高中 Regular Senior Secondary School	中等职业学校 Secondary Vocational School	普通高校 Regular Institution of Higher Education
2005	19.43	17.80	18.54	21.34	16.85
2006	19.17	17.15	18.13	22.65	17.93
2007	18.82	16.52	17.48	23.13	17.28
2008	18.38	16.07	16.78	23.32	17.23
2009	17.88	15.47	16.30	25.27	17.27
2010	17.70	14.98	15.99	25.69	17.33
2011	17.71	14.38	15.77	24.97	17.42
2012	17.36	13.59	15.47	24.19	17.52
2013	16.76	12.76	14.95	22.97	17.53
2014	16.78	12.57	14.44	21.34	17.68
2015	17.05	12.41	14.01	20.47	17.73
2016	17.12	12.41	13.65	19.84	17.07
2017	16.98	12.52	13.39	18.98	17.52
2018	16.97	12.79	13.10	19.10	17.56
北京 Beijing	13.65	7.83	7.44	10.13	16.94
天津 Tianjin	15.03	10.20	9.63	15.53	18.67
河北 Hebei	17.32	14.17	13.37	15.55	17.39
山西 Shanxi	13.60	10.50	10.63	12.92	17.62
内蒙古 Inner Mongolia	13.33	10.93	11.60	13.31	17.41
辽宁 Liaoning	14.27	9.96	11.75	14.44	17.18
吉林 Jilin	11.27	10.04	13.27	9.01	17.98
黑龙江 Heilongjiang	11.93	10.48	12.85	13.34	15.31
上海 Shanghai	14.09	10.55	8.62	12.69	16.34
江苏 Jiangsu	17.73	11.83	10.26	14.72	15.68
浙江 Zhejiang	17.14	12.66	10.93	15.29	15.29
安徽 Anhui	18.32	13.16	13.67	27.55	18.21
福建 Fujian	18.68	12.64	12.39	20.37	16.12
江西 Jiangxi	17.95	16.07	17.26	27.30	18.06
山东 Shandong	16.86	12.26	11.90	15.54	18.02
河南 Henan	18.18	14.38	16.02	22.85	18.43
湖北 Hubei	18.01	12.24	12.48	18.57	18.17
湖南 Hunan	19.01	13.71	14.70	22.67	18.18
广东 Guangdong	18.64	13.00	12.25	19.66	17.42
广西 Guangxi	18.50	15.48	17.40	33.36	18.37
海南 Hainan	16.40	13.44	12.66	26.39	17.70
重庆 Chongqing	16.56	13.43	15.46	20.24	17.64
四川 Sichuan	16.84	12.78	13.94	21.64	19.33
贵州 Guizhou	17.89	14.10	15.13	27.16	18.22
云南 Yunnan	16.62	14.07	14.62	24.18	20.44
西藏 Tibet	14.54	12.01	10.75	13.01	14.92
陕西 Shaanxi	16.18	11.02	12.59	16.61	17.69
甘肃 Gansu	13.24	10.88	12.01	13.30	17.40
青海 Qinghai	17.68	13.62	13.03	32.66	15.75
宁夏 Ningxia	16.86	14.19	13.06	25.11	17.26
新疆 Xinjiang	15.30	10.75	12.29	23.73	19.01

21-22 每十万人口各级学校平均在校生数
Number of Students per 100 000 Population by Level

单位：人 (person)

年份 地区	Year Region	学前教育 Pre-school Education	小学 Primary Education	初中阶段 Junior Secondary Education	高中阶段 Senior Secondary Education	高等教育 Higher Education
	1990	1725	10707	3426	1337	326
	1995	2262	11010	3945	1610	457
	2000	1782	10335	4969	2000	723
	2005	1676	8358	4781	3070	1613
	2006	1731	8192	4557	3321	1816
	2007	1787	8037	4364	3409	1924
	2008	1873	7819	4227	3463	2042
	2009	2001	7584	4097	3495	2128
	2010	2230	7448	3955	3504	2189
	2011	2554	7403	3779	3495	2253
	2012	2736	7196	3535	3411	2335
	2013	2876	6913	3279	3227	2418
	2014	2977	6946	3222	3100	2488
	2015	3118	7086	3152	2965	2524
	2016	3211	7211	3150	2887	2530
	2017	3327	7300	3213	2861	2576
	2018	3350	7438	3347	2828	2658
北京	Beijing	2076	4206	1285	1151	5268
天津	Tianjin	1689	4324	1800	1752	4150
河北	Hebei	3194	8761	3765	2885	2457
山西	Shanxi	2668	6172	3073	2919	2383
内蒙古	Inner Mongolia	2439	5306	2517	2449	1984
辽宁	Liaoning	2091	4474	2255	2195	2866
吉林	Jilin	1543	4424	2431	2076	3131
黑龙江	Heilongjiang	1378	3481	2462	2079	2405
上海	Shanghai	2363	3309	1789	1082	3517
江苏	Jiangsu	3183	6980	2812	2323	3143
浙江	Zhejiang	3419	6374	2854	2581	2370
安徽	Anhui	3313	7304	3344	3065	2245
福建	Fujian	4306	8218	3291	2659	2355
江西	Jiangxi	3490	9113	4478	3242	2771
山东	Shandong	3074	7255	3455	2723	2588
河南	Henan	4582	10405	4727	3631	2653
湖北	Hubei	2949	6211	2690	2153	3088
湖南	Hunan	3283	7609	3505	2891	2610
广东	Guangdong	4021	8849	3335	2917	2542
广西	Guangxi	4499	9760	4353	3756	2602
海南	Hainan	4040	8983	3810	3362	2305
重庆	Chongqing	3132	6814	3400	3268	3081
四川	Sichuan	3142	6691	3154	2799	2409
贵州	Guizhou	4328	10384	5051	4379	2254
云南	Yunnan	2981	7905	3877	3147	2166
西藏	Tibet	3660	9684	3840	2508	1616
陕西	Shaanxi	3685	6926	2830	2894	3562
甘肃	Gansu	3596	7222	3313	2954	2258
青海	Qinghai	3590	8128	3726	3697	1426
宁夏	Ningxia	3542	8526	4259	3330	2379
新疆	Xinjiang	6371	9926	3781	3631	1954

注：1.高等教育包括普通高等学校和成人高等学校。
2.高中阶段包括普通高中、成人高中、普通中专、职业高中、技工学校和成人中专。
3.初中阶段包括普通初中和职业初中。

a) Institutions of higher education include that of regular institutions of higher education and institutions of higher education for adults.

b) Senior secondary schools include that of regular senior schools, adult senior schools, regular secondary technical schools, vocational secondary schools, technical worker school, adult technical secondary schools.

c) Junior secondary schools include regular junior schools and junior vocational schools.

21-23 教育经费情况
Basic Statistics on Educational Funds

单位：万元 (10 000 yuan)

年 份 Year / 地 区 Region	合 计 Total	国家财政性教育经费 Government Appropriation for Education	#一般公共预算教育经费 Public Expenditure on Education	民办学校中举办者投入 Funds from Runners of Private Schools	社会捐赠经费 Donations and Fund-raising for Running Schools	事业收入 Income from Teaching Research and Other Auxiliary Activity	#学杂费 Tuition and Miscel-laneous Fees	其他教育经费 Other Educational Funds
1992	8670491	7287506	5649364		696285		439319	
1995	18779501	14115233	10929473	203672	1628414		2012423	
2000	38490806	25626056	21917652	858537	1139557	9382717	5948304	1483939
2001	46376626	30570100	27056548	1280895	1128852	11575137	7456014	1821643
2002	54800278	34914048	32549425	1725549	1272791	14609169	9227792	2278722
2003	62082653	38506237	36190977	2590148	1045927	17218399	11214985	2721943
2004	72425989	44658575	42444209	3478529	934204	20114268	13465517	3240414
2005	84188391	51610759	49460379	4522185	931613	23399991	15530545	3723842
2006	98153087	63483648	61353481	5490583	899078	24073042	15523301	4206736
2007	121480663	82802142	80943369	809337	930584	31772357	21309082	5166242
2008	145007374	104496296	102129675	698479	1026663	33670711	23492983	5115225
2009	165027065	122310935	119749753	749829	1254991	35275939	25155983	5435371
2010	195618471	146700670	141639029	1054254	1078839	41060664	30155593	5724045
2011	238692936	185867009	178217380	1119320	1118675	44246927	33169742	6341005
2012	286553052	231475698	203141685	1281753	956919	46198404	35048301	6640278
2013	303647182	244882177	214056715	1474089	855445	49262087	37376869	7173384
2014	328064609	264205820	225760099	1313476	796700	54271581	40530393	7477031
2015	361291927	292214511	258618740	1876620	869960	58097239	43173611	8233597
2016	388883850	313962519	277006325	2032733	810447	62768292	47709339	9309860
2017	425620069	342077546	299197838	2250061	849974	69575734	52932815	10866754
中 央 Central Government	39119918	27180885	16197501		359636	9069779	3143195	2509617
地 方 Local Governments	386500151	314896661	283000337	2250061	490338	60505954	49789620	8357137
北 京 Beijing	12512746	10863394	9557007	6368	9341	1478756	1201615	154888
天 津 Tianjin	5850624	4951367	4346123	3826	5336	804001	676659	86094
河 北 Hebei	15938479	13374769	12466288	79721	8260	2387755	2041977	87973
山 西 Shanxi	8533662	7097917	6180853	38282	2337	1333668	1092714	61458
内蒙古 Inner Mongolia	7601337	6740750	5457663	16625	5354	632425	521275	206182
辽 宁 Liaoning	9651893	7749271	6474197	14589	1498	1830269	1476471	56265
吉 林 Jilin	6586685	5512733	5038015	23997	3840	943957	816936	102159
黑龙江 Heilongjiang	7545432	6576669	5950720	10427	895	921928	804654	35513
上 海 Shanghai	12104556	9939601	8356465	8164	11946	1755802	1451797	389042
江 苏 Jiangsu	25960645	20943564	19792749	94764	80290	4165842	3323928	676186
浙 江 Zhejiang	21327866	15959821	14131448	227050	40537	4136979	3317148	963480
安 徽 Anhui	13751567	11400507	10125204	91135	9585	2074927	1690256	175412
福 建 Fujian	11390975	9115032	8504673	79321	33937	1874637	1544049	288047
江 西 Jiangxi	11717849	9854977	9394189	19984	12738	1733161	1419212	96988
山 东 Shandong	23946021	19797132	18888280	128448	19939	3699432	3183679	301070
河 南 Henan	21546749	16854320	14414112	208431	27556	4143540	3515334	312903
湖 北 Hubei	13821834	11041050	10370978	89220	6856	2451874	2011280	232834
湖 南 Hunan	15165690	11853958	11198287	124716	8946	2872114	2321904	305955
广 东 Guangdong	38610331	28793140	25225457	357725	84318	8716596	7458697	658552
广 西 Guangxi	11891781	9915677	9119220	65841	9548	1745587	1398774	155127
海 南 Hainan	3390271	2731665	2207329	105042	933	490764	391160	61867
重 庆 Chongqing	9483526	7595118	6145409	93016	21640	1547283	1212175	226469
四 川 Sichuan	19274514	15793602	13971869	132069	36822	3080108	2461467	231913
贵 州 Guizhou	12488005	9790255	9066642	78135	8389	1210438	945800	1400787
云 南 Yunnan	13292088	11490455	9887455	61728	21239	1393129	1129020	325537
西 藏 Tibet	2387658	2360014	2163641	162	1610	22707	16762	3164
陕 西 Shaanxi	10545862	8430072	8141137	59555	4989	1838606	1421420	212639
甘 肃 Gansu	7087547	6372791	5673619	7987	3245	558112	452254	145412
青 海 Qinghai	2343469	2131024	1866289	8365	1477	115329	74949	87274
宁 夏 Ningxia	2288400	1989493	1667994	10141	4546	225951	182437	58269
新 疆 Xinjiang	8462090	7876522	7217025	5227	2388	320275	233817	257677

注：1.“民办学校中举办者投入”1992-2006年数据为社会团体和公民个人办学总经费。

2.从2017年起，“公共财政教育经费”改为“一般公共预算教育经费”。“一般公共预算教育经费”数据1992-2012年包括教育事业费基建经费、教育费附加、科研经费和其他经费，2012年起包括教育事业费、基建经费和教育费附加。

a) "Funds from runners of private schools" from 1992 to 2006 equals to funds from social organizations and citizens for running schools.

b) Since 2017, the "public expenditure on education " was amended to "general public budget on education expenditure". From 1992 to 2012, the Public Expenditure on Education referred to budgetary educational funds, which included the appropriated funds for education, for science research capital construction, other funds, and education surcharges. Since 2012, it includes the appropriated funds for education, capital construction, and education surcharges.

主要统计指标解释

普通高等学校 指通过国家普通高等教育招生考试，招收高中毕业生为主要培养对象，实施高等学历教育的全日制大学、独立设置的学院、独立学院和高等专科学校、高等职业学校及其他普通高教机构。

大学、独立设置的学院主要实施本科及本科层次以上的教育。独立学院主要实施本科层次的教育。高等专科学校、高等职业学校实施专科层次的教育。其他普通高教机构是指承担国家普通招生计划任务不计校数的机构，包括普通高等学校分校、大专班等。

成人高等学校 指通过国家成人高等教育招生考试，招收具有高中毕业或同等学力的人员为主要培养对象，利用函授、业余、脱产等多种形式，对其实施高等学历教育的学校。包括：职工高等学校、农民高等学校、管理干部学院、教育学院、独立函授学院、广播电视大学、其他成人高教机构等。其他成人高教机构是指承担国家成人招生计划任务不计校数的机构。

小学学龄儿童净入学率 指调查范围内已入小学学习的学龄儿童占校内外学龄儿童总数的比重。计算公式为：

$$\text{小学学龄儿童净入学率}=\frac{\text{已入学的小学学龄儿童数}}{\text{校内外小学学龄儿童总数}}\times100\%$$

国家财政性教育经费 包括一般公共预算安排的教育经费，政府性基金预算安排的教育经费，企业办学中的企业拨款，校办产业和社会服务收入用于教育的经费，其他属于国家财政性教育经费。

Explanatory Notes on Main Statistical Indicators

Regular Institutions of Higher Education refer to educational establishments recruiting graduates from senior secondary schools as the main target through National Matriculation TEST. They include full-time universities, independently established colleges, colleges, and institutions of higher professional education, institutions of higher vocational education and other institutions of higher education.

Universities and independently established colleges primarily provide undergraduate and above courses; colleges mainly impart undergraduate courses, institutions of higher professional education and institutions of higher vocational education primarily provide professional trainings; and other institutions of higher education refer to educational establishments, which are responsible for enrolling higher education students under the State Plan but not enumerated in the total number of schools, including: branch schools of universities and colleges and junior colleges.

Institutions of Higher Education for Adults refer to educational establishments, enrolling personnel with senior secondary school or equivalent education through National Matriculation TEST for Adult, and providing higher education courses in forms of correspondence, spare time, or full time for adults. Institutions of higher learning for adults include schools of higher education for staff and workers, schools of higher education for peasants, colleges for management cadres, pedagogical colleges, independent correspondence colleges, radio and television universities and other educational establishments of higher education for adult. Other educational establishments of higher education for adult refer undertakings to enrol adult students but not enumerated in the number of schools under the State Plan.

Net Enrolment Ratio of Primary Schools refers to the proportion of school age children enrolled at schools to the total number of school age children both in and outside schools (including retarded children, but excluding blind, deaf and mute children). The formula is:

$$\text{Net Enrolment Ratio of Primary Schools}=\frac{\text{Total Primary School - age Children at Schools}}{\text{Total Primary School - age Children Whether or Not Attending School}}\times100\%$$

Government Appropriation for Education refers to the general public budget appropriation fund for education, educational funds budgeted by government funds, enterprise appropriation for enterprise-run schools, income from school-run enterprises and social services that are used for education purpose and other national appropriations for education.

22

卫生和社会服务

Public Health and Social Services

简 要 说 明

一、本篇资料的主要内容

本篇主要反映卫生、社会服务、残疾人事业的发展情况。

卫生统计资料主要包括医疗卫生机构、卫生人员、医疗服务、卫生设施、卫生费用、基层医疗卫生服务、妇幼保健、疾病控制、居民病伤死亡原因等情况。

社会服务统计资料主要包括社会组织和自治组织情况，民政机构床位情况，社会救助情况，孤儿和收养登记情况，婚姻登记情况，医疗救助情况和福利彩票销售情况等。

残疾人统计资料主要包括残疾人康复、教育、就业、社会保障、扶贫、维权和组织建设情况。

二、本篇的资料来源

卫生统计资料由国家卫生健康委员会提供。社会服务统计资料由民政部和国家医疗保障局依据统计报表制度整理提供。残疾人统计资料由中国残疾人联合会整理提供。

详细资料分别见《中国卫生健康统计年鉴》（国家卫生健康委员会编）、《中国民政统计年鉴》(中华人民共和国民政部编)、《中国残疾人事业统计年鉴》（中国残疾人联合会编）。

Brief Introduction

I. Main Contents

Data in this chapter mainly reflect the development of public health, social services, and work for persons with disabilities.

Data on public health include mainly the number of medical and health institutions, health personnel, medical services, health facility, health expenses, medical and health services at grass-root level, maternal and child health, disease control, major diseases as the causes of death.

Data on civil affairs include: social organizations and self-governing organizations, beds of civil administration institutions, social welfare relief, orphans and children adoption registration, marriage registration service, medical aid, and welfare lottery.

Data on disabled persons cover information on the rehabilitation, education, employment and poverty alleviation, safeguarding rights of disabled persons and institutions serving the needs of disabled persons.

II. Sources of Data

Data on public health are mainly from National Health Commission. Data on civil affairs are from the Ministry of Civil Affairs and National Healthcare Security Administration based on statistical reporting form scheme. Data on disabled persons are from the China Disabled Persons Federation.

For detailed information please refer to "*Annual Statistical Yearbook on National Health Care*" (National Health Commission), "*Statistical Yearbook on Civil Affairs of China*" (Department of Financial and Planning, Ministry of Civil Affairs) and "*China Statistical Yearbook on the Work for Persons with Disabilities*" (China Disabled Persons Federation).

22-1 医疗卫生机构
Health Care Institutions

单位：个 (unit)

年份 地区	Year Region	合计 Total	#医院 Hospitals	#综合医院 General Hospitals	#中医医院 Hospitals Specialized in Traditional Chinese Medicine	#专科医院 Specialized Hospitals	#基层医疗卫生机构 Health Care Institutions at Grass-root Level	#社区卫生服务中心(站) Community Health Service Centers	#乡镇卫生院 Township Health Centers
	1978	169732	9293	7539	447	643			55018
	1980	180553	9902	7859	678	694			55413
	1985	978540	11955	9197	1485	938			47387
	1990	1012690	14377	10424	2115	1362			47749
	1995	994409	15663	11586	2361	1445			51797
	2000	1034229	16318	11872	2453	1543	1000169		49229
	2005	882206	18703	12982	2620	2682	849488	17128	40907
	2006	918097	19246	13120	2665	3022	884818	22656	39975
	2007	912263	19852	13372	2720	3282	878686	27069	39876
	2008	891480	19712	13119	2688	3437	858015	24260	39080
	2009	916571	20291	13364	2728	3716	882153	27308	38475
	2010	936927	20918	13681	2778	3956	901709	32739	37836
	2011	954389	21979	14328	2831	4283	918003	32860	37295
	2012	950297	23170	15021	2889	4665	912620	33562	37097
	2013	974398	24709	15887	3015	5127	915368	33965	37015
	2014	981432	25860	16524	3115	5478	917335	34238	36902
	2015	983528	27587	17430	3267	6023	920770	34321	36817
	2016	983394	29140	18020	3462	6642	926518	34327	36795
	2017	986649	31056	18921	3695	7220	933024	34652	36551
	2018	997433	33009	19693	3977	7900	943639	34997	36461
北京	Beijing	10058	648	248	159	193	9172	1951	
天津	Tianjin	5686	420	270	55	92	5101	601	141
河北	Hebei	85088	2108	1470	243	352	82236	1385	2005
山西	Shanxi	42079	1368	654	213	469	40198	965	1313
内蒙古	Inner Mongolia	24610	818	424	117	159	23235	1197	1301
辽宁	Liaoning	36029	1369	761	186	395	33777	1325	1032
吉林	Jilin	22691	780	417	108	237	21371	376	777
黑龙江	Heilongjiang	20349	1105	729	161	196	18460	614	972
上海	Shanghai	5293	358	171	19	120	4729	1038	
江苏	Jiangsu	33254	1853	1029	138	473	30295	2769	1053
浙江	Zhejiang	32754	1288	555	171	473	30883	5312	1155
安徽	Anhui	24925	1140	723	113	262	23076	1891	1365
福建	Fujian	27590	641	369	80	174	26423	691	881
江西	Jiangxi	36545	716	450	106	147	35020	556	1588
山东	Shandong	81470	2580	1550	290	646	77614	2443	1592
河南	Henan	71351	1825	1118	287	371	67730	1498	2042
湖北	Hubei	36486	995	561	123	279	34912	1161	1139
湖南	Hunan	56239	1552	877	174	454	53788	781	2208
广东	Guangdong	51451	1553	882	167	458	48684	2602	1184
广西	Guangxi	33742	624	365	96	136	31826	310	1264
海南	Hainan	5325	218	158	17	38	4981	177	299
重庆	Chongqing	20524	800	454	110	174	19535	472	872
四川	Sichuan	81537	2344	1484	232	552	78427	980	4433
贵州	Guizhou	28066	1309	957	97	222	26374	755	1341
云南	Yunnan	24954	1280	843	141	267	23108	601	1355
西藏	Tibet	6844	158	108		11	6539	14	678
陕西	Shaanxi	35300	1175	764	163	230	33412	625	1544
甘肃	Gansu	27897	626	354	109	120	25785	628	1376
青海	Qinghai	6396	220	124	14	40	5994	256	405
宁夏	Ningxia	4450	231	153	26	45	4121	184	217
新疆	Xinjiang	18450	907	671	62	115	16833	839	929

注：1.村卫生室数计入医疗卫生机构数中。
2.2008年，社区卫生服务中心(站)减少的原因是江苏省约5000家农村社区卫生服务站划归村卫生室。
3.2002年起，医疗卫生机构数不再包括高中等医学院校本部、药检机构、国境卫生检疫所和非卫生部门举办的计划生育指导站。
4.2013年起，医疗卫生机构数包括原计生部门主管的计划生育技术服务机构。
5.1996年以前，门诊部(所)不包括私人诊所。

a) Number of village clinics was included in health care institutions.

b) The reasons of decrease of community health centers(stations) in 2008 is that 5000 rural community health stations in Jiangsu is divided into village clinics.

c) Since 2002, health care institutions did not include headquarters of higher and secondary medical schools, drug test institutions, border health quarantine institutions and family planning service stations run by other than health department.

d) Since 2013, health care institutions included family planning technical services institutions managed by original family planning department.

e) Before 1996, clinics did not include private clinics.

22-1 续表 continued

单位：个 (unit)

年份 Year 地区 Region	#村卫生室 Village Clinics	#门诊部(所) Outpatient Department	#专业公共卫生机构 Specialized Public Health Institutions	#疾病预防控制中心 Center for Disease Control and Prevention	#专科疾病防治院(所/站) Specialized Disease Prevention & Treatment Institution	#妇幼保健院(所/站) Women and Children Care Agencies	#卫生监督所(中心) Health Inspection Institution (center)
1978		94395		2989	887	2571	
1980		102474		3105	1138	2745	
1985	777674	126604		3410	1566	2996	
1990	803956	129332		3618	1781	3148	
1995	804352	104406		3729	1895	3179	
2000	709458	240934	11386	3741	1839	3163	
2005	583209	207457	11177	3585	1502	3021	1702
2006	609128	212243	11269	3548	1402	3003	2097
2007	613855	197083	11528	3585	1365	3051	2553
2008	613143	180752	11485	3534	1310	3011	2675
2009	632770	182448	11665	3536	1291	3020	2809
2010	648424	181781	11835	3513	1274	3025	2992
2011	662894	184287	11926	3484	1294	3036	3022
2012	653419	187932	12083	3490	1289	3044	3088
2013	648619	195176	31155	3516	1271	3144	2967
2014	645470	200130	35029	3490	1242	3098	2975
2015	640536	208572	31927	3478	1234	3078	2986
2016	638763	216187	24866	3481	1213	3063	2986
2017	632057	229221	19896	3456	1200	3077	2992
2018	622001	249654	18033	3443	1161	3080	2949
北京 Beijing	2493	4728	110	29	24	20	18
天津 Tianjin	2511	1843	96	23	15	20	19
河北 Hebei	59047	19799	684	188	12	187	178
山西 Shanxi	28338	9286	449	135	8	134	128
内蒙古 Inner Mongolia	13539	7198	488	118	50	114	113
辽宁 Liaoning	19127	12275	672	122	72	102	74
吉林 Jilin	9901	10316	406	66	55	70	41
黑龙江 Heilongjiang	10740	6130	736	165	95	145	139
上海 Shanghai	1162	2529	108	19	16	20	17
江苏 Jiangsu	15311	11158	808	117	41	114	104
浙江 Zhejiang	11483	12922	393	100	16	89	99
安徽 Anhui	15317	4502	604	120	45	120	111
福建 Fujian	18283	6568	450	97	25	90	86
江西 Jiangxi	28309	4561	739	147	108	112	111
山东 Shandong	53246	20285	1081	175	132	162	106
河南 Henan	56173	8011	1589	180	21	163	178
湖北 Hubei	24411	8180	504	116	74	103	106
湖南 Hunan	39976	10819	851	147	86	137	133
广东 Guangdong	25996	18893	1058	136	129	129	124
广西 Guangxi	20409	9843	1257	118	34	104	115
海南 Hainan	2716	1789	119	24	13	24	24
重庆 Chongqing	10847	7332	153	41	15	42	39
四川 Sichuan	56019	16990	697	206	23	201	200
贵州 Guizhou	20355	3868	343	100	8	99	95
云南 Yunnan	13404	7741	523	153	29	146	142
西藏 Tibet	5298	549	145	82		56	1
陕西 Shaanxi	24183	7050	613	120	5	116	116
甘肃 Gansu	16487	7291	1394	103	6	99	95
青海 Qinghai	4474	859	178	56	1	50	55
宁夏 Ningxia	2300	1420	88	25		21	24
新疆 Xinjiang	10146	4919	697	215	3	91	158

22-2 卫生人员
Employed Persons in Health Care Institutions

单位：人 (person)

年 份 Year 地 区 Region	卫生人员 Medical Personnel	卫生技术人员 Medical Technical Personnel	#执业（助理）医师 Licensed (Assistant) Doctors	#执业医师 Licensed Doctor	#注册护士 Registered Nurse	#药师（士） Pharmacist	乡村医生和卫生员 Village Doctors and Assistants	其他技术人员 Other Technical Personnel	管理人员 Administrative Personnel	工勤技能人员 Logistics Technical Workers
1978	7883041	2463931	978152	609608	405223	266570	4777469	22950	298104	320587
1980	7355483	2798241	1153234	709473	465798	308438	3820776	27834	310805	397827
1985	5606105	3410910	1413281	724238	636974	365145	1293094	46052	358812	497237
1990	6137711	3897921	1763086	1302997	974541	405978	1231510	85504	396694	526082
1995	6704395	4256923	1917772	1454926	1125661	418520	1331017	120782	450013	545660
2000	6910383	4490803	2075843	1603266	1266838	414408	1319357	157533	426789	515901
2005	6447246	4564050	2042135	1622684	1349589	349533	916532	225697	312826	428141
2006	6681184	4728350	2099064	1678031	1426339	353565	957459	235466	323705	436204
2007	6964389	4913186	2122925	1715460	1558822	325212	931761	243460	356569	519413
2008	7251803	5174478	2201904	1791881	1678091	330525	938313	255149	356854	527009
2009	7781448	5535124	2329206	1905436	1854818	341910	1050991	275006	362665	557662
2010	8207502	5876158	2413259	1972840	2048071	353916	1091863	290161	370548	578772
2011	8616040	6202858	2466094	2020154	2244020	363993	1126443	305981	374885	605873
2012	9115705	6675549	2616064	2138836	2496599	377398	1094419	319117	372997	653623
2013	9790483	7210578	2794754	2285794	2783121	395578	1081063	359819	420971	718052
2014	10234213	7589790	2892518	2374917	3004144	409595	1058182	379740	451250	755251
2015	10693881	8007537	3039135	2508408	3241469	423294	1031525	399712	472620	782487
2016	11172945	8454403	3191005	2651398	3507166	439246	1000324	426171	483198	808849
2017	11748972	8988230	3390034	2828999	3804021	452968	968611	451480	509093	831558
2018	12300325	9529179	3607156	3010376	4098630	467685	907098	476569	529045	858434
北 京 Beijing	326102	255930	99807	93587	107351	14389	2977	17136	20966	29093
天 津 Tianjin	132525	104577	43105	40515	39377	6127	4600	5578	9645	8125
河 北 Hebei	623974	461139	211387	164733	172863	18841	72690	30142	22242	37761
山 西 Shanxi	330891	246367	99490	85834	103860	10710	35642	13539	14108	21235
内蒙古 Inner Mongolia	241424	188173	73563	63270	76435	10968	17639	10279	11412	13921
辽 宁 Liaoning	391919	303140	120431	108499	134492	13811	21884	16620	19965	30310
吉 林 Jilin	241961	183762	77108	67329	76241	8149	14768	9856	15412	18163
黑龙江 Heilongjiang	299636	230813	89489	76443	93068	11354	20156	10114	17177	21376
上 海 Shanghai	238225	195640	71580	67791	88005	10194	717	11613	13339	16916
江 苏 Jiangsu	739314	590062	233263	193878	260422	30184	27000	31875	32585	57792
浙 江 Zhejiang	589357	486204	190782	166124	201511	29048	7312	24788	21255	49798
安 徽 Anhui	426956	333563	126824	103628	149723	15000	37609	16470	16035	23279
福 建 Fujian	318503	247413	91110	78723	109330	14806	23297	12527	10492	24774
江 西 Jiangxi	325847	247259	87304	73290	110855	14716	39550	9254	9564	20220
山 东 Shandong	961360	738532	290416	245310	322750	35030	101069	43520	31792	46447
河 南 Henan	863167	621488	235649	180402	263100	27765	103306	37712	36386	64275
湖 北 Hubei	521930	410971	152040	126644	190858	18659	37373	22080	21892	29614
湖 南 Hunan	557808	437044	180882	139366	184012	21006	39987	20946	24348	35483
广 东 Guangdong	918396	755173	276361	229165	334551	41785	23063	28290	33590	78280
广 西 Guangxi	420360	320915	105979	86541	140412	18343	32648	13998	16799	36000
海 南 Hainan	81387	63674	22289	18732	29959	3086	3378	2847	4316	7172
重 庆 Chongqing	272794	209260	76379	61809	95109	9389	17906	9552	13540	22536
四 川 Sichuan	746322	562477	204956	171277	247262	25997	62907	19418	34783	66737
贵 州 Guizhou	323381	245456	81475	65264	109127	9434	34097	12296	15953	15579
云 南 Yunnan	389770	301804	99669	82233	136886	11657	38443	15597	10925	23001
西 藏 Tibet	36806	19077	8322	6230	5573	866	12748	1678	1302	2001
陕 西 Shaanxi	410896	327962	99036	82880	138021	15754	29424	3818	26115	23577
甘 肃 Gansu	207045	157293	59560	48150	64276	6981	19330	8271	10113	12038
青 海 Qinghai	59369	44590	16153	13725	17577	2355	6795	2882	1793	3309
宁 夏 Ningxia	65764	53066	19435	17092	23277	3217	3137	2367	3035	4159
新 疆 Xinjiang	227136	176355	63312	51912	72347	8064	15646	11506	8166	15463

注：1.卫生人员和卫生技术人员包括获得“卫生监督员”证书的公务员1万人。
2.2013年起，卫生人员数包括卫生计生部门主管的计划生育技术服务机构人员数。
3.执业(助理)医师数包括村卫生室执业(助理)医师数。
4.1985年以前乡村医生和卫生员系赤脚医生数。

a) Medical personnel and medical technical personnel include 10 000 civil servants who obtain the Certificate of Health Supervisor.

b) Since 2013, medical personnel included personnel of family planning technical services institutions managed by family planning department.

c) Licensed (assistant) doctors include licensed (assistant) doctors in village clinics.

d) Before 1985, rural doctors and assistants referred to barefoot doctors.

22-3 每千人口卫生技术人员
Medical Technical Personnel in Health Care Institutions per 1000 Persons

单位：人 (person)

年份 Year / 地区 Region	卫生技术人员 Medical Technical Personnel 合计 Total	城市 City	农村 Rural	执业(助理)医师 Licensed (Assistant) Doctors 合计 Total	城市 City	农村 Rural	注册护士 Registered Nurses 合计 Total	城市 City	农村 Rural
1980	2.85	8.03	1.81	1.17	3.22	0.76	0.47	1.83	0.20
1985	3.28	7.92	2.09	1.36	3.35	0.85	0.61	1.85	0.30
1990	3.45	6.59	2.15	1.56	2.95	0.98	0.86	1.91	0.43
1995	3.59	5.36	2.32	1.62	2.39	1.07	0.95	1.59	0.49
2000	3.63	5.17	2.41	1.68	2.31	1.17	1.02	1.64	0.54
2005	3.50	5.82	2.69	1.56	2.46	1.26	1.03	2.10	0.65
2006	3.60	6.09	2.70	1.60	2.56	1.26	1.09	2.22	0.66
2007	3.72	6.44	2.69	1.61	2.61	1.23	1.18	2.42	0.70
2008	3.90	6.68	2.80	1.66	2.68	1.26	1.27	2.54	0.76
2009	4.15	7.15	2.94	1.75	2.83	1.31	1.39	2.82	0.81
2010	4.39	7.62	3.04	1.80	2.97	1.32	1.53	3.09	0.89
2011	4.58	7.90	3.19	1.82	3.00	1.33	1.66	3.29	0.98
2012	4.94	8.54	3.41	1.94	3.19	1.40	1.85	3.65	1.09
2013	5.27	9.18	3.64	2.04	3.39	1.48	2.04	4.00	1.22
2014	5.56	9.70	3.77	2.12	3.54	1.51	2.20	4.30	1.31
2015	5.84	10.21	3.90	2.22	3.72	1.55	2.37	4.58	1.39
2016	6.12	10.79	4.04	2.31	3.92	1.61	2.54	4.91	1.49
2017	6.47	10.87	4.28	2.44	3.97	1.68	2.74	5.01	1.62
2018	6.83	10.91	4.63	2.59	4.01	1.82	2.94	5.08	1.80
北京 Beijing	11.88	17.95		4.63	6.98		4.98	7.54	
天津 Tianjin	6.70	9.59	8.11	2.76	3.86	4.66	2.52	3.70	1.70
河北 Hebei	6.10	9.22	4.52	2.80	3.82	2.24	2.29	4.06	1.44
山西 Shanxi	6.63	13.76	4.30	2.68	5.18	1.89	2.79	6.51	1.53
内蒙古 Inner Mongolia	7.43	13.86	5.32	2.90	5.09	2.21	3.02	6.33	1.88
辽宁 Liaoning	6.95	10.87	3.96	2.76	4.19	1.70	3.09	5.10	1.51
吉林 Jilin	6.80	11.13	5.15	2.85	4.62	2.18	2.82	4.96	1.97
黑龙江 Heilongjiang	6.12	10.44	4.25	2.37	3.87	1.75	2.47	4.79	1.37
上海 Shanghai	8.07	13.63	7.38	2.95	4.94	3.73	3.63	6.17	2.44
江苏 Jiangsu	7.33	10.05	5.65	2.90	3.71	2.42	3.23	4.76	2.26
浙江 Zhejiang	8.47	12.92	7.36	3.33	4.92	2.99	3.51	5.63	2.86
安徽 Anhui	5.27	7.68	3.39	2.01	2.69	1.39	2.37	3.83	1.35
福建 Fujian	6.28	10.73	4.29	2.31	3.99	1.56	2.77	4.96	1.80
江西 Jiangxi	5.32	8.90	3.62	1.88	2.97	1.33	2.39	4.44	1.48
山东 Shandong	7.35	10.94	5.29	2.89	4.21	2.13	3.21	5.12	2.13
河南 Henan	6.47	12.34	3.79	2.45	4.35	1.52	2.74	6.00	1.43
湖北 Hubei	6.95	10.25	4.93	2.57	3.61	1.91	3.23	5.12	2.12
湖南 Hunan	6.33	12.34	4.41	2.62	4.48	1.98	2.67	6.10	1.64
广东 Guangdong	6.66	11.46	4.21	2.44	4.14	1.59	2.95	5.24	1.71
广西 Guangxi	6.51	9.05	4.14	2.15	3.09	1.32	2.85	4.29	1.66
海南 Hainan	6.82	14.09	4.23	2.39	4.93	1.48	3.21	6.98	1.86
重庆 Chongqing	6.75	7.87	4.36	2.46	2.78	1.68	3.07	3.83	1.72
四川 Sichuan	6.74	9.06	4.73	2.46	3.20	1.77	2.96	4.37	1.89
贵州 Guizhou	6.82	9.73	4.27	2.26	3.42	1.37	3.03	4.76	1.79
云南 Yunnan	6.25	13.04	4.97	2.06	4.54	1.59	2.83	6.31	2.18
西藏 Tibet	5.55	8.43	3.72	2.42	3.78	1.57	1.62	2.96	0.84
陕西 Shaanxi	8.49	10.87	6.26	2.56	3.50	1.74	3.57	5.10	2.28
甘肃 Gansu	5.96	9.31	4.08	2.26	3.36	1.62	2.44	4.37	1.42
青海 Qinghai	7.39	14.38	4.95	2.68	4.84	1.93	2.91	6.80	1.53
宁夏 Ningxia	7.71	11.05	4.88	2.82	4.01	1.82	3.38	5.15	1.87
新疆 Xinjiang	7.09	14.46	6.43	2.55	5.47	2.26	2.91	6.43	2.55

注：1.2002年以前，执业(助理)医师系医生，执业医师系医师，注册护士系护师(士)。
2.城市包括直辖市区和地级市辖区，农村包括县及县级市。
3.合计项分母系常住人口数，分城乡项分母系推算户籍人口数。

a) Before 2002, licensed (assistant) doctors referred to doctors, licensed doctors referred to doctors, registered nurses referred to nurses.
b) City includes district of municipalities and prefecture-level city, rural area include county and city at county level.
c) Total denominator is permanent population, while urban and rural denominator is the calculated number of household registration.

22-4 村卫生室情况
Statistics on Village Clinics

年份 Year / 地区 Region	村卫生室(个) Village Clinics (unit)						设卫生室的村数占行政村数% Villages with Clinics as % of Total
	合计 Total	村办 Run by Village	乡卫生院设点 Township Hospitals	联合办 Jointly Run	私人办 Run by Private	其他 Others	
1985	777674	305537	29769	88803	323904	29661	87.4
1990	803956	266137	29963	87149	381844	38863	86.2
1995	804352	297462	36388	90681	354981	22876	88.9
2000	709458	300864	47101	89828	255179	16486	89.8
2005	583209	313633	32396	38561	180403	18216	85.8
2006	609128	333790	34803	36805	186524	17206	88.1
2007	613855	340082	33633	33649	186841	19650	88.7
2008	613143	342692	40248	31698	180157	18348	89.4
2009	632770	350515	45434	31035	183699	22087	90.4
2010	648424	365153	49678	32650	177080	23863	92.3
2011	662894	372661	56128	33639	175747	24719	93.4
2012	653419	370099	58317	32278	167025	25700	93.3
2013	648619	371579	59896	32690	158811	25643	93.0
2014	645470	349428	59396	29180	160549	46917	93.3
2015	640536	353196	60231	29208	153353	44548	93.3
2016	638763	351016	60419	29336	152164	45828	92.9
2017	632057	349025	63598	28687	147046	43701	92.8
2018	622001	342062	65495	28353	141623	44468	94.0
北京 Beijing	2493	2254	6	3	216	14	63.7
天津 Tianjin	2511	899	705	112	239	556	70.6
河北 Hebei	59047	28491	2668	1002	23121	3765	100.0
山西 Shanxi	28338	19286	1090	726	3439	3797	100.0
内蒙古 Inner Mongolia	13539	5172	2369	413	4502	1083	100.0
辽宁 Liaoning	19127	8412	341	147	9693	534	100.0
吉林 Jilin	9901	3948	1532	1179	2767	475	100.0
黑龙江 Heilongjiang	10740	7403	1698	148	942	549	100.0
上海 Shanghai	1162	884	170	26		82	73.9
江苏 Jiangsu	15311	7912	4204	1863	19	1313	100.0
浙江 Zhejiang	11483	6762	1411	145	1949	1216	46.5
安徽 Anhui	15317	7106	2965	1849	872	2525	100.0
福建 Fujian	18283	11231	863	230	4173	1786	100.0
江西 Jiangxi	28309	13441	281	1484	11725	1378	100.0
山东 Shandong	53246	26274	14062	4732	4785	3393	76.5
河南 Henan	56173	33675	848	2846	15795	3009	100.0
湖北 Hubei	24411	15279	3506	3091	1587	948	100.0
湖南 Hunan	39976	26560	1417	968	7658	3373	100.0
广东 Guangdong	25996	16279	1834	121	5614	2148	100.0
广西 Guangxi	20409	13802	836	177	4951	643	100.0
海南 Hainan	2716	877	221	26	1436	156	100.0
重庆 Chongqing	10847	6669	1234	291	1404	1249	100.0
四川 Sichuan	56019	27848	3556	2561	18808	3246	100.0
贵州 Guizhou	20355	8653	2801	543	6418	1940	100.0
云南 Yunnan	13404	10027	1454	588	337	998	100.0
西藏 Tibet	5298	2148	2270	132		748	100.0
陕西 Shaanxi	24183	19599	742	358	3350	134	100.0
甘肃 Gansu	16487	6523	3849	723	3921	1471	100.0
青海 Qinghai	4474	1789	636	596	927	526	100.0
宁夏 Ningxia	2300	818	467	215	472	328	100.0
新疆 Xinjiang	10146	2041	5459	1058	503	1085	100.0

注：行政村数即村民委员会数。

a) The number of administrative villages is the number of villagers' committees.

22-5 各类医疗卫生机构医疗服务及床位利用情况(2018年)

Number of Visits and Inpatients in Medical Institutions and Utilization of Beds (2018)

机构名称	Institutions	诊疗人次数(万人次) Visits (10 000 person-times)	入院人数(万人) Inpatients (10 000 persons)	医师日均担负诊疗人次(人次) Daily Visits Each Doctor (person-time)	实际开放总床日数(万日) Days of Total Beds Actually Opened (10 000 day)	平均开放病床(万张) Average Beds Opened (10 000 bed)
总计	**Total**	**830802**	**25454**	**7.96**	**290736**	**797**
医院	Hospitals	357738	20017	6.98	226453	620
综合医院	General Hospitals	258919	15040	7.14	153469	420
中医医院	Hospitals Specialized in Traditional Chinese Medicine	54840	2669	7.26	30540	84
中西医结合医院	Hospital of Integrated Traditional Chinese with Western Medicine	6821	289	6.92	3745	10
民族医院	Nationalities Hospitals	1391	93	4.40	1312	4
专科医院	Specialized Hospitals	35553	1900	5.85	35411	97
护理院	Nursing Hospital	213	26	1.88	1976	5
基层医疗卫生机构	Basic Medical Institutions	440632	4376	9.70	53926	148
#社区卫生服务中心(站)	Community Health Service Centers	79909	354	15.54	7387	20
卫生院	Health Centers	112835	4010	9.33	46537	127
街道卫生院	Urban Health Centers	1240	25	9.41	402	1
乡镇卫生院	Township Health Centers	111596	3985	9.33	46135	126
村卫生室	Village Clinics	167207				
门诊部	Outpatient Department	13581	12	4.70		
专业公共卫生机构	Specialized Public Health Institutions	32154	1029	8.35	9507	26
#专科疾病防治院(所、站)	Specialized Disease Prevention & Treatment Institution	2197	48	5.73	1392	4
妇幼保健院(所、站)	Women and Children Care Agencies	29246	981	8.69	8116	22
其他医疗卫生机构	Other Institutions	278	32	3.71	850	2
#疗养院	Sanatoriums	204	32	3.08	850	2

22-5 续表 continued

机构名称	Institutions	病床周转次数(次) Turnover of Beds (time)	病床工作日(日) Working Days of Beds (day)	病床使用率(%) Utilization Rate of Beds (%)	平均住院日(日) Average Stay Days in Hospital (day)
总计	**Total**	**31.9**	**287.6**	**78.8**	**8.7**
医院	Hospitals	32.2	307.4	84.2	9.3
综合医院	General Hospitals	35.7	310.8	85.1	8.5
中医医院	Hospitals Specialized in Traditional Chinese Medicine	31.8	309.3	84.8	9.5
中西医结合医院	Hospital of Integrated Traditional Chinese with Western Medicine	28.1	292.1	80.0	10.4
民族医院	Nationalities Hospitals	25.5	261.4	71.6	9.8
专科医院	Specialized Hospitals	19.5	296.8	81.3	14.3
护理院	Nursing Hospital	4.6	265.5	72.2	47.2
基层医疗卫生机构	Basic Medical Institutions	29.6	231.2	58.4	6.7
#社区卫生服务中心(站)	Community Health Service Centers	17.5	187.7	51.4	9.7
卫生院	Health Centers	31.4	217.3	59.5	6.4
街道卫生院	Urban Health Centers	22.5	189.2	51.8	7.4
乡镇卫生院	Township Health Centers	31.5	217.5	59.6	6.4
村卫生室	Village Clinics				
门诊部	Outpatient Department				
专业公共卫生机构	Specialized Public Health Institutions	39.4	247.8	67.9	6.1
#专科疾病防治院(所、站)	Specialized Disease Prevention & Treatment Institution	12.5	247.7	67.9	18.3
妇幼保健院(所、站)	Women and Children Care Agencies	44.0	247.9	67.9	5.5
其他医疗卫生机构	Other Institutions	13.5	176.0	48.2	9.3
#疗养院	Sanatoriums	13.5	176.0	48.2	9.3

22-6 医疗卫生机构床位
Number of Beds in Health Care Institutions

单位：万张 (10 000 beds)

年份 Year 地区 Region	合计 Total	#医院 Hospitals	#基层医疗卫生机构 Health Care Institutions at Grass-root Level	#社区卫生服务中心（站） Health Service Centers for Community (stations)	#乡镇卫生院 Township Health Centers	#专业公共卫生机构 Specialized Public Health Institutions	#妇幼保健院（所、站） Maternity and Child Care Centers (Institutions, Stations)	#专科疾病防治院（所、站） Specialized Prevention & Treatment Centers (Institutions, Stations)
1978	204.17	110.00			74.73		1.16	2.63
1980	218.44	119.58			77.54		1.64	2.73
1985	248.71	150.86			72.06		3.46	2.95
1990	292.54	186.89			72.29		4.66	3.10
1995	314.06	206.33			73.31		5.13	3.07
2000	317.70	216.67	76.65		73.48	11.86	7.12	2.84
2005	336.75	244.50	72.58	2.50	67.82	13.58	9.41	3.34
2006	351.18	256.04	76.19	4.12	69.62	13.50	9.93	2.80
2007	370.11	267.51	85.03	7.66	74.72	13.29	10.62	2.59
2008	403.87	288.29	97.10	9.80	84.69	14.66	11.73	2.64
2009	441.66	312.08	109.98	13.13	93.34	15.40	12.61	2.71
2010	478.68	338.74	119.22	16.88	99.43	16.45	13.44	2.93
2011	515.99	370.51	123.37	18.71	102.63	17.81	14.59	3.14
2012	572.48	416.15	132.43	20.32	109.93	19.82	16.16	3.57
2013	618.19	457.86	134.99	19.42	113.65	21.49	17.55	3.85
2014	660.12	496.12	138.12	19.59	116.72	22.30	18.48	3.76
2015	701.52	533.06	141.38	20.10	119.61	23.63	19.54	4.03
2016	741.05	568.89	144.19	20.27	122.39	24.72	20.65	4.00
2017	794.03	612.05	152.85	21.84	129.21	26.26	22.11	4.08
2018	840.41	651.97	158.36	23.13	133.39	27.44	23.28	4.08
北京 Beijing	12.36	11.64	0.48	0.48		0.25	0.20	0.04
天津 Tianjin	6.82	6.03	0.70	0.27	0.42	0.07	0.01	0.06
河北 Hebei	42.19	32.07	8.66	1.36	7.18	1.35	1.33	0.02
山西 Shanxi	20.83	16.36	3.89	0.43	3.10	0.51	0.49	0.02
内蒙古 Inner Mongolia	15.90	12.64	2.78	0.50	2.24	0.43	0.40	0.03
辽宁 Liaoning	31.44	26.60	4.04	0.82	3.19	0.36	0.16	0.19
吉林 Jilin	16.70	14.04	2.16	0.34	1.80	0.29	0.20	0.09
黑龙江 Heilongjiang	25.01	20.96	3.16	0.73	2.39	0.80	0.43	0.36
上海 Shanghai	13.90	12.08	1.60	1.60		0.13	0.13	
江苏 Jiangsu	49.15	38.80	9.35	2.23	7.07	0.75	0.60	0.13
浙江 Zhejiang	33.21	29.37	2.76	0.83	1.88	0.93	0.88	0.04
安徽 Anhui	32.81	25.36	6.70	0.83	5.85	0.70	0.45	0.25
福建 Fujian	19.25	14.80	3.45	0.36	3.08	0.86	0.65	0.20
江西 Jiangxi	24.95	17.28	6.06	0.39	5.63	1.40	1.04	0.36
山东 Shandong	60.85	46.07	11.94	1.96	9.72	2.59	2.04	0.54
河南 Henan	60.85	45.57	12.70	1.19	11.44	2.57	2.42	0.15
湖北 Hubei	39.35	28.15	9.49	1.59	7.77	1.71	1.46	0.25
湖南 Hunan	48.24	34.64	11.69	1.49	10.16	1.91	1.43	0.48
广东 Guangdong	51.69	41.62	7.07	0.94	6.06	2.95	2.45	0.50
广西 Guangxi	25.59	17.32	6.75	0.22	6.53	1.45	1.39	0.06
海南 Hainan	4.48	3.59	0.71	0.10	0.60	0.17	0.16	0.02
重庆 Chongqing	22.01	16.21	5.29	0.94	4.20	0.45	0.41	0.05
四川 Sichuan	59.89	44.22	14.38	1.18	13.15	1.28	1.25	0.03
贵州 Guizhou	24.56	18.92	4.79	0.44	4.23	0.84	0.83	0.02
云南 Yunnan	29.12	22.33	5.89	0.55	5.29	0.80	0.73	0.06
西藏 Tibet	1.68	1.26	0.38	0.01	0.37	0.04	0.04	
陕西 Shaanxi	25.37	20.44	3.99	0.34	3.62	0.87	0.77	0.09
甘肃 Gansu	16.27	12.61	3.10	0.41	2.68	0.50	0.50	
青海 Qinghai	3.91	3.25	0.61	0.15	0.45	0.05	0.05	
宁夏 Ningxia	4.10	3.57	0.40	0.04	0.35	0.13	0.13	
新疆 Xinjiang	17.89	14.18	3.38	0.41	2.95	0.30	0.28	0.01

22-7 分城乡医疗卫生机构床位数
Number of Beds in Health Institutions by Urban and Rural Areas

单位：张 (bed)

年 份 地 区	Year Region	医疗卫生机构床位数 Beds of Medical Institutions			每千人口医疗卫生机构床位 Beds of Medical Institutions per 1000 Population			每千农村人口乡镇卫生院床位数 Beds of Township Health Centers per 1000 Rural Population
		合计 Total	城市 Urban	农村 Rural	合计 Total	城市 Urban	农村 Rural	
	2010	4786831	2302297	2484534	3.58	5.94	2.60	1.12
	2011	5159889	2475222	2684667	3.84	6.24	2.80	1.16
	2012	5724775	2733403	2991372	4.24	6.88	3.11	1.24
	2013	6181891	2948465	3233426	4.55	7.36	3.35	1.30
	2014	6601214	3169880	3431334	4.85	7.84	3.54	1.34
	2015	7015214	3418194	3597020	5.11	8.27	3.71	1.24
	2016	7410453	3654956	3755497	5.37	8.41	3.91	1.27
	2017	7940252	3922024	4018228	5.72	8.75	4.19	1.35
	2018	8404088	4141427	4262661	6.03	8.70	4.56	1.43
北 京	Beijing	123626	123626		5.74	8.69		
天 津	Tianjin	68247	64091	4156	4.37	6.20	6.12	6.12
河 北	Hebei	421916	172918	248998	5.58	7.53	4.51	1.30
山 西	Shanxi	208305	102839	105466	5.60	10.26	4.18	1.23
内蒙古	Inner Mongolia	159006	78117	80889	6.27	11.30	4.66	1.29
辽 宁	Liaoning	314440	207897	106543	7.21	10.45	4.86	1.46
吉 林	Jilin	166994	86256	80738	6.18	10.19	4.64	1.04
黑龙江	Heilongjiang	250129	158359	91770	6.63	12.13	4.12	1.07
上 海	Shanghai	139029	135963	3066	5.74	9.72	4.51	
江 苏	Jiangsu	491522	272211	219311	6.11	8.25	4.80	1.55
浙 江	Zhejiang	332086	186155	145931	5.79	9.11	4.84	0.62
安 徽	Anhui	328123	156568	171555	5.19	7.27	3.46	1.18
福 建	Fujian	192473	89718	102755	4.88	7.25	3.85	1.16
江 西	Jiangxi	249490	97089	152401	5.37	7.96	3.97	1.47
山 东	Shandong	608459	289209	319250	6.06	8.20	4.79	1.46
河 南	Henan	608519	235146	373373	6.34	10.83	4.01	1.23
湖 北	Hubei	393514	182653	210861	6.65	9.13	5.05	1.86
湖 南	Hunan	482439	172850	309589	6.99	12.10	5.24	1.72
广 东	Guangdong	516929	355018	161911	4.56	7.38	3.35	1.25
广 西	Guangxi	255940	110629	145311	5.20	6.38	3.66	1.65
海 南	Hainan	44800	23714	21086	4.80	9.47	3.14	0.90
重 庆	Chongqing	220104	129265	90839	7.10	7.47	5.41	2.50
四 川	Sichuan	598898	255095	343803	7.18	8.43	5.64	2.16
贵 州	Guizhou	245639	76734	168905	6.82	8.60	4.55	1.14
云 南	Yunnan	291194	81459	209735	6.03	10.36	5.23	1.32
西 藏	Tibet	16787	8442	8345	4.88	7.01	3.48	1.52
陕 西	Shaanxi	253711	133165	120546	6.57	8.21	4.97	1.49
甘 肃	Gansu	162737	72912	89825	6.17	8.74	4.59	1.37
青 海	Qinghai	39146	17853	21293	6.49	11.09	4.92	1.05
宁 夏	Ningxia	41005	25908	15097	5.96	8.12	4.14	0.97
新 疆	Xinjiang	178881	39568	139313	7.19	11.30	7.12	1.51

注：每千人口床位数合计项分母系常住人口数，分城乡项分母系推算户籍人口数。

a) Total denominator for beds per 1000 population is permanent population, while urban and rural denominator is the calculated number of household registration.

22-8 分地区医院床位利用情况(2018年)
Utilization of Beds in Hospitals by Region (2018)

地 区	Region	病床工作日(日) Work Day of Beds (day)			病床使用率(%) Utilization Rate of Beds(%)			出院者平均住院日(日) Average Stay Days in Hospital (day)		
		合计 Total	公立 State	民营 Private	合计 Total	公立 State	民营 Private	合计 Total	公立 State	民营 Private
总 计	**National Total**	**307.4**	**332.4**	**230.7**	**84.2**	**91.1**	**63.2**	**9.3**	**9.4**	**8.9**
北 京	Beijing	304.5	331.8	210.3	83.4	90.9	57.6	10.1	9.9	11.0
天 津	Tianjin	283.0	312.9	142.8	77.5	85.7	39.1	9.2	8.9	13.9
河 北	Hebei	301.8	328.2	217.5	82.7	89.9	59.6	9.0	9.1	8.3
山 西	Shanxi	290.5	316.8	211.2	79.6	86.8	57.9	10.5	10.7	9.5
内蒙古	Inner Mongolia	277.6	303.9	149.2	76.1	83.3	40.9	9.6	9.8	7.9
辽 宁	Liaoning	285.0	315.8	199.8	78.1	86.5	54.7	10.3	10.6	9.1
吉 林	Jilin	277.5	304.8	191.2	76.0	83.5	52.4	9.3	9.7	7.7
黑龙江	Heilongjiang	269.5	282.8	221.7	73.8	77.5	60.7	10.2	10.1	10.7
上 海	Shanghai	349.9	362.5	295.0	95.9	99.3	80.8	10.2	9.3	25.6
江 苏	Jiangsu	315.2	346.3	254.0	86.4	94.9	69.6	9.6	9.5	9.8
浙 江	Zhejiang	326.5	351.0	257.9	89.5	96.2	70.7	9.6	9.0	13.3
安 徽	Anhui	303.9	328.8	236.9	83.3	90.1	64.9	8.7	9.0	7.6
福 建	Fujian	306.3	327.9	215.2	83.9	89.8	59.0	8.6	8.9	7.3
江 西	Jiangxi	316.5	330.6	264.1	86.7	90.6	72.4	8.9	9.0	8.5
山 东	Shandong	301.3	327.2	217.5	82.5	89.7	59.6	8.8	8.8	8.6
河 南	Henan	319.8	338.7	262.2	87.6	92.8	71.8	9.5	9.7	8.6
湖 北	Hubei	338.2	361.1	226.8	92.7	98.9	62.1	9.4	9.6	8.4
湖 南	Hunan	307.6	331.9	234.1	84.3	90.9	64.1	9.2	9.5	8.0
广 东	Guangdong	303.1	329.1	203.7	83.0	90.2	55.8	8.9	8.9	8.6
广 西	Guangxi	319.8	332.0	245.9	87.6	91.0	67.4	8.7	8.6	9.9
海 南	Hainan	290.5	303.5	209.6	79.6	83.2	57.4	8.9	9.1	6.5
重 庆	Chongqing	300.0	333.0	230.5	82.2	91.2	63.2	9.4	9.9	8.2
四 川	Sichuan	323.8	359.0	251.2	88.7	98.4	68.8	10.5	10.7	9.8
贵 州	Guizhou	298.4	341.7	226.4	81.8	93.6	62.0	8.1	8.5	7.3
云 南	Yunnan	313.0	352.3	219.2	85.8	96.5	60.1	8.6	8.7	8.3
西 藏	Tibet	235.8	247.2	194.9	64.6	67.7	53.4	8.9	9.6	6.6
陕 西	Shaanxi	306.4	332.7	230.4	84.0	91.1	63.1	8.9	9.0	8.6
甘 肃	Gansu	297.9	311.0	225.9	81.6	85.2	61.9	8.4	8.6	7.4
青 海	Qinghai	267.0	283.3	182.2	73.2	77.6	49.9	9.0	9.4	7.0
宁 夏	Ningxia	291.5	317.0	206.2	79.9	86.9	56.5	8.9	9.3	7.3
新 疆	Xinjiang	312.3	328.8	201.3	85.6	90.1	55.2	8.5	8.6	7.4

22-9 分地区按床位数分组的社区卫生服务中心(站)(2018年)
Community Health Service Centers (Stations) by Grouping of Beds and Region(2018)

单位：个 (unit)

地区 Region	社区卫生服务中心 Community Health Service Centers							社区卫生服务站 Community Health Service Stations			
	总计 Total	无床 No Bed	1-9张 1-9 Beds	10-29张 10-29 Beds	30-49张 30-49 Beds	50-99张 50-99 Beds	100张及以上 100 Beds and Above	总计 Total	无床 No Bed	1-9张 1-9 Beds	10张及以上 10 Beds and Above
总　计 Total	**9352**	**4159**	**497**	**1890**	**1212**	**1249**	**345**	**25645**	**23610**	**1465**	**570**
北　京 Beijing	332	167	45	67	23	23	7	1619	1619		
天　津 Tianjin	121	60		17	13	29	2	480	480		
河　北 Hebei	328	84	23	128	47	42	4	1057	657	254	146
山　西 Shanxi	227	108	14	63	24	17	1	738	631	84	23
内蒙古 Inner Mongolia	329	153	29	77	32	35	3	868	864	1	3
辽　宁 Liaoning	398	232	8	65	40	39	14	927	889	18	20
吉　林 Jilin	214	115	11	47	16	22	3	162	115	38	9
黑龙江 Heilongjiang	450	206	54	86	57	43	4	164	104	27	33
上　海 Shanghai	315	114	2	18	44	89	48	723	723		
江　苏 Jiangsu	565	138	9	113	138	116	51	2204	2159	44	1
浙　江 Zhejiang	477	233	40	80	67	49	8	4835	4827	8	
安　徽 Anhui	394	136	30	114	52	49	13	1497	1497		
福　建 Fujian	226	106	9	66	22	21	2	465	465		
江　西 Jiangxi	180	62	18	57	26	14	3	376	263	99	14
山　东 Shandong	564	246	13	101	80	80	44	1879	1507	278	94
河　南 Henan	452	147	16	118	84	76	11	1046	972	59	15
湖　北 Hubei	354	82	4	62	59	114	33	807	734	56	17
湖　南 Hunan	356	45	17	115	70	88	21	425	330	71	24
广　东 Guangdong	1111	912	17	55	52	60	15	1491	1484	6	1
广　西 Guangxi	168	103	8	28	17	9	3	142	136	4	2
海　南 Hainan	33	14		6	4	9		144	118	20	6
重　庆 Chongqing	201	55	2	32	33	54	25	271	267	3	1
四　川 Sichuan	423	140	25	106	76	66	10	557	488	39	30
贵　州 Guizhou	230	75	28	64	28	35		525	514	7	4
云　南 Yunnan	199	79	16	35	31	31	7	402	342	38	22
西　藏 Tibet	9		4	5				5		3	2
陕　西 Shaanxi	255	134	22	55	29	15		370	337	22	11
甘　肃 Gansu	198	81	25	56	20	15	1	430	299	84	47
青　海 Qinghai	32	10	3	11	3	3	2	224	101	102	21
宁　夏 Ningxia	26	15	1	8	2			158	127	26	5
新　疆 Xinjiang	185	107	4	35	23	6	10	654	561	74	19

22-10 分地区医疗卫生机构门诊服务情况(2018年)
Outpatient Services of Health Institutions by Region (2018)

地 区	Region	诊疗人次数(亿人次) Visits (100 million person-times)	#门急诊 Outpatients with Emergency Treatment	观察室留观病例数(万人) Cases in Observation Room (10 000 persons)	健康检查人数(万人) Number of Health Examinations (10 000 persons)	急诊病死率(%) Fatality Rate among Emergency Admissions (%)	观察室病死率(%) Fatality Rate in Observation Room (%)	居民平均就诊次数(次) Average Number of Visits of Doctors (time)
总 计	**National Total**	**83.08**	**79.78**	**4488.97**	**43534.76**	**0.07**	**0.09**	**5.96**
北 京	Beijing	2.35	2.34	216.18	952.45	0.10	0.16	10.92
天 津	Tianjin	1.20	1.16	114.35	484.23	0.09	0.07	7.69
河 北	Hebei	4.31	3.99	167.00	1603.43	0.17	0.13	5.71
山 西	Shanxi	1.30	1.19	49.23	809.59	0.14	0.12	3.49
内蒙古	Inner Mongolia	1.05	0.99	44.03	553.25	0.14	0.10	4.16
辽 宁	Liaoning	1.99	1.85	249.82	973.31	0.13	0.10	4.56
吉 林	Jilin	1.10	0.99	51.28	507.76	0.11	0.07	4.08
黑龙江	Heilongjiang	1.12	1.04	39.23	598.49	0.14	0.35	2.96
上 海	Shanghai	2.70	2.66	16.04	1000.91	0.11	2.75	11.15
江 苏	Jiangsu	5.94	5.78	149.39	3286.70	0.04	0.03	7.38
浙 江	Zhejiang	6.28	6.15	125.68	3043.54	0.03	0.17	10.94
安 徽	Anhui	2.97	2.84	111.46	1478.16	0.07	0.03	4.70
福 建	Fujian	2.34	2.27	67.63	1075.63	0.03	0.02	5.93
江 西	Jiangxi	2.12	2.03	119.02	1558.27	0.04	0.03	4.57
山 东	Shandong	6.56	6.28	337.51	3210.18	0.14	0.15	6.53
河 南	Henan	5.85	5.56	138.99	3150.74	0.08	0.11	6.10
湖 北	Hubei	3.51	3.39	298.13	1714.65	0.06	0.05	5.94
湖 南	Hunan	2.69	2.52	368.73	1595.20	0.03	0.04	3.90
广 东	Guangdong	8.45	8.26	489.20	4872.79	0.03	0.05	7.45
广 西	Guangxi	2.56	2.49	128.95	1529.24	0.04	0.05	5.19
海 南	Hainan	0.51	0.50	13.86	208.27	0.03	0.06	5.44
重 庆	Chongqing	1.60	1.54	209.62	819.95	0.07	0.01	5.15
四 川	Sichuan	5.16	4.91	263.00	3060.09	0.07	0.04	6.19
贵 州	Guizhou	1.64	1.57	134.31	856.23	0.05	0.03	4.54
云 南	Yunnan	2.58	2.53	321.22	1029.88	0.04	0.06	5.35
西 藏	Tibet	0.16	0.15	7.97	177.86	0.04	0.14	4.77
陕 西	Shaanxi	1.96	1.92	17.41	1029.35	0.08	0.31	5.08
甘 肃	Gansu	1.32	1.23	99.27	775.33	0.08	0.06	5.02
青 海	Qinghai	0.25	0.24	31.16	163.67	0.19	0.01	4.20
宁 夏	Ningxia	0.41	0.40	47.16	233.60	0.11	0.01	6.02
新 疆	Xinjiang	1.07	1.02	62.14	1181.99	0.18	0.25	4.31

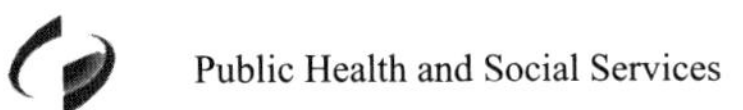

22-11 分地区医疗卫生机构住院服务情况(2018年)
Hospitalization Services in Health Institutions by Region (2018)

地区	Region	入院人数(万人) Number of Inpatients (10 000 persons)	出院人数(万人) Patients Discharged (10 000 persons)	住院病人手术人次(万人次) Surgical Operation of Hospitalized (10 000 person-times)	病死率(%) Fatality Rate (%)	每床出院人数(人) Patients Discharged per Beds (person)	每百门急诊入院人数(人) Inpatients per 100 Outpatient and Emergency Visits (person)	居民年住院率(%) Annual Hospitalization Rate of Residents (%)
总　计	**National Total**	**25454.3**	**25384.7**	**6171.6**	**0.4**	**30.2**	**4.5**	**18.3**
北　京	Beijing	353.6	353.1	146.6	1.0	28.6	1.6	16.4
天　津	Tianjin	162.5	162.5	75.9	0.7	23.8	1.7	10.4
河　北	Hebei	1215.2	1205.9	217.8	0.3	28.6	5.7	16.1
山　西	Shanxi	496.0	494.3	120.7	0.2	23.8	6.0	13.3
内蒙古	Inner Mongolia	384.9	384.0	75.8	0.6	24.2	5.3	15.2
辽　宁	Liaoning	741.7	737.7	179.1	0.9	23.5	5.4	17.0
吉　林	Jilin	404.4	402.3	79.3	1.0	24.1	5.8	15.0
黑龙江	Heilongjiang	585.2	582.8	142.9	1.0	23.4	7.2	15.5
上　海	Shanghai	418.4	418.1	236.2	1.3	30.1	1.7	17.3
江　苏	Jiangsu	1449.4	1447.5	381.1	0.2	29.6	3.2	18.0
浙　江	Zhejiang	1019.7	1018.6	346.1	0.3	30.7	2.0	17.8
安　徽	Anhui	1011.1	1009.7	217.0	0.3	30.8	5.0	16.0
福　建	Fujian	574.2	574.7	144.0	0.1	29.9	3.6	14.6
江　西	Jiangxi	865.5	861.9	159.1	0.2	34.6	7.6	18.6
山　东	Shandong	1841.5	1838.1	416.7	0.4	30.3	5.1	18.3
河　南	Henan	1916.4	1911.0	357.4	0.2	31.4	5.5	20.0
湖　北	Hubei	1319.4	1317.7	332.7	0.4	33.5	5.8	22.3
湖　南	Hunan	1537.3	1537.7	254.9	0.1	31.9	9.0	22.3
广　东	Guangdong	1710.1	1708.7	734.6	0.5	33.1	2.8	15.1
广　西	Guangxi	932.0	929.5	181.9	0.4	36.3	5.3	18.9
海　南	Hainan	119.4	119.5	26.0	0.3	26.7	3.2	12.8
重　庆	Chongqing	705.4	703.3	147.3	0.4	32.0	6.8	22.7
四　川	Sichuan	1835.3	1827.0	404.3	0.4	30.5	5.6	22.0
贵　州	Guizhou	815.2	809.6	160.5	0.2	33.0	7.1	22.6
云　南	Yunnan	961.4	957.0	229.1	0.2	32.9	5.4	19.9
西　藏	Tibet	31.1	30.9	5.9	0.2	18.5	3.0	9.0
陕　西	Shaanxi	798.1	795.0	180.7	0.3	31.4	6.3	20.7
甘　肃	Gansu	487.2	484.8	66.7	0.1	29.9	6.2	18.5
青　海	Qinghai	98.5	98.5	16.5	0.3	25.2	5.7	16.3
宁　夏	Ningxia	120.8	120.3	25.7	0.2	29.3	3.9	17.6
新　疆	Xinjiang	543.2	542.9	109.2	0.4	30.4	6.3	21.8

22-12 社区卫生服务中心(站)医疗服务情况
Medical Services of Community Health Service Centers (Stations)

年份 Year 地区 Region	社区卫生服务中心 Community Health Service Centers					社区卫生服务站 Community Health Service Stations	
	诊疗人次 (万人次) Number of Visits (10 000 person-times)	入院人数 (万人) Number of Inpatients (person)	病床使用率 (%) Utilization Rate of Beds (%)	平均住院日 (日) Average Duration of Hospitalization(day)	医师日均担负诊疗人次(人次) Daily Visits Per Doctor (person-time)	诊疗人次 (万人次) Visits of Community Health Service Stations (10 000 person-times)	医师日均担负诊疗人次(人次) Daily Visits Per Doctor (person-time)
2004	4615.6	15.2	61.2	21.0	13.0	5095.5	11.1
2005	5938.5	26.6	60.7	17.2	13.7	6281.5	11.0
2006	8285.5	43.6	57.9	15.5	13.0	9378.9	13.1
2007	12712.4	74.3	59.6	13.1	13.1	9875.0	14.6
2008	17247.3	103.3	58.7	13.4	12.9	8425.1	12.5
2009	26080.2	164.2	59.8	10.6	14.0	11617.3	13.7
2010	34740.4	218.1	56.1	10.4	13.6	13711.1	13.6
2011	40950.0	247.3	54.4	10.2	14.0	13703.8	13.7
2012	45475.1	268.7	55.5	10.1	14.8	14393.6	14.0
2013	50788.6	292.1	57.0	9.8	15.7	14921.2	14.3
2014	53618.8	298.1	55.6	9.9	16.1	14912.0	14.4
2015	55902.6	305.5	54.7	9.8	16.3	14742.5	14.1
2016	56327.0	313.7	54.6	9.7	15.9	15561.9	14.5
2017	60743.2	344.2	54.8	9.5	16.2	15982.4	14.1
2018	63897.9	339.5	52.0	9.9	16.1	16011.5	13.7
北京 Beijing	5476.9	2.8	34.4	18.1	18.1	762.0	20.8
天津 Tianjin	1860.0	0.9	20.7	12.6	23.3	363.7	35.1
河北 Hebei	738.0	7.2	42.9	9.3	8.3	1064.5	10.0
山西 Shanxi	402.3	4.8	39.9	9.4	6.9	421.8	6.7
内蒙古 Inner Mongolia	459.6	5.4	38.7	9.7	6.8	320.4	6.6
辽宁 Liaoning	1041.6	6.6	32.1	9.8	9.6	577.0	10.5
吉林 Jilin	478.1	2.3	33.1	10.6	7.2	59.6	8.3
黑龙江 Heilongjiang	655.1	6.0	30.4	8.4	6.7	79.2	6.0
上海 Shanghai	8577.6	6.9	88.0	77.0	26.6		
江苏 Jiangsu	7637.0	44.6	54.9	8.9	18.2	1359.0	18.2
浙江 Zhejiang	9924.7	6.7	40.7	14.8	25.1	365.9	23.6
安徽 Anhui	1426.3	12.5	42.9	8.0	13.5	1133.9	13.3
福建 Fujian	1682.9	5.7	32.8	7.2	17.8	383.0	12.3
江西 Jiangxi	365.4	5.2	43.7	6.8	9.2	298.4	12.2
山东 Shandong	2173.1	27.0	50.6	8.6	9.8	1597.2	12.8
河南 Henan	1494.4	17.0	45.6	9.2	9.6	996.7	13.5
湖北 Hubei	1594.6	31.7	56.4	8.4	9.6	757.3	18.5
湖南 Hunan	1130.8	34.6	59.9	7.4	7.5	226.5	7.5
广东 Guangdong	10271.0	16.5	52.1	9.4	22.0	2261.5	30.7
广西 Guangxi	833.3	3.8	47.8	8.1	14.0	191.8	12.1
海南 Hainan	67.5	0.9	34.3	6.5	7.4	234.1	15.4
重庆 Chongqing	734.0	29.7	69.5	7.6	8.2	126.3	11.3
四川 Sichuan	2373.5	26.5	62.9	8.3	16.1	478.6	14.1
贵州 Guizhou	415.5	9.4	39.7	4.9	8.3	324.6	9.3
云南 Yunnan	479.1	10.2	49.6	8.0	10.1	266.5	10.7
西藏 Tibet	13.2		11.1		5.0	2.6	4.5
陕西 Shaanxi	539.1	5.6	41.9	7.8	10.0	285.6	11.1
甘肃 Gansu	369.3	3.8	55.4	5.5	9.1	346.9	10.2
青海 Qinghai	77.7	0.8	45.5	9.0	7.3	196.3	17.9
宁夏 Ningxia	98.7	0.1	25.7	9.5	16.5	203.5	16.2
新疆 Xinjiang	507.7	4.6	41.2	7.9	10.6	327.3	9.3

22-13 乡镇卫生院医疗服务情况
Situations of Medical Services in Township Health Centers

年份 Year / 地区 Region	诊疗人次 (亿人次) Number of Visits (100 million person-times)	入院人数 (万人) Number of Inpatients (10 000 persons)	病床使用率 (%) Utilization Rate of Beds (%)	平均住院日 (日) Average Duration of Hospitalization (day)
1981	14.38	2123.45	53.5	6.3
1985	11.00	1771.16	46.0	5.9
1990	10.65	1958.05	43.4	5.2
1995	9.38	1959.78	40.2	4.6
2000	8.24	1708.33	33.2	4.6
2005	6.79	1621.92	37.7	4.6
2006	7.01	1836.05	39.4	4.6
2007	7.59	2662.15	48.4	4.8
2008	8.27	3312.72	55.8	4.4
2009	8.77	3807.72	60.7	4.8
2010	8.74	3630.38	59.0	5.2
2011	8.66	3448.78	58.1	5.6
2012	9.68	3907.51	62.1	5.7
2013	10.07	3937.15	62.8	5.9
2014	10.29	3732.61	60.5	6.3
2015	10.55	3676.06	59.9	6.4
2016	10.82	3799.94	60.6	6.4
2017	11.11	4047.17	61.3	6.3
2018	11.16	3985.09	59.6	6.4
北京 Beijing				
天津 Tianjin	0.07	5.24	29.9	6.6
河北 Hebei	0.38	160.72	51.2	6.9
山西 Shanxi	0.13	46.56	34.2	7.8
内蒙古 Inner Mongolia	0.11	36.05	37.6	6.4
辽宁 Liaoning	0.19	55.75	43.0	7.3
吉林 Jilin	0.10	23.23	32.2	6.5
黑龙江 Heilongjiang	0.08	46.11	41.2	6.5
上海 Shanghai				
江苏 Jiangsu	0.95	200.95	64.8	7.4
浙江 Zhejiang	1.04	34.59	52.7	8.9
安徽 Anhui	0.59	153.18	55.9	6.5
福建 Fujian	0.30	78.72	45.2	6.0
江西 Jiangxi	0.29	229.41	66.2	5.4
山东 Shandong	0.73	271.86	60.4	7.0
河南 Henan	1.08	339.59	63.1	7.0
湖北 Hubei	0.54	284.39	76.5	6.9
湖南 Hunan	0.42	392.56	69.8	5.8
广东 Guangdong	0.70	185.99	54.5	5.9
广西 Guangxi	0.46	245.15	59.9	5.3
海南 Hainan	0.11	7.92	39.0	7.0
重庆 Chongqing	0.20	168.03	76.3	6.7
四川 Sichuan	0.99	458.75	72.2	6.9
贵州 Guizhou	0.35	134.99	47.8	4.9
云南 Yunnan	0.56	152.57	50.6	5.8
西藏 Tibet	0.05	3.16	24.0	4.1
陕西 Shaanxi	0.24	92.15	50.9	7.2
甘肃 Gansu	0.19	76.97	61.0	5.6
青海 Qinghai	0.03	9.82	47.8	5.8
宁夏 Ningxia	0.06	5.77	41.1	6.8
新疆 Xinjiang	0.21	84.91	65.6	6.2

注：1993年以前的诊疗人次及入院人数系推算数据。

a) Number of visits and inpatients before 1993 are estimated.

22-14 28种传染病报告发病及死亡人数(2018年)

Number of Reported Cases and Deaths of 28 Infectious Diseases (2018)

单位：人 (person)

顺位 No.	发病 Diseases			死亡 Deaths		
	疾病名称	Diseases	发病人数 Number of Diseases	疾病名称	Diseases	死亡人数 Number of Deaths
1	病毒性肝炎	Viral Hepatitis	1280015	艾滋病	AIDS	18780
2	肺结核	Pulmonary Tuberculosis	823342	肺结核	Pulmonary Tuberculosis	3149
3	梅毒	Syphilis	494867	病毒性肝炎	Viral Hepatitis	531
4	淋病	Gonorrhea	133156	狂犬病	Hydrophobia	410
5	细菌性和阿米巴性痢疾	Dysentery	91152	流行性乙型脑炎	Encephalitis B	135
6	猩红热	Scarlet Fever	78864	流行性出血热	Hemorrhage Fever	97
7	艾滋病	AIDS	64170	梅毒	Syphilis	39
8	布鲁氏菌病	Brucellosis	37947	流行性脑脊髓膜炎	Epidemic Encephalitis	10
9	百日咳	Pertussis	22057	疟疾	Malaria	6
10	流行性出血热	Hemorrhage Fever	11966	新生儿破伤风	Newborn Tetanus	4
11	伤寒和副伤寒	Typhoid and Paratyphoid Fever	10843	炭疽	Anthrax	3
12	登革热	Dengue Fever	5136	百日咳	Pertussis	2
13	麻疹	Measles	3940	伤寒和副伤寒	Typhoid and Paratyphoid Fever	2
14	疟疾	Malaria	2518	淋病	Gonorrhea	1
15	流行性乙型脑炎	Encephalitis B	1800	细菌性和阿米巴性痢疾	Dysentery	1
16	狂犬病	Hydrophobia	422	登革热	Dengue Fever	1
17	炭疽	Anthrax	336	麻疹	Measles	1
18	钩端螺旋体病	Leptospirosis	157	钩端螺旋体病	Leptospirosis	1
19	血吸虫病	Schistosomiasis	144	人感染H7N9禽流感	HpAI H7N9	1
20	流行性脑脊髓膜炎	Epidemic Encephalitis	104	猩红热	Scarlet Fever	
21	新生儿破伤风	Newborn Tetanus	83	布鲁氏菌病	Brucellosis	
22	霍乱	Cholera	28	血吸虫病	Schistosomiasis	
23	人感染H7N9禽流感	HpAI H7N9	2	霍乱	Cholera	
24	鼠疫	The Plague		鼠疫	The Plague	
25	传染性非典型肺炎	SARS		传染性非典型肺炎	SARS	
26	脊髓灰质炎	Poliomyelitis		脊髓灰质炎	Poliomyelitis	
27	人感染高致病性禽流感	HpAI		人感染高致病性禽流感	HpAI	
28	白喉	Diphtheria		白喉	Diphtheria	

注：1.空格系无报告发病或死亡病例。

2.疟疾数据系按照终审日期以及按照报告地区统计的中国籍病例。下表同。

a) Blank means no infections or deaths cases reported.

b) The Malaria data is the Chinese case counted on the date of final review and the reporting area. The same applies to the table following.

22-15 28种传染病报告发病率和死亡率(2018年)
Reported Incidence and Death Rates of 28 Infectious Diseases (2018)

顺位 No.	发病 Disease Incidence 疾病名称 Diseases	发病率(1/10万) Incidence (1/100 000)	死亡 Death 疾病名称 Diseases	死亡率(1/10万) Death Rate (1/100 000)
1	病毒性肝炎 Viral Hepatitis	92.1537	艾滋病 AIDS	1.3459
2	肺结核 Pulmonary Tuberculosis	59.2716	肺结核 Pulmonary Tuberculosis	0.2257
3	梅毒 Syphilis	35.6276	病毒性肝炎 Viral Hepatitis	0.0381
4	淋病 Gonorrhea	9.5865	狂犬病 Hydrophobia	0.0294
5	细菌性和阿米巴性痢疾 Dysentery	6.5624	流行性乙型脑炎 Encephalitis B	0.0097
6	猩红热 Scarlet Fever	5.6778	流行性出血热 Hemorrhage Fever	0.0070
7	艾滋病 AIDS	4.6199	梅毒 Syphilis	0.0028
8	布鲁氏菌病 Brucellosis	2.7320	流行性脑脊髓膜炎 Epidemic Encephalitis	0.0007
9	百日咳 Pertussis	1.5880	疟疾 Malaria	0.0004
10	流行性出血热 Hemorrhage Fever	0.8615	新生儿破伤风 Newborn Tetanus	0.0003
11	伤寒和副伤寒 Typhoid and Paratyphoid Fever	0.7806	炭疽 Anthrax	0.0002
12	登革热 Dengue Fever	0.3698	淋病 Gonorrhea	0.0001
13	麻疹 Measles	0.2837	细菌性和阿米巴性痢疾 Dysentery	0.0001
14	疟疾 Malaria	0.1813	百日咳 Pertussis	0.0001
15	流行性乙型脑炎 Encephalitis B	0.1296	伤寒和副伤寒 Typhoid and Paratyphoid Fever	0.0001
16	狂犬病 Hydrophobia	0.0304	登革热 Dengue Fever	0.0001
17	炭疽 Anthrax	0.0242	麻疹 Measles	0.0001
18	钩端螺旋体病 Leptospirosis	0.0113	钩端螺旋体病 Leptospirosis	0.0001
19	血吸虫病 Schistosomiasis	0.0104	人感染H7N9禽流感 HpAI H7N9	0.0001
20	流行性脑脊髓膜炎 Epidemic Encephalitis	0.0075	鼠疫 The Plague	
21	新生儿破伤风 Newborn Tetanus	0.0060	传染性非典型肺炎 SARS	
22	霍乱 Cholera	0.0020	脊髓灰质炎 Poliomyelitis	
23	人感染H7N9禽流感 HpAI H7N9	0.0001	人感染高致病性禽流感 HpAI	
24	鼠疫 The Plague		白喉 Diphtheria	
25	传染性非典型肺炎 SARS		猩红热 Scarlet Fever	
26	脊髓灰质炎 Poliomyelitis		布鲁氏菌病 Brucellosis	
27	人感染高致病性禽流感 HpAI		血吸虫病 Schistosomiasis	
28	白喉 Diphtheria		霍乱 Poliomyelitis	

22-16 城市居民主要疾病死亡率及死因构成(2018年)
Death Rate of Major Diseases in Urban Areas (2018)

疾病名称	Category of Diseases	合计 Total 死亡率(1/10万) Mortality Rate (1/100000)	构成(%) Percentage (%)	位次 Rank	男 Male 死亡率(1/10万) Mortality Rate (1/100000)	构成(%) Percentage (%)	位次 Rank	女 Female 死亡率(1/10万) Mortality Rate (1/100000)	构成(%) Percentage (%)	位次 Rank
传染病(含呼吸道结核)	Infectious Disease(including Respiratory Tuberculosis)	5.96	0.95	10	8.23	1.15	9	3.61	0.67	10
寄生虫病	Parasitic Disease	0.04	0.01	17	0.05	0.01	16	0.03	0.01	17
恶性肿瘤	Malignant Tumour	163.18	25.98	1	205.00	28.72	1	120.01	22.23	2
血液,造血器官及免疫疾病	Diseases of the Blood and Blood-forming Organs and Immunodeficiency	1.43	0.23	13	1.42	0.20	15	1.44	0.27	13
内分泌,营养和代谢疾病	Endocrine, Nutritional & Metabolic Diseases	21.15	3.37	6	20.47	2.87	6	21.85	4.05	6
精神障碍	Mental Disorders	2.96	0.47	11	2.79	0.39	11	3.12	0.58	11
神经系统疾病	Diseases of the Nervous System	8.62	1.37	8	8.63	1.21	8	8.62	1.60	8
心脏病	Heart Diseases	146.34	23.29	2	150.13	21.03	2	142.42	26.38	1
脑血管病	Cerebrovascular Disease	128.88	20.51	3	141.63	19.84	3	115.72	21.43	3
呼吸系统疾病	Diseases of the Respiratory System	68.02	10.83	4	80.25	11.24	4	55.39	10.26	4
消化系统疾病	Diseases of the Digestive System	14.54	2.31	7	17.74	2.49	7	11.23	2.08	7
肌肉骨骼和结缔组织疾病	Diseases of the Musculoskeletal System and Connective Tissue	2.49	0.40	12	1.96	0.27	12	3.03	0.56	12
泌尿生殖系统疾病	Diseases of the Genitourinary System	6.84	1.09	9	7.81	1.09	10	5.83	1.08	9
妊娠,分娩产褥期并发症	Pregnancy, Childbirth and the Puerperium	0.05	0.01	16				0.10	0.02	16
围生期疾病	Perinatal Diseases	1.30	0.21	15	1.54	0.22	13	1.05	0.20	15
先天畸形,变形和染色体异常	Congenital Malformations, Deformations and Chromosomal Abnormalities	1.33	0.21	14	1.45	0.20	14	1.22	0.23	14
损伤和中毒外部原因	External Causes of Injury and Poison	35.63	5.67	5	44.84	6.28	5	26.13	4.84	5
诊断不明	Undiagnosed Diseases	2.56	0.41		3.45	0.48		1.64	0.30	
其他疾病	Other Diseases	6.42	1.02		5.07	0.71		7.82	1.45	

注：本表系605个死因监测点结果(下表同)。

a) Data in this table are results from the 605 monitoring sites. The same applies to the table following.

22-17 部分地区农村居民主要疾病死亡率及死因构成(2018年)
Death Rate of Major Diseases in Certain Rural Areas (2018)

疾病名称	Category of Diseases	合计 Total			男 Male			女 Female		
		死亡率(1/10万) Mortality Rate (1/100000)	构成(%) Percentage (%)	位次 Rank	死亡率(1/10万) Mortality Rate (1/100000)	构成(%) Percentage (%)	位次 Rank	死亡率(1/10万) Mortality Rate (1/100000)	构成(%) Percentage (%)	位次 Rank
传染病(含呼吸道结核)	Infectious Disease(including Respiratory Tuberculosis)	7.26	1.05	10	10.02	1.27	8	4.40	0.75	10
寄生虫病	Parasitic Disease	0.08	0.01	16	0.09	0.01	16	0.07	0.01	17
恶性肿瘤	Malignant Tumour	158.61	22.96	3	202.86	25.76	1	112.71	19.09	3
血液,造血器官及免疫疾病	Diseases of the Blood and Blood-forming Organs and Immunodeficiency	1.19	0.17	15	1.20	0.15	15	1.18	0.20	15
内分泌营养和代谢疾病	Endocrine, Nutritional & Metabolic Diseases	17.01	2.46	6	15.36	1.95	7	18.72	3.17	6
精神障碍	Mental Disorders	2.81	0.41	11	2.70	0.34	11	2.92	0.49	11
神经系统疾病	Diseases of the Nervous System	8.39	1.21	8	8.29	1.05	10	8.49	1.44	8
心脏病	Heart Diseases	162.12	23.47	1	166.00	21.08	3	158.10	26.78	1
脑血管病	Cerebrovascular Disease	160.19	23.19	2	176.06	22.36	2	143.73	24.34	2
呼吸系统疾病	Diseases of the Respiratory System	77.67	11.24	4	87.83	11.15	4	67.13	11.37	4
消化系统疾病	Diseases of the Digestive System	14.57	2.11	7	18.42	2.34	6	10.58	1.79	7
肌肉骨骼和结缔组织疾病	Diseases of the Musculoskeletal System and Connective Tissue	1.96	0.28	12	1.65	0.21	13	2.29	0.39	12
泌尿生殖系统疾病	Diseases of the Genitourinary System	7.44	1.08	9	8.73	1.11	9	6.09	1.03	9
妊娠分娩产褥期并发症	Pregnancy, Childbirth and the Puerperium	0.07	0.01	17				0.15	0.03	16
围生期疾病	Perinatal Diseases	1.58	0.23	13	1.91	0.24	12	1.24	0.21	14
先天畸形,变性和染色体异常	Congenital Malformations, Deformations and Chromosomal Abnormalities	1.48	0.21	14	1.63	0.21	14	1.32	0.22	13
损伤和中毒外部原因	External Causes of Injury and Poison	51.48	7.45	5	67.63	8.59	5	34.74	5.88	5
诊断不明	Undiagnosed Diseases	2.24	0.32		2.78	0.35		1.67	0.28	
其他疾病	Other Diseases	6.17	0.89		4.96	0.63		7.43	1.26	

注：农村包括县及县级市。
a) Rural area includes counties and county-level cities.

22-18 监测地区5岁以下儿童和孕产妇死亡率
Mortality Rate of the Maternal and Children Aged under 5 in Surveillance Areas

年 份 Year	新生儿死亡率(‰) Newborn Mortality Rate(‰)			婴儿死亡率(‰) Infant Mortality Rate(‰)			5岁以下儿童死亡率(‰) Mortality Rate of Children under 5(‰)			孕产妇死亡率(1/10万) Maternal Mortality Rate (1/100 000)		
	合计 Total	城市 Urban	农村 Rural	合计 Total	城市 Urban	农村 Rural	合计 Total	城市 Urban	农村 Rural	合计 Total	城市 Urban	农村 Rural
1991	33.1	12.5	37.9	50.2	17.3	58.0	61.0	20.9	71.1	80.0	46.3	100.0
1992	32.5	13.9	36.8	46.7	18.4	53.2	57.4	20.7	65.6	76.5	42.7	97.9
1993	31.2	12.9	35.4	43.6	15.9	50.0	53.1	18.3	61.6	67.3	38.5	85.1
1994	28.5	12.2	32.3	39.9	15.5	45.6	49.6	18.0	56.9	64.8	44.1	77.5
1995	27.3	10.6	31.1	36.4	14.2	41.6	44.5	16.4	51.1	61.9	39.2	76.0
1996	24.0	12.2	26.7	36.0	14.8	40.9	45.0	16.9	51.4	63.9	29.2	86.4
1997	24.2	10.3	27.5	33.1	13.1	37.7	42.3	15.5	48.5	63.6	38.3	80.4
1998	22.3	10.0	25.1	33.2	13.5	37.7	42.0	16.2	47.9	56.2	28.6	74.1
1999	22.2	9.5	25.1	33.3	11.9	38.2	41.4	14.3	47.7	58.7	26.2	79.7
2000	22.8	9.5	25.8	32.2	11.8	37.0	39.7	13.8	45.7	53.0	29.3	69.6
2001	21.4	10.6	23.9	30.0	13.6	33.8	35.9	16.3	40.4	50.2	33.1	61.9
2002	20.7	9.7	23.2	29.2	12.2	33.1	34.9	14.6	39.6	43.2	22.3	58.2
2003	18.0	8.9	20.1	25.5	11.3	28.7	29.9	14.8	33.4	51.3	27.6	65.4
2004	15.4	8.4	17.3	21.5	10.1	24.5	25.0	12.0	28.5	48.3	26.1	63.0
2005	13.2	7.5	14.7	19.0	9.1	21.6	22.5	10.7	25.7	47.7	25.0	53.8
2006	12.0	6.8	13.4	17.2	8.0	19.7	20.6	9.6	23.6	41.1	24.8	45.5
2007	10.7	5.5	12.8	15.3	7.7	18.6	18.1	9.0	21.8	36.6	25.2	41.3
2008	10.2	5.0	12.3	14.9	6.5	18.4	18.5	7.9	22.7	34.2	29.2	36.1
2009	9.0	4.5	10.8	13.8	6.2	17.0	17.2	7.6	21.1	31.9	26.6	34.0
2010	8.3	4.1	10.0	13.1	5.8	16.1	16.4	7.3	20.1	30.0	29.7	30.1
2011	7.8	4.0	9.4	12.1	5.8	14.7	15.6	7.1	19.1	26.1	25.2	26.5
2012	6.9	3.9	8.1	10.3	5.2	12.4	13.2	5.9	16.2	24.5	22.2	25.6
2013	6.3	3.7	7.3	9.5	5.2	11.3	12.0	6.0	14.5	23.2	22.4	23.6
2014	5.9	3.5	6.9	8.9	4.8	10.7	11.7	5.9	14.2	21.7	20.5	22.2
2015	5.4	3.3	6.4	8.1	4.7	9.6	10.7	5.8	12.9	20.1	19.8	20.2
2016	4.9	2.9	5.7	7.5	4.2	9.0	10.2	5.2	12.4	19.9	19.5	20.0
2017	4.5	2.6	5.3	6.8	4.1	7.9	9.1	4.8	10.9	19.6	16.6	21.1
2018	3.9	2.2	4.7	6.1	3.6	7.3	8.4	4.4	10.2	18.3	15.5	19.9

22-19 卫生总费用
Total Health Expenditure

年份 Year	卫生总费用(亿元) Total Health Expenditure (100 million yuan)	政府卫生支出 Government Health Expenditure		社会卫生支出 Social Health Expenditure		个人现金卫生支出 Out-of-pocket Health Expenditure		人均卫生费用(元) Per Capita Health Expenditure (yuan)			卫生总费用与GDP之比(%) Health Expenditure as Percentage of GDP (%)
		绝对数(亿元) Level (100 million yuan)	占卫生总费用比重(%) As Percentage of Health Expenditure	绝对数(亿元) Level (100 million yuan)	占卫生总费用比重(%) As Percentage of Health Expenditure	绝对数(亿元) Level (100 million yuan)	占卫生总费用比重(%) As Percentage of Health Expenditure	合计 Total	城市 Urban	农村 Rural	
1978	110.21	35.44	32.16	52.25	47.41	22.52	20.43	11.45			3.00
1979	126.19	40.64	32.21	59.88	47.45	25.67	20.34	12.94			3.08
1980	143.23	51.91	36.24	60.97	42.57	30.35	21.19	14.51			3.12
1981	160.12	59.67	37.27	62.43	38.99	38.02	23.74	16.00			3.24
1982	177.53	68.99	38.86	70.11	39.49	38.43	21.65	17.46			3.30
1983	207.42	77.63	37.43	64.55	31.12	65.24	31.45	20.14			3.44
1984	242.07	89.46	36.96	73.61	30.41	79.00	32.64	23.20			3.33
1985	279.00	107.65	38.58	91.96	32.96	79.39	28.46	26.36			3.07
1986	315.90	122.23	38.69	110.35	34.93	83.32	26.38	29.38			3.04
1987	379.58	127.28	33.53	137.25	36.16	115.05	30.31	34.73			3.12
1988	488.04	145.39	29.79	189.99	38.93	152.66	31.28	43.96			3.21
1989	615.50	167.83	27.27	237.84	38.64	209.83	34.09	54.61			3.58
1990	747.39	187.28	25.06	293.10	39.22	267.01	35.73	65.37	158.82	39.31	3.96
1991	893.49	204.05	22.84	354.41	39.67	335.03	37.50	77.14	187.56	45.61	4.06
1992	1096.86	228.61	20.84	431.55	39.34	436.70	39.81	93.61	222.01	55.34	4.03
1993	1377.78	272.06	19.75	524.75	38.09	580.97	42.17	116.25	268.58	68.45	3.86
1994	1761.24	342.28	19.43	644.91	36.62	774.05	43.95	146.95	332.56	85.49	3.62
1995	2155.13	387.34	17.97	767.81	35.63	999.98	46.40	177.93	401.28	101.48	3.51
1996	2709.42	461.61	17.04	875.66	32.32	1372.15	50.64	221.38	467.43	134.34	3.77
1997	3196.71	523.56	16.38	984.06	30.78	1689.09	52.84	258.58	537.85	157.16	4.01
1998	3678.72	590.06	16.04	1071.03	29.11	2017.63	54.85	294.86	625.94	194.63	4.32
1999	4047.50	640.96	15.84	1145.99	28.31	2260.55	55.85	321.78	701.98	203.22	4.47
2000	4586.63	709.52	15.47	1171.94	25.55	2705.17	58.98	361.88	812.95	214.93	4.57
2001	5025.93	800.61	15.93	1211.43	24.10	3013.88	59.97	393.80	841.20	244.77	4.53
2002	5790.03	908.51	15.69	1539.38	26.59	3342.14	57.72	450.75	987.07	259.33	4.76
2003	6584.10	1116.94	16.96	1788.50	27.16	3678.67	55.87	509.50	1108.91	274.67	4.79
2004	7590.29	1293.58	17.04	2225.35	29.32	4071.35	53.64	583.92	1261.93	301.61	4.69
2005	8659.91	1552.53	17.93	2586.40	29.87	4520.98	52.21	662.30	1126.36	315.83	4.62
2006	9843.34	1778.86	18.07	3210.92	32.62	4853.56	49.31	748.84	1248.30	361.89	4.49
2007	11573.97	2581.58	22.31	3893.72	33.64	5098.66	44.05	875.96	1516.29	358.11	4.28
2008	14535.40	3593.94	24.73	5065.60	34.85	5875.86	40.42	1094.52	1861.76	455.19	4.55
2009	17541.92	4816.26	27.46	6154.49	35.08	6571.16	37.46	1314.26	2176.63	561.99	5.03
2010	19980.39	5732.49	28.69	7196.61	36.02	7051.29	35.29	1490.06	2315.48	666.30	4.84
2011	24345.91	7464.18	30.66	8416.45	34.57	8465.28	34.77	1806.95	2697.48	879.44	4.98
2012	28119.00	8431.98	29.99	10030.70	35.67	9656.32	34.34	2076.67	2999.28	1064.83	5.20
2013	31668.95	9545.81	30.14	11393.79	35.98	10729.34	33.88	2327.37	3234.12	1274.44	5.32
2014	35312.40	10579.23	29.96	13437.75	38.05	11295.41	31.99	2581.66	3558.31	1412.21	5.48
2015	40974.64	12475.28	30.45	16506.71	40.29	11992.65	29.27	2980.80			5.95
2016	46344.88	13910.31	30.01	19096.68	41.21	13337.90	28.78	3351.74			6.23
2017	52598.28	15205.87	28.91	22258.81	42.32	15133.60	28.77	3783.83			6.36
2018	59121.90	16399.13	27.74	25810.78	43.66	16911.99	28.61	4236.98			6.57

注：1.本表系按当年价格核算数，2018年为初步测算数。

2.2001年起卫生总费用不含高等医学教育经费，2006年起包括城乡医疗救助经费。

a) Data in this table are at current prices. Data of 2018 are preliminary data.

b) Since 2001, total health expenditure does not include that of educational expenditure of higher education. Since 2006, it included medical aid expenditure in urban and rural areas.

22-20 分地区提供住宿的民政机构床位数(2018年)
Beds of Civil Affairs Institutions with Accommodations by Region (2018)

单位：万张 (10 000 beds)

地 区	Region	床位数 Number of Beds	养老 The Aged	儿童福利和救助 Child Welfare and Assistance	精神疾病 Mental Illness	其他 Other	每千老年人口养老床位数(张) Beds in Elderly Care Institutions per 1 000 Senior Citizens (bed)
全 国	**National Total**	**408.1**	**379.4**	**9.7**	**6.3**	**12.7**	**29.15**
北 京	Beijing	11.4	10.5	0.3		0.5	31.14
天 津	Tianjin	5.1	4.9		0.1	0.1	22.22
河 北	Hebei	17.4	16.9	0.1	0.1	0.4	30.09
山 西	Shanxi	5.1	4.6	0.1	0.1	0.3	20.19
内蒙古	Inner Mongolia	9.1	8.5	0.2	0.2	0.2	54.75
辽 宁	Liaoning	15.5	14.7	0.1		0.7	19.41
吉 林	Jilin	13.2	12.2	0.3	0.5	0.2	23.67
黑龙江	Heilongjiang	14.9	13.8	0.4	0.4	0.4	27.39
上 海	Shanghai	13.9	13.2	0.2	0.2	0.3	27.90
江 苏	Jiangsu	41.3	39.9	0.4	0.5	0.5	39.45
浙 江	Zhejiang	29.6	28.9	0.3	0.1	0.4	54.17
安 徽	Anhui	22.6	21.4	0.6		0.5	34.75
福 建	Fujian	5.4	4.6	0.1	0.4	0.2	26.38
江 西	Jiangxi	15.3	14.7	0.2		0.4	26.83
山 东	Shandong	29.4	28.6	0.5		0.3	27.54
河 南	Henan	15.2	13.9	0.4	0.2	0.7	21.39
湖 北	Hubei	24.0	22.9	0.4	0.2	0.6	32.77
湖 南	Hunan	14.8	13.4	0.4	0.4	0.6	23.85
广 东	Guangdong	22.1	20.3	0.6	0.2	1.0	31.02
广 西	Guangxi	6.1	5.2	0.3	0.2	0.2	23.95
海 南	Hainan	0.4	0.4			0.1	11.85
重 庆	Chongqing	9.4	8.6	0.3	0.3	0.2	25.14
四 川	Sichuan	32.0	28.3	0.8	1.3	1.6	28.41
贵 州	Guizhou	8.3	7.2	0.3	0.4	0.3	30.40
云 南	Yunnan	6.4	5.6	0.3	0.2	0.3	15.05
西 藏	Tibet	1.1	0.1	0.4		0.6	8.20
陕 西	Shaanxi	9.2	8.5	0.3	0.1	0.3	23.30
甘 肃	Gansu	2.7	2.0	0.3	0.1	0.3	30.42
青 海	Qinghai	0.8	0.6	0.2			30.55
宁 夏	Ningxia	1.7	1.4	0.1		0.1	24.52
新 疆	Xinjiang	5.0	3.7	0.8	0.4	0.2	16.48

注：老年人口指60岁及以上人口。
a) The aged refer to those 60 years old and above.

22-21 分地区孤儿和收养登记情况(2018年)
Orphans and Children Adoption Registration by Region (2018)

单位：人 (person)

地 区 Region	孤儿数 Number of Orphans	集中养育 Institutionalized	社会散居 Dispersed	家庭收养儿童数 Number of Children-adoption in Families	被中国公民收养 Children Adopted by Chinese Citizens	被外国人收养 Children Adopted by Foreigners	社会福利机构抚养的儿童 Children Raised by Social Welfare Institutions
全 国 National Total	**305110**	**69760**	**235350**	**16267**	**14582**	**1685**	**8581**
北 京 Beijing	2138	1473	665	144	121	23	32
天 津 Tianjin	687	491	196	55	30	25	40
河 北 Hebei	16241	1912	14329	302	280	22	138
山 西 Shanxi	10228	3037	7191	238	148	90	197
内蒙古 Inner Mongolia	4182	1061	3121	185	125	60	75
辽 宁 Liaoning	6429	2870	3559	158	148	10	71
吉 林 Jilin	4252	1564	2688	51	30	21	43
黑龙江 Heilongjiang	4860	1097	3763	101	73	28	42
上 海 Shanghai	1582	1492	90	93	70	23	58
江 苏 Jiangsu	9605	2604	7001	1550	1442	108	1053
浙 江 Zhejiang	3315	1812	1503	2118	2079	39	1479
安 徽 Anhui	25949	2443	23506	349	316	33	173
福 建 Fujian	3727	1416	2311	566	536	30	324
江 西 Jiangxi	9274	2241	7033	139	59	80	114
山 东 Shandong	10818	2220	8598	1318	1245	73	573
河 南 Henan	18639	4178	14461	598	297	301	445
湖 北 Hubei	8029	1639	6390	636	584	52	251
湖 南 Hunan	21767	2346	19421	574	511	63	317
广 东 Guangdong	24097	7525	16572	1115	894	221	830
广 西 Guangxi	15354	2038	13316	2610	2547	63	1297
海 南 Hainan	927	222	705	117	117		38
重 庆 Chongqing	3603	926	2677	165	154	11	57
四 川 Sichuan	23322	2827	20495	890	851	39	311
贵 州 Guizhou	12311	1955	10356	241	198	43	120
云 南 Yunnan	21969	666	21303	1226	1178	48	172
西 藏 Tibet	5366	4942	424	21	21		11
陕 西 Shaanxi	7274	2144	5130	342	230	112	163
甘 肃 Gansu	9201	1588	7613	110	68	42	74
青 海 Qinghai	6703	3208	3495	21	18	3	9
宁 夏 Ningxia	5708	395	5313	20	7	13	18
新 疆 Xinjiang	7553	5428	2125	214	205	9	56

22-22 社会救助情况
Statistics on Social Relief

单位：万人 (10 000 persons)

年 份 Year 地 区 Region		城市居民最低生活保障人数 Number of Urban Residents Receiving Minimum Living Allowance	农村居民最低生活保障人数 Number of Rural Residents Receiving Minimum Living Allowance	农村特困人员集中供养人数 Rural Households with Centralized Livelihood Guaranteed in Five Aspects	农村特困人员分散供养人数 Rural Households with Decentralized Livelihood Guaranteed in Five Aspects
	2007	2272.1	3566.3	138.0	393.3
	2008	2334.8	4305.5	155.6	393.0
	2009	2345.6	4760.0	171.8	381.6
	2010	2310.5	5214.0	177.4	378.9
	2011	2276.8	5305.7	184.5	366.5
	2012	2143.5	5344.5	185.3	360.3
	2013	2064.0	5388.0	183.5	353.8
	2014	1877.0	5207.0	174.3	354.8
	2015	1701.1	4903.6	162.3	354.4
	2016	1480.2	4586.5	139.7	357.2
	2017	1261.0	4045.2	99.6	367.2
	2018	1007.0	3519.1	86.2	368.8
北 京	Beijing	6.7	3.8	0.2	0.3
天 津	Tianjin	8.0	6.2	0.1	0.9
河 北	Hebei	23.7	122.2	3.0	22.1
山 西	Shanxi	35.8	100.5	1.6	12.1
内蒙古	Inner Mongolia	38.8	125.2	1.0	7.2
辽 宁	Liaoning	45.5	59.9	2.2	10.4
吉 林	Jilin	50.9	59.4	1.9	8.6
黑龙江	Heilongjiang	74.1	89.3	1.8	8.5
上 海	Shanghai	15.4	3.5	0.1	0.1
江 苏	Jiangsu	14.5	74.8	5.0	15.2
浙 江	Zhejiang	22.0	50.6	2.3	0.3
安 徽	Anhui	42.7	180.6	6.6	31.1
福 建	Fujian	6.1	37.8	0.6	5.9
江 西	Jiangxi	69.0	167.8	10.9	9.4
山 东	Shandong	15.9	117.1	5.6	16.8
河 南	Henan	50.1	257.8	7.7	41.9
湖 北	Hubei	37.8	133.8	4.6	19.8
湖 南	Hunan	59.7	126.8	5.3	31.7
广 东	Guangdong	17.3	123.8	1.6	20.4
广 西	Guangxi	12.0	182.2	1.6	22.3
海 南	Hainan	4.8	14.7	0.2	2.2
重 庆	Chongqing	31.1	58.1	1.1	8.6
四 川	Sichuan	93.7	339.9	10.4	34.1
贵 州	Guizhou	34.1	226.8	3.0	5.1
云 南	Yunnan	48.3	254.9	1.2	10.6
西 藏	Tibet	2.9	17.3	1.1	0.8
陕 西	Shaanxi	25.9	85.7	3.1	9.0
甘 肃	Gansu	49.7	233.6	0.8	9.3
青 海	Qinghai	7.7	30.9	0.3	1.5
宁 夏	Ningxia	9.7	36.6	0.3	0.7
新 疆	Xinjiang	53.0	197.6	1.2	1.7

22-23 分地区医疗救助情况(2018年)
Statistics on Medical Aid by Region (2018)

地区	Region	资助参加基本医疗保险人数(万人) Aid for Basic Medical Insurance (10 000 persons)	门诊和住院医疗救助人数(万人次) Outpatient and Hospitalization Medical Aid (10 000 persons)	资助参加基本医疗保险资金数(万元) Expenses of Aid for Basic Medical Insurance (10 000 yuan)	门诊和住院医疗救助资金数(万元) Expenses for Outpatient and Hospitalization Medical Aid (10 000 yuan)
全国	**National Total**	**6692.3**	**5361.0**	**1026748.8**	**2970236.8**
北京	Beijing	10.3	12.5	2199.9	23965.7
天津	Tianjin	39.7	69.3	13741.2	35033.6
河北	Hebei	118.5	289.7	22003.0	66060.0
山西	Shanxi	113.4	37.1	17123.6	76671.8
内蒙古	Inner Mongolia	131.9	66.0	13773.8	83545.5
辽宁	Liaoning	110.7	106.8	280.0	66970.0
吉林	Jilin	161.1	63.7	17415.9	52581.1
黑龙江	Heilongjiang	219.0	67.0	39529.3	96279.9
上海	Shanghai	8.4	205.8	3994.8	40696.6
江苏	Jiangsu	211.1	809.6	52931.7	209347.2
浙江	Zhejiang	129.0	733.2	82227.0	197735.0
安徽	Anhui	446.7	290.6	94365.1	174873.6
福建	Fujian	118.5	289.7	22003.0	66060.0
江西	Jiangxi	177.7	213.4	1988.0	119086.0
山东	Shandong	225.6	137.9	44734.2	116133.1
河南	Henan	531.7	154.1	35843.9	128578.4
湖北	Hubei	202.0	169.9	37031.3	134301.9
湖南	Hunan	192.4	150.1	24780.2	131453.8
广东	Guangdong	265.3	198.5	50403.0	211968.6
广西	Guangxi	184.2	33.2	23699.3	51230.5
海南	Hainan	43.4	65.1	7974.0	14541.0
重庆	Chongqing	175.3	495.3	30159.0	129442.0
四川	Sichuan	361.1	200.1	19694.1	175764.7
贵州	Guizhou	305.0	54.7	18811.6	82173.3
云南	Yunnan	666.6	185.6	64910.9	98821.9
西藏	Tibet	12.8	6.5	283.0	21284.9
陕西	Shaanxi	158.5	106.9	129767.5	121812.9
甘肃	Gansu	865.3	46.1	68882.7	96338.4
青海	Qinghai	55.8	16.6	13260.0	36087.8
宁夏	Ningxia	80.7	44.3	6772.0	21097.0
新疆	Xinjiang	370.6	41.8	66165.7	90300.7

注：1.2016年起，将资助参加合作医疗保险合并到资助参加基本医疗保险统计。
2.2018年起，直接医疗救助修改为门诊和住院医疗救助，统计口径不变。
3.新疆数据包括新疆生产建设兵团。

a) Since 2016, the statistics of the aid for cooperative medical care has been merged into basic medical insurance.
b) Since 2018, direct medical aid has been revised to outpatient and hospitalization medical aid with the caliber unchanged.
c) The Data of Xinjiang include Xinjiang Production and Construction Corps.

22-24 社会组织、自治组织单位数
Statistics on Social Organizations and Autonomy Organizations

单位：个 (unit)

年份 Year / 地区 Region		社会组织 Social Organizations	社会团体 Social Organization	民办非企业单位 Non-enterprise Units Run by NGO	基金会 Fund Organization	自治组织 Autonomy Organizations	村民委员会 Village Committee	社区居委会 Neighborhood Committee
	2000	153322	130668	22654		840083	731659	108424
	2005	319762	171150	147637	975	709026	629079	79947
	2006	354393	191946	161303	1144	704386	623669	80717
	2007	386916	211661	173915	1340	694715	612709	82006
	2008	413660	229681	182382	1597	687698	604285	83413
	2009	431069	238747	190479	1843	683767	599078	84689
	2010	445631	245256	198175	2200	681715	594658	87057
	2011	461971	254969	204388	2614	679133	589653	89480
	2012	499268	271131	225108	3029	679628	588475	91153
	2013	547245	289026	254670	3549	683167	588547	94620
	2014	606048	309736	292195	4117	682144	585451	96693
	2015	662425	328500	329141	4784	680535	580856	99679
	2016	702405	335932	360914	5559	662478	559186	103292
	2017	761539	354794	400438	6307	660709	554218	106491
	2018	817360	366234	444092	7034	649888	542019	107869
中央级	Central-level	2300	1986	101	213			
北京	Beijing	12530	4539	7262	729	7124	3915	3209
天津	Tianjin	5148	2103	2960	85	5213	3556	1657
河北	Hebei	26427	9892	16414	121	52957	48724	4233
山西	Shanxi	15535	7307	8130	98	29216	26623	2593
内蒙古	Inner Mongolia	16677	8602	7942	133	13490	11057	2433
辽宁	Liaoning	23299	6772	16424	103	16013	11586	4427
吉林	Jilin	13066	5828	7130	108	11222	9325	1897
黑龙江	Heilongjiang	18698	6838	11746	114	11549	8967	2582
上海	Shanghai	16208	4083	11658	467	5988	1572	4416
江苏	Jiangsu	93061	37261	55090	710	21740	14410	7330
浙江	Zhejiang	55298	24184	30437	677	29391	24711	4680
安徽	Anhui	30777	13991	16635	151	17951	14516	3435
福建	Fujian	29457	17655	11449	353	16934	14358	2576
江西	Jiangxi	24921	11786	13051	84	20687	17004	3683
山东	Shandong	51269	17533	33536	200	76985	69599	7386
河南	Henan	40270	11838	28287	145	51626	45651	5975
湖北	Hubei	29933	12232	17556	145	27920	23392	4528
湖南	Hunan	35561	15197	20053	311	29224	23897	5327
广东	Guangdong	67940	30299	36553	1088	26586	19792	6794
广西	Guangxi	25935	12896	12949	90	16284	14229	2055
海南	Hainan	7287	2915	4275	97	3152	2558	594
重庆	Chongqing	17343	7767	9499	77	11159	8031	3128
四川	Sichuan	43835	20364	23303	168	53006	45524	7482
贵州	Guizhou	13413	7191	6164	58	17484	13295	4189
云南	Yunnan	23723	14647	8960	116	14416	11865	2551
西藏	Tibet	612	546	47	19	5494	5266	228
陕西	Shaanxi	28410	16147	12113	150	19859	17022	2837
甘肃	Gansu	27028	20930	6021	77	17454	16062	1392
青海	Qinghai	6028	4170	1824	34	4622	4144	478
宁夏	Ningxia	6300	3735	2494	71	2800	2257	543
新疆	Xinjiang	9071	5000	4029	42	12342	9111	3231

22-25 婚姻登记情况
Statistics on Marriages and Divorces

年份 Year / 地区 Region	结婚登记（万对）Total Number of Registered Marriages (10 000 couples)	内地居民登记结婚 Registered Marriages in the Mainland	涉外及港澳台居民登记结婚 Registered Marriages with Foreigner and the Citizen of Hong Kong, Macao, Taiwan	初婚（万人）First Marriages (10 000 persons)	再婚（万人）Re-marriages (10 000 persons)	离婚（万对）Divorces (10 000 couples)	离婚率（‰）Divorce Rate (‰)
1985	831.30	829.06	2.22	1607.63	50.48	45.79	0.44
1990	951.10	948.69	2.38	1819.13	78.24	80.00	0.69
1995	934.10	929.71	4.40	1776.07	83.35	105.60	0.88
2000	848.50	842.00	6.49	1581.39	102.62	121.29	0.96
2005	823.10	816.60	6.43	1483.00	163.10	178.50	1.37
2006	945.00	938.20	6.82	1705.60	184.40	191.30	1.46
2007	991.40	986.30	5.11	1779.70	203.10	209.80	1.59
2008	1098.30	1093.20	5.10	1972.50	224.10	226.90	1.71
2009	1212.40	1207.50	4.92	2168.80	256.00	246.80	1.85
2010	1241.00	1236.10	4.90	2200.90	281.10	267.80	2.00
2011	1302.36	1297.48	4.88	2309.88	294.85	287.40	2.13
2012	1323.59	1318.27	5.33	2361.17	286.02	310.38	2.29
2013	1346.93	1341.43	5.50	2385.96	307.89	350.01	2.57
2014	1306.74	1302.04	4.70	2286.81	326.68	363.68	2.67
2015	1224.71	1220.59	4.12	2108.97	340.44	384.14	2.79
2016	1142.82	1138.61	4.22	1913.26	372.39	415.82	3.02
2017	1063.10	1059.04	4.05	1746.33	379.86	437.40	3.15
2018	1013.94	1009.11	4.84	1598.67	429.22	446.08	3.20
北京 Beijing	13.78	13.70	0.08	16.92	10.65	7.41	3.43
天津 Tianjin	9.75	9.72	0.03	14.96	4.54	6.41	4.11
河北 Hebei	45.87	45.75	0.12	64.52	27.23	23.45	3.11
山西 Shanxi	27.85	27.82	0.04	47.56	8.14	8.75	2.36
内蒙古 Inner Mongolia	17.69	17.67	0.02	23.48	11.89	9.88	3.90
辽宁 Liaoning	28.08	27.94	0.14	45.64	10.52	17.24	3.95
吉林 Jilin	19.32	19.24	0.08	27.19	11.44	12.88	4.75
黑龙江 Heilongjiang	27.82	27.69	0.13	46.25	9.39	19.37	5.12
上海 Shanghai	10.51	10.37	0.14	13.88	7.14	5.90	2.44
江苏 Jiangsu	63.77	63.63	0.14	97.30	30.24	28.48	3.54
浙江 Zhejiang	33.73	33.43	0.30	56.19	11.27	15.42	2.71
安徽 Anhui	61.91	61.73	0.18	95.09	28.74	24.38	3.88
福建 Fujian	27.36	26.83	0.54	45.83	8.90	10.69	2.72
江西 Jiangxi	33.06	32.88	0.18	54.35	11.78	12.51	2.70
山东 Shandong	59.90	59.77	0.13	83.96	35.85	27.45	2.74
河南 Henan	80.90	80.77	0.13	135.85	25.95	32.60	3.40
湖北 Hubei	43.78	43.65	0.13	74.92	12.64	20.10	3.40
湖南 Hunan	42.16	41.98	0.17	62.65	21.66	21.32	3.10
广东 Guangdong	71.38	70.44	0.94	122.31	20.45	22.88	2.03
广西 Guangxi	36.19	35.70	0.48	59.94	12.43	12.87	2.62
海南 Hainan	7.27	7.24	0.04	12.73	1.82	1.96	2.10
重庆 Chongqing	25.88	25.81	0.07	34.26	17.50	15.33	4.96
四川 Sichuan	66.90	66.76	0.15	98.63	35.18	31.26	3.76
贵州 Guizhou	40.03	39.98	0.05	67.18	12.88	15.17	4.22
云南 Yunnan	37.76	37.46	0.30	58.02	17.49	13.33	2.77
西藏 Tibet	3.01	3.01		5.84	0.18	0.47	1.37
陕西 Shaanxi	30.04	29.99	0.05	46.75	13.33	12.84	3.34
甘肃 Gansu	21.07	21.01	0.06	38.40	3.73	5.78	2.20
青海 Qinghai	5.73	5.73		9.61	1.85	1.71	2.85
宁夏 Ningxia	6.07	6.07		9.95	2.20	2.28	3.33
新疆 Xinjiang	15.37	15.36	0.01	28.54	2.19	5.95	2.41

22-26 福利彩票销售情况
Statistics on Welfare Lottery

年 份 地 区	Year Region	福利彩票发行单位(个) Welfare Lottery Issuing Units (unit)	福利彩票销售额(亿元) Sales of Welfare Lottery (100 million yuan)	提取公益金(亿元) Public Welfare Fund from Welfare Lottery (100 million yuan)	公益金支出(亿元) Expenditure of Public Welfare Fund from Welfare Lottery (100 million yuan)
	2000	1253	89.9	24.2	38.7
	2005	1113	411.2	143.7	52.3
	2006	989	495.7	171.6	52.6
	2007	985	631.6	217.0	77.6
	2008	999	604.0	211.4	119.2
	2009	988	756.0	248.0	113.4
	2010	993	968.0	297.1	121.2
	2011	974	1278.0	388.7	127.9
	2012	955	1510.3	449.4	159.0
	2013	940	1765.3	510.7	195.5
	2014	893	2060.0	585.7	231.3
	2015	861	2015.1	563.8	288.9
	2016	788	2064.9	591.5	268.3
	2017	729	2169.8	631.1	275.2
	2018	700	2245.6	643.6	251.7
部本级	Ministry Level	1			0.7
北 京	Beijing	17	47.3	14.8	9.7
天 津	Tianjin	8	38.5	10.8	4.9
河 北	Hebei	22	58.9	17.4	5.9
山 西	Shanxi	12	40.7	11.8	7.3
内蒙古	Inner Mongolia	15	64.1	18.3	6.6
辽 宁	Liaoning	15	105.1	30.1	8.9
吉 林	Jilin	42	39.6	11.8	2.9
黑龙江	Heilongjiang	15	46.0	13.7	3.9
上 海	Shanghai	17	51.2	15.6	7.5
江 苏	Jiangsu	74	159.8	44.4	13.5
浙 江	Zhejiang	53	167.8	47.6	18.7
安 徽	Anhui	43	75.8	21.1	10.0
福 建	Fujian	10	50.1	14.6	6.6
江 西	Jiangxi	11	51.2	14.9	6.6
山 东	Shandong	18	153.0	42.8	10.0
河 南	Henan	39	70.1	20.1	13.7
湖 北	Hubei	40	104.6	29.5	9.7
湖 南	Hunan	72	91.7	25.4	11.0
广 东	Guangdong	54	242.7	68.1	19.5
广 西	Guangxi	18	55.2	16.6	9.1
海 南	Hainan	4	14.2	3.4	1.3
重 庆	Chongqing	1	58.3	17.2	6.8
四 川	Sichuan	4	92.4	27.0	8.8
贵 州	Guizhou	12	28.3	8.7	6.0
云 南	Yunnan	15	81.4	24.1	7.5
西 藏	Tibet	1	24.0	6.7	2.3
陕 西	Shaanxi	19	98.9	28.3	10.0
甘 肃	Gansu	15	47.7	13.5	8.9
青 海	Qinghai	3	16.2	4.7	2.5
宁 夏	Ningxia	13	18.6	5.3	3.1
新 疆	Xinjiang	17	52.2	15.1	7.8

22-27 残疾人事业基本情况
Basic Statistics on the Work for Persons with Disabilities

项　目	Item	2018
康复	**Rehabilitation**	
视力残疾康复服务人数(万人)	Rehabilitation of Persons with Visual Disability (10 000 persons)	120.5
听力语言残疾康复服务人数(万人)	Rehabilitation of Persons with Hearing and Speech Disability (10 000 persons)	66.1
肢体残疾康复服务人数(万人)	Rehabilitation of Persons with Physical Disability (10 000 persons)	592.3
智力残疾康复服务人数(万人)	Rehabilitation of Persons with Intellectual Disability (10 000 persons)	83.8
精神病防治康复服务人数(万人)	Prevention and Rehabilitation of Mental Illness (PRMI) (10 000 persons)	150.8
残疾人康复机构(个)	Rehabilitation Institutions for Disabled Persons (unit)	9036
辅助器具服务机构(个)	Auxiliary Appliance Service Agencies (unit)	1929
教育	**Education**	
特殊教育普通高中在校生(人)	Students at Special Education Senior High Schools (person)	10505
普通高等院校录取人数(人)	Disable Students Admitted to Higher Education Institutions (person)	11154
就业	**Employment**	
残疾人就业人数(万人)	Newly Employed PWDs in Urban Areas in the Year (10 000 persons)	948.4
社会保障	**Social Security**	
残疾居民实际参加城乡社会养老保险人数(万人)	Residents with Disabilities Covered by Social Pension Insurance(10 000 persons)	2561.2
扶贫	**Poverty Alleviation**	
培训残疾人(万人次)	Vocational Skills Training for PWDs (10 000 person-times)	59.0
到户贷款扶持贫困残疾人(人)	Loans to Support Poor People with Disabilities (person)	6720
维权	**Rights Protection**	
残疾人法律援助工作站(个)	Legal Assistance Station for PWDs (unit)	1814
残疾人法律救助工作站办理的案件(件)	Case Handled by the Legal Assistance Station for PWDs (case)	3532
残疾人机动轮椅车燃油补贴(万人)	Subsidies for Fuel of Motor Wheelchair (10 000 persons)	65.1
组织建设	**Organization Development**	
残疾人专职委员(万人)	The Disabled Full-time Members (10 000 persons)	7.0
残疾人人口库持证残疾人(万人)	PWDs with Disability Certificate in the PWD Database(10 000 persons)	3566.2

主要统计指标解释

医疗卫生机构 指从卫生(卫生计生)行政部门取得《医疗机构执业许可证》、《中医诊所备案证》、《计划生育技术服务许可证》，或从民政、工商行政、机构编制管理部门取得法人单位登记证书，为社会提供医疗服务、公共卫生服务或从事医学科研和医学在职培训等工作的单位。医疗卫生机构包括医院、基层医疗卫生机构、专业公共卫生机构、其他医疗卫生机构。

医院 包括综合医院、中医医院、中西医结合医院、民族医院、各类专科医院和护理院，不包括专科疾病防治院、妇幼保健院和疗养院，包括医学院校附属医院。

基层医疗卫生机构 包括社区卫生服务中心、社区卫生服务站、街道卫生院、乡镇卫生院、村卫生室、门诊部、诊所(医务室)。

专业公共卫生机构 包括疾病预防控制中心、专科疾病防治机构、妇幼保健机构（含妇幼保健计划生育服务中心）、健康教育机构、急救中心（站）、采供血机构、卫生监督机构、取得《医疗机构执业许可证》或《计划生育技术服务许可证》的计划生育技术服务机构。

卫生人员 指在医院、基层医疗卫生机构、专业公共卫生机构及其他医疗卫生机构工作的职工，包括卫生技术人员、乡村医生和卫生员、其他技术人员、管理人员和工勤人员。一律按支付年底工资的在岗职工统计，包括各类聘任人员(含合同工)及返聘本单位半年以上人员，不包括临时工、离退休人员、退职人员、离开本单位仍保留劳动关系人员、本单位返聘和临聘不足半年人员。

卫生技术人员 包括执业医师、执业助理医师、注册护士、药师（士）、检验技师（士）、影像技师、卫生监督员和见习医（药、护、技）师（士）等卫生专业人员。不包括从事管理工作的卫生技术人员(如院长、副院长、党委书记等)。

执业医师 指《医师执业证》"级别"为"执业医师"且实际从事医疗、预防保健工作的人员，不包括实际从事管理工作的执业医师。执业医师类别分为临床、中医、口腔和公共卫生四类。

执业(助理)医师 指《医师执业证》"级别"为"执业助理医师"且实际从事医疗、预防保健工作的人员，不包括实际从事管理工作的执业助理医师。执业助理医师类别分为临床、中医、口腔和公共卫生四类。

每千人口卫生技术人员 每千人口卫生技术人员=卫生技术人员数/人口数×1000。人口数系年末常住人口。

每千人口执业(助理)医师 每千人口执业(助理)医师=(执业医师数+执业助理医师数)/人口数×1000。人口数系年末常住人口。

床位数 指年底固定实有床位（非编制床位），包括正规床、简易床、监护床、超过半年加床、正在消毒和修理床位、因扩建或大修而停用的床位，不包括产科新生儿床、接产室待产床、库存床、观察床、临时加床和病人家属陪待床。

每千人口医疗卫生机构床位 每千人口医疗卫生机构床位=医疗卫生机构床位数/人口数×1000。人口数系年末常住人口。

28种传染病发病率 是指某年每10万人口中28种传染病发病数。即28种传染病发病率=28种传染病发病数/人口数×100000。

28种传染病死亡率 是指某年每10万人口中28种传染病死亡数。即28种传染病死亡率=28种传染病死亡数/人口数×100000。

死亡率 指年内一定地区的死亡人数与同期平均人数之比，一般以‰表示。

孕产妇死亡率 指年内每10万名孕产妇的死亡人数。孕产妇死亡指从妊娠期至产后42天内，由于任何妊娠或妊娠处理有关的原因导致的死亡，但不包括意外原因死亡者。按国际通用计算方法，"孕产妇总数"以"活产数"代替计算。

5岁以下儿童死亡率 指年内未满5岁儿童死亡人数与活产数之比，一般以‰表示。

新生儿死亡率 指年内新生儿死亡数与活产数之比。一般以‰表示。新生儿死亡指出生至28天以内(即0–27天)死亡人数。

卫生总费用 指一个国家或地区在一定时期内，为开展卫生服务活动从全社会筹集的卫生资源的货币总额，按来源法核算。它反映一定经济条件下，政府、社会和居民个人对卫生保健的重视程度和费用负担水平，以及卫生筹资模式的主要特征和卫生筹资的公平性合理性。

政府卫生支出 指各级政府用于医疗卫生服务、医疗保障补助、卫生和医疗保障行政管理、人口与计划生育事务支出等各项事业的经费。

社会卫生支出 指政府支出外的社会各界对卫生事业的资金投入。包括社会医疗保障支出、商业健康保险费、社会办医支出、社会捐赠援助、行政事业性收费收入等。

个人现金卫生支出 指城乡居民在接受各类医疗卫生服务时的现金支付，包括享受各种医疗保险制度的居民就医时自付的费用。可分为城镇居民、农村居民个人现金卫生支出，反映城乡居民医疗卫生费用的负担程度。

人均卫生费用 即某年卫生总费用与同期平均人口数之比。

卫生总费用与 GDP 之比 指某年卫生总费用与同期国内生产总值（GDP）之比。是用来反映一定时期国家对卫生事业的资金投入力度，以及政府和全社会对卫生事业、居民健康的重视程度。

提供住宿的民政机构 指能为老年人、残疾人、智障与精神病人、儿童等人员提供住宿的社会服务机构数。包括社会福利院、农村特困人员救助供养机构、光荣院、养老公寓等其他养老机构、社会福利医院、儿童福利院、未成年人救助保护中心、生活无着人员救助管理站、安置农场以及其他提供住宿的机构。

孤儿数 指失去父母或查找不到生父母的未满18周岁的未成年人的人数。由地方县级以上民政部门依据有关规定和条件认定的，并已经领取了孤儿补助费的孤儿。

家庭收养儿童数 指中国公民收养查找不到生父母的弃婴、儿童和福利机构抚养的孤儿以及外国人收养中国儿童并在中国县级及以上民政部门办理儿童收养登记后取得合法收养关系的总件数。县级及以上民政部门办理儿童收养登记一次为一件。

被中国公民收养 指收养人是中国公民（包括港澳台居民及华侨）的儿童收养登记。

被外国人收养 指收养人是具有外国国籍（包括无国籍人）的人员。夫妻共同收养有一方是外国人的，按外国人办理收养登记。

城市居民最低生活保障人数 指在报告期末共同生活的家庭成员人均收入低于当地最低生活保障标准，且家庭财产状况符合相关规定的城镇居民，并已发放补助经费的人数。

农村居民最低生活保障人数 指报告期末共同生活的家庭成员人均收入低于当地最低生活保障标准，得到当地政府给予最低生活保障待遇的农业人口家庭人数。

离婚率 指某地区当年离婚对数占该地区年平均人口的比重。计算公式为：

$$离婚率=\frac{当年离婚对数}{年平均人口数}\times 1000‰$$

残疾人就业人数 指本年度通过集中就业、按比例就业、个体就业、公益性岗位就业、辅助性就业、从事农业种养、灵活就业形式安排实现就业的城镇残疾人。

Explanatory Notes on Main Statistical Indicators

Medical and Health Care Institutions refer to the units which have been qualified the Certification of Health Care Institution, filing certificate of traditional Chinese medicine clinic, certification of family planning technical service by the administration of public health (family planning), or qualified the Certification of Corporate Unit by the civil affairs, administration for industry and commerce, commission office for public sector reform, and engaging in medical health care services, public health services, or medicine research and on-job training, etc., including: hospitals, health care institutions at grass-root level, specialized public health institutions, and other medical and health care institutions.

Hospitals include general hospitals, hospitals specialized in traditional Chinese medicine, hospitals of integrated traditional Chinese and western medicine, ethnic hospitals, specialized hospitals and nursing hospitals, excluding specialized disease prevention and treatment institutes, maternal and child health care hospitals and convalescent hospitals, including affiliated hospital of medical college.

Health Care Institutions at Grass-root Level include community health service centers, community health service stations, urban health centers, township health centers, village clinics, outpatient departments and clinics (health centers).

Specialized Public Health Institutions include centers for disease control and prevention, specialized disease prevention and treatment institutions, women and children care agencies(including women and children health care family planning service center), health education institutions, first aid centers, blood gathering and supplying institutions, health supervision and inspection agencies, and family planning technical service centers that obtained the Certification of Health Care Institution or certification of family planning technical service centers.

Health Care Employees refer to all employees engaged in the health care institutions, such as hospitals, health care institutions at grass-root level, specialized public health institutions, and other medical and health care institutions, including medical technical personnel, village doctors and assistants, other technical personnel, managerial and service staff. The data is based on the year end payroll, including personnel hired (including contract labor) and re-employed after retirement by the institution for over half a year and excluding temporary workers, retired personnel, resigned personnel, personnel who have left the institution but kept the contract relation and personnel who are re-employed after retirement or temporarily employed for less than half a year.

Medical Technical Personnel refer to the professional staff engaged in health care, including licensed doctors, licensed assistant doctors, registered nurses, pharmacists, laboratory technicians, imaging staff, health care supervisors and intern doctors, pharmacists, nurses, and technical personnel, excluding the medical technical personnel engaged in managerial job (e.g. president, vice president and secretary of the party committee etc).

Licensed Doctors refer to the medical workers who have obtained the licenses of qualified doctors and are employed in medical treatment, disease prevention or healthcare institutions, excluding the licensed doctors engaged in management job. The licensed doctors are divided into 4 categories: clinician, Chinese medicine physicians, dentist and public health physicians.

Licensed Assistant Doctors refer to the medical workers who have obtained the licenses of qualified assistant doctors and are employed in medical treatment, disease prevention or healthcare institutions, excluding the licensed assistant doctors engaged in management job. The classification of licensed assistant doctors is clinician, Chinese medicine, dentist and public health.

Number of Medical Technical Personnel per 1000 Population The formula is:

Number of Medical Technical Personnel per 1000 Population = Number of Medical Technical Personnel / Population *1000

The population is the figure of usual population at year-end.

Number of Licensed (Assistant) Doctors per 1000 Population The formula is:

Number of Licensed Doctors per 1000 Population = (Number of Licensed Doctors + Number of Licensed Assistant Doctors) / Population *1000

The population is the figure of usual population at year-end.

Number of Beds refer to the fixed actual beds (non authorized beds) at year-end, including regular beds, simple beds, monitoring beds, extra bed over half a year, beds which are disinfected and repairing, beds deactivated due to expansion or overhaul, not including neonatal beds, predelivery bed, inventory bed, observation beds, temporary beds and family accompany beds.

Number of Beds of Medical and Health Care Institutions per 1000 Population the formula is:

Number of Beds of Medical and Health Care Institutions per 1000 Population = Number of Beds of Medical and Health Care Institutions / Population *1000

The population is the figure of usual population at year-end.

Incidence Rate of 28 Infectious Diseases refer to the incidence cases of 28 infectious diseases per 100 thousand population in the reference year. The formula is:

Incidence Rate of 28 Infectious Diseases = Incidence

Cases of 28 Infectious Diseases / Population *100000

Death Rate of 28 Infectious Diseases refer to the death cases of 28 infectious diseases per 100 thousand population in the reference year. The formula is:

Death Rate of 28 Infectious Diseases= Death Cases of 28 Infectious Diseases / Population *100000

Mortality Rate refers to the ratio of deaths to the average population in a year of the region, and usually is presented by ‰.

Maternal Mortality Rate refers to number of maternal death per 10,000 maternal. Generally refers to maternal mortality from pregnancy to 42 days after parturition due to pregnancy or any treatment of pregnancy, however, accidental deaths are not included. According to internationally accepted calculation method, the live births are used to represent the total number of maternal.

Mortality Rate of Children under 5 refers to the ratio of deaths of children under 5 in a year to the number of live births, and usually is presented by ‰.

Newborn Mortality Rate refers to the ratio of neonatal deaths in a year to the number of live births, and usually is presented by ‰. Neonatal deaths refer to the deaths of new-birth under the age of 28 days (0-27 days).

Total Expenditure on Public Health refers to the total monetary value of health resources in a country or a region collected by the whole society for public health based on source approach. It reflects the attention and affordability of the government, society and individual for public health and the major characteristics, justice and rationality of the health fund-raising model under certain economic circumstance.

Government Expenditure on Public Health refers to the expenditure of the governments at all levels on medical and health care services, medical subsidies, health administration and health security management, and undertakings of family planning etc.

Social Expenditure on Public Health refers to all inputs of society except the government in public health including the expenditures on social medical security, commercial health insurance, private expenditure on operation of medical and health care, social donation and contribution, and income from administrative fees etc.

Individual Cash Expenditure on Health refers to expenditure in cash on various health services by rural and urban residents, including self payments of residents within the system of multi-medical insurance. It can be categorized as cash expenditure on health by urban and rural residents and reflects their affordability of public health.

Average Expenditure on Health refers to the ratio of total expenditure on health in a year to the average population.

Ratio of Total Expenditure on Public Health to GDP refers to the ratio of total expenditure on public health in a year to GDP, which indicates the financial support given by a nation to health work and the attention paid on the public health and the health of residents by the government and society.

Number of Civil Affairs Institutions with Accommodation refers to the number of social service institutions that can provide accommodation for the elderly, the disabled, the mentally handicapped and the mentally ill, and children. It includes social welfare institutions, rural destitute poverty relief and support institutions, nursing homes for elderly revolutionaries and relatives, old-age apartments and other pension institutions, social welfare hospitals, children's welfare homes, rescuing and protection center for minors, relief and management stations for vagrants and beggars, resettlement farms and other institutions providing accommodation.

Number of Orphans refers to juveniles under age of 18 that have lost parents or can't find parents. Orphans are affirmed by department of civil affairs at county level according to relevant regulations, and have received orphan subsidies.

Number of Children Adopted by Families refers to abandoned babies that can't find parents, children and orphans raised by welfare institutions adopted by Chinese citizens, or children adopted by foreign nationals, which have registered in department of civil affairs at county level and above, and gained legal adoption right. One registration means one case.

Adopted by Chinese Citizens refers to adoption registration of children by Chinese citizens, which include persons from Hong Kong, Macao and Taiwan, and overseas Chinese.

Adopted by Foreigners refers to adoption registration of children by foreign nationals, which include stateless persons, or by couples, at least one of whom is of foreign national.

Number of Urban Residents Entitled to Minimum Living Allowances refers to the number of those urban residents whose average family income is below a minimum local standard, and status of family property meets the relevant regulation, and have received subsidies by the end of the reporting period

Number of Rural Residents Entitled to Minimum Living Allowances refers to the number of those rural residents whose average family income is below a minimum local standard, and receiving the minimum living allowances from the local government by the end of the reporting period.

Divorce Rate refers to ratio of divorced couples to the annual average population in a certain region for the reference year, the formula is:

$$\text{Divorce Rate} = \frac{\text{number of couples divorced for the reference year}}{\text{annual average population}} \times 1000‰$$

Number of Employment for the Disabled refers to the new jobs created for the urban disabled through centralized employment, proportionate employment, self-employment, employment of welfare posts, supported employment, engaging in agricultural raising, flexible employment.

23

文化和体育

Culture and Sports

简 要 说 明

一、本篇资料的主要内容

本篇主要反映新闻出版、广电、文化、文物、档案、体育事业发展情况。

内容包括全国及各地区图书、期刊、报纸、音像制品的出版、印刷、发行以及引进和输出版权情况；全国及各地区广播影视宣传、覆盖、技术等方面的情况；全国及各地区艺术表演团体、公共图书馆、群众文化机构、博物馆以及国家档案馆等单位的机构、人员、经费和业务活动情况；全国体育系统机构人员情况；运动员获世界冠军、创世界记录情况。

二、本篇的资料来源

新闻出版资料来自国家新闻出版署；电影资料来自国家电影局；广播、电视资料来自国家广播电视总局；文化资料来自文化和旅游部；文物资料来自国家文物局；档案资料来自国家档案局；体育资料来自国家体育总局。

详细资料分别见《中国新闻出版统计资料汇编》（国家新闻出版署编）、《全国广播电视服务业统计数据》（国家广播电视总局编）、《中国文化文物统计年鉴》（中华人民共和国文化和旅游部编）、《体育事业统计年鉴》（国家体育总局体育经济司编）。

Brief Introduction

I. Main Contents

Data in this chapter mainly reflect the development of news and publication; radio broadcasting, films and television; culture; cultural relics; archives and sports undertakings.

This part covers the publication, printing, issuance, import and export of books, magazines, newspapers and audio and video products in regions and the country as a whole; the advertisement, coverage and technique of radio, film and television programmes in regions and the country as a whole. Data mainly include number of institutions and employed persons, funds and activities of art performance troupes, public libraries, mass cultural institutions, museums and archive institutions at national level; personnel of institutions of national sports system world championships won by Chinese athletes, world records chalked up by Chinese athletes.

II. Sources of Data

Data on news and publication are from the General Administration of Press and Publication. Data on films are from the State Film Bureau. Data on radio broadcasting and television are from the State Administration of Radio and Television. Data on culture are provided by the Ministry of Culture and Tourism. Data on cultural relics are from State Administration of Cultural Heritage. Data on archives are from State Archives Administration. Data on sports are from General Administration of Sport.

For detailed information please refer to "Collection of China News and Publication Statistical Information" (General Administration of Press and Publication), "Statistical Data of National Radio and Television Services" (State Administration of Radio and Television), "China Cultural Relics Yearbook" (Ministry of Culture and Tourism of the People's Republic of China), and "Statistical Yearbook of Sports" (Finance Department, General Administration of Sport).

23-1 图书出版情况（2018年）
Statistics on Books Published in China by Categories (2018)

类　别	Category	种 数 (种) Number of Publications (item)	印 数 (万册) Printed Copies (10 000 copies)
图书总计	**Total**	**519250**	**1000974**
使用"中国标准书号"部分合计	**Publications with "China International Standard Book Number"**	**518913**	**998593**
马列主义、毛泽东思想	Marxism-Leninism, Mao Zedong Thought	974	2497
哲学	Philosophy	10083	7422
社会科学总论	General Social Sciences	5770	3165
政治、法律	Politics and Law	18972	29125
军事	Military Affairs	1388	866
经济	Economics	35228	18154
文化、科学、教育、体育	Culture, Science, Education and Sports	209534	750758
语言、文字	Languages	21367	26190
文学	Literature	58909	80024
艺术	Arts	28488	21586
历史、地理	History and Geography	19444	13966
自然科学总论	General Natural Sciences	820	511
数理科学、化学	Mathematics and Chemistry	9789	4689
天文学、地球科学	Astronomy and Geology	3222	1552
生物科学	Biology	3907	2248
医学、卫生	Medicine and Health Care	23573	11249
农业科学	Agricultural Science	5355	1860
工业技术	Industrial Technology	49336	16561
交通运输	Transportation	5741	2256
航空、航天	Aeronautics and Aerospace	706	194
环境科学	Environmental Science	2561	1155
综合性图书	General Books	3746	2565
不使用"中国标准书号"部分合计	**Publications without "China International Standard Book Number"**	**337**	**2381**
图片	Pictures	337	211
国标(GB)、部标(BB)等标准类文件印品	Standards Publications such as National Standards, Ministry Standards		1179
活页文选、活页歌篇、小件印品等	Loose-leaf Collectanea, Loose-leaf Song and Prints of Small Volume		991

23-2 图书、期刊和报纸出版情况
Number of Books, Magazines and Newspapers Published in China

年份 地区	Year Region	图书 Books Published 种数(种) Number of Publication (kind)	#新出版 New Publication	总印数(亿册、亿张) Printed Copies (100 million copies)	期刊 Magazines Published 种数(种) Number of Publication (kind)	总印数(亿册) Total Printed Copies (100 million copies)	报纸 Newspapers Published 种数(种) Number of Publication (kind)	总印数(亿份) Total Printed Copies (100 million copies)
	1978	14987	11888	37.7	930	7.6	186	127.8
	1980	21621	17660	45.9	2191	11.2	188	140.4
	1985	45603	33743	66.7	4705	25.6	1445	246.8
	1990	80224	55245	56.4	5751	17.9	1444	211.2
	1995	101381	59159	63.2	7583	23.4	2089	263.3
	2000	143376	84235	62.7	8725	29.4	2007	329.3
	2005	222473	128578	64.7	9468	27.6	1931	412.6
	2006	233971	160757	64.1	9468	28.5	1938	424.5
	2007	248283	136226	62.9	9468	30.4	1938	438.0
	2008	274123	148978	70.6	9549	31.0	1943	442.9
	2009	301719	168296	70.4	9851	31.5	1937	439.1
	2010	328387	189295	71.7	9884	32.2	1939	452.1
	2011	369523	207506	77.0	9849	32.9	1928	467.4
	2012	414005	241986	79.2	9867	33.5	1918	482.3
	2013	444427	255981	83.1	9877	32.7	1915	482.4
	2014	448431	255890	81.8	9966	30.9	1912	463.9
	2015	475768	260426	86.6	10014	28.8	1906	430.1
	2016	499884	262415	90.4	10084	27.0	1894	390.1
	2017	512487	255106	92.4	10130	24.9	1884	362.5
	2018	519250	247108	100.1	10139	22.9	1871	337.3
中央	Central Level	206873	99936	27.0	3070	7.9	213	78.3
北京	Beijing	13759	7075	2.7	174	0.3	34	4.9
天津	Tianjin	7897	4974	1.0	256	0.3	19	3.2
河北	Hebei	10434	2805	3.2	227	0.4	63	10.9
山西	Shanxi	3304	1888	1.0	202	0.2	60	19.8
内蒙古	Inner Mongolia	3719	1668	0.6	152	0.1	58	2.7
辽宁	Liaoning	11487	5421	1.9	322	0.7	66	7.3
吉林	Jilin	27824	14187	2.4	240	0.6	51	7.0
黑龙江	Heilongjiang	8709	5832	0.8	315	0.3	68	5.0
上海	Shanghai	30005	14227	4.8	639	0.9	70	8.1
江苏	Jiangsu	30892	11990	6.8	472	1.1	81	21.4
浙江	Zhejiang	15231	6835	4.2	231	0.7	66	21.1
安徽	Anhui	10040	4248	3.2	186	0.4	51	6.8
福建	Fujian	4359	2372	1.1	176	0.2	43	7.9
江西	Jiangxi	8242	4949	2.5	166	0.7	40	8.8
山东	Shandong	18312	6196	6.0	276	0.8	86	21.8
河南	Henan	8868	4506	3.1	248	0.8	77	16.7
湖北	Hubei	13419	6852	2.7	430	1.2	73	8.9
湖南	Hunan	9805	3797	4.5	259	0.9	48	8.5
广东	Guangdong	11033	5795	3.5	387	1.1	99	22.1
广西	Guangxi	6855	2705	3.0	181	0.4	49	5.4
海南	Hainan	4240	1843	0.6	42	0.1	14	1.9
重庆	Chongqing	5568	1773	1.5	140	0.4	27	2.6
四川	Sichuan	14456	8746	3.3	362	0.5	84	13.3
贵州	Guizhou	1001	674	1.0	93	0.2	27	2.7
云南	Yunnan	7056	3995	1.6	129	0.2	42	3.3
西藏	Tibet	716	320	0.1	39	0.0	27	1.1
陕西	Shaanxi	11923	5566	2.2	287	0.3	43	5.2
甘肃	Gansu	3611	1838	0.8	131	0.8	50	4.3
青海	Qinghai	520	286	0.1	54	0.0	26	0.9
宁夏	Ningxia	3303	1544	0.8	37	0.1	14	1.0
新疆	Xinjiang	5789	2265	2.1	216	0.1	102	4.4

23-3 分地区少年儿童读物和课本出版情况（2018年）
Number of Books Published for Children and Textbooks by Region (2018)

地 区	Region	种数(种) Number of Publications (kind)		总印数（万册） Printed Copies (10 000 copies)		总印张(千印张) Printed Sheets (1 000 sheets)	
		儿童读物 Books for Children	课 本 Textbooks	儿童读物 Books for Children	课 本 Textbooks	儿童读物 Books for Children	课 本 Textbooks
全 国	**National Total**	**44196**	**82862**	**88858**	**348116**	**5412232**	**27458388**
中 央	Central Level	10169	48162	17938	90406	1166747	9441794
北 京	Beijing	2765	872	5739	1011	496219	92213
天 津	Tianjin	964	339	2274	1147	113332	85930
河 北	Hebei	908	317	1587	13222	78055	885387
山 西	Shanxi	126	159	90	4935	7021	329298
内蒙古	Inner Mongolia	331	870	92	3915	3289	288414
辽 宁	Liaoning	1429	2883	2608	5940	163981	475852
吉 林	Jilin	2915	915	3032	4462	162044	300451
黑龙江	Heilongjiang	1685	922	434	3480	18561	258053
上 海	Shanghai	1530	6119	8710	13950	306421	1217686
江 苏	Jiangsu	1958	3167	3285	21523	223205	1436252
浙 江	Zhejiang	2916	1419	6681	13621	492748	874211
安 徽	Anhui	1687	805	5240	10885	329790	775487
福 建	Fujian	472	444	643	5103	46389	353980
江 西	Jiangxi	1931	407	5898	7740	333281	599671
山 东	Shandong	2616	1471	5135	19328	272923	1203935
河 南	Henan	553	1147	744	17081	32970	1183681
湖 北	Hubei	728	2226	1184	8316	86602	654466
湖 南	Hunan	1099	885	3111	15894	289804	972342
广 东	Guangdong	822	1493	1634	20343	68061	1331142
广 西	Guangxi	1673	493	2991	10532	194457	707718
海 南	Hainan	83	22	120	1418	7141	93284
重 庆	Chongqing	201	1963	270	7691	10681	500790
四 川	Sichuan	2544	2256	6116	10297	345685	802859
贵 州	Guizhou	69	122	277	6625	14915	468250
云 南	Yunnan	568	175	733	7860	36330	542171
西 藏	Tibet	67	128	25	914	615	65029
陕 西	Shaanxi	771	1855	1588	8640	68288	659316
甘 肃	Gansu	299	69	252	2992	21562	226144
青 海	Qinghai		148		917		70426
宁 夏	Ningxia	74	9	257	841	7480	63857
新 疆	Xinjiang	243	600	170	7087	13635	498299

23-4 课本出版情况(2018年)
Publication of Textbooks (2018)

项 目	Item	种数 (种) Number of Items (number)	#新出版 New Publication	总印数 (万册) Printed Copies (10 000)	总印张 (千印张) Printed Sheets (1 000)	定价总金额 (万元) Total Priced Value (10 000 yuan)
总计	**Total**	**82862**	**21066**	**348116**	**27458388**	**3868824**
大专及以上课本	Textbooks for Colleges and Universities	59950	16880	31014	5595481	1243148
中专、技校课本	Textbooks for Secondary Technical Schools	6104	1387	5647	750758	150620
中学课本	Textbooks for Secondary Schools	5715	648	158389	12151794	1282134
小学课本	Textbooks for Primary Schools	5058	687	148330	8180858	986359
业余教育课本	Textbooks for Spare-time Education	2277	834	2079	427780	112451
扫盲课本	Textbooks for Eliminating Illiteracy	1		1	16	7
教学用书	Teaching Materials	3757	630	2656	351701	94105

23-5 分地区音像制品及电子出版物情况（2018年）
Statistics on Number of Publication of Audio-Video and Electronic Products by Region (2018)

地区	Region	录像制品出版品种（种）Number of Publication of Video Products (kind)	录像制品出版数量（万盒、万张）Volume of Publication of Video Products (10000 cassettes, 10000 discs)	录音制品出版品种（种）Number of Publication of Audio Products (kind)	录音制品出版数量（万盒、万张）Volume of Publication of Audio Products (10000 cassettes, 10000 discs)	电子出版物出版品种（种）Electronic Publications (kind)	电子出版物出版数量（万张）Number of Electronic Publications (10000 discs)
全国	**National Total**	**4672**	**6367.5**	**6391**	**17756.6**	**8403**	**25884.2**
中央	Central Level	2269	3485.6	2719	12669.2	4983	19621.9
北京	Beijing	185	50.4	229	104.3	141	44.7
天津	Tianjin	17	12.1	22	21.0	54	24.7
河北	Hebei	11	4.2	51	258.2	104	151.6
山西	Shanxi	28	1.7	67	80.3	48	2.6
内蒙古	Inner Mongolia	7	1.8	23	3.5	38	14.5
辽宁	Liaoning	51	30.4	136	104.6	193	176.5
吉林	Jilin	99	9.2	123	173.1	35	17.4
黑龙江	Heilongjiang	4	0.3	3	0.2	5	0.4
上海	Shanghai	534	2140.0	1364	1191.2	558	1306.0
江苏	Jiangsu	66	16.6	209	1116.7	478	1843.5
浙江	Zhejiang	111	66.9	115	290.7	287	942.9
安徽	Anhui	23	7.4	15	4.3	5	1.2
福建	Fujian	48	17.8	26	27.2	30	10.2
江西	Jiangxi	80	35.7	57	29.5	46	11.9
山东	Shandong	61	24.8	100	11.9	281	155.3
河南	Henan	35	3.4	6	1.4	145	302.5
湖北	Hubei	65	21.5	38	6.4	108	87.5
湖南	Hunan	145	113.2	117	335.9	94	266.6
广东	Guangdong	291	68.5	688	1201.3	270	588.5
广西	Guangxi	23	9.9	107	53.8	8	0.8
海南	Hainan	7	1.7	18	3.0	5	1.5
重庆	Chongqing	31	14.2	37	12.0	133	58.2
四川	Sichuan	91	54.2	11	3.2	228	101.6
贵州	Guizhou	1	0.2			5	0.3
云南	Yunnan	85	26.8	27	5.7	44	102.2
西藏	Tibet	53	23.8			13	3.7
陕西	Shaanxi	115	32.5	72	42.5	62	45.4
甘肃	Gansu	15	3.0	6	0.9		
青海	Qinghai	10	2.9				
宁夏	Ningxia	6	2.1	1	0.1	2	0.2
新疆	Xinjiang	105	85.0	4	4.7		

23-6 图书、期刊、报纸进出口情况（2018年）
Statistics on Imports and Exports of Books, Magazines and Newspapers (2018)

指 标	Item	出 口 Exports		进 口 Imports	
		数量（万册、份）Number (10 000 copies)	金额（万美元）Value (10 000 USD)	数量（万册、份）Number (10 000 copies)	金额（万美元）Value (10 000 USD)
总计	**National**	**1478.09**	**5723.00**	**4088.02**	**36202.19**
图书	Books Published	1067.17	5084.06	2995.39	21577.06
哲学、社会科学	Philosophy, Social Science	94.45	1010.38	195.19	2947.44
文化、教育	Culture and Education	124.37	828.90	777.00	5390.23
文学、艺术	Literature and Art	140.85	920.46	400.54	3218.94
自然、科学技术	Natural Science and S&T	50.25	364.62	84.00	2712.10
少儿读物	For Children	481.36	846.47	981.84	3089.47
综合性图书	General Books	175.89	1113.23	556.82	4218.88
期刊	Magazines Published	325.23	595.54	305.84	13526.85
报纸	Newspapers Published	85.69	43.40	786.79	1098.28

注：本表数据为全国有出版物进口经营许可证的出版物进出口经营单位数据(下表同)。
a) Data are from national publication import and export units that have publication import business certificate. The same applies to the table following.

23-7 全国音像、电子出版物进出口情况(2018年)
Statistics on Audio-Video Products and Electronic Publications (2018)

指 标	Item	出 口 Exports		进 口 Imports	
		数量（盒、张）Number (disc)	金额（万美元）Value (10 000 USD)	数量（盒、张）Number (disc)	金额（万美元）Value (10 000 USD)
总计	**National Total**	**12354**	**212.2**	**88444**	**38019.93**
录音合计	Audio Products	10795	34.39	82248	87.75
录像合计	Video Products	1559	1.76	6196	9.98
数字出版物	Digital Publications		176.05		37922.2

23-8 版权引进和输出情况（2018年）
Basic Statistics on Registration of Copyright Contracts and Copyright Import and Export (2018)

单位：项 (item)

项 目	Item	合 计 Total	图 书 Books	录音制品 Audio Products	录像制品 Video Products	电子出版物 Electronic Publications	软 件 Software	电 影 Films	电视节目 TV Programs
本年引进版权总数	**Total Number of Copyright Import During the Year**	**16829**	**16071**	**125**	**192**	**214**	**114**	**15**	**98**
美 国	United States	5047	4833	27	104	42	22	3	16
英 国	United Kingdom	3496	3317	26	11	99	11	1	31
德 国	Germany	881	844	9	15	2	4	2	5
法 国	France	1024	970	5	9	21	7		12
俄罗斯	Russia	83	78				3		2
加拿大	Canada	127	117				7		3
新加坡	Singapore	228	222	1	2		1		2
日 本	Japan	2075	1993	13	17	19	19	6	8
韩 国	South Korea	124	120			1	3		
香港地区	Hong Kong, China	266	236	23	6				1
澳门地区	Macao, China	1	1						
台湾地区	Taiwan, China	824	798	12	1	5	6		2
其 他	Others	2653	2542	9	27	25	31	3	16
本年输出版权总数	**Total Number of Copyright Export During the Year**	**12778**	**10873**	**214**		**743**	**19**	**1**	**928**
美 国	United States	1228	912			273			43
英 国	United Kingdom	533	476			16			41
德 国	Germany	507	435	29		2			41
法 国	France	286	244					1	41
俄罗斯	Russia	477	452	25					
加拿大	Canada	226	103						123
新加坡	Singapore	430	334			26			70
日 本	Japan	424	408	12		4			
韩 国	South Korea	587	512	2		73			
香港地区	Hong Kong, China	805	535	115		45	1		109
澳门地区	Macao, China	67	25				1		41
台湾地区	Taiwan, China	1552	1449			59	1		43
其 他	Others	5656	4988	31		245	16		376

23-9 分地区出版物发行网点情况（2017年）
Issuing Institutions and Spots of Publication by Region (2017)

地 区	Region	发行网点合计（处） Issuing Institutions (unit)	新华书店及其发行网点 Xinhua Book Store and Issuing Spots	供销社 Supply and Marketing Coopera-tives	出版社 Press	邮政系统 Postal Systems	其他批发网点 Wholesale Spots	其他零售网点 Retail Spots	新华书店系统、出版社自办发行单位从业人数（人） Persons Engaged in Own Issuance of Presses of Xinhua Book-store System (person)	#新华书店及其发行网点 State-owned Bookstores and Issuing Spots
全　国	**National**	**162811**	**9633**	**59**	**437**	**40523**	**8969**	**103190**	**132402**	**121490**
中　央	Central Level	68			68				798	
北　京	Beijing	8922	93		18	2347	1960	4504	3645	3133
天　津	Tianjin	2477	67		12	521	275	1602	1195	1028
河　北	Hebei	8222	469		9	2460	225	5059	7316	6415
山　西	Shanxi	2888	422		7	340	162	1957	4648	3997
内蒙古	Inner Mongolia	1317	96		7		63	1151	2150	2010
辽　宁	Liaoning	4319	136		33	356	290	3504	4456	3669
吉　林	Jilin	1590	88		14	275	175	1038	4272	2438
黑龙江	Heilongjiang	2495	211	59	3	363	129	1730	2880	2848
上　海	Shanghai	3360	91		73	1103	356	1737	2376	1773
江　苏	Jiangsu	16513	891		18	2376	335	12893	5867	5726
浙　江	Zhejiang	11234	775		10	2201	339	7909	7969	7856
安　徽	Anhui	8200	586		11	3457	370	3776	5573	5508
福　建	Fujian	3957	110		18	1183	168	2478	3434	3364
江　西	Jiangxi	3379	292		6	21	266	2794	3141	3040
山　东	Shandong	8992	485		3	690	346	7468	7630	7614
河　南	Henan	12362	1254		12	5917	376	4803	13942	12476
湖　北	Hubei	4266	95		14	328	514	3315	4479	4158
湖　南	Hunan	9995	1162		13	4570	235	4015	8533	7185
广　东	Guangdong	7826	305		25		724	6772	5149	5074
广　西	Guangxi	5793	251		8	1670	208	3656	3707	3627
海　南	Hainan	676	35		5	388	40	208	1165	1126
重　庆	Chongqing	4209	267		3	601	102	3236	2890	2890
四　川	Sichuan	8986	213			3100	273	5400	8910	8910
贵　州	Guizhou	3253	189		6	833	148	2077	1611	1556
云　南	Yunnan	5781	272		8	1831	145	3525	3767	3751
西　藏	Tibet	361	64		2	1		294	336	320
陕　西	Shaanxi	4111	204		23	1577	216	2091	4504	4193
甘　肃	Gansu	2215	257		1	81	221	1655	2369	2309
青　海	Qinghai	531	58			189	27	257	595	595
宁　夏	Ningxia	1066	31		3	200	63	769	388	365
新　疆	Xinjiang	3447	164		4	1544	218	1517	2707	2536

23-10 分地区出版印刷生产情况（2018年）
Conditions of Printing by Region (2018)

地 区	Region	企业数（个）Number of Enterprises (unit)	从业人员（人）Number of Employees (unit)	印刷产量 Output of Printing 黑白（万令）Black and White (10 000 ream)	彩色（万对开色令）Color (10 000 bisect color ream)	装订产量（万令）Output of Bookbinding (10 000 ream)	用纸量（万令）Amount of Paper Used (10 000 ream)
全 国	**National**	**8923**	**429799**	**27760.3**	**116387.9**	**33357.9**	**55951.2**
北 京	Beijing	723	29365	2025.3	13796.2	2829.4	3859.7
天 津	Tianjin	201	7377	317.0	2048.3	217.9	984.3
河 北	Hebei	791	35388	2452.4	3927.6	4601.9	3874.9
山 西	Shanxi	160	7766	259.4	1501.0	294.2	584.8
内蒙古	Inner Mongolia	194	3659	236.0	1469.1	289.0	561.8
辽 宁	Liaoning	157	5983	1296.9	2337.9	675.3	1865.1
吉 林	Jilin	207	6525	712.0	2150.7	444.4	1345.1
黑龙江	Heilongjiang	155	4294	193.4	1359.1	281.5	551.3
上 海	Shanghai	198	16190	439.5	10201.9	494.6	2901.3
江 苏	Jiangsu	433	30638	1381.1	6973.4	1831.8	3716.9
浙 江	Zhejiang	704	33972	2114.8	12417.7	2492.3	5179.8
安 徽	Anhui	337	14822	758.7	4273.3	1295.8	1947.5
福 建	Fujian	278	17412	615.0	1824.9	629.5	1098.2
江 西	Jiangxi	142	7440	937.3	1420.1	1080.9	1221.1
山 东	Shandong	587	40273	3631.0	7330.9	3839.4	5604.4
河 南	Henan	440	17929	868.9	3331.1	1173.3	1785.4
湖 北	Hubei	356	16303	1157.7	2803.0	1552.0	2092.9
湖 南	Hunan	430	17873	911.6	4380.9	1214.4	2027.6
广 东	Guangdong	788	58352	3360.3	16955.1	3998.0	6969.4
广 西	Guangxi	176	7026	829.4	3413.3	590.1	1976.9
海 南	Hainan	40	1657	53.3	965.4	34.4	244.4
重 庆	Chongqing	117	6778	318.5	1505.5	372.9	699.1
四 川	Sichuan	296	9307	1385.0	4012.1	1392.6	1886.5
贵 州	Guizhou	170	3871	135.4	1098.6	134.0	317.8
云 南	Yunnan	185	5866	311.0	1159.1	315.8	721.3
西 藏	Tibet	28	890	41.1	136.6	42.3	79.9
陕 西	Shaanxi	260	11985	513.4	2065.5	591.8	939.0
甘 肃	Gansu	100	4067	191.6	423.7	205.2	315.0
青 海	Qinghai	54	1475	44.8	138.0	40.4	99.7
宁 夏	Ningxia	100	1283	45.1	109.0	38.3	68.8
新 疆	Xinjiang	116	4033	223.5	859.0	364.5	431.4

23-11 国家综合档案馆基本情况
Basic Statistics on National Comprehensive Archives

年 份 Year	馆藏档案 (万卷、万件) Number of Archives (10 000 volumes, 10 000 pieces)	照片档案 (万张) Photos (10 000 sheets)	开放档案 (万卷、万件) Archives Open to Public (10 000 volume, 10 000 pieces)	利用档案 (万卷、万件次) Utilized Archives (10 000 volume-times, 10 000 piece-times)	档案馆建筑面积 (万平方米) Floor Space of Archive Institutions (10 000 sq.m)
1991	9637.4	371.0	2094.3	937.0	348.1
1992	10003.5	402.4	2018.7	773.8	255.7
1993	10726.8	435.5	2140.7	891.9	275.9
1994	10782.9	449.6	2454.6	674.4	268.3
1995	11318.3	485.5	2790.3	529.3	282.5
1996	11341.4	494.6	2939.2	485.4	297.5
1997	12222.9	553.0	3304.6	501.0	347.6
1998	12276.5	579.7	3556.5	446.5	310.7
1999	12866.8	584.5	3808.2	508.5	328.4
2000	13314.0	631.7	4072.0	494.4	336.2
2001	13756.6	642.8	4129.7	575.4	342.0
2002	14790.7	720.5	4301.1	548.8	351.0
2003	15945.9	797.4	4618.4	602.6	361.4
2004	17601.5	827.9	4868.3	813.9	376.8
2005	18688.7	908.8	5132.3	868.0	393.1
2006	21656.5	1277.2	5746.3	1166.4	406.1
2007	23675.3	1393.3	5875.5	1244.9	421.9
2008	25051.0	1505.3	6072.2	1257.4	465.4
2009	28089.2	1646.3	6687.4	1308.0	473.3
2010	32198.6	1809.2	7428.6	1417.3	504.4
2011	35445.5	1965.8	7828.4	1564.5	551.1
2012	40547.7	1827.4	8254.6	1521.1	627.1
2013	42454.5	1927.6	8900.5	1477.8	709.3
2014	53470.3	2041.8	9179.7	1688.8	736.0
2015	58641.7	2102.4	9266.3	1978.3	785.5
2016	65062.5	2228.2	9707.9	2033.7	859.8
2017	65371.1	2336.5	10151.7	2078.0	949.3
2018	75051.1	2056.0	11222.1	1819.1	1050.9

23-12 档案馆机构和人员情况
Statistics on Archive Institutions and Personnel

单位：个、人 (unit, person)

年份 Year	国家综合档案馆 National Comprehensive Archives		国家专门档案馆 National Special Archives		部门档案馆 Department Archives		企业档案馆数 Enterprise Archive Institutions	事业单位档案馆数 Institutional Archive Institutions	科技事业单位档案馆数 Science and Technology Archive Institutions
	馆数 Number of Institutions	专职人员 Full-time Personnel	馆数 Number of Institutions	专职人员 Full-time Personnel	馆数 Number of Institutions	专职人员 Full-time Personnel			
1991	2957	21657	211	2038	128	2171	229	19	28
1992	2962	22226	206	2082	122	2258	231	19	28
1993	2980	23624	200	2245	122	1448	221	20	31
1994	2983	23568	205	2294	136	2160	209	20	36
1995	3024	24777	216	2484	144	2168	213	27	38
1996	3011	24542	226	2658	134	2072	232	23	44
1997	3021	24904	223	2578	162	2521	228	26	46
1998	3034	24197	232	3200	149	2411	245	27	46
1999	3046	23530	225	3436	142	2123	304	40	59
2000	3070	23701	234	3319	141	1865	307	53	80
2001	3100	23652	243	3448	142	2086	286	47	84
2002	3110	22825	253	3435	148	2109	299	75	93
2003	3121	23086	260	3514	141	1770	300	75	85
2004	3127	23401	258	3591	149	1932	300	79	99
2005	3142	23413	238	3452	145	2020	301	105	63
2006	3154	22689	239	3537	137	1699	216	110	95
2007	3161	21399	245	3737	146	1985	215	126	94
2008	3170	21414	240	3663	154	1886	241	141	87
2009	3191	20949	241	3626	149	1814	233	167	96
2010	3194	19750	252	3833	167	1747	223	160	111
2011	3196	19985	255	3843	170	2121	183	179	124
2012	3237	18009	238	3577	183	2161	204	260	
2013	3325	18106	240	3579	218	2182	189	274	
2014	3319	17863	247	3538	209	2129	169	252	
2015	3322	18386	234	3457	237	2263	176	224	
2016	3336	17511	236	3521	213	2021	180	272	
2017	3333	16799	234	3275	202	1939	167	274	
2018	3315	22584	211	3119	143	1739	158	309	

注：2012年以前的事业单位档案馆数指文化事业档案馆数，2012年新修订的《全国档案事业统计年报制度》不再细分事业单位的属性，统称“省部属事业单位档案馆”，包括文化事业档案馆和科技事业单位档案馆。

a) Institutional archive institutions before 2012 refer to culture archive institutions, the newly revised Annual Report of National Archive Statistics in 2012 does not further subcategorize public institutions by their attributes, but generally called public archive institutions affiliated to ministries or provincial governments, which include cultural archive institutions, and science and technology archive institutions.

23-13 广播电视电影事业发展情况
Basic Statistics on Radio, Television and Movies Industry

指　　标	Item	2010	2017	2018
广播	**Radio**			
广播节目综合人口覆盖率（%）	Radio Coverage Rate of the Population (%)	96.78	98.71	98.94
#农村	Rural	95.64	98.24	98.58
公共广播节目套数（套）	Number of Public Radio Programs (set)	2549	2825	2900
公共广播节目播出时间(万小时)	Length of Public Radio Programs Broadcasted(10 000 hours)	1266.0	1491.9	1526.7
广播节目制作时间（万小时）	Length of Radio Programs Produced (10 000 hours)	681.4	788.8	801.8
电视	**Television**			
电视节目综合人口覆盖率（%）	TV Coverage Rate of the Population (%)	97.62	99.07	99.25
#农村	Rural	96.78	98.74	99.01
有线广播电视实际用户数(万户)	Actual Users of Cable Radio and TV (10 000 households)	18872	21446	21832
#农村	Rural	7293	7504	7404
#数字电视	Users of Digital TV	8870	19404	20144
有线广播电视实际用户数占家庭总户数比重（%）	Actual Popularization Rate of Cable Radio and TV (%)	46.40	48.32	49.01
#农村有线广播电视实际用户数占农村家庭总户数比重	Actual Rural Popularization Rate of Cable Radio and TV	29.35	31.70	31.19
公共电视节目套数（套）	Number of Public TV Programs (set)	3272	3493	3559
公共电视节目播出时间(万小时)	Length of Public TV Programs Broadcasted (10 000 hours)	1635.5	1881.0	1925.0
电视剧播出数（万部）	Number of TV Plays Broadcasted (10 000 sets)	24.92	23.13	21.76
#进口电视剧播出数	Imported TV Plays	0.88	0.15	0.08
电视剧播出数（万集）	Number of TV Plays Broadcasted (10 000 parts)	635.86	698.74	707.70
#进口电视剧播出数	Imported TV Plays	19.51	4.03	2.65
电视动画播出时间（万小时）	Number of Cartoons Broadcasted (10 000 hours)		36.28	37.45
#进口电视动画播出时间	Imported Cartoons		1.15	0.89
电视节目制作时间（万小时）	Length of TV Programs Produced (10 000 hours)	274.3	365.2	357.7
电影	**Movies**			
国有电影制片厂（个）	State-owned Movie Studios (unit)	38	38	
#电影故事片厂	Feature Film Studios	31	31	
电影院线（条）	Movie Circuit (line)	37	48	48
银幕（块）	Movie Screen (unit)	6256	50776	60079
全国电影票房收入（亿元）	Domestic Movie Box Office Revenue	157.21	559.11	609.76
#国产电影票房收入	Chinese Movies		301.04	378.97
进口电影票房收入	Imported Movies		258.07	230.79
广播电视其他	**TV Technology and Others**			
广播电视总收入（亿元）	Revenue of Radio and TV (100 million yuan)	2301.87	6070.21	6952.14
广播电视从业人员数（万人）	Staff and Workers of Radio and TV (10 000 persons)	75.09	97.69	97.89

23-14 广播电视节目制作时间
Length of Radio and Television Programs Produced

单位：小时 (hour)

项 目	Item	1995	2005	2010	2015	2017	2018
广播节目制作	**Production of Radio Programs**	**2332164**	**6139227**	**6814226**	**7718163**	**7888254**	**8017573**
新闻资讯	News Programs	353368	1066880	1216632	1436129	1426059	1432069
专题服务	Special Subject Programs	1054140	1822621	1955180	2072348	2144051	2166880
综艺	General Entertainment Programs	924656	1937290	1942828	2078791	2106228	2080201
广播剧	Radio Play Programs		75456	80181	183124	231143	218013
广告	Advertising Programs		671071	775931	752705	766344	749168
其他	Others		565909	843474	1195065	1214428	1371241
电视节目制作	**Production of TV Programs**	**383513**	**2553861**	**2742949**	**3520190**	**3651775**	**3577444**
新闻资讯	News Programs	80800	637956	719680	978801	1085110	1079491
专题服务	Special Subject Programs	193391	525528	640857	930283	909003	897248
综艺益智	General Entertainment Programs	109322	382350	407849	511398	474273	439081
影视剧	TV Play Programs		193771	93536.25	120604	153062	117810
广告	Advertising Programs		524892	526839	481973	534911	472188
其他	Others		289364	354188	497131	495417	571626

23-15 公共广播电视节目播出时间(2018年)
Length of Public Radio and Television Programs (2018)

单位：小时 (hour)

指 标	Item	总 计 Total	新闻资讯类节目 News	专题服务类节目 Special Subject	综艺益智类节目 General Entertainment	广播(影视)剧类节目 Radio Play	广告类节目 Advertising	其他类节目 Others
广播	All Radio Broadcasting Stations	15267407	2994363	3257941	3841622	971618	1359222	2842642
#中央广播电视总台	China Media Group	179752	43631	61226	44272	2585	8933	19105
电视	All Television Stations	19250257	2789802	2561239	1421652	8220875	2136678	2120012
#中央广播电视总台	China Media Group	232714	70234	76262	38019	43059	5139	1

23-16 分地区广播电视节目综合人口覆盖情况及制作播出情况（2018年）
Population Coverage of Radio and TV Programs, and Radio and TV Programs Produced and Broadcasted by Region (2018)

地区	Region	广播节目综合人口覆盖率 Population Coverage Rate of Radio Programs (%)	#农村 Rural	电视节目综合人口覆盖率 Population Coverage Rate of TV Programs (%)	#农村 Rural	公共广播节目套数（套） Number of Public Radio Programs (set)	公共电视节目套数（套） Number of TV Programs (set)	电视剧播出数（部） Number of TV Plays Broadcasted (set)	#进口 Import	电视动画播出时间（小时） Number of Cartoons Broadcasted (hour)	#进口 Import
全　国	**National Total**	**98.94**	**98.58**	**99.25**	**99.01**	**2900**	**3559**	**217591**	**811**	**374485**	**8879**
中央广播电视总台	China Media Group					23	29	930	83	6865	977
其他部门所属单位	Under Other Department						1			100	51
北　京	Beijing	100.00	100.00	100.00	100.00	26	26	429		7495	154
天　津	Tianjin	100.00	100.00	100.00	100.00	22	23	1277	2	5515	270
河　北	Hebei	99.36	99.17	99.29	99.09	169	184	10242		8005	521
山　西	Shanxi	98.80	98.11	99.57	99.35	125	146	8810	51	11444	
内蒙古	Inner Mongolia	99.24	98.82	99.22	98.71	125	119	9080	6	7943	66
辽　宁	Liaoning	99.09	98.41	99.17	98.64	109	125	8823	104	7085	30
吉　林	Jilin	99.01	98.82	99.10	98.67	80	75	6001	3	2602	
黑龙江	Heilongjiang	99.04	99.40	99.07	99.55	108	105	4809	1	6772	633
上　海	Shanghai	100.00	100.00	100.00	100.00	22	25	824	15	14419	1835
江　苏	Jiangsu	100.00	100.00	100.00	100.00	121	123	6180		13430	180
浙　江	Zhejiang	99.73	99.70	99.80	99.77	112	112	8955	4	20022	148
安　徽	Anhui	99.84	99.81	99.83	99.79	105	109	7353	5	7565	
福　建	Fujian	99.04	98.79	99.19	98.99	93	101	3095		12878	
江　西	Jiangxi	98.54	98.18	99.09	98.77	105	122	8958	83	10720	338
山　东	Shandong	99.12	98.88	99.09	98.91	181	259	14387	45	25043	1880
河　南	Henan	99.05	98.89	99.04	98.94	158	174	13108	2	7516	
湖　北	Hubei	99.68	99.57	99.58	99.42	94	116	12502	37	15123	30
湖　南	Hunan	99.02	98.29	99.64	99.45	114	137	10239	60	26442	91
广　东	Guangdong	99.98	99.97	99.98	99.97	135	159	6259	24	33097	
广　西	Guangxi	97.56	96.92	98.78	98.44	75	116	6419	46	9277	
海　南	Hainan	99.06	98.52	99.08	98.56	25	16	845		4890	
重　庆	Chongqing	99.04	98.64	99.27	99.03	35	46	2836		8626	
四　川	Sichuan	97.84	97.24	98.79	98.57	144	213	16296	117	21040	104
贵　州	Guizhou	93.92	93.72	96.76	96.70	48	104	4600	20	7972	40
云　南	Yunnan	98.69	98.28	98.90	98.52	67	174	9559	42	17940	173
西　藏	Tibet	97.14	96.62	98.21	97.80	30	82	757		4103	
陕　西	Shaanxi	98.84	98.48	99.34	99.06	112	122	8000		5455	
甘　肃	Gansu	98.45	98.12	98.81	98.54	97	117	6852	6	12761	286
青　海	Qinghai	98.62	98.00	98.65	98.12	43	50	1951		3775	
宁　夏	Ningxia	98.98	98.39	99.79	99.61	28	30	2105		4728	354
新　疆	Xinjiang	97.83	97.53	98.07	97.84	169	219	15110	55	23837	718

23-17 分地区有线广播电视传输干线网络及实际用户情况（2018年）
Transmission Trunk and Actual Users of Cable Radios and TVs by Region (2018)

地 区	Region	有线广播电视传输干线网络总长(万公里) Total Length of Transmission Trunk for Cable Radios and TVs (10 000 km)	有线广播电视实际用户数(万户) Actual Users of Cable Radios and TVs (10 000 households)	#农村有线广播电视 Users of Rural Cable Radios and TVs	#数字电视 Users of Digital TV	#付费电视 Pay TV	有线广播电视实际用户数占家庭总户数的比重(%) Popularization Rate of Actual Cable TV Programs (%)	#农 村 Rural Areas
全国合计	**National Total**	**225.3**	**21832.4**	**7404.0**	**20143.7**	**7729.9**	**49.01**	**31.19**
北 京	Beijing	24.7	594.6	89.7	571.5	116.5	109.48	87.60
天 津	Tianjin	0.4	352.9	56.0	348.0	121.6	91.62	45.61
河 北	Hebei	8.0	734.6	166.9	653.2	187.3	30.40	10.74
山 西	Shanxi	7.0	382.0	112.3	311.8	65.9	29.34	23.30
内蒙古	Inner Mongolia	2.7	228.4	19.7	216.1	150.7	23.34	5.38
辽 宁	Liaoning	3.1	732.8	194.1	666.4	165.9	47.91	30.04
吉 林	Jilin	1.1	453.5	157.7	440.7	230.6	43.99	36.16
黑龙江	Heilongjiang	7.6	591.6	125.9	568.8	202.6	38.56	20.50
上 海	Shanghai	4.8	484.0	41.7	451.5	194.3	88.56	53.13
江 苏	Jiangsu	4.4	1640.5	713.7	1566.7	668.9	66.43	50.59
浙 江	Zhejiang	7.9	1434.7	892.6	1405.6	550.4	85.81	74.46
安 徽	Anhui	3.1	796.0	281.7	589.7	136.1	37.06	19.40
福 建	Fujian	19.2	716.2	475.1	716.2	411.3	65.22	64.24
江 西	Jiangxi	10.0	618.2	439.2	576.7	224.1	48.06	71.59
山 东	Shandong	44.1	1684.2	748.8	1567.7	612.7	52.99	40.97
河 南	Henan	5.0	974.9	308.9	811.7	44.8	29.86	14.75
湖 北	Hubei	2.8	1082.8	394.2	1060.8	554.4	51.61	36.14
湖 南	Hunan	11.4	1014.6	311.0	874.8	234.4	47.89	32.22
广 东	Guangdong	32.6	1844.9	368.6	1760.7	747.1	71.09	52.13
广 西	Guangxi	1.1	689.3	217.1	605.7	280.1	43.48	19.91
海 南	Hainan	0.2	226.7	70.3	152.0	29.0	85.66	46.84
重 庆	Chongqing	5.8	736.8	83.8	557.0	130.7	58.43	11.90
四 川	Sichuan	2.7	1181.6	337.3	1123.8	528.0	36.50	16.85
贵 州	Guizhou	0.9	702.9	368.6	702.9	412.2	53.19	44.05
云 南	Yunnan	2.9	460.3	134.7	434.6	303.3	32.95	15.23
西 藏	Tibet	0.5	24.1		21.5	1.4	30.60	
陕 西	Shaanxi	3.7	730.7	234.9	730.7	176.1	56.20	48.20
甘 肃	Gansu	1.7	191.6	29.6	144.5	83.0	22.69	5.90
青 海	Qinghai	0.7	95.8	1.9	94.7	36.7	53.90	2.04
宁 夏	Ningxia	0.5	105.7	3.5	104.6	52.2	48.42	4.07
新 疆	Xinjiang	4.8	325.1	24.5	312.9	77.6	43.15	7.15

23-18 电视节目进口情况(2018年)
Statistics on Imported TV Programs (2018)

指 标	Item	合 计 Total	欧 洲 Europe	非 洲 Africa	美 洲 America	#美 国 United States
全年电视节目进口总额（万元）	**Value of Imported TV Programs (10 000 yuan)**	**360621**	**51882**	**7**	**104726**	**100856**
#电视剧	TV Play	80657	5729		36435	33916
动画电视	Cartoon	250634	35112	7	59045	58933
纪录片	Documentary	6577	3995		1407	657
全年电视节目进口量(时)	**Time of Imported TV Programs (hour)**	**66341**	**4951**	**1**	**41926**	**41653**
#电视剧（部/集）	TV Play (set/part)	360/6846	49/236		103/1524	83/1336
动画电视（时）	Cartoon (hour)	18213	1865	1	2665	2659
纪录片（时）	Documentary (hour)	1785	1032		389	200

23-18 续表 continued

指 标	Item	亚 洲 Asia	#日 本 Japan	#韩 国 Republic of Korea	#东南亚 Southeast Asia	#中国香港 Hong Kong, China	#中国台湾 Taiwan, China	大洋洲 Oceania
全年电视节目进口总额（万元）	**Value of Imported TV Programs (10 000 yuan)**	**202627**	**159743**	**99**	**7333**	**27891**	**7021**	**1379**
#电视剧	TV Play	38293	2627		6704	22025	6938	200
动画电视	Cartoon	156428	156068	99	236	14	11	42
纪录片	Documentary	1073	1		99	974		102
全年电视节目进口量(时)	**Time of Imported TV Programs(hour)**	**19136**	**13446**	**46**	**884**	**3769**	**916**	**327**
#电视剧（部/集）	TV Play (set/part)	207/5026	22/204		32/766	127/3681	26/375	1/60
动画电视（时）	Cartoon (hour)	13609	13258	46	213	19	1	72
纪录片（时）	Documentary (hour)	277	1		4	272		84

23-19 电影综合情况
Basic Statistics on Film Production

年 份 Year	电影故事片厂(个) Number of Feature Film Studios (unit)	生产故事影片(部) Feature Films (film)	生产动画影片(部) Cartoons (reel)	生产科教影片(部) Popular Science Films (reel)	生产纪录影片(部) Documentary Films (reel)	生产特种影片(部) Special Films (reel)
1978	12	46	26	289	202	
1979	17	65	25	349	317	
1980	17	82	32	337	242	
1981	19	105	33	277	276	
1982	19	112	33	284	259	
1983	19	127	37	343	299	
1984	20	144	37	387	337	
1985	20	127	45	357	419	
1986	20	134	46	383	417	
1987	22	146	45	353	347	
1988	22	158	38	344	350	
1989	22	136	53	334	259	
1990	22	134	51	326	296	
1991	22	130	46	351	283	
1992	22	170	56	354	307	
1993	22	154	47	252	300	
1994	22	148	32	182	22	
1995	30	146	37	40	111	
1996	30	110	58	33	39	
1997	31	88	28	34	95	
1998	31	82	9	30	54	
1999	31	99	3	20	14	
2000	31	91	1	49	10	
2001	27	88	1	56	9	
2002	31	100	2	60	7	
2003	31	140	2	53	6	
2004	31	212	4	30	10	
2005	32	260	7	33	2	
2006	32	330	13	36	13	
2007	32	402	6	34	9	
2008	33	406	16	39	16	2
2009	31	456	27	52	19	4
2010	31	526	16	54	16	9
2011	31	558	24	76	26	5
2012	31	745	33	74	15	26
2013	31	638	29	121	18	18
2014	31	618	40	52	25	23
2015	31	686	51	96	38	17
2016	31	772	49	67	32	24
2017	31	798	32	68	44	28
2018		902	51	61	57	11

注：1.本表电影故事片厂指国有电影故事片厂。

2.2005年及以前动画片数为美术片数。

a) The number of feature film studios in this table only includes those approved by the State Council.

b) The real of cartoons refer to the arts films before 2005.

23-20 主要文化机构情况
Number of Institutions in Cultural Industry

单位：个 (unit)

年份 Year	公共图书馆 Public Libraries	文化馆(站) Cultural Centers	省级、地市级文化馆 Art Centers at Provincial & Prefecture Level	县市级文化馆 Cultural Centers at County & City Level	乡镇(街道)文化站 Township (sub-district) Cultural Centers	博物馆 Museums	艺术表演团体 Art Performance Troupes	艺术表演场馆 Art Performance Places
1978	1218	6893	92	2748	4053	349	3150	1095
1980	1732	8739	218	2912	5609	365	3533	1444
1985	2344	8576	335	2960	5281	711	3317	1377
1986	2406	8913	337	2993	5583	777	3195	2058
1987	2440	8974	348	2973	5653	827	3094	2148
1988	2485	9045	358	2975	5712	903	2985	2081
1989	2512	9037	366	2955	5716	967	2850	2050
1990	2527	9216	366	2955	5895	1013	2805	1955
1991	2535	10507	371	2894	7242	1075	2772	2068
1992	2558	9564	372	2900	6292	1106	2753	2037
1993	2572	10155	370	2886	6899	1130	2707	2024
1994	2589	11276	374	2887	8015	1161	2698	1998
1995	2615	13487	373	2886	10228	1194	2682	1958
1996	2620	45253	392	2892	41969	1219	2664	1934
1997	2628	45449	385	2901	42163	1282	2663	1947
1998	2662	45834	386	2901	42547	1339	2652	1929
1999	2669	45837	389	2905	42543	1363	2632	1911
2000	2675	45321	390	2907	42024	1392	2619	1900
2001	2696	43379	399	2842	40138	1461	2605	1854
2002	2697	42516	389	2854	39273	1511	2587	1829
2003	2709	41816	382	2846	38588	1515	2601	1900
2004	2720	41402	380	2841	38181	1548	2759	1928
2005	2762	41588	375	2851	38362	1581	2805	1866
2006	2778	40088	395	2819	36874	1617	2866	1839
2007	2799	40601	411	2806	37384	1722	4512	1732
2008	2820	41156	389	2829	37938	1893	5114	1662
2009	2850	41959	361	2862	38736	2252	6139	1499
2010	2884	43382	374	2890	40118	2435	6864	1461
2011	2952	43675	379	2906	40390	2650	7055	1429
2012	3076	43876	382	2919	40575	3069	7321	1279
2013	3112	44260	385	2930	40945	3473	8180	1344
2014	3117	44423	385	2928	41110	3658	8769	1338
2015	3139	44291	386	2929	40976	3852	10787	2143
2016	3153	44497	389	2933	41175	4109	12301	2285
2017	3166	44521	390	2938	41193	4721	15742	2455
2018	3176	44464	390	2936	41138	4918	17123	2478

注：1.2007年以前艺术表演团体为文化系统内数据，2007年起含非文化部门单位。
2.2015年以前艺术表演场馆为公有制艺术表演场馆，2015年起含民营艺术表演场馆。
3.1996年以前文化站数据未包括其他部门所属乡镇文化站。1996-1998年包括其他部门所属文化站，1999年以后，其他部门所属文化站划归文化部门管理。

a) The Art performance troupes referred to those under the official cultural system before 2007 and expanded the coverage to those both under and outside the official cultural system starting from 2007.
b) Art performance places refer to those of state-owned before 2015, and also include those of non-state owned since 2015.
c) Culture stations did not include township culture stations of other department before 1996, and included culture stations of other department from 1996 to 1998. Since 1999, culture stations of other department was put under Culture Department's administration.

23-21 文化文物机构人员情况(2018年)
Number and Personnel in Culture and Cultural Relics Institutions (2018)

机构类别	Category of Institution	机构(个) Number of Institutions (unit)	文化部门 Cultural Department	其他部门 Other Department	从业人员(人) Number of Employed Persons (person)	文化部门 Cultural Department	其他部门 Other Department
总 计	**Total**	**306252**	**66835**	**239417**	**2407827**	**670618**	**1737209**
文化合计	Cultural	296092	58357	237735	2245189	534284	1710905
艺术表演团体	Art Performance Troupes	17123	2078	15045	416374	114401	301973
艺术表演场馆	Art Performance Places	2478	1236	1242	51478	21046	30432
公共图书馆	Public Libraries	3176	3173	3	57602	57510	92
文化馆	Cultural Centers	3326	3326		54557	54557	
文化站	Cultural Stations	41138	41137	1	131079	131078	1
艺术展览创作机构	Art Exhibition and Creative Institutions	714	699	15	5988	5768	220
艺术教育业	Culture and Education	122	122		13037	13037	
文化科研机构	Art Research Institutions	227	227		5195	5195	
文化市场经营机构	Institutions of Business of Culture	220934		220934	1342557		1342557
文化行政主管部门	Administrative Department of Culture	3253	3253		83225	83225	
其他文化机构	Other Cultural Institutions	3601	3106	495	84097	48467	35630
文物合计	Cultural Relics	10160	8478	1682	162638	136334	26304
博物馆	Museums	4918	3374	1544	107506	84958	22548
文物保护管理机构	Agencies of Cultural Relics Preservation	3550	3473	77	32406	29566	2840
文物科研机构	Scientific and Research Agencies	122	122		4133	4133	
文物商店	Cultural Relics Shops	64	59	5	1139	922	217
其他文物机构	Other Cultural Relics Agencies	1506	1450	56	17454	16755	699

注：文化市场经营机构不包括非公有制院团和场馆。
a) Institutions of Business of Culture do not include non-state-owned troupes and theaters.

23-22 全国艺术表演场馆基本情况(2018年)

Basic Statistics on Art Performance Places in the Official Cultural System (2018)

项 目	Item	机构数(个) Number of Institutions (unit)	从业人员(人) Number of Employed Persons (person)	座席数(个) Seating Capacity (unit)	演(映)出场次(万场次) Number of Performances (10 000 shows)	#艺术演出 Art Performances
总 计	**Total**	**2478**	**51478**	**1920410**	**126.6**	**17.9**
按登记注册类型分	By Status of Registration					
国 有	State-owned	1205	20226	989316	61.7	5.8
集 体	Collective-owned	20	164	11725	0.4	0.1
其 他	Others	1253	31088	919369	64.5	12.0
按性质分	By Type of Units					
执行事业会计制度	Adopting Institution Accounting System	921	14216	778410	35.2	4.0
执行企业会计制度	Adopting Enterprise Accounting System	1557	37262	1142000	91.4	13.9
按机构类型分	By Type of Troupes					
剧场	Theaters	1130	25602	876976	31.6	8.5
影剧院	Music Halls and Cinemas	610	9061	518333	79.4	2.9
书场、曲艺场	Storytelling, Recitation and Ballad Places	32	565	5953	0.6	0.5
杂技、马戏场	Acrobatics and Circus Places	8	849	116458	0.2	0.2
音乐厅	Concert Halls	44	1085	21185	1.9	0.5
综合性	General Performance Theaters	287	8390	231953	9.3	3.5
其他艺术表演场馆	Others	367	5926	149552	3.8	1.9
按隶属关系分	By Jurisdiction of Management					
中央	Run by Central Government	7	204	6670	0.1	0.1
省、区、市	Run by Provinces, Autonomous Regions and Municipalities	118	5331	93638	12.3	1.3
地、市	Run by Prefectures (Cities)	357	8190	262237	31.2	2.7
县、市及以下	Run by Counties (Cities) and Others	1996	37753	1557865	83.0	13.7

23-22 续表 continued

项 目	Item	观众人次(万人次) Number of Audience (10 000 person-times)	#艺术演出 Art Performances	收入合计(万元) Total Income (10 000 yuan)	#财政拨款 Government	#演出收入 Performance Income	支出合计(万元) Expenses (10 000 yuan)
总 计	**Total**	**14093**	**5862**	**1324795**	**231541**	**374392**	**1046126**
按登记注册类型分	By Status of Registration						
国 有	State-owned	5011	2482	427879	171860	86594	395595
集 体	Collective-owned	51	28	3589	1710	608	3257
其 他	Others	9030	3352	893328	57970	287190	647274
按性质分	By Type of Units						
执行事业会计制度	Adopting Institution Accounting System	3592	1842	313839	143292	52477	285631
执行企业会计制度	Adopting Enterprise Accounting System	10501	4020	1010956	88249	321915	760495
按机构类型分	By Type of Troupes						
剧场	Theaters	7129	3241	701715	144680	221893	579220
影剧院	Music Halls and Cinemas	3365	810	172341	30078	51864	140155
书场、曲艺场	Storytelling, Recitation and Ballad Places	65	63	5122	3	3868	4701
杂技、马戏场	Acrobatics and Circus Places	315	213	95822	1991	27367	47668
音乐厅	Concert Halls	294	249	47994	14694	22230	29320
综合性	General Performance Theaters	2115	951	220879	36820	37319	186097
其他艺术表演场馆	Others	810	334	80922	3276	9851	58966
按隶属关系分	By Jurisdiction of Management						
中央	Run by Central Government	88	82	3242	44	1568	2979
省、区、市	Run by Provinces, Autonomous Regions and Municipalities	1163	828	198412	71067	59327	170488
地、市	Run by Prefectures (Cities)	1798	856	158122	59097	33556	158604
县、市及以下	Run by Counties (Cities) and Others	11043	4096	965020	101333	279942	714055

23-23 艺术表演团体基本情况(2018年)

项目	Item	机构(个) Number of Institutions (unit)	从业人员(人) Number of Employed Persons (person)	演出场次(万场次) Number of Performance (10 000 shows)	#国内演出 Domestic Performance	#农村 Rural Performance
总计	**Total**	**17123**	**416374**	**312.5**	**310.8**	**178.8**
按登记注册类型分	By Status of Registration					
国有	State-owned	1721	99953	33.0	31.6	21.6
集体	Collective-owned	173	5673	4.5	4.5	3.3
其他	Others	15229	310748	275.0	274.7	154.0
按隶属关系分	By Jurisdiction of Management					
中央	Run by Central Government	16	4798	0.7	0.3	
省、区、市	Run by Provinces, Autonomous Regions and Municipalities	214	29622	6.0	5.7	2.3
地、市	Run by Prefectures (Cities)	510	38241	9.9	9.5	4.6
县、市及以下	Run by Counties (Cities) and Others	16383	343713	295.8	295.3	171.9
按性质分	By Type of Units					
执行事业会计制度	Adopting Institution Accounting System	1541	80963	29.2	28.1	20.0
执行企业会计制度	Adopting Enterprise Accounting System	15582	335411	283.3	282.8	158.8
按管理部门分	By Management Authority					
文化部门	Cultural Departments	2078	114401	40.9	39.3	26.5
其他部门	Other Departments	15045	301973	271.6	271.5	152.3
按剧种分	By Type of Art					
话剧、儿童剧、滑稽剧类	Drama, Children's Play and Comedy Troupes	2958	56901	41.1	41.1	24.9
歌舞、音乐类	Song and Dance, Musicals	2412	89366	57.0	56.7	13.5
京剧、昆曲类	Peking Opera and Kunqu Opera	145	8076	3.5	3.1	2.1
地方戏曲类	Local Opera	4433	129005	82.9	82.6	68.3
杂技、魔术、马戏类	Acrobatics, Magic and Circus	502	11925	11.9	11.5	4.4
曲艺类	Folk Arts	857	14388	12.0	11.9	8.2
乌兰牧骑	Ulanmuchi	110	3548	1.2	1.2	0.9
综合性艺术表演团体	Comprehensive Art Performance	5706	103165	103.0	102.8	56.5

Basic Statistics on Art Performance Troupes (2018)

国内演出观众人次（万人次） Number of Domestic Audience (10 000 person-times)	#农村 Rural Audience	收入合计（万元） Total Income (10 000 yuan)	#财政拨款 Government Budget	#演出收入 Performance Income	支出合计（万元） Total Expenses (10 000 yuan)	政府采购的公益演出活动 Public Shows under Government Procurement: 演出场次（万场次） Number of Performances (10 000 shows)	观众人次（万人次） Number of Audience (10 000 person-times)
117569	**77898**	**3667258**	**1584115**	**1522685**	**3152559**	**16.5**	**13118.0**
27088	18199	1866056	1390983	252694	1840360	13.5	10778.2
2857	2253	72334	46974	13561	72578	1.4	1091.7
87624	57446	1728868	146158	1256430	1239622	1.6	1248.2
300	33	201680	129941	25486	182860	0.1	128.4
3615	1310	801596	553995	138113	806422	1.8	1254.8
8129	4143	708165	542368	90891	701454	3.7	3198.3
105525	72412	1955817	357811	1268195	1461823	10.9	8536.6
23425	16311	1571298	1237422	162116	1545009	11.7	9408.2
94145	61586	2095960	346692	1360569	1607550	4.8	3709.8
32867	22027	2041313	1476686	311436	2025501	16.2	12798.5
84703	55871	1625945	107428	1211249	1127058	0.4	319.6
11687	6681	424387	136998	175103	339604	0.5	299.2
15266	6588	1079381	563858	319553	977756	3.8	2770.8
1854	1250	193434	148431	22207	191150	0.5	403.2
46919	39576	855661	450746	322901	825818	8.9	7672.1
3572	1269	102041	50468	43991	95874	0.4	241.0
3457	2285	78607	35769	31411	68960	0.4	201.0
863	546	37656	35807	138	36358	0.7	493.8
33950	19702	896091	162038	607381	617038	1.3	1037.0

23-24 公共图书馆基本情况（2018年）
Basic Statistics on Public Libraries (2018)

指 标	Item	总 计 Total	#少儿图书馆 Children's Libraries	按隶属关系分 By Jurisdiction of Management 中央 Run by Central Government	省、区、直辖市(级) Run by Provinces, Autonomous Regions and Municipalities	地市级 Prefecture Level	县市级 County (City) Level	#县图书馆 Run by Counties
机构数（个）	Number of Institutions (unit)	3176	123	1	39	376	2760	1580
从业人员（人）	Number of Employed Persons (person)	57602	2531	1444	7537	15251	33370	14868
总藏量（万册件）	Total Collections (10000 copies)	103716	4635	3901	21123	27359	51333	18666
当年购买的报刊种类(万种)	Kinds of Newspapers and Periodicals Purchased This Year (10 000 kinds)	113.0	4.1	1.7	15.3	31.9	64.1	24.6
有效借书证数(万个)	Accumulative Number of Library Cards Distributed (10 000 units)	7263	400	441	885	2735	3202	913
总流通人次（万人次）	Total Number of Circulation (10 000 person-times)	82032	3697	546	9060	25383	47043	15250
#书刊文献外借人次	Borrowing from Libraries	25814	1213	37	1675	8007	16095	6525
书刊文献外借册次(万册次)	Number of Books and Periodicals Lent to Readers (10 000 copies-times)	58010	3823	65	5208	17955	34782	11863
组织各类讲座次数（次）	Number of Lectures (time)	79274	7972	506	4817	23514	50437	18412
举办展览（个）	Exhibitions Held (unit)	33394	1396	24	2116	7500	23754	11613
举办培训班（个）	Training Classes Held (unit)	66375	4602	1748	6195	18649	39783	15524
计算机（台）	Computers (set)	223521	8036	3286	19098	52166	148971	71508
#电子阅览室终端数	Terminals in Electronic Media Reading Rooms	146333	4555	494	8518	31598	105723	51824
阅览室坐席数（万个）	Seats of Reading Room (10 000 units)	111.7	3.9	0.5	7.7	30.0	73.5	32.5

23-25 群众文化机构基本情况（2018年）
Basic Statistics on Cultural Institutions (2018)

指 标	Item	总 计 Total	省、区、直辖市级 Provincial Level	地市级 Prefecture Level	县市级 County (City) Level	#县文化馆 County Cultural Center	乡镇(街道)文化站 Township (sub-district) Cultural Stations	#乡镇文化站 Township Cultural Stations
机构数（个）	Institutions (unit)	44464	31	359	2936	1613	41138	33858
从业人员（人）	Number of Employed Persons (person)	185636	1799	10368	42390	22018	131079	104924
组织文艺活动（万次）	Art Performances and Story-telling Sessions (10 000 times)	123.1	0.3	2.9	23.8	10.9	96.1	65.3
参加文艺活动人次（万人次）	Person-times Attending Art and Cultural Activities (10 000 person-times)	53950	1136	4828	20751	10142	27236	20164
举办训练班（万次）	Number of Training Courses(10 000 time)	76.9	0.4	8.1	20.8	6.3	47.6	28.5
参加培训人次（万人次）	Attending Training (10 000 person-times)	4961	23	484	1214	416	3239	2053
举办展览个数（万个）	Number of Exhibitions (unit)	15.9	0.1	0.4	2.5	1.2	12.9	10.0
参观展览人次（万人次）	Visiting Exhibitions(10 000 person-times)	11041	216	1087	3470	1748	6268	4825
组织各类理论研讨和讲座次数（次）	Number of Theoretical Lectures (time)	35791	1046	5322	29423	10384		
参加研讨和讲座人次（万人次）	Attending Theoretical Lectures (10 000 person-times)	618	12	93	513	190		
拥有计算机台数（万台）	Computer Owned (10 000 units)	40.2	0.2	1.3	5.5	2.6	33.2	26.3
本年收入合计（亿元）	Revenue this Year (100 million yuan)	295.5	8.9	32.1	85.6	33.3	168.9	130.9
本年支出合计（亿元）	Expenditure this Year (100 million yuan)	305.8	9.1	31.6	95.1	33.0	170.0	131.4
馆办文艺团体（个）	Art Performance Troupes Run by Centers (unit)	7990	131	1205	6654	3090		
馆办文艺团体演出场次（万场次）	Number of Art Performances Run by Centers (10 000 times)	16.3	0.2	1.5	14.6	7.5		
馆办老年大学（个）	Aging College Run by Centers (unit)	798	12	101	685	385		
群众业余文艺团体(万个)	Part-time Art Troupes (10 000 units)	42.6		0.8	7.7	3.6	34.1	25.9

23-26 文物业基本情况（2018年）
Statistics on Cultural Relics (2018)

项　目	Item	机　构 （个） Number of Institutions (unit)	从业人员 （人） Number of Employed Persons (person)	本年收入合　计 （万元） Total Revenue this Year (10 000 yuan)	本年支出合　计 （万元） Total Expenditure this Year (10 000 yuan)	资产总计 （万元） Total Assets (10 000 yuan)	实际使用房屋建筑面积 （万平方米） Floor Space of Buildings Actually Used (10 000 sq.m)
总　计	**Total**	**10160**	**162638**	**5621156**	**5471143**	**18660546**	**4335**
按单位性质分	By Kind of Units						
文物科研机构	Scientific and Research Agencies	122	4133	333070	312846	527096	81
文物保护管理机构	Agencies of Cultural Relics Preservation	3550	32406	1032279	947034	2470391	1362
博物馆	Museums	4918	107506	3043180	3084586	13383485	2791
文物商店	Cultural Relics Shops	64	1139	58104	55148	219965	15
其他文物机构	Other Agencies	1506	17454	1154523	1071529	2059609	86
按隶属关系分	By Jurisdiction of Management						
中　央	Central Level	12	3073	278201	250410	858248	54
省、区、市	Provincial Level	308	19246	1004865	1021579	3675638	316
地、市	Prefecture Level	1752	48452	1888521	1772852	5870176	996
县、市	County or City Level	8088	91867	2449570	2426303	8256485	2969
按管理部门分	By Department of Management						
文物部门	Cultural Relics Department	8478	136334	4998955	4781642	14112361	3527
其他部门	Other Department	1682	26304	622202	689500	4548185	809

23-26 续表 continued

项　目	Item	文物藏品 （件/套） Number of Collections (piece/set)	#一级品 Grade One	本年从有关部门接收文物数(件/套) Accepted Cultural Relics from Department This Year (piece/set)	本年藏品征集数 （件/套） Collection of Cultural Relics (piece/set)	举办陈列展　览 （个） Exhibition & Displays (unit)	参观人次 （万人次） Spectators (10 000 person-times)
总　计	**Total**	**49604379**	**95607**	**209517**	**382151**	**27925**	**122352**
按单位性质分	By Kind of Units						
文物科研机构	Scientific and Research Agencies	1315659	1617	452		127	335
文物保护管理机构	Agencies of Cultural Relics Preservation	2430379	8405	18468	13393	1452	17616
博物馆	Museums	37540740	84201	188377	356435	26346	104401
文物商店	Cultural Relics Shops	7513985	53				
其他文物机构	Other Agencies	803616	1331	2220	12323		
按隶属关系分	By Jurisdiction of Management						
中　央	Central Level	3397457	14941	1628	1567	314	2938
省、区、市	Provincial Level	17264448	30793	124262	28638	1548	12733
地、市	Prefecture Level	9819563	23098	44273	130521	7918	39300
县、市	County or City Level	19122911	26775	39354	221425	18145	67381
按管理部门分	By Department of Management						
文物部门	Cultural Relics Department	37418648	90801	207695	237779	21452	99425
其他部门	Other Department	12185731	4806	1822	144372	6473	22927

23-27 分地区艺术表演团体、艺术表演场馆演出情况(2018年)
Statistics on Performance of Art Performance Troupes and Art Performance Places by Region (2018)

地区	Region	艺术表演团体 Art Performance Troupes				艺术表演场馆 Art Performance Places				
		机构数(个) Number of Institutions (unit)	演出场次(万场次) Number of Performances (10 000 shows)	#国内演出 Domestic Performances	国内演出观众人次(万人次) Number of Domestic Audience (10 000 person-times)	机构数(个) Number of Institutions (unit)	演(映)出场次(万场次) Number of Performances (10 000 shows)	#艺术演出 Art Performances	观众人次(万人次) Number of Audience (10 000 person-times)	#艺术演出 Art Performances
全国	**National Total**	**17123**	**312.46**	**310.85**	**117569**	**2478**	**126.64**	**17.89**	**14093**	**5862**
中央	Central Level	16	0.71	0.29	300	7	0.14	0.14	88	82
北京	Beijing	414	2.55	2.48	915	61	7.72	1.58	1007	601
天津	Tianjin	121	1.11	1.10	364	68	6.43	0.55	400	220
河北	Hebei	450	9.92	9.84	3316	81	3.99	0.16	159	64
山西	Shanxi	795	9.57	9.51	4848	125	11.25	0.48	443	193
内蒙古	Inner Mongolia	226	3.13	3.09	1611	54	3.37	0.28	242	62
辽宁	Liaoning	192	1.34	1.31	819	121	3.10	1.27	1402	221
吉林	Jilin	82	1.23	1.22	367	58	2.11	0.38	148	40
黑龙江	Heilongjiang	90	1.37	1.32	587	56	0.46	0.17	155	131
上海	Shanghai	254	3.57	3.54	1097	45	1.45	0.63	490	397
江苏	Jiangsu	662	10.04	10.00	3546	249	27.04	2.35	1069	401
浙江	Zhejiang	1573	37.87	37.83	20788	336	9.49	2.46	1326	732
安徽	Anhui	2859	50.52	50.47	19960	107	8.16	0.48	679	155
福建	Fujian	454	8.15	8.11	3404	54	5.41	0.21	218	68
江西	Jiangxi	379	7.70	7.68	2326	57	2.69	0.26	315	103
山东	Shandong	828	22.33	22.26	5256	106	1.39	0.38	585	193
河南	Henan	2017	39.23	39.21	15349	155	1.56	0.38	309	163
湖北	Hubei	489	36.69	36.60	4426	61	6.74	0.28	308	155
湖南	Hunan	510	5.77	5.71	2248	105	2.55	0.99	762	387
广东	Guangdong	436	4.63	4.59	2522	86	2.91	0.56	1717	455
广西	Guangxi	112	1.71	1.70	1118	57	2.73	0.32	190	15
海南	Hainan	82	0.94	0.93	716	15	0.83	0.21	660	149
重庆	Chongqing	1571	18.95	18.93	5143	43	0.62	0.39	128	97
四川	Sichuan	829	10.93	10.87	2340	110	1.24	0.75	303	150
贵州	Guizhou	153	1.31	1.27	1231	15	0.06	0.05	10	10
云南	Yunnan	268	4.98	4.94	2570	27	0.36	0.32	93	75
西藏	Tibet	86	0.65	0.59	440	14	0.01	0.01	4	2
陕西	Shaanxi	531	8.34	8.28	4938	102	2.91	1.03	373	211
甘肃	Gansu	351	4.08	4.05	3259	44	3.58	0.63	177	137
青海	Qinghai	84	0.58	0.53	424	27	0.24	0.06	106	25
宁夏	Ningxia	75	0.76	0.76	280	6	0.11	0.05	106	102
新疆	Xinjiang	134	1.85	1.82	1062	26	6.03	0.12	120	66

23-28 分地区公共图书馆基本情况(2018年)
Statistics on Public Libraries by Region (2018)

地 区	Region	公共图书馆(个) Number of Public Library (unit)	总藏量(万册件) Total Collections (10 000 copies)	人均拥有公共图书馆藏量(册) Collections of Public Libraries Owned Per Person (copy)	有效借书证数(万个) Accumulative Number of Library Cards Distributed (10 000 units)	总流通人次(万人次) Total Number of Circulation (10 000 person-times)	#书刊文献外借人次 Borrowing from Libraries	书刊文献外借册次(万册次) Number of Books and Periodicals Lent to Readers (10 000 copies-times)	阅览室座席数(个) Seats of Reading Room (unit)
总 计	**National Total**	**3176**	**103716**	**0.74**	**7263**	**82032**	**25814**	**58010**	**1116769**
中 央	Central Level	1	3901		441	546	37	65	5427
北 京	Beijing	23	2876	1.34	170	1903	466	1203	16433
天 津	Tianjin	29	1867	1.20	90	1226	389	1137	19038
河 北	Hebei	173	2717	0.36	164	2371	752	1413	42995
山 西	Shanxi	128	1860	0.50	134	1620	507	961	37112
内蒙古	Inner Mongolia	117	1904	0.75	72	1252	401	830	30735
辽 宁	Liaoning	130	4175	0.96	151	2850	765	1914	39674
吉 林	Jilin	66	2052	0.76	117	812	416	757	21943
黑龙江	Heilongjiang	109	2233	0.59	75	1131	462	929	29202
上 海	Shanghai	23	7894	3.26	248	3036	622	2505	23099
江 苏	Jiangsu	116	9323	1.16	1423	8114	2939	5956	70332
浙 江	Zhejiang	103	8608	1.50	957	11875	2432	7149	78012
安 徽	Anhui	126	2910	0.46	199	3341	1316	2229	42573
福 建	Fujian	91	3745	0.95	259	3355	1335	3497	40262
江 西	Jiangxi	113	2522	0.54	163	1754	831	1584	36961
山 东	Shandong	154	6213	0.62	364	4578	1960	3329	63532
河 南	Henan	160	3169	0.33	182	3360	1438	2271	54392
湖 北	Hubei	115	3910	0.66	212	2577	1143	2210	43952
湖 南	Hunan	140	3305	0.48	203	2478	1020	2275	39726
广 东	Guangdong	143	9548	0.84	747	10518	2161	7213	100006
广 西	Guangxi	116	2750	0.56	114	2385	594	1155	33182
海 南	Hainan	24	551	0.59	29	578	82	223	6706
重 庆	Chongqing	43	1808	0.58	174	1604	570	1313	30010
四 川	Sichuan	204	3948	0.47	241	2562	975	1785	57766
贵 州	Guizhou	98	1467	0.41	85	882	387	615	24820
云 南	Yunnan	151	2154	0.45	56	1695	562	1142	31618
西 藏	Tibet	81	221	0.64	1	35	6	11	3745
陕 西	Shaanxi	111	1893	0.49	61	1525	469	888	26064
甘 肃	Gansu	103	1560	0.59	46	834	351	662	23372
青 海	Qinghai	51	479	0.79	19	156	59	99	4884
宁 夏	Ningxia	27	732	1.06	27	512	180	345	12266
新 疆	Xinjiang	107	1420	0.57	38	566	188	345	26930

23-28 续表 continued

地 区	Region	每万人拥有公共图书馆建筑面积(平方米) Floor Space of Buildings of Public Libraries Owned per 10 000 Population (sq.m)	组织各类讲座次数(次) Number of Lectures (time)	参加讲座人次(万人次) Attending Lectures (10 000 person-times)	举办展览(个) Exhibitions Held (unit)	参观展览人次(万人次) Visiting Exhibitions (10 000 person-times)	举办培训班(个) Training Classes Held (unit)	参加培训人次(万人次) Attending Training (10 000 person-times)	计算机(台) Computers (set)	#电子阅览室终端数 Terminals in Electronic Media Reading Rooms
总 计	**National Total**	**114.4**	**79274**	**1481.94**	**33394**	**8742.64**	**66375**	**422.76**	**223521**	**146333**
中 央	Central Level		506	6.29	24	79.78	1748	27.57	3286	494
北 京	Beijing	138.6	2790	17.52	610	241.65	1308	4.38	4496	2210
天 津	Tianjin	259.7	1869	17.79	646	198.74	574	3.67	4341	2824
河 北	Hebei	71.5	3593	43.93	1014	302.04	1644	9.37	8052	5639
山 西	Shanxi	139.9	2463	31.07	693	339.36	1090	20.99	6887	4816
内蒙古	Inner Mongolia	168.1	1153	16.83	689	91.28	550	3.93	7024	4814
辽 宁	Liaoning	137.3	2719	23.84	986	351.92	3164	8.38	9638	5870
吉 林	Jilin	106.5	949	10.19	501	90.88	493	3.95	4666	2980
黑龙江	Heilongjiang	89.0	1259	16.74	822	165.83	1658	8.14	6099	3929
上 海	Shanghai	180.7	2221	32.19	459	158.80	1699	8.94	6285	2987
江 苏	Jiangsu	167.0	4460	68.43	1886	376.30	3050	12.79	12027	6954
浙 江	Zhejiang	208.8	5587	300.79	3818	875.36	10189	53.59	13082	8666
安 徽	Anhui	80.7	3396	60.38	2028	360.04	3061	24.54	7999	5896
福 建	Fujian	143.0	2451	29.33	971	265.31	2395	19.89	8062	5191
江 西	Jiangxi	89.1	1782	25.17	1459	268.72	1057	9.86	7021	4952
山 东	Shandong	116.5	6721	75.85	1912	280.03	5094	31.45	11844	7947
河 南	Henan	70.2	4280	80.66	1470	188.72	1990	15.64	10339	7021
湖 北	Hubei	116.8	2554	49.55	978	211.62	1343	16.63	7569	4998
湖 南	Hunan	72.0	4408	182.33	1106	312.86	2721	23.77	7371	4965
广 东	Guangdong	120.8	9996	179.89	3096	2045.43	9437	44.41	17063	10847
广 西	Guangxi	89.4	2021	36.50	1012	325.39	1733	11.21	6776	4748
海 南	Hainan	94.6	291	5.46	111	35.85	1902	4.08	1591	1061
重 庆	Chongqing	116.7	1556	21.66	1024	190.31	1293	9.40	4307	3220
四 川	Sichuan	79.2	2899	43.35	1297	345.79	1973	10.99	11906	8370
贵 州	Guizhou	73.9	1343	13.76	647	61.43	768	5.24	5410	3557
云 南	Yunnan	84.1	1708	22.49	1134	227.03	1369	8.81	7264	5191
西 藏	Tibet	170.0	67	0.69	100	1.43	39	0.22	1482	1035
陕 西	Shaanxi	83.4	1769	30.70	1287	136.33	1776	10.44	6130	4262
甘 肃	Gansu	114.5	1307	20.27	537	83.09	453	4.26	5339	3616
青 海	Qinghai	132.0	242	3.45	176	13.25	213	1.24	2190	1413
宁 夏	Ningxia	189.4	215	2.72	231	22.90	173	1.43	2391	1733
新 疆	Xinjiang	113.1	699	12.11	670	95.20	418	3.56	5584	4127

23-29 分地区博物馆基本情况(2018年)
Statistics on Museums by Region (2018)

地 区	Region	机 构 (个) Number of Institutions (unit)	从业人员 (人) Number of Employed Persons (person)	#专业技术人员 Professional Technical Staff	文物藏品 (件/套) Number of Collections (piece/set)	基本陈列展 览 (个) Displays Exhibition (unit)	参观人次 (万人次) Spectators (10 000 person-times)	门票销售总 额 (万元) Ticket Sales for Entrance Ticket (10 000 yuan)
总 计	**National Total**	**4918**	**107506**	**38327**	**37540740**	**26346**	**104404**	**614922.4**
中 央	Central Level	3	2402	1606	3303701	135	2638	73671.2
北 京	Beijing	82	4433	1177	2020881	516	2375	6431.2
天 津	Tianjin	65	1473	616	704279	437	1400	3179.7
河 北	Hebei	134	4016	1271	390913	784	3289	9856.6
山 西	Shanxi	152	4506	1355	1382097	518	2533	23267.2
内蒙古	Inner Mongolia	109	1782	908	912078	525	1176	226.6
辽 宁	Liaoning	65	1994	948	523463	363	1703	13323.5
吉 林	Jilin	107	1548	833	624402	559	1041	4366.0
黑龙江	Heilongjiang	191	2691	1170	971658	945	2144	201.0
上 海	Shanghai	100	3036	1673	2010506	826	2584	26352.1
江 苏	Jiangsu	329	6923	2453	1853112	2095	9519	28469.1
浙 江	Zhejiang	337	5724	1890	1353210	2275	7005	5512.4
安 徽	Anhui	201	2995	1229	787699	930	3026	745.6
福 建	Fujian	128	2642	971	670838	1135	3715	236.9
江 西	Jiangxi	144	3418	1206	444241	673	3697	786.5
山 东	Shandong	517	8059	2984	3569646	2725	7233	13585.4
河 南	Henan	334	6959	1948	1019373	1402	6040	7783.6
湖 北	Hubei	200	4032	1807	1694265	1003	3922	1026.7
湖 南	Hunan	121	3056	913	617645	461	5444	1166.5
广 东	Guangdong	184	3670	1926	1038580	1655	5512	28784.2
广 西	Guangxi	131	2255	915	305269	552	1754	130.7
海 南	Hainan	19	526	151	162529	145	234	
重 庆	Chongqing	100	2738	887	540005	586	3687	14544.9
四 川	Sichuan	252	6201	1579	4026271	1216	7189	114789.0
贵 州	Guizhou	91	1636	461	163996	278	1974	40.7
云 南	Yunnan	137	1719	950	1412696	867	2323	415.3
西 藏	Tibet	7	204	66	67636	9	20	
陕 西	Shaanxi	294	9354	2283	3810089	1163	6716	200384.5
甘 肃	Gansu	215	5017	1386	509469	1040	2915	27864.2
青 海	Qinghai	24	366	172	74491	71	189	
宁 夏	Ningxia	54	812	235	363981	200	724	6366.0
新 疆	Xinjiang	91	1319	358	211721	257	680	1415.1

23-30 分地区规模以上文化及相关产业法人单位数(2018年底)
Number of Legal Persons of Culture and Relevant Industry above Designated Size by Region at Year-end (2018)

单位：个 (unit)

地 区	Region	法人单位数 Legal Persons	文化制造业 Cultural Manufacturing	文化批发和零售业 Wholesale and Retail of Culture	文化服务业 Services of Culture
全 国	**National Total**	**59908**	**19547**	**9655**	**30706**
北 京	Beijing	3848	153	356	3339
天 津	Tianjin	974	198	159	617
河 北	Hebei	1734	709	308	717
山 西	Shanxi	335	44	96	195
内蒙古	Inner Mongolia	251	16	50	185
辽 宁	Liaoning	740	97	178	465
吉 林	Jilin	570	86	111	373
黑龙江	Heilongjiang	271	68	84	119
上 海	Shanghai	2464	340	297	1827
江 苏	Jiangsu	7627	2301	1138	4188
浙 江	Zhejiang	4672	2043	850	1779
安 徽	Anhui	2351	982	463	906
福 建	Fujian	3389	1410	532	1447
江 西	Jiangxi	1575	697	87	791
山 东	Shandong	4803	2160	761	1882
河 南	Henan	3324	954	731	1639
湖 北	Hubei	2153	625	449	1079
湖 南	Hunan	3526	1425	461	1640
广 东	Guangdong	7891	3680	1178	3033
广 西	Guangxi	804	247	193	364
海 南	Hainan	150	7	18	125
重 庆	Chongqing	1082	180	178	724
四 川	Sichuan	1811	526	280	1005
贵 州	Guizhou	849	165	124	560
云 南	Yunnan	763	152	166	445
西 藏	Tibet	30	6	6	18
陕 西	Shaanxi	1205	180	240	785
甘 肃	Gansu	325	27	85	213
青 海	Qinghai	50	16	11	23
宁 夏	Ningxia	106	24	19	63
新 疆	Xinjiang	235	29	46	160

注：1.规模以上文化及相关产业法人单位包括规模以上文化制造业企业、限额以上文化批发和零售业企业以及规模以上文化服务业企业。
2.本表数据为2018年1-12月快报数（以下各表同）。

a) Legal persons of culture and relevant industry above designated size include cultural manufacturing above designated size, wholesale and retail of culture above designated size, services of culture above designated size.

b) Data in this table are preliminary data of 1-12 month, 2018. The same applies to the table following.

23-31 分地区规模以上文化制造业企业基本情况(2018年)
Basic Conditions on Cultural Industrial Enterprises above Designated Size by Region (2018)

单位：万元 (10 000 yuan)

地 区	Region	企业单位数(个) Number of Enterprises (unit)	年末从业人员(人) Engaged Persons at Year-end (person)	资产总计 Total Assets	营业收入 Business Revenue	应交增值税 Value-added Tax Payable
全 国	**National Total**	**19547**	**4646465**	**331205380**	**380743496**	**7467799**
北 京	Beijing	153	33141	4866941	4135344	117981
天 津	Tianjin	198	42712	4674421	5798373	90064
河 北	Hebei	709	109449	5454577	4934387	114445
山 西	Shanxi	44	8333	697516	282698	141
内蒙古	Inner Mongolia	16	4096	819483	349553	4114
辽 宁	Liaoning	97	21105	2401920	2120918	19497
吉 林	Jilin	86	10528	1496822	420788	6422
黑龙江	Heilongjiang	68	7062	558055	319555	5809
上 海	Shanghai	340	66546	7623210	11603438	141843
江 苏	Jiangsu	2301	545898	50067905	58338882	1314074
浙 江	Zhejiang	2043	321654	25635334	23675095	769518
安 徽	Anhui	982	143930	11378523	14236112	370949
福 建	Fujian	1410	325477	13392445	29748395	443383
江 西	Jiangxi	697	157083	8883725	11619790	155523
山 东	Shandong	2160	455817	47057877	41830873	951252
河 南	Henan	954	281165	10510038	10768078	152303
湖 北	Hubei	625	113177	10348758	12699404	325481
湖 南	Hunan	1425	322982	10633523	20537917	338421
广 东	Guangdong	3680	1329934	76069714	91467546	1396577
广 西	Guangxi	247	84110	2409549	3662719	66067
海 南	Hainan	7	3339	3311868	1118282	56637
重 庆	Chongqing	180	36076	3146067	3475716	101222
四 川	Sichuan	526	134351	19089681	18915225	315226
贵 州	Guizhou	165	18743	1126056	1222625	20617
云 南	Yunnan	152	25655	2986241	3331949	113581
西 藏	Tibet	6	794	59551	19807	247
陕 西	Shaanxi	180	27568	5289424	3520158	64015
甘 肃	Gansu	27	3820	237833	92409	1711
青 海	Qinghai	16	5021	236014	133899	1424
宁 夏	Ningxia	24	4034	497838	265776	6911
新 疆	Xinjiang	29	2865	244473	97786	2343

23-32 分地区限额以上文化批发和零售业企业基本情况(2018年)
Basic Conditions on Cultural Wholesale and Retail Trades Enterprises above Designated Size by Region (2018)

单位：万元 (10 000 yuan)

地 区	Region	企业单位数 (个) Number of Enterprises (unit)	年末从业人员 (人) Engaged Persons at Year-end (person)	资产总计 Total Assets	营业收入 Business Revenue	应交增值税 Value-added Tax Payable
全 国	**National Total**	**9655**	**524407**	**107362488**	**167281445**	**1461027**
北 京	Beijing	356	46874	14230273	16543219	166768
天 津	Tianjin	159	5063	1848792	2586972	18915
河 北	Hebei	308	17911	1709590	1893551	7252
山 西	Shanxi	96	4811	871224	837863	2553
内蒙古	Inner Mongolia	50	2290	468281	224524	2448
辽 宁	Liaoning	178	9884	957666	1253112	11392
吉 林	Jilin	111	4188	343767	293889	1218
黑龙江	Heilongjiang	84	3278	373722	274346	1285
上 海	Shanghai	297	30803	13422555	37951922	220424
江 苏	Jiangsu	1138	54430	10440291	16828796	173540
浙 江	Zhejiang	850	31285	7360459	11863059	141319
安 徽	Anhui	463	16402	4250775	4992603	1061
福 建	Fujian	532	12451	3576812	7586958	44557
江 西	Jiangxi	87	9196	2461339	1506057	25464
山 东	Shandong	761	49278	10956720	16234743	144797
河 南	Henan	731	40682	2136842	3208941	30968
湖 北	Hubei	449	19340	2249412	3535351	37760
湖 南	Hunan	461	15352	1956398	3266635	34230
广 东	Guangdong	1178	75256	14015727	21399446	263752
广 西	Guangxi	193	6401	1124743	885960	6255
海 南	Hainan	18	1049	174901	87256	300
重 庆	Chongqing	178	14338	2164090	2730527	23971
四 川	Sichuan	280	18551	4686954	4687253	29796
贵 州	Guizhou	124	4547	816380	550938	2785
云 南	Yunnan	166	11544	1481582	2313305	18531
西 藏	Tibet	6	185	20518	23698	62
陕 西	Shaanxi	240	11007	1086444	2553424	37121
甘 肃	Gansu	85	2916	1259516	570978	7548
青 海	Qinghai	11	1042	101128	87872	1081
宁 夏	Ningxia	19	666	115983	57199	202
新 疆	Xinjiang	46	3387	699602	451049	3674

23-33 分地区规模以上文化服务业企业基本情况(2018年)
Basic Conditions on Cultural Enterprises of Service Industry above Designated Size by Region (2018)

单位：万元 (10 000 yuan)

地 区	Region	企业单位数(个) Number of Enterprises (unit)	年末从业人员(人) Engaged Persons at Year-end (person)	资产总计 Total Assets	营业收入 Business Revenue	应交增值税 Value-added Tax Payable
全 国	**National Total**	**30706**	**3283241**	**708647447**	**344544751**	**6618495**
北 京	Beijing	3339	433187	115490499	77021332	1102887
天 津	Tianjin	617	63007	16970352	12316852	271642
河 北	Hebei	717	65942	9010616	2027810	42227
山 西	Shanxi	195	24046	3275816	591992	12120
内蒙古	Inner Mongolia	185	12973	3583709	477290	5304
辽 宁	Liaoning	465	87086	7999984	3293238	49276
吉 林	Jilin	373	26800	4497611	895413	-1931
黑龙江	Heilongjiang	119	20177	2014868	560019	-19486
上 海	Shanghai	1827	285265	81867610	37872344	892677
江 苏	Jiangsu	4188	450493	70800792	33010251	647675
浙 江	Zhejiang	1779	176901	66157544	50738296	987097
安 徽	Anhui	906	84255	12160730	5149730	101212
福 建	Fujian	1447	107573	11048405	5701771	120229
江 西	Jiangxi	791	53423	5562127	2359607	44503
山 东	Shandong	1882	151545	24215648	7150422	168627
河 南	Henan	1639	164233	16173288	6624517	169625
湖 北	Hubei	1079	146248	21544887	10335730	248372
湖 南	Hunan	1640	117498	21947864	7523120	103678
广 东	Guangdong	3033	382642	138507935	53927905	955053
广 西	Guangxi	364	38743	4352318	1380464	37837
海 南	Hainan	125	19487	2524401	1489743	34251
重 庆	Chongqing	724	80579	15126882	6888636	129934
四 川	Sichuan	1005	105822	19269959	8592334	337185
贵 州	Guizhou	560	42191	6698562	1648086	33880
云 南	Yunnan	445	46409	11240902	1967509	44916
西 藏	Tibet	18	1449	220360	70526	1797
陕 西	Shaanxi	785	53502	9266417	2364790	52621
甘 肃	Gansu	213	20617	3311130	529708	14726
青 海	Qinghai	23	4173	821533	501891	304
宁 夏	Ningxia	63	6202	880179	157841	6580
新 疆	Xinjiang	160	10773	2104518	1375583	23678

23-34 体育系统机构人员情况（2018年）
Number of Institutions and Engaged Persons of Physical Education System (2018)

单位：个、人 (unit, person)

指标	Item	合计 Total 机构 Institutions	合计 Total 人员 Persons	国家级 National Level 机构 Institutions	国家级 National Level 人员 Persons
总计	**Total**	**6979**	**145334**	**44**	**5210**
体育行政机关	Administrative Agencies of Physical Culture and Sports	3012	24267	1	238
运动项目管理部门	Sports Events Management	284	33558	20	1701
本科院校	Colleges	8	6127	1	1062
职业、运动技术学院	Sports Technical Institutes	18	6124		
体育运动学校	Physical Education and Sports Schools	215	13928		
竞技体校	Competitive Sports School	16	568		
少儿体育运动学校（业余体校）	Spare-time Sports School	1403	19974		
单项运动学校	Physical Education and Sports Schools	20	430		
体育中学	Secondary Schools of Physical Education	35	1584		
训练基地	Training Bases	71	2323	5	589
体育场馆	Stadium and Gymnasium	661	13126	1	269
体育科研机构	Sports Science and Technology Institute	56	1267	1	121
其他事业单位	Other Institutions	1107	19194	13	649
其他	Others	73	2864	2	581

23-34 续表 continued

单位：个、人 (unit, person)

指标	Item	省级 Provincial Level 机构 Institutions	省级 Provincial Level 人员 Persons	地级 Prefectural Level 机构 Institutions	地级 Prefectural Level 人员 Persons	县级 County Level 机构 Institutions	县级 County Level 人员 Persons
总计	**Total**	**650**	**56171**	**1875**	**46912**	**4410**	**37041**
体育行政机关	Administrative Agencies of Physical Culture and Sports	31	1599	431	6542	2549	15888
运动项目管理部门	Sports Events Management	221	28869	42	2955	1	33
本科院校	Colleges	7	5065				
职业、运动技术学院	Sports Technical Institutes	16	5686	2	438		
体育运动学校	Physical Education and Sports Schools	26	2107	159	11264	30	557
竞技体校	Competitive Sports School			3	105	13	463
少儿体育运动学校(业余体校)	Spare-time Sports School	6	308	325	9061	1072	10605
单项运动学校	Physical Education and Sports Schools	3	82	14	303	3	45
体育中学	Secondary Schools of Physical Education	1	95	18	836	16	653
训练基地	Training Bases	23	1061	40	615	3	58
体育场馆	Stadium and Gymnasium	58	2888	373	7493	229	2476
体育科研机构	Sports Science and Technology Institute	27	886	28	260		
其他事业单位	Other Institutions	210	6551	405	5959	479	6035
其他	Others	21	974	35	1081	15	228

23-35　运动员获世界冠军情况
World Championships Won by Chinese Athletes

年　份 Year	项　数 (项) Number of Events (Item)	人　数 (人) Number of Persons (person)	个　数 (个) Number of Champions (time)
1978	4	4	4
1979	12	20	12
1980	3	3	3
1981	25	53	25
1982	12	31	13
1983	37	50	39
1984	33	46	37
1985	42	70	46
1986	26	56	26
1987	64	72	69
1988	54	59	54
1989	80	83	82
1990	54	61	54
1991	88	86	93
1992	86	68	89
1993	101	106	103
1994	79	86	79
1995	98	187	102
1996	72	58	75
1997	87	96	92
1998	75	89	83
1999	91	129	92
2000	92	109	110
2001	79	138	90
2002	99	123	110
2003	17	94	84
2004	27	175	101
2005	22	159	106
2006	24	169	141
2007	22	217	123
2008	24	151	120
2009	30	223	142
2010	22	180	108
2011	24	198	138
2012	24	140	107
2013	22	164	124
2014	22	206	98
2015	25	214	127
2016	23	154	107
2017	24	248	106
2018	27	222	118

23-36　运动员分项创世界纪录情况（2018年）
World Records Chalked up by Chinese Athletes by Events (2018)

项　目	Item	项数(项) Number of Events (unit)	人数(人) Number of Persons (person)	次数(次) Number of Times (time)
总　计	**Total**	**5**	**12**	**12**
举　重	Weightlifting	1	6	6
游　泳	Swimming	1	3	3
滑　冰	Skating	1	1	1
田　径	Athletics	1	1	1
蹼　泳	Fin swimming	1	1	1

主要统计指标解释

广播／电视节目综合人口覆盖率 指根据国家广播电视总局制定的《广播电视人口覆盖率统计技术标准和方法》进行统计调查的，在对象区内能接收到由中央、省、地市或县通过无线、有线或卫星等各种技术方式转播的各级广播／电视节目的人口数占全国总人口数的百分比。

艺术表演团体 指由文化部门主办或实行行业管理（经文化行政部门审批或已申报登记并领取相关许可证），专门从事表演艺术等活动的各类专业艺术表演团体，含民间职业剧团。不包括群众业余文艺表演团体。

艺术表演场馆 指由文化部门主办或实行行业管理（经文化市场行政部门审批或已申报登记并领取相关许可证），有观众席、舞台、灯光设备，公开售票、专供文艺团体演出的文化活动场所。

文化市场经营机构 指经文化市场行政部门审批或已申报登记并领取相关许可证的、从事文化经营和文化服务活动的机构。

国家综合档案馆 指由中央或地方各级档案行政管理部门直接管理的，按行政区划或历史时期设置的，收集和管理所辖范围内多种门类档案的档案馆。

规模以上文化制造业企业 指《文化及相关产业分类(2018)》所规定行业范围内，年主营业务收入在 2000 万元及以上的工业企业法人。

限额以上文化批发和零售业企业 指《文化及相关产业分类(2018)》所规定行业范围内，年主营业务收入在 2000 万元及以上的批发业企业法人和年主营业务收入在 500 万元及以上的零售业企业法人。

规模以上文化服务业企业 指《文化及相关产业分类(2018)》所规定行业范围内，从业人员在 50 人及以上或年营业收入在 1000 万元及以上的服务业企业法人，其中文化和娱乐业的年营业收入在 500 万元及以上。

Explanatory Notes on Main Statistical Indicators

The Population Coverage Rate of Radio/Television refers to the percentage of the whole country's population who can receive radio/television programmes transmitted by national, provincial, municipal or county stations through wireless, cable or satellite techniques, according to *Statistical Standard and Method on Television and Radio Coverage of Population* established by the State Administration of Radio and Television.

Arts Performance Troupes refer to the various professional performing arts groups, which sponsored by the cultural sectors or guided by the cultural society (approved by the cultural administration authority, or registered and permitted with the relative certificate), including non-governmental troupes. The mass amateur arts performance troupes are not included.

Arts Performance Places refer to the various sites for cultural activities, which sponsored by the cultural sectors or guided by the cultural society (approved by the cultural market administration, or registered and permitted with the relative certificate), with the facility of auditorium, stage and lighting, and selling tickets in public.

Cultural Market Operating Units refer to the units dealing in culture and cultural services, which registered and permitted with the relative certificate by cultural market administration.

National Comprehensive Archives refer to all archives institutions, which are directly managed by the central and local levels archives administration, collecting and keeping various documents and materials by administrative regions or historical periods.

Cultural Manufacturing above Designated Size refer to industrial enterprises with principal business over 20 million yuan, within the designated industrial sectors of "Classification of Culture and Relevant Industry(2018)".

Wholesale and Retail of Culture above Designated Size refer to enterprises of wholesale with principal business over 20 million yuan, and industrial enterprise of retail with principal business over 5 million yuan, within the designated industrial sectors of "Classification of Culture and Relevant Industry(2018)".

Services of Culture above Designated Size refer to those enterprises with engaged persons over 50, or with principal business over 10 million yuan, of which with principal business over 5 million yuan in culture and recreation industry, within the designated industrial sectors of "Classification of Culture and Relevant Industry(2018)".

24

公共管理、社会保障和社会组织

Public Management, Social Security and Social Organizations

简 要 说 明

本篇资料的主要内容和资料来源

本篇主要包括社会参与、公检法司、群众组织和劳动保障情况等内容。

一、社会参与的内容主要包括历届全国人大代表和政协委员情况。

二、公检法司的内容主要包括公安机关刑事案件立案情况和治安案件查处情况，交通事故情况，人民检察院办案情况，人民法院审理案件和收结案情况以及司法部门律师、公证、调解工作情况。资料分别由公安部、最高人民检察院、最高人民法院和司法部依据统计报表制度整理提供。

三、群众组织的内容主要包括工会组织情况。资料由全国总工会依据统计报表制度整理提供。工会资料详见《中国工会统计年鉴》(中华全国总工会编)。

四、劳动保障资料的主要内容包括社会保险基金收支情况，基本养老保险情况、失业保险情况、基本医疗保险情况、工伤保险情况、生育保险参保及享受待遇情况等资料由人力资源和社会保障部与国家医疗保障局提供。详细资料见《中国劳动统计年鉴》（国家统计局、人力资源和社会保障部编）。

Brief Introduction

Main Contents and Sources of Data

Data in this chapter show statistics on social participation, public security, procuratorial, legal and judicial affairs, mass organizations, labor protection and so on.

I. Data on social participation cover mainly information on representatives to the National People's Congress (NPC) and members of the Chinese People's Political Consultative Conference (CPPCC).

II. Data on public security, procuratorial, legal and judicial affairs cover information such as criminal cases registered and offense cases handled by the public security agencies, traffic accidents, cases handled by procuratorate's offices, cases accepted and settled by the people's courts, and statistics on lawyers, notarization and mediation. Data are from the Ministry of Public Security, the Supreme People's Procuratorate, the Supreme People's Court and the Ministry of Justice based on statistical reporting form scheme.

III. Data on mass organizations cover information on labor unions which are provided by All-China Federation of Trade Union based on statistical reporting forms. The detailed information on labor union can be found in *Statistical Yearbook on Chinese Labor Union* (All-China Federation of Trade Union).

IV. Data on labour security mainly include revenue and expenses of basic pension fund, basic pension insurance, unemployment insurance, basic medical care insurance, work injury insurance and maternity insurance insured and paid etc. Data are from the Ministry of Human Resources and Social Security and National Healthcare Security Administration. Please refer to "*China Labour Statistical Yearbook*" (National Bureau Statistics, Ministry of Human Resources and Social Security) for detail information.

24-1 历届全国人民代表大会代表人数

Number of Deputies to All the Previous National People's Congresses

单位：人 (person)

届别	Congress	年份 Year	代表总数 Total Number of Deputies	#女代表 Female Deputies	#少数民族代表 Ethnic Minority Deputies	占代表总数比重(%) As Percentage to Total Deputies (%) 女代表 Female Deputies	少数民族代表 Ethnic Minority Deputies
一 届	First Congress	1954	1226	147	177	12.0	14.4
二 届	Second Congress	1959	1226	150	180	12.2	14.7
三 届	Third Congress	1964	3040	542	373	17.8	12.3
四 届	Fourth Congress	1975	2885	653	270	22.6	9.4
五 届	Fifth Congress	1978	3497	740	381	21.2	10.9
六 届	Sixth Congress	1983	2978	632	404	21.2	13.6
七 届	Seventh Congress	1988	2970	634	445	21.3	15.0
八 届	Eighth Congress	1993	2978	626	439	21.0	14.7
九 届	Ninth Congress	1998	2979	650	428	21.8	14.4
十 届	Tenth Congress	2003	2984	604	415	20.2	13.9
十一届	Eleventh Congress	2008	2987	637	411	21.3	13.8
十二届	Twelfth Congress	2013	2987	699	409	23.4	13.7
十三届	Thirteenth Congress	2018	2980	742	438	24.9	14.7

24-2 历届全国政治协商会议委员人数

Number of Deputies to All the Previous Chinese People's Political Consultative Conferences

单位：人 (person)

届别	Congress	年份 Year	委员总数 Total Number of Deputies	#中国共产党委员 Deputies from the Communist Party of China	#少数民族委员 Ethnic Minority Deputies	占委员总数比重(%) As Percentage to Total Deputies (%) 中国共产党委员 Deputies from the Communist Party of China	少数民族委员 Ethnic Minority Deputies
一 届	First Congress	1949	180	59	19	32.8	10.6
二 届	Second Congress	1954	559	150	61	26.8	10.9
三 届	Third Congress	1959	1071	378	78	35.3	7.3
四 届	Fourth Congress	1965	1199	502	81	41.9	6.8
五 届	Fifth Congress	1978	1988	972	143	48.9	7.2
六 届	Sixth Congress	1983	2039	816	179	40.0	8.8
七 届	Seventh Congress	1988	2081	832	221	40.0	10.6
八 届	Eighth Congress	1993	2093	831	241	39.7	11.5
九 届	Ninth Congress	1998	2196	877	257	39.9	11.7
十 届	Tenth Congress	2003	2238	895	262	40.0	11.7
十一届	Eleventh Congress	2008	2237	892	250	39.9	11.2
十二届	Twelfth Congress	2013	2237	893	258	39.9	11.5
十三届	Thirteenth Congress	2018	2158	859	245	39.8	11.4

注：本表统计的是每届全国政协届初时的情况。

a) Statistics in this table are given at the beginning of each CPPCC congress.

24-3 公安机关立案的刑事案件及构成
Criminal Cases Registered in Public Security Organs and Its Composition

案件类别	Category of Cases	立案（起）Number of Cases Registered (case)		构成（%）Composition (%)	
		2017	2018	2017	2018
合计	**Total**	**5482570**	**5069242**	**100.00**	**100.00**
杀人	Homicide	7990	7525	0.15	0.15
伤害	Injury	111124	97391	2.03	1.92
抢劫	Robbery	39230	25413	0.72	0.50
强奸	Rape	27664	29807	0.50	0.59
拐卖妇女儿童	Abducting Women or Children	6668	5397	0.12	0.11
盗窃	Larceny	3459742	2786804	63.10	54.97
诈骗	Fraud	927583	1156351	16.92	22.81
走私	Smuggling	3277	3856	0.06	0.08
伪造、变造货币,出售、购买、运输、持有、使用假币	Forging Currency, Selling, Buying, Transporting, Holding and Using Counterfeit Currency	1467	1216	0.03	0.02
其他	Others	897825	955482	16.37	18.85

24-4 公安机关受理和查处治安案件数(2018年)
Cases of Offence Against Public Order Handled by Public Security Organs (2018)

案件类别	Category of Cases	受理（起）Number of Cases Accepted to be Treated (case)	查处（起）Number of Cases Investigated and Treated (case)	每万人口受理案件数（起/万人）Number of Cases Accepted per 10 000 Population (case/10 000 persons)
合计	**Total**	**9721130**	**8845576**	**69.7**
扰乱单位秩序	Disturbing Business Orders	58872	56183	0.4
扰乱公共场所秩序	Disturbing the Orders in Public Places	341448	338081	2.4
寻衅滋事	Causing Quarrels and Making Troubles	107813	100940	0.8
阻碍执行职务	Obstructing Government Workers in Performing Their Duties	43345	41696	0.3
非法携带枪支、弹药、管制工具	Violation of Firearms Control Regulations	78697	77606	0.6
违反危险物质管理规定	Violation of Explosives Control Regulations	47803	46535	0.3
殴打他人	Battering Other Persons	2364273	2222805	16.9
故意伤害	Willfully Injuring Others	176387	160300	1.3
盗窃	Stealing Property	2112070	1696514	15.1
敲诈勒索	Extortion and Blackmail	10670	9361	0.1
抢夺	Robbery and Snatch	10018	7106	0.1
盗窃、损毁公共设施	Stealing and Damaging Public Facilities	13941	11241	0.1
伪造、变造、倒卖有价票证、凭证	Forge/alter/scalp Valuable Coupons or Certificates	5352	5160	0.0
违反旅馆业管理	Violating the Hotel Management Regulations	97364	96237	0.7
违反房屋出租管理	Violating the Rent Control Regulations	123042	122941	0.9
诈骗	Swindling, Seizing and Extorting Property	395335	312783	2.8
卖淫、嫖娼	Prostitution or Soliciting Prostitutes	104599	102202	0.7
赌博	Gambling	268480	263186	1.9
毒品违法活动	Illegal Drug Related Action	538521	526974	3.9
其他	Others	2823100	2647725	20.2

24-5 交通事故情况（2018年）
Basic Statistics on Traffic Accidents (2018)

类别	Type	发生数（起）Number of Traffic Accidents (case)	死亡人数（人）Number of Deaths (person)	受伤人数（人）Number of Injuries (person)	直接财产损失（万元）Direct Property Losses (10 000 yuan)
总计	**Total**	**244937**	**63194**	**258532**	**138455.9**
机动车	Vehicles	216178	58091	227438	131023.5
#汽车	Motor Vehicles	166906	46161	169046	118671.6
摩托车	Motorcycles	45868	10663	55071	10682.8
拖拉机	Tractors	2120	780	2114	662.3
非机动车	Non-motor-driven Vehicles	25556	3741	28987	5466.3
#自行车	Bicycles	1840	372	1720	376.6
行人乘车人	Pedestrians and Passengers	3045	1325	1968	1904.9
其他	Others	158	37	139	61.2

24-6 各地区交通事故情况（2018年）
Basic Statistics on Traffic Accidents by Region (2018)

地区	Region	发生数（起）Number of Traffic Accidents (case)	死亡人数（人）Number of Deaths (person)	受伤人数（人）Number of Injuries (person)	直接财产损失（万元）Direct Property Losses (10 000 yuan)
全国	**National Total**	**244937**	**63194**	**258532**	**138455.9**
北京	Beijing	3242	1288	2800	3517.1
天津	Tianjin	6223	750	6551	4041.7
河北	Hebei	4923	2494	4303	4838.0
山西	Shanxi	7636	2102	8022	5092.4
内蒙古	Inner Mongolia	4230	1003	4614	3116.3
辽宁	Liaoning	4554	1860	4260	1909.5
吉林	Jilin	4895	1191	5593	3530.8
黑龙江	Heilongjiang	5119	1289	5606	5432.7
上海	Shanghai	741	647	242	501.1
江苏	Jiangsu	12978	4490	11300	6442.4
浙江	Zhejiang	12565	3561	11410	4858.0
安徽	Anhui	10928	2626	11936	5418.7
福建	Fujian	9668	1809	10207	2109.9
江西	Jiangxi	6925	2015	7668	5937.0
山东	Shandong	13226	3600	12332	5572.6
河南	Henan	19059	2670	21638	10938.1
湖北	Hubei	19207	4837	21218	13224.2
湖南	Hunan	4618	1124	5398	5522.8
广东	Guangdong	24133	4917	24025	7865.8
广西	Guangxi	17034	4459	19314	6038.1
海南	Hainan	2684	839	3145	1770.9
重庆	Chongqing	4511	915	5268	1867.4
四川	Sichuan	8804	2351	10427	7664.6
贵州	Guizhou	12199	2327	15752	9327.1
云南	Yunnan	6067	2755	5931	2930.7
西藏	Tibet	363	124	495	243.5
陕西	Shaanxi	6122	1501	6196	4685.9
甘肃	Gansu	3086	1270	3243	972.7
青海	Qinghai	1281	508	1302	1167.6
宁夏	Ningxia	1735	408	1735	680.8
新疆	Xinjiang	6181	1464	6601	1237.5

24-7 人民检察院审查逮捕、审查起诉情况(2018年)
Arrests and Prosecution Approved by People's Procuratorate (2018)

案件分类	Category of Cases	批捕、决定逮捕合计 Total of Arrests		决定起诉合计 Total of Public Prosecutions	
		件 (case)	人 (person)	件 (case)	人 (person)
合计	**Total**	**714896**	**1056616**	**1189480**	**1692846**
危害公共安全案	Offences Against Public Security	62044	93997	363833	401108
破坏社会主义市场经济秩序案	Offences Against Socialist Economic Order	45738	74231	60454	113285
侵犯公民人身、民主权利案	Offences Against Citizens' Personal and Democratic Rights	116385	157004	161740	223648
侵犯财产案	Offences Against Properties	249595	335402	305889	424775
妨害社会管理秩序案	Offences Against Social Management of Order	235745	389681	282174	509569
危害国防利益案	Offences Against National Defense	240	331	247	378
军人违反职责案	Offences on Dereliction of Duty by Servicemen				
贪污贿赂案	Offences on Corruption and Bribery	4535	5037	13332	17340
渎职侵权案	Offences on Abuse and Dereliction of Duty	390	473	1636	2384
其他	Others	224	460	175	359

24-8 人民检察院处理申诉案件情况（2018年）
Appeals Handled by People's Procuratorate (2018)

单位：件 (case)

案件分类	Category of Cases	受案 Cases Accepted	立案复查 Cases Registered for Reinvestigation	结案 Cases Settled	#改变原决定 Original Decision Changed
合计	**Total**	**16926**	**7553**	**6731**	**247**
不服检察机关处理决定	Appeals against Decision of Procuratorate's Offices	3779	2812	2459	247
不服不批捕	Appeals against Rejection of Arrest	187	106	111	22
不服不起诉	Appeals against Rejection of Prosecuting	3375	2629	2276	206
不服撤案	Appeals against Withdrawal of the Case	28	11	10	1
不服原免予起诉	Appeals against Original Exemption of Lawsuit				
其他	Others	189	66	62	18
不服法院刑事判决裁定	Appeals against Judgment of Criminal Case	13147	4741	4272	
刑罚执行中被害人申诉	Appeals of the Victim at the Punishment	2632	1078	1025	
刑罚执行中被告人申诉	Appeals of the Defendant at the Punishment	3955	1481	1364	
刑罚执行完毕后被害人申诉	Appeals of the Victim after the Punishment	1143	442	392	
刑罚执行完毕后被告人申诉	Appeals of the Defendant after the Punishment	4572	1403	1202	
其他	Others	845	337	289	

24-9 人民检察院受理举报、控告和申诉案件情况(2018年)

Cases of Reporting, Accusation and Petition Handled by People's Procuratorate (2018)

单位：件 (case)

案件类别	Category of Cases	受理 Cases Accepted	处理 Cases Handled	检察机关办理 Handled by General Office of People's Procuratorate	转其他机关 Transferring to Other Organs
合 计	**Total**	**248893**	**243020**	**224333**	**18687**
首次举报	First Report of an Offence	19483	18671	9333	9338
首次控告	First Accusation	25995	25409	19950	5459
首次申诉	First Petition	203415	198940	195050	3890

24-10 人民检察院办理刑事抗诉案件情况（2018年）

Criminal Appeals Handled by People's Procuratorate (2018)

案 件 类 别	Category of Cases	提出抗诉 Presenting Procuratoral Appeal	审判结果 合 计 Total Result of Judgement	改 判 Revising Judgment		维持原判 Affirming Original Judgment	发回重审 Remanding for Retrial
		(件) (case)	(件) (case)	(件) (case)	(人) (person)	(件) (case)	(件) (case)
合 计	**Total**	**8504**	**7194**	**3684**	**5316**	**1950**	**1560**
二审小计	Sub-total of Second Instance	7128	6325	3067	4547	1840	1418
贪污贿赂案件	Embazzlement and Bribery Cases	574	656	292	367	204	160
渎职侵权案件	Dereliction of Duty and Infingement of Citizens' Right Cases	189	182	60	86	71	51
刑事案件	Criminal Cases	6365	5487	2715	4094	1565	1207
再审小计	Sub-total of Retrial	1376	869	617	769	110	142
贪污贿赂案件	Embazzlement and Bribery Cases	114	88	51	52	23	14
渎职侵权案件	Dereliction of Duty and Infingement of Citizens' Right Cases	26	10	6	9	3	1
刑事案件	Criminal Cases	1236	771	560	708	84	127

24-11 人民检察院办理民事、行政抗诉案件情况（2018）
Civil and Administrative Appeals Handled by People's Procuratorate (2018)

单位：件 (case)

案件类别	Category of Cases	合计 Total	民事案件 Civil Cases	行政案件 Administrative Cases
提请抗诉	Submitting Procuratoral Appeal	7340	7037	303
抗诉	Procuratoral Appeal	4050	3933	117
提出再审检察建议	Giving Retrial Procuratorate Suggestion	4177	4087	90
抗诉案件再审	Retrial of Procuratoral Appeal	2058	1982	76
改判	Revising Judgment	975	956	19
发回重审	Remanding for Retrial	351	346	5
调解	Mediation	148	147	1
维持原判	Affirming Original Judgment	450	413	37
其他	Others	134	120	14

24-12 人民检察院纠正违法情况
Law-breaking Cases Rectified by People's Procuratorate

项目	Item	2017	2018
书面提出纠正件次合计（件次）	**Total of Written Rectification (case-times)**	**94951**	**114989**
立案监督小计	Sub-total of Supervision of Cases Filing	37809	46588
监督立案	Supervision of Cases Filing	22941	26866
监督撤案	Supervision of Cases Withdrawed	14868	19722
侦查监督小计	Sub-total of Supervision of Investigation	47871	58744
刑事审判监督	Supervision of Criminal Trial	9271	9657
刑罚执行监督人次小计（人次）	**Sub-total of Supervision of Punishment Execution (person-times)**	**55638**	**69485**
监管活动	Administration of Prison and Custody	23145	25509
超期羁押	Excessive Custody	1605	1646
减刑、假释、保外就医	Commutation of Sentence, Parole and Released on Parole for Medical Treatment	30888	42330
已纠正件次合计（件次）	**Total of Rectified (case-times)**	**81304**	**99865**
立案监督小计	Sub-total of Supervision of Cases Filing	32511	40600
监督立案	Supervision of Cases Filing	18587	22215
监督撤案	Supervision of Cases Withdrawed	13924	18385
侦查监督小计	Sub-total of Supervision of Investigation	40358	50455
刑事审判监督	Supervision of Criminal Trial	8435	8810
刑罚执行监督人次小计（人次）	**Sub-total of Supervision of Punishment Execution (person-times)**	**51969**	**66041**
监管活动	Administration of Prison and Custody	22375	25283
超期羁押	Excessive Custody	1306	1471
减刑、假释、保外就医	Commutation of Sentence, Parole and Released on Parole for Medical Treatment	28288	39287

24-13 人民法院审理一审案件情况
First Trial Cases by Courts

单位：件 (case)

年份 Year	收案 Cases Accepted (case)	刑事 Criminal	民商事 Civil	#知识产权 Intellectual Property Rights	#海事海商 Maritime Affairs	行政 Administrative	行政赔偿 Administrative Compensation
1978	447755	146968	300787				
1979	513789	123846	389943				
1980	763535	197856	565679				
1981	906051	232125	673926				
1982	1024160	245219	778941				
1983	1343164	542648	756436			527	
1984	1355460	431357	838307			983	
1985	1319741	246655	846391		238	916	
1986	1611282	299720	989409		301	632	
1987	1875229	289614	1213219		346	5940	
1988	2290624	313306	1455130		569	8573	
1989	2913515	392564	1815385		725	9934	
1990	2916774	459656	1851897		753	13006	
1991	2901685	427840	1880635		951	25667	
1992	3051157	422991	1948786		1654	27125	
1993	3414845	403267	2089257		1830	27911	
1994	3955475	482927	2383764		1959	35083	
1995	4545676	495741	2718533		2847	52596	
1996	5312580	618826	3093995		3945	79966	
1997	5288379	436894	3277572		4534	90557	
1998	5410798	482164	3375069		5166	98350	
1999	5692434	540008	3519244		5736	97569	
2000	5356294	560432	3412259		6976	85760	
2001	5344934	628996	3459025		6891	100921	
2002	5132199	631348	4420123			80728	
2003	5130760	632605	4410236			87919	
2004	5072881	647541	4332727			92613	
2005	5161170	684897	4380095			96178	
2006	5183794	702445	4385732			95617	
2007	5550062	724112	4724440			101510	
2008	6288831	767842	5412591			108398	
2009	6688963	768507	5800144			120312	
2010	6999350	779595	6090622			129133	
2011	7596116	845714	6614049			136353	
2012	8442657	996611	7316463			129583	
2013	8876733	971567	7781972	88583	11224	123194	
2014	9489787	1040457	8307450	95522	12174	141880	
2015	11444950	1126748	10097804	109386	17546	220398	
2016	12088800	1101191	10762124	134248	16336	225485	
2017	12907729	1294377	11373753	201039	15367	230432	9167
2018	13920964	1203055	12449685	283414	15784	256656	11568

注：1.一审案件指人民法院按照诉讼级别管辖按第一审程序审理的案件。
2.2002年起，经济纠纷和海事海商并入民事案件中。
3.2017年起，行政赔偿案件从行政案件中分离出来。

a) First trial cases refer to cases accepted by people's courts according to the first trial proceedings.
b) Data of civil cases include cases of economic disputes and maritime affairs since 2002.
c) Data of administrative compensation cases are separated from administrative cases since 2017.

24-14 人民法院审理刑事一审案件收结案情况（2018年）
First Trial Criminal Cases Accepted and Settled by Courts (2018)

单位：件 (case)

项 目	Item	收 案 Cases Accepted	结 案 Cases Settled
合计	**Total**	**1203055**	**1198383**
危害公共安全罪	Offences Against Public Security	340629	341709
破坏社会主义市场经济秩序罪	Offences Against Socialist Economic Order	81381	79823
侵犯公民人身权利民主权利罪	Offences Against Citizens' Personal and Democratic Rights	168019	167055
侵犯财产罪	Offences Against Properties	310216	308620
妨害社会管理秩序罪	Offences Against Social Management of Order	283126	278773
危害国防利益罪	Offences Against National Defense	802	769
贪污贿赂罪	Offences on Corruption and Bribery	16201	18047
渎职罪	Offences on Dereliction of Duty	2424	3369
其他	Others	257	218
合计中含自诉案件	Private Prosecution Among the Total	13225	13287

注：结案中含上年旧存(以下各表同)。
a) Data of cases settled include cases turned over from previous year. The same applies to the tables following.

24-15 人民法院审理刑事案件罪犯情况
Criminal Offenders Heard by Courts

单位：人 (person)

年 份 Year	刑事罪犯总数 Number of Offenders	#青少年罪犯 Teenage Offenders	不满18岁 Less Than 18 Years	18岁至25岁 Between 18 and 25 Years	青少年罪犯占刑事罪犯比重(%) Proportion of Young Offenders in the Total (%)
1997	526312	199212	30446	168766	37.9
1998	528301	208076	33612	174464	39.4
1999	602380	221153	40014	181139	36.7
2000	639814	220981	41709	179272	34.5
2001	746328	253465	49883	203582	34.0
2002	701858	217909	50030	167879	31.0
2003	742261	231715	58870	172845	31.2
2004	764441	248834	70086	178748	32.6
2005	842545	285801	82692	203109	33.9
2006	889042	303631	83697	219934	34.2
2007	931745	316298	87506	228792	33.9
2008	1007304	322061	88891	233170	32.0
2009	996666	302023	77604	224419	30.3
2010	1006420	287978	68193	219785	28.6
2011	1050747	282429	67280	215149	26.9
2012	1173406	282990	63782	219208	24.1
2013	1157784	265439	55817	209622	22.9
2014	1183784	249576	50415	199161	21.1
2015	1231656	236341	43839	192502	19.2
2016	1219569	204657	35743	168914	16.8
2017	1268985	183471	32778	150693	14.5
2018	1428772	243275	34365	208910	17.0

24-16 人民法院审理婚姻家庭、继承一审案件收结案情况（2018年）
First Trial Civil Cases of Marriage, Family Affairs and Inheritance Accepted and Settled by Courts (2018)

单位：件 (case)

项 目	Item	收案 Cases Accepted	结案 Cases Settled	调解 Mediation	判决 Judgment	不予受理 Not Accepted	驳回 Reject	撤诉 With-drawal	其他 Other
合 计	**Total**	**1808787**	**1814441**	**692657**	**655674**	**1397**	**20199**	**432280**	**12234**
婚姻家庭纠纷	Marriage and Family Affairs	1666172	1672841	601003	628619	1263	17761	412575	11620
离婚纠纷	Divorce	1377073	1384426	479184	536690	784	13359	345576	8833
抚养纠纷	Upbringing Disputes	108078	107673	51969	31952	94	1352	21512	794
扶养纠纷	Maintenance disputes	3461	3455	1208	1241	6	55	895	50
赡养纠纷	Support Disputes	25560	25579	7470	9564	23	325	7744	453
收养关系纠纷	Adoption Relation Disputes	2368	2376	1147	743	7	39	430	10
监护权纠纷	Guardianship Disputes	868	850	256	225	11	32	323	3
探望权纠纷	Visitation Disputes	5310	5252	2012	1890	13	55	1222	60
其他	Others	143454	143230	57757	46314	325	2544	34873	1417
继承纠纷	Inheritance	141134	140012	90909	26563	127	2405	19407	601
法定继承纠纷	Legal Inheritance	68242	68191	51392	7886	61	612	8076	164
遗嘱继承纠纷	Testament Inheritance	6521	6471	2650	2476	6	121	1187	31
其他	Others	66371	65350	36867	16201	60	1672	10144	406
其他	Others	1481	1588	745	492	7	33	298	13

24-17 人民法院审理民事一审案件情况（2018年）
First Trial Cases of Contract Disputes Accepted and Settled by Courts (2018)

单位：件 (case)

项 目	Item	收案 Cases Accepted	结案 Cases Settled	判决 Judgment	不予受理 Not Accepted
合计	**Total**	**12449685**	**12434826**	**5532546**	**26516**
人格权纠纷	Personality Disputes	176046	178847	90410	354
婚姻家庭、继承纠纷	Disputes of Marriage, Family and Inheritance	1808787	1814441	655674	1397
物权纠纷	Property Rights Disputes	324162	329220	142719	3139
合同、无因管理、不当得利纠纷	Contract, Non-cause Management, Improper Profit Disputes	7972100	7952001	3661604	14973
知识产权与竞争纠纷	Intellectual Property Rights and Competition Disputes	283414	273945	83797	453
劳动争议、人事争议	Labor Disputes, Personnel Disputes	452289	450589	206284	3379
海事海商纠纷	Maritime Disputes	15784	16181	5063	47
与公司、证券、保险、票据等有关的民事纠纷	Civil Disputes Relating to Companies, Securities, Insurance, Bills, etc	262552	252647	127066	762
侵权责任纠纷	Tort Liability Dispute	1096130	1112755	524604	1526
其他	Others	58421	54200	35325	486

24-17 续表 continued

单位：件 (case)

项 目	Item	驳 回 Reject	撤 诉 With-drawal	调 解 Mediation	其 他 Other
合计	**Total**	**424798**	**3210422**	**3133015**	**107529**
人格权纠纷	Personality Disputes	3335	39413	44569	766
婚姻家庭、继承纠纷	Disputes of Marriage, Family and Inheritance	20199	432280	692657	12234
物权纠纷	Property Rights Disputes	24731	100702	55342	2587
合同、无因管理、不当得利纠纷	Contract, Non-cause Management, Improper Profit Disputes	329655	2172969	1710597	62203
知识产权与竞争纠纷	Intellectual Property Rights and Competition Disputes	1813	151486	27677	8719
劳动争议、人事争议	Labor Disputes, Personnel Disputes	18645	76418	136577	9286
海事海商纠纷	Maritime Maritime Maritime Disputes	213	7076	3232	550
与公司、证券、保险、票据等有关的民事纠纷	Civil Disputes Relating to Companies, Securities, Insurance, Bills, etc	8279	51368	57476	7696
侵权责任纠纷	Tort Liability Dispute	12637	166881	404301	2806
其他	Others	5291	11829	587	682

24-18 人民法院审理行政一审案件收结案情况（2018年）
First Trial Administrative Cases Accepted and Settled by Courts (2018)

单位：件 (case)

项 目	Item	收 案 Cases Accepted	结 案 Cases Settled	判 决 Sentence	不予立案 Not to Put on Record	驳 回 Reject	撤 诉 With-drawal	调 解 Mediation	其 他 Other
合计	**Total**	**256656**	**251355**	**112679**	**17065**	**61186**	**50967**	**965**	**8493**
土地等资源	Land	27995	28143	10918	2102	8386	5414	81	1242
公安	Public Security	18676	19012	9831	1109	2927	4633	21	491
城建	City Construction	34664	34121	13504	2147	10098	6701	207	1464
交通运输	Traffic and Transport	1532	1568	584	69	358	533	3	21
工商	Industry and Commerce	5603	5360	1955	125	1190	1907	55	128
环保	Environment Protection	1499	1220	570	19	183	386	27	35
计划生育	Family Planning	328	351	139	51	88	59	1	13
税务	Tax	641	693	248	36	145	238	3	23
卫生	Health	479	484	211	41	138	84		10
乡政府	Townships Government	9103	8981	3817	544	2814	1480	63	263
劳动和社会保障	Labour and Social Security	15719	15479	9662	747	1434	3244	22	370
其他	Other	140417	135943	61240	10075	33425	26288	482	4433

24-19 律师、公证和调解工作基本情况
Basic Statistics on Lawyers, Notarization and Mediation

项目	Item	2013	2014	2015	2016	2017	2018
律师工作	**Lawyers**						
律师事务所（个）	Number of Law Offices (unit)	20609	22166	24425	26150	28382	30647
律师人数（人）	Number of Lawyers (person)	248623	271452	297175	325540	357193	423758
#专职律师	Full-time Lawyers	225000	244000	267536	293586	316771	364345
兼职律师	Part-time Lawyers	10550	10545	11199	11567	12369	12002
担任法律顾问（家）	Number of Units with Legal Advisors (unit)	456847	507289	548260	579360	629742	700027
民事案件代理（件）	Agent of Civil Cases (case)	1887156	2100102	2476112	2744896	3872852	3969240
刑事案件辩护及代理(件)	Agent and Defender of Criminal Cases (case)	592486	667391	717283	704447	705213	814570
行政案件代理（件）	Agent of Administrative Action (case)	57659	64545	86455	98989	156971	165840
非诉讼法律事务（件）	Agent of Non-Litigious Legal Affairs (case)	817703	673080	784264	844414	848806	1058594
咨询和代书（万人次）	Agent of Legal Advisory Services (10 000 person-times)	452.3	464.3	508.2	530.2	452.4	322.6
公证工作	**Notarization**						
公证机构（家）	Number of Notary Offices (unit)	2987	3006	3001	3002	2952	2956
公证员（人）	Notaries (person)	12725	12960	13147	13175	13231	13335
办理公证（出证）总数（万件）	Number of Notarized Documents (10 000 cases)	1258.9	1221.6	1246.8	1399.7	1448.7	1337.3
人民调解工作	**Number of People's Mediation**						
人民调解委员会（万个）	Number of People's Mediation Committees (10 000 units)	82.0	80.3	79.8	78.4	75.9	75.2
调解人员（万人）	Number of Mediators (10 000 persons)	422.9	394.1	391.1	385.2	362.9	349.7
调解案件总数（万件）	Number of Civil Disputes Mediated (10 000 cases)	943.9	933.0	933.1	901.9	874.1	953.2

24-20 公证业务分类(2018年)
Notarial Services by Type (2018)

分　类	Item	办证件数(件) Number of Notarial Documents Issued (case)	比 重 (%) Percentage (%)
合计	**Total**	**13373342**	**100.00**
合同(协议)	Contracts (Agreements)	1153828	8.63
继承	Inheritance	1489725	11.14
其中：小额继承	Small inheritance	393759	2.94
委托	Power of Attorney	3016122	22.55
声明	Declaration	969000	7.25
赠与	Gift	63752	0.48
遗嘱	Testaments	180858	1.35
现场监督	Field Supervision	202716	1.52
婚姻状况、亲属关系、收养关系	Marital Status, Kinship Confirmation, Adoptive Relationship	591732	4.42
出生、生存、死亡	Births, Survival, Deaths	421226	3.15
身份、经历、学历、学位、职务、职称	Identity, Resume, Education Background, Academic Degree, Professional Titles	248582	1.86
有无违法犯罪记录	Illegal and Criminal Record Check	422797	3.16
公司章程	Corporation Constitutions	6604	0.05
保全证据	Evidence Preservation	405399	3.03
证书、执照	Certificate, Licence	650486	4.86
签名、印鉴	Signature, Seal	486379	3.64
文本相符	Conformity of Documentation	921463	6.89
赋予强制执行效力	Executor Force	1180240	8.83
执行证书	Certificate of Execution	29126	0.22
抵押登记	Mortgage Registration	40534	0.30
提存	Drawing	5790	0.04
保管	Storage	4258	0.03
其他	Others	882725	6.60

24-21 调解民间纠纷分类情况
Number of Civil Disputes Mediated by Type

项 目	Item	调解纠纷（万件） Civil Disputes (case)		各类纠纷所占比重（%） Percentage(%)	
		2017	2018	2017	2018
合 计	**Total**	**883.3**	**953.2**	**100.0**	**100.0**
#婚姻家庭	Family Disputes	164.5	167.4	18.6	17.6
房屋、宅基地	Housing and Housing Sites	54.6	54.6	6.2	5.7
邻 里	Neighbor Disputes	222.6	249.5	25.2	26.2
损害赔偿	Compensation for Damages	71.8	72.7	8.1	7.6

24-22 劳动人事争议仲裁情况
Disposal of Labor Disputes

项 目	Item	2013	2014	2015	2016	2017	2018
上期未结案数 （件）	**Number of Cases Left Over from Last Period(case)**	**34478**	**31796**	**39580**	**37977**	**38545**	**35506**
案件受理情况	**Cases Accepted**						
当期案件受理数 （件）	Number of Cases (case)	665760	715163	813859	828410	785323	894053
#集体劳动争议案件数	Number of Collective Labour Disputes	6783	8041	10466	9745	7513	8699
劳动者申诉案件数	Number of Cases Appealed by Laborers	641932	690418	784229	801190	762572	869421
按争议原因分 （件）	By Cause of the Disputes (case)						
劳动报酬	Labour Remuneration	223351	258716	321179	345685	331463	380751
社会保险	Social Insurances	165665	160961	158002	145671	135211	144533
解除、终止劳动合同	Relieve or End the Labour Contract	147977	155870	182396	188642	169456	195063
劳动者当事人数 （人）	Number of Laborers Involved (person)	888430	997807	1159687	1112408	979016	1110175
#集体劳动争议	Collective Labour Disputes	218521	267165	341588	289924	203963	234943
案件处理情况	**Cases Settled**						
结案数 （件）	Number of Cases Settled (case)	669062	711044	812461	827717	790448	884223
按处理方式分	By Manners of Settlement						
仲裁调解	By Mediation	311806	321598	362814	389109	390278	458353
仲裁裁决	By Arbitrition Lawsuit	283341	313175	368409	366742	336073	357666
其他方式	Others	73915	76271	81238	71866	64097	68204
按处理结果分	By Result of Settlement						
用人单位胜诉	Lawsuit Won by Units	82519	82541	90785	92405	89928	93823
劳动者胜诉	Lawsuit Won by Laborers	217551	250284	287544	285824	259898	276642
双方部分胜诉及其他	Lawsuit Partly Won by Both Parties and Others	368992	378219	434132	369429	440622	513758
案外调解案件数	**Cases Mediated**	**215595**	**227447**	**258114**	**240101**	**208491**	**214288**

注：2011年起，解除、终止劳动合同的类型进行合并统计。
a) Since 2011, items of Relieve or End the Labour Contract have been merged during statistics.

24-23 工会组织情况
Basic Statistics on Trade Unions

年份 Year	工会基层组织数(万个) Number of Grassroot Trade Unions (10 000 units)	全国已建工会组织的基层单位的职工与会员人数（万人） Membership and Staff and Workers in Grassroot Trade Unions (10 000 persons)				工会专职工作人员人数(万人) Number of Full-time Personnel of Trade Unions (10 000 persons)
		职工人数 Staff and Workers	#女性 Female	会员人数 Membership	#女性 Female	
1979	32.9	6897.2	2171.7	5147.3		17.9
1980	37.6	7448.2	2518.6	6116.5		24.3
1985	46.5	9643.0	3596.7	8525.8	3149.2	38.1
1990	60.6	11156.9	4291.0	10135.6	3897.7	55.6
1991	61.4	11351.4	4394.8	10389.1	3991.6	58.0
1992	61.7	11223.9	4377.1	10322.5	3974.0	58.0
1993	62.7	11103.8	4359.9	10176.1	3949.6	55.4
1994	58.3	11269.6	4483.2	10202.5	4018.1	56.0
1995	59.3	11321.4	4515.3	10399.6	4116.5	46.8
1996	58.6	11181.4	4500.0	10211.9	4093.1	60.5
1997	51.0	10111.5	4004.8	9131.0	3579.4	57.7
1998	50.4	9716.5	3882.0	8913.4	3546.7	48.4
1999	50.9	9683.0	3797.9	8689.9	3406.2	49.7
2000	85.9	11472.1	4534.5	10361.5	3917.3	48.2
2001	153.8	12997.0	5087.9	12152.3	4696.6	55.4
2002	171.3	14461.5	5157.6	13397.8	4665.2	47.2
2003	90.6	13301.6	5079.3	12340.5	4601.2	46.5
2004	102.0	14436.7	5502.6	13694.9	5135.3	45.6
2005	117.4	15985.3	6016.3	15029.4	5574.8	47.7
2006	132.4	18143.6	6719.3	16994.2	6177.8	54.3
2007	150.8	20452.4	7494.5	19329.0	7042.2	60.2
2008	172.5	22487.5	8168.8	21217.1	7773.8	70.5
2009	184.5	24535.3	8652.6	22634.4	8248.4	74.6
2010	197.6	25345.4	9288.1	23996.5	8871.5	86.4
2011	232.0	27304.7	10211.2	25885.1	9763.6	99.8
2012	266.3	29371.5	11014.5	28021.3	10611.0	107.9
2013	276.7	29946.2	11227.6	28786.9	10886.0	115.6
2014	278.1	29930.9	11299.4	28811.8	10977.7	115.5
2015	280.6	30707.6	11589.2	29546.0	11287.7	111.4
2016	282.5	31428.6	11806.7	30288.1	11520.0	113.0
2017	280.9	31430.3	11884.5	30311.2	11604.8	108.9
2018	273.1	30582.9	11647.9	29476.5	11351.8	102.2

注：2003年以后的工会基层组织数不包含部分覆盖单位数。

a) The partially covered units are not included in the Number of Grassroot Trade Unions since 2003 .

24-24 社会保险基金收支及累计结余
Revenue, Expenses and Balance of Social Insurance Fund

单位：亿元 (100 million yuan)

年份 Year	合计 Total	基本养老保险 Basic Pension Insurance	失业保险 Unemployment Insurance	基本医疗保险 Basic Medical Care Insurance	工伤保险 Work Injury Insurance	生育保险 Maternity Insurance
基金收入 Revenue						
1990	186.8	178.8	7.2			
1995	1006.0	950.1	35.3	9.7	8.1	2.9
2000	2644.9	2278.5	160.4	170.0	24.8	11.2
2001	3101.9	2489.0	187.3	383.6	28.3	13.7
2002	4048.7	3171.5	215.6	607.8	32.0	21.8
2003	4882.9	3680.0	249.5	890.0	37.6	25.8
2004	5780.3	4258.4	290.8	1140.5	58.3	32.1
2005	6975.2	5093.3	340.3	1405.3	92.5	43.8
2006	8643.2	6309.8	402.4	1747.1	121.8	62.1
2007	10812.3	7834.2	471.7	2257.2	165.6	83.6
2008	13696.1	9740.2	585.1	3040.4	216.7	113.7
2009	16115.6	11490.8	580.4	3671.9	240.1	132.4
2010	19276.1	13872.9	649.8	4308.9	284.9	159.6
2011	25153.3	18004.8	923.1	5539.2	466.4	219.8
2012	30738.8	21830.2	1138.9	6938.7	526.7	304.2
2013	35252.9	24732.6	1288.9	8248.3	614.8	368.4
2014	39827.7	27619.9	1379.8	9687.2	694.8	446.1
2015	46012.1	32195.5	1367.8	11192.9	754.2	501.7
2016	53562.7	37990.8	1228.9	13084.3	736.9	521.9
2017	67154.5	46613.8	1112.6	17931.3	853.8	643.0
2018	79254.8	55005.3	1171.1	21384.4	913.0	781.0
基金支出 Expenses						
1990	151.9	149.3	2.5			
1995	877.1	847.6	18.9	7.3	1.8	1.6
2000	2385.6	2115.5	123.4	124.5	13.8	8.3
2001	2748.0	2321.3	156.6	244.1	16.5	9.6
2002	3471.5	2842.9	186.6	409.4	19.9	12.8
2003	4016.4	3122.1	199.8	653.9	27.1	13.5
2004	4627.4	3502.1	211.3	862.2	33.3	18.8
2005	5400.8	4040.3	206.9	1078.7	47.5	27.4
2006	6477.4	4896.7	198.0	1276.7	68.5	37.5
2007	7887.8	5964.9	217.7	1561.8	87.9	55.6
2008	9925.1	7389.6	253.5	2083.6	126.9	71.5
2009	12302.6	8894.4	366.8	2797.4	155.7	88.3
2010	15018.9	10755.3	423.3	3538.1	192.4	109.9
2011	18652.9	13363.2	432.8	4431.4	286.4	139.2
2012	23331.3	16711.5	450.6	5543.6	406.3	219.3
2013	27916.3	19818.7	531.6	6801.0	482.1	282.8
2014	33002.7	23325.8	614.7	8133.6	560.5	368.1
2015	38988.1	27929.4	736.4	9312.1	598.7	411.5
2016	46888.4	34004.3	976.1	10767.1	610.3	530.6
2017	57145.6	40423.8	893.8	14421.8	662.3	744.0
2018	67792.7	47550.4	915.3	17823.0	742.0	762.0
累计结余 Balance at Year-end						
1990	117.3	97.9	19.5			
1995	516.8	429.8	68.4	3.1	12.7	2.7
2000	1327.5	947.1	195.9	109.8	57.9	16.8
2001	1622.8	1054.1	226.2	253.0	68.9	20.6
2002	2423.4	1608.0	253.8	450.7	81.1	29.7
2003	3313.8	2206.5	303.5	670.6	91.2	42.0
2004	4493.4	2975.0	385.8	957.9	118.6	55.9
2005	6073.7	4041.0	519.0	1278.1	163.5	72.1
2006	8255.9	5488.9	724.8	1752.4	192.9	96.9
2007	11236.6	7391.4	979.1	2476.9	262.6	126.6
2008	15225.6	9931.0	1310.1	3431.7	384.6	168.2
2009	19006.5	12526.1	1523.6	4275.9	468.8	212.1
2010	23407.5	15787.8	1749.8	5047.1	561.4	261.4
2011	30233.1	20727.8	2240.2	6180.0	742.6	342.5
2012	38106.6	26243.5	2929.0	7644.5	861.9	427.6
2013	45588.1	31274.8	3685.9	9116.5	996.2	514.7
2014	52462.3	35644.5	4451.5	10644.8	1128.8	592.7
2015	59532.5	39937.1	5083.0	12542.8	1285.3	684.4
2016	66349.7	43965.2	5333.3	14964.3	1410.9	675.9
2017	77312.1	50202.2	5552.4	19385.6	1606.9	565.0
2018	89775.5	58151.6	5817.0	23440.0	1784.9	582.0

注：1.2007年及以后基本医疗保险基金中包括职工基本医疗保险和城乡居民基本医疗保险。
2.2010年及以后基本养老保险基金中包括城镇职工基本养老保险和城乡居民基本养老保险。
3.工伤保险累计结余中含储备金。

a) Data of basic medical care insurance include both workers and urban and rural residents from 2007.

b) Data of the basic pension insurance for 2010 and following years include the basic pension insurances for urban workers and for urban and rural residents.

c) The grand total of work injury insurance at year-end include reserve fund.

24-25 社会保险基本情况
Basic Statistics of Social Insurance

单位: 万人 (10 000 persons)

年份 Year	年末参加基本养老保险人数 Basic Pension Insurance Participants at Year-end	城镇职工基本养老保险 Urban Employees Basic Pension Insurance 合计 Total	职工 Number of Employees	#执行企业制度 Enterprises	离退休人员 Number of Retirees	#执行企业制度 Enterprises (including others)	城乡居民基本养老保险 Basic Pension Insurance for Urban and Rural Residents
1989	5710.3	5710.3	4816.9	4816.9	893.4	893.4	
1990	6166.0	6166.0	5200.7	5200.7	965.3	965.3	
1991	6740.3	6740.3	5653.7	5653.7	1086.6	1086.6	
1992	9456.2	9456.2	7774.7	7774.7	1681.5	1681.5	
1993	9847.6	9847.6	8008.2	8008.2	1839.4	1839.4	
1994	10573.5	10573.5	8494.1	8494.1	2079.4	2079.4	
1995	10979.0	10979.0	8737.8	8737.8	2241.2	2241.2	
1996	11116.7	11116.7	8758.4	8758.4	2358.3	2358.3	
1997	11203.9	11203.9	8670.9	8670.9	2533.0	2533.0	
1998	11203.1	11203.1	8475.8	8475.8	2727.3	2727.3	
1999	12485.4	12485.4	9501.8	8859.2	2983.6	2863.8	
2000	13617.4	13617.4	10447.5	9469.9	3169.9	3016.5	
2001	14182.5	14182.5	10801.9	9733.0	3380.6	3171.3	
2002	14736.6	14736.6	11128.8	9929.4	3607.8	3349.2	
2003	15506.7	15506.7	11646.5	10324.5	3860.2	3556.9	
2004	16352.9	16352.9	12250.3	10903.9	4102.6	3775.0	
2005	17487.9	17487.9	13120.4	11710.6	4367.5	4005.2	
2006	18766.3	18766.3	14130.9	12618.0	4635.4	4238.6	
2007	20136.9	20136.9	15183.2	13690.6	4953.7	4544.0	
2008	21891.1	21891.1	16587.5	15083.4	5303.6	4868.0	
2009	23549.9	23549.9	17743.0	16219.0	5806.9	5348.0	
2010	35984.1	25707.3	19402.3	17822.7	6305.0	5811.6	10276.8
2011	61573.3	28391.3	21565.0	19970.0	6826.2	6314.0	33182.0
2012	78796.3	30426.8	22981.1	21360.9	7445.7	6910.9	48369.5
2013	81968.4	32218.4	24177.3	22564.7	8041.0	7484.8	49750.1
2014	84231.9	34124.4	25531.0	23932.3	8593.4	8013.6	50107.5
2015	85833.4	35361.2	26219.2	24586.8	9141.9	8536.5	50472.2
2016	88776.8	37929.7	27826.3	25239.6	10103.4	9023.9	50847.1
2017	91548.3	40293.3	29267.6	25856.3	11025.7	9460.4	51255.0
2018	94293.3	41901.6	30104.0	26502.6	11797.7	9980.5	52391.7

24-25 续表 continued

年份 Year	失业保险 Unemployment Insurance 年末参保人数(万人) Contributors at Year-end (10 000 persons)	全年发放失业保险金人数(万人) Beneficiaries of Unemployment Insurance Fund (10 000 persons)	全年发放失业保险金(亿元) Unemployed Relief (100 million yuan)	基本医疗保险 Basic Medical Care Insurance 年末参保人数(万人) Contributors at Year-end (10 000 persons)	职工基本医疗保险年末参保(万人) Staff and Workers (10 000 persons)	城乡居民基本医疗保险年末参保(万人) Residents (10 000 persons)	工伤保险 Work Injury Insurance 年末参保人数(万人) Contributors at Year-end (10 000 persons)	年末享受工伤待遇的人数(万人) Beneficiaries at Year-end (10 000 persons)	年末参加生育保险人数(万人) Maternity Insurance Contributors at Year-end (10 000 persons)
1994	7967.8	196.5	5.1	400.3	400.3		1822.1	5.8	915.9
1995	8237.7	261.3	8.2	745.9	745.9		2614.8	7.1	1500.2
1996	8333.1	330.8	13.9	855.7	855.7		3102.6	10.1	2015.6
1997	7961.4	319.0	18.7	1762.0	1762.0		3507.8	12.5	2485.9
1998	7927.9	158.1	20.4	1877.6	1877.6		3781.3	15.3	2776.7
1999	9852.0	271.4	31.9	2065.3	2065.3		3912.3	15.1	2929.8
2000	10408.4	329.7	56.2	3786.9	3786.9		4350.3	18.8	3001.6
2001	10354.6	468.5	83.3	7285.9	7285.9		4345.3	18.7	3455.1
2002	10181.6	657.0	116.8	9401.2	9401.2		4405.6	26.5	3488.2
2003	10372.9	741.6	133.4	10901.7	10901.7		4574.8	32.9	3655.4
2004	10583.9	753.5	137.5	12403.6	12403.6		6845.2	51.9	4383.8
2005	10647.7	677.8	132.4	13782.9	13782.9		8478.0	65.1	5408.5
2006	11186.6	598.1	125.8	15731.8	15731.8		10268.5	77.8	6458.9
2007	11644.6	538.5	129.4	22311.1	18020.0	4291.1	12173.3	96.0	7775.3
2008	12399.8	516.7	139.5	31821.6	19995.6	11826.0	13787.2	117.8	9254.1
2009	12715.5	483.9	145.8	40147.0	21937.4	18209.6	14895.5	129.6	10875.7
2010	13375.6	431.6	140.4	43262.9	23734.7	19528.3	16160.7	147.5	12335.9
2011	14317.1	394.4	159.9	47343.2	25227.1	22116.1	17695.9	163.0	13892.0
2012	15224.7	390.1	181.3	53641.3	26485.6	27155.7	19010.1	190.5	15428.7
2013	16416.8	416.7	203.2	57072.6	27443.1	29629.4	19917.2	195.2	16392.0
2014	17042.6	422.0	233.3	59746.9	28296.0	31450.9	20639.2	198.2	17038.7
2015	17326.0	456.8	269.8	66581.6	28893.1	37688.5	21432.5	201.9	17771.0
2016	18088.8	483.9	309.4	74391.6	29531.5	44860.0	21889.3	196.0	18451.0
2017	18784.2	458.1	318.2	117681.4	30322.7	87358.7	22723.7	192.8	19300.2
2018	19643.5	452.3	357.6	134458.6	31680.8	102777.8	23874.4	198.5	20434.1

24-26 分地区城镇职工基本养老保险情况(2018年)
Statistics on Urban Employee Basic Pension Insurance by Region (2018)

地 区	Region	年末参加城镇职工基本养老保险人数(万人) Urban Employee Basic Pension Insurance Contributors at Year-end (10 000 persons)	职 工 Number of Staff and Workers	离退休人 员 Number of Retirees	基金收支情况(亿元) Revenue and Expenses(100 million yuan) 基金收入 Revenue	基金支出 Expenses	累计结余 Balance at Year-end
全 国	**National Total**	**41901.6**	**30104.0**	**11797.7**	**51167.6**	**44644.9**	**50901.3**
中央机关	Central Organs	55.6	31.2	24.4	178.4	142.1	43.3
北 京	Beijing	1685.8	1392.2	293.5	2553.9	1519.2	5298.2
天 津	Tianjin	683.2	462.2	221.0	1120.3	1059.9	530.3
河 北	Hebei	1586.1	1130.7	455.4	2125.7	2020.3	870.4
山 西	Shanxi	837.6	575.5	262.2	1223.4	1138.6	1560.1
内蒙古	Inner Mongolia	733.5	448.9	284.6	1094.6	1073.8	656.5
辽 宁	Liaoning	1994.8	1205.2	789.6	2343.6	2714.7	309.6
吉 林	Jilin	862.4	505.8	356.6	1055.4	940.3	504.2
黑龙江	Heilongjiang	1308.5	731.7	576.7	1630.2	1793.1	-557.2
上 海	Shanghai	1573.4	1071.4	502.0	2808.9	2584.1	2242.3
江 苏	Jiangsu	3225.6	2354.4	871.2	3923.2	3401.0	4695.5
浙 江	Zhejiang	2883.4	2076.6	806.8	3011.8	2870.5	3796.8
安 徽	Anhui	1141.7	798.8	342.9	2005.6	1732.7	1681.5
福 建	Fujian	1074.3	883.7	190.6	886.4	724.6	938.6
江 西	Jiangxi	1052.8	719.7	333.1	1169.8	1004.0	820.1
山 东	Shandong	2762.7	2085.6	677.1	2728.1	2617.1	2387.2
河 南	Henan	2006.5	1520.1	486.4	1901.8	1816.0	1197.4
湖 北	Hubei	1601.6	1047.5	554.1	1941.7	1996.1	743.4
湖 南	Hunan	1402.4	947.9	454.5	2129.2	1610.2	1657.5
广 东	Guangdong	4919.7	4283.0	636.6	4571.3	2450.6	11128.8
广 西	Guangxi	825.9	565.5	260.3	1248.9	1126.8	693.2
海 南	Hainan	258.0	187.5	70.5	326.1	267.8	234.6
重 庆	Chongqing	1051.2	662.5	388.7	1202.3	1093.0	1025.9
四 川	Sichuan	2543.7	1662.1	881.6	2884.2	2532.1	3686.8
贵 州	Guizhou	639.8	490.1	149.7	799.3	636.6	781.9
云 南	Yunnan	616.2	440.2	176.0	878.0	690.4	1138.4
西 藏	Tibet	46.2	36.6	9.6	110.5	94.7	139.5
陕 西	Shaanxi	992.0	733.7	258.2	1173.3	1045.4	693.0
甘 肃	Gansu	454.7	299.3	155.4	552.6	508.2	458.1
青 海	Qinghai	145.1	100.3	44.7	217.7	221.7	54.1
宁 夏	Ningxia	216.1	152.5	63.6	268.8	240.1	250.0
新 疆	Xinjiang	695.3	484.3	211.0	1041.7	920.2	1203.3
不分地区	Not Classified by Region	26.0	17.1	8.9	60.5	59.0	37.5
中央调剂金账户	Central Allocation System Account				0.5		0.5

注：1.不分地区合计中，包括中国人民银行、中国农业发展银行数。
2.中央调剂金账户金额为调剂基金利息收入。

a) Data in the category of "Not Classified by Region" include data from the People's Bank of China and Agricultural Development Bank of China.
b) The amount in the Central Allocation System account is the interest income of the allocation fund.

24-27 分地区城乡居民基本养老保险情况（2018年）

Statistics on Basic Pension Insurance for Urban and Rural Residents by Region(2018)

地区	Region	参保人数（万人）Contributors at Year-end (10 000 persons)	#实际领取待遇人数 Actually Persons Received Pension	基金收支情况(亿元) Revenue and Expenses(100 million yuan) 基金收入 Revenue	基金支出 Expenses	累计结余 Balance at Year-end
全　国	**National Total**	**52391.7**	**15898.1**	**3837.7**	**2905.5**	**7250.3**
北　京	Beijing	209.0	88.9	55.9	47.3	155.8
天　津	Tianjin	161.2	81.8	61.0	41.3	264.0
河　北	Hebei	3511.6	1024.1	194.8	146.5	339.4
山　西	Shanxi	1579.3	415.8	87.5	60.8	202.2
内蒙古	Inner Mongolia	749.9	223.7	59.1	53.7	93.8
辽　宁	Liaoning	1040.8	406.6	71.7	67.5	73.8
吉　林	Jilin	684.3	251.7	41.6	34.1	62.3
黑龙江	Heilongjiang	896.8	294.9	53.1	42.3	80.9
上　海	Shanghai	78.7	51.0	75.3	70.4	81.5
江　苏	Jiangsu	2325.4	1093.6	348.6	276.7	638.0
浙　江	Zhejiang	1197.8	533.9	176.6	171.5	156.9
安　徽	Anhui	3487.8	923.5	215.6	139.3	398.0
福　建	Fujian	1525.6	466.3	103.6	82.0	165.5
江　西	Jiangxi	1884.1	481.8	110.5	65.9	219.4
山　东	Shandong	4551.9	1512.4	437.5	274.2	985.8
河　南	Henan	5082.5	1382.1	265.8	193.6	475.5
湖　北	Hubei	2282.8	723.1	182.4	125.3	305.6
湖　南	Hunan	3405.0	935.4	175.8	135.6	311.5
广　东	Guangdong	2661.1	850.7	215.8	201.9	416.7
广　西	Guangxi	1889.6	585.7	105.6	85.3	159.1
海　南	Hainan	298.2	75.7	35.4	18.1	82.5
重　庆	Chongqing	1119.6	367.4	77.4	61.6	132.7
四　川	Sichuan	3222.4	1129.1	246.5	200.3	488.4
贵　州	Guizhou	1802.7	452.8	70.2	56.3	124.1
云　南	Yunnan	2361.0	533.8	104.7	74.5	262.0
西　藏	Tibet	165.9	3.6	8.4	5.2	25.3
陕　西	Shaanxi	1741.7	500.0	115.5	86.1	222.6
甘　肃	Gansu	1317.0	311.9	73.5	45.4	166.8
青　海	Qinghai	245.6	46.5	17.5	11.3	39.3
宁　夏	Ningxia	181.4	40.9	15.3	10.2	32.4
新　疆	Xinjiang	731.1	109.3	35.5	21.4	88.4

注：2012年8月起，新型农村社会养老保险和城镇居民社会养老保险制度全覆盖工作全面启动，合并为城乡居民社会养老保险。

a) Since August, 2012, system of new rural old-age insurance and urban basic pension insurance have started completely, and called basic pension insurance for urban and rural residents as total.

24-28 分地区失业保险情况（2018年）
Statistics of Unemployment Insurance by Region (2018)

地 区	Region	年末参加失业保险人数(万人) Unemployment Insurance Contributors at Year-end (10 000 persons)	年末领取失业保险金人数(万人) Beneficiaries of Unemployment Insurance Fund (10 000 persons)	基金收支情况(亿元) Revenue and Expenses (100 million yuan)		
				基金收入 Revenue	基金支出 Expenses	累计结余 Balance at Year-end
全 国	**National Total**	**19643.5**	**223.1**	**1171.1**	**915.3**	**5817.0**
北 京	Beijing	1240.7	3.8	104.7	72.2	270.3
天 津	Tianjin	323.4	6.9	27.0	36.2	82.2
河 北	Hebei	546.0	6.8	32.5	20.2	170.8
山 西	Shanxi	431.1	2.9	26.6	11.8	193.3
内蒙古	Inner Mongolia	255.5	2.5	21.2	9.9	139.7
辽 宁	Liaoning	679.6	11.2	37.9	35.5	284.9
吉 林	Jilin	269.5	2.4	19.1	11.0	133.8
黑龙江	Heilongjiang	318.0	3.5	18.0	14.1	171.7
上 海	Shanghai	977.2	10.8	96.8	123.4	143.2
江 苏	Jiangsu	1671.3	30.4	100.0	102.1	438.5
浙 江	Zhejiang	1478.4	13.0	81.6	59.1	434.5
安 徽	Anhui	505.5	7.5	28.8	22.9	122.4
福 建	Fujian	570.3	5.0	22.8	16.4	177.9
江 西	Jiangxi	288.0	1.7	13.5	4.0	86.6
山 东	Shandong	1318.5	18.7	74.1	64.5	309.8
河 南	Henan	819.9	7.2	36.3	20.7	204.0
湖 北	Hubei	590.8	6.1	31.2	21.2	188.5
湖 南	Hunan	584.2	5.9	24.8	14.7	142.9
广 东	Guangdong	3361.7	16.2	121.9	73.1	732.0
广 西	Guangxi	323.5	5.5	23.3	16.3	141.0
海 南	Hainan	173.4	2.3	7.1	5.6	36.6
重 庆	Chongqing	489.8	3.4	19.6	15.0	118.4
四 川	Sichuan	875.1	33.2	104.3	80.8	438.8
贵 州	Guizhou	257.3	2.3	15.5	10.7	85.0
云 南	Yunnan	273.1	4.9	17.7	11.1	140.0
西 藏	Tibet	17.7	0.004	2.6	0.3	20.5
陕 西	Shaanxi	372.4	2.9	22.8	14.2	168.2
甘 肃	Gansu	168.3	1.0	10.7	5.7	88.2
青 海	Qinghai	42.3	0.3	4.4	3.6	30.0
宁 夏	Ningxia	92.0	1.2	5.5	3.0	38.8
新 疆	Xinjiang	328.8	3.4	19.1	16.2	84.4

24-29 分地区基本医疗保险参保人数(2018年)
Persons Covered of Urban Basic Medical Care Insurance by Region (2018)

单位：万人 (10 000 persons)

地区	Region	年末参保人数合计 Persons Covered at Year-end	职工基本医疗保险 Employees Basic Medical Care Insurance	职工 Staff and Workers	退休人员 Retirees	城乡居民基本医疗保险 Basic Medical Care Insurance for Urban and Rural Residents
全　国	**National Total**	**134458.6**	**31680.8**	**23307.5**	**8373.3**	**102777.8**
北　京	Beijing	2018.1	1628.9	1332.0	296.9	389.2
天　津	Tianjin	1116.7	575.3	367.8	207.5	541.5
河　北	Hebei	6914.3	1030.2	705.6	324.7	5884.1
山　西	Shanxi	3266.9	686.6	479.4	207.2	2580.3
内蒙古	Inner Mongolia	2164.4	505.3	351.7	153.6	1659.0
辽　宁	Liaoning	3968.8	1567.9	945.1	622.8	2400.9
吉　林	Jilin	2607.3	576.0	366.1	209.9	2031.4
黑龙江	Heilongjiang	2908.6	856.2	498.0	358.2	2052.3
上　海	Shanghai	1866.1	1523.3	1020.6	502.7	342.8
江　苏	Jiangsu	7721.7	2752.6	2029.5	723.1	4969.1
浙　江	Zhejiang	5368.7	2277.0	1830.7	446.4	3091.7
安　徽	Anhui	6105.1	854.6	607.3	247.3	5250.5
福　建	Fujian	3804.7	853.1	692.0	161.0	2951.7
江　西	Jiangxi	4797.5	573.7	376.4	197.3	4223.7
山　东	Shandong	9437.1	2072.1	1560.1	512.0	7364.9
河　南	Henan	10435.7	1265.1	903.8	361.3	9170.6
湖　北	Hubei	5586.2	1054.0	732.0	321.9	4532.2
湖　南	Hunan	6838.0	898.5	605.9	292.6	5939.5
广　东	Guangdong	10615.8	4170.7	3665.4	505.3	6445.1
广　西	Guangxi	5136.7	588.5	421.0	167.5	4548.2
海　南	Hainan	915.4	225.7	162.9	62.9	689.7
重　庆	Chongqing	3265.3	678.3	485.9	192.4	2587.0
四　川	Sichuan	8637.1	1667.7	1186.3	481.4	6969.5
贵　州	Guizhou	4233.6	432.0	316.2	115.7	3801.6
云　南	Yunnan	4520.9	506.9	356.6	150.3	4014.0
西　藏	Tibet	342.7	43.9	34.1	9.8	298.8
陕　西	Shaanxi	3885.9	674.4	476.8	197.6	3211.5
甘　肃	Gansu	2546.7	331.6	220.8	110.8	2215.1
青　海	Qinghai	555.3	99.4	65.3	34.2	455.9
宁　夏	Ningxia	626.2	131.9	95.6	36.3	494.3
新　疆	Xinjiang	2250.9	579.4	416.7	162.7	1671.5

24-30 分地区基本医疗保险基金收支情况（2018年）
Revenue and Expenses of Urban Basic Medical Care Insurance by Region (2018)

单位：亿元 (100 million yuan)

地区	Region	基金收入 Revenue			基金支出 Expenses			累计结余 Balance at the Year-end		
		合计 Total	职工 Workers	居民 Non-employment	合计 Total	职工 Workers	居民 Non-employment	合计 Total	职工 Workers	居民 Non-employment
全国	**National Total**	**21384.2**	**13537.8**	**7846.4**	**17822.5**	**10706.6**	**7115.9**	**23439.9**	**18749.8**	**4690.1**
北京	Beijing	1320.7	1209.0	111.7	1077.7	974.7	103.0	852.5	805.9	46.6
天津	Tianjin	367.8	308.1	59.7	320.4	277.9	42.5	329.9	242.8	87.1
河北	Hebei	838.5	416.9	421.7	739.5	334.1	405.4	889.8	688.5	201.3
山西	Shanxi	428.4	246.5	181.9	393.6	211.8	181.8	463.9	331.2	132.7
内蒙古	Inner Mongolia	340.7	215.6	125.1	301.6	175.9	125.7	342.1	280.2	61.9
辽宁	Liaoning	659.3	492.6	166.7	614.1	460.0	154.1	563.0	439.2	123.9
吉林	Jilin	304.8	175.5	129.3	262.8	148.5	114.2	355.0	273.0	82.0
黑龙江	Heilongjiang	461.2	308.3	152.9	395.1	268.6	126.4	493.3	360.3	133.0
上海	Shanghai	1199.5	1119.3	80.2	894.3	809.5	84.7	2391.0	2389.4	1.6
江苏	Jiangsu	1576.7	1141.4	435.3	1299.1	911.1	388.0	1815.6	1583.9	231.7
浙江	Zhejiang	1413.7	1011.2	402.5	1157.8	786.5	371.3	1826.6	1708.0	118.6
安徽	Anhui	664.5	309.5	355.0	562.7	229.2	333.6	587.4	405.2	182.3
福建	Fujian	537.9	325.0	213.0	455.1	249.4	205.7	713.8	610.2	103.6
江西	Jiangxi	516.8	214.2	302.6	427.6	154.9	272.8	533.7	289.8	243.9
山东	Shandong	1531.4	873.4	658.0	1253.7	720.2	533.5	1257.0	933.6	323.3
河南	Henan	997.1	414.2	582.8	953.8	352.6	601.2	856.3	558.0	298.2
湖北	Hubei	754.0	429.0	325.0	668.2	365.1	303.1	655.3	402.4	252.9
湖南	Hunan	772.4	364.0	408.4	655.8	274.0	381.8	697.7	476.9	220.8
广东	Guangdong	1798.4	1345.6	452.9	1440.7	997.6	443.1	2832.6	2455.4	377.2
广西	Guangxi	580.0	234.3	345.7	421.0	171.9	249.1	697.1	333.7	363.5
海南	Hainan	124.0	78.9	45.1	87.6	52.0	35.5	158.5	124.9	33.5
重庆	Chongqing	516.8	288.7	228.1	444.2	271.0	173.2	384.2	235.2	149.0
四川	Sichuan	1204.0	667.4	536.6	926.1	486.9	439.2	1436.2	1070.5	365.7
贵州	Guizhou	401.3	185.8	215.5	348.8	133.9	214.9	320.3	193.5	126.7
云南	Yunnan	574.8	289.3	285.5	477.5	219.1	258.4	528.8	369.3	159.5
西藏	Tibet	60.7	37.6	23.1	37.8	19.1	18.7	92.7	81.7	11.0
陕西	Shaanxi	515.8	290.3	225.5	437.8	207.2	230.6	446.7	382.6	64.2
甘肃	Gansu	274.0	125.9	148.1	258.4	107.5	150.9	194.1	135.5	58.6
青海	Qinghai	113.4	72.9	40.6	81.8	52.5	29.3	121.5	99.7	21.8
宁夏	Ningxia	106.9	63.9	43.0	86.1	48.0	38.1	102.1	80.7	21.4
新疆	Xinjiang	428.7	283.7	145.0	341.7	235.8	105.9	501.2	408.6	92.6

24-31 分地区工伤保险情况（2018年）
Statistics of Work Injury Insurance by Region (2018)

地 区	Region	年末参加工伤保险人数（万人）Work Injury Insurance Contributors at Year-end (10 000 persons)	享受工伤待遇人数（万人）Beneficiaries at Year-end (10 000 persons)	基金收支情况(亿元) Revenue and Expenses (100 million yuan)		
				基金收入 Revenue	基金支出 Expenses	累计结余 Balance at Year-end
全 国	**National Total**	**23874.4**	**198.5**	**913.0**	**742.0**	**1784.9**
北 京	Beijing	1187.0	4.4	40.2	36.5	52.0
天 津	Tianjin	398.5	3.7	14.3	11.7	17.4
河 北	Hebei	880.3	10.3	54.2	44.5	45.1
山 西	Shanxi	596.6	6.8	38.4	38.7	60.7
内蒙古	Inner Mongolia	325.5	2.4	14.6	11.4	45.7
辽 宁	Liaoning	841.1	13.7	38.1	32.7	45.5
吉 林	Jilin	441.4	3.9	13.0	11.6	39.5
黑龙江	Heilongjiang	520.1	6.9	24.9	26.1	30.8
上 海	Shanghai	972.9	6.5	31.7	34.6	65.3
江 苏	Jiangsu	1777.5	14.8	80.9	66.9	163.8
浙 江	Zhejiang	2087.8	21.6	66.4	55.8	104.3
安 徽	Anhui	603.5	11.3	24.0	20.6	52.1
福 建	Fujian	853.9	4.7	20.2	18.6	63.9
江 西	Jiangxi	534.6	5.2	24.6	15.7	51.9
山 东	Shandong	1633.0	11.4	64.1	47.8	116.9
河 南	Henan	926.3	5.6	29.7	25.5	70.2
湖 北	Hubei	675.6	5.3	26.7	17.4	56.3
湖 南	Hunan	793.8	13.2	55.9	35.2	89.4
广 东	Guangdong	3592.5	14.5	72.9	60.1	288.1
广 西	Guangxi	412.6	1.7	16.0	6.9	49.4
海 南	Hainan	152.9	0.4	3.4	1.7	18.1
重 庆	Chongqing	577.1	6.4	21.5	20.0	8.2
四 川	Sichuan	1012.6	8.2	41.9	30.2	79.1
贵 州	Guizhou	355.8	2.4	16.0	14.7	23.9
云 南	Yunnan	403.3	4.3	17.5	13.2	32.1
西 藏	Tibet	35.7	0.1	1.9	0.8	5.8
陕 西	Shaanxi	528.0	3.1	21.8	14.4	40.8
甘 肃	Gansu	219.4	2.0	12.3	8.1	17.6
青 海	Qinghai	69.2	0.5	4.8	2.8	10.3
宁 夏	Ningxia	93.3	0.6	5.6	4.7	11.6
新 疆	Xinjiang	372.4	2.4	15.2	13.3	29.0

注：工伤保险累计结余中含储备金。
a) Balance of work injury insurance includes reserves.

24-32 分地区生育保险情况（2018年）
Statistics of Maternity Insurance by Region (2018)

地区	Region	年末参加生育保险人数（万人）Maternity Insurance Contributors at Year-end (10 000 persons)	享受待遇人次（万人次）Beneficiaries at Year-end (10 000 person-times)	基金收支情况(亿元) Revenue and Expenses (100 million yuan)		
				基金收入 Revenue	基金支出 Expenses	累计结余 Balance at Year-end
全　国	**National Total**	**20434.1**	**1088.6**	**781.1**	**762.4**	**581.7**
北　京	Beijing	1104.0	61.4	76.1	82.6	22.6
天　津	Tianjin	330.4	25.0	12.1	18.0	4.8
河　北	Hebei	774.2	31.4	22.8	21.4	17.7
山　西	Shanxi	481.9	14.2	11.5	10.0	21.1
内蒙古	Inner Mongolia	319.5	11.0	10.6	8.3	20.7
辽　宁	Liaoning	777.8	40.5	18.9	15.3	18.0
吉　林	Jilin	370.3	15.3	8.6	7.4	13.9
黑龙江	Heilongjiang	350.2	8.4	7.5	5.4	17.4
上　海	Shanghai	984.9	32.2	88.9	64.9	66.1
江　苏	Jiangsu	1694.5	166.8	78.1	76.3	29.2
浙　江	Zhejiang	1477.3	72.3	62.1	69.6	29.1
安　徽	Anhui	586.3	25.8	12.3	11.5	12.4
福　建	Fujian	651.9	24.0	17.1	19.3	14.9
江　西	Jiangxi	290.1	10.9	9.4	9.5	7.5
山　东	Shandong	1235.4	81.6	64.1	58.6	28.7
河　南	Henan	755.4	29.3	24.7	24.1	27.8
湖　北	Hubei	540.0	36.1	17.6	18.4	22.7
湖　南	Hunan	571.8	31.2	16.2	14.7	25.5
广　东	Guangdong	3495.3	189.3	103.7	113.7	83.1
广　西	Guangxi	366.2	19.1	13.4	14.4	12.7
海　南	Hainan	152.6	7.0	4.3	5.2	3.9
重　庆	Chongqing	439.5	26.9			
四　川	Sichuan	878.2	34.1	32.2	27.8	17.8
贵　州	Guizhou	325.9	23.5	12.1	10.1	9.9
云　南	Yunnan	339.5	17.3	14.0	14.6	3.8
西　藏	Tibet	32.4	2.0	2.2	1.8	3.0
陕　西	Shaanxi	401.9	14.3	10.3	10.4	12.9
甘　肃	Gansu	202.9	13.5	8.9	6.9	8.4
青　海	Qinghai	58.1	4.0	2.5	2.7	3.1
宁　夏	Ningxia	88.1	5.7	5.2	4.9	2.3
新　疆	Xinjiang	357.5	14.4	13.7	14.5	20.7

主要统计指标解释

批准逮捕 指人民检察院对公安机关、国家安全机关、监狱管理机关提出逮捕的犯罪嫌疑人进行审查，根据事实，依法做出逮捕决定。该指标主要反映人民检察院对提请逮捕犯罪嫌疑人进行审查后依法做出批准逮捕决定的情况。

决定逮捕 指人民检察院对直接立案侦查的案件，认为需要逮捕犯罪嫌疑人时，依据法律做出的逮捕决定。该指标主要反映人民检察院对直接受理的案件行使决定逮捕权的情况。

提出抗诉 指人民检察院对人民法院的判决、裁定认为确有错误，向人民法院提出对案件重新进行审理的诉讼活动。包括按照第二审程序提出的抗诉和按照审判监督程序（再审程序）提出的抗诉。

立案监督 指人民检察院对侦查机关刑事立案活动的监督。包括对应当立案而不立案的监督和不应立案而立案的监督。

监督立案 包括侦查机关接到要求说明不立案理由后主动立案和执行通知立案两个内容。

监管活动 指人民检察院对监狱等监管改造场所的管理活动进行的监督。

青少年罪犯 指人民法院在报告期内判决发生法律效力的有罪判决中14周岁以上不满25周岁的罪犯。其中14周岁以上不满18周岁的罪犯为未成年罪犯。

行政案件 指公民、法人和其他组织认为行政机关和行政机关工作人员的行政行为侵犯其合法权益，向人民法院提起行政诉讼，人民法院依法审理的案件。

行政赔偿案件 指公民、法人或者其他组织认为其合法权益受到行政机关及其工作人员违法行使职权的侵害，向人民法院单独或与行政诉讼一并提起赔偿诉讼，人民法院依法审理的案件。

公证（出证） 指公证处根据当事人申请，依照事实和法律，按照法定程序制作的，具有法律效力的司法证明文书。

受理劳动人事争议案件数 指劳动人事争议仲裁委员会根据国家法律、法规及有关规章、政策规定，对劳动人事争议当事人提出的仲裁申请进行审查后，符合受理条件而正式立案的劳动人事争议案件数。

城镇职工基本养老保险

1.参保职工人数 指报告期末按照国家法律、法规和有关政策规定参加城镇职工基本养老保险并在社保经办机构已建立缴费记录档案的职工人数，包括中断缴费但未终止养老保险关系的职工人数，不包括只登记未建立缴费记录档案的人数。

2.离退休人员人数 指报告期末参加城镇职工基本养老保险的离休、退休和退职人员的人数。

3.基金收入 指根据国家有关规定，由纳入职工基本养老保险范围的缴费单位和个人按国家规定的缴费基数和缴费比例缴纳的养老保险费，以及通过其他方式取得的形成基金来源的收入。包括单位和职工个人缴纳的基本养老保险费、基本养老保险基金利息收入、委托投资收益、上级补助收入、下级上解收入、转移收入、财政补贴和其他收入。

4.基金支出 指按照国家政策规定的开支范围和开支标准从职工基本养老保险基金中支付给参加职工基本养老保险的个人养老保险待遇支出，以及由于保险关系转移、上下级之间补助、上解等原因而发生的支出。其他支出包括基本养老金、医疗补助金、丧葬补助金和抚恤金、病残津贴、补助下级支出、上解上级支出、转移支出和其他支出等。

5.基金累计结余 指职工基本养老保险基金收支相抵后的期末累计余额。

城乡居民基本养老保险

1.参保人数 指报告期末，参加城乡居民养老保险（在经办机构参保登记并已建立缴费记录以及制度实施当年已经年满60周岁并在经办机构参保登记）的人数（不包括已经办理注销登记手续的人数）。

2.基金收入 指根据国家有关规定，由参加城乡居民基本养老保险的个人按规定缴费的城乡居民基本养老保险费，以及通过集体补助、财政补助等其他方式取得的形成基金来源的收入。包括个人缴费收入、集体补助收入、财政补贴收入、利息收入、委托投资收益、转移收入、上级补助收入、下级上解收入和其他收入。

3.基金支出 指按照国家政策规定的开支范围和开支标准从城乡居民基本养老保险基金中支付给参加城乡居民基本养老保险的个人养老保险待遇支出，以及由于参保人员跨统筹地区或跨制度流动而发生的支出等。包括养老保险待遇支出、转移支出、补助下级支出、上解上级支出和其他支出。

4.基金累计结余 指城乡居民基本养老保险基金收支相抵后的期末累计余额。

基本医疗保险

1.参保人数 指报告期末按国家有关规定参加职工基本医疗保险和城乡居民基本医疗保险人员的合计。

2.基金收入 指由用人单位和个人按照国家规定的缴费基数、缴费比例或缴费标准缴纳的基本医疗保险费，财政补贴资金以及通过其他方式取得的形成基金来源的款项，包括：单位缴纳收入、个人缴纳收入、财政补贴收入、利息收入、上级补助收入、下级上解收入和其他收入。

3.基金支出 指按照国家政策规定的开支范围和开支标准，从基本医疗保险基金中支付给参保人员的医疗保险待遇支出，以及其他支出。包括住院费用支出、门诊费用支出、

大病保险支出、生育保险与职工基本医疗保险合并实施的统筹地区生育待遇支出、补助下级支出、上解上级支出和其他支出。

4.基金累计结余 指基本医疗保险基金收支相抵后的期末累计结余金额。

失业保险

1.参保人数 指报告期末按照国家法律、法规和有关政策规定参加了失业保险的城镇企业、事业单位的职工及地方政府规定参加失业保险的其他人员的人数。

2.基金收入 指报告期内筹集的失业保险基金的总额，包括失业保险费收入、利息收入、财政补贴收入、其他收入、转移收入。

3.基金支出 指报告期内为保障失业人员基本生活、预防失业、促进再就业等支出的基金总额，包括失业保险金支出、医疗补助金支出、丧葬补助金和抚恤金支出、职业培训和职业介绍补贴支出、其他费用支出、技能提升补贴支出、稳定岗位补贴支出、其他支出、转移支出。

4.基金累计结余 指截止报告期末失业保险基金收支相抵后的累计余额。

工伤保险

1.参保人数 指报告期末依据国家有关规定参加工伤保险的职工人数和有雇工的个体工商户的雇工数。

2.享受工伤保险待遇人数 指年报告期内因工伤或职业病而享受工伤保险待遇的职工人数。为享受工伤医疗待遇中未评定等级的人数、享受伤残待遇人数以及享受因工死亡待遇人数之和。

3.基金收入 指根据国家有关规定，由参加工伤保险的单位按国家规定的缴费基数和缴费比例缴纳及难以直接按照工资总额计算缴纳工伤保险费的部分行业企业按规定方式缴纳的工伤保险费，以及依法通过其他形式取得的形成基金来源的款项。包括：工伤保险费收入、利息收入、上级补助收入、下级上解收入、其他收入。

4.基金支出 指按照国家政策规定的开支范围和开支标准从工伤保险基金中支付给参加工伤保险的人员及供养直系亲属工伤保险待遇支出及其他支出。包括工伤医疗待遇支出、伤残待遇支出、工亡待遇支出、劳动能力鉴定支出、工伤预防费用支出、补助下级支出、上解上级支出和其他支出。

5.基金累计结余 指工伤保险基金收支相抵后的期末累计结余金额。

生育保险

1.参保人数 指报告期末依据有关规定参加生育保险的人数。

2.基金收入 指根据国家有关规定，由参加生育保险的单位按照国家规定的缴费基数和缴费比例缴纳的生育保险费，以及通过其他方式取得的形成基金来源的款项，包括：生育保险费收入、财政补贴收入、利息收入、上级补贴收入、下级上解收入和其他收入。

3.基金支出 指按照国家政策规定的开支范围和开支标准，从生育保险基金中支出的生育保险待遇支出及其他支出。包括：生育津贴、医疗费用支出、补助下级支出、上解上级支出及其他支出。

4.基金累计结余 指生育保险基金收支相抵后的期末累计结余金额。

Explanatory Notes on Main Statistical Indicators

Approval for Arrest refers to the decision made by people's procuratorate office, in accordance with the law and relevant facts, to approve the arrest of the suspect(s) as proposed by the public security departments, state security departments or prisons authority. This indicator reflects approved arrests made by people's procuratorate offices that are proposed by related departments.

Decision on Arrest refers to decision made by the people's procuratorate office, in accordance with laws, to arrest the suspect(s) in the cases that are accepted and to be investigated by the procurators office. This indicator mainly reflects the implementation of the decision on arrest by people's procuratorate office.

Protests Presented refer to those protests presented by local People's Procuratorate at any level who considers that there exists some definite error in a judgment or order of first instance made by a People's Court at the same level to the People's Court at the next higher level, including the protests raised in accordance with the second instance and protests raised in accordance with procedure for trial supervision.

Supervision of Case Registered refers to the actions made by the People's Procuratorate to supervise the criminal cases registered by investigative authorities, including supervision of the cases which have wrongly not been registered and have wrongly been registered.

Supervision of Case Registration includes both the supervision of the registrations by the investigatory authorities and the supervision of the implementation of the notifications to register after the investigatory authorities are requested to state reasons for not registering a case.

Supervisory Activities refers to the supervision of the People's Procuratorate over the management of prisons as well as other places of criminal reformation.

Juvenile Criminals refers to the offenders within the age range of 14 to 25 convicted guilty by the court during the reporting period while those between 14 and 18 are defined as minor offenders.

Administrative Cases refer to citizens, legal persons and other organizations consider that administrative acts of administrative organs and staff members of administrative organs infringe upon their legitimate rights and interests, bring administrative proceedings to the people's courts and hear cases according to law by the people's courts.

Administrative Compensation Cases refer to cases in which citizens, legal persons or other organizations consider that their legitimate rights and interests are infringed by the illegal exercise of their powers and powers by administrative organs and their staff members, and bring compensation lawsuits to the people's court alone or together with administrative lawsuits, and the people's court hears the cases according to law.

Notarization (certification) refer to legally binding judicial notary documents developed at the request of the interested party based on facts and the law following certain legal proceedings.

Number of Labour Disputes Cases Accepted refers to the number of cases of labour disputes arbitration submitted that, after being reviewed by the labour dispute arbitration committees in line with the relevant national laws, regulations and policies, are accepted and registered.

Basic Pension Insurance for Urban Staff and Workers

1. Number of staff and workers covered refers to staff and workers participating in the basic pension insurance for urban staff and workers programme according to national laws, regulations and related policies at the end of the reference period, who have already had payment records in social security management agencies, including those who have interrupt payment without terminating the insurance programme. Those who have registered in the programme but with no payment records are not included.

2. Number of retirees refers to the number of retirees participating in the basic pension insurance for urban staff and workers programmes by the end of the reference period.

3. Revenue of the basic pension insurance programme refers to payments made by employers and individuals participating in the pension insurance programme of staff in accordance with the basis and proportion stipulated in State regulations, and income from other sources that become the source of pension insurance fund, including the premium paid by employers and staff and workers, interest income, entrusted investment income, subsidies from higher level agencies, income as transfer from subordinate agencies, transferred income, government financial subsidies and other income.

4. Expenditure of basic pension insurance programme refer to personal pension insurance payment made on pensions subsidies to those covered in pension insurance programmes of staff according to related national policies on scope and standard of expenditure, also included are expenditure which arises due to shift of the insurance relationship or adjustment of funds among agencies, transfer to agencies at higher level. Other expenditure includes: basic pension insurance, medical fees, funeral subsidies, compensation payments, disability allowance, expenses on subsidies to lower subordinates, expenses as transfer to agencies at higher level, transferred expenditure and other expenditure.

5. Balance of basic pension insurance programme refers to the balance of staff basic pension insurance funds at

the end of the reference period after deducting expenses from revenue.

Basic Pension Insurance for Urban and Rural Residents

1. Number of participants refers to people participating in the basic pension insurance for urban and rural residents programme who registered with the participation and established payment records, and who were 60 years old or above when the system was established and registered with the participation.. Those who cancelled their registration are not included.

2. Revenue of the insurance programme refers to the revenue from the payments made, in accordance with related regulations of the government, by individuals participating in the basic pension insurance for urban and rural residents programme and from the subsidies contributed by collective subsidies, public finance and other sources. It includes the payment by individual participants, collective subsidies, financial subsidies, interest income, entrusted investment income, transferred income, subsidies from higher levels, contributions from lower levels, and income from other sources.

3. Expenditure of the insurance programme refers to payment made to those covered in the basic pension insurance for urban and rural residents according to related national policies on scope and standard of expenditure. Also included are expenditures which arise due to movement of participants among different locations or system. It includes the payment to the individual participants, transferred expenditures, expenses on subsidies to lower subordinates, expenses as transfer to agencies at higher level, and other expenditures.

4. Balance of insurance programme refers to the balance of basic pension insurance funds for urban and rural residents at the end of the reference period after deducting expenses from revenue.

Unemployment Insurance

1. Number of people covered refers to staff and workers in urban enterprises or institutions who have participated in the unemployment insurance programme according to relevant policies and regulations, and other people who have participated according to local government regulations at the end of the reference period.

2. Revenue of the unemployment insurance programme refers to the total unemployment insurance funds raised in the reference period, including unemployment insurance premium, interest income, financial subsidies, other incomes, transferred income.

3. Expenditure of the unemployment insurance programme refers to total expenses during the reference period to guarantee the basic livelihood of unemployed people, prevention of unemployment, and to encourage their re-employment. Included are unemployment relief, medical fees, funeral subsidies, compensation payments, training expenses, job placement expenses, other expenses expenditures, skills upgrading subsidy, job stabilization subsidy, other expenditures, transferred expenditure.

4. Balance of the unemployment insurance programme refers to the balance of revenue of the programme after deducting expenses at the end of the reference period.

Work Injury Insurance

1. Number of people covered refers to staff and workers who have participated in the work injury insurance programme and employees who work for the self employed and have participated in the work injury insurance programme according to relevant national regulations at the end of the reference period.

2. Number of beneficiaries refers to number of employee benefited from work injury insurance, as a result of work injury or occupational disease. It is the sum of beneficiaries of medical treatment of unrated work injuries, disability benefits for work injuries and compensation for deaths at work places.

3. Revenue of the work injury insurance programme refers to payments made by employers participating in the work injury insurance programme in accordance with the basis and proportion stipulated in State regulations and enterprises of part industries difficult to calculate the injury insurance premium directly according to the total wage in accordance with stipulated way, and income from other sources according to law that become source of work injury insurance fund, including income of injury insurance, interest income, subsidies from higher level agencies, income as transfer from subordinate agencies, and other incomes.

4. Expenditure of the work injury insurance programme refers to payments made from work injury insurance funds to those who participated in the work injury insurance programme and their direct dependents within the scope and standards of expenditure according to related national policies, and other expenditure, including medical fees for work injury, injury and disability subsidies, death subsidies, labor capacity appraisal, injury prevention fees, expenses on subsidies to lower subordinates, expenses as transfer to agencies at higher level, and other expenditure.

5. Balance of the work injury insurance programme refers to the balance of the work injury funds at the end of the reference period.

Maternity Insurance

1. Number of people covered refers to people who have participated in the maternity insurance programme according to relevant regulation at the end of the reference period.

2. Revenue of maternity insurance programme refers to payments made by employers participating in the maternity insurance programme in accordance with the basis and proportion stipulated in State regulations, and income from other sources that become source of maternity insurance fund, including income of maternity insurance, government financial subsidies, interest income, subsidies from higher level agencies, income as transfer from subordinate agencies, and other income.

3. Expenditure of the maternity insurance programme refers to payments made from maternity insurance funds to staff and workers who participate in the maternity insurance programme within the scope and standards of expenditure in accordance with related national policies, including allowance for child bearing, medical fees, expenses on subsidies to lower subordinates, expenses as transfer to agencies at higher level, and other expenditure.

4. Balance of the maternity programme refers to the balance of the maternity insurance funds at the end of the reference period.

25

城市、农村和区域发展

Urban, Rural and Regional Development

简 要 说 明

一、本篇资料的主要内容

本篇资料反映我国农村、城市、民族自治地方、分区域社会经济发展等基本情况。

二、本篇的资料来源

农村基本情况由国家统计局农村社会经济调查司根据《农林牧渔业统计报表制度》的有关资料整理提供。

全国城市分布情况及省会城市和计划单列市主要经济指标由城市社会经济调查司依据《城市基本情况统计报表制度》收集整理提供。

城市、县及乡公用事业基本情况及综合水平指标部分的资料由住房和城乡建设部根据其《城市建设统计报表制度》汇总整理提供。

城市公共交通统计资料由交通运输部根据其《城市(县城)客运统计报表制度》中相关报表汇总整理提供。

民族自治地方及少数民族统计资料根据国家民委和国家统计局联合布置的民族自治地方国民经济和社会发展统计报表制度,由有民族自治地方的20个省、自治区、直辖市民委和统计局共同组织实施。

按区域分国民经济和社会发展指标数据均来自本年鉴各专业分省数据,反映东部、中部、西部及东北地区社会经济发展情况。

三、本篇资料的统计范围与统计口径

涉及城市公用事业情况的部分由住房和城乡建设部提供,其执行范围是全国所有设市城市;统计口径为全社会,即在设市城市范围内所有的城市规划管理、投资、建设或经营管理相关设施的单位。

民族自治地方及少数民族统计资料统计范围是5个民族自治区、30个自治州、120个自治县(旗)辖区内的全部单位,全国汇总时不重复计算。统计调查方法为全面调查。另外,全国民族自治地方卫生情况由卫生部提供。民族自治地方行政区划资料是根据民政部编辑的《行政区划简册》汇总整理。

Brief Introduction

I. Main Contents

Data in this chapter present the social and economic development of rural areas, urban areas, ethnic minority autonomous regions, and eastern, central, western and northeastern provinces.

II. Sources of Data

Data on rural conditions are provided by the Department of Rural Social and Economic Survey of the NBS using data from the *Statistical Reporting Form System on Agricultural, Forestry, Animal Husbandry and Fishery.*

Data on distribution of cities in China and major economic indicators of provincial capitals and cities specially designated in the State plan are collected and provided by the Department of Urban Surveys of NBS in accordance with the *Statistical Reporting Form System on the Basic Situation of the Cities.*Data on basic conditions and overall level of urban public facilities are collected, prepared and provided by the Ministry of Housing and Urban-Rural Development in line with its *Statistical Reporting Form System on Urban Construction.*

Statistics of urban public transport are provided by Transport Department who collected relevant report forms according to *Urban Construction Statistical Report Forms System.*

III. Scope and Coverage of Statistics

Data on urban public facilities are provided by the Ministry of Housing and Urban-Rural Development, which has responsibility covering all cities. Statistically, the data cover all units under the jurisdiction of cities which are engaged in urban planning and management, investment, construction and operation of relevant facilities.

Data on the ethnic minority autonomous regions and the ethnic minorities covers all units under the jurisdiction of the 5 ethnic minority autonomous regions, 30 autonomous prefectures and 120 autonomous counties. Duplicated counts are excluded in the national tabulation. Methodology of data collection is complete enumeration. In addition, data on the public health of the ethnic minority autonomous regions are provided by the Ministry of Health, and data on the divisions of administrative areas of the ethnic minority autonomous regions are tabulated and prepared in accordance with the *Concise Edition of the Divisions of Administrative Areas* compiled by the Ministry of Civil Affairs.

25-1 全部地级及以上城市数(2018年)
Number of Cities at Prefecture Level and Above (2018)

单位: 个 (unit)

地 区	Region	合 计 Total	按城市市辖区年末总人口分组 Grouped by Population in Urban Districts (year-end)					
			400万以上 4 million and over	200-400万 2 million-4 million	100-200万 1 million-2 million	50-100万 0.5 million-1 million	20-50万 0.2 million-0.5 million	20万以下 under 0.2 million
全部地级及以上城市	**Total Cities at Prefecture Level and Above**	**297**	**20**	**42**	**99**	**88**	**40**	**8**
北 京	Beijing	1	1					
天 津	Tianjin	1	1					
河 北	Hebei	11	1	3	2	5		
山 西	Shanxi	11		1	1	7	2	
内蒙古	Inner Mongolia	9			3	2	4	
辽 宁	Liaoning	14	2		4	8		
吉 林	Jilin	8	1		1	3	3	
黑龙江	Heilongjiang	12	1		2	6	2	1
上 海	Shanghai	1	1					
江 苏	Jiangsu	13	1	8	3	1		
浙 江	Zhejiang	11	1	2	3	4	1	
安 徽	Anhui	16		3	6	6	1	
福 建	Fujian	9		3	2	3	1	
江 西	Jiangxi	11		2	4	3	2	
山 东	Shandong	16	2	4	10			
河 南	Henan	17		3	9	5		
湖 北	Hubei	12	1	1	5	4	1	
湖 南	Hunan	13		1	6	5	1	
广 东	Guangdong	21	4	3	9	4	1	
广 西	Guangxi	14		2	7	3	2	
海 南	Hainan	4			1	2		1
重 庆	Chongqing	1	1					
四 川	Sichuan	18	1	1	12	4		
贵 州	Guizhou	6		2	2		2	
云 南	Yunnan	8		1	1	3	2	1
西 藏	Tibet	6					1	5
陕 西	Shaanxi	10	1		3	6		
甘 肃	Gansu	12		1	2	3	6	
青 海	Qinghai	2				1	1	
宁 夏	Ningxia	5			1		4	
新 疆	Xinjiang	4		1			3	

注：1.本表为公安部的户籍人口数。
2.东莞、中山、三沙、儋州和嘉峪关无市辖区，人口为全市口径。

a) Population at year-end refer to household registrations, which are from the Ministry of Public Security.
b) Dongguan, Zhongshan, Sansha, Danzhou and Jiayuguan have no Urban Districts, the population is the total city's data.

25-2 省会城市和计划单列市主要指标（2018年）
Main Indicators of Provincial Capitals and Cities Specially Designated in the State Plan (2018)

包括市辖县。
Counties under the jurisdiction of city governments are included.

城市名称	City	年末户籍人口（万人）Household Registered Population at Year-end (10 000 persons)	地区生产总值（当年价格）（亿元）Gross Regional Product (Current Prices) (100 million yuan)	第一产业 Primary Industry	第二产业 Secondary Industry	第三产业 Tertiary Industry
北京	Beijing	1376	30320.0	118.7	5647.7	24553.6
天津	Tianjin	1082	18809.6	172.7	7609.8	11027.1
石家庄	Shijiazhuang	982	6082.6	420.5	2285.5	3376.7
太原	Taiyuan	377	3884.5	41.1	1439.1	2404.3
呼和浩特	Hohhot	246	2903.5	108.4	801.4	1993.7
沈阳	Shenyang	746	6292.4	260.1	2376.6	3655.7
大连	Dalian	595	7668.5	442.7	3241.6	3984.2
长春	Changchun	751	7175.7	301.9	3511.7	3362.1
哈尔滨	Harbin	952	6300.5	525.5	1689.3	4085.7
上海	Shanghai	1462	32679.9	104.4	9732.5	22843.0
南京	Nanjing	697	12820.4	273.4	4721.6	7825.4
杭州	Hangzhou	774	13509.2	305.5	4571.9	8631.7
宁波	Ningbo	603	10745.5	306.0	5507.5	4932.0
合肥	Hefei	758	7822.9	277.6	3612.3	3933.1
福州	Fuzhou	703	7856.8	494.7	3204.9	4157.3
厦门	Xiamen	243	4791.4	24.4	1980.2	2786.9
南昌	Nanchang	532	5274.7	190.7	2660.9	2423.1
济南	Jinan	656	7856.6	272.4	2829.3	4754.8
青岛	Qingdao	818	12001.5	386.9	4850.6	6764.0
郑州	Zhengzhou	864	10143.3	147.0	4450.7	5545.5
武汉	Wuhan	884	14847.3	362.0	6377.8	8107.5
长沙	Changsha	729	11003.4	318.7	4660.2	6024.5
广州	Guangzhou	928	22859.3	223.4	6234.1	16401.8
深圳	Shenzhen	455	24222.0	22.1	9961.9	14237.9
南宁	Nanning	771	4026.9	421.3	1225.8	2379.8
海口	Haikou	178	1510.5	64.0	276.0	1170.6
重庆	Chongqing	3404	20363.2	1378.3	8328.8	10656.1
成都	Chengdu	1476	15342.8	522.6	6516.2	8304.0
贵阳	Guiyang	418	3798.5	153.1	1413.7	2231.7
昆明	Kunming	572	5206.9	222.2	2038.0	2946.7
拉萨	Lhasa	55	540.8	18.3	229.7	292.8
西安	Xi'an	987	8349.9	258.8	2925.6	5165.4
兰州	Lanzhou	328	2732.9	43.0	938.0	1752.0
西宁	Xining	207	1286.4	46.1	468.0	772.3
银川	Yinchuan	193	1901.5	67.3	867.3	966.8
乌鲁木齐	Urumqi	222	3099.8	25.3	948.2	2126.3

注：济南的数据不含原莱芜所辖行政区域。
a) The data of Jinan do not include the administrative area under the jurisdiction of the former Laiwu.

25-2 续表 1 continued

城市名称	City	地方一般公共预算收入(亿元) General Public Budget Revenue of the Local Governments (100 million yuan)	地方一般公共预算支出(亿元) General Public Budget Expenditure of the Local Governments (100 million yuan)	住户存款余额(亿元) Deposit of Households (100 million yuan)	城镇单位在岗职工平均工资(元) Average Wage of Staff and Workers in Urban Units (yuan)	年末邮政局(所)(处) Postal Offices at Year-end (unit)	年末固定电话用户(万户) Subscribers of Fixed Telephones at Year-end (10 000 subscribers)
北　京	Beijing	5785.9	7471.4	34019.0	149843	742	577.4
天　津	Tianjin	2106.2	3103.2	10746.2	103931	419	337.1
石家庄	Shijiazhuang	519.7	991.6	6473.2	75114	182	120.0
太　原	Taiyuan	373.2	542.5	4767.5	80825	163	79.2
呼和浩特	Hohhot	204.7	356.7	2174.1	71387	118	58.2
沈　阳	Shenyang	720.6	965.4	7288.1	82067	230	148.4
大　连	Dalian	704.0	1001.5	6040.0	87592	241	161.0
长　春	Changchun	478.0	894.3	4993.2	80425	205	157.8
哈尔滨	Harbin	384.4	962.2	5394.3	71771	383	161.3
上　海	Shanghai	7108.2	8351.5	27071.7	142983	536	663.2
南　京	Nanjing	1470.0	1532.7	6914.8	111071	181	201.2
杭　州	Hangzhou	1825.1	1717.1	9981.2	106709	287	241.2
宁　波	Ningbo	1379.7	1594.1	6561.3	102325	271	207.0
合　肥	Hefei	712.5	1004.9	4003.4	89022	185	117.9
福　州	Fuzhou	680.4	924.8	5053.3	83175	238	156.1
厦　门	Xiamen	754.5	892.5	2610.2	85166	87	110.0
南　昌	Nanchang	461.7	752.4	3132.0	82672	162	91.0
济　南	Jinan	752.8	1018.3	5008.1	91651	207	135.3
青　岛	Qingdao	1231.9	1559.8	5913.7	90840	265	139.0
郑　州	Zhengzhou	1152.1	1763.3	7157.3	80963	245	164.3
武　汉	Wuhan	1528.7	1929.3	7728.5	88327	259	175.1
长　沙	Changsha	879.7	1300.8	5692.1	93293	232	147.0
广　州	Guangzhou	1634.2	2506.2	16042.1	111839	243	371.0
深　圳	Shenzhen	3538.4	4282.5	13478.9	111709	541	429.8
南　宁	Nanning	359.0	698.0	3542.8	83452	198	62.1
海　口	Haikou	169.9	238.2	1706.5	77632	58	52.2
重　庆	Chongqing	2265.5	4541.0	15907.2	81764	1772	593.1
成　都	Chengdu	1424.2	1837.4	13141.5	88011	571	643.7
贵　阳	Guiyang	411.3	624.2	2835.7	82685	187	78.2
昆　明	Kunming	595.6	756.8	4882.5	80253	279	108.3
拉　萨	Lhasa	110.1	300.1	461.4	126936	83	25.4
西　安	Xi'an	684.7	1151.9	8360.3	87125	297	268.3
兰　州	Lanzhou	253.3	465.6	3244.1	85575	156	64.0
西　宁	Xining	92.9	297.5	1436.8	84071	106	55.2
银　川	Yinchuan	173.3	363.3	1664.8	87291	94	24.4
乌鲁木齐	Urumqi	458.3	659.8	2871.1	85990	153	113.6

25-2 续表 2 continued

城市名称	City	社会消费品零售总额（亿元）Total Retail Sales of Consumer Goods (100 million yuan)	货物进出口总额（亿元）Total Value of Import and Export (100 million yuan)	年末实有公共(汽)电车营运车辆（辆）Public Vehicles under Operation at Year-end (unit)	普通本专科学生（人）Undergraduate in Regular HEIs (person)	医院数（个）Number of Hospitals (unit)	执业(助理)医师（人）Licensed (Assistant) Doctors (person)
北　京	Beijing	11747.7	27185.5	22750	594933	648	99807
天　津	Tianjin	5533.0	8080.2	13813	523349	420	43105
石家庄	Shijiazhuang	3274.4	915.5	5730		256	37438
太　原	Taiyuan	1811.9	1089.9	2521	444121	163	23018
呼和浩特	Hohhot	1603.2	116.7	2656	240266	108	10908
沈　阳	Shenyang	4051.2	984.3	5912	391152	274	30126
大　连	Dalian	3880.1	4763.8	5795	279945	178	21721
长　春	Changchun	3003.6	1054.6	4872	447156	186	24470
哈尔滨	Harbin	4125.1	209.7	7031	504194	326	26563
上　海	Shanghai	12668.7	34012.1	17122	517796	358	71580
南　京	Nanjing	5832.5	4317.2	9012	726728	222	31560
杭　州	Hangzhou	5715.3		10840	431965	316	44896
宁　波	Ningbo	4154.9	8576.3	6342	149804	170	25850
合　肥	Hefei	2976.7		5448	497131	171	22320
福　州	Fuzhou	4666.5	2512.2	4384	319943	128	22413
厦　门	Xiamen	1542.4	6002.1	4632	162459	54	13830
南　昌	Nanchang	2131.6	787.6	4112	610624	122	14797
济　南	Jinan	4404.5	825.0	6951		246	32131
青　岛	Qingdao	4842.5	5316.1	8476	397982	421	34578
郑　州	Zhengzhou	4268.1	4105.0	6373	993479	246	42051
武　汉	Wuhan	6843.9	2148.4	9710	969323	398	42271
长　沙	Changsha	4765.0	1283.3	8806	703519	232	30793
广　州	Guangzhou	9256.2	9811.6	15103	1086407	255	54134
深　圳	Shenzhen	6168.9	29983.7	38728		140	36321
南　宁	Nanning	2214.7	738.8	3561	448999	120	24582
海　口	Haikou	757.6	341.2	2305	151485	47	9030
重　庆	Chongqing	7977.0	5221.0	12251	762811	800	76379
成　都	Chengdu	6801.8	4983.2	15903	840297	892	61548
贵　阳	Guiyang	1299.5	230.1	2989	378986	192	17794
昆　明	Kunming	2787.4	870.0	6164	547277	322	28606
拉　萨	Lhasa	295.4	41.0	522	31149	29	2878
西　安	Xi'an	4658.7	3303.2	8743	712810	343	33776
兰　州	Lanzhou	1352.1	133.2	3319	336867	125	13954
西　宁	Xining	564.4	31.3	1803	64434	78	8322
银　川	Yinchuan	552.7	168.8	2074	103989	86	9684
乌鲁木齐	Urumqi	1354.0	513.5	4382	213306	130	15187

注：年末实有公共(汽)电车营运车辆数不包括市辖县。

a) Number of public vehicles under operation at year-end does not include that of counties under the jurisdiction of city governments.

25-3 城市公用事业基本情况
Basic Statistics on City Public Utilities

本表各项指标按全社会范围计算。
Data have covered the public utilities of all city units.

项目	Item	1990	1995	2000	2010	2015	2018
城市建设	**City Areas and Floor Space of Buildings**						
城区面积 (平方公里)	Urban Area (sq.km)	1165970	1171698	878015	178692	191776	200897
建成区面积 (平方公里)	Area of Built Districts (sq.km)	12856	19264	22439	40058	52102	58456
城市建设用地面积 (平方公里)	Area of Land Used for Urban Construction (sq.km)	11608	22064	22114	39758	51584	56076
城市人口密度 (人/平方公里)	Population Density of City Districts (persons/sq.km)	279	322	442	2209	2399	2546
城市供水、燃气及集中供热	**Water Supply, Gas Supply and Heating**						
全年供水总量 (亿立方米)	Annual Volume of Tap Water Supply(100 million cu.m)	382.3	481.6	469.0	507.9	560.5	614.6
#生活用水	Water Consumption for Residential Use	100.1	158.1	200.0	238.8	287.3	328.8
人均生活用水 (吨)	Per Capita Water Consumption for Residential Use(ton)	67.9	71.3	95.5	62.6	63.7	65.6
用水普及率 (%)	Coverage Rate of Urban Population with Access to Tap Water (%)	48.0	58.7	63.9	96.7	98.1	98.4
人工煤气供气量 (亿立方米)	Gaswork Gas Supply (100 million cu.m)	174.7	126.7	152.4	279.9	47.1	29.8
#家庭用量	Consumption of Gaswork Gas for Residential Use	27.4	45.7	63.1	26.9	10.8	7.9
天然气供气量 (亿立方米)	Natural Gas Supply (100 million cu.m)	64.2	67.3	82.1	487.6	1040.8	1444.0
#家庭用量	Consumption of Natural Gas for Residential Use	11.6	16.4	24.8	117.2	208.0	313.5
液化石油气供气量 (万吨)	Liquefied Petroleum Gas (10 000 tons)	219.0	488.7	1053.7	1268.0	1039.2	1015.3
#家庭用量	Consumption of Liquefied Gas for Residential Use	142.8	370.2	532.3	633.9	587.1	544.8
供气管道长度 (万公里)	Length of Gas Pipelines (10 000 km)	2.4	4.4	8.9	30.9	52.8	71.6
燃气普及率 (%)	Coverage Rate of Urban Population with Access to Gas(%)	19.1	34.3	45.4	92.0	95.3	96.7
集中供热面积 (亿平方米)	Area of Centralized Heating (100 million sq.m)	2.1	6.5	11.1	43.6	67.2	87.8
城市市政设施	**Municipal Infra-structure**						
年末实有道路长度 (万公里)	Length of Paved Roads at Year-end (10 000 km)	9.5	13.0	16.0	29.4	36.5	43.2
每万人拥有道路长度 (公里)	Length of Paved Roads Per 10 000 Persons (km)	3.1	3.8	4.1	7.5	7.9	8.4
年末实有道路面积(亿平方米)	Area of Paved Roads at Year-end (100 million sq.m)	10.2	16.5	23.8	52.1	71.8	85.4
人均拥有道路面积 (平方米)	Per Capita Area of Paved Roads (sq.m)	3.1	4.4	6.1	13.2	15.6	16.7
城市排水管道长度 (万公里)	Length of City Sewage Pipes (10 000 km)	5.8	11.0	14.2	37.0	54.0	68.3
城市公共交通	**Public Traffic**						
年末公共汽电车运营数(万辆)	Number of Public Vehicles under Operation at Year-end (Buses and Trolley Buses, etc.) (10 000 units)				37.5	48.3	56.6
年末轨道交通配属车辆数(万辆)					0.8	2.0	3.4
每万人拥有公共汽电车辆(标台)	Number of Public Transportation Vehicles Per 10 000 Persons (unit)				10.7	12.2	13.1
出租汽车数 (万辆)	Taxis (10 000 units)	11.1	50.4	82.5	98.6	109.2	109.7
城市绿化和园林	**City Greening**						
城市绿地面积 (万公顷)	Area of Green Land (10 000 hectares)	47.5	67.8	86.5	213.4	267.0	304.7
人均公园绿地面积 (平方米)	Per Capita Area of Parks and Green Land (sq.m)	1.8	2.5	3.7	11.2	13.3	14.1
公园个数 (个)	Number of Parks and Zoos (unit)	1970	3619	4455	9955	13834	16735
公园面积 (万公顷)	Area of Parks (10 000 hectares)	3.9	7.3	8.2	25.8	38.4	49.4
城市环境卫生	**Environmental Sanitation**						
生活垃圾清运量 (万吨)	Volume of Garbage Disposal (10 000 tons)	6767	10671	11819	15805	19142	22802
粪便清运量 (万吨)	Volume of Disposal of Excrement and Urine(10 000 tons)	2385	3066	2829	1951	1437	
每万人拥有公厕 (座)	Number of Public Toilets per 10 000 Persons (unit)	3.0	3.0	2.7	3.0	2.7	2.9

注：1.2006年以前“城区面积”为“城市面积”。
2.计算人均和普及率指标所使用的人口数2006年以前为城市人口，2006年起为城区人口与城区暂住人口之和，以公安部门的户籍统计和暂住人口统计为准。
3.自2017年起，粪便清运量不再统计。

a) Before 2006, Urban Area is the area of the city proper.
b) Per capita data and coverage rate are calculated on the basis of urban population before 2006. Since 2006, those indicators are calculated on the basis of the sum of districts area population and temporarily residing population, which are provided by the Ministry of Public Security.
c) Since 2017, volume of disposal of excrement and urine has not been collected.

25-4 分地区城市建设情况（2018年）
Statistics on City Construction by Region (2018)

地区	Region	城区面积（平方公里）Urban Area (sq.km)	建成区面积（平方公里）Area of Built Districts (sq.km)	城市建设用地面积（平方公里）Area of Land Used for Urban Construction (sq.km)	本年征用土地面积（平方公里）Land Put in Requisition for State Construction Projects (sq.km)	城市人口密度（人/平方公里）Population Density of Urban Area (persons/sq.km)
全国	**National Total**	**200896.5**	**58455.7**	**56075.9**	**2003.7**	**2546**
北京	Beijing	16410.0	1469.1	1471.8	29.9	1136
天津	Tianjin	2585.2	1077.8	950.6	29.6	5016
河北	Hebei	5926.8	2162.7	1860.1	58.1	3210
山西	Shanxi	3297.8	1180.1	1147.6	4.5	3514
内蒙古	Inner Mongolia	5058.3	1270.1	1185.6	29.6	1846
辽宁	Liaoning	12899.4	2669.7	2764.7	18.0	1782
吉林	Jilin	6658.7	1538.8	1464.9	75.4	1831
黑龙江	Heilongjiang	2587.7	1825.0	1831.4	27.4	5476
上海	Shanghai	6340.5	1237.7	1899.0	24.2	3823
江苏	Jiangsu	15536.4	4558.5	4416.9	214.2	2176
浙江	Zhejiang	11913.8	2919.1	2823.9	132.2	2137
安徽	Anhui	6190.3	2109.9	2071.8	225.2	2599
福建	Fujian	4048.4	1587.5	1478.4	55.5	3238
江西	Jiangxi	2492.7	1546.3	1477.4	92.6	4818
山东	Shandong	22784.4	5164.3	4884.9	142.5	1622
河南	Henan	5131.5	2797.3	2644.9	50.3	4903
湖北	Hubei	8145.9	2509.7	2609.7	77.1	2804
湖南	Hunan	5452.2	1837.1	1740.4	66.0	3174
广东	Guangdong	16634.1	6036.3	5209.9	101.5	3469
广西	Guangxi	5814.4	1476.0	1444.8	88.3	2025
海南	Hainan	1489.3	379.5	308.3	8.9	2460
重庆	Chongqing	7440.0	1496.7	1272.1	93.9	2026
四川	Sichuan	8458.5	2982.3	2778.9	192.6	3068
贵州	Guizhou	3244.7	1053.2	983.6	19.9	2412
云南	Yunnan	3186.6	1164.0	1144.2	37.9	3021
西藏	Tibet	632.2	163.7	152.9	5.8	1750
陕西	Shaanxi	2691.9	1355.5	1285.5	31.8	4450
甘肃	Gansu	1994.5	891.4	888.5	29.1	3237
青海	Qinghai	688.2	202.2	184.6	0.5	2804
宁夏	Ningxia	2162.3	482.0	436.0	11.7	1371
新疆	Xinjiang	3000.0	1312.2	1262.9	29.6	2525

25-5 分地区城市供水情况（2018年）
Basic Statistics on Tap Water Supply in Cities by Region (2018)

地 区	Region	年末供水综合生产能力（万立方米/日）Production Capacity of Tap Water Supply (year-end) (10 000 cu.m/day)	年末供水管道长度（公里）Length of Water Supply Pipelines (year-end) (km)	全年供水总量（万立方米）Total Annual Volume of Water Supply (10 000 cu.m)	#生活用水 For Residential Use	#生产用水 For Productive Use	用水人口（万人）Number of Residents with Access to Tap Water (10 000 persons)	人均日生活用水量（升）Per Capita Daily Consumption of Tap Water for Residential Use (liter)
全 国	**National Total**	**31221.8**	**866820**	**6146355**	**3287914**	**1619551**	**50310.9**	**179.7**
北 京	Beijing	3198.9	28243	191981	134986	24696	1863.4	198.7
天 津	Tianjin	473.9	18557	92374	47178	28040	1296.8	100.4
河 北	Hebei	969.0	19654	165810	83198	52488	1896.9	120.4
山 西	Shanxi	456.0	11010	98313	58676	28895	1155.2	139.3
内蒙古	Inner Mongolia	421.1	10069	82424	33101	29731	926.9	97.8
辽 宁	Liaoning	1198.8	37099	279443	124516	62392	2279.7	151.9
吉 林	Jilin	616.2	13126	105505	48937	24681	1144.7	117.5
黑龙江	Heilongjiang	760.3	16070	139710	63561	39499	1395.6	125.5
上 海	Shanghai	1250.0	38414	305508	179853	46020	2423.8	203.3
江 苏	Jiangsu	3491.2	101961	560242	263207	203467	3380.9	214.0
浙 江	Zhejiang	1831.2	72917	371711	189754	127201	2545.5	204.4
安 徽	Anhui	896.6	29392	200824	111647	54497	1604.8	190.7
福 建	Fujian	781.3	26886	175159	100173	31863	1307.0	210.1
江 西	Jiangxi	602.7	22076	130712	74576	25047	1180.7	174.6
山 东	Shandong	1892.1	54629	394788	168305	166016	3673.1	126.6
河 南	Henan	1166.6	25738	216305	118543	59921	2431.9	134.8
湖 北	Hubei	1426.1	35076	305003	166812	76176	2269.4	202.2
湖 南	Hunan	1017.9	31611	218678	127475	34374	1667.3	210.7
广 东	Guangdong	3524.4	121090	938248	520558	227849	5614.7	254.4
广 西	Guangxi	714.5	19562	177234	111777	37240	1151.3	266.1
海 南	Hainan	196.8	6812	42881	25630	2748	355.6	197.6
重 庆	Chongqing	617.0	19078	149304	89515	31645	1481.8	165.5
四 川	Sichuan	1101.8	42659	258676	163925	47732	2483.8	181.4
贵 州	Guizhou	361.7	16045	80560	51163	11285	756.7	185.9
云 南	Yunnan	424.9	14298	98722	47082	27319	930.1	139.0
西 藏	Tibet	68.2	1776	10266	5354	2082	95.1	163.0
陕 西	Shaanxi	483.9	10234	141972	68091	56752	1143.9	163.4
甘 肃	Gansu	355.0	6008	53878	31629	15000	632.1	137.2
青 海	Qinghai	102.8	2774	26959	11848	10083	191.0	178.5
宁 夏	Ningxia	235.6	2783	29956	15644	7044	291.6	147.3
新 疆	Xinjiang	585.4	11174	103208	51205	27771	739.8	191.4

25-6 分地区城市燃气情况（2018年）
Basic Statistics on Supply of Gas in Cities by Region (2018)

地 区	Region	人工煤气生产能力（万立方米/日）Production Capacity of Gaswork Gas (10 000 cu.m/day)	管道长度（公里）Length of Gas Pipelines (km)			全年供气总量 Volume of Gas Supply			用气人口（万人）Population with Access to Gas (10 000 persons)		
			人工煤气 Coal Gas	天然气 Natural Gas	液化石油气 Liquefied Petroleum Gas	人工煤气（万立方米）Coal Gas (10 000 cu.m)	天然气（万立方米）Natural Gas (10 000 cu.m)	液化石油气（吨）Liquefied Petroleum Gas (ton)	人工煤气 Coal Gas	天然气 Natural Gas	液化石油气 Liquefied Petroleum Gas
全 国	**National Total**	**1333.6**	**13124**	**698043**	**4841**	**297893**	**14439538**	**10153298**	**778.8**	**36902.1**	**11782.5**
北 京	Beijing			28241	230		1915978	480641		1434.8	428.6
天 津	Tianjin			27953			501030	57326		1242.1	54.7
河 北	Hebei	11.8	1481	27402	216	55238	511224	156663	50.6	1598.2	240.2
山 西	Shanxi	130.0	1510	22115	151	54027	380672	74579	66.3	1018.1	54.6
内蒙古	Inner Mongolia		496	9837	116	4446	206893	53681	27.4	656.9	200.9
辽 宁	Liaoning	213.2	5260	27088	356	44139	320901	683963	399.3	1487.1	355.7
吉 林	Jilin		345	10979	63	3426	174481	157114	40.0	820.6	273.6
黑龙江	Heilongjiang		317	10308	19	3501	158565	198967	30.8	928.2	309.3
上 海	Shanghai			31233	263		892863	313578		1804.5	619.3
江 苏	Jiangsu			81809	201		1238706	575121		2918.0	457.1
浙 江	Zhejiang	1.5	112	43453	791	426	625647	730574	4.3	1591.4	949.8
安 徽	Anhui			25665	137		342510	156494		1421.7	164.0
福 建	Fujian	10.0	156	11046	183	1712	242393	320141	9.0	631.2	648.4
江 西	Jiangxi	12.0	455	14483	93	15040	145718	202716	10.8	763.2	395.7
山 东	Shandong	340.0	10	60745	158	48302	981325	316551		3203.0	462.5
河 南	Henan	224.5	242	24719	14	33624	543823	213694	0.2	1977.1	445.8
湖 北	Hubei			35151	138		482853	324048		1737.3	492.6
湖 南	Hunan			20466	27		259348	241126		1108.6	511.7
广 东	Guangdong		651	35676	1003	6140	1330152	3789653	2.8	2588.8	2986.1
广 西	Guangxi		498	6384	2	3588	73588	306242	34.4	545.4	575.6
海 南	Hainan			3764	2		29818	87221		256.4	98.1
重 庆	Chongqing			22931			492502	64503		1390.6	77.7
四 川	Sichuan		693	53889	394	17230	847233	192033	59.7	2254.8	117.6
贵 州	Guizhou			6882	92		82932	113379		368.5	314.4
云 南	Yunnan		454	6992	75	2910	37632	149198	20.4	473.9	250.0
西 藏	Tibet			3459	2		3206	6475		30.8	30.1
陕 西	Shaanxi			18835	3	4	473502	52737	0.2	1082.2	69.9
甘 肃	Gansu	345.6	385	3597	110	2383	235059	41432	16.0	476.3	94.7
青 海	Qinghai			2313			157322	8528		161.4	21.3
宁 夏	Ningxia			6414	1		222697	7619		241.0	37.2
新 疆	Xinjiang	45.0	61	14211	1	1757	528964	77302	6.7	690.3	45.5

25-7 分地区城市集中供热情况（2018年）
Basic Statistics on Heating in Cities by Region (2018)

地区	Region	供热能力 Heating Capacity		供热总量 Quantity of Heat Supplied		管道长度（公里）	供热面积（万平方米）
		蒸汽（吨/小时） Steam (ton/hour)	热水（兆瓦） Hot Water (Mega Watts)	蒸汽（万吉焦） Steam (10 000 gigajoules)	热水（万吉焦） Hot Water (10 000 gigajoules)	Length of Heating Pipelines (km)	Area of Centralized Heating (10 000 sq.m)
全　国	**National Total**	**92322**	**578244**	**57731**	**323665**	**371120**	**878050**
北　京	Beijing		87982		20350	60549	62932
天　津	Tianjin	2445	29256	908	16517	29272	49452
河　北	Hebei	5142	46799	6594	27624	33956	83185
山　西	Shanxi	4434	32941	3395	18062	18179	55161
内蒙古	Inner Mongolia	1824	46267	1371	30048	14428	58293
辽　宁	Liaoning	18456	69692	12536	49605	55118	126747
吉　林	Jilin	2110	45107	1545	26376	27748	62633
黑龙江	Heilongjiang	4550	52234	2261	40921	19992	76652
上　海	Shanghai						
江　苏	Jiangsu						
浙　江	Zhejiang						
安　徽	Anhui	2422	370	1191	120	704	2673
福　建	Fujian						
江　西	Jiangxi						
山　东	Shandong	26500	58438	15584	34084	68273	133997
河　南	Henan	6903	21298	4082	10874	11076	43421
湖　北	Hubei	1204	100	693	3	299	1471
湖　南	Hunan						
广　东	Guangdong						
广　西	Guangxi						
海　南	Hainan						
重　庆	Chongqing						
四　川	Sichuan						
贵　州	Guizhou		216		121	25	211
云　南	Yunnan		225		112	435	300
西　藏	Tibet		64		48	30	150
陕　西	Shaanxi	9174	21039	2868	9958	3288	35227
甘　肃	Gansu	1000	16562	738	10363	5924	23460
青　海	Qinghai		4739		5275	1968	7924
宁　夏	Ningxia	2925	7363	1605	5357	6283	14683
新　疆	Xinjiang	3233	37551	2359	17848	13575	39478

25-8 分地区城市市政设施（2018年）
Basic Statistics on Municipal Infrastructure in Cities by Region (2018)

地 区	Region	年末实有道路长度（公里）Length of Paved Roads (year-end) (km)	年末实有道路面积（万平方米）Area of Paved Roads (year-end) (10 000 sq.m)	城市桥梁（座）Number of City Bridges (unit)	城市排水管道长度（公里）Length of City Sewage Pipes (km)	城市污水日处理能力（万立方米）Daily Disposal Capacity of City Sewage (10 000 cu.m)	城市道路照明灯（千盏）Number of Street Lights (1 000 units)
全 国	**National Total**	**432231**	**854268**	**73432**	**683485**	**18145.2**	**27383.4**
北 京	Beijing	8332	14098	2336	17646	692.8	302.7
天 津	Tianjin	8242	15131	1009	21369	286.0	376.9
河 北	Hebei	17281	37605	1725	20655	633.1	1020.7
山 西	Shanxi	8622	19478	1314	8396	271.2	514.9
内蒙古	Inner Mongolia	9894	21251	442	14002	240.6	589.6
辽 宁	Liaoning	19279	34325	1699	21617	1025.7	1195.2
吉 林	Jilin	9220	16831	902	11601	404.0	473.3
黑龙江	Heilongjiang	12726	21062	1164	12278	401.6	686.0
上 海	Shanghai	5317	11092	2855	21975	813.0	606.9
江 苏	Jiangsu	47973	85212	15678	80649	1870.9	3443.3
浙 江	Zhejiang	23689	45946	11569	48525	1128.3	1610.3
安 徽	Anhui	15018	36927	1739	30978	611.9	978.8
福 建	Fujian	13325	26995	1747	16760	416.0	850.1
江 西	Jiangxi	11222	23263	944	17331	289.8	807.6
山 东	Shandong	45633	93397	5708	64169	1223.1	2008.1
河 南	Henan	14538	36673	1465	25027	793.8	972.4
湖 北	Hubei	20612	38831	2159	27903	691.0	858.4
湖 南	Hunan	13192	29355	1209	18529	637.7	819.4
广 东	Guangdong	45100	77290	7596	82172	2297.7	3016.5
广 西	Guangxi	10441	22861	1253	13254	773.3	593.3
海 南	Hainan	4595	6158	218	4736	102.1	182.3
重 庆	Chongqing	9520	20378	1798	18911	367.1	725.4
四 川	Sichuan	17832	37968	2845	33011	708.8	1444.1
贵 州	Guizhou	4969	10575	701	8251	253.6	604.0
云 南	Yunnan	6954	13587	801	13775	252.8	559.9
西 藏	Tibet	781	1352	40	719	28.1	28.1
陕 西	Shaanxi	8643	19735	845	10415	390.3	748.1
甘 肃	Gansu	5092	11561	648	6955	153.3	340.9
青 海	Qinghai	1176	3124	211	2223	47.8	133.2
宁 夏	Ningxia	2404	6798	202	2036	100.0	235.9
新 疆	Xinjiang	10611	15411	610	7614	240.2	657.0

25-9 分地区城市公共交通情况（2018年）
Basic Statistics on Public Transportation in Cities by Region (2018)

地 区	Region	公共汽电车 Bus and Trolley Bus			轨道交通 Subways, Light Rail, Streetcar			出租汽车（辆） Number of Taxi (unit)
		运营车数（辆） Number of Bus in Operation (unit)	运营线路总长度（公里） Length of Lines in Operation (km)	客运总量（万人次） Total Passenger Traffic (10 000 person-times)	配属车辆数（辆） Number of Attached Vehicles (unit)	运营里程（公里） Length in Operation (km)	客运总量（万人次） Total Passenger Traffic (10 000 person-times)	
全 国	**National Total**	**565933**	**876650**	**6356469**	**34012**	**5295**	**2127659**	**1097237**
北 京	Beijing	22750	19245	318976	5682	637	384842	70035
天 津	Tianjin	13813	23920	109725	1130	227	40834	31940
河 北	Hebei	24012	40819	175242	198	28	8760	54003
山 西	Shanxi	10209	19364	128046				30487
内蒙古	Inner Mongolia	7992	16224	99378				39044
辽 宁	Liaoning	22166	28122	370355	1012	240	52642	81650
吉 林	Jilin	12004	17188	153623	842	118	14200	56351
黑龙江	Heilongjiang	16998	24198	228620	150	22	8269	63508
上 海	Shanghai	17122	24504	206233	5302	705	370592	41881
江 苏	Jiangsu	44186	79773	442019	2926	634	155924	52559
浙 江	Zhejiang	36378	82863	345909	1176	189	65422	39036
安 徽	Anhui	16675	18784	162782	324	53	15324	38911
福 建	Fujian	17871	25985	195680	408	54	10252	20191
江 西	Jiangxi	10175	20967	105037	294	49	14176	13545
山 东	Shandong	49514	105166	350269	529	178	15388	61722
河 南	Henan	27250	23395	241714	576	94	29341	47517
湖 北	Hubei	21075	22549	306967	2068	300	103710	37072
湖 南	Hunan	22026	21683	228450	348	69	25030	26014
广 东	Guangdong	63588	110606	609703	5234	830	495175	64782
广 西	Guangxi	10852	16555	101027	306	53	21361	16402
海 南	Hainan	4197	7302	29403				6994
重 庆	Chongqing	12251	16394	235762	1806	313	85787	21993
四 川	Sichuan	28910	34213	354906	1889	240	115756	34552
贵 州	Guizhou	7178	11767	147304	186	34	744	20265
云 南	Yunnan	11372	20532	142703	492	89	19958	19572
西 藏	Tibet	708	1848	9615				2365
陕 西	Shaanxi	13567	12370	223316	1050	123	73930	25543
甘 肃	Gansu	6519	9914	126406				24586
青 海	Qinghai	2375	3261	36807				8637
宁 夏	Ningxia	3393	5870	32154				12581
新 疆	Xinjiang	8807	11269	138341	84	17	244	33499

25-10 分地区城市绿地和园林(2018年)
Basic Statistics on Parks and Green Areas in Cities by Region (2018)

地 区	Region	城 市 绿地面积 (公顷) Area of Green Land (hectare)	#公园绿地 Park Green Areas	公 园 (个) Number of Parks (unit)	公园面积 (公顷) Area of Parks (hectare)	建成区 绿化覆盖率 (%) Green Covered Area as % of Completed Area (%)
全 国	**National Total**	**3047108**	**723740**	**16735**	**494228**	**41.1**
北 京	Beijing	85286	32619	311	32619	48.4
天 津	Tianjin	46498	12158	131	2817	38.0
河 北	Hebei	91424	27075	751	21113	41.6
山 西	Shanxi	48235	14223	316	11143	41.3
内蒙古	Inner Mongolia	67203	17300	305	15115	40.6
辽 宁	Liaoning	122259	27686	454	16967	39.9
吉 林	Jilin	69260	16393	344	13298	37.6
黑龙江	Heilongjiang	70669	17495	384	12480	36.0
上 海	Shanghai	139427	20578	250	2565	36.2
江 苏	Jiangsu	293765	49580	1133	30546	43.1
浙 江	Zhejiang	167370	34958	1340	20432	41.2
安 徽	Anhui	107515	23606	475	15893	42.5
福 建	Fujian	72103	19173	675	15379	44.3
江 西	Jiangxi	69708	17620	519	11511	45.9
山 东	Shandong	243368	65179	1214	40554	41.8
河 南	Henan	107112	31934	443	15787	40.0
湖 北	Hubei	93148	26201	449	14785	38.4
湖 南	Hunan	72435	19020	368	13344	41.2
广 东	Guangdong	485418	105810	3414	82505	44.0
广 西	Guangxi	92058	15365	294	11716	39.9
海 南	Hainan	17371	3750	97	2665	40.6
重 庆	Chongqing	64778	25844	428	14818	40.4
四 川	Sichuan	113537	33668	629	18238	40.5
贵 州	Guizhou	51561	12137	192	11575	38.6
云 南	Yunnan	46426	11414	823	9364	39.8
西 藏	Tibet	6020	963	105	808	37.3
陕 西	Shaanxi	71285	14087	284	8464	38.8
甘 肃	Gansu	27222	8816	172	5472	33.5
青 海	Qinghai	6677	2210	48	11923	33.9
宁 夏	Ningxia	25115	6041	96	3313	40.5
新 疆	Xinjiang	72853	10839	291	7021	39.6

注：公园绿地面积包括综合公园、社区公园、专类公园、带状公园和街旁绿地。
a) Area of park green areas includes comprehensive park, community park, topic park, belt-shaped park and green area nearby street.

25-11 分地区城市市容环境卫生情况（2018年）
Basic Statistics on Urban Sanitation in Cities by Region (2018)

地 区	Region	清扫保洁面积（万平方米）Area under Cleaning Program (10 000 sq.m)	生活垃圾清运量（万吨）Volume of Garbage Disposal (10 000 tons)	市容环卫专用车辆设备总数（台）Number of Special Vehicles for Environmental Sanitation (unit)	公共厕所（座）Number of Public Lavatories (unit)	#三类以上 Third Grade and Above
全 国	**National Total**	**869329**	**22801.8**	**252484**	**147466**	**117986**
北 京	Beijing	14443	975.1	12638	5270	5250
天 津	Tianjin	12180	294.8	5438	1384	926
河 北	Hebei	34756	755.7	10763	6044	3996
山 西	Shanxi	19488	478.9	5857	2459	1805
内蒙古	Inner Mongolia	21516	349.3	5192	7612	4471
辽 宁	Liaoning	44927	872.2	10357	4138	2325
吉 林	Jilin	17910	470.6	7162	3828	2617
黑龙江	Heilongjiang	25695	524.9	8454	5788	2310
上 海	Shanghai	20855	784.7	8579	6061	3456
江 苏	Jiangsu	63905	1718.0	17757	13965	12929
浙 江	Zhejiang	46411	1474.6	8776	8075	6520
安 徽	Anhui	37349	612.0	7053	3826	3236
福 建	Fujian	19589	874.9	5057	4824	3407
江 西	Jiangxi	21514	448.8	4435	2581	2149
山 东	Shandong	76721	1700.8	18087	7086	6673
河 南	Henan	39207	1019.6	16424	9851	9405
湖 北	Hubei	34970	954.2	11838	5596	4933
湖 南	Hunan	31280	824.5	6779	4331	2739
广 东	Guangdong	112966	3035.4	23213	10812	10304
广 西	Guangxi	23202	466.5	8087	1645	1464
海 南	Hainan	7371	222.4	7287	986	766
重 庆	Chongqing	19251	549.2	4113	4242	3045
四 川	Sichuan	38499	1013.1	8833	6116	4974
贵 州	Guizhou	14799	338.5	4993	2240	2154
云 南	Yunnan	14102	435.8	4617	6158	5858
西 藏	Tibet	1739	53.9	504	436	61
陕 西	Shaanxi	15521	650.2	5277	6323	6078
甘 肃	Gansu	11756	281.2	5248	1999	1706
青 海	Qinghai	3085	113.5	713	712	163
宁 夏	Ningxia	8438	117.7	2177	786	736
新 疆	Xinjiang	15883	390.7	6776	2292	1530

25-12 分地区城市设施水平（2018年）
Level of Public Facilities in Cities by Region (2018)

地 区	Region	城市用水普及率(%) Coverage Rate of Urban Population with Access to Tap Water (%)	城市燃气普及率(%) Coverage Rate of Urban Population with Access to Gas (%)	每万人拥有公共汽电车辆(标台) Public Transportation Vehicles per 10000 Population (unit)	人均城市道路面积(平方米) Per Capita Area of Paved Roads (sq.m)	人均公园绿地面积(平方米) Per Capita Public Green Areas (sq.m)	每万人拥有公共厕所(座) Number of Public Lavatories Per 10 000 Population (unit)
全 国	**National Average**	**98.36**	**96.70**	**13.09**	**16.70**	**14.11**	**2.88**
北 京	Beijing	100.00	100.00	18.24	7.57	16.30	2.83
天 津	Tianjin	100.00	100.00	11.93	11.67	9.38	1.07
河 北	Hebei	99.70	99.28	14.62	19.76	14.23	3.18
山 西	Shanxi	99.70	98.30	10.57	16.81	12.28	2.12
内蒙古	Inner Mongolia	99.23	94.76	10.18	22.75	18.52	8.15
辽 宁	Liaoning	99.16	97.52	11.72	14.93	12.04	1.80
吉 林	Jilin	93.89	93.04	10.73	13.81	13.45	3.14
黑龙江	Heilongjiang	98.48	89.50	14.03	14.86	12.35	4.08
上 海	Shanghai	100.00	100.00	9.04	4.58	8.49	2.50
江 苏	Jiangsu	99.98	99.81	15.63	25.20	14.66	4.13
浙 江	Zhejiang	100.00	100.00	16.10	18.05	13.73	3.17
安 徽	Anhui	99.75	98.56	12.80	22.95	14.67	2.38
福 建	Fujian	99.69	98.29	15.28	20.59	14.62	3.68
江 西	Jiangxi	98.31	97.40	9.72	19.37	14.67	2.15
山 东	Shandong	99.40	99.20	15.13	25.28	17.64	1.92
河 南	Henan	96.65	96.30	12.59	14.57	12.69	3.92
湖 北	Hubei	99.37	97.64	10.98	17.00	11.47	2.45
湖 南	Hunan	96.35	93.64	15.49	16.96	10.99	2.50
广 东	Guangdong	97.30	96.66	12.74	13.39	18.34	1.87
广 西	Guangxi	97.80	98.15	10.78	19.42	13.05	1.40
海 南	Hainan	97.04	96.74	12.67	16.81	10.23	2.69
重 庆	Chongqing	98.28	97.39	9.51	13.52	17.14	2.81
四 川	Sichuan	95.70	93.70	13.18	14.63	12.97	2.36
贵 州	Guizhou	96.68	87.25	10.96	13.51	15.51	2.86
云 南	Yunnan	96.60	77.31	12.97	14.11	11.85	6.40
西 藏	Tibet	85.90	55.05	7.72	12.21	8.71	3.94
陕 西	Shaanxi	95.49	96.19	13.72	16.47	11.76	5.28
甘 肃	Gansu	97.90	90.91	11.87	17.91	13.65	3.10
青 海	Qinghai	99.00	94.69	14.57	16.19	11.45	3.69
宁 夏	Ningxia	98.40	93.85	13.35	22.94	20.38	2.65
新 疆	Xinjiang	97.66	98.01	14.44	20.34	14.31	3.03

注：人均和普及率指标按城区人口与暂住人口之和计算，以公安部门的户籍统计和暂住人口统计为准。

a) Per capita data and coverage rate are calculated on the basis of the sum of districts area population and temporarily residing population, which are provided by the Ministry of Public Security.

25-13 分地区县城市政公用设施水平(2018年)
Level of National County Seat Service Facilities by Region (2018)

地区	Region	人口密度(人/平方公里) Population Density (person/sq.km)	人均日生活用水量(升) Daily Water Consumption Per Capita (liter)	用水普及率(%) Water Coverage Rate (%)	燃气普及率(%) Gas Coverage Rate (%)	建成区供水管道密度(公里/平方公里) Density of Water Supply Pipelines in Built District (km/sq.km)	人均道路面积(平方米) Road Surface Area Per Capita (sq.m)
全　国	**National Total**	**2231**	**122.91**	**93.80**	**83.85**	**10.56**	**17.73**
北　京	Beijing						
天　津	Tianjin						
河　北	Hebei	2720	101.14	98.89	95.74	10.45	24.30
山　西	Shanxi	3277	87.01	96.81	82.86	10.94	16.60
内蒙古	Inner Mongolia	884	94.78	97.54	86.87	10.99	29.66
辽　宁	Liaoning	1623	107.43	91.19	77.67	9.39	13.61
吉　林	Jilin	3099	102.71	86.92	73.43	10.53	11.57
黑龙江	Heilongjiang	2702	92.61	88.00	51.88	9.71	13.18
上　海	Shanghai						
江　苏	Jiangsu	2046	145.90	99.77	99.82	13.49	19.99
浙　江	Zhejiang	881	187.99	100.00	99.37	21.94	22.73
安　徽	Anhui	1713	133.11	96.25	92.01	12.21	22.82
福　建	Fujian	2522	173.04	98.72	97.61	13.74	17.71
江　西	Jiangxi	4977	120.27	96.17	90.27	11.87	19.42
山　东	Shandong	1368	119.38	98.81	95.88	7.90	21.60
河　南	Henan	2632	106.72	86.60	79.03	7.15	17.37
湖　北	Hubei	3038	133.10	95.13	91.64	10.70	18.24
湖　南	Hunan	3602	141.16	87.76	76.97	11.49	13.37
广　东	Guangdong	1800	155.81	88.82	89.51	13.31	12.78
广　西	Guangxi	2603	155.53	97.52	95.71	11.68	17.78
海　南	Hainan	2851	223.16	94.37	94.64	11.09	25.93
重　庆	Chongqing	2718	116.28	97.35	94.92	11.86	9.56
四　川	Sichuan	1895	130.36	90.41	83.32	9.86	11.52
贵　州	Guizhou	2221	111.72	90.16	58.89	6.95	13.35
云　南	Yunnan	4078	113.21	93.78	51.97	12.25	14.92
西　藏	Tibet	2139	164.10	85.97	65.22	6.21	20.48
陕　西	Shaanxi	3705	92.40	93.63	85.39	6.86	14.90
甘　肃	Gansu	4792	81.13	93.63	64.99	8.99	13.16
青　海	Qinghai	1923	90.60	95.32	56.88	10.19	18.92
宁　夏	Ningxia	3001	121.41	97.35	74.05	7.73	29.01
新　疆	Xinjiang	3096	133.15	97.44	92.23	10.33	20.75

注：新疆数据包括新疆生产建设兵团师团部驻地情况。

a) Data of Xinjiang include that of the division seats of Xinjiang Production and Construction Corps.

25-13 续表 continued

地 区	Region	建成区排水管道密度(公里/平方公里) Density of Sewers in Built District (km/ sq.km)	污水处理率(%) Wastewater Treatment Rate (%)	污水处理厂集中处理率 Centralized Treatment Rate of Wastewater Treatment Plants	人均公园绿地面积(平方米) Public Recreational Green Space Per Capita (sq.m)	建成区绿化覆盖率(%) Green Coverage Rate of Built District (%)	建成区绿地率(%) Green Space Rate of Built District (%)	生活垃圾处理率(%) Domestic Garbage Treatment Rate (%)	生活垃圾无害化处理率 Domestic Garbage Harmless Treatment Rate
全 国	**National Total**	**8.82**	**91.16**	**89.90**	**12.21**	**35.17**	**31.21**	**97.11**	**93.24**
北 京	Beijing								
天 津	Tianjin								
河 北	Hebei	9.16	96.51	96.51	12.55	40.97	36.66	96.59	96.05
山 西	Shanxi	9.64	93.46	93.13	11.10	38.68	34.05	90.16	82.08
内蒙古	Inner Mongolia	7.11	95.57	95.57	21.02	36.21	33.71	98.46	95.50
辽 宁	Liaoning	5.62	96.17	96.17	11.03	19.24	15.16	98.71	91.75
吉 林	Jilin	7.76	90.91	90.91	10.04	27.80	24.14	99.87	99.87
黑龙江	Heilongjiang	5.74	88.04	87.76	12.05	23.36	19.68	87.12	65.42
上 海	Shanghai								
江 苏	Jiangsu	11.66	88.54	85.37	12.94	41.75	39.36	100.00	100.00
浙 江	Zhejiang	14.99	94.85	94.17	14.62	41.44	37.42	100.00	100.00
安 徽	Anhui	10.55	95.14	94.58	13.56	37.50	33.24	99.69	98.86
福 建	Fujian	12.29	91.16	91.13	14.66	42.56	39.07	99.32	99.32
江 西	Jiangxi	10.51	88.26	88.23	14.98	40.74	36.45	99.99	99.99
山 东	Shandong	9.70	96.55	96.44	15.36	39.37	34.81	99.91	99.84
河 南	Henan	8.48	95.13	95.13	9.82	32.74	28.60	93.49	85.57
湖 北	Hubei	8.15	90.07	88.86	11.48	35.08	31.48	99.84	99.84
湖 南	Hunan	8.12	94.23	88.78	9.73	35.20	30.08	98.69	98.69
广 东	Guangdong	5.07	87.84	87.67	14.47	31.95	30.52	99.97	99.97
广 西	Guangxi	10.81	91.62	84.88	11.91	36.44	32.33	98.83	98.40
海 南	Hainan	5.30	74.72	74.72	8.48	38.18	30.26	99.52	99.52
重 庆	Chongqing	15.29	94.76	93.53	12.15	41.00	37.44	100.00	100.00
四 川	Sichuan	7.75	76.81	74.28	11.17	33.00	29.28	97.03	90.73
贵 州	Guizhou	4.25	84.44	84.44	11.09	30.52	27.56	86.38	86.38
云 南	Yunnan	11.20	88.86	86.50	10.07	35.49	30.94	98.51	94.12
西 藏	Tibet	5.54	10.00	8.10	1.21	6.21	3.72	88.08	86.12
陕 西	Shaanxi	7.48	86.86	86.66	10.50	34.54	30.14	96.84	92.18
甘 肃	Gansu	7.54	90.37	90.37	8.56	20.55	16.44	98.91	98.91
青 海	Qinghai	7.18	81.38	81.38	5.13	19.10	15.72	94.95	80.55
宁 夏	Ningxia	9.56	94.73	94.73	16.62	37.13	33.36	97.10	97.10
新 疆	Xinjiang	6.55	88.59	88.28	13.30	35.44	31.55	96.89	57.31

25-14 农村水电建设和发电量、农村用电量
Rural Hydropower Construction and Amount of Electric Power Generation, Electricity Consumption

年份 Year 地区 Region	本年完成投资额(万元) Amount of Investment Completed This Year (10 000 yuan)	年末发电设备容量(千瓦) Capability of Electricity Generation Equipment at Year-end (kw)	#本年新增发电设备容量 Newly Increased Capability of Electricity Generation Equipment	在建电站规模(千瓦) Scale of Electric Power Plant under Construction (kw)	#当年新开工电站规模 Scale of Newly Started Electric Power Station This Year	发电量(万千瓦时) Amount of Electric Power Generation (10 000 kwh)	农村用电量(亿千瓦时) Electricity Consumed in Rural Areas (100 million kwh)
1978							253.1
1980							320.8
1985							508.9
1990	348848	13978100	791000			4181100	844.5
1995	1321689	18721073	1207854	10760000		6316247	1655.7
2000	2220993	27487791	2060127	7459500	2384000	8755014	2421.3
2005	4343826	43090145	4964672	17727677	4284511	13571702	4375.7
2006	4604296	47196651	6403520	20653424	4501575	14835889	4895.8
2007	5117926	53855597	6578193	20944545	4498420	16346041	5509.9
2008	4568884	51274371	4194106	21239258	3787365	16275902	5713.2
2009	4563240	55121211	3807072	12890100	2194445	15672471	6104.4
2010	4398453	59240191	3793551	13700560	2425973	20444256	6632.3
2011	4243988	62123430	3277465	10309266	1585709	17566867	7139.6
2012	3671548	65686071	3399616	9947388	1658258	21729246	7508.5
2013	3457047	71186268	2460601	9477045	1357859	22327712	8549.5
2014	3171306	73221047	2553873	9666971	939855	22814929	8884.4
2015	3082737	75829591	2412664	8038846	929005	23512814	9026.9
2016	2493935	77910629	2032270	7436391	931158	26821937	9238.3
2017	1999937	79269995	1353020	6628296	669630	24772495	9524.4
2018	1000907	80435263	1643058	6013805	524270	23456083	9358.5
北京 Beijing		42920				2430	65.1
天津 Tianjin		5800				1469	36.9
河北 Hebei	2811	403748	7730	18410		67103	505.2
山西 Shanxi	5580	206626	7755	60945		42452	101.4
内蒙古 Inner Mongolia		95020				19325	85.5
辽宁 Liaoning	5928	454299	10845	122665		81074	306.2
吉林 Jilin	22163	603410	26270	191740	4945	179867	54.9
黑龙江 Heilongjiang	9858	384460	11180	74820		93647	82.8
上海 Shanghai							1053.4
江苏 Jiangsu	142	40191				8915	1933.1
浙江 Zhejiang	26215	4099507	58897	90540		834464	1008.3
安徽 Anhui	4888	1112456	8245	13000		249476	180.8
福建 Fujian	9690	7390664	52476			1861904	403.9
江西 Jiangxi	7829	3449893	37736	52305	175	732371	112.5
山东 Shandong		88899				5158	416.2
河南 Henan	1656	509490	5148	3600	640	105334	330.6
湖北 Hubei	88218	3861738	69890	247350	88200	935802	165.2
湖南 Hunan	76529	6379772	83150	165660	21300	1738922	130.8
广东 Guangdong	27729	7602484	34068	81255	5970	1675262	1443.1
广西 Guangxi	78423	4579711	35110	94130	12360	1309217	108.2
海南 Hainan		493725	42335	7030		153719	17.4
重庆 Chongqing	54991	2874133	146540	304140	46230	725152	79.5
四川 Sichuan	116705	12011238	346840	1529915		4347891	198.6
贵州 Guizhou	128451	3507621	105505	569320	31950	1055652	98.4
云南 Yunnan	182574	12128479	298360	1343900	157000	4305958	104.9
西藏 Tibet	18970	375619	6330	53310		86225	1.6
陕西 Shaanxi	114373	1578291	88537	287010	13600	422839	133.6
甘肃 Gansu	11824	2791778	139011	439260	77600	1094117	59.1
青海 Qinghai	230	1097135	440	75000		521638	6.6
宁夏 Ningxia		6240				690	15.1
新疆 Xinjiang	5129	2138216	20660	188500	64300	766399	119.5
水利部直属 Directly under The Ministry of Water Resources		121700				31608	

注：本表由水利部农村水利水电司提供。农村水电是以小水电为主体，直接为农村经济社会发展服务的水电站及其供电网络。

2018年，农村水电全年新增加发电设备容量164万千瓦，其中，新投产装机116万千瓦，技改净增发电设备容量48万千瓦。

a) Data in this table are from the Department of Rural Water Resources and Hydropower, Ministry of Water Resources. Rural hydropower is the small hydropower as mainbody,hydropower and electricity networks directly providing services for rural economic and social development. In 2018, newly increased capability of electricity generation equipment is 1640000 kw, among which, equipment newly put into operation is 1160000 kw, net increased capability for technological transformation is 480000 kw.

25-15 东、中、西部及东北地区国民经济和社会发展主要指标（2018年）

指　标	Item	全国总计 National Total
总人口(年末)　(万人)	Population at Year-end　(10 000 persons)	139538.0
国内(地区)生产总值　(亿元)	Gross Domestic Product　(100 million yuan)	900309.5
第一产业	Primary Industry	64734.0
第二产业	Secondary Industry	366000.9
第三产业	Tertiary Industry	469574.6
居民人均可支配收入　(元)	Annual Per Capita Disposable Income of Households　(yuan)	28228.0
城镇居民人均可支配收入	Annual Per Capita Disposable Income of Urban Households	39250.8
农村居民人均可支配收入	Annual Per Capita Disposable Income of Rural Households	14617.0
地方一般公共预算收入(亿元)	General Public Budget Revenue　(100 million yuan)	97903.4
地方一般公共预算支出(亿元)	General Public Budget Expenditure　(100 million yuan)	188196.3
社会消费品零售总额 (亿元)	Total Retail Sales of Consumer Goods　(100 million yuan)	380986.9
货物进出口总额　(亿元)	Total Value of Imports and Exports　(RMB 100 million yuan)	305008.1
出口	Exports	164127.8
进口	Imports	140880.3
主要农产品产量	Output of Major Farm Products	
谷物　(万吨)	Cereal　(10 000 tons)	61003.6
棉花　(万吨)	Cotton　(10 000 tons)	610.3
油料　(万吨)	Oil-bearing Crops　(10 000 tons)	3433.4
主要工业产品产量	Output of Major Industrial Products	
原煤　(亿吨)	Coal　(100 million tons)	36.8
天然气　(亿立方米)	Natural Gas　(100 million cu.m)	1602.7
水泥　(万吨)	Cement　(10 000 tons)	220770.7
粗钢　(万吨)	Crude Steel　(10 000 tons)	92800.9
钢材　(万吨)	Rolled Steel　(10 000 tons)	110551.7
汽车　(万辆)	Motor Vehicles　(10 000 sets)	2781.9
发电量　(亿千瓦小时)	Electricity　(100 million kwh)	71117.7
铁路营业里程　(公里)	Length of Railways in Operation　(km)	131651.3
公路里程　(公里)	Length of Highways　(km)	4846531.7
#高速公路	Expressway	142593.2
客运量　(万人)	Passenger Traffic　(10 000 persons)	1732646.6
货运量　(万吨)	Freight Traffic　(10 000 tons)	5152731.6
邮政业务总量　(亿元)	Business Volume of Postal Services　(100 million yuan)	12345.2
电信业务总量　(亿元)	Business Volume of Postal Services　(100 million yuan)	65633.9
普通高等学校数　(个)	Number of Regular Institutions of Higher Education　(unit)	2663.0
本专科在校学生数　(万人)	Graduates of Undergraduates and College Students　(10 000 persons)	2831.0
医院数　(个)	Number of Hospitals　(unit)	33009.0
执业(助理)医师　(万人)	Licensed (Assistant) Doctors　(10 000 persons)	360.7
医院床位数　(万张)	Number of Beds of Medical Institutions　(10 000 beds)	652.0

Main Indicators of National Economic and Social Development by Eastern, Central, Western and Northeastern Provinces (2018)

东部地区 Eastern Provinces		中部地区 Central Provinces		西部地区 Western Provinces		东北地区 Northeastern Provinces	
绝对数 Absolute Figures	占全国比重 (%) As Percentage of National Total	绝对数 Absolute Figures	占全国比重 (%) As Percentage of National Total	绝对数 Absolute Figures	占全国比重 (%) As Percentage of National Total	绝对数 Absolute Figures	占全国比重 (%) As Percentage of National Total
53750.0	38.5	37111.0	26.6	37956.0	27.2	10836.0	7.8
480995.8	52.6	192657.9	21.1	184302.1	20.1	56751.6	6.2
22004.4	34.0	16176.5	25.0	20358.3	31.4	6195.0	9.6
196449.5	52.2	84758.8	22.5	74645.5	19.8	20466.9	5.4
262542.0	55.4	91722.6	19.4	89298.3	18.9	30089.7	6.4
36298.2		23798.3		21935.8		25543.2	
46432.6		33803.2		33388.6		32993.7	
18285.7		13954.1		11831.4		14080.4	
56093.3	57.3	17648.3	18.0	19022.2	19.4	5139.6	5.2
79293.4	42.1	40479.2	21.5	54619.7	29.0	13804.1	7.3
193865.4	51.4	81571.6	21.6	70554.0	18.7	30980.6	8.2
248568.3	81.5	19799.9	6.5	24811.9	8.1	11828.1	3.9
134675.0	82.1	12597.8	7.7	12349.6	7.5	4505.4	2.7
113893.3	80.8	7202.0	5.1	12462.3	8.8	7322.7	5.2
14798.3	24.3	19373.7	31.8	14418.5	23.6	12413.1	20.3
50.3	8.2	43.7	7.2	516.2	84.6	0.0	0.0
685.4	20.0	1462.3	42.6	1108.8	32.3	176.9	5.2
2.1	5.6	11.8	32.1	21.9	59.3	1.1	3.0
190.2	11.9	62.9	3.9	1281.7	80.0	67.8	4.2
77663.8	35.2	59260.8	26.8	76255.1	34.5	7591.1	3.4
51208.5	55.2	19260.7	20.8	13478.9	14.5	8852.8	9.5
65690.7	59.4	20355.2	18.4	15744.5	14.2	8761.4	7.9
1347.0	48.4	501.9	18.0	545.0	19.6	388.0	13.9
26996.2	38.0	14615.0	20.6	25656.4	36.1	3850.1	5.4
31528.0	23.9	28863.9	21.9	52797.1	40.1	18462.3	14.0
1161526.3	24.0	1297781.8	26.8	1991735.4	41.1	395488.2	8.2
40763.7	28.6	36063.6	25.3	53624.3	37.6	12141.5	8.5
630643.3	36.4	463320.2	26.7	503816.1	29.1	134866.9	7.8
1861034.5	36.8	1486690.0	29.4	1383642.9	27.3	330692.1	6.5
9355.5	75.8	1617.7	13.1	1045.0	8.5	327.0	2.6
29688.8	45.3	13710.5	20.9	18101.7	27.6	3984.3	6.1
1015.0	38.1	695.0	26.1	695.0	26.1	258.0	9.7
1077.0	38.0	786.5	27.8	732.2	25.9	235.4	8.3
11667.0	35.3	7596.0	23.0	10492.0	31.8	3254.0	9.9
153.0	42.4	88.2	24.5	90.8	25.2	28.7	8.0
236.1	36.2	167.4	25.7	187.0	28.7	61.6	9.4

25-16 京津冀及长江经济带国民经济和社会发展主要指标(2018年)

Main Indicators of National Economic and Social Development by Beijing-Tianjin-Hebei Region and Yangtze River Economic Zone (2018)

指标	Item	全国总计 National Total	京津冀地区 Beijing-Tianjin-Hebei Region 绝对数 Absolute Figures	京津冀地区 占全国比重(%) As Percentage of National Total	长江经济带 Yangtze River Economic Zone 绝对数 Absolute Figures	长江经济带 占全国比重(%) As Percentage of National Total
总人口(年末) (万人)	Population at Year-end (10 000 persons)	139538.0	11270.0	8.1	59873.0	42.9
国内(地区)生产总值 (亿元)	Gross Domestic Product (100 million yuan)	900309.5	85139.9	9.3	402985.2	44.1
第一产业	Primary Industry	64734.0	3629.4	5.6	27822.9	43.0
第二产业	Secondary Industry	366000.9	29297.5	7.8	166486.2	44.2
第三产业	Tertiary Industry	469574.6	52213.0	11.0	208676.1	44.1
地方一般公共预算收入(亿元)	General Public Budget Revenue (100 million yuan)	97903.4	11406.0	11.7	43823.9	44.8
地方一般公共预算支出(亿元)	General Public Budget Expenditure (100 million yuan)	188196.3	18300.8	9.7	80969.1	43.0
社会消费品零售总额 (亿元)	Total Retail Sales of Consumer Goods (100 million yuan)	380986.9	33817.8	9.0	161574.1	42.9
货物进出口总额 (亿元)	Total Value of Imports and Exports(RMB 100 million yuan)	305008.1	23515.3	7.7	133828.7	43.9
出口	Exports	164127.8	8157.2	5.0	76017.0	46.3
进口	Imports	140880.3	15358.1	10.9	57811.7	41.0
主要农产品产量	Output of Major Farm Products					
谷物 (万吨)	Cereal (10 000 tons)	61003.6	3765.2	6.2	21714.0	35.6
棉花 (万吨)	Cotton (10 000 tons)	610.3	25.8	4.2	42.9	7.0
油料 (万吨)	Oil-bearing Crops (10 000 tons)	3433.4	122.4	3.6	1531.8	44.6
主要工业产品产量	Output of Major Industrial Products					
原煤 (亿吨)	Coal (100 million tons)	36.8	0.6	1.5	3.9	10.7
天然气 (亿立方米)	Natural Gas (100 million cu.m)	1602.7	57.4	3.6	466.1	29.1
水泥 (万吨)	Cement (10 000 tons)	220770.7	10570.7	4.8	114858.4	52.0
粗钢 (万吨)	Crude Steel (10 000 tons)	92800.9	25746.3	27.7	29683.5	32.0
钢材 (万吨)	Rolled Steel (10 000 tons)	110551.7	31830.6	28.8	35549.0	32.2
汽车 (万辆)	Motor Vehicles (10 000 sets)	2781.9	372.6	13.4	1234.7	44.4
发电量 (亿千瓦小时)	Electricity (100 million kwh)	71117.7	4295.1	6.0	27491.1	38.7
铁路营业里程 (公里)	Length of Railways in Operation (km)	131651.3	9779.5	7.4	39043.9	29.7
公路里程 (公里)	Length of Highways (km)	4846531.7	231764.8	4.8	2117275.0	43.7
#高速公路	Expressway	142593.2	9656.5	6.8	55690.5	39.1
客运量 (万人)	Passenger Traffic (10 000 persons)	1732646.6	123730.7	7.1	857563.9	49.5
货运量 (万吨)	Freight Traffic (10 000 tons)	5152731.6	322416.6	6.4	2183615.2	43.1
邮政业务总量 (亿元)	Business Volume of Postal Services (100 million yuan)	12345.2	893.4	7.2	5920.7	48.0
电信业务总量 (亿元)	Business Volume of Postal Services (100 million yuan)	65633.9	5283.4	8.1	28252.4	43.1
普通高等学校数 (个)	Number of Regular Institutions of Higher Education(unit)	2663.0	270.0	10.1	1147.0	43.1
本专科在校学生数 (万人)	Graduates of Undergraduates and College Students (10 000 persons)	2831.0	246.1	8.7	1208.2	42.7
医院数 (个)	Number of Hospitals (unit)	33009.0	3176.0	9.6	13635.0	41.3
执业(助理)医师 (万人)	Licensed (Assistant) Doctors (10 000 persons)	360.7	35.4	9.8	150.5	41.7
医院床位数 (万张)	Number of Beds of Medical Institutions (10 000 beds)	652.0	49.7	7.6	287.4	44.1

注：长江经济带：包括上海、江苏、浙江、安徽、江西、湖北、湖南、重庆、四川、贵州、云南。

a) Yangtze River Economic Zone includes: Shanghai, Jiangsu, Zhejiang, Anhui, Jiangxi, Hubei, Hunan, Chongqing, Sichuan, Guizhou, Yunnan.

25-17 民族自治地方行政区划和人口（2018年）
Administrative Division and Population of Ethnic Minority Autonomous Areas(2018)

省级单位名称	Provinces and Autonomous Regions	地级区划数(个) Number of Regions at Prefecture Level (unit)	#地级市 Cities at Prefecture Level	#自治州 Autonomous Prefecture	县级区划数(个) Number of Regions at County Level (unit)	#县级市 Cities at County Level	#自治县(旗) Autonomous Counties(Qi)	总人口(万人) Total Population in Minority Areas (10 000 persons)	#少数民族人口 Ethnic Minority Population	少数民族人口占自治地方总人口比重(%) Ethnic Minority Population as Percentage to Total Population in Minority Areas(%)
全　国	**National Total**	**77**	**38**	**30**	**711**	**78**	**120**	**19141.30**	**9774.64**	**51.07**
河　北	Hebei				6		6	213.93	136.39	63.75
内蒙古	Inner Mongolia	12	9		103	11	3	2533.98	561.64	22.16
辽　宁	Liaoning				8		8	323.17	176.11	54.49
吉　林	Jilin	1		1	11	6	3	318.56	109.86	34.49
黑龙江	Heilongjiang				1		1	23.53	5.15	21.87
浙　江	Zhejiang				1		1	17.10	2.02	11.81
湖　北	Hubei	1		1	10	2	2	460.64	261.53	56.78
湖　南	Hunan	1		1	15	1	7	498.82	416.53	83.50
广　东	Guangdong				3		3	52.96	20.49	38.70
广　西	Guangxi	14	14		111	7	12	4926.00	2204.51	44.75
海　南	Hainan				6		6	176.36	91.16	51.69
重　庆	Chongqing				4		4	277.23	206.22	74.39
四　川	Sichuan	3		3	51	3	4	790.78	498.42	63.03
贵　州	Guizhou	3		3	46	5	11	1834.05	1102.95	60.14
云　南	Yunnan	8		8	78	12	29	2415.82	1422.29	58.87
西　藏	Tibet	7	6		74			343.82	309.60	90.05
甘　肃	Gansu	2		2	21	2	7	376.52	236.03	62.69
青　海	Qinghai	6		6	35	3	7	382.91	258.72	67.57
宁　夏	Ningxia	5	5		22	2		688.11	257.29	37.39
新　疆	Xinjiang	14	4	5	105	24	6	2487.00	1497.72	60.22

注：民族自治地方是指5个民族自治区、30个民族自治州和120个民族自治县(旗)的全部民族自治范围，不重复计算。

a) Ethnic minority autonomous areas refer to the areas of 5 ethnic minority autonomous regions, 30 ethnic minority autonomous prefectures, and 120 ethnic minority autonomous counties(Qi), and without repetitive computation.

25-18 民族自治地方国民经济与社会发展主要指标

指　标	Item	总量指标		
		1990	1995	2000
人口与就业	**Population and Employment**			
人口　（万人）	**Population　(10 000 persons)**			
年底总人口	Population at Year-end	15296	16044	16818
#少数民族人口	Ethnic Minority Population	6880	7232	7767
就业	**Employment**			
单位从业人员数　（万人）	Persons Employed in Various Units　(10 000 persons)	1543	1672	1733
宏观经济	**Macro Economy**			
地区生产总值　（亿元）	**Gross Regional Product　(100 million yuan)**		**4901**	**7486**
第一产业	Primary Industry		1629	2022
第二产业	Secondary Industry		1747	2834
第三产业	Tertiary Industry		1526	2629
人均地区生产总值　（元）	**Per Capita Gross Regional Product　(yuan)**		**3055**	**4451**
财政　（亿元）	**Government Finance　(100 million yuan)**			
公共财政预算收入	Public Budgetary Revenue	166.7	248	476
公共财政预算支出	Public Budgetary Expenditure	304.4	595	1173
产　业	**Industry**			
农业	**Agriculture**			
耕地面积　（万公顷）	Cultivated Area　(10 000 hectares)	1763	1508	2086
灌溉面积　（万公顷）	Irrigated Areas　(10 000 hectares)	764	838	936
农林牧渔总产值　（亿元）	Gross Output Value of Agriculture, Forestry, Animal Husbandry and Fishery　(100 million yuan)		2537	3200
主要农产品产量	Output of Major Farm Products			
粮食产量　（万吨）	Grain Output　(10 000 tons)	5373	5801	6381
棉花产量　（万吨）	Cotton Output　(10 000 tons)	47	95	146
油料产量　（万吨）	Oil-bearing Crops Output　(10 000 tons)	208	264	353
大牲畜年底头数（万头）	Number of Large Domestic Animals (year-end)(10 000 heads)	5286	5618	5566
羊年底头数　（万只）	Goats and Sheep　(10 000 units)	11362	11906	13076
猪年底头数　（万头）	Hogs (year-end)　(10 000 heads)	5668	7240	8201
工业	**Industry**			
主要工业产品产量	Output of Major Industrial Products			
布　（亿米）	Cloth　(100 million m)	7.4	6.9	5.0
机制纸及纸板　（万吨）	Machine-made Paper and Paperboard　(10 000 tons)	94	191	175
成品糖　（万吨）	Refined Sugar　(10 000 tons)	223	240	498
原煤　（亿吨）	Coal　(100 million tons)	1.2	1.7	1.5
原油　（万吨）	Crude Oil　(10 000 tons)	1265	1610	2292
发电量　（亿千瓦小时）	Electricity　(100 million kwh)	739	1187	1712
粗钢　（万吨）	Crude Steel　(10 000 tons)	368	700	647
生铁　（万吨）	Pig Iron　(10 000 tons)	417	555	725
水泥　（万吨）	Cement　(10 000 tons)	1958	4296	5703
建筑业	**Construction**			
建筑业企业人数　（万人）	Number of Employed Persons　(10 000 persons)			132

Principal Aggregate Indicators on National Economic and Social Development in Ethnic Minority Autonomous Regions

Aggregate Data				速度指标(%) Indices and Growth Rates(%)								
				指数（2018年为以下各年）Indices (2018 as Percentage)						平均增长速度 Average Growth Rate		
2005	2010	2017	2018	1990	1995	2000	2005	2010	2017	1991–2018	1996–2018	2001–2018
17311	18531	18943	19141	125.1	119.3	113.8	110.6	103.3	101.0	0.8	0.8	0.7
8239	8814	9680	9775	142.1	135.2	125.9	118.6	110.9	101.0	1.3	1.3	1.3
1202	1297	1580	1787	115.8	106.8	103.1	148.6	137.8	113.1	0.5	0.3	0.2
15706	**38989**	**72046**	**77722**		**1072.3**	**695.3**	**399.5**	**204.5**	**106.8**		**10.9**	**11.4**
3300	6198	10737	11274		340.3	259.0	196.5	148.7	105.1		5.5	5.4
6419	18809	28152	30036		1829.9	1086.8	521.4	222.1	106.0		13.5	14.2
5987	13982	33157	36412		1110.7	690.7	402.4	215.7	107.9		11.0	11.3
8991	**22060**	**39622**	**42437**		**1389.2**	**953.4**	**472.0**	**192.4**	**107.1**		**12.1**	**13.3**
1026	3257	7262	7575	4544.2	3053.2	1592.9	738.1	232.6	104.3	14.6	16.0	16.6
3050	10512	25655	28025	9206.7	4709.3	2389.4	918.7	266.6	109.2	17.5	18.2	19.3
2033	2380	2793	2854	161.9	189.2	136.8	140.4	119.9	102.2	1.7	2.8	1.8
1027	1156	1378	1394	182.4	166.3	148.9	135.6	120.5	101.1	2.2	2.2	2.2
5349	10374	18888	19709	4404.6	315.9	240.7	176.6	112.2	105.3	14.5	5.1	5.0
7187	8308	10118	10362	192.9	178.6	162.4	144.2	124.7	102.4	2.4	2.6	2.7
188	248	457	511	1088.0	540.5	349.7	272.1	205.8	111.9	8.9	7.6	7.2
372	422	576	533	256.1	201.8	150.8	143.2	126.1	92.5	3.4	3.1	2.3
6153	6068	5182	5135	97.1	91.4	92.3	83.5	84.6	99.1	-0.1	-0.4	-0.4
16391	14885	16751	16144	142.1	135.6	123.5	98.5	108.5	96.4	1.3	1.3	1.2
8526	8141	8312	7026	124.0	97.1	85.7	82.4	86.3	84.5	0.8	-0.1	-0.9
3.5	3.6	3.9	6.1	81.8	87.7	120.8	172.9	166.6	156.0	-0.7	-0.6	1.1
273	385	470	446	474.1	233.3	254.3	163.5	115.8	94.9	5.7	3.8	5.3
678	907	1208	1287	578.1	537.3	258.3	189.8	141.9	106.5	6.5	7.6	5.4
3.8	10.4	12.2	13.3	1099.4	801.4	909.7	350.1	128.0	108.7	8.9	9.5	13.1
2833	3059	2889	2944	232.7	182.8	128.4	103.9	96.2	101.9	3.1	2.7	1.4
3052	6730	15764	19249	2605.5	1622.4	1124.1	630.7	286.0	122.1	12.3	12.9	14.4
1846	4005	5659	5822	1580.9	832.2	899.8	315.4	145.4	102.9	10.4	9.7	13.0
2087	4447	5371	5929	1421.9	1068.9	818.0	284.1	133.3	110.4	9.9	10.9	12.4
10156	21653	36507	35195	1797.7	819.3	617.1	346.5	162.5	96.4	10.9	9.6	10.6
142	194	272	276			210.0	195.0	142.3	101.8			4.2

25-18 续表

指标	Item	总量指标 1990	1995	2000
建筑业总产值 (亿元)	Gross Output Value of Construction (100 million yuan)			754
施工房屋面积 (万平方米)	Floor Space of Buildings under Construction (10 000 sq.m)			9232
竣工房屋面积 (万平方米)	Floor Space of Buildings Completed (10 000 sq.m)			5326
邮电运输	**Transportation, Postal and Telecommunication Services**			
铁路营业里程 (万公里)	Length of Railways in Operation (10 000 km)	1.31	1.70	1.43
公路通车里程 (万公里)	Highways (10 000 km)	29	33	42
邮电业务总量 (亿元)	Business Volume of Postal and Telecommunication Services (100 million yuan)	9	78	297
邮路及农村投递线路总长度 (万公里)	Total Length of Postal Routes and Rural Delivery Routes (10 000 km)	88	107	110
对外经济贸易	**Foreign Trade**			
进出口总额 (亿美元)	Total Value of Imports and Exports (100 million USD)			
出口额	Exports			
进口额	Imports			
国际旅游	**International Tourism**			
国际旅游人数 (万人次)	Number of International Tourists (10 000 person-times)			269
旅游外汇收入 (亿美元)	Foreign Exchange Earnings from International Tourism (100 million USD)			8
金融	**Finance**			
金融机构各项存款 (亿元)	Deposits of National Banking System (100 million yuan)			7906
金融机构各项贷款 (亿元)	Loans of National Banking System (100 million yuan)			6548
教育、文化、卫生	**Education, Culture and Public Health**			
教育	**Education**			
在校学生数 (万人)	Total Enrollment (10 000 persons)			
普通高等学校	Regular Institutions of Higher Education	13.6	18.6	34.2
普通中学	Regular Secondary Schools	610	632	873
普通小学	Regular Primary Schools	1853	1889	1886
专任教师数 (万人)	Full-time Teachers (10 000 persons)			
普通高等学校	Regular Institutions of Higher Education	2.8	3.7	3.6
普通中学	Regular Secondary Schools	41.5	41.5	47.9
普通小学	Regular Primary Schools	84.8	85.8	89.9
文化	**Culture**			
出版数量	Publications			
图书 (万册)	Books (10 000 volumes)	30166	42275	42310
杂志 (万册)	Number of Magazines Issued (10 000 volumes)	7866	7881	8332
报纸 (万份)	Newspapers (10 000 copies)	79120	94985	123277
卫生	**Public Health**			
医疗卫生机构数 (万个)	Number of Hospitals (10 000 units)	1.06	1.23	1.25
医疗卫生机构床位 (万张)	Number of Beds in Health Care Institutions (10 000 beds)	33.2	35.7	36.1
社会服务	**Social Services**			
福利类收养单位床位数(万张)	Beds on Social Welfare Institutions (10 000 beds)			
城乡最低生活保障人数(万人)	Number of Persons Receiving Minimum Living Allowance in Urban and Rural Areas (10 000 persons)			

continued

Aggregate Data				速度指标(%) Indices and Growth Rates(%)								
				指数（2018年为以下各年） Indices (2018 as Percentage)						平均增长速度 Average Growth Rate		
2005	2010	2017	2018	1990	1995	2000	2005	2010	2017	1991-2018	1996-2018	2001-2018
1656	5203	11097	12037			1595.8	726.9	231.3	108.5			16.6
15964	35052	57713	54985			595.6	344.4	156.9	95.3			10.4
8072	15418	20119	18710			351.3	231.8	121.4	93.0			7.2
1.69	2.12	3.16	3.17			222.0	187.5	149.2	100.2			4.5
59	91	124	126	429.7	380.0	297.9	214.0	138.4	102.1	5.3	6.0	6.3
892	2456	2382	5841			1967.4	655.0	237.8	245.2	26.2	20.6	18.0
110	127	244	203	230.7	190.1	185.4	185.1	160.3	83.3	3.0	2.8	3.5
		7099	7956						112.1			
		3924	4308						109.8			
		3181	3679						115.7			
467	820	1936	2210			821.5	473.2	269.5	114.1			12.4
13	30	88	95			1261.7	744.1	317.5	108.8			15.1
16324	46622	113907	118138			1494.3	723.7	253.4	103.7			16.2
11300	30579	91256	95135			1452.9	841.9	311.1	104.3			16.0
100.0	161.9	223.4	231.1	1699.2	1242.4	675.7	231.1	142.8	103.4	10.6	11.6	11.2
1082	1050	1031	1072	175.9	169.7	122.8	99.1	102.1	104.0	2.0	2.3	1.1
1668	1536	1539	1573	84.9	83.2	83.4	94.3	102.4	102.2	-0.6	-0.8	-1.0
6.3	9.5	11.9	12.2	434.8	329.0	334.5	193.2	128.6	102.4	5.4	5.3	6.9
61.1	67.4	76.3	78.2	188.4	188.6	163.3	128.0	116.0	102.5	2.3	2.8	2.8
88.1	90.7	91.0	94.7	111.6	110.3	105.3	107.5	104.3	104.0	0.4	0.4	0.3
41958	43099	68020	71371	236.6	168.8	168.7	170.1	165.6	104.9	3.1	2.3	2.9
10280	8276	9886	9298	118.2	118.0	111.6	90.4	112.3	94.0	0.6	0.7	0.6
169518	174848	172137	170706	215.8	179.7	138.5	100.7	97.6	99.2	2.8	2.6	1.8
1.18	1.20	5.33	5.45	515.5	442.1	436.4	460.2	455.8	102.3	6.0	6.7	8.5
38.4	55.7	99.0	104.8	315.7	293.5	290.1	272.6	188.0	105.9	4.2	4.8	6.1
	27.3	35.5	34.7					127.2	97.9			
	1907.4	1639.5	1366					71.6	83.3			

25-19 少数民族分布的主要地区及人口
Geographic Distribution and Population of Ethnic Minorities

人口数为2010年人口普查机器汇总数据。
Figures of population are obtained from the Population Census in 2010.

民 族	Ethnic Name	分布的主要地区	Main Geographic Distribution	人口数(人) Population (person)
蒙古族	Mongolian	内蒙古、辽宁、吉林、河北、黑龙江、新疆	Inner Mongolia, Liaoning, Jilin, Hebei, Heilongjiang and Xinjiang	5981840
回族	Hui	宁夏、甘肃、河南、新疆、青海、云南、河北、山东、安徽、辽宁、北京、内蒙古、天津、黑龙江、陕西、贵州、吉林、江苏、四川	Ningxia, Gansu, Henan, Xinjiang, Qinghai, Yunnan, Hebei, Shandong, Anhui, Liaoning, Beijing, Inner Mongolia, Tianjin, Heilongjiang, Shaanxi, Guizhou, Jilin, Jiangsu and Sichuan	10586087
藏族	Tibetan	西藏、四川、青海、甘肃、云南	Tibet, Sichuan, Qinghai, Gansu and Yunnan	6282187
维吾尔族	Uygur	新疆	Xinjiang	10069346
苗族	Miao	贵州、湖南、云南、广西、重庆、湖北、四川	Guizhou, Hunan, Yunnan, Guangxi, Chongqing, Hubei and Sichuan	9426007
彝族	Yi	云南、四川、贵州	Yunnan, Sichuan and Guizhou	8714393
壮族	Zhuang	广西、云南、广东	Guangxi, Yunnan and Guangdong	16926381
布依族	Bouyei	贵州	Guizhou	2870034
朝鲜族	Korean	吉林、黑龙江、辽宁	Jilin, Heilongjiang and Liaoning	1830929
满族	Manchu	辽宁、河北、黑龙江、吉林、内蒙古、北京	Liaoning, Hebei, Heilongjiang, Jilin, Inner Mongolia and Beijing	10387958
侗族	Dong	贵州、湖南、广西	Guizhou, Hunan and Guangxi	2879974
瑶族	Yao	广西、湖南、云南、广东	Guangxi, Hunan, Yunnan and Guangdong	2796003
白族	Bai	云南、贵州、湖南	Yunnan, Guizhou and Hunan	1933510
土家族	Tujia	湖南、湖北、重庆、贵州	Hunan, Hubei, Chongqing and Guizhou	8353912
哈尼族	Hani	云南	Yunnan	1660932
哈萨克族	Kazak	新疆	Xinjiang	1462588
傣族	Dai	云南	Yunnan	1261311
黎族	Li	海南	Hainan	1463064
傈僳族	Lisu	云南、四川	Yunnan and Sichuan	702839
佤族	Va	云南	Yunnan	429709
畲族	She	福建、浙江、江西、广东	Fujian, Zhejiang, Jiangxi and Guangdong	708651
高山族	Gaoshan	台湾、福建	Taiwan and Fujian	4009
拉祜族	Lahu	云南	Yunnan	485966
水族	Shui	贵州、广西	Guizhou and Guangxi	411847
东乡族	Dongxiang	甘肃、新疆	Gansu and Xinjiang	621500
纳西族	Naxi	云南	Yunnan	326295
景颇族	Jingpo	云南	Yunnan	147828
柯尔克孜族	Kirgiz	新疆	Xinjiang	186708
土族	Tu	青海、甘肃	Qinghai and Gansu	289565
达斡尔族	Daur	内蒙古、黑龙江	Inner Mongolia and Heilongjiang	131992
仫佬族	Mulam	广西	Guangxi	216257
羌族	Qiang	四川	Sichuan	309576
布朗族	Blang	云南	Yunnan	119639
撒拉族	Salar	青海	Qinghai	130607
毛南族	Maonan	广西	Guangxi	101192
仡佬族	Gelao	贵州	Guizhou	550746
锡伯族	Xibe	辽宁、新疆	Liaoning and Xinjiang	190481
阿昌族	Achang	云南	Yunnan	39555
普米族	Pumi	云南	Yunnan	42861
塔吉克族	Tajik	新疆	Xinjiang	51069
怒族	Nu	云南	Yunnan	37523
乌孜别克族	Ozbek	新疆	Xinjiang	10569
俄罗斯族	Russian	新疆、黑龙江	Xinjiang and Heilongjiang	15393
鄂温克族	Ewenki	内蒙古	Inner Mongolia	30875
德昂族	De'ang	云南	Yunnan	20556
保安族	Bonan	甘肃	Gansu	20074
裕固族	Yugur	甘肃	Gansu	14378
京族	Jing	广西	Guangxi	28199
塔塔尔族	Tatar	新疆	Xinjiang	3556
独龙族	Drung	云南	Yunnan	6930
鄂伦春族	Oroqen	黑龙江、内蒙古	Heilongjiang and Inner Mongolia	8659
赫哲族	Hezhen	黑龙江	Heilongjiang	5354
门巴族	Moinba	西藏	Tibet	10561
珞巴族	Lhoba	西藏	Tibet	3682
基诺族	Jino	云南	Yunnan	23143

主要统计指标解释

供水综合生产能力 指按供水设施取水、净化、送水、出厂输水干管等环节设计能力计算的综合生产能力。包括在原设计能力的基础上，经挖、革、改增加的生产能力。计算时，以四个环节中最薄弱的环节为主确定能力。

供水管道长度 指从送水泵至用户水表之间所有管道的长度。不包括新安装尚未使用、水厂内以及用户建筑物内的管道。

城市供水总量 指报告期供水企业(单位)供出的全部水量。包括有效供水量和漏损水量。

生活用水 包括公共服务用水和居民家庭用水。公共服务用水指为城区社会公共生活服务的用水。包括行政事业单位、部队营区和公共设施服务、批发零售业、住宿餐饮业以及社会服务业等单位的用水。居民家庭用水指城市范围内所有居民家庭的日常生活用水。包括城市居民、农民家庭、公共供水站用水。

生产用水 指在城区范围内生产、运营的农、林、牧、渔业、工业、建筑业、交通运输业等单位在生产、运营过程中的用水。

用水普及率 指报告期末城区用水人口数与城市人口总数的比率。计算公式：

$$用水普及率=\frac{城区用水人口(含暂住人口)}{城区人口+城区暂住人口}\times100\%$$

人工煤气生产能力 指报告期末人工燃气生产厂制气、净化、输送等环节的综合生产能力，不包括备用设备能力。一般按设计能力计算，当实际生产能力大于设计能力时，应按实际测定的生产能力计算。测定时应以制气、净化、输送三个环节中最薄弱的环节为主。

供气管道长度 指报告期末从气源厂压缩机的出口或门站出口至各类用户引入管之间的全部已经通气、投入使用的管道长度。不包括煤气生产厂、输配站、液化气储存站、灌瓶站、储配站、气化站、混气站、供应站等厂(站)内的管道。

城市供气总量 指报告期燃气企业(单位)向用户供应的燃气数量。包括销售量和损失量。

燃气普及率 指报告期末城区使用燃气的城市人口数与城市人口总数的比率。其中燃气包括人工煤气、天然气、液化石油气三种。计算公式为：

$$燃气普及率=\frac{城区用气人口(含暂住人口)}{城区人口+城区暂住人口}\times100\%$$

城市供热能力 指供热企业(单位)向城市热用户输送热能的设计能力。

城市供热总量 指在报告期供热企业(单位)向城市热用户输送全部蒸汽和热水的总热量。

城市供热管道长度 指从各类热源到热用户建筑物接入口之间的全部蒸汽和热水的管道长度。不包括各类热源厂内部的管道长度。

道路长度 指道路长度和与道路相通的桥梁、隧道的长度，按车行道中心线计算。

城市桥梁 指为跨越天然或人工障碍物而修建的构筑物。包括跨河桥、立交桥、人行天桥以及人行地下通道等。

城市排水管道长度 指所有排水总管、干管、支管、检查井及连接井进出口等长度之和。

城市污水日处理能力 指污水处理厂(或污水处理装置)每昼夜处理污水量的设计能力。

年末公共交通车辆运营数 指年末城市用于公共交通运营业务的全部车辆数。新购、新制和调入的运营车辆，自投入之日起开始计算；调出、报废和调作他用的运营车辆，自上级主管机关批准之日起不再计入。

城市绿地面积 指报告期末用作园林和绿化的各种绿地面积。包括公园绿地、生产绿地、防护绿地、附属绿地和其他绿地的面积。

公园绿地 城市中向公众开放的、以游憩为主要功能，有一定的游憩设施和服务设施，同时兼有健全生态、美化景观、防灾减灾等综合作用的绿化用地。包括综合公园、社区公园、专类公园、带状公园和街旁绿地。其中综合公园、专类公园和带状公园面积之和为公园面积。

清扫保洁面积 指报告期末对城市道路和公共场所(主要包括城市行车道、人行道、车行隧道、人行过街地下通道、道路附属绿地、地铁站、高架路、人行过街天桥、立交桥、广场、停车场及其他设施等)进行清扫保洁的面积。一天清扫保洁多次的，按清扫保洁面积最大的一次计算。

市容环卫专用车辆设备 指用于环境卫生作业、监察的专用车辆和设备，包括用于道路清扫、冲洗、洒水、除雪、垃圾粪便清运、市容监察以及与其配套使用的车辆和设备。

每万人拥有公共汽电车辆 指按城市人口计算的每万人平均拥有的公共汽电车辆标台数。

Explanatory Notes on Main Statistical Indicators

Production Capacity of Water Supply refers to the designed overall production capacity of water facilities, covering the four segments of water collection, purification, conveyance, and outflow through trunk pipelines. Increased capacity through transformation and innovation projects is included as well. The capacity is determined mainly on the weakest of the above-mentioned four segments.

Length of Water Supply Pipelines refers to the total length of all the pipelines between the water pumps and the user water meters, excluding pipelines newly installed but not used yet, pipeline in the water factory, and pipeline in the user's buildings.

Total Volume of Urban Water Supply refers to the total volume of water supplied by water-works (units) during the reference period, including both the effective water supply and loss during the water supply.

Consumption of Water for Living Use It includes Consumption of Water for Public Service Use and Consumption of Water for Households Use. Consumption of Water for Public Service Use refers to water consumption for public service in the urban areas. It includes water consumption of administrative institutions, army camps, public facilities, wholesale and retail, accommodation and catering industry and social service industry, etc. Consumption of Water for Households Use refers to consumption of water for daily life of all households in cities, including households of urban residents and farmers, and public water supply stations.

Consumption of Water for Production and Operation Use refers to water consumption in the process of production and operation by production and operation units of agriculture, forestry, animal husbandry, fisheries, industry, construction industry, and transportation industry, etc. in urban areas.

Coverage Rate of Urban Population with Access to Tap Water refers to the ratio of the urban population with access to tap water to the total urban population at the end of reference period. The formula is:

$$\text{Coverage of urban population with access to tap water} = \frac{\text{Urban population with access to tap water}}{\text{Urban population}} \times 100\%$$

Production Capacity of Gaswork Gas refers to the overall production capacity of the urban gasworks in gas generation, purification and delivery at the end of the reference period, excluding capacity of the reserved facilities. In general, it is determined by the designed capacity, and when actual production capacity is larger than the designed capacity, the capacity is determined by the actual measurement on the weakest segment in the production, purification and delivery.

Length of Gas Pipelines refers to the total length of pipelines in use between the outlet of the compressor of gas-work or outlet of gas stations and the leading pipe of users, excluding pipelines within gasworks, delivery stations, LPG storage stations, refilling stations, gas-mixing stations and supply stations.

Volume of Gas Supply refers to the total volume of gas provided to users by gas-producing enterprises (units) during the reporting period, including the volume sold and the volume lost.

Coverage Rate of Urban Population with Access to Gas refers to the ratio of the urban population with access to gas to the total urban population at the end of the reference period. Gas here includes artificial coal gas, natural gas and liquefied petroleum gas. The formula is:

$$\text{Coverage rate of urban population with access to gas} = \frac{\text{Urban population with access to gas}}{\text{Urban population}} \times 100\%$$

Heating Capacity in Urban Areas refers to the designed capacity of heating enterprises (units) in supplying heating energy to urban users during the reference period.

Quantity of Heat Supplied in Urban Areas refers to the total quantity of heat from steam and hot water supplied to urban users by heating enterprises (units) during the reference period.

Length of Urban Heating Pipelines refers to the total length of steam or hot water pipelines for sources of heat to the leading pipelines of the buildings of the users, excluding internal pipelines in heat generating enterprises.

Length of Paved Roads refers to the length of roads with paved surface including bridges and tunnels connected with roads. Length of the roads is measured by the central lines.

Urban Bridges refer to bridges built to cross over natural or man-made barriers, including bridges over rivers, overpasses for traffic and for pedestrians, underpasses for pedestrians, etc.

Length of Urban Sewage Pipes refers to the total length of general drainage, trunks, branch and inspection wells, connection wells, inlets and outlets, etc.

Daily Disposal Capacity of Urban Sewage refers to the designed 24-hour capacity of sewage disposal by the sewage treatment works or facilities.

Number of Vehicles under Operation at Year-end refers to the total number of vehicles under operation by public transport enterprises (units) at the end of the year, based on the records of operational vehicles by the enterprises (units).

Area of Urban Green Land refers to the total area occupied for green projects at the end of the reference period, including park green land, production green land, protection green land, green land attached to institutions, and other green areas.

Park Green Area refers to green areas open to the public for amusement and rest with the facilities of amusement, rest and services. Its function includes perfecting ecology, beautifying landscape, and preventing and reducing disaster. Park green areas include comprehensive park, community park, theme park, linear park and roadside green space. Total areas of comprehensive park, topic park and belt-shaped is the area of park.

Road Area Cleaned refers to the area which are regularly cleaned, as at the end of the reference period, at urban roads and public places (mainly including urban roadways, pedestrian walkways, vehicular tunnels, pedestrian underpasses, underground railway stations, lifted roads, pedestrians walk bridges, overpasses, plazas, parking lots and other facilities). If there are several times of cleaning in a day at a location, the area of that time of cleaning with the largest area cleaned will be taken.

Vehicles and Facilities Dedicated to Urban Cleanliness and Environmental Sanitation refer to vehicles and facilities dedicated for use in the operation, management and monitoring of environmental hygiene work. They include vehicles for road cleaning, washing, showering, ice removal, disposal of garbage and human wastes, cleanliness monitoring and related activities.

Public Transportation Vehicles per 10000 Population refers to the number of public transportation vehicles, calculated by urban population, per 10000 population in the city district.

26

香港特别行政区主要社会经济指标

Main Social and Economic Indicators of Hong Kong Special Administrative Region

简 要 说 明

一、本章资料反映香港特别行政区主要社会、经济发展情况。内容包括：土地、人口、就业、国民收入、国际收支平衡、工业、能源、建筑、运输、对外贸易、政府收支及金融、教育、房屋、卫生、社会保障等方面。

二、本章由香港特别行政区政府统计处向有关政府决策局／部门及公营机构搜集数据，国家统计局国际统计信息中心负责整理、编辑。

三、在统计工作方面，按中华人民共和国“香港特别行政区基本法”的有关原则，香港特别行政区保留其单独运作的统计系统，并负责编制和发布反映香港特别行政区情况的统计数据。由于香港和内地在使用统计名词及概念方面会有所不同，读者在比较两地数据时，请参考本章末的“主要统计指标解释”。

四、香港特别行政区是单独的关税地区，香港与内地之间的贸易，亦需办理进出口报关。在贸易统计方面，香港特别行政区对外贸易统计数据亦包括香港特别行政区与内地的贸易。

五、在外汇统计及与之有关的各方面，港币是香港特别行政区的法定货币，因此，除港币以外的货币（包括人民币）均视作外币。

六、更详细的统计资料及有关的技术细节，可参阅香港特别行政区政府统计处出版的《香港统计月刊》、《香港统计年刊》及各专题统计出版物。

七、本章节表中的符号使用说明：

本章节表中使用的符号含义如下：“-”表示不适用；“空格” 表示没有数字；“#” 表示临时数字；“§”表示数字少于单位的一半。

Brief Introduction

I. Data in this chapter show main social and economic developments of the Hong Kong Special Administrative Region (HKSAR), including data on land, population, employment, National Income, Balance of Payments, industry, energy, construction, transportation, external trade, government accounts and finance, education, housing, health and social security.

II. All data in this chapter are collected from the related government bureaux/departments and public organisations by the Census and Statistics Department, the Government of HKSAR, and further tabulated or edited by the International Statistical Information Centre of the National Bureau of Statistics.

III. According to the Basic Law of HKSAR of the People's Republic of China, HKSAR maintains its independent statistical system, and compiles and disseminates statistics on the Region. As Hong Kong and the mainland of China use different statistical concepts, definitions and terminologies, users are advised to make reference of The Explanation Notes on Main Statistical Indicators at the end of this chapter when using and comparing data of the mainland of China and HKSAR.

IV. As Hong Kong is a separate custom territory, trade between Hong Kong and the mainland of China needs customs declaration procedures. In terms of trade statistics, data on Hong Kong's imports and exports include Hong Kong's trade with the mainland of China.

V. As Hong Kong dollar is the legal tender in HKSAR, all other currencies (including Renminbi) are regarded as foreign currencies in compiling foreign exchange statistics and related statistics.

VI. For more detailed statistics and technical details, users are advised to read *Hong Kong Monthly Digest of Statistics, Hong Kong Annual Digest of Statistics* and other publications compiled by the Census and Statistics Department, the Government of HKSAR.

VII. Notations used in this chapter:

Some notations used in this chapter are not agreed with those used in China Statistical Yearbook, but with Hong Kong publications. "-" indicates not applicable. "(blank)" indicates not available. "#" indicates provisional figure. "§" indicates the magnitude of figure is less than half of the unit employed.

26-1 主要统计指标概况
Summary of Key Statistics

项目	Item	2014	2015	2016	2017	2018
香港陆地面积①（平方公里）	**Land Area of Hong Kong① (sq.km)**	**1106**	**1106**	**1106**	**1106**	**1106**
香港岛	Hong Kong Island	81	81	81	81	81
九龙	Kowloon	47	47	47	47	47
新界	New Territories	978	978	978	978	978
人口	**Population**					
年中人口（万人）	Mid-year Population (10 000 persons)	723.0	729.1	733.7	739.2	745.1
粗出生率（‰）	Crude Birth Rate (‰)	8.6	8.2	8.3	7.7	7.2
粗死亡率（‰）	Crude Death Rate (‰)	6.2	6.3	6.4	6.3	6.3#
婴儿死亡率（‰）（按每千名登记活产婴儿计算）	Infant Mortality Rate (‰) (per 1 000 Registered Live Births)	1.7	1.4	1.8	1.7	1.5#
劳工	**Labour**					
劳动人口（万人）	Labour Force (10 000 persons)	387.1	390.3	392.0	394.7	397.9
劳动人口参与率（%）	Labour Force Participation Rate (%)	61.1	61.1	61.1	61.1	61.2
失业率（%）	Unemployment Rate (%)	3.3	3.3	3.4	3.1	2.8
就业人数（万人）	Number of Employed Persons (10 000 persons)	374.3	377.4	378.7	382.3	386.7
选定行业的就业人数（万人）	Number of Employed Persons in Selected Industries (10 000 persons)					
制造	Manufacturing	13.0	11.3	11.8	11.1	10.3
建筑	Construction	31.0	31.7	32.8	34.2	35.2
进出口贸易及批发	Import/Export Trade and Wholesale	50.2	48.0	46.5	45.0	44.3
零售、住宿②及膳食服务③	Retail, Accommodation② and Food Services③	63.3	62.5	62.0	63.8	63.1
运输、仓库、邮政及速递服务、资讯及通讯	Transportation, Storage, Postal and Courier Services, Information and Communications	44.6	45.5	45.0	45.3	45.1
金融、保险、地产、专业及商用服务	Financing, Insurance, Real Estate, Professional and Business Services	73.3	75.0	76.2	77.9	79.4
公共行政、社会及个人服务	Public Administration, Social and Personal Services	96.7	100.8	101.8	102.9	107.0
实际工资指数④（1992年9月=100）	Real Wage index④ (September 1992=100)	115.8	117.7	120.7	123.2	124.5
对外贸易	**External Trade**					
商品贸易	**Merchandise Trade**					
进口（亿港元）	Imports (HKD 100 million)	42190	40464	40084	43570	47214
整体出口（亿港元）	Total Exports (HKD 100 million)	36728	36053	35882	38759	41581
服务贸易	**Trade in Services**					
服务出口⑤（亿港元）	Exports of Services⑤ (HKD 100 million)	8291	8089	7648	8129	8914#
服务进口⑤（亿港元）	Imports of Services⑤ (HKD 100 million)	5735	5743	5781	6055	6353#
国民收入及国际收支平衡	**National Income and Balance of Payments**					
本地生产总值	**Gross Domestic Product (GDP)**					
按2017年环比物量计算⑥	In Chained (2017) Dollars⑥					
年增长率（%）	Annual Growth Rate (%)	2.8	2.4	2.2	3.8	3.0
本地生产总值（亿港元）	GDP (HKD 100 million)	24510	25095	25641	26628	27428
人均本地生产总值（港元）	Per Capita GDP (HKD)	339026	344179	349498	360247	368110
按当年价格计算	At Current Market Prices					
年增长率（%）	Annual Growth Rate (%)	5.7	6.1	3.9	6.9	6.8
本地生产总值（亿港元）	GDP (HKD 100 million)	22600	23983	24906	26628	28429
人均本地生产总值（港元）	Per Capita GDP (HKD)	312609	328924	339478	360247	381544
本地居民总收入	**Gross National Income (GNI)**					
按当年价格计算	At Current Market Prices					
本地居民总收入（亿港元）	GNI (HKD 100 million)	23066	24427	25532	27784#	29845#
人均本地居民总收入（港元）	Per Capita GNI (HKD)	319056	335010	348010	375879#	400551#
对外初次收入流量净值(亿港元)	Net External Primary Income Flows (HKD 100 million)	466	444	626	1156	1416#
国际收支平衡	**Balance of Payments**					
经常帐户（亿港元）	Current Account (HKD 100 million)	315	796	987	1239#	1219#
资本及金融帐户（亿港元）	Capital and Financial Account(HKD 100 million)	-738	-1286	-1011	-765#	-1840#
净误差及遗漏（亿港元）	Net Errors and Omissions (HKD 100 million)	423	491	24	-474#	621#
整体的国际收支（亿港元）	Overall Balance of Payments (HKD 100 million)	1391	2820	89	2505#	76#
国际投资头寸⑦	**International Investment Position⑦**					
国际投资头寸净值⑧（亿港元）	Net International Investment Position⑧ (HKD 100 million)	67488	77747	89468	111050	101399#
对外金融资产（亿港元）	External Financial Assets (HKD 100 million)	323915	338245	357388	428100	429335#
对外金融负债（亿港元）	External Financial Liabilities (HKD 100 million)	256427	260497	267921	317051	327936#

26-1 续表 1 continued

项目	Item	2014	2015	2016	2017	2018
消费价格指数	**Consumer Price Indices**					
(2014年10月至2015年9月=100)	(Oct. 2014-Sep. 2015 = 100)					
综合消费价格指数	Composite Consumer Price Index	97.7	100.6	103.0	104.5	107.0
甲类消费价格指数	Consumer Price Index (A)	96.8	100.6	103.5	105.1	107.9
乙类消费价格指数	Consumer Price Index (B)	97.8	100.6	102.9	104.3	106.7
丙类消费价格指数	Consumer Price Index (C)	98.4	100.5	102.6	104.2	106.5
工业生产	**Industrial Production**					
工业生产指数 (2008年=100)	Index of Industrial Production (2008=100)	94.6	93.2	92.7	93.1	94.3
工业电力消费量 (万亿焦耳)	Industrial Electricity Consumption (terajoules)	11281	11436	11252	11196	11081
工业煤气消费量 (万亿焦耳)	Industrial Gas Consumption (terajoules)	1673	1649	1477	1569	1717
房屋及物业	**Housing and Property**					
永久性居住屋宇单位⑨ (万个)	Number of Permanent Living Quarters⑨(10 000 units)					
公营租住房屋⑩	Public Rental Housing⑩	78.15	78.32	78.67	80.54	81.29
资助出售单位⑪	Subsidised Sale Flats⑪	39.39	39.60	39.89	40.31	40.90
私人永久性房屋⑪	Private Permanent Housing⑪	149.65	151.64	154.79	156.51	158.25
总计	Total	267.19	269.56	273.35	277.36	280.44
新落成私人楼宇	Newly Completed Private Buildings					
楼宇数目 (栋)	Number of Blocks (number)	466	612	556	703	732
实用楼面面积 (万平方米)	Usable Floor Area (10 000 sq.m.)					
住宅⑫	Residential⑫	64.5	58.5	63.7	63.2	79.3
非住宅	Non-residential	45.4	44.8	59.2	74.1	61.7
获批准可动工兴建私人楼宇 (栋)	Private Buildings with Consent to Commence Work (number of blocks)					
初次呈交	First Submission	362	486	383	269	238
重大修改	Major Revision	219	159	163	192	199
政府收支、金融、保险 (亿港元)	**Government Accounts, Finance and Insurance (HKD 100 million)**					
政府储备结余⑬⑭	Government's Reserve Balances⑬⑭	8285	8429	9540	11029	11709
政府收入总额⑭⑮	Total Government Revenue⑭⑮	4787	4500	5731	6198	5998
政府开支总额⑭⑮	Total Government Expenditure⑭⑮	4059	4356	4621	4709	5318
货币供应量M_3	Money Supply M_3					
港元⑯	Hong Kong Dollar⑯	52362	57788	62927	70245	72843
外币⑰	Foreign Currency⑰	58128	58762	62587	67793	71194
总计	Total	110489	116550	125513	138038	144037
港汇指数(贸易总值(进口及整体出口)加权) (2010年1月=100)⑱	Effective Exchange Rate Indices for the Hong Kong Dollar (trade (import and export) - weighted) (January 2010=100)⑱	96.0	101.3	104.1	104.2	101.8
运输、通讯、旅游	**Transport, Communications and Tourism**					
进出香港货物	Inward and Outward Movements of Cargo					
总卸下 (万吨)	Total Discharged (10 000 tons)	20079	16887	16669	19108	17543
总装上 (万吨)	Total Loaded (10 000 tons)	12553	11491	11647	11772	10975
集装箱吞吐量 (万标准集装箱)	Container Throughput (10 000 TEUs)	2223	2007	1981	2077	1960
电话服务 (万条操作线路)	Telephone Services (10 000 working lines)	432	421	421	415	410
访港旅客⑲ (万人次)	Visitor Arrivals⑲ (10 000 person-times)	6083.9	5930.8	5665.5	5847.2	6514.8
教育 (人)	**Education (person)**					
小学学生人数	Student Enrolment in Primary Schools	329300	337558	349008	362049	372465
中学学生人数⑳	Student Enrolment in Secondary Schools⑳	375603	354698	339849	332382	327023
教资会资助大学学生人数	Student Enrolment in UGC-funded Universities	192981	191997	190919	192034	193632
卫生	**Health**					
医生 (人)	Doctors (person)	13417	13726	14013	14290	14651
注册中医 (人)	Registered Chinese Medicine Practitioners (person)	6898	7071	7262	7425	7409
病床 (张)	Hospital Beds (bed)	37322	38287	39090	39683	40434
社会保障	**Social Security**					
综合社会保障援助⑬	Comprehensive Social Security Assistance (CSSA)⑬					
个案数目 (个)	Number of Cases (case)	251099	242903	236522	231468	224603
发放款项 (亿港元)	Amount (HKD 100 million)	207	223	223	217	223#
公共福利金⑬	Social Security Allowances (SSA)⑬					
个案数目 (个)	Number of Cases (case)	778941	808909	846028	897541	957595
发放款项 (亿港元)	Amount (HKD 100 million)	186	217	221	236	393#
交通意外伤亡援助⑬	Traffic Accident Victims Assistance⑬					
获批个案数目 (个)	Number of Cases Authorised for Payment (case)	7413	7148	7340	6553	7334

26-1 续表 2 continued

注：①2014年前的数字是该年6月底的数据，而2014年起的数字是该年10月底的数据。面积包括不在区议会分区内的落马州河套。

②住宿服务包括酒店、宾馆、旅舍及其他提供短期住宿服务的机构单位。

③零售、住宿及膳食服务业合计通常被称为「与消费及旅游相关行业」。

④实际工资指数是按其名义指数扣除以2014/15年为基期的甲类消费价格指数而计算出来。

⑤数字已采纳《2010年国际服务贸易统计手册》内最新的国际建议。

⑥以环比物量计算的本地生产总值及其组成部分的参照年，已由2016年重订为2017年。重订参照年会影响以环比物量计算的数值，但不会影响其变动率。

⑦期末头寸。

⑧国际投资头寸净值是对外金融资产总值与对外金融负债总值之间的差额。

⑨数字包括所有住宅屋宇单位及非住宅楼宇内已知作居所用途的屋宇单位，但不包括非住宅用途、酒店及院舍内供住院或在囚人士居住的屋宇单位。

⑩数字不包括房屋委员会售出的公营租住房屋单位。

⑪数字包括房屋委员会及香港房屋协会售出而不可在公开市场买卖的屋宇单位。可在公开市场买卖的资助出售单位则归类为私人永久性房屋。

⑫数字包括住宅楼宇内用作非住宅用途的实用楼面面积，例如：会所/娱乐设施、管理员办事处/宿舍、电机房等。

⑬数字是以相应的财政年度为根据。例如2018年的数字代表2018/19财政年度终结时的数字。

⑭2018/19年度的数字有待审计署署长核实。

⑮数字不包括“政府一般收入帐目及各基金之间的转拨”。

⑯所列数字已包括外币掉期存款。

⑰所列数字已扣除外币掉期存款。《中华人民共和国香港特别行政区基本法》说明，港元是香港特别行政区的法定货币。外币指港元以外的其他货币，因而人民币亦视作外币。

⑱由2012年1月3日起公布的新系列。数字是指年内每日电汇或现钞收市中间兑换价的平均值。

⑲访港旅客数字包括经澳门访港的非澳门居民。

⑳数字涵盖日、夜校。

Notes:①Figures prior to 2014 are as at end-June of the year while those for 2014 onward are as at end-October and include land area of Lok Ma Chau Loop which is not covered in District Council districts.

②Accommodation services cover hotels, guesthouses, boarding houses and other establishments providing short term accommodation.

③The retail, accommodation and food services industries as a whole is generally referred to as the consumption- and tourism-related segment.

④The Real Wage Index is derived by deflating the corresponding nominal index by the 2014/15-based Consumer Price Index (A).

⑤Figures have incorporated the latest international recommendations given in the *Manual on Statistics of International Trade in Services* 2010

⑥The reference year for the chain volume measures of GDP and its components has been revised from 2016 to 2017. Re-referencing affects the levels, but not the rates of change, of the chain volume measures.

⑦Position as at end of period.

⑧Net International Investment Position is the difference between total external financial assets and total external financial liabilities.

⑨Figures include all quarters used for residential purpose as well as quarters known to be used for residential purposes in non-residential buildings. Quarters known to be used for non-residential purpose and those in hotels and accommodation used for inmates of institutions are excluded.

⑩Figures exclude public rental housing flats sold by the Housing Authority.

⑪Subsidised sale flats include quarters sold by the Housing Authority and Hong Kong Housing Society that cannot be traded in the open market. Those flats that can be traded in the open market are classified as private permanent housing.

⑫Figures include usable floor area in residential buildings for non-domestic use, such as club house/recreational facilities, caretakers' office/quarters, transformer room, etc.

⑬Figures are for the corresponding financial year. For example, figures for 2018 represent those as at end of the financial year 2018/19.

⑭Figures for 2018/19 are subject to audit by the Director of Audit.

⑮Figures exclude “Transfers between the General Revenue Account and Funds”.

⑯Figures are adjusted to include foreign currency swap deposits.

⑰Figures are adjusted to exclude foreign currency swap deposits. Hong Kong dollar is the legal tender in the Hong Kong Special Administrative Region, as stated in "The Basic Law of the Hong Kong Special Administrative Region of the People's Republic of China". Foreign currency refers to any currency other than Hong Kong currency. Accordingly, Chinese Renminbi is also treated as foreign currency.

⑱New series has been released as from 3 January 2012. Figures are the averages of the daily closing middle-market telegraphic transfer rates or notes rates for the year.

⑲Figures include arrival of non-Macao residents via Macao.

⑳Figures cover both day and evening schools.

26-2 土地用途分布情况
Land Usage

单位：平方公里 (sq. km)

类　别	Class	2014	2015	2016	2017	2018
住宅	**Residential**					
私人住宅①	Private Residential①	26	26	26	26	26
公营房屋②	Public Residential②	16	16	16	16	17
乡郊居所③	Rural Settlement③	35	35	35	35	35
商业	**Commercial**					
商业/商贸和办公室	Commercial/Business and Office	4	4	4	5	5
工业	**Industrial**					
工业用地	Industrial Land	7	7	7	7	7
工业村/科技园	Industrial Estates/Science and Technology Parks	3	3	3	3	3
货仓和露天贮物	Warehouse and Open Storage	16	16	16	16	17
机构/休憩	**Institution/Open Space**					
政府、机构和社区设施	Government, Institutional and Community Facilities	25	25	26	26	25
休憩及康乐④	Open Space and Recreation④	25	25	25	25	28
运输	**Transportation**					
道路及运输设施	Roads and Transport Facilities	40	40	41	41	46
铁路	Railways	3	3	3	3	4
机场	Airport	13	13	13	13	13
港口设施	Port Facilities	-	-	-	-	4
其它都市或已建设土地	**Other Urban or Built-up Land**					
坟场/殡殓设施	Cemeteries/Funeral Facilities	8	8	8	8	9
公用事业设施	Utilities	7	8	8	8	9
空置/正在进行建筑工程的土地	Vacant Land/Construction in Progress	17	17	17	17	15
其它	Others	22	22	22	22	12
农业	**Agriculture**					
农地	Agricultural Land	51	51	51	51	50
鱼塘/基围	Fish Ponds/Gei Wais	17	17	17	17	16
林地/灌丛/草地/湿地	**Woodland/Shrubland/Grassland/Wetland**					
林地	Woodland	274	275	277	277	276
灌丛	Shrubland	269	261	262	263	264
草地	Grassland	190	196	192	190	187
红树林/沼泽	Mangrove/Swamp	5	5	5	5	6
荒地	**Barren Land**					
劣地	Badland	2	2	2	2	2
岩岸	Rocky Shore	4	4	4	4	4
水体	**Water Bodies**					
水塘	Reservoirs	25	25	25	25	25
河道和明渠	Streams and Nullahs	5	5	5	5	6
总计⑤	**Total⑤**	**1110**	**1110**	**1111**	**1111**	**1111**

注：数字为该年年底的数字。

有关2018年的土地用途数据已根据2018年12月和2019年1月的卫星图像、截至2018年年底由规划署内部调查所得的资料，以及各政府部门的其它相关资料而更新。

①包括私人开发商发展的住宅用地(村屋、资助房屋和临时房屋区除外)。

②包括资助房屋和临时房屋区。

③包括村屋和临时搭建物。

④包括公园、运动场、游乐场和康乐设施。

⑤包括高水位线下约4平方公里的红树林和沼泽。

Notes: Figures are as at end of the year.

The land use data of 2018 was compiled using satellite images dated December 2018 and January 2019, in-house survey information of the Planning Department up to end-2018 and other relevant information from various government departments.

①Including residential area developed by private developers (excluding village houses, subsidised housing and temporary housing areas).

②Including subsidised housing and temporary housing areas.

③Including village housing and temporary structures.

④Including parks, stadiums, playgrounds and recreational facilities.

⑤Including about 4 km^2 of mangrove and swamp below the High Water Mark.

26-3 按地区类别及路边情况划分的大气质量(2018年)
Air Quality by Area Type and Roadside Condition (2018)

单位：微克／立方米 (microgram/cu.m.)

地区类别及路边	Area Type and Roadside	全年平均大气污染浓度 Annual Average Air Pollutant Concentrations			
		二氧化硫 Sulphur Dioxide	二氧化氮 Nitrogen Dioxide	微细悬浮粒子 Fine Suspended Particulates	可吸入悬浮粒子 Respirable Suspended Particulates
市区①	Urban①	6	43	20	33
新市镇②	New Town②	7	39	20	35
郊区③	Rural③	7	11	17	31
路边④	Roadside④	7	82	25	39

注：①包括葵涌、中西区、深水埗、观塘、东区、荃湾及将军澳。
②包括大埔、沙田、元朗、东涌及屯门。
③包括塔门。
④包括铜锣湾、中环及旺角。

Notes: ①Includes Kwai Chung, Central/Western, Sham Shui Po, Kwun Tong, Eastern, Tsuen Wan and Tseung Kwan O.
②Includes Tai Po, Sha Tin, Yuen Long, Tung Chung and Tuen Mun.
③Includes Tap Mun.
④Includes Causeway Bay, Central and Mong Kok.

26-4 按种类划分的日均产生的固体废物量
Average Solid Waste Quantities by Type

单位：吨（每日计） (tonnes per day)

种类	Type	2014	2015	2016	2017	2018#
于堆填区弃置的固体废物	Solid Waste Disposed of at Landfills					
都市固体废物①	Municipal Solid Waste①					
家居废物②	Domestic②	6418	6464	6391	6404	6710
商业废物③	Commercial③	2565	2803	3029	3220	3330
工业废物④	Industrial④	799	892	925	1109	1380
小计	Sub-total	9782	10159	10345	10733	11430
整体建筑废物⑤	Overall Construction Waste⑤	3942	4200	4422	4207	4080
特殊废物⑥	Special Waste ⑥	1135	743	565	575	590
总计	**Total**	**14859**	**15102**	**15332**	**15516**	**16100**
已回收都市固体废物⑦	Municipal Solid Waste Recovered ⑦	5625	5569	5225	5015	

注：①都市固体废物包括运往弃置设施的家居废物、商业废物及工业废物，但不包括建筑废物及已回收的都市固体废物。
②家居废物包括使用后的住宅固体废物，以及由公共洁净服务收集的废物。
③商业废物包括所有类型的商业活动产生的固体废物。
④工业废物包括由工业活动产生的固体废物，但不包括化学废物及建筑废物。自2007年开始，运往堆填区处置并包括在工业废物类别的废弃混凝土已被重新归类于整体建筑废物，有关的数量已从工业废物类别中扣除。
⑤建筑废物包括由建筑及拆卸活动所产生的废物，但不包括可运往公众填土区作填海用途的物料。在堆填区弃置的整体建筑废物包括来自建筑地盘的建筑废物，以及在建筑地盘以外设立的混凝土配料厂和水泥/砂浆生产厂所产生的废弃混凝土。
⑥特殊废物包括弃置于堆填区的动物尸体、屠房废物、报废货物、滤水厂及污水处理后的污泥、污水处理厂的隔滤物、禽畜废物、医疗废物及化学废物。
⑦都市固体废物回收后会在本地或香港以外地方循环再造。

Notes: ①Municipal solid waste includes domestic waste, commercial waste and industrial waste delivered to disposal facilities but excludes construction waste and recovered municipal solid waste.
②Domestic waste covers post-consumer residential solid waste and refuse collected in public cleansing activities.
③Commercial waste covers solid waste arising from all forms of commercial activities.
④Industrial waste covers solid waste arising from industrial activities but excludes chemical waste and construction waste. Waste concrete delivered to landfills as industrial waste since 2007 was re-grouped under overall construction waste. Its corresponding quantity has been deducted from industrial waste.
⑤Construction waste covers waste arising from construction and demolition activities but excludes material delivered to public filling areas for land reclamation and formation. Overall construction waste received at landfills includes construction waste from construction sites and waste concrete that is generated from concrete batching plants and cement plaster/mortar manufacturing plants not set up inside construction sites.
⑥Special waste includes animal carcasses, abattoir waste, condemned goods, waterworks and sewage treatment sludge, sewage works screening, livestock waste, clinical waste and chemical waste delivered to landfills.
⑦Municipal solid waste recovered will be recycled locally or in places outside Hong Kong.

26-5 人口主要指标
Main Indicators of Population

项　目	Item	2014	2015	2016	2017	2018
年中人口　(万人)	Mid-year Population (10 000 persons)	723.0	729.1	733.7	739.2	745.1
粗出生率　(‰)	Crude Birth Rate　(‰)	8.6	8.2	8.3	7.7	7.2
粗死亡率　(‰)	Crude Death Rate　(‰)	6.2	6.3	6.4	6.3	6.3#
婴儿死亡率　(‰)	Infant Mortality Rate　(‰)	1.7	1.4	1.8	1.7	1.5#
自然增长率　(‰)	Rate of Natural Increase　(‰)	2.4	1.9	1.9	1.3	0.9#
总和生育率①	Total Fertility Rate①	1235	1196	1205	1125	1072
登记结婚数　(对)	Registered Marriages　(couple)	56454	51609	50008	51817	49331
登记离婚数　(对)	Divorce Decrees　(couple)	20019	20075	17196	19394	20321
出生时平均预期寿命 (年)	Expectation of Life at Birth (years)					
男	Male	81.2	81.4	81.3	81.9	82.2#
女	Female	86.9	87.3	87.3	87.6	87.6#

注：　①不包括女性外籍家庭佣工。每千名女性的活产婴儿数目。
Note: ①Excluding female foreign domestic helpers. Refers to live births per 1000 women.

26-6 劳动人口及失业状况
Labour Force and Unemployment

项　目	Item	2014	2015	2016	2017	2018
劳动人口数目(万人)	Labour Force　(10 000 persons)	387.1	390.3	392.0	394.7	397.9
男	Male	199.0	199.7	199.6	199.4	200.7
女	Female	188.1	190.6	192.4	195.2	197.2
劳动人口参与率 (%)	Labour Force Participation Rate　(%)	61.1	61.1	61.1	61.1	61.2
就业人口　(万人)	Employed Persons　(10 000 persons)	374.3	377.4	378.7	382.3	386.7
失业人口　(万人)	Unemployed Persons (10 000 persons)	12.8	12.9	13.3	12.3	11.2
失业率　(%)	Unemployment Rate　(%)	3.3	3.3	3.4	3.1	2.8

注：数字是根据该年1月至12月进行的“综合住户统计调查”结果，以及年中人口估计数字而编制。
Note: Figures are compiled based on data collected in the General Household Survey from January to December of the year concerned as well as mid-year population estimates.

26-7 按行业划分的就业人数

Employed Persons by Industry

单位：万人 (10 000 persons)

行 业	Industry	2014	2015	2016	2017	2018
制造	Manufacturing	13.0	11.3	11.8	11.1	10.3
建筑	Construction	31.0	31.7	32.8	34.2	35.2
进出口贸易及批发	Import/Export Trade and Wholesale	50.2	48.0	46.5	45.0	44.3
零售、住宿①及膳食服务②	Retail, Accommodation① and Food Services②	63.3	62.5	62.0	63.8	63.1
运输、仓库、邮政及速递服务、资讯及通讯	Transportation, Storage, Postal and Courier Services, Information and Communications	44.6	45.5	45.0	45.3	45.1
金融、保险、地产、专业及商用服务	Financing, Insurance, Real Estate, Professional and Business Services	73.3	75.0	76.2	77.9	79.4
公共行政、社会及个人服务	Public Administration, Social and Personal Services	96.7	100.8	101.8	102.9	107.0
其它	Others	2.3	2.5	2.6	2.1	2.4
总计	**Total**	**374.3**	**377.4**	**378.7**	**382.3**	**386.7**

注：数字是根据该年1月至12月进行的“综合住户统计调查”结果，以及年中人口估计数字而编制。

① 住宿服务包括酒店、宾馆、旅舍及其他提供短期住宿服务的机构单位。

② 零售、住宿及膳食服务业合计通常被称为「与消费及旅游相关行业」。

Notes: Figures are compiled based on data collected in the General Household Survey from January to December of the year concerned as well as mid-year population estimates.

① Accommodation services cover hotels, guesthouses, boarding houses and other establishments providing short term accommodation.

② The retail, accommodation and food services industries as a whole is generally referred to as the consumption- and tourism-related segment.

26-8 按每月就业收入划分的就业人数

Employed Persons by Monthly Employment Earnings

单位：万人，另有注明除外 (10 000 persons, unless otherwise specified)

每月就业收入(港元)	Monthly Employment Earnings (HKD)	2014	2015	2016	2017	2018
< 3000	< 3000	11.5	10.8	10.2	9.7	9.4
3000 - 3999	3000 - 3999	17.4	7.2	4.6	4.3	4.3
4000 - 4999	4000 - 4999	19.2	29.6	32.7	32.7	33.4
5000 - 5999	5000 - 5999	5.8	6.0	6.3	6.6	6.8
6000 - 6999	6000 - 6999	6.9	6.4	6.0	5.5	5.3
7000 - 7999	7000 - 7999	11.6	8.8	6.9	5.9	5.5
8000 - 8999	8000 - 8999	18.1	14.8	12.5	9.9	8.5
9000 - 9999	9000 - 9999	22.3	19.0	15.2	12.5	10.9
10000 - 11999	10000 - 11999	39.2	37.4	34.0	29.2	25.8
12000 - 13999	12000 - 13999	38.9	39.4	39.5	39.1	36.6
14000 - 15999	14000 - 15999	33.9	34.9	35.8	37.5	34.6
16000 - 17999	16000 - 17999	16.1	17.2	19.0	21.0	23.7
18000 - 19999	18000 - 19999	13.7	14.3	15.5	17.5	19.5
20000 - 24999	20000 - 24999	33.8	36.8	38.5	40.8	45.3
25000 - 29999	25000 - 29999	18.0	20.0	21.1	23.0	23.8
30000 - 34999	30000 - 34999	17.9	19.6	20.4	21.4	22.6
35000 - 39999	35000 - 39999	9.3	10.3	11.0	12.1	12.7
40000 - 44999	40000 - 44999	8.3	9.0	9.7	10.1	11.0
45000 - 49999	45000 - 49999	5.7	6.4	6.9	7.0	8.0
50000 - 59999	50000 - 59999	9.8	10.0	11.1	12.2	12.7
60000 - 79999	60000 - 79999	7.7	8.9	10.0	11.4	11.7
80000 - 99999	80000 - 99999	3.4	3.9	4.5	4.7	5.3
≧ 100000	≧ 100000	5.9	6.9	7.4	8.4	9.5
总 计	Total	374.3	377.4	378.7	382.3	386.7
每 月 就业收入中位数(港元)	**Median Monthly Employment Earnings (HKD)**	**13400**	**14500**	**15000**	**15500**	**16500**

注：数字是根据该年1月至12月进行的“综合住户统计调查”结果，以及年中人口估计数字而编制。

Note: Figures are compiled based on data collected in the General Household Survey from January to December of the year concerned as well as mid-year population estimates.

26-9 按行业划分督导级（不包括经理级与专业雇员）及以下雇员的工资指数
Wage Indices for Employees up to Supervisory Level (Managerial and Professional Employees Are Not Included) by Industry

(1992年9月 = 100) (September 1992 = 100)

行业主类	Industry Section	2014	2015	2016	2017	2018
名义工资指数	**Nominal Wage Index**					
制造	Manufacturing	191.1	199.1	206.8	214.8	223.4
进出口贸易、批发及零售	Import/Export, Wholesale and Retail Trades	204.7	210.5	216.3	222.8	229.5
运输	Transportation	181.7	189.1	195.3	200.8	212.7
住宿及膳食服务活动①	Accommodation and Food Service Activities①	176.8	186.2	195.1	204.2	214.0
金融及保险活动	Financial and Insurance Activities	215.4	222.8	230.0	238.2	247.3
地产租赁及保养管理	Real Estate Leasing and Maintenance Management	223.6	231.7	239.9	250.8	261.4
专业及商业服务	Professional and Business Services	221.3	236.8	247.5	258.8	269.8
个人服务	Personal Services	271.9	287.8	301.9	313.9	326.1
所有选定行业②	All Selected Industries②	203.3	211.9	219.6	227.9	237.3
实际工资指数③	**Real Wage Index③**					
制造	Manufacturing	108.8	110.5	113.6	116.1	117.2
进出口贸易、批发及零售	Import/Export, Wholesale and Retail Trades	116.6	116.9	118.8	120.4	120.4
运输	Transportation	103.5	105.0	107.3	108.5	111.6
住宿及膳食服务活动①	Accommodation and Food Service Activities①	100.7	103.4	107.2	110.4	112.2
金融及保险活动	Financial and Insurance Activities	122.7	123.7	126.3	128.7	129.7
地产租赁及保养管理	Real Estate Leasing and Maintenance Management	127.3	128.7	131.8	135.6	137.1
专业及商业服务	Professional and Business Services	126.0	131.5	135.9	139.9	141.5
个人服务	Personal Services	154.8	159.8	165.8	169.6	171.1
所有选定行业②	All Selected Industries②	115.8	117.7	120.7	123.2	124.5

注：指有关年度12月份的数字。

①住宿服务包括酒店、宾馆、旅舍及其他提供短期住宿服务的机构单位。

②指“劳工收入统计调查”内工资统计调查所涵盖的所有行业，包括并没有列出其统计数字的电力及燃气供应业、污水处理及废弃物管理业与出版活动业。

③实际工资指数是按其名义指数扣除以2014/15年为基期的甲类消费价格指数而计算出来。

Notes : Figures refer to December of the year.

①Accommodation services cover hotels, guesthouses, boarding houses and other establishments providing short term accommodation.

②Figures refer to all industries covered by the wage enquiry of the Labour Earnings Survey, including the electricity and gas supply industry, sewerage and waste management activities industry and publishing activities industry, the statistics of which are not separately shown.

③The Real Wage Index is derived by deflating the corresponding nominal index by the 2014/15-based Consumer Price Index (A).

26-10 本地生产总值
Gross Domestic Product

年 份 Year	本地生产总值(以当年价格计算) Gross Domestic Product (GDP) At Current Market Prices		本地生产总值与上年比较的实际增长(%) GDP Real Growth Rate over the Preceding Year (%)	人均本地生产总值(以当年价格计算) Per Capita GDP At Current Market Prices	
	(亿港元) (HKD 100 million)	(亿美元) (USD 100 million)		(港元) (HKD)	(美元) (USD)
1990	5993	769	3.8	105050	13487
1991	6913	890	5.7	120188	15466
1992	8071	1043	6.2	139148	17975
1993	9310	1203	6.2	157772	20395
1994	10496	1358	6.0	173909	22504
1995	11190	1446	2.4	181772	23497
1996	12353	1597	4.3	191951	24819
1997	13731	1774	5.1	211592	27330
1998	13081	1689	-5.9	199898	25810
1999	12859	1658	2.5	194649	25090
2000	13375	1717	7.7	200675	25757
2001	13211	1694	0.6	196765	25230
2002	12973	1663	1.7	192367	24666
2003	12567	1614	3.1	186704	23976
2004	13169	1691	8.7	194140	24928
2005	14121	1816	7.4	207263	26651
2006	15034	1935	7.0	219240	28223
2007	16508	2116	6.5	238676	30596
2008	17075	2193	2.1	245406	31515
2009	16592	2140	-2.5	237960	30697
2010	17763	2286	6.8	252887	32551
2011	19344	2485	4.8	273549	35142
2012	20371	2626	1.7	284899	36733
2013	21383	2757	3.1	297860	38404
2014	22600	2915	2.8	312609	40316
2015	23983	3094	2.4	328924	42431
2016	24906	3209	2.2	339478	43736
2017	26628	3417	3.8	360247	46221
2018	28429	3627	3.0	381544	48673

26-11 按当年价格计算的生产法本地生产总值
Gross Domestic Product (GDP) by Economic Activity at Current Prices

单位：亿港元，另有注明除外 (HKD 100 million, unless otherwise specified)

经济活动	Economic Activity	2013	2014	2015	2016	2017
农业、渔业、采矿及采石①	**Agriculture, Fishing, Mining and Quarrying①**	**12.25**	**14.96**	**16.30**	**18.98**	**17.36**
工业	**Industry**	**1485.64**	**1597.25**	**1692.72**	**1861.91**	**1919.91**
制造	Manufacturing	301.56	278.85	267.16	268.44	272.99
电力、燃气和自来水供应及废弃物管理	Electricity, Gas and Water Supply, and Waste Management	351.19	356.36	346.53	344.14	349.78
建筑	Construction	832.88	962.05	1079.02	1249.32	1297.14
服务	**Services**	**19482.92**	**20447.50**	**21545.41**	**22299.39**	**23590.65**
进出口贸易、批发及零售	Import/export, Wholesale and Retail Trades	5237.41	5315.41	5278.22	5255.26	5486.36
住宿及膳食服务②	Accommodation and Food Services②	754.13	787.25	781.34	796.82	835.07
运输、仓库、邮政及速递服务	Transportation, Storage, Postal and Courier Services	1254.65	1376.58	1500.73	1497.42	1533.59
资讯及通讯	Information and Communications	761.45	777.61	808.13	842.08	868.91
金融及保险	Financing and Insurance	3462.48	3679.89	4099.33	4290.82	4821.91
地产、专业及商用服务	Real Estate, Professional and Business Services	2257.89	2394.34	2527.14	2661.39	2748.22
公共行政、社会及个人服务	Public Administration, Social and Personal Services	3563.26	3795.88	4074.05	4369.12	4654.92
楼宇业权	Ownership of Premises	2191.66	2320.53	2476.48	2586.49	2641.66
以基本价格计算的本地生产总值	**GDP at Basic Prices**	**20980.80**	**22059.72**	**23254.43**	**24180.28**	**25527.92**
产品税	**Taxes on Products**	**753.14**	**832.36**	**954.33**	**837.43**	**1106.98**
统计差额③ (%)	**Statistical Discrepancy③ (%)**	**-1.6**	**-1.3**	**-0.9**	**-0.4**	**§§**
以当时市价计算的本地生产总值	**GDP at Current Market Prices**	**21383.05**	**22600.05**	**23982.80**	**24906.17**	**26628.36**

注：以上的统计数字是按“香港标准行业分类2.0版”编制。
①由于要为采矿及采石业个别机构单位的数据保密，因此采矿及采石业的数字会包括在「农业、渔业、采矿及采石」内。
②住宿服务包括酒店、宾馆、旅舍及其他提供短期住宿服务的机构单位。
③统计差额是以当年价格计算,以支出法编制的本地生产总值与以生产法编制的本地生产总值之间的差额。这差额是由于在编制过程中数据来源及估算方法有所不同而引致的。统计差额是以其占当时市价计算的本地生产总值的百分比来表示。
§§统计差额在±0.05%之内。

Notes: The above statistics are compiled based on the Hong Kong Standard Industrial Classification (HSIC) Version 2.0.
①In order to preserve the confidentiality of information relating to individual establishments in mining and quarrying sector, figures of mining and quarrying sector are included in "Agriculture, Fishing, Mining and Quarrying".
②Accommodation services cover hotels, guesthouses, boarding houses and other establishments providing short term accommodation.
③Statistical discrepancy refers to the difference in values of current price GDP compiled using the expenditure and production approaches, as a result of the adoption of different data sources and estimation methods in the compilation processes. It is expressed as a percentage to GDP at current market prices.
§§ Statistical discrepancy within ±0.05%.

26-12 按2017年环比物量计算的生产法本地生产总值
Gross Domestic Product (GDP) by Economic Activity in Chained (2017) Dollars

单位：亿港元 (HKD 100 million)

经济活动	Economic Activity	2014	2015	2016	2017	2018
农业、渔业、采矿及采石①	**Agriculture, Fishing, Mining and Quarrying①**	**20.04**	**18.67**	**18.30**	**17.36**	**17.11**
工业	**Industry**	**1832.52**	**1876.71**	**1932.95**	**1919.91**	**1925.41**
制造	Manufacturing	277.26	273.01	271.81	272.99	276.46
电力、燃气和自来水供应及废弃物管理	Electricity, Gas and Water Supply, and Waste Management	358.95	349.67	346.82	349.78	350.41
建筑	Construction	1187.07	1251.23	1314.68	1297.14	1298.54
服务	**Services**	**21882.33**	**22261.13**	**22768.15**	**23590.65**	**24387.29**
进出口贸易、批发及零售	Import/export, Wholesale and Retail Trades	5293.23	5235.75	5266.04	5486.36	5735.15
住宿及膳食服务②	Accommodation and Food Services②	830.04	814.25	818.42	835.07	867.73
运输、仓库、邮政及速递服务	Transportation, Storage, Postal and Courier Services	1374.67	1420.49	1462.98	1533.59	1587.32
资讯及通讯	Information and Communications	771.27	802.34	835.63	868.91	901.62
金融及保险	Financing and Insurance	4127.25	4377.65	4562.62	4821.91	5045.98
地产、专业及商用服务	Real Estate, Professional and Business Services	2600.76	2618.50	2690.93	2748.22	2790.63
公共行政、社会及个人服务	Public Administration, Social and Personal Services	4273.75	4381.93	4512.29	4654.92	4791.84
楼宇业权	Ownership of Premises	2586.79	2602.16	2616.30	2641.66	2667.01
产品税	**Taxes on Products**	**1010.00**	**1081.87**	**983.89**	**1106.98**	**1082.51**

注：以上的统计数字是按“香港标准行业分类2.0版”编制。
以环比物量计算按经济活动划分的本地生产总值的参照年，已由2016年重订为2017年。重订参照年会影响以环比物量计算的数值，但不会改变其变动率。整体物量估计与其组成部分相加的总和可能存在差额。“不可相加性”是环比物量计算的一个技术属性。
①由于要为采矿及采石业个别机构单位的数据保密，因此采矿及采石业的数字会包括在「农业、渔业、采矿及采石」内。
②住宿服务包括酒店、宾馆、旅舍及其他提供短期住宿服务的机构单位。

Notes: The above statistics are compiled based on the Hong Kong Standard Industrial Classification (HSIC) Version 2.0.
The reference year for the chain volume measures of GDP by economic activity has been revised from 2016 to 2017. Re-referencing affects the levels,but not the rates of change, of the chain volume measures. A discrepancy may exist between the volume estimate of an aggregate and the sum of its components. “Non-additivity” is a technical feature of the chain volume measures.
①In order to preserve the confidentiality of information relating to individual establishments in mining and quarrying sector, figures of mining and quarrying sector are included in "Agriculture, Fishing, Mining and Quarrying".
②Accommodation services cover hotels, guesthouses, boarding houses and other establishments providing short term accommodation.

26-13 支出法本地生产总值
Gross Domestic Product by Expenditure Component

单位：亿港元，另有注明除外 (HKD 100 million, unless otherwise specified)

本地生产总值组成部分	GDP Components	2014	2015	2016	2017	2018
按当年价格计算	**At Current Market Prices**					
私人消费开支	Private Consumption Expenditure	15028	15931	16499	17855	19426
政府消费开支	Government Consumption Expenditure	2142	2313	2480	2615	2810
固定资本形成总额	Gross Domestic Fixed Capital Formation	5309	5372	5352	5760	6116
存货增减	Changes in Inventories	75	-206	4	110	59
货物出口(离岸价)①	Exports of Goods (f.o.b.)①	39868	38892	38929	42128	44613
减：货物进口(离岸价)①	Less: Imports of Goods (f.o.b.)①	42377	40665	40226	43913	47156
服务出口①	Exports of Services①	8291	8089	7648	8129	8914
减：服务进口①	Less: Imports of Services①	5735	5743	5781	6055	6353
本地生产总值	**GDP**	**22600**	**23983**	**24906**	**26628**	**28429**
人均本地生产总值(港元)	**Per Capita GDP (HKD)**	**312609**	**328924**	**339478**	**360247**	**381544**
按2017年环比物量计算②	**In Chained (2017) Dollars②**					
私人消费开支	Private Consumption Expenditure	15831	16585	16915	17855	18836
政府消费开支	Government Consumption Expenditure	2376	2458	2542	2615	2724
固定资本形成总额	Gross Domestic Fixed Capital Formation	5786	5602	5595	5760	5877
存货增减	Changes in Inventories	85	-216	5	110	72
货物出口(离岸价)①	Exports of Goods (f.o.b.)①	39652	38967	39575	42128	43664
货物进口(离岸价)①	Imports of Goods (f.o.b.)①	41765	40649	40936	43913	46076
服务出口①	Exports of Services①	8156	8183	7897	8129	8526
服务进口①	Imports of Services①	5543	5817	5933	6055	6194
本地生产总值	**GDP**	**24510**	**25095**	**25641**	**26628**	**27428**
人均本地生产总值(港元)	**Per Capita GDP (HKD)**	**339026**	**344179**	**349498**	**360247**	**368110**

注：① 货物出口及进口与服务出口及进口数字，是根据《2008年国民经济核算体系》的标准，采用所有权转移原则记录外地加工货品及转手商贸活动编制而成的。

②以环比物量计算的本地生产总值及其组成部分的参照年，已由2016年重订为2017年。重订参照年会影响以环比物量计算的数值，但不会影响其变动率。整体物量数值与其组成部分相加的总和可能存在差额。不可相加性是环比物量计算的一个技术属性。

Notes:①Figures on exports and imports of goods and services are compiled based on the change of ownership principle in recording goods sent abroad for processing and merchanting under the standards stipulated in the System of National Accounts 2008.

②The reference year for the chain volume measures of GDP and its components has been revised from 2016 to 2017. Re-referencing affects the levels, but not the rates of change, of the chain volume measures. A discrepancy may exist between the volume estimate of an aggregate and the sum of its components. Non-additivity is a technical feature of the chain volume measures.

26-14 本地居民总收入
Gross National Income

单位：亿港元，另有注明除外 (HKD 100 million, unless otherwise specified)

项　目	Item	2014	2015	2016	2017	2018#
以2017年环比物量计算①	**In chained (2017) dollars①**					
本地生产总值	GDP	24510	25095	25641	26628#	27428
对外初次收入流量净值	Net External Primary Income Flows	493	460	643	1156	1370
实质本地居民总收入②	RGNI②	24527	25448	26265	27784#	28894
人均本地生产总值(港元)	Per Capita GDP (HKD)	339026	344179	349498	360247#	368110
人均实质本地居民总收入(港元)	Per Capita RGNI (HKD)	339265	349021	358003	375879#	387790
按当年价格计算	**At Current Market Prices**					
本地生产总值	GDP	22600	23983	24906	26628#	28429
对外初次收入流量净值	Net External Primary Income Flows	466	444	626	1156	1416
本地居民总收入	GNI	23066	24427	25532	27784#	29845
人均本地生产总值(港元)	Per Capita GDP (HKD)	312609	328924	339478	360247#	381544
人均本地居民总收入(港元)	Per Capita GNI (HKD)	319056	335010	348010	375879#	400551

注：①以环比物量计算的本地生产总值、对外初次收入流量净值及实质本地居民总收入的参照年，已由2016年重订为2017年。

②实质本地居民总收入是把贸易价格比率变动的调整及实质对外初次收入流量净值加进实质本地生产总值而得出。

Notes: ①The reference year for the chain volume measures of GDP, net external primary income flows (EPIF) and GNI has been revised from 2016 to 2017.

②Real Gross National Income (RGNI) is obtained by adding the terms of trade adjustment and real net EPIF to real GDP.

26-15 香港国际收支平衡
Hong Kong's Balance of Payments

单位：亿港元 (HKD 100 million)

标准组成部分①	Standard Component①	2014	2015	2016	2017#	2018#
经常账户②	**Current Account②**	**315**	**796**	**987**	**1239**	**1219**
货物	Goods	-2509	-1773	-1297	-1785	-2543
服务	Services	2556	2346	1867	2074	2560
初次收入	Primary Income	466	444	626	1156	1416
二次收入	Secondary Income	-198	-221	-210	-206	-214
资本及金融账户②	**Capital and Financial Account②**	**-738**	**-1286**	**-1011**	**-765**	**-1840**
资本账户	Capital Account	-7	-2	-4	-6	-15
直接投资	Direct Investment	-857	7948	4478	1869	2391
证券投资	Portfolio Investment	-644	-9709	-4696	2642	-5877
金融衍生工具	Financial Derivatives	1184	992	363	618	155
其他投资	Other Investment	978	2305	-1064	-3381	1581
储备资产③	Reserve Assets③	-1391	-2820	-89	-2505	-76
净误差及遗漏④	**Net Errors and Omissions④**	**423**	**491**	**24**	**-474**	**621**
整体的国际收支	**Overall Balance of Payments**	**1391**	**2820**	**89**	**2505**	**76**

注：①根据国际收支平衡的会计常规，某标准组成部分的净贷方数字以正数显示，而净借方则以负数显示。
②经常账户差额的正数值显示盈余而负数值则为赤字。在资本及金融账户方面，正数值显示资金净流入而负数值则为资金净流出。由于对外资产的增加是属于借方记账而减少则属贷方记账，因此负数值的储备资产显示储备资产的增加，而正数值则显示减少。
③在国际收支平衡架构下储备及非储备资产的估计数字是指交易数字。因估值方式改变(包括价格变动及汇率变动)及重新分类所导致的影响并没计算在内。
④原则上，贷方和借方各项记账的净总和等于零。实际上，由于有关数据是从多个来源搜集得来，贷方和借方记账之间可能由于各种原因而出现差异。为令贷方记账的总和与借方记账的总和相等，须加进一个反映净误差及遗漏的平衡项目。

Notes:①In accordance with the Balance of Payments accounting rules, a net credit for a standard component is represented by a positive value, and a net debit a negative value.
②A positive value for the balance figure in the current account represents a surplus whereas a negative value represents a deficit. In the capital and financial account, a positive value indicates a net financial inflow while a negative value indicates a net outflow. As increases in external assets are debit entries and decreases are credit entries, a negative value for the reserve assets represents a net increase while a positive value represents a net decrease.
③The estimates of reserve and non-reserve assets under the Balance of Payments framework are transaction figures. Effects of valuation changes (including price changes and exchange rate changes) and reclassifications are not taken into account.
④In principle, the net sum of credit entries and debit entries is zero. In practice, discrepancies between the credit and debit entries may occur for various reasons as the relevant data are collected from many sources. Equality between the sum of credit entries and that of debit entries is brought about by the inclusion of a balancing item which reflects net errors and omissions.

26-16 香港国际投资头寸（期末头寸）
Hong Kong's International Investment Position (Position as at End of Period)

单位：亿港元 (HKD 100 million)

概括组成部分	Broad Component	2013	2014	2015	2016	2017	2018#
资产	**Assets**	**291248**	**323915**	**338245**	**357388**	**428100**	**429335**
直接投资	Direct Investment	104835	123585	132308	135269	159229	164693
证券投资	Portfolio Investment	86936	90777	97555	106015	134711	125061
金融衍生工具	Financial Derivatives	5680	6235	6411	8581	6169	6356
其他投资	Other Investment	69669	77842	74161	77577	94269	99976
储备资产	Reserve Assets	24128	25475	27809	29946	33721	33249
负债	**Liabilities**	**232478**	**256427**	**260497**	**267921**	**317051**	**327936**
直接投资	Direct Investment	113467	127145	136973	141422	169435	174650
证券投资	Portfolio Investment	40458	40858	35922	33908	44772	42470
金融衍生工具	Financial Derivatives	5121	5503	5757	8270	5509	5844
其他投资	Other Investment	73432	82921	81845	84321	97334	104971
国际投资头寸净值①	**Net International Investment Position①**	**58770**	**67488**	**77747**	**89468**	**111050**	**101399**

注：①国际投资头寸净值是对外金融资产总值与对外金融负债总值之间的差额。
Note: ①Net International Investment Position is the difference between total external financial assets and total external financial liabilities.

26-17 电力、煤气、水消费量
Electricity, Gas and Water Consumption

用　途	Use	2014	2015	2016	2017	2018
电力 （万亿焦耳）	**Electricity (Terajoules)**					
住宅	Domestic	43415	42368	43120	42127	41965
商业	Commercial	102885	103893	103739	103893	105689
工业	Industrial	11281	11436	11252	11196	11081
街灯	Street Lighting	386	386	390	389	382
出口往中国内地	Export to the Mainland of China	4414	4273	4338	4828	2002
总计	Total	162381	162356	162838	162432	161118
煤气 （万亿焦耳）	**Gas (Terajoules)**					
住宅	Domestic	15400	14941	15437	15319	15466
商业	Commercial	11762	11813	11900	12161	12368
工业	Industrial	1673	1649	1477	1569	1717
总计	Total	28835	28403	28814	29049	29550
水 （万立方米）	**Water (10 000 Cubic Meters)**	**95900**	**97300**	**98700**	**98000**	**101300**

26-18 工业生产指数
Index of Industrial Production

(2008年=100) (2008=100)

行业组别	Industry Grouping	2014	2015	2016	2017	2018
制造业	**Manufacturing**	**94.6**	**93.2**	**92.7**	**93.1**	**94.3**
食品、饮品及烟草制品	Food, Beverages and Tobacco	130.9	137.0	142.3	146.6	151.1
纺织制品及成衣	Textiles and Wearing Apparel	40.1	35.3	33.7	32.3	31.9
纸制品、印刷及已储录资料媒体的复制	Paper products, Printing and Reproduction of Recorded Media	87.2	87.2	86.6	86.0	85.7
金属、计算机、电子及光学产品、机械及设备	Metal, Computer, Electronic and Optical Products, Machinery and Equipment	70.8	63.1	62.3	62.0	60.8
其他制造行业	Miscellaneous Manufacturing Industries	117.8	115.4	112.1	111.8	113.3
污水处理、废弃物管理及污染防治活动	**Sewerage, Waste Management and Remediation Activities**	**121.0**	**122.1**	**124.4**	**127.2**	**131.3**

注：以上统计数字是按“香港标准行业分类2.0版”编制。
Note : The above statistics are compiled based on the Hong Kong Standard Industrial Classification (HSIC) Version 2.0.

26-19 按楼宇种类划分的新落成私人楼宇
Newly Completed Private Buildings by Type of Building

楼宇类别	Building Type	2014	2015	2016	2017	2018
住宅楼宇	**Residential**					
楼宇数目 (栋)	Number of Blocks (number)	181	283	262	355	308
实用楼面面积 (万平方米)①	Usable Floor Area (10 000 sq.m.)①	42.3	27.6	33.0	39.5	46.7
商住两用楼宇	**Residential/Commercial**					
楼宇数目 (栋)	Number of Blocks (number)	51	113	67	128	140
实用楼面面积(万平方米)	Usable Floor Area (10 000 sq.m.)					
住宅	Residential	20.7	29.4	28.4	23.1	31.4
非住宅	Non-residential	3.2	2.8	6.8	3.4	9.2
商业楼宇	**Commercial**					
楼宇数目 (栋)	Number of Blocks (number)	19	16	21	24	21
实用楼面面积 (万平方米)	Usable Floor Area (10 000 sq.m.)	13.2	21.3	19.3	23.9	19.9
工业楼宇	**Industrial**					
楼宇数目 (栋)	Number of Blocks (number)	17	18	13	22	12
实用楼面面积 (万平方米)	Usable Floor Area (10 000 sq.m.)	17.2	5.3	9.1	19.5	6.8
其他用途楼宇	**Others**					
楼宇数目 (栋)	Number of Blocks (number)	198	182	193	174	251
实用楼面面积 (万平方米)	Usable Floor Area (10 000 sq.m.)					
住宅	Residential	1.5	1.6	2.3	0.6	1.1
非住宅	Non-residential	11.8	15.3	23.9	27.3	25.7
总计	**Total**					
楼宇数目 (栋)	Number of Blocks (number)	466	612	556	703	732
实用楼面面积 (万平方米)	Usable Floor Area (10 000 sq.m.)					
住宅①	Residential①	64.5	58.5	63.7	63.2	79.3
非住宅	Non-residential	45.4	44.8	59.2	74.1	61.7

注：①包括住宅楼宇内用作非住宅用途的实用楼面面积，例如：会所/娱乐设施、管理员办事处/宿舍、电机房等。
Note: ①Including usable floor area in residential buildings for non-domestic use, such as club house/recreational facilities, caretakers' office/quarters, transformer room, etc.

26-20 按楼宇种类划分的获批准可动工兴建私人楼宇
Private Buildings with Consent to Commence Work by Type of Building

年份 Year	住宅楼宇 Residential		商住两用楼宇 Residential/Commercial			商业楼宇 Commercial	
	楼宇数目(栋) Number of Blocks (number)	实用楼面面积(万平方米)① Usable Floor Area (10 000 sq.m.)①	楼宇数目(栋) Number of Blocks (number)	实用楼面面积(万平方米) Usable Floor Area (10 000 sq.m.) 住宅 Residential	非住宅 Non-residential	楼宇数目(栋) Number of Blocks (number)	实用楼面面积(万平方米) Usable Floor Area (10 000 sq.m.)
2012							
初次呈交 First Submission	102	27.2	69	35.0	5.8	19	15.1
重大修改 Major Revision	86	14.9	2	0.6	0.1		
2013							
初次呈交 First Submission	329	18.1	54	20.1	2.8	21	23.1
重大修改 Major Revision	445	21.1	53	21.1	1.8	2	3.2
2014							
初次呈交 First Submission	254	24.0	41	22.0	6.2	16	16.9
重大修改 Major Revision	200	9.6	5	6.0	2.7	1	3.2
2015							
初次呈交 First Submission	261	36.9	99	19.2	5.1	20	19.8
重大修改 Major Revision	65	1.4	66	28.5	7.0	1	0.3
2016							
初次呈交 First Submission	262	31.7	53	9.6	5.3	9	18.7
重大修改 Major Revision	110	18.8	36	4.0	1.3	6	5.9
2017							
初次呈交 First Submission	165	29.6	35	11.3	11.4	14	24.4
重大修改 Major Revision	151	11.8	28	33.6	12.1	3	1.0
2018							
初次呈交 First Submission	85	30.1	99	22.6	2.4	12	4.5
重大修改 Major Revision	178	11.8	6	5.1	3.9	3	0.2

26-20 续表 continued

年份 Year	工业楼宇 Industrial		其他用途楼宇 Others			总计 Total		
	楼宇数目(栋) Number of Blocks (number)	实用楼面面积(万平方米) Usable Floor Area (10 000 sq.m.)	楼宇数目(栋) Number of Blocks (number)	实用楼面面积(万平方米) Usable Floor Area (10 000 sq.m.)		楼宇数目(栋) Number of Blocks (number)	实用楼面面积(万平方米) Usable Floor Area (10 000 sq.m.)	
				住宅 Residential	非住宅 Non-residential		住宅① Residential①	非住宅 Non-residential
2012								
初次呈交 First Submission	8	4.6	68	0.9	39.2	266	63.0	64.8
重大修改 Major Revision	3	2.4	23	1.1	3.7	114	16.6	6.2
2013								
初次呈交 First Submission	9	10.1	35	0.1	12.7	448	38.4	48.8
重大修改 Major Revision	4	3.7	18	1.0	0.9	522	43.2	9.6
2014								
初次呈交 First Submission	6	10.4	45	2.8	14.2	362	48.8	47.7
重大修改 Major Revision	1	0.2	12	0.2	7.5	219	15.9	13.6
2015								
初次呈交 First Submission	21	20.6	85	2.8	38.2	486	59.0	83.7
重大修改 Major Revision	1	1.9	26	0.2	17.3	159	30.1	26.5
2016								
初次呈交 First Submission	12	6.3	47	0.4	16.4	383	41.8	46.7
重大修改 Major Revision	3	1.3	8	0.0	7.2	163	22.8	15.6
2017								
初次呈交 First Submission	9	5.4	46	1.0	18.5	269	41.9	59.7
重大修改 Major Revision	1	0.8	9	§	4.2	192	45.4	18.1
2018								
初次呈交 First Submission	7	7.5	35	0.6	6.1	238	53.3	20.4
重大修改 Major Revision	3	2.4	9	0.2	3.1	199	17.0	9.5

注：①包括住宅楼宇内用作非住宅用途的实用楼面面积，例如：会所/娱乐设施、管理员办事处/宿舍、电机房等。

Note: ①Including usable floor area in residential buildings for non-domestic use, such as club house/recreational facilities, caretakers' office/quarters, transformer room, etc.

26-21 按类型划分的永久性居住屋宇单位数量(3月底的数字)
Number of Permanent Living Quarters by Type (as at End March of the Year)

单位：万个 (10 000 units)

永久性居住屋宇单位类型①	Type of Permanent Living Quarters①	2015	2016	2017	2018	2019
公营租住房屋②	Public Rental Housing②	78.32	78.67	80.54	81.29	83.01
资助出售单位③	Subsidised Sale Flats③	39.60	39.89	40.31	40.90	41.88
私人永久性房屋③	Private Permanent Housing③	151.64	154.79	156.51	158.25	160.36
总计	**Total**	**269.56**	**273.35**	**277.36**	**280.44**	**285.25**

注：①数字包括所有住宅屋宇单位及非住宅楼宇内已知作居所用途的屋宇单位，但不包括非住宅用途、酒店及院舍内供住院或在囚人士居住的屋宇单位。
②数字不包括房屋委员会售出的公营租住房屋单位。
③数字包括房屋委员会及香港房屋协会售出而不可在公开市场买卖的屋宇单位。可在公开市场买卖的资助出售单位则归类为私人永久性房屋。

Notes: ①Figures include all quarters used for residential purpose as well as quarters known to be used for residential purposes in non-residential buildings. Quarters known to be used for non-residential purpose and those in hotels and accommodation used for inmates of institutions are excluded.
②Figures exclude public rental housing flats sold by the Housing Authority.
③Subsidised sale flats include quarters sold by the Housing Authority and Hong Kong Housing Society that cannot be traded in the open market. Those flats that can be traded in the open market are classified as private permanent housing.

26-22 按住房租住权划分的家庭住户数目
Domestic Households by Tenure of Accommodation

单位：万户 (10 000 households)

居所租住权	Tenure of Accommodation	2014	2015	2016	2017	2018
总计	**Total**	**243.24**	**247.11**	**249.89**	**253.47**	**257.15**
自置住房住户	Owner-occupiers	123.87	124.34	125.83	124.82	126.40
全租户	Sole Tenants	107.80	111.77	112.67	117.09	119.84
合租户	Co-tenants	1.20	0.77	1.25	0.88	0.86
住房由雇主提供	Provided by Employers	4.40	4.54	4.50	4.47	4.12
其他①	Others①	5.97	5.68	5.63	6.21	5.93

注：数字是根据该年1月至12月进行的“综合住户统计调查”结果，以及年中人口估计数字而编制。
① 包括二房东、三房客及免租户。

Notes: Figures are compiled based on data collected in the General Household Survey from January to December of the year concerned as well as mid-year population estimates.
① Includes main tenants, sub-tenants and rent free households.

26-23 进出香港货物
Inward and Outward Movements of Cargo

单位：万吨 (10 000 tons)

项　目	Item	2014	2015	2016	2017	2018
卸下	**Discharged**					
空运	By Air	158.5	159.6	164.8	172.4	178.1
水运	By Water	18418.5	15280.8	15077.4	17457.8	15950.9
海运	By Ocean	13052.7	11218.0	11029.1	11887.3	10987.8
河运	By River	5365.7	4062.8	4048.3	5570.5	4963.1
道路运输①	By Road①	1501.9	1446.9	1426.7	1477.4	1414.0
总计	Total	20078.9	16887.3	16668.9	19107.6	17543.0
装上	**Loaded**					
空运	By Air	279.1	278.4	287.3	321.4	323.7
水运	By Water	11355.2	10375.1	10595.6	10696.7	9903.2
海运	By Ocean	6679.3	5640.6	5379.4	5801.7	5467.2
河运	By River	4675.8	4734.5	5216.3	4895.1	4436.0
道路运输①	By Road①	919.1	837.5	763.7	753.6	747.6
总计	Total	12553.4	11491.0	11646.6	11771.7	10974.5

注：①港珠澳大桥于2018年10月24日开始通车营运。由2018年10月开始，道路货物数字亦包括港珠澳大桥。

Note: ①The Hong Kong-Zhuhai-Macao Bridge commenced operation on 24 October 2018. The road cargo figures as from October 2018 include those of the Hong Kong-Zhuhai-Macao Bridge.

26-24 按主要货物装卸地点划分的集装箱吞吐量
Container Throughput by Main Cargo Handling Location

单位:万标准集装箱单位 (10 000 TEUs)

项　目	Item	2014	2015	2016	2017	2018
集装箱吞吐量	**Container Throughput**	**2222.6**	**2007.3**	**1981.3**	**2077.0**	**1959.6**
葵青货柜码头	**Kwai Tsing Container Terminals**					
抵港	Inward					
载货集装箱	Laden Container	790.9	700.5	701.6	740.6	680.0
空集装箱	Empty Container	111.3	101.4	89.1	104.9	120.2
离港	Outward					
载货集装箱	Laden Container	783.1	683.1	662.0	701.3	668.8
空集装箱	Empty Container	73.4	72.2	67.6	76.7	78.3
葵青货柜码头以外	**Other than Kwai Tsing Container Terminals**					
抵港	Inward					
载货集装箱	Laden Container	163.3	166.3	179.8	180.1	182.8
空集装箱	Empty Container	61.6	59.8	60.1	51.1	31.3
离港	Outward					
载货集装箱	Laden Container	166.7	160.8	154.6	153.2	138.3
空集装箱	Empty Container	72.3	63.2	66.5	69.1	59.9

注：一个标准集装箱单位等同一个20英尺集装箱的容量。

Note : TEU refers to a twenty-foot equivalent unit.

26-25 通讯及互联网服务
Communications and Internet Services

项目	Item	2014	2015	2016	2017	2018
邮递服务	**Postal Services**					
信件邮件 (亿件物品)	Letter Mail (100 million articles)	12.2	12.0	12.2	11.7	12.5
包裹 (万件)	Parcels (10 000 pcs)	120.1	110.5	101.5	88.2	81.2
已使用对外电讯设施容量① (以每秒千兆比特计)	**Activated Capacity of External Telecommunications Facilities① (Gbps)**	**18106**	**25818**	**34427**	**48717**	**64592**
电话服务①② (万条操作线路)	**Telephone Services①② (10 000 working lines)**					
住宅	Residential	248.3	235.6	236.2	232.5	228.6
商用	Business	183.9	185.5	184.5	182.6	181.3
总计	Total	432.2	421.1	420.7	415.1	409.9
图文传真① (万条操作线路)	**Fax① (10 000 working lines)**	**18.8**	**17.7**	**16.7**	**16.1**	**15.4**
对外电话通讯量 (万分钟)	**External Telephone Traffic Volume (10 000 minutes)**					
拨出③	Outgoing③	540550	491487	366887	303070	
拨入④	Incoming④	220834	200167	165899	136351	
公共无线电传呼接收器①(个)	**Public Radio Paging Receivers① (number)**	**41442**	**34924**	**28499**	**23128**	**18779^**
移动电话用户系统①⑤⑥ (个)	**Public Mobile Subscriber Units①⑤⑥ (number)**	**7851393**	**7971884**	**8161032**	**8347375**	**8397681^**
		(17371999)	**(16774732)**	**(17233286)**	**(18340347)**	**(19366977)^**
互联网服务	**Internet Services**					
互联网服务商数目①⑦(个)	**Licensed Internet Service Providers (ISPs)①⑦ (number)**	**201**	**215**	**225**	**228**	**244**
互联网服务商客户数目①⑧(个)	**Number of Customers of Licensed ISPs①⑧**					
拨号上网登记用户户口(不包括互联网储值卡)⑨	Registered Customer Accounts with Dial-up Access (Excluding Internet Pre-paid Calling Cards)⑨	239427	200283	190859	140923	52284
拨号上网储值卡	Internet Pre-paid Cards for Dial-up Access					
以私人租用线路接驳的已登记客户户口⑨	Registered Customer Accounts with Leased Line Access⑨	2268	2263	2551	2641	2911
宽带互联网用户户口⑨	Registered Broadband Internet Access Customer Accounts⑨	2268576	2335662	2611682	2645752	2699029
互联网使用量⑧	**Internet Traffic Volume⑧**					
客户通过公共电话网络接驳⑩ (万分钟)	Customer Access via Public Switched Telephone Networks⑩ (10 000 minutes)	24804	24022	21458	19676	16271
客户通过宽带网络接驳 (太字节)⑪	Customer Access via Broadband Networks (terabytes)⑪	2946653	3510437	4824088	5988964	6792188

注：①年底数字。②数字包括直通内线式电话线、图文传真线及电文线路的直拨服务。③数字也包括图文传真及数据。④估计数字。
⑤数字不包括储值智能卡。包括储值智能卡的数字于括号内展示。 ⑥数字包括3G及4G服务。
⑦营办商数目包括所有持牌获准提供互联网接驳服务的营办商。
⑧数字为根据互联网服务供应商申报的估计数字，并不包括不属于持牌互联网服务供应商客户的使用者。
⑨已登记客户户口指互联网服务供应商的客户户口(包括免费的客户户口)。拥有超过一个客户登入识别码的登记客户户口只算作一个已登记的客户户口。数字不包括只获提供电邮地址的客户户口。
⑩不包括通过私人租用线路接驳及使用宽带服务的客户。
⑪1个太字节 = 8万亿比特。
^截至2018年10月底。

Notes : ①Figures are as at end of the year.
②Figures include direct dialing in lines, facsimile lines and datel lines. ③Figures also include facsimile and data. ④Estimated figures.
⑤Excluding pre-paid SIM cards. Figures including pre-paid SIM cards are presented in brackets.
⑥Figures include 3G and 4G mobile services.
⑦Including all licenses authorised to provide Internet access services.
⑧Estimated figures are based on the returns from the ISPs and do not include users who are not customers on the licensed ISPs.
⑨Registered customer accounts refer to the customer accounts of ISPs (including those free-of-charge customer accounts). For a registered customer account which has more than one user login ID, it is counted as one registered customer account only. Figures do not include customer accounts which are provided with e-mail addresses only.
⑩Excluding customer access via leased circuits and broadband services.
⑪1 terabyte = 8 terabits.
^As at the end of October 2018.

26-26 商品进出口贸易总额
Total Imports and Exports of Goods

单位：亿港元 (HKD 100 million)

贸易种类	Type of Trade	2014	2015	2016	2017	2018
进口	Imports	42190	40464	40084	43570	47214
整体出口	Total Exports	36728	36053	35882	38759	41581
贸易总额	Total Trade	78918	76517	75966	82329	88795
商品贸易差额	Merchandise Trade Balance	-5463	-4411	-4201	-4811	-5633

26-27 商品进口的主要供应地
Imports of Goods by Major Supplier

单位：亿港元 (HKD 100 million)

贸易种类／主要国家／地区	Type of Trade/ Main Country/Territory	2014	2015	2016	2017	2018
进口(供应地)	**Imports (Supplier)**	**42190**	**40464**	**40084**	**43570**	**47214**
中国内地	The Mainland of China	19870	19840	19168	20301	21863
中国台湾	Taiwan, China	3003	2744	2921	3297	3384
新加坡	Singapore	2608	2459	2617	2881	3141
韩国	Republic of Korea	1755	1721	1962	2521	2783
日本	Japan	2889	2603	2467	2534	2600

26-28 商品整体出口的主要目的地
Total Exports of Goods by Major Destination

单位：亿港元 (HKD 100 million)

贸易种类／主要国家／地区	Type of Trade/ Main Country/Territory	2014	2015	2016	2017	2018
整体出口(目的地)	**Total Exports (Destination)**	**36728**	**36053**	**35882**	**38759**	**41581**
中国内地	The Mainland of China	19790	19365	19435	21058	22873
美国	United States of America	3415	3422	3240	3302	3568
印度	India	942	1018	1167	1586	1343
日本	Japan	1315	1228	1167	1285	1293
中国台湾	Taiwan, China	793	650	745	894	862

26-29 涉及外发中国内地加工的贸易
Trade Involving Outward Processing in the Mainland of China

项　目	Item	2014	2015	2016	2017	2018
涉及外发加工贸易的估计货值（亿港元）	**Estimated Value of Outward Processing Trade (HKD 100 million)**					
输往中国内地的整体出口货物	Total Exports to the Mainland of China	5804	5522	5362	5794	6098
从中国内地进口的货物	Imports from the Mainland of China	7551	7887	7552	8103	8490
原产地为中国内地经香港输往其他地方的转口货物	Re-exports of the Mainland of China Origin to Other Places	8984	9076	8705	9205	9723
涉及外发加工贸易的估计比重 (%)	**Estimated Proportion of Outward Processing Trade (%)**					
输往中国内地的整体出口货物	Total Exports to the Mainland of China	29	29	28	28	27
从中国内地进口的货物	Imports from the Mainland of China	38	40	39	40	39
原产地为中国内地经香港输往其他地方的转口货物	Re-exports of the Mainland of China Origin to Other Places	71	72	71	70	69

26-30 按服务组成部分划分的服务出口及进口
Exports and Imports of Services by Service Component

单位：亿港元 (HKD 100 million)

服务组成部分	Service Component	2014	2015	2016	2017	2018
服务出口	**Exports of Services**					
制造服务	Manufacturing Services	§	§	§	§	
保养及维修服务	Maintenance and Repair Services	25	27	26	26	
运输	Transport	2477	2309	2187	2374	
旅游	Travel	2976	2802	2550	2598	
建筑	Construction	28	13	9	10	
保险及退休金服务	Insurance and Pension Services	94	101	112	110	
金融服务	Financial Services	1370	1487	1385	1587	
知识产权使用费	Charges for the Use of Intellectual Property	48	50	52	56	
电子通讯、计算机及资讯服务	Telecommunications, Computer and Information Services	219	220	221	221	
其他商业服务	Other Business Services	1028	1053	1074	1115	
个人、文化及康乐服务	Personal, Cultural and Recreational Services	20	20	23	25	
政府货品及服务	Government Goods and Services	7	7	7	8	
总计	Total	8291	8089	7648	8129	8914#
服务进口	**Imports of Services**					
制造服务	Manufacturing Services	925	900	882	913	
保养及维修服务	Maintenance and Repair Services	9	9	10	11	
运输	Transport	1426	1342	1314	1363	
旅游	Travel	1707	1788	1874	1979	
建筑	Construction	27	13	10	10	
保险及退休金服务	Insurance and Pension Services	112	113	110	113	
金融服务	Financial Services	344	373	366	423	
知识产权使用费	Charges for the Use of Intellectual Property	150	144	146	150	
电子通讯、计算机及资讯服务	Telecommunications, Computer and Information Services	148	148	150	150	
其他商业服务	Other Business Services	868	892	897	920	
个人、文化及康乐服务	Personal, Cultural and Recreational Services	8	8	10	10	
政府货品及服务	Government Goods and Services	12	13	12	14	
总计	Total	5735	5743	5781	6055	6353#
服务出口净额	**Net Exports of Services**	**2556**	**2346**	**1867**	**2074**	**2560#**

注：数字已采纳《2010年国际服务贸易统计手册》内最新的国际建议。
由于进位原因，统计表内个别项目的数字加起来可能与其总计略有差别。

Notes: Figures have incorporated the latest international recommendations given in the Manual on Statistics of International Trade in Services 2010.
There may be a slight discrepancy between the sum of individual items and the total shown in the table because of rounding.

26-31 按主要目的地和来源地划分的服务出口及进口
Exports and Imports of Services by Major Destination and Source

单位：亿港元 (HKD 100 million)

目的地／来源地	Destination/Source	2013	2014	2015	2016	2017
服务出口①	**Exports of Services①**					
中国内地	The Mainland of China	3172	3216	3108	2964	3102
美国	United States of America	1158	1202	1168	1049	1109
英国	United Kingdom	486	534	594	608	642
日本	Japan	362	364	329	310	335
新加坡	Singapore	239	274	295	295	324
其他	Others	2405	2411	2315	2167	2267
所有目的地	All Destinations	7821	8001	7808	7392	7779
服务进口①	**Imports of Services①**					
中国内地	The Mainland of China	2359	2165	2217	2210	2281
美国	United States of America	628	631	638	656	662
日本	Japan	393	427	446	459	499
英国	United Kingdom	325	336	334	333	348
新加坡	Singapore	266	282	255	244	257
其他	Others	1827	1856	1815	1844	1921
所有来源地	All Sources	5797	5697	5704	5745	5968

注：数字已采纳《2010年国际服务贸易统计手册》内最新的国际建议。
由于进位原因，统计表内个别项目的数字加起来可能与其所有目的地／来源地的数字略有差别。
①由于非直接计算金融中介服务没有按地区细分数字，本统计表内的数字不包括非直接计算的金融中介服务数字。因此于本统计表内所有目的地／来源地的数字与表26-30内所有服务的相应数字并不相同。

Notes: Figures have incorporated the latest international recommendations given in the Manual on Statistics of International Trade in Services 2010.
There may be a slight discrepancy between the sum of individual items and the figure for all destinations/sources shown in the table because of rounding.
①Since data on geographical breakdowns of financial intermediation services indirectly measured (FISIM) are not available, the figures in respect of FISIM are not included in this table. Hence, figures for all destinations/sources in this table are not equal to the corresponding figures for all services in Table 26-30.

26-32 按选定主要投资者国家/地区划分的外商直接投资头寸及流动
Position and Flow of Inward Direct Investment by Selected Major Investor Country/Territory

单位：亿港元 (HKD 100 million)

主要投资者国家/地区	Major Investor Country/Territory	以市值计算的外商直接投资 Inward Direct Investment at Market Value					
		年底头寸 Position at End of Year			年间流入 Inflow in Year		
		2015	2016	2017	2015	2016	2017
英属维尔京群岛	British Virgin Islands	43255	43160	49801	4375	2407	3299
中国内地	The Mainland of China	32703	32414	38724	2008	2568	1792
开曼群岛	Cayman Islands	8617	9700	11935	4043	1360	1618
荷兰	Netherlands	7787	7953	8827	344	504	-14
百慕大	Bermuda	5697	5865	6568	594	149	176
新加坡	Singapore	3431	2915	3830	233	-181	828
美国	United States of America	3146	3137	3259	30	476	120
英国	United Kingdom	2564	2822	2878	559	649	-148
日本	Japan	2258	2207	2521	225	144	164
中国台湾	Taiwan, China	794	1089	1009	-26	-13	-46
其他	Others	13106	14819	22546	1131	1048	837
总计	**Total**	**123359**	**126081**	**151898**	**13515**	**9112**	**8626**

注：根据香港近年从个别投资者国家/地区的外商直接投资头寸选取。
Note: Selected based on the position of Hong Kong's inward direct investment from individual investor countries/territories in recent years.

26-33 按选定主要接受投资国家/地区划分的对外直接投资头寸及流动
Position and Flow of Outward Direct Investment by Selected Major Recipient Country/Territory

单位：亿港元 (HKD 100 million)

主要接受投资国家/地区	Major Recipient Country/Territory	以市值计算的对外直接投资 Outward Direct Investment at Market Value					
		年底头寸 Position at End of Year			年间流出 Outflow in Year		
		2015	2016	2017	2015	2016	2017
中国内地	The Mainland of China	47018	48227	54201	3066	2349	2433
英属维尔京群岛	British Virgin Islands	48405	46582	48813	-164	1566	817
开曼群岛	Cayman Islands	4552	4952	5433	2245	382	17
百慕大	Bermuda	2270	2250	2881	240	281	491
荷兰	Netherlands	324	326	2487	-28	-9	2004
新加坡	Singapore	714	948	2157	-82	73	647
英国	United Kingdom	2485	1605	1799	171	-686	107
澳大利亚	Australia	1354	1353	1337	6	-99	-171
美国	United States of America	857	899	920	-170	7	69
卢森堡	Luxembourg	700	776	844	-4	68	-10
其他	Others	10015	12011	20819	286	703	354
总计	**Total**	**118694**	**119928**	**141691**	**5567**	**4634**	**6757**

注：根据香港近年对个别接受投资国家/地区的对外直接投资头寸选取。
Note: Selected based on the position of Hong Kong's outward direct investment to individual recipient countries/territories in recent years.

26-34 按母公司所在的国家／地区划分的驻港地区总部数目
Number of Regional Headquarters in Hong Kong by Country/Territory where Parent Company was Located

单位：个 (unit)

项　目	Item	2014	2015	2016	2017	2018
驻港地区总部数目	**No. of Regional Headquarters in Hong Kong**	**1389**	**1401**	**1379**	**1413**	**1530**
母公司所在的国家／地区	Country/Territory Where Parent Company Was Located					
美国	United States of America	310	307	286	283	290
日本	Japan	240	238	239	233	244
中国内地	The Mainland of China	119	133	137	154	197
英国	United Kingdom	120	126	124	122	137
德国	Germany	91	87	85	87	98
法国	France	68	67	73	81	92
瑞士	Switzerland	45	43	51	55	54
新加坡	Singapore	43	42	40	45	46
意大利	Italy	43	40	36	39	39
澳大利亚	Australia	37	40	37	35	35
瑞典	Sweden	28	28	30	27	29
荷兰	Netherlands	43	36	29	27	28
中国台湾	Taiwan, China	31	26	25	19	22
加拿大	Canada	16	18	17	19	21
比利时	Belgium	14	18	20	21	21

注：数字指有关年度6月首个工作日的数字。地区总部是指有香港境外母公司，并对区内(即香港及另一个或多个地方)各办事处及／或运作拥有管理权的一家办事处。如驻港的地区总部属联营机构，其母公司所在的国家／地区可多于一个。

Note : Figures refer to the first working day of June of the year. A regional headquarters is an office with parent company located in Hong Kong which has managerial control over offices and/or operations in the region (i.e. Hong Kong plus one or more other places). In the case of a joint-venture regional headquarters in Hong Kong, there may be more than one country/territory where its parent companies are located.

26-35 按母公司所在的国家／地区划分的驻港地区办事处数目
Number of Regional Offices in Hong Kong by Country/Territory where Parent Company was Located

单位：个 (unit)

项　目	Item	2014	2015	2016	2017	2018
驻港地区办事处数目	**Number of Regional Offices in Hong Kong**	**2395**	**2397**	**2352**	**2339**	**2425**
母公司所在的国家／地区	Country/Territory Where Parent Company Was Located					
美国	United States of America	490	505	480	443	434
日本	Japan	465	447	420	428	421
中国内地	The Mainland of China	160	186	174	196	255
英国	United Kingdom	204	220	223	221	219
德国	Germany	125	121	131	140	139
法国	France	110	105	109	101	119
新加坡	Singapore	90	93	102	106	106
中国台湾	Taiwan, China	144	122	115	109	97
瑞士	Switzerland	84	82	80	84	83
意大利	Italy	61	61	64	54	62
荷兰	Netherlands	65	62	63	56	52
澳大利亚	Australia	47	48	54	48	50
韩国	Korea	40	44	41	47	47
加拿大	Canada	29	31	32	30	33
瑞典	Sweden	28	28	29	29	30

注：数字指有关年度6月首个工作日的数字。地区办事处是指有香港境外母公司，并负责协调区内(即香港及另一个或多个地方)各办事处及／或运作的一家办事处。如驻港的地区办事处属联营机构，其母公司所在的国家／地区可多于一个。

Note : Figures refer to the first working day of June of the year. A regional office is an office with parent company located outside Hong Kong which coordinates offices and/or operations in the region (i.e. Hong Kong plus one or more other places). In the case of a joint-venture regional office in Hong Kong, there may be more than one country/territory where its parent companies are located.

26-36　按居住国家／地区划分的访港旅客人数
Visitor Arrivals by Country/Territory of Residence

单位：万人次　　(10 000 person-times)

居住国家／地区	Country/Territory of Residence	2014	2015	2016	2017	2018
中国内地	The Mainland of China	4724.8	4584.2	4277.8	4444.5	5103.8
南亚及东南亚	South and Southeast Asia	361.5	355.9	370.2	362.6	357.2
中国台湾	Taiwan, China	203.2	201.6	201.1	201.1	192.5
北亚	North Asia	233.0	229.3	248.5	271.8	270.9
欧洲、非洲及中东	Europe, Africa and the Middle East	221.8	216.7	222.6	220.2	223.2
美洲	The Americas	167.9	172.8	177.3	178.2	187.3
澳大利亚、新西兰及南太平洋	Australia, New Zealand and South Pacific	71.5	68.1	68.4	68.7	70.4
中国澳门①／未能辨别	Macao, China①/Not identified	100.2	102.1	99.5	100.1	109.5
总计	**Total**	**6083.9**	**5930.8**	**5665.5**	**5847.2**	**6514.8**
与上年比较的变动百分比(%)	**Percentage Changes over the Preceding Year(%)**	**12.0**	**-2.5**	**-4.5**	**3.2**	**11.4**

注：①访港旅客数字包括经澳门访港的非澳门居民。
Note:①Figures include arrival of non-Macao residents via Macao.

26-37　政府储备结余
Government's Reserve Balances

单位：亿港元　　(HKD 100 million)

项　目	Item	2014/2015	2015/2016	2016/2017	2017/2018	2018/2019
期初储备结余	Opening Reserve Balances	7557.17	8285.14	8428.88	9539.60	11029.34
收入①	Revenue①	4786.68	4500.07	5731.24	6198.37	5997.59
开支①	Expenditure①	3961.83	4356.33	4620.52	4708.63	5318.10
债券及票据偿还款项	Repayment of Bonds and Notes	-96.88	-	-	-	-
盈余	Surplus	727.97	143.74	1110.72	1489.74	679.49
期末储备结余	Closing Reserve Balances	8285.14	8428.88	9539.60	11029.34	11708.83

注：2018/19年度的数字有待审计署署长核实。
①数字不包括“政府一般收入帐目及各基金之转拨”。
Notes:Figures for 2018/19 are subject to audit by the Director of Audit.
①Figures exclude “Transfers between the General Revenue Account and Funds”.

26-38 政府收入(一般收入帐目及各基金)
Government Revenue (General Revenue Account and Funds)

单位：亿港元 (HKD 100 million)

项目	Item	2014/2015	2015/2016	2016/2017	2017/2018	2018/2019
经营收入	**Operating Revenue**					
直接税	Direct Taxes					
入息税及利得税	Earnings and Profits Tax	2049.50	2058.83	2069.07	2087.29	2363.53
间接税	Indirect Taxes					
博彩及彩票税	Bets and Sweeps Tax	194.79	201.27	211.19	219.59	221.94
酒店房租税①	Hotel Accommodation Tax①	-	-	-	-	-
印花税	Stamp Duties	748.45	626.80	618.99	951.73	799.79
飞机乘客离境税	Air Passenger Departure Tax	23.47	25.16	25.98	27.37	28.81
应课税品税项	Duties	100.10	107.12	102.54	107.01	106.36
一般差饷	General Rates	222.72	227.33	212.50	222.03	171.67
车辆税	Motor Vehicle Taxes	95.49	93.11	78.14	85.94	94.32
专利税及特权税	Royalties and Concessions	29.16	29.55	105.45	32.42	35.00
各项收费②（含征税成分的费用）	Fees and Charges② (tax-loaded fees)	74.80	76.51	53.90	81.50	80.29
其他收入	Other Revenue					
罚款、没收及罚金	Fines, Forfeitures and Penalties	13.28	14.09	14.96	23.27	28.37
物业及投资	Properties and Investments	234.18	197.01	301.12	274.03	171.78
贷款、偿款、供款及其他收入	Loans, Reimbursements, Contributions and Other Receipts	40.58	41.68	39.95	37.99	38.40
公用事业	Utilities	39.72	40.10	42.56	43.73	44.40
各项收费②（不包含征税成分的费用）	Fees and Charges② (excluding tax-loaded fees)	70.99	74.98	73.29	77.43	81.99
投资收入③	Investment Income③					
政府一般收入帐目	General Revenue Account	2.11	1.78	167.63	156.26	277.51
土地基金	Land Fund	-	-	-	-	-
经营收入总额	**Total Operating Revenue**	**3939.34**	**3815.32**	**4117.27**	**4427.59**	**4544.16**
非经营收入	**Capital Revenue**					
间接税	Indirect Taxes					
遗产税	Estate Duty	1.78	0.30	0.19	0.31	0.89
的士专营权税	Taxi concessions	-	-	1.41	-	-
其他收入	Other Revenue					
其他	Others	14.35	23.23	240.49	12.98	92.10
从房屋委员会收回的款项	Recovery from Housing Authority	2.14	1.36	0.90	2.43	12.34
基金③	Funds③					
基本工程储备基金（不包括债券收入）	Capital Works Reserve Funds (excluding proceeds of bond issue)	779.90	609.90	1299.97	1687.68	1258.34
资本投资基金	Capital Investment Fund	14.61	14.09	14.37	8.96	14.01
赈灾基金	Disaster Relief Fund	0.02	0.01	0.04	0.03	0.03
贷款基金	Loan Fund	20.75	21.86	23.85	27.01	28.52
公务员退休金储备基金	Civil Service Pension Reserve Fund	-	-	9.70	9.30	16.56
创新及科技基金	Innovation and Technology Fund	0.57	0.69	2.07	2.88	7.18
奖券基金	Lotteries Fund	13.22	13.31	20.98	19.20	23.46
非经营收入总额	**Total Capital Revenue**	**847.34**	**684.75**	**1613.97**	**1770.78**	**1453.43**
政府收入总额	**Total Government Revenue**	**4786.68**	**4500.07**	**5731.24**	**6198.37**	**5997.59**

注：2018/19年度的数字有待审计署署长核实。

①由2008年7月1日起，政府免收“酒店房租税”。

②各项收费之中含征税成分的费用已重新归类为税项收入。

③2014-15及2015-16年度财政储备的投资收入已预留作房屋储备金，并存放于外汇基金内，而没有在2014年12月31日及2015年12月31日收取。

Notes: Figures for 2018/19 are subject to audit by the Director of Audit.

①Effective from 1 July 2008, the government waives the charge of hotel accommodation tax.

②The tax-loaded portion of fees and charges is re-classified under tax revenue.

③The investment incomes on the fiscal reserves for 2014-15 and 2015-16 have been set aside and retained within the Exchange Fund as provision for the Housing Reserve, and were not received on 31 December 2014 and 31 December 2015.

26-39 政府支出(一般收入帐目及各基金)
Government Expenditure (General Revenue Account and Funds)

单位：亿港元 (HKD 100 million)

项目	Item	2014/2015	2015/2016	2016/2017	2017/2018	2018/2019
经营支出	**Operating Expenditure**					
经常支出	**Recurrent Expenditure**					
个人薪酬	Personal Emoluments	645.81	681.52	717.75	745.67	792.64
与员工有关联的支出	Personnel Related Expenses	53.69	59.79	67.25	74.45	83.35
退休金	Pensions	264.12	294.33	319.48	344.10	367.84
部门支出	Departmental Expenses	273.55	285.67	301.63	313.66	347.25
其它费用	Other Charges	594.82	635.65	690.52	693.07	832.95
资助金	Subventions					
教育	Education	375.71	398.56	415.84	472.83	522.20
卫生	Health	494.62	512.48	530.91	560.44	642.47
社会福利	Social Welfare	122.83	134.02	145.37	150.94	166.84
大学	Universities	159.83	174.65	184.95	188.82	196.79
职业训练局	Vocational Training Council	23.36	24.40	25.63	25.77	26.98
杂项	Miscellaneous	42.56	44.25	47.05	48.37	50.59
非经常支出	Non-recurrent	112.27	228.33	86.18	90.85	294.55
经营支出总额	**Total Operating Expenditure**	**3163.17**	**3473.65**	**3532.56**	**3708.97**	**4324.45**
非经营支出	**Capital Expenditure**					
机器、设备及工程	Plant, Equipment and Works	13.16	22.40	22.15	23.19	33.45
资助金	Subventions					
教育	Education	6.66	7.32	8.27	8.91	12.30
卫生	Health	7.74	7.64	8.37	8.84	9.42
职业训练局	Vocational Training Council	0.42	0.58	0.45	0.61	0.69
杂项	Miscellaneous	0.47	0.52	0.73	0.71	1.17
基金	Funds					
基本工程储备基金①	Capital Works Reserve Fund①	814.01	791.82	872.94	868.87	818.96
资本投资基金	Capital Investment Fund	0.12	0.17	101.94	10.56	39.87
贷款基金	Loan Fund	34.92	31.90	46.69	47.90	44.12
赈灾基金	Disaster Relief Fund	0.47	0.82	0.54	0.65	0.65
创新及科技基金	Innovation and Technology Fund	8.82	10.14	12.58	14.83	15.75
奖券基金	Lotteries Fund	8.75	9.37	13.30	14.59	17.27
非经营支出总额	**Total Capital Expenditure**	**895.54**	**882.68**	**1087.96**	**999.66**	**993.65**
政府支出总额	**Total Government Expenditure**	**4058.71**	**4356.33**	**4620.52**	**4708.63**	**5318.10**

注：2018/19年度的数字有待审计署署长核实。
① 包括2004年发行的政府债券及票据的偿还款项。

Notes: Figures for 2018/19 are subject to audit by the Director of Audit.
① Including repayment of government bonds and notes issued in 2004.

26-40 按政策组别划分的公共开支
Public Expenditure by Policy Area Group

单位：亿港元 (HKD 100 million)

项目	Item	2014/2015	2015/2016	2016/2017	2017/2018	2018/2019
社区及对外事务	Community and External Affairs	126.18	134.95	148.51	163.43	250.21
经济	Economic	205.29	190.37	293.65	205.85	271.92
教育	Education	737.24	789.68	824.36	884.65	1105.26
环境及食物	Environment and Food	215.21	208.39	208.34	215.86	248.06
卫生	Health	575.08	704.24	664.74	710.95	782.85
房屋	Housing	243.49	294.05	288.75	327.80	326.79
基础建设	Infrastructure	741.26	810.21	894.02	862.91	769.55
保安	Security	389.06	431.08	431.62	458.33	504.31
社会福利	Social Welfare	580.91	648.93	681.51	703.16	907.69
辅助服务	Support	427.34	468.38	512.66	542.80	587.81
总计	**Total**	**4241.06**	**4680.28**	**4948.16**	**5075.74**	**5754.45**

注：2018/19年度的数字为修订预算。
公共开支包括政府开支及其他公营机构的开支。至于政府只享有股权的机构，包括法定机构，例如机场管理局及香港铁路有限公司，其开支则不包括在内。

Notes: Figures for 2018/19 are revised estimates.
Public expenditure comprises government expenditure and expenditure by other public bodies. It does not include expenditure by those organisations, including statutory organisations, in which the government has only an equity position, such as the Airport Authority and the MTR Corporation Limited.

26-41 外币兑换率及港汇指数
Exchange Rates and the Effective Exchange Rate Indices

单位：每单位外币兑换港元 (HKD per unit of foreign currency)

项目	Item	2014	2015	2016	2017	2018
年内平均数字①	**Average for the year①**					
澳元	Australian Dollar	7.00	5.83	5.78	5.98	5.86
加拿大元	Canadian Dollar	7.03	6.07	5.86	6.01	6.05
人民币	Chinese Renminbi	1.2590	1.2299	1.1664	1.1552	1.1855
欧元	Euro	10.30	8.60	8.59	8.82	9.25
印度卢比	Indian Rupee	0.127	0.121	0.116	0.120	0.115
日元	Japanese Yen	0.0734	0.0640	0.0716	0.0695	0.0709
马来西亚林吉特	Malaysian Ringgit	2.37	2.00	1.87	1.81	1.94
新台币	New Taiwan Dollar	0.263	0.251	0.247	0.262	0.263
菲律宾比索	Philippines Peso	0.179	0.174	0.166	0.157	0.152
英镑	Pound Sterling	12.78	11.85	10.51	10.05	10.46
韩圆	Korean Won	0.0074	0.0069	0.0067	0.0069	0.0071
新加坡元	Singapore Dollar	6.12	5.64	5.62	5.65	5.81
瑞士法郎	Swiss Franc	8.48	8.06	7.88	7.92	8.01
泰铢	Thai Baht	0.239	0.227	0.220	0.230	0.243
美元	US Dollar	7.754	7.752	7.762	7.794	7.839
特别提款权	Special Drawing Right	11.78779	10.84389	10.79275	10.80958	11.10253
港汇指数 (2010年1月=100)②	Effective Exchange Rate Indices for the Hong Kong dollar (January 2010=100) ②					
贸易总值(进口及整体出口)加权	Trade (import and export)-weighted	96.0	101.3	104.1	104.2	101.8
进口货值加权	Import-weighted	96.0	101.7	104.2	104.2	101.7
整体出口货值加权 ③	Export-weighted③	95.9	100.9	104.1	104.3	101.9
年底数字④	**As at end of year④**					
澳元	Australian Dollar	6.35	5.66	5.59	6.10	5.53
加拿大元	Canadian Dollar	6.68	5.58	5.77	6.22	5.75
人民币	Chinese Renminbi	1.2479	1.1761	1.1113	1.1989	1.1386
欧元	Euro	9.43	8.47	8.16	9.38	8.95
印度卢比	Indian Rupee	0.125	0.117	0.114	0.123	0.112
日元	Japanese Yen	0.0648	0.0644	0.0663	0.0693	0.0709
马来西亚林吉特	Malaysian Ringgit	2.22	1.81	1.73	1.93	1.89
新台币	New Taiwan Dollar	0.252	0.243	0.248	0.267	0.257
菲律宾比索	Philippines Peso	0.178	0.167	0.157	0.157	0.152
英镑	Pound Sterling	12.06	11.49	9.57	10.55	9.93
韩圆	Korean Won	0.0071	0.0066	0.0064	0.0073	0.0071
新加坡元	Singapore Dollar	5.86	5.48	5.36	5.85	5.74
瑞士法郎	Swiss Franc	7.84	7.83	7.61	8.02	7.95
泰铢	Thai Baht	0.236	0.215	0.217	0.241	0.241
美元	US Dollar	7.756	7.751	7.754	7.814	7.834
特别提款权	Special Drawing Right	11.23697	10.74079	10.42662	11.13385	10.89406
港汇指数 (2010年1月=100)②	Effective Exchange Rate Indices for the Hong Kong Dollar (January 2010=100)②					
贸易总值(进口及整体出口)加权	Trade (import and export)-weighted	99.0	104.9	108.8	100.9	104.8
进口货值加权	Import-weighted	99.4	105.3	108.9	100.9	104.6
整体出口货值加权③	Export-weighted③	98.5	104.3	108.6	100.9	105.1

注：《中华人民共和国香港特别行政区基本法》说明，港元是香港特别行政区的法定货币。外币指港元以外的其他货币，因而人民币亦视作外币。

①数字是指年内每日电汇或现钞收市中间兑换价的平均值。

②由2012年1月3日起公布的新系列。

③包括转口和港产品出口。

④数字是该年最后一个交易日的电汇或现钞收市中间兑换价。

Notes : Hong Kong Dollar is the legal tender in the Hong Kong Special Administrative Region, as stated in "The Basic Law of the Hong Kong Special Administrative Region of the People's Republic of China". Foreign currency refers to any currency other than the Hong Kong currency. Accordingly, Chinese Renminbi is also treated as foreign currency.

①Figures are the averages of the daily closing middle-market telegraphic transfer rates or notes rates for the year.

②New series has been released as from 3 January 2012.

③Including re-exports and domestic exports.

④Figures are the closing middle-market telegraphic transfer rates or notes rates as at the last trading day of the year.

26-42 货币供应量
Money Supply

单位：亿港元(年底数字) (HKD 100 million, as at end of year)

项　目	Item	2014	2015	2016	2017	2018
法定纸币及硬币的流通量	Legal Tender Notes and Coins in Circulation					
由商业银行发行	Commercial Bank Issues	3421.65	3601.65	4077.95	4557.15	4838.45
由政府发行	Government Issues	113.45	116.61	122.53	124.39	128.45
总计	Total	3535.10	3718.26	4200.48	4681.54	4966.90
由认可机构持有的法定纸币及硬币	Authorized Institutions' Holdings of Legal Tender Notes and Coins	234.24	224.86	295.78	294.00	301.51
由公众持有的法定纸币及硬币	Legal Tender Notes and Coins in Hands of Public	3300.86	3493.40	3904.70	4387.54	4665.39
货币供应量：就外币掉期存款作出调整	Money Supply : Adjusted for Foreign Currency Swap Deposits					
货币供应量 M_1	Money Supply M_1					
港元	Hong Kong Dollar	11166.75	12533.80	14287.75	15980.14	15557.31
外币	Foreign Currency	5920.49	7177.66	7851.95	8334.47	8658.67
总计	Total	17087.24	19711.46	22139.70	24314.61	24215.98
货币供应量 M_2	Money Supply M_2					
港元①	Hong Kong Dollar①	52257.73	57655.49	62802.30	70103.45	72624.51
外币②	Foreign Currency②	57855.99	58528.92	62278.96	67449.10	70856.08
总计	Total	110113.72	116184.41	125081.27	137552.55	143480.59
货币供应量 M_3	Money Supply M_3					
港元①	Hong Kong Dollar①	52361.88	57787.72	62926.66	70245.14	72843.22
外币②	Foreign Currency②	58127.57	58762.47	62586.65	67793.24	71193.67
总计	Total	110489.44	116550.19	125513.31	138038.37	144036.88
货币供应量：未就外币掉期存款作出调整	Money Supply : Unadjusted for Foreign Currency Swap Deposits					
货币供应量 M_2	Money Supply M_2					
港元	Hong Kong Dollar	52256.55	57655.01	62801.87	70102.79	72624.26
外币	Foreign Currency	57857.17	58529.40	62279.40	67449.77	70856.33
总计	Total	110113.72	116184.41	125081.27	137552.55	143480.59
货币供应量 M_3	Money Supply M_3					
港元	Hong Kong Dollar	52360.69	57787.25	62926.22	70244.47	72842.97
外币	Foreign Currency	58128.75	58762.95	62587.08	67793.91	71193.92
总计	Total	110489.44	116550.19	125513.31	138038.37	144036.88

注：《中华人民共和国香港特别行政区基本法》说明，港元是香港特别行政区的法定货币。外币指港元以外的其他货币，因而人民币亦视作外币。
①所列数字已包括外币掉期存款。
②所列数字已扣除外币掉期存款。

Notes : Hong Kong dollar is the legal tender in the Hong Kong Special Administrative Region, as stated in "The Basic Law of the Hong Kong Special Administrative Region of the People's Republic of China". Foreign currency refers to any currency other than the Hong Kong currency. Accordingly, Chinese Renminbi is also treated as foreign currency.
①Figures are adjusted to include foreign currency swap deposits.
②Figures are adjusted to exclude foreign currency swap deposits.

26-43 股票价格指数、证券交易成交额及市场总值
Index of Share Prices, Value of Stock Exchange Turnover and Market Capitalisation

项　目	Item	2014	2015	2016	2017	2018
香港上市①	**Hong Kong-listed①**					
主板	**Main Board**					
股票价格指数	Index of Share Prices					
恒生指数②（1964年7月31日=100）	Hang Seng Index② (31.7.1964=100)					
最高	High	25363.0	28588.5	24364.0	30199.7	33484.1
最低	Low	21137.6	20368.1	18278.8	21883.8	24540.6
收市	Closing	23605.0	21914.4	22000.6	29919.2	25845.7
分类指数	Sectoral Sub-indexes					
(1984年1月13日= 975.47)	(13.1.1984 = 975.47)					
金融	Finance					
最高	High	34398.4	41536.9	32402.1	41193.5	46650.3
最低	Low	28180.4	27976.1	24003.0	30116.2	34073.3
收市	Closing	33903.5	30576.0	30308.3	40829.5	35808.2
公用事业	Utilities					
最高	High	56506.1	57904.3	56018.9	59179.5	59676.1
最低	Low	44758.8	48525.5	46669.1	50174.3	52940.1
收市	Closing	54559.0	51113.6	50037.5	55654.7	57792.6
地产	Properties					
最高	High	32723.0	37738.0	35897.0	40252.6	44445.1
最低	Low	25381.3	27787.3	24379.3	28996.9	33396.2
收市	Closing	30545.5	29907.2	28991.7	40088.4	37143.4
工商业	Commerce and Industry					
最高	High	15801.4	16791.7	14440.2	18738.9	20091.8
最低	Low	12665.7	11659.7	10795.9	12790.1	13956.6
收市	Closing	13221.3	12522.2	12884.6	18156.2	14656.7
恒生综合指数	Hang Seng Composite Index					
(2000年1月3日= 2 000)	(3.1.2000 = 2 000)					
最高	High	3460.9	4029.6	3284.3	4168.1	4631.4
最低	Low	2958.3	2805.4	2477.8	2980.1	3269.6
收市	Closing	3267.3	3021.5	2994.6	4140.5	3449.7
恒生中国企业指数③	Hang Seng China Enterprises Index③					
(2000年1月3日= 2 000)	(3.1.2000 = 2 000)					
最高	High	12115.0	14962.7	10209.7	12100.7	13962.5
最低	Low	9159.8	9058.5	7498.8	9310.8	9902.6
收市	Closing	11984.7	9661.0	9394.9	11709.3	10124.8
恒生香港中资企业指数	Hang Seng China-Affiliated Corp. Index					
(2000年1月3日= 2 000)	(3.1.2000 = 2 000)					
最高	High	4956.4	5642.5	4128.3	4478.4	4929.0
最低	Low	3927.0	3736.6	3236.7	3558.0	3994.4
收市	Closing	4350.0	4052.1	3588.0	4426.3	4169.0
主板	**Main Board**					
成交金额（亿港元）	Turnover (HKD 100 million)	169902.7	258359.6	162799.8	215601.0	262952.7
市场总值④(亿港元)	Market Capitalisation④(HKD 100 million)	248924.2	244255.5	244504.3	337180.0	297232.4
GEM	**Growth Enterprise Market**					
成交金额（亿港元）	Turnover (HKD 100 million)	1654.6	2546.6	1164.5	1490.6	1274.9
市场总值④(亿港元)	Market Capitalisation④(HKD 100 million)	1794.1	2581.8	3108.7	2808.4	1861.8

注：对于最高和最低指数，恒生指数有限公司是根据期内每日即市指数编制。
①恒生指数系列已于2010年3月8日重整，并按指数成分股的上市地域分类为香港上市、跨市场及内地上市。
②恒生指数采用流通市值加权法计算。每只成分股的比重上限设定为10%。
③此指数采用流通市值加权法计算，并为每只成分股的比重上限设定为10%。
④年底数字。

Notes : For high and low indices, indexes compiled by the Hang Seng Indexes Company Limited are based on the intraday indices of the period.
①The Hang Seng Family of Indexes were revamped on 8 March 2010. Indexes are classified as Hong Kong-listed, Cross-market and Mainland-listed according to where their constituents are listed.
②The Hang Seng Index adopts a freefloat-adjusted market capitalisation weighted methodology with a 10% cap on each constituent weighting.
③This index adopts a freefloat-adjusted market capitalisation weighted methodology with a 10% cap on each constituent weighting.
④Year-end figures.

26-44 消费价格指数（2014年10月-2015年9月=100）
Consumer Price Indices (Oct. 2014 - Sep. 2015=100)

项　目	Item	权数 Weight	2014	2015	2016	2017	2018
综合消费价格指数	**Composite Consumer Price Index**						
总指数	**All Items**	**100.00**	**97.7**	**100.6**	**103.0**	**104.5**	**107.0**
食品	Food	27.29	97.2	101.0	104.4	106.7	110.2
外出用膳	Meals Bought away from Home	17.74	96.9	101.0	104.3	107.2	110.2
食品(不包括外出用膳)	Food(Excluding Meals Bought away from Home)	9.55	97.7	100.9	104.5	105.7	110.2
住屋①	Housing①	34.29	96.0	101.0	104.7	106.8	109.5
私人房屋租金	Private Housing Rent	29.92	96.6	101.1	104.5	106.4	108.8
公营房屋租金	Public Housing Rent	1.94	90.2	100.0	107.2	110.5	115.0
电力、燃气及水	Electricity, Gas and Water	2.67	92.0	99.7	100.8	99.1	104.0
烟酒	Alcoholic Drinks and Tobacco	0.54	98.9	100.2	101.8	102.4	103.8
衣履	Clothing and Footwear	3.21	101.4	99.6	96.2	95.8	97.4
耐用物品	Durable Goods	4.65	104.4	98.5	93.3	90.3	88.4
杂项物品	Miscellaneous Goods	3.56	99.3	100.1	101.7	103.0	104.4
交通	Transport	7.98	100.3	99.9	101.5	103.8	105.4
杂项服务②	Miscellaneous Services②	15.81	99.2	100.3	102.6	103.5	105.7
教育服务	Educational Services	3.91	97.3	100.9	104.8	105.3	103.6
资讯及通讯服务	Information and Communications Services	2.33	100.0	99.5	99.8	98.5	94.8
医疗服务	Medical Services	2.60	97.5	101.0	106.0	110.5	114.7
甲类消费价格指数	**Consumer Price Index (A)**						
总指数	**All Items**	**100.00**	**96.8**	**100.6**	**103.5**	**105.1**	**107.9**
食品	Food	34.37	97.3	101.0	104.6	106.7	110.3
外出用膳	Meals Bought away from Home	20.99	96.9	101.0	104.5	107.5	110.7
食品(不包括外出用膳)	Food(Excluding Meals Bought away from Home)	13.38	97.7	100.9	104.7	105.5	109.8
住屋①	Housing①	33.77	94.9	101.0	105.2	107.6	110.9
私人房屋租金	Private Housing Rent	26.51	96.2	101.2	104.8	106.8	109.8
公营房屋租金	Public Housing Rent	5.44	90.2	100.0	107.2	110.5	115.0
电力、燃气及水	Electricity, Gas and Water	3.85	90.2	99.9	101.4	100.5	105.8
烟酒	Alcoholic Drinks and Tobacco	0.75	98.8	100.2	102.3	103.4	104.9
衣履	Clothing and Footwear	2.57	100.8	99.5	95.6	95.1	96.6
耐用物品	Durable Goods	3.41	104.3	98.5	93.3	89.9	88.1
杂项物品	Miscellaneous Goods	3.28	99.0	100.2	101.8	103.8	105.6
交通	Transport	6.75	99.2	100.2	101.7	103.1	104.4
杂项服务②	Miscellaneous Services②	11.25	99.0	100.1	102.2	102.7	104.0
教育服务	Educational Services	2.89	97.4	100.7	103.7	103.6	101.4
资讯及通讯服务	Information and Communications Services	3.13	100.0	99.4	99.6	98.6	94.9
医疗服务	Medical Services	1.90	97.4	101.0	106.0	110.6	115.2
乙类消费价格指数	**Consumer Price Index (B)**						
总指数	**All Items**	**100.00**	**97.8**	**100.6**	**102.9**	**104.3**	**106.7**
食品	Food	26.26	97.2	101.0	104.4	106.6	110.1
外出用膳	Meals Bought away from Home	17.88	96.9	101.0	104.3	107.1	110.2
食品(不包括外出用膳)	Food(Excluding Meals Bought away from Home)	8.38	97.7	100.9	104.6	105.7	110.0
住屋①	Housing①	35.24	96.4	101.1	104.8	106.8	109.4
私人房屋租金	Private Housing Rent	32.15	96.5	101.1	104.7	106.5	108.9
公营房屋租金	Public Housing Rent	0.49	90.1	100.0	107.3	110.5	115.0
电力、燃气及水	Electricity, Gas and Water	2.38	93.0	99.6	100.4	98.4	103.0
烟酒	Alcoholic Drinks and Tobacco	0.57	98.9	100.3	101.2	101.4	102.5
衣履	Clothing and Footwear	3.26	100.5	99.5	95.6	95.2	96.7
耐用物品	Durable Goods	5.03	104.5	98.5	92.8	89.7	87.7
杂项物品	Miscellaneous Goods	3.64	99.5	100.1	101.5	102.6	103.7
交通	Transport	7.60	100.2	99.9	101.6	104.0	105.5
杂项服务②	Miscellaneous Services②	16.02	99.3	100.2	102.4	103.1	105.2
教育服务	Educational Services	4.03	97.5	100.9	104.6	105.0	102.9
资讯及通讯服务	Information and Communications Services	2.23	100.0	99.5	99.8	98.5	94.7
医疗服务	Medical Services	2.70	97.2	101.0	106.2	110.2	114.3

26-44 续表 continued

项　　目	Item	权数 Weight	2014	2015	2016	2017	2018
丙类消费价格指数	**Consumer Price Index (C)**						
总指数	**All Items**	**100.00**	**98.4**	**100.5**	**102.6**	**104.2**	**106.5**
食品	Food	20.85	96.9	100.9	104.0	106.5	110.2
外出用膳	Meals Bought away from Home	13.98	96.6	101.0	103.9	106.6	109.5
食品(不包括外出用膳)	Food(Excluding Meals Bought away from Home)	6.87	97.5	100.9	104.2	106.3	111.7
住屋①	Housing①	33.60	97.0	100.9	104.1	106.1	108.1
私人房屋租金	Private Housing Rent	30.72	97.1	100.9	104.0	105.8	107.6
电力、燃气及水	Electricity, Gas and Water	1.76	94.9	99.6	100.1	97.1	101.3
烟酒	Alcoholic Drinks and Tobacco	0.26	99.4	100.4	101.0	101.2	103.0
衣履	Clothing and Footwear	3.88	102.8	99.8	97.5	97.2	98.7
耐用物品	Durable Goods	5.53	104.4	98.5	93.7	91.2	89.5
杂项物品	Miscellaneous Goods	3.77	99.3	100.1	101.7	102.9	104.1
交通	Transport	9.84	101.2	99.8	101.2	104.1	106.0
杂项服务②	Miscellaneous Services②	20.51	99.2	100.5	103.1	104.4	107.2
教育服务	Educational Services	4.91	97.0	101.1	105.5	106.8	105.7
资讯及通讯服务	Information and Communications Services	1.57	100.0	99.5	100.0	98.6	95.1
医疗服务	Medical Services	3.24	97.8	100.9	105.7	110.6	114.8

注：2014年10月起的消费价格指数是根据2014/15年住户开支统计调查所得的开支权数编制。较早的指数则是根据旧的开支权数而经过按比例换算与新基期的指数拼接。

①除“私人房屋租金”及“公营房屋租金”外，“住屋”类别还包括“管理费及其他住屋杂费”和“保养住所材料”。而丙类消费价格指数中的“住屋”类别并不包括“公营房屋租金”。

②“杂项服务”类别包括“教育服务”、“资讯及通讯服务”、“医疗服务”及其他杂项服务。

Notes: The CPIs from October 2014 onwards are compiled based on expenditure weights obtained from the 2014/15 Household Expenditure Survey. The CPIs for earlier periods are compiled based on old weights and have been re-scaled to the new base period for linking with the new index series.

①Apart from "Private Housing Rent" and "Public Housing Rent", the "Housing" section also includes "Management Fees and Other Housing Charges" and "Materials for House Maintenance". For CPI(C), the "Housing" section does not include "Public Housing Rent".

②"Miscellaneous Services" section includes "Educational Services", "Information and Communications Services", "Medical Services" and other miscellaneous services.

26-45 按四分位开支组别及商品或服务类别划分的住户每月平均开支
Average Monthly Household Expenditure by Commodity/Service Section by Quartile Expenditure Group

商品或服务类别	Commodity/Service Section	总数 Overall		四分位开支组别 Quartile Expenditure Group							
				最低四分位 The Lowest 25%		第二四分位 The Second 25%		第三四分位 The Third 25%		最高四分位 The Highest 25%	
		值(港元) Value (HKD)	百分比 (Percent)	值(港元) Value (HKD)	百分比 (Percent)	值(港元) Value (HKD)	百分比 (Percent)	值(港元) Value (HKD)	百分比 (Percent)	值(港元) Value (HKD)	百分比 (Percent)
食品	Food	7554	27.3	3865	43.0	6108	34.2	8044	29.4	12200	21.6
住屋	Housing	9894	35.8	2519	28.1	6484	36.4	10363	37.9	20218	35.9
电力、燃气及水	Electricity, Gas and Water	740	2.7	485	5.4	652	3.7	751	2.7	1071	1.9
烟酒	Alcoholic Drinks & Tobacco	151	0.5	95	1.1	123	0.7	165	0.6	223	0.4
衣履	Clothing & Footwear	955	3.5	168	1.9	506	2.8	898	3.3	2247	4.0
耐用物品	Durable Goods	892	3.2	133	1.5	397	2.2	759	2.8	2281	4.0
杂项物品	Miscellaneous Goods	1038	3.8	334	3.7	591	3.3	1018	3.7	2207	3.9
交通	Transport	2081	7.5	549	6.1	1045	5.9	1657	6.1	5075	9.0
杂项服务	Miscellaneous Services	4323	15.6	831	9.3	1929	10.8	3670	13.4	10865	19.3
总数	**All Sections**	**27627**	**100.0**	**8980**	**100.0**	**17835**	**100.0**	**27325**	**100.0**	**56387**	**100.0**
住户总数（户）	**Number of Households (household)**	**1892000**		**473000**		**473000**		**473000**		**473000**	

注：住户开支是由2014年10月至2015年9月进行的住户开支统计调查的结果计算出来。
于2014/15年住户开支统计调查期间，政府数项一次性的纾困措施减低了住户的开支。本表的住户开支数字是指住户获各项宽减后的实际开支。由于进位关系，个别项目的数字或百分比相加可能不等于总数。

Note: Household expenditures are calculated from the results of the Household Expenditure Survey conducted during October 2014 to September 2015. During the survey period of 2014/15 Household Expenditure Survey, the household expenditure was lowered by a number of Government's one-off relief measures. Household expenditure figures in this table refer to the actual expenditure incurred by households upon enjoying various waivers/concessions. Figures or percentages may not add up to respective totals due to rounding.

26-46 15岁及以上人口受教育程度
Educational Attainment of Population Aged 15 and Above

教育程度/性别	Educational Attainment/Sex	2014		2015		2016		2017		2018	
		人数(万人) Number of Persons (10 000 persons)	百分比 (Percent)	人数(万人) Number of Persons (10 000 persons)	百分比 (Percent)	人数(万人) Number of Persons (10 000 persons)	百分比 (Percent)	人数(万人) Number of Persons (10 000 persons)	百分比 (Percent)	人数(万人) Number of Persons (10 000 persons)	百分比 (Percent)
总计	**Total**										
男	Male	289.08	45.60	290.16	45.45	290.93	45.31	291.85	45.16	292.83	45.01
女	Female	344.93	54.40	348.20	54.55	351.17	54.69	354.48	54.84	357.82	54.99
未受教育/学前教育①	No Schooling/Pre-primary①										
男	Male	6.27	0.99	5.54	0.87	5.87	0.91	5.51	0.85	5.49	0.84
女	Female	21.39	3.37	20.30	3.18	19.99	3.11	19.34	2.99	18.90	2.90
小学	Primary										
男	Male	41.03	6.47	39.70	6.22	39.20	6.10	37.95	5.87	37.04	5.69
女	Female	56.09	8.85	55.37	8.67	55.32	8.62	55.07	8.52	54.98	8.45
初中	Lower Secondary										
男	Male	47.41	7.48	47.27	7.40	47.12	7.34	47.65	7.37	47.59	7.31
女	Female	48.34	7.63	49.35	7.73	48.42	7.54	49.80	7.71	49.71	7.64
高中	Upper Secondary										
男	Male	99.83	15.75	98.38	15.41	97.51	15.19	97.71	15.12	96.27	14.80
女	Female	124.68	19.66	125.70	19.69	125.81	19.59	125.81	19.46	125.14	19.23
高等教育	Post-secondary										
非学位课程②	Non-degree Courses②										
男	Male	24.88	3.92	24.79	3.88	25.22	3.93	24.48	3.79	25.54	3.92
女	Female	24.79	3.91	23.44	3.67	23.47	3.66	22.97	3.55	24.78	3.81
学位课程③	Degree Courses③										
男	Male	69.66	10.99	74.49	11.67	76.01	11.84	78.54	12.15	80.89	12.43
女	Female	69.63	10.98	74.04	11.60	78.16	12.17	81.50	12.61	84.30	12.96

注：数字是根据该年1月至12月进行的“综合住户统计调查”结果，以及年中人口估计数字而编制。
① 包括所有幼儿园及幼儿中心班级。
② 包括所有在香港或以外地区学院的证书、文凭、高级证书、高级文凭、专业文凭及其它同等程度的高等教育课程。
③ 包括所有在香港或以外地区学院的学士学位、研究生修课及专题研究课程。

Notes: Figures are compiled based on data collected in the General Household Survey from January to December of the year concerned as well as mid-year population estimates.
① Including all classes in kindergartens and child care centres.
② Including all certificate, diploma, higher certificate, higher diploma, professional diploma and other post-secondary programmes of equivalent standards in educational institutions within or outside Hong Kong.
③ Including all first degree, taught postgraduate and research postgraduate courses in educational institutions within or outside Hong Kong.

26-47 按教育及培训机构类别划分的学生人数
Student Enrolment by Type of Educational and Training Institution

单位：人 (person)

类　别	Type	2014	2015	2016	2017	2018
幼儿园	Kindergarten	176397	185398	184032	181147	174402
小学	Primary School	329300	337558	349008	362049	372465
中学	Secondary School	375603	354698	339849	332382	327023
日校	Day School	373131	352609	338152	330804	325498
其他中学日间课程①	Other Secondary Day Course①	806	563	412	352	332
夜校	Evening School	1666	1526	1285	1226	1193
特殊教育	Special Education	7760	7888	7890	8060	8194
特殊学校	Special School	7712	7770	7752	7896	8008
普通学校内的特殊班	Special Classes in Ordinary School	48	118	138	164	186
特殊幼儿中心②	Special child care centre②	1722	1757	1767	1848	1843
感化／住宿院舍③	Correctional/residential home③	90	40	48	35	46
惩教院所	Correctional institutions	331	266	241	185	207
教资会资助大学④	University Grants Committee (UGC) -funded Universities④	192981	191997	190919	192034	193632
全日制	Full-time	146645	147524	148760	150954	154904
证书／文凭课程	Certificate/Diploma	390	553	670	680	802
副学位课程	Sub-degree	29712	28755	29255	29266	29125
学士学位课程	Undergraduate	90196	92420	92327	92584	92916
研究院修课课程	Taught Postgraduate	17312	16395	16596	18184	21181
研究院研究课程⑤	Research Postgraduate⑤	9035	9401	9912	10240	10880
兼读制	Part-time	46336	44473	42159	41080	38728
证书／文凭课程	Certificate / Diploma	4845	4165	4248	3697	3418
副学位课程	Sub-degree	6618	5881	5896	5917	5247
学士学位课程	Undergraduate	8803	9672	8194	8011	7142
研究院修课课程	Taught Postgraduate	25036	23749	22822	22468	22054
研究院研究课程⑤	Research Postgraduate⑤	1034	1006	999	987	867
香港树仁大学	Hong Kong Shue Yan University	5263	5223	4625	4270	4240
全日制	Full-time	5174	5172	4514	4206	4178
兼读制	Part-time	89	51	111	64	62
香港公开大学	The Open University of Hong Kong	22832	23947	23989	22488	22380
全日制	Full-time	9006	10732	11260	11005	11423
遥距／兼读制面授	Distance Learning/Part-time Face-to-face	13826	13215	12729	11483	10957
认可高等教育学院	Approved Post-secondary Colleges	9925	10791	10096	10479	10925
全日制	Full-time	9704	10558	9807	10069	10318
兼读制	Part-time	221	233	289	410	607
香港演艺学院	The Hong Kong Academy for Performing Arts	929	918	966	979	977
全日制	Full-time	868	878	916	929	931
非学位程度⑥	Non-degree⑥	121	142	128	98	99
学位程度	Degree	747	736	788	831	832
兼读制	Part-time	61	40	50	50	46
非学位程度⑥	Non-degree⑥	17	-	-	-	-
学位程度	Degree	44	40	50	50	46
职业训练局	Vocational Training Council	61147	61648	60708	56573	57079
全日制	Full-time	47084	47562	46483	42960	42594
技工级课程	Craft Level Courses	3497	3066	3126	2980	4081
技术员级课程	Technician Level Courses	12483	12583	11515	10115	10010
高级技术员级课程⑦	Higher Technician Level Courses⑦	31104	31913	31842	29865	28503
兼读制	Part-time	14063	14086	14225	13613	14485
技工级课程	Craft Level Courses	3928	3974	4122	3985	3824
技术员级课程	Technician Level Courses	1496	1853	2249	2303	2340
高级技术员级课程⑦	Higher Technician Level Courses⑦	8639	8259	7854	7325	8321
其他高等教育院校⑧	Other Post-secondary Institutions⑧	8138	7547	7364	6976	6901
全日制	Full-time	6954	6394	6317	5807	5698
兼读制	Part-time	1184	1153	1047	1169	1203

26-47 续表 continued

单位：人 (person)

类别	Type	2014	2015	2016	2017	2018
香港建造学院	Hong Kong Institute of Construction					
全日制	Full-time	851	790	786	851	643
技工级课程	Craft Level Courses	518	461	467	421	320
技术员级课程	Technician Level Courses	333	329	319	430	323
制衣业训练局	Clothing Industry Training Authority	17	156	284	109	245
全日制	Full-time	-	-	-	-	-
技术员级课程	Technician Level Courses	-	-	-	-	-
兼读制	Part-time	17	156	284	109	245
技工级课程	Craft Level Courses	17	156	284	109	245
医院管理局⑨	Hospital Authority⑨					
全日制	Full-time	1384	1192	1034	1011	1016
菲腊牙科医院⑩	The Prince Philip Dental Hospital⑩	73	72	72	76	66
全日制	Full-time	68	72	72	76	66
兼读制	Part-time	5	-	-	-	-
毅进计划／毅进文凭	Project Yi Jin/Yi Jin Diploma	5439	4766	4639	4670	4533
全日制	Full-time	4913	4218	4078	4099	3962
兼读制	Part-time	526	548	561	571	571
提供成人教育/补习/职业课程的院校	Institutes Offering Adult Education/Tutorial/Vocational Courses	224715	236268	275257	286805	305597
日校	Day School	48511	50061	48398	49188	47280
日暨夜校	Day cum Evening School	154958	167053	203416	216812	235740
夜校	Evening School	21246	19154	23443	20805	22577
非本地高等及专业教育课程⑪	Non-local Higher and Professional Education Courses⑪	37200	34600	33500	35200	35200

注：幼儿园、小学、中学、特殊学校、特殊幼儿中心、感化/住宿院舍及惩教院所的数字是截至该年9月为止。“提供成人教育／补习／职业课程的院校”的数字是截至该年10月为止。高等教育的数字是截至该年度12月底。各教育及培训机构的学年开始和完结月份或会不同。

2018年职业训练及高等教育的学生人数为临时数字。

①数字是指由提供成人教育/补习/职业课程的私立院校开办的日间中学课程的学生人数。

②为2至6岁的中度及严重残疾儿童提供的教育。

③为行为上有适应问题的儿童/青少年及青少年违法者，提供住院训练服务。

④教资会资助的大学是指香港城市大学、香港浸会大学、岭南大学、香港中文大学、香港教育大学、香港理工大学、香港科技大学和香港大学。数字包括修读教资会资助课程的学生人数，以及修读教资会资助大学及其附属学院开办的自资课程的学生人数。

⑤数字亦包括在教资会学生人数指标外受教资会资助的研究院研究课程的学生人数。由2014年起，数字包括(1)全自负盈亏的研究院研究课程的学生人数；及(2)教资会资助大学同时运用教资会拨款和外间资助修读研究院研究课程的学生。

⑥数字包括证书、深造证书、专业证书、文凭、深造文凭及专业文凭课程的学生人数。

⑦高级技术员级课程为高级文凭或以上程度课程。

⑧数字指提供经本地评审全日制高等教育课程的私立院校的学生人数。

⑨数字是指护士训练课程。

⑩数字是指牙科训练课程。

⑪数字包括与非本地机构合办，而学生在修业后可获取非本地高等学术资格的非本地注册或获豁免课程的学生人数。数字计算至最接近的百位数。2017年及2018年的数字为临时数字。

Notes: Figures for kindergartens, primary and secondary schools, special schools, special child care centre, correctional/residential home and correctional institutions are as at September of the respective years. Figures for “Institutes offering adult education/tutorial/vocational courses” are as at October of the respective years. Figures for post-secondary education are as at the end of December of the respective years. The beginning and ending months of a school/academic year may vary among different educational and training institutions. Figures for vocational and post-secondary education for 2018 are provisional.

① Figures refer to number of students attending secondary day courses operated by private institutes offering adult education/tutorial/vocational courses.

② Special training and care for moderately and severely disabled children aged 2-6.

③ Residential treatment service for mal-adjusted children/juveniles and young offenders through social work intervention.

④ Refers to City University of Hong Kong, Hong Kong Baptist University, Lingnan University, The Chinese University of Hong Kong, The Education University of Hong Kong, The Hong Kong Polytechnic University, The Hong Kong University of Science and Technology and The University of Hong Kong. Figures include students attending UGC-funded programmes and those attending self-financing programmes offered by UGC-funded universities and their extension arms.

⑤ Figures also include research postgraduate (RPg) students funded by UGC outside the UGC student number target. As from 2014, figures include (1) fully self-financing RPg-students; and (2) RPg students financed by universities using both UGC and external funds.

⑥ Figures include students in certificate, advanced certificate, professional certificate, diploma, advanced diploma and professional diploma courses.

⑦ Higher technician level courses are courses at Higher Diploma or above level.

⑧ Figures refer to number of students in private institutions providing locally-accredited full-time post-secondary programmes.

⑨ Figures refer to nurse training programmes.

⑩ Figures refer to dental training programmes.

⑪ Figures include students attending non-local registered or exempted courses leading to non-local higher academic qualifications and operated jointly with non-local institutions. Figures are rounded to the nearest hundred. Figures for 2017 and 2018 are provisional.

26-48 医疗卫生条件
Conditions of Public Health

项目	Item	2014	2015	2016	2017	2018
注册医护专业人员 (人)	Number of Registered Healthcare Professionals (person)					
医生	Doctors	13417	13726	14013	14290	14651
中医	Chinese Medicine Practitioners (CMP)					
注册中医	Registered Chinese Medicine Practitioners	6898	7071	7262	7425	7409
有限制注册中医①	Chinese Medicine Practitioners with Limited Registration①	64	55	47	38	35
表列中医②	Listed Chinese Medicine Practitioners②	2693	2661	2647	2623	2610
牙医	Dentists	2343	2382	2441	2500	2553
药剂师	Pharmacists	2390	2504	2659	2753	2890
护士	Nurses	48047	50461	52389	54231	56723
按每千名人口计算的医生数目	Doctors per Thousand Population	1.8	1.9	1.9	1.9	2.0
医疗机构和病床③	Number of Medical Institutions and Hospital Beds③					
医疗机构 (间)	Medical Institutions (number)	130	133	137	140	140
病床 (张)	Hospital Beds (bed)	37322	38287	39090	39683	40434
按每千名人口计算的病床数目	Beds per Thousand Population	5.1	5.2	5.3	5.4	5.4

注：数字是指该年年底的数字。

①有限制注册中医可在指定的教育或科研机构进行中医药学方面的临床教学和研究工作，但不得作私人执业，其注册有效期不超过一年。

②表列中医可在中医注册过渡性安排下在香港合法执业，直至食物及卫生局局长日后在宪报公布的日期为止。表列中医在过渡性安排期间，可分别循直接注册、通过注册审核或通过执业资格试成为注册中医。

③包括医院管理局辖下医院及机构、私家医院、护养院及惩教机构的医院。

Notes: Figures are as at end of the year stated.

①CMPs with limited registration are allowed to perform clinical teaching and research in Chinese medicine in the specified educational and scientific research institutions. Their registration period should not exceed one year and they cannot engage in private practice with patients.

②Listed CMPs can practise lawfully in Hong Kong under the transitional arrangements for registration of CMPs until a date to be announced by the Secretary for Food and Health in the Gazette. Listed CMPs may become registered CMPs through direct registration, registration assessment or the Licensing Examination during the transitional arrangements.

③Including Hospital Authority hospitals and institutions, private hospitals, nursing homes and hospitals in correctional institutions.

26-49 社会保障
Social Security

社会保障计划	Social Security Scheme	2014/2015	2015/2016	2016/2017	2017/2018	2018/2019
综合社会保障援助	Comprehensive Social Security Assistance (CSSA)					
处理中的个案数目①(个)	Number of Active Cases① (case)					
年老	Old Age	148664	146135	144781	144129	141280
永久性残疾	Permanent Disability	18221	17797	17423	17036	16621
健康欠佳	Ill Health	24754	24417	24105	23570	23043
单亲	Single Parent	29284	28099	26779	25669	24382
低收入	Low Earnings	7302	6065	5054	4182	3422
失业	Unemployment	18021	15852	13981	12623	11696
其他	Others	4853	4538	4399	4259	4159
总计	Total	251099	242903	236522	231468	224603
发放款项② (亿港元)	Amount② (HKD 100 million)	207	223	223	217	223#
公共福利金	Social Security Allowance (SSA)					
处理中的个案数目①(个)	Number of Active Cases① (case)					
伤残津贴	Disability Allowance (DA)	129125	135699	142850	147465	146705
高龄津贴	Old Age Allowance (OAA)	215078	224463	239338	249587	250600
长者生活津贴	Old Age Living Allowance (OALA)	417593	432862	449240	483800	542066
广东计划	Guangdong Scheme (GD Scheme)	17145	15885	14600	16689	16568
福建计划③	Fujian Scheme (FJ Scheme)③	-	-	-	-	1656
总计	Total	778941	808909	846028	897541	957595
发放款项② (亿港元)	Amount② (HKD 100 million)	186	217	221	236	393#
暴力及执法伤亡赔偿	Criminal and Law Enforcement Injuries Compensation					
获批个案数目 (个)	Number of Cases Authorised for Payment (case)	159	150	139	134	127
交通意外伤亡援助	Traffic Accident Victims Assistance					
获批个案数目 (个)	Number of Cases Authorised for Payment (case)	7413	7148	7340	6553	7334
紧急救济	Emergency Relief					
受助灾民人数 (人)	Number of Victims Assisted (person)	591	151	180	173	1215

注：于财政年度终结时的数字。除特别注明外，财政年度是由4月1日至翌年3月31日。

①处理中的个案包括新申请个案，正在复查中的个案，正领取援助款项的个案和已停止领取援助款项等待复查的个案。

②2014/15、2016/17及2017/18年度的开支包括向综援受助人额外发放的一个月标准金额及向公共福利金受惠人额外发放的一个月福利金。而2015/16年度的开支包括向综援受助人额外发放的两个月标准金额及向公共福利金受惠人额外发放的两个月福利金。2018/19年度的开支包括(1)向综援受助人额外发放的两个月标准金额及向公共福利金受惠人额外发放的两个月福利金，以及根据关爱共享计划发放款项以补不足4,000元的差额；及(2)向每名有经济需要学生一次过发放2,000元津贴。

③福建计划由2018年4月起实施。

Notes : Figures are as at end of the financial year. Financial year is from 1 April to 31 March of the next year, unless otherwise specified.

①Active cases refer to cases being handled which include new applications, cases being reviewed, cases being paid and cases suspended for payment pending review.

②Expenditure of 2014/15, 2016/17 and 2017/18 included the payment of one additional month of CSSA standard rates to CSSA recipients and one additional month of allowance to SSA recipients. As for 2015/16, the expenditure included the payment of two additional months of CSSA standard rates to CSSA recipients and two additional months of allowance to SSA recipients. The expenditure of 2018/19 included (1) the payment of two additional months of CSSA standard rates to CSSA recipients and two additional months of allowance to SSA recipients, and the top-up payment to make up to $4,000 under the Caring and Sharing Scheme; and (2) a one-off grant of $2,000 to each needy student.

③The Fujian Scheme was launched in April 2018.

主要统计指标解释

年中人口 是以“居住人口”方法编制，利用“居住人口”方法所编制的人口估计称为“居港人口”。“居港人口”包括“常住居民”和“流动居民”。“常住居民”包括两类人士：(a) 在统计时点之前的 6 个月内，在港逗留最少 3 个月，又或在统计时点之后的 6 个月内，在港逗留最少 3 个月的香港永性居民，不论在统计时点他们是否身在香港；及 (b) 在统计时点身在香港的非永久性居民。对于不是“常住居民”的香港永久性居民，如他们在统计时点之前的 6 个月内，在港逗留最少 1 个月但少于 3 个月，又或在统计时点之后的 6 个月内，在港逗留最少 1 个月但少于 3 个月，不论在统计时点他们是否身在香港，会被界定为“流动居民”。根据“居住人口”编制方法，旅客并不包括在香港人口内。

粗出生率 是指某一年内的活产婴儿数目相对该年年中每千名人口的比率。

粗死亡率 是指某一年内的死亡人数相对该年年中每千名人口的比率。

婴儿死亡率 是指某一年内一岁以下婴儿死亡人数相对该年每千名活产婴儿的比率。

总和生育率 是指某年的每一千名妇女，若她们在生育龄期（即 15 至 49 岁）经历了一如该年的年龄别生育率，其一生中活产子女的平均数目。

出生时平均预期寿命 是指某年出生人士，若其一生经历一如该年的年龄性别死亡率所反映的死亡情况，他／她预期能活的年数。

劳动人口 是指 15 岁及以上陆上非住院人口，并符合就业人口或失业人口定义的人士。

劳动人口参与率 是指劳动人口占所有 15 岁及以上陆上非住院人口的比例。

就业人口 包括在统计前 7 天内有做工赚取薪酬或利润或有一份正式工作的 15 岁及以上人士。无酬家庭从业人员及在统计前 7 天内正休假的就业人士亦包括在内。

失业人口 包括所有 15 岁及以上人士 (a) 在统计前 7 天内并无职位，且并无为赚取薪酬或利润而工作；及 (b) 在统计前 7 天内随时可工作；及 (c) 在统计前 30 天内有找寻工作。一名 15 岁或以上的人士，如果他/她符合上述 (a) 和 (b) 的条件，但由于相信没有工作可做而在统计前 30 天内没有找寻工作，仍会被界定为失业，即所谓「因灰心而不求职的人士」。失业人口亦包括那些并无职位，有找寻工作，但由于暂时生病而不能工作的人士；及并无职位，且随时可工作，但由于已为于稍后时间担当的新工作或开展的业务作出安排；或正期待返回原来的工作岗位而没有找寻工作的人士。

失业率 是指失业人士在劳动人口中所占的比例。

每月就业收入 是指统计前一个月从所有工作所获得的收入。就雇员来说，收入包括工资和薪金、花红、佣金、小费、房屋津贴、逾时工作津贴、勤工津贴及其他现金津贴，但不包括补薪。就雇主和自营作业人士而言，收入是指从自己拥有的企业提取作个人及家居用途的款额。如果提取作个人及家居用途的款额资料未能提供，则会搜集有关从业务所得的净收入的数据。

本地生产总值 是指一个经济体的所有居民生产单位，在一个指定的期间内(一般是 1 年或 1 季)，未扣除固定资本消耗的生产总值。

人均本地生产总值 是指把该经济体在某统计年的本地生产总值除以该经济体在同年的年中人口总数所得的数字。

本地居民总收入 指一个经济体的居民透过从事各项经济活动而赚取的总收入，不论该等经济活动是否在该经济体的经济领域内或外进行。换言之，编制本地居民总收入应包括本地居民在该经济领域内或外从事各类经济活动的收入，并扣除非本地居民在该经济领域内从事经济活动的收入。本地居民总收入的计算方法如下：

本地居民总收入

= 本地生产总值 ＋ 对外初次收入流量净值

= 本地生产总值 ＋ 本地居民从经济领域外所赚取的初次收入 － 非本地居民从经济领域内所赚取的初次收入

初次收入 包括投资收益及雇员报酬。投资收益包括直接投资收益、证券投资收益、其他投资收益及储备资产收益。

人均本地居民总收入 指把该经济体在某统计年的本地居民总收入除以该经济体在同年的年中人口总数所得的数字。

国际收支平衡 是一项统计报表，有系统地撮录在一个指定期间内（一般是 1 年或 1 季）某经济体与世界各地之间（即居民与非居民之间）进行的经济交易。完整的国际收支平衡表包括两大账户：(a)经常账户；及(b)资本及金融账户。

经常账户 量度居民与非居民之间关于货物、服务、初次收入和二次收入的流量。

货物 在国际收支平衡表内经常账户的货物主要包括一般商品、转手商贸活动下的货物净出口及非货币黄金。

服务 在国际收支平衡表内经常账户的服务主要包括制造服务、运输、旅游、保险和退休金服务、金融服务及其他服务。

初次收入账户 显示应收及应付的外地款额，作为向非居民提供／从非居民获得可予使用的劳动力、金融资源或自然资源的回报。在国际收支平衡经常账户内初次收入的概念及定义，与本地居民总收入的对外初次收入流量是相同的。

二次收入账户 记录居民与非居民之间的经常转移。经常转移指提供可能即时或短时间内被耗用的实质或金融资源而无同等经济价值作回报的交易。经常转移属单向性质，在国际收支平衡表内是一项用以抵销单边交易的记账。例子包括职工汇款、捐款、官方援助及退休金。

资本账户 量度有关资本转移及非生产、非金融资产（如商标和品牌）的获得和处置的对外交易。资本转移的例子包括债权人减免债务，和涉及获得或处置固定资产的现金转移。

金融账户 记录居民与非居民之间关于金融资产及负债的交易，显示某经济体的对外交易是如何融资的。金融账户内的交易按功能(即投资目的)归类为直接投资、证券投资、金融衍生工具、其他投资及储备资产。

直接投资 指某经济体的投资者对另一经济体内的企业所作的对外投资，并对该企业拥有持久利益及在其管理上具有相当程度的影响力或话语权。就统计计算而言，若投资者持有某企业10%或以上的表决权，便视作对该企业的管理具话语权。

证券投资 指对非本地股权证券及债务证券(如中长期债券、货币市场工具）所作的投资，直接投资或储备资产所包括的投资除外。与直接投资者相比，投资在非本地企业所发行的股权证券及债务证券的证券投资者，在该等企业并无持久利益或在管理方面没有影响力。凡持有一间企业不足10%的表决权均视为证券投资。

金融衍生工具 是一种与某个特定的金融工具、指标或商品挂钩的金融工具，使特定的金融风险本身能透过这种工具在金融市场进行交易。金融衍生工具包括期权类合约（如认股权证和期权）及远期类合约（如期货、利率掉期、货币掉期、远期利率协议、远期外汇合约）。

其他投资 指对非居民的其他金融申索和负债，但不属直接投资、证券投资、金融衍生工具或储备资产。其他投资包括不可转让的贷款、货币和存款、贸易信贷和预付款，以及其他资产／负债。

储备资产 是由一个经济体的金融当局（就香港而言，即香港金融管理局）控制的对外资产，并随时可供金融当局用来应付国际收支平衡的财务需要、干预外汇市场以调节该经济体的货币汇率，以及用作其他相关目的（如维持大众对货币及经济的信心，及作为向外地借贷的基础）。

国际投资头寸 是显示一个经济体在某特定时点的对外金融资产及负债存量的资产负债表。对外金融资产及负债的差额即为该经济体的国际投资头寸净值，代表其对世界各地的净申索或净负债。国际投资头寸与国际收支平衡的金融账户完全协调，同样也按投资类别分类。资产和负债分类为直接投资、证券投资、金融衍生工具及其他投资。国际投资头寸的资产方还包括储备资产。有关投资组成部分的详细解释，请参阅国际收支平衡表内金融账户组成部分的解释。

国际投资头寸净值 是对外金融资产总值与对外金融负债总值之间的差额。

工业生产指数 量度本地工业生产量的实际变动，即撇除价格变动因素后的本地生产量的变动情况。

实用楼面面积 指各层楼面面积总和，但不包括楼梯、公共通道空间、升降机等候处、盥洗室、厕所、厨房、及为楼宇提供升降机、空调系统、或类似设施而安装的机械所占用的空间。

获批准可动工兴建楼宇 是指获屋宇署签发“同意书”动工兴建的楼宇。这种“同意书”是发给私人发展计划（包括香港房屋协会的计划）。

初次呈交 就一项建筑工程初次呈交建筑事务监督要求批准的图则。

重大修改 指经过大规模修改的建筑图则，而这些图则必须从根本上接受重新评估。

自置住房住户 是指住户拥有其居住屋宇单位的业权。

全租户 是指住户向居于别处的人士租住整个屋宇单位自住，没有分租，单位内也没有其他的住户。

合租户 是指两个或以上的住户，分别向居于别处的人士租用部分的屋宇单位居住。

二房东 是指住户向居于别处的人士租住整个屋宇单位，并把部分单位分租予其他住户。

三房客 是指住户向居于同一屋宇单位内的人士租用部分单位居住。

免租 是指住户免费在屋宇单位内居住，不论是否获得业主同意，但不包括本身是业主或由雇主提供住房的住户。

住房由雇主提供 是指住户居住在由其成员之一的雇主提供的住房，包括以象征式租金向雇主租住屋宇单位的住户。假如住户使用由雇主提供的房屋津贴租用住房，则租住权不属于「住房由雇主提供」类别。

进口货物 是指在香港以外出产或制成的货物，输入香港供本地使用或转口，以及再进口的香港产品。其货值是以到岸价值计算。

整体出口货物 包括港产品出口及转口。港产品出口货物是指香港的天然产品或在香港经过制造工序，以致其基本原料的形状、性质、式样或用途受到永久改变的产品。如果产品在香港只进行简单的稀释、包装、入樽、烘干、简单装配、分类、装饰等过程，则该产品并不能以香港作为来源地。转口货物是指输出曾经自外地输入香港的货物，而这些货物并没有在香港经过任何制造工序，以致永久改变其形状、性质、式样或用途。其货值是以离岸价值计算。

输往中国内地作外发加工用途的出口货物 是指那些从香港或经香港出口往中国内地加工的原料或半制成品，经加工后成为制成品，并以合约安排再进口香港。

从中国内地进口与外发内地加工有关的货物 是指那些加工后从中国内地进口香港的货物，其中全部或部分原料或半制成品是以合约安排从香港或经香港出口往中国内地加工。

原产地为中国内地而涉及外发中国内地加工、并经香港输往其他地方（中国内地除外）的转口货物 是指那些经香港转口的制成品，其中全部或部分原料或半制成品是以合约安排从香港或经香港出口往中国内地加工，而加工后的货物再进口香港。

直接投资 指某经济体的投资者对另一经济体内的企业所作的对外投资，并对该企业拥有持久利益及在其管理上具有相当程度的影响力或话语权。就统计计算而言，若投资者持有某企业10%或以上的表决权，便视作对该企业的管理具话语权。直接投资包括股权及投资基金份额，以及债务工具。股权及投资基金份额包括所持有的分行股本、附属公司及联营公司的股票、投资基金份额，以及收益再投资（即投资者应得但有关企业的分行、附属公司、联营公司或投资基金没有分发的利润）。债务工具主要涉及公司之间的债务交易，包括母公司与其分行、附属公司及联营公司之间的短期及长期借贷。

外商直接投资 指境外居民持有香港居民企业的直接投资。跨国企业在香港营运的分行及附属公司，是外商直接投资的典型例子。

对外直接投资 指香港居民投资者持有境外企业的直接投资。

直接投资头寸 指某一特定日子香港居民在境外投资的价值或接受外来投资的价值。

直接投资流动 指某一时段内香港居民于境外投资或接受外来投资的投入或撤走。

贷款基金 提供资金予如房屋贷款和教育贷款等贷款计划。基金收入主要来自政府一般收入帐目转拨的款项、偿还的贷款及贷款利息。

港汇指数 是量度港元相对其他主要贸易伙伴的货币汇率变动加权平均值的指数，作为反映港元相对各种选定货币强弱的整体指标。由2012年1月3日起公布的新系列港汇指数已取代旧港汇指数系列。新系列指数是以2010年1月为基期及包括 15 种货币(印度卢比亦被纳入新系列指数中)。

外币兑换率 指外币兑港元的电汇或现钞收市中间兑换价。

认可机构 包括持牌银行、有限制牌照银行及接受存款公司。持牌银行可接受任何金额及期限的存款。随着撤销利率限制的最后阶段在2001年7月3日生效，各类存款利率再无任何限制。至于有限制牌照银行，它们可接受金额不少于港币50万元的任何期限的定期存款。接受存款公司则可接受金额不少于港币10万元而期限不少于3个月的定期存款。有限制牌照银行及接受存款公司均无任何存款利率限制。

外币掉期存款 是指顾客在现货市场购买外币，然后存入认可机构，但同时订下远期合约，将该笔外币（本金加利息）在存款到期时售予认可机构。从分析角度来看，这类掉期存款应当作港元定期存款。

货币供应量（M_1） 是指市民持有的法定纸币和硬币加上持牌银行的客户活期存款。

货币供应量（M_2） 是指货币供应量M_1所包括的项目，加上持牌银行的客户储蓄及定期存款，再加上持牌银行发行而由非认可机构持有的可转让存款证。

货币供应量（M_3） 是指货币供应量M_2所包括的各项，加上有限制牌照银行及接受存款公司客户的存款，再加上以上两类认可机构发行而由非认可机构持有的可转让存款证。

恒生指数 是以流通市值加权法计算，每只成分股的比重上限设为10%。该指数内的五十只成份股划分为四个行业类别指数，包括金融、公用事业、地产及工商业。

消费价格指数 量度住户一般所购买的消费商品和服务的价格水平随时间而变动的情况。消费价格指数的按年变动率广泛地用作反映消费者所面对的通货膨胀的指标。不同的消费价格指数数列反映消费价格转变对不同开支范围的住户的影响。甲类、乙类及丙类消费价格指数分别根据较低、中等及较高开支范围的住户的开支模式编制而成。综合消费价格指数是根据以上所有住户的整体开支模式而编制，反映消费价格转变对整体住户的影响。每个项目的开支权数，是其在住户总开支中所占的比重。这组开支权数是根据住户开支统计调查的结果而制订的。并会每隔五年更新一次，以确保编制相应的消费价格指数时采用不同开支范围住户的最新开支模式。

教育程度 是指某人在学校或其他教育机构修读达到的最高教育水平，不论他／她有否完成该课程。计算教育程度时，只包括正式课程，即须最少为期一个学年，入学须具备指定的学历资格（香港公开大学的非学位、副学位、学位及研究生课程除外），以及设有考试或指定评核成绩的程序。

社会保障计划 旨在帮助社会上需要经济或物质援助的人士，应付基本及特别需要。这个无须供款的社会保障制度，包括综合社会保障援助计划、公共福利金计划、暴力及执法伤亡赔偿计划、交通意外伤亡援助计划和紧急救济。

综合社会保障援助计划 是以入息补助方法，为那些在经济上无法自给的人士提供安全网，使他们的入息达到一定水平，以应付生活上的基本需要。申请人必须符合居港规定及通过入息及资产审查。

公共福利金计划 包括普通伤残津贴、高额伤残津贴、高龄津贴、普通长者生活津贴、高额长者生活津贴、广东计划及福建计划。高龄津贴及伤残津贴分别为年龄在 70 岁或以上或严重残疾的香港居民，每月提供现金津贴，以应付因年老或严重残疾而引致的特别需要。至于在 2013 年 4 月起实施的长者生活津贴（易名为普通长者生活津贴）及在 2018 年 6 月实施高额长者生活津贴是为年龄在 65 岁或以上有经济需要的香港居民，每月提供津贴，以补助他们的生活开支。广东计划由 2013 年 10 月起实施，以及福建计划由 2018 年 4 月起实施。

暴力及执法伤亡赔偿计划 的目的是提供经济援助给因暴力罪行或因执法人员使用武器执行职务以致受伤的人士或这些人士的受养人（如受害人因伤死亡）。申请人无须接受经济状况调查。

交通意外伤亡援助计划 的目的是向道路交通意外受害人或这些人士的受养人（如受害人因伤死亡）迅速提供经济援助，而无须考虑计划受惠人的经济状况，或有关交通意外是因谁人的过失而造成。援助金按意外受害人的伤亡情况支付；至于财物损失，则不在援助范围内。

紧急救济 是为天灾或其他不幸事故（例如火灾、台风、水灾、暴雨、山泥倾泻、塌屋）的灾民，及因楼宇成为危楼而遭发出封闭令以致被着令撤离家园的受影响人士提供紧急救济。

Explanatory Notes on Main Statistical Indicators

Mid-year Population is compiled using the "resident population" approach. The population estimate compiled under the "resident population" approach is referred to as the Hong Kong Resident Population, which comprises "Usual Residents" and "Mobile Residents". "Usual Residents" include two categories of people: (a) Hong Kong Permanent Residents who have stayed in Hong Kong for at least 3 months during the 6 months before or for at least 3 months during the 6 months after the reference time-point, regardless of whether they are in Hong Kong or not at the reference time-point; and (b) Hong Kong Non-permanent Residents who are in Hong Kong at the reference time-point. For those Hong Kong Permanent Residents who are not "Usual Residents", they are classified as "Mobile Residents" if they have stayed in Hong Kong for at least 1 month but less than 3 months during the 6 months before or for at least 1 month but less than 3 months during the 6 months after the reference time-point, regardless of whether they are in Hong Kong or not at the reference time-point. Under the "resident population" approach, visitors are not part of the Hong Kong population.

Crude Birth Rate refers to the number of live births in a given year per 1000 mid-year population of that year.

Crude Death Rate refers to the number of deaths in a given year per 1000 mid-year population of that year.

Infant Mortality Rate refers to the number of deaths of age under one in a given year per 1000 live births in that year.

Total Fertility Rate refers to the average number of children that would be born alive to 1000 women during their lifetime if they were to pass through their childbearing ages 15-49 experiencing the age specific fertility rates prevailing in a given year.

Expectation of Life at Birth refers to the number of years of life that a person born in a given year is expected to live if he/she was subject to the prevalent mortality conditions as reflected by the set of age-sex specific mortality rates for that year.

Labour Force refers to the land-based non-institutional population aged 15 and over who satisfy the criteria for being classified as employed population or unemployed population.

Labour Force Participation Rate refers to the proportion of labour force in the total land-based non-institutional population aged 15 and over.

Employed Persons refer to those persons aged 15 and over who have been at work for pay or profit during the 7 days before enumeration or have had formal job attachment. Unpaid family workers and persons who were on leave/holiday during the 7 days before enumeration are included.

Unemployed Persons refer to those persons aged 15 and over who (a) have not had a job and have not performed any work for pay or profit during the 7 days before enumeration; and (b) have been available for work during the 7 days before enumeration; and (c) have sought work during the 30 days before enumeration. If a person aged 15 or over fulfils the conditions (a) and (b) above but has not sought work during the 30 days before enumeration because he/she believes that work is not available, he/she is still classified as unemployed, being regarded as a so-called "discouraged worker". Unemployed population also includes persons without a job who have sought work but have not been available for work because of temporary sickness; and persons without a job who have been available for work but have not sought work because they have made arrangements to take up a new job or to start business on a subsequent date; or were expecting to return to their original jobs.

Unemployment Rate refers to the proportion of unemployed persons in the labour force.

Monthly Employment Earnings refer to earnings from all jobs during the month before enumeration. For employees, they include wage and salary, bonus, commission, tips, housing allowance, overtime allowance, attendance allowance and other cash allowances. However, back pays are excluded. For employers and self-employed, they refer to amounts drawn from the self-owned enterprise for personal and household use. If information on the amounts drawn for personal and household use is not available, data on net earnings from business would be collected instead.

Gross Domestic Product (GDP) is a measure of the total value of production of all resident producing units of an economy in a specified period (typically a year or a quarter), before deducting the consumption of fixed capital.

Per Capita GDP is obtained by dividing the total GDP in a year by the mid-year population of that economy in the same year.

Gross National Income (GNI) is a measure of the total income earned by residents of an economy from engaging in various economic activities, irrespective of whether the economic activities are carried out within the economic territory of the economy or outside. In other words, in compiling GNI, income earned by residents from engaging in various economic activities within or outside the economic territory are included, whereas income earned by non-residents from engaging in economic activities within the economic territory are excluded. GNI is computed as follows:

GNI = GDP + Net external primary income flows
= GDP + Primary income earned by residents
from outside the economic territory -
Primary income earned by non-residents
from within the economic territory

Primary income comprises investment income and compensation of employees (CE). Investment income includes direct investment income (DII), portfolio investment income (PII) and other investment income (OII) as well as income on reserve assets (RA).

Per capita GNI of an economy is obtained by dividing GNI in a year by the mid-year population of that economy in the same year.

Balance of Payments (BoP) is a statistical statement that systematically summarises, for a specific time period (typically a year or a quarter), the economic transactions of an economy with the rest of the world (i.e. between residents and non-residents). A complete BoP account comprises two broad accounts : (a) the current account; and (b) the capital and financial account.

Current account measures the flows of goods, services, primary income and secondary income between residents and non-residents.

Goods under the BoP current account mainly cover general merchandise, net exports of goods under merchanting and non-monetary gold.

Services under the BoP current account mainly cover manufacturing services, transport, travel, insurance and pension services, financial services and other services.

Primary Income Account shows the amounts receivable and payable abroad in return for providing/obtaining use of labour, financial resources or natural resources to/from non-residents. The concepts and definitions of primary income under the current account of the BoP are the same as those of the external primary income flows under GNI.

Secondary Income Account records current transfers between residents and non-residents. Current transfers are transactions in which real or financial resources that are likely to be consumed immediately or shortly are provided without the receipt of equivalent economic values in return. Current transfers are unilateral in nature and are offsetting entries in the BoP account for one-sided transactions. Examples include workers' remittances, donations, official assistance and pensions.

Capital Account measures external transactions in capital transfers, and the acquisition and disposal of non-produced, non-financial assets (such as trademarks and brand names). Examples of capital transfers include forgiveness of debts by creditors, and cash transfers involving the acquisition or disposal of fixed assets.

Financial Account records transactions in financial assets and liabilities between residents and non-residents. It shows how an economy's external transactions are financed. Transactions in the financial account are classified by function (i.e. the purpose of the investment) into direct investment, portfolio investment, financial derivatives, other investment and reserve assets.

Direct Investment refers to external investment in which an investor of an economy acquires a lasting interest and a significant degree of influence or an effective voice in the management of an enterprise located in another economy. For statistical purpose, an effective voice is taken as being equivalent to a holding of 10% or more of the voting power in an enterprise.

Portfolio Investment refers to investment in non-resident equity securities and debt securities (e.g. bonds and notes, money market instruments), other than that included in direct investment or reserve assets. Compared with direct investors, portfolio investors in equity securities and debt securities of non-resident enterprises have no lasting interest or influence in the management of the enterprises concerned. A holding of less than 10% of the voting power in an enterprise is regarded as portfolio investment.

Financial Derivatives are financial instruments that are linked to a specific financial instrument or indicator or commodity, and through which specific financial risks can be traded in financial markets in their own right. Financial derivatives include option-type contracts (e.g. warrants and options) and forward-type contracts (e.g. futures, interest rate swaps, currency swaps, forward rate agreements, forward foreign exchange contracts).

Other Investment refers to other financial claims on and liabilities to non-residents that are not classified as direct investment, portfolio investment, financial derivatives or reserve assets. Other investment includes non-marketable loans, currency and deposits, trade credits and advances, and other assets / liabilities.

Reserve Assets are external assets that are readily available to and controlled by the monetary authority of an economy (which refers to the Hong Kong Monetary Authority in the case of Hong Kong) for meeting balance of payments financing needs, for intervention in exchange markets to regulate the currency exchange rate of that economy, and for other related purposes (such as maintaining confidence in the currency and the economy, and serving as a basis for foreign borrowing).

International Investment Position (IIP) is a balance sheet showing the stock of external financial assets and liabilities of an economy at a particular time point. The difference between the external financial assets and liabilities is the net IIP of the economy, which represents either its net claim on or net liability to the rest of the world. Being fully consistent with the BoP financial account, IIP is also categorised by type of investment. Assets and liabilities are divided into direct investment, portfolio investment, financial derivatives and other investment. The asset side of IIP also includes the reserve assets. For detailed explanation on investment components, please refer to the explanatory notes on the components of the financial account of the BoP account.

Net IIP is the difference between total external financial assets and total external financial liabilities.

Index of Industrial Production measures the changes in local industrial output in real terms, i.e. changes in the volume of local production after discounting the effect of price changes.

Usable Floor Area is defined as the aggregate of the areas of the floor or floors in a storey or a building excluding any staircases, public circulation space, lift landings, lavatories, water-closets, kitchens and any space occupied by machinery for any lift, air-conditioning system or similar service provided for the building.

Buildings with Consents to Commence Work refer to buildings with "Consents" to commence building works issued by the Buildings Department. Such "Consents" are issued to private development projects (including Hong Kong Housing Society's projects).

First Submission refers to plans for a building project which are first submitted to the Building Authority for approval.

Major Revision refers to building plans which have been so extensively revised that they must be fundamentally re-assessed.

Owner-occupier refers to a household which owns the

quarters it occupies.

Sole Tenant refers to a household which rents the whole quarters it occupies from someone who lives outside the quarters without sharing it with other household(s) or subletting.

Co-tenant refers to two or more households each of which rents part of the quarters from someone who lives outside the quarters.

Main Tenant refers to a household which rents the whole quarters it occupies from someone who lives outside the quarters and sublets part of it to other household(s).

Sub-tenant refers to a household which rents part of the quarters from someone who lives in the same quarters.

Rent Free refers to a household which occupies an accommodation free, with or without the owner's permission. This does not include owner-occupiers or households occupying accommodation provided by employers.

Accommodation Provided by Employer refers to a household which occupies an accommodation provided by the employer of one of the household members. This also includes households occupying quarters leased from employers at a nominal rent. If a household member uses housing allowance given by his/her employer for renting accommodation, the tenure is not regarded as "accommodation provided by employer".

Imports are goods which have been produced or manufactured in places outside the jurisdiction of Hong Kong and brought into Hong Kong for local use or for subsequent re-export as well as Hong Kong products re-imported. Their values are recorded on cost, insurance and freight (c.i.f.) basis.

Total Exports comprise domestic exports and re-exports. Domestic exports are the natural produce of Hong Kong or products of a manufacturing process in Hong Kong which has changed permanently the shape, nature, form or utility of the basic materials used in manufacture. Processes such as simple diluting, packing, bottling, drying, simple assembling, sorting, decorating, etc., do not confer Hong Kong origin. Re-exports are products which have previously been imported into Hong Kong and which are re-exported without having undergone in Hong Kong a manufacturing process which has changed permanently the shape, nature, form or utility of the product. Their values are recorded on free-on-board (f.o.b.) basis.

Exports to the Mainland of China for Outward Processing refer to raw materials or semi-manufactures exported from or through Hong Kong to the mainland of China for processing with a contractual arrangement for subsequent re-importation of the processed goods into Hong Kong.

Imports from the Mainland of China Related to Outward Processing in the Mainland refer to processed goods imported to Hong Kong from the mainland of China, of which all or part of the raw materials or semi-manufactures have been under contractual arrangement exported from or through Hong Kong to the mainland of China for processing.

Re-exports of the Mainland of China Origin to Other Places (excluding the Mainland of China) Involving Outward Processing in the Mainland of China refer to processed goods re-exported through Hong Kong, of which all or part of the raw materials or semi-manufactures have been exported from or through Hong Kong to the mainland of China for processing with a contractual arrangement for subsequent re-importation of the processed goods into Hong Kong.

Direct Investment refers to external investment in which an investor of an economy acquires a lasting interest and a significant degree of influence or an effective voice in the management of an enterprise located in another economy. For statistical purpose, an effective voice is taken as being equivalent to a holding of 10% or more of the voting power in an enterprise. Direct investment comprises equity and investment fund shares and debt instruments. Equity and investment fund shares include equity in branches, shares in subsidiaries and associates, investment fund shares and reinvestment of earnings (which refers to the investors' share of earnings not distributed by branches, subsidiaries, associates or investment funds). Debt instruments mainly involve inter-company debt transactions. These include short-term and long-term borrowing and lending of funds between parent companies and their branches, subsidiaries and associates.

Inward Direct Investment refers to direct investment by a non-Hong Kong resident on a Hong Kong resident enterprise. Typical examples of inward direct investment are multinational corporations' branches and subsidiaries operating in Hong Kong.

Outward Direct Investment refers to direct investment by a Hong Kong resident on a non-resident enterprise.

Position of Direct Investment refers to the value of investment abroad or investment received from abroad of Hong Kong residents at a specified date.

Flow of Direct Investment refers to the additions/ withdrawals of investment abroad or investment received from abroad of Hong Kong residents during a period.

Loan Fund finances loans and advances for such schemes as housing loans and education loans. The main sources of income are appropriations from the General Revenue Account, loan repayments and interest on loans.

Effective Exchange Rate Index (EERI) for the Hong Kong Dollar (HKD) is an index which measures movements in the weighted average of the exchange rate of the HKD against the currencies of major trading partners of Hong Kong. It serves as an indicator for measuring the overall strength of the HKD relative to selected currencies. A new EERI series has been released as from 3 January 2012 to replace the old EERI series. This new series uses January 2010 as the base and includes 15 currencies (the Indian Rupee is added to the new series).

Exchange Rates Between the Hong Kong Dollar and Other Currencies refer to the closing middle market telegraphic transfer rates or notes rates.

Authorized Institutions include licensed banks, restricted licence banks and deposit-taking companies. Licensed banks can accept deposits of any size and any term of maturity. With the final phase of interest rate deregulation came into effect on 3 July 2001, there is no restriction on interest rate payable. As for restricted licence banks, they can accept time deposits in amounts of not less than HK$500,000 with any term of maturity. Deposit-taking companies can however accept time deposits in amounts of not less than HK$100,000 with a term of maturity of at least three months. Both restricted licence banks and deposit-taking companies have no restriction on interest rate payable.

Foreign Currency Swap Deposits refer to deposits involving customers buying foreign currencies in the spot market and placing them as deposits with authorized institutions, while at the same time entering into a contract to sell such foreign currencies (principal plus interest) forward in line with the maturity of such deposits. For most analytical purpose, they should be regarded as Hong Kong dollar time deposits.

Money Supply M_1 refers to the sum of legal tender notes and coins held by the public plus customers' demand deposits placed with licensed banks.

Money Supply M_2 refers to the sum of M_1 plus customers' savings and time deposits with licensed banks, plus negotiable certificates of deposit issued by licensed banks held by non-authorized institutions.

Money Supply M_3 refers to the sum of M_2 plus customer deposits with restricted licence banks (RLBs) and deposit-taking companies (DTCs) plus negotiable certificates of deposit issued by RLBs and DTCs held by non-authorized institutions.

Hang Seng Index is a freefloat-adjusted market capitalization-weighted index with a 10% cap on each constituent weighting. The 50 constituent stocks of the Hang Seng Index are grouped under four sub-indices, namely Finance, Utilities, Properties and Commerce and Industry.

Consumer Price Index (CPI) measures the changes over time in the price level of consumer goods and services generally purchased by households. The year-on-year rate of change in the CPI is widely used as an indicator of the inflation affecting consumers. Different CPI series are compiled to reflect the impact of consumer price changes on households in different expenditure ranges. The CPI(A), CPI(B) and CPI(C) are compiled based on the expenditure patterns of households in the relatively low, medium and relatively high expenditure ranges respectively. A Composite CPI is compiled based on the overall expenditure pattern of all the above households taken together to reflect the impact of consumer price changes on the household sector as a whole. The expenditure weight of each item is the share of the item in the total expenditure of households. Derived from the results of the Household Expenditure Survey, the set of expenditure weights is updated once every five years to ensure that up-to-date expenditure patterns of households in different expenditure ranges are used in the compilation of the respective CPIs.

Educational Attainment refers to the highest level of education ever attained by a person in school or other educational institution, regardless of whether he/she had completed the course. Only formal courses are counted as educational attainment. A formal course shall be one that lasts for at least one academic year, requires specific academic qualifications for entrance (except sub-degree, associate degree, degree and post-graduate courses offered by the Open University of Hong Kong) and includes examinations or specific academic assessment procedures.

Social Security Schemes aim to provide for the basic and special needs of the members of the community who are in need of financial or material assistance. The non-contributory social security system comprises Comprehensive Social Security Assistance Scheme, Social Security Allowance Scheme, Criminal and Law Enforcement Injuries Compensation Scheme, Traffic Accident Victims Assistance Scheme and Emergency Relief.

Comprehensive Social Security Assistance Scheme provides a safety net for those who cannot support themselves financially. It is designed to bring their income up to a prescribed level to meet their basic needs. An applicant must satisfy the residence requirements and pass both the income and assets tests.

Social Security Allowance Scheme which includes Normal Disability Allowance, Higher Disability Allowance, Old Age Allowance, Normal Old Age Living Allowance, Higher Old Age Living Allowance, Guangdong Scheme and Fujian Scheme. The Old Age Allowance and Disability Allowance provide a monthly allowance to Hong Kong residents who are 70 years of age or above or who are severely disabled to meet their special needs arising from old age or disability respectively. The Old Age Living Allowance (renamed as Normal Old Age Living Allowance), launched in April 2013, and the Higher Old Age Living Allowance, launched in June 2018, are to provide a monthly allowance to supplement the living expenses of Hong Kong residents aged 65 or above who are in need of financial support. The Guangdong Scheme was launched in October 2013 and the Fujian Scheme was launched in April 2018.

Criminal and Law Enforcement Injuries Compensation Scheme aims to provide financial assistance to persons (or to their dependants in cases of death) who are injured as a result of a crime of violence, or by a law enforcement officer using a weapon in the execution of his duty. The Scheme is non-means-tested.

Traffic Accident Victims Assistance Scheme aims to provide speedy financial assistance to road traffic accident victims (or to their dependants in cases of death) on a non-means tested basis, regardless of the element of fault leading to the occurrence of the accident. Payments are made for personal injuries, while loss of or damage to property is not covered.

Emergency Relief is provided for victims of natural and other disasters such as fire, typhoon, flood, rainstorm, landslide, house collapse, and also for evacuees of buildings and premises considered to be dangerous under Closure Orders.

27

澳门特别行政区主要社会经济指标

Main Social and Economic Indicators of Macao Special Administrative Region

简 要 说 明

一、本章资料反映澳门特别行政区主要社会、经济发展情况。内容包括：土地、人口、就业、国民经济核算、工业、能源、建筑、交通通讯、对外贸易、财政金融、物价、教育、卫生、房屋、社会保障等方面。

二、本章由澳门特别行政区政府统计暨普查局提供所有数据，国家统计局国际统计信息中心负责整理、编辑。

三、在统计工作方面，按中华人民共和国“澳门特别行政区基本法”的有关原则，澳门特别行政区保留其单独运作的统计系统，并负责编制和发布反映澳门特别行政区情况的统计数据。由于澳门和内地在使用统计名词及概念方面会有所不同，读者在比较两地数据时，请参考本章末的“主要统计指标解释”。

四、澳门特别行政区是单独的关税地区，澳门与内地之间的贸易，亦需办理进出口报关。在贸易统计方面，澳门特别行政区对外商品贸易统计数据亦包括澳门特别行政区与内地的贸易。

五、在外汇统计及与之有关的各方面，澳门元是澳门特别行政区的法定货币，因此，除澳门元以外的货币（包括人民币）均视作外币。

六、更详细的统计资料及有关的技术细节，可参阅澳门特别行政区政府统计暨普查局出版的《统计月刊》、《统计年鉴》及各专题统计出版物。

七、本章节表中的符号使用说明：“-”表示绝对数值为零；“o”表示数据小于本表最小单位半数。“#”表示保密资料；“r”修订数字。

Brief Introduction

I. Data in this chapter reflect the major social and economic development of the Macao Special Administrative Region, including land; population; employment; national accounts; industry; energy; construction; transportation and communications; external trade; public finance and banking; prices; education; health; housing; and social security.

II. Data in this chapter are provided by the Statistics and Census Service of the Government of Macao Special Administrative Region, which are tabulated and edited by the International Statistical Information Centre of the National Bureau of Statistics.

III. According to the *Basic Law of the Macao Special Administrative Region of the People's Republic of China*, Macao Special Administrative Region maintains its independent statistical system that is responsible to comply and disseminate statistical information on the different aspect of the Special Administrative Region. As Macao and the mainland of China adopt different statistical concepts, definitions and terminology, users are advised to read the Explanatory Notes at the end of this chapter when making comparison between the mainland of China and the Macao Special Administrative Region.

IV. Macao is a separate customs territory; therefore, import and export trade between Macao and the mainland of China also requires customs declaration. In terms of trade statistics, Macao's external merchandise trade data also include trade transaction between Macao and the mainland.

V. The Macao Pataca (MOP) is the legal tender in the Macao Special Administrative Region, all other currencies (including Renminbi) are considered as foreign currencies in statistics on foreign exchange and related data.

VI. Detailed information and technical aspects are available in the *Monthly Bulletin of Statistics, Yearbook of Statistics* and other thematic publications published by the Statistics and Census Service of the Government of Macao Special Administrative Region.

VII. Notations used in this chapter:

"-" indicates absolute value equals zero; "o" indicates less than half of the unit employed; "#" indicates confidential data; "r" Revised figure.

27-1 主要统计指标概况
Summary of Key Statistics

项目		Items		2014	2015	2016	2017	2018
人口及生命统计		**Population and Vital Statistics**						
年中人口	(万人)	Mid-year Population	(10 000)	62.2	64.3	65.3	64.8	65.9
粗出生率	(‰)	Crude Birth Rate	(‰)	11.8	11.0	11.0	10.1	9.0
粗死亡率	(‰)	Crude Death Rate	(‰)	3.1	3.1	3.4	3.3	3.1
婴儿死亡率	(‰)	Infant Mortality Rate	(‰)	2.0	1.6	1.7	2.3	3.4
(按每千名出生登记活产婴儿计算)		(per 1000 registered live births)						
劳动、就业		**Labour, Employment**						
劳动人口	(万人)	Labour Force	(10 000)	39.5	40.4	39.7	38.7	39.2
劳动力参与率	(%)	Labour Force Participation Rate	(%)	73.8	73.7	72.3	70.8	70.9
失业率	(%)	Unemployment Rate	(%)	1.7	1.8	1.9	2.0	1.8
就业不足率	(%)	Underemployment Rate	(%)	0.4	0.4	0.5	0.4	0.5
就业人口	(万人)	Employed Population	(10 000)	38.8	39.7	39.0	38.0	38.5
建筑业		Construction		5.3	5.5	4.4	3.3	3.1
批发及零售业		Wholesale & Retail Trade		4.5	4.5	4.4	4.6	4.4
酒店及饮食业		Hotels, Restaurants & Similar Activities		5.5	5.5	5.7	5.5	5.6
文娱博彩及其他服务业		Recreational, Cultural, Gaming & Other Services		9.4	9.4	9.3	9.2	9.6
对外商品贸易	**(亿澳门元)**	**External Merchandise Trade**	**(100 million MOP)**					
出口		Exports		99	107	100	113	122
本地产品出口		Domestic Exports		20	18	20	18	15
再出口		Re-exports		79	89	81	95	107
进口		Imports		900	847	714	759	901
贸易价格比率	(2016=100)	Terms of Trade	(2016=100)	98.7	99.5	100.0	100.2	100.0
工业生产		**Industrial Production**						
工业电力消耗量	(亿千瓦小时)	Electricity Consumption	(100 million kwh)	1.3[r]	1.5[r]	1.6	1.6	1.6
私人建筑		**Private Sector Construction**						
获发使用准照楼宇		Buildings with Licence of Use issued						
单位数目	(个)	Units	(No.)	3001	4364	498	4511	4259
总建筑面积	(万平方米)	Gross Floor Area	(10 000 sq.m)	44	258	19	84	129
获发动工批示楼宇		Buildings with Construction Permit issued						
单位数目	(个)	Units Started	(No.)	1810	3688	5372	3223	1670
总建筑面积	(万平方米)	Gross Floor Area	(10 000 sq.m)	223	169	87	41	58
楼宇单位买卖数目	(个)	Number of Units Sold	(No.)	13230	9771	14108	13985	15073
不动产买卖契约数目	(宗)	Deed of Real Estate Transacted	(No.)	10279	8771	13262	13961	13494
不动产按揭贷款数目	(宗)	Real Estate Mortgage Loans	(No.)	32193	16570	18529	17439	20095
运输、通讯、旅游	**(万次)**	**Transport, Communications, Tourism**	**(10 000)**					
进出澳门重型货运车		Lorries Entering and Departing Macao		35.7	38.5	36.3	34.5	34.8
进出澳门的客船班次		Ferry Trips Entering and Departing Macao		14.1	14.5	13.9[r]	13.9	13.2
澳门国际机场的商业航班		Commercial Flights at Macao International Airport		4.8	5.2	5.4	5.5	6.2
注册车辆	(万辆)	Licensed Vehicles	(10 000)	24.0	24.9	25.0	24.2[r]	24.0
电话线	(万条)	Telephone Lines	(10 000)	201.0	204.3	210.9	238.0[r]	230.5
入境旅客	(万人次)	Visitors Arrival	(10 000)	3153	3071	3095	3261	3580
酒店业入住率	(%)	Occupancy Rate of Hotel Sector	(%)	87	82	83	87	91
财政收支、货币、金融	**(亿澳门元)**	**Government Accounts, Money and Finance**	**(100 million MOP)**					
财政总收入		Total Government Revenue		1619	1161	1105	1264	1413
财政总支出		Total Government Expenditure		671	808	826	813	830
货币供应(广义货币供应量M_2)		Money Supply (M_2)						
总计		Total		4875	4728	5325	5915	6514
澳门元		MOP		1245	1413	1630	1828	1985
港元		HKD		2472	2435	2892	3203	3420
其他货币		Other currencies		1157	880	802	884	1110
本地/私人部门贷款及垫款		Domestic Loans/Advances to the Private Sector		3346	3844	4181	4517	5011

27-1 续表 continued

项 目		Items		2014	2015	2016	2017	2018
消费物价指数		**Consumer Price Index**						
(2013年10月至2014年9月=100)		**(Oct/2013 - Sept/2014=100)**						
综合消费价格指数		Composite Consumer Price Index		101.11	105.72	108.23	109.56	112.85
甲类消费价格指数		Consumer Price Index (A)		100.99	105.92	108.35	109.66	112.97
乙类消费价格指数		Consumer Price Index (B)		100.42	104.10	107.20	108.73	111.87
房屋(期末)		**Housing (End-period)**						
公共房屋	(套)	Public Housing	(No.)	11344	11507	12219	12209	14817
教育		**Education**						
幼儿教育学生	(人)	Student of Pre-primary Education	(person)	14552	16789	17757	18802	18626
小学生	(人)	Student of Primary Education	(person)	24252	26436	28438	30169	32530
中学生	(人)	Student of Secondary Education	(person)	30088	28745	27473	26608	26022
高等教育学生	(人)	Student of Higher Education	(person)	30771	31970	32750	33098	34279
医疗		**Health**						
医生	(人)	Doctors	(person)	1592	1674	1726	1730	1754
护士	(人)	Nurses	(person)	1990	2279	2342	2397	2464
病床	(张)	Hospital Beds	(unit)	1421	1494	1591	1596	1604
社会保障		**Social Security**						
受益人数目	(人)	Beneficiaries	(person)	355679	358113	358541	360044	364665
供款单位数目	(人)	Contributors	(person)	22339	23388	23885	24443	25470
总发放援助次数	(万次)	Number of Payments Granted	(10 000)	162.0	122.0	135.0	147.0	160.0
总发放金额	(万澳门元)	Amount Granted	(10 000 MOP)	261171	297885	343617	377176	410338
治安		**Public Security**						
罪案数目	(宗)	Number of Crimes	(No.)	14016	13653	14387	14293	14365
囚犯数目	(期末)	Number of Prisoners	(end-year)	1205	1280	1271	1284	1458
本地生产总值		**Gross Domestic Product (GDP)**						
按以环比物量(2017年)计算		In Chained (2017) Dollars						
实际增长率	(%)	Growth Rate in Real Terms	(%)	-1.2	-21.6	-0.9	9.7[r]	4.7
本地生产总值	(亿澳门元)	GDP	(100 million MOP)	4758.5[r]	3731.0[r]	3699.0[r]	4057.9[r]	4249.0
人均本地生产总值	(万澳门元)	GDP per capita	(10 000 MOP)	76.5[r]	58.2[r]	57.3[r]	62.5[r]	64.4
当年价格		At Current Prices						
名义增长率	(%)	Growth Rate in Nominal Terms	(%)	7.3	-18.1	0	12.0[r]	8.5
本地生产总值	(亿澳门元)	GDP	(100 million MOP)	4420.7	3622.1	3623.6[r]	4057.9[r]	4403.2
人均本地生产总值	(万澳门元)	GDP per capita	(10 000 MOP)	71.1	56.5	56.1	62.5[r]	66.7

27-2 按堂区划分的陆地面积
Land Area by Parish

单位：平方公里 (sq.km)

分区	Sub-division	2014	2015	2016	2017	2018
总面积	**Total Land Area**	**30.3**	**30.4**	**30.5**	**30.8**	**32.9**
澳门半岛	**Macao Peninsula**	**9.3**	**9.3**	**9.3**	**9.3**	**9.3**
圣安多尼堂区	Santo Antonio	1.1	1.1	1.1	1.1	1.1
望德堂区	Sao Lazaro	0.6	0.6	0.6	0.6	0.6
风顺堂区	Sao Lourenco	1.0	1.0	1.0	1.0	1.0
大堂区	Se	3.4	3.4	3.4	3.4	3.4
花地玛堂区	N.S. de Fatima	3.2	3.2	3.2	3.2	3.2
氹仔	**Taipa Island**	**7.6**	**7.6**	**7.6**	**7.9**	**7.9**
路环	**Coloane Island**	**7.6**	**7.6**	**7.6**	**7.6**	**7.6**
路氹填海区	**CoTai Reclamation Zone**	**5.8**	**5.9**	**6.0**	**6.0**	**6.0**
新城A区及港珠澳大桥澳门口岸管理区	**New Urban Zone Area A and the Macao boundary crossing area of the Hong Kong-Zhuhai-Macao Bridge**	~	~	~	~	**2.1**

27-3 人口主要指标
Main Demographic Indicator

项目	Item	2014	2015	2016	2017	2018
年中人口 (万人)	Mid-year Population (10 000 persons)	62.2	64.3	65.3	64.8	65.9
出生率 (‰)	Crude Birth Rate (‰)	11.8	11.0	11.0	10.1	9.0
死亡率 (‰)	Crude Death Rate (‰)	3.1	3.1	3.4	3.3	3.1
婴儿死亡率 (‰)	Infant Mortality Rate (‰)	2.0	1.6	1.7	2.3	3.4
自然增长率 (‰)	Natural Growth Rate (‰)	8.7	7.9	7.5	6.8	5.9
总和生育率	Total Fertility Rate	1.2	1.1	1.1	1.0	0.9
登记结婚 (宗)	Registered Marriages (case)	4085	3719	3891	3883	3842
离婚 (宗)	Registered Divorces (case)	1308	1168	1245	1479	1544
项目	Item	2011-2014	2012-2015	2013-2016	2014-2017	2015-2018
出生时平均预期寿命(岁)	Life Expectancy at Birth (years)	82.9	83.2	83.3	83.4	83.7
男	Male	79.6	79.9	80.2	80.3	80.6
女	Female	86.0	86.3	86.4	86.4	86.6

27-4 经济活动人口及失业状况
Labour Force and Unemployment

项目	Item	2014	2015	2016	2017	2018
劳动人口 (万人)	Labour Force (10 000 persons)	39.5	40.4	39.7	38.7	39.2
男	Male	20.7	21.3	20.6	19.3	19.2
女	Female	18.7	19.1	19.1	19.4	20.1
就业人口 (万人)	Employed Population (10 000 persons)	38.8	39.7	39.0	38.0	38.5
失业人口 (万人)	Unemployed Population (10 000 persons)	0.7	0.7	0.8	0.8	0.7
失业率 (%)	Unemployment Rate (%)	1.7	1.8	1.9	2.0	1.8

27-5 按行业划分的就业人口
Employed Population by Industry

单位：万人 (10 000 persons)

行业	Industry	2014	2015	2016	2017	2018
总数	**Total**	**38.81**	**39.65**	**38.97**	**37.98**	**38.54**
制造业	Manufacturing	0.74	0.69	0.79	0.65	0.64
水电及气体生产供应业	Electricity, Gas & Water Supply	0.11	0.12	0.12	0.11	0.11
建筑业	Construction	5.25	5.48	4.44	3.27	3.11
批发及零售业	Wholesale & Retail Trades	4.52	4.50	4.41	4.58	4.37
酒店及饮食业	Hotels, Restaurants & Similar Activities	5.48	5.50	5.72	5.46	5.61
运输、仓储及通信业	Transport, Storage & Communications	1.92	1.75	1.93	1.91	1.92
金融业	Financial Intermediation	1.07	1.08	1.04	1.13	1.08
不动产及工商服务业	Real Estate & Business Activities	3.04	2.98	3.04	3.02	3.19
公共行政及社保事务	Public Administration & Social Security	2.55	2.94	2.83	2.87	2.98
教育	Education	1.48	1.66	1.59	1.70	1.75
医疗卫生及社会福利	Health & Social Welfare	1.01	1.13	1.21	1.29	1.24
文娱博彩及其他服务业	Recreational, Cultural, Gaming & Other Services	9.40	9.42	9.27	9.23	9.64
家务工作	Domestic Work	2.19	2.36	2.53	2.68	2.85
其他及不详	Others and Unknown	0.07	0.05	0.05	0.06	0.06

27-6 按行业划分的月工作收入中位数
Median Monthly Employment Earnings by Industry

单位：澳门元 (MOP)

行业	Industry	2014	2015	2016	2017	2018
总数	**Total**	**13300**	**15000**	**15000**	**15000**	**16000**
制造业	Manufacturing	9000	10300	11300	12000	11500
水电及气体生产供应业	Electricity, Gas & Water Supply	21000	26000	23000	29000	30000
建筑业	Construction	13000	13000	15000	15000	15000
批发及零售业	Wholesale & Retail Trade	10000	12000	12000	13000	13000
酒店及饮食业	Hotels, Restaurants & Similar Activities	10000	10000	10000	10000	11000
运输、仓储及通信业	Transport, Storage & Communications	13000	14000	14000	15300	16000
金融业	Financial Intermediation	17000	18000	20000	20000	20000
不动产及工商服务业	Real Estate & Business Activities	9500	9500	10000	10000	10000
公共行政及社保事务	Public Administration & Social Security	30000	34800	35000	37400	39500
教育	Education	20000	22000	22000	25000	25000
医疗卫生及社会福利	Health & Social Welfare	16000	20000	20500	21000	24000
文娱博彩及其他服务业	Recreational, Cultural, Gaming & Other Services	17000	18000	19000	19000	20000
家务工作	Domestic Work	3500	3800	4000	4000	4000

27-7 本地生产总值(当年价格)
Gross Domestic Product at Current Prices

年 份 Year	本地生产总值 GDP (亿澳门元) (100 million MOP)	(亿美元) (100 million USD)	实际增长率 (%) Growth Rate in Real Terms (%)	人均本地生产总值 GDP per capita (澳门元) (MOP)	(美元) (USD)
1993	448.2	56.3	5.2	116729	14650
1994	498.8	62.7	4.3	125708	15792
1995	557.4	70.0	3.3	136192	17093
1996	567.4	71.2	-0.4	136693	17159
1997	575.1	72.1	-0.3	137821	17282
1998	538.0	67.4	-4.6	127386	15966
1999	518.7	64.9	-2.4	121363	15186
2000	539.4	67.2	5.7	125271	15608
2001	547.2	68.1	2.9	126107	15698
2002	588.3	73.2	8.9	134181	16703
2003	657.3	81.9	11.7	148182	18473
2004	849.2	105.9	26.8	186776	23281
2005	968.7	120.9	8.1	204607	25541
2006	1183.4	147.9	13.3	238057	29755
2007	1473.8	183.4	14.4	282962	35212
2008	1677.6	209.2	3.4	312149	38918
2009	1714.7	214.8	1.3	318611	39905
2010	2250.5	281.2	25.3	419153	52380
2011	2943.5	367.1	21.7	536178	66867
2012	3438.2	430.3	9.2	603525	75536
2013	4118.7	515.5	11.2	692501	86680
2014	4420.7	553.5	-1.2	710895	89005
2015	3622.1	453.6	-21.6	564635	70712
2016	3623.6 r	453.2 r	-0.9	561053 r	70177 r
2017	4057.9 r	505.6 r	9.7 r	625254 r	77902 r
2018	4403.2	545.4	4.7	666893	82609

27-8 支出法本地生产总值
Expenditure-based Gross Domestic Product

单位：亿澳门元 (100 million MOP)

本地生产总值组成部分	GDP Components	2014	2015	2016	2017	2018
按当年价格计算	**At Current Prices**					
私人消费支出	Private Consumption Expenditure	885.6	945.3	957.7 r	987.3 r	1059.7
政府最终消费支出	Government Final Consumption Expenditure	311.3	347.8	377.7 r	396.1 r	425.1
固定资本形成总额	Gross Fixed Capital Formation	831.0	890.8	784.9 r	783.2 r	706.4
存货增加	Changes in Inventories	36.1	19.3	-1.5 r	-13.5 r	-11.1
货物出口	Exports of Goods	142.7	156.4	123.6 r	139.8 r	156.1
减:货物进口	Less: Imports of Goods	1087.7	1083.9	933.1 r	983.5 r	1038.6
服务出口	Exports of Services	3612.1	2665.7	2637.5 r	3117.3 r	3517.4
减:服务进口	Less: Imports of Services	310.4	319.2	323.1 r	368.8 r	411.8
本地生产总值	**GDP**	**4420.7**	**3622.1**	**3623.6 r**	**4057.9 r**	**4403.2**
人均本地生产总值 (澳门元)	**GDP per capita (MOP)**	**710895**	**564635**	**561053 r**	**625254 r**	**666893**
以环比物量(2017年)计算	**In Chained (2017) Dollars**					
私人消费支出	Private Consumption Expenditure	954.0 r	974.2 r	966.2 r	987.3 r	1031.9
政府最终消费支出	Government Final Consumption Expenditure	361.6 r	376.7 r	393.8 r	396.1 r	411.2
固定资本形成总额	Gross Fixed Capital Formation	885.3 r	933.1 r	821.7 r	783.2 r	684.9
存货增加	Changes in Inventories	35.0 r	18.8 r	-1.5 r	-13.5 r	-11.1
货物出口	Exports of Goods	140.8	155.2 r	123.6 r	139.8 r	155.2
减:货物进口	Less: Imports of Goods	1055.0 r	1065.4 r	931.7 r	983.5 r	1029.9
服务出口	Exports of Services	3731.9 r	2685.0 r	2663.5 r	3117.3 r	3411.7
减:服务进口	Less: Imports of Services	331.5 r	337.0 r	331.6 r	368.8 r	405.0
本地生产总值	**GDP**	**4758.5 r**	**3731.0 r**	**3699.0 r**	**4057.9 r**	**4249.0**
人均本地生产总值 (澳门元)	**GDP per capita (MOP)**	**765224 r**	**581599 r**	**572726 r**	**625254 r**	**643537**

27-9 生产法本地生产总值
Production-based Gross Domestic Product

单位：亿澳门元 (100 million MOP)

经济活动	Economic Activities	2013	2014	2015	2016	2017
第二产业	**Secondary Sector**	**153.2**	**221.2**	**278.0**	**238.7**	**201.4**
采矿业	Mining and Quarrying	o	-	-	-	-
制造业	Manufacturing	16.4	18.4	21.7	21.6	22.6
电力、煤气及水供应	Electricity, Gas and Water Supply	19.5	22.3	23.6	25.6	29.9
建筑业	Construction	117.3	180.5	232.7	191.5	148.9
第三产业	**Tertiary Sector**	**3950.9**	**4124.0**	**3286.0 r**	**3322.6 r**	**3773.6**
批发零售、维修、酒店、餐厅及酒楼业	Wholesale, Retail, Repair, Hotels and Restaurants	410.0	445.7	397.9	399.8 r	463.3
运输、仓储及通信业	Transport, Storage and Communications	73.1	88.7	97.3	102.0 r	105.7
金融保险、不动产、租赁及商业服务	Financial Intermediation, Real Estate, Renting and Business Activities	590.7	727.4	725.4 r	786.3 r	855.1
公共行政、社会服务及个人服务（包括博彩业）	Public Administration, Other Community, Social and Personal Services (Including gambling)	2877.0	2862.1	2065.3 r	2034.5 r	2349.5
以生产者价格计算的增加值	**Gross value added at producers' prices**	**4104.1**	**4345.2**	**3563.9 r**	**3561.3 r**	**3975.0**
加进口税	**Add: Taxes on imports**	**4.7**	**4.6**	**5.1**	**4.5**	**5.3**
以市场价格按生产法计算的本地生产总值	**Production-based GDP at Current Market Prices**	**4108.7**	**4349.7**	**3569.0 r**	**3565.8 r**	**3980.3**
以市场价格按支出法计算的本地生产总值	**Expenditure-based GDP at Current Market Prices**	**4118.7**	**4420.7**	**3622.1**	**3623.6 r**	**4057.9**
统计差异(%)	**Statistical Discrepancy (%)**	**-0.2**	**-1.6**	**-1.5**	**-1.6 r**	**-1.9**

27-10 生产法本地生产总值结构
Structure of Production-based Gross Domestic Product

单位：% (%)

经济活动	Economic Activities	2013	2014	2015	2016	2017
第二产业	**Secondary Sector**	**3.7**	**5.1**	**7.8**	**6.7 r**	**5.1**
采矿业	Mining and Quarrying	o	-	-	-	
制造业	Manufacturing	0.4	0.4	0.6	0.6	0.6
电力、煤气及水供应业	Electricity, Gas and Water Supply	0.5	0.5	0.7	0.7	0.8
建筑业	Construction	2.9	4.2	6.5	5.4 r	3.7
第三产业	**Tertiary Sector**	**96.3**	**94.9**	**92.2**	**93.3 r**	**94.9**
批发零售、维修、酒店、餐厅及酒楼业	Wholesale, Retail, Repair, Hotels and Restaurants	10.0	10.3	11.2	11.2	11.7
运输、仓库及通信业	Transport, Storage and Communications	1.8	2.0	2.7	2.9 r	2.7
金融、保险、不动产、租赁及商业服务	Financial Intermediation, Real Estate, Renting and Business Activities	14.4	16.7	20.4 r	22.1 r	21.5
公共行政、社会服务及个人服务（包括博彩业）	Public Administration, Other Community, Social and Personal Services (Including gambling)	70.1	65.9	58.0	57.1 r	59.1
以生产者价格计算的增加值	**Gross value added at producers' prices**	**100.0**	**100.0**	**100.0**	**100.0**	**100.0**

27-11 电力、燃料及水消耗量
Consumption of Electricity, Fuels and Water

项　目	Item	2014	2015	2016	2017	2018
电力　（万千瓦小时）	**Electricity (10 000 kwh)**					
住户	Domestic	105859	109745	111588	111439	113686
工业	Industrial	13484	14520	15642	16224	15713
商业及公共照明	Commercial and Public light	327523	353807	376479	389319	402477
燃料	**Fuels**					
重油　（万公升）	Fuel Oil (10 000 litres)	5760	15058	15903	12289	4397
轻柴油　（万公升）	Gas Oil and Diesel (10 000 litres)	12271	13504	12243	11786	11413
汽油　（万公升）	Gasoline (10 000 litres)	9959	10020	10231	10413	10905
液化石油气　（公吨）	L.P.G. (ton)	44686	44374	44607	41936	42297
水　（万立方米）	**Water (10 000 cu.m)**	**8349**	**8494**	**8670**	**8844**	**9094**

27-12 按用途划分的获发使用准照私人楼宇
Private Buildings with Licence of Use issued by End-use

项　目	Item	2014	2015	2016	2017	2018
住宅	Residential					
单位数目(个)	Number of Units	2885	4218	404	4318	4158
建筑面积(万平方米)	Gross Floor Area(10 000 sq.m)	31.6	64.9	4.6	33.8	45.9
商铺及办公室	Shop and Office					
单位数目(个)	Number of Units	100	109	85	166	74
建筑面积(万平方米)	Gross Floor Area(10 000 sq.m)	1.1	4.6	1.5	2.1	7.2
工业	Industrial					
单位数目(个)	Number of Units	-	3	1	6	1
建筑面积(万平方米)	Gross Floor Area(10 000 sq.m)	-	2.7	0.4	9.1	1.0
其他用途	Others					
单位数目(个)	Number of Units	16	34	8	21	26
建筑面积(万平方米)	Gross Floor Area(10 000 sq.m)	11.2	185.5	12.7	39.0	75.2
总计	Total					
单位数目(个)	Number of Units	3001	4364	498	4511	4259
建筑面积(万平方米)	Gross Floor Area(10 000 sq.m)	44.0	257.8	19.2	84.0	129.4

27-13 按用途划分的获发动工批示私人楼宇
Private Buildings with Construction Permit issued by End-use

项　目	Item	2014	2015	2016	2017	2018
住宅	Residential					
单位数目(个)	Number of Units	1667	3568	5207	3111	1493
建筑面积(万平方米)	Gross Floor Area(10 000 sq.m)	15.4	39.5	50.8	28.8	13.4
商铺及办公室	Shop and Office					
单位数目(个)	Number of Units	110	94	128	105	161
建筑面积(万平方米)	Gross Floor Area(10 000 sq.m)	2.4	2.0	8.0	3.2	2.4
工业	Industrial					
单位数目(个)	Number of Units	3	3	7	-	1
建筑面积(万平方米)	Gross Floor Area(10 000 sq.m)	4.0	3.1	3.1	-	1.7
其他用途	Others					
单位数目(个)	Number of Units	30	23	30	7	15
建筑面积(万平方米)	Gross Floor Area(10 000 sq.m)	201.5	124.8	24.9	9.1	40.1
总计	Total					
单位数目(个)	Number of Units	1810	3688	5372	3223	1670
建筑面积(万平方米)	Gross Floor Area(10 000 sq.m)	223.3	169.5	86.9	41.1	57.6

27-14 零售业销售额
Value of Retail Sales

单位：亿澳门元 (100 million MOP)

项　目	Item	2014	2015	2016	2017	2018
销售总额	**Total Value of Sales**	**679.96**	**615.41**	**588.39**	**662.62**	**768.07**
百货公司	Department Stores	103.42	90.70	85.99	98.85	123.28
超级市场	Supermarkets	42.08	43.75	42.48	44.33	46.13
汽车	Motor Vehicles	40.51	37.09	20.15	21.52	25.71
钟表金饰	Watches, Clocks and Jewellery	180.35	136.86	126.04	147.44	161.69
成人服装	Adults' Clothing	66.78	69.69	77.46	86.89	101.47
车用燃料	Automotive Fuels	12.51	12.28	12.14	12.80	15.05
家用燃料	Fuel for Household Use	7.56	5.54	5.46	5.68	6.32
家庭电器	Household Electric Appliances	13.74	14.35	12.86	11.73	13.01
药房	Pharmacy	18.84	18.78	18.16	19.25	21.41
其他	Others	194.17	186.37	187.65	214.13	254.00

27-15 按出入境方式统计的对外商品贸易
External Merchandise Trade by Mode of Transport

单位：万吨 (10 000 tons)

项　目	Mode of Transport	2014	2015	2016	2017	2018
入境①	**Imports ①**					
海路	Sea	480.0	429.4	420.7	348.6	353.1
空路	Air	0.6	0.7	0.6	0.6	0.7
陆路	Land	126.8	154.1	149.9	148.4	136.2
其他②	Others ②	9287.2	9542.3	9703.0	9780.7	10126.3
总数	**Total**	**9894.5**	**10126.5**	**10274.2**	**10278.4**	**10616.4**
出境①	**Exports ①**					
海路	Sea	20.0	20.5	21.2	46.1	32.9
空路	Air	1.0	0.9	1.3	1.5	2.0
陆路	Land	7.7	5.7	4.1	4.7	4.6
其他②	Others ②	17.1	17.6	17.6	19.7	22.1
总数	**Total**	**45.8**	**44.7**	**44.2**	**72.0**	**61.6**

注：①包括转运货物。
②包括邮递及以管道运输方式进出澳门的货物。
Notes:①Including transit goods.
②Including external merchandise trade by post and via pipeline.

27-16 集装箱流量
Container Flow

单位：数目 (number)

项　目	Item	2014	2015	2016	2017	2018
入境	Inward	62707	63415	56954	57781	59529
出境	Outward	37955	39947	34906	34585	36469
转口	Trans-shipment	1159	1736	1007	681	757

27-17　港口集装箱总吞吐量
Port Container Throughput

单位：标准集装箱　　(TEU)

项　　目	Item	2014	2015	2016	2017	2018
入境	Inward	87545	91932	80922	81958	86943
出境	Outward	51925	57508	48413	47631	51119
转口	Trans-shipment	69	287	82	209	577

27-18　通信服务
Communications

项　　目	Item	2014	2015	2016	2017	2018
邮递服务　　（万件）	**Postal Services　　(10 000)**					
信件邮件	Mails	3379	3343	3316	3218	3303
包裹	Parcels	0.7	0.7	0.7	0.5	0.5
电话服务　　（万户）	**Telephone Services　　(10 000)**					
固网电话用户	Fixed-lined Telephone Users	15.4	14.7	13.9	13.1[r]	12.4
移动电话用户	Mobile Telephone Users	63.9	67.7	70.1	74.3	76.4
储值卡	Stored Value GSM Cards	121.8	121.9	126.9	150.6	141.7
对外电话通讯量　（万分钟）	**International Calls　(10 000 minutes)**					
拨出	Outgoing	38863	31587	26010	21168	17473
拨入	Incoming	26915	22141	18942	17211	15645
互联网	**Internet Services**					
登记用户　　（万户）	Registered Subscribers　　(10 000)	30.5	33.9	36.3	39.7	54.3
总使用时数　　（万小时）	Total Hours Used　　(10 000 hours)	95255	106369	116694	124194	126880

27-19　对外商品贸易主要指标
Principal Indicators of External Merchandise Trade

单位：亿澳门元　　(100 million MOP)

贸易种类	Trade Type	2014	2015	2016	2017	2018
出口	Exports	99.1	106.9	100.5	112.8	121.9
本地产品出口	Domestic Exports	20.2	18.2	19.6	17.9	15.3
再出口	Re-exports	78.9	88.7	80.8	95.0	106.6
进口	Imports	899.5	846.6	713.5	758.5	901.0
进出口总额	Total Trade	998.7	953.6	814.0	871.3	1023.0
进出口差额	Trade Balance	-800.4	-739.7	-613.1	-645.7	-779.1
出口/进口比率（%）	Exports-to-Imports Ratio(%)	11.0	12.6	14.1	14.9	13.5

27-20 按主要原产地和目的地划分的商品进出口
Merchandise Imports and Exports by Major Country/Region

单位：亿澳门元 (100 million MOP)

主要国家/地区	Major Country/Region	2014	2015	2016	2017	2018
进口(原产地)	**Imports (Origin)**					
中国内地	Mainland China	298.4	318.5	258.4	257.0	315.2
中国香港	Hong Kong, China	92.3	75.3	62.1	68.0	70.4
欧盟	European Union	218.5	188.4	170.3	190.9	225.3
日本	Japan	50.2	51.7	45.2	54.5	73.0
中国台湾	Taiwan, China	13.5	13.7	12.5	14.7	14.5
美国	United States of America	58.6	48.0	34.3	33.2	36.7
出口(目的地)	**Exports (Destination)**					
美国	United States of America	2.9	2.0	1.6	1.9	1.3
欧盟	European Union	3.1	2.3	1.7	1.9	2.1
中国内地	Mainland China	15.5	18.4	17.5	21.2	20.1
中国香港	Hong Kong, China	58.1	63.3	55.6	66.0	75.7

27-21 财政收入
Government Revenue

单位：亿澳门元 (100 million MOP)

项　目	Items	2014	2015	2016	2017	2018
经常收入	**Current Revenue**					
直接税	Direct Taxes	1360.2	934.2	884.6	1032.6	1159.6
间接税	Indirect Taxes	56.7	42.2	40.8	51.2	56.9
费用、罚款及其他金钱制裁	Fees, Fines and Other Penalties	23.3	20.2	20.2	18.3	20.5
财产收益	Property Income	30.5	32.1	18.3	15.1	9.2
转移	Transfers	81.9	53.3	52.3	62.1	71.4
耐用品的出售	Sales of Durable Goods	o	o	o	0.1	0.1
劳务及非耐用品的出售	Sales of Services and Non-durable Goods	11.8	13.5	11.6	12.3	12.5
其他经常收入	Other Current Revenue	3.0	5.3	1.8	2.8	2.2
资本收入	**Capital Revenue**					
投资资产的出售	Sales of Fixed Capital	5.0	7.5	6.8	0.4	12.2
转移	Transfers	-	o	o	o	-
财务资产	Financial Assets	4.3	5.6	5.9	5.3	7.9
财务负债	Financial Liabilities	-	-	-	-	-
其他资本收入	Other Capital Revenue	39.4	44.9	60.6	61.9	46.9
非从支付中扣减的退回	Reimbursements Not Deducted from Payments	2.6	2.4	2.2	1.7	13.8
自治机构	**Autonomous Agencies**	-	-	-	-	-
总数	**Total**	**1618.6**	**1161.1**	**1105.0**	**1263.7**	**1413.1**

27-22 财政支出
Government Expenditure

单位：亿澳门元 (100 million MOP)

项　　目	Items	2014	2015	2016	2017	2018
经常支出	**Current Expenditure**					
工薪	Payroll	151.4	171.9	184.0	198.6	209.4
货物及劳务	Goods and Services	96.3	99.8	98.5	95.8	102.8
利息	Interest	-	-	-	-	-
经常转移	Current Transfers	306.2	378.7	390.7	278.4	287.0
其他经常支出	Other Current Expenditure	25.5	29.8	31.7	33.7	38.6
资本支出	**Capital Expenditure**					
投资	Investments	78.2	97.3	95.1	138.2	165.7
资本转移	Capital Transfers	1.2	1.5	6.4	4.4	3.0
财务活动	Financial Transactions	12.0	28.6	19.9	63.9	23.9
其他资本支出	Other Capital Expenditure	-	-	-	-	-
自治机构	**Autonomous Agencies**	-	-	-	-	-
总数	**Total**	**670.8**	**807.5**	**826.3**	**813.0**	**830.3**

27-23 货币供应
Money Supply

单位：亿澳门元(年底数字) (100 million MOP (as at end of year))

项　　目	Items	2014	2015	2016	2017	2018
狭义货币供应量M_1	**Money Supply (M_1)**	**618.6**	**616.6**	**636.7**	**723.9**	**807.6**
分类一：澳门元	Classification 1: MOP	300.4	335.9	367.6	421.3	452.4
港元	HKD	303.3	267.0	255.0	287.8	341.8
其他货币	Other Currencies	14.9	13.6	14.1	14.8	13.4
分类二：流通货币(澳门元)	Classification 2: Currency in Circulation (MOP)	108.6	120.4	135.6	149.1	160.1
活期存款	Demand Deposits	510.0	496.2	501.2	574.8	647.5
广义货币供应量$M_2$①	**Money Supply (M_2) ①**	**4874.7**	**4728.3**	**5324.8**	**5914.7**	**6514.6**
分类一：澳门元	Classification 1: MOP	1245.5	1413.4	1630.2	1827.9	1985.1
港元	HKD	2472.1	2435.1	2892.3	3203.0	3419.7
其他货币	Other Currencies	1157.2	879.9	802.2	883.8	1109.9
分类二：狭义货币供应量$M_1$②	Classification 2: Money Supply (M_1) ②	618.6	616.6	636.7	723.9	807.6
准货币负债③	Quasi-Monetary Liabilities (QML)③	4256.1	4111.7	4688.0	5190.7	5707.0
储蓄存款	Savings Deposits	1330.7	1455.5	1694.3	1923.9	1924.0
通知存款	Notice Deposits	4.5	2.8	2.0	3.4	1.7
定期存款	Time Deposits	2920.4	2653.0	2991.0	3262.2	3780.7

注：① $M_2 = M_1 +$ 准货币负债。
② 货币供应量M1包括流通货币及活期存款。
③ 准货币负债：包括储蓄存款、通知存款、定期存款、其他存款及存款证明书。

Notes: ① $M_2 = M_1$ + Quasi-Monetary Liabilities (QML)
② M_1 includes Currency in Circulation and Demand Deposits.
③QML:Quasi-Monetary Liabilities, which consist of savings deposits, notice deposits, time deposits, other deposits and certificates of deposit.

27-24 外币兑换率
Exchange Rates

单位：一单位外币兑换的澳门元 (MOP per unit of foreign currency)

项目	Items	2014	2015	2016	2017	2018
年内平均数字	**Average for the Year**					
澳元	Australian Dollar	7.2164	6.0120	5.9497	6.1552	6.0401
欧元	Euro	10.6224	8.8624	8.8507	9.0677	9.5360
韩圆	Korean Won	0.0076	0.0071	0.0069	0.0071	0.0073
美元	US Dollar	7.9871	7.9850	7.9948	8.0262	8.0729
新台币	Taiwan Dollar	0.2636	0.2516	0.2480	0.2638	0.2679
英镑	Pound Sterling	13.1709	12.2122	10.8456	10.3353	10.7810
港元	Hong Kong Dollar	1.0300	1.0300	1.0300	1.0300	1.0300
日元	Japanese Yen	0.0757	0.0660	0.0738	0.0716	0.0731
马来西亚林吉特	Malaysian Ringgit	2.4446	2.0587	1.9334	1.8669	2.0022
新西兰元	New Zealand Dollar	6.6394	5.5879	5.5748	5.7079	5.5894
人民币	P.R. China Renminbi	1.2968	1.2676	1.2021	1.1889	1.2220
新加坡元	Singapore Dollar	6.3090	5.8135	5.7957	5.8132	5.9850
瑞士法郎	Swiss Franc	8.7428	8.3060	8.1184	8.1582	8.2533
年底数字	**As at End of Year**					
澳元	Australian Dollar	6.5373	5.8203	5.7855	6.2828	5.6848
欧元	Euro	9.7141	8.7294	8.4322	9.6179	9.2324
韩圆	Korean Won	0.0073	0.0068	0.0066	0.0075	0.0072
美元	US Dollar	7.9899	7.9834	7.9877	8.0518	8.0664
新台币	Taiwan Dollar	0.2519	0.2420	0.2474	0.2704	0.2640
英镑	Pound Sterling	12.4363	11.8298	9.8209	10.8289	10.2359
港元	Hong Kong Dollar	1.0300	1.0300	1.0300	1.0300	1.0300
日元	Japanese Yen	0.0668	0.0663	0.0687	0.0713	0.0731
马来西亚林吉特	Malaysian Ringgit	2.2867	1.8592	1.7812	1.9834	1.9463
新西兰元	New Zealand Dollar	6.2545	5.4670	5.5674	5.7152	5.4130
人民币	P.R. China Renminbi	1.2852	1.2151	1.1473	1.2327	1.1730
新加坡元	Singapore Dollar	6.0452	5.6464	5.5290	6.0212	5.9079
瑞士法郎	Swiss Franc	8.0784	8.0820	7.8480	8.2321	8.2009

27-25 消费物价指数
Consumer Price Index

2013年10月至2014年9月=100 (10/2013-09/2014=100)

项　目	Items	权数 Weight	2014	2015	2016	2017	2018
综合消费价格指数	**Composite Consumer Price Index**						
总指数	**Global Index**	**100.00**	**101.11**	**105.72**	**108.23**	**109.56**	**112.85**
食品及非酒精饮料	Food and Non-alcoholic Beverages	28.97	101.16	106.09	109.14	110.82	113.88
烟酒	Alcoholic Beverages and Tobacco	0.92	100.56	117.99	143.62	147.93	147.80
服装、鞋	Clothing and Footwear	6.46	100.55	100.47	98.13	99.13	105.64
住房及燃料	Housing and Fuels	26.70	101.95	110.17	110.85	109.98	112.33
家居设备及用品	Household Goods and Furnishings	3.29	100.53	105.56	108.24	110.55	113.62
医疗	Health	3.06	101.03	106.75	111.17	116.08	121.66
交通	Transport	10.96	100.75	101.58	108.68	112.76	118.76
通讯	Communications	2.53	99.76	99.50	98.61	94.00	86.03
康乐及文化	Recreation and Culture	4.79	100.98	102.21	102.74	104.01	106.66
教育	Education	2.91	98.51	103.33	112.00	119.08	124.75
其他商品及服务	Miscellaneous Goods and Services	9.41	100.72	103.13	104.19	105.75	109.35
甲类消费价格指数	**Consumer Price Index (A)**						
总指数	**Global Index**	**100.00**	**100.99**	**105.92**	**108.35**	**109.66**	**112.97**
食品及非酒精饮料	Food and Non-alcoholic Beverages	29.62	101.13	106.08	109.16	110.82	113.89
烟酒	Alcoholic Beverages and Tobacco	0.90	100.46	119.46	147.27	151.89	151.98
服装、鞋	Clothing and Footwear	6.43	100.44	100.49	98.04	99.07	105.57
住房及燃料	Housing and Fuels	27.76	102.03	110.19	110.84	109.96	112.32
家居设备及用品	Household Goods and Furnishings	3.26	100.45	105.55	108.20	110.46	113.53
医疗	Health	3.02	100.93	106.77	111.23	116.30	121.97
交通	Transport	9.75	100.72	101.76	108.64	112.89	119.50
通讯	Communications	2.63	99.74	99.51	98.62	94.01	86.17
康乐及文化	Recreation and Culture	4.73	100.74	102.09	102.58	103.89	106.54
教育	Education	2.99	98.43	103.24	111.68	118.62	124.16
其他商品及服务	Miscellaneous Goods and Services	8.91	100.59	103.85	105.03	106.78	110.46
乙类消费价格指数	**Consumer Price Index (B)**						
总指数	**Global Index**	**100.00**	**100.42**	**104.10**	**107.20**	**108.73**	**111.87**
食品及非酒精饮料	Food and Non-alcoholic Beverages	23.51	101.19	106.19	109.01	110.79	113.75
烟酒	Alcoholic Beverages and Tobacco	1.05	101.41	107.40	117.33	119.38	117.75
服装、鞋	Clothing and Footwear	6.69	100.45	100.35	98.82	99.61	106.22
住房及燃料	Housing and Fuels	17.84	101.83	109.98	110.96	110.15	112.49
家居设备及用品	Household Goods and Furnishings	3.54	100.53	105.60	108.60	111.24	114.27
医疗	Health	3.45	101.13	106.63	110.69	114.42	119.18
交通	Transport	21.05	100.67	100.88	108.87	112.25	115.92
通讯	Communications	1.71	99.74	99.35	98.44	93.90	84.28
康乐及文化	Recreation and Culture	5.28	101.35	103.13	104.11	105.12	107.65
教育	Education	2.20	98.25	104.32	115.67	124.41	131.45
其他商品及服务	Miscellaneous Goods and Services	13.67	99.44	99.28	99.63	100.21	103.39

27-26 按收入五等分位及商品与服务分类统计的每户双周平均消费开支(2017年10月至2018年9月)
Average Biweekly Household Expenditure by Quintile Income Group and Section of Goods and Services (October 2017 - September 2018)

商品与服务分类	Goods and Services	总数 Total		最低五分位 The Lowest 20%		第二五分位 The Second 20%	
		澳门元 MOP	百分比 (%)	澳门元 MOP	百分比 (%)	澳门元 MOP	百分比 (%)
消费开支	**Total Expenditure**	**16335**	**100.0**	**7344**	**100.0**	**12431**	**100.0**
食品及非酒精饮料	Food and Non-alcoholic Beverages	3593	22.0	1626	22.1	2891	23.3
烟酒	Tobacco and Alcoholic Beverages	77	0.5	32	0.4	68	0.5
衣履	Clothing	444	2.7	135	1.8	335	2.7
住房及燃料	Housing and Fuels	4386	26.9	2995	40.8	3867	31.1
家居服务及用品	Household Services & Items	577	3.5	178	2.4	306	2.5
医疗	Health	367	2.2	219	3.0	316	2.5
运输	Transport	1156	7.1	207	2.8	591	4.8
通讯	Communications	403	2.5	176	2.4	328	2.6
康乐及文化	Recreation and Culture	759	4.6	219	3.0	441	3.5
教育	Education	1388	8.5	398	5.4	1085	8.7
杂项商品及服务	Miscellaneous Goods and Services	1284	7.9	271	3.7	768	6.2
外地消费	Consumption Expenses outside Macao	1902	11.6	888	12.1	1436	11.5
住户数目	**Number of Households**	**191273**	**100.0**	**38255**	**20.0**	**38255**	**20.0**

27-26 续表 continued

商品与服务分类	Goods and Services	第三五分位 The Third 20%		第四五分位 The Fourth 20%		最高五分位 The Highest 20%	
		澳门元 MOP	百分比 (%)	澳门元 MOP	百分比 (%)	澳门元 MOP	百分比 (%)
消费开支	**Total expenditure**	**15848**	**100.0**	**19843**	**100.0**	**26212**	**100.0**
食品及非酒精饮料	Food and Non-alcoholic Beverages	3758	23.7	4434	22.3	5253	20.0
烟酒	Tobacco and Alcoholic Beverages	95	0.6	95	0.5	93	0.4
衣履	Clothing	378	2.4	598	3.0	773	2.9
住房及燃料	Housing and Fuels	4289	27.1	4745	23.9	6034	23.0
家居服务及用品	Household Services & Items	387	2.4	735	3.7	1277	4.9
医疗	Health	359	2.3	421	2.1	522	2.0
运输	Transport	976	6.2	1514	7.6	2493	9.5
通讯	Communications	409	2.6	503	2.5	597	2.3
康乐及文化	Recreation and Culture	634	4.0	993	5.0	1507	5.7
教育	Education	1443	9.1	1768	8.9	2244	8.6
杂项商品及服务	Miscellaneous Goods and Services	1072	6.8	1715	8.6	2597	9.9
外地消费	Consumption Expenses outside Macao	2047	12.9	2321	11.7	2821	10.8
住户数目	**Number of Households**	**38255**	**20.0**	**38254**	**20.0**	**38254**	**20.0**

27-27 按受教育程度统计14岁及以上人口
Population Aged 14 and Over by Educational Attainment

项 目	Item	2001人口普查 Census 2001		2006中期人口统计 By-census 2006		2011人口普查 Census 2011		2016中期人口统计 By-census 2016	
		万人 (10 000 persons)	构成 (%)	万人 (10 000 persons)	构成 (%)	万人 (10 000 persons)	构成 (%)	万人 (10 000 persons)	构成 (%)
总计	**Total**	**34.97**	**100.0**	**43.36**	**100.0**	**49.27**	**100.0**	**57.70**	**100.0**
男	Male	16.45	47.0	20.97	48.4	23.40	47.5	27.55	47.8
女	Female	18.52	53.0	22.39	51.6	25.86	52.5	30.15	52.2
从未入学/学前教育	No Schooling/Pre-primary Education	2.10	6.0	2.06	4.7	1.65	3.4	1.59	2.7
男	Male	0.48	1.4	0.50	1.1	0.38	0.8	0.39	0.7
女	Female	1.62	4.6	1.56	3.6	1.27	2.6	1.20	2.1
小学	Primary Education	13.64	39.0	13.28	30.6	12.17	24.7	12.14	21.0
男	Male	6.63	19.0	6.59	15.2	5.81	11.8	5.71	9.9
女	Female	7.01	20.0	6.69	15.4	6.36	12.9	6.43	11.1
初中	Junior Secondary Education	9.45	27.0	12.07	27.8	12.31	25.0	12.69	22.0
男	Male	4.43	12.7	6.00	13.8	6.11	12.4	6.39	11.1
女	Female	5.02	14.3	6.07	14.0	6.19	12.6	6.30	10.9
高中	Senior Secondary Education	6.63	18.9	10.43	24.0	14.09	28.6	16.61	28.8
男	Male	3.32	9.5	5.16	11.9	6.73	13.7	8.09	14.0
女	Female	3.31	9.5	5.27	12.1	7.36	14.9	8.52	14.8
高等教育	Higher Education								
高等专科	Non-university Degree	0.75	2.1	0.64	1.5	0.99	2.0	1.28	2.2
男	Male	0.29	0.8	0.26	0.6	0.46	0.9	0.61	1.1
女	Female	0.46	1.3	0.38	0.9	0.53	1.1	0.67	1.2
大学	University	2.39	6.8	4.86	11.2	8.02	16.3	13.34	23.1
男	Male	1.29	3.7	2.44	5.6	3.88	7.9	6.33	11.0
女	Female	1.10	3.2	2.42	5.6	4.13	8.4	7.01	12.2
特殊教育	Special Education	0.02	0.1	0.03	0.1	0.04	0.1	0.06	0.1
男	Male	0.01	o	0.02	o	0.03	o	0.04	o
女	Female	0.01	o	0.01	o	0.02	o	0.02	o

27-28 按教育机构类别统计的注册学生人数
Students Enrolment by Type of Educational Institutions

单位：人 (person)

类 别	Type	2014/2015	2015/2016	2016/2017	2017/2018	2018/2019
幼儿、小学、中学及高等教育	**Pre-primary, Primary, Secondary and Higher Education**	**99663**	**103940**	**106418**	**108677**	**111457**
幼儿	Pre-primary Education	14552	16789	17757	18802	18626
小学	Primary Education	24252	26436	28438	30169	32530
中学	Secondary Education	30088	28745	27473	26608	26022
高等教育	Higher Education	30771	31970	32750	33098	34279
特殊教育	**Special Education**	**624**	**643**	**707**	**767**	**821**

27-29 医疗卫生条件
Health

项 目	Item	2014	2015	2016	2017	2018
医护人员 (人)	**Medical Personnel in Health Care (person)**					
医生	Doctors	1592	1674	1726	1730	1754
牙科医生	Dentists	174	184	193	207	223
牙科技术员	Odontologists	57	53	49	48	43
护士	Nurses	1990	2279	2342	2397	2464
诊断及治疗助理员	Diagnostic and Therapeutic Technical Assistants	466	502	556	556	403
卫生服务助理员	Health Service Assistants	1367	1487	1530	1492	1436
每千人口的医生数	**Number of Doctors per 1000 population**	**2.5**	**2.6**	**2.7**	**2.6**	**2.6**
医疗机构和病床	**Health Care Establishments and Beds**					
医院 (所)	Hospitals (unit)	5	5	5	5	5
住院病床 (张)	In-patient Beds (unit)	1421	1494	1591	1596	1604
每千人口的住院病床数	**Number of In-patient Beds per 1000 population**	**2.2**	**2.3**	**2.5**	**2.4**	**2.4**

27-30 社会保障基金发放资料
Payment Granted by Social Security Fund

发放种类	Type of Payment	2016		2017		2018	
		次数 Numbe of Payments	金额 (万澳门元) Amount (10 000 MOP)	次数 Numbe of Payments	金额 (万澳门元) Amount (10 000 MOP)	次数 Numbe of Payments	金额 (万澳门元) Amount (10 000 MOP)
总计	**Total**	**1349521**	**343617**	**1467992**	**377176**	**1598551**	**410338**
养老金	Old Age Pension	1177839	294409	1282678	323624	1391626	348502
残疾金	Disability Pension	59216	18548	66925	21183	79731	25347
额外给付	Special Payment	91466	24665	99969	27700	109127	30076
失业津贴	Unemployment Benefit	6777	2866	4890	1863	3809	1401
疾病津贴	Sickness Allowance	2094	497	1921	444	1870	391
出生津贴	Birth Allowance	6945	1421	6666	1244	7291	3304
结婚津贴	Marriage Allowance	3036	632	2988	570	3145	608
丧葬津贴	Funeral Subsidy	2143	561	1943	486	1948	488
肺尘埃沉着病	Compensation for Pneumoconiosis	-	-	#	53	#	220
因工作关系所引起的债权	Credit Advances to Workers in Enterprises with Financial Claims	-	-	-	-	-	-
特别援助	Special Aid	5	16	#	9	#	2

主要统计指标解释

本地生产总值 反映每年在澳门特区生产的货物和提供各种服务的总量。本年鉴中的本地生产总值用支出法及生产法估算，支出法等于私人消费支出、政府最终消费支出、固定资本形成总额、库存变化和货物及服务出口净值（出口减进口）的总和。而生产法等于各经济行业的增加值总额的总和，这种方法可以评估澳门特区的产业结构。

婴儿死亡率 参考期内年龄在1岁以下的死亡人数与出生活婴数目的千分比。

出生率 参考期内出生活婴数目与平均人口之千分比。

死亡率 参考期内死亡人数与平均人口之千分比。

幼儿、小学、中学教育 指有系统的，且主要专为儿童及青少年开办的，由幼儿教育至中学教育的课程；中学教育包括职业技术教育。

幼儿教育 为期3年，对象是年龄3–5岁的儿童。在报名当年的12月31日年满3岁的幼儿可报读幼儿教育第一年。

小学教育 为期6年，完成幼儿教育或在报名当年的12月31日年满6岁的儿童可报读小学教育第一年。就读小学的最高年龄为15岁。

中学教育 由两个阶段组成：初中教育及高中教育。大学预科不纳入中学教育。

1）初中教育 为期3年，合格完成小学教育者可以入读。就读初中最大年龄为18岁，但在特别情况下，经教育机构决定，可以逾越此年限。

2）高中教育 为期3年，合格完成初中教育者可以入读。就读高中最大年龄为21岁，但在特别情况下，经教育机构决定，可以逾越此年限。

高等教育 指透过理论、实践等在科学、文化及技术领域提供的培训教育；高等教育包括大学教育及高等专科教育。

劳动人口 在参考期内可参与生产商品或提供服务的年龄在16岁及以上人士。包括就业人士及失业人士。

就业人口 在参考期内为赚取报酬、利润或家庭收入而工作最少一小时的年龄在16岁及以上人士。包括没有上班但与雇主保持正式工作联系的雇员，以及因某些原因而暂时没有上班的公司东主或股东。

失业人口 在参考期没有工作或与雇主没有正式的工作联系，可随时接受有酬工作或自己做生意，同时在过去30日有寻找工作的年龄在16岁及以上人士。

就业不足人口 在参考期内不论其职业身份，非自愿地工作少于35小时，并可随时接受更多的工作或正在寻找更多工作的就业人士。

劳动力参与率 劳动人口占年龄在16岁及以上人士的百分比。

失业率 失业人口占劳动人口的百分比。

就业不足率 就业不足人口占劳动人口的百分比。

旅客 指任何非以澳门特区为常居地的人士，连续在澳门的逗留时间少于一年，其旅游目的并非受雇于澳门特区的居民实体。

酒店入住率 入住客房数量与可供应客房数量之百分比。

进口 将来自外地的货物输入澳门特区，但再进口和转运制度下输入者除外。

出口 将货物输出澳门特区，但暂时出口和转运制度下输出者除外。

本地产品出口 将原产地为澳门特区的任何货物输出澳门特区。

再出口 指原进口的货物未经加工输出澳门特区；或虽加工，但不能取得澳门特区产地资格。

转运 货物经过澳门特区而运到下一目的地。

原产地 农业产品种植之国家／地区、矿产开采之国家／地区、工业产品生产之国家／地区，被视为原产地国家／地区。若工业产品的制造工序于两个或以上的国家／地区进行，应以进行最后转变成型工序的国家／地区为原产地，再包装、分类及混合等工序不能构成最后转变成型工序；当产品入口国对相关货物产地来源有特定规定时，应遵从有关规定。

目的地 目的地是指货物实际最后到达的国家或地区（不论在运输途中有或没有中断）。如有中间国家或地区，只要不在中间国家或地区内进行商业交易，最后到达的国家或地区都可被视为目的地。

贸易价格比率指数 即货物出口单位价格指数与货物进口单位价格指数之比率。

单位 包括住宅、商铺、办公室、工业、停车位、酒店及其他单位。

建筑面积 相等于所有楼层楼面面积之总和。楼面面积从外墙起量度，包括大堂、楼梯、升降机所占面积以及所有公用地方面积。

居民消费价格指数 反映澳门特区住户于购买一篮子之指定商品或服务时，在不同时间该等商品或服务之价格变动。

狭义货币供应量 M_1 为流通货币及活期存款之和。

广义货币供应量 M_2 指狭义货币供应量 M_1 加上准货币负债。准货币负债指储蓄存款、通知存款、定期存款、其他存款和存款证明书。

财务活动 由财务资产及财务负债组成。

Explanatory Notes on Main Statistical Indicators

Gross Domestic Product (GDP) reflects the total value of goods produced and services provided by the Macao Special Administrative Region in a year. GDP estimates in this statistical yearbook are compiled under both the expenditure and the production approaches. The expenditure-based GDP is measured as the sum of household consumption expenditure; government final consumption expenditure; gross fixed capital formation; changes in inventories; and net exports (exports less imports) of goods and services. The production-based GDP, which is measured as the sum of gross value added of all economic activities, can be used to evaluate the industrial structure of Macao.

Infant Mortality Rate Number of infants died under one year old per 1,000 live births within the reference period.

Crude Birth Rate Live births per 1,000 population within the reference period.

Crude Mortality Rate Deaths per 1,000 population within the reference period.

Pre-primary, Primary and Secondary Education Refers to systematic education designed and intended for children and young people by which they may progress from pre-primary through secondary education; secondary education also covers vocational-technical education.

Pre-primary Education Has a duration of 3 years and designated for children aged 3-5 years old. Children reaching 3 years old as at 31st December of the enrolment year are eligible to the first year of pre-primary education.

Primary Education Has a duration of 6 years. Children completing pre-primary education or reaching 6 years old as at 31st December of the enrolment year are eligible to the first year of primary education. The maximum age of attending primary education is 15.

Secondary Education Comprises 2 stages, viz. junior secondary and senior secondary. Pre-university course is not considered as secondary education.

(1)Junior secondary education has a duration of 3 years. Students completing primary education are eligible. The maximum age for this level is 18; however, under special circumstances, schools can accept enrolment outside this age limit.

(2)Senior secondary education has a duration of 3 years. Students completing junior secondary are eligible. The maximum age for this level is 21; however, under special circumstances, schools can accept enrolment outside this age limit.

Higher Education Refers to instruction by theory, practice and the like in science, culture and technology; it includes university education and post-secondary education providing associate degree or diploma programmes.

Economically Active Population Individuals aged 16 and above who are available to participate in the production of goods and/or services during the reference period. It comprises the employed and unemployed.

Employed Population Individuals aged 16 and above who work for pay, profit or family gain for at least 1 hour during the reference period, including employees who are absent from work but have formal job attachment to employer, as well as company owners or shareholders who are temporary away from work because of particular reason.

Unemployed Population Individuals aged 16 and above who do not have a job or formal job attachment during the reference period, are available to work for pay or to start own business, and have sought work during the last 30 days.

Underemployed Population Irrespective of status in employment, employed persons who work involuntarily for less than 35 hours during the reference period, and are available to take on additional work or looking for extra work.

Labour Force Participation Rate The percentage share of economically active population (labour force) to the population aged 16 and above.

Unemployment Rate The percentage share of the unemployed to the labour force.

Underemployment Rate The percentage share of the underemployed to the labour force.

Visitor Any person taking a trip to a main destination outside his/her usual environment, for less than a year, for any main purpose other than to be employed by a resident entity in the place visited (i.e. Macao Special Administrative Region).

Occupancy Rate of Hotels The percentage share of occupied rooms to the total number of available rooms of the hotel sector.

Imports Entry of foreign produced merchandise to Macao, excluding re-imports and transit.

Exports Merchandise transported out of Macao, excluding temporary exports and transit goods.

Domestic Exports Transport of Macao produced merchandise out of Macao.

Re-exports Transport of merchandise previously imported out of Macao, without processing; even with processing, is not qualified to use Macao as the origin of the merchandise.

Transit Merchandise passing by Macao to the next destination.

Country of Origin Country or territory where the crops are grown, minerals are mined and products are manufactured. If a production process is carried out in two or more countries or territories, the origin will be the country or territory where the processing of the merchandise takes its final form. Repacking, sorting or mixing is not considered as the final phase of processing. When a country has specific rules regarding the country of origin on merchandise imports, those rules shall prevail.

Country of Destination The final country or territory where the goods are delivered, irrespective of interruption during transportation. As far as no commercial exchange has taken place in the transit country or territory, the final country or territory arrived is considered as the destination.

Terms of Trade Index Ratio of the unit value index of exports of goods to that of imports of goods.

Building Unit Including residential, shop, office and industrial units, parking spaces, hotel and other units.

Gross Floor Area The sum of the area of each floor of the building, measured to the outer surface of the outer walls including the area of lobbies, stairs, lift landings and communal space.

Consumer Price Index reflects the price change of a representative "basket" of goods and services consumed by households of Macao at different periods.

Money Supply (M_1) refers to the sum of currency in circulation and demand deposits.

Money Supply (M_2) refers to the sum of money supply (M_1) and quasi-monetary liabilities; the latter consist of savings deposits, notice deposits, time deposits, other deposits and certificates of deposit.

Financial Transactions comprise financial assets and financial liabilities.

28

台湾省主要社会经济指标

Main Social and Economic Indicators of Taiwan Province

简 要 说 明

一、本章资料反映台湾省主要社会、经济发展情况。内容包括：土地、人口、就业、国民经济核算、工业、能源、建筑、交通通讯、对外贸易、财政金融、物价、教育、卫生、房屋、社会保障等方面。

二、本章数据主要来自台湾行政院主计处及相关部门统计出版物，国家统计局国际统计信息中心负责整理、编辑。

三、贸易数据从 2016 年 1 月起按照一般贸易制度口径予以统计，并按此方法对 2001 年至 2015 年的贸易数据进行了重新修订。

Brief Introduction

I. Data in this chapter reflect the major social and economic development of the Taiwan, including land; population; employment; national accounts; industry; energy; construction; transportation and communications; external trade; public finance and banking; prices; education; health; housing; and social security.

II. Data in this chapter are mainly abstracted from the Department of Statistics, Executive Yuan and other relevant Ministry of Taiwan, which are tabulated and edited by the International Statistical Information Centre of the National Bureau of Statistics.

III. Trade data is calculated by the General Trade System from Jan. 2016, the data from 2001 to 2015 are revised again according to the standard.

28-1 主要统计指标概况
Summary of Key Statistics

指　　标		Item		2014	2015	2016	2017	2018
人口		**Population**						
户籍登记人口数①	(万人)	Year-end Population①	(10 000 persons)	2343	2349	2354	2357	2359
人口自然增长率	(‰)	Natural Growth Rate	(‰)	1.98	2.12	1.53	0.96	0.37
人口密度①	(人/平方公里)	Population Density①	(persons/sq.km)	647	649	650	651	652
性别比①	(女=100)	Sex Ratio①	(female=100)	99.7	99.4	99.1	98.9	98.6
劳动、就业		**Labour Force and Employment**						
劳动力人口	(万人)	Labour Force	(10 000 persons)	1154	1164	1173	1180	1187
劳动力参与率	(%)	Labour Force Participation Rate	(%)	58.5	58.7	58.8	58.8	59.0
男		Male		66.8	66.9	67.1	67.1	67.2
女		Female		50.6	50.7	50.8	50.9	51.1
工业就业人口比率	(%)	Employed Persons at Industry as Percentage of Total	(%)	36.1	36.0	35.9	35.8	35.7
服务业就业人口比率	(%)	Employed Persons at Services as Percentage of Total	(%)	58.9	59.0	59.2	59.3	59.4
失业率	(%)	Unemployment Rate	(%)	4.0	3.8	3.9	3.8	3.7
工业及服务业月人均薪资	(新台币元)	Average Monthly Per Capita Wage	(NT$)	47300	48490	48790	49989	51957
工业		Industry		45378	46735	47035	48187	50252
服务业		Services		48815	49861	50146	51374	53263
公共安全		**Law and Order**						
刑案发生率	(件/10万人)	Reported Crimes	(Case/100 000 persons)	1308.8	1269.2	1253.8	1245.8	1206.7
犯罪人口率	(人/10万人)	Number of Offenders	(person/100 000 persons)	1117.8	1147.8	1160.1	1219.7	1236.7
刑案破获率	(%)	Crimes Uncover	(%)	86.0	91.9	93.0	94.6	95.2
少年疑犯人数(12-17岁)	(人)	Young Offenders Between 12 and 17	(person)	10969	11002	9775	10499	8893
火灾发生次数	(次)	Fires	(case)	1417	1704	1856	30464	27922
死伤人数	(人)	Deaths and Injuries	(person)	368	850	430	480	463
机动车肇事率	(件/万辆)	Traffic Accidents of Motor Vehicles	(case/10 000 units)	144	143	142	137	140
道路交通事故伤亡人数		Casualties in Traffic Accidents						
死亡	(人)	Deaths	(person)	1819	1696	1604	1517	1493
受伤	(人)	Injuries	(person)	413229	410073	403906	394198	405147
保险		**Insurance**						
全民健保参保人数	(万人)	National Health Insurance	(10 000 persons)	2362	2374	2381	2388	2395
社保参保人数	(万人)	Social Insurance	(10 000 persons)					
公务员和教师		Government Employee and School Staff		59	58	58	58	59
劳工		Labour		992	1007	1017	1027	1037
农民		Farmer		135	128	124	117	113

28-1 续表 1 continued

指 标	Item	2014	2015	2016	2017	2018
工业	**Industry**					
受雇者劳动生产力指数(2011年=100)	Productivity Index (2011=100)	95.9	95.0	100.0	103.3	105.4
工业生产指数 (2016年=100)	Indices of Industrial Production (2016=100)	99.3	98.1	100.0	105.0	108.8
制造业	Manufacturing	99.3	98.1	100.0	105.3	109.4
工业生产价值 (新台币亿元)	Gross Industry Product (NT$ 100 million)	153649	138029	131456	139101	147889
商业及对外贸易	**Business and External Trade**					
营利事业家数① (万家)	Number of Enterprises① (10 000 unit)	132.1	135.0	137.5	140.4	143.4
营利事业销售额 (新台币亿元)	Sales Revenue (NT$100 million)	403681	389801	384053	403054	427474
货物进出口额 (亿美元)	Total Value of Merchandise Trade (USD100 million)	6019	5226	5109	5765	6222
出口	Exports	3201	2853	2803	3172	3359
进口	Imports	2818	2372	2306	2593	2863
出(入)超	Trade Surplus (Trade Deficit)	382	481	498	580	496
对日出(入)超	with Japan	-218	-193	-211	-212	-211
对美出(入)超	with United States	51	53	49	67	50
对内地及港出(入)超	with Mainland and Hong Kong	775	658	670	787	832
外销订单 (亿美元)	Order (USD100 million)	4728	4518	4445	4928	5118
运输通信	**Transportation and Communications**					
交通运输客运人数 (亿人)	Passenger Traffic (100 million persons)					
铁路	Railway	10.2	10.6	10.9	11.2	11.5
公路	Highway	12.4	12.2	12.3	12.4	12.4
航空 (万人)	Airway (10 000 persons)					
省内	Domestic	1056	980	1084	1110	1159
省外	Non-domestic	4439	4798	5198	5448	5692
高速公路收费站通行车辆数④ (万辆次)	Vehicles for Motorway Transportation ④ (10 000 unit-times)	518435	548998	579103	591902	592668
每百人汽车辆数① (辆)	Automobile per 100 Persons① (unit)	32.2	32.9	33.3	33.7	34.1
港埠货物装卸量 (万计费吨)	Inward and Outward Movements Cargo (10 000 tons)	74861	72139	73356	72550	74085
旅游 (万人次)	**Tourism (10 000 person-times)**					
出省旅游人数	Outbound Tourists	1184	1318	1459	1565	1664
来台湾旅客人数	Inbound Tourists	991	1044	1069	1074	1107
财政、金融	**Public Accounts and Finance**					
赋税实征净额② (新台币亿元)	Revenue② (NT$100 million)	19761	21349	22241	22512	23869
直接税 (%)	Direct Tax (%)	59.8	62.0	62.5	62.6	62.4
间接税 (%)	Indirect Tax (%)	40.2	38.0	37.5	37.4	37.6
外汇存底① (亿美元)	Foreign Exchange Reserve (USD100 million)①	4189.8	4260.3	4342.0	4515.0	4617.8
汇率	Exchange Rate (NT$ to one unit of foreign currency)					
1美元③ (新台币)	US Dollar③	30.37	31.90	32.32	30.44	30.16
货币总计数$M_2$① (新台币亿元)	Money Supply M_2 ① (NT$100 million)	376968	398840	413018	427702	439052
年增率 (%)	Average Annual Growth Rate (%)	6.1	5.8	3.6	3.6	2.7
存款① (新台币亿元)	Deposits① (NT$100 million)	371339	393558	407174	420940	431958
放款与投资① (新台币亿元)	Loans and Investment① (NT$100 million)	281106	294063	305492	320227	337475

28-1 续表 2 continued

指 标	Item	2014	2015	2016	2017	2018
再贴现率① (年息百分比率)	Rediscount Rate① (% annual)	1.875	1.625	1.375	1.375	1.375
股价指数 (1966年＝100)	Stock Price Index (1966=100)	8992	8959	8763	10208	10620
国际收支余额 (亿美元)	Balance of Payments (USD 100 million)					
经常帐户	Current Account	604.4	748.8	727.8	828.4	682.6
资本帐户	Capital Account	-0.1	-0.1	-0.1	-0.1	0.6
金融帐户	Financial Account	504.6	669.8	597.6	709.6	519.2
价格指数年增长率(2016年=100)(%)	**Price Indices Annual Growth Rate(2016=100)(%)**					
批发	Wholesale Trade Price	-0.6	-8.9	-3.0	0.9	3.6
消费者	Consumer Price	1.2	-0.3	1.4	0.6	1.4
进口	Imports Price	-2.1	-12.9	-3.1	1.4	6.1
出口	Exports Price	0.1	-4.7	-2.7	-1.5	1.5
国民核算 (新台币亿元)	**National Accounts (NT$100 million)**					
本地居民总收入	Gross National Income(GNI)	165824	173014	177060	179653	180959
本地生产总值	Gross Domestic Product(GDP)	161119	167707	171763	175012	177770
居民消费	Household Final Consumption	85887	87558	90345	92651	95496
固定资本形成总额	Gross Fixed Capital Formation	34938	34933	35893	35844	37312
商品及服务出口	Exports of Goods and Services	112541	107755	107707	113568	118669
减：商品及服务进口	Less: Imports of Goods and Services	95949	86199	86540	91254	100099
GDP增长率 (%)	GDP Growth Rate (%)	4.0	0.8	1.5	3.1	2.6
农业	Agriculture	1.6	-8.4	-10.1	8.4	2.0
工业	Industry	7.2	-0.5	2.8	4.6	3.3
服务业	Services	3.3	1.2	1.3	2.5	2.6
产业结构 (%)	Industry Structure (%)					
农业	Agriculture	1.8	1.7	1.8	1.8	1.6
工业	Industry	34.8	35.1	35.5	35.6	35.4
服务业	Services	63.4	62.8	62.5	62.9	63.5
人均本地居民总收入（新台币元）	Per Capita GNI at Current Market Prices (NT$)	708540	737393	752936	762681	767555
人均本地居民总收入 (美元)	Per Capita GNI at Current Market Prices (USD)	23330	23109	23289	25055	25456
居民储蓄总值 (新台币亿元)	Gross Deposits (NT$100 million)	55691	60331	60707	61611	59558
储蓄率 (%)	Deposit Rate (%)	33.6	34.9	34.3	34.3	32.9

注：①为年底数。②为年度资料。③卖出汇率，且为年底数。④从2013年12月30日起，国道高速公路由计次收费改为计程电子收费。

Notes: ①Year-end data. ②Annual data. ③Selling rate, year-end data.④from Dec.30 2013,the tolls on national highways are determined by the distance travelled instead of by times of exits passed.

28-2 面积和人口主要指标

Main Indicators of Area and Population

资源来源：台湾省统计网站（以下各表同）。
Source: Taiwan Province Statistics Website. The same applies in the following tables.

项　　目	Item	2014	2015	2016	2017	2018
土地面积（万平方公里）	Area (10 000 sq.km)	3.6	3.6	3.6	3.6	3.6
户籍登记人口数（万人）	Year-end Population (10 000 persons)	2343.4	2349.2	2354.0	2357.1	2358.9
男	Male	1169.8	1171.2	1171.9	1172.0	1171.3
女	Female	1173.6	1178.0	1182.1	1185.2	1187.6
粗出生率 (‰)	Crude Birth Rate (‰)	8.99	9.10	8.86	8.23	7.70
粗死亡率 (‰)	Crude Death Rate (‰)	7.00	6.98	7.33	7.27	7.33
人口自然增长率 (‰)	Natural Population Growth Rate (‰)	1.98	2.12	1.53	0.96	0.37
一般生育率 (‰)	Fertility Rate (‰)	34	35	34	33	31
结婚率 (对/千人)	Marriage Rate (couple/1000 persons)	6.38	6.58	6.29	5.86	5.74
离婚率 (对/千人)	Divorce Rate (couple/1000 persons)	2.27	2.28	2.29	2.31	2.31
期望寿命 (岁)	Life Expectancy at Birth (year old)					
男	Male	76.72	77.01	76.81	77.28	
女	Female	83.19	83.62	83.42	83.70	
人口的年龄分布 (%)	Age-specific Distribution (%)					
0-14岁	0-14	13.99	13.57	13.35	13.12	12.92
15-64岁	15-64	74.03	73.92	73.46	73.02	72.52
65岁及以上	65 and Over	11.99	12.51	13.20	13.86	14.56
性别比 (女=100)	Sex Ratio (female=100)	99.68	99.42	99.14	98.89	98.63
人口密度(人/平方公里)	Population Density (persons/sq.km)	647.5	649.0	650.3	651.2	651.7

28-3 劳动力和就业状况

Labour Force and Employment

项　　目	Item	2014	2015	2016	2017	2018
劳动力总计 (万人)	Labour Force (10 000 persons)	1153.5	1163.8	1172.7	1179.5	1187.4
男	Male	644.1	649.7	654.1	656.8	660.2
女	Female	509.4	514.1	518.6	522.7	527.2
就业人数 (万人)	Employment (10 000 persons)	1107.9	1119.8	1126.7	1135.2	1143.4
男	Male	616.6	623.4	626.7	630.5	634.6
女	Female	491.3	496.4	500.0	504.7	508.9
就业者行业构成 (%)	Distribution of Employment by Industry(%)	100.0	100.0	100.0	100.0	100.0
农、林、渔、牧业	Agriculture, Forestry, Fishery and Animal Husbandry	4.9	5.0	4.9	4.9	4.9
工业	Industry	36.1	36.0	35.9	35.8	35.7
矿业及土石采取业	Mining and Quarrying	0.04	0.04	0.04	0.04	0.03
制造业	Manufacturing	27.1	27.0	26.9	26.8	26.8
电力及燃气供应业	Electricity, Gas	0.3	0.3	0.3	0.3	0.3
用水供应及污染整治业	Water Supply and Pollution Management	0.7	0.7	0.7	0.7	0.7
建筑业	Construction	8.0	8.0	8.0	7.9	7.9
服务业	Services	58.9	59.0	59.2	59.3	59.4
批发及零售业	Wholesale and Retail Trades	16.5	16.4	16.4	16.5	16.6
运输及仓储业	Transport, Storage, Communications	3.9	3.9	3.9	3.9	3.9
金融及保险业	Finance, Insurance	3.8	3.8	3.8	3.8	3.8
咨讯及通讯传播	Information and Communication	2.2	2.2	2.2	2.2	2.3
住宿及餐饮业	Hotels and Restaurants	7.1	7.3	7.3	7.3	7.3
教育服务业	Education	5.8	5.8	5.8	5.7	5.7
公共行政	Public Administration	3.4	3.3	3.3	3.3	3.2
失业人数 (万人)	Unemployment (10 000 persons)	45.7	44.0	46.0	44.3	44.0
失业率 (%)	Unemployment Rate (%)	4.0	3.8	3.9	3.8	3.7

28-4 本 地 居 民 总收入
Gross National Income

年　份 Year	本地居民总收入 Gross National Income			人均本地居民总收入 Per Capita Gross National Income	
	新台币亿元 NT $100 million	实际年增长率 % Annual Growth Rate over the Preceding Year %	亿 美 元① USD 100 million①	新 台 币 元 NT $	美 元① USD①
2007	137398	6.1	4184	599536	18256
2008	134656	-2.0	4269	585519	18564
2009	133757	-0.7	4046	579574	17531
2010	145489	8.8	4597	628706	19864
2011	147006	1.0	4988	633822	21507
2012	151411	3.0	5112	650660	21967
2013	156546	3.4	5259	670585	22526
2014	165824	5.9	5460	708540	23330
2015	173014	4.3	5422	737393	23109
2016	177060	2.3	5477	752936	23289
2017	179653	1.5	5902	762681	25055
2018	180959	0.7	6001	767555	25456

注：①按当年汇率折算。
Note: ①Adjusted by current exchange rate of the year.

28-5 本地生产总值支出构成
Expenditure on Gross Domestic Product

单位：%　　(%)

年　份 Year	本地生产总值(新台币亿元) Gross Domestic Product (NT$ 100 million)	居民消费 Household Consumption Expenditure	政府消费 Government Consumption Expenditure	固定资本形成总额 Gross Fixed Capital Formation	存货增加 Changes in Inventories	货 物 及 服务出口 Exports of Goods and Services	减：货物及服务进口 Less: Imports of Goods and Services
2007	134071	53.7	14.3	23.9	0.1	69.7	61.8
2008	131510	55.2	15.1	23.2	1.3	70.2	65.0
2009	129617	55.4	15.9	21.3	-1.4	60.4	51.5
2010	141192	53.1	14.9	23.6	1.3	70.9	63.9
2011	143122	54.5	15.1	23.4	0.3	72.8	66.1
2012	146869	54.7	15.3	22.3	0.1	70.4	63.0
2013	152307	54.2	14.7	22.2	-0.1	69.5	60.4
2014	161119	53.3	14.5	21.7	0.2	69.8	59.6
2015	167707	52.2	14.0	20.8	0.1	64.3	51.4
2016	171763	52.6	14.3	20.9	-0.2	62.7	50.4
2017	175012	52.9	14.1	20.5	-0.2	64.9	52.1
2018	177770	53.7	14.5	21.0	0.3	66.8	56.3

28-6 本地生产总值产业构成
Gross Domestic Product by Kind of Economic Activity

单位：% (%)

年 份 Year	本地生产总值（新台币亿元） Gross Domestic Product (NT$ 100 million)	农 业 Agriculture Forestry, Animal Husbandry and Fishery	工 业 Industry	制造业 Manufacturing	水电燃气及污染治理业 Water/Electricity/Gas /Pollution Treatment	建 筑 业 Construction
2007	134071	1.43	32.54	28.08	1.65	2.64
2008	131510	1.53	30.98	27.13	0.97	2.70
2009	129617	1.66	31.13	26.41	2.12	2.47
2010	141192	1.59	33.67	28.97	1.96	2.60
2011	143122	1.72	33.02	28.66	1.56	2.68
2012	146869	1.65	32.39	28.06	1.61	2.62
2013	152307	1.68	33.32	28.63	1.99	2.60
2014	161119	1.80	34.80	30.00	2.14	2.56
2015	167707	1.68	35.15	30.10	2.45	2.51
2016	171763	1.79	35.46	30.62	2.38	2.38
2017	175012	1.77	35.63	31.11	2.06	2.38
2018	177770	1.61	35.36	30.89	1.85	2.53

28-6 续表 continued

单位：% (%)

年 份 Year	服 务 业 Services	批发及零售业 Wholesale and Retail Trades	金融及保险业 Finance & Insurance	不动产业 Real Estate	咨讯及通讯传播业 Information & Communication
2007	64.74	17.23	7.04	8.13	3.33
2008	66.44	17.64	6.94	8.43	3.46
2009	66.02	17.15	6.15	8.86	3.50
2010	64.42	16.77	6.17	8.42	3.30
2011	65.27	17.07	6.39	8.47	3.23
2012	64.86	16.69	6.35	8.46	3.15
2013	64.58	16.90	6.39	8.46	3.07
2014	63.42	16.41	6.53	8.20	2.96
2015	62.82	16.27	6.52	8.11	2.92
2016	62.54	16.09	6.52	8.08	2.91
2017	62.87	16.25	6.70	8.15	2.84
2018	63.49	16.44	6.86	8.22	2.69

28-7 农业生产指数
Indices of Agricultural Production

(2016年=100) (2016=100)

年 份 Year	总 指 数 Total	农作物 Crops	林 业 Forestry	畜牧业 Livestock	渔 业 Fishery
2007	110.7	102.2	251.5	102.4	146.5
2008	105.1	101.6	232.7	97.8	126.6
2009	103.3	102.6	236.6	97.4	115.2
2010	105.5	105.4	217.3	98.7	117.4
2011	109.4	111.9	214.5	102.0	115.7
2012	107.5	107.3	222.2	100.6	118.8
2013	106.3	106.7	241.5	98.6	117.3
2014	107.4	110.2	207.2	98.7	116.2
2015	103.8	105.1	125.6	98.1	110.5
2016	100.0	100.0	100.0	100.0	100.0
2017	105.7	109.7	84.9	99.7	105.1

28-8 主要农产品产量
Output of Major Crops

单位：万吨 (10 000 tons)

年份 Year	稻米 Rice	槟榔 Pinang	菠萝 Pineapple	芒果 Mango	甘蔗 Sugarcane	茶叶 Tea	花生 Peanuts	香蕉 Banana
2007	136.3	13.4	47.7	21.5	72.1	1.8	5.2	24.2
2008	145.7	14.4	45.2	17.7	70.7	1.7	5.5	20.8
2009	157.8	14.3	43.5	14.0	61.3	1.7	5.7	17.3
2010	145.1	13.2	42.0	13.5	66.5	1.7	6.5	28.8
2011	166.6	12.9	40.1	16.9	65.4	1.7	6.8	30.6
2012	170.0	12.4	39.2	16.7	54.8	1.5	5.7	29.5
2013	159.0	12.4	41.3	21.5	50.6	1.5	4.7	29.1
2014	173.2	12.1	45.6	15.3	50.3	1.5	6.9	30.0
2015	158.2	11.3	49.4	16.6	61.8	1.4	6.2	27.4
2016	158.8	10.0	52.7	10.7	52.7	1.3	6.2	25.8
2017	175.4	10.2	55.4	15.1	45.5	1.3	6.3	35.6

28-9 工业生产指数
Indices of Industrial Production

2016年=100 (2016=100)

年 份 Year	总指数 General	矿业 Mining	制造业 Manufacturing	电力和燃气业 Electricity & Gas	供水业 Water
2007	75.1	130.8	73.4	94.9	103.8
2008	74.4	124.9	72.7	93.1	102.0
2009	68.7	112.7	67.1	90.6	99.7
2010	87.7	140.6	87.0	94.7	101.0
2011	90.0	131.1	89.4	96.2	101.2
2012	90.5	127.6	89.9	96.2	100.6
2013	93.4	117.1	92.9	97.6	101.3
2014	99.3	118.4	99.3	99.1	101.8
2015	98.1	110.7	98.1	96.7	99.5
2016	100.0	100.0	100.0	100.0	100.0
2017	105.0	98.0	105.3	102.2	101.3
2018	108.8	94.4	109.4	102.6	101.4

28-10 主要工业产品产量
Output of Major Industrial Products

年份 Year	茶类饮料 (万升) Tea Beverage (10 000 litre)	饲料 (万吨) Feed (10 000 tons)	聚酯丝织布 (万m²) Polyester fabric (10 000 sq. meter)	瓦楞纸箱(板) (万m²) Corrugated case (10 000 sq. meter)	聚苯乙烯 (万吨) Polystyrene (10 000 tons)	玻璃纤维 (万吨) Glass Fibre (10 000 tons)
2009	98742.3	495.9	108339.0	253489.5	80.8	19.5
2010	111761.1	518.1	120945.2	286194.2	91.2	22.6
2011	116051.6	525.6	109239.5	285282.5	87.7	26.7
2012	120201.0	525.1	103420.3	284763.9	86.3	26.6
2013	101998.6	509.8	109564.3	293982.9	88.9	25.3
2014	102215.0	516.1	112527.6	306054.9	83.6	25.9
2015	97910.3	507.2	110660.4	306190.1	87.5	27.3
2016	101473.4	516.3	103741.2	311378.5	89.2	27.9
2017	99396.6	518.0	103870.8	315326.9	84.8	26.8
2018	100781.3	530.4	98650.3	315831.2	84.3	29.5

28-10 续表 1 continued

年份 Year	ABS树脂 (万吨) Acrylonitrile Butadiene Styrene (10 000 tons)	塑胶外壳 (亿台币) Plastic Cover (10 000 tons)	印刷电路板 (万平方英尺) Printing Circuit Board (10000 sq.feet)	晶圆代工 (万片) Foundry (10 000 units)	构装IC (亿个) Packaging IC (100 million units)	TFT-LCD面板 (万组) TFT-LCD Panel (10 000 units)
2009	124.5	156.6	61163.9	1288.6	347.8	81128.6
2010	136.3	215.7	78977.9	1861.1	474.5	136627.3
2011	120.5	291.3	77374.1	1731.3	489.5	161350.2
2012	120.8	309.0	87863.0	1764.3	545.8	178173.3
2013	120.9	256.9	73041.2	1883.6	605.1	172866.9
2014	120.7	209.6	72120.7	2103.2	683.1	141506.9
2015	123.5	203.2	68151.2	2126.1	692.2	117392.2
2016	131.4	186.1	59485.3	2316.6	722.5	110121.4
2017	136.6	156.1	73133.7	2546.8	801.7	128264.9
2018	135.5	161.5	70171.6	2649.7	805.6	131666.6

28-10 续表 2 continued

年份 Year	钢坯 (万吨) Billet (10 000 tons)	涂料 (万吨) Paints (10 000 tons)	黏性胶带 (万m²) Sticky Tape (10 000 sq. meter)	汽车 (万辆) Car (10 000 units)	全球定位系统 (万台) Global Positioning System (10 000 units)	发电量 (亿千瓦小时) Electric Power (100 million kwh)
2009	1408.6	37.0	317979.8	22.9	2029.5	2174.8
2010	1897.5	43.0	337615.7	30.6	2065.9	2331.0
2011	2164.0	42.5	337518.3	34.7	2043.8	2386.3
2012	1992.7	41.1	329201.3	33.3	1814.3	2373.5
2013	2146.6	43.7	338134.3	33.5	1354.7	2391.7
2014	2251.1	44.6	353884.3	38.1	1228.4	2469.6
2015	2081.5	43.1	334076.2	35.3	1037.5	2430.1
2016	2085.8	43.4	349020.1	31.3	848.8	2491.3
2017	2137.0	43.2	347273.3	29.4	742.0	2549.6
2018	2228.9	39.6	327091.8	25.8	714.8	2579.0

28-11 能源平衡表
Energy Balance Sheet

单位：亿升标准油 (100 000 kl oil equivalent)

项　目	Item	2014	2015	2016	2017	2018
能源总供给	**Total Supply**	**1485.92**	**1461.99**	**1466.86**	**1466.35**	**1488.30**
自产能源	Indigenous Energy	29.14	30.00	30.98	29.66	28.12
原油	Crude Oil	0.09	0.09	0.08	0.05	0.05
天然气	Natural Gas	3.37	3.32	2.86	2.36	1.76
生质能及废弃物	Biomass and waste	17.85	18.05	17.39	16.82	16.62
水力发电	Hydro Power	4.13	4.27	6.27	5.21	4.27
再生能源①	Renewables①	3.08	3.43	3.60	4.39	4.68
进口能源	Imported Energy	1456.78	1431.99	1435.88	1436.69	1460.18
煤及煤产品	Coal & Coal Products	439.41	433.78	430.37	442.46	437.49
原油及石油产品	Crude Oil & Petroleum Products	717.72	703.10	716.37	709.51	718.22
液化天然气	L.N.G	176.89	189.48	197.44	219.72	224.31
核能发电	Nuclear	122.76	105.62	91.69	65.00	80.17
能源总需求	**Total Demand**	**1485.92**	**1461.98**	**1466.86**	**1466.35**	**1488.30**
本地能源消费按部门分	Total Consumption by Sector	850.66	852.16	857.42	852.63	868.26
能源部门	Energy Sector	60.35	59.32	58.72	58.67	63.70
运输部门	Transportation Sector	132.34	135.13	139.06	137.56	135.04
工业部门	Industrial Sector	276.06	270.32	272.47	272.63	274.57
农业部门	Agricultural Sector	6.60	6.74	6.64	6.50	6.38
住宅部门	Residential Sector	63.63	63.59	66.22	65.93	65.22
服务业部门	Services Sector	59.66	60.41	60.44	61.06	60.69
非能源消费②	Non-energy Use②	252.03	256.65	253.88	250.29	262.65
出口	Export	195.42	188.61	192.98	192.29	205.24
国际海运及国际航空	International Marine & Aviation Bunkers	39.70	40.60	44.93	45.10	45.38
存货变动	Stock Changes	7.12	3.49	-3.97	1.73	-12.73
损耗	Losses	9.86	9.41	9.16	9.43	9.88
统计误差	Errors	3.19	8.85	3.17	-2.92	9.33

注：①再生能源包括太阳光电、风力发电和太阳热能。
②非能源消费仅含润滑油、柏油、溶剂油。

Note: ①The renewables include geothermal electricity, solar photovoltaic and wind energy.
②Non-energy use refers to lubricating oil, asphalt and solvent oil consumption.

28-12 按用途分批准动工的建筑物面积
Floor Space of Authorized Construction Projects by Purpose

单位：万平方米 (10 000 sq.m)

年　份 Year	总计 Total	商业类 Business	工业、仓储类 Industrial & Stores	休闲、文教类 Recreation & Culture and Education	办公、服务类 Office & Service	住宿类 Accommodation	
						宿舍 Dormitory	住宅 Residence
2009	1992	77	336	187	180	24	1009
2010	3117	101	640	174	247	13	1674
2011	3415	76	613	129	208	21	1979
2012	3288	106	562	118	197	18	1932
2013	3976	164	584	109	198	21	2542
2014	3863	196	630	96	253	29	2223
2015	3260	87	660	84	172	28	1823
2016	2624	105	559	89	146	17	1326
2017	2988	145	624	120	136	24	1525
2018	3398	83	775	146	203	22	1868

28-13 铁路和公路客货运量
Railway and Highway Passenger and Freight Traffic

年 份 Year	铁路 Railway				公路 Highway			
	客运量(亿人) Passenger Traffic (100 million persons)	客运周转量(亿人公里) Passenger Kilometres (100 million p-km)	货运量(亿吨) Freight Traffic (100 million tons)	货物周转量(亿吨公里) Freight Ton-kilometres (100 million ton-km)	客运量(亿人) Passenger Traffic (100 million persons)	客运周转量(亿人公里) Passenger Kilometres (100 million p-km)	货运量(亿吨) Freight Traffic (100 million tons)	货物周转量(亿吨公里) Freight Ton-kilometres (100 million ton-km)
2009	7.18	192.69	0.10	7.70	10.39	158.82	5.97	290.71
2010	7.78	209.27	0.10	8.66	11.10	163.07	6.28	296.32
2011	8.63	228.21	0.11	8.48	11.64	170.40	6.38	295.51
2012	9.24	242.02	0.11	8.28	11.91	175.86	6.53	298.51
2013	9.70	253.16	0.11	7.27	12.20	179.28	5.51	384.74
2014	10.22	263.27	0.11	6.81	12.39	183.84	5.42	378.52
2015	10.60	270.98	0.11	6.34	12.17	175.65	5.32	378.05
2016	10.90	279.37	0.09	5.62	12.25	173.79	5.30	385.33
2017	11.21	289.91	0.08	5.12	12.35	170.53	5.37	403.51
2018	11.52	296.15	0.08	5.42	12.45	171.26	5.61	441.69

28-14 邮政及电信营运量
Post &Telecommunication Services

项 目	Item	2014	2015	2016	2017	2018
邮政	**Post**					
函件 (亿件)	Letters (100 million pieces)					
收寄	Received	27.6	26.1	25.0	23.5	21.5
包裹 (万件)	Parcels (10 000 pieces)					
收寄	Received	2356.2	2417.2	2383.3	2460.5	2573.7
快捷邮件	Express Mail	819.4	885.9	980.6	1084.9	1245.7
电信	**Telecommunications**					
市内电话用户数 (万户)	Number of Local (Urban) Telephone Subscribers (10 000 subscribers)	1210	1189	1170	1145	1121
移动电话用户数 (万户)	Number of Mobile Telephones Subscribers (10 000 subscribers)	2653.5	2936.9	2892.9	2865.6	2922.0
综合业务数字网用户数(万户)	Number of Subscribers of ISDN (10 000 subscribers)	10.4	1.4	1.4	1.3	0.9
数据通信出租电路数 (万路)	Number of Leasing Circuits of Data Communication (10 000 circuits)	13.8	14.6	16.9	15.2	15.4
国际互联网用户数 (万户)	Number of Subscribers of Internet Services (10 000 subscribers)	794.5	811.2	620.5	622.3	614.9
宽带用户 (万户)	Broadband Subscribers (10 000 subscribers)	743.7	761.7	579.2	582.3	576.2
国际电话去话分钟数 (万分钟)	International Outgoing Call (10 000 minutes)	296079	223069	182973	136685	108830

28-15 货物进出口额
Total Imports and Exports

年 份 Year	按新台币计算（亿元）(NT $ 100 million)			按美元计算（亿美元）(USD 100 million)		
	进出口总额 Total	出口 Exports	进口 Imports	进出口总额 Total	出口 Exports	进口 Imports
2008	157643	80992	76651	5025	2581	2445
2009	126400	67848	58552	3833	2057	1776
2010	168681	87779	80902	5343	2780	2563
2011	176549	91942	84607	6010	3129	2881
2012	172809	90698	82110	5837	3064	2773
2013	174786	92357	82428	5894	3114	2780
2014	182084	96834	85250	6019	3201	2818
2015	165567	90421	75146	5226	2853	2372
2016	164625	90335	74290	5109	2803	2306
2017	175551	96587	78964	5765	3172	2593
2018	187599	101263	86336	6222	3359	2863

28-16 货物出口去向和进口来源
Destination of Exports and Origin of Imports

单位：亿美元 (USD 100 million)

项 目	Item	2013	2014	2015	2016	2017	2018
出口去向	**Exports (Major Destination)**						
中国内地	China,Mainland	841.2	847.4	734.1	738.8	889.8	967.6
中国香港	Hong Kong,China	411.8	438.0	391.3	384.0	412.3	415.9
日 本	Japan	193.9	201.4	195.9	195.5	207.8	230.8
韩 国	Korea, Rep.	122.2	129.9	128.8	127.9	147.3	159.8
美 国	United States	326.3	351.1	345.4	335.2	369.4	396.9
泰 国	Thailand	64.3	61.9	57.7	54.9	63.8	61.7
马来西亚	Malaysia	82.4	86.7	72.0	78.1	103.7	106.0
印度尼西亚	Indonesia	52.0	38.8	31.1	27.5	31.9	33.3
新 加 坡	Singapore	196.1	207.0	174.1	161.5	176.3	173.6
越 南	Vietnam	90.2	101.3	97.1	95.5	105.0	108.1
德 国	Germany	56.7	62.2	60.1	59.3	64.5	70.6
法 国	France	15.0	15.5	13.9	15.4	17.1	16.7
意 大 利	Italy	17.1	18.9	17.0	18.6	21.3	24.6
英 国	United Kingdom	43.3	42.5	39.1	36.4	37.9	38.6
巴 西	Brazil	18.4	16.8	11.7	9.5	12.7	13.5
澳大利亚	Australia	38.3	37.0	34.4	30.9	31.0	36.0
沙特阿拉伯	Saudi Arabia	18.1	20.3	17.0	12.2	10.9	7.8
科 威 特	Kuwait	2.3	2.1	2.2	1.7	1.4	1.5
进口来源	**Imports (Major Origin)**						
中国内地	China,Mainland	433.5	492.5	452.7	439.9	500.4	537.8
中国香港	Hong Kong,China	15.9	17.3	14.7	13.3	15.1	14.1
日 本	Japan	436.9	419.8	388.7	406.2	419.4	441.4
韩 国	Korea, Rep.	161.6	152.9	134.5	146.5	168.9	195.3
美 国	United States	284.1	300.4	292.0	286.0	302.4	347.2
泰 国	Thailand	37.9	44.1	40.4	38.2	43.6	45.8
马来西亚	Malaysia	82.5	89.6	67.3	62.8	71.8	92.5
印度尼西亚	Indonesia	71.7	74.0	59.7	43.0	49.0	55.0
新 加 坡	Singapore	86.1	84.4	71.7	75.2	87.2	84.1
越 南	Vietnam	27.0	25.9	25.4	27.5	31.2	37.0
德 国	Germany	85.0	96.3	87.6	85.7	92.0	99.6
法 国	France	29.6	31.0	29.5	30.5	39.9	37.2
意 大 利	Italy	22.3	23.9	21.5	22.0	25.3	26.9
英 国	United Kingdom	19.2	19.8	19.9	18.4	19.5	20.7
巴 西	Brazil	28.2	23.5	22.7	19.5	26.0	16.4
澳大利亚	Australia	81.1	75.9	68.6	60.9	82.2	95.6
沙特阿拉伯	Saudi Arabia	156.4	137.2	73.3	58.0	68.7	86.3
科 威 特	Kuwait	84.2	66.7	39.6	29.2	35.8	51.3

28-17 出口与进口货物分类
Composition of Exports and Imports

单位：亿美元 (USD 100 million)

年 份 Year	出口 Exports				进口 Imports			
	出口额 Total	资本品 Capital Goods	中间产品 Intermediate Products	消费品 Consumer Goods	进口额 Total	资本设备 Capital Equipments	原材料 Agricultural & Industrial Raw Materials	消费品 Consumer Goods
2009	2056.6	217.7	1619.1	209.1	1776.0	237.1	1341.9	180.5
2010	2780.1	299.6	2173.9	294.4	2562.7	391.4	1918.3	231.9
2011	3129.2	343.7	2407.6	365.1	2880.6	375.0	2206.7	274.8
2012	3064.1	348.4	2380.8	321.9	2773.2	349.1	2120.3	282.2
2013	3114.3	332.1	2444.9	320.8	2780.1	367.4	2084.0	297.1
2014	3200.9	349.0	2518.6	316.4	2818.5	384.8	2078.0	314.7
2015	2853.4	342.5	2207.8	285.4	2372.2	380.5	1626.1	320.0
2016	2803.2	348.4	2173.4	264.1	2305.7	426.6	1531.0	315.2
2017	3172.5	396.0	2481.4	276.7	2592.7	424.8	1790.7	340.2
2018	3359.1	421.4	2634.7	284.6	2863.3	433.2	2034.6	360.6

28-18 来台旅游人数
Inbound Tourists

项 目	Item	2013	2014	2015	2016	2017	2018
来台旅游人数 （万人次）	**Inbound Tourists(10 000 person-times)**	**801.6**	**991.0**	**1044.0**	**1069.0**	**1074.0**	**1106.7**
香港澳门	Hong Kong and Macao	118.3	137.6	151.4	161.5	169.2	165.4
中国大陆	China Mainland	287.5	398.7	418.4	351.2	273.3	269.6
外国	Foreign Countries	389.3	454.1	473.5	555.6	631.3	671.3
未列明	Not Stated	6.5	0.7	0.7	0.7	0.2	0.5
平均每人停留时间（夜）	**Average Length of Stay (Nights)**	**6.9**	**6.7**	**6.6**	**6.5**	**6.4**	**6.5**

28-19 居民消费价格分类指数
Consumer Price Indices

2016年=100 (2016=100)

年 份 Year	总指数 General Index	食品 Food	服装 Clothing	居住 Housing	交通&通讯 Transportation &Communications	医药保健 Medicines and Medical Care	教育娱乐 Education and Entertainment	杂项 Miscellaneous
2009	92.9	81.8	92.6	97.2	103.3	94.0	98.5	91.0
2010	93.8	82.4	94.1	97.6	106.2	94.6	98.5	93.4
2011	95.2	84.2	96.8	98.5	107.7	96.5	99.0	94.5
2012	97.0	87.7	99.3	99.6	108.2	97.2	99.7	96.6
2013	97.8	88.8	99.1	100.5	108.7	98.2	100.0	97.1
2014	98.9	92.2	100.4	101.4	107.4	98.9	99.9	98.4
2015	98.6	95.0	99.8	100.2	101.1	99.1	99.9	98.6
2016	100.0	100.0	100.0	100.0	100.0	100.0	100.0	100.0
2017	100.6	99.6	99.8	100.9	101.8	101.7	100.3	101.9
2018	102.0	100.6	100.1	101.8	104.1	102.8	100.5	106.7

28-20 各级政府财政收入净额
Net Revenue of Treasury

单位：新台币亿元 (NT $ 100 million)

项 目	Item	2012	2013	2014	2015	2016	2017
总 计	**Total**	**23212**	**24576**	**25088**	**26623**	**26909**	**27533**
税收收入	Tax	17333	17688	19176	20766	21660	21877
营业盈余及事业收入	Revenue from Enterprises and Institutions	2980	2750	2719	2621	2550	2714
其他收入	Other Revenue	2898	4138	3193	3236	2700	2942
财产孳息收入	Revenue from Profit of Public Properties	164	208	334	283	192	203
规费收入	Fees	960	2150	998	1282	966	1265
罚款及赔偿收入	Revenue from Fines & Indemnities	667	439	433	489	458	537
捐献及赠与收入	Receipts from Donations and Contributions	120	119	116	101	96	92
资本收回及售价收入	Return of Properties and Sales of Public Properties	621	872	926	699	484	351
杂项收入	Miscellaneous Revenues	367	348	386	383	505	494

28-21 各级政府财政支出净额
Net Expenditures of Treasury

单位：新台币亿元 (NT $ 100 million)

项 目	Item	2012	2013	2014	2015	2016	2017
总 计	**Total**	**26780**	**26652**	**26457**	**26452**	**27453**	**27784**
一般政务支出	General Administration	3888	3816	3806	3825	3853	3830
国防支出	National Defence	3039	2926	2914	3046	3148	3046
教育科学文化支出	Expenditures on Education, Science and Culture	5956	5991	6181	6348	6647	6913
经济发展支出	Economic Development	4039	3937	3993	3528	3946	3895
社会福利支出	Social Welfare	5404	5369	5171	5321	5485	5638
社区发展及环境保护支出	Community Development and Environmental Protection	854	1049	843	825	920	1246
退休抚恤支出	Retirement Pension and Bereavement Payments	2184	2097	2137	2185	2081	1985
债务支出	Obligations	1249	1285	1252	1206	1210	1073
杂项支出	Miscellaneous	166	183	159	167	162	156

28-22 政 府 公 债
Government Bonds

单位：新台币亿元 (NT $ 100 million)

年 份 Year	合计 Total			台湾省“中央政府”发行 Taiwan Central Government			市级发行 Municipal Government		
	发行额 Issues	偿还额 Redemption	余额 Outstanding	发行额 Issues	偿还额 Redemption	余额 Outstanding	发行额 Issues	偿还额 Redemption	余额 Outstanding
2008	4387	2224	37362	4100	2103	36097	287	121	1265
2009	4956	2608	39709	4700	2502	38296	256	107	1414
2010	6293	2659	43343	6100	2520	41876	193	140	1467
2011	6400	3299	46444	6200	2980	45096	200	319	1348
2012	6884	3983	49345	6650	3982	47763	234	1	1581
2013	6419	3668	52095	6419	3500	50682		168	1413
2014	6753	4446	54402	6753	4050	53385		396	1017
2015	6135	4843	55694	6053	4650	54788	82	193	906
2016	5635	5276	56053	5635	5000	55423		276	631
2017	4000	3690	56363	4000	3475	55948		215	416
2018	3621	3960	56025	3473	3835	55586	148	125	439

28-23 金融概况
Principal Financial Indicators

年 份 Year	货币供应量M1(新台币亿元) Money Supply M1 (NT $100 million)	流动性负债(新台币亿元) Liquid Liabilities (NT $100 million)	储备货币(新台币亿元) Reserve Money (NT $100 million)	主要金融机构存款(新台币亿元) Deposits (NT $100 million)	主要金融机构放款与投资(新台币亿元) Loans and Investments (NT $100 million)	再贴现率(年息%) Rediscount Rate (% annual)	汇率(卖出价)(新台币/美元) Exchange Rates of Selling (NT $/USD)
2009	105116	416730	23040	294486	214823	1.25	32.08
2010	114571	445203	25018	310063	228037	1.63	30.42
2011	118302	469541	27209	323022	241729	1.88	30.32
2012	124184	496032	29021	333004	255488	1.88	29.08
2013	134708	530162	31208	350624	267206	1.88	29.82
2014	143101	568299	32633	371339	281106	1.88	31.68
2015	152926	607126	34524	393558	294063	1.63	32.88
2016	161777	638980	36303	407174	305492	1.38	32.30
2017	167414	672411	37765	420940	320227	1.38	29.85
2018	177160	704974	40545	431958	337475	1.38	30.75

28-24 股票交易
Transactions of Listed Stock

单位：新台币亿元 (NT $ 100 million)

年 份 Year	上市股票 Listed Stock			总成交额 Total Turnover	日平均成交额 Average Daily Turnover in Value	股价指数(年平均)(1966年=100) Stock Price Index (year average) (1966=100)
	上市公司数(家) Number (unit)	总面值① Total Par Value①	总市值① Total Market Value①			
2009	741	57729	210336	296805	1182	6459.56
2010	758	58113	238114	282187	1124	7949.63
2011	790	60268	192162	261974	1061	8155.79
2012	809	62580	213522	202382	810	7481.34
2013	838	64880	245196	189409	770	8092.77
2014	854	66653	268915	218985	883	8992.01
2015	874	68493	245036	201915	828	8959.35
2016	892	69370	272479	167711	687	8763.26
2017	907	70558	318319	239722	974	10208.12
2018	928	70778	293185	296089	1199	10620.17

注：① 年底数。
Note:①Year-end data.

28-25 入学率和教育经费
Net Enrolment Rate and Public Expenditure for Education

单位：% (%)

年 份 Year	粗入学率(6-21岁) Gross Enrolment Rate (aged 6-21)			15岁以上人口识字率② Percentage of Literate Aged 15 and Over②	教育经费占GNP比重 Public Expenditure for Education as % of GNP	政府教育经费占政府支出比重 Government Expenditures on Education as % of Total Government Expenditure
	初等教育(6-11岁) Primary Education (aged 6-11)	中等教育(12-17岁) Secondary Education (aged 12-17)	高等教育①(18-21岁) Higher Education① (aged 18-21)			
2006	99.5	99.1	83.6	97.5	5.4	21.2
2007	100.8	98.7	85.3	97.6	5.2	20.8
2008	99.0	99.1	84.1	97.8	5.4	20.5
2009	99.1	99.1	82.7	97.9	5.8	19.9
2010	99.0	99.0	83.1	98.0	5.3	20.1
2011	98.8	98.9	83.6	98.2	5.3	20.6
2012	98.7	98.7	84.2	98.3	5.4	20.5
2013	98.6	98.6	84.0	98.4	5.3	20.8
2014	98.5	98.7	83.8	98.5	5.1	21.3
2015	98.4	98.9	83.7	98.6	5.0	21.8
2016	98.3	98.6	84.0	98.7	4.9	21.5
2017	98.1	98.3	84.5	98.8	4.9	20.9

注：① 不含五专前三年、研究所及进修教育。②年底资料。

Note: ①Exclude the first three years of five-year junior college program, postgraduate study and continuing education.
② Year-end data.

28-26 科技人员数和科研开发经费
Number of Research Staff, Technicians and Supporting Personnel and Expenditures for R&D

年 份 Year	科技人员数(人) Number of Research Staff, Technicians and Supporting Personnel (person)				科研开发经费 Expenditures for Research and Experimental Development			每万人口研究人员数(人) Number of Research Staff per 10 000 People (person)	研究人员平均每年使用经费(新台币万元) Expenditures for R&D per Research Staff per year (10000 NT)
	总计 Total	研究人员 Research Staff	技术人员 Technicians	支援人员 Assistants	金额(新台币亿元) Total (NT $100 million)	占GDP比重 As % of GDP	政府投入经费所占比重 As % of Government Subsidies		
2006	212483	126168	67715	18600	3070.37	2.43	31.4	55.2	243
2007	228987	136249	72799	19939	3318.21	2.48	29.8	59.3	244
2008	241366	144234	77218	19914	3517.90	2.68	28.2	62.6	244
2009	256543	155216	80271	21056	3681.85	2.84	29.0	67.1	237
2010	273447	165585	86809	21053	3966.41	2.81	27.6	71.5	240
2011	288726	174600	91757	22369	4162.24	2.91	26.5	75.2	238
2012	296724	179830	94966	21928	4349.62	2.96	24.8	77.1	242
2013	301001	180353	98497	22151	4595.49	3.02	23.6	77.2	255
2014	307933	182119	103431	22383	4856.69	3.01	22.0	77.7	267
2015	313463	183571	106800	23092	5130.97	3.06	21.4	78.1	280
2016	317014	185472	108718	22824	5435.57	3.16	21.6	78.8	293
2017	322596	188474	110547	23575	5767.09	3.30	20.0	80.0	306

28-27 医院、病床和医务人员情况
Medical Facilities and Health Personnel

年 份 Year	医疗机构 (所) Number of Medical Care Facilities (unit)	病床数 (床) Number of Beds (bed)	每万人病床数 (床) Number of Beds per 10 000 Population (bed)	从业医务人员数 (人) Number of Health Personnel (person)	每万人拥有医务人员(人) Number of Health Personnel per 10 000 Population (person)
2009	19792	156740	67.79	233553	101.02
2010	20183	158922	68.61	241156	104.12
2011	20628	160472	69.09	250258	107.75
2012	20935	160900	69.01	258283	110.78
2013	21218	159422	68.21	265759	113.70
2014	21544	161491	68.91	271555	115.88
2015	21683	162163	69.03	280508	119.41
2016	21894	163148	69.31	289174	122.84
2017	22129	164590	69.83	299782	127.18

28-28 家庭主要设备普及率
Percent of Families Owning Household Appliances

单位：% (%)

年 份 Year	彩色电视机 Colour TV Sets	洗衣机 Washing Machines	电话机 Telephone Sets	移动电话 Mobile Phones	冷暖气机 cold and warm air-conditioner	有线电视频道设备 Cable TV Sets	家用电脑 Home Computers	汽车 Automobiles
2007	99.4	97.5	96.7	88.9	87.6	79.9	67.1	58.7
2008	99.4	97.3	96.0	89.8	87.6	81.7	69.3	58.4
2009	99.6	97.4	95.9	90.6	88.4	82.0	70.5	59.2
2010	99.4	97.8	95.7	90.6	89.1	83.0	71.3	57.8
2011	99.2	97.6	96.1	91.7	88.8	82.9	71.9	59.1
2012	99.3	98.1	94.8	92.3	89.9	83.2	72.3	58.4
2013	99.3	98.1	94.7	92.6	90.0	84.4	72.2	58.4
2014	99.2	98.5	94.0	93.1	91.7	84.8	70.7	58.7
2015	99.2	98.4	92.9	93.5	92.5	85.4	69.3	59.1
2016	99.1	98.5	92.8	94.6	93.2	85.9	68.8	59.7
2017	99.0	98.6	91.3	95.1	93.9	86.4	68.1	60.8

附录一

APPENDIX I

国际主要社会经济指标

Main Social and Economic Indicators of Other Countries/Regions

简 要 说 明

一、世界主要国家和地区的大部分数据经过联合国等国际组织的调整，口径基本可比。

二、一些国家和地区的最新数据是初步数或估计数。

三、中国数据均未包括香港特别行政区、澳门特别行政区和中国台湾省。

四、本篇数据主要取自有关国际组织的数据库、光盘、年报、月报，每张表均附有资料来源。中国数据除特别说明外，均来自国际组织数据库。

五、一些数据的合计数或相对数，因受进位的影响，不一定等于分项累计数。

六、“空格”表示无该项数据或该项统计数据不详。

Brief Introduction

I. Data for major foreign countries/regions have been adjusted by international organizations such as the United Nations, and the scope and coverage are therefore comparable.

II. The latest data for a certain countries/regions are preliminary or estimated statistics.

III. All data of China do not cover Hong Kong SAR, Macao SAR and Taiwan Province.

IV. Data in this chapter are mainly from databases, CD-ROMs, yearbooks and monthly publications of international organizations. Data for China are all taken from international organization databases unless otherwise specified.

V. Some aggregations or rates/ratios may not add up to the sum of the series because of rounding.

VI. The symbol "(blank)" indicates that data are not available.

附录1-1 国土面积和人口(2018年)
Surface Area and Population (2018)

资料来源：世界银行数据库。
Source: World Bank Database.

国 家	Country	国土面积 (万平方公里) Surface Area (10 000 sq.km)	年中人口数 (万人) Mid-year Population (10 000 persons)	人口增长率 (%) Population Growth (annual %)	人口密度 (人/平方公里) Population Density (persons/sq.km)
世 界	**World**	**13202.5**	**759427**	**1.11**	**60**
中 国	China	960.0	139273	0.46	148
孟加拉国	Bangladesh	14.8	16136	1.05	1240
文 莱	Brunei Darussalam	0.6	43	1.05	81
柬埔寨	Cambodia	18.1	1625	1.49	92
印 度	India	298.0	135262	1.04	455
印度尼西亚	Indonesia	191.4	26766	1.13	148
伊 朗	Iran	174.5	8180	1.39	50
以色列	Israel	2.2	888	1.94	411
日 本	Japan	37.8	12653	-0.2	347
哈萨克斯坦	Kazakhstan	272.5	1828	1.32	7
韩 国	Korea, Rep.	10.0	5164	0.33	530
老 挝	Laos	23.7	706	1.55	31
马来西亚	Malaysia	33.0	3153	1.35	96
蒙 古	Mongolia	156.4	317	1.8	2
缅 甸	Myanmar	67.7	5371	0.61	82
巴基斯坦	Pakistan	79.6	21222	2.06	275
菲律宾	Philippines	30.0	10665	1.4	358
新加坡	Singapore	0.1	564	0.47	7953
斯里兰卡	Sri Lanka	6.6	2167	1.05	346
泰 国	Thailand	51.3	6943	0.32	136
越 南	Viet Nam	33.1	9554	0.99	308
埃 及	Egypt	100.1	9842	2.03	99
尼日利亚	Nigeria	92.4	19587	2.59	215
南 非	South Africa	121.9	5778	1.36	48
加拿大	Canada	998.5	3706	1.41	4
墨西哥	Mexico	196.4	12619	1.13	65
美 国	United States	983.2	32717	0.62	36
阿根廷	Argentina	278.0	4449	1.02	16
巴 西	Brazil	851.6	20947	0.78	25
委内瑞拉	Venezuela	91.2	2887	-1.79	33
捷 克	Czech Rep.	7.9	1063	0.3	138
法 国	France	54.9	6699	0.18	122
德 国	Germany	35.8	8293	0.33	237
意大利	Italy	30.1	6043	-0.17	205
荷 兰	Netherlands	4.2	1723	0.58	511
波 兰	Poland	31.3	3798	0.01	124
俄罗斯	Russia	1709.8	14448	-0.01	9
西班牙	Spain	50.6	4672	0.28	94
土耳其	Turkey	78.5	8232	1.49	107
乌克兰	Ukraine	60.4	4462	-0.47	77
英 国	United Kingdom	24.4	6649	0.65	275
澳大利亚	Australia	774.1	2499	1.58	3
新西兰	New Zealand	26.8	489	1.89	19

附录1-2　按三次产业分就业人员构成
Employment by Type of Industry

资料来源：世界银行数据库。
Source: World Bank Database.

单位：%　　(%)

国　家	Country	第一产业 Primary Industry 2017	2018	第二产业 Secondary Industry 2017	2018	第三产业 Tertiary Industry 2017	2018
中　国	China	27.0	26.8	29.0	28.6	44.0	44.6
孟加拉国	Bangladesh	40.6	40.2	20.4	20.5	39.0	39.4
文　莱	Brunei Darussalam	1.4	1.3	16.1	16.1	82.5	82.6
柬埔寨	Cambodia	30.8	30.4	26.8	26.9	42.4	42.7
印　度	India	44.5	43.9	24.5	24.7	31.0	31.5
印度尼西亚	Indonesia	30.8	30.5	22.0	22.0	47.2	47.5
伊　朗	Iran	17.6	17.4	32.0	32.0	50.4	50.6
以色列	Israel	1.0	1.0	17.5	17.3	81.6	81.7
日　本	Japan	3.4	3.4	24.6	24.5	71.9	72.1
哈萨克斯坦	Kazakhstan	15.1	15.0	21.3	21.3	63.6	63.7
韩　国	Korea, Rep.	4.8	4.7	25.1	25.0	70.1	70.3
老　挝	Laos	68.4	68.0	9.0	9.1	22.6	22.9
马来西亚	Malaysia	11.2	11.1	27.4	27.3	61.4	61.6
蒙　古	Mongolia	28.8	28.7	19.2	19.1	52.0	52.2
缅　甸	Myanmar	50.6	50.1	15.9	16.0	33.5	33.9
巴基斯坦	Pakistan	42.0	41.7	23.6	23.6	34.4	34.7
菲律宾	Philippines	25.4	25.2	18.3	18.3	56.3	56.5
新加坡	Singapore	0.5	0.5	16.7	16.6	82.8	82.9
斯里兰卡	Sri Lanka	26.1	25.9	28.4	28.3	45.5	45.8
泰　国	Thailand	30.9	30.7	23.6	23.5	45.5	45.8
越　南	Viet Nam	40.2	39.8	25.8	25.8	34.1	34.4
埃　及	Egypt	25.0	24.9	26.6	26.6	48.4	48.6
尼日利亚	Nigeria	36.8	36.6	11.6	11.6	51.6	51.8
南　非	South Africa	5.2	5.2	23.3	23.2	71.5	71.6
加拿大	Canada	1.5	1.5	19.5	19.5	79.0	79.0
墨西哥	Mexico	13.1	13.0	26.0	26.0	60.9	61.1
美　国	United States	1.4	1.4	19.7	19.4	78.8	79.1
阿根廷	Argentina	0.1	0.1	22.4	22.4	77.5	77.5
巴　西	Brazil	9.5	9.4	20.5	20.4	70.0	70.2
委内瑞拉	Venezuela	7.2	7.2	21.2	21.1	71.6	71.7
捷　克	Czech Rep.	2.8	2.8	38.1	37.9	59.1	59.4
法　国	France	2.6	2.6	20.5	20.3	76.9	77.1
德　国	Germany	1.3	1.3	27.4	27.1	71.3	71.6
意大利	Italy	3.8	3.8	26.0	25.8	70.2	70.4
荷　兰	Netherlands	2.3	2.2	16.5	16.3	81.2	81.4
波　兰	Poland	10.2	10.1	31.7	31.5	58.1	58.4
俄罗斯	Russia	5.9	5.8	27.0	26.9	67.1	67.2
西班牙	Spain	4.4	4.3	20.1	19.9	75.6	75.8
土耳其	Turkey	19.4	19.2	26.5	26.3	54.1	54.5
乌克兰	Ukraine	15.4	15.3	24.3	24.3	60.3	60.4
英　国	United Kingdom	1.2	1.1	18.2	18.1	80.6	80.7
澳大利亚	Australia	2.6	2.6	19.4	19.4	78.0	78.1
新西兰	New Zealand	6.2	6.2	20.5	20.4	73.3	73.4

附录1-3　失业率
Unemployment Rate

资料来源：国际货币基金组织IFS数据库。
Source: IMF IFS Database.
单位：% (%)

国　家	Country	2000	2010	2015	2016	2017	2018
中　国①	China①	3.1	4.1	4.1	4.0	3.9	3.8
文　莱	Brunei Darussalam		2.7				
以色列	Israel	8.8	6.6	5.3	4.8	4.2	4.0
日　本	Japan	4.7	5.1	3.4	3.1	2.8	2.4
哈萨克斯坦	Kazakhstan	12.8	5.8	5.0	5.0	4.9	
韩　国	Korea, Rep.	4.4	3.7	3.6	3.7	3.7	3.8
马来西亚	Malaysia	3.1	3.3	3.2	3.5	3.4	3.4
巴基斯坦	Pakistan	7.8	5.6			5.8	
菲律宾	Philippines	11.2	7.4	6.3	5.5	5.7	5.3
新加坡	Singapore	3.7	3.1	2.8	3.0	2.2	
斯里兰卡	Sri Lanka	7.6	4.9	4.6	4.4		
泰　国	Thailand	2.4	1.0	0.9	1.0	1.2	1.1
埃　及	Egypt	9.0	9.0	12.8	12.6		
南　非	South Africa	26.1	24.9	25.4	26.7	27.5	27.1
加拿大	Canada	6.8	8.1	6.9	7.0	6.3	5.8
墨西哥	Mexico	1.6	5.3	4.3	3.9		
美　国	United States	4.0	9.6	5.3	4.9	4.4	3.9
阿根廷	Argentina	14.7	7.7				
巴　西	Brazil	9.2		8.3	11.3	12.8	12.3
委内瑞拉	Venezuela	14.0	8.5	6.8			
捷　克	Czech Rep.	8.8	7.3	5.1	4.0	2.9	2.3
法　国	France	8.5	9.3	10.4	10.1	9.4	9.1
德　国	Germany	6.9	7.0	4.6	4.1	3.8	3.4
意大利	Italy	10.1	8.4	11.9	11.7	11.2	10.6
荷　兰	Netherlands	3.7	5.0	6.9	6.0	4.9	3.8
波　兰	Poland	16.1	9.7	7.5	6.2		
俄罗斯	Russia	10.7	7.4	5.6	5.5	5.2	4.8
西班牙	Spain	11.9	19.9	22.1	19.7	17.2	15.3
土耳其	Turkey	6.6	11.2	10.3	10.9	10.9	
乌克兰	Ukraine	11.7	8.1	9.1	9.4	9.5	8.8
英　国	United Kingdom	3.6	7.9	5.4	4.9	4.4	4.1
澳大利亚	Australia	6.3	5.2	6.1	5.7	5.6	5.4
新西兰	New Zealand	6.2	6.2	5.4	5.1	4.7	4.3

注：①城镇登记失业率。
Note:①Registered unemployment rate in urban areas.

附录1-4 国内生产总值及其增长率
Gross Domestic Product and its Growth Rate

资料来源：世界银行WDI数据库。
Source: Worldbank WDI Database.

国　家	Country	2018 国内生产总值 (亿美元) GDP (100 million USD)	国内生产总值增长率(%) GDP Growth Rate (%)					
			2005	2010	2015	2016	2017	2018
世　界	**World**	**857908**	**3.8**	**4.4**	**2.9**	**2.6**	**3.2**	**3.0**
中　国	China	136082	11.4	10.6	6.9	6.7	6.9	6.6
孟加拉国	Bangladesh	2740	6.5	5.6	6.6	7.1	7.3	7.9
文　莱	Brunei Darussalam	136	0.4	2.6	-0.6	-2.5	1.3	0.1
柬埔寨	Cambodia	246	13.3	6.0	7.0	6.9	7.1	7.5
印　度	India	27263	7.9	8.5	8.0	8.2	7.2	7.0
印度尼西亚	Indonesia	10422	5.7	6.2	4.9	5.0	5.1	5.2
伊　朗	Iran	4540①	3.2	5.8	-1.3	13.4	3.8	
以色列	Israel	3697	4.1	5.3	2.6	4.0	3.4	3.3
日　本	Japan	49709	1.7	4.2	1.4	0.9	1.7	0.8
哈萨克斯坦	Kazakhstan	1705	9.7	7.3	1.2	1.1	4.1	4.1
韩　国	Korea, Rep.	16194	3.9	6.5	2.8	2.9	3.1	2.7
老　挝	Laos	181	7.1	8.5	7.3	7.0	6.9	6.5
马来西亚	Malaysia	3544	5.3	7.4	5.1	4.2	5.9	4.7
蒙　古	Mongolia	130	7.3	6.4	2.4	1.2	5.3	6.9
缅　甸	Myanmar	712	13.6	9.6	7.0	5.9	6.8	6.2
巴基斯坦	Pakistan	3126	7.7	1.6	4.7	5.5	5.7	5.4
菲律宾	Philippines	3309	4.8	7.6	6.1	6.9	6.7	6.2
新加坡	Singapore	3642	7.5	15.2	2.2	2.4	3.6	3.1
斯里兰卡	Sri Lanka	889	6.2	8.0	5.0	4.5	3.3	3.2
泰　国	Thailand	5050	4.2	7.5	3.0	3.3	3.9	4.1
越　南	Viet Nam	2450	7.5	6.4	6.7	6.2	6.8	7.1
埃　及	Egypt	2509	4.5	5.1	4.4	4.3	4.2	5.3
尼日利亚	Nigeria	3973	6.4	8.0	2.7	-1.6	0.8	1.9
南　非	South Africa	3663	5.3	3.0	1.3	0.6	1.3	0.6
加拿大	Canada	17093	3.2	3.1	1.0	1.4	3.0	1.9
墨西哥	Mexico	12238	2.3	5.1	3.3	2.9	2.0	2.0
美　国	United States	204941	3.3	2.7	2.9	1.6	2.2	2.9
阿根廷	Argentina	5185	8.9	10.1	2.7	-1.8	2.9	-2.5
巴　西	Brazil	18686	3.2	7.5	-3.5	-3.3	1.1	1.1
委内瑞拉	Venezuela	4824②	10.3	-1.5	-5.7			
捷　克	Czech Rep.	2441	6.5	2.3	5.3	2.5	4.4	2.9
法　国	France	27775	1.6	2.0	1.1	1.2	2.2	1.7
德　国	Germany	39968	0.7	4.1	1.7	2.2	2.2	1.4
意大利	Italy	20739	1.0	1.7	0.9	1.1	1.6	0.9
荷　兰	Netherlands	9129	2.2	2.6	2.0	2.2	2.9	2.7
波　兰	Poland	5858	3.5	3.6	3.8	3.1	4.8	5.1
俄罗斯	Russia	16576	6.4	4.5	-2.8	-0.2	1.6	2.3
西班牙	Spain	14262	3.7		3.6	3.2	3.0	2.6
土耳其	Turkey	7665	9.0	8.5	6.1	3.2	7.4	2.6
乌克兰	Ukraine	1308	3.0	3.8	-9.8	2.4	2.5	3.3
英　国	United Kingdom	28252	3.1	2.2	2.3	1.8	1.8	1.4
澳大利亚	Australia	14322	3.2	2.1	2.4	2.8	2.0	2.8
新西兰	New Zealand	2050	3.3	1.0	4.4	3.5	2.8	2.8

注：①2017年数据。②2014年数据。
Note:①Data refer to 2017.②Data refer to 2014.

附录1-5 人均国内生产总值
GDP per Capita

资料来源：世界银行WDI数据库。
Source: World Bank WDI Database.
单位：美元 (USD)

国 家	Country	2000	2005	2010	2015	2016	2017	2018
世 界	**World**	**5488**	**7287**	**9539**	**10218**	**10248**	**10769**	**11297**
中 国	China	959	1753	4550	8033	8079	8759	9771
孟加拉国	Bangladesh	406	499	781	1248	1402	1564	1698
文 莱	Brunei Darussalam	18008	26105	35270	31165	27157	28572	31628
柬埔寨	Cambodia	303	474	786	1163	1270	1385	1512
印 度	India	445	715	1358	1606	1729	1981	2016
印度尼西亚	Indonesia	780	1263	3122	3332	3563	3837	3894
伊 朗	Iran	1657	3246	6603	4916	5266	5628	
以色列	Israel	21043	20550	30659	35855	37372	40544	41614
日 本	Japan	38532	37218	44508	34524	38794	38332	39287
哈萨克斯坦	Kazakhstan	1229	3771	9070	10511	7715	9030	9331
韩 国	Korea, Rep.	11948	18640	22087	27105	27608	29743	31363
老 挝	Laos	325	476	1141	2135	2309	2424	2568
马来西亚	Malaysia	4045	5587	9041	9799	9671	10118	11239
蒙 古	Mongolia	474	999	2643	3919	3660	3672	4104
巴基斯坦	Pakistan	534	683	989	1357	1368	1467	1473
菲律宾	Philippines	1039	1194	2124	2867	2941	2982	3103
新加坡	Singapore	23793	29961	47237	55647	56724	60298	64582
斯里兰卡	Sri Lanka	869	1249	2800	3844	3886	4105	4102
泰 国	Thailand	2008	2894	5076	5840	5979	6578	7274
越 南	Viet Nam	388	687	1318	2085	2192	2366	2564
埃 及	Egypt	1428	1188	2645	3599	3525	2441	2549
尼日利亚	Nigeria	568	1268	2292	2730	2176	1969	2028
南 非	South Africa	2982	5382	7329	5733	5262	6121	6340
加拿大	Canada	24124	36266	47450	43495	42280	45070	46125
墨西哥	Mexico	6959	8278	9271	9606	8739	9281	9698
美 国	United States	36450	44115	48467	56803	57904	59928	62641
阿根廷	Argentina	7669	5110	10386	13789	12790	14592	11653
巴 西	Brazil	3739	4790	11286	8814	8713	9881	8921
委内瑞拉	Venezuela	4784	5505	13825				
捷 克	Czech Rep.	6012	13346	19808	17716	18463	20380	22973
法 国	France	22364	34760	40638	36613	36962	38679	41464
德 国	Germany	23719	34697	41786	41395	42443	44681	48196
意大利	Italy	20051	31959	35849	30171	30831	32155	34318
荷 兰	Netherlands	25921	41979	50950	45175	46008	48483	52978
波 兰	Poland	4493	8021	12600	12572	12432	13861	15424
俄罗斯	Russia	1772	5323	10675	9314	8745	10751	11289
西班牙	Spain	14677	26511	30737	25817	26622	28208	30524
土耳其	Turkey	4317	7384	10672	10949	10821	10500	9311
乌克兰	Ukraine	636	1827	2965	2125	2188	2641	3095
英 国	United Kingdom	27982	41804	39080	44472	40540	39932	42491
澳大利亚	Australia	21669	33999	52022	56748	50020	54094	57305
新西兰	New Zealand	13641	27751	33692	38560	40027	42260	41966

附录1-6 国内生产总值产业构成
Composition of Gross Domestic Product by Industry

资料来源：世界银行WDI数据库。
Source: World Bank WDI Database.

单位：% (%)

国家	Country	农业增加值占国内生产总值比重 Agriculture as Percentage of GDP		工业增加值占国内生产总值比重 Industry as Percentage of GDP		服务业增加值占国内生产总值比重 Services as Percentage of GDP	
		2000	2018	2000	2018	2000	2018
中　国	China	14.7	7.2	45.5	40.7	39.8	52.2
孟加拉国	Bangladesh	22.7	13.1	22.3	28.5	50.6	53.0
文　莱	Brunei Darussalam	1.0	1.0	63.7	63.2	35.3	37.3
柬埔寨	Cambodia	35.7	22.0	21.7	32.3	36.9	39.5
印　度	India	21.9	14.5	28.4	27.0	41.3	49.0
印度尼西亚	Indonesia	15.7	12.8	42.0	39.7	33.4	43.4
伊　朗	Iran	9.1	9.5①	40.3	34.9①	51.4	54.4①
日　本	Japan	1.5	1.2①	32.8	29.1①	65.9	69.1①
哈萨克斯坦	Kazakhstan	8.1	4.2	37.8	34.1	48.4	54.5
韩　国	Korea, Rep.	3.9	2.0	34.2	35.1	51.6	53.6
老　挝	Laos	33.6	15.7	16.5	31.5	42.2	41.6
马来西亚	Malaysia	8.6	7.7	48.3	39.0	46.3	52.0
蒙　古	Mongolia	27.4	10.9	22.2	38.2	44.1	40.0
缅　甸	Myanmar	57.2	24.6	9.7	32.3	33.1	43.2
巴基斯坦	Pakistan	24.1	22.6	21.7	18.2	47.2	53.5
菲律宾	Philippines	14.0	9.3	34.5	30.7	51.6	60.0
新加坡	Singapore	0.1	0.0	32.5	25.2	60.6	69.4
斯里兰卡	Sri Lanka	19.9	7.9	27.3	27.0	52.8	56.8
泰　国	Thailand	8.5	8.1	36.8	35.0	54.7	56.9
越　南	Viet Nam	24.5	14.6	36.7	34.3	38.7	41.2
埃　及	Egypt	15.5	11.2	30.8	35.1	50.1	51.4
尼日利亚	Nigeria	25.3	21.2	47.5	23.9	66.8	52.0
南　非	South Africa	3.0	2.2	29.1	26.0	59.1	61.4
加拿大	Canada	2.3	1.7②	32.5	24.8②	64.5	66.7②
墨西哥	Mexico	3.3	3.3	34.2	31.2	57.8	60.2
美　国	United States	1.2	0.9①	22.4	18.2①	73.1	77.4①
阿根廷	Argentina	4.7	6.1	26.0	23.1	61.9	55.6
巴　西	Brazil	4.8	4.4	23.0	18.4	58.3	62.6
委内瑞拉	Venezuela	3.9		46.4		43.1	
捷　克	Czech Rep.	3.1	2.0	33.9	32.7	54.1	55.3
法　国	France	2.1	1.6	21.3	16.9	66.3	70.3
德　国	Germany	1.0	0.7	27.9	28.0	61.4	61.5
意大利	Italy	2.6	1.9	24.3	21.7	62.7	66.1
荷　兰	Netherlands	2.2	1.6	22.2	17.5	65.3	70.3
波　兰	Poland	3.1	2.8①	28.9	28.9①	56.8	56.1①
俄罗斯	Russia	5.8	3.1	33.9	32.1	49.7	54.1
西班牙	Spain	3.7	2.6	27.9	21.9	59.1	65.9
土耳其	Turkey	10.1	5.8	26.9	29.4	52.6	54.3
乌克兰	Ukraine	14.5	10.1	30.8	23.3	39.5	51.3
英　国	United Kingdom	0.8	0.6	22.5	18.0	66.4	70.5
澳大利亚	Australia	3.1	2.6	24.7	24.0	64.3	66.6
新西兰	New Zealand	8.9	6.6③	22.4	19.2③	61.8	65.6③

注：①2017年数据。②2015年数据。③2016年数据。
Note:①Data refer to 2017.②Data refer to 2015.③Data refer to 2016.

附录1-7　居民最终消费率
Household Final Consumption Rate

资料来源：世界银行WDI数据库。
Source: World Bank WDI Database.
单位：%

(%)

国　家	Country	2000	2010	2015	2016	2017	2018
中　国	China	46.9	35.4	38.8	39.7	38.7	
孟加拉国	Bangladesh	75.0	74.1	72.4	69.1	68.7	70.8
文　莱	Brunei Darussalam	24.8	14.7	19.8	21.2	20.5	19.5
柬埔寨	Cambodia	88.2	81.3	76.8	76.1	73.4	70.6
印　度	India	63.8	54.7	59.0	59.3	59.0	59.5
印度尼西亚	Indonesia	61.7	56.2	57.5	57.8	57.3	57.0
伊　朗	Iran	49.7	42.9	50.3	49.4	47.6	
以色列	Israel	53.0	56.7	54.6	55.0	54.9	
日　本	Japan	54.4	57.8	56.6	55.7	55.5	
哈萨克斯坦	Kazakhstan	61.9	45.4	53.7	54.5	52.0	
韩　国	Korea, Rep.	53.8	50.3	49.3	48.7	48.1	48.7
老　挝	Laos	87.6	74.6	71.2	65.7	65.2	
马来西亚	Malaysia	43.8	48.1	54.1	54.8	55.3	57.3
蒙　古	Mongolia	75.1	55.2	59.1	54.8	49.9	47.5
巴基斯坦	Pakistan	75.4	79.7	79.8	80.0	82.0	82.1
菲律宾	Philippines	72.2	71.6	73.8	73.7	73.5	73.8
新加坡	Singapore	41.9	36.3	37.2	36.4	35.6	35.0
斯里兰卡	Sri Lanka	71.5	68.5	67.4	71.0	69.9	69.8
泰　国	Thailand	54.1	52.2	51.0	49.8	48.7	48.7
越　南	Viet Nam	66.5	66.6	68.0	68.5	68.0	67.6
埃　及	Egypt	75.9	74.6	82.4	83.1	88.1	85.5
尼日利亚	Nigeria	40.7	67.2	79.0	81.5	79.9	
南　非	South Africa	63.1	59.0	59.7	59.4	59.4	60.2
加拿大	Canada	54.7	57.1	58.0	58.7	58.2	58.3
墨西哥	Mexico	67.9	65.4	65.6	65.6	65.3	64.6
美　国	United States	66.0	67.9	67.5	68.3	68.4	
阿根廷	Argentina	69.3	64.2	65.9	65.7	66.3	65.0
巴　西	Brazil	64.6	60.2	64.0	64.2	64.0	64.3
委内瑞拉	Venezuela	51.8	55.9				
捷　克	Czech Rep.	50.6	49.0	46.8	47.0	47.4	47.7
法　国	France	53.9	55.4	54.1	54.3	54.0	53.9
德　国	Germany	57.1	56.1	53.5	53.0	52.9	52.5
意大利	Italy	60.6	61.0	60.9	60.5	60.8	60.7
荷　兰	Netherlands	50.3	45.5	45.1	44.6	44.4	44.2
波　兰	Poland	63.6	61.6	58.4	58.5	58.3	58.2
俄罗斯	Russia	46.2	51.5	52.4	53.1	52.7	49.4
西班牙	Spain	59.7	57.2	57.9	57.5	57.5	57.7
土耳其	Turkey	67.3	63.1	60.4	59.8	59.0	57.6
乌克兰	Ukraine	54.3	63.8	67.8	66.6	67.1	69.1
英　国	United Kingdom	66.8	65.2	65.2	65.6	65.7	66.1
澳大利亚	Australia	58.1	56.2	57.2	58.2	56.7	56.5
新西兰	New Zealand	58.0	58.1	57.4	57.7	57.6	

附录1-8 农业生产指数
Agricultural Production Indices

资料来源：联合国粮农组织数据库。
Source: United Nations Food and Agriculture Organization Database.

(2004-2006年=100) (2004-2006=100)

国家或地区	Country or Area	农业 Agriculture			食品 Food		
		2014	2015	2016	2014	2015	2016
世　界	**World**	**124.6**	**125.9**	**127.3**	**125.0**	**126.4**	**127.8**
中　国	China	132.9	136.5	139.2	133.3	137.0	139.8
孟加拉国	Bangladesh	140.3	141.2	144.4	139.8	140.6	144.0
文　莱	Brunei Darussalam	166.2	169.6	169.1	166.8	170.2	169.6
柬埔寨	Cambodia	174.8	177.1	185.5	176.1	178.5	187.2
印　度	India	143.5	141.8	144.9	142.7	140.9	144.2
印度尼西亚	Indonesia	139.4	142.4	143.1	140.5	143.8	144.5
伊　朗	Iran	111.0	109.6	110.1	112.0	110.4	111.0
以色列	Israel	110.0	106.0	108.8	110.6	106.5	109.4
日　本	Japan	96.7	95.6	92.1	97.0	95.9	92.4
哈萨克斯坦	Kazakhstan	125.8	130.9	139.2	126.3	131.3	139.7
韩　国	Korea, Rep.	106.1	104.3	102.8	106.2	104.4	103.0
老　挝	Laos	192.6	211.5	219.3	186.0	204.4	211.9
马来西亚	Malaysia	120.8	121.9	122.7	129.1	129.9	131.2
蒙　古	Mongolia	156.4	153.3	161.4	158.7	155.5	163.9
缅　甸	Myanmar	134.3	136.5	137.0	133.0	135.1	135.5
巴基斯坦	Pakistan	126.7	128.2	127.6	128.9	130.7	130.0
菲律宾	Philippines	117.2	115.8	113.4	117.0	116.0	113.8
新加坡	Singapore	111.6	109.4	114.8	111.6	109.4	114.8
斯里兰卡	Sri Lanka	122.0	127.4	128.1	125.3	130.5	131.2
泰　国	Thailand	128.2	121.6	118.3	125.3	118.2	114.4
越　南	Viet Nam	137.3	140.4	138.4	134.9	137.9	135.5
埃　及	Egypt	120.0	120.9	124.4	121.3	122.1	125.7
尼日利亚	Nigeria	118.3	119.9	118.9	118.9	120.6	119.5
南　非	South Africa	125.9	121.6	116.6	126.6	122.3	117.2
加拿大	Canada	108.4	110.4	113.1	108.6	110.6	113.8
墨西哥	Mexico	118.9	119.6	125.7	118.6	119.5	125.9
美　国	United States	112.1	111.7	116.5	113.4	113.0	118.0
阿根廷	Argentina	123.5	130.8	130.9	123.4	130.9	131.0
巴　西	Brazil	136.4	139.4	135.8	137.7	141.1	137.1
委内瑞拉	Venezuela	121.8	119.7	108.5	122.7	120.6	109.5
捷　克	Czech Rep.	100.3	96.1	100.1	100.5	96.3	100.3
法　国	France	104.0	103.5	95.8	104.1	103.6	95.8
德　国	Germany	111.7	107.8	106.8	111.7	107.8	106.8
意大利	Italy	88.2	92.4	91.6	88.4	92.6	91.8
荷　兰	Netherlands	114.8	116.1	117.8	114.8	116.1	117.9
波　兰	Poland	113.2	106.7	113.1	113.2	106.8	113.1
俄罗斯	Russia	127.8	131.0	138.8	127.7	130.7	138.5
西班牙	Spain	101.6	105.0	103.6	101.8	105.2	103.9
土耳其	Turkey	122.1	128.4	129.0	123.9	130.5	131.2
乌克兰	Ukraine	140.6	134.7	153.0	140.6	134.7	153.0
英　国	United Kingdom	108.1	108.2	103.1	108.1	108.2	103.1
澳大利亚	Australia	107.4	107.9	104.4	106.7	107.2	103.4
新西兰	New Zealand	116.1	118.2	117.3	117.9	120.1	119.2

附录1-9　工业生产指数
Industry Production Indices

资料来源：联合国统计月报数据库。
Source: UN Monthly Bulletin of Statistics Database.

2010年=100　(2010=100)

国家和地区	Country or Area	总指数 General Index			其中：制造业 of which: Manufacturing		
		2013	2014	2015	2013	2014	2015
孟加拉国	Bangladesh	142.3	153.9	171.5	144.6	156.5	174.9
文　莱	Brunei Darussalam	94.0	90.7	90.5	106.1	98.9	101.3
印　度	India	104.0	106.9	109.5	103.5	105.9	108.0
以色列	Israel	106.7	108.0	110.4	106.0	106.6	109.1
日　本	Japan	96.9	98.7	97.4	97.0	99.0	97.8
韩　国	Korea, Rep.	108.2	108.4	107.7	108.2	108.5	107.8
马来西亚	Malaysia	110.3	116.0	121.2	116.0	123.0	128.9
蒙　古	Mongolia	108.0	118.2		129.3	133.3	
巴基斯坦	Pakistan				111.3	115.1	118.8
菲律宾	Philippines				124.1	133.1	136.4
新加坡	Singapore				109.9	112.9	107.1
斯里兰卡	Sri Lanka				108.3	114.9	125.4
泰　国	Thailand				103.6	98.2	98.6
越　南	Viet Nam	119.1	127.5	147.0	121.1	132.4	155.0
埃　及	Egypt				96.8	100.2	100.4
尼日利亚	Nigeria	109.4	115.7	111.7	162.8	186.8	184.1
南　非	South Africa				106.5	106.6	106.5
加拿大	Canada	106.7	110.8	110.1	105.3	108.5	109.0
墨西哥	Mexico	107.2	110.3	110.8	110.2	114.8	117.9
美　国	United States	108.5	111.8	112.3	107.4	108.8	110.0
阿根廷	Argentina				119.7	118.6	
巴　西	Brazil	100.1	97.1	89.1	100.6	96.4	87.0
捷　克	Czech Rep.	104.9	110.1	115.2	107.6	114.8	121.7
法　国	France	99.6	98.8	100.6	99.8	99.7	101.5
德　国	Germany	106.1	107.5	109.1	107.2	109.3	110.5
意大利	Italy	91.5	90.5	92.1	91.5	91.0	92.7
荷　兰	Netherlands	99.5	96.7	93.5	101.5	102.6	103.2
波　兰	Poland	111.0	114.7	120.3	112.5	117.7	124.5
俄罗斯	Russia	109.0	110.9	107.1	114.1	116.5	110.2
西班牙	Spain	90.2	91.6	94.6	89.7	91.7	95.4
土耳其	Turkey	116.3	120.5	124.3	117.5	121.3	125.7
乌克兰	Ukraine	102.6	92.2	80.2	99.6	90.4	79.0
英　国	United Kingdom	96.0	97.4	98.8	99.7	102.6	102.6
澳大利亚	Australia	107.3	111.0	114.0	97.1	96.0	94.6
新西兰	New Zealand	100.3	102.4	104.7	103.3	105.0	107.0

附录1-10 消费价格指数
Consumer Price Indices

资料来源：国际货币基金组织IFS数据库。
Source: IMF IFS Database.

(2010年=100) (2010=100)

国　家	Country	2005	2014	2015	2016	2017	2018
中　国	China	86.5	113.3	114.9	117.2	119.1	121.6
孟加拉国	Bangladesh	69.2	136.1	144.6	152.5	161.2	170.2
文　莱	Brunei Darussalam	95.5	100.4	100.0	99.3	99.1	99.3
柬埔寨	Cambodia	67.8	116.1	117.5	121.1	124.6	
印　度	India	66.0	140.4	148.6	155.9	159.8	167.6
印度尼西亚	Indonesia	68.7	124.4	132.3	137.0	142.2	146.7
伊　朗	Iran	49.4	248.1	282.1	306.5	337.1	
以色列	Israel	87.8	107.4	106.7	106.1	106.4	107.2
日　本	Japan	100.4	102.8	103.6	103.5	104.0	105.0
韩　国	Korea, Rep.	86.2	109.1	109.8	110.9	113.1	114.7
老　挝	Laos	78.5	124.2	125.8	127.8	128.9	131.5
马来西亚	Malaysia	87.8	110.5	112.8	115.1	119.6	120.7
蒙　古	Mongolia	57.3	153.7	163.8	165.5	172.2	183.9
缅　甸	Myanmar	44.5	118.1	129.3	138.3	144.6	154.5
巴基斯坦	Pakistan	55.3	141.7	145.3	150.8	156.9	164.9
菲律宾	Philippines	78.7	114.7	115.4	116.9	120.2	126.5
新加坡	Singapore	88.0	113.8	113.2	112.6	113.3	113.8
斯里兰卡	Sri Lanka	58.3	126.6	131.4	136.6	147.1	150.2
泰　国	Thailand	86.6	111.3	110.3	110.6	111.3	112.5
埃　及	Egypt	57.8	142.1	156.8	178.5	231.1	
尼日利亚	Nigeria	61.9	145.8	158.9	183.9	214.2	240.1
南　非	South Africa	74.3	124.6	130.3	138.9	146.1	152.6
加拿大	Canada	91.9	107.5	108.7	110.2	112.0	114.5
墨西哥	Mexico	80.5	116.2	119.4	122.8	130.2	136.6
美　国	United States	89.6	108.6	108.7	110.1	112.4	115.2
巴　西	Brazil	79.5	126.9	138.4	150.5	155.7	161.4
捷　克	Czech Rep.	87.0	107.1	107.5	108.2	110.9	113.3
法　国	France	92.8	105.5	105.6	105.8	106.9	108.8
德　国	Germany	92.5	106.7	107.2	107.7	109.4	111.2
意大利	Italy	91.0	107.5	107.5	107.4	108.7	110.0
荷　兰	Netherlands	92.7	108.5	109.2	109.5	111.0	112.9
波　兰	Poland	86.9	109.1	108.1	107.4	109.6	111.6
俄罗斯	Russia	61.4	131.2	151.5	162.2	168.2	173.0
西班牙	Spain	89.0	107.0	106.5	106.3	108.4	110.2
土耳其	Turkey	65.9	135.7	146.1	157.4	175.0	203.5
乌克兰	Ukraine	51.2	121.4	180.5	205.6	235.3	261.1
英　国	United Kingdom	88.1	110.6	111.0	112.1	114.9	117.6
澳大利亚	Australia	91.4	109.7	110.7	111.7	114.0	116.3
新西兰	New Zealand	87.0	107.6	107.9	108.6	110.7	112.4

附录1-11 货物进出口额
Total Imports and Exports

资料来源：世界贸易组织数据库。
Source: World Trade Organization Database.
单位：亿美元 (100 million USD)

国家	Country	2017 出口 Exports	2017 进口 Imports	2018 出口 Exports	2018 进口 Imports
世界	**World**	**177319**	**180433**	**194754**	**198665**
中国	China	22633	18438	24870	21359
孟加拉国	Bangladesh	359	528	393	615
文莱	Brunei Darussalam	56	31	54	52
柬埔寨	Cambodia	121	155	144	191
印度	India	2993	4484	3256	5107
印度尼西亚	Indonesia	1688	1570	1802	1887
伊朗	Iran	928	495	1079	494
以色列	Israel	611	719	574	878
日本	Japan	6981	6719	7384	7487
哈萨克斯坦	Kazakhstan	485	296	610	325
韩国	Korea, Rep.	5737	4785	6049	5352
老挝	Laos	48	56	53	63
马来西亚	Malaysia	2177	1948	2474	2175
蒙古	Mongolia	62	43	70	59
缅甸	Myanmar	139	193	168	195
巴基斯坦	Pakistan	216	577	235	605
菲律宾	Philippines	687	1019	675	1147
新加坡	Singapore	3732	3277	4126	3706
斯里兰卡	Sri Lanka	114	210	119	225
泰国	Thailand	2366	2215	2521	2497
越南	Viet Nam	2143	2115	2456	2442
埃及	Egypt	256	616	276	720
尼日利亚	Nigeria	445	313	607	419
南非	South Africa	888	1013	940	1139
加拿大	Canada	4208	4422	4498	4690
墨西哥	Mexico	4094	4322	4506	4766
美国	United States	15463	24085	16641	26143
阿根廷	Argentina	586	669	616	654
巴西	Brazil	2178	1575	2397	1887
委内瑞拉	Venezuela	325	105	337	109
捷克	Czech Rep.	1821	1634	2022	1838
法国	France	5352	6186	5818	6726
德国	Germany	14482	11629	15608	12856
意大利	Italy	5074	4531	5466	5008
荷兰	Netherlands	6521	5746	7227	6460
波兰	Poland	2344	2338	2606	2665
俄罗斯	Russia	3535	2381	4440	2491
西班牙	Spain	3195	3520	3452	3880
土耳其	Turkey	1570	2338	1680	2230
乌克兰	Ukraine	433	496	473	570
英国	United Kingdom	4411	6435	4857	6735
澳大利亚	Australia	2311	2288	2569	2357
新西兰	New Zealand	381	401	397	438

附录1-12 外商直接投资
Foreign Direct Investment

资料来源：联合国贸发会议FDI数据库。
Source: UNCTAD FDI Database .

单位：亿美元 (100 million USD)

国家	Country	外商直接投资 FDI Inflows			对外直接投资 FDI Outflows		
		2000	2010	2018	2000	2010	2018
世界	**World**	**13586**	**13651**	**12972**	**11637**	**13732**	**10142**
中国	China	407	1147	1390	9	688	1298
孟加拉国	Bangladesh	6	9	36			
文莱	Brunei Darussalam	5	5	5			
柬埔寨	Cambodia	1	14	31			1
印度	India	36	274	423	5	159	110
印度尼西亚	Indonesia	-46	138	220		27	81
伊朗	Iran	2	36	35		2	1
以色列	Israel	70	70	218	33	79	60
日本	Japan	83	-13	99	316	563	1432
哈萨克斯坦	Kazakhstan	13	116	38		79	-11
韩国	Korea, Rep.	115	95	145	48	282	389
老挝	Laos		3	13			
马来西亚	Malaysia	38	91	81	20	134	53
蒙古	Mongolia	1	17	22		1	
缅甸	Myanmar	1	67	36			
巴基斯坦	Pakistan	3	20	24			
菲律宾	Philippines	22	13	65	1	29	6
新加坡	Singapore	148	575	776	68	354	371
斯里兰卡	Sri Lanka	2	5	16			1
泰国	Thailand	34	146	105		79	177
越南	Viet Nam	13	80	155		9	6
埃及	Egypt	12	64	68	1	12	3
尼日利亚	Nigeria	13	61	20	2	9	14
南非	South Africa	9	36	53	3	-1	46
加拿大	Canada	668	284	396	447	347	505
墨西哥	Mexico	182	273	316		144	69
美国	United States	3140	1980	2518	1426	2778	-636
阿根廷	Argentina	104	113	122	9	10	19
巴西	Brazil	328	777	612	23	221	-130
委内瑞拉	Venezuela	47	16	10	5	25	17
捷克	Czech Rep.	50	61	95		12	53
法国	France	275	139	373	1619	482	1024
德国	Germany	1983	656	257	571	1255	771
意大利	Italy	134	92	243	67	327	206
荷兰	Netherlands	639	-72	697	756	684	590
波兰	Poland	94	128	115		61	9
俄罗斯	Russia	27	317	133	32	411	364
西班牙	Spain	396	399	436	582	378	316
土耳其	Turkey	10	91	129	9	15	36
乌克兰	Ukraine	6	65	24		7	
英国	United Kingdom	1153	582	645	2327	481	499
澳大利亚	Australia	142	368	604	29	198	36
新西兰	New Zealand	13	-1	14	6	7	4

附录1-13 外汇储备

Foreign Exchange Reserves

资料来源：国际货币基金组织数据库。
Source: International Monetary Fund Database.

单位：亿美元 (100 million USD)

国 家	Country	2000	2005	2010	2015	2016	2017	2018
中 国	China	1656	8189	28473	33304	30105	31399	30727
孟加拉国	Bangladesh	15	28	99	258	303	313	300
文 莱	Brunei Darussalam	4	4	12	29	30	29	29
柬埔寨	Cambodia	5	10	31	68	82	111	132
印 度	India	373	1310	2678	3278	3366	3851	3698
印度尼西亚	Indonesia	283	329	900	1006	1109	1241	1148
以色列	Israel	232	278	693	889	943	1115	1135
日 本	Japan	3472	8288	10363	11795	11583	12026	12095
哈萨克斯坦	Kazakhstan	16	61	247	198	194	175	158
韩 国	Korea, Rep.	959	2100	2869	3585	3617	3795	3933
老 挝	Laos	1	2	6	10	8	12	9
马来西亚	Malaysia	274	694	1023	914	912	989	978
蒙 古	Mongolia	2	3	21	12	12	28	27
缅 甸	Myanmar	2	8	57	43	46	49	53
巴基斯坦	Pakistan	15	98	131	172	190	152	88
菲律宾	Philippines	130	158	540	724	719	716	694
新加坡	Singapore	795	1155	2237	2457	2444	2778	2853
斯里兰卡	Sri Lanka	10	26	66	65	51	70	
泰 国	Thailand	319	505	1657	1493	1641	1940	1970
越 南	Viet Nam	34	90	121	279	362	487	551
埃 及	Egypt	129	205	324	121	197	321	376
尼日利亚	Nigeria	99	283	323	260	250	372	405
南 非	South Africa	58	183	354	389	399	427	436
加拿大	Canada	290	307	449	691	729	767	733
墨西哥	Mexico	351	730	1149	1684	1687	1649	1652
美 国	United States	312	378	521	392	390	428	419
阿根廷	Argentina	244	227	466	206	336	501	592
巴 西	Brazil	324	532	2806	3489	3568	3654	3655
委内瑞拉	Venezuela	126	235	92	51	21	18	
捷 克	Czech Rep.	130	291	403	626	843	1465	1409
法 国	France	321	240	362	364	392	377	485
德 国	Germany	497	398	374	364	369	374	364
意大利	Italy	224	235	357	344	341	376	391
荷 兰	Netherlands	70	71	89	88	59	51	47
波 兰	Poland	263	405	863	894	1095	1080	1104
俄罗斯	Russia	243	1757	4329	3094	3080	3465	3717
西班牙	Spain	295	86	133	387	469	517	526
土耳其	Turkey	223	504	790	914	906	826	714
乌克兰	Ukraine	11	190	333	124	119	156	198
英 国	United Kingdom	342	359	493	1016	1065	1204	1402
澳大利亚	Australia	168	410	328	375	464	587	454
新西兰	New Zealand	36	87	151	131	165	193	161

附录1-14 国际旅游收支
Expenditures and Receipts of International Tourism

资料来源：世界银行WDI数据库。
Source: World Bank WDI Database.

单位：亿美元 (100 million USD)

国 家	Country	国际旅游支出 International Tourism Expenditures			国际旅游收入 International Tourism Receipts		
		2010	2016	2017	2010	2016	2017
世 界	**World**	**10050**	**13661**	**14492**	**10987**	**14221**	**15257**
中 国	China	549	2501	2577	458	444	326
孟加拉国	Bangladesh	8	8	11	1	2	3
柬 埔 寨	Cambodia	1	8	9	17	35	40
印 度	India	105	192	219	145	231	279
印度尼西亚	Indonesia	84	99	109	76	126	141
伊 朗	Iran	106	99		26	39	
以 色 列	Israel	47	82	90	56	66	76
日 本	Japan	393	258	182	154	334	370
哈萨克斯坦	Kazakhstan	15	18	19	12	17	20
韩 国	Korea, Rep.	208	298	334	144	212	170
老 挝	Laos	2	9	10	4	7	8
马来西亚	Malaysia	83	105	107	182	181	184
蒙 古	Mongolia	3	5	6	3	4	5
缅 甸	Myanmar	1	2	1	1	23	23
巴基斯坦	Pakistan	14	30	32	10	8	9
菲 律 宾	Philippines	60	117	128	34	63	83
新 加 坡	Singapore	187	238	245	142	189	197
斯里兰卡	Sri Lanka	8	23	24	10	46	51
泰 国	Thailand	72	113	116	238	525	622
越 南	Viet Nam	15	45	50	45	85	89
埃 及	Egypt	27	44	24	136	33	86
尼日利亚	Nigeria	83	45	82	7	11	26
南 非	South Africa	81	54	61	103	88	97
加 拿 大	Canada	370	288	318	184	181	204
墨 西 哥	Mexico	90	128	136	126	206	225
美 国	United States	1100	1609	1739	1680	2462	2514
阿 根 廷	Argentina	64	117	135	56	52	55
巴 西	Brazil	189	171	230	55	66	62
委内瑞拉	Venezuela	29	29		9	5	
捷 克	Czech Rep.	44	50	55	81	70	77
法 国	France	467	488	503	562	630	699
德 国	Germany	909	874	976	491	522	562
意 大 利	Italy	269	250	279	384	404	445
荷 兰	Netherlands	190	205	220	117	183	204
波 兰	Poland	91	86	96	100	121	141
俄 罗 斯	Russia	302	277	356	132	128	150
西 班 牙	Spain	169	193	223	543	606	684
土 耳 其	Turkey	58	50	52	263	268	319
乌 克 兰	Ukraine	41	63	75	47	17	20
英 国	United Kingdom	738	878	717	405	619	515
澳大利亚	Australia	279	329	395	311	368	440
新 西 兰	New Zealand	30	40	44	65	98	106

附录1-15　货币汇率(年平均价)
Exchange Rate (Period Average)

资料来源：世界银行WDI数据库。
Source: World Bank WDI Database.
单位：1美元合本币数　　(local currency unit per US dollar)

国　家	Country	2000	2010	2015	2016	2017	2018
中　国	China	8.28	6.77	6.23	6.64	6.76	6.62
孟加拉国	Bangladesh	52.14	69.65	77.95	78.47	80.44	83.47
文　莱	Brunei Darussalam	1.72	1.36	1.38	1.38	1.38	1.35
柬埔寨	Cambodia	3840.75	4184.92	4067.75	4058.70	4050.58	4051.17
印　度	India	44.94	45.73	64.15	67.19	65.12	68.39
印度尼西亚	Indonesia	8421.78	9090.43	13389.41	13308.33	13380.83	14236.94
伊　朗	Iran	1764.86	10254.18	29011.49	30914.85	33226.30	40864.33
以色列	Israel	4.08	3.74	3.89	3.84	3.60	3.59
日　本	Japan	107.77	87.78	121.04	108.79	112.17	110.42
哈萨克斯坦	Kazakhstan	142.13	147.35	221.73	342.16	326.00	344.71
韩　国	Korea, Rep.	1130.96	1156.06	1131.16	1160.43	1130.43	1100.56
老　挝	Laos	7887.64	8258.77	8147.91	8179.27	8351.53	8489.24
马来西亚	Malaysia	3.80	3.22	3.91	4.15	4.30	4.04
蒙　古	Mongolia	1076.67	1357.06	1970.31	2140.29	2439.78	2472.48
缅　甸	Myanmar	6.52	5.64	1162.62	1234.87	1360.36	1429.81
巴基斯坦	Pakistan	53.65	85.19	102.77	104.77	105.46	121.82
菲律宾	Philippines	44.19	45.11	45.50	47.49	50.40	52.66
新加坡	Singapore	1.72	1.36	1.38	1.38	1.38	1.35
斯里兰卡	Sri Lanka	77.01	113.06	135.86	145.58	152.45	162.47
泰　国	Thailand	40.11	31.69	34.25	35.30	33.94	32.31
越　南	Viet Nam	14167.75	18612.92	21697.57	21935.00	22370.09	22602.05
埃　及	Egypt	3.47	5.62	7.69	10.03	17.78	17.77
尼日利亚	Nigeria	101.70	150.30	192.44	253.49	305.79	306.08
南　非	South Africa	6.94	7.32	12.76	14.71	13.33	13.24
加拿大	Canada	1.49	1.03	1.28	1.33	1.30	1.30
墨西哥	Mexico	9.46	12.64	15.85	18.66	18.93	19.24
美　国	United States	1.00	1.00	1.00	1.00	1.00	1.00
阿根廷	Argentina	1.00	3.90	9.23	14.76	16.56	28.10
巴　西	Brazil	1.83	1.76	3.33	3.49	3.19	3.65
委内瑞拉	Venezuela	0.68	2.58	6.28	9.26	9.98	
捷　克	Czech Rep.	38.60	19.10	24.60	24.44	23.38	21.73
法　国	France	1.09	0.76	0.90	0.90	0.89	0.85
德　国	Germany	1.09	0.76	0.90	0.90	0.89	0.85
意大利	Italy	1.09	0.76	0.90	0.90	0.89	0.85
荷　兰	Netherlands	1.09	0.76	0.90	0.90	0.89	0.85
波　兰	Poland	4.35	3.02	3.77	3.94	3.78	3.61
俄罗斯	Russia	28.13	30.37	60.94	67.06	58.34	62.67
西班牙	Spain	1.09	0.76	0.90	0.90	0.89	0.85
土耳其	Turkey	0.63	1.50	2.72	3.02	3.65	4.83
乌克兰	Ukraine	5.44	7.94	21.85	25.55	26.60	27.20
英　国	United Kingdom	0.66	0.65	0.66	0.74	0.78	0.75
澳大利亚	Australia	1.73	1.09	1.33	1.35	1.31	1.34
新西兰	New Zealand	2.20	1.39	1.43	1.44	1.41	1.45

“统计年鉴数据库”开通试运行

“统计年鉴数据库”是以中国统计出版社出版的统计年鉴为数据源建立的一套统计指标查询系统，内容覆盖统计年鉴全部资料，包括人口、国民经济核算、价格、固定资产投资等方面及农业、工业、建筑业等各行业。该系统将统计年鉴的各项数据进行碎片化处理存储，用户可使用模糊查询、行业查询、地区查询、固定表查询、主题查询及组合查询等六种方式，根据不同的需求对指标进行个性化组合查询。

了解更多信息，请前往官方网站“www.statsdatabank.com”或下载“统计年鉴数据库”移动客户端。扫描下方二维码，关注“统计年鉴数据库”微信公众号，及时掌握最新动态。

中国统计出版社最新资料书简目

（仅供参考，以最后出书为准）

New Statistical Yearbooks Published by China Statistics Press

National Statistical Yearbook

China Statistical Yearbook-2019

China Statistical Abstract-2019

China Economic Census Yearbook-2013

International Statistical Yearbook-2019

BRICS Joint Statistical Publication-2019

Statistical Manual of China-ASEAN Countries-2019

China County Statistical Yearbook-2019

China City Statistical Yearbook-2019

China Rural Statistical Yearbook-2019

China Regional Economic Monitoring Report-2019

China Trade and External Economics Statistical Yearbook-2019

2018 Statistical Bulletin of China's Outward Foreign Direct Investment

Statistical Yearbook of China Commodity Exchange Market-2019

Statistical Yearbook of Large and Medium-sized Enterprises of Wholesale & Retail Trades and Hotels & Catering Services-2019

Statistical Yearbook of China Chain Stores of Retail Trades and Catering Services-2019

China Yearbook of Household Survey-2019

China Price Yearbook-2019

China Yearbook of Agricultural Price Survey-2019

China Agricultural Production Cost and Yield Data-2019

China Environment Statistical Yearbook-2019

China Energy Statistical Yearbook-2019

Statistical Compilation of Foreign Resources,Energy and Environment-2014

China Industry Statistical Yearbook-2019

China Statistical Yearbook on Construction-2019

China Real Estate Statistics Yearbook-2019

Statistical Yearbook of the Chinese Investment in Fixed Assets-2019

China Statistical Yearbook of the Tertiary Industry-2019

China Science and Technology Statistical Yearbook-2019

China Statistics Yearbook on High Technology Industry-2019

Statistics on Science and Technology Activity of Industry Enterprises-2019

China Labour Statistical Yearbook-2019

China Population and Employment Statistics Yearbook-2019

China Social Statistical Yearbook-2019

China Statistical Yearbook on Culture and Related Industries-2019

Educational Statistics Yearbook of China-2018

China Educational Finance Statistical Yearbook-2018

China's Ethnic Statistical Yearbook-2018

China Basic Units Statistical Yearbook-2018

China Statistical Yearbook on the Work for Persons with Disabilities-2019

Statistics on Women and Children in China-2019

Tabulation on the Third National Agricultural Census of China

Tabulation on the 2018 Time-use Survey

China Enterprise Innovation Survey Yearbook-2019

Provincial Statistical Yearbook in 2019

Beijing Tianjin Hebei Shanxi Inner Mongolia Liaoning Jilin Heilongjiang Shanghai Jiangsu Zhejiang Anhui Fujian Jiangxi Shandong Henan Hubei Hunan Guangdong Guangxi Hainan Chongqing Sichuan Guizhou Yunnan Tibet Shaanxi Gansu Qinghai Ningxia Xinjiang Xinjiang PC Corps

City (or County) Statistical Yearbook in 2019

Tianjin Binhai New Area Shijiazhuang Tangshan Handan Taiyuan Datong Changzhi Yangquan Jincheng Shuozhou Jinzhong Yuncheng Xinzhou Linfen Hohhot Tongliao Baotou Shenyang Dalian Changchun Jilin Siping Harbin Heilongjiang Shanghai Pudong Nanjing Suzhou Wuxi Changzhou Xuzhou Nantong Taizhou Suqian LianyunGang Yancheng Zhenjiang Jiangyin Danyang Hangzhou Ningbo Shaoxing Taizhou Wenzhou Jinhua Jiaxing Quzhou Zhoushan Hefei Fuzhou Ningde Xiamen Nanchang Shangrao Jinan Qingdao Weifang Zaozhuang Zhengzhou Luoyang Sanmenxia Nanyang Shangqiu Wuhan Yichang Shiyan Jingzhou Xianning Changsha Guangzhou Dongguan Huizhou Shenzhen Guilin Nanning Liuzhou Laibin Hechi Haikou Sanya Chengdu Mianyang Guiyang Kunming Qingyang Xi'an Lanzhou Yinchuan Urumqi Xinjiang Corps

Data on Population Census in 2010

Tabulation on the 2010 Population Census of China

Beijing Tianjin Hebei Shanxi Inner Mongolia Liaoning Jilin Heilongjiang Shanghai Jiangsu Zhejiang Anhui Fujian Jiangxi Shandong Henan Hubei Hunan Guangdong Guangxi Hainan Chongqing Sichuan Guizhou Yunnan Tibet Shaanxi Gansu Qinghai Ningxia Xinjiang Xinjiang PC Corps Ningbo Kunming

Tabulation on the 2010 Population Census by County

Tabulation on the 2010 Population Census by Township

Guangdong Cities Series

Shanxi Cities Series

Henan Cities Series

Address: Jia 6, Xisanhuan Nanlu, Fengtai District, Beijing 100073, P. R. China
China Statistics Press, National Bureau of Statistics of China
Editorial Department: Tel: 008610-63376877, 63376861
E-mail: yearbook@gj.stats.cn
Distribution Department: Tel: 008610-63376907, 68783171
Website http://www.zgtjcbs.com